Cornelia Neustadt
Kommunikation im Konflikt

Europa im Mittelalter

———

Abhandlungen und Beiträge
zur historischen Komparatistik

Herausgegeben von Michael Borgolte
und Wolfgang Huschner

Band 32

Cornelia Neustadt

Kommunikation im Konflikt

König Erik VII. von Dänemark und die Städte
im südlichen Ostseeraum (1423–1435)

DE GRUYTER

ISBN 978-3-11-059123-1
e-ISBN (PDF) 978-3-11-059162-0
e-ISBN (EPUB) 978-3-11-059127-9

Library of Congress Control Number: 2018957514

Bibliografische Information der Deutschen Nationalbibliothek
Die Deutsche Nationalbibliothek verzeichnet diese Publikation in der Deutschen Nationalbibliografie;
detaillierte bibliografische Daten sind im Internet über http://dnb.dnb.de abrufbar.

© 2019 Walter de Gruyter GmbH, Berlin/Boston
Druck und Bindung: CPI books GmbH, Leck

www.degruyter.com

Inhaltsverzeichnis

Dank

Der vorliegenden Untersuchung liegt meine im Wintersemester 2011/2012 von der Fakultät für Geschichte, Kunst- und Orientwissenschaften der Universität Leipzig angenommene Dissertation zugrunde. Für die Druckfassung wurde diese leicht gekürzt, überarbeitet und für eine Reihe von Themen an den Forschungsstand des Jahres 2017 angepasst.

Den langen Weg von den ersten Ideen für die Konzeption bis zur Fertigstellung des vorliegenden gedruckten Buches hätte ich ohne die Hilfe vieler Unterstützer und Wegbegleiter nicht vollenden können. An erster Stelle möchte ich meinem Doktorvater, Prof. Dr. Wolfgang Huschner, danken, der mir die ersten Anregungen für die Arbeit gegeben, mein Interesse an den Wurzeln der Überlieferung stets gefördert und den nicht immer leichten Schreibprozess mit viel Engagement unterstützt hat. Schließlich bot auch das Oberseminar des Lehrstuhls für Mittelalterliche Geschichte der Universität Leipzig immer wieder gute Gelegenheiten, Zwischenergebnisse in einem Kreis engagierter Diskutanten vorzustellen. Nicht zuletzt danke ich Herrn Huschner wie auch Prof. Dr. Michael Borgolte, dass sie diese Untersuchung in die Reihe „Europa im Mittelalter" aufgenommen haben.

Ein weiterer wichtiger Dank gilt Prof. Dr. Enno Bünz, der die Arbeit als zweiter Gutachter bewertete und mir ebenfalls die Möglichkeit bot, das Thema im Oberseminar des Lehrstuhls für sächsische Landesgeschichte zu präsentieren. Für weitere wissenschaftliche Anregungen und Impulse danke ich weiterhin Prof. Dr. Andreas Ranft, Prof. Dr. Matthias Thumser, Prof. Dr. Uwe Schirmer und Prof. Dr. Hermann Kamp und allen Diskutanten in den jeweiligen Oberseminaren.

Da die Entstehung der Arbeit mit zahlreichen Archivbesuchen verbunden war, möchte ich außerdem die Gelegenheit nutzen, um den Mitarbeiterinnen und Mitarbeitern des Archives der Hansestadt Lübeck, des Rigsarkivet in København, des Archives der Hansestadt Wismar und des Geheimen Staatsarchives Preußischer Kulturbesitz für die sehr angenehmen Arbeitsbedingungen und immer freundliche Unterstützung in ihren Archiven danken.

Unverzichtbar für die Entstehung des Buches waren außerdem die vielen Helfer, welche die Entstehung des Textes und dessen Druckfassung begleitet haben. Während der Entstehung der Dissertation haben Dr. Sebastian Kolditz und Claudia Krahnert viele mühsame Korrekturen auf sich genommen, für die ich nicht dankbar genug sein kann. Zur Vorbereitung der Druckfassung haben vor allem Stefan Magnussen und Sven Jaros, aber auch Eric Böhme, Sarah Jacob und Maximilian Schwarzkopf zahlreiche Stunden für Lesen und Korrekturen, Vereinheitlichungen und Herstellung des Satzes geopfert. Schließlich danke ich auch Maria Zucker und Anne Rudolph vom De Gruyter-Verlag für ihre Geduld und Unterstützung.

https://doi.org/10.1515/9783110591620-202

Neben denjenigen, die direkt an der Entstehung des Textes beteiligt waren, muss ich aber auch noch vielen weiteren danken, die mir mit Gesprächen, finanzieller und moralischer Unterstützung zur Seite gestanden haben, allem voran meinen Eltern sowie meinem Bruder Uli und seiner Familie. Mein herzlichster Dank gilt weiterhin Monika Jäger, Sebastian Röbert, Kerstin Kiehl und Claas Borchers, Karina Viehmann, Claudia Hentze, Cornelia von Heßberg, Marie Ulrike Jaros, Ivonne Kornemann, Sandra Groß, Sabine Zinsmeyer und Manja Quakatz, die alle auf ihre Weise dabei geholfen haben, dass dieses Buch vollendet wurde.

Abbildungsverzeichnis

https://doi.org/10.1515/9783110591620-203

Abkürzungs- und Siglenverzeichnis

Abkürzungsverzeichnis

Bf.	Bischof (nur Register)
d. V.	durch Verfasserin
ebd.	Ebenda (bei Literaturverweisen)
Ebf.	Erzbischof (nur Register)
fol.	Folio (Blatt)
r	recto
v	verso
Gf.	Graf (nur Register)
Hm.	Hochmeister (nur Register)
Hzg.	Herzog (nur Register)
Kap.	Kapitel
Kg.	König (nur Register)
Ks.	Kaiser (nur Register)
Sp.	Spalte
vgl.	vergleiche
z. B.	zum Beispiel
Z.	Zeile
col.	Columna (Spalte)
bes.	besonders (bei Seitenangaben)
s. l.	sine loco (ohne Ort)

Siglen

ADB	Allgemeine Deutsche Biographie
ADP	Acta Pontifica Danica. Ed. *Karup/Lindbæk*
ÆA	De ældste danske Archivregistraturer. Ed. *Kongelige Danske Selskab for Fædrelandets Historie og Sprog*
AHL	Archiv der Hansestadt Lübeck
AHL, ASA	Archiv der Hansestadt Lübeck, Altes Senatsarchiv
AHW	Archiv der Hansestadt Wismar
AZ	Archivalische Zeitschrift
BMZ	Mittelhochdeutsches Wörterbuch. Mit Benutzung des Nachlasses von Georg Friedrich Benecke ausgearbeitet von Wilhelm Müller und Friedrich Zarncke. Nachdruck der Ausgabe Leipzig 1854–1866 mit einem Vorwort und einem zusammengefaßten Quellenverzeichnis von Eberhard Nellmann sowie einem alphabetischen Index von Erwin Koller, Werner Wegstein und Norbert Richard Wolf. 4 Bde. u. Indexbd. Stuttgart 1990.
DAM	Den Arnamagnæanske Samling

https://doi.org/10.1515/9783110591620-204

DBL	Carl Frederik Bricka (Hrsg.), Dansk Biografisk Lexikon, 19 Bde., København 1887–1905.
DBL²	Poul Engelstoft / Svend Dahl (Hrsg.), Dansk Biografisk Leksikon, 27 Bde., 2. Aufl., København 1933–1944.
DBL³	Svend Cedergreen Bech (Hrsg.), Dansk Biografisk Leksikon, 16 Bde., 3. Aufl., København 1979–1984.
DD	Diplomatarium Danicum. Ed. *Andersen* u. a.
DiplFlens	Diplomatarium Flensborgense. Ed. *Sejdelin*
DIO	Deutsche Inschriften Online
DCP	Diplomatarium Christiani Primi
DN	Diplomatarium Norvegicum
DRA	Dansk Rigsarkivet; Dänisches Reichsarchiv (København)
DRA, NKR	Dansk Rigsarkivet, (Middelaldersamlingen) Ny kronologisk række
DRA, TKUA	Dansk Rigsarkivet, Tyske Kancelli Udenrigske Afdeling (Hansestæderne, Politiske Forhold 1369–Politiske Forhold 1583)
DRW	Deutsches Rechtswörterbuch
Du Cange	*Charles du Fresne*, sieur du Cange et al., Glossarium mediæ et infimæ latinitatis
DWB	*Johann Grimm / Wilhelm Grimm*, Deutsches Wörterbuch
GKS	Gamle Kongelig Samling = Alte Königliche Sammlung
HAdW	Heidelberger Akademie der Wissenschaften
HWRh	Ueding (Hrsg.), Historisches Wörterbuch der Rhetorik
HR I	Hanserecesse, Abt. 1. Ed. *Koppmann*
HR II	Hanserecesse, Abt. 2. Ed. *von der Ropp*
HRG	*Erler/Kaufmann*, Handwörterbuch zur deutschen Rechtsgeschichte.
HRG²	*Cordes*, Handwörterbuch der deutschen Rechtsgeschichte, 2., völlig überarb. und erw. Aufl., seit 2011.
KHLNM	Brøndsted/Hjejle/Olsen (Hrsg.), Kulturhistorisk leksikon for nordisk middelalder fra vikingetid til reformationstid
KhUB	Københavns Universitetsbibliotek
KuiA	Kaiserurkunden in Abbildungen. Ed. *von Sickel / von Sybel*
Lexer	*Lexer*, Mittelhochdeutsches Handwörterbuch.
LexMA	Aury/Bautier/Angermann (Hrsg.), Lexikon des Mittelalters, 9 Bde., München/Zürich 1977–1999
LHAS	Landeshauptarchiv Schwerin
LUB	Urkundenbuch der Stadt Lübeck. Ed. *Verein für Lübeckische Geschichte*
NDB	Neue Deutsche Bibliographie
NgL	Norges Gamle Love. Ed. *Taranger*
Niermeyer	*Niermeyer*, Mediae latinitatis lexicon minus: Lexique latin médiéval-français/anglais

NKS	Ny Kongelig Samling = Neue Königliche Sammlung
NRA	Norsk Rigsarkivet = Norwegisches Reichsarchiv (Oslo)
OBA	Preußisches Ordensbriefarchiv, erschlossen durch Regest. Ed. *Hubatsch*
ODNB	Oxford Dictionary of National Biography
Lübecker Ratschronik I	Dritte Fortsetzung der Detmar-Chronik, erster Teil. Ed. *Koppmann*
Lübecker Ratschronik II	Ratschronik von 1438–1482 (Dritte Fortsetzung der Detmar-Chronik zweiter Teil). Ed. *Bruns*
Rep.	Repertorium Diplomaticum Regni Danici Mediævalis. Ed. *Erslev/Christensen/Hude*
Rep. II	Repertorium Diplomaticum Regni Danici Mediævalis. Ed. *Christensen*
RepGerm	Repertorium Germanicum
RI XI	Regesta Imperii XI: Die Urkunden Kaiser Sigmunds 1410–1437. Ed. *Altmann*
Rufus-Chronik I	Rufus-Chronik erster Teil von 1105–1395. Ed. *Koppmann*
Rufus-Chronik II	Rufus-Chronik zweiter Teil von 1395–1430. Ed. *Koppmann*
Schiller-Lübben	*Schiller/Lübben*, Mittelniederdeutsches Wörterbuch
SDHK	Svenskt Diplomatariums huvudkartotek över medeltidsbreven. Ed. *Svensk Riksarkivet*
TKUA	Siehe DRA, TKUA
UB Siebenbürgen	Urkundenbuch zur Geschichte der Deutschen in Siebenbürgen, Ed. *Gündisch*
UBBL	Urkundenbuch des Bistums Lübeck. Ed. *Prange*
ZVLGA	Zeitschrift des Vereins für Lübeckische Geschichte und Altertumskunde

1 Einführung

1.1 Eingrenzung des Themas

In der ersten Hälfte des 15. Jahrhunderts wurde der Ostseeraum in großem Maße von den Hegemonialbestrebungen König Eriks VII. von Dänemark (1397–1439) geprägt. Aus dem pommerschen Herzogshaus stammend, erlangte er auf Betreiben seiner Großtante, Margrete von Dänemark († 1412), in den Reichen Dänemark, Norwegen und Schweden, die sich 1397 in Kalmar zu einer Union zusammenschlossen, die Königswürde.[1] Zu einem zentralen Konflikt seiner Regierungszeit erwuchs der Streit um die Stellung des Herzogtums Schleswig, das ursprünglich als Lehen der dänischen Krone den Grafen von Holstein aus der Familie der Schauenburger übertragen worden war. Diese gewannen während der Regierungszeiten der Könige Valdemar IV. (1340–1375) und Olav II. (1376–1387) eine starke Unabhängigkeit. Nach dem Tod Graf Gerhards VI. im Jahr 1404 versuchte zunächst Margrete, die Autorität und Reichweite des Königtums durch Ausnutzung der Parteibildung innerhalb des schleswigschen Adels zu stärken. Nach ihrem Tod beschritt König Erik VII. den Weg der gerichtlichen Prozesse, um die Stellung des Herzogtums als Lehen der dänischen Krone festzuschreiben und dieses damit der direkten Kontrolle des Königtums zu unterstellen.[2] Seine Bestrebungen kulminierten 1416 in einem langanhaltenden Krieg, der 1426 noch weiter eskalierte, da das Unionskönigtum nun einem Bündnis der Grafen von Holstein mit den Städten Lübeck, Hamburg, Stralsund, Rostock, Wismar und Lüneburg gegenüberstand. Dabei begründeten die Städte ihre Beteiligung mit der Verletzung der hansischen Handelsprivilegien in den Unionsreichen. Dies betraf in Dänemark zum einen die allgemeinen Freiheiten in allen Teilen des Reiches, zum anderen besonders die Niederlassungen in Schonen, dem Zentrum des Heringsfanges.[3] Nicht zuletzt kontrollierte der dänische König mit dem Øresund die Durchfahrt von der Nord- zur Ostsee. Die Frage der Privilegien wie auch die dänische Präsenz in der Ostsee hatten bereits die Auseinandersetzungen der Hanse mit Valdemar IV. bestimmt. Doch musste dieser im Krieg gegen die Städte der Kölner Konföderation eine Niederlage hinnehmen und im Stralsunder Frieden 1370 die Sundschlösser ausliefern. An die von Valdemar vorangetriebene Hegemonialpolitik knüpfte nun Erik an.[4]

---

1 *Etting*, Queen (2004), 81–103.

2 *Hoffmann*, Spätmittelalter (1990), 224–236. Zu den Prozessen auch: *Hedemann*, Ofendommen (2007), 34–61.

3 Zum Heringshandel und besonders Schonen: *Jahnke*, Silber des Nordens (2000); *Ders.*, Silber des Meeres (2000).

4 Zu den hansischen Kriegen mit Valdemar IV. allgemein: *Dollinger*, Hanse (2012), 83–90, 609 f. (mit älterer Forschungsliteratur); *Hoffmann*, König Valdemar IV. (1995), 271–288; *Jörn*, Stralsunder Frieden (1998). Zur Bedeutung des Øresunds: *Fritze*, Erich (1992), 203.

https://doi.org/10.1515/9783110591620-001

In diesen hier kurz umrissenen Konflikt mit dem dänischen König waren jedoch nicht nur die Holsteiner Grafen und die genannten Städte Lübeck, Hamburg, Stralsund, Rostock, Wismar und Lüneburg, sondern fast der gesamte Ostseeraum und die dort präsenten Kräfte involviert.[5] Zu nennen sind besonders der Deutsche Orden, die Städte in Preußen und Livland sowie die norddeutschen Herrschaften und Herzogtümer. Schon allein dadurch, dass die Konfliktparteien durch die Anwerbung von Ausliegern die unbeteiligten Dritten stark schädigten, wurden diese mit in den Konflikt hineingezogen. Die unterschiedliche Anteilnahme der anderen hansischen Städtegruppen lässt sich dabei als ein Indiz für die partikularen Interessen betrachten, die den Charakter der Hanse im 15. Jahrhundert bestimmten.[6]

Greifbar werden diese Auseinandersetzungen im besonderen Maße in den dokumentarischen Quellen aus den ersten Jahrzehnten des 15. Jahrhunderts. So brachte der Konflikt des Unionskönigs mit den Holsteinern und den Städten der südlichen Ostseeküste eine Vielzahl an Schriftzeugnissen hervor, deren Erhalt und Aufbewahrung einen qualitativen und quantitativen Sprung gegenüber früheren Konflikten aufzeigen. Dafür stehen in Lübeck z. B. die insgesamt 217 Einzelstücke in einem der ersten Ordner der „Externa Danica" des ehemaligen Senatsarchivs, denen nur drei originale Briefe aus der gesamten Zeit vor 1404 entgegenzusetzen sind.[7]

Hinter diesem Phänomen steht der Zusammenfluss zweier grundsätzlicher Entwicklungen. Zum einen lässt sich nicht nur für die hansischen Städte, sondern auch für weitere Teile des nördlichen Europas seit der Mitte des 14. Jahrhunderts eine Zunahme der Literarität beobachten. Sie war besonders verbunden mit der wachsenden Verbreitung des Beschreibstoffs Papier, mit dem auch ein signifikanter Anstieg von Verwaltungsschriftgut und dessen Aufbewahrung in den Kanzleien einherging.[8] Zudem standen die Schriftstücke, die vorzugsweise aufbewahrt wurden, sehr oft im Zusammenhang mit Konflikten. Dass gerade Rechtsstreitigkeiten und Unglücke einen wichtigen Grund für die Überlieferung von Quellen spielten, wurde in der Mediävistik, nicht zuletzt im Anschluss an Arnold Esch, immer wieder thematisiert und gehört inzwischen zu den grundsätzlichen Erkenntnissen des Fachs.[9] Während Esch dieses Ungleichgewicht in der archivalischen Überlieferung als einen Faktor der Quellenkritik problematisierte, soll die vorliegende Untersuchung gerade bei diesem direkten Konnex zwischen Konflikt und Impuls zur Aufbewahrung im Archiv ansetzen. Anwendungsfeld ist der eingangs vorgestellte räumliche und zeitliche Rahmen. Dabei

---

5 Für diese Gruppe der Städte findet sich z. B. 1435 und 1438 die Selbstbezeichnung „wendische" Städte: HR II, 1, Nr. 399; II, 2, Nr. 203, die sich später als generelle Bezeichnung durchsetzt. Zur Geschichte des Begriffs ausführlich: *Engel*, Aus dem Alltag (1993), 125–143.

6 Vgl. dazu später noch Forschungsstand in Kap. 1.2.

7 Vgl. 1.3. und ausführlich 2.2.1.

8 Einführend zum „Aktenzeitalter": *Schmid*, Akten (2004), 74 f.; *Hochedlinger*, Aktenkunde (2009), 23 f. Für die Einordnung der Lübecker Materialien kurz: *Simon*, Trese (1998), 401.

9 *Esch*, Überlieferungs-Chance (1985), 540–542; *Paravicini*, Jenseits von Brügge (2003), 75.

stellt sich nicht nur die Frage, inwieweit die Zusammensetzung der Überlieferung aus dem historischen Kontext heraus zu erklären ist, sondern auch jene, ob sich darin besondere Schwerpunkte feststellen lassen. Dies könnten Schriftguttypen ebenso wie bestimmte Sachverhalte oder Vorgänge sein. Obwohl bei jedem Archiv zufällige Verluste und nachträgliche Neuordnungen anzunehmen sind, können die vorhandenen Dokumente doch Hinweise auf die ursprünglichen Intentionen für die Aufbewahrung geben. Dadurch bieten sie – zumindest in Ansätzen – Informationen über die Aspekte des Konfliktes, die von der bewahrenden Instanz mittel- bzw. langfristig als relevant angesehen wurden.

Nach der Definition von Hermann Kamp, die er in Anlehnung an den Rechtsethnologen Simon Roberts entwickelt hat, lässt sich ein „Konflikt" als ein soziales Phänomen charakterisieren. Es setzt voraus, „dass sich jemand aufgrund seiner Vorstellung von dem, was andere zu tun und zu lassen haben, verletzt und angegriffen fühlt, jemand anderen dafür verantwortlich macht und Widerspruch offen diskutiert."[10] Dabei lassen sich politische Konflikte im Mittelalter – seiner Meinung nach – sowohl an Auseinandersetzungen um Herrschaftsrechte, Besitz und Einfluss als auch um Rechte, Ehre und Ansehen festmachen. Die eigentlichen Motivationen seien nicht immer so klar voneinander zu trennen, da z. B. Auseinandersetzungen um Macht und Einfluss als Ehr- oder Rechtskonflikte erscheinen konnten.[11] Gerade diese Vermischung von Motiven beschreibt auch die Situation in dem Konflikt um die Zugehörigkeit des Herzogtums Schleswig und bestimmt die Rechtfertigung des Krieges im Rahmen rechtmäßiger Fehde. In verschiedenen Fällen wird auf „Ehre" Bezug genommen, sei es als Anlass für eine Kriegserklärung oder als Begründung für die Ablehnung von Friedensverträgen, deren Bedingungen als unzureichend betrachtet werden.[12] Diese Rechtfertigungen oder Zurückweisungen finden sich primär in den dokumentarischen Schriftquellen, in denen sie artikuliert oder als Reflexion mündlicher Kommunikation festgehalten wurden.

Steht hinter Auswahl und Charakter der zu untersuchenden Quellenbestände der „Konflikt" als Motivation, fallen Entstehung und Funktion der einzelnen Dokumente in den Rahmen von „Kommunikation". Dieser Begriff lässt sich zunächst als eine Sammelbezeichnung für „alle Formen von Verkehr, Verbindung, Vermittlung und Verständigung" anwenden. Dabei richtet sich das Augenmerk auf den „Vorgang der

---

10 *Kamp*, Friedensstifter (2001), 8, bes. Anm. 44. *Roberts*, Study of Dispute (1983), 7. Dieser weist darauf hin, dass Konflikte mehr sind als Regelverletzungen auf der einen oder „Ausfluss normaler Interessensvertretung" (*Kamp*) auf der anderen Seite.

11 *Kamp*, Friedensstifter (2001), 7 f. Zur rechtlichen Dimension des Begriffs Ehre: *Deutsch*, Ehre (2008), 1223–1231.

12 Dies gilt sowohl für die Städte als auch für die Grafen von Holstein und Herzöge von Schleswig: Vgl. besonders Kap. 3.1.3 und 3.1.4. Zur Vermengung von wirtschaftlichen Interessen und grundsätzlichen Ehrenvorstellungen im Umgang der Hanse mit auswärtigen Mächten: *Jenks*, Friedensvorstellungen (1996), passim. In Bezug auf die Beziehungen Ostseeraum: *Hedemann*, To eren (2010), passim.

Mitteilung, seine Mittel, seine Aktionen und Reaktionen und widmet sich den aus ihm notwendig folgenden Wirkungen".[13] Gleichzeitig können die verschiedenen Aspekte von Kommunikation, wie Kontaktaufnahme, Verständigung, Einsatz oder Herstellung eines Mediums, als menschliche „Handlungen" beschrieben werden. Als solche dienen sie zur Erklärung und/oder Gestaltung der Welt und sind prinzipiell auf ein Mittel oder einen Zweck hin ausgerichtet.[14] Da Kommunikation grundsätzlich auf der Interaktion von zwei Akteuren (Sender und Empfänger) beruht, lassen sich alle ihre einzelnen Elemente als soziale Handlungen charakterisieren.[15] Darüber hinaus zielen sie auf ein bestimmtes Ergebnis – die Wirkung – ab, welches ihren Zweck ausmacht und die Wahl der entsprechenden Mittel beeinflusst.[16]

Der Untersuchungsschwerpunkt dieses Buches liegt einerseits auf dem Funktionsspektrum von Schriftlichkeit, andererseits auf ihrem Einsatz im Rahmen zweckbezogener Handlungen. Der Blick richtet sich dabei vor allem auf die Kommunikationspraxis, welche die Entstehung schriftlicher Dokumente bedingte oder ihnen eine besondere Wirkung zukommen ließ.[17] Dabei fallen nicht nur die Vorgänge ins Gewicht, die zur Herstellung der physischen Objekte führten, sondern auch ihre Aufbewahrung und weitere Benutzung.[18] Alle drei Aspekte stehen für verschiedene Momente in der Interaktion zwischen Personen oder Personengruppen. Schließlich verbindet sich mit der Existenz der Dokumente auch die Frage, wer sich darin artikuliert: der Aussteller, der Empfänger oder die mit der Produktion beauftragten „Schriftprofessionellen". Grundsätzlich ist jedes geschriebene Dokument als Ergebnis einer Zusammenarbeit zwischen mindestens zwei dieser Seiten einzuschätzen, dem Absender und seinen Schreibern. In vielen Fällen handelt es sich jedoch um komplexere Vorgänge, bei denen z. B. die Konsensfindung zwischen Absender und Empfänger einer Niederschrift vorausging oder diese begleitete. Bereits das Schreiben selbst lässt

---

13 Zit. *Pohl*, Einführung (1989), 7. Ähnliche Elemente verwendet auch *Hrzua*, Propaganda (2001), 17–19, ausgehend von dem Kommunikationsmodell von *Lasswell*, Structure (1964), 37–51, hier 37.

14 Zu Definition und Begriffsgeschichte: *Lorenz*, Handlung (2008), 273: (Definition von „Handlung" als) „ein das Leben des Menschen individuell und sozial ausmachendes Medium, in dem der Mensch sich und seine Welt zu entdecken und zu gestalten lernt", 273–276 (Einführung in die Grundelemente). Vgl. auch die Definition von *Weber*, Wirtschaft (1980), 2: „Handeln soll (...) ein menschliches Verhalten (einerlei ob äußeres oder innerliches Tun, Unterlassen oder Dulden) heißen, wenn und insofern der oder die Handelnden mit ihm einen subjektiven Sinn verbinden.

15 *Lorenz*, Handlung (2008), 272; *Weber*, Wirtschaft (1980), 2.

16 *Lorenz*, Handlung (2008), 275.

17 Theoretische Modelle für die Kommunikationspraxis in der spätmittelalterlichen Stadt bietet *Meier*, Städtische Kommunikation (2007), 129–132.

18 Diese drei Bedeutungsebenen für schriftliche Zeugnisse finden sich grundlegend bei *Clanchy*, From Memory (1993), 2 f. als Kriterien für die zunehmende Bedeutung der Schriftlichkeit. Bezogen auf deren Rolle bei der Kommunikation rezipiert von *Sablonier*, Schriftbesitz (1997), 78.

sich als eine Sequenz sozialer Handlungen begreifen,[19] wenn der „Schriftprofessionelle" dabei auf Traditionen und Konventionen wie Urkunden- und Briefformulare zurückgriff und sich bei der Herstellung eines Dokumentes quasi in einem Dialog mit diesen Vorlagen befand. Darüber hinaus dienten die im Zuge der Kommunikationsprozesse zwischen Absender, Empfänger und Schreibenden entstandenen Schriftstücke dem sozialen und politischen Handeln des Ausstellers, des Empfängers bzw. beider Seiten.[20] Sie bieten Einblicke in Herrschaftsverständnis, Umgangsformen, Argumentationen und rechtliche Rahmenbedingungen.

Die Schriftstücke, die als Materialbasis für die vorliegende Untersuchung dienen, resultieren aus der Sondersituation des Konflikts. Daher spiegeln sie vorrangig das soziale oder politische Handeln der in die Auseinandersetzung verwickelten Personen und Personengruppen.

1.2 Forschungsstand

Das gespannte Verhältnis Eriks VII. von Dänemark zu den Hansestädten ist „ein Klassiker" der Hansegeschichtsforschung. Besondere politische Brisanz erhielt dieser Konflikt in den nationalgeschichtlich orientierten Darstellungen des 19. und frühen 20. Jahrhunderts, da es sich eben nicht um eine rein hansische Angelegenheit handelte. Die wendischen Städte fochten den Krieg ja nicht nur für sich aus, sondern unterstützten damit die Grafen von Holstein bei deren Kampf um das Herzogtum Schleswig. Dadurch berührte eine Rekonstruktion der Abläufe immer auch die Frage nach der späteren Formierung oder nationalen Zugehörigkeit der Region, die auch in den jeweiligen geographischen Begriffen „Schleswig" versus „Sønderjylland" manifest wird.[21] Ganz augenscheinlich tritt dieser Gegensatz in den Arbeiten von Kristian Erslev und Ernst Daenell zu Tage, in denen sich „Erik af Pommern, hans Kamp for Sønderjylland og Kalmarunionens Opløsning"[22] und „Die Hansestädte und der Kampf

---

19 *Lorenz*, Handlung (2008), 273.
20 Vgl. z. B. den Ansatz von *Holzapfl*, Kanzleikorrespondenz (2008).
21 Diese Namen sind natürlich schon vorher belegt, so z. B. in einer dänischen Archivregistratur vom späten 15. Jahrhundert: ÆA I, 17: *Primo keyserens breff, met huilketh han dömer koning Erick og hans righe synster Jwtland oc hertugdometh til Datum mcdvxx quarto.* Vgl. dazu auch Kap. 2.1.1 Anm. 24. Sie erhalten im 19. Jahrhundert im Zusammenhang mit der Frage über die nationale Zugehörigkeit Schleswig-Holsteins eine größere Brisanz. Auf dänischer Seite steht dafür besonders die Quellensammlungen und Einzeldarstellungen umfassende Zeitschrift „Antislesvigholsteinske Fragmenter", bes. *Allen*, Sprog- og Folke-Eiendommelighed (1848) sowie Dommer og Voldgiftskjendelser. Ed. *Knudsen* und Nogle Documenter. Ed. *Knudsen.* Zur kritischen Einordnung von Carl Ferdinand Allens Schriften zu Schleswig und zur Rezeption: *Teebken*, Grenzziehung (2006), 359–362.
22 *Erslev*, Erik (1901).

um Schleswig" konzeptionell gegenüberstanden.[23] Bei beiden Autoren handelte es sich um ausgezeichnete Kenner des überlieferten Materials, die umfassende quellengestützte Rekonstruktionsversuche bieten, die immer noch grundlegende Studien für das Thema darstellen.[24] Im Vordergrund standen in beiden Fällen die politischen Ereignisse, der Verlauf des Krieges und nicht zuletzt die Frage der historischen Rechtfertigung. Dabei lassen sich bei Daenell dezidiert deutsche und hansische Sympathien erkennen, während Erslev besonders die Bemühungen um eine Stärkung der königlichen Positionen und die Kalmarer Union in den Blick nahm.

Erslev kontrastierte die Herausforderungen und Fehlschläge der Regierungszeit Eriks VII. von Dänemark mit den Erfolgen Margretes bei der Schaffung der Kalmarer Union.[25] Für die Begründung der Union spielt dabei neben einer dänischen Hegemonie über Norwegen und Schweden die Abwehr der übermächtigen Hansestädte ebenfalls eine Rolle.[26] Obwohl Erslev festhält, dass Erik sich bei seiner repressiven Politik gegenüber den Hansestädten an seinen Vorgängern orientierte, werden sein Scheitern und seine Absetzung aus einem fehlenden Bewusstsein für die genuinen Belange seiner verschiedenen Reiche erklärt.[27] Als wichtiges positives Element seiner Herrschaft strich Erslev die Förderung der dänischen Städte, insbesondere Københavns, durch König Erik heraus.[28]

Die Beziehungen der Hanse zu den nordischen Reichen sind bei Daenell – noch in Anlehnung an Dietrich Schäfer – als grundsätzlicher Gegensatz zweier politischer Mächte interpretiert.[29] Zudem prägte er mit seinem Werk für lange Zeit die innere Periodisierung der Hansegeschichte, indem er von einer Blütezeit der Hanse ausging, die mit dem zweiten Krieg gegen Valdemar IV. ab 1367 und dem Frieden von Stralsund 1370 einsetzte. Zu ihr habe letztendlich auch der erfolgreiche Krieg gegen Dänemark in der Zeit Eriks VII. gehört. Allerdings wurde dieser auch als Zeichen für Uneinigkeit und Interessenskonflikte innerhalb der Hanse gewertet, da Lübeck und

---

23 *Daenell*, Hansestädte (1902), 271–450. Die Ergebnisse dieses Aufsatzes sind mit nur wenigen Ergänzungen oder Kürzungen in seine Darstellung eingeflossen: *Ders.*, Blütezeit (1905). Zur Person Daenells neuerdings: *Mütter*, Ernst Robert Daenell (2010), bes. 204–215 (zu Daenells Haltung in der Schleswig-Frage und zur „Blütezeit").

24 Zu Kristian Erslev: *Steenstrup*, Erslev (1890); *Tandrup*, Ravn (1979); *Staur*, Kr. Erslev (1979), bes. 374 f. (zu Forschungen zur Monarchie im Spätmittelalter); *Manniche*, Den radikale historikertradition (2000), bes. 129–352.

25 *Erslev*, Dronning (1882), passim.

26 Die Gründung der Union als Reaktion auf den „deutschen" Druck lässt sich zurückverfolgen auf: *Allen*, Haandbog (1840). Nach *Erslev* findet er sich auch bei: *Lönnroth*, Sverige (1934); *Weibull*, Enhedstanken (1942); *Carlsson*, Medeltidens nordiske unionstanke (1945).

27 *Erslev*, Erik (1901), passim.

28 *Erslev*, Erik (1901), bes. 119–123. Besonders zu København auch: *Jørgensen*, Erik (1939), 273–305; *Nissen*, København (1939); *Jensen*, Erik (1976).

29 *Schäfer*, Hansestädte (1879). Zur Einschätzung von Schäfer: *Selzer*, Mittelalterliche Hanse (2010), 7 f. und *Mütter*, Ernst Robert Daenell (2010), bes. 195 f., 206 f.

die wendischen Städte ihn mehr oder weniger allein führten.[30] Bereits diese frühen Forschungen verdeutlichen, dass die Frage nach dem Verhältnis der Hanse zu Skandinavien im Allgemeinen und in der Zeit König Eriks im Besonderen immer auch mit der Frage nach deren eigentlichem Charakter verbunden ist. Diese figurierte in der Hanseforschung bis 1945, vor allem ab 1918, nicht mehr nur als eine politische Kraft – gleichsam als in Vorwegnahme der imperialen deutschen Flottenpolitik[31] – sondern darüber hinaus auch als eine Sprach- und Blutsgemeinschaft.[32]

Sowohl in der dänischen als auch in der deutschen Forschung zur Hansegeschichte kam es nach 1945 und besonders in den letzten Jahrzehnten zur Verschiebung der Perspektiven. Dies erfolgte vor allem durch eine Konzentration auf Unterthemen oder auf andere Teildisziplinen, wie z. B. die Wirtschafts- und Sozialgeschichte. Für letztere steht besonders der Greifswalder Historiker Konrad Fritze, der sich in seinen zwischen 1957 und 1997 erschienenen zahlreichen Einzelstudien u. a. zu den Auswirkungen des Krieges auf die wirtschaftliche Situation der Städte, der Geschichte des Sundzolls und der Rolle von Stralsund in dem Konflikt widmete.[33] Besonders intensiv behandelte er die Interdependenz zwischen wirtschaftlichen Verhältnissen und gesellschaftlichen Entwicklungen in den Städten, vor allem in Bezug auf die innerstädtischen Spannungen.[34] Er stellte in einem programmatischen Aufsatz von 1971 auch die „Blütezeit" der Hanse in den Jahrzehnten nach dem Stralsunder Frieden in Frage.[35] Schließlich nahm er in seiner zusammen mit Günther Krause verfassten Überblicksdarstellung zu den Seekriegen der Hanse eine militärgeschichtliche Perspektive ein.[36]

In der Forschung der Bundesrepublik verband sich die Neuorientierung zunächst mit Ahasver von Brandt. In seinem 1962 erschienen Aufsatz „Die Hanse und die nordischen Mächte im Mittelalter" legte er dar, wie sich im Konflikt mit König Valdemar IV. dynastische Interessen der fürstlichen Familien des Ostseeraums mit den wirtschaftlichen Interessen der Städte vermengten, so dass von einem „nationalen"

---

30 *Daenell*, Blütezeit (1905), Bd. 1, 256–261. Siehe dazu auch schon etwas früher: *Rörig*, Hanse (1928), 164 f.

31 Dies entspräche der Perspektive Schäfers und Daenells: *Mütter*, Ernst Robert Daenell (2010), 206 f.

32 *Rörig*, Geistige Grundlagen (1929), 242–251.

33 *Fritze*, Finanzpolitik (1961); *Ders.*, Dänemark (1964); *Ders.*, Erich (1992).

34 *Fritze*, Wirtschaftliche und soziale Entwicklung (1956); *Ders.*, Wendepunkt (1967). Seine Forschungsansätze wurden aus verschiedenen Perspektiven gewürdigt von *Engel*, Stadtgeschichtsforschung (1993), 81–99, 93, 96 f. und *Borgolte*, Sozialgeschichte (1996), 255, 261 Anm. 74, 265–67.

35 *Fritze*, Bedeutung (1971).

36 *Fritze/Krause*, Seekriege (1989).

Gegensatz nicht gesprochen werden könne.[37] Auch für das späte 14. und das 15. Jahrhundert sah er die Politik der Städte maßgeblich aus dem Schutz des Handels heraus motiviert. Das Unionskönigtum würde damit nicht in Frage gestellt.[38]

Eine differenzierte Sicht auf das Verhältnis Dänemarks zum norddeutschen Raum ergab sich auch aus den Studien Erich Hoffmanns, der eine Vielzahl von Themen sowohl aus der dänischen Geschichte als auch aus der Hansegeschichte und der schleswig-holsteinischen Landesgeschichte bearbeitete. Dieses mit seiner Dissertation zu den Königserhebungen in Dänemark[39] einsetzende Interesse lässt sich über verschiedene Arbeiten zur Stadtgeschichte[40] bis hin zu der 1981–1986 erschienenen Geschichte Schleswig-Holsteins verfolgen, die in ihrer Ausführlichkeit von keinem neueren Werk übertroffen wurde.[41] Darin widmete sich Hoffmann dieser Region nicht nur in Bezug auf den Wandel der politischen Strukturen im Spätmittelalter.[42] Die strukturellen Veränderungen, die mit der Festigung der schauenburgischen Herrschaft in Schleswig einhergingen, sowie die Folgen der wirtschaftlichen Krisen des 14. Jahrhunderts, wie der Aufstieg zahlreicher niederadliger Familien und ihre Wandlung zum „Unternehmeradel", nehmen darin ebenfalls einen großen Raum ein.[43] Die Fokussierung auf Stadt- und Wirtschaftsgeschichte bildete also ein markantes Merkmal der ost- und westdeutschen wie der skandinavischen Forschung nach 1945. Sie dominiert zudem eine Reihe vergleichender Untersuchungen zur Geschichte des Ostseeraumes, welche sich auch den hansisch-skandinavischen Beziehungen widmen.[44]

Ein relativ neues Untersuchungsfeld hinsichtlich der Beziehungen zwischen Dänemark und dem südlichen Ostseeraum in der Zeit König Eriks stellt sein Verhältnis zu den pommerschen Herzögen dar.[45] Vor allem sein „Hausbewusstsein" sowie seine Bemühungen, Pommern intensiver mit Dänemark zu verbinden und zur Stärkung einer dänischen Hegemonie zu nutzen, untersuchte Oliver Auge in einem Teilkapitel seiner 2009 publizierten Habilitationsschrift.[46] Im Kontext der Lehnsbeziehungen

---

37 *Brandt*, Hanse (1979), 25 f.

38 *Brandt*, Hanse (1979), 33 f. (zum Konflikt mit König Erik).

39 *Hoffmann*, Königserhebung (1976). Weitere Studien zur dänischen Geschichte: *Hoffmann*, Wechselbeziehungen (1996); *Ders.*, Hansestæderne (1996); *Ders.*, Unity (1981), 95–109.

40 *Hoffmann*, Erich (1995), 18–29. Zu vergleichbaren Themenfeldern auch: *Ders.*, Herkunft (1953).

41 *Klose*, Geschichte (1981–1982); *Lange*, Geschichte (1996); *Riis*, Wirtschafts- und Sozialgeschichte (2009). Weitere Studien Hoffmanns zur Geschichte Schleswig-Holsteins: *Hoffmann*, Graf (1977/78); *Ders.*, Historische Voraussetzung (1981), 9–29.

42 *Hoffmann*, Spätmittelalter (1990), passim, enthält auch die Ergebnisse seiner Forschungen bis in die 1980er Jahre.

43 *Hoffmann*, Spätmittelalter (1990), 361 f.

44 Z. B. in den Sammelbänden *Ekdahl*, Kultur (1973); *Riis*, Studien (1995).

45 Die dänische Außenpolitik im Allgemeinen wurde von *Ingesman/Poulsen*, Inledning (2000), 21–23, als ein Forschungsgebiet angeführt, das noch weiterer Untersuchungen bedarf.

46 *Auge*, Handlungsspielräume (2009), 88–95. Schon früher *Ders.*, Identifikation (2008). Früher auch: *Biewer*, Skandinavien (1997), 31–42.

zwischen den dänischen Königen und den Herzögen von Pommern-Wolgast untersuchte Joachim Krüger die Verhältnisse im frühen 15. Jahrhundert.[47]

Die über den Ostseeraum hinausgehenden Verbindungen der skandinavischen Könige zum Herrscher des römisch-deutschen Reiches nahm schon 1960 der Finne Vilho Niitemaa im Rahmen einer Monographie in den Blick.[48] Darin verfolgt er die Relationen des römisch-deutschen Reiches zu den skandinavischen Ländern von Beginn an, setzt seine Schwerpunkte aber auf die Beziehungen im 15. Jahrhundert, d. h. die Regierungszeiten Eriks VII. (von Pommern), Christoffers III. (von Bayern) (1440–1448) und Christians I. (1448–1481). Für Erik konstatiert er dabei ein sehr enges Zusammenwirken mit König und später Kaiser Sigismund (1411–1438), das sich unter anderem in dessen zwei zugunsten des dänischen Königs gefällten schiedsrichterlichen Entscheidungen von 1415 und 1424 äußerte.[49] Als weitere Besonderheiten der Beziehung hebt Niitemaa die verschiedenen Vermittlungsversuche Sigismunds im Konflikt zwischen König Erik und den Städten hervor. Dabei vermerkt er als besonderes Paradoxon der Situation, dass die zum Reich gehörigen Städte in diesem Streit den römischen König als obersten Richter ablehnten.[50] Die Fragen, die Niitemaa in seinem Werk berührt, bieten für die vorliegende Arbeit mehrere Anknüpfungspunkte.

Neben der Außenpolitik wurde auch die innenpolitische Stellung König Eriks in der Forschung nach 1945 um neue Perspektiven und Themen erweitert. Dabei spielen besonders zwei von ihnen für das hier verfolgte Forschungsziel eine Rolle: die Städte- und Handelspolitik sowie das Unionskönigtum an sich. In der dänischen Forschung herrscht Uneinigkeit in der Frage, ob König Erik eine gezielte Städte- und Handelspolitik verfolgte.[51] Doch hat besonders die Arbeit von Ralf-Gunnar Werlich zur Städtepolitik Eriks dieser Diskussion einen neuen Schub verliehen.[52] Nach Werlich lässt sich sowohl aus den insgesamt 48 erhaltenen Stadtprivilegien, die teilweise neue Stadterhebungen mit sich brachten, als auch aus seinen Verordnungen eine deutliche und

---

47 *Krüger*, Dänische Könige (2009), 9–34.

48 *Niitemaa*, Kaiser (1960). Einige Aspekte der wirtschaftlich-rechtlichen Hintergründe sind auch eingeflossen in *Ders.*, Strandrecht (1955). Er wird sehr früh rezipiert durch *Brandt*, Anteil (1979), bes. 43 Anm. 19.

49 *Niitemaa*, Kaiser (1960), 117–120 (zum allgemeinen Verhältnis zwischen den beiden Herrschern), 124–128 (zur Entscheidung von 1415), 149–158 (zur Entscheidung von 1424).

50 *Niitemaa*, Kaiser (1960), 182: „Die Lage war eigentlich recht paradox: Städte, die zum Kaiserreich gehörten, wollten ihren eigenen Herrn nicht als Richter anerkennen und beriefen sich sogar hinsichtlich ihrer kriegerischen Verdienste auf die Legaten des Papstes, während der König der außerhalb des Kaiserreiches stehenden Nordischen Union das Oberhaupt des Kaiserreiches als Richter haben wollte.“

51 Von einer solchen gezielten Förderung ging aus: *Arup*, Danmarks Historie (1932), 195. Gegen eine solches Zielbewusstsein sprachen *Bruun*, Biskop (1961), bes. 455, und *Hørby*, Tiden (1980), 157.

52 *Werlich*, Königtum (1989).

bewusste Förderung der dänischen Kaufleute erkennen. Diese wurden so gegen fremde Kaufleute sowie gegen Bauern und Adel geschützt.[53]

Eine Neuinterpretation erfuhr auch die Union von Kalmar: Wurde deren Entstehung in der älteren skandinavischen Forschung als bewusste Strategie gegen den übermächtigen Einfluss der Hanse gewertet, so stellt sich die Situation, am Detail geprüft, oft vielschichtiger dar. Lübeck und andere Städte konnten ebenso oft als Bündnispartner und Unterstützer auftreten wie als Gegenspieler der Union je nachdem, in welchem Umfang die Handelsfreiheiten gesichert oder gefährdet waren.[54]

Die inneren Verhältnisse der Kalmarer Union und deren Interaktion mit den Städten des südlichen Ostseeraums thematisierten unter anderem Aksel E. Christensen[55] und Jens E. Olesen. Letzterer widmete sich – besonders in seiner Arbeit zur Geschichte des dänischen Reichsrates – dem Ende der Regierungszeit König Eriks, dessen Absetzung und der Installierung seines Verwandten Christoffer von Pfalz-Neumarkt bzw. Christoffer III. (von Bayern) als Nachfolger, woran Lübeck besonderen Anteil hatte. Im Vordergrund der Betrachtung stehen vor allem die Möglichkeiten und Grenzen königlicher Autorität sowie die Zusammensetzung und Wirksamkeit des Reichsrates.[56]

Schon eingangs wurde im Zusammenhang mit den Anfängen der Hansegeschichtsforschung angedeutet, wie eng die Untersuchung der Beziehungen zu Dänemark mit der Frage nach dem Charakter der Hanse verbunden ist. Die verschiedenen Perspektivwechsel nach 1945 haben das Bild der Hanse bereits gewandelt und die Existenz einer Blütezeit in Frage gestellt. Diese Richtung hat nach 1989 noch einmal neuen Auftrieb erhalten, was besonders mit einer Lösung von nationalen Untersuchungskriterien verbunden war. Schon Brandt definierte die Hanse eher aus ihren wirtschaftlichen Interessen heraus, die „jeweils nur insoweit existierte und im Einzelfall handlungsfähig war, als sich die Interessen der Einzelstädte oder einzelnen Bürgerschaften tatsächlich deckten".[57] Dieser Einschätzung ist auch die moderne Hanseforschung gefolgt, die den eher lockeren und zweckorientieren Zusammenhalt des Verbundes aus verschiedenen Perspektiven heraus bestätigt hat:[58] So präsentiert sich „Hanse" zunächst bis um die Mitte des 14. Jahrhunderts in der Form reisender

---

53 *Werlich*, Gott (1995).

54 So schon *Brandt*, Hanse (1979), 25–31; zur Forschungsgeschichte und Einschätzung: *Wernicke*, Hanse (1997), 171–198; knapper: *Auge*, Integrationsmodell (2005), 517, Anm. 29.

55 *Christensen*, Kalmarunionen (1980).

56 *Olesen*, Rigsrad (1980). Einzelstudien zu verwandten Themen: *Ders.*, Lübeckische Bürgermeister (1998); *Ders.*, Doppelte Königswahl (1992); *Ders.*, Erich (1997); *Ders.*, Governmental System (1995).

57 *Brandt*, Hanse (1979), 16.

58 *Hammel-Kiesow*, Hanse (2014), 10: „Die Hanse war eine Organisation von niederdeutschen Fernkaufleuten einerseits und von rund 70 großen und 100 bis 130 kleinen Städten andererseits, in denen diese Kaufleute das Bürgerrecht besaßen." Zu regionalen Eigenheiten z. B. der süderseeischen Städte: *Henn*, Kommunikative Beziehungen (2002).

Kaufleute aus verschiedenen Städten des niederdeutschen Raumes, die in den Ländern des Nord- und Ostseeraums, insbesondere in Brügge, London, Bergen und Nowgorod, Handelsniederlassungen begründeten und dazu den Schutz der jeweiligen Herrscher erlangten. Dabei lassen sich schon im 12. und 13. Jahrhundert fest umrissene Städtegruppen nachweisen, deren Kaufleute in den Genuss dieser Privilegien gelangten.

Die eigentliche „Hanse" wird erst im Zusammenhang mit der Flandernblockade 1356 greifbar, woran sich innerhalb weniger Jahre der Konflikt mit Valdemar IV. anschloss. Insbesondere die kurze Abfolge mehrerer Auseinandersetzungen um den Schutz der Privilegien wird als konstitutiv für die Entwicklung eines hansischen Selbstverständnisses und hansischer Strukturen angesehen.[59] Zuletzt wurde von Stephan Selzer angemerkt, dass die Entstehung dieser Strukturen vielleicht auch als eine Folge der schlechten wirtschaftlichen Lage im späten 14. Jahrhundert anzusehen ist.[60] Den Konflikt mit dem Unionskönig führt er als ein Beispiel für das Sichtbarwerden von Hamburger und Lübecker Interessen an, die von anderen Hansestädten kaum in gleicher Weise wahrgenommen wurden.[61]

Mit den neueren Interpretationen zur Entstehung der eigentlichen Hanse sind auch die Studien von Thomas Behrmann verbunden. In seiner Habilitationsschrift untersuchte er neben den Beziehungen der Hanse zu den englischen und flandrischen Herrschern auch das Verhältnis zu Dänemark. Die Arbeit ordnet sich in die Forschungen über Rituale und Zeremonien im engeren sowie zur pragmatischen Schriftlichkeit im weiteren Sinne ein. Für die Analyse wählte Behrmann drei Untersuchungsfelder: das gegenseitige Anredeverhalten, den personalen diplomatischen Verkehr und schließlich den schriftlichen diplomatischen Austausch.[62]

Nachdem er im zweiten Kapitel seiner Monographie eine wachsende Distanz zwischen den dänischen Herrschern und den städtischen Abgesandten beobachten konnte,[63] formuliert er in der Einleitung zum dritten Kapitel: „Die Schrift ist auf der Ebene der hansestädtischen Ratsgremien und weit mehr noch an den auswärtigen Herrscherhöfen stets nur eine abgeleitete, nachgeordnete Größe. Die Repräsentanten der Städte werden auswärts von Schreibern begleitet, auch wenn dies in den Personenlisten der Rezesse und Berichte nur selten zum Ausdruck kommt. (...) Das Medium

---

59 Schon *Dollinger*, Hanse (2012), 76–83 sieht an diesem Punkt die Wende von der Kaufmanns- zur Städtehanse. *Hammel-Kiesow*, Hanse (2014), 64–66 stellt anhand der Fremd- und Selbstbezeichnungen einen langsamen Wechsel in der Wahrnehmung fest. „Die Hanse entsteht in der Flandernblockade" zuletzt bei *Selzer*, Mittelalterliche Hanse (2010), 50. Zum Niederschlag in der Selbstbezeichnung der Kaufleute: *Behrmann*, Herrscher (2004), 46 f.

60 *Selzer*, Mittelalterliche Hanse (2010), 44 f.

61 *Selzer*, Mittelalterliche Hanse (2010), 68–70.

62 *Behrmann*, Herrscher (2004), passim.

63 *Behrmann*, Herrscher (2004), 197–208 und als synthetisierender Vergleich zwischen den Verhältnissen in England und Dänemark in *Behrmann*, Verhaltensformen (2002), 96 (Fazit).

Schrift steht also im Regelfall zwischen dem Herrscher und den Hansestädten. Dies gilt ganz besonders, wenn die betreffenden Texte nicht ausschließlich der Kommunikation dienten (– wobei wir die einschlägige Korrespondenz auf ihre Aussagen zum Anredeverhalten bereits analysiert haben –), sondern wegen ihrer Rechtsinhalte ein erhebliches Maß an Fachkompetenz voraussetzen."[64] Danach verengt er diese Problematik auf die Entstehung der „Privilegien" und die Verhandlungen um deren Bestätigung. Dabei bezieht er sich hauptsächlich auf den Einsatz juristisch gebildeter Personen. Diese spielten aber in den dänisch-hansischen Beziehungen des frühen 15. Jahrhunderts eine geringere Rolle als in anderen europäischen Räumen. Darüber hinaus stellt er gerade für die Zeit Eriks VII. von Dänemark die These auf, dass die Städte im Gegensatz zum König Schriftlichkeit im politischen Kontext eher reaktiv verwendeten und „moderne" Formen, wie z. B. Notariatsinstrumente, nur nach langem Widerstand nutzten.[65] Diese These Behrmanns soll in der vorliegenden Studie problematisiert und überprüft werden.[66]

Zuletzt müssen noch die in jüngerer Zeit erschienen Aufsätze von Markus Hedemann erwähnt werden, die sich einerseits einzelnen Kernelementen der Auseinandersetzung um Schleswig, und andererseits dem Verhältnis zwischen König Erik und den Hansestädten bis zum Jahr 1423 widmeten.[67] Hedemann konzentrierte sich dabei besonders auf die früheren Jahre von König Eriks Regierungszeit sowie auf die rechtlichen Rahmenbedingungen. Seine Arbeiten bilden daher eine wichtige Grundlage für die vorliegende Untersuchung, deren Schwerpunkt auf den Jahren 1423 bis 1435 liegen wird.

1.3 Quellengrundlage

Die Mehrzahl der Quellen aus dem Untersuchungszeitraum ist im Urkundenbuch der Stadt Lübeck (LUB) und in den „Recess(n) und andere(n) Akten der Hansetage" (HR) ediert.[68] Daher bilden diese Editionen zur hansischen Geschichte die Basis für die vorliegende Arbeit.[69] Sie enthalten jedoch nicht immer alle wünschenswerten Informationen zu den originalen Dokumenten. Zudem sind auch Entstehungszusammenhänge

---

64 *Behrmann*, Herrscher (2004), 213.

65 *Behrmann*, Herrscher (2004), 285.

66 In *Behrmann*, Langer Weg (2002), 433–467, hat dieser selbst am Beispiel der Entstehung der Hanserezesse als Quellengattung recht klar gezeigt, dass schon ab der zweiten Hälfte des 14. Jahrhunderts Schriftlichkeit sehr gezielt verwendet wurde.

67 *Hedemann*, Ofendommen (2007); *Ders.*, To eren (2010), 141–187; *Ders.*, Unionsbrevet (2011); *Ders.*, Aufhebungsverfahren (2012).

68 Hanserecesse, Abt. 1. Ed. *Koppmann* = HR I, 5–7; Hanserecesse, Abt. 2. Ed. *von der Ropp* = HR II, 1; Urkundenbuch der Stadt Lübeck. Ed. *Verein für Lübeckische Geschichte* = LUB 5–8.

69 Benutzt wurden besonders LUB und HR. Die vollständige Edition des DD reicht bis ins Jahr 1412 (DD IV, 1–12, davon 8–12 nur digital, erschließbar über http://diplomatarium.dk/konkordans). Die

und Kriterien für die chronologische Einordnung nicht in jedem Fall eindeutig nachvollziehbar. Dies gilt besonders für die Hanserezesse, die durch ihre Struktur und die systematische Sortierung des Materials einen Überlieferungszusammenhang herstellen, gelegentlich aber auch zerstören. Die Gründe dafür liegen in der Orientierung an den Reichstagsakten und im Problem der Materialbewältigung, welches für alle Editionen des 15. und frühen 16. Jahrhunderts existiert.[70] Doch haben die Editoren damit eine (Re-)Konstruktion der Abläufe vorgegeben, die gelegentlich hinterfragt oder zumindest geprüft werden muss. Daher besteht der erste Arbeitsschritt der vorliegenden Untersuchung in einer kritischen Prüfung der archivalischen Quellen. Auf Grund der Materialfülle musste diese aber auf die Archive in Lübeck und København beschränkt bleiben. Die Überlieferungssituationen anderer Städte oder Gruppen, wie die des Deutschen Ordens, kann nur kursorisch angesprochen werden: sei es aufgrund der spärlichen Befunde oder aufgrund ihrer Komplexität.

Schon die Bestände des Dänischen Nationalarchivs (DRA) in København und damit verbunden auch des Archivs der Hansestadt Lübeck weisen zahlreiche Komplikationen auf. So erfuhr das dänische Archiv in den 1990er Jahren eine komplette Neusortierung der mittelalterlichen Bestände bis 1450: Alle Pergamentbriefe sind seit 1980 in einer allgemeinen als „Ny kronologisk række" (NKR) bezeichneten „Middelaldersamlingen" zusammengefasst. Die Erschließung der früheren Provenienzen

---

Bände der fünften Reihe werden bestandsweise und fortlaufend in einer rein digitalen Edition veröffentlicht. Die Urkunden besitzen eine eigene Signatur, bestehend aus „Tagesdatum" + „laufende Nr." (z. B. DD, Nr. 14230615001 (oder http://diplomatarium.dk/dokument/14230615001, zuletzt eingesehen am 31.10.2017). Die digitale Edition befindet sich aber noch im Entstehungsprozess. Im Unterschied zu den früheren Bänden sind die Überlieferungsnachweise stark reduziert. Daher bleiben die vorhandenen älteren Editionen maßgebend.

70 Die Orientierung an den Reichstagsakten gilt besonders für das „Auseinandernehmen" von Rezesshandschriften, bei denen der Rezess als Hauptdokument (B) aufgeführt und Briefe, die ebenfalls in einzelnen Handschriften zu finden waren, davon getrennt als „Beilagen" (C) behandelt werden. Diese zielte darauf ab, die Fassungen von verschiedenen Handschriften und eventuell vorhandene Originale/Konzepte parallel darstellen zu können.

bzw. Pertinenzen des Königlichen Geheimarchives kann einerseits über das Folioregister 230[I],[71] andererseits mit Hilfe des Repertorium Diplomaticum Regni Danici Mediævali[72] erfolgen. Damit die in den 1990er-Jahren durchgeführten Veränderungen nachvollziehbar bleiben, befindet sich im Anhang eine Konkordanz.[73]

Für die Überlieferung ab 1450 gilt weiterhin die Ordnung vom Anfang des 19. Jahrhunderts[74], die in den 1920er Jahren von Kristian Erslev noch einmal überarbeitet worden ist.[75] Diese klassifizierte den Bestand des Königshauses nach verschie-

---

71 Ny kronologisk række – 1450, DRA, Folioreg. 230[I]. Das Register basiert auf einem von Kristian *Erslev* erstellten „Kronologisk Fortgenelse over Rigsarkivets Pergamentsbreve og ældre Papirsbreve" von 1922. Es liegt in einer Kopie von 1975 vor, welche das maschinengeschriebene Vorwort von Kristian *Erslev* (1922) sowie weitere handschriftlichen Bemerkungen von 1937 und 1966/67 enthält.

72 Rep. verzeichnet nicht nur die ursprünglichen Aufbewahrungszusammenhänge, sondern bietet auch Informationen zu Abschriften und Aufnahme in Archivregistraturen. Aufgabe des Repertoriums war die Verzeichnung aller Briefe, die „hører hjemme i Middelalderens Danmark", unter Einbeziehung der schonischen Provinzen und Südjütland – „hører hjemme" ist in archivalischer Hinsicht gemeint: alle Briefe, die nach Dänemark eingegangen sind, die in den dortigen Archiven aufbewahrt wurden.

73 Siehe Anhang 8.1.1 Konkordanzen und Verzeichnisse der Bestände im DRA. Diese Konkordanz betrifft die Bestände „Lybeck og Hansestæderne" und „Slesvig", wobei die Dokumente bis zum Jahre 1412 durch das DD abgedeckt sind.

74 Am 16. Mai 1806 macht der damalige Leiter des Archivs Grimur Jónsson Thorkelin Vorschläge zur systematischen Sortierung der Bestände des Archives, die in der Folgezeit übernommen worden sein muss, denn sowohl die Systematik des Gemeinschaftlichen Archivs als auch die Unterkategorien der Bestände des Königshauses haben für die Urkunden, die nach 1450 entstanden sind, teilweise bis heute Gültigkeit. So enthielt seine Vorschlagsliste als Nr. 9 „Alle de Sager, som angaae Kongens Rettigheder til Norge og Hertugdømmerne", die ihre moderne Entsprechung in den Signaturen DRA, Kongehuset D 9 Norge (z. B. Nr. 52: 1456, Aug. 31: Sühne des Kaufmanns in Bergen für den Tod von Olav Nielsen, bezeugt durch den Bischof Sigward von Stavanger und Propst Alf der Apostelkirche) und NRA dipl. D 9 No. findet. *Jørgensen*, Udsigt (1884), Anhang 62, 268–269. Zu dem Isländer Thorkelin außerdem: *Kornerup*, Thorkelin (1983). Zum Transfer der Dokumente aus dem DRA ins NRA: DRA, Fortegnelse over film af arkivalier afleveret til Riksarkivet i Norge i følge traktaten af 21. maj 1991, von 1996.

75 *Erslev*, Meddelelser (1916–1920), 27–29 legt das grundsätzliche Problem dar, dass der gesamte mittelalterliche Bestand des Archives ohne Rücksicht auf Herkunft und Zusammengehörigkeit in verschiedene Reihen zusammengetragen war, und stellt die neue Erfassung unter Berücksichtigung der Herkunftsarchive vor. Für die Bestände des ursprünglichen königlichen Geheimarchives schlägt er folgende Sortierung vor (29): „A Kongehuset, B Statens Forfatning, C. Statens indre Styrelse; D. Forholdet til særlig stillede Landskaber (Sleswig); E. Forholdet til Udlandet; F. Fyrstelige Arkiver (z. B. Fællesarkiv)". *Erslevs* Systematik ist aus dem „Kronologisk Fortgenelse over Rigsarkivets Pergamentsbreve og ældre Papirsbreve" ersichtlich. Zu Überlegungen im Vorfeld: *Secher*, Proveniens-(Hjemmehøs-)Principet (1906), 205 f.

denen Betreffen, von denen vor allem „Lybeck og Hansestæderne" (heute Kongehuset E Hansestæderne) für das Hansische Urkundenbuch und die Hanserezesse genutzt wurden.[76]

Neben der NKR enthält auch die Abteilung „Tyske Kancelli Udenrigske Afdeling (TKUA)" Materialien zu dem Konflikt. Die *Tyske Kancelli* wurde im Laufe des 15. Jahrhunderts etabliert und war für die deutsche und lateinische Korrespondenz, d. h. mit dem römisch-deutschen Reich, den westeuropäischen Ländern, Italien und der Kurie, zuständig.[77] Bei den Akten aus der Zeit Eriks VII. von Dänemark ist die Zuordnung zum Archiv dieser Kanzlei eine relativ neue Entscheidung. Dies wird z. B. aus der früheren Archivsignatur deutlich, nach welcher die betreffenden Dokumente noch dem Bestand „Lybeck og Hansestæderne" zugeordnet waren.[78]

Darüber hinaus müssen die Dokumente erwähnt werden, die aus fremden Provenienzen[79] in das Archiv gelangt sind. Dazu zählen vor allem Urkunden und Briefe, die laut Provenienznachweisen des DRA[80] aus dem Lübecker Senatsarchiv in die Sammlung des Baron Otto Thott gelangt und später dem Dänischen Reichsarchiv übergeben wurden. Einige dieser Dokumente sind infolge ihrer Odyssee den Herausgebern der verschiedenen Editionen zur Hansegeschichte entgangen. Zudem sei noch festgehalten, dass der innere Zusammenhalt dieser Archivalien bzw. ihr eigentümlicher Charakter als Fremdbestand nach der Anlage der „Ny kronologisk række" teilweise verloren gegangen ist. Sie fallen aus dieser Reihe höchstens noch dadurch heraus, dass sich unter ihnen eine beträchtliche Zahl an Papierdokumenten befindet.[81]

Für einige wenige Sachverhalte muss auch die historiographische Überlieferung zu Rate gezogen werden, da sie gelegentlich Informationen über Urkunden oder Briefe enthalten kann und diese auch wertend interpretiert. Auch hier liegt der Schwerpunkt bei der Lübecker Überlieferung, aus welcher gleich drei Werke den fraglichen Zeitraum abdecken: die *Chronica Novella* des Hermann Korner und einige ihrer niederdeutschen Fassungen, die sogenannte Rufus-Chronik sowie der erste Teil der Lübecker Ratschronik.[82]

---

76 Dabei griffen die Herausgeber jedoch in einer ganzen Reihe von Fällen auf Vorlagen zurück, vgl. HR II, 1, XX-XXI.

77 Vgl. dazu Kap. 2.1.1.

78 Vgl. dazu 2.1.1 und Anhang 8.1.1 a).

79 *Gelting*, Arkivalier (1983), 61 (Verzeichnis), 487 (Lübeck stadsarkiv). Vgl. auch *Erslev*, Rigsarkivet (1923), 85.

80 Die Provenienz der Dokumente wurde als „Samling Thott" + Fol. im chronologischen Gesamtkatalog des Archivs verzeichnet. Urkunden und Akten bis 1450 waren unter „Fremmed Proveniens Stadsarchiv Lübeck" als Nr. 1–14 eingeordnet. Alle späteren befinden sich in DRA, 582, Fremmed proveniens Lübeck stadsarkiv, 1470–1614: Hanserecesse og div. Akter. Vgl. dazu auch *Erslev*, Meddelelser (1922), 28.

81 Es handelt sich dabei um acht der insgesamt dreizehn Dokumente: DRA, NKR, Nr. 2769, 3031, 3315, 3334a, 3444, 3451, 3452, 3621. Vgl. Kap. 2.2.1 und die Tabelle im Anhang 7.1.1 c).

82 Korner, Chronica. Ed. *Schwalm*; Rufus-Chronik II; Lübecker Ratschronik I.

1.4 Theoretische Einordnung

Dieses Buch widmet sich den Auseinandersetzungen zwischen König Erik von Dänemark und den hansischen Städten im südlichen Ostseeraum, wobei die Jahre 1423 bis 1435 den chronologischen Schwerpunkt bilden sollen. Das Interesse gilt besonders der schriftlichen Überlieferung zu diesem Konflikt und den Funktionen, welche die Dokumente sowie das Medium Schrift dabei erhalten konnten. Wie im vorherigen Kapitel angedeutet, handelt es sich um einen sehr heterogenen Quellenbestand, der verschiedene Urkundenformen, Briefe, Abschriften und Konzepte umfasst. Nicht jedem dieser Schriftstücke kommt die gleiche Bedeutung zu, aber jedes liefert Indizien für Informationsflüsse, Handlungsabsichten und damit für den Umgang mit der Schrift an sich. Um diese angesprochenen Elemente analysieren zu können, ist es zunächst notwendig, die Begriffe, mit denen nachfolgend operiert wird, etwas klarer zu definieren. Zudem sollen die Forschungsfelder skizziert werden, denen die Arbeit zuzuordnen ist.

1.4.1 Kommunikation und Kommunikationspraxis

Im Mittelpunkt der Untersuchung stehen die Formen der Kommunikation, die mit schriftlichen Dokumenten in Beziehung stehen. Aufgrund der zahlreichen, sehr unterschiedlichen theoretischen Bezugsrahmen ist eine etwas genauere Eingrenzung der Untersuchungsansätze notwendig.[83]

Schon die Frage nach dem eigentlichen Modell für Kommunikation führt zu unterschiedlichen Ergebnissen, je nachdem ob die Annäherung über den Weg der mathematisch-kybernetischen Kommunikationstheorie[84], der Soziologie[85], oder der Sprach- und Literaturwissenschaft[86] erfolgt. Das grundlegende Modell umfasst fünf Komponenten: die Seite des Autors (Sender, Auftraggeber, Kommunikator, Absender), das Publikum (Rezipient, Empfänger), die Mitteilung (Quelle, Inhalt, Information), das Medium als die Form der Vermittlung (Kanal) sowie die Wirkung (Verwertung). Mitteilung und Wahl des Mediums gehen vom Autor aus, der damit auf eine bestimmte Wirkung beim Publikum abzielt. Die Wirkung auf der Seite des Rezipienten bedingt sich aus dessen Verständnis der Mitteilung und des Mediums.[87] Der Akt

---

83 *Pohl*, Einführung (1989), 7; *Henn*, Kommunikative Beziehungen (2002), 33. Die genaue theoretische Verortung des Kommunikationsbegriffes hängt jeweils vom Bezugsrahmen und der Disziplin ab.
84 Z. B. *Hartley*, Transmission (1928), passim; *Schannon/Weaver*, Mathematical Theory (1949); *Wiener*, Kybernetik (1963). Dazu auch *Pohl*, Einführung (1989), 8.
85 Z. B. *Lasswell*, Structure (1964), 37.
86 *Jakobson*, Linguistic (1987), passim.
87 *Lasswell*, Structure (1964), 37; *Poensgen*, Kommunikation, (1978), 466–477, 466; *Pohl*, Einführung (1989), 9. Zur Wirkungsforschung: *Iser*, Appellstruktur (1970).

der Kommunikation wird dabei in drei Ebenen beschrieben.[88] Die Grundlage bildet eine gemeinsame Syntax, welche die Verständigung durch verbale oder auch nonverbale Sprachregeln ermöglicht. Die zweite Ebene umfasst die Semantik, die sinntragenden Zeichen und die ihnen zugeschriebenen Bedeutungen.[89] Diese Zeichen sind auf einer dritten, pragmatischen Stufe mit Bedeutung für die am Kommunikationsakt beteiligten Akteure verbunden. Dabei liegt der Schwerpunkt auf dem „Ausdrucks-, Mitteilungs- und Wirkungswillen des Sprechers und auf (den) Reaktionen des Hörers."[90]

Für die vorliegende Untersuchung ergibt sich aus dieser Differenzierung die Beobachtung, dass die Analyse der verschiedenen Kommunikationselemente, insbesondere der „Medien" und der „Wirkung", eng mit der Untersuchung von Sprache bzw. Texten zusammenhängt.[91] Daher orientiert sie sich an den modernen Ansätzen der Sprachwissenschaft, welche Entwicklung und Wandel von Sprache in einen Zusammenhang mit gesellschaftlichen Entwicklungen stellt. Als zentrale Themenfelder werden dabei die Mediengeschichte und die Textsortenentwicklung berührt,[92] in welche auch die Textproduktion und die „Interaktionsbedingungen" der daran beteiligten Personen hineinspielen.[93]

---

88 Im Unterschied dazu hat *Jakobson*, Linguistic (1987), 83, ein Modell aus sechs Komponenten entwickelt. Es handelt sich um eine Erweiterung und Präzisierung des 1934 von *Bühler*, Sprachtheorie (1999), 28–30 entworfenen Organogramms zum Sprechakt. Jacobson stellte neben Sender, Empfänger und Nachricht noch Kontext, Kontakt und „Code" als konstituierende Elemente der Kommunikation. Der „Kontakt" entspricht dabei grundsätzlich dem „Medium" des kommunikationstheoretischen Modells. Der „Kontext" bietet einen Referenzrahmen, der „Code" die grundsätzlichen Verständigungsmöglichkeiten für die Kommunikation. Mit diesen einzelnen Komponenten verbindet er zugleich feste Sprachfunktionen. Diese Entsprechungen lauten: Kontext und referentielle bzw. kognitive Sprachfunktion, Sender und emotive bzw. ausdrucksvolle Sprachfunktion, Empfänger und konative bzw. weisende, befehlende Sprachfunktion, Kontakt und „phatische" Sprachfunktion, die der Kontaktaufnahme dient, Code und metalinguale Sprache, die der Verständigung über die richtig verstandenen Inhalte dient, Nachricht und „poetische" Sprachfunktion. Unter diese letzte Funktion fallen rhetorische Figuren, Lautmalerei, Sprachrhythmus etc.
89 Der Wandel von Sprache bzw. Bedeutungen ist Gegenstand der Historischen Semantik: *Fritz*, Historische Semantik (1998), 4–7; *Busse*, Historische Semantik (1987), 15 f.
90 Zu den Kommunikationsebenen: *Dieckmann*, Sprache (1975), 12, teilweise Zit. Zur Unterscheidung zwischen Semantik und Pragmatik auch *Fritz*, Historische Semantik (1998), 9 auf der Grundlage von *Gloning*, Bedeutung (1996), 264–266. Demnach lässt sich Semantik als Theorie der Bedeutungsregeln und Pragmatik als Theorie der Besonderheiten des Gebrauchs verstehen.
91 Wirkungsforschung: *Iser*, Appellstruktur (1970).
92 Hierzu: *Meier*, Städtische Kommunikation (2007), 127. Zur Definition von Sprachwissenschaft: *Polenz*, Deutsche Sprachgeschichte (2000), 9 sowie 114–116. Zum Verhältnis von Sprachwandel und Textsorten: *Schrank*, Ansätze (1984), passim; *Steger*, Sprachgeschichte (1984), 284–300. Zu den Textsorten im Mittelniederdeutschen und im Hanseraum: *Meier/Möhn*, Textsorten (2000), bes. 1471–1475.
93 *Meier*, Städtische Kommunikation (2007), 128. Zu den Dimensionen der Textproduktion: *Jakobs*, Umgang (1999); *Lehnen/Gülich*, Mündliche Verfahren (1997).

Im Kontext dieses sprachgeschichtlichen Ansatzes entwickelte Jörg Meier ein Erklärungsschema für eine historische Textlinguistik. Es orientiert sich zwar am Grundmodell der Kommunikation, wird aber um Elemente erweitert, die speziell auf die Problematik schriftlicher Zeugnisse zugeschnitten sind.[94] Grundlegend ist hierbei die vorausgesetzte Zusammensetzung von Texten aus verschiedenen Bedeutungsebenen. Das von Meier entworfene Modell trägt nicht nur den verschiedenen Einflussmöglichkeiten auf einen Text und dessen Form Rechnung, wie dem historisch-gesellschaftlichen Diskurs und der konkreten Situation. Es bietet auch Spielraum für eine Ausdifferenzierung verschiedener an der Textproduktion beteiligter Personen, die nicht unbedingt als ein eindeutig identifizierbarer Absender greifbar sein müssen. Als einen besonderen Faktor innerhalb des Modells hebt Meier selbst die Textarchitektur hervor: „Es kann davon ausgegangen werden, dass die zugrunde liegenden Textmuster den Kommunikationspartnern in einem konkreten historisch-gesellschaftlichen Diskurs bekannt sind und dass sie vor jeder Entscheidung, die eine Textgestaltung betrifft, zunächst aus dem Angebot der kommunikativen Möglichkeiten das für einen entsprechenden Anlass geeignete Muster wählen. (...) Die Textproduzenten und -rezipienten einer Kommunikationsgemeinschaft entscheiden sich durchaus bewusst für oder gegen eine bestimmte Textform, wohingegen sprachliche oder gar grammatikalische Entscheidungen, die den Text betreffen, eher sekundär sind."[95] Diese Hypothese lässt sich für die vorliegende Studie nutzbringend als Fragestellung anwenden.

Die historische Textlinguistik wird von Meier auf die Analyse der generellen kommunikativen Praxis in der vormodernen Stadt angewandt. Sie lässt sich aber auch auf einzelne Textsorten und deren Entwicklung anwenden. Dabei dienten insbesondere mittelalterliche Briefe als ein wichtiges Untersuchungsfeld.[96] Doch auch spezifische Urkundenformen, wie Testamente, wurden bereits aus dieser Perspektive betrachtet.[97] Auf jeden Fall liefern die Textsortenentwicklung und damit die Sprachgeschichte Kriterien, nach denen die Funktionen schriftlicher Dokumente erfragt werden können.

Von dieser eher mediengeschichtlichen Annäherung an das Phänomen „Kommunikation" hebt sich die soziologisch ausgerichtete Perspektive ab, die Kommunikationsgeschichte als die Geschichte sozialer Praktiken betrachtet, „durch die Gesellschaften ihre Ordnung im Laufe der Jahrhunderte konstituiert, stabilisiert und

---

94 *Meier*, Städtische Kommunikation (2007), 132, Abb. 1. Grundlegend für seinen Ansatz: *Ders.*, Städtische Kommunikation (2004).

95 Zit. *Meier*, Städtische Kommunikation (2007), 132.

96 Grundlegende Einführungen zur mittelalterlichen Brieflehre: *Camargo*, Ars (1991); *Constable*, Letters (1976); *Murphy*, Rhetoric (1974); *Herold*, Empfangsorientierung (2003); *Herold*, Interpretation (2007). Einzelstudien: *Holzapfel*, Kanzleikorrespondenz (2008).

97 *Bieberstedt*, Textstruktur (2007).

reproduziert haben."[98] Diese Scheidung zwischen Mediengeschichte und eigentlicher Kommunikationsgeschichte nahm Volker Depkat vor. Dabei formuliert er als Ziel seiner Überlegungen, dass sich die Geschichte der Medien damit in einen übergreifenden, konzeptionellen Rahmen einordnen ließe.[99] Als mögliche theoretische Ansätze stellte er die Theorie des kommunikativen Handelns von Jürgen Habermas und die Systemtheorie von Niklas Luhmann zur Diskussion.

Luhmanns Theorie liegt das aus der Biologie entnommene Konzept von selbstreferentiellen und sich selbst erhaltenden Funktionseinheiten, d. h. Systemen, zugrunde, das er auch zur Beschreibung sozialer Gegebenheiten anwandte.[100] Dabei stellt die Gesellschaft ein Gesamtsystem dar, dass sich aus einzelnen, getrennt voneinander operierenden Teilsystemen zusammensetzt, die wiederum ihre spezifischen Medien und Codes der Interaktion besitzen. Soziale Systeme bilden sich hierbei durch Kommunikation. Diese dient zur Abgrenzung gegenüber der Umwelt und liefert den Systemen gleichzeitig die Möglichkeit, sich selbst und ihre Umwelt beobachten zu können.[101] Darüber hinaus handelt es sich bei Kommunikation gleichfalls um ein autopoetisches System, das auf dauerhafte Fortsetzung ausgerichtet ist. Da mit dem Gegenstand der vorliegenden Studie kein fest abgrenzbares soziales Gebilde, wie eine Stadt oder ein Hof, vorliegt, ergeben sich aus Luhmanns Systemtheorie in diesem Fall keine sinnvollen Anknüpfungsmöglichkeiten.[102]

Die theoretischen Grundlage für die von Jürgen Habermas konzipierte Typologie des kommunikativen Handelns ergeben sich aus der Sprachwissenschaft, wobei sein Interesse der Interaktion zwischen den beteiligten Subjekten gilt, die durch Sprechakte oder nonverbale Äußerungen aufgebaut wird.[103] Für Habermas liegen kommunikative Handlungen[104] vor, „wenn die Handlungspläne der beteiligten Aktoren nicht

---

98 Zit. nach *Depkat*, Kommunikationsgeschichte (2003), 9–48, 10.

99 *Depkat*, Kommunikationsgeschichte (2003), 9 f.

100 *Depkat*, Kommunikationsgeschichte (2003), 19: „Systeme sind für Luhmann als aus bestimmten Elementen bestehende und in jeweils spezifischen Operationen gründende, operativ geschlossene Funktionseinheiten, die in Auseinandersetzungen mit ihrer Umwelt auf Selbsterzeugung und Existenzerhaltung gerichtet sind. Systeme entstehen und erhalten sich, indem sie durch ihre Operationen eine Grenze zu der sie umgebenden Umwelt ziehen." Basierend auf *Luhmann*, Soziale Systeme (1984), 22–24, 242–285 zur Unterscheidung der „Welt" in „System" und „Umwelt".

101 *Luhmann*, Soziale Systeme (1984), 191 f.; *Depkat*, Kommunikationsgeschichte (2003), 20.

102 Beispiele für die Anwendung der Luhmannschen Systemtheorie auf historische Fragestellungen am Beispiel von Stadt und Hof: *Goppolt*, Politische Kommunikation (2007); *Hirschbiegel*, Hof (2004), 43–54.

103 *Habermas*, Theorie (1981), Bd. 1, 372–377. Dabei geht er maßgeblich von *Bühler*, Sprachtheorie (1999), bes. 62–69, aus.

104 Basierend auf der Definition von *Weber*, Wirtschaft und Gesellschaft (1980), 3: „Handeln soll ein menschliches Verhalten (...) heißen, wenn und insofern der oder die Handelnde mit ihm einen subjektiven Sinn verbinden." *Habermas*, Theorie, 377–385 zur Auseinandersetzung mit den Handlungstypen bei Max *Weber*.

über egozentrische Erfolgskalküle, sondern über Akte der Verständigung koordiniert werden."[105] Die Verständigung, also die Einigung über die Gültigkeit einer Aussage, ist für Habermas das Grundelement kommunikativen Handelns.[106] Dieses von ihm entwickelte Konzept des kommunikativen Handelns grenzt er gegenüber anderen Formen des Sprachhandelns ab, wie dem strategischen, auf Erfolg abzielenden Handeln, dem normenregulierenden, wiederholenden Handeln sowie dem dramaturgischen, inszenierenden Handeln.[107] Diesen unterschiedlichen Formen des Handelns liegen differenzierte Beziehungen zwischen handlungsfähigen Subjekten und der „Welt" zu Grunde.

Ausgehend vom fundamentalen Sprechakt unterscheidet er drei Ebenen („Welten"), die zur Verständigung berücksichtigt werden müssen. Dabei handelt es sich um die soziale Welt, welche die „Gesamtheit aller legitim geregelten interpersonalen Beziehungen umfasst", die objektive Welt, d. h. die „Gesamtheit aller Entitäten, über die wahre Aussagen möglich sind" sowie die subjektive Welt mit der „Gesamtheit der privilegiert zugänglichen Erlebnisse des Sprechers."[108] Damit Verständigung hergestellt werden kann, muss der Sprechakt im Hinblick auf die soziale Welt „richtig" sein, d. h. dem normativen Kontext entsprechen. Er muss eine wahre Aussage über die objektive Welt machen und die manifesten Intentionen wahrhaftig zum Ausdruck bringen.[109] Das Scheitern der Verständigung kann bereits in der Zurückweisung auf einer der drei Ebenen erfolgen. So ist es möglich, dass ein Sprecher die objektive Wahrheit einer Aussage anzweifelt, auch wenn er diese dem interpersonalen Rahmen gemäß als „richtig" und den Sprecher als „wahrhaftig" einschätzt. Das so beschriebene kommunikative Handeln erfolgt bei Habermas im Rahmen der „Lebenswelt".[110] Sie baut sich aus der Interaktion von mindestens zwei sprach- und handlungsfähigen Subjekten auf und bildet gleichsam den feststehenden Hintergrund einer Kommunikationssituation. Somit ist sie für „Verständigung als solche konstitutiv."[111]

---

105 *Habermas*, Theorie (1981), Bd. 1, 385.

106 *Habermas*, Theorie (1981), Bd. 1, 142 (zum Einsatz der Sprache in diesem Modell), 385 f. Vgl. auch *Depkat*, Kommunikationsgeschichte (2003), 13.

107 Zur Definition der Begriffe: *Habermas*, Theorie (1981), Bd. 1, 142; *Depkat*, Kommunikationsgeschichte (2003), 13.

108 Zit. nach *Habermas*, Theorie (1981), Bd. 1, S.149, siehe aber auch 413 f. (bezogen auf den Sprechakt).

109 *Habermas*, Theorie (1981), Bd. 1, 149, 413. Siehe auch: *Depkat*, Kommunikationsgeschichte (2003), 14.

110 Der Begriff entstammt der transzendentalen Phänomenologie des Philosophen Edmund Husserl. Dieser beschrieb damit die transzendentale Umwelt eines einzelnen erkennenden Bewusstseins, d. h. den Rahmen aller möglichen Wahrnehmungs- und Erfahrungszusammenhänge: *Husserl*, Krisis (1954), 140–145, 176–177. *Habermas*, Theorie (1981), Bd. 2, 182 nahm eine vollständige Neuinterpretation des Begriffes vor.

111 *Habermas*, Theorie (1981), Bd. 2, 192; *Depkat*, Kommunikationsgeschichte (2003), 15.

Habermas' Theorie wurde für Beschreibung und Analyse der modernen Gesellschaft entworfen, deshalb ist ihre Anwendbarkeit auf eine historische Fragestellung immer etwas problematisch.[112] Zudem geht Habermas grundsätzlich von einer zwangs- und hierarchiefreien, auf Rationalität gestützten Gesprächssituation aus und erhebt dafür einen universalen Ansatz. Doch lässt sich sein Konzept des kommunikativen Handelns durchaus für eine historische Fragestellung adaptieren. „Kommunikation wäre dann als konkrete soziale und kulturelle Praxis im Hinblick darauf zu analysieren, wie und ob sie Konsens erzielt, erhält und erneuert, und zwar einen Konsens, der auf der intersubjektiven Anerkennung kritisierbarer Geltungsansprüche beruht."[113] In dieser Arbeit bildet ein Konflikt die Rahmenbedingungen für Handlungen. Deshalb gilt es zu fragen, unter welchen Bedingungen dieses Handeln kommunikativen Charakter hat, d. h. auf Verständigung abzielt und diese herbeiführt, und wann es eher auf Erfolg ausgerichtet ist.

1.4.2 Pragmatische Schriftlichkeit

Jenseits der Theorien und Modelle der Kommunikation sind Schriftstücke als deren Medien ein Gegenstand des Forschungsfeldes „Pragmatische Schriftlichkeit." Dieser Begriff wurde maßgeblich geprägt durch den Münsteraner Sonderforschungsbereich 231[114] und bezieht sich auf die Prozesse, mit denen sich Literalität im Mittelalter ausbreitete und weiterentwickelte. Damit verbunden sind Fragen der Texttypologie, -herstellung und -organisation, die Bewahrung von Schriftstücken und ihre Anwendungsbereiche.[115] „Pragmatische Schriftlichkeit" beschreibt einen grundsätzlichen kulturellen Wandel, der alle Formen der Schriftlichkeit einschließt. Der Umgang mit Urkunden und „Verwaltungsschriftgut", der auch Gegenstand der vorliegenden Untersuchung sein soll, stellte jedoch von Anfang an eine wichtige Forschungsrichtung dar. Insbesondere thematisierten Hagen Keller und Thomas Behrmann am Beispiel italienischer Kommunen die Hinwendung zur Schrift als Rationalisierungsprozess in der Verwaltung.[116]

Einen wichtigen Impuls für die Forschungen in diesem Bereich lieferte die Studie von Michael Clanchy, ein immer noch maßgebliches Standardwerk zur Entwicklung

---

112 Problematisierung des Ansatzes bei *Depkat*, Kommunikationsgeschichte (2003), 24–32.

113 Zit. *Depkat*, Kommunikationsgeschichte (2003), 25.

114 Als Sammelbände erschienen inzwischen: *Keller/Grabmüller/Staubach*, Pragmatische Schriftlichkeit (1992); *Keller/Meier/Scharff*, Schriftlichkeit (1999); *Meier/Honemann/Keller/Suntrup*, Pragmatische Dimensionen (2002).

115 *Meier*, Einführung (2002), XII.

116 *Keller*, Vorschrift (1999), passim; Sammelband: *Keller/Behrmann*, Kommunales Schriftgut (1995).

der Literalität im Mittelalter zwischen dem 12. und dem 14. Jahrhundert. Clanchy entwickelte drei Kriterien für die Ausbreitung von Schriftlichkeit: „making" (die Produktion von Schriftgut), „using" (Benutzung von Schriftgut) und „keeping" (Aufbewahrung von Schriftgut). Erst in der Verbindung dieser drei Faktoren entwickelte sich ein so weitgehendes Vertrauen in schriftliche Dokumente, dass Literalität zu einer bestimmenden Größe des Alltags werden konnte. Dabei entsprangen Lese- und Schreibfähigkeit primär aus den Entwicklungen der Verwaltung, weniger aus einem spezifischen Bildungswunsch oder -ideal.[117] Die These, wonach sich die eigentliche soziale Relevanz von Schriftlichkeit erst in der Einbeziehung ihrer Verwendung und Weiterverwendung ergibt, wurde auch in der deutschsprachigen Forschung rezipiert. Hier fand Clanchys Modell etwa für die Einordnung von Urkunden und Schriftstücken Anwendung, die zur Bekräftigung von Besitzrechten dienten.[118] Sie sind aus dieser Perspektive Bestandteil eines Kommunikationsprozesses zwischen Stifter, Schenker bzw. Verkäufer und Empfänger.[119]

Den allgemeineren Ansatz von Clanchy, der das zunehmende Vertrauen in Schriftlichkeit zwischen dem 11. und dem 14. Jahrhundert für England untersuchte, griff Arnved Nedkvitne in Bezug auf Skandinavien auf. Dort setzte ein vergleichbarer Prozess ab dem 13. Jahrhundert ein und erfasste bis zum 15. Jahrhundert alle Kreise der Bevölkerung.[120] Die Einzelstudie von Nedkvitne steht neben verschiedenen Einzeluntersuchungen, die – oft als Ergebnis von Tagungen – seit 1999 in der Reihe „Utrecht Studies of Medieval Literacy" erschienen.[121] Der hansische Raum wurde im Rahmen dieser Forschungen nur vereinzelt in den Blick genommen.[122]

Grundsätzlich stellen übergreifende Studien zur Entwicklung der Literalität in den hansischen Städten noch ein Forschungsdesiderat dar, gleichwohl wurden einzelne Aspekte pragmatischer Schriftlichkeit bereits thematisiert. So steht die städtische Verwaltungsschriftlichkeit der hansischen Städte im Zentrum des 2006 erschienen Bandes der „Hansischen Studien", der sich vorrangig den Stadtbüchern

---

117 Bei *Clanchy*, From Memory (1993), 2, 3, 19. Einen zweiten wichtigen Faktor sieht er außerdem in der immer wichtiger werdenden Lektüre von Stunden- oder Gebetbücher durch die Laien, insbesondere die Frauen.

118 Auf *Clanchy* beziehen sich: *Hildbrand*, Herrschaft (1996); *Sablonier*, Schriftbesitz (1997), 76–78.

119 So z. B. auch *Kleinjung*, Frauenklöster (2008), 29.

120 *Nedkvitne*, Social Consequences (2004).

121 Sammelbände mit verschiedenen Einzeluntersuchungen: *Mostert*, New Approaches (1999); *Heidecker*, Charters (2000); *Jones*, Learning (2003); *Adamska/Mostert*, Development (2004). In Zusammenarbeit mit dem Münsteraner SFB: *Arlinghaus e. a.*, Transforming (2006); *Schulte/Mostert/Renswoude*, Strategies of Writing (2008). Zuletzt besonders noch: *Dartmann/Scharff/Weber*, Pragmatik (2011).

122 Auf Kölner Material beruhen die Untersuchungen von *Arlinghaus*, Account Books (2006) und *Ders.*, Point of Reference (2008).

widmete.[123] Im hansischen Raum drang Schriftlichkeit bereits ab dem späten 13. Jahrhundert in das städtische Alltagsleben ein. Dies zeigen nicht nur die Anlage von Stadtbüchern[124], sondern auch andere Schriftgutarten wie Testamente. Letztere wurden vorrangig aus sozial- bzw. stiftungsgeschichtlicher Perspektive ausgewertet,[125] stehen aber gleichzeitig für eine vom Rat der Städte eingeforderte, regelnde Schriftlichkeit und sind Indiz für den im 13. und 14. Jahrhundert voranschreitenden Literarisierungsprozess.[126] Sowohl Stadtbücher als auch Testamente liefern jedoch zunächst nur Informationen zur Pragmatik des Schreibens im innerstädtischen Kontext. Die Wirksamkeit von Schriftlichkeit in den Beziehungen der Städte zueinander oder zu auswärtigen Mächten ist damit noch nicht erfasst.

Diese Perspektive nahm vorrangig Thomas Behrmann ein. Am Beispiel der hansischen Rezesse und der Herausbildung ihrer spezifischen Form stellte er z. B. heraus, wie sich in der Entstehung dieser Quellengattung neue Organisationsformen und Handlungsstrategien der Städte spiegeln.[127] In seiner bereits vorgestellten Studie zu den Beziehungen zwischen Hansestädten und auswärtigen Herrschern widmete er sich dem Briefverkehr sowie dem Einsatz von Schriftlichkeit im direkten Kontakt.[128] Er stellte die Frage nach der Pragmatik insbesondere für den Umgang mit den Privilegien und das Vordringen juristischer Argumentationen bei Verhandlungen. Dabei kam er zu dem Ergebnis, dass Verschriftlichung und Verrechtlichung bei den Städten oft als Reaktion auf eine von außen eingeforderte Schriftlichkeit erfolgten.[129] Inwieweit diese Beobachtung zutreffend ist oder relativiert werden muss, soll durch die

---

123 *Sarnowsky*, Verwaltung (2006).

124 Die Forschung zu Stadtbüchern ist sehr reichhaltig und vielfältig, daher kann sie hier nur ausschnitthaft präsentiert werden. Einen Überblick zur Stadtbuchforschung bietet *Speer*, Stand (2013). Zum Entstehungsprozess von Stadtbüchern im Hanseraum: *Petter*, Schriftorganisation (2006) in Bezug auf die Entstehungsprozesse; zu einzelnen Städten: *Graßmann*, Lübecker Stadtbücher (2006); *Sprandel*, Anfänge (2006).

125 Einer sozialgeschichtlichen Fragestellung folgt z. B. *Noodt*, Religion (2000), die dabei nur die Testamente als Quelle verwendet. Für seinen stiftungsgeschichtlichen Ansatz bezieht *Lusiardi*, Stiftung (2000) auch andere Quellenarten wie Stiftungsurkunden in die Betrachtung ein. Der sozialgeschichtliche Stiftungsbegriff wurde maßgeblich definiert von *Borgolte*, Stiftungen (1988). Vgl. auch: *Wagner/Borgolte*, Stiftungen (2000).

126 Dies geht besonders aus dem Aufbewahrungsverhalten des Rates bei Testamenten hervor: Regesten der Lübecker Bürgertestamente. Ed. *Brandt*, Bd. 1, 6 f.; dazu auch *Bieberstedt*, Textstruktur (2007), bes. 29-31. Zur allgemeinen Entwicklung städtischer Schriftlichkeit aus verwaltungsgeschichtlicher Perspektive: *Pitz*, Schrift- und Aktenwesen (1959), 284–483 (zu Lübeck).

127 *Behrmann*, Weg (2002), passim.

128 *Behrmann*, Herrscher (2004), 13–112 (Anredeverhalten), 213–294 (Schriftlicher diplomatischer Verkehr).

129 Vgl. auch früher Kap. 1.2, 17. Weiter als *Behrmann* geht Ernst *Pitz*, der ein gänzliches Unverständnis römisch-rechtlicher Rechtsbegriffe postuliert: *Pitz*, Bürgereinigung (2001), 1–22: „Der erste Grund lag in dem Stillstande der Verfassungspolitik, der in Deutschland nach dem Untergang des Königtums, (…) und den Stand der Dinge hierzulande in hoffnungsloser Weise hatte hinter dem Fortgang

Einbeziehung verschiedener Schriftguttypen untersucht werden. Insbesondere muss geprüft werden, inwieweit die Einbeziehung, aber auch die Verweigerung von Schriftlichkeit (zielorientierte) Handlungen offenbaren.

Dazu bietet das Forschungsfeld „Pragmatische Schriftlichkeit" zwei hauptsächliche Anknüpfungspunkte. Zunächst handelt es sich bei der zunehmenden Verbreitung des Schreibens als Kommunikationsmittel um einen Prozess, der mit Wandlungen im Umgang mit dem Medium und seinen Formen einherging. Obwohl die vorliegende Untersuchung nur einen Ausschnitt – die ersten Jahrzehnte des 15. Jahrhunderts – in den Blick nehmen wird, lässt sich dieser als eine Übergangsphase charakterisieren. Diese wurde einerseits durch bereits lang anhaltende Traditionen für schriftliche Dokumente, insbesondere von Briefen und Urkunden,[130] geprägt. Andererseits erschienen aber auch neue Faktoren für den Umgang mit Schriftlichkeit, auf Grund derer sich neue Konventionen entwickelten. Die größte Tragweite kommt hierbei der Rezeption bzw. Säkularisierung des gelehrten Rechts zu.[131]

Ein zweiter Anknüpfungspunkt an die Untersuchungsfelder für pragmatische Schriftlichkeit bietet die Perspektive auf das gesamte „Leben" der Schriftzeugnisse von ihrer Entstehung über ihre Aufbewahrung bis zu ihrer Rezeption.

1.4.3 Urkunden, Akten und Archive

Nimmt „pragmatische Schriftlichkeit" die Funktionen des Schreibens in der mittelalterlichen Gesellschaft in den Blick, wird das Instrumentarium zur Analyse der Schriftzeugnisse von den Historischen Hilfswissenschaften geliefert. Schon die Studien von Hagen Keller und Thomas Behrmann zur Schriftlichkeit in den italienischen Kommunen lassen sich von der Methodik her der Archiv- oder Aktenkunde zuordnen.[132] Ein weiteres Beispiel für die Verknüpfung hilfswissenschaftlicher Ansätze mit einer Ge-

---

der Ereignisse in Westeuropa zurückbleiben lassen. Zweitens aber war im Zusammenhang mit diesem Stillstande in Deutschland allgemein, speziell aber im hansischen Bereich keinerlei wissenschaftliche Bearbeitung und rationale Durchdringung derjenigen Rechtsgedanken, auf denen die Verfassung des Reiches, seiner Territorien und der hansischen Einung beruhte, in Gang gekommen, während in England nicht nur eine solche Durchdringung des einheimischen Rechts in Gestalt des Common law bereits seit dem 13. Jahrhundert stattgefunden hatte, sondern außerdem den Diplomaten auch noch das gelehrte römisch-kanonische Recht mit seinen Staats- und Gemeindetheorien zur Verfügung stand, welches in Frankreich und in dem für die Hanse besonders wichtigen Herzogtum Burgund für sich selbst allein die Aufklärung und Fortbildung des öffentlichen Rechtes trug."

130 Zu den Urkunden siehe nachfolgend 1.4.3.

131 *Cordes*, Kaiserliches Recht (2009), 128.

132 Dies gilt insbesondere für Thomas Behrmann: *Behrmann*, Von der Sentenz (1995), 71–90. Diese Überlegungen knüpfen zudem an seine Dissertation zur Schriftlichkeit in Oberitalien an, die aus einer diplomatischen Perspektive erfolgte: *Behrmann*, Domkapitel (1994).

schichte der Schriftlichkeit liefert Irmgard Fees am Beispiel der Stadt Venedig (Venezia).[133] Diese Überschneidungen der Ansätze ergeben sich zwangsläufig daraus, dass sich die Frage nach der Produktion und Relevanz von Schriftzeugnissen mit den Arbeitsfeldern der Diplomatik und der Aktenkunde deckt, während ihre Aufbewahrung unter die Archivkunde fällt.

Den Gegenstand der Diplomatik bilden die Urkunden. Bei diesen handelt es sich, laut der immer noch gültigen Definition von Harry Bresslau, um „schriftliche, unter Beobachtung bestimmter, wenn auch nach der Verschiedenheit von Person, Ort, Zeit und Sache wechselnder Formen aufgezeichnete Erklärungen, die bestimmt sind, als Zeugnisse über Vorgänge rechtlicher Natur zu dienen."[134] Das seit dem 17. Jahrhundert entwickelte Instrumentarium der Diplomatik zielte zunächst grundsätzlich darauf ab, anhand der äußeren und inneren Merkmale einer Urkunde deren Echtheit zu beurteilen. Es scheidet darüber hinaus in Abhängigkeit vom Aussteller drei Urkundenarten: Herrscher-, Papst- und Privaturkunden. Ging es dabei ursprünglich noch um die Einschätzung der rechtlichen Gültigkeit eines Rechtsdokumentes, entwickelte sich die hilfswissenschaftliche diplomatische Methode im Zusammenhang mit der Entstehung kritischer Urkundeneditionen.[135] Die Quintessenz dieser Forschungen präsentiert das immer noch maßgebliche Werk von Harry Bresslau, dessen Schwerpunkt zwar auf den früh- und hochmittelalterlichen Herrscherurkunden liegt, aber zugleich Ausblicke auf das spätmittelalterliche Urkundenwesen liefert.[136] Auch die moderne Diplomatik konzentriert sich maßgeblich auf die Entwicklung des Urkundenwesens im Früh- und Hochmittelalter.[137] Dabei wandelten sich die Fragen, die an die Urkunden gerichtet wurden, und führten zu neuen Ansätzen in der Disziplin. Dazu gehört z. B. die Auswertung einzelner Urkundenbestandteile, wie Intitulatio oder Arenga, aus geistesgeschichtlicher Perspektive, wodurch die Urkunden auch für

---

133 *Fees*, Stadt (2002). Einen vergleichbaren Ansatz verfolgte etwas früher bereits *Hildbrand*, Herrschaft (1996).

134 *Bresslau*, Handbuch (1969), Bd. 1, 1. Zuletzt zit. bei: *Kölzer*, Diplomatik (2009), 405. Eine Kurzfassung der Definition findet sich bei *Brandt*, Werkzeug (2012), 82.

135 Den Ausgangspunkt liefert *Mabillon*, De Re Diplomatica (1681), während die hilfswissenschaftliche diplomatische Methode besonders durch Theodor Sickel und Julius Ficker entwickelt wurde: *Kölzer*, Diplomatik (2009), 410–412. Zur Geschichte der Urkundenarten, insbesondere der Privaturkunde, auch: *Herold*, Wege (2005), 225–255, bes. 227 f. (Mabillon), 233 f. (Ficker und Sickel).

136 *Bresslau*, Handbuch (1969), Bd. 1, 62–69 (spätmittelalterliche Herrscherurkunde), 130–148 (Registrierung und Archiv), 721–739 (zur Rechtspraxis).

137 Zu den Forschungstrends seit den 1970er/80er Jahren: *Kölzer*, Diplomatik (2009), 405–424, 417–421. In letzter Zeit noch *Härtel*, Notarielle und kirchliche Urkunden (2011). Einzelbeispiele aus dem Spätmittelalter aber in *Graber*, Diplomatische Forschungen (2006).

Untersuchungen zum mittelalterlichen Herrschaftsverständnis oder zur Rhetorik geöffnet wurden.[138] Angestoßen vom Marburger Diplomatiker Peter Rück wurden seit den 1990er Jahren in verstärktem Maße das Layout und die graphischen Merkmale als sinntragende Elemente in den Blick genommen.[139] Nicht zuletzt lassen sich auch verschiedene Untersuchungen zur pragmatischen Schriftlichkeit zu diesen neuen Trends der Diplomatik zählen.[140] Schließlich hat Andrea Stiehldorf die verschiedenen Ansätze des Faches, die sich der „Magie der Urkunde" annähern, in einem Aufsatz zusammengetragen und sich auf drei Aspekte konzentriert: Die Funktion der Urkunden in den Rechtsgeschäften einer weitestgehend oralen Gesellschaft, die Funktion der inneren und äußeren Merkmale für die Wirksamkeit der Urkunde und schließlich die Funktion bzw. Relevanz der Urkunde als physisches Objekt für ihren Empfänger.[141] Die Frage nach den hinter den Urkunden stehenden Kommunikationsprozessen und Rollen sind für die jüngere diplomatische Forschung überhaupt von zentraler Bedeutung.[142]

Obwohl auch Stiehldorf sich, wie die Mehrzahl der neuen Ansätze überhaupt, hauptsächlich auf das Früh- und Hochmittelalter konzentriert, lassen sich gerade diese drei Dimensionen der Urkunden auch für die spätmittelalterliche Diplomatik fruchtbar machen. Für die vorliegende Untersuchung stehen dafür besonders die Verbindung von Sprache und äußerer Erscheinung sowie die Frage nach den Funktionen von Urkunden im Vordergrund. Darüber hinaus steht die Beschäftigung mit dem Urkundenwesen des Spätmittelalters vor spezifischen Herausforderungen, die eine Übernahme der neuen diplomatischen Ansätze nur bedingt ermöglichen.[143] Ein zentrales Problem besteht vor allem im Umfang des vorhandenen Materials, der zudem mit einem Anstieg und einer stärkeren Ausdifferenzierung der „Privaturkunde" einhergeht. Als Reaktion darauf kristallisierte sich als ein Schwerpunkt die Erforschung

---

138 Den Anstoß dazu lieferte: *Fichtenau*, Arenga (1967). Darauf aufbauend: *Wolfram*, Politische Theorie (1999); *Ders.*, Diplomatik (2006), 249–270. Weitere Titel bei *Kölzer*, Diplomatik (2009), 417; *Stiehldorf*, Magie (2009), 13–16.

139 *Rück*, Beiträge (1996), 13–47; *Ders.*, Fünf Vorlesungen (2000), 243–315, bes. 243–247. Beide Sammelbände enthalten weitere Untersuchungen zu graphischen Symbolen und Gestaltungselementen in Urkunden. Vgl. außerdem die kritische Würdigung bei *Stiehldorf*, Magie (2009), 17–26.

140 *Kölzer*, Diplomatik (2009), 418 f.

141 *Stiehldorf*, Magie (2009), passim.

142 Vgl. dazu zuletzt der Sammelband: *Bougard/Ghignoli/Huschner*, Europäische Herrscher (2015).

143 Zwar ist die von Peter Rück angeregte graphische Semiotik für die spätmittelalterliche Urkunde nicht immer nutzbar, da die graphischen Symbole im Laufe der Zeit abnehmen: *Rück*, Beiträge (1996), 23. Doch lässt sich z. B. die Untersuchung der Notarszeichen auch ins Spätmittelalter weiterführen: *Schuler*, Genese (1996), 669–688.

des Urkundenwesens einzelner Kanzleien heraus.[144] Dabei wurden die römisch-deutschen Herrscher aus dem luxemburgischen Haus[145] ebenso in den Blick genommen wie einzelne Landesfürsten[146] oder die Päpste.[147] Dabei ist z. B. die Rückwirkung päpstlicher Urkunden auf Gesamteuropa nur in Ansätzen untersucht worden.[148]

Eine zweite Annäherung an das Mengenproblem liegt in der Konzentration auf konkrete Urkundenarten,[149] wobei ein bisheriger Schwerpunkt bei den notariellen Urkunden liegt.[150] Doch stehen grundsätzliche Untersuchungen auf diesem Gebiet noch aus, insbesondere auch zum städtischen Bereich. Hier liegen die Schwerpunkte vor allem auf der Kanzlei als Produzenten von Schriftlichkeit.[151] Ein besonderes Forschungsfeld ist dabei die Kanzleisprache, worin deren Sprachgebrauch im Hinblick auf die vorherrschenden Formen des Deutschen, aber auch im Hinblick auf die Entwicklung des Formulars begriffen ist. Die Kanzleisprachenforschung nimmt somit eine Zwischenstellung zwischen Philologie und Diplomatik ein.[152]

Für den hansischen Raum und auch für Skandinavien liegen zumindest für das 15. Jahrhundert nur wenige Untersuchungen zum Urkundenwesen vor.[153] Die vorhandenen Studien nehmen entweder die Strukturen der Kanzlei oder das gesamte Schrifttum in den Blick. Der Schwerpunkt zu den Forschungen über die Lübecker Kanzlei

---

144 Für eine stärkere Konzentration auf die Geschichte der spätmittelalterlichen Kanzleien plädierte 1984 bereits *Bautier*, Propositions (1984), passim.

145 So schon *Lindner*, Urkundenwesen (1882).

146 *Sprinkart*, Kanzlei (1986); *Schuler*, Spätmittelalterliche Vertragsurkunde (2000).

147 Hier sind insbesondere die Arbeiten von Thomas Frenz zu nennen: *Frenz*, Papsturkunden (2000), 133 f. (Angabe der Publikationen); *Ders.*, Kanzlei (1986).

148 Verschiedene Beispiele aus dem Hoch- und Spätmittelalter enthält der Sammelband *Herde/Jakobs*, Papsturkunde (1999).

149 Dies gilt z. B. auch für *Schuler*, Spätmittelalterliche Vertragsurkunde (2000).

150 Die Entstehung des Notariats in Italien im Hochmittelalter wurde von *Meyer*, Felix (2000) in den Blick genommen. Für den nordalpinen Raum stellt *Schuler*, Geschichte (1976), immer noch den aktuellsten Forschungsstand dar, etwas knapper der Abriss bei *Härtel*, Notarielle und kirchliche Urkunden (2011), bes. 51-96. Zu Dänemark hingegen *Nielsen*, Über die Privaturkunde (1989), passim (sehr knapp, vor allem für das 14. Jahrhundert); *Fenger*, Notarius (2000).

151 Siehe auch das knappe Fazit bei *Kölzer*, Diplomatik (2009), 42. Der Überblick bei *Steinführer*, Urkunden- und Kanzleiwesen (2006), der sich auf Obersachsen konzentriert, bietet vor allem einen Überblick über die Urkundenarten.

152 Grundlegend: *Greule/Meier/Ziegler*, Kanzleisprachenforschung (2012), darin z. B. *Peters*, Kanzleisprache Lübecks (2012).

153 Einzelne Untersuchungen von Herluf Nielsen, Mitherausgeber der 3. Reihe des DD, reichen mit wenigen Ausnahmen – *Nielsen*, Urkundenfälschungen (1988) – vor allem bis zum 14. Jahrhundert: *Nielsen*, Dänische Privaturkunde (1989); *Ders.*, Beobachtungen (1996); *Ders.*, Skandinavische Königsurkunde (1998); *Ders.*, Einfluß (1999). Eine der wenigen umfangreicheren Studien aus der Perspektive des Urkundenwesens, die auch das 15. Jahrhundert einbezieht, ist auch hier *Fenger*, Notarius (2000). Das große Spektrum der möglichen Themen, vor allem aus schwedischer Perspektive, reist der Sammelband *Gejrot*, Väg (2002) an. Die Studien von Markus Hedemann widmen sich vor allem den inhaltlichen Aspekten der behandelten Urkunden, siehe Anm. 68.

lag in der ersten Hälfte des 20. Jahrhunderts und ist besonders mit dem Namen von Friedrich Bruns verbunden.[154] Als unverzichtbares Grundlagenwerk zur Lübecker Kanzlei sei zudem Axel Christen Højberg Christensens Studie zur Lübecker Kanzleisprache genannt, welche die Sprache und Schrift aller Lübecker Schreiber bis in die 1470er Jahr analysiert und als wichtiges Korrektiv für die Identifikation benutzt werden kann.[155] Ernst Pitz beschäftigte sich schließlich aus verwaltungsgeschichtlichem Blickwinkel mit den Lübecker Schreibern.[156] In jüngerer Zeit war die Lübecker Kanzleisprache vor allem ein Untersuchungsfeld der Sprachwissenschaft. Für die anderen Hansestädte sieht der Forschungsstand noch ungünstiger aus.[157]

Auf dänischer Seite sieht es ähnlich aus. Maßgebend ist hier immer noch William Christensens Werk zur dänischen „Staatsverwaltung" des 15. und frühen 16. Jahrhunderts, der sich darin auch mit der königlichen Kanzlei, den Amtsträgern und ihren Funktionen beschäftigt.[158] Doch weist sein Werk verschiedentliche Lücken auf. Die Quellenlage für die Kanzlei des dänischen Königs für die erste Hälfte des 15. Jahrhunderts ist grundsätzlich sehr problematisch, doch lassen sich aus den Dokumenten einige Informationen herausfiltern, die Christensen nicht berücksichtigt hat. Neben der institutionsgeschichtlichen Darstellung von Christensen bietet eine kleine Studie von Johann Carlie auch einen ersten Einblick zu den niederdeutschen Schreibern der königlichen Kanzlei in Dänemark. Den grundlegenden Zuständigkeiten der höheren Amtsträger während des ge-samten 15. Jahrhunderts widmete sich zuletzt noch einmal Jens E. Olesen.[159]

Mit der Kanzlei des 15. Jahrhunderts ist noch ein zusätzliches Problemfeld verbunden, daserleer die spätmittelalterliche Diplomatik betrifft und auch für die vorliegende Untersuchung Relevanz besitzt. Dabei geht es um die Abgrenzung der Urkunden vom „Verwaltungsschriftgut". So hat die moderne Aktenkunde ihr Instrumentarium an der stark hierarchisierten und institutionalisierten Verwaltungsstruktur der frühen Neuzeit, besonders des 17. Jahrhunderts, entwickelt, das sich auf die mittelalterlichen Verhältnisse, auch auf die des 15. Jahrhunderts, nicht so einfach

---

154 *Bruns*, Lübecker Stadtschreiber (1903); *Ders.*, Lübecker Syndiker (1938), 91–97, 118–134. Für Lübecker Schreiber und ihre Karrieren ab 1450 auch: *Ders.*, Sekretäre (1939), 35 f. (Christian von Geren), 37–39 (Dietrich Brandes); *Ders.*, Bergenfahrer (1900), passim. Zu den Schreibern des Kontors in Bergen aus Perspektive der Kanzleisprachenforschung außerdem: *Brattegard*, Mittelniederdeutsche Geschäftssprache (1945), bes. 75–81 (zu den Schreibern des 15. Jahrhunderts).
155 *Højberg Christensen*, Kancellisprog (1918), bes. 40–47.
156 *Pitz*, Schrift- und Aktenwesen (1959), 424–439.
157 Vor allem mit sprachwissenschaftlichen Ansätzen: *Hampel*, Studien (2001), passim (für Rostock); *Schröder*, Städtische Kommunikation (2001), passim (für Greifswald). Aus einer anderen Perspektive: *Fouquet*, Geschichts-Bilder (2005).
158 *Christensen*, Dansk Statsforvaltning (1903).
159 *Carlie*, Studium (1925); *Olesen*, Union (2002).

übertragen lässt.[160] Daher können die Identifizierungsmöglichkeiten der Aktenkunde auf Grundlage rein formaler Kriterien nur eine Herangehensweise an die Materialien darstellen. Darüber hinaus muss immer wieder nach konkreten Hinweisen für den Umgang mit den Schriftguttypen gefragt werden.[161]

Ein erstes Kriterium dafür liefert oft die Aufbewahrung in den Archiven,[162] die in der Regel das Schriftgut aus verschiedenen Aufbewahrungskontexten zusammenfassen. Eine Wurzel bildet die Aufbewahrung von Rechtsdokumenten, die der Wahrung und Sicherung von Eigentumsrechten dienen, oft in besonders geschützten Räumen. Im städtischen Bereich treten dabei neben Urkunden, welche die rechtliche Stellung der Stadt und ihrer Bewohner absicherten, gelegentlich auch Amtsbücher.[163] Ein zweiter Ursprung für Archivgüter liegt in der Kanzlei und ihren Tätigkeiten. Von besonderer Bedeutung ist dabei die Kurie, deren Kanzlei- und Registertätigkeiten sich mindestens bis in Jahr 1198 zurückverfolgen lassen und den Bestand des Vatikanischen Archivs konstituierten.[164] Wie aus der Vorstellung der Quellen bereits hervorging, gilt diese Untergliederung der Bestände grundsätzlich auch für den Untersuchungsraum.[165] Bei der Analyse des Archivmaterials soll geprüft werden, in wieweit der behandelte Konflikt die Entstehung und Zusammensetzung der Bestände beeinflusst hat.

1.4.4 Kommunikation im Konflikt

Die Forschung zu mittelalterlichen Konflikten, besonders des Früh- und Hochmittelalters, ist inzwischen sehr vielfältig und weitgestreut. Dabei galt die Aufmerksamkeit vor allem den Formen der Auseinandersetzung und der Einigung, den Mustern oder Typologien für deren Abläufe.[166] Im Vordergrund stand oft die symbolische Kommunikation, die in verschiedenen Stadien des Konfliktes manifest sein konnte. Die Rolle

---

160 Zu diesem Problem schon *Dülfer*, Urkunden (1957), passim. Vgl. auch *Henning*, Aktenkunde (1999), 439–461.

161 Eine solche „pragmatische" Herangehensweise findet sich z. B. bei: *Holzapfl*, Kanzleikorrespondenz (2008). Dieser konzentriert sich zwar auf Briefe als Quellengattung. Doch kommen dabei auch verschiedene Grenzfälle zwischen den Schriftguttypen „Urkunde" und „Brief" ins Spiel.

162 Grundlagenwerke der Archivwissenschaft: *Brenneke*, Archivkunde (1953); *Papritz*, Archivwissenschaft (1983).

163 *Franz*, Einführung (2007), 9 f. mit dem Beispiel der Kölner Schreinsbücher.

164 Zum Vatikanischen Archiv: *Fink*, Vatikanisches Archiv (1951), 151.

165 Siehe dazu Kap. 1.2.

166 Konflikte im Hoch- und Spätmittelalter: *Leyser*, Herrschaft (1984); *Althoff*, Spielregeln (1997). Zu Stadtkonflikten: *Ehbrecht*, Stadtkonflikte (1995). Zu Konfliktlösung und Friedensstiftung: *Kamp*, Friedensstifter (2001), passim; *Fried*, Träger (1993) (mit verschiedenen Einzeldarstellungen). Zur Auseinandersetzung mit Friedensbrüchen zur Lande und zur See: *Andermann*, Ritterliche Gewalt (1991); *Ders.*, Spätmittelalterlicher Seeraub (2005), 23–36.

schriftlicher Dokumente ist dementgegen nur für einige Teilgebiete ausführlicher untersucht worden.[167]

Für die Untersuchung der Schriftzeugnisse, welche aus dem Konflikt zwischen König Erik VII. von Dänemark und seinen Kontrahenten im südlichen Ostseeraum resultierten, liegt der methodische Ansatz in der Verknüpfung zweier Herangehensweisen an Kommunikation. Die erste Perspektive lässt sich am besten als strukturell bezeichnen und nimmt die Abläufe und Elemente in den Blick, die auf kommunikationstheoretischen bzw. sprachwissenschaftlichen Modellen beruhen. Im Vordergrund stehen dabei vor allem die Herstellung und Funktionen von verschiedenen Schriftgutarten und den mit ihnen verbundenen Textmustern. Die generelle Zuordnung von Schriftstücken zu einem bestimmten Typus erfolgt mit den Methoden der historischen Hilfswissenschaften. Damit verbunden und darüber hinausführend ist die „Pragmatik" schriftlicher Dokumente, d. h. Bedeutung und Stellenwert bestimmter Dokumentenarten für die an der Kommunikation beteiligten Akteure. Hinsichtlich des Konfliktes knüpft diese Perspektive an die bereits vorliegenden Untersuchungen zu Schriftlichkeit in derartigen Sondersituationen an[168] und bezieht sich besonders auf die verschiedenen Akteure im Ostseeraum.

Ergänzt wird diese Herangehensweise durch eine funktionale Betrachtung von Kommunikation als Ausdruck bzw. Ziel von Handlungen.[169] Dabei gilt es zu unterscheiden zwischen generellem zweckrationalem Handeln im Zusammenhang mit der Produktion und Verwendung von Schriftlichkeit und dem engeren kommunikativen Handeln, dessen Zweck in der Verständigung liegt. Beide Definitionsmöglichkeiten spielen in der vorliegenden Studie eine Rolle. Kommunikation als Ausdruck zweckrationalen Handelns hängt direkt mit der Struktur ihrer Elemente zusammen, insbesondere mit der Herstellung eines Textes. Im Kontext des Konfliktes zwischen dem Unionskönigtum und seinen Kontrahenten im südlichen Ostseeraum wird dabei die zentrale Frage nach dem intentionalen Einsatz oder der Verweigerung von Schriftlichkeit aufgeworfen.[170]

In Abgrenzung dazu verweist die Begrifflichkeit „kommunikatives Handeln" auf einen konkreten Prozess: die Herstellung oder das Scheitern von Verständigung. Da der Konflikt der 1420er und 1430er Jahre von einer ganzen Reihe mehr oder weniger erfolgreicher Verhandlungen begleitet ist, bieten sich hier verschiedene Vergleichsmöglichkeiten an. Ein besonderes Untersuchungsfeld ist dabei die Rolle von Vermittlern. Deren Einbeziehung bot bereits seit dem Frühmittelalter eine Möglichkeit, Auseinandersetzungen zu verhindern oder zu beenden. Handelte es sich zunächst um

---

167 Zu Fehde und Fehdebriefen: *Wild*, Fehdebrief (2006), 99–122; *Rösener*, Fehdebrief (1998). Zu Prozessen und schiedsrichterlichen Verfahren: *Battenbach*, Herrschaft (1995); *Nowak*, Schiedsprozesse (1975). Zu Friedensverträgen und Waffenstillständen: *Ders.*, Waffenstillstände (1993).

168 Vgl. zur „pragmatischen" Ebene von Kommunikation Kap. 1.4.1 und 1.4.2.

169 Vgl. zu Handlungen Kap. 1.4.1.

170 Dabei bildet *Behrmann*, Herrscher (2004), passim, den wichtigsten Anknüpfungspunkt.

Fürsprecher, bildete sich seit ab dem 11. Jahrhundert der „Mediator"[171] zunächst als Friedensstifter dann auch als Schlichter heraus zusammen mit einem „Ensemble von Praktiken" zur Konfliktlösung.[172] Aus dem 14. Jahrhundert stammt die erste Definition, die die Aufgaben des Vermittlers von anderen Formen der Einigung, besonders dem Gerichtsprozess unterscheidet.[173] Für den zu untersuchenden Konflikt bestand die zentrale Funktion von Vermittlern im kommunikativen Handeln. Ihr Erfolg oder Misserfolg hing davon ab, ob die Verständigung mit ihrem jeweiligen Gegenüber gelang und ob sie eine Übereinstimmung mit diesem erreichen konnten. Da die wichtigsten Informationen über das Wirken der Vermittler aus den schriftlichen Quellen zu ziehen sind, ergibt sich wiederum eine Verbindung mit den strukturellen Elementen der Kommunikation.

1.5 Vorgehen und Methode

Die Grundstruktur der vorliegenden Untersuchung orientiert sich an dem Modell von Michael Clanchy. Den Ausgangspunkt bildet die Aufbewahrung („keeping") vor allem in den Archiven von København und Lübeck. Im Vordergrund stehen dabei die Fragen, wie sich der Konflikt in der schriftlichen Überlieferung niederschlug und welche Gewichtung daraus erkennbar wird. Diese wiederum lässt sich auf Indizien für die zeitgenössische Behandlung der Dokumente hin prüfen. Diese Gesamtschau der Überlieferung bietet zugleich die Möglichkeit, den historischen Kontext für den Konflikt genauer zu beleuchten.

Angesichts der Vielfalt der Schriftstücke werden Herstellung und Umgang mit Schriftlichkeit („making" und „using") anhand von drei Themenkomplexen genauer

---

171 *Mediator* diente seit der Spätantike als Bezeichnung für Christus in seiner Rolle des Mittlers zwischen Gott und den Menschen (bes. bei Augustinus). Im Laufe der Zeit wurde die Bezeichnung auf weitere – zunächst – geistliche Personenkreise ausgeweitet. Im weltlichen, übertragenen Sinn charakterisierte das Wort auch eine Person, die etwas (einen Handel, die Bischofsweihe) für andere Personen vermittelte. Erst ab dem beginnenden 12. Jahrhundert findet der *mediator* auch als Vermittler in Streitigkeiten Anwendung. Zur Begriffsgeschichte: *Kamp*, Friedensstifter (2001), 14–27; vgl. auch *Bulhard*, Mediator (1966); *Schieffer*, Mediator (1998), 345–361, hier 354 f. (zum *mediator*-Begriff).
172 *Kamp*, Friedensstifter (2001), 63–128 (zur Entwicklung von der „Fürsprache" zur „Vermittlung" in der Karolingerzeit und danach), 129–184 (zu verschiedenen Rollen von Vermittlern).
173 *Kamp*, Friedensstifter (2001), 14: „Nicht als Richter und sondern als Vermittler und Freunde beider Seiten," wünschte sich nach den Worten Papst Benedikts XII. der englische König Eduard III. die päpstlichen Legaten, die 1339 den Frieden zwischen ihm und Philipp VI. von Frankreich wiederherstellen sollten. Diese Aussage basiert auf *paratus erat vos non tamquam judices vel arbitros, sed velut mediatores et amicos communes (...) extrajudicialier informare*, Benoît XII. Ed. *Daumet*, Nr. 644, 388. Vgl. auch *Maleczek*, Papsttum (1993), 332; *Gaudemet*, Rôle (1980), 95 f., 101; *Sellert*, Schiedsgericht (1990), 1386–1391, bes. 1386 f.

untersucht. Das erste Beispiel widmet sich einem konkreten Schriftstück, das aufgrund seiner Entstehung und Weiterwirkung die Funktionen von Schriftlichkeit besonders gut beleuchten kann. Es handelt sich um ein Bündnis, das der König und zahlreiche Räte seiner Reiche 1423 – also vor dem Ausbruch des Krieges – mit den Städten Lübeck, Stralsund, Rostock, Wismar, Lüneburg, Greifswald und Anklam schlossen. Die entsprechende Urkunde ist untrennbar mit dem Konflikt verbunden, da sie König Erik während der gesamten Dauer des Krieges permanent als Referenz nutzte. Als zweites Beispiel dient die Reise des gelehrten Doktors Nikolaus Stock, der 1427/1428 im Auftrag des römisch-deutschen Königs Sigismund zwischen den beiden Parteien zu vermitteln suchte. Die Auswahl dieses Falles ergibt sich aus der Überlieferungssituation, denn aus dieser Reise resultiert die mit Abstand größte Menge an Schriftstücken zu einem einzigen „Vorgang". Darauf aufbauend werden schließlich im dritten Komplex die Verhandlungen zwischen 1428 und 1434 nach ihren Rahmenbedingungen und ihrem Verlauf gegenübergestellt, so dass die diachrone Betrachtung einen Vergleich ermöglicht.

Trotz der Heterogenität dieser Fallbeispiele kann die Bearbeitung nach immer wieder gleichem Muster, in drei Schritten, erfolgen: An erster Stelle steht eine hilfswissenschaftliche Analyse des Bestandes, der die Erkenntnisgrundlage für das jeweilige Beispiel bildet. Ziele sind zum einen die mögliche Identifizierung von Schreibern oder anderen beteiligten Personen, zum anderen ein Einblick in den Entstehungsprozess der Dokumente an sich, soweit sich aus den Schriftstücken Erkenntnisse darüber gewinnen lassen. In der Regel bieten die verwendeten Materialien, der Aufwand der Gestaltung und die äußere Form an sich bereits Anhaltspunkte dafür. Fragen der chronologischen Einordnung fallen ebenfalls unter diesen Arbeitsschritt. In einem zweiten Schritt gilt es dann, die Schriftstücke auf ihre Funktionen in der Kommunikationspraxis zu untersuchen. Diese umfassen den Zusammenhang von Form und Sprache[174], das wechselseitige Verhältnis von Texten und nicht zuletzt die hinter den Dokumenten ablaufende mündliche Kommunikation. Durch die Untersuchung voneinander abhängiger Schriftstücke, wie z. B. Vorlagen und Reinschriften, können sich Einblicke in Diskussionsprozesse ergeben. Ebenso lassen sich aus der Rezeption und Wiederverwendung von Argumenten Rückschlüsse auf Nachrichtenflüsse ziehen. Damit besteht dann im dritten Schritt die Möglichkeit, das eigentliche Schrifthandeln zu untersuchen. Die Erschließung von Bedeutungszuschreibungen und des Umgangs damit kann Aufschluss darüber geben, wie genau Nutzen oder Nachteile von Schriftlichkeit wahrgenommen wurden, warum in bestimmten Situationen zu einer schriftlichen Dokumentation gegriffen oder darauf verzichtet wurde.

---

174 Eine tiefer gehende Analyse der verwendeten Schriftsprache unter sprachwissenschaftlichen Gesichtspunkten lässt sich im Rahmen dieser Arbeit nicht realisieren. Ansätze dafür bieten jedoch die Forschungen zur Kanzleisprache: siehe zuvor Anm. 153.

Über alle drei Fallbeispiele hinweg lassen sich auf diese Weise die Funktionen der Schriftstücke und die Rationalität ihres Einsatzes als zwei Leitlinien verfolgen. Der Zusammenfassung der verschiedenen Einzelbeobachtungen dient eine Synthese, welche die Einsatzmöglichkeiten des Mediums Schrift in den politischen Beziehungen zwischen dem Unionskönigtum und den Städten hervorhebt. Da es sich bei den behandelten Dokumenten um Elemente in einem Konflikt handelt, ergibt sich daraus zwangsläufig auch ein Einblick in die Strategien, mit denen Papierkrieg und Wortgefechte die militärischen Auseinandersetzungen begleiteten.

2 Die archivalische Überlieferung: Entstehungskontext, Aufbewahrung und Benutzung

2.1 Urkunden und Akten des Dansk Rigsarkivet in København

2.1.1 Zusammensetzung und Entwicklung der Bestände

Der Urkundenbestand des Dansk Rigsarkivet (DRA), der die Beziehungen zwischen Dänemark und den Hansestädten dokumentiert, wurde durch verschiedene Archivordnungen überformt.[1] Dies gilt nicht nur für die in den 1990er Jahren erfolgte Anlage der „Ny kronologisk række", durch welche für alle Urkunden bis 1450 die alten Pertinenzen und Provenienzen des königlichen Geheimarchivs aufgelöst wurde, sondern auch für die früheren Entwicklungsstufen.[2] Ein Blick auf die Genese der Ordnungsprinzipien, die sich zwischen dem 15. und 16. Jahrhundert durchsetzten, beleuchtet die gelegentliche Willkür dieser Sortierung.

Die direkte urkundliche Überlieferung zu den Beziehungen mit der Hanse als solcher setzt in Dänemark überhaupt erst mit der Regierungszeit Valdemars IV. im zweiten Drittel des 14. Jahrhunderts ein. Die erhaltenen Urkunden verteilen sich auf die Herrschaftsperioden von sechs Herrschern, d. h. Valdemars IV., Olavs II., Margretes[3], Eriks VII., Christians I. und Hans.

Der selbstständigen Herrschaft König Eriks sind siebenundvierzig Urkunden zuzurechnen,[4] und die Besonderheit dieser Menge zeigt sich im Vergleich mit den nachfolgenden mittelalterlichen Herrschern. Aus der Zeit König Christoffers III. haben sich

---

1 Siehe 1.3. Quellengrundlage.

2 Siehe 1.3, bes. Anm. 75.

3 Alle drei Dokumente fallen in die Regentschaft Margretes nach dem Tod ihres Sohnes Olav und vor der Mündigkeit Eriks (1400). Grundsätzlich bestimmt sie in diesen Jahren und bis zu ihrem Tod 1412 die Regierungsgeschäfte. Von den drei Urkunden, die mit ihr in Verbindung zu bringen sind (DD IV, 3, Nr. 411; DD IV, 4, Nr. 630; DD IV, 5, Nr. 106, vgl. auch die ersten beiden Einträge in Tab. 8.1.1 b), führt die Urkunde von 1398, Aug. 28, zwar Erik VII. mit auf, doch resultiert sie aus Margretes Konflikt mit Albrecht III. von Mecklenburg um das Königreich Schweden. Zum Konflikt: *Bøgh*, Sejren (2003), passim (Konzentration auf die Jahre 1365 bis 1389); *Etting*, Queen (2004), 50–79; *Erslev*, Dronning (1882), 135–216.

4 Dazu kommt mit DRA, NKR, Nr. 3003 noch eine Notiz von 1427, April 4, die aber nicht wirklich als Urkunde einzuordnen ist. Ursprünglich waren auch die Akten DRA, TKUA 5 und 6 in den Pertinenzbestand „Hansestæderne" integriert, doch haben auch diese keinen Urkundencharakter. Siehe nachfolgend im Text und Anhang 8.1.1 a). Eine ähnliche Trennung erfolgt auch bei den Beständen aus der Zeit von König Hans. Vgl. dazu nachfolgend Anm. 7.

https://doi.org/10.1515/9783110591620-002

keine, aus den fast dreißig Jahren der Herrschaft Christians I. nur sechs[5] Urkunden erhalten. In der Regierungszeit König Hans' ist das Verhältnis zwischen Dänemark und den Hansestädten, insbesondere Lübecks, wieder ähnlich gespannt wie unter Erik VII. Der Konflikt entzündete sich an der Erhebung des schwedischen Adels unter dem Reichsverweser Sten Sture und der Forderung König Hans' nach einer Blockade Schwedens, der die Städte nicht nachkommen wollten.[6] Fast alle der achtzehn für Hans überlieferten Urkunden resultieren aus diesen Auseinandersetzungen. Einige von diesen sind dabei 1513 erst aus dem Archiv der Herzöge von Schleswig in den Bestand gelangt, da Herzog Frederik eine Bürgschaft für seinen Bruder König Hans übernommen hatte.[7]

Obgleich im Fall Christians I. sowie Hans' der Bestand „Lybeck og Hansestæderne" möglicherweise nicht alle Felder der Interaktion beleuchtet, ändert sich am grundsätzlichen Befund nicht sehr viel: Den größten Umfang im Bestand nehmen die Urkunden zu Valdemar IV. und Erik VII. ein. Dabei ergibt sich aus der Verteilung über die Jahre bei beiden Herrschern ein sehr unterschiedliches Bild.

---

5 Zu Christian I. (1450–1478) und seinen Beziehungen zu den Hansestädten immer noch grundlegend: *Christensen*, Unionskongerne (1895), 162–432. Da für die Urkunden nach 1450 noch die frühere Archiveinteilung gilt, befinden sich diese Urkunden in dem Bestand DRA, Kongehuset E Hansestæderne: DRA, E Hansestæderne, Nr. 57 (1464, Jan. 21) = HR II, 5, Nr. 538 (Regest); Nr. 58 (1469, Aug. 31) = vgl. LUB 11, Nr. 489 (Lübecker Exemplar); Nr. 59a (1469, Okt. 2) = LUB 11, Nr. 501 (Lübecker Exemplar); Nr. 59b (1469, Aug. 10) = LUB 11, Nr. 554; Nr. 59c (1471, März) = HR II, 4, Nr. 402. Es sind jedoch aus der Zeit Christians I. in anderen Beständen des Archives Urkunden aus den Beziehungen nach Lübeck zu finden, z. B. im Privatarchiv von Eggert Frille (Rep. II, Nr. 2588, 2591, 2607).
6 Zu diesen Auseinandersetzungen: *Hauschild*, Frühe Neuzeit (1989), 366–369; *Lange*, Stände (1996), 164 (sehr knapp).
7 Der Herzog hatte verschiedene Urkunden erhalten, da er 1503 als Bürge für den König wirkte und dessen Schadensersatz an Lübeck bezahlte. 1513 wurden diese unter Christian II. dann in das königliche Archiv integriert, wobei nicht alle Dokumente der Liste noch vorhanden sind. Vgl. dazu ÆA V, 1, 43–47 mit dem Inventar. Die Zugehörigkeit zu diesem Bestand ist in der Regel in Rep. II vermerkt. Es handelt sich um folgende Dokumente: DRA, Kongehuset E Hansestæderne, Nr. 62b (1503, Juli 7) = Rep. II, Nr. 9875 / ÆA V, 45 / HR III, 4, Nr. 428; Hansestæderne, Nr. 62e (1504, März 9) = Rep. II, Nr. 10035 / ÆA V, 1, 45 (enthält HR III, 4, 623); Hansestæderne Nr. 63 (1504, Mai 3) = HR III, 4, Nr. 450. Die übrigen zehn Urkunden aus der Zeit Hans I. sind: DRA, Kongehuset E, Hansestæderne, Nr. 60a (1489, ohne Tag) = HR III, 4, Nr. 623; Hansestæderne, Nr. 60b (1489, Jan. 21); Hansestæderne, Nr. 61a (1503, April 29) = Rep. II, Nr. 9830 / HR III, 2, Nr. 285 (Lübecker Exemplar); Hansestæderne, Nr. 63c (1505, Jan. 6) = HR III, 5, Nr. 40; Hansestæderne, Nr. 63f (1507, Mai 6) = HR III, 5, Nr. 229; Hansestæderne, Nr. 64 (1506, Dez. 7) = HR III, 5, Nr. 145; Hansestæderne, Nr. 65a (1507, Juli 7) = HR III, 5, Nr. 265; Hansestæderne, 66e (1509, Febr. 17) = HR III, 5, Nr. 405 (Auszug); Hansestæderne, Nr. 67a (1512, Apr. 23) = HR III, 6, Nr. 402; Hansestæderne, Nr. 68 (1512, Apr. 23) = HR III, 6, Nr. 404; Hansestæderne, Nr. 69 = HR III, 6, Nr. 403. Neben diesen Urkunden sind als DRA, TKUA, Nr. 7–11 aus der Regierungszeit von König Hans umfangreiche Akten erhalten. Auch diese enthalten einige Stücke aus dem Archiv Herzog Frederiks.

Für Valdemar IV. finden sich jeweils ein bis drei Urkunden aus den Jahren 1341, 1350, 1362, 1364, 1365 und 1370, der Überlieferungsschwerpunkt liegt aber ganz eindeutig im Jahr 1371, dem Jahr des Stralsunder Friedens. Der Grund dafür liegt in der Besonderheit der Allianz, die sich im Rahmen der Kölner Konföderation für den Krieg gegen den dänischen König zusammengefunden hatte. Aus diesem Grund schlossen nach Beendigung des Krieges sowohl einzelne Städte als auch regionale Städtebündnisse Friedens- und Sühneverträge mit Dänemark ab.[8] Die Waffenstillstands- und Friedensverträge der Jahre 1370 und 1371 gehören also alle in einen Kontext. Dies gilt gleichermaßen für die Urkunden aus der Zeit vor dem Krieg. Sie stehen mit der mehrmaligen Übertragung der Lübecker Reichssteuer an König Valdemar IV. in Verbindung. Schon bei dem Dokument von 1341 handelt es sich um eine Urkunde Kaiser Ludwigs IV. für den Markgrafen Ludwig von Brandenburg, welche der Askanier am 16. Februar 1350 an Valdemar IV. ausgeliefert hatte, um die Weitervergabe der Steuer an den dänischen König zu legitimieren.[9] Ein zweites Mal erfolgte die Übertragung für mehrere Jahre durch Karl IV. während Valdemars Aufenthalt an dessen Hof.[10] Bei dieser Gelegenheit erhielt Valdemar IV. eine weitere Urkunde.[11] Dies geht zumindest aus Fragmenten von Archivregistraturen des späten 15. Jahrhunderts hervor. Laut diesen befanden sich alle Urkunden aus den Verbindungen Valdemars IV. zum römisch-deutschen Reich damals in einem gemeinsamen Raum auf Schloss Vordingborg.[12] Dieses diente im 14. Jahrhundert als wichtigstes königliches Archiv, bevor im 15. Jahrhundert Kalundborg diese Funktion übernahm.[13] Bei der frühneuzeitlichen Einteilung der Urkunden des Königshauses nach bestimmten Sachthemen wurden

---

8 Es gab drei Gesamtverträge, besiegelt mit dem Stralsunder Siegel (DD III, 9, Nr. 95, 104, 115). Die preußischen Städte traten immer gemeinsam auf (Dipl. III, 9, Nr. 98, 108, 119). Einzelverträge schlossen die livländischen und niederländischen Städte ab (DD III, 9, Nr. 96, 97, 99–103, 105,106, 109–114, 116–117, 120–124. Vgl. Tabelle 8.1.1 a) Nr. 1–21. Zur Kölner Konföderation und zum Frieden von Stralsund: *Daenell*, Blütezeit (1905), Bd. 1, 40–43; *Dollinger*, Hanse (2012), 83–90, *Selzer*, Mittelalterliche Hanse (2010), 67.

9 Es handelt sich um 1.) 1341, März 11: DD. III, 1, Nr. 153 mit Vermerk zur Überlieferung: „Dokumentet blev 1350, Februar 16 overdraget til kong Valdemor, hvorfor det er medtaget her."; 2.) 1350, Febr. 16: DD III, 3, Nr. 247.

10 1450, Febr. 16: DRA, NKR, Nr. 640.

11 Dies betrifft drei Urkunden von 1350: 1.) Febr. 4: DRA, früher Kejseren, Nr. 5, jetzt NKR, Nr. 636 = DD III, 3, Nr. 241; 2.) Febr. 16: DRA, früher Kejseren, Nr. 6, jetzt NKR, Nr. 638 = DD III, 3, Nr. 246; 3.) März 2: DRA, früher Kejseren, Nr. 7, jetzt NKR, Nr. 644 = DD III, 3, Nr. 257.

12 ÆA V, 1, 1–8, bes. 5 f. Christensen hält diese Registratur nicht für ein Original, sondern für eine Abschrift von einem älteren Exemplar, das aber in einem Zusammenhang steht, mit der ältesten Archivregistratur von 1476, ediert in ÆA I, 1–8, bes. 3 f. (Diskussion). Dazu auch *Christensen*, Dansk Statsforvaltning (1903), 140 f.

13 *Jørgensen*, Udsigt (1884), 7–9; *Christensen*, Dansk Statsforvaltning (1903), 137–140: Beide gehen davon aus, dass Vordingborg bis zur Zeit Valdemars und Kalundborg unter Margrete und König Erik als königliche Archive dienten. Zu diesen „State's Archives" auch *Nedkvitne*, Social Consequences (2004), 171, wobei die Terminologie etwas problematisch ist.

die Urkunden zur Reichssteuer von den anderen Diplomen Karls IV. getrennt, die Valdemar IV. von diesem erhalten hatte.

Für Erik verteilen sich die Urkunden relativ regelmäßig zwischen den Jahren 1426 und 1439 (Abb. 2.1), wobei hier das Jahr 1427 einen kleineren Höhepunkt darstellt, der unter anderem mit dem Eintreffen von insgesamt 15 Absagebriefen sächsischer Städte zusammenhängt. Ein Grund für die Menge der Urkunden aus den 1420er und 1430er Jahren liegt sicherlich in der besonderen Aufmerksamkeit, die König Erik und seine Kanzlei der Archivierung und Sortierung von Dokumenten widmeten. Davon zeugen zum Beispiel die systematische Vidimierung älterer Urkunden sowie die fast lückenlose Beschriftung der im Archiv vorhandenen Dokumente.[14] Diese Sorgfalt im Umgang mit den Urkunden gibt einen Hinweis auf die große Bedeutung, die König Erik und seine Berater den schriftlichen Zeugnissen in Konfliktfällen, besonders aber bei Prozessen, zumaßen. Für diese Strategie sind der Konflikt um das Herzogtum Schleswig und die Auseinandersetzungen mit den Städten geradezu Paradebeispiele.[15]

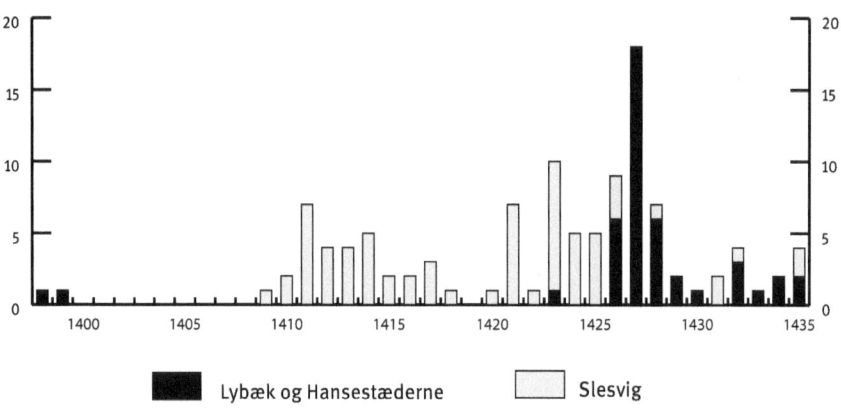

Abb. 2.1: Die gesamte Urkundenüberlieferung zum Konflikt um Schleswig im DRA (1409–1435). Darstellung durch Verfasserin.

Ein besonderes Exempel dafür ist eine abschriftlich erhaltene Instruktion an die dänischen Teilnehmer der Friedensverhandlungen von Vordingborg aus dem Jahr 1434.

---

14 *Christensen*, Dansk Statsforvaltning (1903), 137 f., wo er auch die Frage eines möglicherweise früheren Archivregistrants diskutiert und eher ablehnt.
15 *Behrmann*, Herrscher (2004), 282 f. hat die Bedeutung von Prozessführung und Schriftbeweis für die Frühzeit von Erik von Pommern bereits herausgestellt.

Sie enthält eine Liste von Dokumenten, die die Gesandten mit sich führen sollten.[16] Auf dieser erschienen zum einen gleich zu Anfang *(t)o deme ersten der tosate twischen uns unde den steden* (§1)[17] und *der stede untseggebreve, so vele alse der is* (§ 2)[18], die auf die Beziehungen zu den Städten hinweisen. Zum anderen standen darauf aber mit *des Romeschen koninges breve, so vele alse der is* (§ 3), *hertogen Rupoldes anlates breff* (§ 10)[19] und *der Holsten breff, den se uns darup besegelt hebben* (§11),[20] eine Reihe von Dokumenten, die die Auseinandersetzungen zwischen dem König und den Holsteinern um die Zugehörigkeit des Herzogtums Schleswig berührten.[21] Angesichts der Menge der Schriftstücke handelte es sich wohl um eine ganze Kiste oder einen Sack von Urkunden.

Die Existenz von zumindest einer solchen Kiste ist belegt. Sie wurde im ältesten erhaltenen Archivregistrant von 1476 teilweise inventarisiert.[22] Der Behälter, der sich damals in Kalundborg[23] befand, barg neben neun inhaltlich genau bezeichneten Urkunden – darunter König Sigismunds Schiedsurteil von 1424,[24] das darüber noch am Königshof von Antonio de Pisa ausgestellte Notariatsinstrument[25] und die päpstliche Bulle bezüglich des Verfahrens zur Aufhebung des Urteils seitens der Holsteiner vor der Kurie[26] –, aber eben auch: *mange flere breffwe som lyde paa same deytingen som*

---

16 HR II, 1, Nr. 365, 241 aus Diplomatarium Langebekianum (= DRA, Håndskriftsamlingen, I. Individuelle samlinger af blandet indhold – Langebek, Jakob diplomatarium), Bd. 27.

17 HR II, 1, Nr. 365.

18 HR II, 1, Nr. 365, §2.

19 DRA, NKR, Nr. 2791 (1423, Jan. 1).

20 DRA, NKR, Nr. 2794 (1423, Jan. 1).

21 Literatur zur Schleswig-Frage: *Daenell*, Hansestädte (1902), passim; *Hoffmann*, Spätmittelalter (1990), 161–260 (ganz grundsätzlich zum Erwerb des Herzogtums durch die Schauenburger von 1326 bis 1440); *Albrectsen*, Sønderjylland (1988), passim; *Ders.*, Stellung (1992), passim.

22 ÆA I, 17–18. Es ist natürlich nicht sicher, ob dieser konkrete Aufbewahrungsort am Ende des 15. Jahrhunderts noch derselbe ist.

23 Dazu *Christensen*, Dansk Statsforvaltning (1903), 137; *Jørgensen*, Udsigt (1884), 12.

24 ÆA I, 17: *Primo keyserens breff, met huilketh han dömer koning Erick og hans righe synster Jwtland oc hertugdometh til Datum mcdvxx quarto.* DRA, NKR, Nr. 2871; Rep. Nr. 6125 A. Ausführliche Dokumentation des Prozesses in Acta Processus. Ed. Langebek.

25 ÆA I, 17–18: *Item eth instrumentum af keyser Sigismundo, mett hans maiestatis jndsegle cum subscipcione notariat han tildömer alt Sönder Jwtland, som Sleswigh oc Gottorp i ligge, met al theris tilliggelse, meth hten skow Deneskow, Alse oc Friisland som kallis hverden, meth al theris tilliggelse, dömpf koningen oc koningdometh i Danmark til, til ewingelig eyge.* Dies entspricht DRA, NKR, Nr. 2872–2874.

26 ÆA I, 17: *Item en pawens bulla, meth huilken han til engte gör then appelacionen som grewerne aff Holsten appellerethe fran keyserens dom, oc sameledis ighen kaller then cardinalis process som han haffde befaleth then sagh.* Dies entspricht DRA, NKR, Nr. 2918.

gick mellom koning Erick Danmarkis krone od them aff Holsten bodhe pawens, key-serens og mange landes herrers oc Hensesteders oc theris aff Prutzen.[27] Es ist sehr wahrscheinlich, dass sich unter diesen „Briefen"[28] die 1434 aufgelisteten Urkunden befanden. Beide Quellen zur Aufbewahrung der Schriftstücke verweisen auf die Zuordnung all dieser Dokumente zu einem großen Konflikt: der Zugehörigkeit des Herzogtums Schleswig, bei dem sich der König mit einer Gruppe von Gegnern auseinandersetzte. In diesem Zusammenhang ist auch festzuhalten, dass Urkunden, die nicht direkt mit der Schleswigfrage in Verbindung standen, entweder kaum überliefert sind oder nicht dauerhaft im königlichen Archiv verblieben.[29] Demgegenüber steht eine sehr dichte Überlieferung von originalen Urkunden und Briefen aus dem Konflikt, wie z. B. das Schiedsurteil von Ofen mit zahlreichen notariellen Abschriften und sechs Bullen Papst Martins V.[30] So erscheint der Konflikt um das Herzogtum Schleswig als das zentrale Motiv zur Aufbewahrung der Urkunden, dem auch die Zeugnisse der Auseinandersetzungen mit den Städten zugeordnet waren. Daher müssen diese in einer Untersuchung der spätmittelalterlichen Aufbewahrung und Nutzung gemeinsam betrachtet werden.[31]

Der exakte Zeitpunkt, zu dem eine Sortierung der Archivalien nach unterschiedlichen Pertinenzen durchgeführt wurde, ist unklar, doch muss dies zwischen 1476 und Ende des 16. Jahrhunderts erfolgt sein. Im zweiten erhaltenen ausführlicheren Archivregister aus der Zeit König Frederiks I.[32] – *Thesse efftherschreffne breffue fundes wtij sölffkammeret paa Köpenhauffn slot fredagen nest effther sancti Laurentij dag mdxxiiij (1524)* – ist noch keine eindeutige Trennung zu beobachten.[33] Da dieses Register jedoch nur die Urkunden aufnahm, die sich zum damaligen Zeitpunkt in

---

27 ÆA I, 17.
28 Beispiele für die doppelte Bedeutung von „Brief" als Urkunde und als eigentlicher Brief finden sich bei *Dülfer*, Urkunden (1957), 15–17.
29 Dies gilt zum Beispiel für die Münzunion von 1424, Okt. 8, die in eine private Sammlung Aufnahme fand: NgL II, 1, Nr. 61 = KhUB, DAM, dansk. Afd., II, 17.
30 1.) Urkunden Sigismunds und Abschriften: DRA, NKR, Nr. 2871–2874; 2.) Bullen Papst Martins V.: DRA, NKR, Nr. 2918–2923.
31 Siehe nachfolgend 2.1.1 b)
32 ÆA 4, 19, 383–420.
33 Laut dem Register umspannten die in København befindlichen Urkunden die Regierungsperiode König Valdemars IV. bis hin zu Frederik I., z. B. ÆA 4, 19, Nr. 69: *Jtem et transchriiptum aff Romiske konungs breff wtij huilkett han finder hertugen i Slesuig tiill at tag forlening aff koningen aff Danmarcke oc engen anden* (1425); Nr. 70: *Jtem konning Albretts breff, at han beplichter seg oc hans arffuinge at holde en ewig* (friidt) *oc Sonne met konung Erick, dronung Margrete oc theessze iij riigens jndbyggere.* Den Konflikt mit den Hansestädten in der Zeit König Eriks berühren ÆA 4, 19, Nr. 66: *Jtem processus oc wdtskorne schrifftter om handell emellom konung Erick oc stederne* (dabei könnte es sich sowohl um DRA, NKR, Nr. 3080 von 1430, August 14, als auch um DRA, NKR, Nr. 3121 von 1432, August 22, handeln) und ÆA 4, 19, Nr. 138: *Jtem ett breff bispen aff Oszell i Liiffland, lydendes paa then dafftingen oc handell, som stodt wtij Nyköping wtij koning Ercks tiidt* (in Frage kommen entweder DRA, NKR, Nr. 1453 oder 1454, beide von 1429, Juli 1, von diesen trägt Nr. 1454 nur das Siegel des Bischofs).

København befanden und keine Aussagen über den Zustand des Archives in Kalundborg macht, erlaubt es nur bedingt Einblicke in den Zustand der Bestände. Klarer wird das Bild erst um die Mitte des 16. Jahrhunderts. Im Zusammenhang mit der Entstehung der gemeinschaftlichen Regierung des Herzogtums Schleswig zwischen 1544 und 1565,[34] wobei es 1557 zu einer Archivordnung kam, lässt sich eine Systematisierung aller Urkunden zu Schleswig und seinem Rechtsstatus beobachten.[35] Dabei wurden sowohl die Dokumente in Kalundborg als auch diejenigen in København an einem Aufbewahrungsort zusammengefasst.[36] Es wird aber nicht deutlich, ob sich die Dokumente aus den Beziehungen mit den Hansestädten zu diesem Zeitpunkt noch bei den Urkunden befanden, die Schleswig betrafen.

Die Trennung der Dokumente nach verschiedenen Betreffen muss jedoch vor dem Jahr 1594 stattgefunden haben. Am 31. Juli 1594 trat Nikolaus Krag[37] in den Dienst König Christians IV. mit der Aufgabe, eine Geschichte Dänemarks und seiner Könige zu schreiben.[38] Um dieser Aufgabe gerecht zu werden, entlieh er am 14. Oktober desselben Jahres *aus dem königlichem gewelbe der archiven zu Copenhagen zu meinem vorhabenden historienwerck di capseln, so uberschrieben Schleszwig III, Schleszwig IIII, Schleszwig V, Pomern, lübesch und andere wendische stette, Ansehe stedte 2 capsel und lifflendisch, mit allen den documenten, so in den obgedachten capselln nach dem verzeichnus gelegen.*[39] Zu diesem Zeitpunkt ist der Bestand „Lybeck og Hansestæderne" in seinem Kern also bereits vorhanden. Die letztgültige Katalogisierung

---

34 Zur Landesteilung von 1544 bis zur Entstehung der gemeinschaftlichen Regierung: *Lange*, Stände (1996), 173–177; *Michelsen*, Landesteilungen (1839); *Hoffmann/Reumann*, Herzogtümer (1986), 5–7 (zur Teilung von 1544), 64 f. (zur gemeinschaftlichen Regierung).

35 *Jørgensen*, Udsigt (1884), 19–23.

36 *Jørgensen*, Udsigt (1884), Anhang 9, 212–214: „Breve vedkommende Sønderjyllands historie hentes Fra Kalundborg til København: Breffue, som bleff ephter kon. mt. Befaling udtagitt aff Foln paa Kalundborg anno etc. 1556 then 15 Junij." Alle dort aufgeführten Dokumente waren auch im Archivregister von 1476 aufgeführt. Zudem gibt das Register Auskunft über die Anzahl der Exemplare der jeweiligen Urkunde, z. B.: *Koning Sigismundi sententia oc dom, dømendis Slesvig hertugdom under Danmarcks krone, anno 1424. End en anden koning Sigismundi dom, liudindis lige som thenne forne, oc bleff then tredie oc liige liudindis liggindis udi ledickitt egien.* Von diesen sind heute nur noch ein Exemplar und eine Abschrift erhalten, die sich in DRA, NKR, Nr. 2871 befinden.

37 *Heiberg/Bøggild-Andersen*, Krag (1981), 238.

38 *Jørgensen*, Udsigt (1884), Anhang 27, 232 f.: 1594, Juli 31, Nils Krags bestalling som rigets historicus: *Er schulle och ville forretagge at schriffue vor dansche historie och konningers bedrifft, saa at vii saa vell som andre nationer kunde hauffue en ordentlig historie.*

39 *Jørgensen*, Udsigt (1884), Anhang 28, 233 f.: 1594, Okt. 14, Lånebevis på dokumenter af hvælvingen, udstedt af Nils Krag til Augustus Erich.

bzw. Nummerierung der Dokumente lässt sich mindestens auf das späte 18. Jahrhundert zurückführen. Sie findet sich in dieser Form in Jakob Langebeks Diplomatarium.[40]

Grundsätzlich ist zu den in København überlieferten Urkunden anzumerken, dass diese einen außerordentlich guten Zustand aufweisen, der sich sicher unter anderem auch durch die Sorgfalt erklären lässt, mit welcher die rechtsrelevanten Dokumente aufbewahrt wurden. Die Bedeutung, welche den Urkunden vom Anfang 15. Jahrhunderts noch mehr als ein Jahrhundert später zugesprochen wurde, verdeutlicht sehr eindringlich ein Schreiben von 1556, welches mit dem oben erwähnten Konflikt um Schleswig im 16. Jahrhundert zusammenhängt und die Suche nach Urkunden zu spezifischen Details der Rechtsfrage beinhaltet.[41] *Nota:*, heißt es darin, *Scripturæ, de qvibus in hoc registro, custodiuntur in archivo publico, ubi authenticae scripturae regis et regnis sub commentariensi detinentur, at tales scripturæ probant de consvetudine in regno Daniæ, habent etiam magnam autoritatem de Jure Caesareo, præsertim propter publicam formam et custoriam archivi regis non recogniscentis superiorem.*[42] Auch wenn es sich hier um eine hundert Jahre später niedergeschriebene Quelle handelt, lassen sich die hier erkennbaren Vorstellungen hinsichtlich der Beweiskraft von Urkunden durch *formam* und physisches Vorhandensein, d. h. Besitz, möglicherweise auch schon für die Zeit König Eriks annehmen.

Neben Urkunden ist aus dem Konflikt zwischen Dänemark, den Holsteinern und den Hansestädten auch Aktenmaterial überliefert.[43] Am umfangreichsten waren dabei sicher die Abschriften für den Schiedsprozess vor König Sigismund in Ofen im Jahr 1424.[44] Für die Beziehung zu den Städten sind zwar nur wenige zeitgenössische Dokumente im Original erhalten, diese stellen jedoch wichtige Zeugnisse dar. Die „Akten" sind Verhandlungen zuzuordnen, die 1428 und 1430 jeweils in Nyköbing (Falster) stattfanden. Heute zwar in den Bestand „Tyske Kancelli Udenrigske Afdeling (TKUA)"[45] eingeordnet, befanden sich die Materialien für das Jahr 1428 zumindest im

---

40 DRA, Håndskriftsamlingen, I. Individuelle samlinger af blandet indhold – Langebek, Jakob, diplomatarium. Zu seiner Person: *Jørgensen*, Historieforskning (1931), 203–209. Zu seiner Tätigkeit für das DRA: *Jørgensen*, Udsigt (1884), 79–85.

41 *Jørgensen*, Udsigt (1884), Anhang 10, 213 f.

42 *Jørgensen*, Udsigt (1884), Anhang 10, 214.

43 Vgl. Kap. 1.3.

44 Der Pertinenzbestand „Slesvig", der geschlossen in die NKR überführt wurde, enthielt auch zahlreiche Abschriften auf Papier. Vgl. Konkordanz im Anhang 8.1.1b). Daneben existierte noch das Dossier „Kejserprocessen", das Langebek für die Acta Processus. Ed. *Langebek* auswertete.

45 DRA, Archivserie 301: Tyske Kancelli Udenrigske Afdeling, Hansestæderne, 1223–1770: Topografisk henlagte sager: Politiske Forhold 1369–Politiske Forhold 1583. Im chronologischen Verzeichnis des DRA setzt der Bestand TKUA Hansest. A. II erst ab 1507 ein, heute TKUA, Nr. 7 und folgende. Nr. 1–4 sind beglaubigte Kopien des 17. –19. Jahrhunderts auf Papier von Urkunden des 14. Jahrhunderts. Nr. 5 und 6 enthalten die Akten.

18. Jahrhundert als Nr. 44a-c in einer Reihe mit den anderen Dokumenten des Perti-nenzbestandes „Lybeck og Hansestæderne".[46] Die ursprüngliche Nr. 44a (TKUA 5,1) ist das Konzept einer Rede, die König Erik bei beiden Verhandlungen hielt,[47] während Nr. 44c (TKUA 5,2) deren hochdeutsche Fassung beinhaltet.[48] Außer in der Sprache unterscheiden sich beide Schriftstücke auch durch ihre äußere Gestalt, denn TKUA 5,1 wurde mit zahlreichen Korrekturen und Ergänzungen versehen. Das hoch-deutsche Schriftstück wurde zusammen mit einem weiteren, nicht nummerierten Blatt (TKUA 5,3) in den Hanserezessen als „dänischer Bericht" zusammengefasst.[49] Doch ist auf Grund der Unterschiede in Sprache und Schrift zweifelhaft, dass sie von vorn herein eine Einheit bildeten. Aus dem Jahr 1430 ist schließlich ein einzelnes Do-kument erhalten, das den Entwurf für einen Friedensvertrag enthielt (TKUA 6).[50] In ihrem jetzigen Umfeld haben diese Materialien eine Sonderstellung inne, denn es sind – abgesehen von Briefen König Eriks in anderen Archiven – einige wenige Zeug-nisse aus der laufenden Arbeit der königlichen Kanzlei des frühen 15. Jahrhunderts.

Dass die „Akten" der zwei Verhandlungen bereits für lange Zeit in einem Zusam-menhang aufbewahrt wurden, lässt sich aus dem Werk des Geschichtsschreibers Arild Huitfeldt schließen. Für Huitfeldt, der ab 1573 oberster Sekretär war und der seine Betätigung als Historiker mit seiner Kenntnis des königlichen Archivs rechtfer-tigte, bestand eine seiner zentralen Arbeitstechniken in der Wiedergabe von original-sprachlichen oder übersetzten Urkunden.[51] In seinem 1603 erschienen *Tredie Part Chonologiae, continuatz oc Forfølge paa vore Danske Historier siden Saxo døde*, ver-merkt er zum Jahr 1430 nach einer Wiedergabe der Urkunde, die der König bei dieser Angelegenheit zum 14. August entwerfen ließ: *Paa det at mand kand vide hourledig all Handelen imellem Kongen oc Hensestæderne forløben er til Nykiøbing oc andre*

---

46 DRA, TKUA, Nr. 5: *Fremstilling af Striden med Hansestæderne, som Kong Erik af Pommern lod opløse i Nyköping 9.-14. Septembr. 1428 (2 Afskrifter, hvoraf den ene udateret)*: 1.) HR I, 8, Nr. 517, früher Lybeck og Hansestæderne, Nr. 44a; 2.) HR I, 8, Nr. 516 = früher Lybeck og Hansestæderne, Nr. 44c. DRA, TKUA, Nr. 6: *Fremstilling af Kong Erik af Pommern af Forhandlingerne med Hansestæderne, hvori Fredsudkast af samme 1430, 8. August (c. 1430, 10. August)*. Die Nummerierung lässt sich ebenfalls in Langebeks Abschriftensammlung nachweisen: DRA, Håndskriftsamlingen, I. Individuelle samlinger af blandet indhold – Langebek, Jakob, diplomatarium, Bd. 26. Vgl. dazu Anm. 40.

47 TKUA 5,1 trägt die Aufschrift: *The article, som myn here let forkundighe i Nikopunk for hertug Wil-helm amot stetherne anno 8 infra octavam beate viginis.*

48 TKUA 5,2 trägt die Aufschrift: *Nota: dy artikel hat der koning von Denemarken etc. in kegenwortig-keit lossen lesen zu Newcopigin vor hertzog Wilhelm von Bruenswig und den steten, dy seine widersachen sein.* Vgl. dazu ausführlich in Kap. 4.2.4.

49 HR I, 8, Nr. 516: ab § 2 *Do de vorlud wart* (...). Da dieser Bericht große Übereinstimmungen mit dem städtischen Bericht zu den gleichen Verhandlungen aufweist (HR I, 8, Nr. 515), kann das einzelne Blatt den Verhandlungen von 1428 zugeordnet werden.

50 DRA, TKUA: *Tractatus processum in Nicøpunk Falstrie cum civitatensibus anno 30 tercia Laurencii per dominum Gosswinum collecti.*

51 *Jørgensen*, Udsigt (1884), 27 f., 31–35.

stæder da haffuer ieg Acta ipsa her ville indføre. (...) Da effter lang Handling oc Betenckende er Sagen oc Acta saaledis faaregiffuen.[52] Wie in dieser Passage angekündigt, beginnt danach die mehrere Seiten umfassende Wiedergabe der Akten in dänischer Übersetzung, interessanterweise mit dem Vorentwurf der genannten Urkunde vom Laurentiustag 1430 und dem darauffolgenden Text, wie er in TKUA 6 zu finden ist.[53] Daran schließt sich der obere Teil von TKUA 6 an, der mit einer kurzen Überleitung des Autors endet: *Siden bleff Copien læst aff den Fred som giordis imellem Kongen oc Stæderne / Aar 1423 Viti oc Modesti, vdi Kong Erichs næruerelse oc paahør for Hertug Wilhelm aff Brunsuig oc Stædernis Fuldmectige. Huor paa Kongen atter begynte sin Tale eller lod sen læse saaledis.*[54] In Übersetzung: Danach wurde die Kopie des Friedensvertrages gelesen, der im Jahr 1423 zu Viti et Modesti zwischen dem König und den Städten geschlossen worden war, in Anwesenheit und Gegenwart Herzog Wilhelms von Braunschweig-Lüneburg und der Abgesandten der Städte. Worauf der König seine Rede begann oder so vorlesen ließ. Auf diese Überleitung folgt bei Huitfeldt dann die Rede von 1428.[55] Diese Angaben sind aus verschiedenen Gründen bemerkenswert. So übernahm Huitfeldt mit seiner Überleitung beinah wortwörtlich eine Passage aus seiner Vorlage.[56] Diese Übernahme verdeutlicht, dass Huitfeldt sich bei der Zusammenstellung seiner Materialien an den Hinweisen orientierte, die er in den Dokumenten selbst fand. Daraus erklärt sich auch seine Datierung der gesamten Akten ins Jahr 1430, da nur diese immanent erschließbar war.

Des Weiteren verweist die zitierte Überleitung auch auf das Dokument, das Huitfeldt für seine Übersetzung zu Grunde lag. Die Überschrift von TKUA 5,2 enthält sowohl den Hinweis auf die *kegenwortigkeit* des Königs, im dänischen ausgedrückt durch *næruelse oc paahør*, als auch auf Herzog Wilhelm und die Sendboten der Städte. Dass er entweder direkt TKUA 5,2 benutzte oder eine spätere Abschrift der gesamten Akten, verdeutlicht zudem der von ihm integrierte Redetext. Berücksichtigte er für die Wiedergabe der vorausgehenden Vorlagen auch die darin befindlichen Anweisungen, fehlten diese bei der eigentlichen „Rede". Zudem endet er an der gleichen Stelle wie TKUA 5,2.[57]

---

52 *Huitfeldt*, Tredie part Chronologiae 4, 456.

53 *Huitfeldt*, Tredie part Chronologiae 4, 456–457; dies entspricht HR I, 8, Nr. 801 und HR I, 8, Nr. 800, § 5.

54 *Huitfeldt*, Tredie part Chronologiae 4, 459–461.

55 HR I, 8, Nr. 517.

56 Der originale Text dieser „Regieanweisung" am Ende von HR I, 8, Nr. 800 bis § 2 lautet: *Denne schal man lesen den hovetbreff der tosate vorgescreven. Unde wan de lesen is, so schal man under enigs lesen de schrifft, de vor hertogen Wilhleme unde vor den steden hiir to Nycopingen wart gelesen. Unde wan de lesen is, so schal man vortan dit lesen.*

57 *Huitfeldt*, Tredie part Chronologiae 4, 461–472. Schlusssatz: *Oc ere wi altid offerbødige at hende oc giøre lige oc Rett.* DRA, TKUA 5,2, in: Anlage 8.3.1 a): *sint ouerbotig bouen alle merschriuet glich vnd recht zunemede vnd zugebende.* Zu dieser Stelle: Vgl. Kap. 4.2.4 und 5.3.1.

Auf Grundlage dieser Beobachtungen lässt sich also schlussfolgern, dass TKUA 5,2 und TKUA 6 zu Huitfeldts Zeiten auf jeden Fall gemeinsam an einer Stelle aufbewahrt wurden, während ihm TKUA 5,1 nicht zur Verfügung stand. Es befand sich daher möglicherweise an einem anderen Ort. Im Gegensatz dazu war Huitfeldt auch TKUA 5,3 zugänglich, das er ebenfalls in sein Werk integrierte.[58]

Gerade die falsche Datierung der „Acta" zu den Verhandlungen von 1430 durch Arild Huitfeldt spiegelt somit einen konkreten Aufbewahrungszusammenhang für diese Schriftstücke im 16./17. Jahrhundert. Möglicherweise befanden sie sich zudem noch bei den dazugehörigen Urkunden, die ja ebenfalls in die Darstellung integriert wurden. Die eigentliche zeitliche Verortung zu den Jahren 1428 und 1430 wie auch die intertextuellen Beziehungen der Schriftstücke legen diese Annahme ebenfalls nahe.[59] Die heutige Zuordnung zum Archiv der Tyske Kancelli zerstört die ursprünglichen Bezüge, da diese unter König Christian I. eingerichtetund erst unter König Hans zu einer kontinuierlichen Einrichtung wurde.[60]

2.1.2 Die Spuren des Konfliktes

Aus den bisherigen Beobachtungen zur Formierung und Entwicklung der Bestände von der Entstehung bis zum Ende des 16. Jahrhunderts folgt als eine zentrale Schlussfolgerung, dass alle Dokumente zum Konflikt um das Herzogtum Schleswig in einem Überlieferungskontext standen, auch wenn sie später auf verschiedene Pertinenzen verteilt wurden. Um ein genaues Bild vom schriftlichen Niederschlag dieses Konfliktes auf Seiten des dänischen Königs zu gewinnen, dürfen die Urkunden aus den Beständen „Slesvig" und „Lybeck og Hansestæderne" nicht losgelöst voneinander untersucht werden. Eine solche gemeinsame Betrachtung verändert zunächst die Dimensionen der Überlieferung überhaupt, da sich die Anzahl der erhaltenen Dokumente damit auf 120 erhöht.[61]

Mit nur zwei Ausnahmen ist deshalb für jedes Jahr zwischen 1409 und 1435 mindestens eine Urkunde erhalten. Dabei dominieren bis 1426 die Dokumente aus dem Pertinenzbestand „Slesvig", während der Befund nach 1426 umschlägt, so dass nun vorrangig Urkunden aus den Beziehungen zu den Städten vorkommen. Chronologisch und thematisch ist der Bestand jedoch in drei verschiedene Phasen zu gliedern. Von diesen umfasst die erste den Zeitraum von 1409 bis 1416. Eine zweite Phase ist

---

58 *Huitfeldt*, Tredie part Chronologiae 4, 461–474, entspricht HR I, 8, Nr. 516, § 2–6.

59 Vgl. Kap. 4.2.4 und 4.4 sowie Kap. 5.3.1

60 Vgl. dazu 2.3.

61 Der ursprüngliche Bestand DRA, Schleswig umfasste für den Zeitraum von 1409 bis 1435 insgesamt 73 Urkunden. Zudem befinden sich seit 1734 auch die Urkunden der Schauenburger aus dem Gemeinschaftlichen Archiv im DRA: *Kroman*, Fyrstearkiver (1959), 55 f.

von 1416 bis Sommer 1426 anzusetzen. In die dritte fallen schließlich die Jahre des Krieges vom Herbst 1426 bis Sommer 1435.

Angesichts der großen Anzahl der Dokumente können diese nicht in allen Einzelheiten vorgestellt werden. Vielmehr geht es im Folgenden darum, die Zusammensetzung dieser Überlieferung zu betrachten. Dabei lassen sich folgende Leitfragen formulieren: Welche Themen scheinen im Spiegel der Urkunden auf? Welche Arten von Rechtsdokumenten finden Anwendung und zu welchem Zweck? Die Beantwortung dieser Fragen ermöglicht es, die Unterschiede zwischen den drei Phasen herauszuarbeiten. Gleichzeitig eröffnet sich daraus auch ein Einblick in die grundsätzliche Problematik, d. h. in die Frage: Ab wann verbinden sich – im Spiegel der Schriftstücke – die Spannungen zwischen König Erik und den Städten untrennbar mit dem zentralen Konflikt?

a) Phase 1: 1409–1416

Für die Jahre 1409 bis 1416 erlaubt die Überlieferung für die meiste Zeit eine klare Trennung zwischen den Schriftstücken aus den Beziehungen zu den Schauenburgern einerseits und denen zu den Städten, insbesondere zu Lübeck, andererseits. Den Beginn dieser ersten Phase markiert die Urkunde vom 9. Oktober 1409 über die Verpfändung der Stadt Flensburg und der Burg Niehus. Als Aussteller fungieren Graf Heinrich von Holstein, zugleich Elekt von Osnabrück,[62] und seine Schwägerin Herzogin Elisabeth als Vormund für ihre Söhne.[63] Doch standen hinter dieser Erklärung Margrete und König Erik, welche die Pfandsumme gleichsam als Kompensation für Friedensbrüche durch die Anhänger der Schauenburger in Schleswig einforderten.[64]

Den Schlusspunkt für diese erste Phase setzt eine Urkunde der Bischöfe von Aarhus und Ribe sowie sieben weltlicher Räte des Königs vom 11. September 1416. Sie beinhaltet die öffentliche Verlesung einer Urkunde vom 14. Juni 1415, in welcher der römisch-deutsche König Sigismund von den Schauenburgern die Auslieferung des Herzogtums an König Erik forderte.[65]

---

62 Nach dem Tod der Holsteiner Grafen Albrecht II. und Gerhard VI. 1403 und 1404 in den Auseinandersetzungen mit Dithmarschen waren Gerhards Söhne Heinrich und Adolf noch unmündig, der dritte Sohn Gerhard wurde sogar erst nach dem Tod des Vaters geboren. Die Regierungsgewalt lag in den Händen von Gerhards Witwe, Elisabeth von Braunschweig-Lüneburg, und verschiedener Räte, darunter der schleswigsche Drost Erik Krummediek. Demgegenüber meldete aber auch ihr Schwager Heinrich Ansprüche auf das Erbe seiner Brüder und die Mitwirkung in der Vormundschaftsregierung an. Daher wandten sich die Herzogin und ihre Räte zunächst auch an König Erik, respektive Königin Margrete, mit der Bitte, die Vormundschaft für die Kinder Gerhards zu übernehmen. *Hoffmann*, Spätmittelalter (1990), 229–231; *Hergemöller*, Heinrich (2001), 531 f.
63 DRA, NKR, Nr. 2239. Vgl. 6.1.1 b).
64 *Hoffmann*, Spätmittelalter (1990), 232 f. (zur Vorgeschichte der Urkunde), *Erslev*, Dronning (1882), 390–403 (zur Königin Margrete in Südjütland).
65 DRA, NKR, Nr. 2598.

Die neun Dokumente aus den Jahren 1409 bis 1416, die dem Bestand „Slesvig" zugeordnet waren, beziehen sich grundsätzlich auf drei große thematische Komplexe: die Inbesitznahme Flensburgs und anderer schleswigscher Burgen (1409–1411),[66] die Herstellung von Waffenruhen (1411, 1417),[67] sowie die Prozesse um das Herzogtum Schleswig vor der Reichsversammlung des dänischen Adels, dem Danehof, in Nyborg (1413) und vor König Sigismund (1415).[68] Dabei existieren neben den originalen Pachturkunden, Verträgen und Richtersprüchen auch verschiedene Transsumpte.[69] Schlüsselt man alle Urkunden nach ihren grundlegenden Funktionen und Typen auf, ergibt sich ein sehr klares Bild von den Formen der Schriftlichkeit, in denen sich dieser Konflikt manifestiert (Abb. 2.2).

Funktional dominieren ganz klar die Vermittler- bzw. Richterurkunden und die Transsumpte, deren Anzahl fast gleich hoch ist. Dabei gibt es gelegentlich auch direkte Verbindungen zwischen beiden Urkundenarten, wie die öffentlich dokumentierte Verlesung von König Sigismunds Richterspruch in Flensburg demonstrierte.[70] Mögen Urkunden von Vermittlern oder Schiedsrichtern in einem Konfliktfall nicht besonders überraschen, liegt in der großen Menge der Transsumpte ein ganz besonderes Spezifikum der Auseinandersetzungen um das Herzogtum Schleswig. Die Mehrzahl der Transsumpte – sechs von neun – fällt zudem in den relativ kurzen Zeitraum zwischen dem Urteil des Danehofs in Nyborg am 29. Juli 1413 und dem Schiedsspruch König Sigismunds am 14. Juni 1415.[71] Diese sechs Urkunden gehören zudem

---

66 Es handelt sich um die folgenden Urkunden: DRA, NKR, Nr. 2239 (1409, Okt. 9), 2291 (1411, Jan. 3), 2292 (1411, Jan. 3), 2293 (1411, Jan. 13), 2294 (1411, Jan. 20), 2295 (1411, Jan. 20), 2299 (1411, März 27), 2350 (1412, Okt. 24). Genauere Angaben: Tab. 8.1.1 b).

67 Zum Vergleich in Flensburg: DRA, NKR, Nr. 2276 (1410, Sept. 16). 2284 (1410, Nov. 11). Zum Waffenstillstand von Kolding: DRA, NKR, Nr. 2298 (1411, März 25), 2348 (1412, Okt. 5). Zum Waffenstillstand von 1417: DRA, NKR, Nr. 2640 (1417, Nov. 12), 2642 (1417, Nov. 14) Zu allen Vereinbarungen auch: *Hoffmann*, Spätmittelalter (1990), 233 f. (Flensburg und Kolding); *Erslev*, Dronning (1882), 399–403 (zu den Vereinbarungen von 1410/1411); *Ders.*, Erik (1901), 45–47 (zum Waffenstillstand von 1417).

68 Das Urteil des Danehofs von 1413, Juni 29 ist in drei Ausfertigungen erhalten: DRA, NKR, Nr. 2373–2375. Zum Danehof: *Erslev*, Erik (1901), 9–11; *Hoffmann*, Spätmittelalter (1990), 237–239. Das Urteil Sigismunds von 1415, Juni 14, liegt in zwei Urkunden (DRA, NKR, Nr. 2561 f.) vor. Dazu *Hoffmann*, Spätmittelalter (1990), 239 f.

69 Transsumpte: 1.) DRA, NKR, Nr. 2550 (1414, Dez. 1) über DRA, NKR, Nr. 2239; 2.) DRA, NKR, Nr. 2551 f. (1414, Dez. 1) über die DRA, NKR, Nr. 2276. 3.) DRA, NKR, Nr. 2554 (1414, Dez. 31) über DRA, NKR, Nr. 2348. Außerdem ist mit DRA, NKR, Nr. 2553 (1414, Dez. 31) das Transsumpt über eine parallele Urkunde zum Vertrag von 1411, März 25 erhalten. Deren Original befindet sich nur noch im ursprünglichen Archiv der Herzöge von Schleswig: DRA, NKR, Nr. 2297 (früher Gemeinsames Archiv XII, Nr. 43) = DD IV, 11, Nr. 224.

70 Vgl. Anm. 68.

71 Vgl. Tab. 6. 1.1 b).

alle in die Gruppe der Siegelurkunden in Kombination mit Notariatsinstrumenten, bei denen die Bischöfe von Roskilde und Schleswig als Aussteller fungierten.[72]

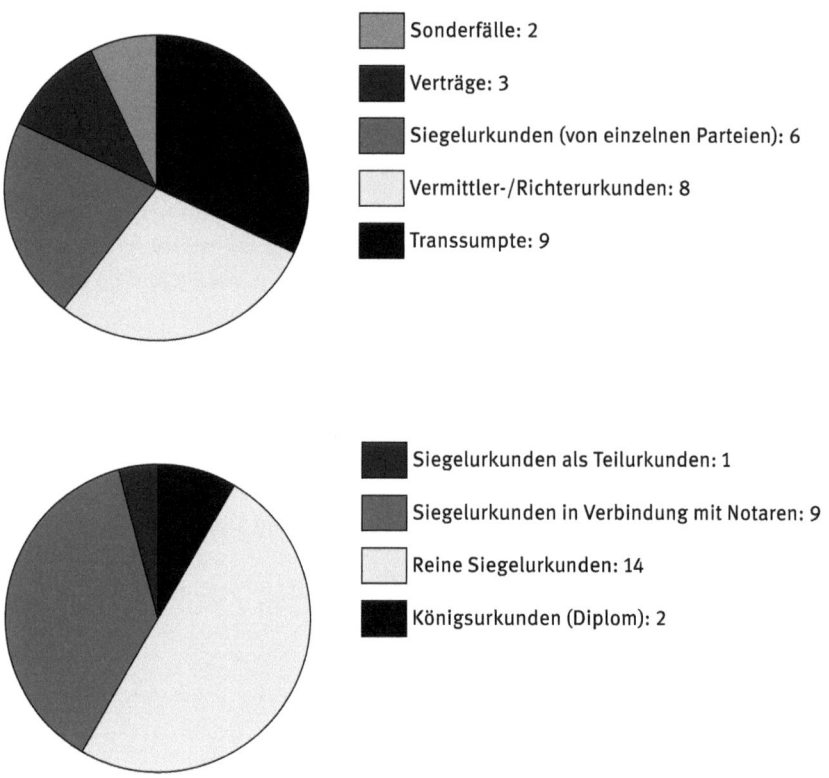

Abb. 2.2: Aufschlüsselung der Urkunden von 1409–1416 nach Funktionen und Typen. Darstellung durch Verfasserin.

Es lässt sich also eine direkte Verbindung feststellen zwischen der Funktion des Transsumptes, das der erneuten Erinnerung an eine Urkunde bzw. der Bestätigung ihres Inhaltes dient, und der Einbeziehung von Notaren. Ins Gewand römisch-rechtlicher Formen gekleidet, werden die inserierten Urkunden zu Beweisstücken mit besonders hoher Authentizität.

Dieses Motiv der Authentizität wird auch im Zusammenhang mit den drei Exemplaren des Nyborger Urteils von 1413 deutlich. Diese stellte Bischof Peder von Roskilde,

---

72 DRA, NKR, Nr. 2377, 2550–2554. Vgl. Tab. 8.1.1 b).

als Kanzler des Königreichs Dänemark und Richter des Danehofs aus und ließ sie zusätzlich durch einen Notar bestätigen.[73] Diese zweifache Natur des Dokuments als Richterurkunde und als Notariatsinstrument reflektiert in gewisser Weise auch die Doppelnatur des Rechtsspruches, der Elemente verschiedener Rechte miteinander verband. Der Entzug des Herzogtums wurde damit begründet, dass die Schauenburger das Reich Dänemark mit fremder Unterstützung gegen Recht und Lehnsrecht angegriffen hätten.[74]

In der Zusammenschau manifestieren sich die Jahre 1409 bis 1416 in den dänischen Urkunden als die Phase, in der die königliche Gewalt zunächst schrittweise in den Raum vordrang und sich schließlich ganz offen gegen die Holsteiner und deren Ansprüche wandte. Dabei wurde der 1411 beschlossene fünfjährige Waffenstillstand auf dänischer Seite genutzt, um einen Prozess um den Status des Herzogtums zu führen, zunächst in Dänemark selbst und schließlich vor dem römischen König.[75] Dabei kamen in hohem Umfang Notarsurkunden zum Einsatz.

Neben diesen Spezifika der Urkunden zeigen sich in dieser Phase jedoch noch einige weitere Besonderheiten. Bis zu ihrem Tod am 28. Oktober 1412 erscheint Margrete als maßgebliche Persönlichkeit neben Erik VII. Die vorgestellten Urkunden aus den Jahren 1409 bis 1416 dokumentieren also ausschließlich die Verhältnisse des dänischen Königs zum Herzogtum Schleswig. Als externe Kräfte treten nur Heinrich II. von Braunschweig-Lüneburg, der Bruder der Herzogin Elisabeth, und Ulrich I. von Mecklenburg als Vermittler in Erscheinung.[76] Die Städte sind in diesen Konflikt zunächst nicht direkt involviert.[77] Sie werden jedoch ab 1416 ebenfalls als Vermittler aktiv. Für diesen Wendepunkt steht die Urkunde vom 18. August 1416, die ursprünglich dem Bestand „Lybeck og Hansestæderne" zugeordnet war (Abb. 2.1).[78] Diese legt in gewisser Weise den Grundstein für die weiteren Aktivitäten der Städte, insbesondere der Stadt Lübeck. Das Dokument gehört in einen Zusammenhang mit den innerlübi-

---

73 DRA, NKR, Nr. 2373–2375: *med Raad og Samtykke af de retskyndige Bisiddere og af hele det kongeliege Parlament.*

74 DFlens I, Nr. 66. Es wurden dabei das Elemente des seeländischen Landrechts und des eigentlich nicht in Dänemark heimischen Lehnsrechts verknüpft: *Erslev*, Erik (1901), 11; *Hoffmann*, Spätmittelalter (1990), 239; *Albrectsen*, Stellung (1992), 161 f.

75 Die Herzogin und ihre Verbündeten halten diesen Waffenstillstand trotz des rechtlichen Vorgehens gegen sie bis zum Ende ein. Die Wiederaufnahme der Feindseligkeiten ging dann vom König aus, der Graf Heinrich III. im Frühjahr 1416 seinen Fehdebrief schickte: *Erslev*, Erik (1901), 24–26, bes. mit Anm. 29 (444).

76 DRA, NKR, Nr. 2348, 2349 = DD IV, 12, Nr. 439, 440.

77 Einen guten Hinweis darauf bietet eine Urkunde König Eriks für Lüneburger Kaufleute, die wahrscheinlich ins Jahr 1412 oder 1413 zu datieren ist. Darin bestätigte er diesen das Recht zum freien Handel, obwohl ihre Stadtherren, Herzog Bernhard und Herzog Heinrich, seine Feinde geworden waren: [1412 oder 1413,] Juli 25: DD IV, 12, Nr. 430.

78 DRA, NKR, Nr. 2597.

schen Unruhen zwischen 1406 und 1416, von der Entmachtung bis zur Wiedereinsetzung des alten Rates.[79] In der Urkunde vom 18. August 1416 erklären Bürgermeister und Rat der Stadt Lübeck, dass sie gegenüber König Erik von Dänemark keinerlei Ansprüche mehr haben. Ihre Verzichtserklärung bezieht sich auf vorhergehende Arretierungen von Lübecker Personen bzw. Gütern auf Schonen und in anderen Teilen des Reiches, wobei der Grund für diese Festnahmen im Text der Urkunde etwas vage umschrieben wird. So ist von Zwistigkeiten die Rede, die der König mit Bürgern von Lübeck hatte und die aus Verleumdungen resultierten. Wörtlich heißt es, *dat welcke van den inwoneren to Lubeke sine gnade scholde(n) besecht hebben to Costenitz*.[80] Dabei handelte es sich um den von vier Angehörigen des neuen Rates auf dem Konzil in Konstanz geäußerten Vorwurf, dass König Erik die Stadt Lübeck aus dem Schutz des Reiches lösen wollte. Doch ergeben sich diese Informationen nur noch aus der parallelen Überlieferung.[81] Wenn die Urkunde im Namen von Bürgermeister und Rat der Stadt Lübeck ausgestellt wurde, so steht dahinter der Rat, der aus der Wiederherstellung der alten Ratsherrschaft am 15. Juni 1416 resultierte.[82] Er setzte sich aus Mitgliedern des Alten und des Neuen Rats zusammen.[83]

Diese Urkunde stellt im Bestand eine Besonderheit dar, da es sich um das einzige Dokument aus diesem Konflikt und aus der Interaktion zwischen dem König und Lübeck in der Zeit der Ratsunruhen handelt. Zwar sind im Zusammenhang mit König Eriks Einwirken auf die lübeckischen Verhältnisse und der damit verbundenen Konflikte nachweislich weitere Urkunden entstanden, doch gingen diese inzwischen ver-

---

79 Literatur zu den Unruhen in Lübeck und den Verhandlungen in Konstanz: *Wehrmann*, Aufstand (1878), 101–156, auch *Hoffmann*, Lübeck (1989), 248–261; *Erslev*, Erik (1901), 13–24; *Pitz*, Bürgereinung (2001), 125–145, ausführlicher Forschungsbericht ab 138.

80 Nach dem Original im DRA: HR I, 6, Nr. 290, 256. Als Abschrift innerhalb einer Hamburger Rezesshandschrift: LUB 5, Nr. 675, 672.

81 Es handelt sich um die Verhandlungen vom 5. April bis zum 2. Mai 1416 in København (HR I, 6, 171–191, bes. Nr. 246, § 44–49) und vom 23. bis zum 28. Juli 1416 in Lollands-Albuen (HR I, 6, 250–256, bes. Nr. 287, § 14 f.; LUB 5, Nr. 664, 666–672, 675). Der Hamburger Bericht über die Verhandlungen zu Lollands-Albuen ist besonders ausführlich und erwähnt, dass der König die Klagen noch einmal direkt vorbringt: LUB 5, Nr. 672 664: *Vmme des truwen arbeides willen hebben de van Lubeke, de nye rad, em ouersecht, dat he de stad Lubeke wolde van dem hilghen Romischen ryke vorradet habben*. Als Ergebnis dieser Verhandlungen entstand auch die behandelte Urkunde. Die verklagten Personen, Hinrich Schönenberg, Eler Stange, Marquard Schütte und Johann Grove, werden zu einer Pilgerfahrt verurteilt (HR I, 6, Nr. 289).

82 *Pitz*, Bürgereinung (2001), 128–138 (zu den einzelnen Schritten der Wiederherstellung der Ratsherrschaft).

83 Von den offiziellen Lübecker Teilnehmern an den Verhandlungen in Lollands-Albuen, Jordan Pleskow, Johann Crispin, Tidemann Steen und Dietmar von Thun, gehörten die beiden Letzteren dem Neuen Rat an (HR I, 6, Nr. 287). Siehe auch *Fehling*, Ratslinie (1978), Nr. 425, 49–51 (Jordan von Pleskow), Nr. 435, 53 (Johann Crispin), Nr. 465, 60 (Detmar von Thunen), Nr. 467, 61 (Tidemann Steen); *Poeck*, Herren (2010), 351 f. (bes. zu Tidemann Steen).

loren. Zu diesen Verlusten gehören zum Beispiel zwei Notariatsinstrumente, von denen eines die Aussagen in Konstanz beurkundet und entweder noch dort vor Ort oder an König Eriks Hof hergestellt worden war.[84] Das Zweite wurde mit Sicherheit am 22. April 1416 in København angefertigt. Es behandelt die Auslösung von Briefen des Neuen Lübecker Rates an König Sigismund, in denen wahrscheinlich die Geldsumme für die Bestätigung der Privilegien festgeschrieben war. Dieses noch nicht ausgezahlte Geld hatte Sigismund allem Anschein nach an König Erik weiterverpfändet, der bei den Verhandlungen in København nun entweder die Rückgabe des Privilegienbriefs oder die Auszahlung der Pfandsumme an ihn verlangte. Über diese Aufforderung und die Weigerung der anwesenden Mitglieder des Neuen Rates handelte das Notariatsinstrument.[85] Das Fehlen dieser beiden Notariatsinstrumente lässt sich aber nicht nur als reiner Zufall interpretieren. Möglicherweise konnte die Angelegenheit nach der Wiedereinsetzung des Alten Rates und der erreichten Einigung in Bezug auf die Konstanzer „Verleumdungen" als erledigt betrachtet werden.

Die noch erhaltene und hier vorgestellte Urkunde vom 18. August 1416 mochte dabei zur Irrelevanz der vorausgegangenen Dokumente beigetragen haben, so dass deren Kassierung möglich scheint. Der genaue Überlieferungskontext des behandelten Schriftstückes lässt sich jedoch nicht bis ins Detail nachvollziehen. Sie taucht in den Archivregistern des 15. und 16. Jahrhunderts nicht auf und Huitfeldt integriert in sein Werk keine dänische Übersetzung des Urkundeninhalts. Er äußerte sich aber zu den Hintergründen der Auseinandersetzungen und verband sie – wohl fälschlicherweise – mit den etwas früheren Konflikten in Norwegen.[86]

Im Hinblick auf die Gesamtheit der Urkunden aus den Konflikten um das Herzogtum Schleswig steht das zuletzt angesprochene Dokument für einen wichtigen Wendepunkt. Mit der Rückkehr des Alten Rates nach Lübeck und der Beilegung der Spannungen mit dem dänischen König veränderte sich die Stellung der Städte und besonders Lübecks in diesem Konflikt.[87] Diese gewandelten Konstellationen kommen schließlich ab 1417 in der Überlieferung zum Ausdruck.

---

84 Dies geht aus dem Rezess der Verhandlungen in København , 5. April bis 2. Mai 1416, hervor: HR I, 6, Nr. 246, §§ 44–50, bes. § 48: *Unde also leet de here koning dar lesen en instrument, dar ynne begrepen* [was] *alsolk handelinghe*. Diese Urkunde war schon im 19. Jahrhundert weder im Bestand „Lybeck og Hansestæderne", noch im Bestand „Kejseren" enthalten.

85 HR I, 6, Nr. 252: Brief der Stralsunder Sendboten. Weitere Informationen ergeben sich aus HR I, 6, Nr. 199. Dazu auch *Erslev*, Erik (1901), 20; *Behrmann*, Herrscher (2004), 283 f.

86 *Huitfeldt*, Tredie part Chronologiae, 266 f. Die Urkunden dazu befinden sich heute im norwegischen Reichsarchiv in Oslo waren aber ursprünglich Teil des königlichen dänischen Archivs: NRA dipl. D 9 No, Nr. 26 (= DN 1, Nr. 643), 27 (= DN 1, Nr. 646), Nr. 28 (= DN 1, Nr. 647).

87 Schon bei den Verhandlungen in Lollands-Albuen wurde auch über die von den Holsteinern eingeladenen Vitalier und die Gefährdung der See gesprochen: HR I, 5, Nr. 287 § 17 255. Dazu auch *Hoffmann*, Lübeck (1988), 265.

b) Phase 2: 1417–1425

Die zweite Phase der Beziehungen, die aus der urkundlichen Überlieferung aufscheint, beginnt mit den Urkunden des Jahres 1417 und endet schließlich am 10. September 1425 mit einem Vertrag, der vom obersten Marschall des Deutschen Ordens,
Walrabe von Hundsbach, und den Ratssendeboten der Städte Lübeck, Rostock,
Stralsund und Wismar ausgestellt wurde. Darin beurkunden sie einen vorläufigen
Kompromiss zwischen den Sendboten des Königs und Graf Heinrich IV. von Holstein,
wonach der Konflikt durch ein Treffen beider Seiten im Juli 1426 beigelegt werden
sollte. Die Schlichtung käme zunächst einem Schiedsgremium zu oder – falls dieses
keine Einigkeit herstellen könnte – dem Hochmeister und den Städten. Von der drei-
teiligen Urkunde dieser Übereinkunft erhielten alle Parteien ein Exemplar.[88] Dieses
Dokument demonstriert besonders deutlich den gestiegenen Anteil der Städte an dem
Konflikt.

Lassen sich für die erste Phase der Auseinandersetzungen im Urkundenbestand
bereits bestimmte thematische Schwerpunkte festmachen, so setzt sich diese Tendenz im aktuellen Betrachtungszeitraum fort. Mit nur wenigen Ausnahmen konzentrieren sich die Schriftstücke im dänischen Archiv einerseits auf die Bemühungen um
Frieden und andererseits auf die Fortsetzung des Rechtsweges. Waffenstillstandsverträge bzw. Schlichtungen fallen dabei in die Jahre 1417[89] und 1423[90]. In beiden Fällen
ging die Initiative von neutralen Kräften aus: 1417 von den Hansestädten und 1423
vom römischen König und den Kurfürsten. Da die Lösung des Konfliktes in beiden
Fällen durch Schiedsrichter erfolgen sollte, entstanden Urkunden, die sich dem Sammeln von Beweisen widmeten und richterliche Entscheidungen festschrieben oder
deren Befolgung einforderten. Die zahlreichen Dokumente aus den Jahren 1421 sowie
1423 bis 1425 stammen aus dem Kontext solcher Aktivitäten. Mit einer Ausnahme

---

88 DRA, NKR, Nr. 2933 = DFlens I, Nr. 375.
89 Der Waffenstillstand vom November 1417: 1417, Nov. 12: DRA, NKR, Nr. 2640 und 1417, Nov. 14:
DRA, NKR, Nr. 2642. Vgl. 6.1.1 b). Die frühere Datierung der holsteinischen Urkunde beruht möglicherweise auf der direkten Übernahme eines auf diesen Tag datierten Entwurfes (HR I, 6, Nr. 504). Das
Treffen und die Verabredung des Waffenstillstandes fanden aber wohl doch erst am 14. November
statt. Dazu *Erslev*, Erik (1901), 45 f., bes. Anm. 70 f. (448).
90 Schlichtung vom 1. Januar 1423 durch Herzog Heinrich (Rumpold) von Schlesien-Glogau. Dazu
gehören zunächst die zwei Urkunden vom 1. Januar 1423: DRA, NKR, Nr. 2791 (Urkunde des Vermittlers), Nr. 2794 (Urkunde der Holsteiner). Vgl. 8.1.1 b). Dazu gibt es noch die Dokumentation DRA, NKR,
Nr. 2783 auf vier zusammengenähten Papierbögen. Zusätzlich zu den Abschriften dieser beiden Dokumente enthält sie auch die an König Erik gerichtete Beglaubigung des schlesischen Herzogs als
Vermittler vom 5. September 1422 und die Gegenurkunde des Königs für die Holsteiner, ebenfalls vom
1. Januar 1423 (heute DRA, NKR, Nr. 2793, früher Gem. Arch. XVII, 79). Das gesamte Schriftstück ist
nach dem Beglaubigungsschreiben auf 1422, Sept. 5, datiert. Vgl. auch Rep., Nr. 5995–5997 mit ausführlicher Dokumentation der Überlieferung. Die Texte sind zudem in lateinischer Übersetzung abgedruckt in Acta Processus. Ed. *Langebek*. Außerdem dazu HR I, 6, 362. Zum gesamten Komplex siehe
Kap. 3.1.

dienten alle Urkunden von 1421 der Sammlung von Zeugenaussagen zum Status des Herzogtums Schleswig, wozu der König jeweils die Landstinge für Schonen, Seeland und Jütland einberufen ließ.[91] Mit dem Prozess vor König Sigismund in Ofen hängen alle Dokumente des Jahres 1424 zusammen, zu denen noch jeweils vier Schriftstücke von 1423 bzw. fünf von 1425 hinzukommen.[92] Die Bulle Martins V. vom 23. Mai 1425, von der zwei Ausfertigungen und vier Entwürfe vorhanden sind, resultierte aus den Bemühungen der Holsteiner, an den Papst als zusätzliche neutrale Instanz zu appellieren (Abb. 2.3).[93]

Obwohl fast alle Urkunden der Jahre 1417 bis 1425 somit aus einigen wenigen Sachthemen resultierten, eröffnet sich im Detail eine breite Vielfalt der Funktionen und Formen. Dies zeigt sich besonders bei der Betrachtung der Siegelurkunden. Sie kamen in dieser Periode nicht nur für fast alle Verträge[94] oder für die Richterurkunden zur Anwendung, sondern bekräftigten zum Beispiel auch die offiziellen Zeugenaussagen auf den Landstingen.[95] Für eine neuerliche Dokumentation derartiger individueller Äußerungen, die König Sigismunds Kommissar Ludovicus de Cataneis am 27. Juni 1424 in Flensburg aufnahm, wurde dann jedoch ein Notar hinzugezogen.[96]

---

91 DRA, NKR, Nr. 2753 (1421, Mai 30) = DFlens I, Nr. 78 ist eine schiedsrichterliche Urkunde der Herzöge Johann IV. von Mecklenburg und Wartislaw von Pommern-Wolgast sowie des Grafen Albrecht von Eberstein auf Naugard. Kurzregest siehe Anhang 8.1.1 b). Dazu *Erslev*, Erik (1901), 61–63. Die Urkunden der Landstinge sind: DRA, NKR, Nr. 2757 (1421, Juni 28: Schonen); DRA, NKR, Nr. 2758 (1421, Juli 2: Seeland); DRA, NKR, Nr. 2763 (1421, Aug. 4: Nordjütland). Bei DRA, NKR, Nr. 2759 (1421, Juli 2) handelt es sich um ein notarielles Transsumpt über DRA, NKR, Nr. 2758. Zur Einberufung der Landstinge: *Erslev*, Erik (1901), 170–172; *Olesen*, Unionskrige (1983), 28 f.
92 Zu 1423: 1.) DRA, NKR, Nr. 2815 (1423, Aug. 23); 2.) DRA, NR, Nr. 2823 (1423, Sept. 22); 3.) DRA, NKR, Nr. 2827 (1423, Nov. 1); 4.) DRA, NKR, Nr. 2832 (1423, Dez. 16). Zu 1424: 1.) DRA, NKR, Nr. 2870 (1424, Juni 27); 2.) DRA, NKR, Nr. 2871 (1424, Juni 28) sowie drei notarielle Abschriften davon DRA, NKR, Nr. 2872–2874; 3.) DRA, NKR, Nr. 2892 (1424, Dez. 5). Zu 1425: 1.) DRA, NKR, Nr. 2906 (1425, März 11); 2.) DRA, NKR, Nr. 2907 f. (1435, März 11); DRA, NKR, Nr. 2909 f. (1425, März 11). Konkordanz und Kurzregesten Tab. 6.1.1 b). Dazu auch *Hoffmann*, Spätmittelalter (1990), 236–250 mit einer Abbildung der Urkunde.
93 DRA, NKR, Nr. 2918–2923. Zum Aufhebungsverfahren an der Kurie: *Hedemann*, Aufhebungsverfahren (2012), bes. 24 f.
94 Darunter wurden auch die Urkunden gezählt, die König Erik als Teil einer Partei mitbesiegelte, wie z. B. DRA, NKR, Nr. 2642.
95 Vgl. dazu Anm. 91.
96 DRA, NKR, Nr. 2870.

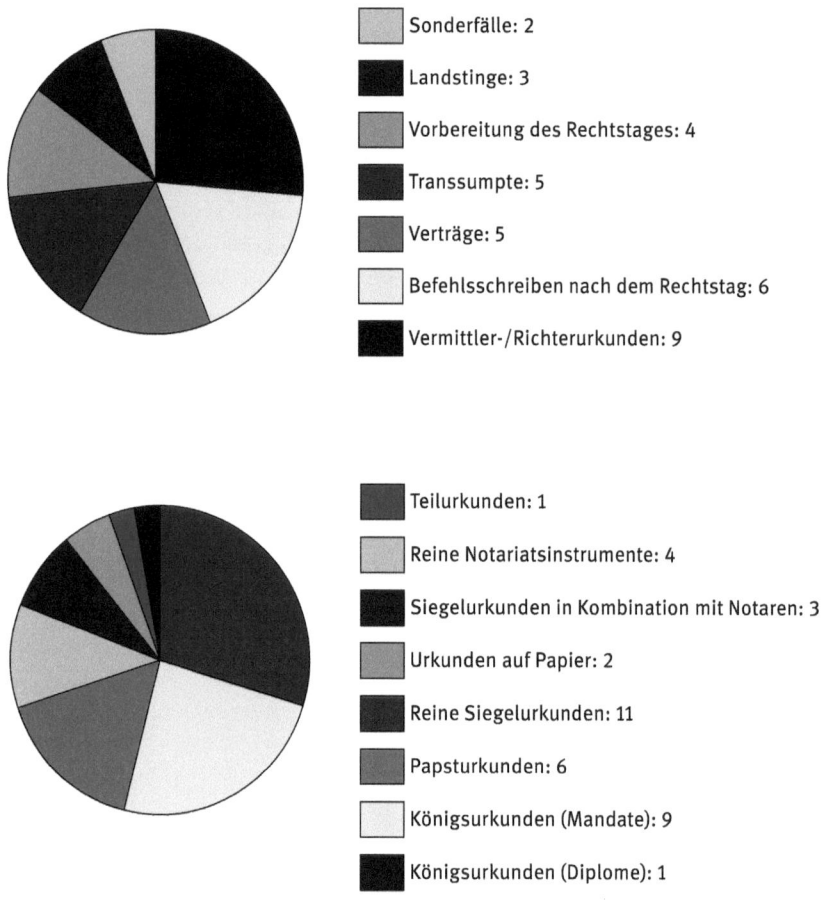

Abb. 2.3: Aufschlüsselung der Urkunden von 1417–1425 nach Funktionen und Typen. Darstellung durch Verfasserin.

Aus dem Schriftguttyp „Siegelurkunde" ließen sich in der vorhergehenden Phase, die schiedsrichterlichen Urkunden König Sigismunds von 1415 noch als Einzelstücke herauslösen (Abb. 2.2). Sein Richterspruch des Jahres 1424 wird nun ergänzt durch seine Befehlsschreiben bzw. Mandate und zusätzlich auch durch die Bullen Papst Martins V. Urkundliche Sonderformen, wie Notariatsinstrumente oder Chirographen, sind gegenüber diesen vielen verschieden Siegelurkunden in etwas geringerer Anzahl vorzufinden. Die Anwendungsfelder decken sich jedoch teilweise mit denen, die schon für die frühere Phase zu beobachten waren.[97] So sind inzwischen an der Anfertigung aller Transsumpte Notare beteiligt, wobei eine Zunahme von reinen Notariatsinstrumenten, ohne die zusätzliche Beglaubigung durch einen geistlichen Großen, zu beobachten ist.

Vier als Verträge anzusprechenden Siegelurkunden gehören in die Jahre 1417 und 1423. Unter diese fällt neben den Abkommen zwischen den beiden bisherigen Hauptparteien[98] auch die Urkunde, die aus dem Bestand „Lybeck og Hansestæderne" für das Jahr 1423 überliefert ist.[99] Dieses Dokument wurde am 6. Januar 1423 ausgestellt und stand auf jeden Fall in direktem Zusammenhang mit den Urkunden vom Ersten dieses Monats, die aus der Vermittlung Herzog Heinrichs von Schlesien-Glogau resultierten. Der fünfte Vertrag, der am 9. Oktober 1425 durch Vermittlung des Deutschordensmarschalls und der Städte entstand, besitzt die Form einer Teilurkunde.[100]

Zusätzlich lässt sich festhalten, dass in diesem Zeitraum drei Schriftstücke entstanden, in denen die Städte in gleicher Weise präsent erscheinen wie die Hauptparteien des Konfliktes. Außer dem schon genannten Vertrag vom 9. Oktober 1425, an dem die Städte direkt als Vermittler beteiligt waren, betrifft dies auch die Waffenstillstandsverträge vom November 1417. In diesen wurden die Städte als Verwahrer der Stadt Schleswig ins Spiel gebracht.[101]

c) Phase 3: 1426–1435

Nach dem Vertrag vom 9. Oktober 1425 liegen für beinahe ein ganzes Jahr keine weiteren Urkunden vor. Die Überlieferung in København setzt erst mit den Absagebriefen der Städte Lübeck, Lüneburg, Wismar und Stralsund vom Oktober 1426 wieder ein.[102] Den Endpunkt dieser Phase bildet die Urkunde vom 10. August 1435, in der die Städte Lübeck, Wismar und Lüneburg ihr Bündnis mit König Erik vom 15. Juni 1423 für ungültig erklären.[103] Die Überlieferung deckt sich also fast vollständig mit den Jahren des Krieges (Abb. 2.4).

---

97 Vgl. Kap. 2.1.2 a) mit Abb. 2.2.
98 Damit sind die bilateralen Urkunden vom 12. und 14. November 1417 und die holsteinische Urkunde für König Erik vom 1. Januar 1423 gemeint. Vgl. Kap. 2.1.2 a), Anm. 89 und 90.
99 DRA, NKR, Nr. 2795 = HR I, 7, Nr. 565.
100 Vgl. vorn Anfang des Kapitels 2.1.2 b).
101 Siehe Abschrift des Vertrages: HR I, 6, Nr. 504, 489. Darüber wurde auch zuvor zwischen den königlichen Gesandten und Vertretern der Städte verhandelt: HR I, 6, Nr. Nr. 503, § 15, 483. Dazu auch *Erslev*, Erik (1901), 45 f.
102 1.) Lübecker Absagebrief: DRA, NKR, Nr. 2967 (1426, Okt. 6); 2.) Lüneburger Absagebrief: DRA, NKR, Nr. 2968 (1426, Okt. 6); 3.) Wismarer Absagebrief: DRA, NKR, Nr. 2970 (1426, Okt. 13); 4.) Stralsunder Absagebrief: DRA, NKR, Nr. 2971 (1426, Okt. 15). Genauere Angaben Tabelle 8.1.1 a).
103 DRA, NKR, Nr. 3206.

Die Masse der erhaltenen Schriftzeugnisse konzentriert sich dabei auf den Zeitraum von 1426 bis 1428 (Abb. 2.1). Ein Grund für die besondere Überlieferungssituation des Jahres 1427 ist eine hohe Anzahl von Absagebriefen. Insgesamt erhielt König Erik 25 Absagebriefe, von denen nur zwei verlorengegangen sind.[104] Dabei haben dem König nicht nur die wendischen Hansestädte, samt Lüneburg, im Oktober 1426[105] das Bündnis von 1423 aufgekündigt. Im März 1427 schlossen sich ihrem Gegenbündnis noch achtzehn sächsische Städte an.[106] Die beinah lückenlose Überlieferung dieses Schriftguttyps lässt sich ganz besonders durch die sorgfältige Aufbewahrung bereits während des Konfliktes erklären.[107]

Im Unterschied zu den früheren Phasen des Konfliktes dominieren nun die Urkunden, die dem Bestand „Lybeck og Hansestæderne" zugeordnet waren und aus den direkten Beziehungen König Eriks mit den Städten resultierten. Darüber hinaus ist bei drei Dokumenten die Zuteilung zum ursprünglichen Bestand „Slesvig" willkürlich. Bei diesen handelte es sich zum einen um ein Notariatsinstrument vom 28. Mai 1428, in dem ein Bericht des Deutschordensmarschalls Walrabe von Hundsbach über seinen Vermittlungsversuch im Sommer 1427 transsumiert wurde.[108] Zum anderen liegen für das Jahr 1431 vom 31. August und vom 20. September[109] die Vermittlerurkunden des Danziger Komturs Walter von Kirskorf und zweier weiterer Brüder des Deutschen Ordens vor. In allen drei Dokumenten erscheinen die wendischen Hansestädte als eine der Kriegsparteien, deren Standpunkt wiedergegeben wird.

---

104 Es fehlen die Absagebriefe von Rostock und Quedlinburg, aber beide sind durch andere Quellen nachweisbar. Rostock: HR I, 8, Nr. 104. Quedlinburg: siehe nachfolgend Anm. 106. Ein besonderes Kuriosum stellt zudem der undatierte Fehdebrief eines einzelnen Adligen dar: DRA, NKR, Nr. 2981 (1426 oder 1427).

105 Vgl. zuvor Anm. 102.

106 Es handelt sich um Braunschweig, Magdeburg, Halle, Uelzen, Goslar, Hildesheim, Helmstedt, Aschersleben, Merseburg, Hannover, Göttingen, Alfeld, Northeim, Halberstadt, Hameln, Einbeck, Buxtehude und Quedlinburg: NKR, Nr. Nr. 2985–3003 (HR I, 8, Nr. 159, 1–17). Siehe auch eine dänische Quittung darüber HR I, 8, Nr. 160.

107 Sie fungieren bereits an herausragender Stelle in der Dokumentenliste von 1434: HR II, 1, Nr. 365, § 2. Zumindest die Absagebriefe der wendischen Städte waren auch schon 1430 bei Verhandlungen öffentlich präsentiert worden. HR I, 8, Nr. 517: (…) *de erste bodesopp, de uns van en wart, dat weren ere untseggebreven, dar mede se unse viende wurden, (alse gii hir horen mogen an den sulven eren untseggebreven Denne schal man de wiisen unde lesen. Unde wan de lesen szint, so schal man denne dit vortan lesen.).* Vgl. Kap. 5.3.3.

108 DRA, NKR, Nr. 3029.

109 1.) DRA, NKR, Nr. 3104 (1431, Aug. 31); 2.) DRA, NKR, Nr. 3106 (1431, Sept. 20). Vgl. dazu ausführlich Kap. 5.5.

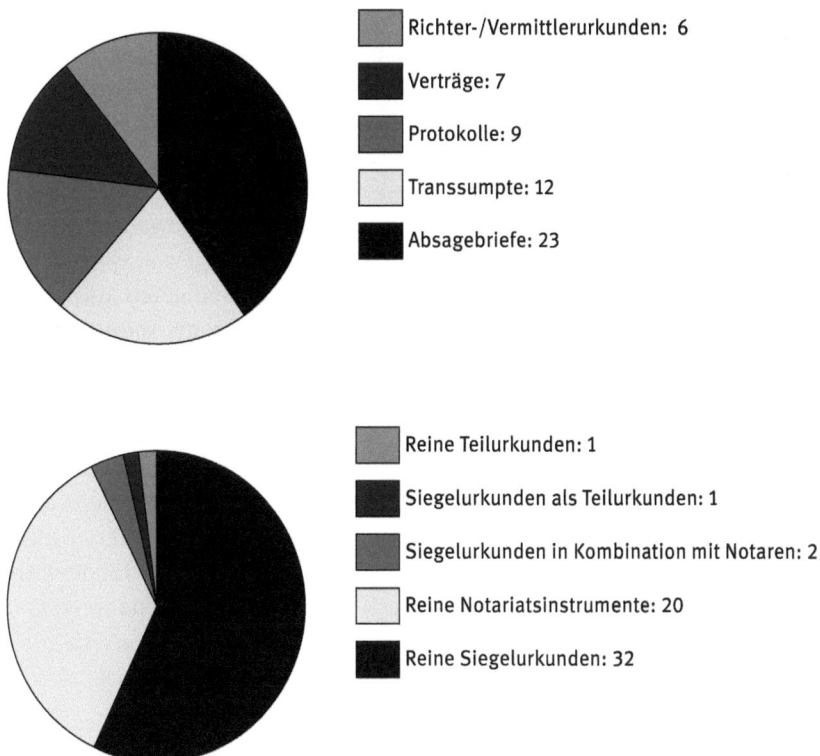

Richter-/Vermittlerurkunden: 6

Verträge: 7

Protokolle: 9

Transsumpte: 12

Absagebriefe: 23

Reine Teilurkunden: 1

Siegelurkunden als Teilurkunden: 1

Siegelurkunden in Kombination mit Notaren: 2

Reine Notariatsinstrumente: 20

Reine Siegelurkunden: 32

Abb. 2.4: Aufschlüsselung der Urkunden von 1426–1435 nach Funktionen und Typen. Darstellung durch Verfasserin.

Die drei genannten Urkunden dienten dem Festhalten von Verhandlungsergebnissen. Sie gehören damit zu den insgesamt 28 Dokumenten, die sich mit konkreten Verhandlungen in Beziehung setzten lassen. Diese stellen eine sehr heterogene Quellengruppe dar, die sich aus besiegelten Richter- oder Vermittlerurkunden und Verträgen aber auch notariell beglaubigten Protokollen und Transsumpten zusammensetzt. Die herausragende Bedeutung der Notariatsinstrumente, die bereits für die bisherigen Phasen des Konfliktes zu beobachten war, zeigt sich auch hier an ihrer hohen Anzahl innerhalb der Urkundentypen.[110] Mit zwei Ausnahmen stammen alle notariellen Urkunden aus dem Umfeld des königlichen Hofes. Dabei traten die Notare als einzige

---

110 Von den 20 reinen Notarsurkunden waren sechs ursprünglich dem Bestand „Slesvig" zugeordnet: 1.) DRA, NKR, Nr. 2975 (1426, Nov. 11); 2.) DRA, NKR, Nr. 2976 (1426, Nov. 17); 3.) DRA, NKR,

beglaubigende Autorität in Erscheinung, bei denen es sich nur im Einzelfall um herausragende Hofbeamte handelt.[111]

Die beiden Notariatsinstrumente mit zusätzlicher Beglaubigung entstanden außerhalb Dänemarks. Am 24. März 1427 ließen die Herzöge Kasimir, Wartislaw und Barnim von Pommern eine Aussprache mit Vertretern der kriegführenden Städte in Stralsund notariell beglaubigen. Dieses Notariatsinstrument existierte ursprünglich in lateinischen und niederdeutschen Fassungen, von denen sich aber nur letztere erhalten hat.[112] Demgegenüber reichten die Städte am 7. Mai 1428 eine Protestschrift bei Bischof Johannes (Trempe) von Ratzeburg ein, die durch einen Notar transsumiert wurde.[113] In beiden Fällen wurde die Urkunde nicht nur durch den federführenden Notar, sondern durch zusätzliche Siegel beglaubigt. Dabei waren die Siegelführer bei der ersten Urkunde die pommerschen Herzöge und ihre Räte, bei der Zweiten der Ratzeburger Bischof.

Bei den reinen Notariatsinstrumenten, die im Umfeld des königlichen Hofes entstanden, handelt es sich mehrheitlich um Transsumpte. Sie fanden aber auch bei der Protokollierung von Verhandlungen Anwendung. Das erste Transsumpt aus dieser Phase entstand gleich nach dem Erhalt der ersten Absagebriefe[114] am 27. Oktober 1426. In Gegenwart von Königin Philippa wurde dabei der Bündnisbrief der Städte mit König Erik verlesen.[115] Darauf folgten am 10. November und am 27. November 1426 öffentliche Präsentationen und Transsumierungen der Urkunden des Flensburger Stillstandes[116] sowie des Ofener Schiedsspruchs von König Sigismund.[117] Die höchste Anzahl von notariell beglaubigten Transsumpten zur zusätzlichen Absicherung von

---

Nr. 2977–2979 (drei Urkunden von 1426, Nov. 27); 4.) NKR, DRA, Nr. 3029 (1431, Mai 28). Angaben in Tabelle 8.1.1 b). Die übrigen gehörten in den Bestand „Lybeck og Hansestæderne": 1.) DRA, NKR, Nr. 2973 (1426, Okt. 27); 2.) DRA, NKR, Nr. 2984 (1427, März 23); 3.) DRA, NKR, Nr. 3022 (1428, Apr. 17); 4.) DRA, NKR, Nr. 3025 f. (zwei Urkunden von 1428, Mai 24); 5.) DRA, NKR, Nr. 3028 (1428, Mai 28); 6.) DRA, NKR, Nr. 3030 (1428, Mai 29); 7.) DRA, NKR, Nr. 3087–3090 (vier Urkunden von 1430, Dez. 1); 8.) DRA, NKR, Nr. 3124 f. (zwei Urkunden von 1432, Aug. 23); 9.) DRA, NKR, Nr. 3147 (1433, Aug. 5). Konkordanz und Nachweise in Anhang 8.1.1 a).

111 DRA, NKR, Nr. 3125 wurde auch vom königlichen Justiziar Iwen Fos beglaubigt. Zum Amt: *Christensen*, Dansk Statsforvaltning (1903), 146–155, 692 (Nachweis für Iven Fos).

112 DRA, NKR, Nr. 2984 = HR I, 8, Nr. 111. Die Informationen zur Überlieferung lassen sich der Liste von 1434 entnehmen (HR II, 1, Nr. 365): *dat instrumentum, dat tho deme Sunde maket wart, der twe sint, beide to Latine unde uppe Dudesch*. Laut Rep., Nr. 6292, befand sich das lateinische Exemplar noch in den Archivregistranten von 1664.

113 DRA, NKR, Nr. 3024.

114 Am 21. Oktober 1426 waren die Briefe von Lübeck, Lüneburg, Wismar und Rostock in Haderslev eingetroffen. Die Beschriftung auf der Rückseite des Lübecker Absagebriefes lautet: *Untsighe breff Lubec, Rozstok, Wismer, Luneburgh etc. venerunt Hathersleff 11 milium virginum anno 26*. Die Angabe fehlt in HR I, 8, Nr. 102,1. Vgl. aber Rep., Nr. 6271.

115 DRA, NKR, Nr. 2973, Teiltranskription des Notariatsinstrumentes in Rep., Nr. 6276.

116 1.) DRA, NKR, Nr. 2975; 2.) DRA, NKR, Nr. 2976. Vgl. Angaben in Tab. 8.1.1 b).

117 DRA, NKR, Nr. 2977–2979 (drei Urkunden). Vgl. Angaben in Tab. 8.1.1 b).

Schriftstücken ließ König Erik im Jahr 1428 anfertigen.[118] Auch in diesen Fällen war die Transsumierung mit der öffentlichen Verlesung vor einem ausgewählten Publikum verbunden. Fast alle Notariatsinstrumente von 1428 standen in direkter Verbindung mit der Vermittlung, die Nikolaus Stock im Auftrag König Sigismunds in den Jahren 1427 und 1428 anstrebte.[119] Der Gesandte selbst veranlasste am 17. April 1428 zudem ein Notariatsinstrument, das als Protokoll einer Verhandlung anzusprechen ist. Zwar enthält dessen Text ebenfalls inserierte Schriftstücke, doch steht der Ablauf der Ereignisse im Vordergrund, die mit der Überreichung dieser Dokumente einhergingen.[120] König Erik hingegen gelang es erst ab 1430, die Gegenwart von Notaren auch bei den Gesprächen mit den städtischen Vertretern durchzusetzen. Das Notariatsinstrument über die Verhandlungen zu Helsingborg vom 1. Dezember 1430 existiert dafür gleich in vierfacher Ausfertigung.[121] Weitere Urkunden mit diesem Charakter lassen sich für die Jahre 1432 und 1433 nachweisen.[122] Diese notariellen Protokolle sind als ein neues Spezifikum der Überlieferung aus dieser dritten Phase des Konfliktes anzusehen.

Daneben konnte die Dokumentation von Verhandlungsergebnissen auch wie schon früher durch Vermittler oder Schiedsrichter in Form einer Siegelurkunde erfolgen. Zwei Urkunden stellten die von König Erik eingeführten Schiedsrichter für die Nyköbinger Verhandlungen von 1429 aus,[123] allen voran Bischof Christian von Ösel.[124] In das Jahr 1431 fallen die beiden schon genannten Urkunden der Vermittler aus dem Deutschen Orden. Wiederum von Schiedsherren stammen zwei weitere Siegelurkunden: Am 9. Juni 1434 bezeugten Bischof Magnus von Hildesheim, Herzog Barnim VII. von Pommern-Wolgast und Herzog Heinrich von Mecklenburg-Stargard den Abbruch von Verhandlungen in Vordingborg. In einer auf den 21. Juni 1434 datierten Urkunde dokumentierten sie jedoch gemeinsam mit den Bischöfen von Verden und Ratzeburg Bemühungen um eine Fortsetzung des „Friedensprozesses".[125]

Erwartungsgemäß finden sich auch in dieser Phase Verträge zwischen den Konfliktparteien, die sich den schon bekannten zwei Beglaubigungsmöglichkeiten zuordnen lassen: den reinen Siegelurkunden und den Teilurkunden mit oder ohne zusätzlicher Besiegelung. Siegelurkunden stellten die Holsteiner nur im

---

118 1.) DRA, NKR, Nr. 3025 f. (zwei Urkunden von 1428, Mai 24); 2.) DRA, NKR, Nr. 2038 (1428, Mai 25); 3.) DRA, NKR, Nr. 3030 (1428, Mai 29). Vgl. Tab. 8.1.1 a). Dazu kommt noch das Transsumpt über den Bericht des Deutschordensmarschalls Walrabe von Hundsbach, siehe oben Anm. 108.
119 Dazu ausführlich Kap. 4.2.1 und 4.6.
120 DRA, NKR, Nr. 3022 = HR I, 8, Nr. 419.
121 DRA, NKR, Nr. 3087–3090 = HR I, 8, Nr. 542.
122 1.) 1432, Aug. 23: DRA, NKR, Nr. 3124 f. = HR II, 1, Nr. 89; 2.) 1434, Juli 21: DRA, NKR, Nr. 3147 = HR II, 1, Nr. 179.
123 Mehr zu diesen Verhandlungen in Kap. 5.2.
124 DRA, NKR, Nr. 3053 f. (1429, Jan. 7).
125 1.) DRA, NKR, Nr. 3171 (1434, Juni 9); 2.) DRA, NKR, Nr. 3174 (1434, Juni 21).

Zusammenhang mit dem Waffenstillstand am 22. August 1432 aus, während von den Friedensverträgen nur die dänischen Exemplare im Archiv vorhanden sind.[126] Die letzten beiden Siegelurkunden aus dem Bestand „Lybeck og Hansestæderne", die für die Dauer der Regierungszeit König Eriks überliefert wurden, sind die Ratifizierung des Friedens von Vordingborg durch die Städte Lübeck, Hamburg, Wismar und Lüneburg[127] und die schon im Zusammenhang mit dem Bündnis (*tosate*) von 1423 erwähnte „Entwertungsurkunde" dieses Bündnisbriefes durch die Städte Lübeck, Wismar und Lüneburg.[128] Zwischen beiden zeigen sich eindeutige Abstufungen in der Wertigkeit. Während die Ratifizierung des Friedensvertrages jeweils mit dem großen Städtesiegel beglaubigt wurde, trägt die Urkunde vom August nur die angehängten Sekrete der drei beteiligten Städte.

Daneben gibt es noch zwei Verträge in Form von Teilurkunden: Von diesen ist der von den Verhandlungen in Nyköbing 1430 stammende Entwurf König Eriks für einen Friedensvertrag nicht besiegelt.[129] Der Waffenstillstandsvertrag zu Horsens vom 22. August 1432 trägt die Siegel der Verhandlungsführer auf dänischer und städtischer Seite.[130]

Grundsätzlich spiegelt sich der Konflikt des dänischen Königs mit seinen holsteinischen und städtischen Kontrahenten nach dessen Überlieferung hauptsächlich in den Schriftstücken, die sich schrifttypologisch den Urkunden zuordnen lassen. Sie sind mit in der Regel mit einem Rechtsvorgang in Verbindung zu bringen und setzten sich aus festen Formeln zusammen. Doch ist die Trennlinie zu anderen Quellengattungen, wie z. B. dem Brief, nicht immer eindeutig. Die Indizien für ihre Benutzung im Entstehungszeitraum wirft sogar die Frage auf, ob es sich bei einigen dieser Urkunden nicht doch um Akten im mittelalterlichen Sinn handelt.[131] So stellten die Absagebriefe der wendischen und sächsischen Städte eine Serie dar, die ursprünglich sogar mit einem Registraturvermerk versehen war.[132] Auch viele der Notariatsinstrumente dienten der Beweissicherung in einem laufenden Vorgang, dem Krieg mit den parallel dazu verlaufenden Vermittlungsversuchen und Verhandlungen, und hätten im Notfall als Materialsammlung in einem juristischen Prozess dienen können. Die

---

126 1.) DRA, NKR, Nr. 3120 (1432, Aug. 22): Rep. Nr. 6580. Dieser Vertrag wurde aber erst im Nachhinein ratifiziert. Als Ersatz bis zum Abschluss des Waffenstillstands fungierte HR II, 1, Nr. 141. Vgl. Kap. 5.5.1 und 5.5.2; 2). DRA, NKR, Nr. 3201 (1435, Juli 15) und DRA, NKR, Nr. 3203 (1435, Juli 22). Zur Ablieferung, bes. Rep., Nr. 6769.
127 1435, Juli 17: DRA, NKR, Nr. 3202 = HR II, 1, Nr. 453.
128 1435, Aug. 10: DRA, NKR, Nr. 3206: „Angaben in HR" (HR II, 1, Nr. 455, aber nur Regest).
129 1430, Aug. 14: HR I, 8, Nr. 802 = DRA, NKR, Nr. 3080. Er unterscheidet sich vom Entwurf in der Rede durch die Datierung und einen erweiterten Forderungskatalog.
130 1432, Aug. 22: HR II, 1, Nr. 139 = DRA, NKR, Nr. 3121. Das städtische Exemplar: DRA, NKR, Nr. 3122. Vgl. ausführlicher in Kap. 5.5.1 und 5.5.3.
131 Zu Akten als Sammlung rechtserheblicher Materialien im Vorfeld eines Prozesses: *Dülfer*, Urkunden (1957), 18.
132 Dieser Vermerk ist abschriftlich in Langebeks Diplomatarium enthalten: HR I, 7 Nr. 160.

mehrfach angesprochene Instruktion von 1434 deutet diese Möglichkeit bereits an.[133] Die Aufbewahrung im königlichen Archiv verdanken die Schriftstücke im Gegensatz zu Abschriften, Konzepten oder nicht beglaubigten Klageschriften ihrer Ausstellung durch eine juristische Person, also ihrem Rechtscharakter. Aufgrund dieser sicheren Aufbewahrung konnten sie länger überleben als die Mehrzahl der Materialien, die aus den laufenden Tätigkeiten der königlichen Kanzlei in Dänemark stammten. Eine Erklärung dafür liegt in deren Formierung und Organisation, denn erst gegen Ende des 15. Jahrhunderts und zu Beginn des 16. Jahrhunderts begann diese mit einer systematischeren Registrierung der nicht-urkundlichen Materialien.[134]

2.2 Archiv der Hansestadt Lübeck

2.2.1 Zusammensetzung und Entwicklung der Bestände

a) Akten und Urkunden in Lübeck

Für die Lübecker Bestände lässt sich die Geschichte ihrer Überlieferung nicht im gleichen Umfang nachvollziehen, denn die wenigen Kanzleiregistranten und -verzeichnisse des 15. oder 16. Jahrhunderts liefern nur ein ausschnitthaftes Bild der ursprünglichen Archivsituation.[135] Ein Grund dafür liegt in der Betreuungssituation der älteren Bestände. Grundsätzlich waren die Urkunden und Akten, wie andernorts auch, von Anfang an getrennt. Die Urkunden wurden schon seit dem 13. Jahrhundert in der *tresecameren* in der Marienkirche aufbewahrt, die Akten hingegen befanden sich in der frühen Neuzeit in der zur Kanzlei gehörenden Registratur,[136] einem Nebengebäude des Rathauses, wo sie sich über verschiedene Räumlichkeiten verteilten.[137] Diese wurden 1482 und dann noch einmal im 18. Jahrhundert erweitert.[138] Im 15. Jahrhundert

---

133 Vgl dazu die Definition von *Meisner*, Archivalienkunde (1969), 45: „Ein ‚Aktenvorgang' ist die Zusammenfassung von Schriftstücken beliebiger Zahl, Art und Kanzleiherkunft über eine bestimmte Angelegenheit, wobei die innere Einheit das entscheidende Merkmal ist."
134 Die erste Kanzleiinstruktion stammt vermutlich aus der Zeit Christians II. und die mögliche frühere Gültigkeit einzelner Bestimmungen ist fraglich: *Christensen*, Dansk Statsforvaltning (1903), 100.
135 Von einem Archivregistranten, den Hermann van Hagen 1437 anlegte, berichtet *Fehling*, Ratslinie (1978), 2. Vgl. auch *Pitz*, Schrift- und Aktenwesen (1959), 420 f.
136 Zur Einteilung des Archivs im Mittelalter: *Wehrmann*, Lübecker Archiv (1876), 352; *Kretzschmar*, Geschichte (1908), 65; *Brandt*, Lübecker Archiv (1952), 35; *Simon*, Trese (1998), 401 f.
137 *Simon*, Trese (1998), 402, bes. „Der Name Kanzlei haftet bis heute an dem langen, von der Ostseite des Rathauses nach Norden abzweigenden Gebäude in der Breiten Straße". *Bruns/Rathgens*, Bau- und Kunstdenkmäler 12 (1974), 277 f. Vgl. dazu auch *Brandt*, Lübecker Archiv (1952), 35.
138 *Simon*, Trese (1998), 401f; *Wehrmann*, Lübecker Archiv (1876), 385; *Pitz*, Schrift- und Aktenwesen (1959), 415 zum Um- bzw. Neubau von 1482.

diente allem Anschein nach auch die Kämmerei, die sich im Rathaus befand, zur Aufbewahrung besonders wichtiger Korrespondenz.[139]

Zur Aufsicht über beide Bestände war ab dem 16. Jahrhundert nur eine Person bestellt: der jüngste Ratssekretär, der diese Aufgabe neben seinen laufenden Tätigkeiten zu erledigen hatte. Bezüglich der Urkunden lag seine Hauptaufgabe vor allem in der Aufbewahrung der vier Schlüssel zur Trese. Zur zusätzlichen Absicherung dieser Rechtsdokumente mussten zudem immer zwei Ratsherren, die Archivarii, gegenwärtig sein, wenn der Ratsschreiber eine Urkunde entnahm oder wieder in der Trese hinterlegte.[140] Diese komplizierte Prozedur führte dazu, dass Urkunden oft nicht wieder an ihren Ort zurückgebracht wurden. Auch Akten nahmen die Ratsherren zur Arbeit gelegentlich mit nach Hause. Die Überlastung des Ratssekretärs, der die Betreuung von Trese und Registratur neben seinen laufenden Tätigkeiten erledigte, tat ihr Übriges, um kontinuierliche Kontrolle über einen langen Zeitraum zu verhindern.[141] Im 17. Jahrhundert bemühten sich einzelne Sekretäre zwar immer wieder um eine systematische Aufnahme und Ordnung einzelner Schubladen, doch ergaben sich daraus noch keine flächendeckenden Verzeichnisse.

Die erste systematische Erfassung sowohl der Urkunden als auch der Akten erfolgt unter dem eigens dafür angestellten Syndikus Johann Carl Heinrich Dreyer, der zwischen 1753 und Januar 1758 umfangreiche Aktenrepertorien anfertigte und bis 1763 einen vierbändigen Registrant der Urkunden mit ausführlichen Kommentaren vorlegte.[142] Er nahm nur die Urkunden auf, die „eine Bedeutung für die politische Geschichte haben namentlich die mit auswärtigen Fürsten geschlossenen Handelsverträge, die sog. [sic] Privilegien".[143] Auf Dreyer geht für beide Bestände die heutige Grobeinteilung nach Interna bzw. Res civiles, Externa bzw. Acta Publica, Ecclesiastica, Ämter zurück,[144] die von den Ratsschreibern und schließlich den eigens angestellten

---

139 *Pitz*, Schrift- und Aktenwesen (1959), 421, bes. Anm. 49. Beleg ist ein Rückvermerk auf einer Urfehdurkunde von 1446: LUB 8, Nr. 354, der auf die Abschrift einer Gegenurkunde verweist.

140 Im 15. Jahrhundert erfüllte anscheinend einer der beiden Protonotare diese Aufgabe: *Pitz*, Schrift- und Aktenwesen (1959), 420. Zu Amt und Funktionen des Protonotars siehe auch Kap. 2.3 und alle Unterkapitel von 6.2.

141 *Kretzschmar*, Geschichte (1908), 65f: „Das Schlimmste war, daß die Ratsherren zahlreiche Akten in ihren Häusern aufstapelten, weil sie im Rathause selbst keine Dienstzimmer hatten. Aus dieser Zeit stammt noch die Verpflichtung für den Staatsarchivar, nach dem Tode eines Senators dafür zu sorgen, daß in seinem Hause etwa vorhandene Staatsakten an die betreffenden Behörden zurückkommen. Verzeichnisse solcher Akten sind uns zahlreich aus mehreren Jahrhunderten erhalten, ihr Umfang beweist, in welchen Mengen die Ratsherren Akten bei sich hatten." Zur Überlastung des Ratsschreibers, bes. ebd., 68.

142 *Kretzschmar*, Geschichte (1908), 68–71; *Brandt*, Lübecker Archiv (1952), 43.

143 Dazu *Wehrmann*, Lübecker Archiv (1876), 352.

144 *Brandt*, Lübecker Archiv (1952), 35; *Kretzschmar*, Geschichte (1908), 69 nennt diese Interna, Externa, Ecclesiastica und Bergedorfensia.

Archivaren, vor allem Balthasar Winckler, dann auch beibehalten wurde.[145] Für die Akten wurden die Externa noch einmal zweigeteilt in Teutonica und Hanseatica, wobei unter die Hanseatica nicht nur die reinen Hanseakten fielen, sondern auch die Bestände, die die Beziehungen zu anderen Herrschern berührten, darunter auch die Danica.[146]

Die Urkundenbestände wurden unter dem ersten wissenschaftlichen Archivar Carl Friedrich Wehrmann weiter erschlossen. In seinem Aufsatz von 1873 stellte er die vorhandenen Bestände sowie das Vorgehen bei der Aufnahme und Katalogisierung vor.[147] Bezüglich der Akten schätzte Wehrmann den Bestand als „verhältnismäßig nicht so bedeutend als [den] Urkundenvorrath" ein und „überhaupt weniger reich und eigentümlich, als man annehmen möchte."[148] Damit bezieht er sich vor allem auf die Existenz gesamthansischer Dokumente, vor allem Rezesshandschriften, die in Lübeck auch heute nur eine geringe Menge ausmachen.[149] Doch stellt er fest: „Eigene Verhandlungen, unabhängig von der Hansa oder unter unbedeutender Beteiligung derselben, hat Lübeck hauptsächlich mit Schweden und Dänemark gehabt. Darüber enthält das Archiv umfängliche und gut geordnete Akten."[150] Aus welcher Zeit diese Ordnung stammt, gibt Wehrmann nicht an.

Grundsätzlich stellt sich im Lübecker Archiv das Verhältnis zwischen überlieferten Urkunden und Akten anders dar als in Dänemark. Von den insgesamt 350[151] in Lübeck vorhandenen Urkunden der Abteilung Danica stammen nur siebzehn aus der Zeit zwischen 1397 und 1439, von denen die ersten beiden eigentlich eher der Regierungszeit Margretes zuzuordnen sind.[152] Diese recht geringe Anzahl steht doch in einem deutlichen Gegensatz zu den 56 Urkunden aus den Beziehungen zu Valdemar IV.[153] Die Besonderheit der Lübecker Archivbestände für die ersten Jahrzehnte des 15.

---

145 *Brandt*, Lübecker Archiv (1952), 35; *Kretzschmar*, Geschichte (1908) 74: „Von seiner Hand stammt der größte Teil der Supplement-Registranten, die er zu Ende geführt hat, auch einen großen Teil der Urkunden hat er neu verzeichnet; die neu abgelieferten Akten versah er mit Rotulis oder Designationen – und überall begegnet man in den Akten seiner feinen und zierlichen Handschrift."
146 *Kretzschmar*, Geschichte (1908), 69.
147 *Wehrmann*, Lübecker Archiv (1876), 354–355, darauf folgt eine Kurzbeschreibung der einzelnen Bestände. Zu Wehrmann als Archivar: *Simon*, Trese (1998), 402f; *Graßmann*, Wehrmann (1993), 415–418; *Brandt*, Lübecker Archiv (1952), 36 f.
148 *Wehrmann*, Lübecker Archiv (1876), 385.
149 Diese befinden sich im Bestand: AHL, ASA Externa Hanseatica.
150 *Wehrmann*, Lübecker Archiv (1876), 388.
151 *Wehrmann*, Lübecker Archiv (1876), 376 f. Schwerpunkt sind die positiven Beziehungen zwischen Lübeck und Christian I., die er schon im Zusammenhang mit den Holsatica erwähnt (259f, bes. 260).
152 Vgl. dazu auch die Urkunden in København aus der Zeit Margretes: 2.1.1.
153 AHL, 7.1–3/12 Danica, Nr. 101–170: Insgesamt sind 84 Urkunden aus den Jahren 1340 bis 1375 erhalten, von denen aber nur diese 65 direkt mit dem König oder den Auseinandersetzungen mit diesem zu tun haben. Ein großer Teil der übrigen Urkunden behandelt die Beziehungen Lübecks zu einzelnen dänischen Städten, z. B. AHL, 7.1–3/12 Danica, Nr. 106–111 (1351), in denen jeweils die Räte

Jahrhunderts liegt hingegen in der äußerst umfangreichen Aktenüberlieferung. So enthalten die sogenannten Externa Danica des Alten Senatsarchives 240 Dokumente aus der Zeit König Eriks und dem Konflikt der Städte mit ihm. Dabei sind aber auch einige Verluste zu beklagen.[154]

Die heutige Sortierung der Acta Danica in ihrer Gesamtheit stammt vom Anfang des 20. Jahrhunderts.[155] Die Nummerierung der einzelnen Dokumente und die mit Bleistift vorgenommenen Hinweise auf Editionen erfolgten in verschiedenen Stufen. Einiges davon ist wohl den 1930er Jahren zuzuordnen,[156] anderes hängt mit der Neuordnung der Dokumente nach ihrer Rückkehr ins Archiv zusammen,[157] wobei die einzelnen Mappen auch neue Ordner erhielten. Zuletzt ist von Ulrich Simon Ende 2007 ein neues Findbuch für die Externa Danica angelegt worden, wobei der Bestand zum „Krieg Erichs X. [sic!] von Dänemark gegen die Grafen von Holstein um das Herzogtum Schleswig bis zum Frieden von Vordingborg, 1417–1435 und später" nicht nur die beiden umfangreichen Aktenvolumen der Externa Danica, Nr. 3, sondern auch Einzelstücke und Sammlungen verzeichnet, die vorher zum Teil anderen Beständen zugeordnet gewesen waren.[158]

Die Auseinandersetzungen der Jahre 1412 bis 1435 dienten bereits früher als Leitlinie für die Zusammenstellung der Materialien. Dies geht vor allem aus einem noch vorhandenen Deckblatt des 17. Jahrhunderts hervor. Wenn auch die Sortierung der

---

von Roskilde, Randers, Nakskov, Ribe und West-Aarhus über Erblässe Lübecker Bürger und deren Regelung urkunden.

154 Laut dem Findbuch zu ASA-Externa Danica (einsehbar über http://www.stadtarchiv-luebeck.findbuch.net [Zugriff: 23.04.2018]) fehlen Nr. 6: Tydemann Sten und Lodewich Cruk: Bericht von einer Gesandtschaft nach København [1424]; Nr. 7: Tohopesate der Grafen Heinrich, Adolf und Gerhard von Holstein/Kg. Erik von Dänemark (1426); Nr. 9: Absetzung König Eriks von Dänemark [ca. 1439]. (vgl. 2.1.2) In Nr. 8: „Rechtfertigungsschreiben Lübecks, Hamburgs, Rostocks, Stralsunds, Wismars und Lüneburgs wegen des Scheiterns der Verhandlungen mit Kg. Erich von Pommern (1429)" befindet sich nur noch der Pergamentumschlag. Dazu Kap. 5.2.

155 Das Deckblatt verzeichnet den ersten Nutzer für 1907.

156 Der erste Bleistiftvermerk auf dem Deckblatt der Externa Danica Vol. 1 lautet „eingeordnet 24. III 1931". Von dieser Hand stammen die Beschriftungen, erkennbar an den Zahlen. Diese frühere Nummerierung der Akten wurde auch für die anderen Volumina der Acta Danica durchgezogen, doch wurde begonnen, diese, basierend auf der neuen Einteilung, neu zu nummerieren. Die Neunummerierung ist bereits vollendet für die Akten aus der Zeit Christoffers III. (AHL, ASA-Externa Danica, Nr. 10) und einen Teil Christians I. (AHL, ASA-Externa Danica, Nr. 12–14, welche die Jahre 1447–1470 umfassen, ab AHL, ASA-Externa Danica, Nr. 16, von 1471 bis 1481, fehlt die neue Zählung).

157 Zur Odyssee der Lübecker Archivbestände: *Graßmann*, Archiv (1998), 419–432.

158 Vgl. Vorwort zum gedruckten Findbuch der Externa Danica im AHL. Die von ihm zusammengestellten Signaturen und Inhaltsangaben sind auch abrufbar über: http://www.stadtarchiv-luebeck.findbuch.net (Zugriff: 24.09.2018): Die Signatur Externa Danica, Nr. 3 geht bereits auf Dreyer zurück. Die Neuzuordnung in der Systematik betrifft ASA-Externa Danica, Nr. 4, 5, 7 und 8 (mit jeweils einem Dokument), wobei Nr. 7 und 8 heute verloren sind, sowie 1012, 1013 und 1014.

Acta befindend den inter Ericum regem Daniae et Adolphum comitem Holsatiae ent-
standenn Krieg, woran civitates Vandalicae zuletzt Antheil genommn 1412–1435 vielleicht erst im 18. Jahrhundert erfolgte, gehören die darin enthaltenen Konzepte, Berichte und Briefe zu den ältesten Originalen aus den auswärtigen Beziehungen der
Stadt Lübeck überhaupt. So setzen die Borussicana und die Livonica zwar ebenfalls
mit dem Jahr 1419 ein, umfangreichere Verhandlungsdokumentationen erscheinen
aber erst zwischen 1424 und 1455.[159] In den Ruthenica beginnt ein langer Briefwechsel
zum Russlandhandel ab 1421.[160] Die ersten Akten der Anglicana betreffen einen Verhandlungsprozess der Jahre 1436 und 1437, zeichnen sich für diese kurze Zeit aber
durch eine besonders hohe Dichte aus.[161] Rein chronologisch stellen die dänischen
Materialien also einen Präzedenzfall dar. Da die Entscheidung über Aufbewahrung
oder Zerstörung von Dokumenten jedoch erst im Nachhinein erfolgte, ordnen sie sich
vermutlich in generelle Tendenzen der Lübecker Kanzlei ein. In der vorliegenden Untersuchung dienen sie daher vorrangig als Beispiel für Motivationen und sozialen Bedingungen, die zur Aufbewahrung der Akten führen konnten.

Im Hinblick auf eine quellentypologische Kategorisierung der Externa Danica ist
anzumerken, dass in diesen Aktensammlungen auch Urkunden enthalten sind.[162]
Doch unterscheiden sie sich oft in Verbindlichkeit und Dauer der Gültigkeit von den
in der Trese aufbewahrten Dokumenten, da es sich mehrheitlich um Verträge über
kurzfristigere Angelegenheiten handelt. Zwei Schriftstücke, ein Notariatsinstrument
und ein Absagebrief, hätten theoretisch auch in die Trese überführt werden können,
doch ist in Lübeck zumindest für Notariatsinstrumente aus laufenden Verhandlungen die Aufbewahrung bei den Akten nicht selten. Die Unterscheidung zwischen Urkunden und Akten scheint dabei oft davon abzuhängen, welchen Rechtsakt der Notar
aufgenommen hat. Enthält das Notariatsinstrument ein für Lübeck rechtssicherndes

---

159 1.) Livonica: Älteste Originale sind AHL, ASA Externa Livonica, Nr. 001 (vier Schriftstücke aus
der Zeit zwischen 1419, April 2 und 1420, März 2) sowie Nr. 009 (zwei Briefe von 1419, März 15 und Juli
21). Umfangreicher ist: AHL, ASA Externa Livonica, Nr. 002: 1424–1436 (zehn Stücke); 2.) Borussicana: Bei AHL, ASA Externa Borussicana, Nr. 002, bei Dreyer, Preuß. Städte, Danzig 2, handelt es sich
um einen einzelnen Brief. Die ersten umfangreichen Materialien stammen sogar aus einer etwas späteren Zeit: AHL, ASA Externa Borussicana, Nr. 004: Streit zwischen Danzig und dem Deutschen Orden
1455–1465, bei Dreyer, Preuß. Städte, Danzig 3.
160 AHL, ASA Externa Ruthenica, Nr. 8: Verbot des Russlandhandels (Korrespondenz Lübecks und
der wendischen Hansestädte, bes. mit den livländischen Städten) 1421–1449.
161 Die ältesten Originale sind enthalten in AHL, ASA Externa Anglicana, Nr. 003: Abrechnungen
der Gesandten bei Verhandlungen der Hansestädte in England 1436–1437 (Abrechnungen von sechs
Gesandten); Nr. 005: Verhandlungen der Hansestädte mit England 1436–1437 (29 Stücke); Nr. 006:
Verhandlungen der Ratssendeboten mit England 1436–1437, bei Dreyer, Acta Anglicana I, 1 (15 Stücke). Zu diesen Verhandlungen: *Behrmann*, Herrscher (2004), 257–261, der herausstellt, dass die Ratssendeboten im Anschluss daran die Notwendigkeit eines gelehrten Doktors betonten.
162 Das Problem der Trennung zwischen Urkunden und Schreiben behandelt *Dülfer*, Urkunden
(1957), 27–32. Vgl. auch *Henning*, Aktenkunde (1999), 449.

Dokument, dann befindet sich das Dokument in der Regel in der Trese. Dies gilt für zwei der aus den Jahren 1423–1435 überlieferten Notariatsinstrumente,[163] aber auch für die Vidimierung bzw. Transsumierung von Privilegien. Handelt es sich hingegen nur um die Protokollierung einer Verhandlung, befindet sich das Notariatsinstrument oft bei den Akten.[164]

b) Lübecker Bestände in København

Mit den Urkunden und Akten, die sich in Lübeck selbst befindet, wird jedoch nur ein Teil der Überlieferung des Lübecker Archivs zu den Beziehungen mit Dänemark in der Zeit König Eriks erfasst. Schon in der Einleitung (1.3) kam der Tatbestand zur Sprache, dass sich in København auch eine ganze Reihe von Urkunden und Papierdokumenten befinden, die ursprünglich aus dem Lübecker Archiv stammen. Ins DRA gelangten diese aus dem Privatbesitz des dänischen Geheimrats und Staatsministers Otto, Graf Thott, (1703–85).[165] Seine vorrangig aus Handschriften, Paläotypen und Disputationen bestehende Sammlung umfasste bei seinem Tod mehr als 140.000 Bände.[166] Nach seinem Tod schenkte dieser der Königlichen Bibliothek in København die von ihm gesammelten Handschriften und Paläotyp-Testamente. Der Rest der Sammlung wurde zwischen 1786 und 1792 auf verschiedenen Auktionen verkauft, wovon noch ein mehrbändiger Auktionskatalog zeugt.[167] Von dieser Sammlung erwarb die Bibliothek noch einmal 50.000 Bände. Die Urkundensammlung wurde wahrscheinlich in den 1880er oder 1890er Jahren, auf jeden Fall aber vor 1895 an das königliche Geheimarchiv übergeben.[168] Die Dokumente aus der Sammlung Thott sind nicht die einzigen Schriftzeugnisse, die im 18. Jahrhundert aus dem Lübecker Archiv in den Besitz dänischer Adliger gelangten. In der Regel ist davon auszugehen, dass die Schriftstücke durch Ankauf erworben wurden.[169]

---

163 Siehe nachfolgend Kap. 2.2.2 a).

164 Unter den Akten findet sich beispielsweise das unter Anhang 8.2.3, Nr. 74 angeführte Notariatsinstrument, vgl. auch 4.2.1. Ein späteres Beispiel für Notariatsinstrumente unter den Akten ist die Vermittlung des Kardinals Peraudi im Streit zwischen König Hans und Lübeck im Jahr 1503: Dokumentation in AHL, ASA Externa Danica, Nr. 22 (HR 3, Bd. 4, Nr. 384, 403).

165 Zu Otto Thott: *Jørgensen*, Thott (1943), 55–59; *Bjørn*, Thott (1983), 558–560.

166 *Petersen*, Haandskriftsamling (1943), 61–65, 15. Weitere Literatur, die sich aber nur dem Buchbestand der Sammlung widmet, an dieser Stelle: *Birkelund*, Thottske biblioteks (1953), 81–110.

167 *Elert*, Catalogi Bibliothecae Thottianae. Von seiner Sammeltätigkeit auf künstlerischer Ebene zeugt auch *Thott*, Fortegnelse.

168 *Wegner*, Aarsberetninger (1865–1883), verzeichnet diese Abgabe noch nicht. Vgl aber Aktstykker. Ed. *Hude*, Nr. 4, 12–21: „Samtidig Aftskrift paa Plattysk i RA, før Kgl. Bibl. Thott 822 Fol. Nr. 9. "

169 Ein besonders herausragendes Beispiel ist die Rezesshandschrift von 1405, die kurz nach 1757 in den Besitz des dänischen Staatsministers Johann Ludwig von Holstein-Ledreborg kam und über die Sammlung Suhm in die Königliche Bibliothek gelangte. Dazu ausführlich *Junghans*, Bericht (1861), 58–64, sehr knapp *Wehrmann*, Lübecker Archiv (1876), 386.

Die Teile der Sammlung Thott, die für den Gegenstand der Arbeit interessant sind, da sie die Beziehungen zu Erik berühren, enthalten neben Pergamenturkunden auch Schriftstücke auf Papier.[170] Hinsichtlich der ursprünglichen Lagerung im alten Lübecker Archiv scheinen die Materialien sowohl aus der Trese als auch aus der Kanzlei zu stammen. Den sonstigen Urkunden im Ratsarchiv, also der Trese, lassen sich das Lübecker Exemplar des Waffenstillstandsvertrages von 1432, eine Schiedsrichterurkunde von 1434 und die Geleitbriefe vom 12. Juli 1428 bzw. vom 10. Mai 1430 zuordnen.[171] Demgegenüber finden sich Briefe von Schiffshauptleuten und Dokumentationen von Verhandlungen üblicherweise im Aktenbestand.

Besonderheiten stellen zum einen zwei Klageschriften dar. Klaus Lembeks besiegelter offener Klagebrief vom 9. Oktober 1421 gehört in eine frühere Phase der Konflikte um Schleswig und war Gegenstand mehrerer Briefe.[172] Eine Version des Schriftstückes muss der Lübecker Bürgermeister Jordan Pleskow höchstpersönlich von der Tür der Marienkirche entfernt haben.[173] Bei der Klageschrift des dänischen Reichsrates, in dem dieser die Absetzung König Eriks rechtfertigt,[174] handelt es sich um eine Abschrift. Diese scheint im Lübecker Archiv sogar noch Spuren hinterlassen zu haben, denn das Findbuch verzeichnet die „Absetzung König Erichs von Dänemark [ca. 1439]" als verlorenes Dokument.[175]

Zum anderen gehören die Briefe und Abschriften von 1440–1445 im Grunde bereits in die Beziehungen Lübecks zu König Christoffer III. Sie widmen sich jedoch mehrheitlich den Problemen, welche die Präsenz des abgesetzten Herrschers auf Gotland verursachte. Daher müssen etliche von ihnen noch in dessen Wirkungszeit zugerechnet werden.[176]

Wie die Aufstellung der Dokumente[177] verdeutlicht, variiert die Erfassung dieser Lübecker Dokumente durch die Editoren des 19. Jahrhunderts. Beispielsweise führen

---

170 Vgl. Tab. Anhang 8.1.1 c).

171 1432, Aug. 22: DRA, NKR, Nr. 3175; 1434, Juli 1: DRA, NKR, Nr. 3175; 1428, Juli 1: DRA, NKR, Nr. 3032; 1430, Mai 22: DRA, NKR, Nr. 3075. Vgl. zu den Urkunden in der „Trese" nachfolgend 2.1.3.

172 DRA, NKR, Nr. 2769: Es handelt sich um ein hochformatig auf zwei zusammengenähte Bögen geschriebenes Papierdokument mit Spuren eines aufgedrückten Siegels. Zu Klaus Lembeks Bruch mit König Erik: *Hoffmann*, Spätmittelalter (1990), 246 f.; *Jørgensen*, Klavs (1889–1892), 108–119.Vgl. auch nachfolgend Kap. 2.2.2 c).

173 *Behrmann*, Herrscher (2004), 285 f.; LUB 6, Nr. 377.

174 Aktstykker. Ed. *Hude*, Nr. 4, 12–21.

175 AHL, ASA Extern Danica, Nr. 9.

176 Sie wären in Lübeck in AHL, 1.1–3.2/6 ASA Externa Danica, Nr. 10 einzuordnen. Enge Verbindungen bestehen besonders zwischen DRA, NKR, Nr. 3334a und AHL, ASA Externa Danica, Nr. 10–3 = HR II, 2, Nr. 338, DRA, NKR, Nr. 3444 und AHL, ASA Externa Danica, Nr. 10–10 = LUB 8, Nr. 129 sowie DRA, NKR, Nr. 3451 und AHL, ASA Externa Danica, Nr. 10–14 = LUB 8, Nr. 146. Im letzten Fall handelt es sich um zwei Kopien des gleichen Briefes aus jeweils derselben Schreiberhand. *Højberg Christensen*, Kancellisprog (1918), 44 (Hand 55).

177 Tabelle in 8.1.1 c).

die Hanserezesse nur eines der originalen Exemplare des Waffenstillstands von Horsens (1432) an. Andere Schriftstücke, wie der Geleitbrief König Eriks für Lübeck aus dem Jahr 1430 und die Briefe aus den Konflikten zwischen Christoffer III. und Erik von Dänemark, sind weder durch Quelleneditionen noch Regestenwerke erfasst.[178] Daher lassen sich auf Grund der Einbeziehung dieser Dokumente in die Betrachtung einige Unstimmigkeiten der Editionen korrigieren und Fragen der chronologischen Einordnung genauer beantworten.[179]

2.2.2 Die Spuren des Konfliktes

a) Urkunden

Die Lübecker Urkundenüberlieferung für die Regierungszeit König Eriks beginnt mit der Bestätigung der hansischen Privilegien im Jahr 1398, im Anschluss an seine Wahl zum König der Reiche Dänemark, Norwegen und Schweden. Doch stand hinter diesen Dokumenten noch nicht der junge König selbst, sondern Margrete, deren Zustimmung zum jeweiligen Rechtsakt auch explizit vermerkt wird. Sie bestätigte die Erneuerung der Privilegien auch noch in ihrem eigenen Namen.[180] Die beiden Urkunden gehören also – ähnlich wie die Urkunden der 1390er Jahre aus København – eigentlich noch in die Regierungszeit der Königin. Erik selbst trat aus eigener Macht erst in einer Urkunde von 1425 in Erscheinung. Für den Zeitraum zwischen September 1398 und Mitte Juli 1425 ist also eine große Lücke in der Überlieferung zu konstatieren. Bis 1436 sind dann – mit nur zwei Ausnahmen – aus jedem Jahr Urkunden vorhanden, wobei die nach København gebrachten Dokumente einige sonst offensichtliche Lücken schließen. Mit ihnen lassen sich nunmehr 21 Urkunden aus der selbständigen Regierungszeit des Königs nachweisen, die von den Lübeckern aufbewahrt wurden (Abb. 2.5).

---

178 In DRA, Folioregister 230[I] ist der Geleitbrief nur als *Kong Erik om Curd Biskop* bezeichnet, wodurch die Relevanz des Schriftstückes nicht deutlich wird.

179 Vgl. bes. die Informationsabläufe im Vorfeld der Verhandlungen von 1430 in Kap. 5.3.1.

180 1398, Aug. 28: AHL, 7.1–3/12 Danica, Nr. 187 = DD IV, 6, Nr. 624: *na eyndrachtighen rade vnde guden wyllen vnser vnde vnser leuen vrowen vnde můder konyngkynnen Margreten.* Am gleichen Tag wurden auch die Rechte in Schweden und am folgenden in Norwegen erneuert: 1.) AHL, Urkunden, Suecica, Nr. 203 = DD IV, 6, Nr. 626; 2.) AHL, Urkunden, Norwagica, Nr. 62 = NgL II, 1, Nr. 24 / HUB 5, Nr. 335. Margretes Urkunde: 1398, Aug. 28: AHL, 7.1–3/12 Danica, Nr. 188 = DD IV, 6, Nr. 625.

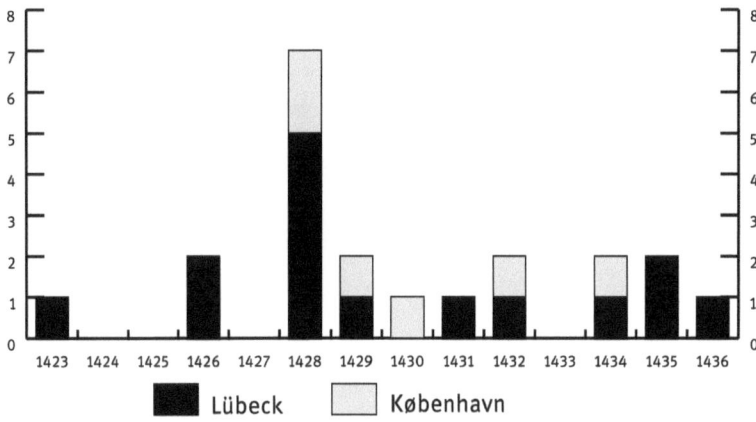

Abb. 2.5: Jährliche Verteilung der Lübecker Urkunden (Danica) während der Regierungszeit König Eriks. Darstellung durch Verfasserin.

Die Urkunde von 1425 bezeugt eine Vermittlung zwischen den Städten und dem dänischen Hauptmann auf Gotland, Truth Hasse, bezüglich der Ladung eines auf Gotland gestrandeten Schiffes. Aussteller der Urkunde ist König Erik, der darin als Schiedsrichter der Angelegenheit auftritt und den Städten sein Urteil mitteilen ließ.[181] Das komplette Exemplar bestand, laut Corroboratio, aus vier Teilen: *Tor tuechnisse dat dit aldus gheuallen is, so syn desser breyue veyre geschreuen, de ene vt dem anderen gesneden vermids A. B. C. D., daervan de Heren van Lubeke hebben de erste, de Heren van Rostoke de andere, de Heren van dem Sunde de derde, de Heren van der Wysmar de veyrde.*[182] Jede der Städte, die in den Streit mit dem Vogt verwickelt war, erhielt also ein Teilstück, und der Schreiber der Urkunde vermerkte auch auf der Rückseite dieses Teilstücks, dass es für Lübeck gedacht war. Sehr deutlich wird in der Behandlung der Urkunde auch der Vorrang Lübecks, welches das erste und oberste Teilstück erhielt. Dies ist sehr gut an der Schnittlinie mit den Buchstaben *A. B. C. D.* erkennbar, die sich am unteren Rand des Teilstücks im Archiv der Hansestadt Lübeck befindet.

Einzelne Schritte hin zur Kriegserklärung Lübecks an Dänemark im Jahr 1426 werden durch zwei Urkunden dokumentiert. Aus der Vorbereitungsphase stammt unter anderem die Vereinbarung zwischen den Städten Lübeck, Hamburg, Rostock, Wismar, Stralsund und Lüneburg, für den Krieg Truppen bereitzustellen. Diese am

---

181 1425, Jul. 17: AHL, 7.1–3/12 Danica, Nr. 188 = LUB 6, Nr. 669 / HR I, 8, Nr. 816 (ausführliches Regest, in dem die Urkunde als „Instrument" bezeichnet wird).
182 LUB 6, Nr. 669.

22. September ausgestellte Urkunde wurde ursprünglich von allen Städten besiegelt,[183] doch stellt der heutige Zustand der Besiegelung ein Problem dar, das zusammen mit anderen äußeren Erscheinungsmerkmalen noch zu betrachten ist.[184] An dieser Stelle sei nur auf den Rückvermerk verwiesen: *Eeen verbunt desser stede ut to redende In de zee*, der aus der Hand des Lübecker Protonotars Johann Bracht stammt.[185] Die Notiz legt eine Durchsicht der Urkunden in der 2. Hälfte des 15. Jahrhunderts nahe. Am gleichen Tag wie diese Siegelurkunde entstand auch eine Teilurkunde, in der den Stralsundern von den übrigen Städten zugestanden wurde, ihre Kriegserklärung bis zum *sunte Calixti dage*, dem 4. Oktober, zu verschieben. Lübeck behielt als Wortführer der Städte wiederum das obere Exemplar.[186] Dieses Schriftstück wurde jedoch nicht in der Trese aufbewahrt, sondern fand Eingang in die Akten.[187]

Den zweiten Schritt der Vorbereitung auf den Krieg stellt ein Notariatsinstrument vom 17. Oktober 1426 dar. Dieses dokumentiert die Verlesung der Kriegserklärung durch den Ratssekretär Hermann van Hagen[188] und beschreibt die Übergabe des Absagebriefes an den Stadtdiener. Das Dokument ist in vielerlei Hinsicht eine Besonderheit, da es sich um eines der ersten noch überlieferten Notariatsinstrumente in Lübeck handelt, das eine rein weltliche Angelegenheit dokumentiert.[189]

Insgesamt zwölf der 21 Urkunden stehen im Zusammenhang mit den Vorbereitungen von Friedensverhandlungen und verdeutlichen damit Problem und Bedeutung des Geleits für Lübeck. Obwohl jedes dieser Dokumente nur eine begrenzte Zeitdauer besaß, wurden sie dennoch für die Ewigkeit aufbewahrt. Neun dieser Schriftstücke sind reine Geleitbriefe, die im Namen des dänischen Königs ausgestellt worden waren. Davon datiert einer erst aus dem Jahr 1436.[190] In der chronologischen

---

183 AHL, 7.1–3/12 Danica, Nr. 189 = LUB 6, Nr. 764.

184 Vgl. Kap. 3.3.

185 *Højberg Christensen*, Kancellisprog (1918), 46 (Hand 63) erlaubt auch die Zuordnung dieses Rückvermerks.

186 AHL, 7.1–3/12 Danica, Nr. 188 = LUB 6, Nr. 765 vgl. auch die zugehörige Anm. Die Markierungsstriche befinden sich am unteren Rand der Teilurkunde.

187 Es befindet sich in AHL, ASA Externa Danica, Nr. 1013.

188 Vgl. Kap. 2.3.

189 Dazu Kap. 3.3.

190 Es handelt sich um: 1.) AHL, 7.1–3/12 Danica, Nr. 191: 1428, Januar 28: Geleitbrief für einen Tag in Falsterbo (= LUB 7, Nr. 102); 2.) AHL, 7.1–3/12 Danica, Nr. 192: 1428, Januar 31: Geleitbrief für einen Tag in Falsterbo oder Nyköbing mit Bevollmächtigung für Verlängerung (= LUB 7, Nr. 103); 3.) AHL, 7.1–3/12 Danica, Nr. 193b: 1429, April 30: Geleitbrief Kg. Eriks für Nyköbing; 4.) AHL, 7.1–3/12 Danica, Nr. 193c: 1431, August 15: Geleitbrief für Nyköbing (HR II, 1, Nr. 92 (Regest) AHL, Urkunden, Nr. 196: 1432, Juni 10: Geleitbrief König Eriks für die Verhandlungen in Horsens (LUB 7, Nr. 498); 6.) AHL, 7.1–3/12 Danica, Nr. 197: 1434, Mai 24: Geleitbrief für Vordingborg (LUB 7, Nr. 588); 7.) AHL, 7.1–3/12 Danica, 198: 1435, April 12: Geleitbrief für Verhandlungen in Haderslev (LUB 7, Nr. 630). Nach dem Ende des Krieges erfolgt noch: 8.) AHL, 7.1–3/12 Danica, Nr. 201: 1436, Juni 11: Geleitbrief für Verhandlungen in København (LUB 7, Nr. 688). Hinzu kommen aus København DRA, NKR, Nr. 3032: 1428, Juli

Reihung der Urkunden bilden die drei Anfangsjahre des Krieges eine Ausnahme. Ab Herbst 1426 und im gesamten Jahr 1427 kam es zu keinen direkten Begegnungen zwischen den Parteien, während aus der Folgezeit für fast jedes Jahr ein Geleitbrief überliefert ist.[191] Für 1428 existieren neben den zwei überlieferten Geleitbriefen noch drei weitere Urkunden, die Vorbereitung bzw. Scheitern von Verhandlungen betreffen. Dabei handelt es sich um Siegelurkunden von Einzelpersonen. Am 11. März 1428 transsumierte Bischof Johannes (Trempe) von Ratzeburg drei Geleitbriefe König Eriks, wodurch neben den beiden überlieferten Urkunden vom 28. und 31. Januar 1428, noch der Wortlaut einer dritten vom 1. Februar bekannt ist.[192] Der in allen drei Geleitbriefen erwähnte Nikolaus Stock, Gesandter des römischen Königs, der zwischen den beiden Kriegsparteien vermitteln sollte, stellte am 19. März 1428 eine Urkunde aus, in der er das vom König gegebene Geleit noch einmal in eigener Person bekräftigte und die Fristen für die Verhandlungen ausdehnte.[193] Wieder durch den Bischof von Ratzeburg erfolgte schließlich die Transsumierung einer Protestation der Städte gegen Klagen des römischen Königs Sigismunds und des Gesandten nach dem Fehlschlagen der Verhandlungen.[194] Diese Urkunde wurde nicht nur durch den Bischof sondern zusätzlich noch durch den Notar Johannes Stormer von Dassel beglaubigt. Bereits dieser kurze Blick auf die Überlieferung verdeutlicht, dass die Wiederaufnahme von Verhandlungen in dem Konflikt alles andere als reibungslos verlief und dass während des Krieges die Zeiten ohne Kampf besonderer Absicherung bedurften.

Es wird nicht überraschen, dass von den übrigen acht Urkunden aus dem betrachteten Zeitraum drei mit der Beendigung der Kriegshandlungen verbunden sind. Dazu gehört natürlich das Lübecker Gegenstück zum Waffenstillstandsvertrag von Horsens vom 23. August 1432.[195] Am 15. August 1435 erklärte der dänische König zusammen mit sieben dänischen und norwegischen Reichsräten die Aufhebung des Bündnisbriefes vom Juni 1423.[196] Der König verwendete hierfür das kleinere Siegel,

---

12: Geleitbrief für Verhandlungen in Nykøbing (= LUB 7, Nr. 194) und DRA, NKR, Nr. 3057: 1430, Mai 22: Geleitbrief für Verhandlungen in Nykøbing (= 8.3.1 c).

191 Die einzige Ausnahme stellt das Jahr 1433 dar, für welches die Überlieferung grundsätzlich sehr schlecht ist. Vgl. schon Kap. 2.1.2 und besonders Kap. 5.6.1.

192 AHL, 7.1–3/12 Danica, Nr. 193 (unediert): Die Datierung lautet *na godes bort jn den xiiijc unde xxviiisten jare am avende vnser leuen vrowen to lichtmissen.* Einen Verweis auf den dritten Geleitbrief, aber ohne weitere Information, gibt LUB 7, Nr. 103 Anm. 1.

193 AHL, 7.1–3/12 Danica, Nr. 193 a = LUB 7, Nr. 130 / HR I, 8, Nr. 389. Sein eigenes Siegel befindet sich daran.

194 AHL, 7.1–3/12 Danica, Nr. 194 = HR I, 8, Nr. 427 (Text der Protestation) und 428 (Regest).

195 DRA, NKR, Nr. 3122 = HR II, 1, Nr. 92. Vgl. bes. Kap. 5.5.

196 AHL, 7.1–3/12 Danica, Nr. 199 = LUB 7, Nr. 648. Reichsräte sind: Bischof Johannes Andrei (Jens Andersen) von Roskilde, Bischof Johannes von Oslo, Erik Krummediek, Esge Brok, Steen Basse und Anders Nielsen. Vgl. dazu besonders Kap. 3.1.5.

das wie die Siegel der Räte mit Seidenfäden an der Urkunde befestigt war. Der Erhaltungszustand des Dokuments ist sehr gut, ganz im Gegensatz zur Ratifikation des Friedens von Vordingborg vom 17. August 1435, die zahlreiche Flecken aufweist.[197] Von den insgesamt 27 an dieser Urkunde beteiligten Parteien – 25 Reichsräte sowie die Städte København und Malmö – haben sich jedoch nur 19 Siegel erhalten. Der König selbst benutzte das große Siegel mit dem kleinen Unionssekret als Rücksiegel.[198] Beide vorgestellten Urkunden vom August 1435 besitzen Rückvermerke, die nachweislich relativ kurz nach der Entstehungszeit entstanden sein müssen. Von ihnen lässt sich die erste Handschrift dem Lübecker Ratsschreiber Hermann van Hagen zuschreiben.[199]

Der Rückvermerk der zweiten Urkunde stammt nicht aus einer Hand. Die Hauptzeilen *De vrede breff twischen deme koninge van Denemarken unde den Steden* sowie die Angabe *Recepta* sind einem Schreiber zuzuordnen. Sie wurden auch mit derselben Tinte geschrieben. Als spätere Ergänzungen anderer Schreiber müssen die Präzisierung des Herrschers als *Erike* und die Jahreszahl *1435* in angesehen werden.

Die Schrift der Inhaltsangabe lässt sich keinem Schreiber – auch nicht den beiden Lübecker Ratssekretären – eindeutig zuordnen. Möglicherweise handelt es sich beim Schreiber um Heinrich Gripeshorn, den Lübeckischen Vogt auf Schonen, der die Urkunde empfangen und nach Lübeck weitertransportiert hat.[200] Doch ist die Zuordnung aufgrund der unterschiedlichen Länge der Texte und damit der eingeschränkten Vergleichsbeispiele nicht sicher. Von einer anderen Hand, wohl Hermanns van Hagen, hingegen stammt die Ergänzung des Namens *Erike* über dem Vermerk.

Eine besondere Stellung innerhalb der Danica von der Trese besitzt eine noch nicht erwähnte Urkunde vom 14. Juli 1432. Es handelt sich dabei um eine Bestätigung der Stadt Wismar, dass Curd Swarte und Wolter Krogher durch Bartholomäus Voet und vier weitere *houetlude der uthleghere* bevollmächtigt seien, den Ausliegern zugesichertes Geld und Gut in Empfang zu nehmen.[201] Auf der Rückseite des Schriftstückes mit deutlich erkennbaren Faltspuren befinden sich das teilweise zerstörte Wismarer

197 AHL, Urkunden Danica, Nr. 200 = LUB 7, Nr. 649.

198 Zu den Siegeln des Königs: *Christensen*, Statsforvaltning (1903), 113 f.

199 Zur Person: *Bruns*, Lübecker Stadtschreiber (1903), 57–58; *Højberg Christensen*, Kancellisprog (1918), 77–81. Vgl. auch Kap. 2.3.

200 AHL, ASA Externa Danica, Nr. 3,2–193 und 194 = HR II, 1, Nr. 456. Der Brief wurde zweimal geschrieben.

201 AHL, 7.1–3/12 Danica, Nr. 196 a = LUB 7, Nr. 451; HR II, 1, Nr. 133 (Regest).

Sekretsiegel[202] und ein Rückvermerk, in dem Bartholomäus Voet als wichtigste Bezugsperson aufgeführt ist.[203] Die damit in Verbindung stehende urkundliche Bescheinigung der Auszahlung ist unter den Soldquittungen aufbewahrt.[204]

Zuletzt sei auf die jetzt in København befindliche Schiedsherrenurkunde vom 21. Juli 1434 hingewiesen.[205] Ihre Bedeutung liegt besonders darin, dass sie zu den Dokumenten gehört, von denen beide Seiten gleichlautende und gleichermaßen besiegelte Exemplare aufbewahrten. Dazu zählen außerdem noch das Transsumpt des Bischofs von Ratzeburg über die Protestatio der Städte (1428) und der Waffenstillstandsvertrag von Horsens (1432). Es muss in diesem Zusammenhang angesprochen werden, dass die Vermittlerurkunden von 1431, die heute nur noch im dänischen Archiv als Originale überliefert sind, ursprünglich wohl ebenfalls in beiden Archiven vorhanden waren.[206]

Unter Berücksichtigung aller Urkunden aus diesen Zusammenhängen, die sich sowohl in Lübeck als auch in København nachweisen lassen, ist eine beinahe lückenlose Überlieferung von 1426 bis 1436 zu beobachten, wenngleich die Zahl der erhaltenen Dokumente meist nur ein bis zwei pro Jahr umfasst. Besonderheiten stellen die Jahre 1427, 1428 und 1433 dar, wobei sich 1428 durch eine hohe Anzahl von Urkunden auszeichnet, 1427 und 1433 durch deren komplettes Fehlen. Wie die Vorstellung der Einzelurkunden veranschaulicht, hängen fast alle Urkunde des Jahres 1428 mit dem Vermittlungsversuch des Gesandten Nikolaus Stock zusammen. Die davorliegende Lücke für 1427 lässt sich eben gerade mit dem Abbruch jeglicher Kontakte erklären. Keiner der in jenem Jahr stattfindenden Vermittlungsversuche führte zu einem Treffen, das ein Rechtsdokument hervorrief bzw. in ein solches mündete. Der negative Befund für 1433 ist hingegen nicht so einfach zu erklären, da auch in jenem Jahr Verhandlungen stattgefunden haben. Er findet seine Parallele in der Aktenüberlieferung und sogar in Dänemark. Für dieses Jahr ist also ein möglicher Verlust zu berücksichtigen, während sonst mit wenigen Ausnahmen eine weitestgehend vollständige Überlieferung der ursprünglich tatsächlich vorhandenen Urkunden anzunehmen ist.[207]

---

202 Die Umschrift ist noch folgendermaßen lesbar: *S(E)CRE(TU)M • BUR(G)E(N)SIUM • DE • WIS(M)A(RI)A*.

203 AHL, 7.1–3/12 Danica, Nr. 196 a: *quitancie bartolomei vod et socijs up iiiic m*.

204 1432, Aug. 29: AHL, 7.1–1/05 Soldquittungen, Nr. 148 = LUB 7, Nr 502. Eine ähnliche Urkunde, wie die hier vorhandene, stellte Wismar am 16. August 1432 auch für Hamburg direkt aus, in der aber eine größere Anzahl an Hauptleuten sowie eine konkrete Summe – nämlich 250 Lüb. D. – genannt werden (HR II, 1, Nr. 134: Regesten).

205 DRA, NKR, Nr. 3175 = HR II, 1, Nr. 267.

206 Vgl. vorn Anm. 109. Abschriften der städtischen Exemplare befinden sich im AHW, Ratsakten, 10.5 Hanseatica, Nr. 1748 = HR II, 1, Nr. 67 und 68.

207 Beispielsweise kann für 1431 angenommen werden, dass auch in Lübeck die Urkunden des Danziger Komturs und seiner Vermittlung vorhanden waren, da der Lübecker Rat nicht nur die Abschrift seiner Urkunde vom 20. Sept. 1431 in der Fassung für die Städte schickte (HR II, 1, Nr. 68, bes. 46

b) Acta befindend ... den Krieg

Die Menge der überlieferten Akten erlaubt keine Vorstellung und Betrachtung jedes einzelnen Stückes. Besondere Schwerpunkte der Überlieferung ergeben sich aus der Zuordnung der Dokumente zu verschiedenen Jahren. Vor einer solchen Zusammenstellung muss vorausgeschickt werden, dass 24 von den 219 erhaltenen Aktenstücken in den zusammengehörenden Sammelakten Externa Danica 3,1 und 3,2 als undatiert verzeichnet sind, von denen sich nach erneuter Prüfung nur zwölf einem präzisen Jahr zuordnen lassen. In Externa Danica, Nr. 1013, befinden sich 17 Schriftstücke, von denen nur eines – eine Aufgebotsliste – undatiert bleiben muss. In die nachfolgende Auswertung wurden daher nur die Schriftstücke einbezogen, die sich aufgrund der Datierung oder des Inhalts einem konkreten Sachverhalt bzw. Jahr zuordnen lassen. Dabei sind die undatierten, aber zeitlich verankerbaren Dokumente in 3,2 sowie die Schriftstücke aus Externa Danica, Nr. 1013, jeweils als gesonderte Rubrik aufgeführt. Etwas problematisch gestaltet sich die Datierung des Berichts über Verhandlungen in Haddeby. Zwar lassen sich die Verhandlungen selbst relativ sicher zwischen dem 17. August und dem 23./24. August 1426 verorten, die genaue Entstehungszeit des Schriftstücks erklärt sich dadurch aber noch nicht.[208] Daher wurde es in die Berechnung nicht mit einbezogen.

Ein weiterer problematischer Faktor, der vor einer quantitativen Auswertung der Dokumente angesprochen werden muss, ist die Anzahl der verlorenen Schriftstücke. Solche Verluste können schon in der Entstehungszeit aufgetreten sein, wenn Konzepte für vollendete Briefe oder rechtliche Dokumente nicht aufgehoben wurden oder erhaltene Briefe verloren gingen, falls ihre Aufbewahrung und damit bleibende Sicherung als unnötig angesehen wurde.[209] In diesem Fall wäre die Vernichtung auch als eine Form des Umgangs anzusehen. Andere Schriftstücke können den laufenden Geschäften der nachfolgenden Jahrhunderte, Ungeziefer, Schimmel oder anderen Unglücksfällen zum Opfer gefallen sein. Eine Reihe von Briefen, die Lübeck auf jeden Fall von den anderen Städten, aber auch vom dänischen König erhalten bzw. an verschiedene Adressaten geschickt haben muss, lassen sich auf Grundlage der vorhandenen Überlieferung ermitteln. Einige nicht mehr im Original überlieferte Briefe sind

---

Anm. b. = AHW, Ratsakten, 10.5 Hanseatica, Nr. 1748), sondern auch die Abschrift eines beurkundeten Waffenstillstandsabkommens (HR II, 1, Nr. 69 = AHW, Ratsakten, 10.5 Hanseatica, Nr. 1748).

208 AHL, ASA Externa Danica, Nr. 1012: Die Angabe im Findbuch lautet: o. J. [1417–1435]. LUB 7, Nr. 761 (Ende August–Anfang September 1426); HR I, 8, Nr. 95. Das mögliche Datum für die Verhandlungen ergibt sich aus dem Brief König Eriks vom 17. August 1426 (LUB 6, Nr. 760), in dem er um Geleit für seine Räte bittet, sowie dem Vertrag der Städte über den Beginn des Krieges vom 22. September 1426 (LUB 6, Nr. 764). Vgl. außerdem Kap. 2.3.2.

209 Vgl. allgemein *Esch*, Überlieferungs-Chance (1985), 540–542.

als Abschriften oder Konzepte erhalten.[210] Mit aller Wahrscheinlichkeit müssen beträchtlich mehr Konzepte angenommen werden, als heute noch vorhanden sind. Da sich der Zeitpunkt und der Umfang der Verluste nicht sicher eruieren lässt, können aufgrund der noch vorhandenen Überlieferung nur einzelne Schlaglichter auf die konkrete Relevanz der einzelnen Dokumente und mögliche Gründe für die Aufbewahrung oder das Fehlen geworfen werden.

Ein zusätzliches Problem für die Auswertung stellt die Heterogenität des Materials dar. So befinden sich in den Akten Konzepte und Abschriften neben Briefen an Lübeck, Abschriften von Briefen Dritter sowie vereinzelte Urkunden. Aus diesem Grund können die Zahlen nur als Annäherungswerte dienen, die ein ungefähres Bild von der schriftlichen Aktivität in und mit Lübeck bieten sowie vom Wert, der den Schriftstücken über ihre konkrete, zeitliche Bedeutung hinaus zugesprochen wurde.

Aus diesem Bild treten fünf Jahre – 1420, 1421, 1427, 1428 und 1429 – durch eine im Vergleich höhere Menge an aufbewahrten Schriftstücken hervor, unter denen wiederum 1420, 1427 und 1428 auffallende Ausnahmeerscheinungen darstellen. Auf der anderen Seite überrascht der vollständige Mangel an Überlieferung für die Jahre 1433 und 1434. Dieser geringe Befund in den „Akten" für 1433 deckt sich mit dem Fehlen von Urkunden, obwohl in diesem Jahr mit Sicherheit Verhandlungen stattgefunden haben.[211] Ob die großen Unterschiede der Überlieferung in letzter Konsequenz auf Zufall, bewusste Entscheidung oder einen wirklichen Mangel an schriftlicher Kommunikation zurückzuführen sind, muss offen bleiben. Doch verdeutlichen gerade die Jahre mit einer sehr dichten Überlieferung, dass die allgemeinen Verluste recht hoch anzusetzen sind, denn die vorhandenen Dokumente stellen Diskussionsprozesse und Informationsflüsse vor Augen, bei denen der Schriftlichkeit eine tragende Funktion zukam.

Unter den 240 Schriftstücken, die für die Jahre 1413 bis 1435 aufbewahrt wurden, dominieren bei weitem die 143 Briefe Auswärtiger an Lübeck.[212] Neben einer großen Gruppe von Absendern, die nur vereinzelt auftauchen und von denen insgesamt 60 Schreiben stammen, verteilen sich die Briefe Auswärtiger auf König Erik, die verbündeten Städte sowie die Herzöge von Schleswig. Bei den Herzögen wechseln über die Jahre die individuellen Absender. Bis 1427 handelte es sich um Heinrich IV., den ältesten der drei Brüder, nach dessen Tod um Adolf VIII. allein oder gemeinsam mit

---

210 Parallele Überlieferung von Konzepten in Lübeck und anderweitig erhaltenen Briefen finden sich sehr selten. Aus Wismar gibt es ein Beispiel: 1428, Dez. 10: HR I, 8, Nr. 532. Original: AHW, Ratsakten, 10.5 Hanseatica, Nr. 1745; Konzept: AHL, ASA Externa Danica, Nr. 3,2–162.
211 Verhandlungen von Svendborg: HR II, 1, 121 f. Außerdem nehmen HR II, 1, Nr. 366, § 2 250 und der Briefentwurf in AHL, ASA Externa Danica, Nr. 3,2–198 darauf Bezug. Vgl. auch die knappen Angaben bei *Erslev*, Erik (1901), 340; *Daenell*, Blütezeit (1905), Bd. 1, 250.
212 Nicht einbezogen wurden dabei Briefe, die Angehörige des Rates an die Leitung ihrer Stadt schrieben, da es sich gewissermaßen um Interna handelt. Auch fünf weitere Briefe König Eriks an andere Adressaten, die er als Abschrift an Lübeck weiterleitete, wurden nicht mitgezählt.

seinem Bruder Gerhard.[213] Die höchste Zahl an Briefen von einzelnen Ausstellern vereinigen daher König Erik sowie Bürgermeister und Rat von Stralsund auf sich. Beide tauchen zudem nicht ununterbrochen in der Überlieferung auf. So tritt der Rat von Stralsund nach 1430 nur noch einmal in Erscheinung.[214] Der König schickte zwischen 1426 und 1432 nur zwei offene Briefe an die Lübecker Gemeinde, trat jedoch nicht direkt mit dem Rat in Verbindung.[215]

Zumindest für die Korrespondenz mit König Erik gibt es aus dem Jahr 1455 Hinweise über die Aufbewahrung. Einträge im Niederstadtbuch erwähnen Briefe, die der Rat von Lübeck an König Erik sowie den Rat zu Visby ausstellte und deren Abschriften sich *mangk koning Erikes breven* in einem Sack in der Kanzlei befanden.[216] Diese auf den ersten Blick unsystematische Ordnung scheint für die Lübecker Kanzlei typisch zu sein, denn die gelegentlich von einzelnen Stadtschreibern in Angriff genommenen Briefregister blieben kaum länger als zwei bis drei Jahre in Benutzung.[217] Dass Schriftstücke zu einem bestimmten Sachverhalt jedoch in einzelnen Säcken gesammelt wurden, könnte auch die Zusammensetzung der Externa Danica erklären.

2.2.3 Detailanalyse der „Acta" für einzelne Jahre

a) Die Überlieferung des Jahres 1420

Die „Vorgänge", nach welchen die Dokumente im 15. Jahrhundert möglicherweise aufbewahrt und zusammengestellt wurden, lassen sich am ehesten ausgehend von den Jahren verfolgen, in denen die Überlieferung besonders reich ist: also 1420, 1427 und 1428 (Abb. 2.6). Dabei wird sehr schnell deutlich, dass die Zuordnung zu bestimmten Sachverhalten keinesfalls mit Jahresgrenzen zusammenfällt.

---

213 Graf Heinrich IV. von Holstein, der älteste der Söhne Gerhards VI., war seit 1416 mündig: *Hoffmann*, Spätmittelalter (1990), 242. Zu seinem Tod siehe auch im nachfolgenden Kap. 2.2.3 b), Anm. 243.

214 (1431), 04–25: AHL Externa Danica, Nr. 3,2–182. Zu den Hintergründen vgl. Kap. 3.5.4

215 Das letzte direkte Schreiben König Eriks an Bürgermeister und Rat der Stadt Lübeck stammt von Sommer 1426 (AHL, ASA Externa Danica, Nr, 3,1–68), das nachfolgende erst von 1432, Juni 10 (AHL, ASA Externa Danica, Nr. 3,2–190). Zu den Briefen an die Gemeinde siehe 3.1.5.

216 *Pitz*, Schrift- und Aktenwesen (1959), 421 auf der Grundlage einer Eintragung ins Niederstadtbuch vom 25. November 1445 (LUB 8, Nr. 322): 1.) *utscriffte, de men vindet hir up de scriverie mangk koning Erikes breven*; 2.) *de utscriffte des breves vyndet men hir in dem sacke mangk koningk Erikes breven*. Die genannten Schriftstücke gehören bereits in die Regierungszeit König Christoffers III.

217 *Pitz*, Schrift- und Aktenwesen (1959), 418 f.

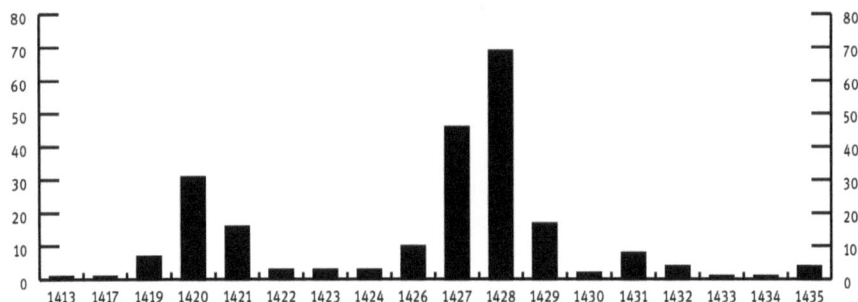

Abb. 2.6: Jahresverteilung der Aktenstücke der Externa Danica (1413–1435). Darstellung durch Verfasserin.

Die schriftliche Kommunikation von 1420 ist besonders von der Fehde Lübecks mit dem mecklenburgischen Adligen Heinrich Tarnewitz[218] und von den ständig schwelenden Spannungen zwischen Dänemark und den Holsteinern geprägt, die trotz eines 1417 abgeschlossenen Waffenstillstands immer anhielten.[219] Diese Probleme dominieren übrigens bereits die Briefe des Vorjahres.[220] Bei der Mehrzahl der aufbewahrten Briefe des Jahres 1420 handelt es sich um Schreiben, die Lübeck von anderen erhalten hatte, wobei von König Erik oder dessen Konkurrenten Graf Heinrich IV. von Holstein sowie von Erik Krummediek die meisten Schreiben überliefert sind.

Erik Krummediek zählte zu den Akteuren aus Schleswig, die nach dem Spruch von Nyborg die dänische Lehnshoheit anerkannten.[221] In den Jahren 1419 und 1420 wirkte er sowohl als Mittelsmann zwischen Lübeck und dessen Gegnern in der

---

218 Dieser stand in Diensten des Königs von Dänemark: *Erslev*, Erik (1901), 53.

219 Der Waffenstillstand kam im Herbst 1417 mit Anteilnahme der Städte zustande. Vgl. dazu die Urkunden in København : DRA, NKR, Nr. 2640 und 2642 in Kap. 2.2.2 b). Zu den Problemen mit dem Waffenstillstand: *Erslev*, Erik (1901), 51; *Daenell*, Blütezeit (1905), Bd. 1, 210. Gerüchte über bevorstehende militärische Schläge des dänischen Königs gegen die Holsteiner finden sich schon in dem Brief von Cord Mertens von 1419 (Externa Danica, Nr. 3,1–5 = LUB 6, Nr. 121): *Ok schal de konningk eynen dach holden nu an sondage negest to komende is to Odensse, vnde dat is my hemeliken to wetende worden van eynem guden vrunde vt Denemarken, dat he dar sine gantze macht to hope bringet, vnde de sulue sede my dat de samm(el)inghe ginge tegen de Holsten heren.*

220 Die folgenden sieben Dokumente sind sicher oder mit großer Wahrscheinlichkeit in das Jahr 1419 zu datieren: 1.) AHL, ASA Externa Danica, Nr. 3,1–2 = LUB 6, 142; 2.) Externa Danica, Nr. 3,1–3 = LUB 6, Nr. 127; 3.) Externa Danica, Nr. 3,1–4 = LUB, 6, 119; 4.) Externa Danica, Nr. 3,1–5 = LUB 6, Nr. 121; 5.) Externa Danica, Nr. 3,1–6 = LUB 6, Nr. 124; 6.) Externa Danica, Nr. 3,1–7 = LUB 6, Nr. 133; 7.) Externa Danica, Nr. 3,1–8 = LUB 6, Nr. 150.

221 *Hoffmann*, Spätmittelalter (1990), 240. Zur Person auch: *Bruun*, Krummedige (1981), 348.

Fehde[222] als auch als dänischer Abgesandter in Verhandlungen mit den Holsteinern. So widmen sich die von ihm überlieferten Briefe vor allem der Absprache eines gemeinsamen Tages, der schließlich am 2. Juni 1420 in Schleswig standfand.[223] Zwar enthält keiner der Briefe eine Jahresangabe, doch lassen sie sich durch einen Rezess über die erwähnten Verhandlungen recht eindeutig damit in Verbindung bringen.[224] Es mag überraschen, dass der Rezess selbst in Lübeck nicht als Handschrift überliefert ist.[225] Ob die sieben Briefe von Erik Krummediek schon immer als ein Vorgang aufbewahrt wurden, lässt sich anhand der äußeren Erscheinung nicht erkennen, denn sie enthalten keine zeitgenössischen Vermerke der Kanzlei. Die hohe Anzahl an Schreiben zu einem einzigen Sachverhalt legt diese Vermutung jedoch nahe.

Ebenfalls in den Kontext der Verhandlungen in Schleswig gehören zwei Briefe des Rates von Lübeck an den Bürgermeister Hinrich Rapesulver und den Ratsmann Tidemann Steen vom 3. und 5. Juni 1420.[226] Beide sind durch den Rezess als die Lübecker Gesandten in Schleswig identifizierbar.[227] Die Nähe zu den Verhandlungen in Schleswig ist hier der einzige Grund für die Einordnung in die Externa Danica. Der Inhalt beider Briefe bezieht sich wörtlich auf eine Hochzeit, die zum Johannestag stattfinden sollte. Über diese habe Hinrich Rapesulver mit einem Mann in Ahrensbök gesprochen und stehe weiterhin mit ihm in Verhandlungen darüber.[228] Beide Briefe

---

222 Dazu Briefe von 1419, siehe zuvor Anm. 220.

223 So auch zusammengestellt in Regesten in HR I, 7, Nr. 218–225.

224 HR I, 7, Nr. 228, § 2: *In des hilgen lichammes avende quemen de stede vorscreven to des koninges rade to Slezewik yn dem domehove, dar des koninges rad, alse her Erik Krummediik unde her Merten Jonssone riddere, van der anderen aller wenghene, de to Vlenzeborch liggende bleven vulmechtich werden.* Auf die Reise von Flensburg nach Schleswig nimmt bereits der erste Brief Erik Krummedieks Bezug: AHL, ASA Externa Danica, Nr. 3,1- = LUB 6, Nr. 206.

225 Zur mangelnden Überlieferung an Rezessen im AHL siehe schon *Wehrmann*, Lübecker Archiv (1876), 386.

226 1.) 1420, Juni 3 (*des mandages vor vnses Heren licham dage*): AHL, ASA Externa Danica, Nr. 3,1–29 (= LUB 6, Nr. 217 und 218), Adresse: *Den ersamen wissen mannen, hern Hinrike Rapesuluere, borgermestere, vnde hern Tydemanne Stene, radmanne to Lubeke, vnsen besunderen leuen vrunden, geschreuen*; 2.) 1420, Juni 5 (*in vigilia Corporis Christi*): AHL, ASA Externa Danica, Nr. 3,1–30 (= LUB 6, Nr. 218).

227 HR I, 6, Nr. 228: *Anno Domini 1420 dominica trinitatis domini* [2. Juni] *nuncii consulares in Slezewik ad placita congregati, scilicet: de Lubeke Hinricus Rapesulver, Thidericus* [sic!] *Steen* (...). Bis zum 5. Juni (*des hilgen lichammes avende*) mussten sie auf die Gesandten des dänischen Königs warten (HR I, 6, Nr. 228, § 2). Nach ersten Gesprächen mit diesen ritten sie noch am selben oder am nächsten Tag nach Schloss Gottorf, um mit Graf Heinrich IV. von Holstein zu verhandeln (HR I, 6, Nr. 228, § 5), dessen Abgesandte dann am 7. Juni (*des vridages na Corporis Christi*) mit den Dänen zusammentrafen (HR I, 6, Nr. 228, § 10).

228 LUB 6, Nr. 217: *Wij begeren iuw weten, dat vnse vrundes to hus komen sin vnd hebben der Brutlacht enen gantzen ende, also dat de Brutlacht schal wesen bynnen Lubeke vp sunte Johans dach to middenzomere erst komet. Hijrvmme so bidde wij juw, leue her Hinrik, gat gij van stunden an spreken mit deme manne, dar gij vns aff seden, mit deme gij geredet hadden to Arnsboken, vnde mit eme een werden, effte he dat do kone, dat he sik darto berede vnde kome yo vppe desse vorscreuene tijd, sunte Johans dach,*

sind sorgfältig auf Pergament geschrieben. Die darin erwähnte *Brutlacht* beginnt immer mit Großbuchstaben und ist dadurch besonders hervorgehoben. *Koppmann* vermutet darin den geplanten Krieg mit Herzog Erich von Sachsen-Lauenburg, zu dessen Durchführung sich Lübeck und Hamburg bereits im Februar verbündet hatten.[229] Falls diese Hypothese zutrifft, handelt es sich bei den beiden Schriftstücken zum einen um Beispiele für eine codierte Sprache.[230] Zum anderen wirft ihre Einreihung in die Externa Danica die Frage auf, ob ihre Zuordnung zu den Schriftstücken aus den Verhandlungen in Schleswig bereits aus den frühesten Zeiten der Aufbewahrung stammt oder ob sie ein Ergebnis der zahlreichen Ordnungen des Archivs darstellt. Auf jeden Fall reicht der darin besprochene Gegenstand über rein dänische Bezüge hinaus.

In ähnlicher Weise lässt sich eine sehr heterogene Gruppe an Schriftstücken mit dem Hansetag in Wismar am 14. April 1420 in Beziehung setzten, auf dem über die Angelegenheit mit Heinrich Tarnewitz beraten wurde.[231] Hierzu gehören unter anderem die Schreiben des dänischen Rates Fikke von Fitzen[232] sowie eine Liste mit den Dienstleuten des Tarnewitz.[233] Die Abschriften beider Briefe Fikke von Fitzens entstanden mit aller Wahrscheinlichkeit im Zusammenhang mit den Verhandlungen und wurden sicherlich als Gedächtnisstütze zu den Verhandlungen mitgeführt. Die

---

to desser brutlacht to Lubeke, vppe dat wy eme herberge mogen bestellen. LUB 6, Nr. 218: *Alse wij juwer leue kortliken gescreuen habben vmme den man, met den gij, her Hinrik, vor tijden to Arnsboken geredet hebben, dat he vppe sunte Johans dach to middenzomere erst komet mit vns wolde wesen to der brutlacht etc., des willet, leuen heren, weten, dat vnse dont also gelegen is vnde dat yd van node is, dat de sulue man mit synen vrunden vppe desse vorscreuene tijd mit vns sy to der suluen brutlacht, vnde bidden funtlik, dat gij des mit eme to eme vnuortogerden gantzen edne ouerkomen, effte he dat don kone effte nicht (...).*

229 HR I, 6, 112 Anm. 1. Das Bündnis zwischen den Städten wurde am 2. Februar 1420 abgeschlossen (LUB 6, Nr. 171), am 19. Mai 1420 verbanden sich die Städte noch mit Markgraf Friedrich von Brandenburg (LUB 6, Nr. 211 und 212).

230 Ein weiteres Beispiel aus Lübeck ist ein Brief des Lübecker Rates an den Rat von Hamburg, der als Privatbrief des Ratssekretärs Johannes Voss an einen Hamburger Vikar getarnt wurde: LUB 6, Nr. 251. Zu Geheimbotschaften in Briefen auch *Holzapfl*, Kanzleikorrespondenz (2008), 317–323 für bayerische Beispiele, bei denen ebenfalls bestimmte Signalwörter zu erkennen sind.

231 HR I, 7, Nr. 182 (Rezess): *Anno Domini 1420 dominica quasimodo geniti.* Eine Handschrift befindet sich in Lübeck als AHL, ASA Externa Hanseatica, Nr. 22.

232 Zu seiner Funktion als Burghauptmann in Højstrup und Abrahamstrup auch *Christensen*, Statsvorfaltning (1903), 205.

233 1.) Fikke von Fitzen an Jordan Pleskow (*in Palmedaghe*): AHL, ASA Externa Danica, Nr. 3,1–12 = LUB 6, Nr. 187; 2.) Fikke von Fitzen an Johann Bantzkow: AHL, ASA Externa Danica, Nr. 3,1–13 = LUB 6, Nr. 188. Zur Vorbereitung dieser Vermittlung und zu ersten Ergebnissen äußerten sich im Vorjahr bereits Erik Krummediek in zwei Briefen und der König in einem Schreiben. Vgl. zuvor Anm. 225. 3.) Liste der Dienstleute des Tarnewitz: AHL, ASA Externa Danica, Nr. 3,1–16 = LUB 6, Nr. 195. Zum gleichen Zusammenhang gehören außerdem AHL, ASA Externa Danica, Nr. 3,1–14 = LUB 6, Nr. 192 / HR I, 7, Nr. 178 (Regest) und AHL, ASA Externa Danica, 3,1–15 = LUB 6, Nr. 193.

Aufzählung der *knechte* von Heinrich Tarnewitz enthält auch einen Denkzettel für den Hansetag in Wismar oder eine stichwortartige Zusammenfassung desselben.[234] Daher könnte die Liste entweder – wie zum Beispiel im LUB angegeben – mit einem der Wismarer Briefe[235] oder als Ergebnis und Nebenprodukt der Verhandlungen nach Lübeck gelangt sein.

Auch wenn die vorgestellten Dokumente also einen zusammenhängenden Betreff annehmen lassen, demonstriert gerade dieser Bestand die Willkür der aktuellen Archivordnung, zu welchem Zeitpunkt sie auch entstanden ist. Dies verdeutlichen insbesondere die Produkte der Verhandlungen, die, sobald sie mehr als nur einen Sachverhalt oder geographischen Schwerpunkt behandelten, im Verlauf der Zeit den Hanseatica zugeordnet wurden. Im Gegensatz dazu fand der Rezess über Verhandlungen in København am 31. Mai 1420 Eingang in die Externa Danica, obwohl diese direkt aus dem Wismarer Hansetag resultierten.[236] Grundsätzlich muss der Rezess über die Besprechungen in København entweder von Stralsund oder von Rostock nach Lübeck gelangt sein, da die Abwesenheit der Lübecker und Wismarer Ratssendeboten expressis verbis vermerkt wurde.[237] Zu den nächsten Verhandlungen in Schleswig fehlt, wie schon erwähnt, das Protokoll in Lübeck, während die vorbereitenden Briefe des Königs und Erik Krummedieks erhalten sind.

Dieser kurze Exkurs sollte verdeutlichen, dass zumindest für die Schriftstücke des Jahres 1420 nicht eindeutig belegt werden kann, in welchem Zusammenhang sie überliefert wurden. Es ist aber anzunehmen, dass sie nicht vollständig von anderen

---

234 LUB 6, Nr. 193 Anm. 1 zitiert nur den ersten Punkt: *von den guldenen, in den guden styet dux, in den andern d(omi)n(u)s*. Danach folgen: 2.) *van den Hollanderen*; 3.) *von der unwonlik ladinge*; 4.) *Wo to Juncher Ocken geworuen is*; 5.) *Den von Colne wedder toscriuende*; 6.) *Von den heren von Winsberg*; 7.) *Her Symene, von Grynkhupe*; 8.) *Von dem punttollen in prutzen*; 9.) *Von den van Sleswik*. Davon sind 4., 5., 8 und evtl. 9 in den Rezess des Hansetags von Quasimodogeniti eingeflossen: HR I, 7, Nr. 182, § 16 (HR I, 8, Nr. 188), § 23 (HR I, 7, Nr. 184), §§ 27–29 (HR I, 7, Nr. 196–197) und § 4, wenn sich Schleswig auf den dort anberaumten Tag mit dem König bezieht. Von Konrad von Weinsberg hatte Lübeck einen Brief erhalten (HR I, 7, Nr. 170).
235 LUB 6, Nr. 193, 233; Kommentar zur Überlieferung: „Nach einer Aufzeichnung auf Papier, ursprünglich als Anlage zu dem vorhergehenden Schreiben aus Wismar hierher gesandt.“
236 Vgl. Rezess des Wismarer Hansetags von 1420, April 14 in AHL, ASA Externa Hanseatica, Nr. 22 = HR I, 7, Nr. 182, § 1: *Int erste is vorramed unde een ghedregen, dat de stede willen senden to den heren koning van Dennemarken, upp den dach Philippi et Jacobi* [1. Mai] *uthtoseghelnde, umme de sammelinge unde dat grote utbod te sprekende* (...).
237 Rezess von København : AHL, ASA Externa Danica, Nr. 3,1–38 (HR I, 7, Nr. 210). Bereits die Abreise der Rostocker verzögerte sich bis in die Woche nach Philippi und Jacobi (HR I, 7, 106 Anm. 1 Kämmereirechnungen der Stadt Rostock von 1420–1421.) Dazu auch HR I, 7, Nr. 208 und 209 sowie der Rezess von Nr. 210: *In den jaren unses Heren 1400 in dem 20. Do weren de stede: van deme Sunde her Johan Burowe und van Rozstoke her Ulrik Gulle borgermester to Rozstoke, her Johan Make radman darsulves, to Kopenhagen vorsammelt; unde dar scholden ok de van Lubeke und van der Wismar gewesen hebben unde meer stede, alse se unseme gnedigen heren, deme koninge, toscreven, men se en qwemen dar nicht.*

Betreffen getrennt waren, und dass eine klare Trennschärfe zwischen hansischen und dänischen Angelegenheiten in der Praxis des 15. Jahrhunderts nicht gegeben war. Dies gilt in diesem Konflikt besonders auch für die Abgrenzung zu den „Holsatica", denn eine Reihe von Schriftstücken der heutigen Externa Danica tragen die Rückbemerkung „Holsatica" oder „Holstein".[238] Ihre heutige Zuordnung erfolgt also erst zu einem späteren Zeitpunkt.

Abschließend sei der Blick noch auf ein besonderes Dokument des behandelten Jahres geworfen. Das Ende des Waffenstillstands signalisierte ganz maßgeblich ein dänischer Überfall auf die Insel Fehmarn Mitte Juni 1420. Dieses Ereignis ist zeitnah sowohl durch einen Brief des Landes Fehmarn als auch durch ein Schreiben des Heinrichs IV. von Holstein belegt. Die an Lübeck adressierte Klage der Vertreter des Landes Fehmarn vom 24. Juni 1420 überdauerte jedoch nur als Abschrift in der Rezesshandschrift zu einem zweiten Wismarer Hansetag, der in jenem Jahr am 29. Juni 1420 stattfand. In diesem Brief werden neben dem Bruch des Friedens vor allem die Gefangennahme von neunzehn Männern und drei Frauen als besondere Untaten erwähnt.[239] Bieten diese Klagen ein grundsätzlich bitteres Bild des Überfalls, präsentiert Heinrich IV. dem Markgrafen von Brandenburg gleichsam einen Katalog der Gräueltaten, von Hostien- und Kirchenschändung bis zu Vergewaltigung und Raub von Frauen und Jungfrauen sowie Ermordung von Priestern und kleinen Kindern, die dann unbestattet liegen geblieben seien.[240] Eine Abschrift dieses Briefes ist in den Externa Danica erhalten und zeichnet sich durch ihre besonders sorgfältige Gestaltung aus.[241] Es muss offenbleiben, ob das sachlichere Schriftstück der eigentlich Betroffe-

---

238 Betrifft zum Beispiel: AHL, ASA Externa Danica, Nr. 3,1–27 und 28.

239 HR I, 7, Nr. 233: *Men wii claghen jw clegeliken den groten hoen unde walt, de uns armen luden gescheen is van deme konynge van Dennemarken, dat he unde de synen hebben uns affgegrepen unde ghevanghen negenteyn man an veligen vrede, na juwen woden unde breven, alse gi scriven, dat he synen vrede holden will, unde der vrowen, nicht ene vrowen boven vefftich jaren, dat ny gehort is by lifftiden, vorwen to vengende unde* [to] *gripen*[de].

240 AHL, ASA Externa Danica, Nr. 3,1–33 = LUB 6, Nr. 238: *Bynnen der tijd des vredes so hefft vns de koning afgebrand, gerouet vnd geschinnet vnse lande Odenborch vnd en bevloten land Vemeren, an welkem bevloten lande Vemeren de koning uncristlike jamerlike schicht vnsem leuen heren Gode to hone vnd vns an vnsen armen luden to schanden vnd to schaden began hefft, wente dat hilge sacrament vte der bussen syner behusinge geschuddet ward, kerken vnd kerkhoue berouet, beschinnet vnd vorbrand sin, vrowen vnd jungkvrouwen vneret, gehonet geschent vnd enwech gevored sin, manne, de rede gefangen weren, na dem loffte orer vengknisse dot geslagen worden, prestere, vrowen vnd vnmundighe klene kyndere gemordet buten der erden vo den derten der lucht vnd der erden vnmynschliken vnbegrauen licghen.*

241 Zur Einschätzung: *Hoffmann*, Spätmittelalter (1990), 245: „Auch wenn die zeitgenössischen Quellen sicherlich die Grausamkeiten übertrieben haben werden, welche damals die Söldner des Königs an der Bevölkerung der Insel begingen, so war deren Schicksal doch entsetzlich genug, denn Totschlag, Mißhandlung und Vergewaltigung wurde an Wehrlosen, auch an Priestern und Frauen geübt in einer Weise, wie man es in der Kriegsführung dieser Zeit hierzulande nicht gewohnt war."

nen nicht im Lübecker Archiv aufbewahrt wurde, weil es bereits in eine Rezesshandschrift eingeflossen war oder ob es andere Gründe für den Verlust gab. Im Fall des zweiten Schriftstücks wird sicher die Denkwürdigkeit des Ereignisses dazu beigetragen haben, dass dieses in Erinnerung behalten werden sollte.[242]

b) Die Überlieferung des Jahres 1427

In gleicher Weise, wie sich die Bestände von 1420 verschiedenen thematischen Schwerpunkten zuordnen lassen, sind diese auch für die beiden anderen überlieferungsintensiven Jahre – 1427 und 1428 – erkennbar. Dabei treten nicht nur vereinzelte Verhandlungen hervor, sondern die zu beobachtenden „Vorgänge" übergreifen auch längere Zeiträume:

Die erhaltenen Schriftstücke aus dem Jahr 1427 verteilen sich, soweit sie keine Einzelstücke darstellen, auf zwei „große" und drei „kleinere" Vorgänge: die verschiedenen Reaktionen auf die Kriegserklärung und die Mission von Nikolaus Stock sowie den Beginn des Krieges, die Anwerbung von Ausliegern und die Briefe König Eriks. Bei den drei Schriftstücken zum Beginn des Krieges[243] handelt sich um Bruchstücke einer am Ende gescheiterten Kommunikation.[244] Interessanterweise sind darüber hinaus kaum Schriftstücke aus der zweiten Phase des Krieges von Juni/Juli überliefert.[245] Die Folgen der Niederlage vom Juli 1427 kommen hingegen in einigen Briefen zur

---

242 AHL, ASA Externa Danica, Nr. 3,1–33. Das Schriftstück enthält auch einen Rückvermerk – wohl aus dem 17. Jahrhundert.

243 AHL, ASA Externa Danica, Nr. 3,2: 206, 208, 211. Die erste gemeinsame Militäraktion der Städte und der Holsteiner begann am 30. März 1427 mit der Sammlung der städtischen Flotte und endete am 29. Mai 1427 mit dem Tod Graf Heinrichs IV. von Holstein. Die Chronologie basiert auf Korner, Chronica. Ed. *Schwalm*, D § 1463; Rufus-Chronik, 2. Teil. Ed. *Koppmann*, § 1463, S. 260–265 sowie HR I, 8, Nr. 108 und 185. Vgl. auch *Daenell*, Hansestädte (1902), S. 331 f.; *Ders.*, Blütezeit (1903), Bd. 1, S. 232; *Erslev*, Erik (1901) S. 213–215; *Wolff*, Flensburg (1929), S. 238 (sehr knapp und etwas dramatisiert); *Hoffmann*, Spätmittelalter (1990), S. 253.

244 So spricht sich der Aussteller des undatierten Schriftstücks AHL, ASA Externa Danica, Nr. 3,2–208, bei dem es sich um den Wismarer oder Rostocker Rat bzw. Bürgermeister der Stadt handelt, dagegen aus, dass die bei Ribe liegenden Schiffe sich an der Belagerung von Flensburg beteiligen, die dann ihr vorzeitiges Ende fand. Dass nur der Wismarer oder Rostocker Rat bzw. die Bürgermeister einer der beiden Städte als Absender des Briefes in Frage kommen, geht aus HR I, 8, Nr. 185 (1427, April 14) hervor: *Vortmeer so weren de van Rosteke und van der Wysmer up Bornholm; unde dat lant vordinghede, up dat se er nicht en branden, vor 10 duessent mark lodich; unde nemen dar wael 10 leste botteren und 10 leste heringes.* Die Erwähnung der Eroberung von Bornholm und besonders der Erbeutung von Butter decken sich mit dem undatierten Brief.

245 Als Dokument innerhalb der Externa Danica gilt dies vielleicht noch für AHL, ASA Externa Danica, Nr. 3,1–75 = LUB 7, Nr. 29 (1427, Mai 27).

Sprache, in denen auch auf Nikolaus Stocks Mission Bezug genommen wird.[246] Daneben lassen sich für dieses Jahr ähnliche Beobachtungen machen wie für 1420. Die genuin dänischen Belange wurden nicht immer getrennt von anderen Themen, wie das Beispiel des Kölner Briefs vom 28. März 1427 aufzeigt, der neben der Reaktion auf den Krieg mit Dänemark auch andere Probleme anspricht.[247] In gleicher Weise fließen auch 1427 die Konflikte mit Dänemark in die Rezesse von Versammlungen ein, die allgemeinere Angelegenheiten der Hanse berühren und daher nicht bei den Externa Danica liegen, wie das Protokoll der Versammlung zu Braunschweig am 12. März 1427, das zwar einerseits das Bemühen der wendischen Städte um die Unterstützung der sächsischen Städte demonstriert, andererseits aber auch die Diskussion um die Stellung Bremens in der Hanse berührt.[248] In der Handschrift, die Paul Oldenburg mit dem Titel *Recessus de dieta in Brunswige Anno etc. m cccc xxvij Gregori* versehen hat,[249] wurden zwei Passagen durch Manipuli besonders hervorgehoben. In der Ersten geht es um die Anwesenheitspflicht bei Treffen zwischen den beiden Städtegruppen.[250] Bei der zweiten hervorgehobenen Stelle handelt es sich um die Rechtfertigung des Krieges gegen Dänemark.[251] Obwohl nicht ganz sicher festgestellt werden kann, zu welchem Zeitpunkt diese Zeichen in die Handschrift eingetragen wurden, verdeutlichen sie auf jeweils eine hervorgehobene Bedeutung des angesprochenen Themas.

Mit diesem Rezess bzw. den Rezesshandschriften an sich ist auch das zweite Problem anzusprechen, das schon für 1420 zu beobachten war und hier wiederum begegnet: Die Überlieferung und der Verlust von ursprünglich vorhandenen Schriftstücken. Der Rezess von Braunschweig enthält nur das Protokoll an sich und keine

---

246 Schadensersatzforderungen sind von Stralsund überliefert: Brief von 1427, Nov. 6: AHL, ASA Externa Danica, Nr. 3,1–87 (= LUB 7, Nr. 68) und Brief von 1427, Nov. 18: AHL, ASA Externa Danica, Nr. 3,1–97 (= LUB 7, Nr. 79). Bereits im ersten Brief ist von *des alderdorluchtegesten vorsten vnde heren Romysches koninges sendeboden* (LUB 7, Nr. 68, 37) die Rede. Siehe dazu ausführlich Kap. 4. sowie Anhang 8.2.3.
247 In dem Brief vom 28. März 1427 (AHL, ASA Externa Danica, Nr. 3,1–72 = LUB 7, Nr. 15).
248 Rezess der Versammlung zu Braunschweig am 12. März 1427: AHL, ASA Externa Hanseatica, Nr. 12 = HR I, 8, Nr. 156. §§ 1–3 behandeln eine *tozate* zwischen den Seestädten und den sächsischen Städten und damit verbundene militärische Hilfen, § 4 widmet sich dann sehr ausführlich dem Krieg mit Dänemark und der Bitte um Unterstützung, §§ 5–7 thematisieren die Wiederaufnahme Bremens in die Hanse und eventuelle Schadensersatzforderungen.
249 Die Zuordnung der Liste der Teilnehmerstädte am rechten Rand des ersten Blattes zu Paul Oldenburg ist wegen der ausgesprochenen Flüchtigkeit jedoch schwierig.
250 Das Zeichen steht neben (HR I, 8, Nr. 156, § 2, 101 f.): (...) *dat se danne sodane besendinghe don mogen vormyddest erer scriuere edder dat se den Sendeboden van Luneborch ere macht weder don* (...).
251 Das Zeichen steht am unteren Rand unter dem *Also* von (HR I, 8, Nr. 156, § 4, 102): (...) *des heren koninges van Denemarken etc. siner Rijk unde siner ryke undersaten unde Inwonere vyende werden mosten unde geworden sin Also sint de* (...).

Abschrift des Briefes, den die dort versammelten Ratssendeboten bezüglich des Krieges an Soest schrieben.[252] Es ist aber durchaus davon auszugehen, dass für diesen ein Konzept angefertigt wurde. Im Gegensatz dazu enthält der Rezess über die kurz danach abgehaltene Versammlung in Stralsund am 23. März 1427 zwei Briefe an Greifswald bzw. Anklam, die anderweitig nicht weiter aufbewahrt wurden und daher nur an dieser Stelle überliefert sind.[253] Die Greifswalder Reaktion ist dann aber wiederum – wenngleich nur als Abschrift – unter den Externa Danica zu finden.[254]

Die Stralsunder Versammlung selbst stand im Zeichen eines Vermittlungsversuchs der Herzöge von Pommern, dessen Scheitern und die Vorbereitung des Seekrieges sind dementsprechend in das Protokoll eingeflossen. Von diesem Rezess liegen zwei Exemplare vor (HS 1 und HS 2), die sich heute in einer Mappe befinden und zu einem unbekannten Zeitpunkt wohl auch einmal zusammengebunden waren. HS 1 trägt den Vermerk *Idem recessus ponitur infrascripto suo loco* aus der Hand von Johann Rode, der von 1500 bis 1517 als Lübecker Ratsschreiber wirkte.[255] Seine Schrift ist belegt durch eine quasinotarielle Notiz auf der Rückseite einer Urkunde König Magnus' II. von Schweden aus dem Jahr 1326.[256] Das Datum seines Amtsausscheidens liefert ein Datum ante quem für die Entstehung der Handschrift, deren Schrift aber eher dem frühen 15. Jahrhundert zuzuordnen ist. Dies gilt auch für HS 2, die von zwei Händen des 15. Jahrhunderts mit *Recessus Stralessundensis* überschrieben wurde und mit den Bruchstücken früherer Verhandlungen zusammengebunden ist. Der eigentliche Rezess von Stralsund nimmt dabei nur die beiden ersten Seiten der vier Bögen ein.[257] Die gesamte gebundene Handschrift stammt zwar nicht durchgehend aus der Hand eines Schreibers, enthält aber mehrere Überschriften aus der Hand Hermanns van Hagen. Daher ist sie zeitnah zu den Verhandlungen in Stralsund entstanden.

---

252 HR I, 8, Nr. 157. Im Gegensatz dazu wurde jedoch ein Brief an den Grafen von Wernigerode wegen des Raubes von Kaufmannsgütern, ausgestellt von *Radessendeboden der stede Lubeke, Hamborch unde anderer seestede [unde] radessendeboden der gemeynen Sasseschen stede, nu tor tyd bynnen Brunswiic to dage vorgaddert, unde de rad to Brunswiic*, in die Lübecker Handschrift aufgenommen.

253 Rezess vom 23. März 1427: AHL, ASA Externa Hanseatica, Nr. 25 = HR I, 8, Nr. 168, § 6 Aufkündigung des Handels mit Greifswald (HR I, 8, Nr. 170), § 7 Verweigerung des Geleits für Anklam (HR I, 8, Nr. 171).

254 (1427), April 7: Der Rat von Greifswald bittet die bisherige Verbindung mit der Stadt nicht aufzuheben. (LUB 7, Nr. 21). Die Abschrift befindet sich auf einem Bogen in AHL, ASA Externa Danica, Nr. 1013 zusammen mit den Kopien von Briefen der Städte Kolberg (Kołobrzeg) ([14]27, Apr. 3: LUB 7, Nr. 17) und Köslin (Koszalin) ([14]27, Apr. 3: LUB 7, Nr. 18).

255 Zur Person: *Bruns*, Lübecker Syndiker (1938), 134; *Wriedt*, Rode (1990).

256 AHL, 7.1–3/12 Danica, Nr. 87.

257 Alle Aktenstücke befinden sich in AHL, ASA Externa Hanseatica, Nr. 25. HR I, 8, Nr. 168 (Anm. zur Überlieferung, 109) erwähnt nur ein Exemplar: „L aus der Handschrift zu Lübeck, verbunden mit einem Bruchstück von HR I, 6, Nr. 556 A (§§ 61–63, 65–77, Anfang von § 85, Schluss von Nr. 574, Nr. 579, §§ 44–53,55a). 8 Blätter, die 4 letzten Seiten nicht beschrieben."

In Bezug auf die grundsätzliche Fragestellung dieses Kapitels, welchen Hinweis der physische Befund der verschiedenen Dokumente für deren Benutzung in der Entstehungszeit gibt, lassen sich einige wichtige Beobachtungen am Beispiel des Stralsunder Rezesses festhalten. Um 1517 wurden die zwei Versionen des Stralsunder Rezesses wohl an verschiedenen Orten in der Kanzlei aufbewahrt. Geht man zudem davon aus, dass HS 2 mit dem Stralsunder Rezess und den anderen Protokollen zu diesem Zeitpunkt bereits existierte, sind die beiden Versionen vielleicht unterschiedlichen Nutzungszusammenhängen in der Entstehungszeit zuzusprechen, die späteren Schreibergenerationen nicht mehr ersichtlich waren. Auf jeden Fall verdeutlicht dieses Beispiel in besonderem Maße die Zufallsgebundenheit der heutigen Zuordnung. Stünden die beiden Versionen des Stralsunder Rezesses in keinem Kontext zu den Handschriften mit allgemeinen hansischen Regelungen, wären sie heute möglicherweise Teil der Externa Danica.

c) Die Überlieferung des Jahres 1428

Für 1428 sind insgesamt die meisten Schriftstücke überliefert, die sich gleichzeitig aber auf einige wenige Schwerpunkte konzentrieren. Die überwiegende Mehrheit aller überlieferten Dokumente ist dabei vor allem zwei Themen zuzuordnen: dem Schriftverkehr zum Seekrieg und insbesondere den Aktivitäten von Nikolaus Stock. Da ein Teil dieser Bemühungen darin bestand, Verhandlungen zwischen den Seestädten und Dänemark herbeizuführen, welche durch die Vorbereitungen und schließlich den Beginn kriegerischer Handlungen konterkariert wurden, ist bei drei Schriftstücken die Abgrenzung nicht eindeutig.[258] Unter Einbeziehung des Jahres 1429 ergibt sich am Ende jedoch ein Befund von insgesamt 35 Schriftstücken, welche die Briefe des Gesandten, des römischen bzw. dänischen Königs sowie der anderen verbündeten Städte, Konzepte für Lübecker Briefe und Abschriften umfassen. Bei aller Heterogenität dieser Überlieferung gibt es keinen anderen zusammenhängenden Sachverhalt, der eine so hohe Anzahl an Dokumenten auf sich vereint.

Im Gegensatz zu der sehr umfangreichen Aktenüberlieferung aus den Kriegsvorbereitungen und den parallel verlaufenden Verhandlungen mit dem Gesandten König Sigismunds ist die Absprache der Verhandlungen zu Nykøbing im August 1428 in Lübeck durch weniger Schriftstücke dokumentiert. Der Lübecker Bericht ist in einer individuellen Handschrift überliefert, deren Bindung aus weiß-brauner Kordel mit Pergamentstreifen verstärkt wurde. Die Datumsangabe *festum beate marie* auf der ersten Seite wurde zu Beginn des 16. Jahrhunderts durch die Einfügung von *nativitate*

---

258 1.) AHL, ASA Externa Danica, Nr. 3,2–116 = LUB 7, Nr. 134: (1428, März 29); 2.) AHL, ASA Externa Danica, Nr. 3,2–122 = LUB 7, Nr. 145: (1428, Apr. 12); 3.) AHL, ASA Externa Danica, Nr. 3,2–123 = LUB 7, Nr. 157: ([1428], Mai 2).

korrigiert und präzisiert.[259] Bei dem letzten Eintrag handelt es sich um eine Ergänzung.[260] Alle für dieses Jahr relevanten Themen bestimmen zudem noch die Überlieferung für 1429.

d) Sonderbehandlungen

Die überlieferten Aktenstücke der Jahre 1427 bis 1429 zeichnen sich nicht nur durch ihre Menge aus, sondern auch durch ihre Behandlung in der Lübecker Kanzlei des 15. Jahrhunderts. Von den eindeutig datierbaren Schriftstücken besitzen 38 zeitgenössische Rückvermerke in Form kurzer Inhaltsangaben oder einfach nur mit Nennung des Absenders (Abb. 2.7 und 2.8; Anhang 8.1.3) Mit Rückvermerken wurden in der Regel jene Briefe versehen, die Lübeck in Bezug auf einen bestimmten Sachverhalt von anderen erhalten hatte. Eine Ausnahme bildet der nur mit *Prima Littera* bezeichnete Geleitbrief der sechs wendischen Städte für Bartholomäus Voet und andere Auslieger, der in der Lübecker Kanzlei ausgestellt wurde.[261] Daneben gibt es aber auch einige wenige Konzeptbögen, die eine nähere Erläuterung des Inhalts enthalten, die aber nicht mehr den Rückvermerken zugeordnet werden können.[262] In einem Fall diente der Vermerk allem Anschein nach zur näheren Erklärung von gleich zwei Briefen, die möglicherweise auch seit dieser Zeit zusammen aufbewahrt wurden. So lautet der Rückvermerk für ein Schreiben, das Lübeck am 26. Dezember 1428 von Nikolaus Stock erhielt: *Littera Magistri Nicolae Stok et littera magistri Prutzie super bonis spoliatis doctori magistri Nicolae*[263]. Wie dieser Vermerk nahelegt, ging es in dem Brief um Güter des Gesandten, die einem Seeraub zum Opfer gefallen waren. Der Hochmeister des Deutschen Ordens (*Magister Prutzie*) hatte am 30. November 1428 in dieser Angelegenheit ebenfalls einen Brief geschrieben, der Lübeck Mitte bis Ende Dezember erreicht haben dürfte. Dieser ist bis heute in den Externa Danica zu finden und auf ihn bezieht sich der Vermerk wahrscheinlich ebenfalls.[264] Ein ähnlicher Fall

---

259 Der Schreiber – Johann Rode – schrieb *Nativitate* zuerst nach *beate* über die Zeile, strich dies wieder aus und versah die zweite Korrektur mit einem Hinweiszeichen im Text. HR I, 8, Nr. 515 enthält keine Angaben über die Korrektur.

260 HR I, 8, Nr. 515, § 14, 326: *Item dat nymand den anderen vervallen scholde mit herschilde unde upgerichteten banren, dat doch der koning brak.*

261 Tabelle 8.1.3, Nr. 6. AHL, ASA Externa Danica, Nr. 3,1–95 = LUB 7, Nr. 17.

262 Beispiele dafür sind AHL, ASA Externa Danica, Nr. 97 (= LUB 7, Nr. 90) und 104 (LUB 7, Nr. 101). Nicht in die Liste eingeflossen ist AHL, ASA Externa Danica, Nr. 3,2–162. Da sich auf diesem Schriftstück mehrere Briefe befinden. Die zusätzliche Bemerkung der Kanzlei lautet: *Gy Auescrifft. alse an de van Rostok Wismer etc. screven is umme des doctos perde Ok Auescriffte des doctors schade* (vgl. Kap. 4.3.2).

263 Vgl. Tab. 8.1.3, Nr. 33 sowie Abb. 2.7 a).

264 AHL, ASA Externa Danica, Nr. 3,2–161 = LUB 7, Nr. 264. Der Brief wurde ausgestellt *vff vnserm huse Stum*. Diese Anmerkung bezieht sich auf Sztum in Westpommern, das 12,8 km südlich von Marienberg liegt und ca. 70 km von Danzig entfernt ist. Ein Bote brauchte von Sztum nach Danzig ungefähr anderthalb Tage und nach Lübeck ca. 14 Tage. Vgl. Anhang 8.2.2.

ließe sich hinter der eigentlich falschen Bezeichnung *Antworde van de Wismer, Rostok vnd Stralessund upp des doctoris des Romischen koninges sendeboden werue* auf einem Hamburger Brief vermuten, in dem vordergründig gar nicht diese Angelegenheit zur Sprache kommt.[265] Falls es sich bei der Beschriftung nicht um ein grundsätzliches Versehen der Schreiber handelt, könnte dieses Schreiben gemeinsam mit den Briefen aufbewahrt worden sein, auf welche diese Inhaltsangabe viel eher zutrifft. Diese waren aber entweder gar nicht oder anders beschriftet.[266] Der Hamburger Brief hätte in diesem Fall an oberster Stelle in einem Bündel von mehreren Schreiben gelegen haben können.

a)

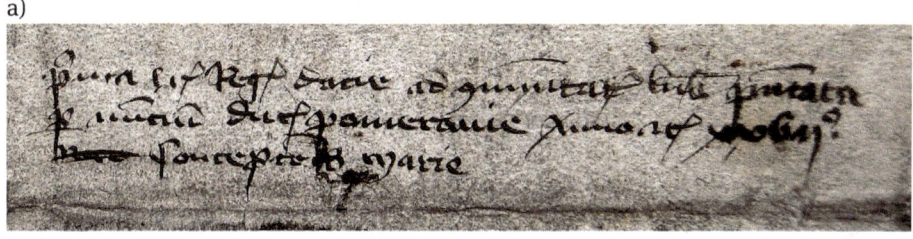

b)

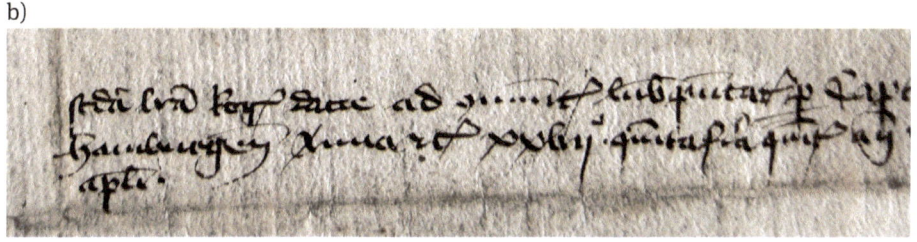

Abb. 2.7: Vermerke auf den Briefen König Eriks von Dänemark an die Gemeinde von Lübeck. a) *Prima littera Regis Dacie ad communitatem Lubicensem presentata per nuncium ducis Pomeranie, anno etc. xxvij⁰, Concepcionis Marie* (AHL, ASA Externa Danica, Nr. 3,1–81); b) *Secunda littera regis Dacie ad communitatem Lubicensem presentata per Cap[tiuos] Hamburgenses anno etc. xxvij⁰, quinta feria ante [Thome] apostoli.* (AHL, ASA Externa Danica, Nr. 3,1–86, Wörter in eckigen Klammern stehen außerhalb des Ausschnittes). Fotos der Verfasserin.

Hinsichtlich des Informationsgehaltes der Kanzleivermerke stellen die beiden offenen Briefe König Eriks an die Bürgergemeinde von Lübeck eine Besonderheit dar. Sie

---

265 Vgl. Kap. 8.1.3, Nr. 5.
266 Nicht beschriftet wurden Briefe von Rostock (1427, Okt. 16: AHL, ASA Externa Danica, Nr. 3,1–83 = LUB 7, 60) und Wismar (1427, Nov. 10: AHL, ASA Externa Danica, Nr. 3,1–90 = LUB 7, Nr. 73). Der Stralsunder Brief, der auch eine Äußerung zu Nikolaus Stock enthält, ist 8.1.3, Nr. 5. Vgl. außerdem 8.2.3, Nr. 22. Darüber hinaus ist aber auch ein Brief Hamburgs vom 11. November 1427 überliefert, der ebenfalls keine Beschriftung enthält (AHL, ASA Externa Danica, Nr. 3,1–91 = LUB 7, Nr. 76).

geben nicht nur das Empfangsdatum an, sondern berichten auch darüber, durch welchen Boten das jeweilige Schreiben die Stadt erreicht hat. Regelmäßige Empfangsbestätigungen mit Datumsangabe bürgerten sich in Lübeck eigentlich erst ab ca. 1450 ein.[267]

a)

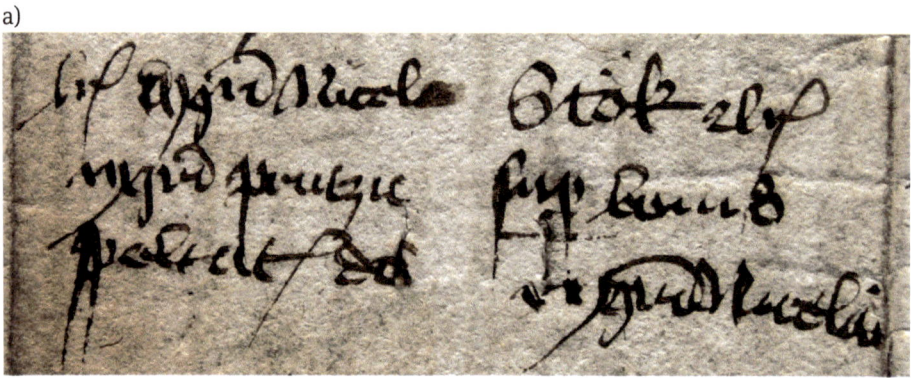

b)

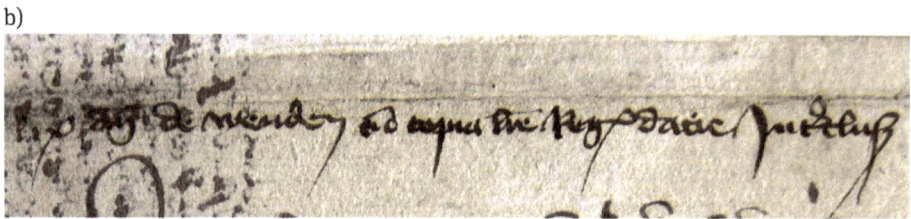

Abb. 2.8: Beispiele für Rückvermerke. a) Rückvermerk zu AHL, ASA Externa Danica, Nr. 3,2–164 (LUB, Nr. 280) (Schreiber: Hermann van Hagen); b) Rückvermerk zu AHL, ASA Externa Danica, Nr. 3,2–176 (LUB 7, 332) (Schreiber: Paul Oldenburg). Fotos der Verfasserin.

Ein Blick auf die Datierungen der beschrifteten Dokumente verdeutlicht, dass die Mehrzahl der überlieferten Vermerke auf die Jahre 1427 bis 1429 fällt, wobei für 1428 wiederum die höchste Anzahl nachzuweisen ist.[268] Mit insgesamt 17 beschrifteten Dokumenten erscheint die Korrespondenz im Verlauf des Seekrieges als das besonders

---

267 Vgl. Abb. 2.7. *Pitz*, Schrift- und Aktenwesen (1959), 423: „Bei vielen an Lübeck gerichteten Briefen findet man seit den 50er Jahren des 15. Jahrhunderts, nachdem dies vereinzelt schon vorher (zuerst 1435) geschehen war, seit 1466 bei fast allen diesen Briefen von Kanzleihand einen Vermerk über den Ankunftstag." Sein Beispiel ist LUB 7, Nr. 629: 1435, März 31: Beglaubigung des Schwedischen Reichsrates für einen Gesandten. Die beiden Briefe von 1427 liegen also noch etwas früher. Spätere Beispiele in den Externa Danica: AHL, ASA Externa Danica, Nr. 10–13 (1455, Dez. 28) = LUB 9, Nr. 296 und 48 (1458, Dez. 1) = LUB 9, Nr. 579.
268 Zuordnung nach Jahren: acht Dokumente von 1427, 29 Dokumente von 1428, drei Dokumente von 1429 und drei Dokumente von 1435.

hervorgehobene Thema, gefolgt von den Verhandlungen mit Nikolaus Stock, zu denen sieben Rückvermerke zu finden sind. Die Zahlen verdeutlichen, dass die Jahre 1427 und 1428 nicht nur durch den Umfang des erhaltenen Materials, sondern auch durch gewisse Qualitätsmerkmale innerhalb des Bestandes hervortreten. Die beiden Ratsschreiber, zu deren Amtszeit die Dokumente ausgestellt wurden, haben sich gerade für diese Zeit bemüht, durch Vermerke das Wiederfinden und dadurch die mögliche Wiederbenutzung zur Beweissicherung oder zur Erinnerung sicherzustellen. Wahrscheinlich lässt sich die besondere Aufmerksamkeit gegenüber der Korrespondenz zum Krieg ab Herbst 1427 als Folge der Niederlage, den Fehlentscheidungen und Kommunikationsproblemen der Schiffshauptleute interpretieren.[269]

In der Zusammenfassung bleibt festzuhalten, dass sich der erhaltene Corpus der Externa Danica in den Jahren 1413 bis 1435 auf verschiedene Vorgänge verteilt, die in der Zusammenschau unterschiedliche Facetten des übergreifenden Konfliktes widerspiegeln. Bei einigen dieser Vorgänge zeichnen sich die Dokumente, besonders die Briefe, zudem durch eine besondere Behandlung von Seiten der Ratssekretäre aus. In dieser besonderen Anteilnahme liegt vielleicht auch einer der Gründe für ihre Aufbewahrung über den Zeitraum ihrer eigentlichen Relevanz hinaus. Für die Mission des königlichen Gesandten Nikolaus Stock deckt sich der Aktenbefund schließlich auch mit der umfangreichen urkundlichen Überlieferung. Es handelt sich also um einen Sonderfall im Bestand, der einen Einblick in sehr unterschiedliche Dimensionen von Kommunikation geben kann.[270] Die Behandlung der damit zusammenhängenden Schriftstücke durch die Kanzlei stellt bereits eine dieser Dimensionen dar. Gleichzeitig macht die Analyse der Materialien, gerade aus den überlieferungsstarken Jahren, noch einmal die Willkür der Trennung zwischen Danica und allgemeinen Hanseatica durch die späteren Archivare deutlich. So gehören besonders die Rezesse des Jahres 1427 in beide Themenbereiche. Für die Kanzlei des 15. Jahrhunderts betrafen alle diese Materialien die Außenpolitik der Stadt Lübeck, denn deren Obrigkeit betrachtete auch den Konflikt mit Dänemark als einen Einsatz zu Gunsten der Hanse, wie an verschiedenen Stellen noch deutlich werden wird.

2.3 Archiv und Kanzlei – eine Bestandsaufnahme

Als erstes Fazit lässt sich auf Grundlage des vorgestellten Materials konstatieren, dass sich die Überlieferung in København und Lübeck von der Menge und der Zusammensetzung her sehr unterschiedlich darstellt. So führte vor allem in Dänemark der sorgfältige Umgang mit dem Kern des königlichen Archivs im 15. und 16. Jahrhundert

---

269 Zum Ablauf der missglückten Flottenoperation: *Erslev*, Erik (1901), 216–219; *Daenell*, Hansestädte (1902), 333; *Ders.*, Blütezeit (1905), Bd. 1, 232 f.
270 Siehe Kap. 4.

dazu, dass nur sehr geringe Verluste zu beklagen sind.[271] Dass sich diese Situation für die Aktenüberlieferung so anders darstellt, hängt hingegen mit der Organisation der königlichen Kanzlei zusammen. Diese durchlief im 15. Jahrhundert drei Herrscher-wechsel, die zum Teil auch mit einer Veränderung der Verantwortlichkeiten einher-ging. Die Leitung oblag seit der Regierungszeit König Eriks dem königlichen Kanzler (*kongens kansler*), dessen Amt und Befugnis ab ca. 1419 von denen des *cancellarius regni Dacie* getrennt waren.[272] König Eriks letzter Kanzler, Laurencius Brand, folgt die-sem ins Exil nach Gotland.[273] Bei dessen Flucht kamen möglicherweise auch einige Teile des Archivs und vielleicht auch die Auslandskorrespondenz abhanden.[274] Ebenso scheint der Regierungsantritt Christians I. 1448 mit einem Wechsel in diesem Amt einhergegangen zu sein.[275] Falls also unter den ersten beiden dänischen Königen des 15. Jahrhunderts bestimmte Strukturen in der Kanzlei entstanden, so entwickel-ten diese zunächst noch keine Kontinuität. Dies konnte sich überhaupt erst ab 1448 mit der langen Herrschaft der Oldenburger ändern.

Dies gilt auch für die Herausbildung der sogenannten *Tyske Kancelli* als beson-derer Zweig der königlichen Kanzlei. Diese ist in der älteren Forschung mit der Zeit Christians I. angesetzt worden, ihre eigentliche Institutionalisierung unter der Lei-tung eines speziellen Kanzlers erfolgte aber erst mit dem Regierungsantritt Fre-deriks I.[276] Die ausschnitthaft erhaltenen Rechenbücher Christophs von Parsberg, des Hofmeisters König Christoffers III., und auch die bayerische Korrespondenz dieses

---

271 Dabei handelt es sich um die zwei zusätzliche Exemplare des Stralsunder Notariatsinstrumentes und zwei Absagebriefe. Siehe oben 2.1.2 c, Anm. 104 und 112.

272 Als *summus cancellarius regnis nostri Dacie* wird 1419 zuerst Jens Andersen (Lodehat) (Johannes Andrei), Bischof von Roskilde genannt, neben dem noch ein Justiziar und ein Kanzler des Königs mit verschiedenen Befugnissen existierten. Vor seiner Erhebung zum Bischof von Roskilde fungierte Jens Andersen Lodehat als *kongens kansler*. *Christensen*, Dansk Statsforvaltning (1903), 86 f., 686.

273 Laurencius Brand ist seit 1435 im Amt und 1439 mit dem König auf Gotland nachzuweisen. Vgl. DN 16, Nr. 106; *Christensen*, Dansk Statsforvaltning (1903), 386.

274 Zumindest hat König Erik Ende des 16. Jahrhunderts einen entsprechenden Ruf. So heißt es in einem Schreiben von 1556: *Die originalia der keyserlichen und bepstlichen brief uf die fines und termi-nos des romischen reichs und der cron Dennemarcken sey das wasser die Eyder lauttend solten in allen gewelben mit ernstem vleis nochmaln gesucht werden. Daran wehr vill gelegen, so die erlangt werden möchten. Wen könig Erich die briefe verrucken lassen, so eher er di revers der Pommern mit genomen,* zit. *Jørgensen*, Udsigt (1884), 214, Anhang 10. Zwar wird hier nach Urkunden gesucht, die wohl nie existiert haben, aber es lässt sich darauf aufbauend vermuten, dass mit König Erik Dokumente ver-schwunden sind.

275 *Christensen*, Dansk Statsforvaltning (1903), 387.

276 *Christensen*, Dansk Statsforvaltning (1903), 110 f. erwähnt Daniel Kepken als „øverste tyske skriver", 113 erwähnt die Ernennung Wolfgangs von Utenhof zum Kanzler der Tyske Kancelli und die Teilung der Kompetenzen zwischen dem deutschen und dem dänischen Kanzler (Claus Gjordsen). Dazu auch: *Jørgensen*, Udsigt (1884), 65 f.; *Skovgaard*, Tyske (1946), XIII/XIV; *Waaben*, Tyske Kancelli (1983).

Königs deuten jedoch darauf hin, dass bereits um die Mitte des 15. Jahrhunderts spezielle „deutsche Schreiber" existierten, deren Anwesenheit in Dänemark aber direkt mit der Person des Königs verbunden war.[277] Vergleichbare Personen müssen auch zur Zeit König Eriks agiert haben. Davon zeugen schon allein die Briefe des Königs an Lübeck und andere, die alle in mittelniederdeutscher Sprache abgefasst wurden.[278] Welche Entwicklungen sich darüber hinaus zu seiner Zeit abzeichnen, ist eine der Fragen, die am Ende der Untersuchung noch einmal thematisiert werden muss. Dass einige der Akten aus der ersten Hälfte des 15. Jahrhunderts noch bis ins 18. Jahrhundert vorhanden waren, ergibt sich aus der an früherer Stelle erwähnten Abschrift zu den Vordingborger Verhandlungen des Jahres 1434, überschrieben: *instrumente och schriffer mellom myn herre oc stederne som her Gotswin fich fran sich*, in der Abschriftensammlung von Jakob Langebek.[279]

In Lübeck scheinen sich hingegen gerade in der ersten Hälfte des 15. Jahrhunderts neue Organisationsformen in der Kanzlei herauszubilden. Davon zeugt schon die Tatsache, dass nicht nur die ersten Materialien der Externa Danica aufbewahrt wurden, sondern gleichzeitig auch für alle anderen Regionen, mit denen Lübeck in Handelskontakt stand, die ersten vergleichbaren Akten existieren. Bei der Vorstellung der Lübecker Materialien kamen bereits die beiden in den 1420er und 1430er Jahren verantwortlichen Ratssekretäre Paul Oldenburg und Hermann van Hagen zur Sprache.

Paul Oldenburg trat 1408 nach den Unruhen als *notarius* in den Dienst des Neuen Rates[280] und blieb auch nach der Wiedereinsetzung des Alten Rates bis zu seinem Tod 1437 im Amt.[281] Er wurde aber ab 1418 als *protonotarius* bezeichnet, womit wohl entweder ein Aufstieg oder eine Umstrukturierung in der Kanzlei verbunden war.[282] 1419

---

277 Christoffer af Bayerns Breve. Ed. *Olesen*, 21–23, siehe auch *Olesen*, Union (2003), 60 f. Zur Registrierung von König Christoffers ausländischer Korrespondenz aber bereits *Christensen*, Dansk Statsforvaltning (1903), 124–126.

278 Auf Grundlage der mittelniederdeutschen Korrespondenz des dänischen Königs mit Lübeck, aber vor allem mit dem Hochmeister des Deutschen Ordens, identifizierte *Carlie*, Studium (1925), 36, zwischen 1423 und 1429 fünf verschiedene Hände. Diese werden aber keinen Personen zugeordnet.

279 HR II, 1 247 f. DRA, Håndskriftsamlingen, I. Individuelle samlinger af blandet indhold – Langebek, Jakob, diplomatarium, Bd. 27: Die Abschrift ist dem Jahr 1433 zugeordnet, rechts oben auf der ersten Seite findet sich ein Vermerk zum Fundort: *Inter Sleßvicensia, sub No 85*, Vgl. Rep. U 407. Zu Jakob Langebek: Kap. 2.1.1. Anm. 40.

280 *Bruns*, Lübecker Stadtschreiber (1903), 53; *Højberg Christensen*, Kancellisprog (1918), 71. Dies vermerkte er auch eigenhändig in Cynnendorps Missivbuch: *Anno Domini 1408o feria 6 ante festum penthecostes ego Paulus Oldenborch fui receptus in notarium civitatis Lubicensis.* Zu den Unruhen: Vgl. Kap. 2.1.2 a), Anm. 73.

281 Er starb am 15. August 1437 während der Verhandlungen in Kalmar: *Bruns*, Lübecker Stadtschreiber (1903), 55 und Anhang Nr. 5.

282 Allgemein zur Bezeichnung: *Bruns*, Lübecker Stadtschreiber (1903), 54; *Højberg Christensen*, Kancellisprog (1918), 233 vermutet, dass die neue Bezeichnung mit der Ernennung von Hermann van Hagen zum *notarius* verbunden war.

wurde er vom Rat als *presbyter* mit einer Vikarie am Andreas-Altar in der Kirche des Johannisklosters belehnt, womit vielleicht ein Eintritt in den geistlichen Stand verbunden war.[283] Urkunden und Briefe in Reinschrift schrieb er nur bis 1413, seine späteren Tätigkeiten lassen sich jedoch anhand seiner Konzeptschrift recht gut nachverfolgen. Dabei ist er der erste Lübecker Schreiber, für den sich jeweils eine Rein- und eine Konzeptschrift nachweisen lassen.[284] Sowohl bei Reinschriften als auch bei Konzepten weist sie einen etwas runden und weichen Duktus auf. Innerhalb der Externa Danica stammen fünf Konzepte vollständig oder teilweise aus seiner Hand, von denen einige in den späteren Kapiteln noch genauer vorzustellen sind.[285]

Der zweite hauptamtliche Schreiber, Hermann van Hagen, dessen Schrift bereits in zwei Beispielen des vorherigen Kapitels zu finden war, wird 1425 zum ersten Mal als *notarius civitatis Lubicensis* bezeichnet. Doch ist seine Schrift bereits ab 1418 in der Kanzlei nachzuweisen und seine Einstellung als Notar der Stadt fällt wohl schon vor das Jahr 1420.[286] Er ist bürgerlicher Herkunft und Laie, stand aber vor seiner Lübecker Zeit vermutlich in Diensten Magister Konrad Soltaus, Bischof von Verden (1399–1407).[287] Sowohl seine kantige Konzepthandschrift als auch die klotzige Reinschrift sind aus einem eigenhändigen Brief vom 17. Februar 1437 bekannt[288] und anhand der auffallenden Charakteristika lassen sich von ihm entworfene Schriftstücke und Randbemerkungen recht gut identifizieren.[289]

---

283 Er war zunächst verheiratet, doch starb seine Frau wohl um 1416. Eine Tochter namens Taleke war Nonne im Johanniskloster: *Bruns*, Lübecker Stadtschreiber (1903), 54 f. Zur Belehnung mit der Vikarie: LUB 6, Nr. 149.

284 *Højberg Christensen*, Kancellisprog (1918), 72 verweist darauf, dass diese Schrift in LUB 7, Nr. 91, 78, dem Bürgermeister Conrad Brekewold zugeschrieben wurde. Die Hypothese, dass es sich aber vielmehr um die Schrift eines der Lübecker Stadtschreiber handeln muss, wird noch gestützt durch einen Befund aus dem SAW, Ratsakte, Nr. 1743 (1426, Sept. 28: HR I, 8, Nr. 100). Dabei handelt es sich um einen Brief der Lübecker Bürgermeister an Wismar, bei denen Conrad Brekewold aber nicht als Absender erscheint.

285 AHL, ASA Externa Danica, Nr. 3,1–85 (mit Korrekturen von ihm), 99 (vollständig), 3,2–101, 104 (vollständig), 198 (teilweise). Vgl. Kap. 4.2.2 und 5.6.1 mit Schriftbeispielen.

286 *Bruns*, Lübecker Stadtschreiber (1903), 57 f. setzt seine Dienstzeit als voller Ratssekretär erst ab 1425 an. Sein Antrittsjahr wurde auf 1420 korrigiert von *Højberg Christensen*, Kancellisprog (1918), 77 f. vor allem aufgrund von LUB 6, Nr. 252 (1420, Juli 25), darin: *Ghestern na vesper tijd qwam her Hermen juwe scriver, to Hamborch vnde bracht juwe werff an my vnde hern Tydemanne Stene*. Es lässt sich für dieses Jahr auch die Übernahme diplomatischer Missionen, z. B. nach Hamburg, nachweisen.

287 Sein Testament enthält Stiftungen zu Gunsten des verstorbenen Bischofs und der Marienkirche in Verden: *Bruns*, Lübecker Stadtschreiber (1903), 58, 88 (Testament). Zu Konrad Soltau: *Vogtherr*, Konrad (2001).

288 LUB 7, Nr. 727: Brief an Johann Hertze. *Højberg Christensen*, Kancellisprog (1918), 79 und Tafel 55.

289 Die in Lübeck überlieferten Schriftstücke sind zusammengestellt bei *Højberg Christensen*, Kancellisprog (1918), 42, Hand 46.

Über die Arbeitsverteilung zwischen den beiden Ratssekretären wird später noch mehr zu referieren sein. Ein Aspekt lässt sich jedoch bereits auf Grund der allgemeinen Überlieferung beleuchten: So scheint es keine grundsätzliche Unterscheidung von Zuständigkeiten gegeben zu haben, denn beide wirkten an der Erstellung von Briefen und Urkunden. Die Mehrzahl der besprochenen Inhaltsangaben stammt aber aus der Hand von Hermann van Hagen, während von Paul Oldenburg nur wenige Beispiele überliefert sind.

Ein weiteres Element der Lübecker Kanzlei, das in der Wirkungszeit dieser beiden Ratsschreiber zum ersten Mal in Erscheinung tritt, ist die Verwendung von festen Substituten, welche die Reinschriften von Briefen und Urkunden übernahmen. Das erste Beispiel dafür bieten einige Briefe Hermanns van Hagen von 1420, die zwar in seinem Namen, aber nicht mit seiner Hand geschrieben wurden. Gleichzeitig lässt sich die Hand dieses Schreibers in Lübecker Briefen aber bis 1444 nachweisen.[290] Sein Name ist nicht direkt aus den Schriftstücken der Ratskanzlei zu ermitteln. Er lässt sich aber relativ sicher als Hermann Willerd identifizieren, den Hermann van Hagen in seinem Testament als seinen *papen* bzw. Scholar bezeichnet.[291]

Sowohl die Unterscheidung von Rein- und Konzeptschrift als auch der Nachweis von Substituten, die als zusätzliche Schreiber oder Kopisten dienten, beruht zu einem Großteil auf den vorhandenen Akten. Daher besteht die Gefahr eines Zirkelschlusses, wenn man beide Phänomene von vornherein als Neuerungen des 15. Jahrhunderts konstatiert. Die eigentliche Änderung liegt zunächst einmal im Entschluss, die Korrespondenzen und andere begleitende Schriftstücke aus Konflikten über einen längeren Zeitraum hinweg aufzubewahren. Für diese Entscheidung kommen sowohl die Schreiber der 1420er und 1430er Jahre als auch ihre Amtsnachfolger in Betracht. Mögliche Gründe dafür lassen sich aber erst bei einer genaueren Untersuchung der Funktionen der Schriftstücke und des Umgangs mit ihnen feststellen.

---

290 Vgl. *Højberg Christensen*, Kancellisprog (1918), 42 f. (Hand 46 = Hermann van Hagen, Hand 47 = Hermann van Hagens Substitut), außerdem 77–79.

291 *Højberg Christensen*, Kancellisprog (1918), 42 f. (Zuordnung von Schriftstücken), 79 f. Die Zusammenarbeit zwischen Hermann van Hagen und einem Schreiber für die Reinfassungen lässt sich schon bei frühen seinen Briefen feststellen, z. B. LUB 6, 83, 85, 252. Im letzten Brief kommt Hermann van Hagens Konzepthand in einem Nachtrag auf der Rückseite vor. Das Testament ist ediert bei *Bruns*, Lübecker Stadtschreiber (1903), 88: *Item geve ik Claren, miner maget dochter, und Teleken, mines papen Hermens sustere, yewelker 20 mr., wen men se ton eren beradet (...) Item hern Hermen Willerd, minem papen, 40 mr. Lub.; darto geve ik demsluven her Hermen 40 mr., 2 sulvern lepele, enen sulvern beker van den grotesten dat bedde, dar he uppe slept, met dem hovetpole, deken und spandern, alse dat steit.* Zu *pape* in der Bedeutung von Schreiber und vor allem Kanzleischreiber auch ‚Pfaffe II‘ in: DRW, Bd. 10, 639, unter anderem mit einem Beleg aus LUB 7, Nr. 52.

2.4 Zusammenfassung

Die Vorstellung der Materialien des DRA und des Archivs der Hansestadt Lübeck legt
eindringlich dar, dass die Überlieferung zu den Beziehungen beider Seiten in den Jahren 1413 bis 1435/36 untrennbar mit dem vorherrschenden Konflikt verbunden ist. So
spiegelt sich schon in den Urkunden allein die Bedeutung, welche bestimmten Mo-
menten des Konfliktes zukam: Zwar haben beide Seiten gleichermaßen die Verträge
aufbewahrt, die das Ende der Auseinandersetzung markieren, doch enden damit bereits die Gemeinsamkeiten. In Dänemark herrschen vor allem die Schriftstücke vor,
die in irgendeiner Form der Anklage der Gegenseite und der Rechtfertigung der eigenen Position dienen konnten. Ihre Funktion entspräche dabei der mittelalterlichen
Definition von *acta* oder „Handlungen", d. h. Schrifttum, das vor Gericht Beweiskraft
besaß.[292] Die noch vorhandenen nicht-urkundlichen Zeugnisse aus Dänemark erfüllen einen vergleichbaren Zweck. In Lübeck hingegen dominieren bei den Urkunden
mit Abstand die Geleitbriefe, wodurch eine andere Dimension des Konfliktes in den
Blick kommt. Da die Abgesandten der Stadt schon aufgrund einer demonstrativen
Rangfolge nach Dänemark reisen mussten, um in Verhandlungen einzutreten,[293] wird
deren Bedeutung klar. Jede Reise auf feindliches Territorium bedurfte eines besonderen Schutzes und Aussetzens der Gewalttätigkeiten für die Dauer des *veligen* Tages.[294]

Neben klar erkennbaren Funktionen beeinflussten noch die äußeren Merkmale
die dauerhafte Aufbewahrung, aber auch dabei galten nicht immer dieselben Kriterien. Einigkeit herrschte nur über den Charakter von Schriftstücken mit anhängenden
Siegeln oder Sekreten: Durch die Beglaubigungsmittel, die inhaltlich auch mit einem
formelhaften Aufbau einhergingen, erhielten diese einen besonderen Status als
Rechtsdokumente und wurden daher besonders unter Verschluss aufbewahrt.[295] Welche Dimensionen auch im 15. Jahrhundert mit Siegelurkunden verbunden sein konnten, verdeutlicht besonders eindringlich die Entstehungs- und Rezeptionsgeschichte
der Bündnisurkunde vom 15. Juni 1423, zumeist als *tosate* bezeichnet, deren Original
nicht grundlos beiden Archiven fehlt.[296]

---

292 Zur Begriffsgeschichte von *acta*: *Dülfer*, Urkunden (1957), 17–23: bes. 18 in Bezug auf die spätmittelalterlichen Anfänge.
293 Zu diesem Problem vgl. Kap. 5.2.2.
294 *Velig* bedeutet „friedlich, sicher", *velige dage* sind feste Bezeichnungen für Begegnungen, für
deren Dauer die Feindseligkeiten aufgehoben sind. Art. ‚velich' in: *Schiller-Lübben*, Bd. 5, 225.
295 Dieser besondere Charakter der Siegelurkunde reicht bereits in deren Ursprünge zurück: *Bresslau*, Handbuch (1969), Bd. 1, 687–692 zum Beginn der Siegelurkunde als Herrscherurkunde. Dabei ist
der Name „Urkunde" als Bezeichnung für das Schriftstück eine Entwicklung des 14. und 15. Jahrhunderts, als „Urkundbrief" von allen anderen Briefen unterschieden wurde: *Dülfer*, Urkunden (1957),
15–16.
296 Vgl. Kap. 3.1.

Jenseits dieser traditionell als rechtsgültig angesehenen Schriftstücke existierte jedoch keine Einheitlichkeit bei der Behandlung von Urkunden. Schon die Einordnung von Notariatsinstrumenten variiert in Lübeck je nach Inhalt der Aufzeichnungen,[297] obwohl sie als Ausdruck des römischen Rechts einen eindeutigen Rechtscharakter besaßen und auch entsprechende Anerkennung fanden. Besonders offensichtlich sind die Unterschiede schließlich bei der Zuordnung der Absagebriefe. In Dänemark wurden diese als künftige Beweisstücke für alle Zeiten im königlichen Archiv aufbewahrt. In Lübeck liegen die Absagebriefe Herzog Heinrichs von Mecklenburg-Stargard und des mecklenburgischen Adligen Heinrich Maltzan, mit denen diese 1428 auf Seiten König Eriks in den Krieg eintraten, bei der übrigen Korrespondenz.[298] Hier hängt die Zuordnung ganz eindeutig mit dem potentiellen Verwendungszweck zusammen, d. h. dem Sammeln von Rechtsbeweisen auf dänischer Seite.

Die Externa Danica in ihrer Gesamtheit sind erst in der frühen Neuzeit zu „Akten" im verwaltungsgeschichtlichen Sinn geworden. Bei der Kennzeichnung hatte die ursprüngliche juristische Definition des Wortes *acta* wohl keine Bedeutung mehr.[299] Ein gerichtliches Verfahren hatten die Lübecker Schreiber im 15. Jahrhundert bzw. der Rat als deren Auftraggeber vermutlich nicht vor Augen, auch wenn die sichernde Dokumentation von Abläufen eine wichtige Rolle gespielt haben dürfte. Zumindest kristallisieren sich innerhalb der Überlieferung bestimmte Schwerpunkte heraus. Gleichzeitig deuten aber auch die verschiedenen Einzelstücke auf komplexe Kommunikationsabläufe hin, von denen aber mittlerweile nur noch Bruchstücke vorhanden sind.

Die Schwerpunkte, von denen einige besonders vorgestellt wurden, erlauben es nicht, die gesamten Externa Danica als einen „Aktenvorgang" oder „Geschäftsgang" zu betrachten, da sie mit sehr unterschiedlichen Themenfeldern verbunden waren. Es ist daher sinnvoll, eher die verschiedenen Quellentypen in den Blick zu nehmen, aus denen sie sich zusammensetzen. Wie angesprochen, nahmen Briefe nahmen innerhalb dieser Dokumente den größten Raum ein. Dies gilt nicht nur für die geschlossenen Briefe,[300] die von außen nach Lübeck gelangten, sondern auch für die zahlreichen Konzepte, mitgeschickten Kopien und Briefe, die von Angehörigen des Rates an

---

297 Vgl. Kap. 2.2.1 a).
298 1.) Absagebrief von Heinrich Maltzan (in Abschrift überliefert): 1428, Aug. 28: AHL, ASA Externa Danica, Nr. 3,2–152 = LUB 7, 219; 2.) Absagebrief des Herzogs von Mecklenburg-Stargard: 1428, vor Sept. 29: AHL, ASA Externa Danica, Nr. 3,2–157 = LUB 7, Nr. 231. Letzterer war mit einem Vermerk der Kanzlei versehen. Siehe 8.1.3, Nr. 31.
299 *Dülfer*, Urkunden (1957), 17–23.
300 Die Mehrzahl der Korrespondenz bestand aus geschlossenen Schreiben. Die Ausnahme bilden die Briefe des römischen Königs, bei denen es sich um offene Briefe handelte: AHL, ASA Externa Danica, Nr. 3,1–57, 76 und 77, sowie der Absagebrief des Herzogs von Mecklenburg-Stargard. Siehe zuvor Anm. 298.

die Stadt geschickt wurden. Dabei ist eine sehr große Heterogenität festzustellen, sowohl in Bezug auf deren Funktion innerhalb von Kommunikationsprozessen als auch in deren Rechtscharakter bzw. Verbindlichkeit. Daher wäre eine allgemeine Subsumierung unter Geschäftsbriefe ohne Rechtskraft nicht immer zutreffend. Vielmehr muss immer am Einzelfall geprüft werden, welche Funktion dem Schreiben zukam: Informationsaustausch, Weisung, Bitte, Klage oder Drohung, Beglaubigung einer Person oder eines Gesandten usw.[301] Die Richtigkeit und Geltung des Inhalts verantwortete in jedem Fall der Absender durch sein Siegel.

Alle Schriftdokumente standen also schon allein hinsichtlich ihrer Aufbewahrung in einem Spannungsfeld aus Funktionen, Relevanz bzw. Sinnzuschreibung und Verbindlichkeit, dessen jeweilige Gewichtung je nach Quellentypus unterschiedlich ausfallen musste. Die Wechselwirkung dieser drei Aspekte beeinflusst Konzeption, Herstellung, Form, Einsatz und Wirkung von Schriftstücken als Elemente und Medien von Kommunikation. Die drei Schwerpunktthemen, die den Hauptteil der Arbeit darstellen, nähern sich diesem Spannungsverhältnis von unterschiedlichen Perspektiven an. Alle resultieren aus besonderen Zusammenhängen in der Überlieferung.

Das erste Beispiel widmet sich dabei den Dimensionen eines einzelnen Schriftstückes. Der Bündnisvertrag vom 15. Juni 1423 bildet mit seiner Entstehungs- und Wirkungsgeschichte gleichsam eine Klammer um den gesamten Konflikt der Jahre 1423 bis 1435. Im Kontrast dazu stehen die beiden Kapitel, welche größere Zusammenhänge der Überlieferung in den Blick nehmen: Die Mission des königlichen Gesandten Nikolaus Stock ist ein quantitativ herausragender Bestandteil der Archivalien in København und in Lübeck. Die verschiedenen Verhandlungen der Jahre 1428 bis 1434 haben hingegen immer nur vereinzelte Spuren hinterlassen, deren Konzentration auf Vorbereitung und Ergebnisse aber einen Vergleich der jeweiligen Konstellationen und Rahmenbedingungen ermöglicht. Ausgangspunkte sind in allen Fällen die vorgestellten Materialien aus København und Lübeck.

---

301 *Dülfer*, Urkunden (1957), 42 unterscheidet beim Zweck hauptsächlich Mitteilung oder Weisung. Die zusätzlichen Unterscheidungskriterien der systematischen Aktenkunde nach Überordnung, Unterordnung und Gleichrangigkeit lassen sich nur teilweise anwenden, da sie eher Stilfragen betreffen. Dazu: *Meisner*, Archivalienkunde (1969), 127 f. *Holzapfl*, Kanzleikorrespondenz (2008), 178–193 differenziert zwischen Kredenzbrief, Empfehlungsschreiben, Zahlungsanweisung, Gesandtenbericht, Rechtfertigungsbrief, Mandat bzw. Weisungsschreiben sowie dem Fehdebrief als Urkunde in Briefform.

3 *To deme ersten der tosate twischen uns unde den steden* – Entstehungs- und Wirkungsgeschichte eines Vertrages

3.1 Einleitung

Die bisherigen Ausführungen zu den Auseinandersetzungen König Eriks VII. von Dänemark mit den Schauenburgern einerseits und den Städten des südlichen Ostseeraums andererseits widmeten sich der Zusammensetzung der archivalischen Überlieferung auf beiden Seiten. Im Vordergrund standen dabei die Archive des Königs in København und der Stadt Lübeck, in denen die vorhandenen Bestände aus der gezielten Aufbewahrung der Materialien resultieren. Trotz anzunehmender und teilweise dokumentierbarer Verluste[1] bieten die jeweiligen Archivalien doch ein repräsentatives Bild der für beide Seiten erinnerungswürdigen Schriftstücke. Gleichzeitig ergaben sich bereits aus der jeweiligen Behandlung von Urkunden, Korrespondenz und anderen Schriftstücken erste Einblicke in den Umgang mit dem Medium Schrift. Dieser war in einem besonderen Maße von der Funktion eines Schriftstückes innerhalb der Kommunikation geprägt, die wiederum in einem engen Zusammenhang mit dessen äußerer und innerer Formsprache stand.[2] Dabei ließ sich jedoch nur für einige Dokumentenarten eine absolute Gleichbehandlung durch beide Seiten beobachten. Bei diesen handelt es sich zum einen um Bündnis- bzw. Friedensverträge und zum anderen um Vermittler- bzw. (Schieds-)Richterurkunden. Schriftstücke mit diesen Funktionen wurden in der Regel von allen Parteien zur dauerhaften Erinnerung ins Archiv überführt, besonders aber dann, wenn sie die Form feierlicher Siegelurkunden besaßen.

Die folgenden Kapitel widmen sich einem Freundschaftsbündnis, das König Erik 1423 mit etlichen Hansestädten abschloss. Aus diesem Jahr ist als Original eine Bündnisurkunde vom 6. Januar 1423 erhalten, und von einem weiteren Vertrag vom 15. Juni desselben Jahres finden sich Abschriften sowohl in København als auch in Lübeck.[3] Da es sich bei der dänischen Kopie um ein notarielles Transsumpt vom 27. Oktober 1426 handelt,[4] lässt sich dieses zweite, nicht mehr vorhandene Dokument als ein bedeutendes Schriftstück identifizieren. Dieses Notariatsinstrument ist jedoch nur der erste Beleg für die Wirkungsgeschichte der Bündnisurkunde vom 15. Juni

---

1 Vgl. z. B. Kap. 2.1.2. c), Anm. 104 und 2.2.1 a), Anm. 154.
2 Vgl. dazu Zusammenfassung in Kap. 2.4.
3 København: Abschrift im Notariatsinstrument vom 27. Oktober 1426: DRA, NKR, Nr. 2973. Lübeck: Unbeglaubigte Abschrift mit der (zeitnahen) Bezeichnung *Tosate*: AHL, ASA Externa Danica, Nr. 3, 8. Siehe auch nächstes Kapitel.
4 Vgl. zur dänischen Verwendung von Notariatsinstrumenten als Transsumpte: Kap. 2.1.2 b) und c).

https://doi.org/10.1515/9783110591620-003

1423, die zwischen 1426 und 1435 auf dänischer Seite zum meistzitierten Dokument wurde. Die Relevanz dieses Schriftstückes unterstreicht unter anderem die Liste der Dokumente, welche die dänischen Verhandlungsführer im Jahr 1434 zu Verhandlungen in Vordingborg mit sich führen sollten.[5] Diese nennt als erstes Dokument die *tosate twischen uns unde den steden,* und meint damit ebenfalls die Bündnisurkunde vom 15. Juni 1423.

Das Wort *Tosate* beschreibt im 15. Jahrhundert ein festgeschriebenes Bündnis, eine getroffene Übereinkunft oder eine Absprache und wird in diesem Sinn für zahlreiche Bündnisse bzw. Verträge verwendet.[6] Es leitet sich wohl von dem sinnverwandten Synonym *Sate* ab, das im Sinne von „Ruhe, Beruhigung, Stille" bzw. „Vereinbarung, Vertrag, Vergleich, Friede, Festsetzung" Anwendung fand.[7] Dabei stehen *Tosate* oder *Sate* nur selten isoliert, wie auf der Liste von 1434, sondern tauchen sehr häufig in einer Dopplung mit *vorbund* oder *vorbundesbrev* auf.[8] Diese rhetorischen Kombinationen liefern – vergleichbar mit einer Glosse – eine genauere Definition des Begriffes. Gleichzeitig verdeutlichen sie aber auch die Doppelnatur des Wortes *Tosate*, das zum einen eine Urkunde als einen den materiellen Gegenstand bezeichnen kann, zum anderen aber auch das durch sie in Kraft tretende Bündnis. Es ist gerade diese Doppelnatur, aus welcher die Bedeutung der Urkunde vom 15. Juni 1423 als Gegenstand der Kommunikation resultiert.

In der Chronologie des Gesamtkonfliktes, die sich besonders deutlich an den Beständen aus København nachvollziehen lässt,[9] stellt das Jahr 1423 einen Wendepunkt dar. Aufgrund der Vermittlung Herzog Heinrichs, gen. Rumpold, von Schlesien-

---

5 HR II, 1, Nr. 365, § 1, diskutiert in Kap. 2.1.1.

6 Vgl. *Schiller-Lübben,* Bd. 4, 585: „Festsetzung, Bestimmung, Verabredung, Bündnis" mit Belegen aus der Lübecker Chronistik, die sich auf die Wirkung des Bündnisses von 1423 beziehen, vgl. Rufus-Chronik II, § 1484 und § 1516.

7 Vgl. *Schiller-Lübben,* Bd. 4, 28. Als *Sate* wird das Bündnis von 1423 z. B. in beiden Aufhebungsurkunden von 1435 bezeichnet: LUB 7, Nr. 648 (vom königlichen Original), gleicher Wortlaut in DRA, NKR, Nr. 3026. Das zugehörige Verb ist: *saten* (*Schiller-Lübben,* Bd. 4, 30) in der Bedeutung von „beruhigen" und „schlichten, beilegen, versöhnen, vereinigen". In diesem Sinn findet es zum Beispiel Anwendung in der früheren Bündnisurkunde zwischen dem König und den Städten (AHL, ASA Externa Danica, Nr. 4), worin sich beide *vruntliken gezatet und vorbunden hebben.*

8 Beispiele: Vertrag vom 6. Januar 1423 (HR I, 7, Nr. 565, 366): *Vurtmer uppe dat desse vorscrvene erlike unde vruntlike tosate unde vorbund*; Brief an Reval (HR I, 7, Nr. 572): *sate unde vorbunde* und *tosate*; Brief Conrad Bischops an Paul von Rusdorf (HR I, 7, Nr. 573): *unde dar bovene eyne ewyghe tozate unde vorbynt*; Aufhebungsurkunde König Eriks (LUB 7, Nr. 648): *tozate unde vorbundesbreue* und *zate unde vorbundesbreue.* Vgl. auch die Zusammenstellung im Sachregister von LUB 11, 74 unter „Bündnis". Dort sind zahlreiche Verwendungen, Schreibvarianten und Synonyme von *Tosate* oder *Sate* aus anderen Lübecker Urkunden des 15. Jahrhunderts aufgeführt.

9 Vgl. Kap. 2.1.2 a)–c): Die dort vorgestellten Dokumente verteilen sich auf die Jahre 1409 bis 1435 und lassen sich sowohl aus thematischer Perspektive als auch aus dem Blickwinkel der involvierten Kräfte in drei Phasen einteilen: 1. 1409–1416; 2. 1417–1425; 3. 1426–1435.

Glogau im Winter 1422 / 1423 hatten sich die beiden Hauptgegner in den Auseinandersetzungen um das Herzogtum Schleswig noch einmal auf eine schiedsrichterliche Entscheidung geeinigt.[10] Dabei waren alle bisherigen Lösungsversuche an der kompromisslosen Haltung beider Seiten gescheitert. Ähnlich wie sich also die Verträge zwischen König Erik und den Schauenburger Grafen vom 1. Januar 1423 in einen seit 1409 anhaltenden Kreislauf von Gewalt und Lösungsversuchen einfügen, gibt es bereits eine Vorgeschichte für Bündnisse zwischen dem König und den Städten.

Der Vorschlag zu einer *Tosate* zwischen Dänemark und den Hansestädten kam zum ersten Mal bei den Verhandlungen in Lollands-Albuen bei Nakskov im Jahr 1416 auf. Diesen gingen zwei besondere Entwicklungen voraus. Zum einen waren es die Lübecker Ratsunruhen, die 1408 mit der Vertreibung des Rates begonnen hatten und am 15. Juni 1416 mit dessen Rückkehr endeten. Zum anderen war es 1415 und 1416 zur Beschlagnahme Lübecker Güter auf Schonen gekommen, weil sich der König von Abgesandten des Neuen Lübecker Rats auf dem Konzil von Konstanz verleumdet sah. Der Konflikt wurde zwischen dem 23. und 28. Juli 1416 bei Lollands-Albuen durch Vermittlung anderer Hansestädte und des Alten Lübecker Rates beigelegt.[11] Dabei scheinen die königlichen Räte den anwesenden Ratssendeboten bereits eine *Sate* vorgeschlagen zu haben.[12]

Konkretere Gestalt gewann der Vorschlag dann im darauffolgenden Frühjahr. Dieses Mal kamen die Ratssendeboten von Lübeck, Rostock, Stralsund, Lüneburg, Wismar und Greifswald nach København, um über die grundsätzliche Situation der hansischen Kaufleute in den nordischen Reichen und die Erneuerung der Privilegien

---

10 Eine solche Lösungsmöglichkeit wurde bereits in die Waffenstillstandsverträge von 25. März 1411 (DD IV, 12, Nr. 226) und vom 12. bzw. 14. November 1417 (DD, Nr. 14171112001, online seit 2017: http://diplomatarium.dk/dokument/14171112001 / DD Nr. 14171114001, online seit 2017, http://diplomatarium.dk/dokument/14171114001, beide eingesehen: 06.02.2018) aufgenommen. Im ersten Fall folgten daraus die Prozesse vor dem Danehof in Nyborg (29. Juli 1413: DFlens I, Nr. 66) und vor König Sigismund (14. Juni 1415: DRA, NKR, Nr. 2561 f.), in denen den Schauenburgern das Herzogtum mit dem Vorwurf der Felonie entzogen wurde. Dazu: *Erslev*, Erik (1901), 11; *Hoffmann*, Spätmittelalter (1990) 239; *Albrectsen*, Stellung (1992), 161 f.; *Hørby*, Tiden (1980), 148–151. Auf den Waffenstillstand von 1417 folgte eine erste Schiedsverhandlung unter Beteiligung Herzog Johanns von Mecklenburg, Herzog Wartislaws von Pommern-Wolgast und Graf Albrechts von Eberstein-Naugard, welche die Klagen bereits am 30. Mai 1421 an König Sigismund weiterverwiesen. Dazu: *Erslev*, Erik (1901), 61–63. Vgl. außerdem Kap. 2.1.2 a) und b).
11 Vgl. dazu auch die Anmerkungen zur Urkunde von 1416, Aug. 18: DRA, NKR, Nr. 2597. Kap. 2.1.2 a) (mit den Literaturangaben zu den Lübecker Unruhen).
12 Anwesend waren neben Mitgliedern des nun installierten Lübecker Rates noch die Ratssendeboten von Hamburg, Rostock, Stralsund, Lüneburg, Wismar und Stettin (HR I, 6, Nr. 287, 252). Im ausführlicheren Hamburger Bericht über die Verhandlungen (LUB 5, Nr. 492, 666) heißt es: *Vortmer verantwerden de radessendeboden vnder erer besprake des heren koninges rade aldus: nademe dat he here koning ene sate myd den steten gherne hadde, dat he de wodanicheid der zate, wo de wesen scholde, settede vppe ene schrift, de wolden de stede gerne to eren raden torugghe bringhen, vnde em darvan bynnen kort wedder benalen der stede willen, wente ze to desser tyd der zake neen beuel hedden (...).*

zu sprechen.[13] Einen entsprechenden Entwurf legten die Sendboten bereits zu den Verhandlungen vor.[14] Im Gegenzug brachten die königlichen Räte das Freundschafts-bündnis, hier *sate* genannt, ins Spiel, das schon sehr schnell als Vorleistung für die Erneuerung der Privilegien aufgewertet wurde. So erklärten die Räte, laut dem erhal-tenen Bericht, dass, wenn das Bündnis zustande käme, auch die Wünsche der Städte erfüllt sein würden: *wolde id sik vinden mit der sate, so ginghe alle ding wol na der stede begherende.*[15] Da die königlichen Räte somit der *Sate* den Vorrang bei den Ge-sprächen geben wollten und sich in dieser Ansicht auch nicht beweglich zeigten, blieb den Sendboten nichts anderes übrig, als den dänischen Vorschlag für das Bünd-nis zunächst ad referendum zu nehmen. Die Entwürfe für die Privilegien und die *Sate* sollten im Anschluss an die Verhandlungen weiter diskutiert werden.[16]

Obwohl in Lübeck eine erweiterte Version als Entwurf oder Abschrift eines Ent-wurfes vorhanden ist,[17] kam das Bündnis in dieser Zeit noch nicht zustande. Die Ver-handlungen, die nachfolgend von Mai bis Juli 1417 in Rostock und Lübeck stattfan-den, widmeten sich fast ausschließlich der Vermittlung zwischen Dänemark und den

---

13 HR I, 6, 341–366, bes. Nr. 385 (Rezess) und 386, 387 zu den Klagen über die Situationen in Bergen und auf Schonen.
14 HR I, 6, Nr. 385, § 22. HR I, 7, Nr. 388. Zentrale Punkte sind Strandrecht (§ 1–3), die klare Regelung von Bergungsentgeldern (§ 4–5) und Aufbewahrungsfristen der Güter (§ 6). Zu den Problemen mit dem Strandrecht und den Bemühungen, insbesondere der Hanse, um Befreiung davon vgl. z. B. *Niitemaa*, Strandrecht (1955), 248–395, bes. 310–330; *Huschner*, Raub (2017), bes. 52 f., 56–60.
15 HR I, 6, Nr. 385, § 25, 31 (nach der Übermittlung des Privilegienentwurfes an den König): *men eme* [hier wohl Erik Krummediek] *duchte wol, ghinge dat ene mit der sate, so ghinghe dat andere ok wol* (...).
16 HR I, 6, Nr. 385: Diskussionen: 1.) 19. April (§ 34–36): Dabei brachten beide Seiten einen Vorschlag ein, waren aber hinsichtlich der Befristung uneins; 2.) 20. April (§ 37, 45–46): Zunächst fordern die Ratssendeboten erst neue Privilegien und verlangen Entschädigung, bevor weiter über die *Sate* ge-sprochen wird. Schließlich einigen sich beide Seiten darauf, dass die Dänen einen neuen Entwurf für die *Sate* vorbringen sollten, bevor weiter über Privilegien und Entschädigung gesprochen wird; 3.) 21. April (§ 47): Die Ratssendeboten hören sich den neuen Entwurf für die *Sate* an; 4) 22. April (§ 48 f.): Die Ratssendeboten tragen ihre Antwortschrift auf den Entwurf vor, und verlangen klare Ab-sicherungen, dass eine Ablehnung der *Sate*, nicht zur Einschränkung der Privilegien führen dürfe 5.) 23./26. April (§ 50–52): Beide Seiten entwerfen neue Privilegien und besprechen strittige Punkte; 6.) 27. April (§ 64): *Des dinxdages weren se wedder vor deme heren koninge. Dar do gheendet wart de sate unde privilegium in sodaner wise, dat de radessendeboden de schriffte mit sik nemen, beide der sate unde des privilegii, des vorramet is; doch dat alle ding open stan schal up den behach der stede.* 7.) 28. April (§ 72): *Des midwekens wart men ens der scriffte der sate unde privilegii, alse na screven steit, welker ên de koning behelt unde de stede ene; unde de ene wart ghesneden ute der anderen to ener dachtnisse.* Dieser Entwurf ist HR I, 6, Nr. 389. Hierzu auch: *Erslev*, Erik (1901), 35 f. Zum insgesamt ungünstigen Fazit der Verhandlungen auch: *Hedemann*, To eren (2010), 155–158.
17 AHL, ASA Externa Danica, Nr. 4 = HR I, 6, Nr. 390. Siehe auch Tabelle für die Textanalyse im An-hang 8.2.1.

Holsteinern,[18] und dieses Ziel verfolgten die Städte noch weiter bis zum Waffenstillstand im November 1417.[19] Auch nach 1417 lässt sich beobachten, dass König Erik die Städte immer wieder zu einer eindeutigen Parteinahme zu drängen suchte,[20] doch gibt es bis 1422 zumindest keinen schriftlichen Hinweis auf das erwünschte Bündnis.

Für 1417 lässt sich das Freundschaftsbündnis also nur als Vorstufe fassen, die noch einer Ratifizierung durch beide Seiten bedurfte. Im Bezug auf das Bündnis des Jahres 1423 und dessen Entstehungsgeschichte stellt sich somit die Frage, ob dieses noch an die Bemühungen von 1417 anknüpfte oder etwas ganz Neues darstellte. Die Situation von 1423 erhält noch eine zusätzliche besondere Prägung durch den Umstand, dass für dieses Jahr ursprünglich sogar zwei Vertragsurkunden existierten. Daher gilt es in einem ersten Schritt, die Urkunde vom 6. Januar 1423 in den Blick zu nehmen. Da sie noch als Original erhalten ist, lässt sich auch ihre äußere Gestalt für die Untersuchung der kommunikativen Abläufe nutzen. Darauf aufbauend können dann die weiteren Entwicklungsstufen von der ersten Einigung bis zur endgültigen Ratifizierung des Bündnisses vom 15. Juni 1423 nachvollzogen werden.

3.2 Freundschaft als Vorleistung für Sicherheit

3.2.1 Vorgeschichte und Entstehungskontext

Im Hintergrund des Bündnisses vom 6. Januar 1423 standen, wie in der Einleitung zu diesem Kapitel angedeutet, die Vermittlungsversuche Herzog Heinrichs von Schlesien-Glogau um die Jahreswende zwischen 1422 und 1423.[21] Ziel des Herzogs war ein Waffenstillstand und darüber hinaus eine Lösung des Konflikts, nicht im Rahmen der militärischen Auseinandersetzungen, sondern in Form eines Schiedsverfahrens.[22] Bei diesem Vermittlungsversuch traten die Städte als Unterstützer des Herzogs auf, obwohl sie gerade im Verlaufe des Jahrs 1422 selbst in einen Konflikt mit König Erik geraten waren.[23] Dieser hatte sich an einem Bündel von Reibungsmomenten entzündet.

---

18 HR I, 6, Nr. 397.
19 Dazu auch HR I, 6, 400–407. Zu den Waffenstillstandsurkunden auch 2.1.2 b). Zum gesamten Komplex: Vgl. *Erslev*, Erik (1901), 37–46; *Hedemann*, To eren (2010), 158–162.
20 *Hedemann*, To eren (2010), 166–170.
21 Zur Person: *Russek*, Herzöge (1922), passim.
22 Zum Vermittlungsversuch des Herzogs: *Daenell*, Hansestädte (1902), 310 f.; *Erslev*, Erik (1901), 85–88; *Russek*, Herzöge (1922), 150–164; *Niitemaa*, Kaiser (1960), 146–148; *Hedemann*, Ofendommen (2007), 53–56. Die Überlieferung dazu ist sehr reichhaltig. Neben den Dokumenten aus dem königlich-dänischen Archiv befindet sich im DRA auch die Überlieferung von Seiten der Herzöge, die über das Gemeinsame Archiv nach København gelangten.
23 Zum Nachfolgenden: *Erslev*, Erik (1901), 71 und Anm. 119; *Daenell*, Blütezeit (1905), Bd. 1, 216; *Fritze*, Erich (1992), 204; *Hedemann*, To eren (2010), 174.

Zum einen behinderte der König die von den Städten initiierten Friedensverhandlungen, indem er Parteigänger der Schauenburger angreifen ließ. Zum anderen beschwerten Ausfuhrverbote und die Beschlagnahme von Gütern den Handel mit den Unionsreichen. Als Reaktion darauf entschieden die Städte auf dem Hansetag zu Pfingsten 1422, zunächst eine Gesandtschaft nach Dänemark zu schicken.[24] Die Abgesandten sollten in Vordingborg aber nicht nur über die Schädigungen des Kaufmanns sprechen, sondern auch *umme des heren koninges tozate*.[25] Da die Verhandlungen, die am 5. Juli in Vordingborg stattfanden, erfolglos blieben, kam es jedoch auch damals zu keiner endgültigen Einigung über das Freundschaftsbündnis.[26] Darüber hinaus wurde auf dem folgenden Hansetag in Rostock, am 21. Juli 1422, eine Handelsblockade beschlossen, um auf die Beschlagnahmung von Gütern in den nordischen Reichen und die Verletzungen der Privilegien zu reagieren.[27] Diese Blockade trug zunächst nur der enge Kreis der Städte im südlichen Ostseeraum, weitere Kreise wurden nur in Briefen angesprochen.[28]

Die Situation befand sich noch in der Schwebe, als Herzog Heinrich von Schlesien-Glogau an den Lübecker Rat schrieb, um diesem und allen anderen *hennssteten*,

---

24 Dazu allgemein HR I, 7, 288–316: Auf diesem Treffen, das mindestens vom 31. Mai bis zum 6. Juni andauerte, waren die Sendboten der Städte Lübeck, Hamburg, Rostock, Stralsund, Wismar, Lüneburg, Visby, Thorn, Riga, Dorpat, Reval, Stettin, Stade und Buxtehude anwesend. Zur Gesandtschaft nach Dänemark, deren Ankündigungsschreiben am 6. Juni aufgesetzt wurden: HR I, 7, Nr. 487, §§ 5, 6, 8, 27, Nr. 489 und Nr. 490.

25 HR I, 7, Nr. 487, § 27: *Item hebben de stede vorramed uppe de tozate, der latest van den heren homestere van Prutzen unde den steden begrepen wa(r)d, dat men dar umme unde ok umme des heren koninges tozate spreken schal mit den heren konige van Denemarken uppe dem dage, de nu werden schal to Werdingborch.* Bei dem erstgenannten Dokument handelte es sich sicher um 1421, Sept. 1 (HR I, 7, Nr. 376 [Regest] und Nr. 377 [Edition]): Vertrag der Städte Lübeck, Hamburg, Lüneburg, Rostock, Wismar und Stralsund mit dem Hochmeister des Deutschen Ordens, Michael Küchenmeister, über ein zehn Jahre andauerndes Bündnis zur gegenseitigen Hilfeleistung.

26 Darüber enthält der Rezess keine Informationen, doch scheint der König seinerseits auch an dem Bündnis zwischen den Städten und dem Hochmeister Michael Küchenmeister Anstoß genommen zu haben. Zumindest äußerte er sich in dieser Weise gegenüber den Abgesandten des neuen Hochmeisters, Paul von Rusdorf: HR I, 7, Nr. 512, § 3.

27 HR I, 7, Nr. 517, § 1. Zum Treffen allgemein: HR I, 7, 326–333. Da dieses *an sunte Marie Magdalenen avende* begann, kann die die Datumsangabe von HR I, 7, Nr. 487 eindeutiger auf den 21. Juli korrigiert werden. Anwesend waren dieses Mal nur die Sendboten von Lübeck, Lüneburg, Stralsund, Greifswald, Rostock und Visbys, doch erhielt Reval namens aller livländischen Städte den Rezess der Versammlung. Die Korrespondenz dazu: HR I, 7, Nr. 519–524.

28 Ein offizielles Anschreiben wurde in den Rezess aufgenommen: HR I, 7, Nr. 518. Als weitere Adressaten neben den livländischen Städten nennt das Lübecker Schreiben an Reval (HR I, 7, Nr. 519): *Bremen, Campen, Herderwiik, Drelborch, Sutphan (...) unde dem copmanne to Brucge unde to Bergen.*

namentlich Hamburg, Rostock und Stralsund, seine bevorstehende Ankunft anzu-kündigen.[29] In seinem Brief forderte er die Lübecker auf, eine Versammlung der be-nannten Städte einzuberufen, auf welcher er ihnen die „Meinungen des römischen Königs und der Kurfürsten unterbreiten" können.[30] Er suchte also schon in Vorberei-tung seiner Reise die Unterstützung der Städte. [31]

Die Ankunft seines Schreibens fiel mit einem schon länger um Michaelis geplan-ten Treffen der Ostseestädte zusammen.[32] Bei dieser Gelegenheit wurde nun der Stralsunder Rat gebeten, eine Gesandtschaft nach Dänemark zu schicken. Diese sollte nochmals über die Beilegung des ausgebrochenen Konfliktes und die Freigabe der dabei beschlagnahmten Güter verhandeln.[33] Wesentlicher Verhandlungspartner in dieser Situation war der Stralsunder Bürgermeister Conrad Bischop.[34] Möglicherweise war dieser auch bereits aus Dänemark zurückgekehrt, als der Herzog am 22. Oktober 1422 in Lübeck ankam.[35] Im Vorfeld seiner Ankunft hatte Herzog Heinrich wiederum ausdrücklich um die Anwesenheit von Hamburger, Rostocker, Stralsunder sowie nun auch Wismarer Sendboten gebeten.[36] Die Details von Herzog Heinrichs Aufenthalt in

---

29 HR I, 7, Nr. 548: *Uns hod der allirdurchlauchstigiste furste und herre, herre Sigmund, Romischer kunig, zu allen tziiten merer des richs, tzu Hungern, Behemyn, Croacien etc. konig, unser gnedigester lieber herre, czu euch unde allen andern hennsteten, nomelichen Hamburg, Rozstok unde Sunde, in merglichen sachen und gescheften geschikt und gesand.*
30 HR I, 7, Nr. 548: Brief des Herzogs an Lübeck [1422], Sept. 22: *Begeren wir von unsers genedigen herren, des kungis, wegin und der kurffursten van euch, und bitten euch mid besunderm fleisse, das ir die obgenanten stete czusamptne vorbottit, als ir wist, und das ir mitsamptne drey wochen vor sandte mertins tag, nemelichen an der widenwochen nach sand Lucas dag, gewislichen bey enandir czu Wishmer seyn wollet: do werden wi euch sagin und verkunden unsers obgenanten heren und der kurffu-rsten ernste meynung.* Später wurde diese Versammlung nach Lübeck verlegt (HR I, 7, Nr. 557).
31 Interessanterweise heißt es im Geleitbrief für den Herzog von Schlesien-Glogau vom 5. September 1422, den König Sigismund an Graf Heinrich IV. von Holstein richtete (Rep. 5975): *Wir senden zu dir Heinrichen genant Rompolt hertzogen zu Grossenglogaw unsze begerung und meynung an dyne liebe zu rengen von der kriege wegen, die czwischen dir, dem kunig von Dennemarken und den hennsteten uffer-standen sind* (...).
32 Dieses Datum wurde schon am 21. Juli beschlossen: HR I, 7, Nr. 517, § 9.
33 Rezess zu Rostock vom 3. Oktober 1422: HR I, 7, Nr. 550, § 10 (Abschrift des Briefes von Herzog Heinrich) und 11 (Auftrag an die Stralsunder Ratssendeboten, mit ihrem Rat über eine Gesandtschaft zu sprechen): (...) *dat syne gnade deme copmanne weddergheve alsodane gudere, alse em yn synen riiken genomen unde behindert sin, und dat den steden unde copmanne sodane recht, privilegia, vrig-heide unde gnade geholden werde* (...).
34 Zu Conrad Bischop noch im Folgenden. Eine Zusammenfassung seiner diplomatischen Aktivitä-ten findet sich in Kap. 5.4.2.
35 Vgl. *Daenell*, Hansestädte (1902), 310, der die Ziele der Stralsunder Mission etwas anders darstellt, auf Grundlage von HR I, 7, Nr. 548, 557; Lübecker Ratschronik I, § 1384, 377 (mit einem Abschreibe-fehler bei den Daten); Korner, Chronica. Ed. *Schwalm*, B § 1384 in D. Den Aufenthalt des Herzogs er-wähnt auch: Rufus-Chronik II, § 1384, 179 f.
36 [1422], Okt. 20: Brief Lübecks an Wismar: HR I, 7, Nr. 557.

Lübeck sind nicht weiter bekannt. Seine Ankunft in Flensburg fiel jedoch auf den 10. November 1422.[37]

Diese ausführlichere Situationsbeschreibung erklärt die Voraussetzungen, unter denen das Bündnis zwischen König Erik und den Städten am 6. Januar 1423 zustande kam. Für die Rekonstruktion des eigentlichen Vorgangs eröffnen sich aus den vorhandenen Quellen sehr unterschiedliche Informationen. Zunächst sei ein Blick auf die letzte noch erhaltene Originalurkunde aus diesem Komplex geworfen. Das in København befindliche Dokument datiert auf den 6. Januar 1423 und wurde im Namen des Königs und der Städte Lübeck, Rostock, Stralsund, Wismar, Lüneburg, Greifswald und Anklam ausgestellt. Mit Ausnahme von Lüneburg und Anklam handelte es sich also um die Hafenstädte an der südlichen Ostseeküste.

Schon an dieser Stelle wird ein maßgeblicher Unterschied zu den früheren Konzepten für ein Bündnis zwischen dem König und den wendischen Städten deutlich. So waren beide Entwürfe für die Tosate von 1417 als Doppelurkunden konzipiert. Dabei sollte jede Seite eine Urkunde ausstellen, durch welche sie dem Vertragspartner die Gültigkeit des Bündnisses und seiner Bedingungen verbriefte. Die endgültige Ratifizierung des Bündnisses hätte dann im Austausch der beiden Dokumente bestanden.[38] Im Gegensatz dazu handelte es sich bei dem Schriftstück vom 6. Januar 1423 um die Vorlage für eine Mehrfachurkunde, die als gemeinschaftliche Willensäußerung beider Seiten erscheinen sollte, wobei jede Partei ein gleichlautendes Schriftstück erhalten würde.[39]

Am Original vom 6. Januar 1423 fällt daher sogleich das Fehlen des königlichen Siegels auf. Der entsprechende Einschnitt wurde jedoch am richtigen Platz – vor dem Siegel Lübecks – vorgenommen.[40] Das Siegel von Rostock fehlt ebenfalls, wobei von diesem noch die Pergamentbefestigung anhängt. Wie auch in der Corroboratio der Urkunde zum Ausdruck kommt, verwendeten die Städte durchweg die großen Siegel.[41] Oberhalb der Pergamentbänder mit den Siegeln von Wismar und Lüneburg sind außerdem die Namen der beiden Orte vermerkt (Abb. 3.1 a) und 3.1 b)).

---

37 Dies geht aus den historiographischen Quellen hervor: Korner, Chronica. Ed. *Schwalm*, B § 1384, 452; Rufus-Chronik II, § 1384, 179 f.

38 Dieses Verfahren fand bei Waffenstillstandsverträgen zwischen Dänemark und den Holsteinern Anwendung, z. B. November 1417: DRA, NKR, Nr. 2641, siehe auch zuvor Anm. 10. Es lässt sich auch für das Bündnis zwischen den wendischen Städten und dem Hochmeister Michael Küchenmeister vom 1. September 1421 nachweisen: HR I, 7, Nr. 376 f.

39 Zum Unterschied zwischen „Doppelurkunde" und „Mehrfachurkunde": *Schuler*, Spätmittelalterliche Vertragsurkunde (2000), 65 f.

40 Diese Informationen sind auch im Kommentar zur Überlieferung für HR I, 7, Nr. 565 enthalten: „6 Siegel, dasjenige Rostocks abgefallen. Einschnitt für das Siegelband des königlichen Siegels."

41 Siehe Anhang 8.2.1, Nr. 24.

Die Besonderheiten des Erscheinungsbildes erklären sich mittels der Parallel-überlieferung zu den Verhandlungen in Flensburg. Dazu gehören zunächst zwei Berichte, ein Brief vom Hansetag in Lübeck an die livländischen Städte vom 22. Januar 1423 und ein Brief des erwähnten Stralsunder Bürgermeisters Conrad Bischop an den Hochmeister des Deutschen Ordens, Paul von Rusdorf, vom 6. Februar 1423.[42] Beide Schreiben erwähnen als ein besonderes Ereignis den Waffenstillstand zwischen dem König und den Holsteinern unter Vermittlung Herzog Heinrichs von Schlesien-Glogau. Im Vordergrund stehen aber jeweils die Einigung zwischen dem König und den Städten sowie der Beschluss eines gemeinsamen Bündnisses. Das Schreiben an die livländischen Städte enthält etwas genauere Hinweise zu einzelnen Streitpunkten, besonders zum schlechten Geld, und verweist auf ein Folgetreffen mit dem König in Vordingborg.[43] Schließlich kommt der Brief auch auf das Bündnis zu sprechen, das zur Dauerhaftigkeit des Friedens abgeschlossen wurde. Die Passage, in welcher darauf Bezug genommen wird, liefert auch einen Hinweis für den Entscheidungsprozess. Zum einen berieten die Städte auf dem Hansetag, nämlich *de stede hir ummelank*. Zum anderen einigten sich diese darüber, dass sie sich mit dem König zusammengefunden und verbunden hätten, d. h. *gesatet unde vorbunden hebben*. Für die Bekräftigung dieses Bündnisses lag schließlich ein Text vor, dessen Abschrift dem Schreiben beigefügt wurde.[44] Die Interpretation dieser einzelnen Schritte ergibt sich aus dem Wortlaut dieser glücklicherweise in Reval überlieferten Abschrift. Sie trug nach Koppmann den späteren Vermerk: *Dyt is de copie der tosate tusschen deme heren konige to Denemarken und den overzeeschen steden.*[45]

---

42 1.) Brief an die livländischen Städte (abschriftlich erhalten): HR I, 7, Nr. 572; 2.) Brief Conrad Bischops an den Hochmeister: HR I, 7, Nr. 573.
43 HR I, 7, Nr. 572, 378: *Unde vortmer umme alle gebreke, de der stede inwonren geschen syn in den vorscreven riken tegen der stede privilegie, vriheit unde olde lŏvelike wonheit, is ens dages vorramet uppe pinxten erst to komende, de wesen sal to Kopenhaven, unde de here kŏnik siner rike rede dar by vorboden wil, umme dar ane to sprekende (...).*
44 HR I, 7, Nr. 572, 378: *Item, leven vrunde, so sin de stede hir ummelank to rade geworden, dat se sik umme bestentnisse* [des vredes] *unde umme vromen willen gemeynes nŭttes myt deme erbenomeden heren koninge vruntliken gesatet vnde vorbunden hebb*[en na lude] *der avesscrifft hir ane besloten.*
45 HR I, 7, Nr. 564.

Abb. 3.1 a): Details der Bündnisurkunde vom Januar 1423 (DRA, NKR, Nr. 2729), hier: fehlendes Siegel. Foto der Verfasserin.

Abb. 3.1 b): Details der Bündnisurkunde vom Januar 1423 (DRA, NKR, Nr. 2729), hier: Beschriftung. Foto der Verfasserin.

Aus dieser Abschrift geht hervor, dass der Vertrag vom 6. Januar 1423 zunächst als Chirograph aufgesetzt wurde oder im genauen Wortlaut, als eine *schriffte, der twe sint gelik van worden, de ene is gesneden ut der anderen*. Zusätzlich trugen beide Teilstücke noch das aufgedrückte Sekretsiegel des Königs sowie die persönlichen Siegel von Hinrich Rapesulver aus Lübeck, Hinrich Buk aus Rostock und Conrad Bischop aus Stralsund.[46] Diese drei Gesandten müssen wohl als die primären Gesprächspartner des Königs in Flensburg aufgetreten sein. Ein ähnliches Bild ergibt sich auch aus dem Brief Conrad Bischops an den Hochmeister Paul von Rusdorf vom 6. Februar 1423,

---

46 HR I, 7, Nr. 564 mit der Schlussformel: *Unde to tuchnisse der warheyt so hebbe* [wii] *Erik, koning unde herteghe vorgescreven, unse secret unde wii Hinrik Rapwsulver, to Lubeke, Hinrik Buk, to Rozstok, unde Curd Bischop, to Stralessund borghermestere, unse inghesegele mede ghedruckt uppe desse jeghenwordighe schriffte, der twe sint gelik van worden, de ene is gesneden ut der anderen.*

wobei dieser jedoch seine eigene Rolle und die des Stralsunder Rates beim Zustande-kommen des Vertrages hervorhob.[47] Da der Brief primär dazu diente, Bischops Dienste für den Hochmeister und den Deutschen Orden herauszustreichen, sind seine Aussagen also mit etwas Vorsicht anzusehen. Sicher lässt sich aus seinen Verhand-lungstätigkeiten im Herbst 1422 eine Sonderrolle in den Beziehungen nach Dänemark feststellen.[48] Er war darüber hinaus auch der einzige Ratssendebote, der bereits an den Verhandlungen über das Bündnis von 1417 teilgenommen hatte.[49] Dennoch zeichneten für die Einigung mit dem König und die Entstehung des Bündnisses im Januar 1423 gewiss auch die Lübecker verantwortlich, die in Flensburg, wie schon erwähnt, durch Hinrich Rapesulver vertreten waren.

Der besondere Anteil des Lübecker Rates am Zustandekommen der *Tosate* vom 6. Januar 1423 wird aus der Verbindung aller bisherigen Indizien deutlich. Die wich-tigsten Hinweise ergeben sich aus dem Schreiben an die livländischen Städte vom 22. Januar 1423 in Verbindung mit der beigefügten Urkundenabschrift. Demnach nah-men einzelne Abgesandte der Ostseestädte, also Hinrich Rapesulver, Heinrich Buk und Conrad Bischop, als Zeugen an den von Herzog Heinrich von Schlesien vermit-telten Verhandlungen zwischen dem dänischen König und den Holsteinern teil. Zu-dem bemühten sie sich um eine Beilegung der aktuellen Missstimmung zwischen den Hansestädten und König Erik. Als Ergebnis dieser Gespräche entstand zunächst die Teilurkunde vom 6. Januar 1423, die von den drei Verhandlungsführern besiegelt wurde. Während des Treffens am 22. Januar 1423, an dem Ratssendeboten der Städte Lübeck, Hamburg, Rostock, Stralsund, Wismar, Lüneburg, Greifswald und Anklam teilnahmen, berieten die Anwesenden über das Dokument und stimmten diesem grundsätzlich zu.[50] Dieses Prozedere erklärt auch die Übereinstimmung zwischen den

---

47 HR I, 7, Nr. 573: *de deghedynghe handelde yk myt myneme ghezellen van deme Zunde na hete unde vulbord der anderen stede myt myneme heren konynghe in den vyften dach, dat yk zyk slot to eynem ghuden ende.*

48 Zur bevorstehenden Reise des Königs: HR I, 7, Nr. 573: *Ock wete juwe gnade, dat nu to pynxten tokomende de stede scholen by zynen gnaden wesen to Copenhavene: wanner de dach ghesleten ys, zo wyl he zeghelen na Dudeschem lande, alze zyne gnade my berychtet hevet; doch, gnedyghe here, dat dyt nycht wyde werde ghespenget.*

49 HR I, 6, Nr. 385 nennt als Lübecker Ratssendeboten: *Conradus Brekewold, Johannes Crispin et Tidemannus Steen*, § 43, 348: *Vorder mang velen reden des hern koninges rad mit den radessendeboden der stede worden overen, dat se koren 4, alse van des koninges weghen bisscop Boo* [von Aarhus], *her Anders Jepsen, her Jesse Důve, her Erike* [Krummediek] *und Vicken van Vitzen, und van der stede wegene hern Corde Brekewolde, hern Tidemanne Sten, hern Corde Biscoppe unde hern* [Hinrich] *Rubenowen, welke vorramen scholden ener andern scriff der sate, de redelik were, an beydent siiden.*

50 Die Teilnehmer des Treffens ergeben sich aus 1423, Jan. 22 (HR I, 7, Nr. 571): Vergleich zwischen Lübeck und Hamburg. Die Belegung eines Streites zwischen beiden Städten erwähnt auch Conrad Bischop im Nachtrag seines Briefs vom 6. Februar (HR I, 7, Nr. 573: *Ok wete, jůwe gnade, dat de van Lubeke unde de van Hamborch weren an groter twydracht; dat hebbe wy anderen radessendeboten ghutlyke ghevleghen an deme afrydende, alze wy van deme heren konynghe reden.*

Teilnehmern an diesem Hansetag und den Mitausstellern des Vertrages vom 6. Januar 1423.

Die Urkunde selbst wurde im Anschluss an das Treffen vom 22. Januar 1423 hergestellt. Die Datierungen von Vorlage und endgültigem Dokument lauteten übereinstimmend: *uppe* bzw. *oppe der hilghen dryer konyng daghe*.[51] Abgesehen von orthographischen Varianten weichen die beiden Texte nur in der Corroboratio voneinander ab, die in der Urkunde die Siegel des Königs und der Städte ankündigt.[52]

Dass die Herstellung dieses Dokumentes mit großer Wahrscheinlichkeit in Lübeck erfolgte, geht aus zwei Briefen vom Mai 1423 hervor. Beide beziehen sich auf die Besiegelung einer *Tosate* durch Lüneburg, Wismar und Rostock.[53] Die Zusendung der fertig geschriebenen Urkunde an diese Städte erklärt die zwei beschrifteten Siegeleinschnitte und ermöglicht es sogar, deren Reihenfolge zu rekonstruieren. Da zuerst Lüneburg das Dokument erhielt, wurde der Name dieser Stadt wahrscheinlich zuerst aufgeschrieben. Zu diesem Zeitpunkt war die Urkunde vermutlich nur mit dem Lübecker Siegel besiegelt. Am 19. Mai schickte der Lübecker Rat die Urkunde weiter an Wismar, wieder mit der Beschriftung versehen. Zudem sollten die Wismarer die *Tosate* an Rostock weiterleiten. Da das nächste Treffen mit dem König für Pfingsten, also am 23. Mai, vorgesehen war,[54] eilte die Angelegenheit, *umme kőrte willen der tiid*.[55] Interessanterweise bestand in Lübeck aber nicht das Bedürfnis, den Platz für das Rostocker Siegel ebenfalls zu markieren.

Auf jeden Fall schrieben die Beschriftungen eine bestimmte Reihenfolge der Siegel vor. Diese stellten zum einen die Wahrung der Hierarchie unter den wendischen Städten sicher, zum anderen garantierte sie auch die Übereinstimmung zwischen dem Urkundentext und den Beglaubigungsmitteln. Die Hierarchie zeigte sich bereits in der Abschrift der Vorurkunde, in der zuerst der Lübecker Ratssendebote, dann der

---

[51] 1.) HR I, 7, Nr. 564 (siehe oben); 2.) HR I, 7, Nr. 565, S. 367: *Desse stucke wurden vullentogen unde sloten, alze vor screven is, to Flensborch an deme jare na Godes bort verteynhundert dar na in deme dre unde twintigesten jare uppe der dre hilghen dree koninghe daghe.*

[52] 8.2.1., Nr. 24.

[53] Zum Folgenden: HR I, 7, Nr. 599: [1423], Mai 17: Brief von Lüneburg an Lübeck (nicht in AHL, ASA Externa Danica, Nr. 3): *Wes gi und andere stede ok donde werden an dem artikele, den de here koning nagegeven heft, de de koninginnen anrored, den ute der tosate to latende edder intoscrivende, dat schal unse wille ok wol wesen. Ok sende wj jw de tosate besegeld mit unser stad segele.* HR I, 7, Nr. 600: [14]23, Mai 19: Brief von Lübeck an Wismar: *Wy senden jw de tosate mit unseme unde der van Luneborch ingesegel versegelt. Bidde wy vruntliken myt allem vlite, dat gi de ok vorsegelen unde sunder alle sumen van stund an by juwem enkeden boden vorder willent benalen den van Rostoke, unde ene desses geliken willent voscriven.* Die früheste Quelle für diesen Termin stellt der Brief von Conrad Bischop an den Hochmeister vom 6. Februar 1423 dar (HR I, 7, Nr. 573).

[54] Dieser Termin stand schon seit Januar fest. Vgl HR I, 7, Nr. 572. Der Lüneburger Brief vom 17. Mai 1423 nimmt ebenfalls noch einmal darauf Bezug (HR I, 7, Nr. 599): *den dach, de de wesen schal to Kopenhaven mit dem heren koninge umme pinxten negest kommende.*

[55] HR I, 7, Nr. 600.

Rostocker und erst an dritter Stelle der Stralsunder Abgesandte, Conrad Bischop, ihre Siegel anbrachten. Die Reihenfolge Lübeck, Rostock, Stralsund und Wismar wurde darüber hinaus nicht nur in der einleitenden Formel und der Corroboratio berücksichtigt. Sie finden sich auch in dem Textteil, der die besonderen Vollmachten dieser vier Städte bei eventuellen Übergriffen und Rechtsverletzungen festschrieb.[56] In der Beschriftung zeigt sich also eine besondere Sorgfalt, die bei der Erstellung dieser Urkunde an den Tag gelegt wurde, damit diese alle formalen Kriterien für ein Rechtsdokument erfüllte. In jedem Fall wird aus diesem Ausschnitt der Korrespondenz deutlich, dass der Impuls zur Herstellung und Besiegelung der Urkunde von Lübeck ausging.

Lässt sich auf Grundlage dieser Informationen eine der Besonderheiten am Erscheinungsbild der Urkunde vom 6. Januar 1423 erklären, so bleibt die Frage nach dem fehlenden königlichen Siegel noch unbeantwortet. Dieses hat vermutlich nie an der Urkunde gehangen. Stattdessen muss die Urkunde vom 6. Januar 1423 einer vorläufigen symbolischen Zustimmung der Städte zum Bündnis mit dem König gedient haben. Zwei Faktoren verkomplizierten nämlich die bilaterale Ratifizierung des Vertrages.

3.2.2 Verzögerte Ratifizierung

An deren Spitze stand die endgültige Beilegung aller Streitpunkte. Schon der Brief an die livländischen Städte vom 22. Januar 1423 ließ erkennen, dass der Abschluss des Bündnisses mit dem König auf eine dauerhafte Rechtssicherheit des Handels abzielte. Zudem mussten als Voraussetzung auch alle Ansprüche der Städte gegenüber dem König beglichen werden. Zu diesem Zweck sollten alle Ostseestädte, inklusive der Städte Preußens und Livlands, bis zum 1. Mai 1423 ihre Klageschriften vorbereiten.[57] Vorläufige Klagelisten gingen zumindest von den preußischen Städten ein.[58] Darüber hinaus konnten die Städte, die sich dem Bündnis mit dem dänischen König anschließen wollten, zu dem Maitreffen der Hansestädte ihre vorbereiteten und besiegelten

---

56 8.2.1, Nr. 6 (2).
57 HR I, 7, Nr. 572, S. 378: *Ok, leven vrunde, hebbe wy enes dages vorramet oppe Meydach erst komende to synde bynnen der Wismer, dar wii de Prusschen unde vele mer stede by to komende vorboden. Dar umme bidde wii vruntlken, dat gii des nyne wise ene laten, gii hebben jwe wullemechtigen erbaren sendeboden uppe de vorscreven tiid ok bynnen [der] Wismer, wente men dar denne sprekende unde vorhalende wert allerleye gebreke, de de stede unde ere inwonre in den riken Denemarken etc. bette herto geleden hebben, unde wo men de in der besten wise by deme heren koninge unde sinen reden uppe deme dage to Kopenhagen vorrichten unde vorclaren unde vormyddest der hulpe Godes to guder ordeninge und state wedder bringen möge.*
58 Dies geht hervor aus 1423, März 9 (HR I, 7, Nr. 586): Brief von Danzig an Lübeck.

Urkunden mitbringen.[59] Doch kamen die livländischen Städte zu dem Treffen nach Wismar, ohne bereits eine Entscheidung über die Tosate gefällt zu haben, während das Veto des Hochmeisters den preußischen Städte den Zutritt zum Bündnis überhaupt untersagte.[60] Der Rechenschaftsbericht, den die Ratssendeboten aus Riga, Dorpat und Reval am 14. Mai 1423 an ihre Heimatstädte richteten, bietet dabei einige Informationen zur Vorbereitung des Pfingsttreffens. So berichteten die Boten, dass die Lübecker die Abschrift eines Dokumentes verlesen ließen, das der König den Städten besiegeln sollte, d. h. *ere utscrift (...), de de here konink den steden wedder bezegelen zolde*. Diese hätte unter anderem Strandrecht, Bergelohn und Einfuhrzölle behandelt.[61]

Diese vorgelesene Schrift ist möglicherweise mit einem heute noch in Wismar erhaltenen Privilegienentwurf zu identifizieren, von dem dieser Bericht drei zentrale Artikel beschrieb.[62] Die Schrift trägt die Schlussbemerkung: *Aldus is vorramet alse vorscreuen is der Sate vnde des priuilegii vnde gheit de sate. So gheit dat priuilegium. doch steit alle ding open vns to nüge to sprekende vnbegrepen in beiden siden.* Die *Tosate* und das Privilegium werden dabei als gegenseitige Zugeständnisse betrachtet. Gleichzeitig deutet sich jedoch die Abhängigkeit dieser Zugeständnisse an. Nur wenn die Städte der *Tosate* beitraten, würden sie eine neue Garantie für Handelsfreiheiten erhalten. Eben diese Argumentation taucht auch im Bericht der livländischen Sendboten auf. So teilen sie den Räten ihrer Heimatstädte gewisse Andeutungen mit, nach denen allen Städten, die sich der *Tosate* nicht anschließen würden, Nachteile erwachsen könnten.[63]

---

59 HR I, 7, Nr. 572: *Unde wer[et ju, lev]en vrunde, bequeme, in der vorscreven sate unde vorbunde to synde (...) so mosten alle erbaren sendeboden 2 bezegelte breve, van jw allen unde iisliker (...) [bez]egelt, myt allen anhangenden ingezegelen medebringen uppe Meydach vůrgescreven to der Wismer, de ludende weren [na lude der avescri]fft hir ane besloten; unde der twyer breve enen moste hebben der ergenomede here kǒning. Unde den anderen de stede, [de de tosa]te myt den heren kǒnige vorramet hebben.*

60 Zum Veto des Hochmeisters: HR I, 7, Nr. 595, § 1, 3.

61 HR I, 7, Nr. 598: *unde leten uns ere utscrift [lezen], de de here konik den steden wedder bezegelen zolde, alzo den strand vrii, unde redelik bergelon to gevende, unde islik gud upp sine půnte gesat, unde vord andere sake, dar wi jw van Lubeke, off God wil, utscrifte van senden willen.* Zum Strandrecht vgl. Anm. 14.

62 AHW, Ratsakten, 10.5 Hanseatica, Nr. 1740: 1.) *strand vrii:* ab 1, Z. 16: *Ok so schullen se den zeestrand menliken vry hebben (...);* 2.) *redelik bergelon:* ab S. 1, Z. 24 f.: *vnde wente sake dat se dar helpe to behouende so moghen / se lude dar to huren de en helpen vmme bescheden lon (...);* 3.) *islik gud up sine punte gesat:* Einzelbestimmungen ab S. 2.

63 HR I, 7, Nr. 598: *Hir under ward ons to wetende van guden vronden, den de tozate swarer is antogande, den uns, dat alrede sulke upsate gemaket were, also we buten der tozate blivet, dat id sin verdertff is, de ere neringe tor zeeword zoken moten.* Mit diesen *vronden* sind die preußischen Städte gemeint. Dazu auch *Daenell*, Hansestädte (1902), 312, der diese Andeutungen als Argwohn gegenüber den wendischen Städten interpretiert.

Dennoch muss der Vermerk auf der Wismarer Schrift nicht zwangsläufig mit dem Hansetag vom 1. Mai 1423 zusammenhängen, sondern kann auch aus den Verhandlungen von 1417 stammen. Auf jeden Fall steht der Privilegienentwurf in direktem Zusammenhang mit einem undatierten Schriftstück aus dem Archiv der Stadt Rostock, das Koppmann als „Bruchstücke eines Berichts der hansischen Rathssendeboten" hypothetisch ins Jahr 1423 datierte. Erslev wie Daenell brachten es jeweils mit der Ratifizierung des Bündnisses vom 15. Juni 1423 in Verbindung.[64] Inhaltlich lässt sich jeder Artikel dieser dänischen Antwortschrift einzelnen Abschnitten des Privilegenentwurfs zuordnen.[65]

Unabhängig davon, ob der besprochene Privilegienentwurf konkret auf den Wismarer Hansetag am 1. Mai 1423 hinweist oder nicht, bietet der Brief der Revaler Ratssendeboten einen guten Eindruck von den dort geführten Gesprächen. Insbesondere wird deutlich, dass die wendischen Städte von der Übergabe ihrer Bündnisurkunde auch konkrete Zugeständnisse des Königs erwarteten. Damit setzten sie den schon seit 1417 währenden Diskussionsprozess fort.[66] Gleichzeitig demonstriert die Korrespondenz mit den livländischen Städten, dass die Ratifizierung des Vertrages vom 6. Januar 1423 zumindest bis Pfingsten noch nicht endgültig war.

Bei dem zweiten Faktor, der diesen Ratifizierungsprozess zusätzlich beeinflusste, handelte es sich um die nachträglichen Änderungswünsche des Königs. Diese betrafen die Absicherung und den Schutz der Königin und ihres Leibgedinges. Der Lüneburger Brief vom 17. Mai, der über die Zurücksendung der besiegelten *Tosate* berichtet, erwähnt auch diese gewünschten Zusätze. Sie müssen den Städten also vorher zugegangen sein. Da die Lüneburger an dem bevorstehenden Pfingstreffen mit dem König nicht teilnehmen konnten, bevollmächtigten sie die anderen Teilnehmer zu einer grundsätzlichen Entscheidung über diese Änderungen.[67] Der Lüneburger Brief lässt also klar erkennen, dass der Text der Vorurkunde vom 6. Januar 1423, der um Pfingsten herum als Siegelurkunde vorlag, schon zu diesem Zeitpunkt als vorläufig angesehen wurde.

---

64 HR I, 8, Nr. 1154: „Bruchstück eines Berichts der hansischen Ratssendeboten" [1423?], Überschrift: *Dit sint de artikele, de wii vinden in der scrifft des vorrames, dar uns ane dunked, dat der cronen unde deme riike to groteme vorvange unde schaden komen moge na rechte unde wonheyd, alse unse vorvaren dat to mennigen langen tiiden vor uns gehad unde bruked hebben, unde der cronen ok bored to brukende.* Erslev, Erik (1901), 461 Anm. 40 stimmt der Einordnung des Dokuments ins Jahr 1423 zu, obwohl er zu bedenken gibt, dass darin „Hr. Trulle", der Sendbote König Sigismunds im Jahr 1419 (HR I, 7, Nr. 46) auftaucht. Dennoch ist er der Meinung, dass alle anderen Punkte, besonders das Problem des Bergelohns und des Geldes (HR I, 8, Nr. 1154, § 19), das Dokument in Zusammenhang mit dem Pfingsttreffen von 1423 bringen. *Daenell*, Hansestädte (1902), 313, *Ders.*, Blütezeit 1, 220 f. folgt dieser Einordnung.
65 Teilweiser Vergleich basiert auf HR I, 8, Nr. 1154 und AHW, Ratsakten, 10.5 Hanseatica, Nr. 1740: § 1 = S. 1, Z. 7–11; § 2 = Z. 12–14; § 3 = ab Z. 16; § 4 = S. 3, Z. 3.
66 Siehe dazu vorn Kap. 3.1
67 HR I, 7, Nr. 599. Siehe vorn Anm. 53.

Als die Ratssendeboten der Städte also nach København reisten, mussten sie sich bewusst sein, dass das Bündnis damit noch nicht endgültig in Kraft getreten war. Sie konnten ihre grundsätzliche Zustimmung aber durch die Überreichung des besiegelten Schriftstückes signalisieren. Wahrscheinlich diente die Urkunde vom 6. Januar 1423 dann so lange als Symbol für die Wirksamkeit der *Tosate*, bis die erweiterte Fassung vom 15. Juni 1423 in zwei Fassungen fertiggestellt und von allen Seiten besiegelt worden war.

Was genau auf den Verhandlungen in København zur Sprache kam, lässt sich nur indirekt rekonstruieren. Bemerkenswert ist die relativ lange Dauer der Verhandlungen. Nach Vereinbarung mussten die Ratssendeboten der Städte in der Woche nach Pfingsten in København angekommen sein.[68] Die endgültige Urkunde der Tosate datiert aber erst auf den 15. Juni 1423. Selbst wenn auch für dieses Dokument ein etwas längerer Herstellungsprozess anzunehmen ist, wird das Datum sicher den Zeitpunkt der Einigung wiedergeben. Somit dauerten die Verhandlungen in København mindestens zwei Wochen. Anhaltspunkte für den komplizierten Einigungsprozess bieten die dänischen Repliken auf den Privilegienentwurf der Städte. Als wichtigster Hinweis lässt sich jedoch aus diesen Repliken und den Berichtsfragmenten erkennen, dass die Ratssendeboten dazu angehalten wurden, die einzelnen Details noch einmal zu bedenken. Wenn der König neue Privilegien besiegelte, dann durften diese die Würde seiner Reiche nicht kränken.[69] In Einzelfragen, wie der Verbesserung des Geldes, wurde indes ein konkretes Vorgehen vorgeschlagen.[70] Auch wenn es aus dem Berichtsfragment nicht hervorgeht, scheint auch über den Zutritt der preußischen und der livländischen Städte zur *Tosate* gesprochen worden zu sein, deren Sendboten in København anwesend waren.[71]

Das Ringen um eine grundsätzliche Einigung in der Frage der Privilegien hat sicher auch zur langen Verhandlungsdauer beigetragen. Außerdem wurden die Verhandlungen in København von einer allgemeinen Versammlung der drei Unionsreiche, vertreten durch ihre Räte, begleitet. Der Bündnisbrief vom 15. Juni 1423 enthält nämlich eine zusätzliche Beglaubigungsformel für Räte aller drei Reiche mit Namen

---

68 Dies bestätigen auch die Rostocker Kämmereirechnungen: HR I, 7, Nr. 602: *Item des mandages to pinxten, do her Hinrik Buk unde her Johan Odbrechtes zeghelden to deme heren koninge van Dennemarken to Kopenhaghen (...)*.

69 Insbesondere HR I, 8, Nr. 1154, § 15, 742 (letzte dänische Replik).

70 HR I, 8, Nr. 1154, 743, § 19: *Item van der munte weghen schededen sik de here koning unde de stede also dat de stede uppe dem daghe, dede kortliken wesen schal bynnen Lubeke, ramen scholden uppe eynen pening to slande (...)*. Dies geschieht dann auch: HR I, 7, Nr. 609, § 12. Vgl. *Daenell*, Hansestädte (1902), 313.

71 Aus dem Brief der drei livländischen Ratssendeboten lässt sich ablesen, dass diese nach dem Treffen in Wismar mit den Lübeckern nach København reisten: HR I, 7, Nr. 598. Zudem sind sie auch noch am 16. Juli 1423 auf dem Lübecker Hansetag zugegen: HR I, 7, Nr. 609. Der Rezess des Treffens deutet außerdem an (§ 1), dass die preußischen und die livländischen Städte als potentielle Mitglieder des Bündnisses behandelt und hinsichtlich ihrer zu stellenden Truppen taxiert wurden.

und Funktionen. Daher ist anzunehmen, dass das Bündnis in einem feierlichen Akt in Gegenwart aller genannten Personen verkündet und beschworen wurde.[72] Angesichts der umfangreichen Liste stammt die Urkundenvorlage dieses Mal wohl von dänischer Seite.

Schwieriger ist die Frage nach der Herstellung und der Besiegelung zu beantworten. Hier stellt sich die Frage, ob wiederum von beiden Seiten Reinschriften angefertigt und zunächst mit den eigenen Siegeln versehen wurden, bevor in einem zweiten Schritt das jeweilige Gegenstück besiegelt wurde. Der Vergleich zwischen den Abschriften auf beiden Seiten verdeutlicht nur zwei wirklich wesentliche Unterschiede, die nicht auf Schreibfehler zurückgeführt werden können. So enthält die Lübecker Abschrift zwei Ergänzungen zur genaueren geographischen Einordnung von Nyköping in Schweden und Nykøbing auf Falster.[73] Diese inhaltlichen Varianten legen die Vermutung nahe, dass leicht abweichende Vorlagen für die Abschriften existierten. Ob das Exemplar mit den geographischen Ergänzungen für die Städte von dänischer Seite in Reinschrift gebracht wurde oder diese nach einem städtischen Exemplar entstand, lässt sich nicht mehr feststellen. Sicher muss aber auch bei dieser Urkunde in Analogie zu der Revaler Kopie des Vertrages vom 6. Januar mit einer vorbereiteten (Zwischen-)Urkunde gerechnet werden, die von Einzelpersonen vor Ort besiegelt werden konnte.[74] Da die Ratssendeboten die Siegel ihrer Städte auf Reisen nicht mit sich trugen, wurde auch für die zweite Urkunde ein längerfristiger Besiegelungsprozess notwendig. Doch stand am Ende für jede der beiden Parteien eine Urkunde, die sowohl mit den Siegeln des Königs und der Städte als auch mit denen vieler Räte aus allen drei Reichen[75] beglaubigt und auf den Tag *der hiligen mertelere Viti unde Modesti* datiert worden war.

Zusammenfassend stellt sich das gesamte Procedere von Januar bis Juni 1423 also folgendermaßen dar: Bei den Verhandlungen im Januar 1423 wurde durch die anwesenden Verhandlungsführer der Städte zunächst ein vorläufiger Vertragstext besiegelt. Dieser fand am 22. Januar 1423 Annahme durch die anwesenden Ratssendeboten

---

72 Vgl. auch dazu den Waffenstillstand von Horsens Kap. 5.5.3.

73 HR I, 7, Nr. 601, 409 Anm. d und n. im textkritischen Anmerkungsapparat. Anm. c weist auf eine Abweichung hinsichtlich der Titulatur der Erzbischöfe von Lund und Uppsala hin, die in der dänischen Abschrift *van Godes unde des apostoliken stoles gnaden* in der Lübecker Abschrift aber *van Godes unde des pevestliken stoles* ihre Würden herleiten.

74 Ein solches Verfahren lässt sich für die Besiegelung der Waffenstillstandsurkunde von Horsens vom 23. August 1432 nachweisen, die ebenfalls gleichzeitig im Namen beider Seiten ausgestellt worden war: Vgl. dazu ausführlicher Kap. 5.5.3.

75 Es fehlen vor allem die norwegischen Räte aus dem Westteil des Landes, insbesondere Erzbischof Eskil von Trondheim sowie die Bischöfe Aslak (Bolt) von Bergen und Håkon von Stavanger. Erzbischof Eskil, der von 1402 bis 1428 amtierte, befand sich am 25. Juni in Trondheim (DN 1, Nr. 689). Bischof Håkon war vermutlich aus Altersgründen nicht zu reisen in der Lage (DN 16, Nr. 81). Zusammenfassend zu Aslak Bolt, der 1428 zum Erzbischof von Trondheim gewählt wurde: *Dybdahl*, Aslak (2009).

der Städte Lübeck, Rostock, Stralsund, Wismar, Lüneburg, Greifswald und Anklam, die damit ihre Bereitschaft zu dem Bündnis bekräftigten. Spätestens dann, wohl aber schon am 6. Januar 1423, wurde Pfingsten als endgültiger Termin für den Austausch und damit die Ratifizierung des Vertrages ausgemacht. Das städtische Exemplar, das in København noch überliefert ist, wurde sicher als Zeichen der Zustimmung zu diesem Termin mitgebracht und übergeben. Es diente möglicherweise als physisches Zeichen dafür, dass die Städte bereit waren, auf den König zuzugehen, wenn dieser ihnen im Gegenzug die erhofften Privilegien zugestand. Zwischen dem 23. Mai und dem 15. Juni 1423 mussten sich beide Seiten über die wichtigsten Streitpunkte in Handelsfragen geeinigt haben, auch wenn vom eigentlichen Abschluss der Verhandlungen keine Urkunde vorhanden ist. Daraufhin erfolgte die Reinschrift der erweiterten Bündnisurkunde in zwei Exemplaren, die wiederum jeweils beide Seiten beglaubigten. Die komplette Besiegelung durch die aufgezählten Reichsräte wird wahrscheinlich erst über einen längeren Zeitraum hin erfolgt sein.

Damit ergibt sich eine plausible Erklärung für das Fehlen des königlichen Siegels an der Urkunde vom 6. Januar 1423. Es wurde nie an diesem Dokument angebracht, da der ursprüngliche Vertrag durch die Erweiterungen und die neuen Urkunden vom 15. Juni 1423 überholt war. Der gesamte Verhandlungsprozess zwischen Januar und Juni 1423 verdeutlicht aber auch, dass die Überlieferung der Urkunde vom 6. Januar 1423 eigentlich ein Kuriosum darstellt, da sie ja rechtlich nur für wenige Monate Gültigkeit besaß. Die Tatsache, dass sie im Gegensatz zu der eigentlich wichtigeren Urkunde überliefert ist, erlaubt jedoch einen besonderen Einblick in die Abläufe, die einem Kompromiss und einer endgültigen Urkunde vorausgingen. Vor allem demonstriert dieses Beispiel, dass Zwischenstufen eines Kompromisses schriftlich festgehalten wurden.

Aus den Dokumenten, die eine Rekonstruktion dieses gesamten Verhandlungsprozesses gestatten, ergibt sich nur ganz am Rand ein möglicher Bezug zur Vorgeschichte und zu den Konzepten von 1417. Dabei handelt es sich um die in Wismar überlieferten Privilegienentwürfe, deren Schlussbemerkung die Grundaussagen der Verhandlungen vom April 1417 aufnehmen: *gheit de Sate. So auch gheit dat privilegium*[76]. Zwar gehen die neuen Privilegienentwürfe viel weiter als die Vorschläge von 1417,[77] doch zeigt sich das Grundproblem auch in den beschriebenen Verhandlungen des Jahres 1423. Auf eine dauerhafte Absicherung der Handelsfreiheiten konnten die Städte nur noch hoffen, wenn sie sich als Freunde des Königs erwiesen. In diesem Sinne lässt sich das vollendete Bündnis von 1423 als eine direkte Fortsetzung der Verhandlungen vom April 1417 sehen.

---

76 AHW, Ratsakten, 10.5 Hanseatica, Nr. 1740. Vgl. zuvor Kap. 3.2.2, Anm. 62.
77 Die neuen Privilegien gehen viel weiter als HR I, 6, Nr. 388, enthalten aber die dort angeführten Bestimmungen zu Strandrecht und Bergelohn. Vgl. auch *Niitemaa*, Strandrecht (1955), 323.

3.2.3 Unausgeglichener Kompromiss

Um zu prüfen, ob diese Verbindung sich auch noch in der Urkunde vom 15. Juni 1423 zeigt, sei zum Abschluss noch ein Blick auf deren Inhalt geworfen. Da diese Urkunde das Ergebnis längerer Verhandlungen zwischen den Städten und dem König darstellt, sind in ihr Zugeständnisse an beide Seiten enthalten. Den Kern des Bündnisses bildeten die gegenseitigen Beistandsverpflichtungen, die grundsätzlich auf der dänischen Vorlage von 1417 beruhten. Sie wurden jedoch für den neuen Vertrag noch einmal modifiziert.[78] Nach diesen Vereinbarungen durften sich nur die Städte, die unter der Herrschaft eines Kriegsgegners der Dänen lebten, neutral verhalten.[79] Darüber hinaus wurde ein Verfahren festgelegt, nach dem das jeweilige Hilfegesuch ablaufen sollte. Wenn eine der beiden Parteien einen Angriff erlitt, sollte sie sich mit einem Schreiben an ihren Vertragspartner wenden. Betraf dies die Städte, so kam Lübeck, Rostock, Stralsund und Wismar eine Schlüsselfunktion zu, denn sie konnten bereits zu dritt darüber entscheiden, ob der König um Hilfe gebeten werden sollte.[80] Weitere Festlegungen betrafen die Fristen, die Größe des Aufgebots von maximal tausend Bewaffneten sowie die Dauer der Hilfe und die Regelung der Verpflegung in dieser Zeit. Diese Bestimmungen nehmen mit Abstand den größten Teil der Urkunde ein. Die meisten waren grundsätzlich bereits in den Vorlagen von 1417 enthalten, wurden nun aber etwas detaillierter ausgeführt.[81] Sie gehören darüber hinaus zu den für einen Bündnisvertrag typischen Festlegungen.[82] Gerade, weil bereits feste Formeln für derartige Vertragsurkunden etabliert waren, ist es problematisch, den Text von 1423 ausschließlich aus den Vorlagen von 1417 abzuleiten. Vielmehr lässt sich annehmen,

---

78 Siehe Tabelle Anhang 8.2.1., bes. Nr. 13. Die Tabelle enthält grundsätzlich den Text der beiden städtischen Urkunden(entwürfe) von 1417 und 1423, inhaltliche Abweichungen zum dänischen Entwurf von 1417 wurden besonders vermerkt.
79 Anhang 8.2.1, Nr. 5.
80 Anhang 8.2.1, Nr. 6 (2).
81 Anhang vgl. 8.2.1, Nr. 8–15.
82 Zu diesen festen Bedingungen gehört auch Anhang 8.2.1 Nr. 10. Weitere Vergleichsbeispiele aus dem Untersuchungszeitraum sind zum Beispiel: 1421, Sept. 1: Vertrag zwischen den Städten Lübeck, Hamburg, Lüneburg, Rostock, Wismar und Stralsund mit dem Hochmeister Michael Küchenmeister: HR I, 7, Nr. 377. Darin sind z. B. in leicht gewandelter Form Nr. 9 und 18 aus 8.2.1 enthalten. 1426, Sept. 26: Vertrag von Heinrich, Adolf und Gerhard mit den Städten Lübeck, Hamburg, Lüneburg, Rostock, Wismar und Stralsund: HR I, 8, Nr. 98 / LUB 6, Nr. 767, darin zum Beispiel, 740: *Vorder schole wij vns noch en willen mit vnsen mannen nenewijs, dewylse desse krich waret, mit deme erbenomeden heren koninge vnd synen helpern sonen, vreden effte vlygen noch jenich bestand mid en maken sunder der ergenanten stede willen vnd vulbord.* Außerdem enthält der Vertrag Nr. 11 aus 8.2.1. Zu Bündnisverträgen allgemein: *Auge*, Handlungsspielräume (2009), 44 (sehr knapp); *Schuler*, Spätmittelalterliche Vertragsurkunde (2000), 40–44 (zur grundsätzlichen Definition von Herrschaftsverträgen, inklusive Bündnisverträge).

dass die allgemeinen Bedingungen für Freundschaftsbündnisse auf die Situation von 1423 zugeschnitten wurden.

Dies demonstrieren besonders die festgeschriebenen Optionen zur Vermeidung eines Waffenganges. Grundsätzlich sollte die Unterstützung innerhalb von drei Monaten nach Erhalt des Hilfegesuchs bereitstehen.[83] Demgegenüber wurden im Vertrag jedoch auch Möglichkeiten zur friedlichen Lösung des Konfliktes festgeschrieben. Falls einer der Partner gegenüber einem Kriegsgegner volle Macht besaß, sollte er diesen innerhalb von sechs Monaten einem Richterspruch unterwerfen, um eine militärische Auseinandersetzung zu verhindern.[84] Erst wenn alle Rechtsmittel erschöpft waren, wurde die Verpflichtung zur Waffenhilfe verbindlich.[85] Diese Klausel wurde in der Forschung sehr unterschiedlich interpretiert. Daenell und Erslev sahen darin einen Erfolg des Lübecker Verhandlungsgeschicks, da sich die Städte auf diese Weise einen Spielraum erwirken konnten. Demgegenüber interpretierte Hedemann die Klausel als eine massive Beschränkung des Spielraums der Städte, die damit nur noch zwischen Krieg oder Rechtsspruch wählen und nicht mehr als Vermittler auftreten konnten.[86] Dabei betrachtet er die Bestimmung als Verschärfung gegenüber den Bedingungen im Vertragsentwurf von 1417, in dem zum ersten Mal die Möglichkeit aufgenommen wurde, den Gegner auch dem Recht zu unterwerfen.[87] Die Klausel war jedoch im ersten dänischen Entwurf noch nicht enthalten, sondern findet sich erst in der späteren Lübecker Abschrift. Angesichts der Bedeutung die König Erik Rechtssprüchen als Weg der Konfliktlösung grundsätzlich zumaß, erscheint die Interpretation von Hedemann äußerst plausibel. Sie ist jedoch durch die Anmerkung zu ergänzen, dass nicht ganz eindeutig nachzuvollziehen ist, wer für den zweiten Textentwurf von 1417 verantwortlich zeichnete. Schließlich wurden in diese zweite Fassung auch zusätzliche Bestimmungen aufgenommen, welche den Interessen der Städte entgegenkamen.[88] Zumindest für 1417 eröffnet sich damit die Möglichkeit, dass auch die

---

83 8.2.1 Nr. 8, darin: *bynnen dren manten dar na schicken eynen tal volkes van důsent werafftich myt harnsche.*

84 8.2.1., Nr. 13.

85 Vgl. z. B. *Daenell*, Blütezeit, Bd. 1, 219.

86 *Daenell*, Hansestädte (1902), 312; *Erslev*, Erik (1901), 91; *Hedemann*, To eren (2010), 175–177.

87 Vgl. dazu den Textvergleich in Tabelle Anhang 8.2.1, Nr. 7 und Nr. 13. *Hedemann*, To eren (2010), 156 f.

88 Es handelt sich um die Bestimmung: Tabelle im Anhang 8.2.1 Nr. 7. Eine ähnliche Bestimmung ist auch im Vertrag mit dem Hochmeister enthalten (siehe zuvor Anm. 84): HR I, 7, Nr. 377, 226 f.: *Thom ersten, off enygerleye heren, stede edder wåt lůde dat weren, den erbenomeden heren homester und mester, eren orden und landen desses vorbundes vorbenomet enygerleye wiise vorweldigen edder vorunrechten wolden, so solen unde willen wy also schiir, alse wy des van en vormånet werden, erer mechtich syn, vorbeydene se tho liike edder tho rechte, unvorthogeliken, alze wy getruwelikest kunnen, mit breven edder bőden, wů dat aller beqwemest gescheyn mach; und mach en dat nycht ghehelpen, dat se mit eren wederzake[re]n tho geliike unde rechte nycht kunnen komen, unde worden dan eendrachtliken*

Städte den Passus einbrachten oder eine dänische Ergänzung zunächst ohne Vorbehalt akzeptierten. Im Unterschied dazu repräsentierte der Vertrag vom 15. Juni 1423 die Position des dänischen Königs in viel stärkerem Maße.

Der zweite Teil der Urkunde schrieb die Rahmenbedingungen der Freundschaft zwischen beiden Parteien fest. Dazu gehörte zunächst die Sicherung des Geleits in die Häfen des Vertragspartners. Für die Städte wurde dieser Punkt noch etwas erweitert. Ihre Bewohner sollten nicht nur geschützt reisen und Handel treiben dürfen, sondern darüber hinaus auch in der Weise abgesichert sein, *dat eyn jewelk to der stede, dar he edder syn gud komende wert, do, wes men dar van rechtes wegene plichtig is to donde.* Mit dem kleinen Wort *do* ist hier die zentrale Frage der Steuern und Abgaben umschrieben. Diese von den Kaufleuten der vertragschließenden Städte zu erbringenden Leistungen sollten nicht einfach beliebig erweitert werden können. An dieser Stelle gelang es den Sendboten der Städte also, einen für sie wichtigen Punkt in den Vertrag miteinzubringen.[89]

Als zentrale Instrumentarien für einen dauerhaften Frieden sind auch die jährlichen Treffen in København anzusehen, auf dem Klagen über Rechts- und Privilegienverletzungen vorgebracht werden sollten.[90] Zu erwähnen ist, dass sowohl diese regelmäßigen Treffen als auch das Datum, nämlich Maria Geburt, bereits im städtischen Entwurf von 1417 und in der Urkunde vom 6. Januar 1423 enthalten waren.[91] An dieser Stelle ist die Verbindung zwischen diesen beiden Texten nun sehr eindeutig. Dies gilt auch für die Angaben der Probleme, die bei diesen erwünschten Zusammenkünften angesprochen werden sollten. Die Abweichungen im Wortlaut sind dabei den unterschiedlichen Ausstellern der Urkunden geschuldet. So hätte der Entwurf von 1417 in einer Urkunde der Städte für den dänischen König und seine Räte gemündet, während im Dokument vom 15. Juni 1423 beide Vertragspartner als Aussteller fungierten.[92]

Die Ergänzungen, die in die endgültige Urkunde vom 15. Juni einflossen, kamen beiden Seiten entgegen. Schon erwähnt wurde die Absicherung von Königin Philippa im Fall von König Eriks Tod; ihr sagten die Städte Beistand gegen jegliche Schädigung an ihren Leibgütern zu.[93] Eine weitere wichtige Ergänzung des Vertrages betraf das

---

enen kriich angående (...). Diese ist jedoch weniger scharf formuliert, als in den Verträgen mit den Dänen.

89 *Daenell*, Hansestädte (1902), 315.

90 8.2.1., Nr. 20. Eine vergleichbare Passage findet sich ebenfalls im Vertrag mit dem Hochmeister: HR I, 7, Nr. 377, 227: *Und wurden* (...) *jenigerleye schelynge upstände van düsseme unseme vorbyndene, so sullen unde willen wy alle jår tho rechter tiit, so wy vormanet werden, de unsen vulmchtig mit den eren an ene gelegelike stede thosamene senden* (...). Der Unterschied besteht vor allem in der etwas flexibleren Planung.

91 Siehe Tabelle im Anhang 8.2.1, Nr. 18.

92 Vgl. die Gegenüberstellung in Tabelle im Anhang 8.2.1, Nr. 18–20.

93 HR I, 7, Nr. 601: *Vortmer, scheget, dat de allerdurchluchtigste forstinne unde vrowe, vrowe Philippa, koninginne der rike Dennemarken, Sweden, Norwegen, der Wende unde der Gothen koninginne und hertoginne to Pomern,* (...) *den ergenomeden unsern gnedigen heren, koningk Erike, vorlevede, unde*

Verfahren, durch das andere Städte in das Bündnis aufgenommen werden konnten. Der Beitritt weiterer Städte zur *Tosate* war bereits in der ursprünglichen Fassung vorgesehen,[94] doch sollte dieser nun innerhalb eines Jahres nach Ausstellung der ursprünglichen Vertragsurkunde erfolgen. Außerdem wurde den Anwärtern vorgeschrieben, dass sie den beiden Hauptvertragspartnern, dem König von Dänemark und den sechs Städten, jeweils eine Beitrittsurkunde ausstellen sollten. In der Urkunden lautet die Passage folgendermaßen: *scholen (...) uns beyden voscreven syden dar breve up besegelen unde geven, dar wy ane bewart weren; unde wy scholden en ok wederumme breven geven, dar wy ane bekanden, dat wy se in de vorscreven vruntliken tosate untphangen hadden.*[95] Eben dieses Verfahren wurde bereits in jenem Schreiben thematisiert, dass die Seestädte am 22. Januar 1423 den livländischen (und den preußischen) Städten übermittelten.[96] Hinter dieser Idee, welche die Seestädte gleich nach dem Abschluss des ersten Bündnisses durch beinah übereifrige Werbungen bei den livländischen und preußischen Städten unterstrichen, stand möglicherweise die Vorstellung einer weiterreichenden Friedensordnung für den Ostseeraum, in jedem Fall aber die Idee, dem Handel für viele Jahre einen sicheren, rechtlichen Rahmen zu geben.[97]

Grundsätzlich berücksichtigte der Vertrag vom 15. Juni 1423 zwar die Interessen beider Seiten, doch ergeben sich zugleich Unterschiede in der Perspektive. Das militärische Bündnis, zu dem der König bzw. dessen Räte die wendischen Städte bereits seit 1416 zu bewegen versuchten, richtete sich primär gegen die Grafen von Holstein. Auch wenn der Vertragstext nicht explizit auf den Konflikt Bezug nahm, deutete sich dieser doch indirekt in einzelnen Bestimmungen an. Verband sich für König Erik und die dänischen Räte mit dem Vertrag eine kurzfristige Strategie, die auf bessere Bedingungen im zentralen Konflikt abzielte, verknüpften die Vertreter der Städte damit längerfristige Hoffnungen. Sie verstanden das Bündnis vorrangig als Gegenleistung für die Wahrung ihrer rechtlichen Sonderstellung in den nordischen Reichen, obgleich diese Ziele nur in einzelnen Punkten, wie den regelmäßigen Treffen oder der Beibehaltung der gewohnten Zölle und Abgaben, Berücksichtigung fanden.

---

se denne jemant an erem lifgedinge, alse er de erbenomede unse gnedige here, der koningk, mede begavet hadde und er nalatende worde, vorwaldede edder vorunrechtede, so scholen unde willen wy erbenomede stede unde unse nakomelinghe er to erem rechte behulplik unde bystendich wesen (...).

94 In HR I, 7, Nr. 565 (8.2.1, Nr. 3) heißt es für die städtische Seite: *unde wy, borgermestere unde ratlude der stede Lubeke, Rostock, Stralessund, Wismar, Luneborg, Gripeswold unde Anclam, unde vurder de ghemenen henzesteden, de wi vorbenomeden stede hir mede inteen, alzo vele alze erer dar ane wesen will.*

95 HR I, 7, Nr. 601, 408 f.

96 HR I, 7, Nr. 572. Zitiert zuvor in Anm. 59.

97 Zum Lübecker Übereifer: Bericht der Revaler Ratssendeboten von 1423, Mai 14 (HR I, 7, Nr. 598), *Daenell*, Hansestädte (1902), 313. Zur Bedeutung der Handelssicherheit als Garantie des Friedens auch *Jenks*, Friedensvorstellungen (1996), 412–414.

Diese unterschiedlichen Intentionen und der Umfang, in dem sie in den Text einflossen, führte zwangsläufig zu einem Ungleichgewicht. Aus dem fertigen Vertrag
ließ sich am Ende nicht mehr ablesen, dass er das Ergebnis eines Kompromisses darstellte. Aus ihm ging auch nicht hervor, dass die vertragschließenden Städte im Gegenzug neue und dauerhafte Privilegien in den nordischen Reichen erwarteten, die
aber 1423 nicht beurkundet wurden. Nur einzelne Anliegen der Städte wurden durch
Folgevereinbarungen abgesichert, wie z. B. die Münzunion von 1424, mit welcher der
Geldverschlechterung abgeholfen werden sollte.[98] Die zentralen Forderungen verblieben im Zustand der Diskussion.

Die gesamte Entstehungsgeschichte des Bündnisses vom 15. Juni 1423 stand im
Kontext der Bemühungen um eine friedliche Beilegung der Auseinandersetzungen
um das Herzogtum Schleswig. Zwar knüpfte das Bündnis bereits an Vorverhandlungen der Jahre 1416 und 1417 an, doch waren die Konstellationen bis 1423 für die wendischen Städte zu ungünstig, um sich für ein Bündnis mit den Dänen zu entscheiden.
Die Verabredung eines Schiedsverfahrens in der Schleswig-Frage im Januar 1423 er-
öffneten dann bessere Chancen für ein dauerhafteres Bündnis zwischen Dänemark
und den Seestädten. Von dem am 6. Januar 1423 eingeschlagenen Kurs wichen die
Räte der vertragschließenden Städte auch nicht mehr ab, als sich die Vorbedingun-
gen für das Verfahren vor dem römischen König mit dem Tod Herzog Heinrichs von
Schlesien-Glogau veränderten.[99] Zu einem Problem wurde das Bündnis für die Städte
jedoch erst nach dem Schiedstag in Ofen.

3.3 Vertragsbruch: Vorbereitung, Rechtfertigung und Vollzug

Mit dem Schiedsurteil von Ofen vom 28. Juni 1424 erkannte König Sigismund die dänische Lehnshoheit über das Herzogtum Schleswig an und gebot den Holsteinern,
sich dem dänischen Urteil zu unterwerfen. Die mit König Erik VII. nun vertraglich
verbundenen Hansestädte bemühten sich in dieser Situation immer noch um eine
neutrale Haltung, denn eine eindeutige Parteinahme gegen die Holsteiner lag nicht

---

98 LUB 6, 603; NgL 2, 1, Nr. 61.
99 Die Urkunde von Heinrich, Adolf und Gerhard hatte den Herzog in den Rang eines Schiedsrichters
neben den römischen König erhoben: Acta Processus. Ed. *Langebek*, 392: (...) *quas nos ab utraque
parte invicem habemus, propter pacem et concordiam inter nos tractandam, sic nos tocius nostri juris
at actionis, quas nos inuicem habemus, in supradictum nostrum illustrissimum graciosissimum
Dominum Regem, sicud in unum supremum judicem et plene potestatis arbitrum, ex parte nostra
deuenimus et ramansimus in generosum Principem Dominum Henricum decitum Rompold, eciam sicud
in unum plene postestatis judicem et arbitrum deuenimus et remansimus* (...). Vgl. dazu auch *Daenell*,
Hansestädte (1902), 311, HR I, 7, 362, *Niitemaa*, Kaiser (1960), 147 f.

in ihrem Interesse. Zudem schufen Übergriffe und Beschlagnahmungen, die den Handel in den Reichen störten, neuen Konfliktstoff.[100] Zwar ließen sich diese Spannungen zunächst beheben, doch trat König Erik im Frühjahr 1426 auf Grundlage der Bündnisurkunde vom 15. Juni 1423 mit konkreten Forderungen an die Städte heran. Dabei verlangte der König von den Städten die laut dem Bündnis vereinbarten 500 Bewaffneten von jeder Stadt als Unterstützung, wobei er sich auf deren *truwen, eren unde ingesegelen* berief. Im Gegenzug gaben die Vertreter der Städte an, dass die Bestimmungen des *vorbundes efte tozate* noch nicht greifen und dass der König sie daher nicht unter Berufung auf denselben um Unterstützung bitten könne.[101] Zwar ist die Antwort der städtischen Vertreter etwas vage gehalten, doch scheint die Zielrichtung klar. Da das Bündnis erst im Fall von *walt, unrecht, schade edder wedderstal*[102] gegen eine der Parteien in Kraft treten sollte, die Holsteiner sich aber zu diesem Zeitpunkt noch zurückhielten, gab es noch keine Notwendigkeit für militärische Hilfeleistungen. Dass die Räte der Städte die Verhandlungen noch nicht für abgeschlossen betrachteten, ergibt sich aus den nachfolgenden Ausführungen. Sie verwiesen auf bereits erfolgte Vereinbarungen zwischen Dänen und Holsteinern und boten neuerliche Vermittlung an.[103] Unabhängig von den konkreten Motivationen, legt dieser Brief an den König die Annahme nahe, dass die Städte ihre neutrale Haltung mit der buchstabengetreuen Befolgung des Vertragstextes vom 15. Juni 1423 rechtfertigten; die Hilfeleistung sollte demnach nur im Fall einer konkreten Bedrohung erfolgen.

---

100 *Daenell*, Blütezeit (1905), Bd. 1, 223–225 zur Veränderung des politischen Klimas, vor allem mit dem Tod von Jordan Pleskow in Lübeck und Simon von Urden in Stralsund. *Fritze*, Wirtschaftliche und soziale Entwicklung (1956), 95–96.

101 1426, Juni 29 (HR I, 8, Nr. 60): *Juwer koningliken gnade breff, dar ane juwe gnade uns eschet unde manet mit truwen,* [ere] *unde ingesegele*[n]*, dat wii eyn yslike stad van unzen steden juwen gnaden schicken myt den eersten 500 gewapent, to juwer hulpe to blivende wedder de heren van Holsten etc., hebben wii wol vornomen unde dar uterliker umme gesproken; also dat uns allen zere vorwundert, dat juwe gnaden zo zwaarliken eschet unde manet (...). Ok kone wii nicht erkennen efte besynnen, dat yd dar to gekomen sy, dat uns juwe gnade van vorbundes efte tozate wegen zo zwaarliken esschen unde manen dorve efte moghe, juwen gnaden de voscreven gewapenden to schickende wedder de Holsten, alse juwer gnade unser stede sendeboden latest to Werdingborch des clarliken underwiseden (...).* Dazu vgl. HR I, 8, 30 f.: „Verhandlungen zu Vordingborg" – 1426 [Mai 19]". HR I, 8, Nr. 60 ist als Abschrift in Danzig und Köln überliefert. Anwesend bei dieser Versammlung in Lübeck waren die Vertreter von Hamburg, Rostock, Stralsund, Wismar, Lüneburg, Danzig, Riga, Dorpat, Reval, Lüneburg und des deutschen Kaufmanns zu Brügge (HR I, 8, 37–38, Nr. 59: Rezess).

102 HR I, 7, Nr. 565 (8.2.1, Nr. 6).

103 HR I, 8, Nr. 60: *(...) Unde wii en twivelen ok nicht, wannet juwen gnaden were to synne unde behegelich geweset, to holdende alsodane, alse uns dunket, nütte unde lymplike eyndracht unde vorramynghe, alse yn vortiiden twischen juwen gnaden vormiddest juwen vulmechtigen zendeboden, den erbaren unde strengen rittere hern Erike Kommmediike* (!) *unde hern Steene Bassen, unde den heren van Holsten bynnen Lubeke, by guder vrundliker ynsprake des heren oversten marschalkes Dudeschen ordens unde der stede, begrepen ward, alle unwille twischen juwen gnaden unde den heren van Holsten hadde (...).*

Tatsächlich mussten die Vertreter der Städte um Lübeck zu diesem Zeitraum bereits über einen Wandel ihrer Strategien nachgedacht haben, denn der Rezess der Versammlung vom 24. Juni 1426 vermerkt als ersten Punkt ein Bündnis zwischen den Städten Lübeck, Rostock, Stralsund, Wismar und Lüneburg. Dabei verpflichteten sie sich zur gegenseitigen Unterstützung gegenüber einem Schädiger.[104] Eine dazugehörige Urkunde ist nicht überliefert. Zwar wird in dem Rezessartikel kein expliziter Gegner benannt, doch deutet er auf eine antizipierte Gefahrensituation hin. Dahinter verbarg sich in diesem Fall vermutlich die erwartete Eskalation des dänisch-holsteinischen Krieges.

Der weitere Verlauf der Korrespondenz legt offen, dass der König nicht bereit war, von seiner kompromisslosen Haltung abzuweichen. Insbesondere rief er die Adligen des Landes Schleswig zur aktiven Unterstützung gegen die Schauenburger auf. Diese Haltung fand ihre endgültige Bestätigung in dem Treffen zu Haddeby und Flensburg. Das von diesen Verhandlungen erhaltene Schriftstück stammt ganz eindeutig von dänischer Seite. Es handelt sich entweder um die hochdeutsche Übersetzung des zeitnah entstandenen Berichtes oder um eine nachträglich angefertigte Rechtfertigungsschrift.[105] Aus diesem Grund gehört das Dokument bereits in die Wirkungsgeschichte der *Tosate* in den Zeiten des Krieges. Es fasst aber die dänischen Forderungen noch einmal zusammen und verdeutlicht, dass es für die Städte nun unmöglich wurde, weiter neutral zu bleiben. Daher war der Bruch mit dem Bündnis von 1423 nur noch eine Frage der Zeit.

Über die konkrete Aufhebung der Bündnisurkunde seitens der wendischen Seestädte liegen keine konkreten Quellen vor, dafür aber von den livländischen Städten. Diese schickten im Oktober 1429 den Bürgermeister von Dorpat, Thidemann Voss, nach Lübeck, damit er ihre dort lagernde Beitrittsurkunde vernichtete. Bei diesem Verfahren schnitt er zuerst die Siegel ab und warf dann das Schriftstück ins Feuer.[106] Ob er die Siegel ebenfalls vernichtete oder nach Livland zurückbrachte, geht aus dem Bericht nicht hervor. Die rechtliche Entwertung durch die Entfernung der Beglaubigungsmittel geht also der physischen Vernichtung des Schriftstücks voraus. Ein solches Verfahren ist für die wendischen Städte jedoch zu diesem Zeitpunkt nicht anzunehmen. Schon allein die offizielle Auflösungsurkunde von Lübeck, Lüneburg und Wismar nach dem Friedensschluss 1435 spricht dagegen. Obgleich darin Angaben

---

104 HR I, 8, Nr. 59, § 1, 43: *eft ze yemend vorbuwen unde en negher komen wolde, d(en) yd en beqweme unde eren steden, inwoneren unde depe to vorvange unde schedelik were, dat erer eyn den anderen dat mit gantzen truwen will helpen keren unde sturen nach alle ereme vormoge.*
105 HR I, 8, Nr. 95 / LUB 6, Nr. 761 = AHL, ASA Externa Danica, Nr. 1012.
106 Dorpat an Reval, 1429, Okt. 11 (LivUB 8, Nr. 102 / HR I, 8, Nr. 685 [Regest]): *dat uns unse borgermeister her Tideman Vos van den heren van Lubeke ingebracht heft tho deme ersten, dat de tozatesbreve to Lubeke sin vordelget, also dat he den ingezegele yegenwordich tosneden unde de bryve in dat vuer geworfen heft.*

über die Entwertung und mögliche Vernichtung des Schriftstücks fehlen, gibt es ausreichende Indizien darauf, dass die Haupturkunde erst nach dem Krieg vernichtet oder ausgeliefert wurde.

Die physische Entwertung stellte aber nicht den einzigen Umgang mit der Urkunde und den darin enthaltenen Verpflichtungen dar. Zu beachten ist auch die Form, in der die Städte das Ende des Bündnisses und den Beginn des Krieges demonstrierten und bekannt machten. Der erste Schritt bestand in einem konkreten Beschluss am 22. September 1426, sich gegenseitig in diesem Krieg beizustehen, *den wij myt dem heren koninghe van Denemarken etc. vnde synen helperen voren vnde holden moten.*[107] Dieser Satzteil bringt den Gedanken zum Ausdruck, dass die Städte zu dem Krieg gezwungen wurden. Selbst wenn diese Urkunde keine nähere Erklärung enthält, so kommen als zwingende Gründe für die Städte in der Regel immer Sicherheit des Handels sowie Wahrung der Freiheiten und Privilegien in Frage.[108] Diesen Eindruck bestätigen auch die nachfolgend noch zu besprechenden Absagebriefe. Zu dem neuen Bündnis vom 22. September trat nun auch Hamburg bei. Lübeck, Stralsund und Hamburg trugen mit jeweils 500 zu stellenden Bewaffneten größere militärische Lasten als Rostock, Wismar und Lüneburg, die nur jeweils 300 Bewaffnete aufzubringen hatten.[109]

In einer zweiten Urkunde vom 22. September 1426 wird ergänzt, dass der Krieg *vmme vnser alle nŏd* begonnen werden müsse. Des Weiteren beschwört das Schriftstück den Zusammenhalt der Städte, die sich verpflichten, den Krieg gemeinsam zu führen.[110] Nur Stralsund erhielt die Erlaubnis, die Absendung seiner Absage- bzw. Fehdebriefe und damit den Beginn des Krieges um einen Monat auf den 14. Oktober zu verschieben, höchstwahrscheinlich aus Vorsicht gegenüber der Reaktion der pommerschen Herzöge.[111] Sicherlich aus ähnlichen Gründen blieben zwei der ursprünglichen Partner des Bündnisses von 1423, Anklam und Greifswald, den Verträgen vom

---

107 LUB 6, Nr. 764.

108 *Jenks,* Friedensvorstellungen (1996), 411 f.

109 LUB 6, Nr. 764: *alse wij van Lubeke, Hamborch vnde Stralessund, eyne jewelike stad viffhundert werafftighe, de van Rozstoke, Wismer vnde Luneborch malk drehundert werafftighe.*

110 LUB 6, Nr. 765: *(...) vorplichten vnde vorbinden vns ok in kraft desser suluen schrift, dat wy den krich (...) van stunde an vnde to ende vth tosamede bliuen scholen vnde willen, vnde vnser ene stad schal der anderen darane myt ghantzen truwen bystendich vnde behulpen wezen myt ghantzer macht, to watere vnde to lande, vnde vnser nŏn schal bynnen deme voschreuen krighe myt dem erbenomeden heren koningh vnde synen helperen, samentliken edder besunderen, jeneghe vrede, vleghe edder bestand maken edder anghan sunder vnser aller ghutliken endracht.*

111 *Fritze,* Wirtschaftliche und soziale Entwicklung (1956), 96.

September 1426 fern, von denen sich Greifswald später explizit dem Krieg verweigerte.[112] Um die Vereinbarung mit Stralsund zu bekräftigen, wurde die zweite Urkunde vom 22. September 1426 als sehr schlichtes Chirograph aufgesetzt, das die Vertreter Stralsunds und Lübecks namens der übrigen Städte teilten.[113]

Mit dieser gegenseitigen Verpflichtung endeten die Demonstrationen von Einigkeit keineswegs. Nachdem sich die Seestädte am 27. September 1426 nun mit den Holsteinern verbündet hatten,[114] bereiteten sie den offiziellen Beginn des Krieges vor. Zu diesem Zweck erstellte die Lübecker Kanzlei, in Abstimmung mit den Sendeboten von Hamburg und Lüneburg, Konzepte eines Absage- oder Fehdebriefes, die dann Wismar, Rostock und Stralsund zugingen. Erhalten ist von den Lübecker Rundschreiben nur der Brief an Wismar, in dem der Rat der Stadt über die bereits geschehene Einigung informierte und darum gebeten wurde, ähnliche Briefe an Rostock weiterzubefördern. Einheitlichkeit strebten die Lübecker dabei nicht nur im Wortlaut der Fehdebriefe, sondern auch beim Absendedatum an. Dieses Ansinnen ließ sich aber nicht in der erhofften Form durchsetzen.[115] Schon allein die Absagebriefe wichen im Datum mehrheitlich voneinander ab. Nur Lüneburg und Lübeck stellten ihre Briefe gemeinsam auf den 6. Oktober 1426 aus, in der Erwartung, dass die übrigen Briefe – wie vereinbart – am nächsten Tag in der Travestadt eintreffen würden. In Wismar und Rostock verschob sich die Abfassung der Schriftstücke auf den 13. und wahrscheinlich 15. Oktober, wodurch diese Städte in der Datierung nun bewusst oder unbewusst mit Stralsund übereinstimmten.[116] Zudem wählte Stralsund im Unterschied zu den übrigen Städten nur *unser stad Secret*, um den Brief zu beglaubigen (Abb. 3.2).[117]

---

112 LUB 7, Nr. 21 = AHL, ASA Externa Danica, Nr. 1013–13 (zeitgleiche Abschrift). Die Vertreter von Greifswald und Anklam waren laut historiographischer Quellen bei dem Treffen am 22. September 1426 zugegen: Rufus-Chronik II, § 1449, 243: *dar quemen de to de van Lubeke, de van Hamborch, de van deme Sunde, de van der Wysmer, de van deme Grypeswolde unde van Anklem.*

113 LUB 6, Nr. 765: *vnde desses to merer tuchnisse sint desser schrifte twe, der de ene vth der anderen ghesneden likludich sint, vnde der hebben de råd van deme Stralessunde ene vnde wy anderen erbenomeden stede de anderen.* Die Teilurkunde für die Mehrheit der Städte befindet sich als Original in AHL, ASA Externa Danica, Nr. 1013.

114 1426, Sept. 27: HR I, 8, Nr. 98 (Regest) / LUB 6, Nr. 767. Dieser Vertrag ist nur als Abschrift in Lüneburg überliefert.

115 1426, Okt. 2 (HR I, 8, Nr. 101): *Wy senden juwer leve eyne avescrifft, hir ane besloten, wo men deme heren koninghe schal entsegghen, unde begheren frundliken dat gij juwen veydebreff myt juweme boden nů en mandage en avend erst komet bynnen unser stad hebben willent, wente wii myt deme heren hertogen van Sleswiick unde den steden Hamborch unde Luneborch des also eyns geworden sin, dat juwe, der van Rozstoke, Luneborch unde unse veydebreve unde boden uppe dessen vorscreven mandach en avent bynnen unser stad jo wesen scholen. Ok beghere wii fruntliken, dat gi unse anderen breve an de van Rozstok vorder willent benalen, den wii desser geliiken vorscriven, unde neyn sůmenisse hir ane en beschee (...).*

116 Zu den Datierungen vgl. Angaben in HR I, 8, Nr. 102, 1–4.

117 Dieser Verweis fehlt bei HR I, 8, Nr. 102, 4.

Sekrete, die als Rücksiegel für die großen Stadtsiegel entstanden waren und benutzt wurden,[118] kamen zu Beginn des 15. Jahrhunderts vor allem für die allgemeine Korrespondenz der Städte zum Einsatz,[119] stattdessen pflegte man *keyseren vnde koningen (...) vnder dem groten ingesegel* zu schreiben.[120] Stralsunds Verwendung des Sekretsiegels zur Beglaubigung des Fehdebriefs lässt sich kaum aus der Unkenntnis der angemessenen und korrekten Formen erklären, sondern muss vielmehr als ein diplomatischer Kniff betrachtet werden. Durch die Anwendung des Sekretsiegels erlangte das Schriftstück nicht den höchsten Grad der Feierlichkeit und damit – sicherlich impliziert – der rechtlichen Verbindlichkeit.[121] Dadurch konnten die städtischen Repräsentanten wiederum der problematischen Situation ihrer Stadt innerhalb der pommerschen Herrschaft und einer notwendigen Rücksichtnahme auf die Herzöge Rechnung tragen.[122]

---

118 Dies gilt z. B. für das Siegel an AHL, Urkunden, Danica, Nr. 198. Zu den Lübecker Stadtsiegeln: *Fink*, Stadtsiegel (1955), 18–20 (zum dritten Schiffsiegel und zum zweiten Sekretsiegel)

119 Die in den Externa Danica 3,1 und 3,2 enthaltenen Briefe der anderen Städte sind mit Sekretsiegeln beglaubigt: z. B. Wismar (AHL, ASA Externa Danica, Nr. 3,1–14 – an den Spuren erkennbar), Stralsund (AHL, ASA Externa Danica, Nr. 3,1–92 – Spuren und Größe erkennbar), Rostock (AHL, ASA Externa Danica, Nr. 3,2–105 – gut erhalten auf der Rückseite). Lübeck benutzt sein Sekretsiegel für interne Kommunikation zwischen Rat und Sendeboten: z. B. 1420, März 3 und 5: LUB 6, 217 f. = AHL, ASA Externa Danica, Nr. 3,1–29 f. Hier dient das Siegel möglicherweise auch zur Signalisierung der Bedeutung der Nachricht, die versteckte Anspielungen auf eine politische Absprache enthält.

120 Vgl. dazu 1434, März 22 (LUB 7, Nr. 573): *Wy senden iw iuwen breff an vnsen gnedigen heren den keyser gescreuen wedder, wente dat secret was entwey, alse gi wol zeen mogen. Ok isset io wontlik, dat (...)*. Darauf folgt die zitierte Stelle. Von den für den betrachteten Zeitraum überlieferten Urkunden enthält nur DRA, NKR, Nr. 3206 ein Sekretsiegel. Unter den Lübecker Akten befindet sich ein nicht abgeschickter Brief an Königin Margrete, wahrscheinlich vom 29. Juni (petri und pauli) 1404, der bereits für die Absendung vorbereitet und mit dem großen Lübecker Siegel versehen wurde: AHL, ASA Externa Danica, Nr. 2 = LUB 5, Nr. 101. Am selben Ort befindet sich auch ein Schreiben der Königin vom 11. November 1405 (LUB 5, Nr. 102).

121 Zu der Abstufung verschiedener Beglaubigungsformen am Beispiel städtischer Bündnisse, vgl. *Pitz*, Bürgereinung (2001), 416. Ein besonderes Beispiel ist auch die Besiegelung der dänischen Ratifizierungsurkunde zum Stralsunder Frieden, bei der König Valdemars IV. nur sein Sekretsiegel verwendete: *Daenell*, Blütezeit (1905), Bd. 1, 43.

122 Vgl. *Fritze*, Wirtschaftliche und soziale Entwicklung (1956), 96: „Man scheint sogar damit gerechnet zu haben, dass die Herzöge offen auf die Seite König Eriks treten könnten." Er beruft sich dabei auf die Angaben des Regests von HR I, 8, Nr. 102, 4, geht aber nicht auf die Besiegelung ein. Da diese dort weder im Text des Regests noch in den Anmerkungen vermerkt ist, war ihm wohl die Qualität des Siegels nicht bekannt.

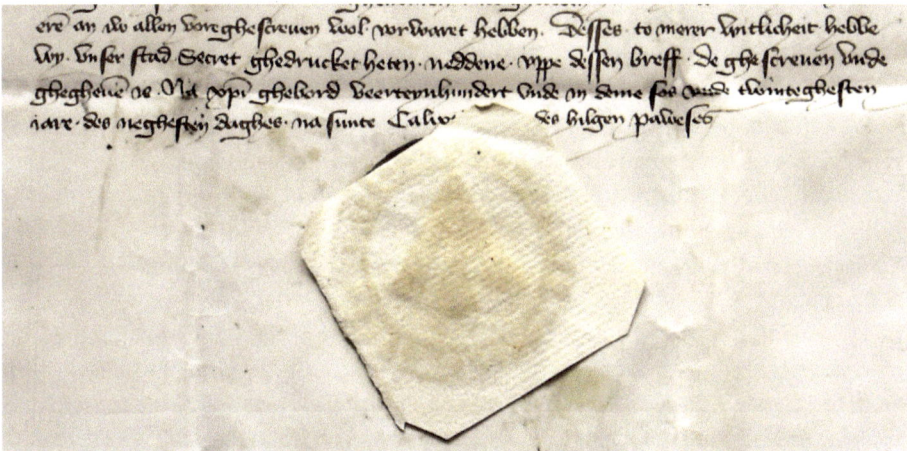

Abb. 3.2: Absagebrief Stralsunds. Detail mit Corroboratio, Datierung und Sekretsiegel (DRA, NKR, Nr. 2971): *Desses to merer witlicheit hebbe, wy unser stad Secret ghedrucket heten, neddene, vppe dessen breff* (...). Foto der Verfasserin.

Abgesehen von der Corroboratio und dem Datum stimmt der Inhalt dieses Schreibens mit den Absagebriefen von Lübeck und Lüneburg überein. Demgegenüber wählte Wismar trotz der zugeschickten Vorlage eine eigene Fassung. Das von Lübeck versandte Formular und die Absagebriefe von Lübeck, Lüneburg und Stralsund beginnen mit einer direkten Ansprache *Wetet, irluchtigeste hochgeboren furste und here, her erik ...,*[123] die bereits eine besondere Situation signalisiert. Im Unterschied dazu wählte der Rat von Wismar eine traditionelle Grußformel.[124] Durch diese wirkt der Ton des Wismarer Fehdebriefes zumindest am Anfang höflicher. Das Schriftstück insgesamt erscheint wortreicher und bietet ausführliche, fast schon weitschweifende Erklärungen. Da sich Wismar wohl bewusst für einen abweichenden Text entschieden hatte, steht dahinter vielleicht das Bemühen um größere Verbindlichkeit und ausführlichere Rechtfertigung. Das Fehlen des Rostocker Absagebriefes lässt offen, ob sich der Rat an der Lübecker Vorlage orientierte oder ob sich Wismar und Rostock untereinan-

---

123 HR I, 8, Nr. 102, 1: *Wetet, irlůchtigeste hochgeboren furste unde here, her Erik, der ryke Dennemarken, Sweden, Norwegen, der Wende unde der Goten koning unde hertôge* (to) *Pomeren, dat wy borgermestere, ratmanne, gemende unde inwonere der stât Lubeke unde unse helpere* (...). Diese Formel ist eine der typischen Gestaltungsformen des Fehdebriefes: *Holzapfl*, Kanzleikorrespondenz (2008), 191 f.

124 HR I, 8, Nr. 102, 3: *Grosmachtigen weldigen fůrsten unde heren, heren Erike, der rike Dennemarken, Sweden, Norwegen, der Wende unde Goten konynge etc. Wii borgermestere, radmanne unde ghemeente der stadt Wismar dôn juw witliik nach temeliker grůte, alze ziik nů gheboret,* (...).

der auf eine einheitliche Version einigten. Möglicherweise mussten auch die mecklenburgischen Städte in irgendeiner Form auf die Haltung ihrer Herrschaft Rücksicht nehmen oder Rücksprache mit dieser halten.[125]

Als Fazit ergibt sich aus den Vorbereitungen der Absagebriefe und den Beobachtungen zu Absendung bzw. zur äußeren Erscheinung der Absagebriefe, dass ausgehend von Lübeck zunächst eine bewusste Demonstration von Einmütigkeit geplant war. Dies gelang auf Grund der individuellen Situationen oder Entscheidungen der Städte in Mecklenburg und Pommern nur teilweise. Um diese Uneinheitlichkeit wieder zu beheben, scheint in Lübeck die Absendung des Absagebriefes auf den 17. Oktober 1426 verschoben worden zu sein.[126] Dass im Hintergrund dieses zumindest angestrebten einmütigen Handelns der Bruch mit dem dänischen Bündnis stand, verdeutlicht die bewusste Auslassung der Stadt Hamburg aus diesen vorgeplanten Handlungsabläufen. Die Elbstadt war zum einen niemals dem Bündnis mit Dänemark beigetreten, zum anderen befand sie sich bereits seit 1417 im Krieg mit Dänemark.[127]

Auf einer allgemeinen inhaltlichen Ebene stimmt der grundsätzliche Ton aller erhaltenen Absagebriefe überein. Jeder von ihnen begründete die Fehde mit Verletzungen der Privilegien und Übergriffen auf Kaufleute. Besonders der Bruch des in der Bündnisurkunde von 1423 zugesagten Geleits fand explizit Erwähnung.[128] Der Krieg wurde somit grundsätzlich mit Nichteinhaltung des Bündnisses von dänischer Seite gerechtfertigt, da in der Urkunde von 1423 die Sicherheit des Geleits und die Unversehrtheit von Leib und Gut der Kaufleute explizit zugesichert worden war.[129]

Für zwei Städte ist die Absendung der Briefe genauer dokumentiert. In Lübeck erfolgte die Entsendung des Schreibens am 17. Oktober 1426 in einem offiziellen Akt, der in einem Notariatsinstrument festgehalten wurde.[130] In Anwesenheit des Notars Johannes Tzeuer versammelten sich Bürgermeister und Ratsherren von Lübeck, denen Conrad Brekewold – als einer der drei Bürgermeister – das Schreiben zunächst präsentierte, damit dessen einwandfreie Form – *non cancellatam, non viciatam non*

---

125 Herzog Heinrich von Mecklenburg-Stargard verhielt sich zunächst neutral und trat erst 1428 auf Seiten König Eriks in den Krieg ein. Vgl. Absagebrief: AHL, ASA Externa Danica, Nr. 3,2–157 = LUB 7, Nr. 231. Herzogin Katharina bzw. ihre Berater werden nur einmal, bei den Verhandlungen von 1434, als potentielle Schiedsherren König Eriks ins Spiel gebracht. Dazu Kap. 5.6.2.
126 LUB 6, Nr. 774: *Anno natiuitatis eiusdem millesimo quadringentesimo vicesimo sexto, indictione quarta, die Jovis decima septima mensis Octobris.*
127 *Daenell*, Hansestädte (1902), 293 f.; *Hoffmann*, Spätmittelalter (1990), 245.
128 HR I, 8, Nr. 102, 1: *unde juwe besegelte geleyde uns unde den unsen van ju unde den juwen nicht geholden en is.* HR I, 8, Nr. 102, 3: *unde gii ok juwe velighe gheleyde, dat gii uns ghezecht unde vorzeghelt hebben, zwarliken an den unsen ghebroken hebben.*
129 HR I, 7, Nr. 565, 366 (8.2.1, Nr. 17 [10]): *Unde (...) scholen ok geleydet unde geveliget wesen alle borgere unde inwonere der stede vorscreven unde alle, de jenne, de se myt rechte vordedingen moghen, bynnen den riken vorgescreven to watere unde to lande unde dar wedder uth myt erem lyve unde gode.*
130 AHL, Urkunden, Danica, Nr. 190 = LUB 6, Nr. 774.

rasam, non abolitam nec in aliqua sui parte suspectam – bestätigt werden konnte. Dann verlas der Lübecker Ratsschreiber Hermann van Hagen (*Hermanno de Indagine*) laut den Text des Absagebriefes und der Notar stellte die Unversehrtheit des Siegels fest. Zuletzt wurde das Schreiben dem städtischen Boten Arnold Quast anvertraut, der es zur nächsten dänischen Burg oder Stadt befördern sollte. Neben verschiedenen Ratsleuten, die im Text genannt werden, waren auch verschiedene mit der Stadt Lübeck verbundene Adlige zugegen. Der unter diesen adligen Zeugen genannte Lübecker Marschall Ludeke Blücher lässt sich zudem als der Verfasser eines individuellen Fehdebriefes für Dänemark identifizieren.[131]

Notariatsinstrumente sind in Lübeck in dieser Zeit noch nicht im Rahmen von innerstädtischen Angelegenheiten überliefert, sie kamen aber seit dem 14. Jahrhundert in Streitfällen zwischen der Stadt und dem Klerus bzw. einzelnen Klerikern und Bürgern zum Einsatz.[132] Vom 31. Oktober 1424 ist zudem auch ein Notariatsinstrument überliefert, das die Überweisung der Reichssteuer an einen Abgesandten Albrechts, Schenk von Landsberg, dokumentierte.[133] Es handelt sich zwar bei diesem Empfänger des Geldes um einen Geistlichen, doch findet sich ein ähnliches Notariatsinstrument auch vom 13. Oktober 1426, in dem aber ein *beschedene(r) manne*, d. h. wohl nichtklerikaler *familiaris nobilis Alberti Schenkonis de Landesberghe*, diese Aufgabe übernahm.[134] Ob es sich bei diesen beiden überlieferten Notariatsinstrumenten wirklich um die Einzigen handelt, die bezügliche der Reichssteuer ausgestellt wurden, lässt

---

131 LUB 6, Nr. 774: *Honorabilibus ac robustis viris Elero Ratlowe, Hinrico Scroder, Helmoldo de Plesse, Ludero Blucher et Volrado de Tzule.* Der Fehdebrief des Ludeke Blücher: HR I, 8, Nr. 103 = DRA, NKR, Nr. 2981. Zu den Personen: Eler Ratlow, holsteinischer Adliger: LUB 6, Nr. 27, 30, 107, 801 (1418); Helmold von Plesse, Lübecker Vogt: LUB 7, Nr. 167, 343, als Stifter: *Neustadt/Nikulka/Schumann*, Tempzin (2016), 1127. Luder Blücher, Lübecker Marschall: LUB 7, Nr. 493, 553; Volrad von Züle, entweder auf Walsmolen (LUB 6, Nr. 469, 482, 492) oder auf Gudow, dann auch Marschall der Herzöge von Sachsen-Lauenburg (LUB 6, Nr. 771). Zu den Ämtern von Vogt und Marschall: Beide dienten wohl vorrangig der Verteidigung: *Frensdorff*, Stadt- und Gerichtsverfassung (1861), 93, Anm. 53 (zum Vogt). Der Vogt, auch „Marktvogt" genannt (LUB 7, Nr. 288), übte im Auftrag des Rates wahrscheinlich aber auch die aktive polizeiliche Gewalt aus. Vgl. das Verzeichnis der durch den Vogt Lüttke Conrad hingerichteten Verbrecher aus dem 14. Jahrhundert (LUB 1, Nr. 401).
132 *Ahlers*, Notariat (1953), 342. Mit besonderem Verweis auf die Streitigkeiten der Stadt mit dem Bischof Burkhard von Serken um 1300, bei denen die Stadt auf einem *tabellio*, d. h. einem öffentlichen Notar, als Protokollführer beharrte. Vgl. auch *Reetz*, Bistum (1952), 55.
133 LUB 6, Nr. 623, dazu Anm. 2: „Außer dieser Quittung befindet sich im Archiv noch ein ausführliches Notariatsinstrument vom 31. Oktober 1424, durch welches beurkundet wird, dass *Gumbertus de Busello*, Bruder des Antoniterordens, Pfarrer in Prettin, von den Kämmereiherren Albert von der Brügge und Hermann Westfal die Reichssteuer von 750 mL in Goldgulden erhalten habe."
134 LUB 6, Nr. 773. Danach sollte das zu zahlende Geld *dem beschedenen manne Donet Grybo, vnseme leuen getruen denere vnde knechte* ausgezahlt werden. Dazu auch Anm. 1: „Auch über diese Zahlung ist, wie bei Nr. 623, am folgenden Tages, Oct. 13, ein ausführliches Notariatsinstrument ausgestellt. Donet Gribo wird darin *familiaris nobilis domini Aberti Schenkonis de Landesberghe* genannt. Kämmereiherren waren wiederum Albert von der Brügge und Hermann Westfal."

sich nicht ermitteln, da nur in wenigen Fällen überhaupt die Auszahlung des Geldes dokumentiert wurde. In der Regel sind überhaupt nur die Quittungen der jeweiligen Fürsten, welche die Steuer erhielten, oder die Zahlungsanweisung des römischen Königs erhalten.[135] Möglicherweise hing die Nutzung des Notariatsinstruments als Beglaubigung für die Überweisung mit dem Empfängerwechsel von Herzog Albrecht III. von Sachsen zu Albrecht, Schenk von Landsberg, zusammen, der ein neues Prozedere der Geldübergabe mit sich brachte. Auf jeden Fall handelte es sich bei diesen Zahlungsbescheinigungen um Rechtsakte, die über die Stadt und damit die Autorität des Niederstadtbuches hinausgingen.[136] Das Notariatsinstrument wurde nicht nur für Beziehungen zur Geistlichkeit, sondern auch für Prozesse zwischen zwei verschiedenen Rechtsräumen angewandt.

Behrmann führte das Notariatsinstrument über die Kriegserklärung als Beleg dafür an, dass der Anstoß zur Verrechtlichung von den Dänen ausging, während die Städte nachzogen. Zwar hatten Mitglieder des dänischen Reichsrates einige Jahre zuvor über die Zahlung einer Geldsumme ein Notariatsinstrument eingefordert.[137] Dennoch gibt es keinen zwangsläufigen Kausalzusammenhang zwischen dieser Urkunde und der Dokumentation der Kriegserklärung, da der massive Einsatz von Notariatsinstrumenten gegenüber den Städten auf dänischer Seite erst in der Zeit des Krieges zu beobachten ist.

Stattdessen ließe sich die Anwendung von Notariatsinstrumenten für weltliche, politische Angelegenheiten in Lübeck auch aus dem Kontakt mit dem römischen König und der Einwirkung des gelehrten Rechts von dieser Seite erklären.[138] Daher kann das Notariatsinstrument über die Kriegserklärung auch aus einer genuin Lübecker

---

135 Zwischen 1420 und 1426 sind weitere Quittungen neben den genannten LUB 6, Nr. 166 (16. Januar 1420), 293 (1. November 1420, Quittung Herzog Alberts III. von Sachsen), 363 (18. November 1421, gleicher Aussteller), 443 (11. September 1422, gleicher Aussteller), 544 (10. November 1423, erste Quittung Albrechts, Schenk von Landberg), 701 (28. Oktober 1425, Quittung Albrechts, Schenk von Landsberg). Zahlungsanweisungen sind LUB 6, Nr. 165, 470 (27. November 1422, damit wird die Reichssteuer Albrecht, Schenk von Landsberg überwiesen), 515 (1. Mai 1423, gleicher Inhalt wie vorherigen Urkunde), 608 (11. Juli 1424, wie vorher), 730 (18. März 1426, wie vorher), 797 (31. August 1411, Überweisung an Kurfürst Rudolf von Sachsen-Wittenberg). In einem Fall ist eine Siegelurkunde als Empfangsbestätigung überliefert: LUB 6, Nr. 378, bezieht sich auf LUB 6, Nr. 363. Im Zusammenhang mit der Quittung Albrechts, Schenk von Landsberg, vom 28. Oktober 1425 (LUB 6, Nr. 701) ist auch ein Eintrag ins Niederstadtbuch überliefert.

136 *Ahlers*, Notariat (1953), 342 erwähnt bereits den Nutzen des Notariatsinstrumentes als „mobiles" Bestätigungsmittel, das auch außerhalb Lübecks vorgelegt werden konnte. Es fand aber im zivilen Geschäftsleben erst ab 1436 Einsatz.

137 *Behrmann*, Herrscher (2004), 284 f.

138 Dann ließen sich Notariatsinstrumente in Lübeck in die allgemeine Tendenz zur Säkularisierung des gelehrten Rechtes einordnen: *Cordes*, Kaiserliches Recht (2009), 128, bes. Anm. 10 (zum Begriff der Säkularisierung des gelehrten Rechts).

Praxis entstanden sein. Denn im Fall dieses Krieges handelte es sich um eine Rechtsangelegenheit, die über das eigentliche Stadtrecht hinausging, quasi „internationalen" Charakter hatte. Deshalb wählte man ein Instrumentarium des gelehrten Rechts, um der eigenen Position besonderes Gewicht zu verleihen.

In ähnlicher Weise ist auch für Rostock die Absendung der Kriegserklärung durch einen offiziellen Akt belegbar, wenngleich nicht in Form eines Notariatsinstrumentes, sondern ursprünglich wohl in Form einer Siegelurkunde der Knappen Johann Veregge und Henning Preen. Dennoch folgte die Urkunde in einigen Elementen durchaus dem formalen Aufbau einer notariellen Aufzeichnung. So erscheint zum Beispiel die Datumsangabe bis auf die Uhrzeit genau *in den jaren unses Heren duzent veerhundert zosundetwintich des negesten di(n)gezsedaghes na sunte Dionysius daghe, alze de klokke teyne sleyt ofte dar by vor middaghe.* Zwar enthielt diese Aussage keine vollständige Inhaltsangabe des Absagebriefes, doch wie der Lübecker Notar bestätigten auch die beiden adeligen Zeugen in Rostock die Form der Urkunde (*enen openen beseghelden untsegghebref*) sowie die Unversehrtheit und die Art des Siegels (*myt der stad Rozstok ingesegel besegelt*). Zudem wurde auch dieser Brief einem namentlich genannten Boten (*Reberghe, erer stad plegelke lopere*) anvertraut. Im Unterschied zu Lübeck benannte die Rostocker Aufzeichnung den Schreiber des Absagebriefes, Nicolaus Krouwel, mitsamt seinem Wohnsitz. Daraus ergibt sich, dass es sich wohl nicht um einen Ratsschreiber handelte, sondern dass dieser speziell für diesen Fall herangezogen wurde.[139]

Trotz einiger Unterschiede ergaben sich bei der Absendung der Absagebriefe in beiden Städten fundamentale Gemeinsamkeiten. In Lübeck wie in Rostock ging die Initiative von Bürgermeistern und Rat aus, als Zeugen aber fungierten Angehörige des mit der Stadt verbundenen Adels und verliehen der Angelegenheit durch ihre Anwesenheit besondere Feierlichkeit. Die Formen und der Rahmen, welche die Städte für ihre Kriegserklärungen nutzten, ließen sich auch aus der besonderen Situation erklären, die mit dem Bruch eines Bündnisses einherging. Da sich die Städte 1423 gemeinschaftlich verpflichtet hatten, mussten sie nun auch gemeinschaftlich die Ungültigkeit des Vertrages – aufgrund dänischer Friedensbrüche – demonstrieren. Als Möglichkeiten dafür boten sich die Einheitlichkeit der Absagebriefe und deren ungefähr zeitgleiche Absendung zwischen dem 15. und 17. Oktober 1426 an, aber auch ein besonderer Rahmen oder die Aufwertung der Kriegserklärung durch ein Notariatsinstrument.

In vergleichbarer Weise äußerte sich diese Einträchtigkeit auch bei den Rechtfertigungsschreiben, mit denen die Städte ihre Kriegserklärung weiteren Kreisen der Hanse bekanntmachten. Anhand der Überlieferung in Lübeck und andernorts lassen

---

139 Alle Zitate nach HR I, 8, Nr. 104, außerdem: *Unde Nicolaus Krouwel, en scriver, wonaftich in der dwerstraten tuschen der Kosvelde unde monnikestrate bekande darsulvest, dat he den bref ghecsreven heft.*

sich als Adressaten dieser Briefe die holländischen bzw. flandrischen und die livländischen Städte mit Sicherheit, die westfälischen Städte mit großer Wahrscheinlichkeit festmachen.[140] Möglicherweise wurden bereits zu diesem Zeitpunkt auch die
sächsischen Städte, die sich später der Fehde anschlossen,[141] die pommerschen
Städte, die dies nicht taten,[142] und auch die preußischen Städte[143] durch offizielle
Schreiben über den Krieg informiert. Erhalten sind jedoch nur drei Dokumente zu diesen Rechtfertigungen. Dabei handelt es sich zum einen um einen Brief, für den auf
Grund sprachlicher Eigenarten zu Recht schon Höhlbaum im Lübeckischen Urkundenbuch die holländischen Städte als Adressaten annahm.[144] Zum anderen existiert
ein Schreiben an die livländischen Städte in doppelter Ausfertigung.[145] Diese Besonderheit resultierte daraus, dass im ersten Brief auch Hamburg unter den Absendern
erschien. Diesen Fehler korrigierten die Sendboten von Lübeck, Stralsund, Rostock,
Wismar und Lüneburg im zweiten Schreiben, mit der Begründung, dass Hamburg
dem Bündnis von 1423 nie beigetreten wäre.[146] Da sich die livländischen Städte der
Tosate angeschlossen hatten, achteten die wendischen Städte bei der Ankündigung
ihres Ausscheidens aus dem Bündnis darauf, dass dieses nur im Namen der damaligen Vertragspartner erfolgte. Als zusätzliche Bündnispartner mussten die livländischen Städte als allererste über die Kriegserklärungen informiert werden.

Von dem Schreiben an die holländischen und flandrischen Städte sowie andere
Adressaten in diesem Raum befindet sich eine sehr sorgfältig und regelmäßig gestal-
tete, unbesiegelte Abschrift auf Pergament in Lübeck, bei der aber *Lubeke, Hamborgh,
Rozstok, Stralessunde, Wismar unde Lunenborgh* als Absender genannt erscheinen.

---

140 Die Korrespondenz dazu befindet sich ausschließlich in AHL, ASA Externa Danica, 1013. Erhalten sind die Antwortschreiben der vier Glieder des Landes Flandern (1427, Febr. 28: LUB 7, Nr. 6), von
Antwerpen (1427, März 4, LUB 7, Nr. 7), Brüssel (Bruxelles) (1427, März 5: LUB 7, Nr. 8), Hertogenbosch (1427, März 10, LUB 7, Nr. 9), Dordrecht (1427, März 13, LUB 7, Nr. 10), Leiden (1427, März 18;
LUB 7, Nr. 11), Deventer (1427, März 23; LUB 7, Nr. 12) sowie Dortmund (1427, März 30; LUB 7, Nr. 16).
141 Dazu HR I, 8, 99–106; *Daenell*, Blütezeit (1905), Bd. 1, 230 f. mit Betonung von Lüneburg als Vermittler.
142 Die Briefe von Kolberg (Kołobrzeg) (LUB 7, Nr. 17) und Köslin (Koszalin) (LUB 7, 18) vom 3. April
1427 deuten an, dass die kriegführenden Städte ein Ausfuhrverbot von Pommern nach Dänemark
durchzusetzen versuchten, dem sich die pommerschen Städte anschlossen, und dass es schon eine
länger andauernde schriftliche Diskussion darüber gab, ob sich diese Städte dem Krieg vollständig
anschließen sollten. Sowohl Kolberg als auch Köslin rechtfertigen ihr Fernbleiben mit dem Konflikt
zwischen den pommerschen Herzögen und dem Bischof von Kammin.
143 Dass die preußischen Städte eine entsprechende Botschaft erhalten haben, ergibt sich aus:
HR I, 8, Nr. 132, § 1: Rezess zu Marienburg vom 12. Januar 1427.
144 1426, Nov. 19: LUB 6, Nr. 777; HR I, 8, Nr. 106 (Regest) = AHL, ASA Externa Danica, Nr. 1013 f.
(unnummeriert).
145 HR I, 8, Nr. 107 / 108; LivUB 7, Nr. 534.
146 1426, Nov. 20: HR I, 8, Nr. 108: *Leven heren. Wii hebben jw aldus ok er gescreven, dar der van
Hamborch name mede stund in der underscrift, dat doch van vorsumenisse geschen is, wente wol, dat
se vyende mede sin, doch so en weren se, so gi wol weten, nicht mede in der zate unde vorbunde.*

Das Dokument trägt die mit der Hand des ausführenden Schreibers hinzugefügte Überschrift *copia*. Ob dieses Schriftstück als Beleg zurückbehalten wurde und wie es in seinem Dokumentenwert einzuschätzen ist, ergibt sich erst nach einem genaueren Blick auf die dazugehörigen Briefe. Das originale Dokument scheint laut Corroboratio mit dem Lübecker Sekret besiegelt worden zu sein.[147] Andererseits befindet sich die gleichlautende Formel auch in den Briefen an die livländischen Städte, die mit dem Siegel verschlossen waren. Es gilt daher im Folgenden noch zu prüfen, ob die erhaltenen Antworten holländischer Städte Informationen über die Verbreitungsform enthalten. Ein Indiz dafür bietet bereits das Lübecker Dokument selbst durch die Aufforderung: *Sijt Gode beuolen, ons deser voirscreuen stucke een vrientlike antworde to scriuen by desen boden.* Aus diesem Vermerk geht hervor, dass Lübeck einen Boten in die verschiedenen Regionen schickte, der das Schriftstück sicher auch vorzeigen und verlesen sollte, bevor er nach Erhalt einer schriftlichen Antwort weiterreiste.

Dieses beschriebene Verfahren bestätigt sich in einigen erhaltenen Antwortschreiben. So erwähnen die Briefe der Städte Antwerpen, Brüssel und Leiden *uwen boden* oder *uwen sendeboden*,[148] wobei der Antwerpener Schreiben sogar den geschriebenen Text und die mündliche Mitteilung hervorhebt.[149] Auf der anderen Seite scheinen die Städte Dordrecht und Leiden nur eine Abschrift des Schreibens erhalten zu haben, denn in den Texten der Briefe ist explizit von *copien* die Rede.[150] Die Gründe dafür sind unklar. Falls der Lübecker Bote auch ein besiegeltes, verschlossenes Schreiben mit sich führte, müsste er es schon in Flandern, also in Brügge, zurückgelassen haben,[151] denn in dem Antwerpener Brief, der auf das flandrische Schreiben folgt, ist bereits von einem *openen placcate* die Rede. Andererseits werden in Antwerpen und Brüssel zur Absicherung Abschriften zurückbehalten,[152] und eine dieser Kopien könnte in der Folgezeit auch für die Weiterverbreitung der Nachrichten benutzt worden sein.

---

147 LUB 6, Nr. 777: *Gescreuen onder der heren des raedes der stad Lubeke secrett, des wy alle samentliken hijrto gebruken,* (...).
148 Antwerpen (LUB 7, Nr. 7): *uwe bode*; Brüssel (LUB 7, Nr. 8): *uwen bode nv wtgesonden*; Leiden (LUB 7, Nr. 11): *uwen sendeboden*.
149 Antwerpen (LUB 7, Nr. 7): *Wij hebben wol vorstaen tghuene, dat uwe bode ons van uwen wegen met eenen openen placcate* (...) *ghetoent heeft ende oic met monde gheseeght*; Dordrecht (LUB 7, Nr. 10): *bi enen boden, brengher des briefs, onder güede bescheiden redene wtwisende* (...).
150 Dordrecht (LUB 7, Nr. 10): *Ons is een open copie sonder segel getoent bi enen boden*; Leiden (LUB 7, Nr. 11): *ons een zekere lettre van copien ghetoent is van den ghemenen hansen steden*.
151 Ausgestellt im Namen der *Burgimagistri, aduocatus, scabini et consules villarum Gandensis, Brugensis, Yprensis ac territorii franci officii partium Flandrie* (LUB 7, Nr. 6) enthält aber auch dieses Schreiben nur den Vermerk *litteras vestras sub data diei sancte Elizabeth*, ohne weitere Angabe zum Siegel.
152 Antwerpen (LUB 7, Nr. 7): *dair wij copie af behouden hebben*; Brüssel (LUB 7, Nr. 8): *ende willen voirt dinhout uwer vorseiden brieue, dair wij copie af hebben behouden, onsen ondersaten kundigen*.

Auf jeden Fall ermöglichen diese Informationen die Hypothese, dass es sich bei dem in Lübeck überlieferten Pergamentbrief um ein Schriftstück handelt, das der Bote auf seiner Reise mit sich führte und das dann zusammen mit den Antwortschreiben in der Lübecker Kanzlei abgelegt wurde.[153] Ein wichtiges Indiz dafür ist die Überschrift *copia*, die ihren Widerhall in den Antwortschreiben findet. Zumindest für Leiden lässt sich mit Sicherheit feststellen, dass der *zekere lettre van copien* durch den Boten der wendischen Städte vorgewiesen wurde. Als ein zweites Argument lassen sich die sorgfältige Gestaltung, die Regelmäßigkeit der Schrift, die harmonischen Proportionen von Pergamentgröße und Textverteilung ins Feld führen. Auf Grund dieser Erscheinung kann zumindest die Vermutung geäußert werden, dass das Schriftstück für die öffentliche Zurschaustellung vorgesehen war.

Zusammenfassend lässt sich auf der Grundlage dieser Überlieferung feststellen, dass den Städten, die gedachten in den Krieg einzutreten, daran gelegen war, ihre Absicht so früh wie möglich und so weiträumig wie möglich zu verbreiten. Dafür setzten sie auf die Überzeugungskraft eines schriftlichen Dokumentes und eines Boten, der diesem durch seine mündliche Mitteilung mehr Gewicht verleihen sollte. Handelt es sich bei dem überlieferten Schriftstück gleichzeitig um eines der Schreiben, das der Bote mit sich führte, dann könnte dessen besonders sorgfältige Ausgestaltung mit dem Verwendungsgrund zusammenhängen. Im Unterschied zu dem Schreiben für die livländischen Städte tritt in diesem Dokument auch Hamburg als Absender in Erscheinung.

Ein Vergleich der Schreiben für die Adressaten im niederländischen Raum und für die livländischen Städte ergibt eine klare Übereinstimmung bei der Angabe der Kriegsgründe. Abgesehen von den sprachlichen Unterschieden in der Korrespondenz mit dem niederländischen und mit dem livländischen Raum kann von einem bewussten Konzept ausgegangen werden. Als vorrangiger Kriegsgrund wird in beiden Fällen die Verletzung der alten Privilegien und Freiheiten angeführt. Beide Fassungen verweisen ebenfalls darauf, dass sich die Städte zwar unlängst mit König Erik verbunden, aber immer mehr Verfolgungen in den Unionsreichen zu erleiden gehabt hätten.[154] Eine Kenntnis von diesem Bündnis wird dabei für den holländischen Raum

---

153 Die in AHL, ASA Externa Danica, Nr. 1013 enthaltenen Schriftstücke befanden sich anscheinend auch vorher an einem gemeinsamen Ort als AHL, ASA Externa, Reste.
154 1. Brief an die holländischen Städte: 1426, Nov. 19 (LUB 6, Nr. 777): *Vmme mannigherleye gewalt, hinders, onrechtes ende schaden willen, alse de dorchluchtige vurste ende here, her Erick, koninck to Denemarken, Sweden, Norwegen etc., ende zijne ondersaten ons ende dem gemenen coopmanne ende schipheren van der Duetschen hanze van langhen tijden heerwart teghen God, recht, redelicheit ende onse priuilegien ende vryhede, den steden van der hanze van zynen vorders, koninghen ende koniginnen der voirscreven rijke, gegeuen ende bezegelt ende na van eme confirmirt, gedaen hadden, ende want na der tijt, dat sick de stede, so gij wol moeghen weten, met eme zijnen rijken ende ondersaten verbonden ende eens worden, meer ende meer gedaen hebben, daromme vele veruolges gedaen es gewesen, bede mit briuen ende besendinghe, dat doch niet helpen en konde (...); 2. Brief an die livländischen Städte:*

angenommen, auch wenn dies inhaltlich nur als Möglichkeit ausgedrückt wird, oder wie es im Text des Schreibens für die dortigen Städte heißt: *so gij wol moeghen weten*.[155] Nach dieser Rechtfertigung folgen Warnungen vor den Gefahren des Krieges und damit verbunden der Hinweis, dass die Adressaten die Reiche nicht besuchen sollten. Zum einen wurden auf diese Weise die Risiken angesprochen, die der Krieg für Neutrale mit sich bringen konnte. Zum anderen lässt sich daraus eine implizite Bitte um Unterstützung durch eine komplette Blockade Dänemarks ablesen. An dieser Stelle weichen die Schriftstücke jedoch am stärksten voneinander ab. Während die kriegsführenden Städte den holländischen und flandrischen Städten das Fernbleiben von den Reichen nur nahelegten, baten sie die livländischen Städte um direkte militärische Unterstützung.[156] Letztere wurden somit im Gegensatz zu den Holländern und Flandern als potentielle Verbündete betrachtet. An welche Städtegruppen weitere Rechtfertigungen mit oder ohne Bitte um militärische Unterstützung geschickt wurden, lässt sich nur bis zu einem gewissen Punkt rekonstruieren. Die westfälischen Städte sind mit hoher Wahrscheinlichkeit schon wegen ihrer geographischen Lage als direkte Unterstützer in einem Krieg nur schwer in Frage gekommen. Auch die Antwort aus Dortmund legt nahe, dass die Stadt ein ähnliches Schreiben erhalten hatte, wie die holländischen Städte, d. h. nur eine grundsätzliche Ankündigung des bevorstehenden Krieges.[157] Für die pommerschen und preußischen

---

1426, Nov. 20 (HR I, 8, Nr. 107): *Umme menigerleye gewalt, hinders, unrechtes unde schaden willen, also de iirluchtigeste vôrste unde here, her Erik, kônigh tho Denemarken, Sweden, Norwegen etc., unde syne undersaten uns, unsen [borgeren] unde deme gemeynen copmanne unde schipperen van der Dutschen hensze van langen tiiden here tegen God, recht, redelicheit unde unse privilegia unde vriheide, den henszesteden van synen saligen vorvaren, kôningen unde kôningynnen der erbenomeden rike, gegeven unde bezegelt unde na van eme geconfirmeret unde gestediget, gedan hadden, unde nu na der tiid, dat sik de stede, so gii wol weten, myt eme unde synen riken unde undersaten vorbunden unde sateden, yo mêr unde mêr ghedan hebben, allene dar vele gutlikes vorvolges umme geschen is, beyde myt breven unde drepeliker bodesschop, wol dat id leyder nicht helpen en kunde.*

155 LUB 6, Nr. 777. Dagegen heißt es – korrekterweise – *so gii wol weten* in dem Brief an die livländischen Städte (HR I, 8, Nr. 107).

156 1. Brief an die Holländischen Städte (LUB 6, Nr. 777, 751): *Waromme (...) wy van V zer gudlike begheren, dat gij d uwe warnen, also dat se de voirscreuen rijke ende ere strome niet en souken ende ock haer goed op onser vyande bodeme niet en schepen ende ock ghene handelinge met den vt den voirscreuen rijken en hebben, op dat se des ghenen schaden en nehmen, want vns haer scade van guden herte zer leet were, ende nehmen se des schaden, dar wolde wy onghemant omme wesen (...)*; 2. Brief an die livländischen Städte (HR I, 8, Nr. 107, 75 f.): *Wor umme (...) na dem gii wol besynnen kônen, dat jw unde de jwe desse sake so wol anrôret als uns, so bidde wii jw denstliken, dat gii uns nu nicht ene vorlaten, unde wesen uns trostlik unde hulplik, unde setten jw mede an unse veyde tegen den erbenomeden heren kôningh unde sine helpere, geliik wii jw don scholden unde schôlen. Under sunderges begere wij, dat gii de jwe warnen, (...)*.

157 Die Antwort von Dortmund (LUB 7, Nr. 16): *(...) vunde wij willen vnse vrende vnd coplude myt den besten warnen und sey na juwer begeringe vnderwisen, dat sey dey vorgenanten rike vnd er strome nicht en soken vnd er gudere op juwer vyende bodeme nicht en schepen vnd neyne hanteringhe myt den vt den*

Städte kann hingegen eine Bitte um militärische Unterstützung angenommen werden.[158] Das Hilfegesuch an die sächsischen Städte und auch die erfolgte Unterstützung sind durch die überlieferten Quellen recht gut belegt. So weist auch die Rechtfertigung des Krieges, wie sie im Rezess der Versammlung in Braunschweig
niedergeschrieben wurde, Parallelen mit den bereits vorgestellten Briefen an die holländischen und die livländischen Städte auf.[159]

Aus beiden erhaltenen Schreiben ergibt sich, dass die kriegführenden Städte auf
das dänische Bündnis von 1423 hinweisen und darüber hinaus ein generelles Vorwissen darüber annehmen. Es scheint aber in jedem Fall wichtig gewesen zu sein, einem
weiteren Adressatenkreis die Rechtmäßigkeit der eigenen Position und die Verletzungen des Vertrages von Seiten der Dänen bekannt zu machen. Die Rechtfertigungsschreiben, die im niederländischen Raum einen weiten Adressatenkreis bis hin zu
Philipp dem Guten, Herzog von Burgund, erreichten, bilden daher eine weitere Form
des Umgangs mit dem Bündnis von 1423 und dessen einseitiger Auflösung durch die
wendischen Städte. Es sei zudem angemerkt, dass die wendischen Städte diesen weiteren Adressatenkreis schon sehr bald nach ihrer Kriegserklärung ansprachen. Damit
kamen sie den entsprechenden dänischen Reaktionen um ungefähr einen Monat zuvor.[160] Die Nichteinhaltung des Bündnisvertrages von dänischer Seite, die Schädigungen und Verletzungen der Privilegien blieben auch im weiteren Verlauf des Konfliktes
der wichtigste Rechtfertigungsgrund der Städte. Diese Position spitzte sich bis zum
Jahr 1431 noch zu, in dem sich die kriegführenden Städte nun explizit als Verteidiger
aller hansischen Privilegien in Dänemark darstellten.[161]

---

riken vorgenant en hebben (...) nimmt den Wortlaut der Warnung auf, enthält aber keine Anmerkung
zu einer erwünschten Unterstützung.

158 Auffallend ist die Geheimhaltung auf Seiten der preußischen Städte, die auch in den Rezess vom
15. Januar keine Details des Briefes aufnehmen (HR I, 8, Nr. 132). *Daenell*, Blütezeit (1905), Bd. 1, 230
urteilt dazu „Die Hansen und Nichthansen argwöhnten sogleich, daß die wendischen Städte lediglich
ihr Handelsübergewicht verstärken wollten. Sie verhielten sich gegen ihre Gesuche um Unterstützung, Abbruch des Verkehrs mit dem Norden und Einstellung der Fahrt durch den Sund im Wesentlichen ablehnend."

159 Zum Rezess: AHL, ASA Externa Hanseatica, Nr. 25, vgl. Diskussion in Kap. 2.2.3 b). Rechtfertigung: HR I, 8, 156, § 4: *Item alse de sendeboden van Lubeke, Hamborch, Luneborch den erbenomeden anderen steden berichtet heben unde ok sust wol kenlik is, dat se unde ere neybure van Rozstok,
Stralessund unde Wismer umme* undrechliker nod willen, *ere[n] unde den gemeynen steden unde cop-
mannen der Dudeschen henze anliegende, van wald, unrechtes unde vorderflikes schaden wegene, de
en van langen jaren bette here in den riiken Denemarken, Sweden, Norwegen etc. tegen God, recht unde
ere privilegia unde* boven vele gudlikes vorvolges, dat dar umme muntliken unde breffiken gedan is, *geschen sint, des heren koninges van Denemarken etc., siner riike unde siner riike undersaten unde inwonere vyende werden mosten unde geworden sin,* (...). Die hervorgehobenen Passagen erinnern an die
anderen Briefe (vgl. oben Anm. 154).

160 Erhalten sind Briefe König Eriks an Köln (1426, Dez. 8: LUB 6, Nr. 778) und an Reval (1426,
Dez. 13: HR I, 8, Nr. 130).

161 Z. B. in HR II, 1, Nr. 67. Vgl. Kap. 5.5.2.

Ein weiteres Argument für den Krieg gegen Dänemark findet sich im Frühjahr 1428 in einer Protestschrift der Städte vor dem Bischof von Ratzeburg (vgl. Kap. 4.5.2). Es wendete sich gegen die Grundlage, auf der König Erik die Unterstützung der Städte einforderte: König Sigismunds Ofener Schiedsspruch von 1424. Dabei wurde die Rechtsgültigkeit des Urteils grundsätzlich mit der Begründung in Frage gestellt, dass der römische König auf Grund seiner Verwandtschaft mit König Erik kein geeigneter, objektiver Richter sein könnte.[162] Auf eine derartige Befangenheit des römischen Königs gründete sich der Widerspruch der Holsteiner sowohl gegen das Schiedsverfahren, als auch gegen das Urteil selbst.[163] Mit dieser Übernahme der holsteinischen Dialektik antworteten die Städte auf die von dänischer Seite vorgebrachten Argumente über die Rechtmäßigkeit des Krieges, der mit der Ankündigung der militärischen Auseinandersetzungen überhaupt erst einen Anstoß bekam und weitere Kreise als die direkt beteiligten Parteien mit einbezog.

3.4 Die dänische Reaktion

Die Strategie auf dänischer Seite bestand bereits in den Monaten kurz vor Ausbruch des Krieges in einem Festhalten an den konkreten Bestimmungen des Bündnisses von 1423 zur gegenseitigen militärischen Unterstützung. Dies betraf sowohl das darin festgelegte Prozedere als auch die Forderungen. Mit seinen Briefen im Frühjahr 1426 erfüllte König Erik seinerseits die Bedingung, Schädigungen oder Angriffe (*vorwalden, vorunrechten, beschedigen edder wedderstalt*) jeglicher Art und durch jegliche Partei den Städten in schriftlicher oder mündlicher Form mitzuteilen, um damit deren Hilfe einzufordern.[164] In seinem überlieferten Brief vom 30. Juli 1426 spricht er diese Klauseln direkt an.[165] Zugleich mahnt er die im Vertrag zugesicherte Menge von 500 Bewaffneten an.

Noch ausdrücklicher bringt diese Ansprüche der Bericht zur Sprache, den seine Sendboten von einem Treffen mit den Städten in Haddeby und Flensburg anfertigten,

---

162 HR I, 8, Nr. 427, zit. in Kap. 4.5.3, Anm. 305.
163 Vgl. Kap. 4.5.3; Anm. 305.
164 8.2.1, Nr. 6 (1).
165 Anknüpfend auf ein nicht erhaltenes früheres Schreiben: 1426, Juli 30 (LUB 6, Nr. 756): *Des wetet, dat de breff, dar de schrift aff sprekt, noch nicht gekomen is, men alse gij in dersuluen schrifft ruren vmme den vijffhundert gewapende, dar wy jw allen vortijden vmme schreuen vnde esschet hebben, vns wedder de heren van Holsten mede to hulpe to komende to vnseme rechte, des se vns vörsatich sint, wo gij sodanen vnsen breff wol vornomen hebben vnde dar (...).*

und der in einer weitestgehend hochdeutschen Fassung verbreitet wurde. Ein unbeglaubigtes und undatiertes Exemplar davon befindet sich in Lübeck.[166] Die hochdeutsche Sprache dieses Dokuments legt nahe, dass dieses vorliegende Schriftstück ursprünglich nicht an die Städte gerichtet sein konnte. Gleichwohl gibt der Text an, der König habe *den veer steten* (geschrieben), *in eyneme lude, alsz die copie desz brieffs vszwiset.* Als terminus ante quem der Entstehung kommen die Verhandlungen zu Nykøbing im September 1428 in Frage, da dort dieser Bericht erwähnt wird.[167] Auf ihn bezog sich sicher noch ein *Item* auf der Materialliste für die Verhandlungen von 1434, das als *de tuchnisse, darmede wy bewysen, dat wy se to unser hulpe mit deme vorgescreven eschet hebben* beschrieben wird.[168]

In dem Schriftstück werden einerseits Verhandlungen zwischen nicht näher benannten königlichen Räten und Abgeordneten der Städte beschrieben, andererseits enthält es Antworten des Königs auf die Eingaben der städtischen Sendboten. Diese Verhandlungen fanden zunächst in Haddeby statt, später reisten die Abgesandten der Städte zum König nach Flensburg. Vom 17. August 1426 liegt ein Brief des Königs aus Flensburg vor, in dem er um Geleit für seine Räte für eine Reise nach *Hadebo vppe yenne side deme Slye, edder ok in den Moessund* bittet. Daraus ergibt sich nun der terminus post quem für das Treffen selbst.[169] Da der Brief in Flensburg ausgestellt wurde, ist er vermutlich innerhalb von zwei oder drei Tagen nach Lübeck gelangt. Eine ähnliche Zeitdauer muss auch für den Rückweg nach Flensburg angenommen werden. Daher können die dänischen Gesandten ihren Geleitbrief erst zwischen dem 20. und dem 22. August 1426 erhalten haben. Unter Einbeziehung einer weiteren Reise der dänischen Reichsräte nach Haddeby ist der Beginn der Verhandlungen frühestens auf den 23. oder 24. August 1426 anzusetzen.[170] Mit der schon angesprochenen Versammlung der städtischen Abgeordneten am 22. September 1426 in Lübeck ist zudem ein

---

166 LUB 6, Nr. 761 = AHL, ASA Externa Danica, Nr. 1012. Zur Sprache: Einer eher niederdeutschen Schreibweise entsprechen aber *koning*, vgl. ‚König', in: DWB 11, Sp. 1691 I. a. mit der unterschiedlichen regionalen Verbreitung, und ungewöhnlich auch *scr* bei allen verwandten Wörtern zu *scriben* oder *scrifte*, an Stelle von *schr*. Vgl. zur Lautentwicklung von mittelhochdeutsch zu mitteldeutsch ‚schreiben', in: DWB 15, Sp. 1689 I. 4.

167 HR I, 8, Nr. 517, § 4: *Dar na alse wii uns vormodeden van den steden hulpe unde bistandes to unsem rechte, dar wii se to geeschet unde vormant hadden laten, in deme quemen do ere sendeboden in de negede bii Gottorppe unde vorboden unsen rat tegen sik to Haddebo kerken unde leten en vorstan, alse uns unse rat berichtet hefft (...).*

168 HR II, 1, Nr. 265 an vierter Stelle aufgelistet.

169 LUB 6, Nr. 760.

170 Es gibt jedoch bei der Chronologie einen Widerspruch zu den Angaben in den Rostocker Kämmereirechnungen. Diesen zufolge wären die Rostocker Abgesandten am 14. August 1426 (*in unser leven vrouwen hemmelvard avende*) nach Flensburg gereist (HR I, 8, 66, Anm. 1). Möglicherweise gab es bereits eine frühere Verhandlung in Flensburg oder die gesamte Mission begann bereits am 14. August 1426 mit der Abreise der Rostocker Sendboten, zunächst in Richtung Lübeck.

Ende der möglichen Zeitdauer gegeben.[171] Zentraler Punkt der Aussprache in Haddeby war, laut Bericht, die Anfrage des dänischen Königs, ob die Städte die holsteinischen Herren ihrem Richterspruch unterworfen hätten oder dies noch realisieren könnten.[172] Auf den korrespondierenden Passus im Bündnisvertrag spielt der Bericht auch durch die Wortwahl an.[173]

Der Bericht zu den Verhandlungen in Haddeby enthielt bereits das Grundgerüst für die dänischen Argumente in den späteren Jahren. Der dänische König und die Städte hätten ihre gegenseitige Unterstützung verbrieft und besiegelt. Diese Unterstützung forderte König Erik nun gegen die Holsteiner ein, wäre aber bereit eine friedliche Regelung durch ein Urteil der Städte zu akzeptieren. Der rechtliche Anspruch gegenüber den Holsteinern wiederum wäre durch den Schiedsspruch des römischen Königs abgesichert.[174] Der dänische Rechtsanspruch konnte zudem durch verschiedene Urkunden bewiesen werden.[175] Zu diesen generellen Punkten trat mit Beginn des Krieges die Klage über die Städte als Rechtsbrecher hinzu.

Dies deutete sich bereits in dem Notariatsinstrument an, das am 27. Oktober 1426 aufgesetzt wurde, kurz nachdem die Absagebriefe der Städte in Dänemark angekommen waren.[176] Darin bezeugte der Notar Jacob Blodow die Präsentation der Urkunde vom 15. Juni 1423 vor Königin Philippa und geistlichen Zeugen in Kalundborg. Außerdem attestierte er die Vollständigkeit und Unverletztheit aller Siegel und gab den Wortlaut des Bündnisbriefes wieder.[177] Dieser befand sich zu diesem Zeitpunkt wahrscheinlich im damaligen Archiv in Kalundborg.[178] Die Bündnisurkunde mit den Städten war das erste Dokument aus den Jahren 1423 und 1424, dessen Rechtsgültigkeit

---

171 Darauf basiert auch die Einordnung von LUB 6, Nr. 761: „Ende August oder Anfang September".
172 HR I, 8, Nr. 95, § 1, 67: *Do vrageten des heren koninges rethe weder, ob sye die heren van Holsten underhorich gemacht hetten odder noch undirhorich machen wolden zu rechte nach der vorscribunge unde vorbundes irer briefe van beyden parten.*
173 Vgl. dazu Kap. 3.2.2, besonders Anm. 84.
174 HR I, 8, Nr. 95, §§ 1, 66 und § 3, 67: (...) *Sunder-Jutland des en stunde her en nicht zu, das is ire vaterliche erbe were, sunder is horte Gote unde em unde zu der cronen unde richen zu Denemarken, unde ires vater erbe ny geweset werde; ouch zo hetten zie sich von beyden teylen vorwilkord, vorscreben und ingezegeld an eynen heren unde schedesman, alse an den heren Romischen koningh, umbe der schelunge willen obin g[escreben], unde van dem wer ys dem koninge von De[ne]marken zugesprochen.*
175 HR I, 8, Nr. 95, § 4, 67: *Item dorobir hat der her koning sich ken den steten dirboten, daz her zyne brieffe unde beweysung wolde vorbrengen vor heren, fursten unde stete (...).*
176 Teiltranskription für die noch nicht edierten Teile in Rep. Nr. 6276 = NKR Nr. 2973.
177 Rep. Nr. 6276: *In nomine domini (...) in camera regia castri Callingenborchg in mei notarii publici testiumque infrascriptorum presentia Domina Philippa regina, tenens in manibus quandam patentem litteram in pergameno scriptam, infrascriptorum Domini Regis suorum consiliariorum ex una ac civitatum maritimarum ex altera partibus sigillis inpendentibus sigillatam, quam michi notario tradidit meque requisivit, ut eandem exemplarem et in publicam redigere formam (...).* Zeugen waren Bischof Johannes von Roskilde, der Ritter Henning von Osten, Peder Munk, Pfarrer der Martinskirche zu Randers, und *Laurencius Suenonis*, Pfarrer der Gertrudenkirche zu Grenå am Kattegat.
178 Zur Bedeutung des Archivs: vgl. Kap. 2.1.1.

auf diese Weise noch einmal bestätigt wurde. Eine ähnliche Behandlung erfuhren am 17. November 1426 die Urkunden vom 1. Januar 1423 – die Erklärung Herzog Heinrichs sowie die Einverständniserklärung der Holsteiner – und am 27. November 1426 der Schiedsspruch von Ofen. Bei diesen Fällen traten jedoch sowohl andere Zeugen als auch ein anderer Notar auf.[179] Somit wurden also all jene Dokumente notariell beglaubigt, welche die Kernpunkte der dänischen Argumentation untermauerten. Durch ihre Verlesung vor der Königin, ausgewählten Zeugen und einem Notar wurde der Inhalt noch einmal in Erinnerung gerufen und damit erneut in seiner Gültigkeit akzeptiert.[180] Die fortwährende Legitimität der Schriftstücke und ihres Inhaltes war durch die angebrachten Siegel abgesichert.

Diese offizielle Wiedereinsicht und erneute Kenntnisnahme wichtiger Dokumente war aber nur der erste Schritt in der dänischen Rechtfertigungsstrategie. Wie die Städte wandte sich auch der dänische König an unbeteiligte Dritte, um diese über den Krieg und die eigene Position zu unterrichten. Von diesen Rundschreiben sind nur die Briefe an Köln und an Reval vom 8. und 13. Dezember 1426 erhalten.[181] Beide stimmen in einigen Punkten überein, enthalten aber auch wesentliche Differenzen. Ein erster Unterschied lässt sich in der Einleitung feststellen. Während in dem Brief an Köln auf den Gruß eine allgemeine, der Publicatio nahestehende Formel folgt, ist der zweite Brief gleich von Beginn an als Klage über die wendischen Städte formuliert. Ein weiterer Unterschied besteht in der Bezeichnung seiner Gegner als *stede van der Dudesschen hense*, die sich nur in dem Brief für Köln findet.[182] Diese Unterschiede

---

179 Zum 17. November 1426: Rep. Nr. 6278 = DRA, NKR, Nr. 2975 und Rep. 6279 = DRA, NKR, Nr. 2976–2979. 1.) Rep. Nr. 6278: *patentem litteram Domini Henrici dicti Rompolt ducis Silesie, eijus vero sigillo sigillatam*; 2) Rep. Nr. 6279: *litteram Dominorum Henrici, Adolphi et Gherardi Holzazie etc. comitum, eorumque una cum Domini Nicolai ecclesie Bremensis archiepiscopui secreto et Domini Wilhelmi ducis in Lyneborgh et Brwnswiig ac aliorum militum et mulitarium sigillis sigillatam* (...). Zeugen sind bei beiden: Jens Pedersen, Domherr in Lund und Roskilde, Thomas Simonsson, Probst von Strängnäs, Torben Jensen, Vogt der Burg Kalundborg, Otto *Meynstorpp*, Conrad Massow, beide *milites*, Jacob Glasshagen, Bürger von Kalundborg. Notar: Johannes Kyndigh. Zum 27. November 1426: Es wurden drei Notariatsinstrumente ausgestellt über *litteram Domini Sigismundi Romanorum regis etc. majestatis sue sigillo sigillatam*: Rep. Nr. 6280 = DRA, NKR, Nr. 2977–2979. Zeugen sind: Arnold Klementsen, Dekan in Linköping, Thomas Simonsson, Propst von Strängnäs, Laurens, Dekan in Aarhus sowie *Aghone Absolonis* und Matthias Kottelberg, beide *milites*. Notar ist wieder Johannes Kyndigh.
180 Zur Bedeutung des Vorlesens allgemein: *Clanchy*, From Memory (1993), 253 (zur Formel „all those seeing and hearing these letters [...]"), 266 f.
181 König Eriks Brief an Köln: 1426, Dezember 8 (LUB 6, Nr. 778) = AHL, ASA Externa Danica, Nr. 3,1–70 (Abschrift, Beilage zu einem Brief von Köln an Lübeck: AHL, ASA Externa Danica, Nr. 3,1–72 = LUB 7, Nr. 15). Brief an Reval: 1426, Dezember 13: HR I, 8, Nr. 110 (überliefert in Reval).
182 1.) LUB 6, Nr. 778: *Wij don jw witlike sodane grote vnredelicheit, vnreicht vnde walt, als vns de stede van der Dudesschen hense, Lubeke, Rostock, Wismaer, Stralessund vnde Luneborch don* (...); 2.) HR I, 8, Nr. 110: *Wy claghen jw cleghelken der groten unredelcheyt, unrechtes unde unwillen, de uns van den steden Lubeke, Viismar, Rostok, Stralessund unde Luneborch weddervart und schut* (...).

ergeben sich einerseits aus dem besonderen Status der livländischen Stadt als Bündnispartner, der in dem Schreiben an Reval auch konkret zum Ausdruck kommt.[183] Andererseits verweisen sie darauf, dass Köln aus der Perspektive König Eriks anscheinend nicht zur „Dudeschen Hanse" gehörte.

König Erik versuchte auch in den nachfolgenden Jahren, seine Position einem weiten Adressatenkreis mitzuteilen. Der hochrangige Ansprechpartner war dabei der römische König Sigismund. Dieser sah sich im Ergebnis der dänischen Schreiben zu gleich mehreren Vermittlungsversuchen veranlasst.[184]

3.5 Unerwartete Kettenreaktionen

Einen Sonderfall unter den Schriftstücken, mit denen König Erik den Diskurs über die Ungerechtigkeiten gegenüber seinen Reichen nach außen tragen ließ, stellen die offenen Briefe dar, die er im Herbst 1427 an die Gemeinden der kriegführenden Städte schicken ließ. Von diesen Briefen sind zwei Exemplare in Lübeck erhalten, die durch ihre ausführlichen Empfangsbestätigungen aus der Hand des Ratsschreibers Hermann van Hagen auch in der Lübecker Kanzlei als Besonderheiten markiert sind. Das erste Schreiben erreichte die Stadt über freigelassene Hamburger Gefangene, das zweite über einen Boten des Herzogs von Pommern, womit sicher Kasimir von Pommern-Stettin gemeint war.[185] Der erste Brief erwähnt darüber hinaus ein vorausgegangenes Schreiben, das aber, falls es wirklich existierte, in Anbetracht der Kanzleivermerke allem Anschein nach nicht nach Lübeck gelangte.[186]

Das derartige Briefe auch die anderen Städte, auf jeden Fall aber Wismar und Rostock erreichten, geht aus der zeitgenössischen Geschichtsschreibung hervor, die in diesem Zusammenhang als Sonderfall von Parallelüberlieferung und als Illustration der zeitgenössischen Wahrnehmung zur Untersuchung der dokumentarischen Überlieferung hinzugezogen werden muss. Als Quellen stehen vor allem vier Werke zur Verfügung, die in gewisser Abhängigkeit zueinanderstehen. Dies ist an erster

---

183 HR I, 8, Nr. 110: (…) *in deme dat se wedder God, ere unde recht, bynnen gudeme loven unde vruntliker bezegelder tozate, alze se sich to uns, unsen riiken unde landen vorplichtet unde vorbunden hebben, unse, unser riike, lande und lude unde alle unser helpere openbare entsechte vyande geworden synt, unvorvolghet unde sünder jenigerleye unse redelke schult unde broke, dat Gode bekant is.*
184 Dazu besonders Kap. 4.
185 Vgl. Kap. 2.2.3 d) und Abb. 2.7 a).
186 Rufus-Chronik II, 288 Anm. 8, 293 Anm. 1 bringt das Schreiben in Verbindung mit der Verzichtserklärung von Mitgliedern des ehemaligen Alten Rats über noch ausstehende 20 000 Rheinische Gulden vom 11. November 1427 in Verbindung (LUB 7, Nr. 75). Wenn ein vorausgehender Brief aber Lübeck erreicht hätte, wäre dies dem Rad nicht verborgen geblieben, und es hätte entsprechend anderslautende Vermerke auf den beiden vorhandenen Schriftstücken geben müssen.

Stelle die ‚Chronica Novella' des Lübecker Dominikaners Hermann Korner,[187] von der drei niederdeutsche Bearbeitungen ebenfalls den behandelten Zeitraum behandeln. Von diesen liegt am nächsten die sogenannte Rufus-Chronik, die in den bekannten Handschriften die Jahre 1105 bis 1430 umfasst[188] und der bisherigen Forschungsmeinung nach auf einer heute verlorenen Redaktion der Kornerschen Chronik beruhen soll, die wohl ebenfalls bis in dieses Jahr reicht.[189] Erst in die späten 1430er oder partiell auch in die 1440er Jahre sind die niederdeutsche Übersetzung von Hermann Korners Chronik sowie der erste Teil der Lübecker Ratschronik anzusiedeln. Dass Korner die in zwei Handschriften überlieferte niederdeutsche Fassung seiner Chronik verfasst hat, ist bis heute nicht eindeutig bewiesen und kann auch nicht Thema dieser Arbeit sein.[190] Da die Übersetzung dieser Version jedoch auf die letzte lateinische Fassung zurückzuführen ist, hängt von deren zeitlicher Einordnung auch die endgültige Datierung der niederdeutschen Fassung ab.[191] Der Autor des ersten, die Jahre 1401 bis 1438 beschreibenden Teils der Lübecker Ratschronik wurde von Friederich Bruns mit

---

187 Das Werk ist in vier Redaktionsstufen überliefert, die unterschiedliche Zeiträume umfassen: Hs. α bis 1416 (in Wolfenbüttel), Hs. A bis 1420 (in Danzig), Hs. B *de secundo opere* bis 1423 (Linköping) und Hs. D bis 1435 (in Lüneburg). Eine Handschrift C *de tercio opere*, die den Zeitraum bis 1430 umfasst, ist verloren gegangen. Dazu: Korner, Chronica. Ed. *Schwalm*, VII-X; *Waitz*, Hermann (1851), passim; Rufus-Chronik II, XI; *Lönnroth*, Lüneburghandskriften (1936), 80; *Kölln*, Untersuchungen (1965), 1. Die Datierung der letzten Fassung ist umstritten. Korner, Chronica. Ed. *Schalm*, VII geht davon aus, dass die Lüneburger Handschrift mit der vierten Redaktion identisch ist, und nimmt eine Entstehungszeit von 1435-1438 an. *Lönnroth*, Lüneburghandskriften (1936), 98 nimmt jedoch an und *Kölln*, Untersuchungen (1965), 4 f., stimmt den Argumenten zu, dass die Handschrift D nur eine Fassung einer umfangreicheren, aber nicht überlieferten Handschrift L darstellt, die zwischen 1435 und 1447 entstanden sein soll.
188 Zur handschriftlichen Überlieferung und zur Autorenfrage: Rufus-Chronik I, 177–182. Wichtigste Handschriften: 1. Kongelige Biblioteket Kjøbenhavn, GKS 310 (Mitte 15. Jahrhundert), 2. Kongelige Biblioteket Kjøbenhavn, NKS 682 (zweite Hälfte 16. Jahrhundert), 3. Bibliothek der Hansestadt Lübeck (1594).
189 Genauere Analyse der Abhängigkeiten: Rufus-Chronik II, XI-XX; gefolgt von *Kölln*, Untersuchungen (1965), 3.
190 Zur handschriftlichen Überlieferung und zur Autorenfrage: 1. H = Handschrift Hannover, Niedersächsische Landesbibliothek, Hannover, XII, 757. 2. W = Handschrift Wien, Österreichische Nationalbibliothek, Wien, Cod. Vindob. 3048. Die zweite Handschrift enthält eine Vorrede, die Korner, Chronica. Ed. *Schwalm*, als Autor ausweist, aber nicht unumstritten ist. Den Forschungsstand zur Autorenfrage bis 1965 referiert *Kölln*, Untersuchungen (1965), 15–22, der eher dazu neigt, Korner einen Anteil an der niederdeutschen Fassung zuzuschreiben, bes. *Ders.*, Untersuchungen (1965), 62–68 (Arbeitsweise in W) und 216–244 (Stilelemente). Ihm folgt ohne weitere Diskussion auch *Möhring-Müller*, Chronica (1993), 28. Zur Datierung: Da die niederdeutsche Fassung abhängig von der letzten Kornerredaktion ist, ist diese wohl erst nach der vierten lateinischen Fassung entstanden.
191 *Kölln*, Untersuchungen (1965), 4 f.

dem Protonotar und späteren Ratmann Johann Hertze identifiziert, der seine Aufzeichnungen um 1438 begann.[192] Von den vier nachfolgend zu betrachtenden Werken sind also zwei sicher Lübecker Autoren zuzuschreiben, die entweder Zeitzeugen waren oder aber – im Fall Hertzes – die Möglichkeit gehabt hätten, die originalen Quellen zu konsultieren. Johann Hertze verfasste den ersten Teil der Lübecker Ratschronik jedoch in starker Anlehnung an Korner, zudem begann er mit seiner Niederschrift erst mit größerem zeitlichem Abstand zu den Ereignissen. Zugleich kann der Verfasser der sogenannten Rufus-Chronik nach Lübeck verortet werden. Sowohl die örtliche Nähe oder Ferne als auch der zeitliche Abstand zum Berichtsgegenstand sind also für die Frage, wie die Briefe des dänischen Königs von den Zeitgenossen wahr- bzw. aufgenommen wurden, zu berücksichtigen.

Um diese zu beantworten, seien zunächst die Briefe an die Gemeinde selbst in Augenschein genommen. Abgesehen von der Orthographie finden sich die größten Unterschiede in der Einleitung, da der zweite Brief als narratives Element eine Zusammenfassung des vorherigen Schreibens enthält, bevor er das eigentliche Anliegen in fast denselben Worten noch einmal wiederholt.[193] Das Thema beider Einleitungen ist die Anklage des Rates der Stadt Lübeck, der den Krieg wider Gott, Ehre und Recht begonnen habe. Zudem legt die Formulierung nahe, dass es sich bei den vorliegenden Schriftstücken nicht um die ersten Briefe an die Gemeinden handelte. Die Adressaten sollten ihren Rat ermahnen, doch von dem verderblichen Krieg abzulassen und dem König gegenüber das Recht zu wahren. Dazu betonte er ausdrücklich, dass die Räte ihm nie die Klagen der Gemeinden vorgetragen hätten. Nachfolgend erwähnen beide Briefe die Mission des Ordensmarschalls Walrabe von Hundsbach, dessen Bericht als Abschrift in beiden Fällen beigefügt wurde. Diese undatierten Abschriften sind in Lübeck unter den Externa Danica überliefert.[194] In den erhaltenen Briefen ist die Tosate nicht erwähnt, sondern nur in der Formel *wedder gott ẻr vnde recht* bzw. *iegen God, ere vnd recht* impliziert.

Umso überraschender erscheint die Reaktion in den historiographischen Texten.[195] Die Darstellung der Ereignisse, die auf das Bekanntwerden dieser Briefe folgen,

---

192 Lübecker Ratschronik II, Einleitung, XII (zur Entstehungszeit), XXVII–XXX (zu Johann Hertze als Autor der Teile von 1401–1469).

193 1.) AHL, ASA Externa Danica, Nr. 3,1–81 = LUB 7, Nr. 52; 2.) AHL, ASA Externa Danica, Nr. 3,1–86 = LUB 7, Nr. 67: *Wetet, gij menen borgher der stat Lubeke, dat wi jw vnse breue ẻr gescreuen hebben vorkundighende, wo juwe rad unse viende gewurden zin wedder Got, ere vnde recht, vnde begerende von jw, se darane to vnderwisende, des vns doch nene enkitheid wedderuaren is van jw, vnde darvmme, wente wi nichten weten, vfft jw de suluen vnse breue mit der warheit hijrane witlich geworden zin, zo vorkundighe wi se jw noch an dessme breue, also dat juwe rad sint vnse viende iegen God, ere vnd recht (...).*

194 AHL, ASA Externa Danica, Nr. 3,2–210 f.

195 Zum Folgenden: Korner, Chronica. Ed. *Schwalm*, D § 1479, 484; Rufus-Chronik II, 288 f. (dort auch Korner H); Lübecker Ratschronik I, § 1479, 389.

besteht in allen vier Berichten aus den gleichen Elementen, die aber bei genauem Hinsehen jeweils unterschiedliche Details aufweisen. Alle beginnen mit der Absendung der Briefe und einer Wiedergabe bzw. Interpretation von deren Inhalt. Danach folgen Beschreibungen der Unruhen in Wismar und Rostock sowie, abgesehen von der Rufus-Chronik, die angenommenen Motive des Absenders: (...) *cupiens forte discordiam inter communitates et consulatus civitatum suscitare*, schrieb Korner auf Latein bzw. *to desser tiid hadde koningk Erik gerne twidracht gemaket in den steden twisschen der meenheit und erem rade* in seiner niederdeutschen Fassung. Diese Beobachtung deckt sich durchaus mit den Anspielungen und Hinweisen des Königs, dass die Städte den Krieg ohne Wissen der Gemeinden begonnen hätten.

Nach dieser Einleitung folgt direkt der Bezug auf das gebrochene Bündnis, wobei alle – außer Korner H – den König an dieser Stelle berichten lassen, dass der Vertrag ohne Wissen der Gemeinde geschlossen worden wäre. Die niederdeutsche Korner-Rezension greift diesen Gedanken zwar auch auf, aber erst im Zusammenhang mit den Wismarer Unruhen. Ob sich die Reaktionen auf den Wortlaut der Briefe oder deren Interpretation bezogen, bleibt ambivalent.[196] Es ist sehr wahrscheinlich, dass das verlorene Schreiben des Königs einen deutlichen Bezug auf die *Tosate* enthielt, da z. B. die rhetorischen Figuren bei Korner H – *tosate unde vorbindinge* bzw. *bezegelt unde ghesworen* – stark an die Urkundensprache erinnern.[197] Ob aber wirklich auf das Nichtwissen der Gemeinden angespielt wurde, scheint fraglich. Wäre die Teilhabe der Gemeinden am gemeinsamen Bündnis unklar, gäbe es auch wenig Grund, auf ihre freundliche Gesinnung anzuspielen und herauszustellen, *dat juwe rad ne ychtes vor vns gebracht hebben van juwer wegen, dar wi en reddelicheit vfft rechtes ane gewegert habben.*[198]

Größere Übereinstimmung mit den Lübecker Briefen zeigt sich vor allem in der Bitte des Königs an die Gemeinden, dass sie ihre Räte zur Beendigung des Krieges auffordern mögen. Hervorgehoben ist dabei in allen Fällen die Feststellung, dass dieser Krieg gegen „Gott, Ehre und Recht" begonnen wurde. Mit den Briefen stimmen dabei die deutsche Fassung von Korner und Rufus-Chronik II überein, während die lateinische Rezension von Korner und die Lübecker Ratschronik nur Gott und Recht als Bezugspunkte angeben. Daraus ließe sich zum einen eine gewisse Abhängigkeit der Ratschronik von der Fassung D der Chronica Novella ableiten. Zum anderen ermöglicht der Vergleich die Annahme, dass sich die beiden erstgenannten Quellen an

---

196 Korner H zit. nach Rufus-Chronik II, 289, Anm. 2: *Overst do de meenheit van der Wismer den breff* (...) *unde den lesen horede unde vornemen, dat ere raed sunderge tosate unde vorbindinge mit deme koninge* (hadde) *gemaket, sunter ere witscop, do wart de menheit sere gram* (...).

197 Siehe die Begriffspaare in Kap. 2.1.1. Vgl. auch die Vermutung bei Rufus-Chronik II, 288. Anm. 8, dass vielleicht auch Abschriften der *Tosate* mit dem ersten Brief geschickt wurden.

198 Zit. LUB 7, Nr. 67. Vgl. aber *Pitz*, Bürgereinung (2001), 160: „Im Oktober 1427 (...) unterrichtete er (...) die Gemeinden der Wendischen Städte von dem Vertrage, dessen Bruch er den Räten dieser Städte vorwarf, um ihnen die Kriegsschuld zuzuschreiben."

den Briefen des dänischen Königs orientierten. Diesem Befund muss aber entgegengestellt werden, dass sowohl „gegen Gott, Ehre und Recht" also auch gegen „Gott und Recht" weit verbreitete rhetorische Figuren in der Rechtssprache waren, welche die Verletzung der gottgegebenen Ordnung durch den Krieg implizierte.[199] Explizit bringt diesen Gedanken ja auch die Fassung Korner D zum Ausdruck durch *contra Deum et justiciam sibi*. Daher folgt nicht zwangsläufig, dass die originalen Dokumente bekannt und bewusst übernommen wurden. Da sich aber hinter dieser Formel und der damit implizierten Störung der göttlichen Ordnung der bewusste Vertrags- und Wortbruch durch die Städte verbarg, ist ihre Verwendung in den verschiedenen Variationen sicher auch kein Zufall.

Umfassend berichten danach alle Quellen von den innerstädtischen Unruhen in Wismar und Rostock, die zur Bildung einer Art Sonderkommission, genannt der „Sechziger", unter Beteiligung der Ämter und zur Einsetzung eines neuen Rates führten. In allen Fällen werden diese Ereignisse mit den Briefen des Königs in Verbindung gebracht. Doch verdeutlicht ein Blick auf die Chronologie der Ereignisse, dass dieser Kausalzusammenhang nicht so einfach herzustellen ist. In Wismar, wo eine reichere Quellenüberlieferung zu den Ereignissen vorliegt, begannen diese mit einem durch Claus Jesup[200] veranlassten Auflauf am 10. August 1427, dem Tag des Hl. Laurentius, des Stadtpatrons von Wismar. Motiviert wurde dieser anscheinend durch verschiedene Gerüchte, unter denen geheime Absprachen mit den Dänen nur ein Element unter vielen darstellten.[201] Um auf die so geäußerten Sicherheitsbedenken einzugehen, übertrug der Rat den Ämtern die Bewachung der Stadt. Auf der anderen Seite kam es zur Bildung eines Ausschusses von zunächst dreiundsechzig Bürgern und Werkmeis-

---

199 Allgemein: DWB 8, Sp. 1082.

200 Nicolaus (Claus) Jesup, wohl Werkmeister der Wollweber, gehörte bereits zwischen 1409 und 1411 zu den Mitgliedern eines Neuen Rates, der wohl durch den damaligen Lübecker Rat angestoßen wurde. Nach Rückkehr des Alten Rates von Lübeck am 16. Juni 1416 wurde auch in Wismar mit Zustimmung der Herzöge am 1. Juli 1417 die ursprüngliche Ratszusammensetzung wiederhergestellt. Vgl. *Techen*, Unruhen (1890), 15–21; *Pitz*, Bürgereinung (2001), 162.

201 Laut Chronik des M. Johann Werkmann in *Techen*, Unruhen (1890), 96 f. behauptete Jesup bei dem Auflauf *dat dar komen were ein vromet bode van deme Sterneberge vtgesant, de vnsen borgheren tor Wismer openbaren scheide vnde se warnen, wo dar weren grote sammelinghe in deme lande vnde de Wismer were vorraden vnde hadde wol achte daghe des nachtes opengestan vnde de sammelinge scholden in de stad riden vnde de stad innemen vnde winnen bi nachtslapender tiid vnde scholden de borger vnde ammete dot slan vnde vanghen van den inwoneren. Ok wart da gesecht van etliken, dat dat Lubsche dore vnde dat Mekelenborger dore weren open vunden vnd dat dar ein man mit eneme waghene were ingeuaren; ok dat de slote vor den doren vnde porten des nachtes worden affgesloten vnde dat etlike vt deme rade sik mit deme koninghe beraden hadden, he scholde komen bi nachttiiden, so wolden se ene inlaten vnde so scholde he de stad innemen. Ok wart dar do gesecht, dat vor der Helleporten buten vp der lastadien weren gheseen wol hundert wepener blank mit vullen harnsche.* Vgl. auch *Techen*, Unruhen (1890), 31 bes. Anm. 1, mit dem Verweis auf die Situation in Lübeck 1405 f. und die Anlässe der Unruhen.

tern, der schließlich durch einen Sechziger abgelöst wurde. In diese angespannte Situation fielen die Nachrichten von den Niederlagen der städtischen Flotte im Sund und dem Verlust der Baienflotte.[202] Es dauerte aber mehrere Monate, bis sich der Konflikt in Wismar so weit zuspitzte, dass es am 24. September 1427 zur Verhaftung des Ratsherren Hinrich van Haren und einen Tag später – nach einem vereitelten Fluchtversuch – des Bürgermeisters Johann Bantzkow kam. In diesem Fall scheinen wieder Nachrichten über gekaperte Wismarer Salzschiffe die Dynamik der Ereignisse beeinflusst zu haben.[203] Beide wurden schließlich Ende Oktober hingerichtet. Doch war der Konflikt damit noch nicht beigelegt, denn es kam zur Ausarbeitung eines Bürgerbriefes und schließlich zu einem Prozess vor Herzogin Katharina von Mecklenburg-Schwerin.[204] Erst in deren Urkunde vom 4. Januar 1428 wurde das Bündnis mit dem dänischen König als Argument und sogar als Ursache der Zwietracht ins Spiel gebracht.[205]

Die Rostocker Unruhen scheinen ebenfalls im Sommer ausgebrochen zu sein, aber auch hier folgten Flucht der Ratsherren und deren Anklage bei Herzogin Katharina im Herbst. Ihre richterliche Urkunde stammt schließlich erst vom 16. Januar 1428 und begründete das Urteil über die geflohenen Ratsleute gleichfalls mit dem Abschluss des Bündnisses ohne Wissen, Willen und Vollmacht von Herrschaft und Bürgerschaft.[206]

Angesichts der langen Zeitdauer dieser Auseinandersetzungen und der Tatsache, dass in dokumentarischen Quellen das dänische Bündnis als Vorwurf erst im Herbst manifest wird, ist also fraglich, ob wirklich die Briefe des Königs als Auslöser der Unruhen zu bewerten sind oder ob diese nur zusätzliches Öl in die schon brennenden

---

202 Die erste Niederlage, vor allem der Hamburger Flotte, erfolgte am 11. Juli. Der Überfall auf die Baienflotte geschah wohl kurz danach, wobei 12 Wismarer Schiffe in dänische Hände fielen. *Daenell*, Hansestädte (1902), 417; *Ders.*, Blütezeit (1905), Bd. 1, 233; *Erslev*, Erik (1901), 218 f. Ohne genaue Datumsangabe setzt auch Johann Werkmann diese Ereignisse nach dem Auflauf vom 10. Juli an, *Techen*, Unruhen (1890), 26–29.

203 Außerdem Anfang der Unruhen fehlen in Johann Werkmanns Bericht alle Datumsangaben, daher lässt sich daraus nur der ungefähre Ablauf der Ereignisse ablesen. Die Verhaftung Heinrich van Harens und Johann Bantzkows lässt sich mittels der Ratsmatrikel zeitlich verankern: *Techen*, Unruhen (1890), 34 f., 102–105 (Werkmann).

204 *Techen*, Unruhen (1890), 35–47; *Pitz*, Bürgereinung (2001), 162.

205 LHAS, 11.11, Nr. 4062; *Techen*, Unruhen (1890), 66–69, bes. 67: (...) *also vmme de twedracht vnde vnwillen, de dar is gewesen thûschen deme rade, den borgheren unde menheyden alse van der tosathe weghene, de de vorscreuen rad ghemaket heft myd deme konynghe van Dennemarken unde synen landen to ewygen tiiden zunder vnser herschop rade offte vulbort vnde sunder vnser vorscreuenen borger willen, wischop efte vulbort, dat vns de erbenomeden vnse borgere tho kennende gheuen*, (...).

206 LHAS, 11.11, Nr. 4066 enthält nur das Kurzregest. Auszüge in Rufus-Chronik II, 288 Anm. 8: (...) *hebben ere stad* (...) *unde inwonere vorbrevet, vorzeghelt unde vorscreven myd tozathe unde gebunde tho deme koninghe van Denemarken zunder de herschop unde borghere* (...) *weten, willen unde volbort, unde umme andere pynlike sake.*

Feuer gossen.[207] Nach der schweren Niederlage der städtischen Flotte im Sund wurden in jeder Stadt Sündenböcke gesucht und gefunden, auch wenn es nicht immer zu Hinrichtungen kam.[208] Da die Briefe des Königs ab September – nach den erfolglosen Vermittlungsversuchen des Ordensmarschalls – in die Städte gelangt sein konnten, ließe sich jedoch möglicherweise die Eskalation der Konflikte im Herbst mit diesen zusätzlichen Informationen verbinden. Wenn die historiographischen Quellen aus dem Lübecker Umfeld dem dänischen König die maßgebliche Schuld an den Umstürzen geben, handelt es sich wohl um eine Reflexion allgemein vorherrschender antidänischer Ressentiments.[209] Ebenso erklärt sich die Feststellung, dass die Briefe in Lübeck keine Unruhe hervorriefen, aus dem Standort des Schreibers der sogenannten Rufus-Chronik: Die Eintracht der Lübecker Gemeinde kontrastiert auf diese Weise mit den Unruhen der anderen Städte und verdeutlicht noch einmal den Erfolg des Ausgleichs von 1416.[210] Gleichzeitig lässt sich für die beiden Korner-Rezensionen und den zweiten Teil der Rufus-Chronik ein Kenntnisstand über Teile der Briefe nachweisen, da sie den eigentlichen Kern des Inhaltes, dass die Gemeinden ihre Räte zum Frieden bewegen sollten, wahrheitsgemäß widergeben. Der Archivbefund in Lübeck, vor allem die Vermerke der Kanzlei, legt zudem nahe, dass außer den beiden überlieferten Briefen kein anderes Schreiben dorthin gelangte.

Darüber hinaus ist in Lübeck der Entwurf eines Antwortschreibens aus der Hand von Paul Oldenburg überliefert. Der Anteil der Gemeinde an dessen Konzipierung bleibt ungewiss. Es scheint aber möglich, dass der Entwurf das Ergebnis eines Dialoges mit angesehenen Bürgern der Stadt darstellt.[211] Dafür könnten zum Beispiel einige Namen stehen, die in einer anderen Handschrift unter dem Text erscheinen und möglicherweise die Mitwirkenden an dem Entwurf aufführten. Erkennbar sind die Namen von *Tymmo Hadewerk, Geruerd Thymermann, Hinrik Schoneberch*[212], *Johan Schele*. Von diesen lässt sich eindeutig bisher nur Tymmo Hadewerk identifizieren, der ab

---

207 *Techen*, Unruhen (1890), 52 f.

208 Dies sind in Lübeck Tidemann Steen, welchem ebenfalls im Herbst und Winter 1427/1428 der Prozess gemacht wurde, und in Hamburg der Flottenhauptmann Johann Kletzke, der wie Johann Bantzkow und Heinrich van Haren hingerichtet wurde. In Hamburg konnte die *Tosate* ja nicht als Vorwurf ins Spiel gebracht werden. *Pitz*, Bürgereinung (2001), 161; *Daenell*, Blütezeit (1905), Bd. 1, 236; *Mantels*, Schiffshauptleute (1881), 179–232, bes. 207–227 (zur Niederlage und ihren Folgen besonders für Tidemann Steen).

209 Wie weit diese verbreitet waren, verdeutlicht z. B. ein anonymer Brief aus Preußen aus dem Jahr 1427: HR I, 8, Nr. 234.

210 Rufus-Chronik II, § 1479, 293 bes. auch Anm. 1 mit dem Verweis, dass die Mitglieder des ehemaligen Alten Rates auf die restliche Entschädigungssumme verzichteten (LUB 7, Nr. 72).

211 *Pitz*, Bürgereinung (2001), 144 f. zum Zusammenwirken von Rat und Gemeinde.

212 Vielleicht handelt es sich um denselben *Henricus Schonenberch*, der am 15. Juli 1430 zusammen mit dem Ratsmann Thomas Kerkring vor dem Niederstadtbuch den teilweisen Verkauf der Papiermühle in Schönkamp bezeugte (LUB 7, Nr. 406).

1428 als Ratmann nachweisbar ist.[213] Im Herbst 1427 gehörte er dem Rat ebenso wenig an, wie die übrigen aufgezählten Personen. Daher könnte es sich um ausgewählte Repräsentanten der Gemeinde handeln, die bei der Konzeption des Antwortschreibens an den König anwesend waren. Das dänische Bündnis wird im Schreiben der Gemeinde überhaupt nicht thematisiert, stattdessen reagierte dieses nur auf die konkreten Punkte der überlieferten königlichen Briefe, wobei die Eintracht von Rat und Gemeinde betont wird.[214]

Für die Rezeptionsgeschichte der Bündnisurkunde von 1423 spielen die Briefe des Königs an die Städte gleich auf zwei Ebenen eine Rolle. Zunächst führten sie in direkter Reaktion auf ihre Zirkulation in Wismar und Rostock zu einer Verschärfung der schon durch die Niederlage im Sund und den Verlust der Baienflotte angespannten Situation und lieferten zusätzlich Anklagepunkte gegen den bisherigen Rat und seine Mitglieder. In der zeitnahen Historiographie erscheinen die Briefe sogar als Auslöser dieser Kausalkette von Ereignissen in der zweiten Hälfte des Jahres 1427. Sie werden in ihrer Intention neu interpretiert und verleihen dem Bild des dänischen Königs – vor allem in Lübeck – eine weitere negative Facette.

3.6 Die offizielle Aufhebung

In den Jahren 1428 bis 1435 werden die Bündnisurkunde von 1423 und ihre Verletzung von dänischer Seite wiederholt thematisiert. Sogar die ersten konkreten Vorschläge für die Beilegung des Konfliktes zwischen dem Unionskönigtum und den Städten

---

213 *Fehling*, Ratslinie (1929), Nr. 509, 69. Dort erscheint er unter dem Namen Tidemann Hadewerk, obwohl sein Vorname in der Mehrzahl der Quellen als Tymmo angegeben wird (so in LUB 7, Nr. 379, 624, 702, 703). Den Namen Tidemann Haderwerk übernimmt auch *Poeck*, Herren (2010), 98, 220, 312, 436. Er ist dadurch unterschieden von seinem Vater, der dort als Tymmo Hadewerk erscheint. Dieser fungierte 1371 und 1372 als Ältermann des Brügger Kontors für das wendisch-lübische Drittel, war mit einer Schwedin verheiratet und besaß daher Handelskontakte nach Stockholm und Åbo (*Poeck*, Herren (2010), zuerst 97 f., 210 f.).
214 Dazu besonders *Pitz*, Bürgereinung (2001), 137 f. und 161, wobei er ein sehr ideales Bild vom Verhältnis zwischen Rat und Gemeinde zeichnet, 137 f.: „Auch der Lübecker Rat pflegte im 15. Jahrhundert weder Bündnisse zu schließen noch Kriege zu erklären oder zu beenden, weder einen außergewöhnlichen Schoß festzusetzen noch den städtischen Grundbesitz mit Renten zu belasten, weder den Münzfuß zu verändern noch sonst irgendwelche für die Gemeinde riskante Entscheidungen zu treffen, ohne vorher die Bürgerschaft zu unterrichten und von ihre Rat und Zustimmung einzuholen, bevor er die betreffenden Gebote in Kraft setzte." Nur auf der Grundlage von LUB 7, Nr. 417 und 419. Dass die Berufung auf Rücksprachen mit der Bürgerschaft keine „konventionelle, inhaltslose Formel" ist, vermerkt auch *Ebel*, Lübisches Recht (1971), 296. Die Beispiele, die er anführt, benennen die Mitsprache der Bürger ganz ausdrücklich. Daraus lässt sich jedoch im Umkehrschluss nicht automatisch ableiten, dass dies in jeder Situation der Fall war.

werden als Wiederaufnahme des Bündnisses dargestellt.[215] Angesichts dieser perma-
nenten Instrumentalisierung scheint es nicht verwunderlich, dass die *tosate twischen
uns unde den steden* 1434 an erster Stelle der Dokumente für die Schiedsverhandlungen in Vordingborg steht. Ihre Wirkungsgeschichte endet erst mit einer neuerlichen
Urkunde vom 10. August 1435,[216] in der die Städte Lübeck, Lüneburg und Wismar *de
tosate unde vorbundes breve* (...) für machtlos erklären.[217] Interessanterweise hängten
die Städte nur ihre Sekrete an das Dokument.

Der städtischen Verzichtserklärung ging eine entsprechende Urkunde König
Eriks und des Reichsrates vom 15. Juli 1435 voraus.[218] Sie wurde mit dem Unionssekret
sowie den Siegeln von sieben dänischen (und norwegischen) Reichsräten beglaubigt.[219] Dieselben Personen erscheinen in einem Vermerk unter der Plika zusammen
mit dem König und dessen Kanzler noch als explizite Berater. Von diesen gehörte nur
Esge Brok nicht zu den Sieglern des Bündnisses von 1423.[220] Der Schreiber der Urkunde ist sehr wahrscheinlich der verschiedentlich auch als Notar erscheinende
Heinrich Eybe.[221]

Die Schrift der städtischen Ausfertigung lässt sich der Lübecker Kanzlei und der
Hand von Hermen Willard zuordnen. Möglicherweise entstand dieses Dokument auf
der Grundlage der dänischen Urkunde oder eines entsprechenden Entwurfes, in enger Verbindung mit der Herstellung des eigentlichen Friedensvertrages. Die Siegel
wurden jedoch an beiden Ausfertigungen mittels Wollfäden befestigt, wie dies auch
bei den Exemplaren des Friedensvertrages der Fall ist.

Insgesamt sprechen auch die weiteren Ähnlichkeiten mit den jeweiligen Friedensverträgen dafür, dass diese auf beiden Seiten fast zeitgleich mit den Aufhebungsurkunden entstanden waren. Im Zusammenhang mit der Herstellung den verschiedenen Stufen der Bündnisurkunde von 1423 wurde bereits deutlich, dass die
Fertigstellung von Urkunden, inklusive der Besiegelung, eine ganze Weile nach der
rechtskräftigen Zusammenkunft erfolgen konnte. Dies ist 1435 am Beispiel des Friedensvertrages wieder zu beobachten. Dieser wurde zunächst beiderseitig am 17. Juli
1435 bekräftigt, aber noch im September wartete der im Auftrag der Städte agierende

---

215 Dazu ausführlicher Kap. 5.3.
216 Original: DRA, NKR, Nr. 3206. Regest: HR II, 1, Nr. 455; eine Edition ist nicht vorhanden.
217 Erwähnt bei *Daenell*, Blütezeit (1905), Bd. 1, 255; *Erslev*, Erik (1901), 346–348.
218 AHL, Urkunden, Danica, Nr. 199.
219 HR II, 1, Nr. 451: Bischof Johannes von Roskilde, Bischof Johannes Jacobi von Oslo, Erik Krummediek, Esge Brok, Steen Basse, Anders Nielsen, Oluv Akselsen.
220 HR II, 1, Nr. 451: *Ad mandatum domini regis speciale et r(egnorum)* [statt regiorum; Korr. d. V.]
*cons(iliariorum), Ros(kildensis), Os(loensis), E(rici) K(rummediik), Sten (Basse), An(ders) N(ygelson),
E(sghe) B(rock), Olaff Ax(elsson) Laur(encius) B(rand) cancellarius.* Die Kürzungen erscheinen in der
Edition als Fehlstellen. Laurencius Brand war Nachfolger des im November 1434 verstorbenen Kanzlers Jens Pedersen, Dekan und später Archidiakon von Roskilde. Er ging später zusammen mit dem
König ins Exil: *Christensen*, Dansk Statsforvaltning (1903), 95, 687.
221 Vgl. später Kap. 5.3 und 5.4.

Heinrich Gripeshorn, lübischer Vogt auf Schonen,[222] auf das fertig besiegelte dänische Exemplar.[223]

Die zeitliche Differenz zwischen der am 15. Juni ausgestellten dänischen Aufhebungsurkunde, der *Tosate* und dem städtischen Gegenstück vom 10. August 1435 deutet darauf hin, dass der königliche Verzicht auf seine Ansprüche an die Städte gleichsam eine Vorbedingung für den Frieden selbst war. Gleichzeitig war das Bündnis von 1423 gegen die Holsteiner gerichtet gewesen. Es wurde erst mit dem Friedensschluss zwischen dem König und Graf Adolf VIII. von Holstein, der in der Zwischenzeit am 15. Juli erfolgte, [224] obsolet.

Dass die dänische Aufhebungsurkunde als Vorleistung diente, kommt auch in einer spezifischen Passage darin zum Ausdruck: *Vnde dat erste, dat wy koning Erik erbenomed mit Godes hulpe wedder vte Sweden komen sint, so wille wy vnsen vorgeroreden vorbundesbreff hebben to Copenhauene, vnde wanne de erbenomeden stede eren vorgeroreden vorbundesbreff senden bynnen Copenhauen, so will wy vnse ingesegele van beyden vorgeroreden vorbundesbreuen afbreken, vnde at dat denne islik den sinen neme vnde tobreke, also dat se denne tosamende gebroken werden.*[225] Das Bündnis wurde am 15. Juni zwar mit Worten für machtlos erklärt, so dass die Städte nun nicht mehr an die Bedingungen gebunden waren. Es musste aber noch ganz aus der Welt geschafft werden. Zu diesem Zweck wurde ein sehr klares Verfahren für die physische Entwertung der Urkunde vorgeschlagen. Deren erster Schritt bestand in der Abnahme der Siegel.[226] Dies erinnert an die Vernichtung der livländischen Zutrittsurkunde zur Tosate.[227] Da die Siegel die maßgeblichen personalisierten Beglaubigungsmittel darstellten und dem Schriftstück von außen ersichtlich Rechtscharakter verliehen, wird es sich hier um ein generell übliches Verfahren handeln. Doch reichte das Entfernen der Siegel allein immer noch nicht, um die Wirksamkeit der Urkunde zu beenden. Dazu musste das Dokument auch physisch zerstört werden. Dies geschah im Fall der livländischen Urkunde durch Verbrennen, hier hingegen wird nur allgemein von „brechen" oder „zerbrechen" gesprochen.[228] So unspezifisch diese Angabe erscheint, so ist sie sicher nicht zufällig gewählt, da sich durch die Aneinanderreihung von *afbreken*, *tobreke* und schließlich *gebroken* werden eine Steigerung ergibt und der Akt der Auflösung damit besonders hervorgehoben wird. Diese rhetorische Gestaltung sowie die Beschreibung des symbolischen Aktes, dass beide Seiten ihre

---

222 *Olesen*, Rigsråd (1980), 32. Quellen zu seiner Person: LUB 7, Nr. 437: 1431, Feb. 20 (auch HR II, 1, 28).

223 HR II, 1, Nr. 456 (= AHL, ASA ‚Externa Danica, Nr. 3, 193 f.).

224 HR II, 1, Nr. 452.

225 HR II, 1, Nr. 451; LUB 7, Nr. 648.

226 *Afbreken*: abnehmen oder abreißen: *Schiller-Lübben*, Bd. 1, 19.

227 Diskutiert in Kap. 3.1.3.

228 *Tobreken*: zerbrechen oder brechen: *Schiller-Lübben*, Bd. 4, 555.

Urkunden zur gleichen Zeit beseitigen sollten, scheint auf die ursprüngliche Eintracht beim Zustandekommen des Bündnisses hinzuweisen.

Vielleicht liegt darin ein Grund, warum die Städte in ihrer Gegenurkunde auf eine äquivalente Formulierung verzichteten. Es könnten aber auch praktische Erwägungen eine Rolle gespielt haben: Der König hatte den symbolischen Akt mit seiner Rückkehr aus Schweden in Verbindung gebracht, wo er am 29. Juli 1435 in Stockholm den schwedischen Reichsrat treffen sollte.[229] Da sich die Verhandlungen mit den Städten aber länger hinzogen, konnte dieser Termin nicht eingehalten werden und der Aufbruch nach Schweden erfolgte erst am 15. August, wovon Hinrich Gripeshorn dann um den 1. September erfuhr.[230] Bei Ausstellung der Urkunde vom 10. August 1435 in Lübeck war somit nicht absehbar, wann ein weiteres Treffen stattfinden konnte oder wie sich die Situation in Schweden überhaupt weiterentwickeln würde.[231] Schließlich deutet der Brief von Hinrich Gripeshorn darauf hin, dass dem König beziehungsweise seinen Hofleuten von Lübeck aus verschiedene Urkunden geschickt wurden, unter denen sich möglicherweise auch diese Aufhebungsurkunde und der Bündnisvertrag von 1423 befanden.[232]

Auf jeden Fall musste ein bilateraler Bündnisvertrag, wie die *Tosate* von 1423, verbal und physisch von beiden Seiten außer Kraft gesetzt werden. Die Erklärung verbirgt sich in den dispositiven Passagen. Demnach verzichteten beide Seiten für sich

---

229 Diesen Termin nennen die Briefe des schwedischen Reichsrates an Lübeck und Reval vom 9. Juni 1435 (HR II, 1, Nr. 448 und 449 [Regest]). *Olesen*, Rigsråd (1980), 29.

230 Aus dem Brief von Hinrich Gripeshorn (HR II, 1, Nr. 456): *Item so wetet, leven heren, dat de konygh ut deme Sunde segelde up unser (leven) vrowen dagh asscumpcionis myt 62 seghelen*; Olesen, Rigsråd (1980), 29.

231 Dass sich die Dänen im August und September um die Unterstützung der wendischen Städte bemühten, verdeutlicht der Brief von Eske Brok an Hinrich Gripeshorn. HR II, 1, Nr. 457; *Olesen*, Rigsråd (1980), 32. Ziel ist die Einbeziehung der Hansestädte in die Verhandlungen zu Stockholm.

232 HR II, 1, Nr. 456: Heinrich Gripeshorn an Lübeck: (...) *juwe breve van my tho antworden her Ezeken unde Magnus Goghe unde wedder tho entvande, deme hebbe ik also ghedaen. (...) So antwarde ik an dat erste her Ezeken unde Magnus des konynghes bref, den wolden se em naschycken myt den ersten unghevortoghert.* Eine weitere Urkunde wurde gegen den Friedensvertrag ausgetauscht: Dagegen: *Erslev*, Erik (1901), 348: „I Hansesterne kunde man vel ikke finde Kongens Udfærdigelse af Forbundet af 1423, men man afgav da i Stedet en Erklæring om Forbundsbrevets fulde Magtesløshed." Dies geht aus den Quellen aber nicht so eindeutig hervor. Zu den Personen: Mogens Gøye war zu dieser Zeit „Københavnsfoged" (*Olesen*, Rigsråd [1980], 32), 1437 wird er zum Kammermeister berufen (*Christensen*, Dansk Statsforvaltning [1903], 64). Eske Brok trat 1429 als königlicher Hauptmann von København in Erscheinung (HR I, 8, Nr. 555) und besiegelte als Reichsrat den Waffenstillstand zu Horsens (HR II, 1, Nr. 139) sowie den Friedensvertrag von Vordingborg (HR II, 1, Nr. 454). Zur Person auch: *Bruun*, Brock (1979).

und ihre Nachkommen nicht nur auf alle in dem Bündnisbrief formulierten Ansprüche und Unterstützungen[233], *sunder desulven breve unde alle articule darane begrepen scholen gantz unde al craftlos unde machtlŏs wesen, se scholen slichtes gentzliken gedodet unde vornichtet wesen to ewigen tiiden.*[234]

Diese Formulierung ist keine Besonderheit. In der mitteldeutschen Rechtssprache verschiedener Teile des Reiches wird die Aufhebung von Urkunden und deren Inhalten sehr ähnlich beschrieben. „Kraftlos und machtlos" bzw. „töten und vernichten" tauchen in diesen und anderen Varianten und Kombinationen auf.[235] Bei allen handelt es sich um Metaphern des Sterbens, Verfalls oder gar des gewaltsamen Todes, welche den Akt beschreiben, mit dem altes Recht aufgehoben oder durch neues Recht ersetzt wird. Auch wenn sich im Spätmittelalter für dieses Vorgehen feste Formeln durchsetzten, stehen diese doch auch für eine ganz bestimmte Perspektive auf die Wirksamkeit von Urkunden. Die Worte von rechtssetzenden Dokumenten wurden gleichsam als lebendige Wesen beschrieben, welche durch die Existenz der Urkunde in die Welt treten. Erst deren physische Vernichtung beendete auch ihre Wirksamkeit. Im Hintergrund stand dabei die Tilgung des alten Rechtsinhaltes aus der Erinnerung und dem Wissen an sich.[236]

Im Fall der Bündnisurkunde von 1423 zwischen dem Unionskönigtum und einer Gruppe von Städten demonstrieren die einzelnen Schritte der Aufhebung die Doppelnatur der Vertragsurkunde. Sie war in gleicher Weise das physische Objekt, das durch die Besiegelung zu einem rechtlich bindenden Dokument wurde, und verkörperte zugleich das Bündnis mit seinen Rahmenbedingungen, welches dank der schriftlichen Fixierung als Realität in der Welt existierte. Die Geschichte des Bündnisses vom 15. Juni 1423 veranschaulicht beispielhaft, wie diese Doppelnatur von Urkunden im Spätmittelalter wahrgenommen wurde.

---

233 HR II, 1, Nr. 451: *Ok en willen noch en scholen wii unde unse nakomelinge van der cronen wegen de erbenomeden stede unde de dat mit en anrored, ere borgere unde inwonere, nummermer mit den vorgeroreden zate unde vorbündesbreven unde ereme ynneholde manen efte eschen (...)*; DRA, NKR, Nr. 3206: *(...) ok enwillen noch enscholen wij vnde vnse nakomelinge den erbenanten heren konyng Erijke sine erbenanten Ryke dersuluen Ryke Jnwonere vnde ere nakomelinge nummer mer mit den vorgerorden Sate vnde verbundes breuen vnde ereme Jnneholde manen efte esschen (...)*.

234 HR II, 1, Nr. 451. DRA, NKR, Nr. 3206: *sunder desuluen breue vnde alle Artikele dar Ane begrepen scholen gantz vnde al kraftloß vnde machtloß wesen se scholen ok slichtes genßliken gedodet vnde vernichtet wesen to Ewigen tyden.*

235 „Kraftlos", in DRW 7, Sp. 1378 mit Beispielen aus Böhmen (1347), Franken (1378) und Oberbayern (1448), in denen „kraftlos" mit „tot", „töten" oder „vernichten" verwendet wird. „tödten", „töten" in: DWB 21, Sp. 595 führt unter 2 ßß zwei Beispiele aus den Städtechroniken an.

236 *Haltaus, Glossarium* (1758), Bd. 2, Sp. 1790: *todt, mortuus vel quasi. Per metaph. de rebus, quarum vires et obligatio vel memorie est abolita et extincta, vulgo „cassata".* Vgl. auch *Ders., Glossarium* (1758), Bd. 2, Sp. 1794: *todten* mit Beispielen für diese Formulierung.

4 *Ich bin alhy in aynem sacke* – Die Grenzen der Verständigung bei der Mission des Nikolaus Stock

4.1 Einleitung

Meinen dinst zuuor. Lieben herren. Ich thu ewir libe vnd weisheit zu wissen, als ich am sonabende vor Judica aus ewir stad Lubicke auff der herren van Holsten brieff, euch, ewirn vnd ander stete rat etc. von meinen wegen umb gelayte zugeschreben vnd nemlichen auff ewir, ewirs rates vnd ander stete trost mit der vorgenanten herren vnd ewir stat diener ausgereten bin, vnd dornach am montage nest frw aus Rensburg gen Gotdorb vber die helffte des weges zu dem elsten herrn von Holsten reiten wolde, ist mir der vorgenanten herren von Holsten schreiber, Theodoricus genant, enkegen gereten, mir gesprochen, wie das seiner herren vorgenant vogt von Sleswig vnd ander mir lissen sagen, das ir herre, herczog Allue, von Gotdorb in Frissland gereten werde vnd kunden mich nicht bewaren vor deme gemaynen hawfen, der zu Sleswig lege, der wol wŏste, das ich gereten keme, das ich widerumb gen Rensburg rete vnd aynen tag do lege, so wurde ir herre wider gen Gotdorb komen, der wŏste mich wol zu bewaren.[1]

Diesen Hilferuf sandte am 28. März 1428 der *lerer geistlichen rechten vnd meyster der seven kunsten* Nikolaus Stock an die Bürgermeister der Stadt Lübeck, Hinrich Rapesulver, Conrad Brekewold und Dietmar von Thun. Ziel seiner Reise nach Dänemark war die Vermittlung in dem 1426 begonnen Krieg, sein Auftraggeber der römische König Sigismund.

An diesem 28. März 1428, als der Brief abgeschickt wurde, befand sich Nikolaus Stock schon zum zweiten Mal auf dem Weg von Lübeck nach København mit dem Ziel vor Augen, ein Treffen zwischen den Kriegsparteien in Falsterbo auf Schonen zu verabreden, wozu die kriegführenden Städte nach zähen Verhandlungen ihre Zustimmung gegeben hatten.[2] Wie der Brief erwähnt, war der Schutz seiner Reise nach Dänemark abgesichert sowohl durch einen Reisepass der Städte als auch durch schriftliche Zusicherungen der Holsteiner.[3] Doch reichte dieses schriftlich zugesicherte Geleit nicht mehr aus, um den Gesandten in einer unruhigen Situation vor Anschlägen zu schützen. Es musste noch durch konkrete Aktionen, d. h. eine bewaffnete Begleitung, unterstützt werden. Dass die Grafen von Holstein, insbesondere Adolf, sich mit der Realisierung des Geleits zurückhielten, dass Nikolaus Stock sich mehrmals durch einen Boten an sie wenden musste und dass er auch noch vor anderen

---

1 Aufgrund der komplexen Überlieferungssituation zu diesem Thema sind sämtliche Dokumente zu Nikolaus Stocks Mission und allen nachweisbaren Stationen seiner Reise unter 8.2.3 in einer Tabelle zusammengetragen. Belege zu diesem Dokument finden sich unter 8.2.3, Nr. 60, zit. nach LUB. Vgl. außerdem 8.2.3, Nr. 57–59.
2 *Daenell*, Blütezeit (1905), Bd. 1, 238.
3 Vgl. nachfolgend 4.5.2.

https://doi.org/10.1515/9783110591620-004

Anschlägen und damit vor einer unbegleiteten Weiterreise gewarnt wurde, geht aus dem weiteren Wortlaut des Briefes hervor. Er schließt mit den Worten:

> Der marschalk saget mir, zwene papen weren in meinem namen zwischen Sleswig und Flensburg irslagen etc. Auch spricht der Bramsteter[4], das her gehort habe, das ir XXIIII zusamen gesworen haben mich zu tôten. Zu Flensburg ist nymandes zu hawse, der mich vort gelayte, ich bin alhy in aynem sacke. Dorvmb nach gelegenheit der sache doch ewirm sichern gelayte lisset widervmb zu euch gen Lubicke gelayten, ewir botschaft vnd trewes rates will ich alhy zu Rensburg mit Gotes holffe warten. Gescreben zu Rensburg, am Palmtage etc., anno Domini etc. XXVIII.

„Ich bin hier in einem Sack", nämlich in einer ausweglosen Situation, ist eine treffende und malerische Beschreibung für die gesamten Bemühungen des Gesandten in einem Konflikt, in dem keine der beiden Parteien ein wirkliches Interesse an einem Friedensschluss hatte und in dem ein Bote des römischen Königs keinesfalls als neutral empfunden wurde.[5] Schon ungefähr zwei Jahre vor Nikolaus Stock wurde Konrad von Weinsberg als Gesandter von Reichstag und römischem König mit dem Entzug des Geleits bedroht, als seine Forderungen im Norden auf Unwillen stießen.[6] Ebenso wie frühere Missionen endete auch Nikolaus Stocks Unternehmen in einem kompletten Fehlschlag.

Zwar konnte Nikolaus Stock seine Reise nach Dänemark am 1. April 1428 fortsetzen, doch nur um am Ende eine gemeinsame Flotte der wendischen Städte und der Holsteiner vor København vorzufinden. Der königliche Abgesandte traf sich am 16. April 1428 mit den Anführern der Flotte an einem Strand und musste feststellen, dass diese nichts von einer verabredeten Verhandlung wussten oder wissen wollten. Bei den Gesprächen verlor der Gesandte schließlich die Geduld und versuchte den Lübecker Verhandlungsführern ein bisher noch nicht vorgelegtes Schreiben König

---

4 Es handelt sich wohl um den Lübecker Ratsmann Jacob Bramstede. Zu dessen Person: *Fehling*, Ratslinie (1978), 68, Nr. 504. Mit größeren Schwierigkeiten ist aber zu eruieren, wann die Aussage gegenüber Nikolaus Stock anzusetzen ist. Jacob Bramstede gehörte zu den Kommandeuren der Lübecker Flotte (HR I, 8, Nr. 418, 448, 467), die um den 5. April 1427 ausgelaufen sein muss. Daher hatte er Nikolaus Stock möglicherweise noch in Lübeck über die erschlagenen Priester berichtet. Vgl. auch 4.5.3.

5 Zur Vorgeschichte: *Hedemann*, Ofendommen (2007), passim. Vgl. 8.2.3, Nr. 18, zit. nach HR: *sy kunden keynen frede mit dem konige von Denmarken aufgenemen, noch gehalden, auch nicht zu tagen mit seinen koniglichen gnaden komen, seine gnade gebe in denne ir våterlich erbe, das er in mit unrechte entwert hette*, und 8.2.3, Nr. 37, zit. nach HR: *der Romische konig hette mich nicht dorumme dorfft auszschicken, er were eynes solchin lange wol bekomen. (...) Antwort wart mir von im, es were nw also gelegen, das er sein våterlich erbe wolde mit dem swerte wider gewinnen*, im Widerspruch zum Schiedsspruch des Römischen Königs.

6 RTA 8, Nr. 396: 1426, Sept. 10: Darin schildert er seine Begegnung mit den Holsteinern, denen er einen Brief König Eriks übergab: *die gewůnnen ein verdriessen darabe, also daz mir darafter kein sicher geleit werden meer môcht*. Zu seiner Person: *Schlunk*, Erbkämmerer (1994), 475–493; *Schubert*, Konrad (1995), Sp. 1366; *Fuhrmann*, Konrad (2004). Seine Tochter Elisabeth war mit Erich V. von Sachsen-Lauenburg verheiratet.

Sigismunds zu übergeben, in dem die Städte vor den Reichstag geladen wurden, sofern sie nicht innerhalb einer Frist von hundert Tagen zum Frieden bereit wären. Einer der Lübecker Flottenführer, Hermann Westfal, und der Kommandant der holsteinischen Flotte erkannten aber das ungarische Siegel. Darauf wollten sie das Schreiben des Königs nicht zu Kenntnis nehmen und es ungelesen zurückgeben. Doch weigerte sich Stock das Dokument wieder an sich zu nehmen und ließ darüber am 17. April 1428 ein Notariatsinstrument aufsetzen. Als Reaktion darauf erklärte nun auch der Flottenführer der Holsteiner Detlev von Ahlefeld[7], dass man dem römischen König wohl gehorsam sein wolle, aber nicht genügend Befugnis für eine Entscheidung besitze. Auch darüber nahm der Notar ein Instrument auf.[8]

Obwohl Nikolaus Stock an diesem Punkt seine Mission noch nicht abbrach und zu König Sigismund zurückkehrte, endete doch seine aktive Einflussnahme auf die Ereignisse mit diesem Fehlschlag. Trotz dieses Misserfolgs hat seine Reise zahlreiche Spuren in den Archiven hinterlassen. Welcher Stellenwert dieser Mission in den schriftlichen Hinterlassenschaften auf dänischer Seite zukam, wurde bereits im Zusammenhang mit dem Überlieferungskontext angedeutet: Sowohl die beiden Reden König Eriks von 1428 und 1430 als auch die dänische Dokumentenliste für die Verhandlungen zu Vordingborg 1434 nehmen auf *dat registrum van meister Niclawes Stockes werven* (§ 6)[9] Bezug.[10] In Lübeck stehen immerhin vier Urkunden in einem Zusammenhang mit dem Gesandten und in den Externa Danica sind noch ungefähr 35 Aktenstücke aus den Jahren 1427 bis 1429 überliefert.[11] Eine der Spuren stellt auch der zu Beginn dieses Kapitels zitierte Brief dar.

In der historischen Forschung ist die gescheiterte Friedensmission von Nikolaus Stock[12] – ein Moment in den Auseinandersetzungen um das Herzogtum Schleswig – immer nur relativ knapp abgehandelt worden. Daenell erwähnt die Mission kurz, um Lübecks zögerliches Verhalten zu Beginn des Jahres 1428 zu erklären. „Lübeck aber

---

7 In dieser Form erscheint er in 8.2.3, Nr. 74 und einem Bericht der Flottenführer vom 25. Juli 1428 (LUB 7, Nr. 202). In 8.2.3, Nr. 77 wird er aber als *Deterd von Aneuelde* bezeichnet. Das Register von LUB nennt ihn Detlev von Ahlefeld.

8 Dazu noch ausführlicher Kap. 4.5.3.

9 Gemeint ist wohl sein Bericht (8.2.3, Nr. 75) und nicht die darüber angefertigten Notariatinstrumente (8.2.3, Nr. 80). Siehe das Folgende.

10 Vgl. Kap. 2.1.1.

11 Vgl. Kap. 2.2.3 b) und c) für 1427 und 1428.

12 Zu Nikolaus Stock gibt es wenig biographische Notizen: *Kuchendorff*, Kreuzstift (1937), 134 f., bes. 134 Anm. 13, macht einige Angaben zu ihm im Zusammenhang mit seinem Bruder, dem Arzt Johannes Stock. *Marschall*, Domdekan (1977), 51–64 geht nur kurz auf sein Leben vor 1427 ein, behandelt ihn sonst unter kirchenpolitischen Fragen. Zu seiner Mission: *Daenell*, Blütezeit (1905), Bd. 1, 238 recht knapp, *Erslev*, Erik (1901), 224–227, *Niitemaa*, Kaiser (1960), 173–186 bieten vor allem Überblicke über den Verlauf der Mission; bei *Behrmann*, Herrscher (2004), 286, 288 f. nur einzelne Aspekte bezüglich der Verwendung von Schriftlichkeit.

handelte unter dem Einfluss der Friedensverhandlungen, die seit dem Winter im Auftrage König Sigismunds selbst einer seiner Räte, Dr. Stock, versuchte,"[13] leitet er den Abschnitt ein, bevor er dann direkt zum Scheitern der Mission übergeht. Ähnlich lässt sich auch Erslev verlauten: „Til den Ende udsendte Kongen som Fredsmægler en af sine Raadsherrer, Magisteren Nils Stock."[14] Er gibt den Ablauf der Mission jedoch etwas ausführlicher wieder. Basierend auf den edierten Quellen, vor allem Nikolaus Stocks Bericht, stellt er dessen verschiedene Reisen[15] und schließlich die Konfrontation mit den Lübecker und Holsteiner Flottenführern vor København dar.[16] Mit einer kurzen Widergabe dieser Begegnung[17] endet der Exkurs zu Nikolaus Stock bei Erslev, der den nachfolgenden Seekrieg und schließlich die Treffen in Nyköbing 1428 und 1429 darstellt, ohne den Gesandten noch einmal zu erwähnen.

Die gleiche Episode – die Begegnung auf dem Schiff vor København – führt auch Behrmann als Beispiel für den Umgang mit Schriftlichkeit an. Dem Verhalten des Gesandten stellt er Lübecks Erklärung gegenüber, dass mündliche Erklärungen für eine Absprache ausreichten und schriftliche nicht ihrer Gewohnheit entsprächen. Nach Behrmann „übertölpelt" Nikolaus Stock die Lübecker und Holsteiner Gesandten in der konfrontativen Situation vor København, als er ihnen einen zweiten Brief König Sigismunds mit der zeitlich befristeten Ladung vor den Reichstag zuzustellen versuchte.[18]

Die zwei am 7. Juli 1427 in Kronstadt (Cron in Wurzland, heute Braşov) ausgestellten Versionen von König Sigismunds Brief diskutierte bereits Niitemaa in der bisher umfangreichsten Behandlung von Nikolaus Stocks Vermittlungsversuch. Des Weiteren widmete er sich der Protestschrift, welche Abgesandte der Städte am 24. Mai 1428 dem Bischof von Ratzeburg, Johannes Trempe, vorlegten,[19] als Reaktion auf Nikolaus

---

13 *Daenell*, Blütezeit (1905), Bd. 1, 238. Vgl auch *ders.*, Hansestädte (1902), 340 f.

14 *Erslev*, Erik (1901), 224.

15 *Erslev*, Erik (1901), 224–227.

16 *Erslev*, Erik (1901), 229, basierend sowohl auf dem Bericht des Nikolaus Stock als auch auf dem Bericht der städtischen Flottenführer. Zur quellenkritischen Einschätzung dieser Quelle Kap. 4.4 und 4.5.3.

17 „Til alt, hvad Hr. Nils sagde dem, vendte de det døve øre, men tilsidst overrakte han dem en kejserlig Stævning; det blev de meget kede af og søgte at faa ham til at tage Brevet tilbage, men han forkyndte dem med lydelig Stemme, at de var stævnede til at møde for den romerske Konge inden 100 Dage. Derpaa red han igen i Land og tog en Notaralattest om, hvad der var foregaaet." Zit. *Erslev*, Erik (1901), 229, basierend auf 8.2.3, Nr. 73.

18 Zur ganzen Situation: *Behrmann*, Herrscher (2004), 287. Basierend auf dem Bericht der Lübecker Flottenhauptleute (8.2.3, Nr. 76, 77). Ansonsten erwähnt er Nikolaus Stocks lange Rede nur kurz im Zusammenhang mit seiner Diskussion der Rede König Eriks von 1428. Vgl. dazu ausführlicher Kap. 5.3.3

19 *Niitemaa*, Kaiser (1960), 181: „Die Ratssendboten von Lübeck, Hamburg, Stralsund und Wismar verfassten in einer Versammlung in Lübeck am 7. 5. 1428 eine Deklaration, die der Bischof von Ratzeburg der Öffentlichkeit zur Kenntnis bringen sollte."

Stocks Anschuldigung, dass sie dem römischen König gegenüber ungehorsam gewesen wären. Angelpunkt ist dabei der Vorbehalt der Städte gegenüber Sigismund als Schiedsrichter in der Angelegenheit, der in diesem Dokument zum Ausdruck kommt.[20] Das Argument der Parteilichkeit des römischen Königs ist grundsätzlich kein neues, da sich die Holsteiner bereits vor dem Schiedsurteil von 1424 darauf beriefen. Es wurde in ähnlicher Form auch von Nikolaus Sacchow,[21] dem damaligen Probst von Schleswig und späteren Bischof von Lübeck, während der Verhandlungen in Ofen selbst ins Feld geführt. Doch ist das Protestschreiben vor dem Bischof von Ratzeburg das erste Beispiel für eine Anwendung durch die Städte.[22]

In Bezug auf die Urkunde des Bischofs von Ratzeburg vom 24. Mai 1428 schlussfolgerte Niitemaa, dass König Sigismund wohl keine Kenntnis von deren Argumentation gehabt haben wird, denn „ihr Original wird im Lübecker Staatsarchiv verwahrt, und der spätere Briefwechsel des römischen Königs zeigt nicht, dass er sie gekannt hätte."[23] Dieses Fazit gilt es im Folgenden noch genauer zu prüfen.

Niitemaas Ausführungen zu Nikolaus Stock enden mit dem Hinweis auf einen letzten Versöhnungsvorschlag, den dieser vor allem dem Lübecker Bürgermeister Hinrich Rapesulver machte, nachdem die monatelangen Verhandlungen um seine auf See geraubten und entführten Knechte zu einem gütlichen Ende gekommen waren.[24] Er stellt dann die These auf: „Aus den Quellen geht nicht hervor, ob Stock auch der Gegenseite den gleichen Vorschlag vorgelegt hat. Jedenfalls wird aus einem Brief Sigismunds an den Hochmeister vom 29. Januar 1429 ersichtlich, dass Erik sich an den römischen König gewandt hatte."[25] Grundsätzlich handelt es sich bei Niitemaas Ausführungen um eine Rekonstruktion der Ereignisse, die nur dann in eine Analyse von Strukturen und Verhaltensmustern übergeht, wenn sie sich mit der Hauptfrage seines Buches verbindet: den Einflussmöglichkeiten des römischen Königs in Skandinavien. In Hinblick auf die Beziehungen zwischen dem römischen König und den Städten, besonders Lübeck, widmete sich auch Fahlbusch kurz der Mission von Nikolaus. Auch dabei standen die Wirkungskraft des römischen Königs bzw. deren Mangel im Vordergrund.[26]

An die hier angedeuteten Problemfelder – der Umgang mit schriftlichen Dokumenten sowie die Dreiecksbeziehung zwischen den Städten, dem Unionskönigtum

---

20 *Niitemaa*, Kaiser (1960), 181. Vgl. nachfolgend Kap. 4.5.3, Anm. 305.
21 Informationen zu Nikolaus Sacchow siehe Kap. 4.2.2, Anm. 116.
22 Vgl. auch dazu die Entwicklung der städtischen Argumentation in Kap. 3.3.
23 *Niitemaa*, Kaiser (1960), 181 f.: Fazit: „Diese Deklaration, die Sigismund jedoch nicht zur Kenntnis gebracht worden zu sein scheint – ihr Original wird im Lübecker Staatsarchiv verwahrt, und der spätere Briefwechsel des römischen Königs zeigt, nicht, dass er sie gekannt hätte – beweist, dass die Städte nicht beabsichtigten von ihrem Standpunkt abzugehen."
24 *Niitemaa*, Kaiser (1960), 184 f.
25 *Niitemaa*, Kaiser (1960), 187 unter Berufung auf 8.2.3, Nr. 117.
26 *Fahlbusch*, Städte (1983), 175–177.

und dem römischen König – knüpfen auch die nachfolgenden Untersuchungen an. Das vorgestellte Material erlaubt es am Beispiel von Nikolaus Stock den Alltag eines königlichen Gesandten in prekärer Situation nachzuzeichnen. Grundsätzlich lassen sich alle Dokumente zur Mission von Nikolaus Stock verschiedenen zeitlichen Phasen zuordnen: Vorbereitung und Anreise im Sommer und Herbst 1427, die Diskussion um die Friedensvorschläge und die Festsetzung eines Termins für Friedensverhandlungen, die sich von Dezember 1427 bis Mai 1428 hinzogen, und die Verhandlungen über die entführten Diener, Pferde und Güter von Nikolaus Stock, die von Ende Oktober 1428 bis Ende Januar 1429 andauerten.

Grundlage und Ausgangspunkt für die Diskussion soll der überlieferte Schriftbestand in seiner physischen Substanz sein. Schon mit der Rekonstruktion der Entstehungsprozesse oder Funktionen und der chronologischen Einordnung verbindet sich oft die Frage nach den Kommunikationssituationen, in welche die Herstellung der schriftlichen Dokumente einzuordnen ist. Auf einer zweiten Ebene sind alle Schriftstücke Teile eines Informationsflusses, bisweilen als reine Nachricht, bisweilen als Dokumentationen mündlicher Verhandlungen, bei dem verschiedene Akteure in Beziehung standen. Dabei geben sie zusätzlich Auskunft über die rein praktischen Notwendigkeiten einer Gesandtschaftsreise. Schließlich verbinden sich mit den Formen der Schriftlichkeit – Siegelurkunden, Notariatsinstrumenten oder Briefen – Funktionen, die bestimmte Wirkungen nach sich ziehen. Der Konnex zwischen Formen und Intention führt dabei auf die Grundfrage dieser Arbeit zurück, also der Art und Weise, auf welche Schriftlichkeit für gezielte Handlungen eingesetzt und genutzt wird. Da die Mission des königlichen Gesandten zunächst auf eine Verständigung zwischen beiden Seiten abzielen sollte, ist auch zu prüfen, auf welchen Ebenen dessen kommunikatives Handeln scheiterte.[27]

4.2 Die Mission des Nikolaus Stock im Licht der Schriftstücke

Die Gesamtheit aller Schriftstücke aus den Archiven der wendischen Städte bzw. aus København, welche uns von Nikolaus Stocks Mission überkommen sind, lässt sich grob in zwei Gruppen einteilen. Die Erste enthält natürlicherweise alle Dokumente, die aus dem direkten Kontakt mit dem Gesandten stammen oder seine öffentlichen Auftritte bezeugen. Doch liegen darüber hinaus auch eine große Anzahl Nachrichten über ihn vor, bei denen es sich dabei vor allem um Briefe zwischen den Städten und ihren holsteinischen Verbündeten, insbesondere Graf Adolfs, oder um Schreiben aus dem Umfeld des Deutschen Ordens handelt.

---

27 Zur begrifflichen Einordnung: 1.4.1.

4.2.1 Direkt oder indirekt veranlasste Dokumente

In die erste Gruppe sind zunächst die acht Schriftstücke unter Nikolaus Stocks eigenem Namen zu zählen, die an Lübeck geschrieben wurden: Zwei Briefe stehen mit der schon erwähnten, zweiten Reise nach København im April 1428 in Beziehung. Dem zu Anfang des Kapitels zitierten Brief folgte nach nur zwei Tagen eine kurze Notiz, welche den Bürgermeistern von Lübeck die Lösung des Problems mit dem Geleit mitteilte.[28] Gleich sechs Schriftstücke widmen sich den Auseinandersetzungen um Stocks entführte Diener und geraubte Pferde und Güter. Sie wurden zwischen November 1428 und Januar 1429 an den Rat von Lübeck bzw. den Bürgermeister Hinrich Rapesulver geschrieben. Dazu gehört auch die Abschrift eines Reisepasses, der zwar vom Lübecker Rat und den Sendboten der Städte Hamburg, Stralsund, Rostock und Wismar ausgestellt worden war, aber nur als Beleg aus dieser Korrespondenz überliefert ist.[29]

An zweiter Stelle müssen die Schriftstücke genannt werden, die der Vorbereitung seiner Reise dienten bzw. die er mit sich trug. Am 4. Juli 1427 stellte die Kanzlei König Sigismunds im siebenbürgischen Kronstadt (Brașov) zwei Beglaubigungsschreiben für Nikolaus Stock aus: zunächst ein lateinisches Dokument an alle „Angehörigen und Beamten des römisch-deutschen Reiches", das nur noch abschriftlich überliefert ist,[30] und ein zweites, auf Deutsch geschriebenes an die Städte Lübeck, Hamburg, Stralsund, Wismar, Lüneburg, Rostock und *iglicher andere Hens Stede*.[31] Auf dem Original wurde „Lüneburg" nachträglich in die Reihe der Städte eingefügt. Das Siegel befindet sich – mit einem Schutz aus Papier versehen – auf der Rückseite des unverschlossenen Dokumentes. In den gleichen Zusammenhang mit diesen Beglaubigungsschreiben gehört auch ein ebenfalls auf den 4. Juli 1427 datierter Brief König Sigismunds an Paul von Rusdorf, den Hochmeister des Deutschen Ordens, der sich zwar im Ordensbriefarchiv im Preußischen Staatsarchiv in Berlin befindet, aber ein wichtiges Hilfsmittel zum Vergleich mit den anderen *credencien* und Geleitschreiben darstellt.[32] Schließlich wurde am 8. Juli 1427 noch ein Beglaubigungsschreiben für König Erik ausgestellt.[33]

In die Gruppe der vorbereitenden Dokumente fallen zudem die beiden schon eingangs erwähnten Schreiben König Sigismunds vom 7. Juli 1427: ein Brief, der die Städte zur Wahrung des Friedens aufforderte und der zweite, der diese Aufforderung mit einer befristeten Vorladung vor den Reichstag unterstrich. Diese Schriftstücke befanden sich aber nicht in den Externa und den dänischen Akten, sondern waren in

---

28 8.2.3, Nr. 63.
29 8.2.3, Nr. 88, 105–107, 109, 110.
30 8.2.3, Nr. 1, in 7.2.3, Nr. 81 und 82 als *copia littere credencie*.
31 8.2.3, Nr. 2.
32 8.2.3, Nr. 3.
33 8.2.3, Nr. 8, enthalten in Nr. 81.

den Interna des Alten Senatsarchives dem Bestand „Reichssteuer" zugeordnet. Beide sind jedoch nach der Auslagerung und Odyssee des Archives nicht wieder aufgetaucht.[34] Glücklicherweise waren zum Entstehungszeitraum des Lübeckischen Urkundenbuchs alle Schreiben König Sigismunds vom 7. Juli 1427 in Lübeck noch vorhanden, so dass dort die Unterschiede im Beschreibstoff festgehalten sind.[35] Diese Feststellung ist von erheblicher Bedeutung, denn das Schreiben mit der Zitation war auf Pergament geschrieben, der andere Brief hingegen, wie die meisten Briefe des Königs an Lübeck, auf Papier.[36] Beide Briefe trugen auf der Rückseite das ungarische Siegel. Die Abstufung in der Gewichtung wurde also nur aus der Qualität des Beschreibstoffes und nicht durch die Befestigungsart des Siegels ersichtlich.

Vielleicht aufgrund der Einordnung in den Bestand Externa Danica, der von den späteren Verlusten nicht ganz so hart getroffen wurde, konnte sich aber noch ein kürzeres, nur an Lübeck gerichtetes Schreiben vom 7. Juli 1427 erhalten, in dem der römische König sich über die Behandlung seines früheren Gesandten Michel Honinger beklagt. Es wurde auf Papier geschrieben und wiederum durch ein Siegel auf der Außenseite beglaubigt.[37]

Alle diese Anfang Juli 1427 ausgestellten Schriftstücke besitzen eine weitere Gemeinsamkeit in der Kanzleiunterfertigung durch Kaspar Schlick: *Ad mandatum domini regis Caspar Sligk.* Es sind dies die ersten Dokumente aus der Kanzlei des römischen Königs, auf denen der spätere Kanzler Kaspar Schlick als Unterfertiger nachzuweisen ist.[38] Dies gilt im Übrigen nicht nur für die im Original erhaltenen Schreiben, sondern auch für einige der abschriftlich überlieferten, wie das lateinische Geleitschreiben.[39]

Eine dritte Gruppe von Dokumenten umfasst die entweder durch Nikolaus Stock persönlich veranlassten Urkunden oder Dokumentationen über seine Auftritte. Schon die allgemeine Vorstellung der Urkundenbestände in Lübeck und København

---

34 Das Findbuch zum Bestand „Reichssteuer" enthielt unter „5. Kriegssteuer zum Hussitenkrieg" drei Akten, die verschollen sind: „2. Kaiserliche Schreiben wegen der Ausstattung eines Kontingentes zum Hussitenfeldzug 1422–32 (LUB 6, Nr. 51b, 551, 552, 600, 744, 824 und LUB 7, Nr. 35), „3. Geldbeitrag zum Hussitenfeldzug: Beschlüsse des Reichstages zu Nürnberg, kurfürstliche Zahlungsaufforderungen an Lübeck 1428" (LUB 7, Nr. 135, 156, 160, 186, 242) und „4. Schreiben des päpstlichen Legaten Kardinal Heinrich von Winchester wegen der Hussitenfeldzüge in Böhmen 1427" (LUB 7, Nr. 32, 41, 51).
35 LUB 7, Nr. 35 mit Ende in Anmerkung 1.
36 Alle anderen Briefe sind auf Papier: z. B. 1423, Dez. 17: AHL, ASA Externa Danica, Nr. 3, 57 = LUB 6, Nr. 550.
37 8.2.3, Nr. 5.
38 *Zechel*, Studien (1939), 43, der aber nur angibt, dass damit der Aufstieg zum Protonotar verbunden war, und sich aber nicht zum Inhalt bzw. zur Relevanz dieser Dokumente äußert.
39 In 8.2.3, Nr. 81 folgt auf die Datierungszeile ebenfalls: *Ad mandatum domini regis Caspar Sligk.*

verdeutlichte, dass in Lübeck vor allem Geleitbriefe aufbewahrt wurden, in København hingegen Notariatsinstrumente.[40] Die einzige notarielle Urkunde in Lübeck, die aus einer direkten Begegnung mit Nikolaus Stock resultierte, wurde nicht im Urkundenschrein der Stadt aufbewahrt.[41] Das Dokument trägt einen Rückvermerk aus dem 17. Jahrhundert: *See-Stadt Krieg mit Konig Erico in Dänemark 1428.*[42]

Die von Nikolaus Stock veranlassten Geleitbriefe sind teilweise original, teilweise aber auch abschriftlich überliefert, wobei sich am Beispiel der erhaltenen Dokumente Aussagen zur äußeren Erscheinung treffen lassen: Es handelt sich vor allem um zwei Urkunden König Eriks vom 28. und 31. Januar 1428 für die verabredete, aber nicht zustande gekommene Friedensverhandlung in Falsterbo. Dazu kommt noch eine Verlängerung der Frist, die Nikolaus Stock selbst am 19. März 1428 beurkundete.[43] Die beiden erstgenannten Dokumente stammen ganz eindeutig aus der dänischen Kanzlei und lassen sich einem in den 1420er und 1430er Jahren besonders häufig auftretenden Schreiber zuordnen.[44] Beide wurden auf Pergament geschrieben und mit dem anhängenden Unionssekret besiegelt. Unter der Plica befindet sich jeweils der Vermerk: *Ad Mandatum domini regis presentibus consiliariis et consententienibus Johannes Petri.*[45]

Der rein abschriftlich in einem Vidimus Bischof Johannes Trempes von Ratzeburg vom 11. März 1428 überlieferte dritte Geleitbrief König Eriks für Nikolaus Stock war allem Anschein nach auf Papier geschrieben und nur mit einem aufgedrückten Siegel versehen. Darüber hinaus wich er auch textlich von den beiden zuvor beschriebenen Urkunden ab, denn er bezieht sich nicht auf den zu Falsterbo anberaumten Tag, son-

---

40 Vgl. bes. Kap. 2.4.

41 AHL, ASA Externa Danica, Nr. 1013: Briefwechsel der wendischen Hansestädte Lübeck, Wismar, Rostock, Stralsund, Hamburg, Lüneburg sowie Gent, Ypern, Brügge, Antwerpen, Brüssel, Hertogenbosch, Dordrecht, Leyden, Deventer, Dortmund, Greifswald und Kolberg (Kołobrzeg) wegen des Krieges von König Erik mit den Grafen von Holstein um Schleswig. Vgl. AHL, Findbuch zu den Externa Danica von 2008, Nr. 135. Die ältere Signatur lautet „ASA Externa Reste", muss aber für den Zeitraum nach 1945 gelten, denn laut Angabe im Archivexemplar des LUB befand sich das unter LUB 7, Nr. 149 edierte Notariatsinstrument im Bestand „Hanseakten, vol. 1", entsprechend der Dreyerschen Signatur.

42 Als *Wendisch Städt Krig mit König Erico in Dannmarck 1426* befindet sich ein Vermerk der gleichen Hand auch auf der Teilurkunde, mit dem Stralsund ein späterer Beitritt zum Krieg gestattet wurde: AHL, ASA Externa Danica, Nr. 1013, 3.

43 8.2.3, Nr. 34–36, 53.

44 Sie wurden von *Carlie*, Studium (1925), 36 f., Nr. LXXVII und LXXVIII der Hand S36 zugeordnet. Zu diesem Schreiber: vgl. die Diskussionen in 5.3.1 (Analyse von TKUA 5, 1) und 5.4.1 sowie die Aufstellung in Anhang 8.4.

45 Vgl. 8.2.3, Nr. 34, 35.

dern nur auf den Schutz des reisenden Gesandten, eventuelle Begleitung aus der *wedder partie*, der Gegenseite, oder Boten.[46] Über einen Kanzleivermerk gibt das Ratzeburger Vidimus keine Auskunft; sie fehlen auch bei den beiden anderen Abschriften. Obwohl nicht im Original überliefert, kann auch für dieses Dokument die ursprüngliche Anfertigung in der dänischen Kanzlei angenommen werden, da es dem gleichen zeitlichen Rahmen zuzuordnen ist, wie die beiden erhaltenen Geleitbriefe.

Demgegenüber lässt sich die im Namen von Nikolaus Stock selbst ausgestellte und von ihm besiegelte Urkunde ohne Zweifel der Lübecker Kanzlei zuordnen. Die Schrift gehört zu einem Schreiber namens Hermann Willerd[47], zu dem später noch weitere Anmerkungen zu machen sind. Dieser Schriftbefund deckt sich mit der mehrfach wiedergegebenen Aussage des Gesandten, dass dieser Geleitbrief von einem Lübecker Schreiber aufgesetzt wurde (vgl. Abb. 4.1).[48]

Von den in København noch überlieferten Notariatsinstrumenten stehen fünf in Verbindung mit Nikolaus Stock. Alle entstammen dem recht kurzen Zeitraum zwischen April und Mai 1428. Sie enthalten – wie schon angedeutet – auch Schriftstücke, die im Original nicht mehr vorhanden sind, sowie Angaben darüber, ob die transsumierten Briefe in Dänemark im Original oder als *copia* vorlagen. Zudem bieten die Notariatsurkunden eine Möglichkeit, einzelne Schreiber genauer zu identifizieren.[49]

Das erste erhaltene Notariatsinstrument entstand als direktes Ergebnis der fehlgeschlagenen Verhandlungen vor København am 17. April 1428.[50] Als *notarius publicus* fungierte Paulus Gumbrecht de Nissa, *clericus Wratislaviensis Diocesis*, der damit aus derselben Region stammte wie Nikolaus Stock selbst.[51] Bei den von ihm aufgesetzten Notariatsinstrumenten lassen sich zwei Grundmerkmale feststellen: die ei-

---

46 8.2.3, Nr. 46. Zur Beschreibung der drei Briefe: (...) *wi hebben seen vnde horen lesen van worde to worde dre breue des dorluchten hochgheboren fursten vnde heren hern Erikes* (...) *alse twe vppe pargamen mid sinen hanghenden vnde enen vppe pappir anghedruckeden Ingheselen besegelt* (...).
47 Vgl. zuvor Kap. 2.2.3.
48 Vgl. unten 4.5.3 zum Treffen in der Bucht von København.
49 Die namentliche und autographe Unterzeichnung gehörten schon bei den Frühformen der notariellen Urkunde zu den charakteristischen Beglaubigungsmitteln, ursprünglich noch neben den Unterschriften von Ausstellern und Zeugen, die aber vom 8. bis 12. Jahrhundert verschwanden: *Meyer*, Felix (2000), 109 f.; *Härtel*, Notarielle und kirchliche Urkunden (2011), 88, 252, 258.
50 7.2.3, Nr. 73. Der darin enthaltene Brief Sigismunds (8.2.3, Nr. 7) wurde auch diskutiert bei *Niitemaa*, Kaiser (1960), 180.
51 Nikolaus Stock wurde in Glogau (Głogów) geboren (*Marschall*, Domdekan (1977), 55; *Kuchendorff*, Kreuzstift (1937), 134, Anm. 13). Paulus Grumbrecht stammte seinem kompletten Namen nach aus Neiße (Nysa) im Oppelner Land. Er könnte identisch sein mit einem *Paulus de Nissa*, der sich 1419 als *pauper* an der Universität Wien immatrikulierte, und sich damit ungefähr gleichzeitig mit Nikolaus Stock dort aufhielt. Matrikel Wien. Ed. *Gall*, 1413 I H 33 (*Nicolaus Stock de Maiori Glockauia*), 1419 II2 H 4 (*Paulus de Nissa*).

genartige animorphe Initiale und ein sehr regelmäßig gestaltetes Textfeld, in dem weder die eingefügten Abschriften noch Herrschernamen durch besondere Schriftgestaltung hervorgehoben werden.

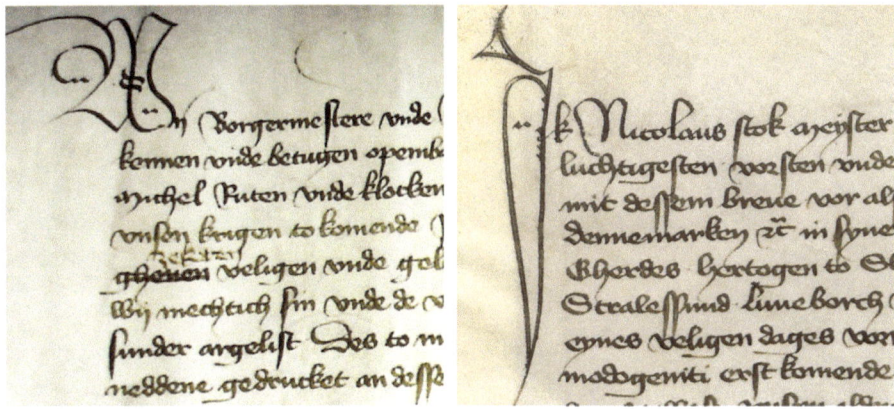

Abb. 4.1: Beispiele für die Schrift von Hermann Willerd (*Højberg Christensen*, Kancellisprog (1918), Hand 47). Links: Ausschnitt aus AHL, Externa Danica, Nr. 3,1–95, Foto der Verfasserin; Rechts: Ausschnitt aus AHL, Danica, Nr. 93 b, Foto des AHL.

Zu den Verhandlungen in der Bucht von København, deren Ergebnisse dieses Notariatsinstrument dokumentieren sollte, existieren noch zwei weitere Quellen: ein zweites Notariatsinstrument mit dem Datum des Verhandlungstages, 17. April 1428, und ein Bericht der Lübecker Flottenführer vom 2. Mai 1428.[52] Letzterer ist in Lübeck ohne Umschlag, d. h. ohne das darin erwähnte Siegel des Lübecker Ratsmannes Hermann Westfal, in den Extern Danica zu finden. Ob es sich beim Schreiber um Hermann Westfal oder um einen genuinen Berufsschreiber handelte, lässt sich nicht eindeutig klären.[53] Auf jeden Fall erscheint Westfal in dem Bericht als der schriftkundigere der beiden Lübecker Ratsleute. So übergab der eigentliche Verhandlungsführer Johann Bere einmal eine *scrift* an ihn weiter, um die Handschrift des Schreibers herauszufinden bzw. zu bestätigen. Später bat er ihn, ein weiteres Schriftstück zu lesen. Es war auch Hermann Westfal, der neben dem holsteinischen Flottenhauptmann Detlev von

---

52 8.2.3, Nr. 74, 77.

53 In der gleichen Handschrift wurde auch AHL, ASA Externa Danica, Nr, 3,2–138 (Bericht von 1428, Juli 10) aufgezeichnet, nicht aber DRA, NKR, Nr. 3031 (Bericht von 1428, Juni 21). Hermann Westfal ist z. B. 1424 und 1426 als Kämmereiherr nachweisbar und war dabei auch für die Auszahlung der Reichssteuer zuständig. In seiner Tätigkeit muss er auf jeden Fall die Urkunden König Sigismunds über die Zahlung der Reichssteuer gesehen haben. Siehe z. B. LUB 6, Nr. 623 (mit Anm. 2) und LUB 6, Nr. 773 (mit Anm. 1). Zu ihm als Ratsherr auch: *Fehling*, Ratslinie (1978), 56, aber ohne Erwähnung seiner Tätigkeit als Kämmereiherr.

Ahlefeld, am noch ungelesenen Mandat mit der Zitation das ungarische Siegel erkannte. Derselbe Bericht gibt auch Auskunft über die Aktivitäten des Notars:

> *Dar hadde he* (Nikolaus Stock) *enen nottarges by; de hadde wit unde rode kyle in synen klederen*
> *unde ok tolghen; den esschede he dar to, unde lud uns vor den nottarges, alzo desse ingesteken*
> *breff utwiset. (...) Dar esschede her Detlef den nottarges ok to, dat he uns dar ein instrument up*
> *geven scolde; dar sede de nottarges ja to, men wy en hebbens nocht nicht entfangen.*[54]

Bei dem erwähnten *nottarges* handelt es sich wieder um *Paulus Gumbrecht de Nissa,*
clericus Wratislaviensis Diocesis. Dieser stellte das durch Detlev von Ahlefeld angefor-
derte Notariatsinstrument zum 17. April 1428 aus. Wie im Zitat angedeutet, befand es
sich am 2. Mai 1428 jedoch noch nicht in den Händen der Lübecker Flottenführer.
    Dieses schlichtere Notariatsinstrument für Lübeck zeichnet sich durch klare Pro-
portionen und Regelmäßigkeit aus: So verlängert in dem kleinen Format das Notars-
signet den linken Rand des Textfeldes, wodurch die notarielle Beglaubigung noch
stärker in die Gesamtkomposition eingebunden wurde als in den großformatigeren
Urkunden. Auch wenn dieses Dokument erst mit Verspätung an die Vertreter der
Städte ausgeliefert wurde, ist es durch die Übereinstimmung von Datum und Zeugen
eindeutig als ein zweites Resultat der Verhandlungen charakterisiert.
    Der Notar Paulus Gumbrecht trat darüber hinaus noch bei einem weiteren Nota-
riatsinstrument in Erscheinung, die aber zusätzlich durch den dänischen Notar Tuo
Petri, *clericus Lundensis diocesis*, beglaubigt wurde. Diese Urkunde dokumentierte
eine Verlesung verschiedener Schriftstücke durch Nikolaus Stock im Haus des Dekans von København, Jens Klementsen, die der Erzbischof Petrus von Lund (Peder
Lykke) am 24. Mai 1428 veranlasste:[55] Dabei handelt es sich zunächst um den umfangreichen Bericht Stocks über seine Aktivitäten bis zum 18. April 1428, bezeichnet als
(q)uorum articulorum et litterarum tenor in Almanica lingwa[56], den Geleitbrief[57] bzw.
das Beglaubigungsschreiben (*copia littere credencie*)[58] König Sigismunds für seinen
Gesandten. Als *littera treugarum*, Friedensbrief[59], findet auch das schlichtere Mah-
nungsschreiben König Sigismunds[60] Aufnahme in das Notariatsinstrument. Dazu
kommen noch Kopien der beiden erwähnten Geleitbriefe König Eriks vom 31. Januar
und 19. März 1428, die Nikolaus Stock den Städten überbracht hatte bzw. deren Über-
sendung er veranlassen ließ, deren Bezeichnung einmal *litter(a) salvi conductus*

---

54 8.2.3, Nr. 72 b, zit. nach HR. Zu der Begebenheit auch *Behrmann*, Herrscher (2004), 286.
55 8.2.3, Nr. 80 b.
56 8.2.3, Nr. 75.
57 8.2.3, Nr. 1.
58 8.2.3, Nr. 2.
59 Zur Bedeutung von *Treuga* als „Frieden" aber auch als „Waffenruhe": *Niermeyer*, Bd. 2, 1358 f.
(4. und 6.).
60 8.2.3, Nr. 6.

domini regis Dacie und einmal *littera domini doctoris* lautet.[61] Aus der Aufzählung geht hervor, dass nur der Bericht und die *littera domini doctoris*, d. h. die von Nikolaus Stock selbst veranlasste Verlängerung des Geleits, als Originale vorlagen. Dass der Bericht in einer Reinschrift aus der Hand von Paulus Gumbrecht vorlag, geht aus dessen Schlusspassage hervor: *Also habe ich Nicolaus Stok nach begerunge des durchluchtigsten fursten und herren Erik, konig zu Denmarken etc., am sontage negst vor sante Jorgen tage dy vorgenante sache und wy ich sy geschehen, gehandelt und gelassen habe, seinen königlichen gnaden mit meins schreibers Pauls Gumprecht hant geschreben geben.*[62]

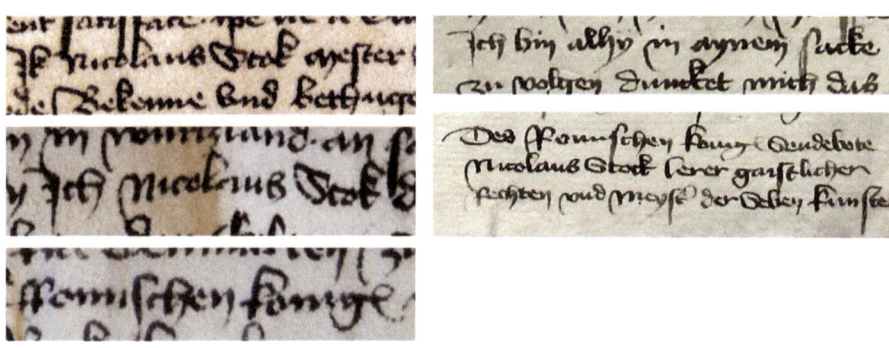

Abb. 4.2: Schriftvergleich zu Paulus Gumbrecht. Links: Details aus den Notariatsinstrumenten DRA, NKR, Nr. 3022 und 3025); rechts: Details aus dem Brief AHL, Externa Danica, Nr. 115. Fotos der Verfasserin.

Dass Paulus Gumbrecht auch als der persönliche Schreiber des Gesandten auftrat, ergibt sich ebenfalls aus dem Schriftvergleich zwischen den Notariatsinstrumenten und den beiden ersten Briefen von Nikolaus Stock. Die Schrift weist einige recht deutlich erkennbare Charakteristika auf, wobei bereits bei einer oberflächlichen Betrachtung die Gestaltung des Majuskel-*J* in den Blick fällt. Dieses wird jeweils mit den Zahnschnitten am Schaft versehen.[63] Varianten lassen sich bei der Gestaltung von Majuskel-*M* und -*N* beobachten. Für *M* dominiert die Schreibweise, die auf dem kapitalen *M* beruht. Es konnte nur ein Fall für eine zweite Form nachgewiesen werden.

---

61 8.2.3, Nr. 35, 53.

62 8.2.3, Nr. 75, zit. nach HR § 14, 274.

63 Vgl. *Heinemeyer,* Studien (1982), 168: „Zahnschnitt an der linken Seite des Schaftes, meist aus zwei parallel gestellten kleinen Strichlein bestehend."

Das Majuskel-*N* weist eine enge Verwandtschaft zu seiner Minuskelform auf. Es beginnt in der Regel mit einem schwungvollen Anstrich, der zweite Bogen erhält jedoch zumeist Brechungen, die aber graduell variieren.[64] Aufgrund dieser Einzelbefunde und der grundsätzlichen Übereinstimmung im Duktus (vgl. Abb. 4.2) lassen sich sowohl die authentisierten Notariatsinstrumente als auch die ersten beiden Briefe des Gesandten Nikolaus Stock einer Hand zuordnen.

Im Gegensatz zu dieser Gruppe von Schriftstücken weisen die späteren Briefe sowie das Schadensverzeichnis und die Abschrift eines Geleitbriefes, die Nikolaus Stock einem Brief vom 26. Dezember 1428 beifügte, eine andere Handschrift auf.[65] Ganz wesentlich unterscheidet sich diese von der Reinschrift des Notars in ihrem Duktus und durch einen weit stärkeren kursiven Charakter. Auch hinsichtlich der Schreibung einzelner Buchstaben treten wesentliche Differenzen in Erscheinung: So fehlen hier die für Paulus Gumbrechts Schrift typischen *J* – mit Zahnstrichen –, auch wenn *i* bei *in* und *J* auch bei dieser Schrift mit einem markanten Anstrich versehen sind, der im gesamten Schriftbild dominiert. Es sind jedoch grundsätzlich andere Worte, die auf diese Weise herausgehoben werden. In den von Paulus Gumbrecht geschriebenen Notariatsinstrumenten finden sich diese Merkmale bei *Ik* und *ich*, *Ire* und die meisten Worte mit *i*. In den späteren Briefen von Nikolaus Stock sind nur *im* und *in* – gleicherweise in der Schreibweise für *im* und *ihm* sowie für *in* und *ihn* –, neben *item* in der Schadensliste mit Anstrichen und langen Schäften versehen. Am auffälligsten sind die Unterschiede bei der Schreibung von *N*, was sich an den verschiedenen Schreibweisen des Namens von Nikolaus Stocks recht gut vergleichen lässt. Es handelt es sich zwar in beiden Fällen um das aus der Minuskel entwickelte *N*, doch wird in den letzten Briefen und in der Schadensliste der Übergang zum zweiten Schaft diagonal am Fuß des ersten Schaftes angesetzt. Bei besonderen Fällen kommen eine weitere Diagonale am Oberteil des ersten Schaftes sowie ein Zierstrich zwischen den beiden Schäften in der Mittel hinzu. Diese Gestaltung des Buchstaben – vor allem die Verwendung des Zierstriches – gehört möglicherweise einer älteren Entwicklungsstufe des Majuskel-*N* an, während Paulus Gumbrecht sich einer „moderneren" Form bedient (vgl. Abb. 4.3).[66]

---

64 Zu den Brechungen in der Schriftentwicklung des 14./15. Jahrhunderts, wieder *Heinemeyer*, Studien (1982), 143 f., 172–74 (zu *M* und *N*).

65 8.2.3, Nr. 55, 88, 104–106, 109, 110.

66 *Heinemeyer*, Studien (1982), 173: „Das 14. und 15. Jahrhundert gehören infolge dessen dem Minuskel-N. Die einfachste Form unterscheidet sich vom Kleinbuchstaben nur durch die Größe: *N* beginnt mit einem kleinen Anstrich von links her, der gerundet in den ersten Schaft übergeht; von dessen Fuß oder auch Oberteil wird diagonal die Verbindung zum zweiten Schaft hergestellt, der in der Regel auf der Mittellinie nach rechts ausläuft. (...) Minuskel-N hat den Zierstrich – und zwar meist verdoppelt und waagerecht – als regelmäßiges Attribut bis kurz vor der Wende zum 15. Jahrhundert. In der Folgezeit ist der Zierstrich verschwunden.", siehe auch Tafel 15: Beispiel für 1341. Da diese Untersuchung

Die wichtigste Information zur Identität des zweiten Schreibers bietet wohl die Überschrift zum Schadensverzeichnis: *Nota das ist das gut und czerunge das mir Nicolao Stok genomen und verczeret ist etc.* Das Fehlen jeglicher Bemerkungen zu einem anderen Schreiber im dazugehörigen Brief lässt die Schlussfolgerung zu, dass Nikolaus Stock das Verzeichnis und die Briefe mit eigener Hand geschrieben hat. Weitere Autographe von Nikolaus Stock, die einen Vergleich erlauben würden, sind aber (anscheinend) nicht überliefert,[67] daher kann diese Feststellung nur als Hypothese formuliert werden. Gesichert ist hingegen auf Grund des Schriftvergleichs, dass diese Briefe nicht aus Paulus Gumbrechts Hand stammen. Es lässt sich für seine Aktivitäten als Fazit ziehen, dass er in den ersten Phasen der Reise sowohl als persönlicher Schreiber als auch als Notar fungierte. Nach Mai 1428 ist seine Schrift jedoch nicht mehr nachweisbar.

Paulus Gumbrecht war aber nicht der einzige Notar, der die Versammlung im Haus des Dekans von København, Jens Klementsen, und den Auftritt von Nikolaus Stock am 24. Mai 1428 bezeugte. Es gibt noch ein zweites Notariatsinstrument, ausgestellt durch Johannes Kyndigh, *clericus Sleswicensis diocesis*.[68] Dieser Notar taucht in den dänischen Notariatsinstrumenten recht häufig auf.[69] Charakteristisch für seine Form des Notariatsinstrumentes ist die immer eindeutig als Fisch erkennbare Initiale. Außerdem hebt er die Herrschernamen bei den transsumierten Briefen – *Sigismundus*, *Wir Sigmund* oder *Wir Erik* – durch eine besondere Gestaltung in gotischer Buchschrift hervor. Die Anfertigung von verschiedenen Notariatsinstrumenten über ein und dasselbe Dokument oder Ereignis ist in Dänemark bereits 1424 im Zusammenhang mit anderen königlichen oder auch mit päpstlichen Dokumenten zu beobachten und lässt sich auch für die späteren Verhandlungen während des Konfliktes konstatieren.[70]

---

sich jedoch auf Urkunden in einem rheinischen Kloster bezieht, ist eine Verallgemeinerung der Tendenz auf das gesamte Reichsgebiet bzw. auf Schlesien nur bedingt möglich.

67 Zwar schreibt *Marschall*, Domdekan (1977), 55 f.: „Im November dieses Jahres (1431) unterzeichnete er in Mailand ein Notariatsinstrument als einer der Zeugen der Krönung Siegmunds mit der lombardischen Krone durch den Erzbischof von Mailand." Doch ist dieses Notariatsinstrument leider nur als Abschrift im Reichsregistraturbuch erhalten (RTA 10, Nr. 116, 196). Es geht aus der Urkunde nur hervor, dass es unter anderem in Gegenwart (*presentibus*) des *egregiis magistris Nicolao Stock decretorum doctore* aufgesetzt wurde, aber nicht, dass er das Instrument persönlich unterzeichnet hätte.

68 8.2.3, Nr. 80 a.

69 Dazu siehe Kap. 5.4.1 sowie 6.2.1 und 6.2.2.

70 Vgl. Kap. 2.1.2 b) und c) sowie 5.4.3

a)

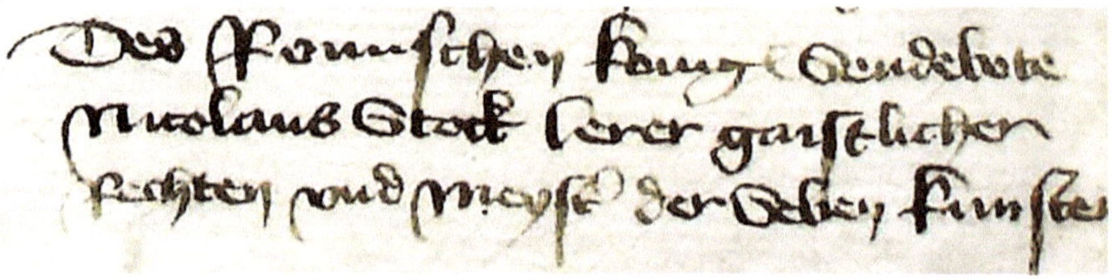

b)

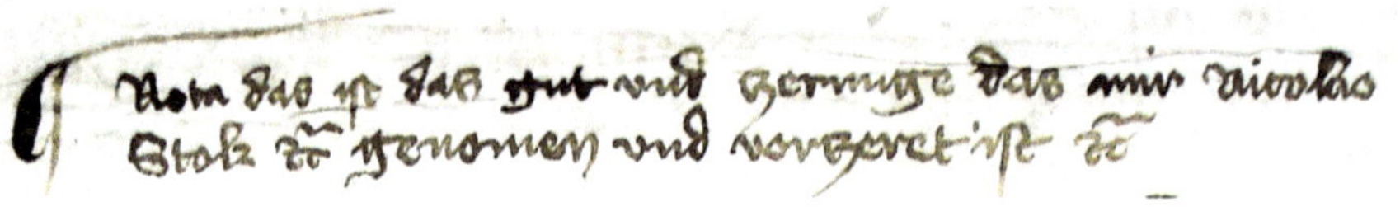

Abb. 4.3: Vergleich der Schriften in den Schriftstücken von Nikolaus Stock: a) Paulus Gumbrecht im Brief vom 22. März 1428 (AHL, ASA Externa Danica, Nr. 3,2-115), b) Schadensverzeichnis vom Dezember 1428 (AHL, ASA Externa Danica, Nr. 3,2-165). Fotos der Verfasserin.

Nur noch indirekt spielte Nikolaus Stock bei der Verlesung der Briefe König Sigismunds durch den Archidiakon von Roskilde Jens Pedersen [71] am 28. und 29. Mai 1428 eine Rolle. Im Gegensatz zu dem persönlichen Auftritt des Gesandten fanden diese Verlesungen in der *ecclesia sancte Marie virginis Haffniensis*, der Hauptkirche von København, statt.[72] Der ausstellende Notar für beide Instrumente ist Heinrich Eybe, *clericus Bremensis diocesis*, wie Johannes Kyndigh ein Notar, der in den zu København liegenden Urkunden ab 1426 mehrfach auftaucht.[73] Für den 28. Mai 1428 setzte er noch ein weiteres Instrument auf, ebenfalls über die Verlesung von Urkunden durch Jens Pedersen als Archidiakon von Roskilde.[74] Dabei handelte es sich um den Bericht Walrabes von Hundsbach, Marschall des Deutschen Ordens, über dessen im Sommer 1427 erfolgten Vermittlungsversuch.[75] Im Gegensatz zu den beiden schon genannten Notaren findet sich bei Heinrich Eybe keine typische Gestaltung der Initialen, es tauchen aber auch Fischformen auf.

Zusammenfassend lassen sich die Schriftstücke, welche direkt von Nikolaus Stock oder durch sein Wirken veranlasst werden, also drei Gruppen zuordnen: seiner Korrespondenz mit Lübeck, seinen eigenen Vollmachten, den Geleitbriefen, deren

---

71 Zur Person auch Kap. 4.6, Anm. 320.

72 8.2.3, Nr. 81, 82.

73 Dazu auch Kap. 5.3.2; 5.4.3 und 6.2.2.

74 DRA, NKR, Nr. 3029, welches HR I, 8, Nr. 244.

75 Den Bericht des Ordensmarschalls schickte der König abschriftlich sowohl an den Hochmeister Paul von Rusdorf (OBA, Nr. 4831) als auch an die Städte (AHL, ASA Externa Danica, Nr. 3, 210 f.), hier als Beilage zu seinen Klagebriefen (vgl. dazu Kap. 3.5). Das Exemplar für den Hochmeister und AHL, ASA Externa Danica, Nr. 3–2, 211 stammen aus der Hand des gleichen Schreibers.

Ausstellung er in Vorbereitung auf Verhandlungen bewirkte, sowie die Notariatsinstrumente, die seine Aktivitäten bezeugen. Dabei trat von Januar bis Mai 1428 für die Herstellung von Schriftstücken sein persönlicher Schreiber Paulus Gumbrecht in Erscheinung. Dieser schrieb einerseits die aus dieser Zeit erhaltenen Briefe des Gesandten und fungierte andererseits auch als Notar. Er stellte jedoch nicht nur im Auftrag von Nikolaus Stock bzw. von königlichen Räten wie dem Erzbischof von Lund notarielle Urkunden aus, sondern fertigte auch für die holsteinischen und lübeckischen Verhandlungsführer vom 17. April 1428 ein Dokument über ihre Gegendarstellung an. Unter den notariell beglaubigten Ereignissen scheint besonders die Verlesung von Nikolaus Stocks Bericht am 24. Mai 1428 hervor. Diesen Akt bezeugen neben Paulus Gumbrecht noch zwei weitere Notare aus dem Umfeld des königlichen Hofes. In dem Notariatsinstrument vom 24. Mai 1428 taucht die Hand von Gumbrecht zum letzten Mal auf. Die Korrespondenz des Gesandten von November und Dezember 1428 erscheint in einer anderen Handschrift, die möglicherweise Nikolaus Stock selbst zugesprochen werden muss.

4.2.2 Von Lübeck veranlasste Dokumente

In der Lübecker Kanzlei verteilen sich die Konzepte bzw. nicht abgeschickten Briefe an Nikolaus Stock ebenfalls auf verschiedene Situationen: die Diskussionen im Vorfeld, die Verhandlungen vor København und die Wiederbeschaffung der geraubten Diener, Pferde und Güter. Die Unterscheidung zwischen Dokumenten aus dem direkten Kontakt mit dem Gesandten und Dokumenten, in denen über ihn gehandelt wird, ist aber in den Lübecker Beständen nicht immer so eindeutig.

Ausgehend von den Urkunden müssen zuerst die Urkunden des Bischofs von Ratzeburg vom 11. März und vom 7. Mai 1428 genannt werden. Das im vorhergehenden Kapitel vorgestellte Vidimus über die drei von Nikolaus Stock veranlassten Geleitbriefe gehört von der Auftraggeberseite her zu den Dokumenten, die vom Lübecker Rat veranlasst wurden. Ob Nikolaus Stock bei der Präsentation der drei Urkunden eine Rolle spielte oder anwesend war, geht aus dem Dokument selbst nicht hervor. Ebenso deutlich liegt die Situation bei der am 7. Mai 1428 erfolgten Lübecker Protestation vor dem Bischof, welche als wichtigste indirekte Folge von Nikolaus Stocks Aktivitäten gewertet werden muss. Darin setzte sich der Lübecker Rat vor allem mit den Klagepunkten der Zitation auseinander. Es handelte sich jedoch im Gegensatz zur Bezeichnung in den Hanserezessen nicht um ein Transsumpt im engeren Wortsinn[76], da

---

76 „Transsumpte wurden durch Einrücken der Vorurkunde meist vom ursprünglichen Urkundenaussteller oder Rechtsnachfolger gefertigt," demgegenüber bescheinigte „in einem Vidimus (…) die vidimierende Person oder Insitution allein die korrekte Übertragung des originalen Inhaltes in die Kopie, ohne selbst materielle Interessen am rechtlichen Gehalt zu besitzen." Zit. *Schneidmüller,*

die Lübecker Protestation nicht in Form einer besiegelten Urkunde vorlag, sondern als Klageschrift verlesen wurde. Dies geht recht deutlich aus dem letzten Satz der Protestation hervor: *Vnde des to tuchnisse bidde wij hirvpp juwe* [des Bischofs, Anm. d. V.] *besegelde breue myt underscrift des notarij etc., alse dat wonlik is na gescreuenem gemenen rechte.* Abgesehen von der notariellen Beglaubigung wurde das Instrument von dem Notar *Johannes Stormer de Dasle* auf Niederdeutsch geschrieben. Von dieser Urkunde wurde jeweils ein Exemplar in Lübeck und in København aufbewahrt.[77]

Aus der Diskussionsphase im Oktober und November 1427 sind in AHL, ASA-Externa Danica, Nr. 3, 88 und 93 Briefentwürfe erhalten, die vor allem Anfragen darüber enthalten, wie der Lübecker Rat mit des *Romisschen koninges sendeboden* verfahren sollte. Im ersten Fall handelt es sich um ein Blatt, das beidseitig mit Entwürfen beschrieben wurde, die für die Räte von Rostock und Hamburg bestimmt waren.[78] AHL, ASA-Externa Danica, Nr. 3, 93 hingegen besteht aus einem ganzen Bogen, der in der Mitte gefaltet wurde und dessen vier Seiten alle für Entwürfe genutzt wurden. Von den auf diese Weise aufgesetzten Briefen erwähnen aber nur die an Stralsund und Wismar gerichteten die Verhandlungen mit Nikolaus Stock, von denen auch nur der Brief an Stralsund nachträglich datiert wurde. Beide Schreiben stimmen aber im Haupttext auch größtenteils überein und die Konzepte geben keinen Hinweis darauf, dass der Brief für Wismar ebenfalls ergänzt wurde. Aus diesem Grund ist wohl anzunehmen, dass der Brief an Wismar bereits vor dem Nachtrag in Reinschrift gebracht wurde und möglicherweise auch schon abgeschickt war.[79] Alle Entwürfe wurden von Hermann van Hagen[80] aufgezeichnet und auch mehrfach überarbeitet oder ergänzt. Das Nebeneinander verschiedener Briefentwürfe aus dem Konflikt deutet eine gewisse thematische Systematik an, wenngleich die Briefe bezüglich Nikolaus Stocks im zweiten Dokument nicht von anderen Problemen der Kriegsvorbereitungen getrennt und dadurch hervorgehoben wurden.

In den gleichen Kontext gehört noch ein weiterer Lübecker Entwurf, der aber hinsichtlich der Adressaten und Datierung problematisch ist. Es handelt sich um eine Zusammenfassung von Nikolaus Stocks Auftritt in Lübeck aus der Feder des zweiten Ratssekretärs Paul Oldenburg, für die Hamburg als Adressat angenommen wird (vgl. Abb. 4.4 b)).[81] Neben dem Hamburger Rat hatten sich aber auch diejenigen von

---

Vidimus (1998), Sp. 907. Obwohl die Definition von Vidimus schon eher zutrifft, bleibt auch hier das Problem, dass die Schrift keine klassische Vorurkunde darstellt.

77 8.2.3, Nr. 78.

78 8.2.3, Nr. 17, 20. Dort auch Angaben zur Datierung.

79 8.2.3, Nr. 25, 26. AHL, ASA Externa Danica, Nr. 3-1, 93 enthält auf 1–3 zunächst den Entwurf eines Briefes an *Otkon Greuen to Holstein Stormern und to Schowenborch,* vermutlich Graf Otto II. von Holstein aus der Linie Holstein-Pinneberg, der nichts mit der Angelegenheit zu tun hat.

80 Der Befund von *Højberg Christensen,* Kancellisprog (1918), 42 f. bestätigt sich auch im direkten Vergleich.

81 8.2.3, Nr. 16.

Lüneburg[82] und Rostock entschuldigen lassen. Daher ist es aber wahrscheinlicher, dass jede der verbündeten Städte, unabhängig davon, ob sie Ratssendeboten nach Lübeck geschickt hatte, ein solches Schreiben erhielt. Dieses konnten die anwesenden Sendboten ihrem Rat mitbringen und als Gedächtnisstütze oder als Beleg der Versammlung nutzen, während auf der anderen Seite die Nichtteilnehmer eine Diskussionsgrundlage besaßen. Dafür spricht insbesondere die vorangestellte Invocatio *In Nomine Domini Amen* über dem Text. Sie erinnert an unbesiegelte oder besiegelte Rezesse,[83] auch wenn der Rest des Schreibens als Brief formuliert wurde. Rezesse besaßen grundsätzlich den Charakter einer Gedächtnisstütze, dienten als Grundlage für Diskussionen und wurden oft erst in weiteren Schritten durch eine Aufnahme in das Stadtrecht ratifiziert. Daneben existierten von Anfang an auch besiegelte Rezesse als Beschlüsse einer Versammlung, die eine konkrete Außenwirkung entfalten sollten.[84] In diesem Fall wäre durch die Invokation zum Ausdruck gebracht, dass der Entwurf das Ergebnis einer Diskussion der anwesenden Ratssendeboten darstellte.

Ein weiteres Indiz für die Nutzung als Diskussionsgrundlage sind die letzten Sätze des Briefes:

> *Unde wente gi, leven vrunde, de sint, de mit uns unde wii mit jw alsodane ding eyndrechtliken overwegen moten unde des besten dar samentliken*[85] *ane ramen, hir umme, leven vrunde, spreked hir gudliken umme unde helped et uns overwegen to unser aller besten; wy wllet des gelik ok gerne don. Unde wat wy denne samentliken vor dat beste kesen, dat men dar mit der hulpe Godes bi blive.*

---

82 Dies ergibt sich aus dem eindeutig für Hamburg bestimmten Entwurf (LUB 7, Nr. 70): *Nodtrofft vnde behoff is, dat gy, de van Luneborch vnde wy tosamende kemen vmme sprake to holdende vnde to donde van wegen des Romisschen koninges weruen dorch sinen doctoren* (...). *Des, leuen vrundes, so sin nu der van Luneborg sendeboden vppe desse tyt bynnen vnser stat etc* (...). Diese Formulierung legt nahe, dass es mit Lüneburg vorher noch keine Verständigung in der Angelegenheit gegeben hatte.

83 Für die Rezesshandschriften ist diese Invocatio in jedem Fall üblich, siehe z. B. *Schäfer*, Hanserezesse (2008), 4–10, zu den Formularelementen. Sie findet sich aber auch in den Urkunden oder Konzepten für Verträge, die auf einer Versammlung entschieden werden sollten oder wurden: z. B. der Vertrag der Städte vom 20. Januar 1428 (Konzept: AHL, ASA Externa Danica, 3,2–107 = HR I, 8, Nr. 343 / LUB 7, Nr. 101), der auch als Rezess bezeichnet wurde: *Recess van der were nu in de see to makede Anno etc. xxlviii fabiani et sebastiani.* Diese zeitgenössische Bezeichnung referiert die Bedeutung von Rezess als „Entscheidung, die beim Auseinandergehen (recedere) einer Versammlung getroffen wird", die seit dem 13. Jahrhundert belegt ist. Definition nach *Niermeyer*, Bd. 2, 886 und *Du Cange*, Bd. 6, 43, siehe außerdem *Behrmann*, Langer Weg (2003), 437.

84 So der Wismarer „Rezess" von 1260/1264: HR I, 1, Nr. 7. Zur Außenwirkung als Motiv: *Behrmann*, Langer Weg (2003), 439. Dass es sich bei besiegelten Rezessen mehrheitlich um Verträge mit „Nicht-Hansen" handelt, hält auch *Deeters*, Hansische Rezesse (2005), 430, 439, fest. Im Unterschied dazu ging noch Quellen zur Hansegeschichte. Ed. *Sprandel*, 272–276 davon aus, dass besiegelte Rezesse eine Entwicklung des 15. Jahrhundert dargestellt hätten.

85 Korrektur im Manuskript: *samentliken* wurde nachträglich eingefügt.

Unde dit hebbet de anderen stede also[86] *to sik genomen, dat se mit eren erliken medeborgeren dat ok overwegen willen to dem besten.*[87]

Da diese Passage eindringlich an das gemeinschaftliche, einträchtige Handeln aller verbündeten Städte erinnert, kann der Schluss sicher wörtlich genommen werden: Jede der verbündeten Städte sollte ein derartiges Schreiben erhalten, um sich der Schwere des Problems bewusst zu sein und die vom Gesandten vorgebrachten Punkte diskutieren zu können.

Da sich der Text klar auf die Rede des Gesandten bezieht, muss der Entwurf kurz nach dem 20. Oktober 1428 entstanden sein. Er enthält darüber hinaus noch keinen Hinweis auf die Initiative des päpstlichen Legaten, Bischof Heinrich von Winchester.[88] Das Schreiben des Kardinals müsste aber ungefähr zur gleichen Zeit angekommen sein, wenn die Stralsunder Ratssendeboten eine Abschrift desselben nach Rostock weiterbefördert haben. Daher bleibt offen, ob der Entwurf mit der Zusammenfassung der Rede in der vorliegenden Form auch in Reinschrift gebracht wurde.

Das letzte Schriftstück aus dieser ersten Phase der Mission von Nikolaus Stock ist ein undatierter Briefentwurf der Lübecker Kanzlei an den Gesandten, in dem auf dessen Angebot eines Friedens bzw. Waffenstillstandes von 3 Jahren ein lübeckischer Gegenvorschlag von 10 bis 12 Jahren unterbreitet wurde. Schreiber dieses Entwurfes war wiederum Paul Oldenburg, von dem gerade zwischen November 1428 und Januar 1429 mehrere Konzepte für politisch brisantere Schriftstücke überliefert sind (vgl. Abb. 4.4 c)).[89] Hinsichtlich der Datierung dieses Entwurfes muss der zeitlichen

---

86 Korrektur im Manuskript: nach *also* stand ursprünglich *ok*, wurde aber wieder ausgestrichen.

87 8.2.3, Nr. 16, zit. nach HR.

88 Damit ist Heinrich Beaufort, Bischof von Winchester, von dem in Lübeck drei Briefe erhalten sind, die in LUB auf das Jahr 1427 datiert wurden: 1.) LUB 7, Nr. 51: (1427), Sept. 21. Mit diesem Brief aus Frankfurt befahl er dem Rat von Lübeck in seiner Funktion als päpstlicher Legat, den nächsten Reichstag in Frankfurt durch hinlänglich instruierte Abgeordnete zu besenden. In ähnlicher Form schrieb er z. B. auch an Nördlingen und Straßburg. Vgl. RTA 9, Nr. 59 (mit Anm. 2); 2.) LUB 7, Nr. 32.: (1429), Juli 1; 3.) LUB 7, Nr. 41: (1429), Aug. 26; 3.). Diese beiden Briefe wurden in Calais ausgestellt. Mit Blick auf die Reisen und Aufenthaltsorte des Kardinals lassen sie sich nicht in das Jahr 1427 datieren, sondern müssten eher dem Jahr 1429 zugeordnet werden: *Holmes*, Cardinal (1973), 724, Anm. 4. Zu Heinrich Beaufort außerdem allgemein: *Harris*, Beaufort (2014); *ders.*, Cardinal (1988); *Radford*, Henry (1908); *Watanabe*, Henry (1994), 65–76. Zu seiner Legation und zum Reichstag in Frankfurt: *Schnith*, Kardinal (1972), 119–138; *Holmes*, Cardinal (1973), 724 f.; *Wefers*, System (1989), 144–148; *Studt*, Papst (2004), 636–681; *Daldrup*, Zwischen (2010), 279–283. Zu seinen Handelstätigkeiten, besonders im Wollhandel: *McFarlande*, Loans (1947), 51–68 und siehe auch die beiden ersten Briefe an Lübeck, die sich aber mit Holzlieferungen befassen.

89 *Højberg Christensen*, Kancellisprog (1918), 41 enthält eine Liste der von Paul Oldenburg verfassten Konzepte, darunter LUB 7, Nr. 91 (= AHL, ASA Externa Danica 3, 99), 101 und 118.

Einordnung in den Hanserezessen wohl zugestimmt werden. Diese setzen das Schriftstück vor die öffentliche Aussprache zwischen Nikolaus Stock und wichtigen Vertretern der Städte am 30. November 1427 (vgl. Abb. 4.4).[90]

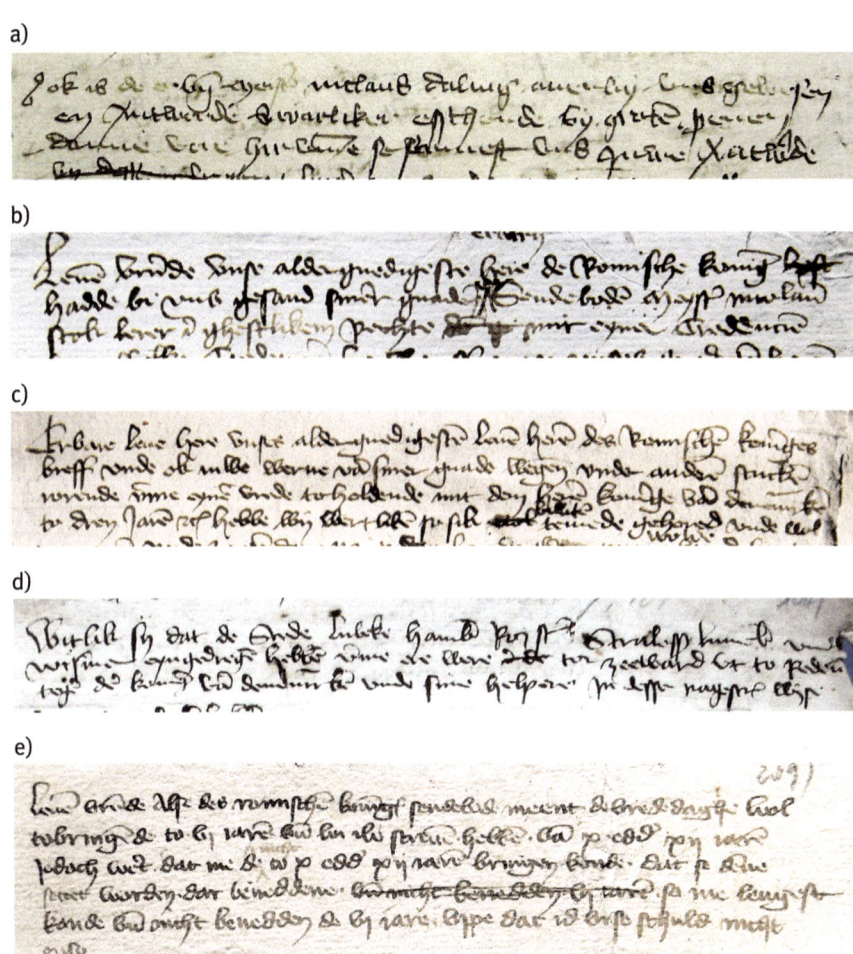

Abb. 4.4: Schriftvergleich zur Lübecker Kanzlei: a) Hermann van Hagen (AHL, ASA Externa Danica,
Nr. 3,1–90); b) Paul Oldenburg 1 (AHL, ASA Externa Danica, Nr. 3,2–174); c) Paul Oldenburg 2 (AHL,
ASA Externa Danica, Nr. 3,2–101); d) Paul Oldenburg 3 (AHL, ASA Externa Danica, Nr. 3,2–104);
e) unbekannt (AHL, ASA Externa Danica, Nr. 3,2–209). Fotos der Verfasserin.

---

90 8.2.3, Nr. 28.

Nachfolgend ist in den schriftlichen Zeugnissen aus Lübeck eine Pause bis März 1428 festzustellen, die sich zeitlich ungefähr mit der ersten Reise von Nikolaus Stock nach Dänemark und der Rückkehr aus København deckt. Vom 1. April 1428 ist ein Antwortschreiben auf den eingangs zitierten Klagebrief Stocks erhalten, das die Spuren von ursprünglich zwei Siegeln – einem gelben und einem grünen – trägt und dessen Absendung sich vermutlich mit der Ankunft von Stocks eigenem kurzen Brief vom selben Tag überschnitten hat.[91] Ein gelbes Siegel ist typisch sowohl für das große als auch das Sekretsiegel von Lübeck, bei dem zweiten Siegel handelte es sich möglicherweise um eines der Bürgermeistersiegel, wahrscheinlich das von Hinrich Rapesulver. Dass dieser persönlich mit Nikolaus Stock verhandelte oder in seinem Namen Briefe schreiben ließ, zeigt die Abschrift eines Briefes von ihm an den Gesandten vom Dezember 1428, in dem er versprach, dass sich die Lübecker für die Wiederbeschaffung von dessen Dienern und Gütern einsetzen werden.[92]

Wie ernst dieses Versprechen gemeint war, zeigen die Briefe des Lübecker Rates an Rostock und Wismar, deren Abschriften im gleichen Zusammenhang überliefert sind. Es handelt sich um zwei Bögen, die sowohl die eben erwähnte Abschrift eines Briefes an Nikolaus Stock enthalten, als auch einen Teil der über ihn und sein Unglück zusammengetragenen Korrespondenz: Der erste dieser Bögen enthält die Abschriften von vier Briefen aus der Lübecker Kanzlei, darunter derjenige des Bürgermeisters Hinrich Rapesulver sowie ein Schreiben aus einem anderen Zusammenhang.[93] Dazu kommt auf der ersten Seite noch die Notiz *Item en credencie to den van der Wismer vnder Rostok vp hern Johan Wengen*.[94] Die einzelnen Abschriften und auch die Anmerkung zur *credencie* für Johann Wenge wurden durch Linien voneinander getrennt. Während die Anmerkung durch den Lübecker Ratsschreiber Hermann van Hagen notiert wurde,[95] stammen die eigentlichen Abschriften von einer Hand, die in der Kanzlei in Lübeck nur für kurze Zeit auftauchte. Sie findet sich aber immer wieder in Dokumenten, die sich auf den Krieg beziehen (vgl. Abb. 4.5 a).[96] Für einen der abgeschriebenen Briefe an Wismar ist außerdem noch das Original vorhanden, das zum Vergleich hinzugezogen werden kann. Dabei ist festzustellen, dass aus

---

91 8.2.3, Nr. 64.
92 8.2.3, Nr. 99.
93 AHL, ASA Externa Danica, Nr. 3,2–160: 8.2.3, Nr. 92, 98 und 99 sowie HR I, 8, Nr. 1100.
94 Laut 8.2.3, Nr. 91 befand sich Johann Wenge zu dem Zeitpunkt auch in Rostock.
95 Vgl. *Højberg Christensen*, Kancellisprog (1918), 83.
96 *Højberg Christensen*, Kancellisprog (1918), 43, 83 f. (bes. zu den beiden Abschriftenbögen) ordnet ihn als Hand 53 Paul von Oldenburg als Substitut zu. Er scheint nicht für die Reinschrift der Lübecker Stadtbücher herangezogen worden zu sein. Bei den anderen Dokumenten in Lübeck aus dieser Hand handelt es sich einmal um den ersten Entwurf des Schreibens von Rat und Bürgerschaft an König Erik vom 26. November 1427 (LUB 7, Nr. 256 = AHL, ASA Externa Danica, Nr. 3, 85 mit Korrekturen und Ergänzungen von Paul Oldenburg) und zum anderen um Soldquittungen von Januar, Februar und April 1429 (LUB 7, Nr. 286, 303, 318).

der Feder dieses Schreibers nicht nur die Abschriften stammen, sondern auch das offizielle Schreiben an den Wismarer Rat.[97]

Der Unterschied dieser Hand zu Hermann van Hagens Substitut lässt sich am zweiten Bogen feststellen, auf dem beide Schreiber Abschriften hinterlassen haben (vgl. Abb. 4.5 a/b):[98] Die ersten vier Dokumente können dem langjährigen Substitut Hermann Willerd zugeordnet werden.[99] Es wird deutlich, dass mit Hilfe dieser Abschriften einzelne Schritte der Diskussion nachvollzogen werden sollten. Daran anschließend notierte der zweite Schreiber zunächst eine Abschrift, die nicht *des doctors perde*, aber immerhin die Verbindungen nach Holstein berührte.[100] Dieser Eintrag wurde zu einem unbekannten Zeitpunkt wieder gestrichen. Nachfolgend finden sich von Hermann van Hagens Hand Überschrift und Einleitung zu einem Schreiben an den Schauenburger Gerhard VII.[101] Der eigentliche Text des Briefes stammt wieder aus der Hand des „Vertretungsschreibers", bis auf die Datumszeile und die Bemerkung *Super hec non scripserunt responsum* (vgl. Abb. 4.5 c).

Zudem wurde dieser Brief ebenso wie das Rostocker Schreiben durch Manipuli besonders hervorgehoben. Lässt sich das Symbol im letzteren Fall nicht eindeutig zuordnen, so bilden die mit einer Manschette versehene Hand, die *Post Salutem*[102]-Formel und das initiale *H* von *Hochgebernn fursten*, mit denen der Brief an den Gerhard beginnt, eine graphische Einheit. Die Linien sind aufeinander bezogen und besitzen eine identische Färbung der Tinte. In diesem Fall steht Hermann van Hagen, einer der hauptamtlichen Lübecker Ratsschreiber, hinter der Hervorhebung. Eine Erklärung für den Wechsel der Schreiber für die Reinschrift lässt sich angesichts der mangelnden Kenntnisse über die Substitute der Lübecker Kanzlei in dieser Zeit nicht ermitteln.

---

97 8.2.3, Nr. 98. Das Original enthält auch einige Korrekturen.

98 AHL, ASA Externa Danica, Nr. 3,2–162: enthält: 8.2.3, Nr. 91, 93, 95, 96, 100.

99 8.2.3, Nr. 91, 95, 96, 100.

100 [Ohne Datum] *Dem duchtigen knapen Jachim Breyden unsen guden vrunde. Unsen fruntliken grut touorn. Jachim gude vrunt vns is wol vorkomen wo dat gij to Oldenborch geuangen holden Laurencius Rantzawen de vnse vangene is vnde dorch mit vnser erlouige vte wesen hefft vmme to arbeidende der mede he vnseme marschalke sine kosten betalen mochte etc. wor umme wij von Juwer leuen fruntliken begerende sin dat gij vns den suluen Laurencius qwit geuent vnd eme wedder werde wes eme genomen is.* Diese Nachricht ist noch nirgendwo ediert, sie könnte aber mit dem Brief über die Behandlung von Gefangenen von AHL, ASA Externa Danica, Nr. 3,2-160 zusammenhängen, der vielleicht nach der Rückkehr des Rantzau mit einer entsprechenden Bemerkung von Seiten der Holsteiner entstanden ist. Der Empfänger der Nachricht, Joachim Breyde, zählt zum holsteinischen Adel und ist zum Beispiel in den Notariatsinstrumenten vom 17. April 1428 (8.2.3, Nr. 73, 74) als Teil der holsteinischen Flotte unter dem Kommando von Gerhard VII. genannt. Er wird auch als Zeuge erwähnt in LUB 7, Nr. 750.

101 8.2.3, Nr. 93.

102 Bei den anderen Briefen auf den Blättern stammt *post salutem* aus der Hand des Schreibers. Im Brief vom 4. Dezember 1428 (8.2.3, Nr. 95 auf AHL, ASA Externa Danica, Nr. 3,2–162) steht die Formel nicht am Rand, sondern am Beginn der ersten Zeile.

a)

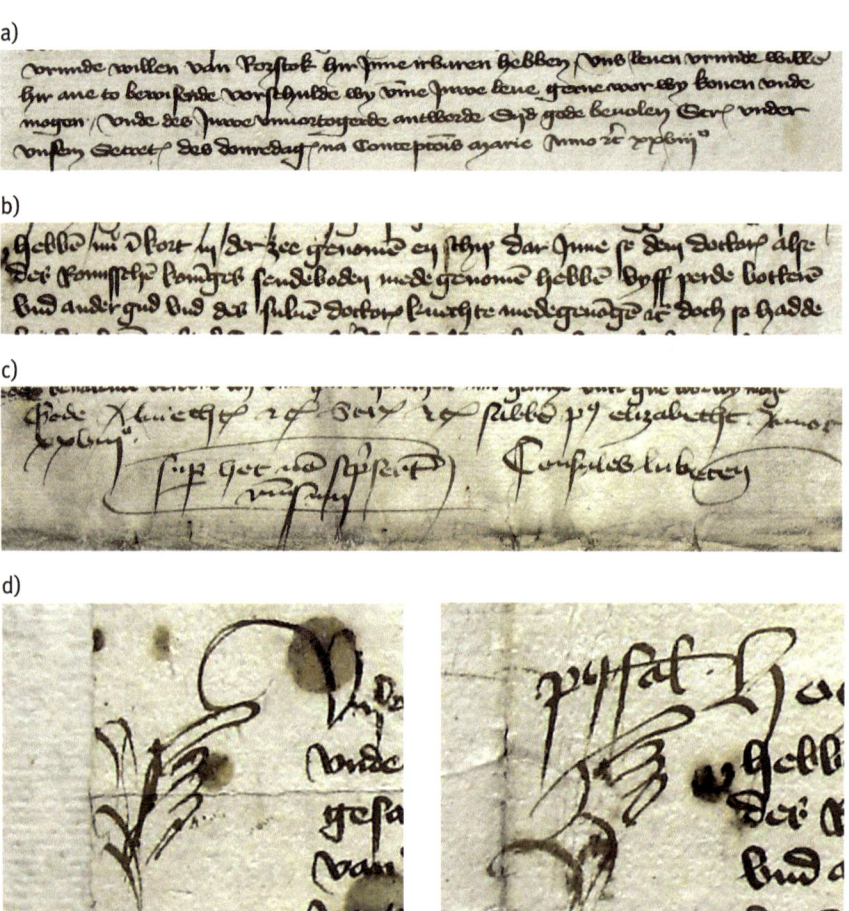

b)

c)

d)

Abb. 4.5: Schriften in AHL, ASA Externa Danica, Nr. 3,2–162: a) Schrift 1 = Hermann Willerd; b) Schrift 2 = Hand 53 nach *Højberg Christensen*, Kancellisprog (1918); c) Schrift 3 = Hermann van Hagen; d) Details. Fotos der Verfasserin.

Im Zusammenhang mit einer grundsätzlichen Betrachtung dieser Schriftstücke stellt sich natürlich die Frage nach dem Verwendungszweck. Grundsätzlich wurden die Abschriften wohl im Verlauf der Verhandlungen zusammengestellt, um die Anstrengungen Lübecks in dieser Angelegenheit zu demonstrieren. Damit würden sich zum Beispiel die *nota*-Zeichen neben den Briefen, welche die schuldigen Parteien betreffen, sehr gut erklären lassen. Es ist anzumerken, dass ein Brief Rostocks vom 6. Dezember 1428, in dem der Rat über das Ausbleiben einer Nachricht von Gerhard VII. informierte, nicht aufgenommen wurde. Zugleich geht aus eben diesem Brief hervor, dass Rostock in der gleichen Sache auch an Nikolaus Stock geschrieben hat. Aus diesem Grund hätten der Lübecker Rat bzw. dessen in diese Angelegenheit involvierten

Mitglieder es nicht für notwendig gehalten haben, diesen Brief besonders festzuhalten.[103] Daher ist es durchaus denkbar, dass Paul Oldenburg die Dokumente mit sich führte, als er Anfang Januar 1429 persönliche Gespräche mit Nikolaus Stock führte, denn dieser schrieb zurück nach Lübeck: *Als ewir lieben mir zuschreiben von gross mů vnd arbeit in meinen sachen von euch geton etc., des danke ich ewirn lieben mit fruntlichem ane czweifel vordinen. Vorwore ich habe angesehen dy vnd ander grote mue sunderlich von euch beweist vnd vmb groser schaden zu uormeiden.*[104] Diese Bemerkungen könnten als reine Höflichkeitsfloskeln abgetan werden, sie ließen sich aber recht gut erklären, wenn Nikolaus Stock die Blätter, welche die *mů vnd arbeit* verdeutlichen, gesehen hätte. Es ist aber auch nicht auszuschließen, dass die Kanzlei nur für den eigenen Gebrauch einen Überblick über die verfassten Schriftstücke behalten wollte.

4.2.3 Weiterwirkung

Eine dritte Gruppe von Schriftstücken, die sich inhaltlich mit den Lübecker Materialien verschränkt, umfasst die Korrespondenz der Städte zu den verschiedenen von Nikolaus Stock unterbreiteten Vorschlägen. Da für eine Untersuchung der Schreiber der anderen Seestädte keine Vorarbeiten zur Verfügung stehen,[105] die eine Vorsichtung des Quellenmaterials vorgenommen hätten, muss auf eine eingehende Analyse sämtlicher Dokumente und eine Zuordnung zu einzelnen Schreibern verzichtet werden. Der Schwerpunkt in diesem Kapitel liegt auf den zusätzlichen Elementen, welche den Informationsaustausch beeinflussten.

Die Dokumente aus der Korrespondenz zwischen den Städten und anderen betroffenen Parteien, in denen der Gesandte und dessen Forderungen thematisiert werden, lassen sich anhand der grundsätzlichen Schwerpunkte des Lübecker Materials drei Zeiträumen zuordnen. Aus der ersten Phase, zwischen der Ankunft des Gesandten in Lübeck am 7. Oktober 1427 und dessen erster Weiterreise nach Dänemark am 6. Januar 1428 sind neben den bereits besprochenen Lübecker Konzepten sieben weitere Briefe überliefert.[106] Mehrere Schreiben berühren dabei auch andere Themen, wie

---

103 8.2.3, Nr. 97: *Vortmer, leuen heren, wyllet weten, dat vns neen antword is wedder ghekomen van deme hochgebornen fursten hertoch Gherde van Sleswik etc., alzo van des ersamen doctoris, hern Nicolai Stockes, perde vnde knechte weghene, yodoch dorch guder doghet wyllen hebben wy de perde vnde de knechte ghevryet, alzo wy deme doctori suluen gheschreuen hebben, (...).*
104 8.2.3, Nr. 109, zit. nach LUB.
105 Untersuchungsansätze liegen eher bei der Kanzleisprache: z. B. *Hampel*, Studien (2001), 173–182.
106 8.2.3, Nr. 13, 14, 19, 21, 22, 24, 26. Ankunfts- und Abreisedaten: 8.2.3, Nr. 11, 32. Vgl. dazu auch Kap. 4.4 und 4.5.1.

das Anliegen des päpstlichen Legaten Heinrich von Winchester oder die Untersuchung der schweren Verluste im Sund, die in Hamburg zur Enthauptung eines Ratsmannes,[107] in Lübeck zumindest zur Festsetzung des verantwortlichen Flottenführers Tidemann Stehen führten.[108] Diese Vorgänge fanden parallel zu Nikolaus Stocks Mission statt.

Eine dritte Gruppe von Briefen, in denen der Gesandte direkt oder indirekt erwähnt wird, lässt sich zwischen den 14. Februar[109] und dem 17. April 1428 einordnen, wobei der Aufbruch des Gesandten am 20. März einen wichtigen Einschnitt darstellt.[110] Aus dieser Zeit sind vier Briefe der Holsteiner, zumeist Adolfs, ein nicht abgeschicktes Schreiben Lübecks an diesen sowie sieben Briefe der anderen Städte erhalten.[111] Sie begleiten die Diskussion über den geplanten Tag zu Falsterbo und dessen Scheitern. Dabei überschneidet sich die Korrespondenz zu einem möglichen Aufbruch der Ratssendeboten direkt mit der Koordinierung der städtischen Flotte.

Schließlich – und dazu zählen auch die oben schon genannten Briefabschriften vom November und Dezember 1428[112] – gibt es eine recht umfangreiche Korrespondenz zur Beraubung des Schiffes, auf dem sich Diener und Pferde von Nikolaus Stock befanden.[113] Die Verhandlungen darüber zogen sich noch weit bis in den Januar 1429 hinein und zeigen, dass sich neben Lübeck besonders Stralsund intensiver um Ausgleich und Entschädigung bemühte.[114]

In dieser Angelegenheit gibt es neben der Korrespondenz der Städte auch einen Brief Pauls von Rusdorf, Hochmeister des Deutschen Ordens, in dem dieser sich für Nikolaus Stock verwendet.[115] Das Schiff mit dem Nikolaus Stock selbst sicher von Dänemark, wohl København, nach Danzig gelangt ist, transportierte den aus Flandern gekommenen Wein des Großmeisters,[116] für den sein Gesandter Bertold Burammer in

---

107 Siehe dazu genauer Kap. 3.5 zu den Unruhen und ihren Hintergründen.

108 Zum Prozess um ihn: HR I, 8, Nr. 370–373 (erste Verhandlung), 403 (zweite Verhandlung), 442 f. (Gefangensetzung und Eingaben). Vgl. *Daenell*, Blütezeit (1905), Bd. 1, 262 f.; *Mantels*, Schiffshauptleute (1881), 222 f.

109 An diesem Tag hält sich Nikolaus Stock bei Graf Adolf von Holstein auf und reist einen Tag später nach Lübeck: 8.2.3, Nr. 37, 38.

110 Vgl. zum Aufbruch 8.2.3, Nr. 54, 55.

111 8.2.3, Nr. 39–42, 44, 49–51.

112 Vgl. Diskussion in Kap. 4.2.2.

113 Zur gesamten Angelegenheit 8.2.3, Nr. 88–116.

114 Erst am 24. Januar schreibt der Stralsunder Rat an Lübeck, dass die Sache zu einem zufriedenstellenden Ende gekommen sei: 8.2.3, Nr. 115.

115 8.2.3, Nr. 94.

116 Vgl. 8.2.3, Nr. 88: (...) *der holke, dorin ich selbs was, der ist am suntag nest vor sente Martens tag ken Denczske mit des homeisters weyn komen* (...), zit. nach LUB. Zum Weinhandel des Deutschen Ordens siehe *Arnold*, Orden (2005), 175–183; *ders.*, Weinbau (1989), passim.

København einen Geleitbrief erworben hatte.[117] Burammer selbst gehörte, laut Nikolaus Stock, der Kraier mit den verlorenen Pferden, Dienern und Gütern.[118] Im Übrigen äußerte sich auch der Hochmeister gegenüber Dritten über die Vermittlungsversuche des römischen Königs und über seinen Gesandten. So schlug er dem Meister von Livland am 28. September 1429 vor, dass Nikolaus Stock den Konflikt zwischen dem Orden und den Rigaer Klerikern untersuchen und in der Angelegenheit vermitteln könne. Diese Empfehlung hätte Nikolaus von Redwitz ausgesprochen.[119] Bei diesem handelte es sich um den Hauptmann der Deutschordenstruppen, die König Sigismund in den 1420er Jahren in die Abwehr der Türken in Siebenbürgen einbezog.[120]

4.2.4 Neue Perspektiven: die dänischen Akten zu Nykøbing 1428

Die Auflistung der erhaltenen Dokumente von beiden Seiten, in denen der Bezug zu Nikolaus Stock direkt oder indirekt recht deutlich erkennbar ist, lässt zwischen Juni 1428 und Oktober 1428 eine große Lücke erkennen, die auch im Folgenden nicht vollständig gefüllt werden kann. Doch vermag ein Blick auf das weitere Material, das auf den ersten Blick keine direkten Spuren von Nikolaus Stock aufweist, ein Licht auf seine Tätigkeiten in dieser Zeit werfen. Dabei handelt es sich um die dänischen „Akten" zu den Verhandlungen in Nykøbing (Falster) im August 1428. Es kam bereits im Zusammenhang mit der allgemeinen Einführung in das Material zur Sprache, dass die „Akte" zu dem erwähnten Tag eigentlich drei, in unterschiedlichen Situationen entstandene Schriftstücke enthält: Eine jeweils hochdeutsche und niederdeutsche Fassung der Rede, die König Erik vor den Städten hielt sowie Bruchteile eines niederdeutschen Berichts über den Verhandlungsverlauf nach der Rede des Königs.[121] Für

---

117 Bertold Burammer hielt sich bereits im Winter 1427/1428 zusammen mit *Tymme Scoling* als Abgesandter des Hochmeisters in Dänemark auf: HR I, 8, Nr. 316–320. Für einen Aufenthalt im Spätsommer und Herbst 1428 gibt es über die Informationen von Nikolaus Stock hinaus keine weiteren Zeugnisse. Zwar gibt es von ihm eine Reihe von Briefen ohne Jahresangabe, welche in die Sommermonate fallen, doch müssen diese ins Jahr 1430 datiert werden. Siehe dazu HR I, 8, Nr. 322 und 324 sowie die Korrekturen ebenda, 710 f. Vgl. die zusätzlichen Informationen zur Einordnung dieser Briefe in Kap. 5.3.1.

118 Vgl. 8.2.3, Nr. 88, nach LUB: *Och worden in aynen creer geschiffet, der gehorte ken Prewssen vnd nemelichen Burhaymer, X pferde, vnder den selben sein V mein, drey grŏ vnd zwehe braune. Och hatte ich denischsse muncze vnd vmb des wechssels willen lete ich dy an vnd kofte doselbs XXII tonnen mit potter vnd czwĕhe tonnen heringes, dy selben lies ich och schiffen in den creer, vnd dobey lies ich vier diner, eyn Hannus genant, der ander Wernike, der dritte Woytke, der virde Jeronimus (...).*

119 OBA, Nr. 5189.

120 Dazu: *Bák*, Sigismund (2006), 93; *Joachim*, Sigismund (1912), passim; *Lückerath*, Paul (1969), 82–85.

121 Vgl. Diskussion in Kap. 2.1.1.

die Beziehungen zu Nikolaus Stock ist vor allem der hochdeutsche Text von Bedeutung. Schon allein dessen Schriftsprache selbst ist ein Indiz für die Mitwirkung des Gesandten. Zudem war Nikolaus Stock nachweislich in Nykøbing zugegen, selbst wenn kein öffentlicher Auftritt von ihm überliefert ist.[122]

Bezüglich der Textgestaltung fällt auf, dass der Schreiber mit Abkürzungen arbeitete, z. B. *Ro. Ko.* für *Romischen Konig* oder *N. Sto(c)k* für *nikolaus stock*, die im niederdeutschen Manuskript ausgeschrieben wurden.[123] Gemeinsam ist jedoch beiden Schriftstücken ein Textelement. Die Zeile *An deme jare na Godes bort mdxxiii etc, alse de degedinge begrepen weren vormiddelst heren Rumpolt seligk [dechtnisse]*[124] enthält in beiden Texten eine Lücke nach der Jahreszahl. Auch die Wortverteilung stimmt an dieser Stelle überein, und dies gilt ebenso für die erste Zeile des gesamten Textes.[125] Die konkrete Abhängigkeit zwischen beiden Versionen ist etwas kompliziert, da die einzelnen Stücke des niederdeutschen Manuskriptes zeitlich voneinander abweichen.[126]

Dass beide Redeversionen auf unterschiedliche Urheber zurückgehen, deutet die jeweilige Beschriftung an. Als *koning von Denemarken etc.* wird König Erik wohl eher von jemandem bezeichnet, der nicht in irgendeiner Form Mitglied der Kanzlei war. Im Gegensatz dazu steht auf der Rückseite des niederdeutschen Redemanuskripts der Vermerk: *The article, som myn here let forkundighe i Nikopunk for hertug Wilhelm amot stetherne anno 8 infra octavam beate viginis.*[127] Für diese Art der Beschriftungen von Dokumenten, in denen König Erik nur kurz als *myn here* bezeichnet wird, finden sich aus dem Umfeld der Kanzlei noch einige weitere Beispiele.[128]

---

122 8.2.3, Nr. 84.

123 Siehe Anhang 8.3.1 a), dort sind die Abkürzungen markiert.

124 Zit. nach HR I, 8, Nr. 517. Das letzte Wort gehört schon zur nächsten Zeile. Die hochdeutsche Version (DRA, TKUA 5, 2) lautet: *An dem Jore noch gotes gebert mdxx Alse de dedinge begriffen weren vormiddelst heren Rumpolt selig*(en)[gedechtnisß], mit einem Fehler bei der Jahreszahl. Dieser Abschnitt bezieht sich auf den Waffenstillstand zwischen Dänemark und den Holsteinern zu Flensburg Neujahr 1423 auf Vermittlung Herzog Heinrich (Rumpolt) von Schlesien-Glogau, auf dem eine schiedsrichterliche Entscheidung verabredet wurde. Dazu bereits Kap. 3.2.

125 HR I, 8, Nr. 517: *Dit is de warheit des vorlopes twisschen uns Erike, van Godes gnaden to denmarken, to Sweden, to Norwegen, der Wende. [... König].* Hochdeutsch: *Nota dis is dy warhait des verlopes twisschen uns Erike von godes gnaden to Denemarcken to Sweden to Norwegen der Venden etc.*

126 Vgl. 5.3.1.

127 Auch zit. im editorischen Kommentar von HR I, 8, Nr. 517.

128 *Christensen*, Dansk Statsforvaltning (1903), 138 und Anm. 1 verweist auf Briefe von 1416 und 1419, deren Zusammenfassungen, mit der Bezeichnung *min here* für König Erik auf der Rückseite, wortwörtlich in spätere Archivregister übertragen wurde.

a)

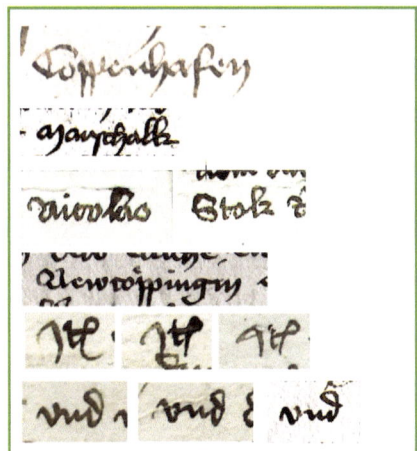

b)

Abb. 4.6: Vergleich zwischen den Schriftstücken von Nikolaus Stock (grün) und DRA, TKUA 5,2 (rot):
a) Überschriften (grün: AHL, ASA Externa Danica, Nr. 3,2–165); b) Einzelbelege (grün: AHL, ASA Externa Danica, Nr. 3,2–159, 164, 165). Fotos der Verfasserin.

An der Gestaltung des Anfangs lässt sich schließlich eine Verbindung zu Nikolaus Stocks in Lübeck erhaltenen Dokumenten herstellen. So entspricht die Gestaltung der Überschrift mit *Nota* in Kombination mit einem hinweisenden Symbol[129] dem Schadensinventar, das Nikolaus Stock nach an Lübeck schickte,[130] nachdem ihm auf der Rückreise von Dänemark nach Danzig von Rostocker Ausliegern Güter und Diener entführt worden waren. Dieses Verzeichnis ist überschrieben: *Nota das ist das gut und tzeringe das mir Nicolas Stock etc. genomen und vortzeret ist etc.*, wobei auch hier vor *Nota* ein Paragraphen-Symbol zu finden ist und das *N* ähnlich gestaltet wurde, wie das *N* in der ersten Zeile der hochdeutschen Redeabschrift.[131] Auch in einem der Briefe

---

129 DRA, TKUA 5,2 beginnt: *Nota dis is dy warhait*, DRA, TKUA 5, 1 beginnt: *Dit is de warheit*. HR I, 8, Nr. 516 f. gehen beide nicht darauf ein. Das *N* bei *Nota* ist besonders gestaltet.
130 8.2.3, Nr. 107. Vgl.zudem 4.2.1.
131 Auch Nikolaus Stocks Bericht (8.2.3, Nr. 75) beginnt: *Do ist offenbar zu merkende*, also einer deutschen Version von *nota*.

ist diese Schreibweise von *N* zu finden. Während diese Art der Überschrift zu einem Dokument wie z. B. den Rezessen in Lübeck, nicht nachzuweisen ist,[132] lässt sich für die dänische Kanzlei keine Aussage machen, da sich die Überlieferung an Akten aus der Zeit Eriks VII. grundsätzlich recht bescheiden darstellt.

Die Ähnlichkeiten zwischen der hochdeutschen Rede in den dänischen Akten und den späteren Briefen von Nikolaus Stock zeigen sich aber nicht nur oberflächlich im Hinblick auf die auffallenden Gestaltungselemente. Der Befund lässt sich durch einen tiefer gehenden Schriftenvergleich noch bestätigen (Abb. 4.6).

4.3 Vorspiel und Vorbereitung

Nikolaus Stocks um den 18. April 1428 verfasster Bericht setzt direkt mit seiner Aussendung an die Kriegsparteien durch den römischen König ein. Sein Auftrag lautete gemäß seinen eigenen Worten, beiden Seiten die *eyntrechtliche und ernste beslissunge* von Papst Martin V. und König Sigismund mitzuteilen, die auch durch den Kardinal Giordano Orsini sowie die besiegelten Beschlüsse der Reichstage von Nürnberg und Frankfurt bekräftigt worden waren,[133] und vielleicht auch einen Friedensschluss herbeizuführen.[134] Er gibt auch den Kommunikationsrahmen wieder, in dem die Mission ihren Ausgang nahm: die vor einer breiteren Reichsöffentlichkeit geführte Diskussion um einen allgemeinen Landfrieden in Vorbereitung eines Krieges gegen die Hussiten. Diesen Anliegen hatte sich zunächst der Nürnberger Reichstag im Mai und Juni 1426

---

132 Keines der gesehenen Beispiele für Überschriften aus den dänischen Akten in Lübeck enthält *Nota* zur besonderen Kennzeichnung.

133 Zu Kardinal Orsini als Legat: *Studt*, Papst (2004), 621–635; *König*, Kardinal (1906), 48–51.

134 8. 2.3, Nr. 75 nach HR § 1: *Do ist offenbar zu mercken, als der allerdurchluchtigiste furste und herre, her Sigmund, Romischer unde zu Hungern, Behem, Dalmacien, Croacien etc konig (...), mich Nicolaum Stok, lerer geystlicher rechte und meyster der siben konsten, seinen diner, rat und sendeboten, zur Cron in Wurtzland [am 4. Juli 1427] in seiner gnade und des heyligen Romischen richs trefflichen und grossen sachen an mancherley ende und nemlich zu dem durchluchtigisten fursten und herren, hern Erik, zu Denmarken, Sweden, Norwegen etc. konig, an eyner und den hochgeboren Hynrichen, Adolphen und Gerharten, grafen zu Holsten, Stormarn etc., und den ersamen steten Lubecke, Hamburg, Stralessund, Rostock, Wismer, Lunenburg und iren helffern, an der andern partei, auszgeschickt hat, als das der geleyczbrff, dy credentzien und andre briffe, den selbin beyden teylen geantwort, der abschrift hir undene begriffen ist, klerlichen inhalden, denselben parteien unsers heyligen vaters, des babst Martini, durch seinen cardinal, und des allerdurchluchtigsten furst und herren, des Romischen koninges vorgenant, durch des heyligen Romischen richs kurfursten und fursten, auch besunder durch seinen und des Romischen richs kantzler mit seime koniglichen und des richs insigel, eyntrechtliche und ernste beslissunge, zu Normberg und zu Franckenfort beschehen, und ouch anders, als hernach geschriben stet, mit briffen und worten zu offenbarn, [zu] antworten und zu werben; auch zu versuchen, ob ich soliche partei dy do swere stosse, spen zwitracht, krige und orlewge leyder under enander haben, zu fruntlicher eyntracht ader richtunge bringen mochte.*

gewidmet, auf dem der allgemeine Landfrieden beschlossen wurde.[135] Im Unterschied dazu stand bei dem Treffen in Frankfurt im April und Mai 1427 die Planung des Feldzuges nach Böhmen im Vordergrund.[136]

Auf welchem Weg Nikolaus Stock als Kandidat für diese Mission ins Spiel gebracht wurde und was ihn möglicherweise motivierte, lässt sich kaum eruieren. Sein Name taucht vor Juli 1427 nicht im Umfeld des Hofes auf. Es lassen sich jedoch seit 1424 indirekte Beziehungen zum engeren Beraterkreis des Königs nachweisen, denn am 2. Juli dieses Jahres wurde der *Mag. artium, Dr. med. u. Arzt* Johannes Stock unter die Familiaren König Sigismunds aufgenommen.[137] Dieser ist eindeutig als Bruder des späteren Gesandten zu identifizieren und hatte zum Beispiel während Nikolaus Stocks Studienjahre in Wien zwischen 1419 und 1422 als Verwalter von dessen Benefizien in Glogau (Głogów) und Breslau (Wrocław) gewirkt.[138] Sicher könnte Nikolaus Stock seinen Bruder 1424 begleitet haben und wäre auf diese Weise schon in die Nähe des königlichen Hofes gekommen. Auch für andere Berater von Sigismund – nicht zuletzt Kaspar Schlick – begann der Aufstieg zu Ämtern und Würden zunächst einfach nur durch Anschluss an den Hof.[139] Vielleicht bestanden auch schon aus seiner Studienzeit in Wien Verbindungen zum Hof. Bevor er an der dortigen Universität die höheren Grade erlangte, ist er bereits 1412 als *baccalaureus artium* an der Universität Krakau (Kraków) nachzuweisen. Die Tatsache, dass seine Studienjahre zwischen 1412 und 1422 liegen, erlaubt aber zumindest die Vermutung, dass er 1427 bereits im mittleren Alter stand.

Zu Nikolaus Stocks Erhebung unter die königlichen Räte findet sich erst am 1. März 1431 eine Notiz in den Reichsregistern aus der Zeit Sigismunds, d. h. nach der Rückkehr von seiner nicht sehr erfolgreichen Mission.[140] Dies steht nicht unbedingt im Gegensatz zu seiner Bezeichnung in den Beglaubigungsschreiben. Der Brief an den Hochmeister bezeichnet Nikolaus Stock nur als den *Ersamen Meister Niclasen Stok lerer in geistlichen rechten vnsen lieben Andechtigen.*[141] Diese Formulierung impliziert zwar eine Nähe des Genannten zum König, aber seine konkrete Stellung am Hof

---

135   Vgl. zum Nürnberger Tag: RTA 8, 451–501; RI XI, Nr. 6633, 6658–6665a; *Wefers*, System (1989), 137 f. Zu Nürnberg als Versammlungsort im 15. Jahrhundert: *Seyboth*, Reichsstadt (1992), passim.
136   Zum Reichstag in Frankfurt: RTA, Bd. 9, 25–57.
137   RI XI, Nr. 5897: „nimmt den Mag. artium, Dr. med. u. Arzt Johann Stock unter seine Familiares auf." Zu den Verwandtschaftsbeziehungen auch *Marschall*, Domdekan (1977), 55 f. Dazu auch *Kuchendorff*, Kreuzstift (1937), 134.
138   *Kuchendorff*, Kreuzstift (1937), 134 f., Nr. 149 (Johann Stock): „1419, April 26 erscheint er als *Rector scole ecclesie sancte crucis Wratislawiensis* und als Verwalter der Benefizien seines in Wien studierenden Bruders Nikolaus", dazu 135 Anm. 13. Demnach war Nikolaus Stock zu diesem Zeitraum Präzentor der Mansionaren in der Krypta der Kreuzkirche zu Breslau (Wrocław) und Altarist der Kollegiatkirche zu Großglogau (Głogów).
139   *Zechel*, Studien (1939), 30–31.
140   RI XI, Nr. 8303: „ernennt den Dr. iur. Nikolaus Stock zu seinem Rat."
141   OBA, Nr. 4787.

geht daraus noch nicht hervor. Doch sprechen sein Auftrag und die damit verbundene Verantwortung dafür, dass er am Hof wohl kein unbeschriebenes Blatt war. Seine Herkunft aus Glogau (Głogów) wirft die Frage auf, ob und wie weit er über die Mission von Herzog Heinrich Rumpold von Schlesien-Glogau unterrichtet war. Leider bleiben die Begleiter des Herzogs, unter denen sich sicher auch Geistliche befanden, in den Quellen ungenannt, so dass mögliche Verbindungen zu Nikolaus Stock nur als Möglichkeit angedeutet, aber nicht bewiesen werden können.[142]

Die genauen inhaltlichen Schwerpunkte bei der Vorbereitung der Mission lassen sich den verschiedenen Schreiben entnehmen, mit denen Nikolaus Stock ausgestattet wurde. Diese verteilen sich insgesamt auf drei verschiedene Tage und geben damit gleichsam einen bestimmten Ablauf der in Kronstadt (Brașov) stattfindenden Gespräche vor. Demnach erfolgte am Freitag, den 4. Juli, zunächst die Beglaubigung des Gesandten, am Montag, dem 7. Juli, standen die Frage des Friedens und am Dienstag, dem 8. Juli, schließlich die diplomatischen Beziehungen mit Dänemark im Vordergrund. Wie stark der König persönlich Anteil an diesen Beratungen nahm oder welche Vorbereitungsschritte vielleicht nur von seinen Räten oder den Mitgliedern der Kanzlei im kleineren Kreis besprochen wurden, bleibt dabei unklar.[143] Nur ein einziges Dokument bietet konkrete Angaben zu Zeit und Rahmen einer Aussprache. Dies ist ein Brief an König Erik, der am *dinstag nach sand Ulrichs tag* ausgefertigt wurde.[144] Darin lies der König verlauten: *so hat vns ouch Michel Honynger (...) gestern euwer bruderlichen liebe brieff tzwen geantwert und muntlich ertzellet solich tzwitracht und krieg, domit sich die hensstete wieder euch und euwere kunigreich uffgeleynet haben.*[145] Da es keinen Grund gibt, an dieser Widergabe der Ereignisse zu zweifeln, lässt sich zumindest für den Montag ein Auftritt Honingers vor dem König konstatieren. Die weiteren an diesem Tag ausgestellten Schreiben bekräftigen diese Annahme. Mit großer Wahrscheinlichkeit stellte der Kämmerer Michel Honinger,[146] den Sigismund zu einem

---

142 *Russek*, Herzöge (1922), 166 bietet eine Übersicht über die historiographischen Quellen die summarisch über die Heimreise des herzoglichen Gefolges berichten. Zur Situation Schlesiens in den Hussitenkriegen siehe besonders: *Wünsch*, Krisenmanagement (1995), 171–198.

143 In Kronstadt (Brașow) stand Sigismund ein eigener Hof zur Verfügung, der sich gegenüber dem Peter-und-Pauls-Kloster befand und mehrere Straßenzüge einnahm. Die Kosten für die Versorgung von König, ungarischen Großen und Hofstaat übernahm die Stadt (UB Siebenbürgen, Bd. 4, Nr. 2013, 2296, 5, Nr. 2567). Dazu vor allem *Philippi*, Bürger (1986), 30, 57, 254. Zur Stadt: *Kuhnert*, Brașow (2003), 37 f. knapp zur mittelalterlichen Geschichte; *Gündisch*, Kronstadt (1991), Sp. 1547. Trotz dieses festen Standortes gab es vermutlich noch keine ganz strenge räumliche Trennung vom Kaiser, seinem Hofstaat und seiner Kanzlei, wie dieses noch zu Beginn des 16. Jahrhunderts erkennbar ist. Vgl dazu *Headley*, Emperor (1983), 78–81.

144 HR I, 8, Nr. 279. Wie oben schon erwähnt, ist dieser Brief nur abschriftlich in dem Notariatsinstrument vom 24. Mai 1428 (DRA, NKR, Nr. 3025) überliefert.

145 8.2.3, Nr. 1, zit nach HR.

146 So wird er in jedem Schreiben bezeichnet: 8.2.3, Nr. 5 (*vnser kemerling*), Nr. 6 (*vnser camerer*) und Nr. 8 (*vnser camerer*). Zu Honinger außerdem: RI XI, Nr. 5461 (Wappenbesserung).

nicht näher genannten Zeitpunkt nach Dänemark geschickt hatte, um mit König Erik über eine mögliche Militärhilfe für den Hussitenkrieg zu verhandeln,[147] eine der Schlüsselfiguren im Vorfeld von Nikolaus Stocks Mission dar. Möglicherweise war seine Rückkehr auch der konkrete Anlass für das neuerliche Unternehmen.

Wie schon erwähnt, stand der 4. Juli 1427, ein Freitag, im Zeichen von Beglaubigung und grundsätzlicher Absicherung von Nikolaus Stocks Reise innerhalb des Reiches und besonders in Preußen. Zu diesem Zweck wurden die lateinischen und deutschen Geleitbriefe ausgestellt, von denen Nikolaus Stock sicher mehr als ein Exemplar bei sich trug.[148] Wie wichtig die Absicherung der Reise war, verdeutlichen die beiden bereits gescheiterten Missionen von Konrad von Weinsberg und Michel Honinger.[149]

Zur Absicherung der Reise wurden aber nicht nur die zwei Geleitbriefe ausgestellt, sondern auch das Schreiben an Paul von Rusdorf, den Hochmeister des Deutschen Ordens. Darin dankte Sigismund dem Hochmeister für seine Bemühungen um Frieden zwischen Dänemark und den Hansestädten, *(a)ls vns das der Erber Caspar Slik, vnser Secretari vnd lieber getreuer ouch gesagt hat.*[150] Kaspar Schlick hatte im Frühjahr 1427 in Grenzstreitigkeiten zwischen Polen und dem Deutschen Orden vermittelt[151] und in dem Zusammenhang sicher persönliche Gespräche mit dem Hochmeister geführt. Die Ergebnisse solcher Unterhandlungen hätte er dann am 4. Juli 1427 noch einmal vortragen können. Gleichzeitig konnten die Nachrichten vom letzten Vermittlungsversuch des Hochmeisters durch den Marschall Walrabe von Hundsbach im Juli 1427 noch nicht bis Kronstadt (Brașov) vorgedrungen sein.

So haben wir den Ersamen Meister Niclasen Stok lerer in geistlichen rechten vnsen lieben Andechtigen gefertigt / Vnd vßgericht zu dem egen unßm Bruder vnd zu den Hense Steten zureyten / vnd von vnsern wegen do zuarbeiten zureichtung solicher sache (…), kündigte Sigismund in dem Brief seinen Botschafter an. Damit der Gesandte auf die Mission gut vorbereitet sei, bat der König Paul von Rusdorf in direkter Anrede, dass du (…) *in vnderwisest vnd weg gebest wie Er sich von unsern wegen in den sachen halden vnd die bequemlichst handeln sol.* Neben der Adresse enthält das Schreiben noch zwei zeitgenössische Bemerkungen auf der Rückseite. Über dem Adressaten steht erst *Romischer Konig,* dann des *doctors botschaft,* darunter *Geentwert czur Swec am Donrstag nach nativitatis marie Im xxviiten Jare.* In Schwetz (Świecie) befand sich eine Ordensburg.[152] Sowohl die Beschriftungen als auch das Datum der Übergabe am

---

147 Vgl. auch 8.2.3, Nr. 5 und 6.

148 Aus dem Brief Sigismunds an König Erik vom 8. Juli geht hervor (8.2.3, Nr. 8), dass eine Kopie des Briefes an die Städte auch an diesen weitergeleitet wurde.

149 Zu Konrad von Weinsberg siehe schon 4.1.

150 8.2.3, Nr. 3.

151 *Lückerath,* Paul (1969), 84; *Zechel,* Studien (1939), 35, vgl. auch RI XI, Nr. 6833 und 6887.

152 Diese war seit 1320 Sitz eines Komturs. Dazu und zur Baugeschichte der Anlage: *Torbus,* Konventsburgen (1998), 185–194.

11. September 1427 deuten darauf hin, dass Nikolaus Stock den Brief als Referenz mit sich getragen hat.[153] Die zitierte Bitte Sigismunds zeigte dann auch ihre gewünschte Wirkung, denn Paul von Rusdorf verwendete sich wiederholt für Nikolaus Stock, einmal im Vorfeld der Reise und einmal im Zusammenhang mit den geraubten Pferden, Dienern und Gütern. Mit dieser zweiten Intervention versuchte er aber auch seine eigenen Interessen zu schützen, da in diesem Fall ja auch eigenen Untertanen, wie z. B. Burammer, zu Schaden gekommen und für ihn bestimmte Waren, insbesondere Wein, verloren gegangen waren. [154]

In Abwesenheit des Protonotars Michael von Priest oder auch von Bunzlau, da er in Jungbunzlau (Mladá Boleslav) das Amt des Propstes innehatte,[155] der sich mitsamt dem Majestätssiegel am 16. Juni 1427 in Nürnberg und am 5. Juli 1427 in Straubing aufhielt, wurden diese Briefe wie auch die des Folgetages durch Kaspar Schlick unterfertigt. Daher kam ihm bei den Gesprächen sicher eine besondere Rolle zu. Durch seine Kontakte mit dem Hochmeister war er zudem sicherlich gut über die Situation im Ostseeraum informiert.

An den folgenden beiden Tagen befand sich der König nicht in Kronstadt (Brașov), aber ob die Mitglieder der römischen Kanzlei ihn begleiteten, lässt sich daraus nicht automatisch schließen.[156] Es wurden zwar keine neuerlichen Dokumente ausgefertigt, dennoch können weitere Vorbereitungen in Abwesenheit des Königs stattgefunden haben. Aus den am *nechsten Montag nach unser liben frauen tag visitationis*, dem 7. Juli 1427, aufgesetzten Briefe lassen sich verschiedene, miteinander verbundene Vorgänge rekonstruieren, die möglicherweise nicht alle an einem Tag stattgefunden haben müssen. Zudem werden Entwurf und Niederschrift der entsprechenden Dokumente eine gewisse Zeit beansprucht haben.

---

153 Für die Entfernung von Kronstadt (Brașov) bis Schwetz (Świecie) ungefähr 65 Tagereisen zu veranschlagen, erlaubt auch die durchschnittliche Reisegeschwindigkeit von etwas mehr als 25 km am Tag: Die Entfernung zwischen beiden Orten beträgt ca. 1500 km. Die Reisegeschwindigkeit von Nikolaus Stock lässt sich aus seinem Bericht rekonstruieren. Für den Weg von Lübeck nach København brauchte er im Januar 1428 19 Tage (Abreise: 6. Januar 1428 und Ankunft: 24. Januar 1428, laut HR I, 8, Nr. 514, § 6). Im März/April 1428 legte er den Weg von Lübeck (Abreise: *am sonabende vor Judica*) nach Rendsburg (versuchte Abreise: *montage nest frw*) in zwei Tagen zurück. Für die restliche Reise von Rendsburg nach Roskilde benötigte er wiederum 7 Tage (1. April 1428 bis 8. April 1428). Zur Verwendung von Beglaubigungen in Briefform, vgl. *Sieberg*, Studien (1951), 113 f. Bei dem Schreiben Sigismunds für den Hochmeister handelt sich aber doch eher um einen Empfehungsbrief, da der Hochmeister darin nur zur Unterweisung des Gesandten gebeten wurde: *Holzapfl*, Kanzleikorrespondenz (2008), 181.

154 8.2.3, Nr. 10, 94. Den *wein des hochmeisters* erwähnt Nikolaus Stock (8.2.3, Nr. 88). Vgl. auch Kap. 4.2.1, Anm. 116.

155 Der Protonotar Michael von Priest befindet sich noch im Reich: siehe dazu nachfolgend Anm. 164 und 166.

156 UB Siebenbürgen, Bd. 4, Nr. 2014 f.

An *Lubek, Hamburg Wismar, Sund, Stralessund (sic), Rostok vnd aller andern stete von der hense* wandten sich die beiden feierlichen Briefe des Königs – mit und ohne Vorladung vor den Reichstag.[157] Sie betrafen also nicht nur die Seestädte, sondern auch alle anderen in den Krieg involvierten Städte. Ihr Inhalt fasst verschiedene der geplanten Mission vorausgehende Kommunikationsvorgänge zusammen. Dies ist zum ersten die Diskussion um den Landfrieden: Beide Versionen des Briefes beginnen nach der Anrede in gleicher Weise: *Ir wisset wol, wann es vberall offenbar ist, wie in dem jare nechst vergangen vnsers heiligen vatters des babst legat, nemlich der hochwirdig her Jordan, der heiligen Romischen kirchen cardinal von Vrsin, vnd vnsere vnd des heiligen richs kurfursten, fursten vnd herren zu Nuremberg eynen gemeynen anslag vff meniclich zu teglichem krieg gemacht vnd geordent hatten wider die verboste ketzer zu Behem.*[158] Dieser Satz nimmt wörtlich auf die Urkunde Bezug, die im Namen des Königs am 10. Juni 1426 in Nürnberg ausgestellt und auch mit dem Majestätssiegel beglaubigt wurde.[159] Als Unterfertiger dieser Urkunde fungierte der Kanzler Bischof Johann von Zagreb,[160] der den König zusammen mit zwei weiteren Räten vertrat.[161] Das Ziel lag in *eyns gemeynen anslages zu eynem teglichen kriege wider die obgenanten Behemischen keczer eynem yeglichen fürsten prelaten graven herren und steten nach seinem vermügen und gebürnüße eyns worden und überkomen.* Diese Passage mit der Erwähnung des *anslages zu eynem teglichen kriege* verdeutlicht die Verwandtschaft zwischen beiden Texten. Von dieser Urkunde durfte auch mit Fug und Recht behauptet werden, dass sie *uberall offenbar* gemacht worden sei, denn auch Lübeck erhielt zur Weiterleitung an die anderen Städte im Ostseeraum ein Exemplar.[162] Durch die

---

157 8.2.3, Nr. 6, 7.

158 8.2.3, Nr. 6, zit. nach LUB.

159 RTA 8, Nr. 392. Der päpstliche Legat, Kardinal Giordano Orsini, tritt zwar in dieser Urkunde nicht zutage, doch bestätigen Korrespondenzen im Zusammenhang mit dem Reichstag seine Anwesenheit in Nürnberg. (RTA 8, Nr. 391)

160 *Agranum* ist eine Version von *Zagrabia, Graesse/Benedict/Plechl*, Orbis Latinus (1972), Bd. 3, 33. Allem Anschein nach wurde *Agranum* eher in deutschsprachigen Texten verwendet, während *Zagrabia* in lateinischen Formeln oder Urkunden zur Anwendung kam. RTA 8, 392 benennt im Urkundentext den Kanzler *Johann bischof von Agram* als Bevollmächtigten des Königs, während im Kanzleivermerk *Johannes episcopus Zagrebiensis* erscheint. Vgl. zur Verwendung von Zagreb auch ungarische Urkunden König Sigismunds, in denen Bischof Johannes von Zagreb als Erster unter den ungarischen Räten erscheint: UB Siebenbürgen, 4, Nr. 2009–2012, 2019.

161 RTA 8, Nr. 392 enthält auch eine Beglaubigung für drei Bevollmächtigte: (...) *unsere volmechtige und heymliche rete und sendeboten, mit namen den erwirdigen Johann bischof zu Agram canczler den wolgebornen Ludwigen graven zu Oetingen hoffmeyster und Houpten marschalk zu Bappenheym* (...).

162 Regest in RI XI, Nr. 6659; LUB 6, Nr. 744. Vgl. RTA 8, Nr. 392, Anm.: L Exemplar für Lübeck und andere Städte beginnt *Wir Sigmund von gotes gnaden Römischer künig zu allen czeiten merer des reichs und zu Hungern zu Behym etc. künig embieten den burgermeistern reten und burgern den steten zu Lubeck Hamburg zu Staden zu Rostok zu Sund zu Wismar und alle ander stete de heüser* [der Hanse] *an der sehe unsern und des rychs lieben getrewen unser gnade und alles gut.* Der Text variiert zwischen

fast wörtliche Übereinstimmung zwischen der Urkunde und der zitierten Passage des Briefes werden die Städte an den in Nürnberg gefassten Beschluss erinnert.

Die endgültigen Ergebnisse des Frankfurter Reichstages vom April/Mai 1427 waren zum Zeitpunkt der Abfassung des Briefes aufgrund der Entfernungen vermutlich noch nicht bekannt.[163] Dieser hatte keinen Landfrieden zustande gebracht,[164] sondern diente nur der Vorbereitung eines Feldzuges gegen die Hussiten.[165] Der königliche Protonotar Michael von Priest[166] hielt sich nachweislich am 16. Juni 1427 in Nürnberg und am 5. Juli 1427 in Straubing auf, wo er im Namen von König Sigismund Urkunden ausstellte.[167] Auf Grundlage dieser Beurkundungstätigkeit lässt sich konstatieren, dass er das Reichssiegel mit sich führte. Er hätte den König und die Kanzlei sicher schon schriftlich durch einen Kurier über den gemeinsamen Beschluss der Kurfürsten

---

den verschiedenen Fassungen im Bezug auf das zu stellende Kontingent (*sybenunddreyssig spieß guter wolerzeügter lůte*), und es werden die Versammlungsorte Freiberg und Kamp genauer in ihren Territorien – Meißen und Bayern – verortet.

163 Sigismund schreibt dazu an Lübeck und die anderen Städte: (...) *wann vnsere vnd des heiligen richs kurfursten vnd fursten, die ytzund vff dem nechsten tag zu Frankfort bey eynander gewesen seyn, dorczu wir ouch vnsere botschafft vnd insigel gesant haben, ganz dorüff gebliben sind, das alle kriege, czwischen wem die yndert in dem riche weren, Got zu lobe vnd der heligen kristenheit zu dienste gancz gestillet vnd hingelegt werden vnd in gut besteen sollen.* 8.2.3, Nr. 6, zit nach LUB.

164 Dass sich der König aber eine solche Bekundung erhoffte, geht aus seinem Brief an Herzog Heinrich von Bayern-Landshut vom 8. April 1427 hervor, der unter anderem auch zur Beglaubigung Michaels von Priest diente (RTA 9, Nr. 29, Regest: RI XI, Nr. 6884): (...) *nu haben wir zu denselben kůrfürsten den ersamen Micheln probst zu Boleslaw unsern prothonotarien und lieben getruen gesendet und in nemlich emboten, daz sy vor allen dingen czwyschen fursten greven herren und steten die stossig sind fride machen und bestellen.*

165 Es sind zwei Urkunden überliefert: Die erste – auf Latein geschrieben – von 1427, April 7 (RTA 9, Nr. 30) liegt aber nur als Abschrift vor. Möglicherweise handelte es sich nur um eine Vorlage. Die zweite – auf deutsch geschrieben – von 1427, Mai 4 (RTA 9, Nr. 33) wurde mit den Siegeln der Kurfürsten besiegelt. *Wefers*, System (1989), 142 f. behandelt diesen Tag als Initiative der östlichen Kurfürsten nur sehr knapp und in seiner Funktion als Vorbereitung für den fehlgeschlagenen Feldzug. Zu diesem Feldzug auch *Palacky*, Geschichte (1851–1854), 3.2., 447.

166 Die Anwesenheit Michaels von Priest geht nicht nur aus der Beglaubigung hervor (RTA 9, Nr. 29), sondern auch aus den Rechnungen der Stadt Nürnberg, die dem *Michel von Priest unsers gnedigsten herren hern Sigmund Romischen etc. kůnigs prothonotarii* vor seiner Weiterreise nach Frankfurt wertvolle Geschenke machte (RTA 9, Nr. 48). Der Kanzler befindet sich zu diesem Zeitpunkt auch beim König, tritt in Urkunden aber vor allem als Mitglied des ungarischen Rates bzw. Klerus in Erscheinung, z. B. in UB Siebenbürgen, 4, Nr. 2009–2013, 2019, bes. Nr. 2013: Kronstadt (Brașov), 1427, Juli 5: Bestätigungsurkunde für die Stadt und Erweiterung von deren Rechten. Mit dieser Schenkung sollte der Aufwand der Stadt, die laut Urkunde den gesamten Hof mit allen Gästen auf eigene Kosten versorgte, entschädigt werden.

167 Die Urkunden von 1427, Juni 16 (abgedruckt in RTA 9, Nr. 29) und 1427, Juli 5 (Regesten: RI XI, Nr. 6933–6936) setzte Michael von Priest im Namen des Königs auf. Vgl. Angabe in RI XI, Nr. 6933: „Die Ortsangabe weist darauf hin, dass diese u. die folgenden Urkunden von Michel von Priest ausgestellt sind, der sog. Membranen benutzte."

informieren können, aber es fällt doch auf, dass die Schreiben an Lübeck und die anderen Städte keinerlei Hinweis auf den geplanten Kriegszug enthielten. Daher muss angenommen werden, dass eventuelle Nachrichten über den Frankfurter Tag nur sehr unbestimmt gewesen sein werden und keine Angaben über konkrete Verhandlungsergebnisse enthielten. In letzter Konsequenz ist unerheblich. ob die endgütigen Ergebnisse des Frankfurter Tages Kronstadt (Braşov) noch nicht erreicht hatten. Schon seit dem Konstanzer Konzil war die Durchsetzung einer langfristigeren Friedenskonzeption eines der wichtigsten Ziele des Königs im Zusammenspiel mit den Städten, auch über die konkreten politischen Möglichkeiten hinaus. Dabei sollte Lübeck offenbar eine Schlüsselfunktion für den Norden zukommen.[168]

Die Mittel, mit denen die Städte zu einem Frieden mit Dänemark zu bewegen waren, müssen denn auch als zweiter wichtiger Punkt eine Rolle bei den Vorbereitungsgesprächen gespielt haben. Mit diesem Ziel vor Augen wurden nicht nur die beiden Schreiben – mit und ohne Vorladung – aufgesetzt, deren Einsatz mit Sicherheit besprochen wurde.[169] Am gleichen Tag verfasste die Kanzlei auch Briefe an verschiedene Städte im Reich: Frankfurt, Nürnberg mit fränkischen Städten, Dortmund, Köln und Ulm samt anderen schwäbischen Städten.[170] Von diesen folgten dann auch Dortmund, Köln und Nürnberg der Aufforderung des Königs und schickten Lübeck Abschriften des königlichen Schreibens, erhalten ist aber nur noch die Kopie aus Dortmund.[171] Darin verwies Sigismund zunächst auf den Krieg, den die Städte begonnen hätten *wider solich eynung, verschribung vnd brieue, die sie vor kurtzen jaren beydenthalben gen eynander getan haben*. Damit finden wir auch in diesem Schreiben einen Verweis auf das Bündniss von 1423 als Grundlage der Argumentation gegen die Rechtmäßigkeit des Krieges der Städte. Einer der Kernsätze nimmt zum einen die Formulierungen der Urkunde vom Nürnberger Reichstags auf und verweist zum anderen auf die Mission des Nikolaus Stock:

> *Wann ir nu wol wisset vnd menichlich versteen mag, das solicher krieg an dem tzug, den man ytzung vsz dem heiligen riche gen Behem wider die ketzer tat, eyn grosz hindernusz bringet, nachdem vnd von beiden teilen eyn grosse hilffe an solichem czug abgeet vnd die ketzer damit gesterkt werden vnd trost dadurch nemen, so haben wir in ytzung daruff ernstlich geschriben vnd doruber vnser*

---

168 Zu den Versuchen Sigismunds Lübeck in seine Herrschaftskonzeption mit einzubeziehen, vgl. *Fahlbusch*, Städte (1983), 95–98. Auch in Ungarn stützte sich Sigismund bei seiner Herrschaft auf die großen Städte seines Reiches, teilweise zum Nachteil der kleineren Städte: *Szende*, Between (2006), 199–210, 201, 207 f.

169 Vgl. *Niitemaa*, Kaiser (1960), 174.

170 RI XI, Nr. 6939–6943.

171 8.2.3, Nr. 4 zur Dortmunder Abschrift. Zu den übrigen Briefen nachfolgend Anm. 174. Wann die Reduktion auf ein Exemplar erfolgte, lässt sich nicht ganz eindeutig sagen.

erbere botschafft, nemlich vnser doctoren eynen zu in gesant vnd sie ermanet, von solich krieg abczulassen.[172]

Diese beiden Punkte, das *hindernuss*, das in dem Krieg der Städte mit *hern Erik*, (…) *vnserm lieben oheim vnd bruder* liegt, und der Bruch der *verschribung vnd verbrieffung, die czwischen euch beidenthalben vor newlichen und kurczen jaren gescheen* sind,[173] stellen dann auch Kernsätze des Briefes an die kriegführenden Städte dar. Auch hier deutet die wörtliche Nähe der Texte an, dass hinter den verschiedenen Briefen ein klares Konzept stand. Ausgehend von zeitgleichen Befunden aus anderen Kanzleien und Verhandlungssituationen, ist davon auszugehen, dass wohl zunächst die wichtigen Punkte besprochen wurden, bevor ein höherrangiges Mitglied der Kanzlei, möglicherweise sogar Kaspar Schlick, Entwürfe anfertigte, die dann neuerlich diskutiert werden konnten. Erst in einem zweiten Schritt entstand dann vermutlich die Reinschrift. Angesichts der Menge der Briefe nahmen diese Prozesse sicher mehr als einen Tag in Anspruch. Da sowohl Nürnberg als auch Köln aber schon Ende August in der Angelegenheit an Lübeck schrieben, können zumindest diese Briefe nicht sehr lang nach dem Tag der Ausstellung von Kronstadt (Braşov) abgegangen sein.[174]

Verbunden mit den Maßnahmen zur Durchsetzung des Friedens ist natürlich auch die Ausstellung der beiden Briefversionen. Mit diesem Thema beschäftigte sich bereits Niitemaa, der davon ausgeht, dass die beiden Briefe bereits mit Hinblick auf eine möglicherweise notwendige Zwangsmaßnahme ausgestellt worden waren. Sie sollten erst dann zum Einsatz kommen, wenn die Städte sich dem Ansuchen des Gesandten nicht geneigt zeigen würden.[175] Wie weit Nikolaus Stock bereits mündlich derartige Konsequenzen androhte, ist im Folgenden noch zu untersuchen.

Ein drittes Problem, das im Vorfeld der Reise besprochen werden musste, war der Überfall auf Michel Honinger. Dass dieser Punkt auf den Montag anzuberaumen ist, geht, wie schon erwähnt, aus dem Brief Sigismunds an König Erik hervor. Eine konkrete Situation am Hof, in welcher der Kämmerer seine Klagepunkte vorbrachte, beschwört auch der Brief des Königs herauf, der sich nur an Lübeck richtete: *Vns hat furbracht mit clage Michel Honyngen, vnser kemerling vnd lieber getruer* (…).[176] Diesem

---

172 8.2.3, Nr. 4, zit. nach LUB.
173 8.2.3, Nr. 6, 7, zit. nach LUB.
174 Nürnberg schrieb am 26. August 1427 (LUB 7, Nr. 42 nur im Nürnberger Missivbuch, nicht in AHL überliefert), Köln am 28. August (1427) an die kriegführenden Städte (AHL, ASA Externa Danica, Nr. 3, 80 = LUB 7, Nr. 43). Der Brief von Dortmund ging erst am 10. Oktober ab (AHL, ASA Externa Danica, Nr. 3, 82 = LUB 7, Nr. 57). Aus keinem Brief geht hervor, wann die königlichen Schreiben die jeweilige Stadt erreichte. Ein Beispiel für eine Urkunde, die einige Zeit nach dem Tag der Ausstellung entstanden sein muss, stellt Paulus Gumbrechts Notariatsinstrument für die holsteinisch-städtischen Sendeboten dar, das eigentlich auf den 17. April datiert ist, am 23. April bei einem weiteren Treffen aber noch nicht vorlag und die Flottenführer nicht vor dem 2. Mai erreichte (8.2.3, Nr. 77).
175 *Niitemaa*, Kaiser (1960), 174–178, 180 f.
176 8.2.3, Nr. 5, zit. nach LUB.

Brief zufolge wurde Michel Honinger zuerst in Lübeck jegliches Geleit verweigert, dann sollen ihn *etliche awsz vnser vnd ewrer von Lubek stat (...) verspehet vnd vszgegeben haben, also das er in der see von ewern von Wismar zoldnern vnd inwonern vff der see gefangen vnd beroubt vnd im vnser kunigliche brieue vnd all seyn gerete genomen vnd in ewer stad gefurt (...)*. Wieder in Lübeck habe er sich dann umsonst darum gemüht, Genugtuung für den Anschlag zu erhalten und die Personen, die ihn an die Wismarer verraten hätten, zur Verantwortung zu ziehen. Der Angriff auf die Person des Gesandten stellte aber nur einen Klagepunkt dar, ebenso schwer wog die gleichzeitige Zerstörung der königlichen Schreiben: *Das vns nicht cleyn verdreusset, das ir vnser botten, die ir billich vnd von recht furdern soltet, nemlich die in sachen die heilig kristenheit vns das heilige riche antreffend tziehen, also gestattet, nicht alleyn zu hindern, sunder ouch so smahlich zu fahen vnd vnser kuniglichen brieffe zu entweren, denselben brieuen etlichen die vorgenanten ewer leute die insigel abgesnyten vnd vornichtet haben*. Die *vorgenanten ewer leute* ist eine vage Beschreibung, da sowohl eigentliche Lübecker Einwohner als auch die Wismarer aus der Perspektive des Königs der Verantwortung Lübecks unterstanden. Die Passage verdeutlicht, dass beides – sowohl der Überfall auf einen königlichen Boten als auch die Zerstörung der Schriftstücke – als Angriff auf die Würde des Reiches selbst empfunden wurde. In dem gleichen Tenor fordert das Schreiben Lübeck auch zu einer Rechtfertigung vor dem König auf.[177] Was sich wirklich ereignet hat und welche Haltung Lübeck in dieser Situation einnahm, ist auf Grundlage dieses Klagebriefes nicht zu rekonstruieren, da hier ja nur eine Seite zu Wort kommt. Interessanterweise hat Michel Honinger auch keine weiteren Spuren in Schriftstücken hinterlassen.

Dass zusammen mit der Beraubung von Michel Honinger an jenem Montag, dem 7. Juli 1427, bereits die Beziehungen zu Dänemark thematisiert wurden, geht aus dem schon zitierten Brief an König Erik hervor. Denn der Kämmerer brachte nicht nur seine Klagen gegen Lübeck vor, sondern übergab auch zwei Briefe König Eriks von Dänemark. Was diese über *tzwitracht und krieg, domit sich die hensstete wider euch und euwere kunigreich uffgeleynet haben, und wie swerlich sii den krieg zu wasser und zu land wider euwer liebe treiben und furen* an konkreten Details enthielten, ist leider nicht überliefert. Da in dem Brief Sigismunds an die Städte des Reiches aber der Verweis auf die *Tosate* fällt, wird König Erik VII. den Bruch dieses Bündnisvertrages ganz sicher thematisiert haben. Darüber hinaus enthielten die Briefe möglicherweise auch eine vorläufige Absage von Militärhilfe gegen die Hussiten. So beklagte Sigismund auch in seinem Antwortschreiben an Erik VII., welchen Schaden der Krieg im Norden

---

177 8.2.3, Nr. 5, zit. nach LUB: *Dorumb so wollen wir vnd gebieten euch ouch von Romischer kuniglich macht by vnsern vnd des richs hulden ernstlich vnd vesticlich mit disem brieffe, das ir ewer frunde zu stunden zu vns sendet, euch in den sachen gen vns zuuerantworten vnd vns gelegenheit aller sache eigentlich zu ertzelen; wann, wo das nicht geschee, so musten vnd wolten wir also dortzu tun mit rate vnser fursten vnd getruen, das meniclich erkennen solte, das vns solich smachheit vns vnd dem riche in der heiligen kristenheit vnd des heiligen Romischen richs sachen an vnsern botten angelegt leyd were.*

für den Kampf gegen die Ketzer brächte. Bereits das Anliegen Konrads von Weinsberg hatte darin bestanden, König Erik zu einer Beteiligung an den Hussitenfeldzügen zu bewegen. Mit der Aussendung von Nikolaus Stock lässt sich nun eine leichte Richtungsänderung erkennen.[178] Im Vordergrund stand nicht mehr die Werbung um Truppenunterstützung, sondern die grundsätzliche Unterstützung für Dänemark in einem widerrechtlichen Krieg und die Wiederherstellung des Friedens.

Offen bleibt wiederum, ob vor der Konzeption dieses Briefes, d. h. am Dienstag, noch einmal eine Aussprache vor dem König stattfand, oder ob die Kanzlei unter der Ägide von Kaspar Schlick ganz selbstständig agierte. Laut anderer Urkunden befand sich der König nämlich bereits am Dienstag in Rosenau (Râșnov) und am Mittwoch in einem Feldlager auf dem Feld *Baranmezew*, während in der Anweisung zur Zahlung der Reichssteuer, welche die Kanzlei am 9. Juli für Lübeck ausstellte, immer noch Kronstadt (Brașov) als Ausstellungsort auftaucht.[179]

Zusammenfassend lässt sich festhalten, dass der Auftrag an Nikolaus Stock in ein weitreichenderes Konzept zur Bündelung aller Kräfte des Reiches gegen die Hussiten eingebunden war. Daher beließen es König Sigismund und seine Berater nicht nur dabei, den Gesandten mit allen notwendigen Schreiben auszustatten. Sie wandten sich auch an einen umfangreicheren städtischen Adressatenkreis, damit diese sich für ihn und für die Sache des Friedens einsetzten. Gleichzeitig wurden die Schreiben, die der Gesandte mit sich führte, so komponiert, dass sich die Beschlüsse des Nürnberger Reichstages von Frühjahr 1426 darin wiederfinden ließen.

4.4 Nikolaus Stocks Auftritt in Lübeck

Die Informationen zur Vorbereitung von Nikolaus Stocks Mission basierten hauptsächlich auf den überlieferten Schriftstücken, insbesondere den in Kronstadt (Brașov) ausgestellten Urkunden und Briefen. Daneben stellt aber auch sein Bericht eine Quelle für diese Verhandlungen und Gespräche dar, obwohl er die Vorgeschichte seiner Mission nur in dem bereits zitierten Einleitungssatz genauer beschrieb. Wei-

---

178 8.2.3, Nr. 8, zit nach HR, 197: *So senden wir ouch uber das zu den selben hensten den ersamen meister Niclasen Stok (...), sii ernstlich zu ermanen, von solichem krieg abtzulassen, unde ab sii das nicht tun wolden, sii vor uns [zu] heischen und zu laden und in auch freilich zu zagen, das wir euwer zu glich und recht und ouch frid altzit mechtig sein, unde in den zachen sich ouch zu versuchen und zu arbeiten, ob die hingelegt werden mochte. Und darumb, lieber oheim und bruder, wollet uns unde ouch dem ergenanten meister Niclasen zu stunden, und ye ee, ye besser, verschreiben und embieten, ob sich villicht die egenanten stet daran halten wolten, daz wir euch zu recht und frid erbieten, das wir in darynne genzlich antworten mogen, wann was wir ewer bruderlichen liebe in den und anderen zachen zu willen und hilff und rat tun mogen, dorynne solt ir uns altzit willich und bereit finden (...).*
179 Anweisung zur Reichssteuer: LUB 7, Nr. 37. Zu den Aufenthalten außerhalb Kronstadts (Brașov): UB Siebenbürgen, Bd. 4, Nr. 2016–2018.

tere Details der Vorbereitung sind aber auch in andere Stellen seines Berichtes eingeflossen, wie zum Beispiel die Beschreibung seiner öffentlichen Ansprachen in Lübeck und andernorts. Zugleich stößt eine Bewertung dieses Berichtes auf das Problem, dass es sich im Gegensatz zu den Urkunden oder Briefen dabei nicht einmal um die direkte Wiedergabe einer konkreten Verhandlung handelt, sondern darin verschiedene Kommunikationssituationen zusammenfließen: die Gespräche der Vorbereitungsphase, die Verhandlungen, die Nikolaus Stock in Lübeck und København führte, die offensichtliche Verärgerung über die Verzögerungstaktiken der Städte und der Holsteiner, Informationen, die ihm zu unterschiedlichen Zeiten in Preußen, in den Seestädten oder in Dänemark zugekommen waren, und nicht zuletzt die Notwendigkeit, sich für die Fehlschläge rechtfertigen zu müssen. Diese verschiedenen Situationen und Motivationen überlagern sich in dem Text so stark, dass falsche Erinnerungen nicht mehr eindeutig von bewussten falschen Darstellungen zu unterscheiden sind.[180]

Bereits in der Einleitung zu seinem Bericht vermischen sich die Erinnerung des Gesandten an die Vorbesprechung in Kronstadt (Brașov) mit rhetorischen Elementen[181] und mit der Wortwahl der Dokumente, die er auf seiner Reise mit sich führte. Insbesondere orientierte er sich am Tenor der königlichen Mahnbriefe.[182] Sein eigener Anteil bestand in der Kombination der verschiedenen Motive: die Veranlassung der Reichstage zur Frankfurt und Nürnberg durch König und Papst, die Beschlüsse dieser Versammlungen, der Auftrag für seine Mission. Als individueller Faktor lässt sich jedoch die Selbstbezeichnung des Gesandten als „Lehrer der geistlichen Rechte und Meister der sieben Künste" betrachten, die er auch unter seine Briefe setzte.[183] Die Komposition der Einleitung verdeutlicht somit vorrangig den Umgang mit verschiedenen textlichen Elementen. Das Problem der Erinnerung tritt erst in der fortlaufenden Beschreibung der Ereignisse zu Tage. Daher muss die Darstellung der einzelnen Reisestationen immer wieder daraufhin geprüft werden.

Grundsätzlich stellt Nikolaus Stocks Bericht eine unverzichtbare Klammer dar zwischen den Themen, welche die Kommunikationssituation der Vorbereitung bestimmten, und der Wirkung, welche diese bei den Adressaten hervorriefen. Um diese Wirkung nachvollziehen zu können, gilt es nun zu prüfen, in welcher Form die Ziele des römisch-deutschen Königs den Kriegsparteien vermittelt wurden und wie sie da-

---

180 Zum Problem von Erinnerung und der überformten Wahrnehmung durch Angst oder Stress, der als irritierendes Vorwissen definiert wird: *Fried*, Schleier (2012), bes. 140 f.

181 8.2.3, Nr. 75, zit. in Kap. 4.3, Anm. 134. Dazu zählen die korrekte Anwendung der Attribute für König, Grafen und Städte als auch die Worthäufungen, insbesondere die fünf verschiedenen Synonyme für „Konflikt": *swere stosse, spen, zwitracht, krige und orlewge*.

182 8.2.3, Nr. 75, zit. in Kap. 4.3, Anm. 134: Dies gilt besonders für die Bezugnahme auf die Reichstage von Nürnberg und Frankfurt und deren Beschlüsse.

183 Z. B. in 8.2.3, Nr. 57.

rauf reagierten. Der erste Blick sei dabei auf Lübeck geworfen. Zunächst wird untersucht, wie der Gesandte sein Anliegen vor den Vertretern der Städte präsentierte und ob er diesen die Brisanz der Situation, inklusive der möglichen Ladung vor den Reichstag, bereits im Vorfeld deutlich machte. Der zweite Untersuchungsschritt widmet sich dann der Wirkung, die Nikolaus Stocks Auftreten und Sigismunds Vorwürfe in Lübeck hinterließen. Dabei steht die Frage im Vordergrund, wie sich die Stadt – im Einklang mit ihren Verbündeten oder auch im Gegensatz zu diesen – gegenüber dem Gesandten und den erhobenen Forderungen und verhielt.

Am 7. Oktober 1427 erreichte Nikolaus Stock Lübeck, ganz sicher auf dem Landweg, da er vorher Wismar passiert hatte.[184] Zu diesem Zeitpunkt lag bereits die lange Reise von Kronstadt (Braşov) ins Ordensland hinter ihm. Nachdem er dort am 11. September 1427 zuerst in Schwetz (Świecie) angekommen war, weilte er um den 18. September 1427 auf der Marienburg. Bei dieser Gelegenheit konnte er sich auch gleich vom Ordensmarschall Walrabe von Hundsbach über dessen Bemühungen unterrichten lassen.[185] Vermutlich sind also die Ausführungen des Ordensmarschalls als zusätzliche Informationsquellen in Nikolaus Stocks Bericht eingeflossen.

Fast zwei Wochen musste der Gesandte warten, ehe die Vertreter der Städte – zumindest die von Wismar und Stralsund[186] – auf Einladung Lübecks dorthin kamen, *to horende vnses gnedigen heren, des Romischen koninges, werue*.[187] Das Fernbleiben der Rostocker Sendeboten ist aber ganz sicher nicht mit einer Geringschätzung des Gesandten, sondern mit den inneren Unruhen in der Stadt zu erklären.[188] Erst als die Ratsendeboten eingetroffen waren, verkündete Stock *auf dem rathause dy botschaft am montage negst vor der heyligen 11 tusend juncfrawen tag*, d. h. am 20. Oktober, in einer öffentlichen Ansprache. Dabei präsentierte er den Abgesandten noch einmal seine Credencien und übermittelte ihnen vor allem das königliche *fredbot* – die Aufforderung zum Frieden.[189] Im Bericht des Gesandten nimmt die Wiedergabe dieser Rede im Vergleich zu den übrigen Stationen der Reise den mit Abstand größten Raum ein. Da es sich dabei um einen Bericht handelt, der das konkrete Ereignis retrospektiv

---

184 Den Ankunftstag gibt Stock in seinem Bericht an (8.2.3, Nr. 11), und einen Tag später schreibt Lübeck darüber auch an den Rat von Wismar (8.2.3, Nr. 12).
185 8.2.3, Nr. 9–11. Zur Mission des Ordensmarschalls (Walram/Walrabe von Hundsbach): vgl. auch HR I, 8, 205–206; *Lückerath*, Paul (1969), 92 (aber nur im Bezug auf die Mission in København), *Daenell*, Blütezeit (1905), Bd. 1, 234 (sehr knapp, unter Berufung auf *Erslev*), *Erslev*, Erik (1901), 220 f.
186 8.2.3, Nr. 12, 13. Die Anwesenheit von Stralsunder Sendeboten in Lübeck geht auch aus einem Brief des Rates von Stralsund hervor, der am 20. Oktober an die *ersamen vorsichtigen mannen, heren Hinrik Blomen, Johan Burowen vnde Bernde von Zutvelde, vnses rades leue medecompanen, to Lubeke nu tor tijd wesende* (LUB 7, Nr. 64) geschickt wurde.
187 8.2.3, Nr. 13, zit nach LUB.
188 HR I, 8, 198. Anm. 2. Vgl. dazu kurz Kap. 3.5 und etwas ausführlicher Kap. 5.3.3.
189 Vgl. Definition von „Friedbot" in DWB 4, Sp. 181, das dem lateinischen *mandatum pacis* entspricht, und in DRW 9, Sp. 915 f. hier wird der Bericht von Nikolaus Stock als Beleg für die Definition „Friedensangebot" angegeben.

erfasste, soll im Folgenden „Redetext" die schriftliche Fassung beschreiben, während „Rede" allein nur den dahinter verborgenen mündlichen Vortrag meint.

Der Redetext in Stocks Bericht lässt sich in sieben gedankliche Abschnitte gliedern, die abgesehen von der Einleitung alle mit „auch" – als Alternative zum sonst eher gebrauchten *item*[190] – beginnen. Von diesen jeweils neu eingeleiteten Gliederungspunkten enthalten vier die Ansprache in indirekter Rede, wobei Nikolaus Stock als sprechendes Subjekt erscheint. Zwei aber geben vor, die direkten Worte des römischen Königs zu übermitteln.[191] Der erste Teil des Redetextes illustriert die vielfältigen Schäden durch den Krieg. Die nachfolgenden Gedanken stehen in einem engen Zusammenhang: Wird zunächst im zweiten Abschnitt die Funktion des römischen Königs als Richter angesprochen, widmet sich der Text dann konkret dem Ungehorsam der Holsteiner gegenüber dem Richterspruch des Königs. Dass der römische König Quelle und Bewahrer von Recht und Frieden sei, wird im vierten Teil noch einmal aufgenommen und mit der Übermittlung des königlichen Friedensgebotes verbunden. Die Dauer des Friedens von sechs Jahren schreibt der fünfte Punkt vor, eine Frist und ein Verfahren für dessen Abschluss der sechste. Im siebten Teil schließlich werden die Konsequenzen im Falle des Ungehorsams angesprochen. Diese durchgehende Gliederung des Textes erweckt den Eindruck, dass Nikolaus Stock sie in genau dieser Form vorgetragen haben könnte. Um dieser Frage nachzugehen und herauszuarbeiten, ob der Bericht vielleicht auf einem früheren Redemanuskript beruhte, gilt es zunächst, die einzelnen Punkte der Rede zu prüfen: In welchem Verhältnis stehen sie zu den Dokumenten, die Nikolaus Stock mit sich führte? Verfügte er zum Zeitpunkt seiner Rede überhaupt schon über das entsprechende Wissen? Stimmt die Chronologie der Ereignisse, wie er sie vorgibt?

Beim Vergleich mit Inhalt und Text des *fredbots* selbst ergeben sich an mehreren Stellen thematische Überschneidungen. Zunächst knüpft Nikolaus Stock im ersten Teil an den Tenor des königlichen Schreibens an, in dem er betont, dass *soliche krige und orlewge nicht alleyne dem heyligen kristen glawben swechen, sunder God mit seiner werden muter und allem hemelischen here lesterten, auch dy Hussen zu Behem, dy Turkin, Tatther, Rewsen, heyden und alle Gotes und des heyligen Romischen richs vinde in ir boszheyt und unglawben groblichen und mercklichen sterckten und irfrewten.*[192] Durch den Einschluss einer ganzen Reihe weiterer Feinde von (katholisch)-lateinischem Glauben und Reich überbot er noch den Ton des *fredbots* und steigerte

---

190 Dieses erscheint z. B. in der Rede König Eriks von 1428/1430: HR I, 8, Nr. 517.

191 8.2.3, Nr. 15, zit. nach HR: Einleitung: (…) *und sine gnade lisse in sagen,* (…), 2. Teil: *Auch woste der Romische konig wol* (…), 3. Teil: *Auch wundert seine Romische konigliche gnade* (…), 4. Teil: *Auch in gesaget, wy das mein herre, der Romische Konig, in zu wissen thu* (…), 5. Teil: *Auch habe ich, Nicolaus Stock, den vorbenanten steten geoffenbart dy beschlissunge* (…), 6. Teil: *Auch so, habe ich, Nicolaus Stock, von befelnuss und bei penn, vor und hernach berürt* (…), 7. Teil: *Auch so sagete ich den steten, wy das mir von dem Romischen konige auch bevolhen were* (…).

192 8.2.3, Nr. 15, zit. nach HR.

dadurch die Eindringlichkeit seines Appells. Diese grundsätzliche Tendenz zieht sich durch die gesamte Passage. Er ging sogar noch einen Schritt weiter und zählte in eindringlichen Worten einige weitere Übel auf, die der Krieg mit sich bringe: *mord, brand, blutvorgissen und manche unkristliche sachen*, die Vitalier auf der Ostsee[193] und schließlich *das manche kristene mensche in iren todsunden vorgingen, der selen leyder nymmer Gotes antlitz ansehen*. An dieser markanten Stelle ist dann auch eine direkte Frage eingeschoben: *wy sy das* [Menschen, die im Krieg in Todsünde sterben, Anm. d. V.] *vor Gote an dem strengen gerichte wolden vorantworten?* Mit diesem Mahnruf ging der Gesandte – zumindest laut Redetext – thematisch und stilistisch ebenfalls über das hinaus, was die sonstigen schriftlichen Dokumente enthielten.

Aus dem königlichen Friedensgebot übernahm Nikolaus Stock die Anklage, dass die Städte durch den Krieg ihr Bündnis mit König Erik gebrochen hätten.[194] Dabei folgte er grundsätzlich dem Ton von Sigismunds Schreiben, verstärkte aber auch hier die Schwere des Gegenstandes, da ein *bunt (...) zu ewigen zeiten mit briffen und globden* im Text seiner Rede der *verschribung und verbrieffung* im Schreiben des Königs gegenüberstehen. Nikolaus Stock bezog sich also nicht nur auf die Existenz dieser Urkunden, sondern schrieb ihr noch eine unbegrenzte Zeitdauer zu.

Im sechsten Teil des Redetextes weist eine weitere Passage eine textliche Verwandtschaft mit Sigismunds Gebot auf. Zwar enthielt der königliche Brief keine konkreten Fristen für den Abschluss des Friedens. Diese setzte Nikolaus Stock an dieser Stelle mit fünf Wochen an, innerhalb derer die Städte ihre Söldner zurückrufen sollten. Demgegenüber liest sich die Forderung, dass die Städte *solichen krieg und zwitracht gantz und gar ablegen* sollten, aber beinahe wie ein wörtliches Zitat.[195] Dies zeigt sich auch an dem Begriffspaar „Krieg und Zwietracht", das in dieser Form an keiner anderen Stelle des Redetextes auftaucht.[196] Wie im vorherigen Kapitel dargestellt, wurde durch diese Wortwahl sogar noch eine Verbindung mit der *beschliessunge* zu Nürnberg hergestellt.[197]

---

193 8.2.3, Nr. 15 nach HR: *auch das dy stete vitalier auff dy Ostersee, der gemeynen kristenheyt zu schaden, luden und furten.*

194 8.2.3, Nr. 15 nach HR: *(...) doch wonderte seine gneade, wy das sy also torstig weren und eynen krig und orlewge mit seinem liben bruder vorgenant, dem konige von Denmarken, seinen richen und untertan wider den bunt, den sy mit seinen gnaden und richen zu ewigen zeiten mit briffen und gelobden getan, angehaben hetten.* Dazu im Vergleich siehe 8.2.3, Nr. 6, 7: *vber solich verschribung vnd verbrieffung, die czwischen euch beidenthalben vor newlichen und kurczen jaren gescheen sind.*

195 8.2.3, Nr. 6, 7 zit. nach LUB: *das ir solich <u>czweitracht vnd kriege</u> gen em egenanten vnserm lieben bruder vnd synen kunigreichen zu stunden vnd <u>gancz abtut</u>* [Hervorhebung d. V.].

196 Die am häufigsten benutzte Paarung ist *krige und orlewge*, die singulär oder in umfassenderen Aufzählungen insgesamt viermal im Kontext der Rede (8.2.3, Nr. 15, nach HR in den Zeilen 6 [*zwitracht, spen, stosse, krige und orlewge*], 11, 24 und 30 [*krige und orlewge*] – und einmal in der Einleitung zum Bericht (8.2.3, Nr. 75 nach HR § 1, 267 [*swere stosse, spen, zwitracht, krige und orlewge*]) vorkommt.

197 Vgl. dazu die Ausführungen zu seiner Einleitung zu Beginn von Kap. 4.3.

Von dem Brief Sigismunds, der sich nur an Lübeck wandte, findet sich in Niko-laus Stocks Bericht nur ein Echo, vor allem bei der dramatischen Ausgestaltung des Redetextes. So beginnt der zweite Punkt in einem versöhnlichen Tonfall, nur um die Anklagen und Vorwürfe dann um so schwerer wiegen zu lassen:

> *Auch woste der Romische konig wol, das sy in erkenten und hilden vor iren hern und er sich allczeit gnediglichen gegen in gehalten hette, doch wonderte seine gnade, wy das sy also torstig weren und eynen krieg und orlewge mit seinem liben bruder vorgenant, dem konig von Denemarken, seinen richen und undertan (...) angehaben hetten (...).*

Hierbei handelt es sich um eine der Überleitungen bzw. Einleitungen, in denen der römische König als Akteur auftaucht. In Sigismunds Brief an Lübeck ist die Reihen-folge genau umgekehrt: Dort folgen die versöhnlicheren Worte auf die anklagenden Vorhaltungen, wie sein Gesandte Michel Honinger beraubt, die königlichen Schrift-stücke misshandelt und ihre Siegel abgeschnitten worden seien, *vnd wir hetten euch doch wol eyns bessern getrawet, nachdem vnd ir vns vnd dem richt schuldig vnd ge-wandt seyt vnd vns gen euch altzeit gnediclich gefunden habt.*[198] Dass die Ähnlichkeit in der Wortwahl ein bewusster Kniff und Verweis von Stock war, ist sehr plausibel, lässt sich in letzter Konsequenz aber nicht beweisen.

Ganz anders liegt der Fall bei der festzustellenden Verwandtschaft zwischen dem Redetext und dem Brief an König Erik von Dänemark. In diesem kündigte Sigismund nicht nur seinen Boten an, sondern auch dessen Auftrag. So sollte dieser den Städten *auch freilich (...) zagen, das wir euwer zu glich*[199] *und recht und ouch frid altzit mechtig sein.*[200] Damit stellte sich Sigismund also als Fürsprecher des dänischen Königs dar, als derjenige, vor den aber auch Klagen gegen diesen gebracht werden können.[201] Da-her ist anzunehmen, dass Nikolaus Stock in vergleichbarer Weise, wie er angibt, seine Zuhörer darüber aufgeklärt hat, dass *seine konigliche gnade sei des durchluchtigsten fursten, des koniges von Denmarken, mechtig ane zweifel zu solchem rechte, glich und frede,* auch wenn seine mündliche Ansprache vermutlich nicht diesem konkreten Wortlaut entsprach. Der Text nimmt hier ganz bewusst auf die Briefe Sigimunds an

---

198 8.2.3, Nr. 5, zit nach LUB.

199 *Glich* oder „gleich" kann als Adjektiv und als dessen Substantivierung vorkommen in der Bedeu-tung von „recht", „gerecht" und „billig" oder „Recht", „Gerechtigkeit" und „Gesetz": „gleich" (adj.): DRW 4, 926 (I 1), DWB 7, Sp. 8000; Gleich(e) (st. f.): DRW 4, Sp. 928–930, DWB 7, Sp. 8014 f. (2.). „Gleich und Recht" ist ein mehrfach vorkommendes Begriffspaar in Rechtsquellen, vgl. Beispiele in DRW 4, Sp. 929 (II 1).

200 Vgl. ausführlicheres Zitat in Kap. 4.3, Anm. 178.

201 Mit einer derartigen Ermächtigung, besonders in der Formulierung „jemandes mächtig sein" bzw. „jemandes zu Ehren und Recht mächtig sein", war die Gerichtsgewalt bzw. Rechtsmacht über die betreffende Person oder Gruppe verbunden: „mächtig" in: DRW 8, Sp. 1551 (II); *Hedemann*, To eren (2010), 156–158, 175–177 im Bezug auf vergleichbare Formulierungen in den Entwürfen des Bündnisses zwischen König Erik und den Städten im Jahr 1417 und 1423. Vgl. dazu auch Kap. 3.2.3.

König Erik Bezug und diese Verknüpfung resultierte spätestens aus der Niederschrift des Berichtes. In dieser Form richtete er sich dann primär an König Erik und seine Räte, denen die Briefe des römischen Königs bekannt waren, und welche der Bericht insgesamt ansprach.

Soweit lassen sich thematische und auch wörtliche Überschneidungen zwischen dem Redetext und den schriftlichen Dokumenten von Seiten des römischen Königs festmachen, die in der einen oder anderen Form sicher auch in den mündlichen Vortrag eingeflossen waren. Doch enthalten die eben analysierten Passagen bereits ein Problem der zeitlichen Einordnung. Dies betrifft insbesondere die Anklage, dass die Städte Vitalier auf die Ostsee geholt hätten.[202] Die Städte hatten sich seit Anfang 1427 darum bemüht, eine Gruppe von Ausliegern, die zuvor in englischen Diensten gestanden hatten, für ihren Krieg anzuwerben. Die zweite Stufe dieser Verhandlungen begann genau in der Zeit von Nikolaus Stocks Anwesenheit in Lübeck, zog sich aber noch bis ins Frühjahr 1428 hin.[203] Zugleich fiel jedoch ein eventueller Aufenthalt von Bartholomäus Voet, einem der wichtigsten Schiffshauptmänner dieser Gruppe, ebenfalls in den Dezember 1427.[204] Auf der anderen Seite ist den Schreiben König Sigismunds im Zusammenhang mit dem Überfall auf Michel Honinger nur von den Wismarer *inwonern und zoldnern* die Rede. Dennoch scheint sich Nikolaus Stock über die besondere Stellung der Vitalier im Klaren gewesen zu sein, da er sie als besonderes Übel des Krieges herausstellt und explizit auf die Einladung durch die Städte verweist. Daher bleibt zu fragen, wann ihm diese Informationen zu Ohren gekommen sind. Sehr plausibel wäre eine Information durch den Ordensmarschall oder andere Angehörige des Ordens, von denen er auch die Bezeichnung „Vitalier" erfahren haben könnte. Zwar waren die Verhandlungen der Städte mit den Ausliegern in England im Herbst 1427 noch nicht abgeschlossen. Doch ist es sehr wahrscheinlich, dass die Städte ihre Häfen grundsätzlich für die Abenteurer zu See geöffnet hatten.[205] Andererseits ist nicht auszuschließen, dass Nikolaus Stock erst im Laufe seiner Mission

---

202 Zitat in Anm. 193.

203 Die erste Kontaktaufnahme erfolgte im Februar 1427 (LUB 7, Nr. 2 sowie unediert AHL, ASA Externa-Danica, Nr. 3, 95). Ein zweiter Versuch fiel um den 13. Dezember 1427 (LUB 7, Nr. 76 und 89). Die Mehrzahl der angeworbenen Schiffsleute trat aber erst im Frühjahr 1428 in den Dienst der Städte (vgl. HUB 6, Nr. 712). Zum gesamten Sachverhalt und zum nachfolgenden Absatz auch *Ekdahl*, Schiffskinder (1973), 244 bes. Anm. 11, wenn auch sehr knapp. Zur Bezeichnung „Vitalier" und deren Geschichte: *Rohmann*, Kaperfahrer (2007), 80 mit Anm. 17.

204 Grundlage ist ein an Lübeck adressierter und dort befindlicher Empfehlungsbrief der Schauenburger Adolf VIII. und Gerhard VII. für diesen (LUB 7, Nr. 71), der nur eine Tagesdatierung (*sonnauendes vor sunte Merten*) ausweist, aber am sinnvollsten ins Jahr 1427 zu datieren ist.

205 Diese Information befindet sich bei *Daenell*, Blütezeit (1905), Bd. 1, 235.

von dem Problem erfuhr, bei der Niederschrift seines Berichtes diese späteren Informationen aber mit dem Inhalt seiner Rede vom 20. Oktober 1427 vermischte.[206] Unabhängig davon, wann Nikolaus Stock über das Vitalier-Problem unterrichtet worden ist, verdeutlicht diese Passage die Mehrschichtigkeit seiner Informationen. Dienten ihm die Schreiben des römischen Königs als Grundlage für seine Argumentation, ergaben sich die Details aus späteren Mitteilungen oder seinem Gestaltungswunsch.

Um nun zu prüfen, ob diese Beobachtungen auch auf andere Teile seiner Rede zutreffen, muss die parallele Überlieferung hinzugezogen werden. Glücklicherweise gibt es zu dem Auftritt neben Nikolaus Stocks Bericht auch konkrete Lübecker Reaktionen in schriftlicher Form. Bei diesen handelt es sich zunächst um die Briefentwürfe an die anderen Städte bzw. an Rostock, in denen die wichtigsten Punkte dieses Auftritts zusammengefasst wurden.[207] Dabei unterschieden sich beide Briefe ein wenig in ihrem Grundton. Da die Rostocker schon durch die Stralsunder mündlich über die Situation unterrichtet worden waren und von diesen eine Version des offiziellen Briefes erhalten hatten, wurden darin verschiedene Punkte knapp zusammengefasst.[208] Die Städte dürften nicht für Ketzer oder Unterstützer der Ketzer gehalten werden. Sonst müssten sie mit schweren Strafen, dem Verlust der Ehre, dem päpstlichen Bann und Verachtung des Reiches, der Kurfürsten und Fürsten, rechnen.[209]

Im Unterschied dazu ist der Brief an alle Städte ausführlicher. Zunächst erwähnt er als Anlass der Rede die Ankunft des königlichen Gesandten, der – ausgestattet mit seiner Credencie – eine Zusammenkunft der Städte eingefordert habe.[210] Den Ablauf dieses Auftritts geben die Lübecker in umgekehrter Reihenfolge wieder als Nikolaus Stock. Bei ihnen steht am Anfang die Überreichung des *openen breues* des Königs. Dann folgt die Erklärung Nikolaus Stocks, dass sein Herr ihn auf Gebot des Papstes und der Kardinäle hergesandt habe, damit er zwischen den Städten und dem König von Dänemark einen Frieden bewirke *bi des riikes hulden unde pinen, in dem keyser-*

---

206 Er verwendet die Bezeichnung „Vitalier" noch einmal im Bezug auf eine Nachricht zum 14. März 1428, bei der er eine Information von Seiten der Holsteiner und der Städte direkt in den Text einfließen ließ. Vgl. später 4.5.2, Anm. 271.
207 8.2.3, Nr. 16, 17. Vgl. auch Kap. 4.2.2.
208 8.2.3, Nr. 17. Der Brief enthält auch die Informationen über den Brief Bischof Heinrichs von Winchester, des päpstlichen Legaten. Vgl. dazu Kap. 4.2.2, Anm. 88.
209 8.2.3, Nr. 17, zit. nach LUB: (...) *dat men vns nicht holden en derue vor kettere vnde vor de, de den ketteren bylyggen vnde se in erer kettige sterken vnde hulpe don, vnde ok by verlust der ere, beswarnisse des paues banne, vnde beswarnisse verachtinge des hilgen Romisschen rikes, der koruorsten vnde anderer vorsten, geistlik vnde wertlik etc* (...).
210 8.2.3, Nr. 16, zit. nach HR: (...) *uppe welke credencien he warff van unses gnedig heren wegen, des Romischen koninges, dat he begherede unde bede, dat wii de stede, de mit dem koninge van Denemarken in veyde sitten und hir bi der hand belegen weren, vorboden wolden, wente he to en breve unde ok muntlike werve hadde van sines gnedigen heren wegen (...), alse wii wol horende worden, wanne de stede hir weren.*

rechte dar van gesat. Angeschlossen werden im selben Satz auch die versteckten Anschuldigungen, dass die Städte doch nicht der Ungnade Gottes und dem päpstlichen Bann verfallen oder nicht als Beförderer und Stärker der Ketzerei gehalten werden wollten, denn der Krieg gereiche ja nicht nur den beiden Parteien, sondern der ganzen Christenheit zu Schaden. [211] Obwohl die Rede selbst also nur in einem Satz wiedergegeben ist, wird deutlich, welche *swaren reden* den größten Eindruck in Lübeck hinterlassen hatten.[212]

Im Vergleich zwischen beiden Briefen erscheint die Drohung mit dem päpstlichen Bann als Gemeinsamkeit, in dem Briefentwurf für Hamburg sogar in einem Gedankengang verbunden mit der *ungnade Godes.* Die Ungnade Gottes beschwor Nikolaus Stock ja gleich im ersten Teil seines Redetextes herauf, in der schon zitierten Passage, wonach zu besorgen und befürchten wäre, dass manche Christen in ihren Todsünden starben, deren Seelen das Antlitz Gottes niemals schauen würden. Im Vergleich dazu bleibt die Androhung des päpstlichen Banns beinah versteckt, da sie in der Rede nicht durch besondere rhetorische Mittel herausgestellt wurde, ist aber vorhanden. Zum letzten Teil seines Redetextes schreibt Nikolaus Stock, dass ihm der römische König befohlen habe, den Beschluss des Reichstags und das Friedensgebot auch dem König von Dänemark und den Holsteinern kund zu tun. Sollte dann noch ein Teil ungehorsam befunden werden, würde der römische König die Hilfe des Papstes, aller Stände des Reiches und auch des gehorsamen Teils suchen, und gegen den ungehorsamen Teil – als Tröster und Stärker der Ketzer – Acht und Bann verkünden lassen.[213] Dabei wird der römische König als derjenige beschrieben, der das Zusammenwirken aller Kräfte und auch die Aussprache von „Bann und Acht" veranlasst,

---

211 8.2.3, Nr. 16, zit. nach HR: *Unde alse wii siner begeringe unde bede van unses gnedigen heren wegene, des Romischen koninges, vulgedan hadden und de stede hir gekomen werden, qwam he vor de stede und antwordede den steden eynen openen breff unses vorscreven gnedigen heren, des Romischen koninges, den me jw hir lesen schal, unde warff dar to mundliken van des vorscreven unses gnedigen heren wegene, alse wo sin gnedige her, der Romische koning, na bode unses hilligen vaders, des paweses, unde siner cardinale ene heregesand hadde dar umme, dat he den steden van siner gnade wegene eynen vrede to holdende beden scholde mit dem koninge van Denemarken bi des riikes hulden und pinen, in dem keyserrechte dar van gesat, unde also verne de stede unde ere inwonere nicht vorvallen en wolden in ungnade Godes unde des paweses ban, unde so verne se ok myden wolden, dat men se nicht en helde vor ghunre unde sterkere der ketterye etc., wente witlik unde opembare were, dat de krich twisschen dem koninge van Denemarken unde den steden nicht allene den beyden partyen, sunder der gantzen kristenheyd to schaden qweme unde den ketteren to Bemen to merkliker sterkinge unde troste.*
212 8.2.3, Nr. 16, zit. nach HR: *Unde alse he, leven vrunde, dit aldus unde mit meren swaren reden geworven hadde, bet he unde esschede van sines heren wegene, des Romischen koninges, des eyn antworde (...).*
213 8.2.3, Nr. 15, zit. nach HR: *Auch so sagete ich den steten, wy das mir von dem Romischen konige auch bevolhen were, dy beslissunge und fredbot zu offenbarn, [zu] gebitten und zu antworten dem durchluchtigsten fursten und herren, dem konige von Denmarken, auch den Holstenherren, und ab yndert eyn teyl ungehorsam worde funden, so wolde der Romische konig unsern heyligen vater, den babist, kurfursten und andern fursten, herren, stete, ritter, knechte und underton des richs, auch das gehorsam*

als eym Romischen konige zu thun gebört. Dies deckt sich mit dem generellen Tenor in Stocks Redetext, dass vom römischen König alles Recht ausgehe.[214] Wenn der Papst als Autorität eine Rolle spielte, dann im Einvernehmen mit dem römischen König als *dy zwe hewpter der kristenheyt.*[215] Da der päpstliche Bann in Stocks Redetext nur eine unterschwellige Rolle spielt, ist sein Auftauchen in den Briefen aus Lübeck aufschlussreich. Es deutet sich darin eine Diskrepanz zwischen geschriebenem Text und gehaltener Rede an.[216] Möglicherweise bedingte sich dieser Widerspruch auch aus der Lübecker Rezeption der Rede, da Bürgermeister und Rat der Stadt aus ihrer Erfahrung heraus potentielle Konsequenzen vermutlich zwischen den Zeilen herauszuhören wussten.

Die gefilterte Wahrnehmung scheinen die Punkte und Schlüsselbegriffe nahezulegen, an denen sich eine deutliche Übereinstimmung mit dem Tenor von Nikolaus Stocks Redetext nachweisen lässt. An erster Stelle steht die Furcht vor der möglichen Verurteilung als *sterker der Ketzer*, die sich ebenfalls in beiden Schreiben findet. Im Fall der Rostocker handelt es sich sogar um eine wiederholte Information, die eine schon überlieferte mündliche Nachricht noch einmal auf den Punkt zu bringen sucht. Bei Nikolaus Stock bilden diese Drohworte quasi eine Klammer zwischen dem Anfang und dem Ende seines Redetextes, zwischen dem düsteren Szenario des Krieges und der Androhung möglicher Strafen. Hier legt die Gestaltung des Redetexts, mit einem Anfangs- und Schlusspunkt, die Wiedergabe eines auch real gehaltenen Vortrags nahe.

Nur in dem offiziellen Briefentwurf für alle Städte finden sich Hinweise auf Schwerpunkte in Nikolaus Stocks Redetext. Die Vorstellung des Gesandten deckt sich in diesem Briefentwurf sogar teilweise mit der Einleitung zu Nikolaus Stocks Bericht,

---

teyl zu holffe nemen wider das ungehorsam, und dor zu thun, als eym Romischen konige zu thun gebört, und das ungehorsam teyl in den ban und acht also troster und sterker der keczer lassen vorkunden.

214 Neben der zuletzt zitierten Passage, besonders ausgedrückt in: 8.2.3, Nr. 15, im 4. Teil des Redetextes, ausführliches Zitat in Anm. 218, sowie im 5. Teil, zit. nach HR: *Auch habe ich (…) von befelnussz meines allergnedigsten herren, des Romischen koniges, auff seinen fredbriff sechs jar frede zu halden geboten, bei des Romischen richs acht und banne (…).*

215 8.2.3, Nr. 15, zit. nach HR.

216 Der Brief des päpstlichen Legaten, Bischof Heinrich von Winchester, vom 21. September 1427 aus Frankfurt (LUB 7, Nr. 51) enthält keine konkrete Drohung, sondern nur die Einladung zu einem neuen Reichstag in Frankfurt am Sonntag, den 11. November 1427, bei dem unter anderem auch der Punkt: *Item de generali pace prouincie seu patrie, vulgariter lantfrede nuncupata, constituenda et firmanda* (LUB 7, Nr. 51, Anm. 1) besprochen werden sollte. Laut RTA 9, Nr. 58, findet sich diese Liste auch in den Archiven von Strasbourg, Nördlingen (lateinische Fassung und hochdeutsche Übersetzung) und Düsseldorf (niederdeutsche Übersetzung). Vgl. auch *Wefers,* System (1989), 146.

in der er die gesamte Gemeinschaft vorstellt, die hinter dem auf den Reichstagen proklamierten Frieden und damit seiner eigenen Mission stand.[217] Der wichtigste Unterschied zwischen dem Berichtstext und der Lübecker Reaktion darauf liegt in der jeweiligen Kausalität. Nikolaus Stock begründete seine Mission mit dem Reichstag von Nürnberg, der durch das Wirken von Papst und König zustande gekommen war. Demgegenüber erscheint er in dem Lübecker Brief als direkter Gesandter beider Mächte. Diese Diskrepanz könnte in einem reinen Missverständnis liegen. Es ist jedoch wahrscheinlicher, dass die Lübecker einen komplizierteren Sachverhalt für ihre Zusammenfassung kürzten. In diesem Fall hätte sich Nikolaus Stock bei seinem Auftritt in Lübeck zwar in ähnlicher Form vorgestellt, wie in der Einleitung zu seiner Rede. Den Lübeckern wäre jedoch der Bezug auf die Beschlüsse der Reichstage, die wiederum durch die Initiative des päpstlichen Legaten und des römischen König anberaumt worden waren und als Legitimation für die Mission von Nikolaus Stock dienten, zu umständlich erschienen. Mit der Abkürzung konnten sie dessen Autorität dann direkt mit den Gewalten verbinden, die auch hinter dem allgemeinen Frieden und dem Krieg gegen die Hussiten standen. Ein ernsthafter Gegensatz zu Nikolaus Stocks eigenen Worten existiert nicht.

Eine deutlichere Übereinstimmung zwischen Tenor der Rede und Lübecker Rezeption zeigt sich an einem zweiten Punkt, der in dem Briefentwurf für alle Städte zur Sprache kam. Dabei handelt es sich um die Betonung des Rechts. So heißt es in dem Konzept, dass Nikolaus Stocks laut seinem Auftrag den Städten den Frieden *bi des riikes hulden unde pinen* gebieten sollte. Diese seien im *keyserrecht* festgeschrieben. Damit bezogen sich die Lübecker mit großer Wahrscheinlich auf die letzten Teile von Nikolaus Stocks Rede,[218] in denen dieser die Konsequenzen für die Städte im Fall ihres Ungehorsams gegenüber dem königlichen Friedensgebot ankündigte. Im schlimmsten Fall konnten diese auf Acht und Bann hinauslaufen, die der römische König kraft

---

217 Vgl. die Einleitung zu Nikolaus Stocks Bericht zu Beginn von Kap. 4.3, Anm. 134. Außerdem zuvor Anm. 211.

218 Es gibt zwar zwei Passagen in Nikolaus Stocks Rede, in denen das Kaiserrecht explizit erwähnt wird. Diese beziehen sich jedoch auf andere Aspekte. 1.) 8.2.3, Nr. 15, zit. nach HR, 268, Z. 26–30: gibt an, die Städte hätten den Krieg begonnen *ane erforderung und besuchunge, mit clage ader mit sage, wissen ader willen seiner Romischen koniglichen gnaden, der ir rechter und ordenlicher herre were, wider alle recht, keyserliche gesetze und kristenliche ordnung, dy das lawter auszweisen; auch das nymandes in seinen eygen sachen richter sein, noch krige ader orlewge ane der hewpt der kristenheyt erlewbunge anheben solde, es were dann, das im nicht recht widerfaren mochte ader das das widerpart dem rechten in gehorsam nicht gestehen ader frevelichen dowider sein wolde etc.*; 2.) 8.2.3, Nr. 15, zit. nach HR, 268 f.: bezieht sich auf die Bereitschaft des dänischen Königs, sich mit den Städten auf dem Rechtsweg zu einigen: *so bitte der selbe konig von Denmarken recht vor dy zwe hewpter der kristenheyt, geystlick und wertlich, als vor unsern heyligen vader, den babist, [und vor] seine gnade, als vor eynen Romischen konig, vor andre kristene fursten, herren und gemeynden, vor man doch billich noch Gotes, der heyligen kirchen und des heyligen Romischen richs recht, gesecze und ordenunge recht geben und nemen sol (...).*

seiner Autorität verhängen würde.[219] Selbst wenn Nikolaus Stock am 20. Oktober 1427 andere Worte verwandte, als diejenigen, welche er im April 1428 in seinem Bericht niederschrieb, muss diese Drohung zum Grundtenor seiner Rede gehört haben. Zumindest wurde er in Lübeck so verstanden. Aus der schriftlich fixierten Lübecker Reaktion lässt sich daher mit sehr großer Wahrscheinlichkeit schließen, dass eine eventuelle Ladung vor den Reichstag zu diesem Bündel an Strafmaßnahmen gehörte, das aus Nikolaus Stocks Worten herausklang.

Zusammenfassend lässt sich aus dem Vergleich mit den Lübecker Briefen und den darin übermittelten spontanen Reaktionen ein Mosaik von Nikolaus Stocks Rede zusammenfügen, das sich in wichtigen Punkten mit den Kernaussagen seines Textes deckt. Es handelt sich vor allem um die Stellen in Stocks Bericht, deren rhetorische Gestaltung nahelegt, dass sie in vergleichbarer Form auch vorgetragen wurden oder als Manuskript für eine Ansprache dienten. Dennoch lässt sich dieser Befund nicht für die gesamte wiedergegebene Rede verallgemeinern. Eher ist davon auszugehen, dass Stock eine umfangreichere ausformulierte oder stichpunktartige Vorlage, in der die von ihm mitgeführten Schreiben referiert und die potentiellen Konsequenzen des Ungehorsams besonders herausgestellt wurden, zusammenfasste und im Sinne der *causa scribendi* seines Berichtes umgestaltete.

Dass eine solche gestalterische Formung nicht nur bezüglich der Rede vorliegt, ergibt sich aus den Entwürfen und Notizen, welche die Verhandlungen um konkrete Bedingungen dokumentieren. Nikolaus Stock gibt in seinem Bericht an, dass er bei seiner Ansprache auf Grundlage des königlichen Friedensgebotes einen Frieden von sechs Jahren befohlen hätte.[220] Dass diese Zahl aber noch nicht am 20. Oktober 1427 gefallen ist, sondern erst in nachfolgenden Gesprächen, lassen der Entwurf Paul Oldenburgs für eine Antwort an Nikolaus Stock sowie die Notiz aus der Lübecker Kanzlei, deren Adressat nicht eindeutig zu ermitteln ist, vermuten.[221] Beide sind undatiert und lassen sich nicht leicht in einen zeitlichen Bezug zur Rede am 20. Oktober 1427 stellen. Im Konzept des Antwortschreibens ist eindeutig von drei Jahren die Rede, die Nikolaus Stock zuerst vorgeschlagen habe,[222] bevor im Gegenzug 10 bis 12

---

219 Vgl. Zitat in Anm. 213.
220 Siehe Anm. 214.
221 8.2.3, Nr. 27, 28.
222 8.2.3, Nr. 28, zit. nach HR: Einmal in der Einleitung: (...) *des Romischen koninges breff unde ok juwe werve van siner gnade wegene, under anderen stucken rorende umme eynen vrede to holdende mit dem heren koninge van Denemarken to dren jaren etc., hebbe wii werdicliken, so sik billiken temede, gehored unde wol vornomen. Und dann noch einmal später: Aver, leve here, alse gii roren, vrede to holdende allene to dren jaren, dat en were uns nicht bequeme umme mennigerleye redeliker zaken willen etc.* (Anm. a: Danach sind für weitere Anmerkungen bis zum nächsten Satz vier Zeilen freigelassen).

Jahre vorgeschlagen wurden.[223] Aus der kurzen Notiz ergeben sich die zehn oder zwölf Jahre bereits als Maximalforderung der Städte. Zudem erklärt sie wörtlich, dass *des Romischen sendeboden meent, de vrededaghe wol to bringende to 6 jaren* und verweist damit auf fortgesetzte Gespräche zwischen den Lübecker Bürgermeistern und Nikolaus Stock, wie sie auch in einem Briefentwurf an Stralsund vom 15. November 1427 erwähnt werden.[224]

Ob Nikolaus Stocks Zugeständnis von sechs statt drei Jahren aber noch in diese Zeit der Vorverhandlungen fällt oder im Zusammenhang mit der ersten offiziellen Antwort von Lübeck und Hamburg erfolgte, ändert nichts am grundsätzlichen Befund bezüglich des Redetextes: Der Text in Nikolaus Stocks Bericht gibt nicht nur Kernpunkte seiner gehaltenen Rede wider, sondern enthält auch Informationen aus den späteren Gesprächen in Lübeck, während derer die Bedingungen zu Gunsten der Städte verändert wurden. Diese Diskrepanz ließe sich durch eine Gedächtnislücke, einen rhetorischen Kniff, eine bewusste falsche Darstellung oder eine Mischung aus verschiedenen Motiven erklären. Eine intentionale Falschaussage ist natürlich nicht auszuschließen, steht aber dem Entstehungskontext des Berichts entgegen. Vielmehr wird die Kondensierung mehrerer, ähnlicher Ereignisse dem Bemühen um Vereinfachung der Darstellung geschuldet sein.[225] Doch in diesem Fall sollten Vergessen oder verformte Erinnerung als zusätzliche Faktoren nicht vernachlässigt werden.

Zum Abschluss der Betrachtung sei noch einmal betont, dass es bei der Darstellung seiner Lübecker Rede um die ausführlichste Einzeldarstellung in Nikolaus Stocks Bericht handelt. Sie bildete zudem den ersten Akt seiner Mission und Grundlage aller seiner weiteren Aktivitäten. Es ist sehr wahrscheinlich, dass er für seinen Bericht einen ausführlicheren Redetext bzw. Notizen für einen solchen auf zentrale Kernaussagen hin vereinfachte. Aus der Zusammenfassung scheinen zudem die wörtlichen Bezüge zu den ihm anvertrauten Schriftstücken heraus, so dass er diese ent-

---

223 Damit griff Lübeck wohl auf einen mit Stralsund vereinbarten Vorschlag zurück, denn Hamburg wäre auch mit acht oder zehn Jahren zufrieden gewesen (8.2.3, Nr. 22). Zu den Diskussionen mit Stralsund siehe 8.2.3, Nr. 24, nach LUB. Der Rat entschuldigt zunächst seine Abgesandten und schreibt bezüglich der Entscheidungsfindung: (...) *kan denne de tyd des vredes tuschen deme vorbenomeden hern koninge to Denemarken lengher settet werden, alse to X edder to XII iaren, dat were vnse wille wol* (...).

224 8.2.3, Nr. 27. Laut 8.2.3, Nr. 26, zit. nach LUB: *Ok is de erbenante meister Niclaus dalling auer by uns gewesen en antwerde swarliken esschende by groteren penen danne vore.* Der auf dem gleichen Blatt befindliche Entwurf für Wismar (8.2.3, Nr. 25) endet mit dem diesem Nachtrag vorausgehenden Satz: *Auer, leuen vrunde, wy bidden, dat gi vns svnder sumen en antwerde scriuen willen, wes wy vnses gnedigen heren, des Romischen konings, sendeboden van juwer wegen seggen mogen uppe sin werff, wente he swarliken darna beydet; ok bevruchte wy vns, worde eme van ju nyn antwerde, dat wy alle darvmme in grote beswaringe vnde verdreet komen mochten.*

225 Vgl. dazu die Geschichte der Bündnisurkunde vom 15. Juni 1423 (Kap. 3.) und deren Wiedergabe in den dänischen Reden von 1428 und 1430 in Kap. 5.3.2.

weder bereits für die Rede selbst, ganz sicher aber für die Niederschrift seines Berichtes verwendete. Diese bewusste Gestaltung lässt sich sehr wahrscheinlich daraus erklären, dass Nikolaus Stock seinen Bericht zur Erklärung seiner Fehlschläge und somit zur Rechtfertigung seiner Tätigkeiten abfasste. Aus dieser Motivation heraus wird auch verständlich, warum er seinen eindringlichen Ermahnungen an die Vertreter der Städte einen solch großen Raum einräumte und warum er seine Worte durch die Autorität der königlichen Briefe untermauerte.

4.5 Lübecker Antworten

4.5.1 Reaktionen auf Nikolaus Stocks Rede

Item auff solich fredbot, wort und gewerbe mochte mir, Nicolao Stok, keyne eyntrechtige antwort in langer czeit von den vorbenanten steten werden, beendete der Gesandte die Wiedergabe seiner Rede vom 20. Oktober 1427. Seine juristische Bildung wie auch die Wortwahl seines gesamten Berichtes legen nahe, dass er „Antwort" dabei nicht nur im direkten, sondern im juristischen Wortsinn verstand als responsum in einer Gerichtssituation, der Stellungnahme eines Beklagten gegenüber einer Klage, Anschuldigung oder verbindlichen Anfrage.[226] Als Klage- bzw. Anspruch fungierten dabei die *beslissunge* von Nürnberg und das *fredbot* König Sigismunds. Darüber hinaus wird aus der zitierten Passage deutlich, dass ihm vor allem an einem einträchtigen, verbindlichen Beschluss der Städte gelegen war. Wenn im Folgenden vor allem die Lübecker Antworten im Vordergrund stehen, dann liegt dies in der Quellensituation begründet, die sehr deutlich macht, dass der Lübecker Rat auch von den anderen Städten mehr oder weniger als Wortführer in den Verhandlungen mit Nikolaus Stock betrachtet wurde.[227] Eine wichtige Rolle spielt dabei natürlich der Status Lübecks als eine dem römischen König direkt unterstellte Reichsstadt, die ja wegen der Beschwerden des früheren Gesandten Michel Honinger noch einmal besonders in die Pflicht genommen worden war. Auch wenn König Sigismunds allein an Lübeck gerichteter zweiter Brief in den Verhandlungen keine Rolle spielte, so dürften doch der Ausdruck des königlichen Unwillens und der Appel an den schuldigen Gehorsam den Umgang Lübecks mit Nikolaus Stock im Ganzen sehr stark beeinflusst haben. Vor allem im Vergleich mit den Holsteinern, deren Verhältnis zum römischen König um einiges

---

226 DRW 1, Sp. 756–758: I. Verteidigung des Beklagten auf eine Klage, Beschuldigung, insbesondere die Rede, mit der er zum Klageanspruch Stellung nimmt. II. Die Äußerungen eines Gefragten (in Gerichtssituationen). Zu allen Bedeutungen von „Antwort" und „antworten": DWB 1, Sp. 509 f.; BMZ 4, Sp. 810 f. (mittelhochdeutscher Gebauch), *Schiller-Lübben*, Bd. 1, 111.
227 Dies geht z. B. aus 8.2.3, Nr. 17 und 25 hervor, in denen der Lübecker Rat immer wieder auf Antworten der anderen Städte drängt, und dadurch als der Hauptakteur hervortritt.

angespannter war und die allenfalls noch die Formen des friedlichen Umgangs wahrten,[228] zeigte sich der Lübecker Rat zu jeder Zeit sehr bemüht, den Gesandten nicht vor den Kopf zu stoßen.

Wie aber erfolgten nun die Antworten Lübecks und der anderen Städte? Das in Lübeck erhaltene Konzept für eine Antwort wurde von Koppmann vor den 30. November 1428 und somit vor die winzige Notiz eingeordnet, die seiner Meinung nach an Hamburg gerichtet war.[229] Inhaltlich wäre es noch in den Zeitraum einzuordnen, bevor die sechs Jahre zur Diskussionsgrundlage wurden. In einem an Stralsund gerichteten Brief vom 15. November verband der Rat von Lübeck mit der Bitte um eine baldige Antwort auch die Ankündigung, dass die Lübecker Nikolaus Stock *van vnser egenen wege antwerdelos nicht en laten* wollen.[230] Ob die in der Niederschrift festgehaltene Antwort demgemäß vorgetragen wurde oder ob den veränderten Bedingungen informelle Gespräche zugrunde lagen, ist nicht nachzuweisen. Unklar ist weiterhin, ob das Konzept auch nur für einen mündlichen Vortrag bestimmt war, wie die Formulierung *unde zecken dar na gudem berade aldus to* nahelegt, oder ob jemals eine schriftliche Erwiderung geplant war.

Am 30. November nahm Nikolaus Stock in Gegenwart von Johannes Schele, dem Bischof von Lübeck,[231] und *ettlicher burgermeyster und ratlewte von Lubeke und Hamburg* die Antwort der Holsteiner entgegen: Sie wollten wohl gehorsam sein und Nikolaus Stock sollte zum König von Dänemark ziehen und hören, ob auch dieser gehorsam sein wollte. Bei seiner Rückkehr würden sie ihm „nach Rat ihrer Landschaft und der Städte, eine gehorsame Antwort geben".[232] Noch im Oktober war der Gesandte

---

228 So entzogen sich diese zunächst jeglicher Antwort auf Nikolaus Stocks Anliegen, wie ein Brief Graf Adolfs vom 17. Oktober 1427 sehr schön zeigt. Darin schreibt er: (8.2.3, Nr. 14, zit. nach LUB): *Alzo vmme den breff, den gij vns mid juweme breue sanden, den meister Nicolaus Stok vns gesand hadde etc., begere wij juw weten, dat wy van vnseme rade vnde ock nemende uan vnsen papen bij vns hadden, dede vns den breff mochten hebben gelesen, men wij willen vnseme rade boden senden vnde wille juw ein vruntlik antwerde daruan, alse wij ersten kunnen, gerne benalen.* Dieser Brief wurde von einem ordentlichen Schreiber des Grafen angefertigt. Eine schreib- und lesekundige Person war demnach bei der Hand, auch wenn sich keiner der geistlichen Räte des Grafen mit ihm in Krempe befand.

229 8.2.3, Nr. 27, 28.

230 8.2.3, Nr. 26.

231 Zu Johannes Schele: *Ammon*, Johannes Schele (1931); *Prange*, Johannes (2001).

232 8.2.3, Nr. 29 zit. nach HR, 270: (...) *sy wolden gehorsam sein; das ich czoge zu dem konige van Denemarken und horte, ab seine gnade auch gehorsam sein wolde; und dornach, wenne ich widerumme zu in queme, so wolden sy mir noch irr landschaft und der vorbenannten stete rat eyne gehorsam antwort geben, dy dem Romischen konige nicht solde missevallen.*

zum Kloster Reinfeld gereist, um auch den *Holstenherren* den Beschluss des Reichstages und das königliche Friedensgebot zu verkünden.[233] Der Kontakt wurde möglicherweise durch Lübeck hergestellt.[234] Deren Antwort am 12. November stellte zum einen die Grundforderung der Holsteiner nach Zuerkennung Schleswigs und zum
anderen das Bündnis mit den Städten heraus. Dass Nikolaus Stock diese Antwort
missfiel, überrascht kaum, doch er beließ es nicht einfach bei einem Ausdruck des
Missfallens, sondern weigerte sich, die gegebene Antwort als endgültige Aussage zu
akzeptieren.[235] Leider offenbart er keine Details über die *sachen*, die er den Holsteinern erzählte. Es scheint aber wahrscheinlich, dass er deren in der Antwort implizierten Widerspruch gegen das Urteil des römischen Königs als Verletzung der Würde
von König, Reich und Recht ansah.[236] Art und Weise en des Berichts legen nahe, dass
es sich um eine mündliche Erklärung vor Zeugen handelte. Schriftdokumente von
Seiten der Holsteiner werden nicht explizit erwähnt, ebenso wenig ein Protokoll
durch Paulus Gumbrecht. Dies gilt auch für das erwähnte zweite Treffen mit den Holsteinern am Andreas-Tag (30. November 1427). Eine offizielle städtische Antwort
folgte zu diesem Zeitpunkt nicht, denn die Wiedergabe der holsteinischen Antwort
macht deutlich, dass die Holsteiner Stock mehr oder weniger dazu aufforderten direkt
nach Dänemark weiterzureisen, König Eriks Stellungnahme zu hören und danach für
eine einträchtige Antwort der Städte zurückzukommen.

---

233 8.2.3, Nr. 18.

234 Vgl. den zitierten Brief Graf Adolfs an den Rat von Lübeck vom 17. Oktober 1427 (8.2.3, Nr. 14). Es
deutet zwar nichts darauf hin, dass die Holsteiner zu einem späteren Zeitpunkt eine direkte Antwort
an Nikolaus Stock schickten, da das Treffen aber sicher kein Zufall war und abgesichert werden
musste, wird wohl ein Dialog mit den Holsteinern fortgesetzt worden sein.

235 8.2.3, Nr. 23, zit. nach HR: (...) *sy kunden keynen frede mit dem konige von Denmarken aufgenemen, noch gehalden, auch nicht zu tagen mit seinen koniglichen gnaden komen, seine gnade gebe in
denne ir våterlich erbe, das er in mit unrechte entwert hette, und den steten vorbenant, auch dem gemeynen kauffmanne, ire genomene gutter weder. Solche wort wolde ich nicht auffnemen vor eyne antwort umme mancher sachen, dy ich in do erczelte, und was offte eyner andern atwort begerende.* Das
Zurückweisen der Antwort wird als *nicht auffnemen* bezeichnet. Das Wort kann selbst im Rechtskon-
text eine Vielzahl von Bedeutungsnuancen enthalten, vgl. DRW 1, Sp. 904–918 für alle Anwendungsmöglichkeiten. In der zitierten gleichen Passage erscheint es in der Redewendung „Frieden aufnehmen" im Sinn von „einverstanden sein, beschließen", vgl. DRW, 1, Sp. 911–912: D. „einverstanden
sein, beschließen", Beispiele zu D 2: „abmachen, vereinbaren", in denen auch „Frieden aufnehmen".
In diesem Sinn könnte auch „die Antwort aufnehmen" nur „die Antwort akzeptieren" beinhalten.
Dennoch wären auch erweiterte Bedeutungsvarianten möglich, wie „protokollieren, ausstellen"
(DRW 1, Sp. 916 J V mit den Beispielen) oder „eine Aussage vor Gericht annehmen, entgegennehmen"
(DRW 1, Sp. 916 K mit Beispielen).

236 Vgl. dazu noch einmal die entsprechende Passage im Text seiner Rede, dass die Holstenherren
ungehorsam gegenüber *Got und dem heiligen Romischen riche und wider den gotlichen sproch, den
seine Romische konigliche gnade ausgesprochen hetten* (8.2.3, Nr. 15, zit. HR, 268), wären.

Es lag Nikolaus Stock aber daran, einen gemeinsamen Bescheid der Städte zu erhalten. Selbst wenn er von den Lübeckern schon im Oktober oder November eine individuelle Antwort erhalten haben könnte, so gibt er dies in seinem Bericht nicht an. Möglicherweise hatte er die Einzelheiten der Gespräche, die zur Veränderung der Frist von drei auf sechs Jahre führten, vergessen oder aus Gründen der Vereinfachung zusammengefasst. Ebenso wahrscheinlich ist es aber auch, dass die Lübecker am Ende nicht in der konzipierten Form antworteten, da sich einige Fragen bereits informell und durch konkrete Verhandlungen lösen ließen.

Auf eine offizielle Verlautbarung der Städte musste Nikolaus Stock noch einen weiteren Monat bis zum Neujahrstag warten. In diesen Wochen war die Stimmung für einen Frieden jedoch sehr ungünstig geworden. So fallen auf Lübecker Seite nicht nur die neuen Verhandlungen mit den Vitaliern und ein möglicher Aufenthalt von Bartholomäus Voet in diese Zeit, sondern am 8. und 25. Dezember 1427 auch die Ankunft der beiden propagandistischen Briefe, die König Erik an die Gemeinden der Seestädte hatte schicken lassen.[237] Hinzu kamen die bereits andauernden Unruhen in den Gemeinden, hervorgerufen durch die Niederlage der städtischen Flotte im Sommer 1427. Ein Frieden mit den Dänen hätte in dieser Situation noch zusätzlichen Zündstoff geliefert. Dies verdeutlicht auch die Antwort für Nikolaus Stock.

Am Neujahrstag gaben die Städte schließlich eine Gehorsamserklärung ab. Außerdem stimmten sie einem Frieden von sechs Jahren zu, *also das dy gefangen tag mochten haben den frede ausz, und das sy mochten bleiben bei iren privilegien und auch fredlich dy riche des koniges von Denmarken den frede ausz besuchen.* Nikolaus Stock sollte nun nach Dänemark reisen und prüfen, ob der König sich dem Friedensgebot ebenfalls unterwerfen würde. Diese Antwort sollte der Gesandte dann mit Geleitbriefen für eventuelle Verhandlungen nach Lübeck zurückbringen.[238] Gleichzeitig weigerten sich die Städte jedoch, ihre Schiffe und ihre Söldner zurückzurufen, bevor der Friede nicht von dänischer Seite zugesichert sei.[239] Damit hielten sie sich die militärischen Optionen offen, ohne gegenüber dem Gesandten wortbrüchig zu werden. Diese Tendenz zeigt sich auch in der Verweigerung einer schriftlichen Antwort:

---

237 1.) 1427, Okt. 9: LUB 7, Nr. 57; 2.) 1427, Nov. 4: LUB 7, Nr. 67. Vgl. Kap. 3.5.
238 8.2.3, Nr. 30, zit. nach HR: (...) *und begerten, das ich wolde zu dem konige van Denmarken zihen und irfaren, ab seine gnade auch wolde dy beslissunge und fredbod vorgenant auffnemen; und wolde seine gnade das auffnemen, das ich in desselben eyne antwort und geleyczbriffe brechte und tage mit dem konige von Denmarke vorramete, und von iren wegen uffneme,* (...). Vgl. Paraphrase bei *Erslev,* Erik (1901), 225.
239 8.2.3, Nr. 30, zit. nach HR: (...) *vnd sageten auch, wy das sy ir soldner nicht mochten zu hawse geruffen, und wer auch nicht des landes gewonheyt, es were denne, das sy wösten, das der konig von Demarken den frede auffnemen wolde, dorauff tage vorramet und auffgenomen weren.*

Solcher antwort begert ich zu hant breffe von den stetten, das ich dy gewisen mochte des Romischen koniges und des koniges von Denmarken gnaden. Do sprochen sy, es wer nicht ir gewonheyt, ir antwort in geschriften zu geben; auch so wers ny gehort, das dy stete ire wort nicht gehalden hetten ader zurôcke getreten weren.[240]

Die gesamte von Nikolaus Stock wiedergegebene Antwort entspricht teilweise auch dem Tenor des schon besprochenen Lübecker Konzeptes, enthält aber viel konkretere Forderungen hinsichtlich der Realisierung des Friedens.[241] Es lässt sich jedoch keine direkte Abhängigkeit dieser offiziellen Verlautbarung von dem früheren Entwurf feststellen, daher wurde vermutlich eine vollständig neue Antwort entworfen. Dass dem königlichen Gesandten in Bezug auf deren Inhalt wohl Glauben geschenkt werden darf, ergibt sich aus dem Bericht des Danziger Bürgers Peter Holste, der im Auftrag des Hochmeisters und der preußischen Städte seit dem 20. Dezember 1427 in Lübeck weilte.[242] In seinem Brief übermittelte dieser vor allem die Bereitschaft der Städte, den Hochmeister in ihren Angelegenheiten zu ermächtigen, wenn er den sechsjährigen Frieden mit Dänemark herbeiführen könnte. Hier ist also wie in Nikolaus Stocks Bericht nur noch vom sechsjährigen Frieden die Rede.[243] Vergleichbar sind auch die Forderungen der Städte: Friede bedeutet die Sicherheit der Privilegien und Freiheiten in den Reichen.[244] Die allgemeine Aussprache der Städte mit Peter Holste scheint ebenfalls am 1. Januar 1428 erfolgt zu sein, anders als Nikolaus Stock wusste er aber bereits über das nächste Treffen der kriegführenden Städte und die Vorbereitungen für einen Fortgang des Krieges Bescheid.[245]

---

240 8.2.3, Nr. 30, zit. nach HR.

241 HR I, 8, Nr. 314 endet: *Aver uppe dat wii de jenne nicht en sin, de unsen gnedigen heren, den Romischen koninge, yergen ane unhorsam, sunder alle wege gerne underdan unde gehorsam sin, so sik wol temet, so en vorlecge wii nicht, 10 efte 12 jare vrede to hebbende na der wiise, alse hir vore gerored is; unde umme den to begripende, dar moste men legeliker unde veliger dage umme vorramen, dar men sodanen vrede also begrepe, vorwissede und vorspreke, dat beyde dele dar ane vullekomeliken vorwared worden.* Abgesehen von der fallengelassenen Forderung nach den 10 oder 12 Jahren, haben sich auch die Ansprüche an den Frieden geändert. Es wurde anscheinend nicht nur gefordert, dass Tage abzuhalten wären, sondern auch was auf diesen zu verhandeln sei.

242 Das Datum seiner Ankunft lässt sich aus einem Brief von Lübeck an Wismar vom 20. Dezember 1427 erschließen (HR I, 8, Nr. 337). Sein Bericht (HR I, 8, Nr. 338) entstand am 3. Januar 1428.

243 HR I, 8, Nr. 338: (...) *is id sake, dat juwe gnade den krich kân in daghe setten sees jar lanch, by alsodaneme underschede, dat de here koningh unde de Holstenheren unde de stede en isliik dat syne moghe myt vrede beholde de sees jar lanch unde dat id in beyden syden so vorwyssent werde, also vor screven steyt, so solle gy erer mechtich wesen.*

244 Vgl. Peter Holste in HR I, 8, Nr. 338: *Vortmer oft juwe gnade nicht en weet, wat de stede de sees jar myt vrede beholden wylle, dat sin ere preveleyge unde vrycheyt, de se in den ryken hebben, de to brûken, also ere preveleyge utwysen.*

245 Zu seiner Besprechung mit den Städten: In seinem Bericht vom 3. Januar 1428 heißt es zum Ende des Gespräches: *Also nemen se dat to sych in er berat wol twe daghe lanch* (HR I, 8, Nr. 338). Zum geplanten Treffen der Städte: *van dessen daghen over verteyn dage werden se hir wedder sin.* Das für den

Bemerkenswert an der Antwort der Städte für Nikolaus Stock erscheint die Verweigerung einer schriftlichen Antwort mit dem Verweis auf die Gewohnheit. Zwar gilt für diese Aussagen nur Nikolaus Stocks Wort, weshalb auch mit Übertreibungen zu rechnen ist. Dass er aber auch in Wirklichkeit kein entsprechendes Schriftstück bekommen hat, ergibt sich aus den dänischen Notariatsinstrumenten. Ein Schriftstück, mit dessen Hilfe ein eindeutiger Wortbruch der Städte hätte nachgewiesen oder suggeriert werden können, wäre ganz sicher als weiterer Beweis für die dänische Argumentation in eine dieser Schriften aufgenommen worden. Angesichts der Tatsache, dass sich die Städte, nicht zuletzt auf Grund der Stimmung innerhalb ihrer Mauern und der Notwendigkeit, die Misserfolge des vorherigen Jahres wiedergutmachen zu müssen, bereits Anfang Januar 1428 weitgehend für die militärische Option entschieden hatten,[246] wird ihnen bewusst gewesen sein, dass sie mit einer schriftlichen Antwort an Nikolaus Stock ein Risiko eingegangen wären. Ob hinter dem Verweis auf eine Gewohnheit jedoch nur taktisches Kalkül oder doch wirkliche Gewohnheiten – vielleicht Spielregeln des Umgangs in Kriegszeiten – standen, lässt sich nicht so einfach nachweisen.

Die Betrachtung früherer Verhandlungssituationen liefert immer wieder Hinweise auf besiegelte Beschlüsse oder Antworten in einem Streitfall. Doch handelte es sich dabei zunächst nur um Krisenmomente, die durch eine Stellungnahme geregelt wurden, und nicht um die Anbahnung von Gesprächen zur Beendigung einer Fehde.[247] Wie noch zu sehen sein wird, finden sich schriftliche Vereinbarungen über einen anberaumten oder anzuberaumenden Verhandlungstag auch in Verhandlun-

---

17./18. Januar 1428 anberaumte Treffen wurde dann auf Bitten Hamburgs auf den 25. Januar verschoben (HR I, 8, Nr. 342 / LUB 7, Nr. 100).

246 Vgl. wieder der Brief von Peter Holste an den Hochmeister (HR I, 8, Nr. 338): *Doch spreken se, [se] wyllen ere were allike wol in de zee legghen to der tiit, (...), und noch einmal am Ende: Vortmer to Rosteke habben se enen nyen raet gesettet, unde to der Wymer setten se ok up dessen dach enen nyen raet; unde id steyt nicht wol in den twen steden; allike wol wyllen se to der se myt al erer mach*[t] *myt den ander*[en] *steden.* Ähnliches schrieb er wohl auch dem Komtur oder dem Rat zu Danzig, der die Informationen dann an den Komtur weiterleitete: HR I, 8, Nr. 340 (1428, Jan. 11; Brief des Komturs zu Danzig an den Hochmeister Paul von Rusdorf).

247 Ein Beispiel dafür ist die Verpflichtung der Städte vom 2. Mai 1416, verschiedene lübische Bürger wieder zu Haft zu stellen oder Bürgschaften für diese zu zahlen, die mit dem *hangenden ingeseghel* einer jeden an den Verhandlungen beteiligten Stadt beglaubigt werden sollte. Verhandlungen zu København vom 5. April bis zum 2. Mai 1416: HR I, 6, 171–191, bes. Nr. 248, 186 = LUB 5, Nr. 570, 621: *Unde wij vorbenomeden stedesendebaden willen deme erghenomeden unsem heren koning Erike unser stede breve schikken van ener yewelken stad, dar wij sendebaden van sin, den stad breff myd eren hangheden ingeseghel, de luden schal van worden to woden, alse desse breff inhold, twischen hir und achte daghen na pinxsten (...).* Im Vorfeld zu dieser Verhandlung und zu den Verhandlungen zu Lollands-Albuen erfolgten die genaueren Absprachen auf brieflichem Weg. Zu den Hintergründen siehe Ende von Kap. 2.1.2 a).

gen nach 1428, doch werden diese in der Regel als Fortsetzung des einmal angestoßenen Dialogs behandelt.[248] Dieser lag im Dezember 1427 und Januar 1428 noch nicht vor, insofern könnten in dieser Zeit wirklich noch andere Spielregeln vorgeherrscht haben.

Gleichzeitig ist jedoch aus der Vorgeschichte des Krieges ein interessantes Vergleichsbeispiel bekannt, in dem die Zurückhaltung gegenüber Schriftlichkeit mit einem Bezug auf eine „Gewohnheit" begründet wurde:[249] 1424 erwiderte der damalige Lübecker Bürgermeister Jordan Pleskow auf das Ersuchen eines dänischen Gesandten, im Auftrag der dänischen Königin Philippa zwei Briefe an die Tür der Marienkirche nageln zu lassen damit, dass *id en were nicht wontlik mit uns*. Er würde dem Boten das Anliegen zwar nicht verwehren, doch sollte dieser bedenken, dass den Holsteinern dann das gleiche Recht zugestanden werden müsste.[250] In diesem Fall handelte es sich nicht um ein schriftliches, von einer Stadt auszustellendes Dokument, sondern um die Demonstration eines Konfliktes durch Schriftlichkeit im öffentlichen, städtischen Raum. Ähnlich wurde 1421 mit einer Fehdeerklärung des Klaus Lembek an den König von Dänemark verfahren. Diese hatte Jordan Pleskow eigenhändig von der Kirchentür entfernen lassen, bevor sie anlässlich eines Treffens zwischen König Erik und Lübecker Ratsleuten an den König weitergeleitet wurde.[251] Es wurden also wiederum die Möglichkeiten einer Auseinandersetzung mittels Schriftlichkeit im öffentlichen Raum beschränkt. Ob es aber generell keine Gewohnheit war, im städtischen Raum von Lübeck Schriftstücke an Kirchentüre anzuschlagen, oder ob dies nur externe Streitfälle betraf, geht aus diesen Beispielen nicht hervor. Zum Vergleich sei jedoch erwähnt, dass im geistlichen Bereich andere Regeln vorherrschten. Beispielsweise wurde 1425 im Vorfeld des Revisionsprozesses der Schauenburger an der Kurie festgelegt, dass der päpstliche Gesandte Cyprianus Franciscus die Citation *pro parte dictorum Dominorum Ducum infra missarum solennia valvis dictae Ecclesiae* [Lubicensis] *cathedralis affixit, ibique per horam vel ultra stare dimisit.*[252] Der Lübecker Dom galt möglicherweise vor allem deswegen als der geeignete Ort, um eine solche Cita-

---

248 Vgl. Kap. 5.
249 Zum Folgenden *Behrmann*, Herrscher (2004), 287.
250 1424, Nov. 14: Lübeck an Wismar (HR I, 7, Nr. 742): *Vurder, leven vrunde, warff to uns der vorscrevene sendebode, wo he in bevele mede hadde, dat he sodane breve edder ere avescriffte uppe de kerkdore bynnen unser stad cleven edder negelen scholde. Dar wii eme to antwordeden, id en were nicht wontlick mit uns; doch wolde he deme also yo don, so en scholde uns dar nicht ane schelen; men he mochte wol besynnen, weret dat he id dede unde de heren van Holsten ok dergeliik breve also uppe unse kerdore wolden cleven edder negelen laten, dat wii en denne des ok nicht weygeren en mochten.*
251 1421, Dez. 21: Der Rat von Lübeck an seine in Flensburg weilenden Abgeordneten (LUB 6, Nr. 377, 401 f.): *Ok sande wy ju ene scrifft na by her Tydeman Morkerken knechte, darinne Claus Lembeke claget ouer den koning, welke scriffte her Jorden vortiden aff leet nemen van stunden van vnser Vrowen kerkdoren.*
252 Processus in Curia Romana. Ed. *Langebek*, 441; *Hedemann*, Aufhebungsverfahren (2012), 15 f.

tion bekannt zu machen, da der in dieser Angelegenheit wichtigste Rat der Holsteiner, Nikolaus Sacchow, Domherr in Lübeck war.[253] Darüber hinaus ergibt sich aus dieser Anweisung im Notariatsinstrument auch eine zeitliche Begrenzung der öffentlichen Bekanntmachung von einer oder mehreren Stunden, ausgehend vom Hochamt. Im Fall der Klageschrift des Klaus Lembek an der Tür der Marienkirche hingegen fand die Entfernung *van stunden*, d. h. sogleich, statt. Daher scheinen im weltlich-städtischen Raum entweder andere Gewohnheiten des Umgangs mit Schriftstücken im öffentlichen Raum geherrscht zu haben, oder es fehlte dem Schriftstück der Bezug zu Lübeck.

Die vorgestellten Beispiele demonstrieren, dass der Bezug auf eine wie auch immer geartete „Gewohnheit", besonders von Seiten der Städte, stets im Hinblick auf den Kontext der jeweiligen Äußerungen betrachtet werden muss. Nicht in jedem Fall muss sich der Einspruch gegenüber der Herstellung oder Verwendung schriftlicher Dokumente auf deren Existenz an sich beziehen. Hinsichtlich der Lübecker Antwort an Nikolaus Stock muss dabei zum einen die Diskrepanz zwischen dem Vorhandensein eines Antwortkonzepts und der von Nikolaus Stock beschriebenen Verweigerung einer Antwort berücksichtigt werden, für welche zuvor einige Deutungsmöglichkeiten vorgestellt wurden. Zum anderen ist der Gesandte, der die einzige Quelle zu dieser Situation darstellt, kein objektiver Beobachter.

4.5.2 Nikolaus Stocks zweiter Aufenthalt

Mit dem Beschluss der Städte vom 20. Januar 1428 fiel nicht nur eine Entscheidung zugunsten der militärischen Option. Es handelte sich zudem um eine bindende Verpflichtung, die zugleich einen Zeitrahmen festsetzte.[254] Leider ist außer dem Entwurf kein weiteres Schriftstück von dem Treffen überliefert, doch lässt es sich mit den Urkunden vom Herbst 1426 vergleichen. Möglicherweise wurde auch ein Vertrag aufgesetzt, in Analogie zu dem Bündnis vom 22. September 1426, das ebenfalls die Menge an Bewaffneten von jeder Stadt geregelt hatte.[255] Auf jeden Fall fand diese Einigung statt, obwohl der königliche Gesandte sich inzwischen auf dem Weg nach Dänemark befand. Dass trotz dieser Entscheidung die Möglichkeit zu Verhandlungen von Lübecker Seite dennoch nicht vollkommen ausgeschlossen wurde, deutet sich in dem Brief

---

253 Zu Nikolaus Sacchow: 5.2.2 Anm. 116.

254 Vgl. Brief von Stralsund an Lübeck vom 3. April (8.2.3, Nr. 66), der sich darauf mit den Worten bezieht, dass *gesloten vnde engedregen* wurde. *Engedregen, endregen*: vgl. *dragen*, in: *Schiller-Lübben*, Bd. 1, 563 f., hier bes. 563 bei 2. absolut. *over ens dragen* in der Bedeutung von *concordare*.

255 HR I, 8, Nr. 96 / LUB 6, Nr. 764.

von Peter Holste an.[256] Vielleicht erhofften sich die Räte der verbündeten Städte von einer schnellen und erfolgreichen Flottenaktion auch eine bessere Position bei Verhandlungen, da ein Friedensschluss unter den aktuellen ungünstigen Bedingungen wohl weiteren Unfrieden in den Gemeinden hervorgerufen hätte.[257]

Lübeck stand also vor dem Dilemma, dass auf der einen Seite die Bündniszusagen erfüllt werden mussten und sollten, während sich der Rat auf der anderen Seite keinen bewussten Affront gegenüber Nikolaus Stock erlauben konnte und wollte. Dieses Dilemma zeigt sich auch im Umgang mit dem Gesandten nach seiner Rückkehr aus København. Zunächst hatte ihm Adolf VIII. von Holstein am 15. Februar 1428 in Schleswig die eindeutige Antwort gegeben, dass er sein väterliches Erbe mit dem Schwert zurückzuerobern gedächte.[258] Doch geht aus seinen Schreiben an Lübeck hervor, dass dessen Rat ihn zu weiteren Gesprächen anhielt, die aber erst Anfang März *auff dem rathawse zu Lubecke* zustande kamen.[259] Dort wiederholte Nikolaus Stock laut seinem eigenen Bericht die Antworten des dänischen Königs und erhielt etwas später am 4. März die Zusage der Städte und der Holsteiner, *eynen fredlichen tag zu Falsterbode in Schon mit des koniges von Denmarken gnaden halden und ir were zu hawse lassen und mit mir doselbshin segeln* zu wollen.[260] Die Parallelüberlieferung in den städtischen Korrespondenzen legt jedoch nahe, dass am 4. März – wenn überhaupt – nur noch ein kleiner Teil der städtischen Ratssendeboten anwesend war und dass Absprachen mit diesen bereits Ende Februar stattgefunden haben müssen.[261] Da nur Bürgermeister und Rat von Lübeck direkten Kontakt mit dem Gesandten hatten, konnten sie die Zusage zu Verhandlungen eigentlich nur für sich selbst geben. Die übrigen Ratssendeboten konnten ihren Räten nur Mitteilung machen und diese eventuell zu einer Entscheidung anhalten, wie dies auch schon nach dem ersten Auftritt des Gesandten im Herbst geschehen war.

Eine solche schriftliche Einwilligung zu der *daghuart* mit Dänemark liegt nur aus Hamburg vor, dessen Rat vorschlug die Hamburger Sendboten mit den Lübecker

---

256 HR I, 8, Nr. 338, obwohl sie beschlossen hatten, wie bereits zitiert, ihre „Wehr in die See zu legen", lassen sie ausrichten: (...) *und kann men id in dessen sees jaren in enen steden vrede maken, des wyllen se gherne volchaftich zin.*

257 Vgl. in Kap. 3.5 die Situationen in Hamburg, Rostock und Wismar, wo die Räte unter einem Erfolgsdruck stehen.

258 8.2.3, Nr. 37, zit nach HR: *Antwort wart mir von im, es were nw also gelegen, das er sein våterlich erbe wolde mit dem swerte wider gewinnen.*

259 8.2.3, Nr. 43.

260 8.2.3, Nr. 45, zit. nach HR.

261 Am 29. Februar schrieben die Städte *Lubeke, Hamborch, Rostok, Stralessund, Luneborg, Wismer* einen Brief an den Hochmeister (HR I, 8, Nr. 378). Vgl. auch die zeitgleichen Briefe Adolfs VIII. unter 8.2.3, Nr. 39–42, besonders Nr. 41. Die Hamburger Ratssendeboten waren am 3. März bereits wieder zu Hause angekommen; vgl. 8.2.3, Nr. 44.

Schiffen mitzuschicken.[262] Die Reaktionen der Räte von Wismar, Rostock und Stralsund bleiben ins Dunkel gehüllt. Es liegen keine Bestätigungen eines von ihren Ratssendeboten ausgehandelten Treffens vor. Ernst Robert Daenells dramatische Wiedergabe der Ereignisse, durch die es Lübeck gelungen sei, „das Ungestüm der Städte Hamburg, Wismar und Rostock zu besänftigen",[263] ist jedoch als eine sehr freie Interpretation der Situation zu werten. Auch seine Grundthese, dass die verzögerte Abreise der Lübeckischen Flotte in Nikolaus Stocks Anwesenheit und seiner Mission begründet ist, lässt sich nicht so einfach bestätigen.[264]

Grundsätzlich gilt es festzuhalten, dass Nikolaus Stocks Wiedergabe der Ereignisse und vor allem des Meinungsbildungsprozesses Ende Februar und Anfang März immer wieder hinterfragt werden muss. Wie schon zuvor fasste er mehrere Handlungsschritte zusammen, möglicherweise war er sich auch nicht über die konkreten Befugnisse der städtischen Sendeboten im Klaren. Zudem könnte seine Sichtweise auf diesen zweiten Aufenthalt in Lübeck besonders stark von seinem Ärger über die Städte bestimmt gewesen sein. Die dokumentarischen Quellen, die seine Wiedergabe ergänzen, deuten eher darauf hin, dass die Initiative zu Verhandlungen vor allem von Lübeck und Hamburg getragen wurde, während die Holsteiner möglicherweise bei einer entsprechenden Meinungsbekundung anwesend waren, die Angelegenheit aber anscheinend mit wenig Interesse verfolgten. Die Ratssendeboten der übrigen Städte konnten zumindest keine nachweislichen Einverständniserklärungen ihrer Städte erhalten. Die Tatsache, dass Stralsunds Flotte bereits zu oder kurz nach Lätare aufbrach, erweckt den Anschein, dass der dortige Rat um diese Zeit keine Verhandlungen anstrebte.[265]

Auch für die nächste Entscheidungssituation zwischen dem 14. und 21. März 1428 müssen persönlicher Bericht und dokumentarischer Befund wieder abgeglichen wer-

---

262 8.2.3, Nr. 44, zit. Nach LUB: (...) *van ener daghuart, de gij myd anderen steden tegen den heren koningh van Dennemarken, alse des vorramt is, besenden willen, darane wij vndertwisschen oueren hebben ghedregen vnde willen sodanne daghuart mede besenden, juwe ersamheid vrundliken biddende, dat gij de vnse, de wij derwegen mede schicken willen, myd iuwen vrunden up en schip willen enthalen vnde mede nemen.*

263 *Daenell,* Hansestädte (1902), 340 f.; vgl. *ders., Blütezeit (1905), Bd. 1, 238: „Schließlich musste auch der lübische Rat, der mit Rücksicht auf das Reichsoberhaupt das Ungestüm Hamburgs und Wismars gedämpft hatte, dem Verlangen seiner eigenen Bürgerschaft nachgeben und in das Auslaufen der Flotte willigen."

264 Diese stellt er zuerst auf in *Daenell*, Hansestädte (1902), 340 f. und wiederholt sie in *Daenell, Blütezeit (1905), Bd. 1, 238.

265 Laut dem Stralsunder Brief vom 17. März 1428 (LUB 7, Nr. 128): *Vnde wetet ok, dat vnse houetlude vnde were mit vnsen schepen alrede vte seghelt synt na deme nyen deepe.* Vgl. auch *Fritze,* Stralsund (1956/1957), 100, mit Kritik an Lübeck.

den. Laut seinem Bericht ging Nikolaus Stock davon aus, dass *man* am Sonntag Lätare, dem 14. März 1428, *zu schiffe geen solde*.[266] Doch ergibt sich aus der dokumentarischen Parallelüberlieferung, dass am gleichen Tag ein Treffen zu Lüneburg stattfand, auf dem das weitere Vorgehen gegen Dänemark mit den sächsischen, westfälischen und märkischen (also den brandenburgischen) Städten beraten werden sollte.[267] Demnach hielten sich die Ratssendeboten der Städte möglicherweise auf der Durchreise am 12. März in Lübeck auf.[268] Die Aussprache mit Nikolaus Stock, inklusive einer neuerlichen längeren Rede des Gesandten, kann also entweder am 12. März oder bei der Rückkehr der Sendeboten – frühestens am 15. März – stattgefunden haben, denn es ist unwahrscheinlich, dass die Städte innerhalb weniger Tage zwei Gesandtschaften nach Lübeck schickten. Es ist aber auch wiederum möglich, dass der Bericht die Ereignisse mehrerer Tage zu einem Gespräch zusammenfasste.

Dies lässt sich aus den drei Argumenten ableiten, auf welche Nikolaus Stock mit seiner Antwort reagierte: Zum ersten befänden sich die Vitalier auf See[269] und könnten nicht rechtzeitig zurückgerufen werden. Falls sie dänische Schiffe angriffen, könnte der König dies als Bruch des Geleits ansehen.[270] Zum zweiten wäre der Termin schon verstrichen.[271] Zum dritten könnten sie den Worten des Königs nicht trauen und

---

266 8.2.3, Nr. 47, zit nach HR.

267 HR I, 8, 249–251, bes. Nr. 386: *Wii vormoden uns, dat juwe sendeboden jw wol ingebracht hebben, wo dat der stede sendeboden in vorledenen tiiden mit uns to Lubeke vorrameden enes daghes, up den sondach letare erst komet bynnen Luneborch des avendes in der herberge to wesende, unde dar umme van unser ses stede wegen to der sulven tiid vorscreven ward den Sasseschen, den Westvelschen, den Markeschen steden, unde mit namen den van Colne (...).* Köln sagte die Teilnahme wegen eigener Belastungen, der Hussitensteuer und wegen der Einladung zu König Sigismunds Kaiserkrönung (sic!), ab (HR I, 8, Nr. 385).

268 Hierzu wieder HR I, 8, Nr. 386: 1428, März 6, Lübeck an Wismar: (...) *hir umme, leven heren, begere wii, dat gi hir up vorzeen willet wesen, de juwen to dem vorscreven daghe jo mede to sendende, unde dat de nů en vridagen avent erst komet bynnen unser stad sin, de mit den unsen vurder up den voscreven dach bynnen Lůneborch riden mogen.* Dass der Tag auch an Lätare stattgefunden hat, ergibt sich aus HR I, 8, Nr. 387: Hildesheim an Göttingen: (...) *so gik wol vorgekomen is, wu de seestede de Sasseschen stede to daghe vorbodet hadden to Luneborgh up letare Jherusalem nelkest vorgangen, dar wii de unse geschicket hadden (...).*

269 Zu diesem Zeitpunkt musste es sich hierbei um Bartholomäus Voet oder andere von den Holsteinern angeheuerte Auslieger handeln, da die aus England kommenden Vitalier zu diesem Zeitpunkt noch nicht aufgebrochen waren. Siehe zuvor 4.4 Anm. 204 f.

270 8.2.3, Nr. 47, zit. nach HR: Die Antwort wird folgendermaßen wiedergegeben: (...) *ir vitalier weren in der see an mancherley ende, dy sy selben nicht wosten, unde dy mochten des koniges gnaden von Denmarken ader seinen richen, dy weile dy Holstenherren und stede mit seinen gnaden zu tagen weren, schaden zuzihen; domete mochte der konig sprechen, des geleyte wer gebrochen, und solche fahen, dy zum tage komen weren.*

271 8.2.3, Nr. 47, zit. nach HR: *Auch so sprochen sy, dy vorramete zeit metefaste wer also hewte unde vorginge, das sy nicht kunden zu solchem vorrameten tage komen.*

hätten die Tagung lieber – wie erwünscht – in Flensburg anberaumt.[272] Der eigentliche Kern der Antwort aber war die Aussage, dass die Städte planten, mit ihrer gesamten Flotte aufzubrechen. Angesichts aller anderen Indizien kann davon ausgegangen werden, dass zu keinem Augenblick geplant war, ihre Kriegsflotte zu Hause zu lassen, schon allein um gegenüber den Dänen nicht in Nachteile zu geraten. Die offizielle Ankündigung des städtischen Entschlusses scheint aber, laut dem Bericht, erst in jenen Märztagen erfolgt zu sein.

Im Hinblick auf die zeitliche Einordnung dieser Ansprache muss jedoch zunächst der Verweis auf die Unglaubwürdigkeit des königlichen Wortes hinterfragt werden, steht ihr doch das Vidimus des Bischofs von Ratzeburg vom 11. März 1428 gegenüber. Darin wird angegeben, dass Bischof Johannes *de dre breue des dorluchten hochgheboren fursten vnde heren hern Erikes van godes gnaden der Rike Dennemarke (...) koningk* gesehen und gehört habe, bei denen es sich um die drei Geleitbriefe vom 28. und 31. Januar sowie vom 1. Februar 1428 handelte.[273] Abgesehen von der Wiedergabe der drei vorgelegten Schriftstücke liefert die Urkunde keinerlei Informationen darüber, durch wen die Schriften präsentiert wurden. Da das Transsumpt jedoch in der bischöflichen Residenz in Schönberg ausgestellt wurde, musste die Vorlage der Geleitbriefe auf jeden Fall mit einer Reise verbunden gewesen sein. Diese unternahmen entweder einzelne Mitglieder oder Abgeordnete des Lübecker Rates oder auch Nikolaus Stock in Begleitung von Räten.[274] Dafür spricht, dass er die ihm in København überantworteten Urkunden zuvor noch gar nicht an den Lübecker Rat übergeben hatte.[275] Daher ließe sich durchaus vermuten, dass er selbst die Dokumente vor dem Ratzeburger Bischof verlas.

Grundsätzlich handelt es sich bei der Vidimierung um eine zusätzliche Absicherung, welche die Gültigkeit der Geleitbriefe unterstreichen sollte. Daher stellt es eine direkte Reaktion auf das Misstrauen gegenüber den Urkunden des dänischen Königs dar. Auch wenn Nikolaus Stock selbst den Bischof traf und die Urkunden präsentierte, legt die Aufbewahrung des Transsumptes im Lübecker Archiv ein starkes Interesse des Rates an dieser zusätzlichen Absicherung nahe. Daher hing die Vorlage der

---

272 8.2.3, Nr. 47, zit. nach HR: *auch so mochten sy nicht gantz ir trawen setzen auff solche wort und botschaft, dy ich in von dem konige von Denmarken brocht hette.* Der wohl auch in diesem Zusammenhang vorgebrachte Vorschlag, in Flensburg zu tagen, geht nur indirekt aus der späteren Antwort von Nikolaus Stock hervor: 8.2.3, Nr. 47, zit. nach HR: *(...) ich hette in doch antwort und geleyczbriff bracht noch all ir begerunge und willen, ane das des koniges gnade nicht mochte gen Flensburg, soliche sache zu beslissen, umme mancherley sache willen komen, (...).*

273 Ausführlicher Zitat in Siehe 4.2.1, Anm. 46. 8.2.3, Nr. 33–35, 45.

274 Zu Schönberg: *Petersen*, Ratzeburg (2003), 592.

275 Er selbst gibt an, dass diese Übergabe zusammen mit der Ausstellung seiner Urkunde über die Verlängerung der Fristen für die Verhandlungen, am 19. März 1428, erfolgte: 7.2.3, Nr. 52, 53. Siehe auch nachfolgend im Text.

Schriftstücke vor dem Ratzeburger Bischof vermutlich wirklich mit Bedenken hinsichtlich der Glaubwürdigkeit des dänischen Königs zusammen. Gleichzeitig widerspricht das Datum des Vidimus der von dem Gesandten vorgegebenen Chronologie und sein Bericht erwähnt den Bischof nicht. Die Diskrepanz zwischen den Dokumenten ließe sich hier am ehesten mit einer Gestaltungsabsicht erklären, welche die Abfolge der Ereignisse auf Kernbegegnungen mit den Vertretern der Städte konzentrierte, auch wenn sich die Aussprachen und Reaktionen wahrscheinlich auf einen Zeitraum von mehreren Tagen verteilten. Dafür spricht auch, dass die Kürze der Frist für die Verhandlungen und die Ausfahrt der Flotte die eigentlichen Themen für die Begegnung um den 14. oder 15. März dargestellt haben dürften. Schließlich konzentrierten sich die ausführlicheren Äußerungen von Nikolaus Stock auf die Schäden des Krieges und wie ungünstig es wäre, *undrem baner und swert* (zu) *dedingen*.[276]

Als Konsequenz aus der Entscheidung der Städte, zuerst mit ihrer Flotte auszufahren, konnten die Verhandlungen nur mit einer Verzögerung stattfinden. Zudem musste Stock seine Pläne ändern. Anstatt mit den städtischen Sendboten zu dem Tag zu reisen, wie er es höchstwahrscheinlich geplant hatte, bestand nun seine Pflicht darin, den geänderten Termin oder auch den kompletten Fehlschlag wiederum in Dänemark bekannt zu machen. Die Ambivalenz seiner Motivation ergibt sich aus den zeitlichen Abläufen: So musste der Lübecker Rat spätestens am 14. oder 15. März an die Holsteiner geschrieben haben, um bei ihnen Geleit für den Gesandten zu erbitten.[277]

Hier ergibt sich ebenfalls ein Widerspruch zwischen dem Bericht und den Befunden der dokumentarischen Quellen. In der Retrospektive behauptete Stock, dass die Städte ihm erst, nachdem am 18. März die Absprache über einen neuen Termin am 11. April erfolgt war, das Geleit erwirkt hätten.[278] Die Urkunde, die er im eigenen Namen ausstellte, ist dann erst auf den 19. März, der Geleitbrief der Städte auf den 21. März datiert.[279] Auch hier ist sicher davon auszugehen, dass sich hinter den Widersprüchen eine zugespitzte Dramatisierung der Ereignisse unter dem direkten Einfluss der Verhandlungen vor København und dem endgültigen Bewusstsein, dass die Städte auf

---

276 8.2.3, Nr. 47. Darüber hinaus wiederholt er noch einmal, wie sehr das Blutvergießen im Norden, die Kriege des römischen Königs gegen die Türken und Feinde des Reiches schädige.

277 8.2.3, Nr. 49.

278 Dazu und zum Folgenden: 8.2.3, Nr. 52, zit. nach HR: *Dornach am dornstage negst noch letare gaben mir dy stete alle vorgenant auff dem rathawse zu Lubeke alleyne, vor dy Holstenherren und vor sich selbs, antwort und sageten, dy Holstenherren und sy wolden eynen tag, acht tage noch ostern zu Falsterbode in Schon, mit dem konige von Denmarken halden und aussegeln am negsten dornstage noch ostern, also vere sy das an wettere und winde gehaben mochten etc., als das lawter begriffen ist an dem briffe, des abschrift hernach stet, den dy stete von mir begerten und den ich besegelte und des abschrift ich habe mit ires eygen schreibers hant der stat Lubeke und den sy selber tichten. Und doruber begerten sy des koniges von Denmarken geleyczbriff, dy ich in auch doselbs antworte, des eyne abschrift auch hernach begriffen ist. Und solchen worten nochzukomen und tage zu suchen, erworben mir dy stete geleyte von den Holstenherren und geben mir auch irgen eygen geleyczbriff.*

279 Vgl. auch Kap. 5.2.1 sowie Kap. 5.2.2.

Zeit gespielt hatten, verbirgt. Daher wird besonderes Gewicht auf die Freiwilligkeit der Antwort gelegt und zweimal betont, dass die Städte die schriftlichen Dokumente *begerten*. Auf der anderen Seite verbirgt sich hinter der Bitte um eine rechtliche Absicherung von möglichen Verhandlungen ein fast schon regelhaftes Verhalten, da gemeinsame „Tage" ja den Charakter eines kurzzeitigen Waffenstillstandes hatten.

Möglicherweise versuchte Nikolaus Stock die Sendboten der Städte mit seiner Ankündigung, sofort wieder nach København zurückreisen zu wollen, zu einer Entscheidung zu zwingen. Seine Verärgerung über das Verhalten der Städte spiegelt der Bericht in jedem Fall wieder, und wenn er diese Sätze auch gegenüber den Ratssendeboten äußerte, so wären die Gespräche auf einem Misston zu einem Ende gekommen.

Daher ist die Antwort, die die Städte laut Nikolaus Stocks Bericht am 18. März gaben, wohl wieder als ein Kompromiss zu werten, der erst einmal eine generelle Bereitschaft zu Verhandlungen signalisierte und dennoch einen Spielraum für die Flottenaktionen ließ: Als Termin für den *veligen dag* wurde nun der 11. April angesetzt. Interessant ist an diesem Kompromiss, dass die Städte dabei erneut keine schriftliche Verpflichtung eingingen, jedoch von der anderen Seite Zusicherungen erbaten. Dennoch forderte Nikolaus Stock dieses Mal die Ratssendeboten auf, die Urkunde für ihn aufzusetzen und von der Hand eines Lübecker Schreibers niederschreiben zu lassen.[280] Am Ende befanden sich aber nur sein Name und sein eigenes Siegel auf dem Dokument. Hinsichtlich der inhaltlichen Bestimmungen und der weiteren Entwicklungen ist noch anzumerken, dass eine weitere Verlängerung um acht Tage, d. h. bis zum 18. April, *van hinderness wegen wedders vnde windes edder anderer nodsake* möglich sein sollte.[281] Diese Klausel befand sich üblicherweise in jedem Geleitbrief, sollte jedoch in dieser Situation wirklich relevant werden.

Mit der Verlängerung hatten die Städte fast einen ganzen Monat Zeit gewonnen, um eine endgültige Entscheidung zu treffen oder vielleicht auch günstigere Bedingungen herzustellen. In diesem Fall ist noch unklarer, wer konkret hinter der Verabredung stand. Stralsund hatte seine Flotte bereits ausgeschickt, bevor der Sendbote aus Lüneburg und Lübeck zurückgekehrt sein konnte. Davon erfuhren die in Lübeck versammelten Ratssendeboten wohl am selben Tag, als die Urkunde von Nikolaus Stock aufgesetzt wurde.[282] Im Nachhinein finden sich fast zeitgleich am 12. und am 14.

---

280 Vgl. Art. „dichten"/"tichten" in DRW 2, Sp. 795: I. verfassen, abfassen (von *dictare*), bes. mit den Beispielen unter I. 2.

281 8.2.3, Nr. 53, zit. nach LUB: *Vnde were ok, dat de vorscreuenen sendeboden vppe den vorgerorden sondach Quasimodogeniti to Valsterbode van hindernisse wegen wedders vnde windes edder anderer nodsake nicht komen enkonden, so hebbe ik den vorscreuenen veligen dach vppe de ergerorden koningliken macht vnde leydebreue, de ik den erbenomeden steden vmme merer sekerheyt willen mit mynem vrien willen gudliken hebbe ouergheuen, vort vorlenget achte dage.*

282 Stralsund sendet seinen Brief am 17. März 1428 nach Rostock (8.2.3, Nr. 50), der von dort aus sofort nach Wismar weitergeleitet und am 18. März von Wismar nach Lübeck an die versammelten

April schriftliche Entschuldigungen von Hamburg sowie von Rostock und Wismar,[283] die aber jeweils auf konkrete Situationen und neue Informationen reagierten. Im Fall von Rostock und Wismar, die sich auf eine gemeinsame Linie einigten, wurde als Begründung die mögliche Bedrohung durch eine englische Flotte angegeben, von der beide Städte ja erst durch Lübeck informiert worden waren.[284] Hamburg entschuldigte sich mit fehlenden Nachrichten vom Rat der Holsteiner und den anderen Städten und gab immerhin eine potentielle Zusage für den Fall, dass alle anderen Verbündeten Vertreter geschickt hätten.

Diese Schreiben deuten an, dass die Entscheidung zu dem Tag um den 18. und 19. März wohl von allen Städten getragen und Verhandlungen nicht von vornherein ausgeschlossen wurden. Eine konkrete Aussage über die Motive der einzelnen Verbündeten lässt sich jedoch kaum treffen. Der Lübecker Rat oder vielleicht auch nur einige seiner Mitglieder scheinen den Gedanken an Verhandlungen nicht sofort aufgegeben zu haben,[285] unabhängig vom bevorstehenden Aufbruch der Flotte. Deren verspäteter Aufbruch scheint denn auch weniger mit der Verpflichtung gegenüber Nikolaus Stock zu tun gehabt zu haben als mit einem Sturm *in der Traue*, wovon dieser sogar auf seiner Reise durch das Herzogtum Schleswig erfuhr.[286]

Ratssendeboten geschickt wird (8.2.3, Nr. 51). Der Brief muss Lübeck dann spätestens am 19. März erreicht haben.

283 8.2.3, Nr. 69, 70, dortige Nachschrift, zit. nach LUB: *Ok wetet, leuen vrunde, dat de van der Wismer vnde wy sint ens geworden, dat wy vnse sendeboden, alze de doctor begrepen hadde, nicht na senden willen, er wy iruaren tidinge van der Engelschen vlote etc.*

284 Hierbei handelt es sich um Nachrichten, die am 17. März 1428 vom Londoner Kontor nach Lübeck weitergeleitet worden waren, in einem leider verlorenen Brief. Vgl. Brief des Kaufmanns zu London an die zu Lübeck versammelten Hansestädte und den Rat zu Lübeck vom 18. April (HR I, 8, Nr. 422: *Als wij juwer groten beschedenheit upten 17. dach van Merte latest vorleden overscreven, wodaene wiis dat wii hiir vernomen hedden, dat de van Londen, van Hoel, van Lynne unde andere havenstede, by de zeekant belegen, uytrededen wol to en 14 schepe to van den meesten schepen, de hiir in Ingelant weren, umme dar mede mit fortze dor den Sont to zegelne etc. (...).* Der Brief vom März muss Lübeck spätestens am 12. oder 13. April erreicht haben. Vgl. wieder 8.2.3, Nr. 70, nach LUB: *Willet weten, dat wy vns vruntliken richteden nach iuweme breue vnde van stunden an twe snycken ouer sanden vnde leten vnsen vrunden de materien in Engelant bestellet vnde wes gi vns uorder scriuen, clarliken uorkundigen etc.* Es ist aber auch ein früherer Zeitpunkt möglich, da Hamburg bereits am 9. April über die Gefahr informiert ist (LUB 7, Nr. 143).

285 Vgl. Brief von Hamburg (8.2.3, Nr. 69, zit. nach LUB) vom 12. April 1428: *Juwen bref, darane gij vns toscriuen, was iuw mester Nicolaus Stok, des heren Romischen koninges sendebode, heft toscreuen an sinen breue am hilgen Paschedage gescreuen to Haderslewe, dat he des mandages van dar na dem heren koninge van Dennemarken riden wolde, vmme den dagh to holdende, also des vorramet were, vnde dat iuw nutte dunket, dat men dat nicht vorlegge, men sende darumme, also des is vorramet etc. (...).*

286 8.2.3, Nr. 63, zit. nach LUB: *Als ich ewir liebe geschriben hatte etc.* [am 28. März] *wart mir gesaget, das es den ewirn nicht wol in der Traue gegangen hatte etc., mit den ewir weissheyt villeicht bekommen gewest ist (...).* Ein solcher Unglücksfall würde auch die Diskrepanz zwischen der Lübecker Erklärun-

4.5.3 Das Treffen vor København und die Folgen

Unabhängig von den späteren Entschuldigungsschreiben aus Hamburg und Rostock wussten die Lübecker Ratsherren Jacob Bramstede und Johann Bere bereits von der Absage der *dachartig* nach Falsterbo, als sie sich am 16. April mit Nikolaus Stock und den dänischen Reichsräten Anders Nielsen und Fikke von Fitzen am Strand bei København trafen.[287] Im gleichen Sinn erklärte auch Detlev von Ahlefeld bei der offiziellen Verhandlung am nächsten Tag, dass der Brief, in dem Nikolaus Stock den Verhandlungstermin verlängerte, aufgesagt worden sei.[288] Die befehlshabenden Ratsleute mussten also im Vorfeld, eventuell vor dem endgültigen Auslaufen der Lübecker Flotte, ganz sicher aber vor den eigentlichen Entschuldigungsbriefen der Städte, Instruktionen erhalten haben, wie mit dem *dokter* zu verfahren sei. Davon zeugt zum einen der Beginn des Berichtes der Flottenführer, der als ersten Punkt, sofort nach dem Gruß, die Begegnung mit dem Gesandten anführt: *Juwer vorsichticheit begere wi to wetende, dat des anderen vridages na passchen do quam de dokter up den strant vor Kopenhaven (...).*[289] Zum anderen geht aus diesem Bericht wie auch aus dem Notariatsinstrument und Nikolaus Stocks eigenen Worten ebenfalls hervor, dass die Lübecker Ratsleute den Auftrag hatten, alle neuen Geleitbriefe an die Städte weiterzuleiten.[290] Das vorgeschlagene Vorgehen lässt annehmen, dass die Strategie der

gen und dem Ausbleiben der Flotte am besten erklären, die im Mahnschreiben aus Wismar vom 1. April zum Ausdruck kommt (8.2.3, Nr. 65, zit. nach LUB): *Vnde alze vns berichtet is, so hebbe gij den ersamen van Hamborgh muntliken ghezecht, dat de iuwen alles dinges rede weren vnde scholden to schepe komen sunder sument, vnde gij den van der Wismar ghescreuen hebben, dat so vro, alze iuw de wynt icht kauelen wolde, dat were by nacht edder by daghe, so scholden de iuwen vnuorsumelken in de see lecgen, by den vnsen to wesende, des doch nycht ghescheen is.* Vgl. dazu auch *Koppmann* in HR I, 8, 261. Im Gegensatz zu *Daenell*, Hansestädte (1902), 340 und *ders.*, Blütezeit (1905), Bd. 1, 238, der das Mahnschreiben immer mit den Verpflichtungen gegenüber Nikolaus Stock in Verbindung bringt.

287 So heißt es im Bericht der Hauptleute der vor København liegenden Flotte an Lübeck (8.2.3, Nr. 77): *Unde de dokter sede, he hadde ramet enes dages tusschen den steden unde dem koninge, up Valsterbode to holdende 8 dage oft 14 dage na passchen unbegrepen, unde mende dat se dar weren. Unde Vicke van Vitzen sede, dat men leiden wolde, de dar segelen scolden van des koninges rade. Do sede her Jacob Bramstede, wat se dar don wolden, wente de stede en weren dar nicht.*

288 8.2.3, Nr. 77, zit. nach HR: *Do sede her Deterd van Anevelde, de breff were afgesalget, se en wolden up sinen breff nicht to dage segelen (...).*

289 8.2.3, Nr. 77, zit. nach HR.

290 In den Worten der Flottenführer (8.2.3, Nr. 72 b, zit. nach HR): *Do sede her Hermen Westval van der stede wegen, dat he uns enen leidebreff scicke van dem koninge, dar unse vrunde an vorwart weren, de up den dach komende worden, velich af unde too; den wolde wy gerne unsen rederen to hus senden, dat se dar komende wesen scolden mit den ersten.* Nach dem Wortlaut des Notariatsinstrumentes (8.2.3, Nr. 73, zit. nach HR): *Et subjunxerunt miles et Johannes predicti, quod revera scirent, quod nullus nomine comitum Holsacie predictorum aut nomine civitatum predictarum veniret ad diem et locum Falsterbode ad aliquid placitandum, sed eis esset commissum a proconsulibus et consulibus dictarum civitarum, cum aliqua litter nova salvi conductus eis a rege Dacie presentaretur, istam deberent acceptare*

Städte weiterhin darin bestand, auf Zeit zu spielen, um sich von den Dänen oder anderen nicht in die Enge treiben zu lassen.

Doch scheiterten die Versuche, die Gegenseite um Verbindlichkeiten zu bitten und selbst darauf zu verzichten, dieses Mal. Dass Nikolaus Stock für die Verhandlungen am 17. April das Schreiben König Sigismunds mit der befristeten Vorladung mit sich führte und auch seinen Schreiber mitbrachte, verdeutlicht, dass er sich auf den Ernstfall vorbereitet hatte. Die Inszenierung der Begegnung demonstrierte zudem eine visuelle Distanz, denn der Gesandte saß dabei auf seinem grauen Pferd, also hoch erhoben über den Abgesandten der Flotte, die mit Booten gekommen waren.[291]

Aus Sicht der holsteinisch-städtischen Flottenführer kam die zu Beginn des Kapitels geschilderte Übergabe des zweiten königlichen Schreibens als unwillkommene Überraschung. Das von Paulus Gumbrecht aufgesetzte Notariatsinstrument scheint in der Rohform auch gleich vor Ort entstanden zu sein, da zusammen mit dem Schreiben der Flottenführer anscheinend auch eine Abschrift oder ein beglaubigtes Protokoll in Rohform an Lübeck mitgeschickt wurde.[292] Das Notariatsinstrument unterscheidet sich vom Bericht der Flottenführer in den Johann Bere und Hermann Westfal zugeschriebenen Rollen und in den Reaktionen auf die Überreichung der Zitation:[293] Demnach beabsichtigten die holsteinisch-städtischen Verhandlungsführer den Brief zuerst ins Wasser zu werfen und es wurden Rufe laut, das Dokument doch in einem

---

et eam civitatibus dictis dirigere. Laut Nikolaus Stock (8.2.3, Nr. 72 a, zit. nach HR): *Sprochen der Holstenherren rete und dy stete noch etlichen tagen, sy wosten von keynem vorrameten tage; in wer auch von den iren nichst davon gesaget, sunder ich wer allczeit irenthalben wol fridlich; sy wosten aber wol, das nymandes den tag von der Holstenherren und der stete wegen suchen worde; auch wer in bevolhen, wen in eyn newir geleyczbriff von dem konige von Denmarken worde, den solden sy auffnemen und den fort an dy stete schicken.*

291 8.2.3, Nr. 73, zit. nach HR, beschreibt nach Invokatio und Datumsangabe: (...) *venerabilis et egregius vir Nicolaus Stok, decretorum doctor ac arcium liberalium magister, serenissimi et invictissimi principis et domini, domini Sigismundi, Dei gracia Romanorum ac Hungarie, Boemie, Dalmacie atque Croacie etc. regis, consiliarius et ambasiator, personaliter constitutus super **equo griseo** in regno Dacie ante opidum Haffnense per ducentos passus modicum citra vel ultra in mari Ursunt coram undecim navibus, in quibus fuerunt cum pluribus ceteris* (...) [Hervorhebung d. V.].

292 Zit. in Kap. 4.2.3, Nachweise in Anm. 54.

293 Zum folgenden, vgl. 8.2.3, Nr. 73, zit. nach HR: *Et post talia verba prolata asseruit eam inobedientes, porrigendo citacionem domini regis Romanorum ipsis civitatensibus supradictis et signanter uni consuli de Lubek, nomine Johannes Ber, qui videns sigillum regale, mox voluit dictam citacionem dicto domino doctori restituere; sed idem rennuit eam rehabere. Immediate dixit et dictus miles Dittlevus de Anefeld dicto Johanni Ber, quod proiceret eam ad aquam, ceteri multi idem clamantes, reliqui vero, ut deberet poni super valanga ad aquam. Demum subjungendo dixit idem dominus doctor: Legite citacionem et ea lecta habeo vobis aliqua nomine domini regis Romanorum referre. Ipsi vero nolentes eam legere, sed petentes, quatenus dictus dominus doctor citacionem econtra ab eis recipere vellet.* Darauf folgt die Zusammenfassung des Inhalts.

Schiff[294] auf dem Wasser auszusetzen. Daraufhin forderte Nikolaus Stock die Anwesenden noch einmal zum Lesen auf, und als sie dies nicht tun wollten, teilte er ihnen den Inhalt mündlich mit. Da es sich bei dem Dokument um ein Notariatsinstrument handelt und da auch die Flottenführer keinen Zweifel an der Neutralität des Notars äußerten,[295] muss dieser Beschreibung der Ereignisse Glauben geschenkt werden.

Die Weigerung, das königliche Schreiben an- oder gar zur Kenntnis zu nehmen, die sich sogar in einem Wunsch nach dessen Zerstörung oder Verschwinden äußerte, demonstriert noch einmal zugespitzt die Bedeutung, die man dem geschriebenen Wort und dem physischen Gegenstand, auf dem dieses niedergeschrieben wurde, beimaß. Aus dieser Relevanz von Schriftlichkeit erklärt sich auch, warum die Vertreter der Städte bei jedem Schritt ihrer Begegnung mit dem königlichen Gesandten darum bemüht waren, schriftliche verbindliche Dokumente zu vermeiden. Dabei mag es sich um Strategien handeln, die sich aus der Gewohnheit bewährt hatten, oder um ein Verhalten, dass der besonderen Situation des Krieges und eines Sendboten des römischen Königs als Vermittler geschuldet war.

Thomas Behrmann wertet die Verhandlungen vor København mit der überraschenden Übergabe der Zitation als einen der Fälle, in denen die Städte durch Schriftlichkeit geradezu „übertölpelt" wurden.[296] Sicher lässt sich kaum bestreiten, dass Nikolaus Stock die unangekündigte Übergabe wirkungsvoll in Szene setzte, doch kann ebenso wenig daran gezweifelt werden, dass er seinerseits das Verhalten der Städte als Hinterlist empfunden haben musste. Schon der Versuch, die Verlängerungsurkunde von den Ratssendeboten selbst aufsetzen und die Abschrift durch einen Lübecker Schreiber anfertigen zu lassen, zeigt sein Bemühen, die Städte zu größerer Verbindlichkeit anzuhalten. Bei den Verhandlungen in København benutzte Nikolaus Stock dann auch das Exemplar seiner Urkunde aus der Hand des Lübecker Schreibers, um zu bezeugen, dass die Lübecker doch über den anberaumten Tag Bescheid wussten. In ihrem Bericht geben die Flottenhauptleute eine sehr lakonische Antwort von Hermann Westfal wieder: *he kende de scrift nicht.*[297] Das Notariatsinstrument gibt

---

294 Hinter der *valanga* des Notariatsinstruments verbirgt sich sehr wahrscheinlich das Wort *balaneria* bzw. eher *balingaria*, in der Bedeutung von Schiff bzw. Kriegsschiff: *Du Cange* 1, Sp. 531b (*balanera*) und Sp. 536c (*balingaria*).

295 Dies zeigt sich schon darin, dass sie ihn ebenfalls ein Notariatsinstrument ausstellen lassen (8.2.3, Nr. 74), das Paulus Gumbrecht auch ordnungsgemäß aufsetzt.

296 *Behrmann*, Herrscher (2004), 286.

297 8.2.3, Nr. 73 b, zit. nach HR: *Unde do sede de dokter, id were jo alzo gerament; unde toch ene scrift ut unde dede se her Johan Beren und sede: gi kennen jo juwes scrivers hand wol. Unde her Johan dede se vort her Hermen, unde her Hermen sede, he kende de scrift nicht, unde he dede her Johan Beren den breff wedder; unde den nam de dokter van her Johan wedder to sik.* Die Flottenführer, die ihren Bericht fast einen Monat nach dem Ereignis schrieben, hatten nur die Reihenfolge der überreichten Dokumente durcheinandergebracht. Vgl. HR I, 8, 263 Anm. 1.

nur an, dass die Lübecker Ratsleute keine Angabe machen wollten,[298] während Nikolaus Stock in seinem Bericht die grundsätzliche Ablehnung des Tages auf Grundlage der Urkunde und König Eriks Geleitbrief herausstellte.[299] Schlussendlich war allein die Schrift eines Lübecker Ratsschreibers kein rechtlich verbindlicher Bestandteil der Urkunde, die also nur im Namen ihres Ausstellers wirksam war, und nur dieser verbürgte sich für deren Inhalt.

Dass dieses Dilemma dem rechtsgebildeten Gesandten bereits vorher bewusst gewesen sein wird, selbst wenn er einen letzten Versuch unternahm, die Angelegenheit ohne Zwangsmaßnahmen zu regeln, zeigen seine Vorbereitung zu dem Treffen und die Äußerungen der schriftlichen Quellen von seiner Seite. Aus dem Bewusstsein oder Gefühl heraus, dass die Verweigerung von Schriftlichkeit von Lübeck als strategisches Mittel eingesetzt wurde, erklärt sich nicht zuletzt auch seine kompromisslose Haltung hinsichtlich der Vorladung. Das damit verbundene Notariatsinstrument stellt also eine Form der Eskalation dar. An die Stelle von Gesprächen trat nun ein rechtliches Dokument, das klar als Instrument des gelehrten, also übergeordneten Rechtes definiert war.

Diese Qualitätsänderung im Umgang zwischen dem Gesandten und den Flottenführern sowie im Umgang mit dem königlichen Schreiben zeigt sich quasi in dem Moment, in dem ein Notar überhaupt ins Spiel gebracht wird. Nun gab es keine Versuche mehr, sich dem Mandat des römischen Königs in irgendeiner Form zu entziehen, stattdessen erklärten die anwesenden Flottenführer, dass man gehorsam sein wolle. Am schnellsten reagierte dabei der holsteinische Gesandte Detlev von Ahlefeld, der sich ebenfalls an den Notar wandte, damit dieser seine Erklärung dokumentiere.[300] Da die Holsteiner der Hauptgegner des Königs von Dänemark waren und diese zum römischen König ein ambivalentes Verhältnis pflegten, kommt diese Reaktion überraschend, lässt sich aber wohl aus der gewandelten Situation und den nun geltenden

---

298 8.2.3, Nr. 74, zit. nach HR: *Tunc ad inducendos eosdem et ad informandum animos ipsorum dictus dominus doctor tradidit dictis duobus consulibus de Lubeke, videlicet Hermanno Westfal et Johanni Ber, copiam littere, quam asseruit tradidisse ipsis civitatibus predictis, sigillo suo sigillatam ad videndum et legendum et quam asseruit manu propria scriptoris civitatis Lubicensis esse scriptam atque ipsos civitates met eandem dictasse. Ea visa et lecta et cum penitus nichil super ea responderunt, repeciit eandem ad intentum suum, cum necessitas immineret, ut asseruit, probandum; addens, si scivisset, quod verbis ipsorum noluissent satisfacere, ipse ante a civitate Lubicensis non recessisset, nisi litteras dominorum Holsacie et civitatum sigillatas super die et loco placiti, de quibus supra, servanda habuisset, nec nudis verbis ipsorum fuisset contentus.*
299 Nikolaus Stock: 8.2.3, Nr. 73 a, zit. nach HR: *Do zeygte ich in und nemlichen zween ausz dem rate von Lubeke irs eygen schreibers hant und abeschrift des briffs, den ich den steten von irer begerunge wegen geben hatte, den sy sohen und losen, und den dy stete selber geticht hatten, (...).*
300 Hierbei stimmen der Bericht der Flottenführer und das von Paulus Gumbrecht ausgestellte Notariatsinstrument überein: 8.2.3, Nr. 73 b, zit. in Kap. 4.2.3, Nachweise in Anm. 54; 8.2.3, Nr. 74, zit. nach LUB: *Super quibus omnibus et singulis dictus strenuus miles Detleuus de Aneuelt me notarium publicum infrascriptum debita cum instancia requisiuit (...).*

rechtlichen Spielregeln erklären. Außerdem wurde der Pergamentbrief König Sigismunds nun mit dem Notariatsinstrument oder einer Vorstufe nach Lübeck geschickt.

Auch der Lübecker Rat beschränkte sich nun nicht mehr auf Unverbindlichkeit: Es wurde eine Protestschrift entworfen, die auf die Klagepunkte des römischen Königs antwortete. Der Bürgermeister Conrad Brekewold und zwei Ratsleute überreichten diese Schrift in einem zweiten Schritt dem Bischof von Ratzeburg, verbunden mit der Bitte, sie als Richter in ihrer Angelegenheit aufzunehmen, zu besiegeln und durch einen Notar bestätigen zu lassen, *so wie es nach dem geschriebenen gemeinen Recht üblich ist.* Die Besonderheit an dieser expliziten Bezugnahme auf das geschriebene Recht liegt darin, dass damit zugleich die besonders von der Kanonistik entwickelte Definition der *protestatio* angesprochen wird.[301] Als Rechtsmittel, das die stillschweigende Zustimmung zu einer Anklage verhindern soll, findet die „Protestation" hier eine gleichsam regelhafte Anwendung. In Form eines notariellen Instruments fand sie im 14. Jahrhundert in den Auseinandersetzungen zwischen Kaiser und Papst immer wieder Anwendung. Zu Beginn des 15. Jahrhunderts wurde sie auch in norddeutschen Streitfällen benutzt.[302] Dass im Fall der Protestation der kriegführenden Städte neben einem Notar noch der Bischof von Ratzeburg als Autorität hinzugezogen wurde, liegt wohl in dem Bemühen begründet, dem Inhalt des Protestes durch eine besondere Formstrenge weiteres Gewicht zu verleihen.[303] Inhaltlich weist die Protestschrift darauf hin, dass Lübeck sich an jeder reichsweiten Aktion gegen die Hussiten mit Bewaffneten beteiligt hatte.[304] Wie schon früher angemerkt, handelt es sich zudem um das früheste Dokument, in dem Lübeck sich der holsteinischen Argumentation anschloss, dass König Sigismund in der Schleswig-Frage als alleiniger Richter keine neutrale Instanz sei.[305]

---

301 Zur Definition kurz: *Becker*, Protest (1984). Genauer: *ders.*, Protestatio (1978), 390 f. Verweis auf die Glossa ordinaria zum Liber Extra des Bernhard von Botone: *Protestatio necessaria est, ne fiat praeiudicium alicui circa ius suum* (Liber Extra 2.27.21 ad v. prosequatur, zit. nach *Daoyz*, Iuris pontificii summa seu index copiosus, Bd. 2, 294) und *Protestatio iuvat protestantem et detrahit iuri eius, cui praeiudicat* (Liber Extra 1.6.50, ebenda, 294).

302 *Becker*, Protestatio (1978), 294 f. bringt als Beispiele Protestationen Heinrichs VII. und Ludwigs des Bayern, z. B. auch in Form von Konzilsappellationen. Für ein Beispiel des 15. Jahrhunderts, vgl. die Protestation Herzog Erichs V. von Sachsen-Lauenburg von 1420 gegen den Vertrag von Perleberg, in dem die Herzöge zugunsten der Städte Lübeck und Hamburg auf Mölln und Ripenburg verzichten sollten. Diese Protestation bestand aus einem Notariatsinstrument und einer Siegelurkunde der Herzöge Johann IV. von Mecklenburg sowie Kasimir V. von Pommern-Stettin (LUB 6, Nr. 248).

303 Laut *Segusio*, Summa, fol. 6r konnte *protestatio est vestita, puta conventionalis* als letztes Kriterium immer noch über die Gültigkeit eines Protestes entscheiden, wenn selbst die Rechtmäßigkeit des Grundes nicht beweisen werden konnte. *Becker*, Protestatio (1978), 391, 392 (Schema).

304 Vgl. 8.2.3, Nr. 78. Dazu wurde in Lübeck eine eigene Steuer erhoben: vgl. auch LUB 7, Nr. 143. Zur Beteiligung der Hansestädte an den Hussitenkriegen: *Fritze*, Hansestädte (1957/1958), bes. 13 f.

305 Vgl. Kap. 3.3. 8.2.3, Nr. 78, zit. nach HR, 285: *Hiir enboven hopen wii an unsen aldergnedigisten heren Romischen koning vorgenant, dat he uns mit gheneme richt eder penen beswaren en wille; weret aver, dat he dar emboven uns edder de unsen in recht then wolde, des wii nicht en hopen, so protestere*

Der innere Aufbau der Protestatio und die gewählte Form, also die eines Notariatsinstrument mit Beglaubigung durch eine neutrale Instanz, deuten also darauf hin, dass in Lübeck Kenntnis über die verschiedenen Rechtsformen, ihre Verfahrensweisen und ihre Instrumentarien bestand. Obwohl es sich bei dieser Urkunde um ein reaktives Schriftstück handelt, fällt auch diese wieder in die in Lübeck üblichen Anwendungsbereiche für Notariatsinstrumente auf weltlicher Ebene, als ein Element des übergeordneten Rechts, das aber nicht unbedingt neutral sein musste. Selbst wenn die Protestschrift, was leider nicht nachweisbar ist, durch die Stadtschreiber aufgesetzt wurde oder dabei Kleriker aus dem Domkapitel zu Rate[306] gezogen wurden, so handelte es sich doch um Wissen, das in Lübeck zur Verfügung stand. Daher ist diese Schrift wohl nicht nur durch die Anstöße auf dänischer Seite erklärbar.

Dass dem Rat von Lübeck am *lope des rechtes* lag, geht auch aus einem Brief an Wismar hervor, in dem dieser um Ratschläge wegen Transportmöglichkeiten der für Nikolaus Stock bestimmten Urkunde bat.[307] Nach Dänemark gelangte das zweite Exemplar während eines zweiten Vorstoßes der städtischen Flotte in den Øresund, der Mitte Juni stattfand.[308]

4.6 Nikolaus Stock in Dänemark

Nach der Konfrontation zwischen Nikolaus Stock und den Flottenführern am 17. April vergingen einige Tage, in denen es offenbar keinen Kontakt zwischen beiden Seiten

---

wii, vortugen unde vorworden, dat syner koningliker gnade persona in dessen stucken unde artikelen tegen den ergenanten heren koning van Denemarken nên gedelik richter wesen en mach umme naher mageschop willen, de tusschen en beyden angeboren is, wente se suster unde broder kindere sint. In dergleich offener Sprache kommt der Gedanke in den Schriftzeugnissen der Holsteiner zwar nicht zum Ausdruck, der Vorbehalt gegenüber dem römischen König zeigte sich jedoch in ihrem Wünsch, die Entscheidung über Schleswig vom römischen König und von den Kurfürsten entscheiden zu lassen: Acta Processus. Ed. *Langebek*, 275.

306 Für solche Möglickeiten stünde zum Beispiel der Ratskaplan Johann Wenge zur Verfügung, der auch Mitglied des Lübecker Domkapitels war. Vgl. auch Kap. 6.2.2 bis 6.2.4.

307 Vgl. 8.2.3, Nr. 79, nach LUB: *Vnde wo iw gud dunked, datmen se deme koninghe vnde dem doctori, eft he dar noch were, beqwemelikest benale, dar moge gii vp synnen vnde juwen raem beuelen juwen sendeboden, de hir nu komende werden. Vnde wo wij des na lope des rechtes alrede geramet hebben, wille wij juwen vnde den anderen sendeboden gerne to kennende gheuen vppe juwe vnde ere vorbeterend.*

308 Diese Auskunft zur Übergabe der Urkunde enthält König Eriks Rede: HR I, 8, Nr. 517, § 9, 342: *erer protestacien, (…) de se uns schickeden (…) in der anderen reyse, de se dat jar* [1428] *deden in den Orssund.* Die genaue Chronologie dieser „Reise" ergibt sich aus dem Brief der Lübecker Flottenführer vom 21. Juni 1428 (DRA, NKR, Nr. 3031 = LUB 7, Nr. 176), der aus dem Øresund geschickt wurde. Demnach lagen die Schiffe der Städte noch bis zum 14. Juni in der Wismarer Bucht. Zwar enthält dieser Brief keinen Hinweis auf die Übergabe der Dokumente, gibt aber Auskunft über den Aufenthaltsort von König Erik und Königin Philippa.

gab. Am 22. und 23. April fanden dann noch einmal Gespräche statt, bevor die Verhandlungen in einer Pattsituation endeten, da auf der einen Seite durch König Erik kein neuer Geleitbrief ausgestellt wurde und die Flottenführer auf der anderen Seite, nicht ermächtigt waren, im Namen der Städte zu verhandeln.[309] Von den dazwischen liegenden Tagen verbrachte der Gesandte den 18. April damit, seine Rechtfertigungsschrift zu verfassen bzw. Paulus Gumbrecht zu diktieren.[310] Die Aufforderung dazu kam von König Erik selbst, der dann auch in jedem Moment als friedensbereit und respektvoll gegenüber der Würde des römischen Königs erscheint. In dieser Weise legte ihm Nikolaus Stock im Vorfeld der Verhandlungen in der Bucht von København auch die Worte in den Mund: *Do beschickte seine gnade seine rete und gab mir eyne antwort, er welde Got ansehen und nemlichen seines liben herren und ohemes, des Romischen koniges, botschafft, und nicht der stete hoffart und gewalt, und wolde den vorrameten tag mit in suchen.*[311]

Die Entstehungssituation – einen Tag nach der Konfrontation – und der Anlass – die Aufforderung zur Rechtfertigung durch den König – erklären den Tenor des Textes. Obwohl die Darstellung von der Sprache her neutral ist und keine der beiden Seiten mit Schimpfworten bedacht wurde, erscheinen die Städte durch die Wiedergabe ihrer Handlungen und Worte recht offensichtlich als Täuscher und ungehorsame Untertanen des römischen Königs, die sich nicht mit ehrlichem Sinn auf Friedensverhandlungen oder gar den Weg des Rechts einlassen wollten: Die immer wieder erfolgten Ermahnungen durch den Gesandten wurden in den Wind geschlagen, die Städte hielten sich nicht an die Abmachungen. Dabei zeigt sich seine grundsätzliche Einschätzung der Situation im Licht der parallelen Quellenüberlieferung als einsichtsvoll, auch wenn es sich nicht um eine objektive Haltung handelte. So erwähnt er bei seinem Versuch, den König wegen der Flotte in der Bucht vor København zu beschwichtigen: *sy weren von eren gemeynden dorzu gedrungen, und [wolde] den vorbenanten tag suchen.*[312] Auch wenn er bei der Abfassung dieses Textes das Scheitern der Verhandlungen bereits vor Augen hatte, stimmt diese Einschätzung zu weiten Teilen mit der Stimmungslage in den Städten und den antidänischen Ressentiments überein.[313]

Für die Beziehungen des Gesandten zum dänischen König bzw. dessen Beratern bietet der Bericht nur teilweise Informationen zum ersten Aufenthalt und zur direkten Vorgeschichte der Verhandlungen in København. Hinsichtlich seines Aufenthaltes Ende Januar 1428 beschränkt sich die Schilderung hauptsächlich auf die Beschrei-

---

309 8.2.3, Nr. 76.
310 8.2.3, Nr. 75. Siehe auch Kap. 4.2.1.
311 8.2.3, Nr. 68, zit. nach HR.
312 8.2.3, Nr. 68, zit. nach HR.
313 Vgl. dazu auch die Dynamik der Ereignisse in Wismar und Rostock in Kap. 3.5.

bung von zwei Begegnungen mit dem König, welche am 24. und 25. Januar stattfanden. Dabei führte sich der Gesandte beim ersten Treffen ein, stellte sein Anliegen, den Beschluss des Reichstags sowie das *fredbot*, die Urkunde König Sigismunds, vor und verkündete auch die Antwort der gegnerischen Partei.[314] Es ist davon auszugehen, dass er dabei den Brief Sigismunds an Erik von Dänemark zusammen mit den Abschriften der offiziellen Schreiben an Lübeck übergab. In seinem Bericht erwähnte Nikolaus Stock nicht, ob bereits die mögliche Ladung der Städte vor den Reichstag zur Sprache kam. Da der Brief des römischen Königs diese Möglichkeit aber andeutet, ist dies wahrscheinlich. Dass Nikolaus Stock diesen Teil des Gespräches aber nicht erwähnt, muss nicht verwundern, da der Bericht ja quasi auf die Übergabe der Zitation als letztes Mittel, um die Städte zum Gehorsam zu bringen, hinausläuft. Am folgenden Tag erhielt Nikolaus Stock dann die Antwort des Königs, der sich willig zeigte, dem Befehl Sigismunds nachzukommen und Verhandlungen abzuhalten. Er schlug auch zwei mögliche Orte vor und forderte gleichzeitig den Gesandten auf, dass er eine „Schrift", sicher eine Urkunde bzw. ein Notariatsinstrument, über die *abscheydunge von beyden partien* „nehme".[315] Im Folgenden beschreibt der Bericht die genaue Terminfindung, die Übergabe der Geleitbriefe mit Vollmacht zur Verlängerung und die Übertragung weiterer Befugnisse: Darunter zählte vor allem die Möglichkeit, im Falle, dass die Städte sich im Voraus zu einem Frieden bereit erklärten, eine Waffenstillstandsverhandlung einberufen zu können.[316] Da diese Ausführungen aber keine Datumsangabe mehr enthalten, entsteht der Eindruck, alle diese Gespräche hätten noch am selben Tag, den 24. Januar, stattgefunden. Die Ausstellungsdaten der offiziellen Geleitbriefe des Königs am 28. und 31. Januar, von welchen erst der zweite die zusätzliche Vollmacht enthielt, deutet jedoch auf einen etwas längeren Diskussionsprozess hin. Obwohl der König in Nikolaus Stocks Bericht als einziger Akteur benannt wird, ist davon auszugehen, dass er auch mit anderen Personen am Hof Gespräche über seine Mission führte. Ein Indiz dafür stellen die schon erwähnten Kanzleivermerke

---

314 8.2.3, Nr. 33.

315 8.2.3, Nr. 33. „Schrift nehmen" ist ein eher seltenes Synonym für „aufschreiben", das möglicherweise auch eher dem mittelniederdeutschen Sprachraum zuzuordnen ist. Eine Variante ist aufgeführt in Art. „Schrift", in: *Schiller-Lübben* Bd. 4, 137: *Und de nien broder nemen in schrift allent, dat on geantwerdet ward.*

316 8.2.3, Nr. 33, zit. nach HR: *Dorauff vorramete seine gnaden mit mir eynes tages auff den sontag letare czu metefasten negst vorgangen, und seine gnade gab mir zwene geleyczbriffe, vor dy Holstenherren und dy stete, mitsampt macht den tag noch ostern, ab das not were, zwu, drei oder vier wochen zu vorlengen, und befal mir, seine gnaden wolden seine widersachen den krig gancz niderlegen und abthun, als das dy beslissunge und fredbot ausweisen, das man fredlichen zu tagen zu unde abe komen mochte; so solde ich die macht haben von seinen gnaden, das in auch zu sagen; und befal mir seine konigliche gnade, was mir zu antwort von seinen widersachen worde, das ich das seine gnade zu vorausz zeitlichen lisse wissen, das sich seine gnade dornach woste zu richten.*

auf den Geleitbriefen dar, die den Beurkundungsbefehl durch den König unter Anwesenheit und Zustimmung seiner Räte notierten.[317] Mit einem solchen Vermerk wurden die zusätzlich an der Beurkundung beteiligten Personen gekennzeichnet, die entweder den vom König erteilten Beurkundungsbefehl an den ausführenden Schreiber weitergaben oder eine besondere Rolle beim verhandelten Rechtsgeschäft spielten.[318] Zunächst wird das Dokument mit *ad mandatum* direkt auf den königlichen Beurkundungsbefehl bezogen bzw. die Autorität des Herrschers bezogen.[319] Daneben findet die Gruppe der Berater, wohl die dänischen Reichsräte bzw. eine Gruppe von diesen, sowie Jens Pedersen Erwähnung, wobei die verwendeten Partizipien *presens* und *consientens* einen unterschiedlichen Grad der Anteilnahme andeuten. Erscheinen die Ratgeber vor allem als Zeugen des königlichen Befehls, wird für Jens Pedersen eindeutig ein bewusster Akt der Zustimmung vermerkt. Dies legt die Vermutung nahe, dass ihm wohl eine Schlüsselfunktion bei den Gesprächen und der Abfassung der Geleitbriefe zukam.

Es handelte sich bei ihm um einen (damals noch) Kanoniker in Roskilde, der wohl von 1419 bis 1434 Vorsteher der Kanzlei war, dessen Amt in der Regel als *cancellarius*

---

317 Vgl. Kap. 4.2.1, Anm. 45.

318 Nach *Spangenberg*, Kanzleivermerke (1928), 478 resultieren die Kanzleivermerke aus der Häufung wachsenden „Geschäftslast" und der damit verbundenen Aufteilung von Aufgaben. Es „lag daher nahe, denjenigen Räten oder einem von denen, welche in der Vorverhandlung an der sachlichen Entscheidung des betreffenden Falles teilnahmen, auch die Übermittlung des Beurkundungsbefehls und die Überwachung des Beurkundungsbefehls anzuvertrauen. Die Herrscher und ihre Räte setzten den Rechtsinhalt fest und kontrollierten den Beurkundungsvorgang durch Revision des Konzeptes u. dgl. (...)." Aus dieser Aufteilung resultierten, laut *Spangenberg*, auch die ersten Kanzleivermerke in der Form *per regem, ad mandatum regis* oder *ad relationem domini N* mit dem Namen des „Kanzleibeamten".

319 Zur Lesart der Formeln zunächst: *Spangenberg*, Kanzleivermerke (1928), 469 f. Die ältesten dänischen Kanzleivermerke stammen aus den 1420er Jahren und beginnen mit *Ad jussum domini regis*, bevor andere Personen genannt werden: *Christensen*, Dansk Statsforvaltning (1903), 117, der folgende Beispiele aus verschiedenen Quellen zusammenträgt: *Ad jussum domini Johannis Petri* (1421, Aug. 29). *Ad jussum domini et ad relationem Erici Krumedige Johannes Petri* (1422, Febr. 16), und *Ad jussum domini regis Johannes Petri* (1422, Oktober 28). Wann der Wechsel zu *Ad Mandatum* erfolgte oder ob beide Formen zunächst parallel verwendet werden, ist nicht genau zu klären. Spätestens mit Christoffer III. wird *Ad mandatum* eine der festen Einleitungsformeln für Kanzleivermerke: Christoffers af Bayerns Breve. Ed. *Olesen*, Einleitung, 19 f. (deutsch), 36 f. (dänisch). Im Laufe des 15. Jahrhunderts und vor allem zum Ende hin differenzieren sich die Kanzleivermerke weiter aus und können sich sowohl auf den König als auch auf dessen Berater als Autorität – „Relator" – beziehen. Dazu: *Christensen*, Dansk Statsforvaltning (1903), 119–122; *Hvidtfeld*, Bidrag (1934–1936), 38 f.; *Hvidtfeld*, Forvaltningspolitik (1939), 229. Möglicherweise ließe sich dies auch als Indiz für eine zunehmende Institutionalisierung und Ausdifferenzierung von Zuständigkeiten interpretieren, vor allem da z. B. zurzeit Christians II. die Kanzleiangestellten auch eigenständig Dokumente ausstellten, vgl. *Hvidtfeld*, Forvaltningspolitik (1939), 229.

regis oder *kongens kanceler* umschrieben wird.[320] Eine seiner besonderen Tätigkeiten war die Teilnahme an den Verhandlungen in Ofen, wo er neben Erik Krummediek als einer der dänischen Prokuratoren fungierte.[321] Dadurch konnte er auf Erfahrungen in diplomatischen Verhandlungen zurückblicken. Gleichzeitig prädestinierte ihn seine Schlüsselstellung am Hof geradezu zur wichtigsten Kontaktperson mit einem auswärtigen Gesandten. Möglicherweise setzte er auch gemeinsam mit Nikolaus Stock die Texte der beiden offiziellen Geleitbriefe auf, nachdem die Rahmenbedingungen der Verhandlungen vor dem König besprochen worden waren. Ob daneben andere Räte des Königs, z. B. der in der Schleswig-Frage bewanderte Erik Krummediek, in Kontakt mit Stock traten, bleibt gänzlich unbelegbar.

Grundsätzlich scheint der Kanzleivermerk auf eine Erklärung bzw. einen Befehl des Königs in Gegenwart seiner Räte zu rekurrieren und könnte sich damit summarisch auf die Audienz des Gesandten am 25. Januar beziehen, da der König an diesem Tag seine offizielle Antwort auf das Schreiben Sigismunds und Nikolaus Stocks Ansprache gab. Es ist aber nicht auszuschließen, dass es auch am 28. und 31. Januar Treffen zwischen dem König, seinem Rat und dem Gesandten gab, auf dem die Ergebnisse von Einzelgesprächen mit Jens Pedersen (oder anderen Räten) und die Entwürfe für die Geleitbriefe vorgetragen wurden. Die Ausstellung des dritten und nun auch persönlicheren Geleitbriefes stand sicher in Verbindung mit dem Abschied des Gesandten und diente der grundsätzlichen Absicherung seiner Reise innerhalb Dänemarks sowie den Vorbereitungen der Verhandlungen.[322] Er richtete sich nicht so sehr an die Städte, sondern dient eher als „Reisepass", vergleichbar mit dem lateinischen Geleitbrief König Sigismunds und dem späteren, schon vorgestellten Schreiben der Städte für Nikolaus Stock.[323] Die relative Schlichtheit des Schreibmaterials ist sicher ebenfalls diesem Anwendungsgrund geschuldet.

Zusammenfassend lässt sich für den ersten Aufenthalt des Gesandten in Dänemark konstatieren, dass es kaum Informationen über Details seiner Reise, seines Un-

---

320 Dazu Kap. 2.3. Zur Person: *Jexlev/Christensen,* Pedersen (1982); *Christensen,* Dansk Statsforvaltning (1903), 686 (u. a. zur Schwierigkeit, den Beginn seiner Amtszeit zu bestimmen); Olesen, Union (2002), 58 (nur knapp).

321 Acta Processus. Ed. *Langebek,* 311 (Bevollmächtigung); *Christensen,* Dansk Statsforvaltning (1903), 67; *Jexlev/Christensen,* Pedersen (1982), 214.

322 8.2.3, Nr. 36, zit. nach AHL, Danica, Nr. 193: *Wij (...) don witlik an dessem breue, dat wur de sake dat de Erwerdige meister Nicolaus stok lerer gestliker rechte vnde sendebode des allerdurchluchtigesten hochgeboren fursten hern Sigmundes Romeschen koninges, unses leuen heren vnde ohemes, de nu ouer in dedesche lant van vns thud wedder euer to vns theen wolde, to welker tiid edder wo vaken em des behoff dede, so schal he vnde de sinen vnde alle genne de he mit sik ouer bringhende werd, de sin van der wedder partie edder we se sin in sekerem gheleide geveliget vnde vorwared sin to vnde aff vor vns vnde alle den vnsen de vmme vnsen willen don vnde laten scholen vnde willen sunder arch. Wert he auer sine boden to vns sendende, de scholet des geliken in velicheit ok vorwaret sin (...).*

323 8.2.3, Nr. 55.

terkommens oder seiner Kontaktpersonen gibt. Unsicher bleibt, ob es neben den beiden im Bericht erwähnten Audienzen bei König Erik noch andere Auftritte vor ihm gab. Anzunehmen wäre aber auf jeden Fall noch eine Schlussaudienz kurz vor der Abreise des Gesandten nach Lübeck. Die besondere Formulierung der Kanzleivermerke auf beiden Schreiben legt darüber hinaus eine persönliche Anteilnahme und Beteiligung des königlichen Kanzlers, Jens Pedersen, nahe.

Der zweite längere Aufenthalt Nikolaus Stocks in Dänemark lässt sich auf Grundlage der Überlieferung in zwei Phasen teilen, von denen die erste den Zeitraum vom 9. April bis zum 24. Mai abdeckt. Die Teilnahme des Gesandten an den Verhandlungen von Nykøbing im August 1428 stellt dann einen zweiten Abschnitt dar, der mit seiner Abreise am 27. Oktober endet.[324] Wie bereits im Zusammenhang mit der Überlieferung und im vorhergehenden Kapitel diskutiert, fallen in diesen Zeitraum nicht nur die Abfassung des Berichtes sondern auch die Aufzeichnung der Notariatsinstrumente über die fehlgeschlagenen Verhandlungen vor København und die öffentliche Verlesung von Dokumenten, die mit der Friedensmission in Verbindung standen.

Der Bericht deckt – wie schon erwähnt – nur den Aufenthalt bis zum 18. April 1428 ab. Er verdeutlicht, dass der Gesandte den König angesichts der städtischen Flotte in ungnädiger Laune antraf. Die Beschreibung der Audienz vom 9. April – dieses Mal in Roskilde – ist zum größten Teil in indirekter Rede beschrieben, enthält aber auch eine direkte Frage des Königs, die einen kleinen dramatischen Höhepunkt bildet.[325] Wie bei dem ersten Aufenthalt Stocks in Dänemark gab der König, laut Bericht, seine Entscheidung in Gegenwart der Räte bekannt, welche auch hier wieder die Funktion von Zeugen übernahmen.[326] Dabei treten sowohl in der Rhetorik, welche dem König in den Mund gelegt wird, als auch in der Gegenüberstellung der Friedenswilligkeit des Königs zu dem immer wieder offenkundig werdenden Ungehorsam der Städte die Darstellungsabsicht und eine eindeutige Wahrnehmung des Gesandten sehr deutlich zu Tage.

Das Notariatsinstrument vom 17. April 1428 und seine Folgen wurden bereits im vorherigen Kapitel thematisiert. Daher ist an dieser Stelle nur noch einmal hervorzuheben, dass es die erste offizielle Reaktion auf die fehlgeschlagenen Verhandlungen war. Dagegen dienten die beiden Notarsurkunden vom 24. Mai seiner ausführlichen öffentlichen Rechtfertigung. Mit diesem Zweck lässt sich auch die wiederholte Aufnahme von Schriftstücken erklären: Nikolaus Stocks Beglaubigung durch König

---

324 8.2.3, Nr. 86.

325 8.2.3, Nr. 68, zit. nach HR: *Da sprach seine gnaden zuhant: Wy haben sy euch zugesaget zu fredlichem tage zu komen? sy sind in unserm riche Denmarken vor Coppenhafen am mittwochen negst vorgangen mit ganczer macht komen und legen noch aldo und haben dy unsern gebrant, gefangen und irslagen.*

326 Siehe oben Zitat vor Anm. 311. „Rufen lassen" ist die hauptsächliche Bedeutung von „beschicken": Art. „beschicken", in: DWB 1, Sp. 1565; ab dem 15. Jahrhundert auch im Sinn von „vorladen": Art. Beschicken I, in: DRW 1, Sp. 88.

Sigismund und die von ihm veranlasste Verlängerung des Geleits für das geplante Treffen in Falsterbo, die schon in das erste Notariatsinstrument inkorporiert worden waren.[327] Das Dokument bietet aber nicht nur die Abschriften verschiedener Urkunden und des Berichts, von denen einige auch nur auf diese Weise überliefert sind, sondern lässt den Gesandten außerhalb des eigentlichen königlichen Hofes zu Wort kommen.[328] Veranlasst wird die Verlesung seines Berichtes und seiner Beglaubigungen durch den dänischen Reichsrat, namentlich den Erzbischof Petrus von Lund, Erik Krummediek und Absalon Pedersen.

Ort des Auftrittes war die *stupa domos (!) venerabilis domini Johannis Clementis, decani opidi Haffniensis Roskildensis diocesis.*[329] Dieser lateinischen Bezeichnung entspricht wohl ein öffentlicher Raum in der Residenz des Dekans,[330] für die zu Beginn des 15. Jahrhunderts zwei Lokalisierungen möglich sind: ein Grundstück auf der *Kannikestræte* oder der später so genannte *Degnegaarden*.[331] Unabhängig von der genauen Lokalisierung befand sich der genannte Raum im geistlichen Zentrum der Stadt København und gehört darüber hinaus einem ganz besonderen Repräsentanten dieses geistlichen København, der selbst auch als Zeuge anwesend war.[332] Unter den Geistlichen, welche diese Zeugen anführten, finden sich in gleicher Weise Angehörige des Kollegiatstifts von København und des Domkapitels von Lund. Vor Jens Klementsen wird der Lundener Dekan Hans Laxmand aufgeführt, neben welchem noch jeweils ein Kanoniker aus København und Lund als Zeuge fungierten. Die Präsenz der Lundener Geistlichen hängt sicher mit der Anwesenheit ihres Erzbischofes zusammen, und wahrscheinlich brachte dieser auch den Notar Tuo Petri (Tue Pedersen) aus

---

327 Vgl. ausführliche Beschreibung dieser Notariatsinstrumente in Kap. 4.2.1.

328 8.2.3, Nr. 80.

329 8.2.3, Nr. 80, zit. nach HR.

330 Zur Bedeutung von *stuba* als beheizter Raum aber auch als Kapitelsaal: *Du Cange* 7, col. 618a.

331 Zur ersten Lokalisierung: *Nielsen*, Kjøbenhavns (1877), 200: „I Jordebogen c. 1370 nævnes denne som liggende ved Siden af Katrine Alters Gaard, og at det maa have været paa dennes vestre Side ses af et Skøde fra Byen 1432 paa en Grund i Kannikestræde, norden for Strædet og østen for Katrine Alters Gaard, tværs over for Købmagerboder; denne sidste Grund har altsaa ligget paa Hjørnet af Kannikestræde og Købmagergade (...), vesten for denne laa Katrine Alters Gaard og vesten for denne igen Degnens Gaard. Paa den anden Side har denne gaaet ud imod Krystalgade, der 1496 kaldes Strædet bag Degnens Gaard, og norden for dette laa Degnens Have, der c. 1370 kaldes en Abildgaard. Gaarden har saaledes ligget omtrent mellem Regensen og Borks Kollegium." Der *Degnegaarden* lässt sich als Bezeichnung bis ins Jahr 1496 zurückverfolgen und wurde im 16. Jahrhundert zusammen mit anderen Domherrenhäusern von Christian III. der Universität für Professorenwohnungen übertragen. *Rørdam*, Kjøbenhavns Kirker (1859–1865), 91; *Nielsen*, Kjøbenhavns (1877), 308 (Karte: Kjøbenhaven ved Aar 1500), 319.

332 Jens Klementsen war zunächst von 1406–1408 Probst in Oslo gewesen, von ca. 1417 bis 1434/1436 Dekan der Liebfrauenkirche (Vor Frue Kirke) in København. *Rørdam*, Kjøbenhavns Kirker (1859–1865), 98 f.

seinem Umfeld mit.[333] Der Erzbischof hatte zumindest 1437 ebenfalls einen Hof in der Nachbarschaft des Kapitelbezirkes.[334] Nicht zuletzt standen Erzbischof und Domkapitel von Lund, wie das Kollegiatstift von København, für einen wichtigen Teil der Öffentlichkeit in Dänemark und die Anwesenheit wichtiger Repräsentanten unterstrich, dass der Vortrag von Nikolaus Stock in diesem Fall auf der Initiative der Reichsräte beruhte und weitere Kreise des Reiches ansprechen sollte als nur den Hof. Interessant sind auch die weiteren weltlichen Zeugen, bei denen es sich um Bürger der Städte Amsterdam und Kampen sowie einen dritten Laien aus der Bremer Erzdiözese handelte.[335] Es ist sicher kein Zufall, dass ausgerechnet Niederländer als Zeugen von Nikolaus Stocks Auftritt in Erscheinung traten, da die niederländischen Städte in König Eriks Zeit und gerade wegen des Konflikts mit den Ostseestädten besondere Förderung genossen.[336]

Mit diesen Auftritten in København endeten die explizit nachweisbaren Aktivitäten Nikolaus Stocks in Dänemark. Warum er sich nicht gleich im Mai zum Abbruch seiner Mission entschied, lässt sich nur vermuten. Möglicherweise wollte er zunächst die Reaktion der Städte auf seine Zitation abwarten. Zudem hatten sicher auch die Vorstöße der städtischen Flotte die Seefahrt so beeinträchtigt, dass im Frühsommer nur wenige Schiffe die Überfahrt ins Ordensland wagen konnten.[337] Nicht zuletzt wurden ab Anfang Juni von den Städten durch Herzog Wilhelm von Braunschweig-Lüneburg und durch König Erik mittels seiner pommerschen Verwandten neue Verhandlungen angestoßen.[338] Diese Bemühungen könnten sich durchaus mit den Planungen des Gesandten überschnitten haben. Daher ist leicht nachvollziehbar, warum er vor seiner Abreise erst den Ausgang dieses neuerlichen Treffens abwarten wollte.

Die Verhandlungen fanden schließlich unter aktiver Mitwirkung Herzog Wilhelms von Braunschweig-Lüneburg vom 11. bis 18. September in Nykøbing auf Falster statt. Nikolaus Stocks Anwesenheit lässt sich direkt durch seine spätere Korrespondenz mit Lübeck belegen. Darin werden nicht nur Gespräche mit den Lübecker Sendboten erwähnt. Diese boten ihm sogar an, die Rückreise unter dem Geleitschutz der Städte anzutreten.[339] Von diesen Begegnungen abgesehen scheint Nikolaus Stock nur

---

333 Die Unterfertigung von 8.2.3, Nr. 80b lautet: *Et ego Two Petri clericus Lundensis dyocesis.* Auch *Fenger*, Notarier (2000), gibt keine zusätzlichen Nachweise.
334 *Nielsen*, Kjøbenhavns (1877), 200.
335 Vgl. 8.2.3, Nr. 80.
336 Dazu besonders *Fritze*, Dänemark (1964), 79–87.
337 Nach dem ersten Vorstoß der Flotte im April folgte noch eine „zweite Reise", bei der laut der Rede von Nykøbing die Protestation der Städte vor dem Bischof von Ratzeburg übergeben wurde. HR I, 8, Nr. 517, § 9, 342.
338 *Daenell*, Hansestädte (1902), 343; *Erslev*, Erik (1901), 236, der besonders auf die Initiative beider Seiten verweist. Vgl. dazu noch Diskussion in Kap. 5.1.2.
339 Siehe 8.2.3, Nr. 84.

die Funktion eines Zeugen inne gehabt zu haben. Zumindest existieren keine Hinweise auf eine aktive Rolle, da die Gesprächsführung und Vermittlung zwischen beiden Seiten gänzlich in den Händen Herzog Wilhelms lag. [340]

Es ist aber anzunehmen, dass Nikolaus Stock bei den Begegnungen zwischen dem König und den Abgesandten der Gegenseite, die jeweils im Rathaus der Stadt Nykøbing stattfanden, zugegen war: Am 12. September ließ der König in diesem Rahmen seine Rede verlesen, während die Abgesandten der Städte am Folgetag dort ihre Antwort vortrugen. Am 14. und 15. September kamen ebenfalls auf dem Rathaus die Angelegenheiten der holsteinischen Sendboten zur Sprache. [341] In der Rede des Königs wurde Nikolaus Stocks Mission zwar ebenfalls erwähnt. Es lässt sich jedoch weder eine Zuarbeit des Gesandten zu deren Konzeption nachweisen, noch finden wörtliche Zitate aus seinem Bericht Aufnahme darin. Das einzige Dokument aus Nikolaus Stocks Mission, von dem sich in der Rede einzelne Phrasen wiederfinden, ist die Zitation König Sigismunds, die bei dem Treffen in der Bucht von København überreicht wurde. Aus ihrem Wortlaut übernahm die Rede das Gebot des römischen Königs *by sinen unde des rikes hulden*, dass die Städte *twedracht unde krige* mit König Erik und seinen Reichen beilegen sollten und sich *an dem recht, dat* (er) *en* (...) *geboden* (hatte), *genogen laten.* [342] Wie schon dargestellt, flossen diese Formulierungen auch in Nikolaus Stocks Bericht ein, besonders in die Widergabe seiner Ansprache in Lübeck. [343] Es ist aber doch wahrscheinlicher, dass für die Konzeption der Nykøbinger Rede eher auf die Abschrift des Dokuments zurückgegriffen wurde, als auf die Paraphrase in Stocks Bericht.

Im Unterschied dazu lässt sich die Herstellung der hochdeutschen Version von König Eriks Rede durch Nikolaus Stocks Funktion als Zeuge erklären, da eine solche

---

340 Zu den Verhandlungen und Herzog Wilhelm von Braunschweig-Lüneburg im Allgemeinen: Kap. 5.1.2.

341 HR I, 8, Nr. 515, §§ 3, 333 (zum 12. September), § 7, 334 (zum 13. September), § 9, 335 (zum 14. September), § 11, 336 (zum 15. September).

342 HR I, 8, Nr. 517, § 8, 342. In der hochdeutschen Version lautet der ganze Text (8.2.3, Nr. 85): (...) *so antworte he en na anderen velen tedigen des Romischen koniges offenbarn brieff dar an her jn gebot bei seinen vnd des Romischen reichs holden das si solche czwitracht vnd krige als mit uns angehaben hetten von stunden an solden aff dun [und] nederlegen und schulden sich an dem rechte das wir jn hatten geboten genugen lassen oder wo si das nicht teten so solden si komen dorch eres ungehorsams willen vor des Romischen reichs hofegerichte binnen deme hundersten tage nach deme als si den vorgeschreben Brieff enpfingen* (...). Im Brief Sigismunds stellt sich die Passage folgendermaßen dar (8.2.3, Nr. 6, 7, zit. nach LUB): (...) *vnd gebieten euch ouch von Romischer kuniglicher macht ernstlich vnd vestlich mit disem brieffe by vnsern vnd des richs hulden vnd by solichen penen in den heiligen keiserlichen rechten vssgeseczten, das ir solich czweitracht vnd kriege gen dem egenanten vnserm lieben bruder vnd synen kunigreichen zu stunden gancz abtut,* (...) *vnd sie nicht mer angriffet noch bekrieget sunder euch an dem rechten, das er beutt, genugen lasset* (...).

343 Vgl. Kap. 4.4.

Rolle nicht nur das reine Zuhören, sondern auch die Weiterverbreitung der dargelegten Inhalte umfasste. Dieser Gedanke kommt in der Einleitung der Ansprache auch explizit zur Sprache.[344] Für Nikolaus Stock ist sicher zu vermuten, dass er den Inhalt der Rede und die darin festgehaltenen Positionen König Sigismund vortragen sollte, insbesondere da die Rede die dänischen Antworten auf die *protestatio* der Städte enthielt. Auch wenn sich die Existenz weiterer Abschriften heute nicht mehr nachweisen lässt, ist es doch unwahrscheinlich, dass die Mission von Nikolaus Stock und das Ergebnis der Verhandlungen von Nykøbing nicht an den römischen König weitergeleitet wurden. Dies musste König Erik und seinen Räten vor allem deswegen besonders wichtig gewesen sein, da bei den Verhandlungen auch ein Schiedsverfahren vor dem römischen König angesprochen wurde. In der Tat gibt es auch sehr klare Indizien dafür, dass diese Informationen nach den Verhandlungen in Nykøbing durch einen Boten zu Sigismund gelangten. Dieser reagierte am 29. Januar 1429 mit Briefen an den Rat von Lübeck und den Hochmeister. Dabei ermahnte er Lübeck und die anderen verbündeten Städte nur, nachdem *der krieg (...) leyder uferstanden ist*, die Kaufleute zur See nicht zu schädigen. Dem Hochmeister hingegen teilte er mit, dass sich König Erik mit einer Nachricht bzw. einem persönlichen Vertreter direkt an ihn gewandt habe und erwähnte seinen Gesandten.[345] Die Angaben beider Briefe legen eindrücklich nahe, dass Sigismund über den Verlauf und besonders das Scheitern der Verhandlungen informiert worden war. Möglicherweise trug der Bote bereits eine Abschrift der Rede mit sich.

Die beiden Briefe Sigismunds stehen im Kontext mit dem Tag zu Luzk, der primär als Treffen des Großfürsten Vytautas von Litauen mit König Sigismund, polnischen Großen und Vertretern des Deutschen Ordens geplant war und letztendlich die Krönung von Vytautas zum polnischen König behandelte. Aus den Briefen Sigismunds aus Luzk geht hervor, dass König Erik nicht persönlich an diesem Kongress teilnahm, sondern einen Abgesandten schickte. Der Großfürst hatte im August 1428 einen Boten nach Dänemark geschickt, der Erik vermutlich neben anderem über Sigismunds Türkenkriege unterrichtete. Um den geplanten Tag von Luzk ging es dabei sicher noch

---

344 HR I, 8, Nr. 517, 338: *(...) unde vurder vor alle de anderen, de hiir vor ogen sint, (...) uppe dat juwe leve unde vurdermer alle de anderen vorbenomed, de hiir jegenwardich stan, weten unde naseggen mogen (...).* 8.2.3, Nr. 85: *(...) vor allen den andern dy hy vor oigen sint jn gegenvortechait der sendeboten der vorbenanten steten vorlauten lassen off das ewir liebe und vordermer alle dy anden vorbenant dy hy gegenwarchet stan wissen vnd noch sagen mogen (...).*

345 Dazu Kap. 8.2.3, Nr. 116 und 117, zit. nach OBA: *Wie wol wir in dorumb offt geschriben vnd ytzt vnser botschafft gehabt bey in haben vnd Si eines Rechtens von Jm zetŭn angeboten vnd vertrosst haben das Si aber alles vßslahen, daz vns zumal vrid vnd von Jn nicht lieb ist Nu rufft vns derselb vnse bruder aber an durch sein erbere botschafft, ny dorynne als ein Romischer Kunig zuhelffen, als wir dann Jm vnd einem iglichen schuldig sein.*

nicht, da sich die Planung dafür erst im November konkretisierte. Eine Botschaft an Sigismund konnte auf diesem Kenntnisstand jedoch vorbereitet werden.[346]

Da sich die Heimreise von Nikolaus Stock aufgrund der Entführung seiner Diener und des Raubes seiner Pferde und Güter bis Ende Januar 1429 verzögerte, kommt er als Überbringer der Nachricht nicht in Frage. Es wäre aber möglich, dass sein Schreiber Paulus Gumbrecht diese Rolle übernahm oder einen besonderen Abgesandten König Eriks begleitete. Dies wäre zumindest eine Erklärung für seine Abwesenheit in der Korrespondenz und in den Verhandlungen zwischen Nikolaus Stock und dem Rat von Lübeck. Dass Nikolaus Stock über die Sendung an König Sigismund Bescheid wusste, ist vielleicht auch ein Grund für seinen Ratschlag an die Städte, eine eigene Botschaft an König Sigismund zu schicken.[347]

Mit der Anfertigung seiner hochdeutschen Übersetzung erfüllte Nikolaus Stock außerdem die Rolle eines Multiplikators, denn mit dieser Schrift konnte König Erik seine Rechtfertigungen auch einfacher über den niederdeutschen Raum hinaus verbreiten lassen. Zwar lassen sich gezielte publizistische Aktivitäten erst im Zusammenhang mit den Verhandlungen im darauffolgenden Jahr nachweisen,[348] doch muss das nicht ausschließen, dass zumindest der dänische König auch schon 1428 einen weiteren Adressatenkreis für seine Rede als die in Nykøbing Anwesenden im Sinn hatte. Schließlich hatte sich im Vorfeld dieser Verhandlungen nicht nur König Sigismund, sondern auch der päpstliche Legat Heinrich von Winchester mit der Ermahnung an die Städte gewandt. Zudem lieferte die Abschrift der Rede auch Material zur Vorbereitung eines möglichen Verfahrens vor dem Reichsgericht. Auf diese Funktion verweisen vielleicht schon die Randbemerkungen.

Beide Aufenthalte Nikolaus Stocks in Dänemark demonstrieren ein Einvernehmen mit König Erik und seinen Räten. Dies unterstreichen alle Dokumente, die aus seinen Beziehungen zu den Unionsreichen resultieren, von den weitgehenden Vollmachten für die Anberaumung von Verhandlungen bis zu seiner Übersetzung der Rede König Eriks. Die einzigen Spannungen ergeben sich aus seinem Misserfolg mit den Städten, der seinem aktiven Wirken allem Anschein nach ein Ende setzte. So kam

---

346 Zum Tag von Luzk: OBA, Nr. 5008, 5013, 5015, 5021, 5033, 5035; außerdem noch RI XI, Nr. 7146 (zum Verhandlungsort), 7155–7157 (Urkunden für Görlitz und Herzog Johann von Sagan). Zur Gesandtschaft des Großfürsten Vytautas an König Erik: OBA, Nr. 4975 = LivUB 7, Nr. 737.
347 Enthalten in 8.2.3, Nr. 109 und 110. Vgl. dazu *Niitemaa*, Kaiser (1960), 187: „Aus den Quellen geht nicht hervor, ob Stock auch der Gegenseite den gleichen Vorschlag vorgelegt hat. Jedenfalls wird aus einem Brief Sigismunds an den Hochmeister vom 29.1.1429 ersichtlich, dass Erik sich an den römischen König gewandt hatte." Vgl. Kap. 4.1, Anm. 25. Doch ist Nikolaus Stocks „Versöhnungsangebot" nicht erst auf Januar 1429 zu datieren, sondern kam bereits in Nykøbing zur Sprache (8.2.3, Nr. 84).
348 *Behrmann*, Herrscher (2004), 287: Zum einen lässt Kg. Erik seine Klageschrift durch Boten in Mecklenburg verbreiten (LUB 7, Nr. 347, 359). Zum anderen gibt es von beiden Seiten Manifeste über ihre Positionen auf den Verhandlungen. Städtischer Gesandtschaftsbericht besiegelt mit dem Siegel Hzg. Wilhelms von Braunschweig-Lüneburg (LUB 7, Nr. 333, HR I, 8, Nr. 615). Vgl. Kap. 5.2.

er bei den Verhandlungen in Nykøbing auch aus dänischer Seite nicht mehr als Vermittler in Frage. Mit der Perspektive eines möglichen Schiedsverfahrens vor König Sigismund vor Augen konnte die königliche Kanzlei aber immer noch Nutzen aus seiner stillen Mitarbeit ziehen.

4.7 Schlussakt und Schlussfolgerungen

Da der Krieg, ungeachtet der Verhandlungen, fortgesetzt wurde und auch Nikolaus Stock selbst schädigte, endete sein Aufenthalt im Norden noch nicht mit den Verhandlungen von Nykøbing. Die Bemühungen des Lübecker Rates und der anderen Städte um die Befreiung seiner Diener und Pferde sowie die Entschädigung für andere geraubte Güter haben im Lübecker Archiv und zum Teil auch in Wismar klare Spuren hinterlassen.

Die Schriftstücke bieten sowohl Einblicke in die Arbeit der Lübecker Kanzlei als auch in das Verhältnis von direkter mündlicher und indirekter schriftlicher Kommunikation. Besonders in der Anfertigung der zu diesem Vorgang gehörenden Abschriftenbögen manifestiert sich ein Bemühen um Ordnung und Aufbewahrung der vorhandenen Korrespondenz. Während die eigentliche Niederschrift von Substituten vorgenommen wurde, scheint die allgemeine Kontrolle und Redaktion dem Protonotar Hermann van Hagen oblegen zu haben. Paul Oldenburg und der städtische Kaplan Johann Wenge[349] wirkten dagegen vorrangig als Boten und Gesandte, ihre Tätigkeiten lassen sich daher nur indirekt aus dem Inhalt der Schriftstücke schließen.[350] Lag das ursprüngliche Motiv für die Abschriften vermutlich in der Beweissicherung, trug ihre Existenz möglicherweise aber auch zur späteren Kassierung der Originale bei.[351] Durch die Abschriften wurde darüber hinaus auch ein Brief des Bürgermeisters Hinrich Rapesulver an Nikolaus Stock überliefert, von dem sich andernfalls vielleicht keine Spuren hinterlassen hätten.[352] Er bestätigt den Eindruck aus den Briefen des Gesandten, denn dieser richtete sich zumindest in einem Fall nicht nur an den Rat

---

349 Dieser tritt auch noch in späteren Verhandlungen als Vertrauensperson des Rates in Erscheinung: Vgl. Kap. 5.5.1 und 5.6.1 sowie zusammenfassend mit anderen Schreibern und ihren Funktionen in Kap. 6.2.2 und 6.2.3.
350 Vgl. 8.2.3, Nr. 89, 90 (zu Johann Wenge), 108–110 (zu Paul Oldenburg).
351 Der noch überlieferte Brief Rostocks vom 6. Dezember 1428 (8.2.3, Nr. 97) befasst sich bezeichnenderweise nicht nur mit Nikolaus Stock.
352 Aus den Externa Danica ergibt sich, dass die Konzepte der ausgehenden Korrespondenz seltener aufbewahrt wurden als die eingegangenen Briefe. Dies gilt im Besonderen für die in eigenem Namen verfassten Briefe der Bürgermeister. Dass diese vielleicht nicht immer, aber in besonderen Situationen von den Ratsschreibern verfasst wurden, demonstrieren Schreiben der Bürgermeister von Lübeck an die Bürgermeister von Wismar in AHW, Ratsakten, 10.5 Hanseatica, Nr. 1743: 1426, September 28 (LUB 6, Nr. 768) und Nr. 1746: 1429, Mai 19 (HR I, 8, Nr. 614). Vgl. auch die geheime Korrespondenz im Vorfeld der Verhandlungen von 1429: Kap. 5.2.3.

von Lübeck im Allgemeinen, sondern auch an Hinrich Rapesulver im Besonderen.[353] Er trat also in jedem Fall als besondere Kontaktperson des Gesandten in Erscheinung. Zudem scheint er auch in Nykøbing den Kontakt mit Nikolaus Stock gesucht zu haben, woran er diesen später erinnert.[354]

Mit der Erwähnung dieser Lübecker Abschriften ist bereits einer der Aspekte angesprochen, die sich am Beispiel der Mission von Nikolaus Stock untersuchen ließ: die Produktion von Schriftlichkeit und die Wirksamkeit der Schreiber. Als prominentestes Beispiel kann Nikolaus Stock selbst herhalten, der sich vermutlich als Schreiber der hochdeutschen Rede von König Erik identifizieren lässt. Selbst wenn es sich bei den Briefen aus dem letzten Teil seiner Reise nicht um Autographe handeln sollte, ändert sich der Befund im Grunde nur wenig. Der Schreiber der hochdeutschen Rede gehörte auch dann zu seinem nächsten Umfeld. Sein bis Mai 1428 nachweisbarer Schreiber Paulus Gumbrecht trat in der Doppelfunktion eines privaten Sekretärs und eines Notars auf. Dem Lübecker Ratssekretär Paul Oldenburg lassen sich nicht nur der Entwurf für eine Antwort an Nikolaus Stock, sondern auch andere offizielle und außenpolitisch relevante Schreiben vom Herbst und Winter 1427/1428 zuschreiben.[355] Dabei unterscheiden sich die Rollen der Schreibenden immer wieder darin, in wieweit diese als eigentliche Sender oder nur als Vermittler zwischen zwei Medien fungierten.[356] Im Extremfall übertrug der Schreiber, wie Hermann Willerd, einen schon vorhandenen Text in eine andere Form, indem er auf der Grundlage eines Entwurfs eine Urkunde schrieb.

Auf einer zweiten Ebene lassen sich die Schriftstücke ihrer Funktion nach dem Informationsaustausch oder der Darlegung von Positionen zuordnen. Dabei dienen Briefe bzw. Schreiben in der Regel zur Weiterleitung von Nachrichten und geben in diesem Fall Einblick in den Diskussionsprozess der im Vorfeld oder in der Reaktion auf Treffen zwischen den involvierten Parteien stattfand. Doch gehört nicht jedes Schreiben in diesen Kontext, da zum Beispiel die Schreiben König Sigismunds zwar ihrem Aufbau nach den Briefen zugeordnet sind, aber mit Weisungen verbunden waren. Sie dienten primär der Präsentation seiner Position und nicht dem fortgesetzten Austausch. Bei der Zitatio handelte es sich sogar um eine ausdrückliche Vorladung, deren Gültigkeit durch die Anwesenheit eines Notars rechtlich abgesichert wurde.

---

353 Als Beispiel sind wieder die Briefe vom 5. Januar 1429 (8.2.3, Nr. 109, 110) zu nennen, die jeweils an den gesamten Rat und an Hinrich Rapesulver persönlich gerichtet waren.
354 8.2.3, Nr. 99.
355 Seine Schriften für Nikolaus Stock: Kap. 4.2.2. Außerdem erstellte er das Antwortschreiben der Gemeinde an König Erik (AHL, ASA Externa Danica, Nr. 3,1–99 = LUB 7, Nr. 91) und den Entwurf für den Vertrag vom 20. Januar 1428 (AHL, ASA Externa Danica, Nr. 3,2–104 = HR I, 8, Nr. 343).
356 Abgesehen von Nikolaus Stock, der als Urheber seiner späteren Briefe in Frage kommt, ist Paulus Gumbrecht durch Zeugen als Produzent der in seinem Namen ausgestellten Notariatsinstrumente ausgewiesen, zit. Kap. 4.2.1, Nachweis in Anm. 54. Hinter Paul Oldenburgs Entwürfen steht zumindest nominell der Lübecker Rat. Vgl. dazu zusammenfassend Kap. 6.2.3.

Diese Form der Aussage, der durch ihre urkundliche Form und besondere Beglaubigungsmittel Rechtsgültigkeit zukam, war für die jeweiligen Beteiligten dann bindend. Die Notariatsinstrumente von April und Mai 1428 demonstrieren die Bereitwilligkeit zu bindenden Aussagen von Seiten Nikolaus Stocks bzw. König Eriks und der dänischen Reichsräte. Die fehlende Bereitschaft der Städte dazu lässt sich kaum aus einem geringeren Maß an schriftlicher Verrechtlichung erklären. So ist den Räten der Städte zwar ein gewisses Misstrauen gegenüber den Formen des gelehrten Rechtes sicher nicht abzusprechen, das – insbesondere angesichts des Schiedsverfahrens in Ofen – kaum als wirklich neutrale Größe wahrgenommen werden konnte. Die Reaktion auf die Überreichung der Zitation König Sigismunds verdeutlicht jedoch, dass diese Haltung nicht mit Unwissen erklärt werden kann. Die Einreichung einer regelkonformen Protestatio bei einem geistlichen Fürsten demonstriert einen recht sicheren Umgang mit den Formalien des römischen Rechts. Stattdessen muss im Hinblick auf den Einsatz oder die Verweigerung von Schriftlichkeit oder bestimmten Rechtsformen immer wieder nach dem jeweiligen Kontext gefragt werden. Dass die Lübecker und die anderen Städte sich im Kontakt mit Nikolaus Stock über lange Zeit hinweg auf keine verbindlichen Schriftstücke einlassen wollten, erklärt sich weitestgehend aus der Pragmatik. Es hätte für die Lübecker wenig Sinn gemacht, zu ihrem eigenen Nachteil zu handeln, wenn die beste Strategie gegenüber dem Gesandten in vorsichtigem Abwarten und punktueller Schadensbegrenzung bestand.

Schließlich steht hinter den Schriftstücken und persönlichen Kontakten ein Referenzrahmen widersprüchlicher Verpflichtungen und ambivalenter Handlungsweisen. Dieser fungiert quasi als Metaebene, in der alle mit dem Konflikt verbundenen Diskurse – Motivationen, Rechtfertigungen und Argumentationen – zusammenkommen. So griffen König Sigismund bzw. seine Berater und Nikolaus Stock im Vorfeld der Reise zum einen die Ergebnisse des Reichstags von 1426 auf, die dann zum Teil auch wörtlich in die königlichen Schreiben einflossen. Zum anderen lassen die offenen Briefe Sigismunds, der vorbereitete Ladebrief und Nikolaus Stocks Rede in Lübeck eine sehr starke Prägung durch die dänische Argumentation erkennen. In allen Fällen stand zunächst die schädigende Wirkung des Krieges für das Reich und die Christenheit im Vordergrund des inhaltlichen Diskurses, und die Ursache für diesen Krieg lag in den Fehdeerklärungen der Städte und ihrer Unterstützung für die Holsteiner. Diese recht deutliche Parteinahme entsprach auch der grundsätzlichen Haltung des römischen Königs in diesem Konflikt, die sich ja zuletzt in seinem Rechtsspruch von 1424 geäußert hatte. Daher ist es nur logisch, dass Nikolaus Stock durch die öffentliche Widergabe seiner Tätigkeiten in Dänemark und auch mit der Anfertigung seiner Übersetzung die dänischen Rechtfertigungen und ihre Weiterverbreitung unterstützte. Seine Entscheidung, nicht im Schutz der Städte heimzureisen, sondern unter dem Geleit des Königs, könnte ebenfalls in diesem Licht gesehen werden.

Voreingenommenheit für die dänische Seite war aber nicht der einzige Faktor, der Nikolaus Stocks Verhalten während seiner Mission im Norden beeinflusste.

Schließlich blieb er bei aller Parteilichkeit zumindest für die Städte immer noch Vertreter einer dritten, nicht militärisch in den Konflikt involvierten Partei. Dies zeigt sich in den ersten Phasen seiner Mission sowohl in seinem Umgang mit dem Lübecker Rat als auch in seinem Versuch, dessen Verhalten zumindest teilweise mit dem Druck der Gemeinden zu entschuldigen.[357] Auch nach dem Scheitern seiner Vermittlungsversuche demonstrierte er eine grundsätzliche Gesprächsbereitschaft und Offenheit, die sich zum Beispiel in seinen Gesprächen mit den Lübecker Ratssendeboten in Nykøbing und seinen späteren Briefen an Hinrich Rapesulver als Bürgermeister bzw. an den Rat der Stadt äußert. Auf beiden Ebenen – der interpersonalen und der indirekten Kommunikation – versuchte er weiterhin ausgleichend zu wirken und bot den kriegführenden Städten mehrfach die Möglichkeit zur Rechtfertigung an.[358] Diese Haltung äußert sich auch in der Ehrerbietung, mit der er sich in seinen Briefen an die Lübecker Räte oder Bürgermeister wandte, die eine Kommunikation auf Augenhöhe, wenn nicht gar Freundschaft, signalisierte.[359] Damit ist noch keine Information über seine genuine Position verbunden, sondern nur die Form, in welcher er die Städte und insbesondere Lübeck als Partei in dem Konflikt respektierte.

Die Ambivalenz seiner Stellung zeigt sich vielleicht besonders eindrücklich in einer gestrichenen Passage seines Briefes vom 11. November 1428 an den Bürgermeister und die Ratmänner von Lübeck. Darin erklärte er zunächst, dass die Art seiner Heimreise sowie die Verteilung seiner Pferde und Güter auf verschiedene preußische und

---

357 Vgl. 4.6, Zitat vor Anm. 312.

358 Dass die Gespräche in Nykøbing – im Gegensatz zu dem Treffen in der Bucht von København – einen eher versöhnlichen Charakter hatten, deutet der Brief Hinrich Rapesulvers an Nikolaus Stock an (8.2.3, Nr. 99, zit. nach LUB): *Ok, leue here, also dat aueschedent twisschen juwer leuen vnd my negest to Nicopingen wesen is, so bidde ik juwe leuen fruntliken, dat gij vnses rades vnd vnser stad besten dōn vnd vorsetten willen,* der ihn auch als seinen *besundern guden frunde* anspricht.

359 Seine Anrede an die Bürgermeister lautet in der Regel „liebe Herren" oder „liebe Herren und Gönner", z. B. 8.2.3, Nr. 60 mit der Adresse *(d)en ersamen vnd weisen hern Heynrich Rabsiluer, hern Cunrad Breckwoldt vnd hern Dietmar von Thun, burgermeistern zu Lubicke, meinen liben herren vnd gunnern* (nach LUB). In 8.2.3, Nr. 63 verabschiedet er sich mit *Nicolaus Stok, lerer geistlicher rechten vnd meyster der seben kunsten, etc., der ewir* (nach LUB). 8.2.3, Nr. 82 enthält als Schlussformel *Nicolaus Stock (...), des Romischen koniges sendeboten, ewir trewir diner* und der Adresse *(d)en erwirdigin vnd weisen mannen, den burgermeistern vnd rotmannen der stat Lubeke, seinen besundern lieben hern* (nach LUB). In gleicher Weise wird er in den Lübecker Briefen als Herr, Freund oder Gönner angesprochen, z. B. 8.2.3, Nr. 64, zit. nach LUB: *Dem ersamen meister Nicolaus Stocke, lerer gheystliker rechte, vnsers allergnedigesten heren, des Romschen koniges, sendeboden, vnsem besunderen gunre vnd guden vrunde, detur.* Zu Gruß und Dienstbietung als soziale Handlungen: *Holzapfl,* Kanzleikorrespondenz (2008), 119–122. Zum Begriff der Freundschaft auch: *Schuler,* Spätmittelalterliche Vertragsurkunde (2000), 52.

pommersche Schiffe zunächst *mit seiner gnaden*, d. h. König Eriks, *willen und rat* erfolgte.[360] Diese so explizite Bezugnahme auf den König und sein Anraten erschien ihm
im Nachhinein möglicherweise unangebracht. Daher strich er sie wieder. Ein Grund
lag sicher darin, dass er die Adressaten um Hilfe ersuchte. Damit ihm seine Verhandlungspartner gewogen blieben, wollte er sie vielleicht nicht durch den Verweis auf
sein Verhältnis zum dänischen König vor den Kopf stoßen. Im selben Brief signalisierte er ja auch, dass er sich in Zukunft mit guten Worten für die Städte einsetzen
würde, wenn diese ihm behilflich wären.[361]

Eine ambivalente Haltung beeinflusste aber nicht nur die Kommunikation des
Gesandten, sondern auch die des Lübecker Rates bzw. der Bürgermeister. Bei Niko-
laus Stock resultierte die Ambivalenz aus dem Kontrast zwischen parteigebundener
Voreingenommenheit und dem angestrebten Verhalten eines neutralen Vermittlers.
Demgegenüber mussten die Lübecker und in geringerem Maße auch die anderen
Städte ihre eigenen Interessen und die durch den Krieg eingegangenen Verpflichtun-
gen mit ihrem Verhältnis zum römischen König bzw. zum Reich vereinbaren. Auch
wenn die Autorität Sigismunds im Norden nicht ausreichte, um eine Entscheidung im
Konflikt in seinem Sinn zu erzwingen, nahmen die Lübecker ihre Verpflichtungen gegenüber dem Reich durchaus ernst.[362] Daher muss das Verhalten des Rates gegenüber
Nikolaus Stock aus dessen Respekt vor der Würde des römischen Königs als eigentlichem Stadtherrn verstanden werden. Angesichts der Tatsache, dass dieser in seinem
Schreiben an Lübeck die Behandlung seines Kämmerers Michel Honinger beklagt
hatte, war es wohl umso wichtiger, sich gegenüber seinem neuen Gesandten respektvoll zu zeigen. Da Nikolaus Stock nun auf seiner Rückreise ebenfalls Schädigungen
durch Vitalier erfuhr, lag eine vergleichbare Situation vor. In diesem Fall setzten sich
der Lübecker Rat und insbesondere Hinrich Rapesulver intensiv für die Entschädigung des Gesandten ein. Dabei wird in jedem Lübecker Schreiben an Rostock und die
Herzöge das zugesicherte Geleit für den Gesandten erwähnt, das schließlich auf einer
schriftlichen Grundlage beruhte und dessen Bruch zumindest für die Lübecker eine

---

360 8.2.3, Nr. 86, zit nach Original: *Also dornach bin ich* [gestrichen: *mit seiner gnaden willen und rat*]
aws den reichen in solcher nachgeschrebenen mösse (...). Die Streichung ist in der Edition (LUB) nicht
vermerkt.

361 8.2.3, Nr. 86, zit. nach LUB: *Doran beweisen ewir irwirdikait meime allergnedigisten lieben herrn,
dem Romischen konige, aneczweifel guden willen vnd stet mir besunder vmb euch vnd die ewirn alleczeit
mit ganczem fleisse hinfür in allen ewirn sachen zuuordinen, vnd löt mich meiner trewer arbait vt grosser
sorge genyssen,* (...).

362 Wie sie in ihrer Protestatio auch ansprachen (8.2.3, Nr. 78), stellten sie für jeden Feldzug gegen
die Hussiten Kontingente zur Verfügung. Dazu Beleg in RTA 9, Nr. 209, § 104, 271 mit Anm. 4. Dass
die Lübecker und die anderen Städte die Beziehungen zum König auch aktiv nutzten, zeigt das ab
Herbst 1430 in Gang kommende Verfahren gegen den neuen Rostocker Rat, dass mit dessen königlichen Bann endete. Vgl. dazu Kap. 5.3.3.

Schädigung ihrer Ehre darstellte.[363] Zudem betonen sie die Neutralität des Gesandten, da er explizit nicht zu den Feinden gezählt wurde.[364] Nicht zuletzt spricht auch die Anfertigung der Abschriften und die Aufbewahrung der Konzepte in Lübeck von der Bedeutung der Angelegenheit und gibt Zeugnis von den unternommenen Anstrengungen. Möglicherweise liegt in diesem letzten Kapitel von Nikolaus Stocks Reise eine wichtige Motivation für die Aufbewahrung der vielen Dokumente von seiner Mission in Lübeck.

Da es sich jedoch bei den Lübeckern nicht um die einzigen Akteure in dem Konflikt handelte, spielten auch andere Faktoren in die Kommunikationsprozesse hinein. Dabei standen den besprochenen ambivalenten Verhaltensformen die eindeutigen und kompromisslosen Positionen König Eriks auf der einen und der der Schauenburger Grafen Adolf VIII. und Gerhard VII. auf der anderen Seite gegenüber. Beide befanden sich in einer Fehde um ihre Rechtsansprüche, die nur noch mit der Niederlage oder dem Nachgeben der Gegenseite enden konnte. Aus dieser Perspektive demonstrierten die Holsteiner mit allen Mitteln außer direkter Gewalt, dass sie weder Person noch Anliegen des Gesandten zu unterstützen gedachten.[365] Wenn sie sich auf Gespräche einließen, geschah dies oft aus Rücksichtnahme auf Lübeck, aber kaum aus eigenem Interesse. Auf der anderen Seite bot König Erik, der im Streit um Schleswig nichts als die vollständige Unterwerfung der Holsteiner erwartete, Nikolaus Stock auch kaum den Spielraum für ernsthafte Kompromissvorschläge. Die offene Feindschaft zwischen Dänemark und Lübeck ist wiederum ein Grund für die Sorge des Rates um die Absicherung des möglichen Tages.

Aus diesen Parametern heraus wird auch das Vermeiden von verbindlichen Aussagen durch die Städte verständlich. Da der Lübecker Rat aber gleichzeitig immer wieder den Kontakt zum römischen König suchte und pflegte,[366] ergaben sich aus seinem Verhalten während Nikolaus Stocks Mission keine negativen Konsequenzen. Der Brief König Sigismunds an den Hochmeister vom 29. Januar 1429 charakterisiert die

---

363 Knapp im Brief an Gerhard (8.2.3, Nr. 82, zit. nach LUB): *(...) nademe juwe herlicheit vnde wij stede dem doctori zeker geleide vnd velicheit gegeuen hebben (...).* Ganz deutlich wird die Sprache im Brief an Rostock (8.2.3, Nr. 92, zit. nach LUB): *Darvmme hefft vns vromde, dat gij de vorscreuenen des doctoris perde, sine gudere vnd denere van den vtleggers borget hebben vnd gy des mit ene gebleuen sin bouen vnser stede gleide, velicheit, ere vnd louen, dat Gode geclaget sy, dat wij stede an vnseme geleyde, velicheit, ere vnd sodannen gelouen aldus jammerliken verkortet, vernichtet vnd loflos werden moten.*
364 8.2.3, Nr. 92, zit. nach LUB: *(...) vnd he ok sundergen mit vnser veyde nicht do donde hefft*; 8.2.3, Nr. 93, zit. nach LUB: *nademe (...) he mit vnser veyde nicht to donde en hefft / dat ... de doctor vnser veyde nicht dorffe vntgelden.*
365 Als Methoden der Zurückweisung lassen sich Verweigerung von Antworten (8.2.3, Nr. 14), verbale Äußerungen (8.2.3, Nr. 18, 23) und implizite Drohungen (vgl. Anfang von 4.1) festhalten.
366 Es ist jedoch unklar, ob der Lübecker Rat – wie von Nikolaus Stock angeraten – eine Botschaft an Sigismund schickte, da nur zwei Reaktionen von anderen Städten überliefert sind: die Ablehnung von Lüneburg (8.2.3, Nr. 111) und der Hamburger Vorschlag, durch den *markeduogede* – wahrscheinlich Helmold von Plesse (Kap. 3.3, Anm. 103) – einen Brief zu senden (8.2.3, Nr. 112).

Städte zwar als respektlos und forderte Gehorsam ein.[367] Doch fällt dieses Schreiben noch vor Nikolaus Stocks mögliche Rückkehr und die eventuelle Botschaft der Lübecker. In allen späteren Briefen beließ Sigismund es bei Ermahnungen, nach welchen die Städte dann auch immer ihre Bereitschaft zu Verhandlungen signalisierten.[368] Gleichzeitig suchte er auf anderen Ebenen die Zusammenarbeit mit dem Lübecker Rat.[369] Das Verhältnis zwischen König Sigismund und dem Lübecker Rat weist also ebenfalls eine gewisse Ambivalenz auf. Beide befanden sich bezüglich der Schleswig-Frage in einem grundsätzlichen Konflikt, der aber auf Grund der Bemühungen beider Seiten nie eskalierte. Dieser Status quo ließ sich vielleicht gerade deswegen bewahren, weil der römische König nicht als Richter direkt in den Konflikt zwischen den Städten und Dänemark einbezogen wurde.

---

367 8.2.3, Nr. 117.

368 Vgl. insbesonders Kap. 5.5.

369 So ernannte er den Rat von Lübeck 1430 zum Konservator des Bistums (LUB 7, Nr. 392) und unterstützte im gleichen Jahr durch die Verhängung der Reichsacht den von Lübeck und den anderen Städten geförderten, vertriebenen Alten Rat in Rostock: HR II, 1, Nr. 1 (Erklärung der Städte Lübeck, Hamburg, Lüneburg und Wismar zum Prozess gegen den Rostocker Rat vor dem Reichsgericht) und HR II, 1, Nr. 61 (Verhängung der Reichsacht).

5 *To desem veligen daghe*: Funktionen und Bedeutung von Schriftlichkeit in den Verhandlungen zwischen 1428 und 1435

5.1 Einleitung

5.1.1 Einige Parameter für Verhandlungen

Im vorherigen Teil wurde bereits thematisiert, dass noch während Nikolaus Stocks Aufenthalt im Norden im September 1428 die ersten direkten Verhandlungen zwischen den Kriegsparteien stattfanden. Bis zum Friedensschluss von Vordingborg im Jahr 1435 wurden jährlich neuerliche Verhandlungen vereinbart. Den Höhepunkt bildet das Jahr 1430, in dem insgesamt vier Treffen zwischen dem König und den Städten bzw. Teilen von ihnen stattfanden. Am 10. Mai 1430 sprachen Conrad Bischop und Reymer Rapesulver, Bürgermeister und Ratmann von Stralsund, am dänischen Hof vor und vereinbarten ein Treffen, dass vom 31. Juli bis zum 14. August 1430 in Nyköbing stattfand. Am 12. Oktober kamen Stralsunder Abgesandte nach Lund und Anfang Dezember schließlich reiste eine Delegation der kriegführenden Städte nach Helsingborg.[1] 1430 stellte in vielerlei Hinsicht ein Wendejahr dar. Dies galt sowohl für den Verlauf des Krieges, als auch für die Zusammensetzung der Kriegsparteien, da Rostock und Stralsund im Laufe des Jahres aus der städtischen Koalition ausschieden. Diese äußeren Faktoren wirkten dann auch auf die Verhandlungen zurück, wie in den nachfolgenden Kapiteln noch darzustellen ist.

Aus der allgemeinen Vorstellung der Archivbestände wurde deutlich, dass Verhandlungen die Momente darstellten, die besondere Formen von Schriftlichkeit produzierten, sei es bei der Vorbereitung, besonders der Absicherung, sei es als Dokumentation von Verlauf oder Ergebnissen. Dabei ist der Befund für den gesamten Zeitraum von 1428 bis 1435 sehr unterschiedlich. Abgesehen von dem schon behandelten Sonderfall der gescheiterten Verhandlungen im Frühjahr 1428 sind jedoch in der Regel nur maximal vier bis sieben Dokumente direkt von jedem einzelnen gemeinsamen Tag überliefert, wobei für 1433 sämtliche direkten Zeugnisse fehlen.[2]

Viermal, in den Jahren 1428, 1429, 1430 und 1431, diente Nyköbing (Falster)[3] als Verhandlungsort. Zu jedem dieser Treffen gibt es eine Reihe von Quellen – sei es aus

---

1 Zu diesen Verhandlungen siehe Kap. 5.3 und 5.4. Für die grundsätzliche Streuung der nachweisbaren Verhandlungen siehe Abb. 5.1.

2 Vgl. Kap. 2.1.2 c, 2.2.2 a und 2.2.2 b.

3 Vgl. *Behrmann*, Herrscher (2004), 189 zu den wirkungslosen Versuchen der Städte, andere näher bei ihnen liegende Verhandlungsorte durchzusetzen.

https://doi.org/10.1515/9783110591620-005

der Vorbereitungsphase, sei es von den Verhandlungen selbst – in Form von Berichten, Rezessen oder Urkunden. Von städtischer Seite sind von jedem der drei Treffen Berichte überliefert.[4] Zu zwei dieser Treffen, nämlich aus den Jahren 1428 und 1430, gibt es zudem auch Akten von dänischer Seite, die zum Teil bereits vorgestellt wurden.[5]

Abb. 5.1: Übersicht über die Verhandlungsorte der Jahre 1428 bis 1435: Verhandlungsorte: grüner Punkt + Name (fett); Städte: oranger Punkt + Name (normal); Orientierungsorte: schwarzer Punkt + Name (kleiner). Darstellung durch Verfasserin.

Die Gesamtheit der Verhandlungen, die zwischen 1428 und 1435 stattfanden, ließe sich nach ganz unterschiedlichen Kriterien untersuchen. Für die „Klassiker" zur Erforschung des Konfliktes, Daenell und Erslev, die vor allem an einer Wiedergabe der konkreten Ereignisse sowie der Rekonstruktion der Intentionen und Rechtmäßigkeit

---

4 Vgl. nachfolgend 5.2, 5.3 und 5.5.
5 Siehe Kap. 2.1.1 sowie 4.2.4.

der beiden Parteien interessiert waren, wurden die Verhandlungen immer im Rahmen der gesamten „Geschichtserzählung" dargestellt. Dabei handelt es sich vorrangig um Zusammenfassungen und Interpretation vor allem der in den Hanserezessen edierten Dokumente sowie der zeitgenössischen Historiographie.[6] Einzelne Momente dieser Rekonstruktionen lassen sich durch eine nochmalige Betrachtung der Originale revidieren. In ähnlicher Weise, also in Form einer Rekonstruktion der „Fakten" auf Grundlage der Quellen, geht auch Niitemaa unter Beibehaltung seiner spezifischen Perspektive vor, der bezüglich der Verhandlungen nach 1428 noch die Vermittlungstätigkeiten des Deutschen Orden im Jahr 1431 hervorhebt, an denen, wie noch darzustellen sein wird, König Sigismund noch einmal in besonderer Weise Anteil genommen hat.[7]

Behrmann[8] geht einige Schritte weiter und untersucht das Verhalten König Eriks während der Verhandlungen mit den Städten unter den Gesichtspunkten von Zeremoniell und Verrechtlichung der Argumentation. In diesem Zusammenhang ging er auch, wenngleich sehr knapp, auf die verschiedenen Verhandlungen von Nykøbing ein. Er kommentiert zum Beispiel die Verhandlungen von 1428 in folgender Weise: Den Wunsch nach einer lückenlosen Demonstration der Rechtsansprüche König Eriks zeige „sehr einfach das überlieferte Redemanuskript für die Lektüre von einem halben Dutzend subsidiärer Urkunden, das den gesamten Verlauf des Konflikts aus dänischer Sicht rekapituliert."[9] Dass diese Zuordnung problematisch ist, deutete sich bereits im vergangenen Kapitel an. Eine genauere Interpretation des Zustands der originalen Dokumente steht noch aus, ebenso wie eine Darlegung der Konsequenzen, welche sich daraus im Hinblick auf das Klima besonders der Verhandlungen von 1430 ergeben.

Damit ist bereits eine Perspektive angesprochen, unter der die Treffen zwischen den Kriegsparteien in diesem Kapitel betrachtet werden sollen. Am Anfang der Betrachtung der jeweiligen Verhandlungssituation steht, wie bei den vorherigen Themen auch, eine Vorstellung der überlieferten Schriftstücke aus der Perspektive von

---

6 *Erslev*, Erik (1901), 236 f. (zu Nyköbing 1428 und 1429), 236–244 (zu Nyköbing 1430 und den Konsequenzen), 268–271 (zu den Verhandlungen von 1431 und 1432), 340–343 (zu den Verhandlungen in Vordingborg 1434); *Daenell*, Blütezeit (1905), Bd. 1, 241 f. (sehr knapp zu den Verhandlungen von 1428 und 1429), 245 f. (zu den Verhandlungen von 1430), 250 f. (zu den Verhandlungen von 1431 und 1432), 253–255 (zu allen übrigen Verhandlungen bis 1435); *ders.*, Hansestädte (1902), 343–346 (zu den Verhandlungen von 1428 und 1429, sowie der Stellung Herzog Wilhelms von Braunschweig-Lüneburg), 356–361 (zu allen Verhandlungen von 1430), 364–366 (zu den Verhandlungen von 1431 und 1432), 368–369 (zu den Verhandlungen von 1433 und 1434).
7 *Niitemaa*, Kaiser (1960), 187–195.
8 *Behrmann*, Herrscher (2004), 197–208 (im Kapitel: „Verhandlungsort und Zeremoniell im Gesandtschaftsverkehr zwischen den dänischen Königen und den Hansestädten"), 282–290 (im Kapitel: „Dezidierter Schrifteinsatz Erichs von Pommern als Herausforderung an die Städte").
9 *Behrmann*, Herrscher (2004), 283.

København oder Lübeck. Besonderes Augenmerk richtet sich dabei auf zwei Problemfelder des Jahres 1430: den bisher unbekannten Geleitbrief, den Conrad Bischop und Reymer Rapesulver zu diesem Anlass erwirkten und die aus seinem Inhalt folgenden Konsequenzen für die Chronologie und Zuordnung anderer Dokumente sowie die genaue Rekonstruktion der Rede von 1430.

Im Rahmen von Friedensverhandlungen lassen sich verschiedene Momente von Kommunikation erkennen. Der Austausch von Nachrichten und Absprachen dominierte die Vorgeschichte und Auswirkungen der Treffen. Daneben werden auf jeder Verhandlung die Faktoren des Konfliktes neu diskutiert, immer in Abhängigkeit von der jeweiligen politischen Lage. Diskussion und Argumente blieben dabei nicht nur auf die Kriegsparteien beschränkt, sondern wiesen bisweilen über die Verhandlungen hinaus. Eine weitere Gruppe von Adressaten, die sich direkt vor Ort befinden konnte, waren Vermittler bzw. Mediatoren, die in fast jeder der Verhandlungen eingeschaltet wurden. Die Involvierung dieser Vermittler und deren Stellung gegenüber den Kriegsparteien lässt sich zum Teil an Hand der Quellen nachvollziehen, zum Teil muss sie anderweitig erschlossen werden. Um diese verschiedenen Aspekte der Kommunikation zu strukturieren und um Vergleichbarkeit zu ermöglichen, gilt das Augenmerk vier Elementen der jeweiligen Verhandlungen, bei denen Schriftlichkeit und Mündlichkeit besonders aufeinander bezogen sind: 1. den Initiatoren der Verhandlungen, die dafür sorgten, dass der *velige* Tag für beide Seiten abgesichert wurde, 2. der Bedeutung und Legitimation von Vermittlern oder Schiedsrichtern, 3. den Schriftstücken, die Scheitern oder Konsensfindung der Verhandlungen bekundeten, sowie 4. der Gesprächsführung.

Das vorherige Kapitel demonstrierte, mit welcher Mühe direkte Gespräche zwischen beiden Seiten wieder angeknüpft wurden. Auch wenn mit den Verhandlungen zu Nykøbing im September 1428 die Periode des Schweigens zwischen den verfeindeten Parteien endete, bedeutete dies nicht, dass die verfeindeten Parteien in der Folgezeit ohne Anstöße von außen zusammenkamen. Diese Initialisierung stellte einen besonderen Aspekt der Vorbereitung des jeweiligen Tages dar. Von den derart in Gang gebrachten Verhandlungen fanden drei in Gegenwart von Schiedsrichtern statt.[10] Unter Einbeziehung der Bemühungen der Jahre 1427 und 1428 durch die Herzöge von Pommern, den Ordensmarschall Walrabe von Hundsbach und Nikolaus Stock, lassen sich sechs Situationen erkennen, bei denen Mediatoren in verschiedener Form und mit unterschiedlichem Erfolg wirksam wurden.

Die Vermittlung durch Dritte gehörte bereits seit dem Frühmittelalter zu den Möglichkeiten, Konflikte zu verhindern oder beizulegen. Dabei lässt sich ab dem 11. Jahrhundert ein Wandel des Mediators vom Fürsprecher einer Partei zum eigentlichen

---

10 Es handelt sich um die Verhandlungen in Nykøbing 1429 (vgl. Kap. 5.2), in Nykøbing und andernorts 1431 (vgl. Kap. 5.3.) und in Vordingborg 1434 (vgl. Kap. 5.6.).

Schlichter beobachten.[11] Im 14. Jahrhundert hatte sich die Vermittlung als eine Form der Einigung herausgebildet, die sich insbesondere vom Gerichtsprozess unterschied.[12] In einer engen Verbindung zur Vermittlung steht das Schiedsverfahren, bei dem die Entscheidung einem übergeordneten Richter (*arbiter*) oder Richterkollegium übertragen wurde, dessen Urteil sich die Konfliktparteien unterwarfen.[13] Das Verfahren war zunächst vom formal juristischen Prozess differenziert, doch lässt sich die Herausbildung spezifischer Formen und die weitreichende Akzeptanz des gefällten Urteils durch den Einfluss des gelehrten Rechts erklären.[14] Dieses Einwirken wird besonders daran deutlich, dass rechtliche Autorität und Handlungsspielraum des Richters bzw. Kollegiums auf einem Vertrag basierten.[15] Welche Rolle Schiedsgerichtsprozesse in der Politik König Sigismunds und in der Schleswig-Frage spielte, wurde bereits früher dargelegt. Erwähnt sei im Hinblick auf die Bedeutung dieses Verfahrens, dass der römische König auch Konflikte zwischen dem litauisch-polnischen Unionskönigtum und dem Deutschen Orden auf diese Weise beizulegen versuchte.[16] In den Fällen, in denen ein Konflikt durch den römischen König friedlich gelöst werden sollte, der auch nach Belieben einen *subarbiter* oder *commissarius* mit der Durchführung beauftragen konnte,[17] handelte es sich um Verfahren, die klar als Schiedsverfahren erkennbar und definiert waren. In vielen Situationen war der Übergang zwischen Vermittlung und Schiedsverfahren nicht so scharf definiert. Auch konnte ein Vermittler während seiner Tätigkeit in die Rolle eines Schiedsrichters schlüpfen und vice versa. Dieser Fall ließ sich recht deutlich während der Friedensmission von Herzog Heinrich von Schlesien-Glogau beobachten, welcher zunächst als Vermittler ausgesandt war und die verfeindeten Parteien zu einer gütlichen Einigung bringen

---

11 *Kamp*, Friedensstifter (2004), 63–128 (zur Entwicklung von der „Fürsprache" zur „Vermittlung" in der Karolingerzeit und danach), 129–184 (zu verschiedenen Rollen von Vermittlern). Vgl. auch die ausführlicheren Literaturangaben in Kap. 1.4.4. Anm. 170 zum „Mediator"-Begriff.

12 *Kamp*, Friedensstifter (2001), 14 Anm. 1; *Maleczek*, Papsttum (1993), 332.

13 *Nowak*, Schiedsprozesse (1975), 179: „Eine Grundlage des Schiedsverfahrens bildet der schriftliche Vertrag (*compromissum*), der von den interessierten Parteien geschlossen wurde."

14 *Sellert*, Schiedsgericht (1990), Sp. 1387 f. Dieser enthält auch einen Überblick über die die ältere Forschung zur Entwicklung des Schiedsverfahrens, bes. im deutschsprachigen und schweizer Raum, bis in die 1970er Jahre. Dies gilt auch für *Nowak*, Schiedsprozesse (1975), 176 Anm. 19. Zum Einfluß der päpstlichen Friedensstiftung auf die Entwicklung der internationalen Schiedsgerichtbarkeit: *Kamp*, Friedensstifter (201), 6 (Anm. 38).

15 Definition laut Guilelmus Durantis, einem Juristen des 13. Jahrhunderts (Durantis, Speculum iuris, Lib. I, § 6): *Omnis enim potestas abritri pendet ex compromisso, et nihil extra.* Vgl. *Nowak*, Schiedsprozesse (1975), 179; *Sellert*, Schiedsgericht (1990), Sp. 1388 f. Zur Person aktuell: *Lepsius*, Durantis (2008), Sp. 1168–1170.

16 Zu allen internationalen Schiedsprozessen unter Sigismund: *Nowak*, Schiedsprozesse (1975), 180–188.

17 *Nowak*, Schiedsprozesse (1975), 179 (zur Beauftragung durch den König), 181 (zu Benedikt Makrai als Subarbiter).

sollte, dann aber in den Urkunden der Holsteiner vom 1. Januar 1423 als *arbiter* in der Sache um Schleswig angesprochen wird.[18]

Die rechtliche Stellung der Vermittler kann auch für die vier Verhandlungen von August 1428, 1429, 1431 und 1434 analysiert werden. Die Definition ihrer Stellung bestimmte schließlich, welche Form der Einigung angestrebt wurde.

Bezüglich des Verlaufs und der Ergebnisse von Verhandlungen verdeutlichte schon der Blick auf die Ereignisse bis Mai 1428, dass diese in ganz unterschiedlicher Form festgehalten werden konnten. Das Scheitern der Bemühungen von Nikolaus Stock dokumentieren die verschiedenen Notariatsinstrumente, die als beglaubigte Protokolle der Abläufe angesehen wurden, und auch der Bericht der Lübecker Flottenhauptleute, der zwar keinen Urkundencharakter besaß, aber doch einen Anspruch auf Glaubwürdigkeit erhob. Die beiden immediat am 17. April 1428 København entworfenen Notariatsinstrumente zogen ihrerseits die Protestation der Städte nach sich, die sich der rechtlichen Verbindlichkeit und damit dem Zwang der vorhergegangenen Schriftstücke nicht entziehen konnten und wollten. Diese Urkunden haben ihre Wurzeln im römischen bzw. Kanonischen Recht, das von dänischer Seite, aber auch vom Gesandten des römischen Königs bewusst genutzt wurde, um den Verhandlungen einen bestimmten Rechtsrahmen zu geben, auf den die Städte aber zu antworten wussten.[19] Eine systematische Untersuchung der verschiedenen Urkundenarten sowie ihrer Nutzung durch beide Seiten erlaubt nun einen Schritt weiter zu gehen und zu schauen, ob derartige Versuche, eine Verfahrensform zu erzwingen, auch in den nachfolgenden Jahren zu beobachten sind oder ob andere Formen des Umgangs gefunden wurden. Eine vergleichbare Studie, in der die einzelnen Urkunden und der Umgang mit ihnen in den Vordergrund gerückt wird, liegt von Zenon

---

18 In seiner eigenen Urkunde beschreibt der Herzog die ihm zugedachten Rollen. Demnach habe erst König Sigismund ihn (Acta Processus. Ed. *Langebek*, 389 f.) *in plene potestatis nuncciacione cum plena auctoritate ad prefatos Dominos propter pacem et concordiam pronunciandam, tractandam et concorciam faciendam ex sui et sacri imperii parte in se cepit* mit dem endgültigen Ziel, dass die verfeindeten Parteien alle ihre *querelas, aciones, causaciones et responsiones (...) daturi erunt et dare debunt in nos Ducem Henricus dictum Rumpold, sicud in unum plene potestatis judicem et arbitrum (...)*. Um nun wirklich von der Funktion eines vermittelnden Gesandten zu der eines *arbiter* zu wechseln, bedurfte er der Anerkennung durch die beiden in Konflikt liegenden Parteien, die er auch erhielt. In der Urkunde des Königs (Acta Processus. Ed. *Langebek*, 389) wird der Herzog als *eciam sicuti in unum plene potestatis judicem et arbitrum* angenommen, neben König Sigismund. Die gleiche Formulierung findet sich im Brief der Holsteiner (Acta Processus. Ed. *Langebek*, 392). Zu Herzog Heinrich von Schlesien-Glogau als *Subarbiter*: Nowak, Schiedsprozesse (1975), 187. Zum Rollenwechsel zwischen Vermittler und Schiedsrichter und zum Verhältnis von Vermittlung und Schiedsgerichtsbarkeit: *Kamp*, Friedensstifter (2001), 9.
19 Vgl. unterschiedliche Konstellationen in Kap. 5.2.3 und 5.6.3.

Hubert Nowak für die Waffenstillstände und Friedensverträge zwischen dem litauisch-polnischen Unionskönigtum und dem Deutschen Orden vor.[20]

Die Urkunden, die Scheitern oder Erfolg der Verhandlungen dokumentieren, stellen auch eine wichtige Quelle für die Sprache dar, die ein Gespräch zwischen den
verfeindeten Parteien dominierte. Zweifellos umfasst Sprache als ein System von Zeichen, deren Sinn arbiträr und durch die Zugehörigkeit zu einer bestimmten Gruppe
definiert ist, die gesamte Lebenswelt.[21] Für die Kommunikationssituation bei Verhandlungen spielt aber vor allem die pragmatische Bedeutungsebene von Sprache
eine Rolle, bei der besonders der „Ausdrucks-, Mitteilungs- und Wirkungswillen des
Sprechers und (…) die Reaktionen des Hörers" im Vordergrund stehen.[22] Ein besonderes Feld dieser als „parole" bezeichneten Zeichenebene stellt die politische Sprache dar, die als auf den „Staat" ausgerichtetes Reden definiert werden kann. Wenngleich für das 15. Jahrhundert trotz aller bereits zu beobachtenden Tendenzen zur
Institutionalisierung der Begriff des „Staates" problematisch ist, lässt sich doch auch
hier eine Sprache herauskristallisieren, die auf ordnende Autoritäten ausgerichtet ist
oder von diesen zur Verteidigung ihrer eigenen Interessenen eingesetzt wird.[23]

Für die politische Kommunikation lassen sich in der Moderne vier Stile unterscheiden: Sprache der Überredung, Sprache der Verhandlung, Sprache der Gesetzge-
bung und Sprache der Verwaltung.[24] Sie decken sich zumindest an der Oberfläche mit
den von *Habermas* entwickelten sprachlichen Handlungsweisen, die auf Kommunikation, Erfolg, Normenregulierung und Selbstpräsentation abzielen können.[25] Dabei

---

20 *Nowak*, Waffenstillstände (1996), 397–402. Der im gleichen Band der Reihe Vorträge und Forschungen erschienene Beitrag von *Müller*, Konzil (1996) zeigt am Beispiel der Verbindungen zwischen
dem Konzil von Basel und dem Friedenskongress von Arras (1435) die vielschichtigen Konzepte von
Konfliktlösung, die sich mit Friedensverhandlungen verbinden konnten.
21 Grundlage: *Saussure*, Cours (1989), Bd. 1, 152 f.
22 *Dieckmann*, Sprache (1975), 12 f. Vgl. zur Pragmatik auch die Angaben in 1.4.1, Anm. 91.
23 Vgl. dazu die Erklärungen zu den Dimensionen die unter politisches, sprachliches Handeln fallen: *Dieckmann*, Sprache (1975), 29 f.: „Diese Definition ist mit einer pointierten Zuspitzung ein guter
Ausgangspunkt für eine Sprachuntersuchung, weil sie am Normalfall, am politischen Alltag orientiert ist und die ganze Breite sprachlichen Handelns ins Blickfeld bringt: die Mitteilungsarten des In-
formierens, Berichtens, Empfehlens, Ratens, Warnens, Lobens, Tadelns bis zum Vorschreiben, Dro-
hen, Entscheiden und Befehlen. Dient die Sprache soweit vor allem dem friedlichen Ausgleich, so
kann sie natürlich auch der Gewalt verfügbar gemacht werden. Sie bereitet Gewaltanwendung vor als
militante Propaganda, Aufforderung zum Aufstand, Ultimatum, leitet sie ein als Urteilsspruch und
Kriegserklärung, begleitet fast immer die militärischen und ökonomischen Maßnahmen, die der Sprache als Kommunikationsmittel bedürfen, und dient schließlich auch den Machtausübenden dazu,
den Akt der Gewaltanwendung vorbereitend zu begründen oder nachträglich zu rechtfertigen, um
die Unterstützung derer nicht zu verlieren, auf deren Zustimmung ihre Macht beruht."
24 *Dieckmann*, Sprache (1975), 87.
25 *Habermas*, Theorie (1981), Bd. 1, 142 zur Definition von kommunikativem, strategischem, normen-
regulierendem und dramaturgisch-inszenierendem Handeln.

würde sich kommunikatives Handeln in der Verhandlungssprache und strategisches Handeln in der Überredungssprache äußern.

Dem ist jedoch entgegenzuhalten, dass sich die von Habermas aufgestellten Kategorien nur bedingt auf die alltägliche Praxis anwenden lassen. Dies gilt um so mehr für die Verhandlungspraxis des Spätmittelalters, die von einem nicht immer leicht trennbaren Mixtum von Verständigungswunsch und Eigennutz auf beiden Seiten geprägt wurden.[26] Um die möglichen Handlungsintentionen herauszuarbeiten, kann die Untersuchung der Verhandlungen zwischen König Erik und den kriegführenden Städten im Grunde nur beim Scheitern der Verständigung ansetzten und nach den Gründen dafür fragen. Dabei liegt der Ansatz nicht so sehr im eigentlichen Gegenstand der Verhandlungen, sondern vor allem in den drei Verständnisebenen, auf denen der erfolgreiche Kommunikationsvorgang laut *Habermas* beruht. Die Aussagen müssen von beiden Akteuren als normativ richtig, objektiv wahr und subjektiv wahrhaftig angenommen werden.[27] Da sich der Konflikt zwischen König Erik VII. und den Ostseestädten aber gerade an den „richtigen" Normen, d. h. den gegenseitigen Verpflichtungen, entzündet hatte, lag in der Wahrnehmun dieser Normen ein zentrales Hinternis für den Erfolg der Verhandlungen, zu dem als zusätzliches Gewicht noch das beiderseitige Misstrauen hinsichtlich der Wahrhaftigkeit des Gegenübers hinzukam.

Um nun genauer zu prüfen, welche Faktoren die Verständigung in spezifischen Situationen besonders beeinflussten, sind die möglichen Sprachmodi von den Handlungsintentionen zu trennen. Da alle Akteure des Konfliktes primär auf ihren eigenen Nutzen bedacht waren, müssen für beide Seiten für jede Verhandlung auch bestimmte Strategien angenommen werden, mit denen sie die eigenen Ziele durchzusetzen suchten. Diese äußerten sich unter anderem im Sprachverhalten bei den Treffen, das entweder der Überredung oder eben der Verhandlung dienen konnte.

Verhandlungssprache wird dadurch definiert, dass sie vor allem der Überzeugung[28] des Gegenübers dient und durch ein Gleichgewicht zwischen beiden Parteien charakterisiert ist.[29] Sie ist geprägt durch „Vorsicht, Andeutungen, Umschreibungen,

---

26 Vgl. dazu auch der Einwand von *Depkat*, Kommuniktionsgeschichte (2003), 24 f.

27 *Habermas*, Theorie (1981), Bd. 1, 149.

28 Dem Gegensatz von Überzeugen und Überreden liegen doch noch die aristotelischen rhetorischen Formen der Gerichtsrede (*genus iudiciale*) und der Rede zur Entscheidungsfindung über eine zukünftige Handlung (*genus delibarativum*) zugrunde, wobei im ersten Fall die Überzeugungsleistung auf einen anwesenden Richter ausgerichtet ist und nicht auf das Gegenüber. Zu den Genera: *Lausberg*, Handbuch (1990), 54 f. Vgl. z. B. auch Riederer, Spiegel. Ed. *Knape/Luppold*, 17: für eine Rede sind *drü geslächt der sachen* angemessen, *namlich: gerichtshandlung, ratslag vnd lümden.*

29 *Dieckmann*, Sprache (1975), 87, nach *Edelman*, Politik (2005), 179: „Die Verhandlungsrede kann auf Überredungsmittel verzichten, da die Macht, die hinter dem Interesse steht, ihre eigene Überzeugungskraft hat. Fehlt sie auf einer Seite oder ist die Machtverteilung zu ungleich, findet eine Verhandlung gar nicht erst statt; es sei denn der Mächtige findet ein Interesse daran, eine Verhandlung vorzutäuschen, um ein Diktat durchzusetzen." Weiterhin *Dieckmann*, Sprache (1975), 96: „Wo ein

Verhüllungen, offenlassende Formulierungen, Unwahrheit und Lüge in schwierigen Situationen," damit beide Seiten Gesicht wahren können.[30] Im Unterschied dazu prägen Appellfunktionen und besonders exhortative Rhetorik die Überredungssprache. Ihre wichtigste Ausdrucksform ist die Rede, verstanden als Parteirede.[31] Der Wechsel zwischen beiden Sprachmodi resultiert nach dieser Definition maßgeblich aus dem Gewicht der beteiligten Akteure. Für die Verhandlungen der Jahre 1428 bis 1435 lässt sich das Spannungsverhältnis zwischen beiden Ausdrucksformen der Sprache im weitesten Sinne[32] nur gebrochen fassen, denn die jeweilige schriftliche Überlieferung gestattet nur einen gefilterten Blick auf die eigentliche vorherrschende Sprache. Diese kann nur aus Einzelindizien erschlossen werden. Von einigen Verhandlungen sind umfassendere Protokolle überliefert, die Hinweise auf das vorherrschende Klima liefern. In anderen Fällen liegen abschließende Urkunden von einer oder beiden Seiten vor, die zumindest den Erfolg oder Misserfolg der Gespräche demonstrieren. Sowohl durch Inhalt als auch durch die gewählten Formeln erlauben sie Rückschlüsse auf die Situationen der Verhandlungen. Wenn sich also nach der linguistischen Theorie am Übergang von der Überredungs- zur Verhandlungssprache auch eine Verschiebung des Gleichgewichts festmachen lässt, so müssten sich veränderte Konstellationen bei Verhandlungen in der Wahl der Schriftstücke niederschlagen, mit denen der Ausgang dokumentiert wurde.

Der Charakter der schriftlichen Überlieferung von den Verhandlungen wirft für die Frage nach dem sprachlichen Handeln und dessen Ausdrucksformen noch ein weiteres Problem auf. Gerade weil es sich bei den erhaltenen Niederschriften oder

---

Verhandlungspartner aufwendige Rhetorik bemüht, verrät er die Schwäche seiner Position, oder er spricht zur Öffentlichkeit. Überredung hat nur eine Funktion, wenn sie den Partner davon überzeugen soll, daß es auch in seinem Interesse liegt, nachzugeben. Wo beide Partner Sprachformen der Beratung, der Überredung oder der Beschimpfung verwenden, wo die Sprache unbestimmt, mehrdeutig und emotional ist, wird nicht mehr verhandelt." Zur Appelllierenden Sprache mit einem etwas anderen Fokus: *Edelman*, Politik (2005), 169-173.

30 Zit. und paraphrasiert nach *Dieckmann*, Sprache (1975), 96.

31 *Dieckmann*, Sprache (1975), 97–100, er ordnet jedoch auch die Verhandlungssprache der Parteirede zu (S. 88). Zur politischen Rede in ihrer Entwicklung zusammenfassend: *Klein*, Politische Rede (2003), Sp. 1465–1520.

32 Die eigentliche politische Rede hat im Mittelalter eine eher marginale Stellung, da Verhandlungen durch Mündlichkeit und durch eine Beschränkung der Personenkreise dominiert sind. Erst die Ergebnisse werden in einer Inszenierung der Eintracht einem breiteren Kreis präsentiert. Diese Inszenierungen, die mit emotionalen Gesten einhergehen können, lassen sich jedoch auch als Sprache identifizieren, da die einzelnen nonverbalen Ausdrucksformen mit bestimmten Bedeutungen verbunden sind: *Klein*, Politische Rede (2003), Sp. 1480; *Althoff*, Spielregeln (1996), 261 f., 280. Gesprochenen, öffentlichen Reden treten ab dem 13. Jahrhundert von Italien aus, insbesonders aber mit dem Humanismus im 15. Jahrhundert auch im nordalpinen Raum in Erscheinung und gehen mit einer neuerlichen Rezeption der antiken Texte einher: *Klein*, Politische Rede (2003), Sp. 1482–1484. Zu Entwicklung und Bedeutung von Reden im 15. Jahrhundert, beispielhaft: *Helmrath*, Humanismus (2006), passim; *Prietzel*, Reden (2007), passim.

Zusammenfassungen der mündlichen Gespräche um offzielle Verlautbarungen handelt, gibt es eine ganze Reihe von Absprachen und Beratungen, die sich der Offenbarmachung entziehen.[33] Dies galt bereits 1428 für die Präsenz und die Wirksamkeit von Nikolaus Stock auf den Verhandlungen in Nykøbing.[34] Für die Folgejahre lassen sich – wie noch zu sehen sein wird – geheime Absprachen zum Teil für die Vermittler nachweisen. Sonderfälle für Heimlichkeiten stellen die separaten Friedensschlüsse dar, die Rostock und Stralsund im Jahr 1430 abschlossen, die – besonders im Fall von Rostock – scheinbar spontan aus heiterem Himmel erfolgten.[35] Motivationen und eventuelle Vorbereitungen lassen sich aus den Quellen zu den Verhandlungen nicht so einfach ablesen, daher muss der Blickwinkel zur tieferen Einsicht etwas erweitert werden. Gleichzeitig kann aber gerade das Schweigen über weite Teile von Verhandlungen von einem Wandel im Sprachmodus zeugen. Dafür stehen ganz besonders die Vorverhandlungen zum Waffenstillstand von 1432, die nur durch ihren abschließenden Akt dokumentiert sind, während sich die eigentlichen Gespräche auf keiner Seite in schriftlichen Dokumenten niederschlagen.[36] Der Wechsel zur Verhandlungssprache lässt sich hier also nur aus der Retrospektive annehmen.

Mit diesen einleitenden Bemerkungen sind die Parameter abgesteckt, innerhalb derer die Verhandlungen der Jahre 1428 bis 1434 betrachtet werden. Ausgehend von einem Überblick der jeweils überlieferten Bestände und ihrer Besonderheiten erfolgt zunächst eine Analyse der Rahmenbedingungen für die verschiedenen Verhandlungen bzw. Verhandlungskomplexe. In einem zweiten Schritt gilt es dann zu fragen, wie sich diese auf die Treffen und das vorherrschende Klima, so wie es aus den Quellen aufscheint, auswirkten. In der Zusammenschau ergibt sich dann ein Eindruck der wesentlichen Entwicklungslinien.

5.1.2 Der Ausgangspunkt: Nykøbing 1428

Die ersten Verhandlungen nach Beginn der Kriegshandlungen fanden im September 1428 statt, nachdem der schon beschriebene Versuch von König Sigismunds Sendboten Nikolaus Stock, kurz nach Ostern jenes Jahres eine Tagfahrt in die Wege zu leiten,

---

33 Durch die Abfassung einer Urkunde, erst recht durch einen „openbaren scriuer", also einen Notar, ist immer die bewusste Öffentlichmachung eines Rechtsinhaltes verbunden, erkennbar an der Publicatio, vgl. *Hruza*, Propaganda (2001), 21–23. Zur Idee der Öffentlichkeit im römischen-kanonischen Recht: *Fasolt*, Quod (1991), 21–55.

34 Vgl. Kap. 4.6 und 4.7.

35 Korner, Chronica. Ed. *Schwalm*, D § 1516, 500: *ipsi Rostoccenses dictis articulis sine deliberacione prehabita se subdiderunt et pacem illam pro sua urbe accetaverunt*; Rufus-Chronik II, § 1516, 337.

36 Vgl. Kap. 5.5.

gescheitert war.[37] Sie kamen durch die Einwirkung der norddeutschen Fürsten zustande, zu deren Territorien die Städte entweder gehörten und in deren Nähe sie lagen. Dabei handelte es sich um die Herzöge Kasimir V. von Pommern-Stettin und Wilhelm von Braunschweig-Lüneburg sowie um Wilhelm, Herr von Werle, in Absprache mit den mecklenburgischen Herzögen aus der Stargarder Linie. Diese Vorbereitungsphase ist durch die in Lübeck lagernden Briefe recht gut dokumentiert.[38] Interessant erscheinen dabei die zwei auf den 12. Juli 1428 datierten Geleitbriefe für die Städte, die jedoch von jeweils unterschiedlichen Personen bzw. Gruppen veranlasst wurden. Allem Anschein nach reisten die Sendboten der Städte, auf jeden Fall aber der Rat von Lübeck, im Schutz des Geleits, dass ihnen der Herzog von Braunschweig-Lüneburg durch den Ritter Bernd Kanne besorgt hatte.[39] Über diese mögliche Vermittlung hatten sich die Räte von Lübeck und Stralsund bereits Ende Mai / Anfang Juni verständigt. Der Lübecker Rat hatte eine besondere Beziehung zum Herzog, da dieser bereits nach dem Krieg von Lübeck und Hamburg mit Herzog Erich V. von Sachsen-Lauenburg als Vermittler aktiv geworden war.[40] Gleichzeitig oder in zeitlicher Nähe zur Gesandtschaft Herzog Wilhelms, gelang es auch Wilhelm von Werle, in seinem eigenen Namen und für die Herzöge Johann III. und Heinrich von Mecklenburg-Stargard einen Geleitbrief zu erwerben. Diesen präsentierte der Herr von Werle in eigener Person bei einem Aufenthalt in Rostock und bot ein Gespräch mit den Sendboten der Städte in Wismar an.[41] Doch scheint diese Initiative nicht auf sehr große Resonanz

---

37 Vgl. dazu Kap. 4.5.

38 Es handelt sich um AHL, ASA Externa Danica, Nr. 3,2–124, 131 (= LUB 7, Nr. 162, 183) zur Anteilnahme Herzog Wilhelms von Braunschweig-Lüneburg, Nr. 3,2–125 f.(= LUB 7, Nr. 168 f.) mit einem Briefwechsel zur Vermittlung durch Herzog Kasimir sowie AHL, ASA Externa Danica, Nr. 139 und 144 (= LUB 7, Nr. 194 und 205) zur Initiative Wilhelms von Werle. Darüber hinaus bot im Juli 1427 auch der Hochmeister Paul von Rusdorf seine Vermittlung an (HR I, 8, Nr. 459). Doch gibt es dazu keine weiteren Informationen, und die Räte der Städte erwarteten zu diesem Zeitpunkt bereits die Nachricht des Gesandten von Herzog Wilhelm von Braunschweig-Lüneburg. Siehe dazu der Rostocker Brief vom 1. Juli 1428 (LUB 7, Nr. 183).

39 Dieser Brief befindet sich unter den Dokumenten Lübecker Provenienz im DRA, NKR, Nr. 3032. Siehe Anhang 8.3.1 b).

40 LUB 7, Nr. 162. Die ersten Aktivitäten des Herzog Wilhelms als Vermittler reichen bis ins Jahr 1416 zurück: siehe auch Kap. 1.1.2 a). Zur Vermittlung im Jahr 1420: LUB 6, Nr. 245, 247–259, 253–259. Zur Person: *Zimmermann*, Wilhelm (1897).

41 1.) LUB 7, Nr. 194: *Alzo de irluctigen hochgebornen furste, here Wylhelm, here to Werle vnde furste to Wenden vnde hertoch Johan vnde hertoch Hinrik van Mekelenborch vnde Stargarde vnde to Rozstok here, ere erbaren redere vnde sendeboden, alzo Clawes van Restorpe, Tydeke Leuitzowe vnde Joachim Sum, her Hinrik Oyteman, her Hinrik Osterwolde, Hinrik Osterwolde, Bernd Bere vnde den prouest van Wantzeke nu by vns ghehat hebben (...);* 2.) LUB 7, Nr. 205: *In vnzer stad was de hochgeborne furste Wilhelm van Wenden vnde toghede vns enen bezegelden breff eme gesant van deme heren koninge van Dennemarken luden[den]de, alze desse innegeslotene auescrift etc., vnde was vorbath begerende, dat gi sendeboden de stede alle (...) willen vnuortogert wesen tor Wismer nu in deme negesten midweken irst uoldende (...).* Vgl. *Daenell*, Hansestädte (1902), 343, der dabei (Anm. 278) die feindliche Haltung

gestoßen zu sein, denn zum einen wurde, wie schon erwähnt, der Geleitbrief für Herzog Wilhelm von Braunschweig-Lüneburg als Garantie für die Sicherheit der Reise verwendet. Zum anderen trat dieser bei den Verhandlungen in Nykøbing dann auch als einziger vermittelnder Sprecher in Erscheinung.[42]

Von den Verhandlungen bzw. als deren Ergebnisse liegen auf dänischer Seite die bereits vorgestellten Versionen von König Eriks Rede vor, die im Zusammenhang mit dem Treffen von 1430 noch einmal besonderer Betrachtung bedürfen. Darüber hinaus existiert das Fragment eines ausführlicheren Berichtes über den Verlauf der Gespräche.[43] Noch nicht betrachtet wurden hingegen die städtischen Quellen zu den Verhandlungen. Dabei handelt es sich vor allem um einen ausführlichen Bericht, der die städtischen Reaktionen auf die Ansprache des Königs widergibt und eine hilfreiche Parallelüberlieferung darstellt.[44]

Die Bindung der in Lübeck überlieferten Handschrift erfolgte mit aller Wahrscheinlichkeit direkt im 15. Jahrhundert und war mit Pergamentstücken verstärkt, bei denen es sich um beschriebene Fragmente aus der Kanzlei handelt (Abb. 5.2 b). Sie stammt bis auf einige Anmerkungen und Korrekturen im ersten Abschnitt sowie den letzten Satz aus einer Hand, die sich nicht eindeutig einem Schreiber zuordnen lässt.[45] Die Ergänzungen auf Blatt 1 recto stammen aus verschiedenen Zeiten. Jüngeren Datums sind die Angabe mit Bleistift, die wahrscheinlich Wehrmann zuzuschreiben ist, sowie *A 1428* und *Nicopingen*, die aus dem späten 16. oder frühen 17. Jahrhundert stammen. Näher an der Entstehungszeit liegen die Liste der teilnehmenden Städte und Korrekturen an der Datumsangabe (Abb. 5.2 a). Diese sind dem Ratsschreiber Johann Rode zuzuordnen.[46]

---

des mecklenburgischen Adels gegenüber den Städten anspricht. Verweis auf HR I, 8, Nr. 434, 435–438, 468, 469, 506.

42 Vgl. zur Stellung Herzog Wilhelms: *Erslev*, Erik (1901), 236 f.; *Daenell*, Hansestädte (1902), 343; *Fritze*, Stralsund (1956/1957), 100 f. Alle drei betonen das gemeinsame Handeln der norddeutschen Fürsten im Vorfeld, unter denen Herzog Wilhelm erst bei den Verhandlungen selbst besonders hervortritt. Diese Einschätzungen müssten aber aufgrund des bisher unbekannten offiziellen Geleitbriefes revidiert werden, denn Herzog Wilhelm erscheint nun von vorn herein als Hauptansprechpartner der Städte: vgl. LUB 7, Nr. 162, 183.

43 Vgl. Kap. 2.1.1, bes. aber Kap. 4.2.4 und 5.3.1.

44 AHL, ASA Externa Danica, Nr. 1014 = HR I, 8, Nr. 515.

45 Es handelt sich auf jeden Fall nicht um die Schrift von Hermann Willerd, dem sich z. B. AHL, ASA Externa Danica, Nr. 3,2–214 (= HR I, 8, Nr. 616) zuordnen lässt. Vgl. Kap. 5.2.1.

46 In HR I, 8, Nr. 515 fehlt ein Hinweis auf diese Korrektur, die deutlich macht, dass zu Beginn des 16. Jahrhunderts die Bezeichnung *festum beate Marie virginis* nicht einfach mit Maria Geburt gleichgesetzt wurde.

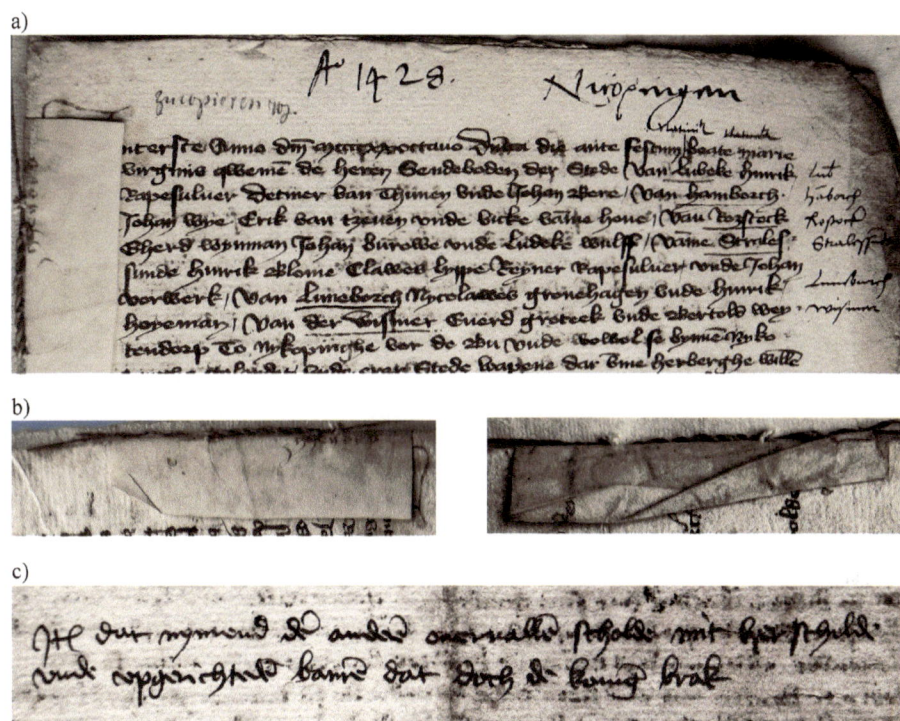

Abb. 5.2: Ausschnitte aus dem städtischen Rezess zu Nykøbing (AHL, ASA Externa Danica, Nr. 1014 = HR I, 8, Nr. 515): a) Einleitung mit späteren Ergänzungen; b) Bindungsstücke vorne (links) und hinten (rechts); c) Ergänzung von Paul Oldenburg (HR I, 8, Nr. 515 § 14). Fotos der Verfasserin.

Im Unterschied zu den Anmerkungen und Korrekturen auf der ersten Seite ist der Nachtrag am Ende der Liste mit den Anklagen zeitgenössisch. Er kann Paul Oldenburg zugeschrieben werden.[47] Auch in der Lübecker Rezesshandschrift über den Hansetag in Braunschweig finden sich Nachträge und Ergänzungen aus seiner Hand.[48] Es kann aus diesen Zusätzen jedoch nicht mit Sicherheit geschlossen werden, ob Paul Oldenburg an den entsprechenden Gesprächen teilnahm oder ob er die Informationen von einem anderen Schreiber bzw. von einem Ratsmann erhalten hat. Es müsste sich auch dann auf jeden Fall um eine Person handeln, die Vorlagen für Protokolle anfertigen konnte. Als Vertreter Lübecks erscheinen in diesem offziellen Dokument nur Hinrich Rapesulver und Dietmar von Thun, beide Bürgermeister, sowie der Ratsherr Johann Bere.[49] Falls Paul Oldenburg oder ein anderer Schreiber der Lübecker

---

47 Vgl. zu ihm Kap. 2.3; Beispiele für seine Hand in Kap. 5.2.2 mit Abb. 4.4.
48 AHL, ASA Externa Hanseatica, Nr. 24.
49 HR I, 8, Nr. 515 und auch sichtbar in Ausschnitt Abb. 5.2 a), Ende der zweiten und dritten Zeile.

Ratskanzlei an den Besprechungen teilnahm, so wurde die betreffende Person in diesem Fall nicht als Sendbote behandelt.

Die Verhandlungen, die vom 11. bis zum 18. September in Nykøbing stattfanden, dienten vor allem in zwei Aspekten als Vorlage oder Muster für die nachfolgenden Treffen zwischen den Kriegsparteien. Dabei handelt es sich einmal um das Spannungsverhältnis von öffentlicher Präsentation und informeller Beratung. Bei der angesprochenen Öffentlichkeit handelte es sich primär um den Hof des Königs und alle anwesenden Gäste, sekundär auch um weitere Kreise des Reiches, die als Adressaten von offiziellen Verlautbarungen angesprochen werden konnten. Bei den ersten Verhandlungen in Nykøbing gedachte der König, seine Rede zunäct *vor aller werlde* zu verkünden, beschränkte sich dann jedoch auf die Anwesenheit seiner Räte und des Vermittlers mit seinem Gefolge.[50] Die Anfertigung der hochdeutschen Übersetzung dieser Ansprache durch Nikolaus Stock zielte jedoch darüber hinaus auf den römischen König und seine Umgebung.[51] Schon die Diskussion um das Publikum für die Rede deutet an, dass die Einbeziehung einer weitgespannten Öffentlichkeit den Verhandlungen einen sehr konfrontativen Charakter geben konnte. Ein Austausch über die Standpunkte beider Seiten fand demgegenüber vorrangig in einem personell beschränkteren Rahmen statt, in der Regel zwischen den königlichen Räten und den Sendboten der Städte bzw. der Holsteiner.[52] Dabei erfolgten die Aussprachen der Gegenseiten ausschließlich über die Räte des Herzogs, insbesondere den Ritter Bernd Kanne.[53] Dieses Vorgehen ist ein Grundmerkmal für Schiedsverhandlungen bzw. Mediationen. Zugleich ist mit Gegenwart und Funktionen des Vermittlers eine zweite Facette der Verhandlungen von 1428 angesprochen, der auch für die nachfolgenden Treffen bestimmend wird. Damit dieser erfolgreich agieren konnte, musste er von allen Parteien als eine neutrale Figur wahrgenommen werden.

Angesichts des Scheiterns der Gespräche im September 1428 bestand Herzog Wilhelms zentrale Aufgabe in der Verabredung der nächsten Begegnung, deren Termin er um Pfingsten des kommenden Jahres festlegte.[54] Darüber hinaus schlossen die

---

50 Dies geht hervor aus dem städtischen Bericht: HR I, 8, Nr. 515, § 3.

51 Vgl. Kap. 4.6.

52 Während Beratungen des Herzogs mit den Sendboten in den jeweiligen Herbergen stattfanden, erfolgten die Aussprachen mit den königlichen Räten im Rathaus: HR I, 8, Nr. 515, §§ 2, 3, 5 (zu den Treffen in der Herberge), §§ 7–11 (zu den Treffen im Rathaus).

53 HR I, 8, Nr. 515, § 5, 334: *He let ok den steden zecghen vormyddest dem stregen hern Bernde Kannen.* § 8, 334: *Unde de here hertoghe Wilhelm let zecgen to des heren koninges rade vormyddest hern Bernde erbenomed.* Außerdem geht aus HR I, 8, Nr. 515, § 8, 334 f. hervor, dass die Eingaben von Erik Krummediek für die königlichen Räte und von Nikolaus Sacchow für die holsteinischen Sendboten jeweils dem Herzog vorgetragen wurden.

54 Diesbezüglich gibt es leichte Abweichungen: Im städtischen Bericht heißt es (HR I, 8, Nr. 515, § 12, 336): *wart in dat latest eynes anderen vrundliken dages vorramed, dese wesen schal to Nykopinghe in Valster achte dage na pnxsten erst to komende*; demgegenüber lautet der dänische Bericht (HR I, 8, Nr. 516, § 6, 337): *Dat wart tolaten, dat men den dach halden schal to pinxsten (...)*.

Städte Lübeck und Lüneburg aber schon am 28. September 1428 einen Vertrag mit dem Herzog ab, in dem sie diesen gegen eine Aufwandsentschädigung zu ihrem Fürsprecher einsetzten. Dieser Vertrag, der nachfolgend noch etwas genauer zu diskutieren ist, deutet auf eine qualitativ veränderte Rolle des Vermittlers hin.

5.2 Eine Frage des Verfahrens: Nykøbing 1429

5.2.1 Bestandsaufnahme der Überlieferung

Im Gegensatz zur eher geringen Anzahl an schriftlichen Zeugnissen der Verhandlungen von 1428 hinterließ das Treffen, das im Juni und Juli 1429 stattfand, einen umfangreicheren Quellenbestand. Dabei datiert das erste vorbereitende Dokument bereits auf den 28. September 1428. Der Vertrag, den die kriegführenden Städte an diesem Tag mit Herzog Wilhelm von Braunschweig-Lüneburg abschlossen, besaß die Form einer Doppelurkunde. Deren eine Hälfte besiegelten die Städte Lübeck und Lüneburg mit ihren Sekreten, die andere beglaubigte der Herzog mit seinem Siegel.[55] Die erhaltene Teilurkunde trägt noch Spuren des Lübecker Siegels, neben dem rechts ein Stück des Pergaments – wohl mit dem Lüneburger Siegel – abgeschnitten ist. Daher handelt es sich bei dem Schriftstück um das von Seiten der Städte beglaubigte Exemplar, das zu einem unbekannten Zeitpunkt wieder an Lübeck ausgehändigt wurde. Möglicherweise stand die Rückgabe dieses Teilstückes in Verbindung mit der Ausstellung der Siegelurkunde, durch die am 15. Juli 1429 Wilhelm und Heinrich von Braunschweig-Lüneburg ihre Teilnahme am Krieg als Bündnispartner der Holsteiner und der Städte bekundeten, in welcher ebenfalls wieder eine Aufwandsentschädigung zugesagt wurde. Auf die Zahlung dieser Gelder beziehen sich dann auch mehrere Lübecker Bescheinigungen aus den Jahren 1429 und 1430.[56] Doch gehören diese Dokumente bereits zu den Konsequenzen der Verhandlungen.

---

55 LUB 7, Nr. 232: *Vnde desses to merer witlicheid so sint desser scriffte twe van eneme lude, de eyne vte der anderen gesneden, vnde darvan heft de erbenomede here hertoge Wilhelm eyne vnde de hebben besegelt de stede Lubeke vnde Luneborch mit eren secreten, vnde de andere hebben de van Lubeke vnde de heft de vakenomede here hertoge Wilhelm besegelt late mit sinem ingesegele.*

56 Vertrag: Anhang 8.3.1 c): *Vnde hervor schullen vns hertogen Wilhelme vnde Hertogen Hinrick vorbenannt vnde vnsen eruen de vorgenannten Stede gheuen twintig dusend Lubissche mark to betalende indesser wise uppe sunte panthaleonen dag erstkomende Sees dusend marck bynnen den achtedagen sante michels dar negstkomende viffdusend marck uppe den negesten lichtmissen dorna viffdusend marck vnde uppe paschen erstvolgende veer dusend marck.* Auf diesen Vertrag nehmen vier weitere Schriftstücke Bezug: 1.) 1429, Juli 17 (LUB 7, Nr. 337 = HR I, 8, Nr. 622 (Regest): (...) *bidde wij iu vrundliken, dat gij sodanne twedusent mark deme ersamen hern Johanne Schellepepere, sodmestere to Luneborg, vnsen leuen getruwen, dessem iegenwardigen edder wene he darna schickede werdt, van vnser wegen vnd betalen, de se vnd vord anleggen vnde bestedigen schal to vnsem vnde iuwem besten. Vnde wanne gij eme sodanne summen entrichtet hebben, so segge wij iu darvpp to bekantnisse gegeuen vnde*

Aus der direkteren Vorbereitungsphase ist weiterhin noch ein Brief Lübecks an Wismar überliefert, der über die Reise des Ritters Bernd Kanne nach Dänemark im März berichtet und die Anwesenheit von Wismarer Ratssendeboten zwecks seiner Anhörung und anderer Belange fordert.[57] Der Hauptteil des Briefes stammt wieder aus der Hand Hermann Willerds, nur den Nachtrag, der sich aber nicht mit Dänemark befasste, notierte Paul Oldenburg. Vom 20. April 1429 stammt dann der noch erhaltene Geleitbrief König Eriks, der den Termin für das Treffen auf Trinitatis (22. Mai) festlegt.[58]

Ebenfalls zu den Dokumenten der Vorbereitungsphase muss ein Brief der Lübecker Bürgermeister Conrad Brekewold, Hinrich Rapesulver und Dietmar von Thun vom 19. Mai 1429 an die Bürgermeister von Wismar gerechnet werden, der sich im dortigen Archiv befindet.[59] Er demonstriert den verspäteten Beginn der Verhandlungen und erlaubt auch einige Schlussfolgerungen bezüglich der Gründe. Nicht zuletzt stellt er auch eine wichtige Quelle für das Nebeneinander von schriftlicher und mündlicher Kommunikation dar. Geschrieben wurde er von Hand 53 der Lübecker Kanzlei, einem Schreiber, der im Zusammenhang mit den Quellen zu Nikolaus Stock bereits in Erscheinung trat, und der für Reihe von Briefen an Wismar die Reinschrift angefertigt hatte.[60] Sein häufiger Einsatz und auch die Tatsache, dass es sich bei dem Brief um eine äußerst vertrauliche Botschaft handelte, sprechen dafür, dass er in der Kanzlei eine Vertrauensstellung innehatte, auf jeden Fall aber kein reiner Gelegenheitsschreiber sein konnte.

Für die dänische Seite ist die Vorbereitung nur durch das Archiv des deutschen Ordens dokumentiert, in dem sowohl die Bitte König Eriks um Sendboten des Hochmeisters als auch Instruktionen an die beiden Bevollmächtigten Johann von Pommersheim, den Komtur von Schlochau, und Burkhard von Güntersberg zu finden

---

vnse ingesegele witliken darvor gehenget hebben (...); 2.) 1429, September 20 (LUB 7, Nr. 350): Quittung des Lüneburger Bürgermeisters Johann Schellepeper über eine Zahlung von 2000 Mark; 3.) 1429, Nov. 22 (LUB 7, Nr. 363): Zahlungsanweisung der Herzöge über einen Betrag von 1666 Mark 10 ß 8 d an Johann Schellepeper, Sodmeister in Lüneburg; 4.) 1430, März 5 (LUB 7, Nr. 385): Nochmalige Zahlungsanweisung der Herzöge über einen Betrag von 1666 Mark 10 ß 8 d an Johann Schellepeper, Sodmeister in Lüneburg.

57 1429, März 26: AHW, Ratsakten, 10.5 Hanseatica, Nr. 1746 = HR I, 8, Nr. 591.

58 AHL, Urkunden, Danica, Nr. 193b = LUB 7, Nr. 316 / HR I, 8, Nr. 613 (Regest).

59 1429, Mai 19 in AHW, Ratsakten, 10.5 Hanseatica, Nr. 1746.

60 Vgl. Kap. 5.2.2. Weitere Beispiel aus Wismar: 1.) 1423: AHW, Ratsakten, Nr. 1740: 1423, Jan. 30 (HR I, 7, Nr. 575) und 1423, März 23 (HR I, 7, Nr. 579); 2.) 1428: AHW, Ratsakten, 10.5 Hanseatica, Nr. 1745: 1428, Okt. 10 (HR I, 8, Nr. 544); 1428, Dez. 23 (HUB 6, Nr. 765); 1428, Dez. 7 (HR I, 8, Nr. 532). 3.) 1429 (nach Juni): 1429, Juli 23: HR I, 8, Nr. 662; 1429 (Nov. 26 (HR I, 8, Nr. 703); 1429, Dez. 2 (HR I, 8, Nr. 702); 1429, Dez. 19 (HR I, 8, Nr. 703).

sind.[61] Der heute noch im Ordensbriefarchiv erhaltene Brief des Königs *in sunte Mathias avende*, also vom 23. Februar, war allem Anschein nur eines von drei wohl gleichlautenden Schreiben, das dieser *in der vasten* an den Hochmeister geschickt hatte. Dies geht aus der Instruktion für die zwei Sendboten des Deutschen Ordens vom 6. April 1429 hervor.[62] Die zweite Anweisung, nur an Burkhard von Güntersberg, fälschlicherweise als Komtur von Schlochau bezeichnet, ist ebenfalls als Konzept erhalten und auf den 17. Mai datiert. Da die Verhandlungen für Pfingsten angesetzt waren, befanden sich die preußischen Abgesandten zu dieser Zeit bereits in Dänemark.[63] Aus den veränderten Maßgaben an Güntersberg wird deutlich, dass zwischen dem 6. April und dem 17. Mai 1429 Neuigkeiten aus Dänemark eingetroffen waren, und dass der Hochmeister sich erst dann gegenüber König Erik explizit zu den bevorstehenden Verhandlungen äußerte.[64] Paul von Rusdorfs Brief an den König vom 20. März befasste sich ausschließlich mit dem Durchzug der preußisch-livländischen Flotte durch den Sund. Er ist zusammen mit einer Urkunde des Danziger Hauskomturs zu der gleichen Angelegenheit in einem Danziger Missivbuch überliefert.[65]

Für den Verlauf und die Ergebnisse der Verhandlungen des Jahres 1429 liegen hingegen von beiden Seiten mehrere Dokumentationen von unterschiedlicher Ausrichtung und Rechtskraft vor. Zunächst sei für die Städte ein Manifest an verschiedene Fürsten und Städte des Reiches vom 29. Juni 1429 erwähnt, an dessen in Köln erhaltenem Exemplar das Lübecker Sekret hing.[66] Eine weitestgehend gleichlautende Version dieses Schreibens – adressiert an eine Reihe von Reichsfürsten – ist nur noch abschriftlich nachweisbar. Laut dieser Abschrift trug es die Siegel aller sechs verbündeten Städte.[67] Vielleicht befand sich die Abschrift aus København oder eine andere

---

61 1.) 1429, Febr. 23: HR I, 8, Nr. 606; 2.) 1429, Apr. 6: HR I, 8, Nr. 609; 3.) 1429, Mai 17: HR I, 8, Nr. 610 (Regest). Zu den Personen auch *Lückerath*, Paul (1969), 65.

62 HR I, 8, Nr. 609, § 2: *Item senden wir euch abeschrifte dreyer brife, die uns nu in der vasten undir eyns gesant hat der herre koning czu Denemarken etc.* (...).

63 Dies bestätigt auch der Brief der Lübecker Bürgermeister vom 19. Mai 1429 (LUB 7, Nr. 321): *Ok secht uns desse man, dat de Prusschen sendeboden sin to Kopenhauen,* (...).

64 HR I, 8, Nr. 610 (Regest): „Hochmeister an Burchard Guntersberger, Komtur zu Schlochau: begehrt er solle König [Erich] von Dänemark dafür danken, dass er die Flotte habe durch den Sunde ziehen lassen, zum Geleit dafür erbötig gewesen sei und besonders, dass er sie zollfrei habe fahren lassen, (...) begehrt weiter, dass er dem König zurede, Frieden zu schließen, da er bisher siegreich gwesen sei und dass Glück auf der Wage stehe, wie auch er dies dem König in dem mit einem B bezeichneten Schreiben rate (...).“

65 1.) HR I, 8, Nr. 607: [14]29, März 20; 2.) HR I, 8, Nr. 608.

66 LUB 7, Nr. 333 / HR I, 8, Nr. 617 (Regest): *Uppe dat alle fursten vnd heren, gheystlike vnd wertlike, greuen, fryen, rittere, knapen, stede vnd alle bedderue lude weten mogen* (...).

67 LUB 7, Nr. 333, S. 322 Anm. 1: „Eine andere Ausfertigung dieses Manifestes in gleichzeitiger oder doch sicher dem 15. Jahrhundert angehöriger Abschrift befindet sich in der Königlichen Bibliothek in Kopenhagen.“ Namentlich genannte Adressaten sind die Erzbischöfe von Trier, Mainz und Köln als Kurfürsten, die Erzbischöfe von Magdeburg und Bremen, die Bischöfe von Münster, Osnabrück, Halberstadt, Hildesheim, Minden, Verden, vier Herzöge von Braunschweig und Lüneburg, Herzog Erich

Vorlage ursprünglich in dem Pergamentumschlag mit der Signatur „7" und einem Regest aus der Zeit der Dreyerschen Archivsortierung.[68] Dass wohl mehr Exemplare im Namen aller Städte verbreitet wurden, lässt ein Brief Lübecks an Stralsund vom 24. Juli 1429 vermuten, in dem um die Besiegelung zweier offener Briefe gebeten wurde.[69] Doch muss erwähnt werden, dass diese *openen breve* aufgrund der vagen Formulierung nicht zwangsläufig mit dem Manifest vom 29. Juni 1429 gleichzusetzen sind.[70]

Handelt es sich bei diesem Manifest formal um einen Brief, so entspricht ein sogenannter „Städtischer Bericht über die Verhandlungen zu Nyköping [sic!]" vom 1. Juli 1429 einer Beweisurkunde. Das Schriftstück liegt nur als Abschrift im Stadtarchiv Stralsund vor. Es war – laut Corroboratio – für die Besiegelung durch Herzog Wilhelm vorgesehen.[71] Seine Form entspricht dem Rezess,[72] die aber auch bei anderen Berichten, wie zum Beispiel die Rechtfertigungsschrift von Nikolaus Stock[73] zu finden ist: Auf eine verkürzte Publicatio, *witlik sy*, folgt die Widergabe des Berichts, ausgehend von der Datumsangabe, wobei als die zeitliche Abfolge der Ereignisse als Richtschnur dient. Den Schluss bildet die rechtliche Beglaubigung durch den Herzog von Braunschweig-Lüneburg, dessen Autorität den Wahrheitsgehalt der Aussagen unterstreichen sollte. In dieser Form hätte das Schriftstück auch für die Beweisaufnahme

---

und Bernhard von Sachsen als Kurfürsten, Herzog Friedrich und Sigismund von Sachsen, Markgrafen von Meißen und ebenfalls Kurfürsten, Friedrich und Johann, die Markgrafen von Brandenburg als Kurfürsten, der Landgraf zu Hessen und vier einzeln aufgeführte Grafen von Hoya. Darauf folgen eine allgemeine Anrede aller anderen *vorsten* in Analogie zu dem Brief in Köln. Abgesehen davon, dass die Anrede *jw* am Schlusse einmal wiederholt wird und dass die Siegel aller sechs Städte als *anhangend* erwähnt werden, entspricht der Wortlaut dem in Köln befindlichen Schreiben, das als Vorlage für die Edition diente. Vgl. HR I, 8, Nr. 617 (Überlieferungskommentar). Das in LUB 7, Nr. 333, 322, Anm. 1 beschriebene Schriftstück ist heute aber weder in der königlichen Bibliothek in København noch im DRA nachweisbar.

68 AHL, ASA Externa Danica, Nr. 8: Doch ist davon nur noch ein Pergamentumschlag erhalten.

69 HR I, 8, Nr. 660 und Einleitung zu „Versammlung zu Lübeck – 1429 Juni 29", 423: „Die nachträglichen Verhandlungen handeln von der Besieglung des Manifests durch Stralsund, erst am 24. Juli."

70 HR I, 8, Nr. 660: *wente gy wol kennen, dat id nutte is, dat men se ane vortogeringe schicke, dar se wesen scholen*. Es könnte sich auch um die von Herzog Bernhard II. von Sachsen-Lauenburg erbetenen Geleitbriefe für die Dänemarkreise seiner Frau Elisabeth, geb. von Braunschweig-Lüneburg, Witwe Graf Gerhards VI. von Holstein, handeln: LUB 7, Nr. 334 / HR I, 8, Nr. 659 (Regest). Denn auch Geleitbriefe wurden in der Regel als offene Briefe ausgestellt. Die Bitte des Herzogs richtete sich an alle Städte, und die Formulierung im Lübecker Brief könnte ebenso auf den Wunsch nach einem guten Verhältnis zu Herzog Bernhard hinweisen.

71 HR I, 8, Nr. 615: *Unde dar desse voscreven stucke gehandelt sint, alse hir vor screven steyt es hebbe wi hertoch Wilhelm erbenomet unse inghezegel henget heten vor desse scrifft, de screven is in dem Jahre unses Heren dusent verhundrt vúnde neghen unde twintich uppe unser leen vruwen avend visitacionis.*

72 Zum Formular: *Schäfer*, Hanserezesse (2008), 4–8, zur Herausbildung der Quellenart: *Behrmann*, Weg zum Rezess (2002), passim.

73 HR I, 8, Nr. 417, § 1 enthält die Promulgatio, eine Intitulatio sowie narrative Elemente zur Beauftragung, ab § 2 beginnt dann der eigentliche Kontext. Vgl. *Schäfer*, Hanserezesse (2008), 7.

in einem Prozess verwendet werden können. Ob das Dokument jedoch Verbreitung fand, lässt sich nicht nachweisen.

In Anbetracht der inhaltlichen Abweichungen zwischen den Schriftstücken, die jeweils im Namen der Städte und im Namen des Herzogs ausgestellt waren,[74] stellt sich auch die Frage, ob beide auf den gleichen „Autor" zurückgehen oder in wieweit die herzoglichen Räte Anteil am Manifest des Herzogs hatten. Ein Argument für die mögliche Beteiligung der herzoglichen Räte oder aber auch der holsteinischen Abgesandten liegt in der Wiedergabe von Verhandlungen, bei denen die Vertreter der Städte nicht zugegen waren,[75] während die späteren Teile dann eher auf Lübecker Zeugnissen beruhten.[76] Selbst wenn daher die endgültige Redaktion aus der Feder eines Lübecker Schreibers stammte, setzt dies einen Austausch über die genaueren Details der verschiedenen Begegnungen zwischen dem Herzog, seinen Räten und den dänischen Reichsräten voraus.

Verkompliziert wird dieses Problem noch durch einen weiteren Befund. Die original oder abschriftlich erhaltenen Manifeste stellen nämlich nicht die einzigen städtischen Quellen zu diesen Verhandlungen dar. Aus der Lübecker Kanzlei ist darüber hinaus auch ein Bruchstück erhalten, das die Verhandlungen am 16. und 17. Juni 1429 abdeckt: Der Schriftduktus deutet darauf hin, dass es sich bereits um eine Reinschrift oder einen Teil einer solchen handelt. Schreiber ist der schon bekannte Hermann Willerd, der nur an einer Stelle eine nachträgliche Korrektur vornahm. Anmerkungen aus der Hand von Paul Oldenburg oder Hermann van Hagen fehlen. Auffällig an der Gestaltung dieser Abschrift sind außerdem die sehr großen Abstände zwischen den einzelnen Paragraphen. In einigen Fällen enthalten diese Abschnitte noch eine innere

---

74 Das städtische Manifest (LUB 7, Nr. 333) enthält nach der Salutationsformel eine sehr lange allgemeine Rechtfertigung, welche die Hintergründe und grundsätzlichen Probleme der Verhandlungen auf den Punkt bringt. Erst mit LUB 7, Nr. 333, 317, (v)*ortmer des midwekens na sunte Bonifacii (...) meyster Harneyd van Appelle, syn kentzler etc.*, folgt eine Passage, die den Formulierungen von HR I, 8, Nr. 615, § 1 f. nahekommt. Dem schließt sich bis LUB 7, Nr. 333, 318, *vnd wij hebben dar vorder ingesecht van eynes ouermannes wegen also hir nageseruen steyt, in vnsem antworde*, die Widergabe der Diskussion um mögliche Schiedsrichter an, welche HR I, 8, Nr. 615, §§ 29–42 zusammenfasst, ohne Angabe einer genaueren Chronologie. Erst mit dem folgenden Abschnitt, LUB 7, Nr. 333, 318: (v)*ortmer schach id, dat des heren koninges rad vns stede vorbodeden vnd leten vns vnder anderen worden secghen (...)*, der HR I, 8, Nr. 615, § 43 entspricht, stimmen beide Texte stärker überein.
75 Dies gilt besonders für HR I, 8, Nr. 615, § 8–12, 15–19, 22–27, die alle Schleswig betreffen und Gespräche zwischen dem Herzog und den königlichen Räten wiedergeben, bei denen holsteinischen und städtischen Sendeboten nicht anwesend waren, wie aus § 20 hervorgeht.
76 Dies gilt für HR I, 8, Nr. 615, § 45. Beide Texte überliefern zudem eine Antwortschrift, welche die Städte noch während der Verhandlung überreichen ließen: LUB 7, Nr. 333, 319, (...) *de ergenante here hertoge Wilhelm hadde vormyddest des heren koninge Erikes rade (...)*, bis 322, (...) *vnd vns desses gelijk wedder na gebore (...)*; HR I, 8, Nr. 615, § 47–49 (mit Ausnahme der Corroboratio). Dabei sind aber jeweils unterschiedliche Boten für die Übergabe der Antwort angegeben, in LUB 7, Nr. 333 Bernd Kanne und in HR I, 8, Nr. 615 Abt Baldwin von St. Michael.

Gliederung durch einen Absatz, zum Beispiel um Rede und Gegenrede zwischen beiden Parteien zu kennzeichnen.[77] Diese Elemente der Gestaltung erlauben eine schnelle Erfassung der wichtigsten Informationen und Argumente, die in dem Ausschnitt zur Sprache kamen.[78]

Darüber hinaus weist das Schriftstück mit keinem der anderen Dokumente direkte wortwörtliche Übereinstimmung auf. Im Gegensatz zu den anderen Berichten des Treffens werden die einzelnen Sachverhalte kürzer abgehandelt, und eine ausformulierte Antwort, welche die städtischen und holsteinischen Sendboten in Nyköbing vortragen ließen, fand nur als Zusammenfassung Aufnahme in diesen Bericht. Andererseits enthält dieses Fragment zwei Datierungsangaben, welche die anderen Schriftstücke nicht aufweisen,[79] sowie zwei weitere Gesprächssituationen zwischen Herzog Wilhelm und dänischen Räten in Form kurzer Notizen.[80] Insgesamt entspricht die Art der Darstellung, mit der sorgfältigen Nennung von Tagesstunden und Treffpunkten, dem ausführlicheren, von Herzog Wilhelm zu besiegelnden Bericht. Zudem sie umfasst genau die Punkte, die in jenem Dokument nicht mehr der chronologischen Strukturierung der Ereignisse unterworfen sind und durch die wörtliche Wiedergabe der Rede eingenommen werden. Daher könnte das Bruchstück zunächst ein Teil der Vorlage für den Bericht vom 1. Juli 1429 gewesen sein, der in Anlehnung an das städtische Dokument vom 29. Juni 1429 noch einmal überarbeitet und verändert wurde. Insgesamt erweckt die Existenz der verschiedenen Berichte und auch des

---

77 Die Gestaltung des Textes wurde von der Edition in HR I, 8, Nr. 616 nicht berücksichtigt. Dies gilt vor allem für § 1, der im Original in vier Abschnitte geteilt wurde: 2. ab *Tom ersten, dat se tom rechtbode* (...), der zudem noch einen inneren Absatz ab *doch verboden* enthält, 3. *Forder alz umme den overman* (...), 4. *Forder boden se, uppe dat* (...).

78 Ein ähnlicher Fall befindet sich im OBA: Artikel, die Kaspar Schlick dem Hochmeister vorbrachte, OBA, Nr. 4951. Diese Akte enthält neben dem ausführlichen Bericht (aus der Hand von Kaspar Schlick?) noch eine zweite Schrift, auf der nur die ersten vier Paragraphen des Berichtes, in großen Abständen und mit Hervorhebung der Sinnabschnitte, enthalten sind.

79 HR I, 8, Nr. 616, § 1, 408: *Des donnerstages uppe den avent quemen tosampne hertog Wilhelm, de Holsten unde de stede upp den kerkhoff der barvoten* (...), müsste bei HR I, 8, Nr. 615, § 46 stehen. HR I, 8, Nr. 616, § 2, 409: *Am fridage uppe den morgen vorbode de hertoge Wilhelm de Holsten und de stede, de bischop van Osele, den kumpturen van Slochouw unde Borcharde van Guntersberg, und let en vorluden* (...) fehlt in HR I, 8, Nr. 615, § 47, wo dafür erwähnt wird, dass der Herzog durch seine Räte mit den beiden anderen Vermittlern spräche.

80 HR I, 8, Nr. 616, § 6 und 7, 409: § 6: *Forder sette hertoge Wilhelm den veren des koninges ene sprake vor, de aver van der hand geslagen ward.* § 7: *Forder settede hertoge Wilhel den achten des koninges reden vor, und ok dar na den veren, alz hern Erike* [Krummediek] *etc., in hemeliker frundliker sprake, he wolde umme de lehenwar des landes to Holsten mit siner egenen kost beabeyden by dem Romischen koninge.* Die inhaltliche Wiedergabe in den Manifesten endet mit dem Vorschlag, den Papst als Schiedsherren einzusetzen, und der Entscheidung des Herzogs, sich den Städten anzuschließen, und erwähnt keine weiteren Gespräche mit dänischen Räten (HR I, 8, Nr. 617, § 48 f., 407 f.; LUB 7, Nr. 333, 321 f.).

Bruchstückes den Eindruck, dass die am Ende veröffentlichten Dokumente in mehreren Phasen entstanden, wobei verschiedene knappere Berichte oder Protokolle zusammengetragen wurden.

Insgesamt zeigt der Befund der vorgestellten Schriften, dass die Städte einen Monat nach den Verhandlungen eine rege Publikationstätigkeit entfalteten. Dabei stellt sich die Frage, ob die Datierung in zeitlicher Nähe zu den überlieferten dänischen Schriftstücken ein Produkt des Zufalls ist, ob die Städte diesen zuvorkommen wollten oder ob beide Seiten dieses Mal unabhängig voneinander ihre Version des Treffens verbreiten ließen.[81] Das dänische Manifest ist in den Hanserecessen auf den 1. Juli 1429 datiert worden, also nach dem Lübecker Manifest vom 29. Juni 1429, doch lassen sich zu dieser Datierung noch genauere Angaben machen. Die erhaltene Version des Schriftstücks ist auf jeden Fall über Bützow und Rostock nach Lübeck gelangt, wie aus einem Brief des Rostocker Bürgermeisters Heinrich Buk vom 21. Oktober 1429 hervorgeht.[82] Darin erwähnt er explizit *dat de koning van dennemarken etc. hir to Butzowe dem rade heft claghebreue zant ouer jůw vnd de anderen stede etc. mit ener ingesloten en seddelen, dar ik juw twe vtscrifte van zende in dessem breue besloten.*[83] Es ist daher anzunehmen, dass die mit *Tractatus in Nikopink cum civitatibus anno m° xxix* unterschriebene Abschrift des dänischen Manifestes mit diesem Brief nach Lübeck gelangt ist. Doch nennt bereits ein Brief König Eriks an Wilhelm von Werle, sowie an die Herzöge Johann und Heinrich von Mecklenburg-Stargard vom 18. Juni 1429 – also einen Tag nach dem Ende der eigentlichen Verhandlungen – eine *besunderge schrifft*, wo *alle dingh tusschen den Holsten heren, steden vnde vns hir vorhandelt sin, dar gij jw wol ynne to vornemende hebben*, die den Botschaftern der Fürsten mitgegeben wurde.[84] Eine Kopie der *besunderge(n) schrifft* fügte Wilhelm von Werle am 26. Juni seinem Brief an Lübeck bei.[85] Es handelte sich sicherlich um eine frühere Version des Manifestes, das an die Kirchentüren in Bützow genagelt werden sollte und über Rostock nach Lübeck gelangte. Doch sind beide vermutlich in zeitlicher Nähe zu den Verhandlungen entstanden. Dafür sprechen besonders die wiederholten Anspielungen auf die

---

81 Manifest König Eriks von Dänemark über die Verhandlungen zu Nykøbing. Rostocker Abschrift: AHL, ASA Externa Danica, Nr. 3,2–173 = HR I, 8, Nr. 618.
82 (1429), Okt. 21: Brief des Bürgermeisters von Bützow an die Bürgermeister von Lübeck (LUB 7, Nr. 359). Dieser enthielt das Schreiben des Königs an Bützow vom 9. November 1429 (LUB 7, Nr. 347).
83 LUB 7, Nr. 359, 340.
84 1429, Juni 18: LUB 7, Nr. 330.
85 LUB 7, Nr. 332: 1429, Juni 25: Wilhelm von Werle, Fürst zu Wenden, an Lübeck. Beschriftung: *Littera domini de Wenden cum copia littere regis Dacie interclusa.*

Gegenwärtigkeit des Ereignisses und von Personen,[86] wie zum Beispiel der Abgesandten des Deutschen Ordens.[87] Aus deren möglichem Abreisedatum schlossen die Editoren der Hanserecesse wohl auf den 1. Juli als Datum ante quem.[88] Das königliche Manifest oder ein sehr ähnlicher Text müssen aber vor dem 29. Juni 1429 entstanden und nach Lübeck gelangt sein, da die städtische Verteidigungsschrift vom selben Datum bereits darauf Bezug nahm.[89] Besonders der Schluss verdeutlicht, dass die Städte damit auf eine eventuelle dänische Schrift reagierten.[90] Daher ist anzunehmen, dass die Städte mit ihren Manifesten einer weiter reichenden Verbreitung der kurz nach den Verhandlungen veröffentlichten Schrift zuvorkommen wollten. Zudem legt der Befund nahe, dass nach Erhalt der Briefe Wilhelms von Werle ein Treffen in Lübeck stattfand, das der Diskussion des Manifests vom 29. Juni gedient haben wird.[91]

Neben den Berichten und Manifesten sind zwei Siegelurkunden überliefert, in denen Christian Koband, Bischof von Ösel, sowie Johann von Pommersheim, Komtur von Schlochau, und Burkhard von Güntersberg, *sendboden to desser tijd des heren*

---

86 Dies wird bereits am Anfang nach einem Exkurs über das Ergebnis der Verhandlungen von 1428 deutlich: HR I, 8, Nr. 618: *Men doch wart dat affschedent to der sulven tiit also, dat unse leve oem vorghescrven enes daghes vorramed, also nu jheghenwardich is, (...).*
87 HR I, 8, Nr. 618: *(...) unde wolden dat van stunden an setten by den hochgeboren fursten und heren, heren Wilhelm, hertoghen to Brunszwik unde Luneborgh vorbenomet, und ebi sinen redere[n] unde bi den erwerdighen vadere in Got, heren Christian Kobant, biscop to Osele, und ebis den erliken heren homeister van Prutzen sendebodo, de hiir nu jheghenwardich sint.* Es geht aus der Passage nicht ganz eindeutig hervor, ob sich die Gegenwärtigkeit auch auf den Bischof von Ösel oder sogar alle potentiellen Vermittler bezog.
88 Laut Brief des Hochmeisters an den Landmeister von Livland vom 9. Juli 1429 (LivUB 8, Nr. 30) sind die preußischen Sendboten am vorherigen Tag zurückgekehrt.
89 LUB 7, Nr. 333: *Vnde ny wy vns, alse vns nod was na synem vorbode, dat he doch tegen vorword, also vorgerord is, dede, ok vorboden, heft he vns vppe desseme latesten daghe bynnen velicheyd vnd geleyde vppe eynem vrundliken daghe, dar men yo nicht denne vrundicheid handelen enscholde, ouerscriuen vnd buten an de kerken cleuen laten, wy scholen vns vorromet hebben, dat wy vuller recht vnd mer geboden hadden, danne he, dar he vns doch, sine koningliken werdicheid vngestraffet, in warheid sere to kort ane gedan heft vnd tegen sin geleyde, vnde dat ock, alse wy vareden, nerghen vmme en schage, danne dat men vnse sendeboden reytzen wode, vppe dat men se an eren worden edder wedderscriften begripen vnd vorsnelen mochte an ereme geleyde, dar se sik doch myt der hulpe Godes vor behoden.* Zur Datierung: Die dänische Klageschrift enthält eine Erklärung, die auch in HR I, 8, Nr. 615, § 43 wiedergegeben und dem 15. Juni zugeordnet wird. Andererseits fehlt in ihr ein Verweis auf den Papst, der laut HR I, 8, Nr. 616, § 5 am 17. Juni als oberster Schiedsrichter vorgeschlagen wurde. Zur Klageschrift an sich vgl. auch *Behrmann*, Herrscher (2004), 287.
90 HR I, 8, Nr. 615, § 49, 408: *Unde ok, offt de erbenomede here koningk Erik, edder yemend van syner wegen, hir enboven anders wes over uns scrivende worde, bisse wi jw alle unse heren unde vrunde, dar desse scrifft to kumpt, dat gi uns umme Godes unde rechtswillen dar ane vorantwerden bette an uns (...).* LUB 7, Nr. 333, 321: *(...) vnde eft ok de vorbenomede here koningh Erick edder jemand van syner wegen hirembouen anderswes ouer vns scriuende worde, bidde wij alle vnse heren vnde vrunde, de jenne, dar desse scrift tokumpft, dat se vns vmme Godes vnde rechtes willen darane vorantworde bette an vns, (...).*
91 HR I, 8, 423 f. Die zitierten Rostocker Kämmereirechnungen enthalten aber keine Datierung.

homesters unde ordens to Prutzen, Zeugnis über die Verhandlungen ablegten.[92] Nur ein Exemplar der Urkunde wurde durch alle drei Aussteller besiegelt. An der zweiten hängt nur das Siegel des Bischofs an, während für die beiden Gesandten des Deutschen Ordens zumindest die Bänder vorhanden sind. Ob diese beiden Siegel verloren gegangen sind oder niemals an der Urkunde befestigt wurden, muss dahingestellt bleiben. Konstatieren lassen sich aber unterschiedliche Schreiberhände für beide Urkunden und einige wenige orthographische Abweichungen.[93] Diese beiden Urkunden sind nun ganz sicher auf den 1. Juli 1429 datiert[94], also erst eine Weile nach dem Ende der Verhandlungen. DRA, NKR, Nr. 3053 besitzt einen gestrichenen Rückvermerk aus dem späteren 15. Jahrhundert: *Recessus mellom Kong Erik og Stederne*. Diese Urkunde lässt sich von der Schreiberhand her ganz eindeutig der dänischen Kanzlei zuordnen.[95]

Auch wenn diese sichere Zuordnung für die zweite Urkunde nicht erfolgen kann, ist doch anzunehmen, dass beide Exemplare aus der königlichen Kanzlei stammen. Dabei lassen sich auch inhaltliche Indizien feststellen. Zum einen fehlen sowohl Hinweise auf einen eigenen Antrieb der drei Personen als auch genauere Erklärungen, warum gerade sie als mögliche Schiedsrichter ins Spiel gebracht wurden. Zum anderen werden nur die dänischen Erklärungen von den Verhandlungen wörtlich übernommen, so dass von einer entsprechenden Vorlage ausgegangen werden muss.[96]

---

92 1.) DRA, NKR, Nr. 3053; 2.) DRA, NKR, Nr. 3054 = HR I, 8, Nr. 619.

93 Vgl. HR I, 8, Nr. 619, 412 Anm. a–c: Die textkritischen Anmerkungen a und b verweisen auf Fehler, die entweder bei der Abschrift nach dem Konzept oder nach einer Reinschrift entstanden.

94 Sie setzen die Klageschrift bereits voraus: HR I, 8, Nr. 619, 412: *Da nu würden dar vele deghedinge, dar doch nicht aff vorsamled ward, so lange dat de ergenante here konynk des rades ward, dat he syne vorbedinge voropenbarde in jeghenwardicheit der stede vor allen luden.*

95 Es handelt sich um den bei *Carlie*, Studium (1925), 35 f. als S36 identifizierten Schreiber. Dazu auch noch Kap. 5.3.1 sowie die Materialsammlung in Anhang 8.4.

96 Dies gilt für alle dänischen Verlautbarungen von den Verhandlungen: 1.) HR I, 8, Nr. 618, 411: *Do wart en van unser weghen ghesecht boven alle dat vorscrevene; up dat men to seende hadde unde de alweldige Got ok to dirkenn[n] hadde, dat wii man vrede menden, unde dat aller armen lude schaden unde unwille mochte affgheecht werden (...) [bis] (...) unde bi den jhennen, de se dar to nemende wurden.* Und HR I, 8, Nr. 619, 413: *(...) uppe dat man to sende hadde unde de almechtige Got ok to derkennende hadde, dat de here koning man vrede mende, unde dat aller armer lude schade unde unwille mochte affgelecht werden (...) [bis] (...) oc by de jennen, de wi dår to nmende wurden.* Vgl. HR I, 8, Nr. 615, § 43; 2.) Bes. deutlich bei HR I, 8, Nr. 618, 411: *En wort ok ghesecht van unser weghene, dat were id so, dat se des nen bevell en hadden edder des nich don en wolden, alsullik recht van uns to nemende nu to tiit, alse wii en beden leten, wii wolden en dar ener mogheliken tiit to ghunnen, dat to hus to bringhende unde sich dar wo umme to besprekende (...)* und HR I, 8, Nr. 619, 413: *Ok ward en gesecht van des vorscreven hren konynges wegene, were id so dat se des nen bevel hadden edder des nicht dån wolden, sulk recht und ere van en unde den synen to emende to der tiid, also en geboden ward, he wolde en ener moghelikeen tiid dar to ghunnen, to hws to bryngende und sik dår wol umme to besprekende (...).* Die orthographischen Unterschiede lassen sich leicht dadurch erklären, dass es sich bei HR I, 8, Nr. 618

Dass diese Urkunden darüber hinaus die essentiellen Argumente des Königs und seiner Berater enthalten, sei nachfolgende im Zusammenhang mit dem Verhandlungsablauf thematisiert.

5.2.2 Die Vorbereitung der Verhandlungen

Zunächst ist es jedoch notwendig, die genauen Rahmenbedingungen der Verhandlungen abzustecken. In allen Quellen herrscht Einigkeit darüber, dass der Anstoß zu den Verhandlungen des Jahres 1429 von Herzog Wilhelm von Braunschweig-Lüneburg ausging, der noch auf dem ersten Treffen eine Fortsetzung der Gespräche für das darauffolgende Jahr, um den Sonntag Trinitatis, festlegte: Das gilt sowohl für die Berichte von 1428[97] als auch für die verschiedenen Manifeste und Urkunden von 1429.[98] Schon bei den Verhandlungen von 1428 wäre die Kommunikation ohne die vermittelnde Gegenwart des Herzogs nicht in Gang gekommen. Selbst der Zutritt zur Stadt Nykøbing ergab sich für die städtischen Ratssendeboten erst, nachdem der Herzog sich demonstrativ weigerte, allein in die Stadt und auf das Schloss zu kommen, und eine Nacht außerhalb der Stadt verbrachte.[99] Dass König Erik zum *wertliken* Empfang

---

um eine Rostocker Abschrift eines öffentlichen Aushangs handelt, der Text seit der ursprünglichen Vorlage also mindestens durch zwei Schreiberhände gegangen ist.

97 Im städtischen Bericht heißt es (HR I, 8. Nr. 515, § 12): (...) *dat allent wilde unde wanckel vil, wart in dat latste eynes anderen vrundliken daghes vorramed, dese wesen schal to Nycopinghe in Valster achte dage na pinxsten erst to kommende.* Auf dänischer Seite findet sich diese Abmachung in folgender Weise (HR I, 8, Nr. 516, 337): *Dat wart tolaten, dat men den dach halden schal to pinxsten (...).*

98 Von städtischer Seite: LUB 7, Nr. 333, 315 f.: (...) *de erbenomede furste, hertoge Wilhelm, vorramde eynes anderen frundliken dages twisschen vns erbenomeden beyden partyen, to wesende bynnen Nykoping vppe der hiligen Drualdicheid daghe nyest vorleden etc.* Von dänischer Seite: HR I, 8, Nr. 618: *Men doch wart dat affschedent to der suluen tiit also, dat unse leve oem vorgheschreven enes daghes vorramede, also nu jeghenwardich is (...).* HR I, 8, Nr. 619: (...) *to deme dage, den de hochgeborn furste, hertoch Wilhelm van Brunswik unde Luneborgh, vorsamelt und gemaket hadde (...).* Vgl. auch *Erslev*, Erik (1901), 239; *Daenell*, Hansestädte (1902), 344.

99 HR I, 8, Nr. 515, § 1, 331 f.: *Unde wowol se bynnen Nykopinghe geleydet unde erer stede wapene dar umme herberghe willen upgeslagen weren, so en mosten se des dages doch to Nykopinghe nicht in de bu vor Vicken van Vitzen, Gherde Bruzeken* [der königliche Hauptmann in Nyköbing] *unde Braden. Unde allene id dem heren hertoghen Wilhelme angeworven ward, dat he to Nykobinghe in unde uppe dat slot komen scholde, so en wolde he des doch nicht don, zecghende, he were mit den steden utekomen; wor se bleven, dar wolde he mede bliven. Unde bleff ok de nacht mit en buten Nykopinghe bette des anderen daghes, do qwemen se alle dar in, eyn jewelik an sine genamene herberghe etc.* [Ergänzung d. V. auf Grundlage von HR I, 7, Nr. 601 = 8.2.1, Nr. 24 (Stand 1423)].

des Herzogs dessen Herberge aufsuchte und auch seine Ansprache direkt an ihn richtete, unterstrich noch einmal dessen Bedeutung.[100] Treffen zwischen dem König und den Städten wurden im Folgenden über die Person des Herzogs und seiner Räte vereinbart, und auch die Klagepunkte des Königs erhielten die Ratssendeboten nicht direkt, sondern sie wurden nur in Gegenwart des Fürsten ein weiteres Mal verlesen, damit die Städte den mündlichen Vortrag als Grundlage für den Entwurf einer Gegendarstellung benutzen konnten.[101] Im Gegenzug kam es zu einer engen Verständigung zwischen dem Herzog und den Städten, wobei der Herzog den Städten anbot, eigene Vorschläge für das Verfahren vorzubringen, während diese ihrerseits ihre Zufriedenheit mit seiner Arbeit bekundeten und damit seine Würde als Vermittler bekräftigten. Der Herzog wiederum unterstrich seine freundliche Beziehung zu den Städten mit der Schenkung von Wein.[102] Dass der Herzog von einem überparteiischen Vermittler zwischen beiden Seiten in die Rolle eines Rechtsbeistands der städtischen und holsteinischen Abgesandten wechselte, verdeutlicht dann insbesondere das Fazit des städtischen Rezesses.[103]

Der Vertrag, den die Räte von Lübeck und Lüneburg am 28. September 1428 – also nur zehn Tage nach dem Ende der Verhandlungen in Dänemark – durch Vermittlung des Abtes Baldwin vom Kloster St. Michael in Lüneburg, des Ritters Bernd Kanne und des Knappen Hartwich von Bülow mit dem Herzog abschlossen, knüpfte dann auch an eben diese Beziehungen an: In den auf eine Publicatio folgenden narrativen Elementen wurde gleich zu Anfang noch einmal betont, dass sich der Herzog *den erbenomeden steden vnde eren medehelperen, gudliken beworen vnd truweliken bearbeydet heft*. Dem Herzog wurde aber auch weiterhin die Möglichkeit zu geben, dass er sich *in den saken vortan truweliken bewere vnde vormyddest medewerkinge des hilgen gheystes to eneme saligen ende bringe*. Die Entstehung des Vertrages und der Vereinbarung

---

100 HR I, 8, Nr. 515, § 2, 332: *Unde des sunnavendes dar na qwam he* [koning Erik van Denemarken etc.] *na middage to dem heren hertoghen Wilhelme erbenomed in sine herberghe, unde entfeng ene wertliken mit temeliker grute.*

101 Dies geht ebenfalls aus dem Bericht der Ratssendeboten und aus dem anderen städtischen Material hervor, bes. HR I, 8, Nr. 515, § 2 und 4. Vgl. auch *Erslev*, Erik (1901), 238. Zur bewussten Distanz des Königs: *Behrmann*, Herrscher (2004), 204.

102 Dies bringt ein kurzer Dialog in HR I, 8, Nr. 515 auf einen Punkt: § 5, 334: *He let ok den steden zecghen vormyddest dem strengen hern Bernde Kannen, alse he ok van siner wegene gesecht hadde: Leven vrunde, durcht jw dat wii in dessen dingen anders don edder vorvaren scholden, denne wii don, wii bidden jw, dat gii uns dat zecghen; deme wille wii mit willen alse gerne don, unde willen juwes rades unde guder underwiisinghe dar gern ane horen. Dar de stede wedder upp seden, se danckeden sinen gnaden denstliken vor sine truwen vlit unde arbeyt, wente se seghen wol, dat id sine gnade mit allen truwen mende, unde sine wiise, wervynghe unde upsette beville en gantz wol. Und hiir up let he den steden schenken van sinen wine.*

103 HR I, 8, Nr. 515, § 12, 336: (...) *en konde ok de erbenomede here hertoghe Wilhelm dar nyner vrundschop twisschen den vorscreven partien vorramen, so schal de sulve here hertoghe Wilhelm der stede vorscreven to rechte mechtich wesen, umme wes de here koning to en to zecgende heft* (...).

einer Entschädigung wird mit folgenden Worten erklärt: *Wente to besynnende vnd in warheyd kenlik is, dat de erbenomede here hertoge Wilhelm alsodanen arbeyd sunder grote koste vnd teringe nynewijs don enkan.*[104] Darunter zählten natürlich die Reisekosten für den Herzog und sein Gefolge, standesgemäße Unterbringung und Verpflegung sowie die Möglichkeit gelegentlicher Geschenke, wie die Städte sie von ihm selbst erhalten hatten.[105] Insgesamt wurden dem Herzog 8000 Mark Lübisch in Aussicht gestellt, deren teilweise oder vollständige Auszahlung jedoch Sonderbestimmungen regelten. Ganz sicher waren dem Herzog davon 2000 Mark Lübisch, sofern er die Anberaumung und damit natürlich auch die Absicherung des neuerlichen Tages zu Nykøbing sicherstellen konnte. Für den Fall, dass es dem Herzog gelänge, ein früheres Treffen, bestenfalls in Flensburg, anzusetzen, wurde ihm die erste Rate von 1000 Mark gleichsam als Erfolgsprämie zugesagt.[106] Den gleichen Wunsch hatte der Lübecker Rat auch an Nikolaus Stock herangetragen, der ihn aber als Ausweichmanöver zurückgewiesen hatte.[107] Die Wiederkehr dieses Vorschlages in der Sonderklausel verdeutlicht aber, dass die Lübecker und Lüneburger Ratsleuten eine Entscheidung für Flensburg vielleicht als ein dänisches Zugeständnis für das Gleichgewicht zwischen den Parteien empfunden und als ein ernsthaftes Bemühen um den Frieden interpretiert hätten. Es kamen jedoch bis 1435 zu keinem Zeitpunkt Verhandlungen außerhalb Dänemarks zustande.[108]

Die zusätzlichen 6000 Mark Lübisch sollten der Herzog, sein Bruder Heinrich oder ihre Erben beim erfolgreichen Ende des Krieges ein halbes Jahr nach dem Friedensschluss – *alse de zone vnd ende gedegedinghet vnd vultogen weren* – erhalten, und für den Fall, dass es weiterer Verhandlungen bedurfte, erklärten sich die beiden Städte bereit, eventuell anfallende Kosten zu decken. Eine besondere Klausel steckte außerdem den Handlungsspielraum des Herzogs fest: In erste Linie sollte er versuchen, zwischen dem König und den Holsteinern sowie dem König und den Städten in *vruntlicheid*[109] zu schließen. Es stand ihm aber auch frei, ein richterliches Urteil aus-

---

104 Alle Zitate aus: LUB 7, Nr. 232, 212 f.

105 Aus LUB 7, Nr. 220 / HR I, 8, Nr. 513 (Regest) vom 24. August 1428 geht hervor, dass der Herzog 1428 die Kosten seiner Reise noch selbst trug.

106 LUB 7, Nr. 232, 213: *Vnde weret ok dat he vmm der vorscreuenen sake willen eynes korteren daghes vorramde, id were to Flensborch edder vppe wat stede id were, so scholen se eme van den vorscreuenen twen dusent marken gheuen to sinen konsten vnd teringen dusent marke.*

107 HR I, 8, Nr. 417, § 5, 270 und § 9, 272, vgl. *Behrmann*, Herrscher (2004), 189 Anm. 378.

108 Diese klare Herausstellung des hierarchischen Verhältnisses, die Gesandten der Städte nach Dänemark kommen und bisweilen auch warten zu lassen, zeigt sich bereits vor dem Krieg, wird nun aber zur Gewohnheit. *Behrmann*, Herrscher (2004), 187–189, 188.

109 „Freundlichkeit", in: DRW 3, Sp. 874: I. Aussöhnung, gütlicher Vergleich, Verfahren "mit Minne", im Gegensatz zum Rechtsverfahren. *Krause*, Minne (1984), passim. Ausführlichere Zusammenfassung der bisherigen Forschungen zum Thema bei *Cordes*, Mit Freundschaft (2015), 9–12, der im Folgenden (12–17) aber feststellt, dass die Trennung zwischen einem Verfahren „mit Minne" oder

zusprechen und zu verweigern. Die Erfolgsprämie stand ihm in jedem Fall in Aussicht.[110] Diese Klausel beschreibt den Handlungsspielraum, der Vermittlern in den Zeiten der Schiedsgerichtsbarkeit immer mehr zugesprochen wurde,[111] und legt die Entscheidung, ob eine „freundliche Einigung" oder ein schiedsrichterliches Machtwort gesprochen werden sollte, ganz in die Hände des Herzogs. Die erweiterte Vollmacht konnte auch dazu dienen, seiner Tätigkeit als Vermittler größere Autorität zu verleihen.[112] Für die kriegführenden Städte lässt sich dieser Vertrag recht deutlich als eine Strategie erkennen, sich schon sehr früh auf alle möglichen Wendungen der Verhandlungen vorzubereiten.[113]

Ob es außer dem Vertrag, der von Lübeck und Lüneburg ausging, noch eine zusätzliche Vereinbarung mit den Holsteinern gab, ist aus den Quellen nicht ersichtlich. Doch scheint sich der Herzog als Bevollmächtigter beider Parteien betrachtet zu haben. Dies geht aus einigen städtischen Briefen, die über neuerliche Gespräche mit seinen Räten berichteten, hervor.[114] Es zeigt sich auch besonders im Auftreten des Rit-

---

„nach Recht" nicht immer ganz klar war. Er führt jedoch auch ein Beispiel aus dem Erzbistum Mainz an, bei dem einem Scheidskollegium die Befugnis erteilt wird, in einem Konflikt nach Minne oder Recht zu entscheiden.

110 LUB 7, Nr. 232, 214: *Vortmer weret dat de schelinge twisschen dem erbenomeden heren hertogen Wilhelme in gudlicheid gesleten worde vnde de sulue here hertoge Wilhelm eyne vrundlike zone vultoghe twisschen dem erbenomeden heren koninge, sinen rijken vnd sinen vndersaten vnde den erbenomden steden vnde doch des vtsproke des rechtes by sik beholde edder vtspreke, oft he de zake in vrundlicheid nicht sliten en konde, dat en schal eme in beredinge der voscreuenen VIM marke nicht schedelik edder to voruange sin.* Zur Bedeutung von *vtsproke des rechtes* als richterlicher Ausspruch bzw. richterliche Entscheidung, *Schiller-Lübben*, Bd. 5, 176, „Aussprache" in DRW 1, Sp. 1110.

111 *Kamp*, Friedensstifter (2004), 236–260, bes. 243 f. (obwohl die niederdeutsche Terminologie weniger konkrete Rollen, wie *mediator* oder *arbiter*, als Tätigkeitsbeschreibungen benutzen). Zur Spannungsbreite von „Minne und Recht": *Rödel*, Gerichtsbarkeit (1979), 142–144; *Bader*, Arbiter (1960), 239–277; *Janssen*, Bemerkungen (1971), 77–100.

112 *Kamp*, Friedensstifter (2004), 258: „Es [das Schiedsgericht] sanktionierte mit seinem Urteil die Kompromisse und Neuerungen, die auf diese Weise als rechtmäßig anerkannt wurden. Nur ein Vermittler, der auch die Autorität besaß, als Schiedsrichter auftreten zu können, erschien von jeher sinnvoll. Er war ein Richter und doch an den Parteiwillen gebunden. Von daher erstaunt es dann nicht, daß im späten Mittelalter die Befugnisse der Vermittler gleichsam erweitert und diesen die Entscheidungsgewalt zugestanden wurde, man sie kurzum zu Schiedsrichtern machte."

113 Für *Daenell*, Hansestädte (1902), 344 stellt dieser Vertrag, in dem die Städte „den Herzog für Lüneburg für 8000 Mark erkauften" eine Überraschung dar.

114 Diese Verhandlungen kommen zur Sprache in folgenden Briefen, die eigentlich noch Nikolaus Stock betreffen: 1.) 1428, Dez. 1428 (8.2.3, Nr. 95, zit. nach LUB): (...) *so sin des here hertogen Wilhelms van Brunswigk vnde Luneborch sendeboden in vnser stad gewest vnd de Holsten heren en sin nicht gekomen. Hirvmme en wolden de suluen sendeboden van eren weruen vns nichtes to kennnde gheuen, jodoch wanner wij darvan wes enckedes irvaren mogen in tokomenden tijden, dat wille wij juwer leue sunder sumen gerne benalen* (...); 2.) (1428), Dez. 6 (8.2.3, Nr. 97, zit. nach LUB): *Alzo in der lesten dachuart vnses rades sendeboden van iw scheden, iw en antword in XIIII dagen wedder to vorscriuende vmme*

ters Bernd Kanne in Lübeck, dem – wie schon im Vorjahr – die Kommunikation zwischen dem Herzog und Dänemark anvertraut war und der seine Ergebnisse nur vor einer gemeinsamen Versammlung der *hertogen van Sleswiic* und der Städte vorbringen wollte.[115] Wortführer der holsteinischen Gesandtschaft war – ebenfalls wie schon im Vorjahr – der Domprobst zu Schleswig, Scholaster und Domherr in Lübeck und spätere Bischof von Lübeck (1439–1449), Magister Nikolaus Sacchow.[116] Er war bereits in den Verfahren der Jahre 1424 und 1425 vor König Sigismund und an der Kurie als Prokurator seiner Herren aufgetreten.[117] Im Verlauf der Verhandlungen von 1429 bringt er diese Erfahrungen in den bisherigen Prozessen auch verschiedentlich ins Spiel.

Der schriftliche Vertrag scheint zu Beginn der Verhandlungen noch einmal mündlich bestätigt worden zu sein: Zunächst befragte der Herzog die Städte am ersten Tag, wie er bei den Verhandlungen verfahren sollten. Sie antworteten ihm darauf: *men scholde erer mechtig wesen tegen den koningh to eren unde to rechte, to ghevende unde to nemende na ghebore, so erne als den Holstenheren dat ok weddervaren konde, unde beden hertoghe Wilhelm, dat so vor se to bedende.* In Analogie dazu erhielt der

---

de vorborghene werue anrorende den hochgebornen fursten, hertoch Wilhelme van Brunzwik etc, beghere wy, dat juwe eersamheyt dat vor nenen vnwyllen nemen, dat wy iw dar nicht er vpp ghescreuen habben, (...). Vgl. außerdem 1429, Jan. 19 (8.2.3, Nr. 111, nach LUB) In diesem Schreiben weist der Rat von Lüneburg das Ansinnen des Lübecker Rates zurück, einen Gesandten zu König Sigismund zu schicken, mit der Begründung: *(...) sint dem male dat vnse gnedige here, hertoge Wilhelm, twisschen dem koninge van Denemarken vnde den steden alrede in degedingen gewesen heft vnde vnde noch iegenwardigen is vnde syne bodeschop kortliken auer darvmme donde werd by den heren koning vorscreuen.*

115 Dies geht hervor aus einem Brief Lübecks an Wismar vom 26. März 1429: HR I, 8, Nr. 591: *De erbare unde strenge ritter, her Bernd Kanne, is dallinge van dem heren koninghe in vnse stad gekomen, unde wente he, wes emeweddervaren is bii dem heren koninge, unde sine werve, de he mit haste jo vortsetten mot, nicht openen wil, id en sii, dat de heren hertogen an Sleswiic unde wii stede tosamende sin* (...). In Bezug auf die Aktivitäten des Bernd Kanne ist eine Korrektur zu *Erslev*, Erik (1901), 469 Anm. 75, angebracht, da er dort als preußischer Ritter bezeichnet wird.

116 Belege für seine Teilnahme: 1428: HR I, 8, Nr. 515, § 8, 334 f.; 1429: HR I, 8, Nr. 615, § 6, 402. Für 1430 sind die holsteinischen Gesandten nicht namentlich erwähnt, haben wohl aber auch teilgenommen, wie aus der kurzen Notiz HR I, 8, Nr. 798, hervorgeht. Scholaster der *kerken to Lubeke* ist Nikolaus Sacchow spätestens seit dem 3. April 1430, da er in einer so datierten Legitimationsschrift (LUB 7, Nr. 388) als solcher bezeichnet wird. Zur Person und Wirkung: *Gramsch*, Schülerkreis (2008), 57 f.; *Schmutz*, Juristen (2000), Bd. 1, 218, 223, Bd. 2, Nr. 2610 (1411–1415 Studium in Bologna); *Wriedt*, Sacchow (1996), 610.

117 Prozessakten für das Schiedsverfahren in Ofen: Acta Processus. Ed. *Langebek*, 371–381. Akten des Prozesses an der Kurie: Processus in Curia Romana. Ed. *Langebek*. Zu beiden Verfahren: *Hedemann*, Ofendommen (2007), 61–66; *Ders.*, Aufhebungsverfahren (2012), passim, bes. 8, 11–14, 18–21 zum Wirken von von Nikolaus Sacchow.

Herzog auch die Ermächtigung durch die Sendboten der Holsteiner, Nikolaus Sacchow, Johann Stake und Hinrik Ratlow.[118] Der gleiche Vorgang wiederholte sich vor jeder neuerlichen Aussprache zwischen Herzog Wilhelm und den königlichen Räten, bei der es zu rechtlich verbindlichen Entscheidungen kommen konnte.[119] Die Ordnung ihres Verhältnisses mit Herzog Wilhelm lässt sich also sowohl für die kriegführenden Städte als auch für die Holsteiner feststellen und spricht dafür, dass beide Seiten das Klima der Verhandlungen zu ihren Gunsten zu beeinflussen hofften.[120]

Quellen über eine derartige klare Absprache von Vermittlung oder möglichem Schiedsgericht haben sich von der dänischen Seite nicht überliefert. Die Dreiergruppe bestehend aus Christian Koband, dem Bischof von Ösel, und den beiden Deutschordensgesandten, Johann von Pommersheim und Burkhard von Güntersberg, tritt in dieser Zusammensetzung erst bei den Verhandlungen in Erscheinung, zunächst in der Funktion von Zeugen.[121] Diesen Eindruck erweckt auch der Brief König Eriks vom 23. Februar, in dem er den Hochmeister um Abgesandte des Ordens bat *to horende vnse recht vnde unrecht dat gij des deste beet mochten to bekantnisse vnde warheit komen.*[122] Er scheint in ähnlicher Form auch an die Herzöge Johann und Heinrich von Mecklenburg-Stargard sowie an Wilhelm von Werle geschrieben zu haben.[123] Deren Sendeboten dienten aber nur als allgemeines Publikum und wurden nicht in die Verhandlungen einbezogen. Da Heinrich von Mecklenburg-Stargard bereits im vergangenen Jahr seine Fehde gegenüber den Städten erklärt hatte,[124] kamen seine Sendboten als neutrale Zeugen wohl nicht mehr in Frage. Die Sendboten aller drei Fürsten scheinen aber mit der Bitte Ihrer Herren an den König herangetreten zu sein, *vfft wij vns mit den steden nicht vordregende wurden etc.*[125] Mit welchen Vollmachten sie darüber hinaus ausgestattet waren, bleibt der Erkenntnis entzogen.

---

118 HR I, 8, Nr. 615, § 4 f., 402 (für die Ermächtigung durch die Städte) § 6: *Der Holstenheren rede, mit namen de ersame her Nicolaus sachauw, provest to Sleswik, her Johan Stake, ritter, unde Henneke Ratlouwe, vorboden sik van erer heren weghen sunder underscheyd to eren unde to rechte, to ghevende unde to nemende na ghebore, unde beden hertoch Wilhelm, dat over vor se to bedende.*
119 Solche mündlichen Ermächtigungen wiederholten sich am 11. und 12 Juni sowie am 14. Juni 1429 1.) HR I, 8, Nr. 615, § 14, 403; 2.) HR I, 8, Nr. 615, § 21, 403; 3.) HR I, 8, Nr. 615, § 28, 404. In diesen drei Fällen erteilten die holsteinischen und die städtischen Sendboten die Ermächtigung als eine Gruppe.
120 So lässt sich anhand der Hamburger Kämmereirechnungen auch nachweisen, dass die Städte ihren Teil des Vertrages genau einhielten und die Reisekosten des Herzogs trugen: HR I, 8, 397.
121 Vgl. noch nachfolgend Kap. 5.2.3.
122 OBA, Nr. 5052.
123 Dies geht hervor aus dem Brief des Königs an Wilhelm von Werle, und die Herzöge Johann und Heinrich von Mecklenburg-Stargard vom 18. Juni 1429 (LUB 7, Nr. 330 /HR I, 8, Nr. 620 [Regest]).
124 Der Absagebrief des Herzogs Heinrich von Mecklenburg-Stargard erreichte Lübeck am 28. September 1428 (*virgilia Michaelis XXLViii*). AHL, ASA Externa Danica, Nr. 3,2–157, Anhang 7.1.3 b), Rückvermerk Nr. 35.
125 LUB 7, Nr. 330, 314.

Dass die Rolle der preußischen Sendeboten bei den Verhandlungen möglicherweise über das reine Zuhören hinausgehen könnte, scheint hingegen der Hochmeister Paul von Rusdorf aus der Einladung von Ordensbrüdern herausgelesen zu haben: Zwar handelt das erste Antwortschreiben des Hochmeisters an König Erik vom 20. März 1429 zunächst nur über die Frage, ob die preußischen und livländischen Schiffe unbehelligt und nach alter Gewohnheit, also ohne Zahlung des neuen Zolls, durch den Sund fahren konnten. Er bietet aber im Fall einer günstigen Entscheidung Dankbarkeit und Dienstbereitschaft des Ordens an[126], die sich allerdings sehr vielfältig interpretieren ließen und noch nicht als ein Hinweis auf die Aussendung von Bevollmächtigten gelesen werden müssen. Dennoch erfolgte die Instruktion der auserwählten Boten, Anfang April mit großer Wahrscheinlichkeit noch vor einem weiteren Nachrichtenaustausch mit Dänemark. Zwar war der Brief König Eriks nur sieben Tage bis Danzig unterwegs gewesen, doch stellt diese Reisegeschwindigkeit eine Ausnahme dar.[127] Ein weiteres Indiz dafür liefert die Urkunde des Danziger Hauskomturs über die Aussage der 61 Schiffer, aus denen sich die Flotte zusammensetzte, die auf den 4. April datiert ist und eine wesentliche Forderung des Königs erfüllte.[128] Als Johann von Pommersheim und Burkhard von Güntersberg am 6. April ihre Instruktion erhielten, wurden darin bereits verschiedene Situationen, die sich während der Verhandlungen ergeben mochten, angedacht.[129] Nicht eindeutig ist in diesem Schriftstück der Inhalt der mitgegebenen Kredencie wiedergegeben: Ging sie über eine generelle Einführung der beiden Gesandten hinaus oder nahm sie eher Bezug auf die Einladung des Königs? Es ist auf jeden Fall schwer vorstellbar, dass sie Vollmachten im Widerspruch zur Instruktion des Hochmeisters enthielt. Unter Verweis auf die Einladung des dänischen Königs sollten die Gesandten zunächst nur ihre Bereitschaft

---

126 HR I, 8, Nr. 607: *Umbe des willen mit demutigen fleissigen begerlichen beten wir anruffen und bitten euwir koningliche majestat, da dieselbe flosse gnediclichen euwir durchluchtigkeit geruche seyn empfolen, und en also behulfen und forderlichen wesen, das sie und [durch] euwir herlichkeit lande, wasser und habenunge hyn und herwidder mit iren schiffen und guttern nach alder gewonheitt zegelen und komen mogen ungehindert, das wir mitsampt unsirm gantzem orden gerne dinstlichen, wo wir mogen verschulden wellen kegen euwir groszmechtige herlichkeit (...)*. Zu den Bedeutungsnuancen *dinstlichen vorschulden* als „entgelten": *Schiller-Lübben*, Bd. 5, 438 f., bes. 439: „häufig am Schlusse von Briefen, wenn der Schreibende seine Bereitwilligkeit ausspricht, einen bereits geleisteten oder noch zu leistenden Dienst seinerseits zu vergüten oder dafür dankbar verpflichtet zu sein."
127 OBA, Nr. 5052: Die Reisegeschwindigkeit ergibt sich aus der Empfangsbestätigung: *Gekomen am Dinstage noch Oculi czu Danczk Anno xxixten*. Doch konnte die Reisedauer zwischen Dänemark und dem Ordensland stark schwanken. Vgl. Tabelle Anhang 7.2.2.
128 In seinem Brief stellte König Erik für die Durchfahrt der Flotte die Bedingung: (OBA, Nr. 5052) *dat se mit vnsen vienden nene menschopp en hebben vnde ere guder nichten varen*.
129 HR I, 8, Nr. 609.

erklären, den Verlauf der Verhandlung als Zeugen zu verfolgen.[130] Doch bleibt die Instruktion nicht bei der Rolle der Gesandten als Zuhörer stehen, sondern entwirft weitere Situationen: Als erstes spricht sie die Lösung des Konfliktes durch ein Schiedsverfahren an, dem der Hochmeister auf keinen Fall als Schiedsrichter vorzustehen gedachte. Sattdessen wies er seine Gesandten an, das Ansinnen mit Rücksicht auf ihre begrenzten Vollmachten zurückzuweisen; sollte es aber zu weiteren Verhandlungen zwischen den Kriegsparteien kommen, wäre der Hochmeister bereit, seine Gesandten mit größeren Vollmachten auszustatten.[131] Diese Anweisung wiederholte der Hochmeister in seinem Brief, den er direkt an die Gesandten in Nykøbing schrieb, nachdem die Nachricht vom erfolgreichen und sicheren Durchzug der Flotte durch den Sund in Preußen angekommen war.[132] Die zweifache Ermahnung in dieser Hinsicht verdeutlicht, wie ernst dem Hochmeister die Ablehnung der Verantwortung war. Der zentrale Grund liegt sicher in dem Wunsch, die Beziehungen zu keiner der Seiten zu gefährden und nicht aktiv in den Krieg einbezogen zu werden.[133]

Als zweites Szenario für die Verhandlungen sprach die Instruktion ein mögliches Schiedsgericht unter Vorsitz des Herzogs Wilhelm an. In einem solchen Fall sollten die beiden Gesandten diesem beratend zur Seite zu stehen, falls er ihrer bedurfte.[134] Die Formulierung legt nahe, dass in dem Fall die Initiative zur Bildung eines Schiedsgremiums vom Herzog ausgehen würde, der dazu entsprechende Helfer hinzuziehen konnte. Doch muss angemerkt werden, dass der Spielraum des *rathes und best kentnysses* insgesamt sehr unbestimmt bleibt und es ist durchaus möglich, dass die Gesandten noch zusätzliche Ratschläge zu den angesprochenen Verfahren erhielten.

Auch der Brief, den der Hochmeister nach der Kunde von der sicheren Durchfahrt der preußischen Flotte an die jetzt schon in Dänemark befindlichen Sendboten schreiben ließ, erwähnt keine zusätzlichen oder detaillierteren Vorgaben. Er enthält

---

130 HR I, 8, Nr. 617, § 6 (Kredenzbrief) und § 7: *So ir die credencia habt von euch geentwert, so werbet uff eyn sulchs, das wir euch beiden mit eyntrechtigem unser gebitiger rate und volbort itzcunt senden czu dem tage czu vorhoren, was do sich wirt irloufen, noch synir eigenen begerungen, als it das alles werdet sehen in den copien syner brife.*
131 HR I, 8, Nr. 617, § 8: *Item weres sache, das der herre koning etc. adir die seestede irer schelunge czu uns wolden geen und die uff uns stczen, des entslaet euch, als ir fuglicste und beqwemeste mogt, mit sulchen reden adir der gleichen, das is euch nicht mete gegeben, sunder wurde eyner rowmer tag van beiden teilen vorramet, ir weldets gerne an uns brengen und getruwet, da wir die unsern mit forder und voller macht denne doczu schicken und so vil dorbey thun, als wir uns vormals des irboten haben.*
132 HR I, 8, Nr. 610.
133 *Lückerath*, Paul (1969), 90, 93–96, der den Hochmeister dabei aber als einen schwachen Opportunisten charakterisiert.
134 HR I, 8, Nr. 609, § 9, 395: *Item gescheges abir, das der herre koning und ouch die sesstete irer beider schelunge volmechtig gyngen czu herczog Wilhelm von Brunswig, und wurde euch der selbe herczog darczu rufen und begerte von euch euwirs rathes und best kentnysses, des entslaet euch mit nichte; sunder seit dem dorynne rechtlich und behulflich.* Zu den preußischen Sendeboten auch vgl. *Erslev*, Erik (1901), 240 f. vor allem auch zum bevorstehenden Sundzoll.

als erstes die Inhaltsangaben von zwei mitgegebenen Briefen an den König: ein Dank-
schreiben für das sichere und zollfreie Geleit der Flotte sowie eine nun auch explizite
Anregung, auf dem Höhepunkt des Glückes Frieden zu schließen. Den Inhalt dieser
Briefe sollten die Gesandten auch mündlich mitteilen und dadurch unterstreichen.
Daneben wiederholt das Schreiben noch einmal ausdrücklich die Weigerung des
Hochmeisters als Schiedsrichter in der Angelegenheit zur Verfügung zu stehen.[135]

Alles in allem erwecken die Schriftstücke aus dem Umfeld des deutschen Ordens
nicht den Eindruck, dass im Vorfeld der Verhandlungen geheime Absprachen zwischen dem dänischen König und dem Hochmeister stattgefunden haben. Die Instruktionen an die Ordensgesandten legen im Gegenteil nahe, dass diese auf verschiedene
mögliche Situationen vorbereitet wurden, generell aber als Neutrale auftreten oder
mit dem hauptsächlichen Vermittler zusammenarbeiten sollten. Der Hochmeister
vertrat darüber hinaus nur in einem Punkt – nämlich im Bezug auf seine eigene Rolle
bei der Herstellung eines Friedens zwischen den Kriegsparteien – eine ganz klare Haltung. In der Zurückweisung einer Schiedsrichterfunktion liegt zugleich die Vorah-
nung, dass eine solche Situation eintreten konnte, da er von beiden Seiten als eine
mögliche Rechtsinstanz betrachtet wurde.

Nicht eindeutig beantworten lässt sich hingegen aus der Korrespondenz die
Frage nach den Erwartungen des Königs und die Strategien, mit denen sich die dänische Seite auf die Verhandlungen vorbereitete, welche Erwartungen sie mit den Zeugen verband, über den Wunsch nach einer gewissen Öffentlichkeit hinaus. Es lässt
sich daher aus der Vorbereitungsphase nur schwer beurteilen, wie die Verhandlungen von dänischer Seite geplant wurden. Sicher kann wenig Zweifel darüber bestehen, dass eine schiedsrichterliche Lösung zugunsten Dänemarks favorisiert wurde,
da es sich um eine bindende Festlegung gehandelt hätte. Welches genaue Verfahren
aber favorisiert wurde, ergibt sich aus den Vorbereitungen noch nicht. Ob darüber
hinaus der König und seine Räte aus dem Verhalten Herzog Wilhelms im Vorjahr irgendwelche Schlüsse für den möglichen Verlauf der neuerlichen Verhandlungen gezogen hatten und ob sein Seitenwechsel eine wirkliche Überraschung darstellte, ist
ebenso unklar. Doch dürften seine Freundschaftsgesten gegenüber den Städten, die
im Fall von Geschenken über eine demonstrative Neutralität hinausgingen, nicht verborgen geblieben sein. Zwar rücken sämtliche Schriftstücke aus der dänischen Kanzlei den Herzog grundsätzlich in ein positives Licht,[136] doch ließe sich dies auch mit
dessen Würde als Reichsfürst erklären, der im Gegensatz zu den Städten einen Verhandlungspartner auf gleicher Augenhöhe darstellte.[137]

---

135 HR I, 8, Nr. 610. Im Bezug auf den Sundzoll bzw. die zollfreie Durchreise der Flotte wird der Brief
auch angesprochen von *Erslev*, Erik (1901), 241; *Fritze*, Erich (1992), 206.
136 Siehe dazu auch Kap. 5.3.2.
137 Zu König Eriks Verweigerung jeglichen persönlichen Kontakts mit den Städten zwischen 1426
und 1435: *Behrmann*, Herrscher (2004), 203–206.

Um genauere Aufschlüsse zu erhalten, müssen also die Verhandlungen und ihre Dokumentationen selbst in den Blick genommen werden, um Einblicke in die dänischen Strategien zu gewinnen.

5.2.3 Minne oder Recht?

Als ein erster Faktor für die Beurteilung des dänischen Verhaltens bei den Verhandlungen ist das militärische Gleichgewicht zwischen beiden Parteien im Mai und Juni 1429 zu berücksichtigen, mit dem auch der verspätete Beginn der Tagfahrt zusammenhing: Schriften beider Seiten erwähnen als zunächst angestrebten Termin für die Verhandlungen den Sonntag Trinitatis, der 1429 auf den 22. Mai fiel, und auch die Abreise der preußischen Gesandten aus dem Ordensland im April fügt sich in diesen anvisierten Zeitrahmen.[138] Doch verzögerte sich die Abreise der städtischen Gesandten bis Ende Mai bzw. Anfang Juni, da sie den Tag nach eigenen Worten *van windes vnd anders anvalles wegen nicht er besenden en konden*.[139]

Hinter dem Verweis auf Wind und Wetter verbirgt sich neben möglichen realen meteorologischen Verhältnissen, auch das Warten auf Nachrichten vom Kampfgeschehen zur See. Nur drei Wochen vor dem anberaumten Termin hatte Königin Philippa eine Flotte ausgerüstet, die am 3. Mai in Richtung Stralsund aufbrach, dort aber eine schwere Niederlage erlitt.[140] Die Nachrichten davon dürften innerhalb von wenigen Tagen auch in die anderen Städte gelangt sein, und dass danach zunächst eine Phase des Abwartens auf weitere Informationen folgte, verdeutlicht ein Brief der Lübecker Bürgermeister, Conrad Brekewold, Hinrich Rapesulver und Dietmar von Thun, der am 19. Mai – nur drei Tage vor dem angesetzten Termin – abgefasst wurde: Sein Inhalt betrifft zunächst die von einem vertrauensvollen Mann aus København überbrachten dänischen und schwedischen Reaktionen auf die Niederlage. Als erwähnenswerte Nachrichten galten der Tränenausbruch König Eriks angesichts der Niederlage, die auf vier- bis fünfhundert geschätzte Anzahl der Getöteten oder Vermissten und schließlich die Weigerung der bei Reveshol liegenden schwedischen Flotte, vor dem Ausgang der Verhandlungen auszulaufen; auch die Anwesenheit der preußischen Sendeboten fand Erwähnung.[141] Darüber hinaus diente der Brief der Absprache von Verhaltensstrategien hinsichtlich der bevorstehenden Verhandlungen.

---

138 Vgl. Quellen in Anm. 96. Im Brief König Eriks an den Hochmeister (HR I, 8, Nr. 606) wird Pfingsten als Termin angegeben. Dies muss aber keine absichtliche Falschdarstellung beinhalten, denn der *sondaghe der hilghen drevoldigheit* wurde erst am 20. April 1429 als definitiver Termin in den Geleitbrief eingefügt.

139 LUB 7, Nr. 333.

140 *Fritze*, Stralsund (1956/1957), 101, dort auch Diskussion der verschiedenen Berichte in der Geschichtsschreibung.

141 HR I, 8, Nr. 614 / LUB 7, Nr. 321.

Demnach sollten die Gefangenen vor dem Ende der Tagfahrt nach Nykøbing nicht auf Ehrenwort freigegeben werden, damit ein solches Versprechen bei den Verhandlungen noch als Druckmittel oder Zugeständnis eingesetzt werden konnte.[142] Daher ergeben sich aus dem Brief zwei Vorteile, welche die Vertreter der Städte zur Verschiebung des Gleichgewichts zwischen beiden Seiten in die Verhandlungen einbringen konnten: ein Informationsvorsprung vor allem hinsichtlich der Schweden und die Möglichkeit für Zugeständnisse. Dass ihnen diese potentiellen Vorteile durchaus bewusst waren, wird vor allem aus der Art des Informationsflusses ersichtlich. Er erfolgte in *hemeliker wise*, wobei die Zahl der Mitwisser auf die Bürgermeister von Lübeck, Wismar, Hamburg und möglicherweise auch Stralsund (sowie einige städtischen Schreiber) beschränkt blieb.[143] In Anbetracht des recht kurzen Zeitraumes von siebzehn Tagen, während derer der dänische Überfall stattfand, die Nachrichten aus Stralsund nach Lübeck und von Dänemark über Hamburg nach Lübeck gelangen mussten, und den Indizien für Hamburger Spionagetätigkeiten liegt es doch nahe, hinter der verspäteten Abreise der städtischen Sendboten eine bewusste Entscheidung zu vermuten, mit der sie sich eine günstigere Position auf den Verhandlungen verschaffen wollten. Dass sich in dieser Zeit des Wartens wohl auch schon Herzog Wilhelm und sein Gefolge in Lübeck befanden, geht zumindest teilweise aus einer Urkunde vom 14. Mai 1429 hervor, in welcher Hartwich von Bülow, einer der Räte des Herzogs, als Mitaussteller fungierte.[144] Die endgültige Abreise erfolgte erst nach dem 1. Juni.[145]

Der dänische König befand sich angesichts der schweren Niederlage und der abwartenden Haltung der Schweden in einer schwierigeren Situation als im Vorjahr. Ein schneller Friedensschluss unter den bestmöglichen Bedingungen wäre sicher von

---

142 HR I, 8, Nr. 614: *Hir umme verscrive wii den borgermesteren tom Sunde allene, dat se nenen vangenen dach en geven, eer dan dat dysse dach to Nikopinge vôrebii sy; dat mách uns steden up dem sulven dage to groteme vrômen komen.* Zur Bedeutung von „dach" als (Gerichts-)Termin zur Zahlung von Geld, bes. von Lösegeld, aber auch als Frist: *Schiller-Lübben*, Bd. 1, 470 f. Die wortwörtliche Übersetzung von *dach geven* wäre demnach, „einen Termin für die Zahlung von Lösegeld ansetzen". Das deutsche Wort „Lösegeld" wird in dieser Bedeutung aber erst ab dem 17. Jahrhundert verwendet; schon im 15. Jahrhundert finden sich gelegentlich verschiedene Varianten des altfranzösischen Wortes „rançon", DRW 8, Sp. 1418 und 10, Sp. 1586.
143 HR I, 8, Nr. 614: *Wii begeren juwer leven weten, dat morgentlanck teyne in de klocken en waräfftich man, deme wol belovende is, bii uns is gekomen, unde he nu en sonnavende nyest vorleden van hern Hinrik Hoyere schedede (...) Unde wii bidden juwe leven vruntliken, dat dessen van hern Hinrike Hoyere unde ok van deme ṁanne unde boden in heymlicheid jo beholden blive, anders id môchte Hern Hinrike Hoyere unde dem manne to schaden komen.* Schreiber ist Hand 53 der Lübecker Kanzlei, *Højberg Christensen*, Kancellisprog (1918), 43. Vgl. Kap. 5.2.2 mit Beispielen in Abb. 4.4 und 4.5. Zum Hamburger Bürgermeister Hinrich Hoyer, der sich seit 1427 in dänischer Gefangenschaft befand: *Daenell*, Blütezeit (1905), Bd. 1, 233.
144 LUB 7, Nr. 320.
145 Vgl. HR I, 8, 397 und Nr. 600.

Vorteil gewesen. Auch der Hochmeister brachte in seinem Brief vom 17. Mai 1429 den Gedanken zum Ausdruck, dass König Erik sein bisheriges Glück im Krieg nicht aufs Spiel setzen sollte. Ob die Nachrichten von der Niederlage bis nach Preußen gelangt waren, geht aus diesem Brief nicht eindeutig hervor, scheint aber möglich.[146] Die Anspielung auf das „Glück" ließe sich als indirekten Hinweis auf die verlorene Seeschlacht verstehen, die Vermeidung einer direkten Erwähnung kann auch mit Rücksichtnahme auf die dänischen Befindlichkeiten erklärt werden.

Eine weitere Folge des verspäteten Anfangs war die Möglichkeit, Christian Koband, den Bischof von Ösel, in die Verhandlungen mit einzubeziehen. Während die Anwesenheit der Ordensbrüder auf die vorgestellten Absprachen zwischen König Erik und dem Hochmeister zurückging, hat die Anwesenheit des Bischofs von Ösel andere Gründe, die seine Zusammenarbeit mit den beiden Abgesandten des Ordens besonders bemerkenswert erscheinen lassen. Christian Kobands Reise stand nämlich in Verbindung mit einem schon länger dauernden Konflikt zwischen dem Orden und der livländischen Kirche, insbesondere den Bistümern Riga, Dorpat und Ösel-Wieck. Reichten die generellen Spannungen zwischen dem Orden und den Bischöfen bereits ins 13. Jahrhundert zurück,[147] erreichten sie 1394 einen neuen Höhepunkt, als das Domkapitel dem Deutschen Orden nach mehreren Jahrzehnten unter der Augustinerregel wieder inkoporiert wurde.[148] In den Auseinandersetzungen um die Stellung von Erzbistum und Domkapitel war die päpstliche Kurie von Anfang ein wichtiges Feld der Auseinandersetzungen.[149] 1424 erlangten ordensfeindlichen Kräfte im Erzstift einen diplomatischen Sieg, als der aus Greifswald gebürtige bisherige Dompropst Henning Scharpenberg gegen den Kandidaten des Ordens vom Papst auf den Metropolitensitz erhoben wurde. Schon bei dieser Wahl wird Christian Koband, der mit Scharpenberg verwandt war und durch seine lange Tätigkeit als Beichtvater Martins V. an der Kurie großen Einfluss besaß, eine Rolle gespielt haben.[150] Scharpenberg

---

146 Der Brief selbst ist nicht überliefert, wurde aber in der Anweisung an die preußischen Sendboten zusammengefasst (HR I, 8, Nr. 610 (Regest): „(...) begehrt weiter, dass er dem König zurede, Frieden zu schließen, da er bisher siegreich gewesen sei und das Glück auf der Waage stehe, wie auch er dies dem König in dem mit einem B bezeichneten Schreiben rathe."

147 Zu den Wurzeln dieses Konfliktes in Folge der Rechtsnachfolge des Deutschen Ordens für den Livländischen Schwertbrüderorden: *Jähnig*, Sache (2004), 113–135, 113 f.; *Ders.*, Verfassung (2011), 84–90 (zur Entwicklung bis zum Beginn des 15. Jahrhunderts).

148 *Jähnig*, Sache (2004), 115, mit dem Hinweis, dass Erzbischof Johann von Wallenrode, der die Inkoporierung bewirkte, später selbst in Konflikt mit dem Orden geriet.

149 *Jähnig*, Sache (2004), 114. Dabei kam den Ordensprokuratoren eine wichtige Funktion zu: *Beuttel*, Generalprokurator (1999), 252–292.

150 Koband hatte das Amt des päpstlichen Beichtvaters seit 1413 inne: *Schuchard*, Deutschen (1987), 156 f., die keine Informationen zu seinen Aufenthalten im Norden hat. Zu seiner Zeit in Rom vgl. die Inschriften der Santa Maria dell'Anima in Rom. Ed. *Nikitsch*, Nr. 4, 6. Koband war zwar bereits seit 1423 Elekt von Ösel, befand sich 1424 aber noch in Rom: *Jähnig*, Kobant (2001), 498; *Beuttel*, Generalprokurator (1999), 219. Zu Henning Scharpenberg, seinen Ämtern und dem Verhältnis zu Christian

gehörte bereits als Dompropst von Riga zu den Gegnern der Inkoporierung. Sein Provisor an der Kurie konnte im November 1426 von Martin V. eine Bulle bewirken, die dem Stift wieder die Annahme der Augustinerregel gestattete. Dieses Dokument wurde jedoch nicht sofort bekannt gegeben. Zunächst fand im Frühjahr 1428 eine Provinzialsynode in Riga statt, an der neben dem Erzbistum Riga auch die Bistümer Dorpat und Ösel beteiligt waren. Die dort beschlossene Gesandtschaft, welche gegen die Unterdrückung durch den Orden Klage führen sollte, wurde jedoch auf dem Weg nach Rom durch den Vogt von Grobin überfallen und getötet. Erst in dieser Situation veröffentlichte der Erzbischof die Papstbulle,[151] und mit der Ablegung des Ordenshabits war der Bruch schließlich effektiv.

Christian Kobands Reise nach Rom stand ebenfalls bereits im Frühjahr 1428 zur Debatte und sollte der Unterstützung der Rigaer Kirche in eventuellen Prozess an der Kurie dienen.[152] Sie verzögerte sich jedoch noch um ein Jahr, und er verließ erst im Frühjahr 1429, am *Sunte Jorgen Tag*, dem 23. April, sein Bistum.[153] Seine genaue Ankunft in Dänemark ist nicht bekannt, doch wusste der Hochmeister in seinem Brief vom 17. Mai noch nichts von Kobands Anwesenheit und scheint überhaupt erst nach der Rückkehr seiner Boten davon erfahren zu haben.[154] Das über deren Heimkehr berichtende Schreiben an den Landmeister von Livland macht deutlich, dass Christian Koband seinen Aufenthalt in Dänemark nutzte, um auch dort Bündnisgenossen gegen den Deutschen Orden zu gewinnen. Seine Beziehungen zu König Erik oder einigen seiner Räte reichten mindestens bis 1424 zurück, da er, schon als Bischof von Ösel benannt, als Prokurator der Dänen im Rahmen des Aufhebungsverfahrens der Holsteiner an der römischen Kurie von Oktober 1424 bis Mai 1425 fungiert hatte. 1425 hatte er auf seiner Reise nach Ösel den Weg über København genommen, um von

---

Koband: *Jähnig*, Scharpenberg (2001), 657; *Ders.*, Sache (2004), 116–118; *Ders.*, Verfassung (2011), 90 f.

151 *Jähnig*, Sache (2004), 121 (zur Bulle), 123 (zur Synode und zur Ermordung der Boten).

152 Zur Person: *Jähnig*, Kobant (2001), 498 f. Zur rigischen Angelegenheit: Siehe auch LivUB, Bd. 7, Nr. 711 (Rom, 12. Mai 1428: erwähnt Christian Kobands mögliche Reise nach Rom); *Beuttel*, Generalprokurator (1999), 217–220 (bei dem Christian Koband als zentraler Gegenspieler des Generalprokurators erscheint).

153 [1429], Juli 12 schreibt der Prokurator an der Kurie, Kaspar Wandofen, von Anagni aus an den Hochmeister (LivUB 8, Nr. 35 / Berichte 4/1, Nr. 45): *Geruchet czu wissen, als yr in ewrn briffe, gegeben czu Libenmold in der mittewoche in den phingest heiligen tagen, schribet mir, also yr in der woreit des seyt berichtet, das Kubant, der herre bisschoffe von Osel, umme sente Jorgen tag* [April 23] *nest vorgangen sich von heim irhaben hat und alle ewer furchte und bekomernisze sey, das her in den hoff czu Rome kome, ee denne ich der Rigenschen sache meinen willen behalde, (...).*

154 Dies geht hervor aus einem Brief an den Landmeister von Livland vom 9. (25?). Juli 1429: LivUB 8, Nr. 30 / HR I, 8, Nr. 611 (nur Nachtrag zum Sundzoll).

König Erik diplomatische Hilfe zu erbitten.[155] Ob nun 1429 sein Anliegen, die livländische Angelegenheit durch ein Schiedsverfahren regeln zu lassen, schon von Anfang an Motivation für einen längeren Aufenthalt in Dänemark war oder ob diese Idee erst während der Verhandlungen zwischen den Kriegsparteien erwuchs, kann an dieser Stelle nicht diskutiert werden.[156] Verständlich werden aus dieser Konstellation aber mögliche Motivationen Kobands, für den dänischen König als Schiedsherr aufzutreten.

Einige Quellen von skandinavischer Seite zeigen den Bischof von Ösel im Kreis der Prälaten des Unionskönigtums: Am 11. Juni sowie am 15. Juni trat er als Mitaussteller von Indulgenzbriefen auf.[157] Seine Aufnahme in die Gruppe offizieller Zeugen steht sicher nicht nur in Zusammenhang mit den Spannungen zwischen ihm und dem Orden, die sich der König zu Nutze machen konnte, sondern verdankt sich wohl sicher auch seiner besonderen Würde als früherer päpstlicher Beichtvater[158] und vielleicht auch seiner Herkunft. Er stammte aus Mecklenburg und war vor seiner Berufung auf den Bischofsstuhl in Ösel Inhaber von Kanonikaten in Güstrow und Ratzeburg. Mit letzterem war ein Eintritt in den Prämonstratenserorden verbunden gewesen. 1425 trat er auch als Schlichter in Ratzeburg auf.[159] Aus diesem Grund erscheint er auf den ersten Blick als Vermittler ebenso gut geeignet wie Herzog Wilhelm

---

155 Zu Christian Kobands Anteil am Aufhebungsverfahren: *Hedemann*, Aufhebungsverfahren (2012), bes. 16 –27. Zur Reise von 1425: *Jähnig*, Kobant (2001), 499.

156 1429, Juli 25: Brief des Hochmeisters an den Landmeister von Livland (LivUB 8, Nr. 30): *Vortme(e)r haben sie uns vorgebracht, wie bischoff Cubant ist aldo czu Denemarke bey dem herren koninge, des gnaden her geschegen von unsirm orden in Lyfflandt etc., und wie der herre erczbischofe czu Rige, des bischofes czu Darapt und ouch Cubants mitsampt iren gutern in synir gnaden beschirmunge uffczunemen; und dynt her eyn cristener wolgesessener forste were in den landen Liiflant und iren kirchen, so wolden die drey prelaten vorbenumpt alle irer sachen un dschelunge czu gleiche und czu rechte vulmechtig bleiben bey synir majestat, also das die geruchte anczulegen uns und ouch euch und den lantmarschalke in Lyfflant, das wir ouch der schelunge gingen czu synen gnaden.*

157 1.) LivUB 8, Nr. 12: *In conventu Nycopiensi, in quo de pace inter Danos et Holsatos actum est, littera piaculares 3 idus Junii* [1429, Juni 11] *ecclesia in Orta indulgent Petrus Lycke pontifex, Canutus Lyncopensis, Johannes Roschildensis, Nafno Otthoniensis, Christianus Ripensis, Johannes Asloensis, Syggo Scarensis, Olaus Arosiensis, Christianus Osiliensis, Nicolaus Vexioniensis et Severinus Tranquiliensis episcopi.* Die genannten Kleriker gehörten alle *zum ghemeynen rade*, Bischof Jens Andersen (Lodehat) von Roskilde war einer der bevollmächtigten Verhandlungsführer; 2.) DN 6, Nr. 90: 1429, Juni 15: *Petrvs dei gracia archiepiscopus Lundensis Svecie primas et apostolice sedis legatus Cristianus Osiliensis Naffno Ottoniensis Johannes Rosskildensis Cristiernus Ripensis Johannes Asloensis et Seuerinus Tranquilliensis eadem gracia ecclesiarum episcopi* erklären einen Ablass für alle, welche die Gottesdienste am Michaelsaltar und am Allerseelenaltar der Domkirche von Skara hören.

158 Siehe dazu Anm. 150. In seiner Funktion als Beichtvater des Papstes hatte Christian Koband auch Kontakt mit Nikolaus Sacchow, der sich unter anderem 1419 an der Kurie aufhielt und in die Erhebung des Schweriner Bischofs Heinrichs von Wangelin eingebunden war. Während Nikolaus Sacchow die Servitienverbürgung übernahm, erfolgte die Zahlung durch Christian Koband (RG IV, Sp. 1347): *Gramsch*, Schülerkreis (2008), 57, bes. auch Anm. 59. 1424 fungierten beide im Rahmen des Aufhebungsverfahrens aber als Prokuratoren der gegnerischen Parteien: siehe zuvor Anm. 155.

159 LHAS 11.11, Nr. 3656 f.; *Jähnig*, Kobant (2001), 498.

von Braunschweig-Lüneburg. Die brisante politische Situation zwischen ihm und dem Orden und die Tatsache, dass beide Seiten den König für sich zu gewinnen suchten, müssen für die Situation aber ebenfalls berücksichtigt werden. Das Verhältnis innerhalb der kleinen Gruppe dürfte alles andere als entspannt gewesen sein.[160] Zudem darf nicht verschwiegen werden, dass das Bistum Ösel wie andere Ostseeanrainer auch unter dem Seekrieg zu leiden hatte.[161] Grundsätzlich kann jedoch in Anbetracht der Umstände, welche die Anreise des Bischofs nach København begleiteten, nicht von einer vorgeplanten dänischen Strategie ausgegangen werden. Die Konstellation, die sich im Juni ergab, scheint vom Zufall bestimmt, wobei sich gerade in der Zusammenführung zweier gegensätzlicher Parteien das politische Geschick des dänischen Königs und seiner Berater zeigte.

In einem zweiten Schritt gilt es zu nun betrachten, in welcher Situation und zu welchem Zeitpunkt die Dreiergruppe, bestehend aus dem Bischof von Ösel und den beiden Ordensgesandten, ins Spiel gebracht wurde. Die dänischen Dokumentationen der Verhandlungen bieten keine Chronologie der Ereignisse, sondern wiederholen die wichtigsten Diskussionspunkte nur summarisch. In beiden Schriftstücken aus der dänischen Kanzlei findet sich jedoch die Aussage, dass die Räte des Königs vorschlugen, den Bischof von Ösel und die beiden Ordensgesandten zusammen mit Herzog Wilhelm als Richter zwischen beiden Parteien einzusetzen: *se wolden dat int recht setten by den (...) hertoghen Wilhelm van Brunswik unde syne redere unde bi uns*, nach Aussagen der Urkunde vom 1. Juli.[162] Im Übrigen bestätigt diesen Punkt auch das an

---

160 Das geht aus demselben Schreiben hervor: LivUB 8, Nr. 30: *Sunderlich so hat Cubant dem herren koninge czu Denenmarke vorbracht, wie unsir orden in Lyfflant den der(e)n vorgedochten prelaten angemutet hette eynen bunt und wie der bunt solde seyn wesen wedir syne gnade und dyne reiche, und umb deswillen das die prelaten des nicht wedir en welden thung, dovon hetten sich gesachet alle desse offgestandene czweytrcht czwusschen en und insirm ordn etc.* Außerdem wollte der Orden die Weiterreise Kobants so lange wir möglich hinauszögern.

161 Arensburg (Kuressaare), 1429, Febr. 17: LivUB 7, Nr. 781: Der Bischof und das Domkapitel *dixerunt, quod dudum prefata Osiliensis ecclesia, circa littus et partum maris laudabiliter constructa, multas et diversas, tum per circumvicino, tum etiam per piratas, potissimum hiis nunc temprobus, quibus gravis dissensio sive qwerra inter serenissimum principum, dominum Ericum Daciae, etc. regem et circumspectos viros, civitatenses, hensestede vulgariter nuncupatos, execrabile viguit et inolevit, molestias, inquietationes et perturbationes passe est multupliciter et presertim nuper, undecima videlicet die mensis Augusti anni preteriti proximi, qu[a] soldati seu stipendiarii dictorum civitatensium in maximo numero civitatem Hapesel prope eandem Osiliensem ecclesiam ac omnes et singulas alias, in ipsa civitate constructas, contra Deum et justiciam depredaverunt (...).* Im Sommer oder Herbst bemühte sich Christian Koband noch im Entschädigung: 1429, Sept. 30, LivUB 8, Nr. 98 / LUB 7, Nr. 353. Da das Original dieses Briefes sich in Lübeck befindet, hatte der Bischof sein Schreiben entweder von Lübeck aus geschickt oder der Rat von Lübeck sollte als Kontakt fungieren.

162 HR I, 8, Nr. 629, 412. Im undatierten Manifest findet sich diese Angabe in etwas anderen Worten (HR I, 8, Nr. 618, 410): *Doch so vorboden sich de unsen, rechtes dar umme to blivende bi unseme leven ome erbenomet unde bi sinenen r(e)dere[n] unse bi dem erwerdigen vadere heren Christian Kobant, bi-*

verschiedene Fürsten und Städte des Reiches gerichtete städtische Manifest vom 29. Juni 1429.[163] Über das Zustandekommen der Dreiergruppe bieten die Dokumente keine Informationen. Für ihr erstes Auftreten gibt nur der ausführliche Bericht vom 1. Juli, den Herzog Wilhelm besiegeln sollte, einige Hinweise: Demnach begannen die eigentlichen Verhandlungen erst am 10. Juni mit einem Gespräch zwischen Herzog Wilhelm und den königlichen Räten, das sich der Schleswig-Frage widmete, der Darlegung grundsätzlicher Positionen und der Diskussion verschiedener Kompromisslösungen diente.[164] Ein Nachtrag zu diesem Gespräch war die Feststellung der bevollmächtigten Räte, dass vor der Beilegung dieses Konfliktes, die Auseinandersetzungen mit den Städten zu Ende kommen mussten: Sonst könnte später behauptet werden, die Städte hätten den König zu einem Friedensschluss mit den Holsteinern gezwungen. Als beste Lösung sähen sie dabei die Absprache eines Schiedsprozesses, wofür sie von Seiten des Königs auch die Vollmacht besäßen.[165]

Bis zu diesem Punkt verliefen die Verhandlungen in der Form normaler Mediation durch einen neutralen Vermittler – also einer freundschaftlichen Einigung – und widmeten sich vor allem dem Rahmen, innerhalb dessen Lösungsmöglichkeiten angesiedelt werden konnten. Die Gespräche verliefen zudem hinter verschlossenen Türen, befassten sich nur mit den Sachthemen und es scheint bis dahin auch noch keine öffentlichen Verlautbarungen gegeben zu haben, wie die späteren Anschläge an die

---

scope to Osele, und des erliken heren homesters van Prutzen sendeboden, alse her Johan van Pomersschen, cumpter to Sluchowe, Borkhart van Ghuntersberge, slothere to Calis, unde bi den jennen de se dar to nemende wurden. Die Bereitschaft zu einem Verfahren kommt hier ebenfalls zum Ausdruck.

163 LUB 7, Nr. 333, 318: *Vortmer schach id, dat des heren koninges rad vns stede vorboden vnd leten vns vnder anderen worden secghen vormyddelst heren Erike Crummendijke, riddere, aldus ere here, de koning, wolde id in dat rechte setten mit den steden also van des kriges wegen, to nemende vnd to geuende, dat recht were, by den ergenanten heren hertogen Wilhelme, by den heren bischop van Ozele, hern Johanne van Pomersheyme, cumpthur to Sluchow, Borcharde van Guntersberghe, vnd andere heren synes rades etc. (...).*

164 HR I, 8, Nr. 615, § 3, 401 f. Am Mittwoch, dem 8. Juni, wurde noch nicht verhandelt, sondern vier Räte, Bischof Johann von Roskilde, Benedikt Pogwisch, Fikke von Fitzen sowie ein nicht identifizierbarer *her Gudert, amptman in Norwegen*, begrüßten den Herzog; HR I, 8, § 4–6, 402: am Donnerstag erhielt der Herzog zunächst die Vollmacht der holsteinischen und städtischen Sendboten, vgl. oben Anm. 119; HR I, 8, Nr. 615, § 7, 402: *Item dar na sande hertogh Wilhelm to dem bischoppe van Roskilde, umme de deghedinge to betenghe[n]de: hertoch Wilhelm were dar unde warde uppe dem rike reder. Dat he sik enthelde den dach unde hedde syn gemak den donresdach; am fridage* [10. Juni] *wolden se der deghedinge betengen, enboden se eme.*

165 HR I, 8, Nr. 615, § 12, 402: *Dar up nemen des koninges rede berad went up den sonnavend* [11. Juni], *unde segenden doch ford to beslutinghe hertogen Wilhelmen: en duchte, scholde id to fruntliken slete komen, so møste de koningh unde de stede erer schelinge erst to ener wyse komen; wenne men wolde anders segghen, de stede hedden ene dar to gedrunghen, dat he sik mit den Holstenheren vorgån møste; unde des en wůstn se nene beter wyse, sunde men were des koninges mechtich teghen de stede to eren unde to rechte, to ghevende und to nemende na ghebore, unde dat to settende unde to irkennende by heren unde by fursten unde by de yenen, de sik rechtes vorstunden.*

Kirchentüren.[166] Dass von dänischer Seite jedoch die Bestrebungen erwähnt wurden, die Angelegenheit *to settende und to irkennende by fursten unde heren*, also ein Schiedsurteil durch besondere Autoritäten anzustreben, deutet bereits den Wechsel in der Gesprächsatmosphäre an, der dann bei der Aussprache am 11. Juni zu beobachten ist. An diesem Tag teilte Herzog Wilhelm den bevollmächtigten dänischen Verhandlungsführern mit, dass die Städte wohl zu einem schiedsgerichtlichen Ausgleich bereit waren, sofern dieser auch die Holsteiner mit einbeziehen würde.[167] Nach Anhörung dieser Informationen zogen sich die dänischen Räte zu einer Beratung mit dem gesamten Reichsrat zurück. Im Anschluss daran brachten sie *mit sik notarien unde erbare tughe, de dat vorbedent der stede behoren, bescriven und betughen scholden.*[168] Bei diesen Zeugen handelte es sich eben um den Bischof von Ösel und die beiden Ordensgesandten. Sicher war deren Einberufung keine vollkommen spontane Handlung, zumindest mussten sie sich in greifbarer Nähe befunden haben. Der Bischof von Ösel hatte an diesem Tag, wie schon erwähnt, mit anderen geistlichen dänischen Räten einen Indulgenzbrief ausgestellt. Da sowohl das Schreiben König Eriks als auch die Instruktion des Hochmeisters für die Ordensgesandten deren Funktion als Zeugen hervorgehoben hatten, erscheint die Wiedergabe der Situation durchaus glaubwürdig. Sie fügt sich auch in das generelle Verhalten des Königs und seiner Räte, während des Krieges alle Verhandlungen vor einer gewissen Öffentlichkeit abzuhalten und damit vor einem breiten Rahmen die Rechtmäßigkeit des Krieges zu unterstreichen. Jetzt hatte die Anwesenheit der Zeugen und der Notare neben der Öffnung der Verhandlungen eine weitere Konsequenz: Sie veränderte den Rahmen der Verhandlungen von einer vermittelten Aussprache, mit einem möglichen Vergleich als Ergebnis, zu einer expliziten Rechtshandlung. Dies zeigt auch der Einspruch Herzog Wilhelms *na deme dat he in handelinge fruntliker deghedinge was tuschen beyde partyen, dat men en mit sodanen notariesen unde tüghen overghan scholde.*[169] Die Antwort stellt zum einen die beiden möglichen Formen der Konfliktlösung gegenüber: „gütliche Übereinkunft, Vergleich auf der einen, Strenge des Recht mit Urteilspruch und

---

166 Diese erwähnt das städtische Manifest vom 29. Juni 1429 (LUB 7, Nr. 333, 317), vgl. auch *Behrmann*, Herrscher (2004), 287, und gibt eine kurze Inhaltsangabe: (...) *wy scholen vns vorromet hebben, dat wy vuller recht vnd mer geboden hadden, danne he, dar he vns doch sine koningliken werdicheid vngestraffet, in warheid sere to kort ane gedan heft vnd teghen sin geleyde* (...). Da also hier bereits die rechtlichen Verpflichtungen angesprochen werden, muss diese öffentliche Schrift aus der späteren Phase der Verhandlungen stammen.

167 HR I, 8, Nr. 615, § 15, 403: *Des sonnavendes* [11. Juni] *uppe den morghen in jeghenwardicheid der rede des koninghes, de van deme ghemeynen rade dar to gheschicket weren, bod hertoch Wilhelm dat sulve vor de stede, alse ere unde recht, also verne alse de Holstenheren to dem bode ere unde rechtes ok komen mochten.* Zur Bedeutung von bot, bode als „Vorladung, bes. gerichtliche Vorladung", Schiller-Lübben, Bd. 1, 403.

168 HR I, 8, Nr. 615 S. 403, § 15.

169 HR I, 8, Nr. 615 S. 403, § 17. Vgl. auch sehr knapp *Behrmann*, Herrscher (2004), 284 mit Anm. 304.

Zwang auf der anderen Seite".[170] Notare und Zeugen gehörten, auch laut dieses Einwandes, zu den Elementen des gerichtlichen Prozesses und der rechtsverbindlichen Aussagen.[171] Zum anderen verwehrte sich der Herzog gegen den unvorbereiteten und unabgesprochenen Wandel des Verhandlungsmodus und betrachtete ihn als Versuch, ihn zu übergehen und somit seine Autorität als Vermittler zu untergraben.

Der Einwurf zielte also darauf ab, zwischen den verschiedenen Formen der Konfliktlösung sehr genau zu unterscheiden und die damit verbundenen Konventionen zu wahren. Dass dahinter auch nicht Unkenntnis von gelehrtem Recht oder fehlender Umgang mit dessen Formen zu vermuten ist, ergibt sich aus den Kompetenzen, auf die in Person der herzoglichen Räte zurückgegriffen werden konnte. Unter diesen befanden sich immerhin ein *licentiatus in decretis* sowie mit dem Kanzler und dem Abt des Klosters St. Michael vor Lüneburg Kenner von grundlegenden Verfahrensregeln.[172] Zwar geht aus keinem der Berichte hervor, ob und wann sich der Herzog mit seinen Räten besprach, wann diese den Verhandlungen beiwohnten und ob ihre Aufgaben über die Funktion von offiziellen Sprechern hinausging.[173] Doch kann dies in der Intention der Berichte begründet sein, welche die Autorität des Herzogs als Vermittler herausstrichen und die Einigkeit zwischen Holsteinern und Städten im Vordergrund demonstrierten.

Damit ist ein Punkt angesprochen, der die Beurteilung der Quellen und des Verhaltens beider Seiten erschwert, und dazu anhält, alle Äußerungen zu hinterfragen: die Argumentationslinien beider Seiten, denen die Darstellung der einzelnen Ereignisse untergeordnet ist. Die städtischen Schriften zielten darauf ab, die Verhandlungen von vorn herein als falsches Spiel der Dänen darzustellen. Daher ist es nicht verwunderlich, dass der Einwurf des Herzogs, der ja auch die Missachtung seiner Person implizierte, in dieser expliziten Form nur in einer städtischen Quelle auftauchte.

Auf dänischer Seite findet sich nur ein eher vager Hinweis, dass der Herzog eine grundsätzliche Erklärung im Bezug auf schriftliche Äußerungen abgab. So hebt die Klageschrift, die der König während der Verhandlungen und später im Ostseeraum bekannt machen ließ, die Rolle des Herzogs beim Zustandekommen der Verhandlungen hervor. Die genaueren Details bleiben aber unberührt mit der Begründung: *wente*

---

170 Zit. *Krause*, Minne (1984), Sp. 582. Vgl. auch *Kamp*, Friedensstifter (2004), 12 (Terminologie und Unterscheidung im vorgestellten Beispiel aus dem 14. Jahrhundert), 243.

171 Z. B. *Dolezalek/Konow*, Notar (1984), Sp. 1043–1049: „Der Notar protokolliert in privatem oder öffentlichem Auftrag rechtserhebliche Geschehnisse."

172 HR I 8, Nr. 615, § 2, 401: *Mit dem sulven hertogen Wilhelm quemen de erwerdige her Boldewin van Wenden, abbt sunte Michels, her Hans van Swichelde, licentiatus in decretis unde dømhere to Hildensem, de ghestrenghe her Bernd Kanne, ritter, Hartwich van Bulauw, Guntzel van Velthem, meister Hermen van Appelll cancellere etc.* 1428 bestand sein Rat nur aus Baldwin, Abt des Michaelsklosters, Bernd Kanne, Hartwich von Bülow und Wedekind vom Loo (HR I, 8, Nr. 515, § 2, 332).

173 Vgl. die Überbringung der städtischen Antwort durch Abt Baldwin (HR I, 8, Nr. 615, § 47, 406) bzw. Bernd Kanne (LUB 7, Nr. 333, 319).

de erbenomede unse leve oem hefft dat tovoren vorwaret, dat men dar nene wort van m[a]ken scholde, id en were, it wurde bejawordet van beiden seiten.[174] Das *wort* meint in diesem Fall wohl die Auslassung einer Partei bei einem gerichtlichen Prozess, die erst dann erfolgen sollte, wenn beide Seiten sich auf ein gerichtliches Verfahren geeinigt hätten.[175] Insofern kann sich hinter dieser Anmerkung schon die Zurückweisung formaljuristischer Auftritte in Gegenwart von Zeugen oder rechtsverbindlicher Schriftstücke wie Notariatsinstrumente verbergen.

Dabei ergibt sich aus der rhetorischen Komposition der dänischen Klageschrift eine gewisse Ambivalenz. Mit *nene wort van maken* wird zwar die Nichterwähnung von Details begründet, nur um dann eben doch die zentralen Themen der Verhandlungen anzusprechen, welche die Frage einer schiedsgerichtlichen Einigung betrafen. Das betonte Schweigen über Dinge, die eigentlich noch berichtet werden müssten, aber entweder unaussprechlich waren oder mit Rücksicht auf den Vermittler ungesagt blieben, vermischt sich mit der Wiedergabe der fundamentalen Konfliktpunkte. Das Ungesagte und Unerhörte erhält dadurch noch besonderes Gewicht.[176] Der Herzog wird in dieser Schrift zwar als Vermittler und möglicher Schiedsrichter gewürdigt, dass unter Rücksichtnahme auf ihn wichtige Dinge ungesagt bleiben müssen, rückt seine Person aber in ein bedenkliches Licht.[177]

Wird in der dänischen Quelle vom Herzog durch seine Abweisung rechtserheblicher Schriftstücke nur der Rahmen abgesteckt, dient die gleiche Situation in dem städtischen Bericht zur Illustration einer Konfrontation mit den Räten des Königs. Grundsätzlich stellte auch das öffentliche Manifest der Städte, die Person des Vermittlers in den Mittelpunkt, verlagerte aber den Schwerpunkt auf die Anberaumung des *frundliken dach*,[178] und noch vor den Einzelheiten der Verhandlungen wurden die zentralen Anklagepunkte vorgebracht: Obwohl doch ein freundschaftlicher Tag, kein Rechtsersuchen vor Gericht oder Aufnahme eines Prozesses, vereinbart worden war, hätte der König sofort eine gerichtliche Auseinandersetzung gesucht. Um nicht den Anschein zu erwecken, dass sie sich dem Recht verweigerten, hätten sich die Städte ebenfalls zu einem Rechtsgang bereit erklärt, worauf der König noch auf derselben

---

174 HR I, 8, Nr. 617; *vorwaren* steht hier entweder für „verhüten" oder für „behüten, indem man für jemanden spricht"; vgl. *Schiller-Lübben*, Bd. 5, 497 f.

175 „Wort" in: *Schiller-Lübben*, Bd. 5, 772.

176 Zum Gegensatz von Geschrei und verborgenen Worten auch: *Schubert*, Erscheinungsformen (2001), 109–127, bes. 113–115, 117.

177 Dies wird besonders deutlich an der Passage: HR I, 8, Nr. 618, 410: *Und wor umme unde mit sake unde articulen he* [der römische König] *van en vorlecht wart, dar hebbe wii nicht aff to scrivende, unde laten dat umme unses leven omes willen vorbenomet, de dat mochte lichte to unwilln nemen umme der vorrede willen, de he tovoren myt den unsen ghehat hefft. Doch so vorboden sich de unsen, rechtes dar umme to blinde bi unseme leven ome* (...).

178 Schon die Salutatio enthält den Hinweis (LUB 7, Nr. 333): (...) *vorstliken vnde dogentsamliken sik de hochgeborne vorste vnd grotmechtige here, here Wilhelm, hertoge to Brunswig vnd Luneborc, vnse gnedige here, bewiset heft by deme krighe* (...).

Verhandlung, trotz Geleit, Klagebriefe veröffentlichen ließ.[179] Der nicht verabredete Wechsel von der Vermittlung zum Schiedsprozess und die missbräuchliche Anwendung von rechtlichen Verfahrensformen stellten also ein zentrales Motiv der städtischen Argumentation dar. Beides wurde als unangemessene Aggression gewertet.

Eine Erklärung für diese Haltung bietet zum einen die schon geschilderte reale, militärische Situation der Städte, die erhofften, auf Grundlage ihrer Erfolge über konkrete Inhalte verhandeln und den König zu einer Änderung seiner Haltung in der Schleswig-Frage[180] sowie zu besseren Handelsbedingungen bewegen zu können. Zum anderen kam ein Schiedsverfahren für sie nur dann in Frage, wenn das Gleichgewicht zwischen beiden Seiten einigermaßen gewahrt blieb und wenn den Städten keine Nachteile daraus erwuchsen. Dies war jedoch aus ersichtlichen Gründen nicht der Fall, wenn König Sigismund zum obersten Richter bestimmt wurde, der, nach dänischem Vorschlag, über einem Gremium aus acht Schiedsrichtern stehen und im Zweifel das letzte Wort haben sollte.[181] Sie sahen sich ebenfalls auch durch den zweiten dänischen Vorschlag übervorteilt, den Konflikt direkt vor Ort durch ein Schiedsgremium, bestehend aus Herzog Wilhelm, zweien seiner Räte, dem Bischof von Ösel und den beiden Ordensgesandten, entscheiden zu lassen, da ein solches Vorgehen ihnen keine Zeit zur umfassenden Vorbereitung auf einen Prozess zugestand.[182] Auch wenn

---

179 LUB 7, Nr. 333.

180 Derartige Verhandlungen fanden zu Schleswig statt: HR I, 8, Nr. 615, § 22–26, bes. § 24, worin Schleswig als Mannerblehen der Holsteiner bestätigt werden soll. Vgl. zu den verschiedenen Lösungsvorschlägen: *Erslev*, Erik (1901), 241 f. Zur Regelung nach § 24 im Jahr 1440: *Albrectsen*, Stellung (1992), 159 f.

181 Dieser Vorschlag taucht in beiden städtischen Quellen auf: 1.) HR I, 8, Nr. 615, § 39 *Den Romyschen koningh boden se vor eynen overman* und §§ 41 und 42 (Gründe gegen Sigismund); 2.) LUB 7, Nr. 333, 320: *Vnd darvp setten vth des koninghes rad vor eynen ouerman den heren Romischen koning (...) to eyneme ouermanne.*

182 Der Vorschlag scheint zuerst am 15. Juni gemacht worden zu sein: HR I, 8, Nr. 615, § 30: *Am midweken* [zweiter Mittwoch nach Bonifacius] *up den morgen leten vorluden des koninges rede vor eyn antwerde: up dat men seghe, dat de koningh gherne vrede hedde, so wolde he dat setten by hertogen Willem, den biscop van Osel, den compter van Slochowe unde Borcharde van Ghuntersberge; wolden de sulven vorbenomeden dar to nemen sesse edder achte ute des koninges reden unde des ghelik ut den steden, unde dat id denne to Nyköpinge uppe desse tyd ghescheden worde, des wolde de koningh gherne volghe wesen.* Er wurde jedoch zunächst vom Herzog zurückgewiesen: HR I, 8, Nr. 615, § 31: (...) *unde he wolde dat doch nicht annamen, wenne he sodane grote zake bynnen so kort in rechte nicht gerichten, noch der Holstenheren sendebode unde rede der stede in so korter tyd mit eren schulden unde antworden nicht berede werden konden (...).* Er kam wieder auf im Zuge einer Diskussion verschiedener längerfristiger Verfahren: HR I, 8, Nr. 615, §§ 43, 47, 407; LUB 7, Nr. 333, 318: *Vortmer schach id, dat des heren koninges rad vns stede vorbodeden vnd leten vns vnder anderen worden secghen vormyddelst heren Erike Crummendijke, riddere, aldus ere here, de koning, wolde id in dat rechte setten mit den steden also van des krighes wegene to nemende vnde to geuende, dat recht were, by den ergenanten heren hertogen Wilhelme, by den heren bischop van Ozele, hern Johanne Pomersheyme, cumpthur to Sluchowe, Borcharde van Guntersberghe, vnde andere heren synes rads etc. (...), 320 (Antwort der Städte).* Vgl. auch *Erslev*, Erik (1901), 243.

die Dänen anscheinend zu einer längeren Vorbereitungszeit einer solchen Schiedsverhandlung bereit waren,[183] blieb der Vorschlag für die Städte unannehmbar in der Form, in welcher er vorgebracht wurde. Dies galt vor allem für den neuerlichen Versuch, die Zustimmung der Städte zu diesem Verfahren, ohne Beteiligung des Vermittlers,[184] direkt durch Notare aufzeichnen zu lassen und damit wieder ein vorrechtliches Abkommen durch rechtserhebliche Beweisaufnahme zu unterlaufen.[185] Den Gedanken, dass die Städte damit überlistet werden sollten, brachte die städtische Rechtfertigungsschrift explizit zum Ausdruck. Er dient als Motivation für die Ratssendeboten, ihre abschlägige Antwort auf den Vorschlag wieder konsequent durch den Vermittler übergeben zu lassen.[186] Die eigentliche Zurückweisung des dänischen Vorschlags erfolgt unter Verweis auf die herausragende Qualität des Herzogs als Vermittler und die fehlende Vorbereitungszeit.[187]

Somit sollte bei den Städten hinter der Ablehnung von Notaren nicht einfach die Unkenntnis neuer oder unbekannter Rechtsformen vermutet werden. In den Vorverhandlungen zu einem Schiedsverfahren stellte die Einschaltung von Notaren für den Nord- und Ostseeraum in der Tat einen bis dahin unerhörten Präzedenzfall dar. Ein Vergleich mit den Verfahren um die rechtliche Stellung Schleswigs macht deutlich, dass damals recht klar zwischen der vorrechtlichen Phase und dem eigentlichen Verfahren unterschieden worden war. Die Vorbereitungen zu einem Schiedsverfahren fanden ohne Beteiligung von Notaren statt, während die Vermittler Urkunden über die Absprachen zwischen beiden Seiten ausstellten. Erst mit Beginn des eigentlichen

---

183 HR I, 8, Nr. 615, § 43, 405 f.

184 Dies geht hervor aus HR I, 8, Nr. 615, § 43, 406: *Item so hadden des koninges rede sprake mit den steden allene, unde vorboden den koningh in desser wyse, also se hertegen Wilhelme berichteden (...).* Dann folgt in wörtlicher Rede die Erklärung des Rates. Dies entspricht LUB 7, Nr. 333, 318: *Vortmer schach id, dat des heren koninges rad vns stede vorbodeden vnd leten vns vnder anderen worden secghen vormyddelst heren Erike Crummendijke, riddere (...).*

185 HR I, 8, Nr. 615, § 45, 406: *Unde do [wii] dit des koninges rad wolden segghen laten, do hadden se dar over openbare notarios, dar se uns mede vorsnellet hebben mit erem segghende unde unseme antwerdende.* Dieser Einsatz der Notare findet in den dänischen Quellen seine Bestätigung: HR I, 8, Nr. 618, 411.

186 LUB 7, Nr. 333, 318 f.: *Vnde wente wij stede an dem vorbode des heren konnges merkenden, dat vns rechtes dar tor stunde to wardende vnd to bliuende by den erbenomenden personen, vtgenommen den erbenomden hertogen Wilhelme, nicht bequeme in were vmme menigerleye redeliker sake willen, wente de anderen personen, vtgenommen den ergenanten hertogen Wilheme, alle weren in des koninges rade, vnde ok wente dar anders nicht danne eynes vrundliken daghes verramed en was, dar men anders nicht dann frundlicheid vorsoken vnd vorramen scholde, eft men konde, vnde wij stede ok an dem vorscreuen vorbode anders nicht enmerkeden, danne dat men de Holsten heren vnde vns stede, de van anbeginne (...) eyn sament gewesen sint, entweyen vnde van eyn then wolde [vnd] des beden der Holsten heren sendeboden vnd wij stede den ergenanten heren hertogen Wilhelme, dat sin herlicheid vnse antwerde benalen wolde den erbenomeden heren biscope, dem cumpthure vnd Borcharde etc. (...)*, entspricht HR I, 8, Nr. 615, § 46.

187 HR I, 8, Nr. 615, § 47. Vgl. nachfolgend Anm. 197.

Verfahrens waren dann auch Notare ins Spiel gekommen, zur Aufnahme der Beweise beider Seiten, zur Abfassung einer offiziellen Vorladung bzw. Zitation oder zur Dokumentierung ihrer Überreichung. Da Lübecker Räte 1423 und 1424 in einzelne Stufen dieses Verfahrens involviert waren, kann das Wissen um das korrekte Vorgehen vorausgesetzt werden.[188] Eher lässt sich aus den städtischen oder städtenahen Quellen der Versuch ersehen, die Grenzen zwischen Vermittlung und Rechtsgang, zwischen Minne und Recht, gerade deutlich abzustecken. Selbst wenn dabei auch auf das Wissen der gelehrten Räte aus dem Umfeld des Herzogs zurückgegriffen werden konnte, lässt sich dieses Bemühen um klare Trennschärfe auch aus der bereits realen Koexistenz der verschiedenen Rechte, ihrer Verfahren und Konventionen erklären, wie es auf jeden Fall in Lübeck zu beobachten ist.[189]

Dass die städtische Einschätzung, durch die dänischen Vorschlägen in die Enge getrieben zu werden, wirklich aus der konkreten Situation in Nykøbing resultierte, zeigt sich an einer besonderen Episode. So erwähnen die beiden ausführlichen städtischen Schriften, dass beide Seiten auf den Hochmeister des Deutschen Ordens als Schiedsrichter zurückgreifen wollten.[190] Der detailliertere Bericht vom 1. Juli 1429, dessen Wahrheitsgehalt Herzog Wilhelm bestätigen sollte, führt diese Situation genauer aus. Nachdem die Städte den Hochmeister des Deutschen Ordens als einen ihrer Schiedsrichter vorgeschlagen hatten, erwiderten die dänischen Räte, dass auch sie den Hochmeister oder einen seiner Vertreter als ihren *schedesman* haben wollten. Darum sei dieser auch im Vorfeld gebeten worden, und er hätte als seinen Vertreter den Komtur von Schlochau gesandt. Darauf antwortete Herzog Wilhelm, nach seinem Kenntnisstand verstände sich der Komtur nur als ein „guter Vermittler".[191]

Von diesem Vorschlag findet sich in den dänischen Schriftstücken keine Spur. Beide bringen nur die Ablehnung des römischen Königs als obersten Schiedsherren zur Sprache sowie den Vorschlag, die Schlichtung gleich vor Ort in die Hände von Herzog Wilhelm und seinen Räten, des Bischofs von Ösel und der beiden Ordensgesandte zu legen.[192] Nicht einmal die Urkunde, welche diese drei Vermittler besiegelten, gibt einen Hinweis über ihren Status und die Gründe, warum gerade sie als

---

188 Vgl. HR I, 7, Nr. 658 f. und Acta Processus. Ed. *Langebek*, 263–306.
189 Vgl. Kap. 3.3 in Zusammenhang mit dem Notariatsinstrument, das die Absendung des Fehdebriefes dokumentierte.
190 Knapper in LUB 7, Nr. 333, 318: *Besunderen ward de erwerdige here, der here homeyster Dudesches ordens, van beyden partyen geesched vor eynen schedesheren.*
191 HR I, 8, Nr. 615, §§ 31–33, 404 f.: *§ 31 (...) Wolden se over schedeslude kesen, so hedden de rede der Holstenheren unde de stede em vor schedeslude gesat den homeister van Prutzen unde den biscop van Lubeke. § 32 Dar up dossulven des koninges rede antworden: offt id den wech ût scholde, so wolden se up ere zyd vor enen schedesman hebben den meister van Prutzen edder wenne he dar to sende worde, wenne se den meister van Prutzen uppe desse deghedinge here to komende ghebenden hedden, dar umme were de commendator van Slochaw dar mit en. § 33 Hertogh Willem let dar up seggen: he hadde vorstaen den sulven kumpthure, dat he hir wesen scholde vor enen guden myddeler.*
192 HR I, 8, Nr. 618.

Schiedsrichter vorgeschlagen wurden. Obwohl die geschilderte Diskussion um den Hochmeister also nur von einer Seite in die Rechtfertigung aufgenommen wurde, erhält sie doch dadurch Glaubwürdigkeit, dass der Herzog auf ein persönliches Gespräch mit dem Komtur von Schlochau Bezug nahm. Dessen Inhalt deckte sich – zumindest hinsichtlich der Befugnisse bei den Verhandlungen – mit der Instruktion für die Ordensgesandten, die unabhängig von beiden Kriegsparteien entstanden war. Sie befugte den Komtur eben gerade nicht dazu, in Stellvertretung des Hochmeisters ein Schiedsverfahren anzunehmen, sondern hielt ihn nur zur Unterstützung des Herzogs an. Vor allem stand sie in eindeutigem Widerspruch zu der Behauptung, dass der Hochmeister von Anfang an als Schiedsrichter zu den Verhandlungen geladen worden sei. Die Aussage deckt sich nicht einmal mit den vorhandenen dänischen Quellen.[193] Dennoch erscheint es plausibel, dass die dänischen Räte den Hochmeister als Schiedsrichter ins Spiel brachten, um die Beteiligung der Ordensgesandten in einem Verfahren zu rechtfertigen. Da es in dieser Situation aber wieder zu einer unterschwelligen Konfrontation mit dem Herzog kam, erklärt sich das Schweigen der dänischen Quellen auch aus ihrer Intention, dessen positives Wirken für den gesamten Verlauf der Verhandlungen zu demonstrieren.

Die kurze Diskussion um die Befugnisse der Ordensgesandten, insbesondere des Komturs von Schlochau, macht auf jeden Fall deutlich, dass es einen Informationsaustausch zwischen den verschiedenen Gruppen gegeben haben muss. Eine direkte Begegnung ist sonst nur in dem Berichtfragment genauer dargestellt, im Zusammenhang mit der Überbringung der städtischen Antwort auf das dänische Rechtserbieten. In dieser Situation werden der Bischof von Ösel und die beiden Ordensgesandten als zusätzliche Mittler eingesetzt. So lud der Herzog sie zunächst am Morgen des 17. Juni zu sich, um ihnen die Entscheidung der städtischen Ratsendeboten – wohl durch Abt Baldwin – verkünden zu lassen und sie damit zu beauftragen, dieselbe Antwort den königlichen Räten zu übermitteln.[194] Anscheinend trug Burkhard von Güntersberg die Antwort dann auch vor, wobei seinem Vortrag durch die erwünschte Präsenz der herzoglichen Räte – Abt Baldwin, der *licentiatus in decretis* Hans von Swichelte und Bernd Kanne – zusätzliches Gewicht verliehen wurde.[195] Diese Episode verdeutlicht

---

193 Vgl. Kap. 5.2.2 zur Korrespondenz zwischen König Erik und dem Hochmeister.

194 HR I, 8, Nr. 616, § 2, 409: *Am fridage uppe den morgen verbode de hertoge Wilhelm de Holsten und de stede, den bischop van Osele, den kumpthure van Slochouw und Borcharde van Guntersberge, und let en verluden de dre vorgerorden stucke, und bat, de tho bringende an des koninges rede.* Über die Person, welche die Antwort vortrug, besteht in den städtischen Berichten Uneinigkeit, im städtischen Manifest vom 29. Juni 1429 (LUB 7, Nr. 333, 319) ist von Bernd Kanne die Rede, im ausführlicheren Bericht vom 1. Juli von Abt Baldwin (HR I, 8, Nr. 615, § 47). Da der ausführlichere Bericht stärker protokollartigen Charakter hat und möglicherweise in engerer Absprache mit den herzoglicheren Räten erfolgte, ist dessen Darstellung wahrscheinlicher.

195 HR I, 8, Nr. 616, § 2, 409: *De das also annameden, doch beden se unde weren begerende van hertogen Wilhelm, dat he syns rades dar mede by senden wolde. Deme he umme erer bede willen also dede,*

trotz der Ablehnung des spontanen Verfahrens, dass die Städte zu Zugeständnissen bereit waren, indem sie die drei vom dänischen König in die Verhandlungen einbezogenen Personen als dessen Sprecher, Vermittler und damit auch Zeugen akzeptierten. Dabei scheint das Verhältnis zu den beiden Ordensgesandten enger gewesen zu sein, während für Christian Koband nur die Anwesenheit bei der Begegnung konstatiert wird.[196] Falls die städtischen Abgesandten von den Spannungen zwischen dem Bischof von Ösel und dem Deutschen Orden erfahren hatten, spielten diese keine Rolle für die Begründung, mit welcher sie die drei von den königlichen Räten vorgeschlagenen Schiedsrichter ablehnten. Zentraler Punkt war die einzigartige Qualität des Herzogs als Vermittler. Da König Erik selbst gesagt habe, dass kein anderer in dieser Angelegenheit so geeignet erschiene wie sein Oheim, der Herzog, so zögen auch die Städte vor, das Recht weiterhin in dessen Hände zu legen. Der Herzog solle dann zu geeigneter Zeit einen Rechtsgang vorbereiten und dafür die Klagen und Antworten der beiden Seiten in schriftlicher Form zusammentragen. Dazu seien noch weitere Schiedsrichter und ein oberster Richter zu bestimmen. Unter der Voraussetzung, dass die Bedingungen der Holsteiner und der Städte erfüllt, der sichere Handel und die Beibehaltung der bisherigen Zölle garantiert würden, wären die Städte dann auch zum Frieden bereit.[197]

Die Antwort bietet also noch einmal die Quintessenz der städtischen Argumentation und damit ihre Minimalforderung: Frieden auf dem Rechtsweg konnte nur in einem ordnungsgemäßen, langfristig vorbereiteten Verfahren zustande kommen, bei welchem die Klagepunkte der Holsteiner und der Städte ausreichend berücksichtigt würden. Beide Ziele konnten die Städte bei den Verhandlungen in Nykøbing nicht zu

---

unde sande dar by hern Boldewyn van Wenden, abte sunte Michels, hern Hanse van Swichelte unde hern Bernde Kannen.

196 Dies geht nicht nur aus der eben zitierten Passage hervor, sondern auch aus HR I, 8, Nr. 615, § 48, 407, worin der Papst als möglicher Schiedsrichter vorgeschlagen, von dänischer Seite aber mit Verweis auf seine reine Zuständigkeit in geistlichen Angelegenheiten abgelehnt wird. Der Abschnitt endet: *Der Holstenhere rad unde wi stede wolden den alderhilghesten vader, den pawes, gherne annamed hebben to eneme overmanne, alse de erbenomede here, hertoch Wilhelm, van unser wegen gheboden hadde. Unde de ergenomede here, hertoch Wilhelm, bad den vorscreven compthure unde borcharde, dat se desset vorbot der Holstenheren sendeboden unde unse aldus bringhen wolden by erem gnedigen heren, den homeister, unde wor des vurder behüf were (...).*

197 HR I, 8, Nr. 615, § 47, 407: *(...) unde boven alle: na deme de here koningh Erik bette here to yo ghesecht unde voluden laten heft, he en ghelove nenen fursten edder heren in dessen zaken so wol, alse synem leven ohemen, hertoch Wilhelme ergenomed, so wolden de Holstenheren unde wi stede by dem sulven heren hertoch Wilhellme bliven ere und rechtes unde vrundscop, umme wes wi deme heren koninghe unde de here koningh uns wedder totosegghend hadden, nichtes nicht utgenomen, na scrifften over to ghevende, unde wolden dar up vortyen anderer schedeslude und overmannes; unde hir up wolden der Holstenheren sendeboden unde wi stde gherne vrede annamen, alse dat ut den riken der Holstenheren unde unser sede lande, haven unde ghebede, unde des ghelikes der Holstenheren understaden und unser stede inwonere mit eren guderen de rike, vredesameliken vorsokoen mochten, in unde wedder, uth up eren plichtigen tollen.*

ihrer Zufriedenheit erreichen, da König Erik zu Zugeständnissen gegenüber den Städten trotz der für ihn ungünstigen militärischen Situation nicht bereit war.

Die dänischen Quellen demonstrieren wie schon im Vorjahr das ernsthafte Bemühen um Frieden und die Wahrung des Rechtes. Diese Haltung erklärt sich aus König Eriks Sicht auf den Krieg und die Kriegsparteien, die schon im Vorjahr in der langen Rede zum Ausdruck kam und sich auch in den dänischen Quellen zu den Verhandlungen von 1429 finden lässt. Aus seiner Perspektive machten sich die Städte durch die Unterstützung der Holsteiner des Friedensbruchs schuldig und waren aufgrund des Bruchs der *Tosate* vom 15. Juni 1423 als Eidbrüchige zu betrachten. So behandeln die beiden überlieferten dänischen Dokumente auch hauptsächlich die Verhandlungen mit den Städten und berühren die Anwesenheit der holsteinischen Abgesandten nur an einer Stelle: im Zusammenhang mit den Vorbehalten gegenüber dem römischen König als obersten Schiedsherren.[198] Die Tatsache, dass diese Vorbehalte wiederholt und sehr deutlich zum Ausdruck gebracht wurden, heben dann auch beide dänische Schriften besonders hervor.[199]

Trotz gewisser schon erwähnter Übereinstimmungen unterscheiden sich beide jedoch ein wenig in Argumentation, Darstellungsform und Ziel. Das öffentliche dänische Manifest widmet sich, wie die städtischen Schriften, stärker den Fragen von Rechtserbieten und Verfahren vor Ort, während die Vermittlerurkunde die Diskussionen über mögliche Schiedsrichter in den Vordergrund rückt. Ein Grund für diesen Unterschied liegt im Entstehungszeitraum des dänischen Manifestes, der bereits kurz nach den Verhandlungen anzusetzen war.[200] Somit gibt es die Dynamik der Verhandlungen bis zur direkten Begegnung zwischen dem dänischen Rat und den städtischen Ratssendeboten am Abend des 15. Juni wieder, enthält aber keine Reaktion auf die städtische Antwort.[201] Daher wurde es teilweise am selben Tag entworfen, als auch die Städte ihre endgültige Entscheidung aufsetzten und durch die Vermittler den Räten des Königs mitteilen ließen. Die Veröffentlichung in der vorhandenen Form erfolgte aber auf jeden Fall nach der Abreise der städtischen Gesandten.[202]

---

198 Dies gilt nur für HR I, 8, Nr. 618, 410: *de wart verlecht van unsen wedderpartien, alse den den Holsten unde den van den steden.*

199 HR I, 8, Nr. 618: *Unde wor umme unde mit wat sake unde articulen he van en vorlecht wart, dar hebbe wii niht aff to scrivende, unde laten dat umme unses leven omes willen vorbenomet, de dat mochte lichte to unwillen nemen umme der vorede willen, de he tovoren myt den unsen ghehat hefft.*

200 Vgl. Kap. 5.2.1.

201 HR I, 8, Nr. 618: Grundthemen sind der Wunsch der Dänen nach dem römischen Königs als oberstem Richter, die Ablehnung durch die Städte und darauffolgende Alternative, die Entscheidung dem Herzog, zwei seiner Räte, dem Bischof von Ösel und den Ordensgesandten zu übertragen und schließlich auch die Ablehnung der Notare: *Und seiden also: se weren umme u[n]se beghere willen gerne dar gheghaen; men se wolden des nicht, dat men scholde dar jenighe wort segghen, de en to vorvanghe mochte komn, edder jenighe wort segghen, de men overtughen wode myt instrumenten (...).* Vgl. HR I, 8, Nr. 615, § 45.

202 Vgl. Kap. 5.2.1.

Die Argumentationslinie in König Eriks Manifest setzt mit der Feststellung ein, dass die Verhandlungen zwar als *vrundlike deghedinghe* anberaumt worden wären, doch sei der Rechtsgang zur Sprache gekommen. So hätten die Vertreter der Städte nach Abschluss der Verhandlungen behauptet, dass sie das Rechtserbieten ernsthafter vorangetrieben hätten als die Dänen, wogegen diese Widerspruch einlegen müssten. Hätte der Herzog eine öffentliche Verhandlung gestattet, könnten sie auch entsprechende Beweise vorlegen.[203] Auf diese Weise verband die Schrift schon in der Einleitung das Problem der Öffentlichkeit der Verhandlungen mit den Diskussionen um den Rechtsgang. Dementsprechend konzentrierte sie auch die Darstellung zum einen auf die von dänischer Seite vorgebrachten Vorschläge für einen Schiedsrichter bzw. das Schiedsgremium.[204] Zum anderen griff sie aus den Äußerungen der städtischen Abgesandten die Zurückweisung der Notare heraus.[205] Sie wird von dänischer Seite als Versuch der Städte interpretiert, sich einer rechtlich verbindlichen Aussage entziehen zu wollen.[206]

Dieser Aspekt wird in der im Namen von Christian Koband und den Ordensgesandten ausgestellten Urkunde vom 1. Juli 1429 nicht thematisiert. Möglicherweise spielte die Frage der Öffentlichkeit im Text dieses Schriftstücks gerade deswegen keine, da die Aussteller als Zeugen der Verhandlungen fungierten und die Urkunde daraus ihre Legitimität bezog.[207] Das Dokument entstand nun eindeutig nach dem Abschluss der Verhandlungen und nahm indirekt auch auf die drei Punkte der Städte

---

203 HR I, 8, Nr. 618, 410: Der Herzog hätte die Verhandlungen anberaumt unter der Voraussetzung, *dat id slichtes scholde en vruntlik dach wesen, vruntlike deghedinghe to vorsokende, sunder jhenigherleie rechtghang edder vorbedinghe unse ein theghen den anderen, unde to vorsokende, ufft men jenighe vruntschop edder voreninghe dar ane maken konde. Dat sich doch so to der sulven tiit makede, dat dar rede van wurden unde vorbedinghe rechtes, dar uns sint der tiit aff to wetende worden is, wo de van den steden sich beromet hebben, so se to hus quemen, dat se vuller recht boden unde meer, wen wii. Hadde nu de hertoghe dat liden wult, also he nicht en wolde, dat men mocht voropenbaret hebben, dat se boden unde wii ok, so hadde men wol dirkennende hat, dat dat unrecht bii uns hadde ghevunden worden.*
204 HR I, 8, Nr. 618, 410 f.
205 HR I, 8, Nr. 618, 411: *Unde* [die Vertreter der Städte] *seiden also: se weren umme u[n]se beghere willen gerne dar gheghaen; men se wolden des nicht, dat men scholde dar jenighe wort segghen, de en to vorvanghe mochte komen, edder jenighe wort segghen, de men en overtughen wolde myt instrumenten.*
206 HR I, 8, Nr. 618, 411: *Dar unsen do up antworeden: se wolden nicht segghen, dat en unmoghelik to horende were, men se wolden uns to rechte vorbeden, unde holden dat nicht reddelik, dat men dar nicht instrumente up nemen mochte.*
207 Die Erwähnung der Funktion als Zeugen findet sich sowohl zu Beginn der Urkunde als auch in Corroboratio: 1.) HR I, 8, Nr. 619: *Wi* [Namen und Titel der Aussteller] *bekennen unde bethugen openbar for alsweme an dessem jegenwardigem breve, dat wi weren to Nycopinge, in Falster belegen, to deme dage, den de hochgeborn fürste, hertoch Wilhelm van Brunswik unde Luneborgh, vorsamelt unde gemaket hadde tuschen* [den Kriegsparteien]. *Unde horden darsulves in unser jegenwardicheyt under anderen velen degedingen unde worden, de dar vorhndelt unde sproken wurden (...); 2.) Dåt alle desse vorscreven stucke unde article also sik vorlopen unde gheghen sin, hebbe wi alle dre vorscreven unse*

Bezug. Es konzentrierte sich besonders stark auf die Rolle des römischen Königs als obersten Richter. Pointiert wird darin an verschiedenen Punkten angedeutet, wenn auch nicht explizit formuliert, dass die Haltung der Städte eine Missachtung der königlichen und kaiserlichen Autorität darstellte.[208]

Der genauere Vergleich der beiden Schriften verdeutlicht nicht zuletzt noch einmal, dass beide auf die dänische Kanzlei zurückgehen. Die starke Orientierung am römischen König als Richter sowie das Bemühen um eine schriftliche Fixierung des Verhandlungsausgangs gehören bereits zum festen strategischen Arsenal König Eriks und seiner Berater.[209] Die Urkunde vom 1. Juli 1429 ist dabei ein besonderes Zeugnis, da sie die Aussteller aus dem Rang von neutralen Beobachtern in die Position von Zeugen einer Anklage erhob. Gerade weil es sich bei Christian Koband, dem Bischof von Ösel, und den beiden Ordensgesandten um zwei verfeindete Parteien handelte, die sich bei König Erik um Unterstützung gegenüber dem jeweiligen Gegner bemühten, stellten sowohl die Schaffung des ad hoc-Schiedsgremiums als auch die gemeinsam besiegelte Urkunde der Schiedsrichter ein strategisches Meisterstück dar.

Zusammenfassend lässt sich zu den Verhandlungen des Jahres 1429 festhalten, dass inhaltliche Ansätze für eine Verständigung nur im Bezug auf die Schleswig-Frage zur Sprache kamen in Form von drei Lösungswegen, die Herzog Wilhelm vorschlug.[210] Eine Einigung zwischen König Erik und den kriegführenden Städten scheiterte bereits an den Verfahrensfragen. Dies lag zum einen in den grundsätzlich unvereinbaren Positionen beider Seiten im Hinblick auf die Legitimation des Krieges begründet. Zum anderen resultierten die Spannungen während der Verhandlungen wiederum aus den Strategien, mit welchen beide Seiten das Gleichgewicht zu ihren Gunsten zu beeinflussen suchten. Die Städte setzten auf die Autorität eines ihnen gewogenen Schiedsrichters und die Kraft der gerade errungenen Kriegserfolge, wobei die bereits von langer Hand vorbereitete Zusammenarbeit mit Herzog Wilhelm durch kurzfristige Ereignisse unterstützt wurde. Im Unterschied dazu baute König Erik auf das Gewicht der Öffentlichkeit, in dem er Abgesandte aus den Herzogtümern und

---

inghesegele to merer betuchnisse unde bekantnisse mit willen unde beraden mode heten hengen vor dessen breff (...).

208 Zuerst wird die Zurückweisung thematisiert: HR I, 8, Nr. 619 S. 413: *Da ward van der stede wegen upp geantwordet, so dat se menden, se wolden den Romischen konig nicht hebben, vor eynen overman in den saken to wesende, unde seden, em borde, oc nicht overman dar ane to wesende umme sake willen, de se dar to der sulven tiid upp seden, dar wi nicht aff to scrivende hebben.* An späterer Stelle wird hingegen in einer Antwort der königlichen Räte die Autorität des römischen Königs betont: *Ok seden se* [die Räte] *mede to se helden id vor dat redekeste unde ok vor dat richteste, wor eynes overman in eyner sake nod were, kunde man sik dor umme nicht denne vordreghen, we de wesen scholde, we sik denne vorwillekorde an den Romeschen konyng, de eyn overste richter is unde dår alle werlike richte ut gande syn.*

209 Siehe dazu schon die Dokumentation der urkundlichen Überlieferung in Kap. 2.2.2 a) – c). Zur Stellung gegenüber dem römischen König neben Kap. 4., auch *Niitemaa, Kaiser* (1960), 183 f., 189.

210 HR I, 8, Nr. 615, §§ 23–25; *Erslev, Erik* (1901), 242; *Niitemaa, Kaiser* (1960), 188 f.

Herrschaften des südlichen Ostseeraums zu den Verhandlungen einlud. Eine längerfristige Vorbereitung lässt sich auf dänischer Seite zumindest aufgrund der vorhandenen Quellen nicht nachweisen. Um so deutlicher tritt aus dem Ablauf der Verhandlungen eine spontan entwickelte Strategie hervor, mit welcher die Dänen die Autorität des Herzogs von Braunschweig-Lüneburg untergraben konnten, ohne diesem die Rolle des Vermittlers und möglichem Schiedsherrn zu entziehen. Dabei profitierten König Erik und seine Räte von dem glücklichen Umstand, dass sie ein Schiedsgremium vorschlagen konnten, in dem drei der vier Schiedsherren untereinander im Konflikt lagen und jeweils auf Unterstützung durch den Unionskönig hofften. Letztendlich konnte der dänische König jedoch nur einen publizistischen Erfolg erzielen, da die Verhandlungen das Gleichgewicht zwischen beiden Seiten nicht veränderten.

Ähnlich stellte sich die Situation auch für die Städte dar. Durch die Tätigkeiten ihres Vermittlers konnten sie vermeiden, sich auf verbindliche Aussagen mit ungewissem Ausgang festlegen zu müssen. Doch konnten sie die vorherigen Kriegserfolge nicht als Gewicht in die Verhandlungen einbringen. Wie schon zu Beginn des Krieges bemühten sie sich gleichfalls, ihre Position und die kompromisslose Haltung des dänischen Königs einer weiteren Öffentlichkeit nahezubringen. Abgesehen davon bestätigten die Verhandlungen für sie nur den Status quo.

Die Frage des Erfolgs ist jedoch nur ein Aspekt, unter dem das Treffen in Nykøbing betrachtet werden kann. Interessanter erscheint das Handeln beider Seiten aus der Perspektive der Kommunikation, dass heißt als kommunikatives Handeln. Für die Städte lässt sich schon im Vorfeld beobachten, dass das Ziel der Verhandlungen nicht in der Verständigung mit dem Gegener lag, sondern dass die Vorbereitungen auf besonders günstige Rahmenbedingungen und ein stärkeres Gewicht gegenüber den Dänen ausgerichtet waren. Die Verhandlungen selbst sind dann durch ein Scheitern der Kommunikation auf verschiedenen Ebenen gekennzeichnet. Zum einen gibt es von Anfang an keine Einigkeit darüber, welchem Modus die Verhandlungen folgen sollten: Minne oder Recht? Dabei wurde „Recht" von beiden Seiten als ein Schiedsverfahren definiert, „Freundschaft" als die Suche nach einem Konsens durch ein Gespräch. Zum anderen dominieren gegenseitiges Misstrauen und bewusste Täuschung die Begegnungen und spiegeln sich sehr deutlich in den schriftlichen Hinterlassenschaften wider. Schließlich zeigt sich auch, dass ein Vermittler wie Herzog Wilhelm, der allzu deutlich mit einer der beiden Seiten verbunden war, kaum Verständigung herstellen konnte.[211] Interessanterweise lassen die Quellen beider Seiten erkennen, dass sowohl für die Dänen als auch für die Städte der Hochmeister des deutschen Ordens die einzige neutrale Figur im Ostseeraum darstellte, obwohl bis

---

[211] Dabei gibt es durchaus Parallelen mit Nikolaus Stock, der zwar auch als neutraler Vermittler auftrat, aber doch allzu deutlich seine Unterstützung für die Position des dänischen Königs demonstrierte: Vgl. Zusammenfassung in Kap. 4.7.

dato auch alle Vermittlungsversuche durch den Deutschen Orden gescheitert waren.[212]

5.3 Die Inszenierung des Ungleichgewichts: Nykøbing 1428 und 1430 im Vergleich

5.3.1 Vorbereitung der Verhandlungen und Bestandsaufnahme der Überlieferung

Das Jahr 1430 stellt mit insgesamt drei Verhandlungen zwischen dem König und den Städten einen Höhepunkt und einen Wendepunkt dar. Die Ausnahmesituation verpflichtet geradezu, dieser Zeit eine besonders große Aufmerksamkeit zu widmen. Daher stehen zunächst die Verhandlungen des Sommers 1430 im Vordergrund, während in einem zweiten Schritt deren Folgen zu betrachten sind.

Für das im Juli und August 1430 stattfindende Treffen sind sowohl Dokumente aus der Vorbereitungszeit als auch von den Verhandlungen selbst überliefert. In der Vorgeschichte der Verhandlungen deuten sich auch bereits die weiteren Entwicklungen des Jahres 1430 an. Zunächst ist als Novum zu konstatieren, dass der Geleitbrief für den Tag zu Nykøbing zum ersten Mal nicht von einem externen Vermittler erwirkt wurde, sondern von den Ratssendeboten einer der kriegführenden Städte. Dies demonstriert der am 10. Mai 1430 ausgestellte Geleitbrief mit dem angehängten Unionssekret.[213] Ähnlich wie die von Nikolaus Stock erwirkten Schriftstücke enthielt dieser wieder zwei Alternativen für den Verhandlungsort, Nykøbing und Falsterbo, zwischen denen die Städte die Wahl treffen konnten. Im Kanzleivermerk erscheint wie auch schon dort Johannes Petri (Pedersen), Archidiakon von Roskilde, als Kanzler und Ratgeber des Königs.[214] Da dieser Befund jedoch bereits die Stellung der Stralsunder Ratssendeboten berührt, gehört seine genauere Diskussion bereits in das nächste Kapitel.[215]

Für die Bestandsaufnahme der Quellen muss an dieser Stelle hingegen die Frage gestellt werden, in wieweit der Geleitbrief die Perspektive auf bereits bekannte Dokumente verändert. Zunächst bestätigt er einige bereits von Koppmann vorgenommene Korrekturen für die Chronologie der „Preußische(n) Verhandlungen mit Dänemark 1429–1430" und ein indirekt nachweisbares Schreiben des preußischen Gesandten

---

212 Zur Mission des Ordensmarschalls Walrabe von Hundsbach knapp: Kap. 4.2.1, bes. mit Anm. 75; Kap. 4.3, Anm. 185.

213 Siehe Edition unter 8.3.1 c).

214 Die Formel des Geleitbriefes *ad mandatum domini regis de consilio Joh(annes) noster cancellarius* weicht nur in der Wortwahl nicht aber im Sinn von diesen Geleitbriefen vom 28. und 30. Januar 1428 ab, in welchen der Vermerk *Ad mandatum domini regis in presentibus consiliariis et consentientibus Jo(hannes) Pe(tri)* lautete (LUB 7, Nr. 102, 103).

215 Vgl. dazu Kap. 5.4.

Berthold Burammer aus Vordingborg ist mit Sicherheit vor den 10. Mai 1430 zu datieren.[216] Mit der in Burammers Brief vom Johannestag erwähnten Antwort der Städte vom 3. Juni 1430 steht eine undatierte Notiz aus den Lübecker Materialien in Verbindung: *Gude gnedige here. Der Holsten heren unde der stede meninge is, dat ere sendeboden achte dage vor sunte Maria Magdalenen dage erst komet to Nycopinge in Valster jo wesen scholen, so verre ene wedder unde windes not dat nicht en beneme. Cort Bischopp unde Reyner Rapesulver.*[217] Der Verhandlungsort ist dabei unterstrichen. Koppmann wies als Herausgeber der ersten Serie der Hanserecesse den Herzog Kasimir V. von Pommern, den Stadtherren von Stralsund, als den ursprünglichen Adressaten dieser Notiz aus. Doch kann mit *lever gnediger herr* auch König Erik selbst angesprochen sein.[218] Darüber hinaus ergibt sich sowohl aus dem Geleitbrief, dessen Termin diese kurze Nachricht aufgreift, als auch aus der Parallelüberlieferung des deutschen Ordens, dass die Anberaumung der Verhandlungen dieses Mal ohne die Vermittlung einer dritten Partei erfolgte. Möglicherweise haben die Bürgermeister oder auch Ratsleute von Stralsund die Notiz an Lübeck weitergegeben, um die Zustimmung der Stadt zu dem Vorschlag einzuholen, oder um darzulegen, wie die Absprache zwischen den Städten weitergeleitet wurde. Ebenso könnte aber auch Lübeck eine Version dieser Notiz als Vorschlag an Stralsund weitergeleitet haben. Dass dazu eigens ein Treffen anberaumt wurde, wie die Hanserezesse suggerieren, ergibt sich nicht zwingend.[219] Der Entwurf dieser schriftlichen Antwort muss aber auf jeden Fall vor dem 3. Juni 1430 erfolgt sein.

---

216 Dazu vor allem HR I, 8, 710 f.: Verhandlungen zu København: 1430 Februar. Es handelt sich um ein Verzeichnis von Briefen, wobei die früher erfolgte zeitlich falsche Einordung der preußischen Dokumente korrigiert wird. Dies gilt besonders für ein zwischen HR I, 8, Nr. 321, § 1 (Registereintrag) und HR I, 8, Nr. 322 einzuordnendes „Nicht erhaltenes Schreiben Burammers aus Vordingborg über einen von den Ratssendeboten Stralsunds erlangten Geleitbrief König Eriks, erwähnt in Nr. 322" (HR I, 8, 711). HR I, 8, Nr. 322 von [1430], Juni 24 informiert darüber, dass die Städte den Tag zu Nyköbing besenden würden und dass Burammer selbst dorthin reiten und mit den Sendboten heimfahren wolle. Nicht von 1430, sondern vermutlich von 1428 stammt dagegen HR I, 8, Nr. 324, in dem Burammer schreibt: (...) *alse umme den dagh, dar ik jwen gnaden aff screff, dar is hir noch nene tydinghe van, wer de heren dar komen ofte nicht* (...). Der zentrale Hinweis ergibt sich aus der Datumsangabe, *am negesten daghes na unser vrouwen dage assumpcionis* (16. August), denn 1430 neigten sich die Verhandlung zu diesem Zeitraum bereits dem Ende zu. Vgl. demgegenüber die Anmerkungen zur problematischen Datierung in HR I, 8, 711, wo der Brief aber nach 1430 eingeordnet wurde.
217 HR I, 8, Nr. 798 = AHL, Externa Danica, Nr. 3, 205a.
218 Vergleichbare Anreden finden sich für den dänischen König regelmäßig im 14. Jahrhundert, insbesondere wird auch Königin Margrete als *myn vrowe* angesprochen: *Behrmann*, Herrscher (2004), 100 f.
219 Absprachen über eine gemeinsame Strategie konnten auch brieflich erfolgen, wie aus den Verhandlungen im Zusammenhang mit Nikolaus Stocks Vorschlägen hervorgeht (siehe die verschiedenen Situationen in 4.5.1 bis 4.5.3.

Die Briefe des preußischen Gesandten bzw. deren Register im Archiv des Deutschen Ordens bieten auch für einen weiteren Aspekt der Vorbereitung eine Parallelüberlieferung zu den dänischen Quellen. So erwähnen sie einen anwesenden Boten des Kölner Erzbischof, Dietrich II. von Moers.[220] Neben Stralsund bemühten sich nämlich auch die Kurfürsten um neue Verhandlungen zwischen den verfeindeten Parteien, wobei hier im Hintergrund sicher wieder das Bemühen stand, mehr Unterstützung für den Kampf gegen die Hussiten zu erwirken.[221]

Die übrigen Quellen, die mit diesem gemeinsamen Tag in Verbindung stehen, beziehen sich entweder auf seinen Verlauf oder zählen bereits zu den Nachwirkungen. Aus den ersten Tagen der Verhandlungen ist die Abschrift eines Briefes der Lübecker Ratssendeboten für den Wismarer Rat überliefert, die sich aufgrund der Schrift der Lübecker Kanzlei zuordnen lässt.[222] Eine Besonderheit für die Überlieferung dieser Verhandlungen ist zudem die Existenz von originalen „Akten" aus der dänischen Kanzlei. Einige grundsätzliche Bemerkungen zu diesen Beständen fanden bereits Eingang in die Betrachtung des Überlieferungs- und Aufbewahrungskontextes[223] und das Kapitel zu Nikolaus Stock[224]: An dieser Stelle sei nur noch einmal kurz wiederholt, dass für 1428 drei Dokumente überliefert sind, die zusammengenähte Rolle mit einem Redekonzept, die hochdeutsche Fassung dieser Rede aus der Feder von Nikolaus

---

220 Registereintrag: HR I, 8, Nr. 321, § 4, 221: *Item des bischofs von Kollen bote ist ouch do und at gewerb von den korfursten, eyne[n] tag uffczunemen, do der bisschoff wil czu komen.* Burammers Brief: HR I, 8, Nr. 322: *Item schref ik juwn ghnaden, dat ik my van hir wolde hebben maket myt des bi[s]choppes boden van Kollen, dat ik doch nicht don konde, wente he my uppe sine breve nicht dorste mede dor dat lant to Holsten nemen. (...) Unde de bode van Kollen warff hir nicht, also he gheren dan hadde.*

221 Auf dem von Bischof Heinrich von Winchester einberufenen Reichstag in Frankfurt im Herbst 1427 (vgl. auch Kap. 4.2.1, 4.2.2, mit Nachweisen in Anm. 88, 4.4, mit Anm. 216) war eine allgemeine Reichssteuer" zur Finanzierung der Hussitenkriege beschlossen worden (RTA 9, Nr. 71–78 mit allen Entwürfen), deren Eintreibung durch Briefe sich bis ins Jahr 1429 hinzog, siehe beispielsweise RTA 9, Nr. 133, 168 und 188. Das für den Nürnberger Tag vom Frühjahr 1429 überlieferte Inventar der eingegangenen Antworten enthält auch die Antworten der Seestädte, von denen sich Rostock explizit mit Hinweis auf den Krieg entschuldigt. RTA 9, Nr. 209, 271: [104] *item de stat Lu(e)beck haben geantwort: wiewol es unsicher umb sie stee, so wöllen sie sich doch darauf bedenken das sulch gelt un sewmen sicher ueberbracht werde noch allem irem vermögen.* 275: [129] *Item der rat von Rostock schreibt: wie sie mit kriegen beladen sein vom Konig von Tennenmarckz. Doch was sie sulches gelts zusammenbringen mügen, wenne ir volk zů hauß kummet, das wollen sie gern bevelhen.* Möglicherweise wirkte aber auch der König auf die Kurfürsten ein. Die genaue Klärung des Hintergrundes scheitert an der unsicheren Quellenlage. Die ersten Informationen zum Vermittlungsversuch, insbesondere des Kölner Erzbischofs erscheinen im Zusammenhang mit dem Treffen der Städte am 1. Januar 1430: HR I, 8, Nr. 712, § 3.

222 Original: AHW, Ratsakten, 10.5 Hanseatica, Nr. 1747, 1430, Juni 31: LUB 7, Nr. 409 / HR I, 8, Nr. 799.

223 Vgl. Kap. 2.1.1.

224 Vgl. Kap. 4.2.4.

Stock und ein unvollständiger mittelniederdeutscher Bericht.[225] Für 1430 liegt nur die Reinschrift eines Dokumentes vor, das auch den ersten Entwurf des Königs für einen Friedensvertrag enthielt und an dem zwei Schreiber wirkten.[226] Schon der Vergleich zwischen dem Redekonzept und der oberdeutschen Fassung verdeutlicht, dass eine Untersuchung der Originaldokumente einige Fragen aufwirft, denen die Edition nicht immer gerecht wird.[227] So muss die Anmerkung der Hanserezesse, dass es sich nur um die reine „Abschrift eines Hochdeutschen" handelt, in der Hinsicht korrigiert werden, dass es sich vielmehr um eine Übertragung ins Hochdeutsche bzw. eine hochdeutsche Version handelt. Auch die Zusammenfassung dieses Schriftstücks mit dem fünften nicht nummerierten Blatt zu einem „dänischen Bericht" ist eher in Zweifel zu ziehen. Auf die Unterschiede in der Schrift wurde schon kurz hingewiesen, dazu kommen auch noch die zwei verschiedenen Sprachen, denn der Text auf dem fünften Blatt ist wieder in niederdeutscher Sprache abgefasst.

Darüber hinaus erscheint der hochdeutsche Text durch die Glossen und die Paginierung als eine in sich geschlossene Einheit. Dies legt die Annahme nahe, dass die beiden Schriftstücke wohl nur Reste von ursprünglich umfangreicherem Material gewesen waren. Dieses wurde später durch den „Zufall der Überlieferung" reduziert und in einer „Akte" zusammengefasst, die in dieser Form aber möglicherweise bis ins späte 16. Jahrhundert zurückreicht.[228] So legt die Untersuchung der Originale nahe, den bisherigen Überlieferungszusammenhang als „dänischen Bericht" zu hinterfragen. Zudem erlaubt die Identifikation des „oberdeutschen" Schreibers mit Nikolaus Stock oder zumindest eines seiner Begleiter, die Entstehung dieses Schriftstückes in einen Zusammenhang mit dem königlichen Gesandten zu bringen. Demgegenüber muss das Konzept selbst als Produkt der dänischen Kanzlei angesehen werden.

Es besteht aus sieben unterschiedlich großen, aneinandergenähten Teilen (Abb. 5.3). Es handelt sich zudem um ein äußerst inkohärentes Schriftstück, in dem sorgfältig und nachlässiger geschriebene Textteile, Reinschriften und Konzeptfragmente miteinander verbunden sind. Dies zeigt sich z. B. an den Übergängen zwischen dem vierten und fünften sowie dem sechsten und siebenten Teil. Da die Heftung zwischen dem vierten und fünften Blatt etwas lose ist, lässt sich erkennen, dass dieser fünfte, sehr kurze Abschnitt aus einem umfangreicheren Text ausgeschnitten wurde.

---

225 Diese Dokumente sind alle enthalten in DRA, TKUA, Nr. 5: 5,1 = Konzept der Rede, 5,2 = Hochdeutsche Übertragung von Nikolaus Stock, 5,3 = Reste eines ausführlicheren Berichtes über die Verhandlungen von 1428.
226 DRA, TKUA, Nr. 6.
227 Vgl. Kap. 4.2.4.
228 Vgl. Kap. 2.1.1.

a)

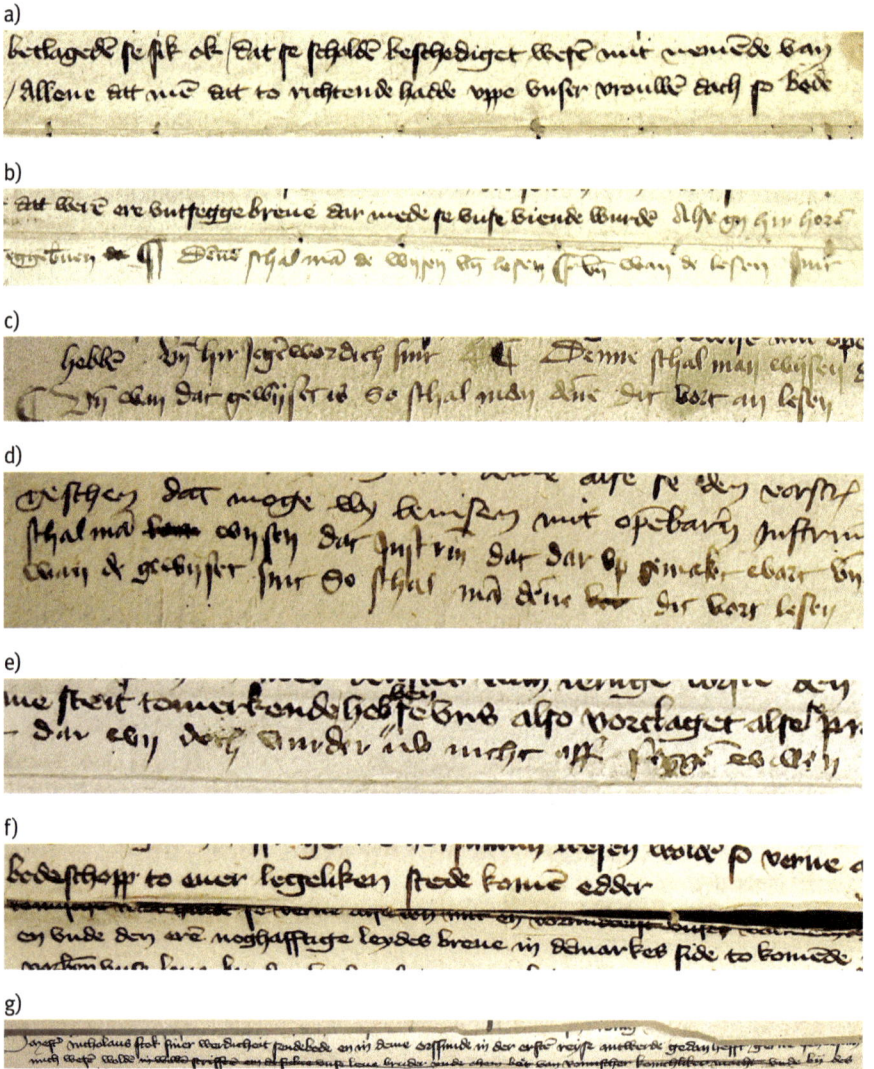

b)

c)

d)

e)

f)

g)

Abb. 5.3: DRA, TKUA, Nr. 5,1: Zusammensetzung der Rolle: a) Ende von Teil 1 (= HR I, 8, Nr. 517 § 3: dort bode); b) Ende von Teil 2 (= HR I, 8, Nr. 517 § 4); c) Ende von Teil 3 (= HR I, 8, Nr. 517 § 5); d) Ende von Teil 4 (= HR I, 8, Nr. 517 § 8); e) Ende von Teil 5 (= HR I, 8, Nr. 517 § 9); f) Ende von Teil 6 und Anfang von 7 (= HR I, 8, Nr. 517 § 11, Z. 3–6); g) Anfang von Teil 7 (Rückseite), gleicher Text mit einigen Ergänzungen, teilweise aus gestrichen. Gesamter Text: *Mester Nicolaus Stok siner werdich-eit sendebode en in deme orssunde in der ersten reyse antwerde gedan hefft* [gerne horsam]*mich wesen wolden* [*in wille scrifften em de sulue vnse leue bruder vnde ohem bot van Romischer konich-liker macht vnde bij des Romischen Rikes huldeso verne alse wij mit en vormiddelst vnser volmechti-gen bodeschopp to ener legeliken*] *stede kommen edder.* Die Worte in eckigen Klammern sind im Bild nicht sichtbar. Fotos der Verfasserin.

Oberhalb der Passage, die nach der Bindung einsetzt,[229] lassen sich noch die durchgestrichenen Worte *vpp gemaket sint* erkennen, die auch am Ende des vorherigen Teiles stehen, bevor die von einer anderen Hand geschriebene Passage einsetzt.

In der Qualität unterscheiden sich die beiden Abschnitte ebenfalls, denn die Schrift des fünften Teils ist sehr viel sorgfältiger gehalten. Auch für das letzte Teilstück wurde eine Vorlage adaptiert. Hier noch viel deutlicher erkennbar als im ersten Beispiel, wurden von einem beschriebenen Blatt ein Teil oben abgeknickt und weitere Passagen des Textes so weit gekürzt, dass sich ein direkter Übergang vom vorherigen Abschnitt ergab (Abb. 5.3 f/g). Die Gegenüberstellung der verschiedenen Übergänge verdeutlicht auch, dass dem eigentlichen Text verschiedene durch Varianten des Nota-Symbols gekennzeichnete „Regieanweisungen", betreffend die Lektüre von Schriftstücken, zur Seite gestellt sind (bes. Abb. 5.3 b/c). Hinzu kommen verschiedene Streichungen und Bearbeitungen.

Die Uneinheitlichkeit des Schriftstücks erschwert die Bestimmung der Schreiber ein wenig. Als eine sichere Angabe kann festgehalten werden, dass der größte Teil des eigentlichen Textes aus der Hand eines Schreibers stammt. Eine Unsicherheit stellt der dritte Abschnitt dar, der sich durch eine flüchtigere Ausführung der Buchstaben und dadurch einen kursiveren Charakter auszeichnet.[230] Bei genauerer Betrachtung lassen sich jedoch auch in den anderen Teilen leichte Variationen in der Schriftgestaltung erkennen. Während die besonders sorgfältig geschriebenen Textelemente durch stärkere Brechungen der Schäfte und Rundungen geprägt sind, gehen diese bei längeren Abschnitten immer mehr zurück.[231]

Dies zeigt sich besonders auffällig auf der ersten Seite, wo mitten in einem Satz ein Tinten- und Federwechsel zu beobachten ist (Abb. 5.4 a), nach welchem die Brechungen etwas zurückgehen. Zudem verdeutlicht das gesamte Blatt, dass der Schreiber eine recht große Bandbreite der Gestaltung zwischen sorgfältig kalligraphischer Ausformung der Buchstaben und Elementen einer reinen Konzeptschrift nutzte. Weitere Vergleiche zwischen der Schreibweise einzelner Worte (Abb. 5.4 d) legen daher die Annahme nahe, dass es sich immer um denselben Schreiber handelt.

---

229 Auf dem oben, zur Befestigung der Fäden abgeknickten Rand ist erkennbar: ~~vpp gemaket sint~~ (=HR I, 8, Nr. 517, § 8, 342, Ende des Paragraphen).
230 *Carlie*, Studium (1925), 36 f., hat diese Hand als S(36) von S36 unterschieden: „S(36) steht sprachlich S36 sehr nahe, aber seine Schrift ist anders. Möglicherweise ist S36 Konzipient, der Reinschreiber aber ein anderer."
231 Zu den Brechnungen als besonderes Gestaltungsmerkmal der Schrift des 15. Jahrhundert, *Heinemeyer*, Studien (1982), 143 f., bes. 143: „Allgemein darf gesagt werden, daß die Brechung desto stärker ausgeprägt ist, je kalligraphischer die Schrift gestaltet wird; als besänne sie sich dann wieder auf ihren gotischen Grundcharakter."

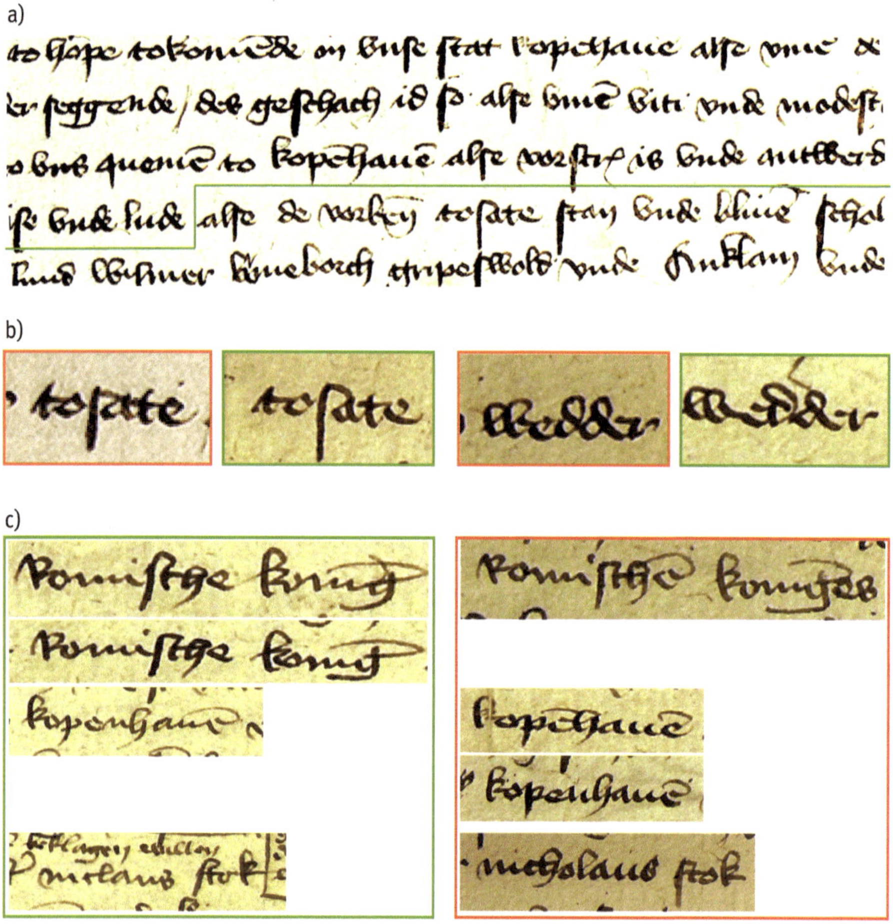

a)

b)

c)

Abb. 5.4: Übersicht zur Feststellung des Hauptschreibers von DRA, TKUA 5,1: a) Ausschnitt aus DRA, TKUA 5,1, Abschnitt 1: Wechsel von Feder, Tinte und Sorgfalt der kalligraphischen Gestaltung; b) Schreibweisen vor (rot) und nach (grün) dem Übergang; c) Vergleich der Hände zwischen Blatt 3 (grün) und den übrigen Blättern (rot). Fotos der Verfasserin.

Beispielhaft herausgegriffen sei die schrittweise Verkleinerung der Bögen bei *mi* oder *ni*, die bei *Romischer Koning* gleich in beiden Wörtern zu beobachten ist. Grundsätzlich lässt sich zu diesem Schreiber feststellen, dass aus seiner Hand die größte Anzahl von Briefen sowohl an die Hansestädte als auch an den Deutschen Orden stammen, wobei auch bei der Korrespondenz eine große Varianz der Schriftgestaltung vorherrscht. Er lässt sich mit sehr großer Wahrscheinlichkeit als der aus der Bremer Erzdiözese stammende Notar Heinrich Eybe identifizieren.[232]

---

232 Vgl. ausführliche Bilddokumentation im Anhang 8.4.

Neben dem eigentlichen Redetext treten die schon erwähnten „Regieanweisungen" recht deutlich als zusätzliche Ergänzungen hervor, die auch von einer zweiten Hand vorgenommen wurden, im Folgenden als „Bearbeiter" bezeichnet.[233] Dies lässt sich zum einen an der unterschiedlichen Tinte erkennen. Alle „Regieanweisungen" und Textänderungen wurden mit einer etwas blasseren Tinte und breiterer Feder geschrieben als der Haupttext. Zum anderen gibt es Unterschiede in den Handschriften selbst, die am klarsten die jeweilige Schreibweise *t* und *s* verdeutlicht. Der Schreiber des Haupttextes benutzt ein kleines *t* in Ligaturen und am Ende von Wörtern, dessen Balken den Schaft in der Regel kreuzt, während der „Bearbeiter" den Balken direkt an den Schaft ansetzt[234]. Nur in einigen wenigen Fällen, z. B. bei *st* in *stede*, ist eine Abweichung zu beobachten, bei der die Schreibweisen mehr oder weniger übereinstimmen. Dass es sich dennoch ganz eindeutig um verschiedene Schreiber handelt, verdeutlichen sehr häufig vorkommende Worte, wie *dit* und *dat*. Dieser Unterschied ist zum Beispiel am Schriftbild der folgenden Passage zu sehen: *Dat dit aldus geschach, dat moge wii bewisen mit openbaren instrumenten, de wii dar upp hebben (unde hir jegenwerdich sint ¶ Denne schal man wiisen dat Instrument, dat to deme Sunde maket wart*[235]. *¶ Unde wan dat gewiiset is, so schal man denn dit vortan lesen*[236], die sich auf das Bemühen der Herzöge von Pommern um Vermittlung zwischen den Städten und König Erik bezieht (Abb. 5.3 d).

Die „Regieanweisungen" betreffen, wie angedeutet, die Lektüre von Vorurkunden in der Regel im Anschluss an die Vorstellung ihres Entstehungshintergrundes, und weitere Änderungen, die direkt in den Text eingefügt wurden. Sie beinhalten zum einen inhaltliche Ergänzungen, zum anderen nehmen sie aber auch auf die Gegenwärtigkeit der Urkunden Bezug.[237] Den Streichungen fielen neben der Eingangspassage[238] alle Textstellen zum Opfer, in denen der Herzog von Braunschweig-

---

233 Diese Beobachtungen decken sich mit Anmerkungen in der Edition, HR I, 8, Nr. 517, 338 Anm. k.: „*unde – hebben*. Zusatz von flüchtiger Hand mit blasser Tinte". HR stellt grundsätzlich aber nur die Abweichungen zwischen den zwei Texten von 1428 fest, ohne auf die Unterschiede in der Schrift einzugehen.
234 Es gibt bei dem Schreiber des Haupttextes aber eine Tendenz hin zu dieser Schreibweise von *t*, vor allem bei sehr flüchtig geschriebenen Passage. Dies wird besonders deutlich auf Blatt 4.
235 1427, März 23: HR I, 8, Nr. 169. Von diesem Notariatsinstrument gab es ursprünglich ein lateinisches und ein deutsches Exemplar, von dem aber nur noch das deutsche erhalten ist. Vgl. 2.1.2 c).
236 HR I, 8, Nr. 517, 341. Die runde Klammer markiert den Beginn des Textes aus der Hand des Bearbeiters.
237 Beispiel für den ersten Fall: HR I, 8, Nr. 517, 339 Anm. b: *id ne were so, dat man des gegen, dar de hulpe up gan scholde, to rechte mechtich were, unde den scholde man bynnen sesse manten danne rechte underhorich maken*. Beispiel für den zweiten Fall: HR I, 8, Nr. 517, 341 Anm. c: *alse gii hir horen mogen an den sulven eren untseggebreven. ¶ Denne schal man de wiisen unde lesen. Unde wan de lesen szint, so schal man denne dit vortan lesen.*
238 HR I, 8, Nr. 517: *Dit is de warheit des vorlopes (...) mit wilkeme rechte edder unrechte wii unde unse rike dessem vorbenomeden krige komen unde nodigest sint.*

Lüneburg als der *leve ohem* des Königs direkt angesprochen wurde.[239] Gestrichen wurde schließlich auch der in der hochdeutschen Redeversion ans Ende gesetzte Absatz.[240] Dazu kommen noch zwei Abschnitte, die von der Hand des „Bearbeiters" hinzugefügt, aber dann doch wieder verworfen wurden und in der hochdeutschen Redeversion nicht zu finden sind.[241]

Der gesamte Zustand von TKUA, Nr. 5,1 erklärt sich daraus, dass das Schriftstück in seiner jetzigen Form im Vorfeld der Verhandlungen von 1430 entstand. Dafür wurden verschiedene ältere Vorlagen und Fragmente zusammengetragen. Einen ersten Zeitschnitt verdeutlicht der Vergleich mit der hochdeutschen Fassung, in der die „Regieanweisungen" nicht zu finden sind. Diese Version endet mit: *doch wes das nw si oder nicht si wonte uns das nicht anruret so lossen wir das bestein zu on seinem wesende und sint overbotig bouen alle vorschrieuent glich vnd recht zunemende und zugebende by*[242], wobei das letzte Wort nachträglich gestrichen wurde. Der korrespondierende, niederdeutsche Absatz schließt mit den folgenden Worten: *Doch wes des nw sii edder nicht en sii, wente uns dat nicht anroret, so late wii dat bestan an sinem wesende, unde sint overbodich boven alle voschrivent lik unde recht to nemende unde to gevende bii (allesweme, des uns des helpen mach).* Der eingeklammerte Satzteil enthält die später erfolgten Streichungen im Text, und es wird deutlich, dass der Schreiber das letzte Wort *bii*, das eigentlich noch zum gestrichenen Teil gehörte, übersah. Beide Fassungen zusammen legen die Vermutung nahe, dass der hochdeutsche Schreiber entweder diesen niederdeutschen Text oder eine davon ausgehende Fassung, welche genau diese Streichung enthielt, als Vorlage nutzte, denn er schrieb das nicht gestrichene *bii* noch ab, bevor er den Fehler im Text bemerkte.

Die Niederschrift eines ersten niederdeutschen Textes erfolgte also vor der hochdeutschen Abschrift, entweder etwas vor oder kurz nach den Verhandlungen von 1428. Möglicherweise stammt Abschnitt 3 mit den Korrekturen im Text, die alle in den hochdeutschen Text Einzug erhielten, vom ursprünglichen Redekonzept oder zumindest einer anderen Vorstufe der Reinschrift. Es muss darüber hinaus grundsätzlich von mehr als nur einer niederdeutschen Abschrift der Rede ausgegangen werden,[243]

---

239 HR I, 8, Nr. 517, § 12, 13. Auch in der Eingangspassage werden: *hochgeborne furste unde leveste oem, hertoche Wilhelm von Burnszwik unde van Luneborch, vor juwe prelaten, riddere unde knechte*, als erste Adressaten der Rede genannt.

240 HR I, 8, Nr. 517, § 16. vgl. weiter unten. Hochdeutsche Rede endet mit: (...) *doch wes das nw si oder nicht si wonte uns das nicht anruret so lossen wir das bestein zu on seinem wesende und sint overbotig bonen alle vorschrieuent glich vnd recht zunemende und zugebende* [by]. Das letzte Wort ist durchgestrichen und bezieht sich auf einen letzten Nachsatz, der in der niederdeutschen Fassung gestrichen wurde: *bii allesweme de uns des helpen mach.* Nur wurde hier vergessen das *bii* zu streichen. An dieser Stelle zeigt sich auf jeden Fall die Abhängigkeit der hochdeutschen Rede von der Vorlage.

241 HR I, 8, Nr. 517, § 16, 17. Siehe auch 8.3.1 b).

242 Siehe Materialsammlung.

243 Vgl. Übergang von Blatt 6 zu Blatt 7, Abb. 5.3 f) und g).

auf die für eine Wiederholung der Rede zurückgegriffen werden konnte. Die Zusammenstellung und Heftung sowie die immer wieder formgleichen „Regieanweisungen" stellen dann die zweite Bearbeitungsstufe dar, d. h. die Aufbereitung der Rede für die Verhandlungen von 1430. Diesen Befund bestätigt sowohl der inhaltliche als auch der formale Vergleich mit dem übrigen Material zu diesem Treffen.

Für die Verhandlungen von 1430 ist, wie schon erwähnt, ein Schriftstück mit einer datierten Beschriftung überliefert: *Tractatus processuum in Nicøpunk Falstrie cum civitatensibus anno 30 tercia Laurencii per dominum Gosswinum collecti.*[244] Diese Beschriftung ähnelt derjenigen auf TKUA 5,1, und beide stammen vermutlich aus der Hand eines Schreibers.[245]

a)   b)

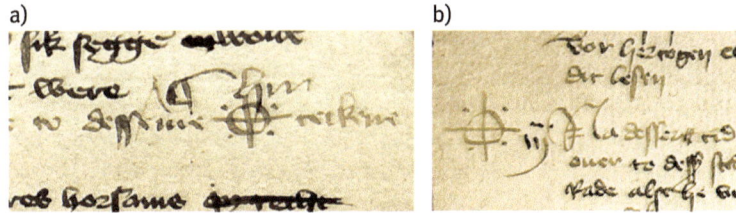

Abb. 5.5: Ausschnitte aus a) DRA, TKUA 5,1 und b) DRA, TKUA 6 zum *teikene*. Fotos der Verfasserin.

Daneben gibt es aber auch andere Anhaltspunkte dafür, dass das Redemanuskript (TKUA 5,1) mit seinen Bearbeitungen als eine Einheit mit dem auf 1430 datierten Schriftstück gesehen werden muss. Der eindeutigste Beleg dafür ist das oben erwähnte *teikene*, das auch im Redemanuskript von 1430 auftaucht. Hier befindet es sich am linken Rand, neben der römischen Zahl III, die den dritten Abschnitt der Rede kennzeichnet. Der vorhergehende Absatz schließt mit der Anweisung: *Denne schal man lesen den hovetbreff der Tosate vorgescreven. ¶ Unde wan de lesen is, so schal man under einiges lesen de schrift, de vor hertogen Wilhelme unde vor den steden hiir to Nycopingen wart gelesen.¶ Unde wan de lesen is, so schal man vortan dit lesen.*[246] Dabei stimmen Tintenfarbe und Hand der Regieranweisung mit den vorherigen Passagen des Redetexts überein.[247] Nur *Unde (...) dit lesen* scheint ein wenig später in den übrigen Text eingefügt worden sein, vielleicht als zusätzliche Anweisung für den Vorleser, vielleicht auch aufgrund von Änderungen im Konzept der Rede. Die zitierte

---

244 DRA, TKUA 6 = HR I, 8, Nr. 800.

245 Es gibt in beiden Beschriftungen ein *t* ohne durchgezogenen Balken (1. *let*, *amot*; 2. *Falstrie*, *tercia*), doch nicht in jedem Fall. Die größten Ähnlichkeiten gibt es bei der Schreibung von *k*.

246 HR I, 8, Nr. 800, 508.

247 Das trifft zu für den ersten Teil des Schriftstücks, in dem sich zwei „Regieanweisungen" befinden. An dem gesamten Schriftstück haben zwei Hände geschrieben, die erste Hand reicht bis *Wii Erik, van Godes gnaden* des darin eingeschlossenen Urkundenentwurfs.

Passage demonstriert, dass an dieser Stelle zur Rede von 1428 gewechselt werden sollte (vgl. Abb. 5.5).

Neben dem *teikene* kann auch die Schrift als Argument hinzugezogen werden. Grundsätzlich ist im Bezug darauf zu sagen, dass in TKUA 6 ebenfalls zwei Schreiber zu beobachten sind. Aus einer Hand, nämlich der des „Bearbeiters" von 1428, stammt die erste Hälfte bis zur Invocatio des eingeschlossenen Vertragsentwurfs, den Rest hat ein zweiter Schreiber niedergeschrieben, der zuvor in keinem der Schriftstücke vorkommt. Bei diesem „Bearbeiter" handelte es sich höchstwahrscheinlich um den in der Beschriftung genannten Herr Goswin, wie sein Autograph im Archiv des Deutschen Ordens nahelegt (vgl. Abb. 5.6).[248]

a)   b)

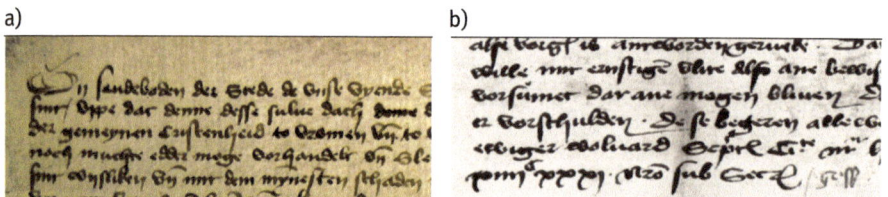

Abb. 5.6: Schriftvergleich zu Goswin Comhaer: a) DRA, TKUA 6. Foto der Verfasserin; b) OBA, Nr. 5626. Foto des Geheimen Staatsarchivs Preußischer Kulturbesitz.

Wie schon erwähnt, endet die Handschrift dieses Schreibers in TKUA 6 nach der Invocatio des eingeschlossenen Friedensvertrags. Bis zu dieser Stelle hatte er das Manuskript auch noch durch eine Nummerierung am Seitenrand in vier Absätze gegliedert. Der erste Abschnitt[249] nennt neben den direkten Adressaten: *Gii sendeboden der stede, de unse vyende sint, unde gii alle sammentlike alse gii hir to desseme veiligen dage vor uns vorsammelt sint* und dem Ziel des Treffens auch dessen direkte Vorgeschichte und endet mit einer abgesetzten Zeile: *Denne wert man lesende de cedelen des latesten affscheidendes to Wordingborch, dar dess dach up begrepen is. Unde wan de lesen is, so werden wii vort also seggende.* Dabei handelt es sich entweder um den Geleitbrief, den Stralsund in Vordingborg für die Städte erworben hat, oder um ein anderes dänisches Dokument zu diesen Verhandlungen.[250] Im Gegensatz zu den „Regieanweisungen" in TKUA 5,1 wurde diese nicht durch ein Sonderzeichen, sondern

---

248 OBA, Nr. 5626. Vgl. Anhang 8.3.2 b). Bei diesem Brief handelt es sich um eine Vollmacht für ihn. Es spricht aber auch die einem Kanzleivermerk nahekommende Nennung seines Namens am Ende des Briefes dafür, dass es sich bei Goswin auch um den Schreiber desselben handelt. Zu Goswin außerdem, Kap. 6.2.2, Anm. 145.

249 HR I, 8, Nr. 800: Die Trennung zwischen Einleitung und § 1 entspricht nicht dem Textbild des Originals, wenngleich § 1 durch eine Initiale als besondere Einheit in dem Absatz gekennzeichnet ist.

250 HR I, 8, Nr. 800, § 1, 508: (...) *binnen der tiid wart an uns geworven van der Sundeschen wegene to twen tiiden* (...) *Dar wii uns gudwillich ane leten vinden unde senden en dar up unse geleidesbreve to*

durch einen kleinen Absatz gekennzeichnet, doch entspricht die Formulierung dem Muster aller anderen Anweisungen.

Es zeigt sich also an den vorgestellten Gemeinsamkeiten zwischen TKUA 5,1 und 6 die direkte Beziehung dieser zwei Dokumente. Für TKUA 5,1 (den Text von 1428) bedeutet dies also, dass das Schriftstück als Ergebnis eines Prozesses zu sehen ist, an dessen Ursprung die Rede von 1428 stand und dessen endgültiges Resultat die Rede von 1430 war. Die zwei beobachteten Bearbeitungsstufen sind dabei nur eine grobe Unterscheidung, denn wahrscheinlich hat die endgültige Form der Rede von 1430 ebenfalls nicht sofort festgestanden.[251] Diese genaue Betrachtung der Schriftstücke in ihrer substantiellen Form ermöglicht in weiterer Konsequenz einen nuancierten Blick auf die beiden Verhandlungen und erlaubt auch eine Neueinschätzung der anderen Quellen zu diesen Ereignissen.

Neben diesem Aktenmaterial entstand auch ein Chirograph, von dem in København noch ein Teilstück erhalten ist. Darin unterbreitete König Erik den Städten einen Vorschlag für einen Waffenstillstand.[252] Er stammt aus der Hand von Heinrich Eybe. Neben dem gezackten Schnitt dienten auch Buchstaben an der Trennlinie zu Beglaubigung. Doch lässt sich deren Sinn nicht mehr erkennen. Es scheint sich aber nicht einfach nur eine Reihung von *A*, *B*, *C*, *D* und *E* zu handeln.[253]

5.3.2 Argumentation im Wandel

Zunächst ist wie bei den bisherigen Verhandlungen nach dem Klima zu fragen, welches die Begegnung zwischen beiden Kriegsparteien im Sommer 1430 begleitete. Um diese Situation bestimmen zu können, erfolgt in einem ersten Schritt eine kurze Vorstellung des Rahmens, in dem die Rede des Königs zum Vortrag kam, bevor anhand der inhaltlichen Analyse die Unterschiede zwischen den beiden Redeversionen herauszuarbeiten sind. Der Schwerpunkt liegt dabei auf der überarbeiteten Fassung des Manuskriptes, da etliche grundsätzliche Aspekte der Rede von 1428 bereits angesprochen wurden.[254] In diesem Kapitel fungiert sie daher vor allem als Folie, um die Intention ihrer Überarbeitung genauer festmachen zu können.

Die Möglichkeiten zur Rekonstruktion von Ort und Zeit des Vortrages, also des eigentlichen Kontextes, stellen sich für beide Verhandlungen recht unterschiedlich

---

husz, (…), steht im Text, aber ob auch genau dieser Geleitbrief, dessen Konzept oder ein über seine Abfassung aufgesetztes Dokument verlesen wurde, geht nicht daraus hervor. Zum Geleitbrief: Vgl. Anfang des Kapitels 5.3.1 und Anhang 8.3.1 d).

251 Darauf deuten die wieder gestrichenen Absätze aus der Hand des Bearbeiters in TKUA 6, 1.

252 HR I, 8, Nr. 802.

253 Diese sind eindeutiger erkennbar in AHL, Urkunden, Danica, Nr. 188, während sich der erste Buchstabe noch als *A* lesen ließe, können die anderen Buchstaben nicht so einfach gefolgert werden.

254 Siehe Kap. 3.3.6.

dar, da diese Informationen nicht allein textimmanent erfassbar sind, sondern aus der Parallelüberlieferung zusammengetragen werden müssen. Da diese für die Verhandlungen von 1428 reichhaltiger ist als zwei Jahre später, ergibt sich für die erste Rede ein klareres Bild. Die dänischen Materialien enthalten die Datierung auf den Sonntag nach Mariae Geburt (11. September). Die städtischen Quellen wiederum bieten eine etwas genauere Beschreibung der Gesamtsituation. Demnach mussten die Räte Herzog Wilhelms bereits im Voraus erwirken, dass der König seine Klage nicht auf dem Markt der Stadt, sondern nur im Rathaus verkünden ließ.[255] Nachdem der Vortrag der Rede 1428 in diesen beschränkteren Raum verlegt wurde, richtete sich diese hautpächlich an Herzog Wilhelm sowie seine geistlichen und weltlichen Räte als Stellvertreter für einen weiteren Kreis von Wissenden. Nach dem Wortlaut der Einleitung sollten Herzog Wilhelm, seine Prälaten, Ritter und Knechte sowie andere, nicht weiter namentliche benannten Anwesenden, die Wahrheit alles Geschehenen erfahren, damit sie nicht nur wissen, sondern weitersagen können, mit welchem Recht oder Unrecht der König und seine Reiche zu dem Krieg gezwungen wurden.[256] Diese Formulierung erinnert sicher nicht grundlos an die Publikatio der Urkundensprache[257], sondern spielt vermutlich bewusst auf die Rechtsgültigkeit an, die auch dem reinen Hören eines Rechtstextes zukommt. Hinsichtlich des Vortragsrahmens gilt es an dieser Stelle festzuhalten, dass die Rede des Königs mehr oder weniger den Auftakt der Verhandlungen darstellte, den Beginn eines indirekten, über den Herzog und seine Räte erfolgenden Dialoges.[258]

---

255 HR I, 8, Nr. 515, § 2, 332: Der König bat [den Herzog], *dat he des sondages na unser leven vrowen dage nativitatis, efft id nicht en reghende, qwemen uppe dath merked to twelven in de clocken na myddaghe edder, efft id reghende, mit eme und sinen rade uppe dat radhus.* Und § 3, 333: (...) *also dat se* [des Königs Räte] *na velen dedinghen geantwort hadden, allene dat ere here und se jo gemend hadde, id scholde opembare vor alder werlde geschen hebben, dat ere here sine ansprake tegen de stede wolde vorluden laten, yodoch so wolde he des vorscrevenen sondages to 12 in de clocken mit sinen rederen allene komen uppe dat radhus unde laten dar sine ansprak tegen de stede in jeghenwardicheid des heren hertogen Wilhelmes unde siner redere hoveschen in scriften vorluden laten unde nymande dar ane to na laten spreken unde wolde ok der stede antword dar enteghen gudliken horen etc.* So geschieht es laut § 4 auch.

256 HR I, 8, Nr. 517: *Wilke warheit, alse wii de an allen eren articulen met enkeder witlicheit wol betugen mogen, wor unde wan des behuff wert, wii dar umme vor juw, hochgeborne furste unde leveste oem, hertoche Wilhelm van Brunszwik van van Luneborch, vor juwe prelaten, riddere unde knechte, und vurder vor alle de anderen, de hiir vor ogen sint, (...) vorluden laten, uppe dat juwe leve unde vurdermer ale de andern vorbenomed, de hiir jegenwardich stan, weten unde naseggen mogen, mit wilkeme rechte edder unrechte wii unde unser rike to dessem vorbenomeden krige komen unde nodiget sint.*

257 Zur Funktion der Publikatio: *Bresslau,* Handbuch (1969), 48 (knapp).

258 So erhalten die Städte kein Exemplar der Rede in die Hände, um ihre Antwort zu entwerfen, sondern dürfen diese nur in Gegenwart des Herzogs ein zweites Mal anhören. HR I, 8, Nr. 516, § 4 und 5, bes. 333: *Unde dar sprak he umme unde antwordede, de ansprake hadde he dem heren hertoghen Wilhelme uppe loven antwordet, also dat he se uns lesen lete; jodoch uns nyne utscrifft dar von ghevende etc.*

Da eine ausführliche parallele Quelle für die Verhandlungen von 1430 nicht überliefert ist, steht die Rekonstruktion des Vortragsrahmens für dieses Jahr vor einigen Problemen, beginnend mit dem Versuch, den genauen Tag zu bestimmen. Einen ungefähren Anhaltspunkt bietet der auf den 8. August 1430 datierte, in TKUA 6 eingeschlossene Entwurf für einen Friedensvertrag. Da die Verhandlungen bereits seit dem 31. Juli 1430, zwölf Uhr, in Gang waren[259], lässt sich daraus schließen, dass die Rede in diesem Fall nicht den Auftakt der Verhandlungen bildete. Dennoch bleibt das genaue Datum unklar, da das Manuskript TKUA 6 neben dem dänischen Vorschlag noch einen Teil der Reaktion der Städte auf diesen Vorschlag wiedergibt. Die schon erwähnte zeitnahe Beschriftung des Schriftstücks[260] kann daher entweder das einzige im Text enthaltene Datum aufnehmen oder den realen Zeitpunkt der Fertigstellung der Rede wiedergeben. Er wäre in diesem Fall auf denselben Tag bzw. den Abend nach der Diskussion des Vorschlages anzusetzen. Dann ließe sich die Rede auf einen der Folgetage datieren. Natürlich ist nicht auszuschließen, dass der Vortrag auch mit der Verlesung der Urkunde endete, während die Fortsetzung der Verhandlungen vielleicht für einen späteren Gebrauch, zur Erinnerung oder zur Erfassung weiterer Klagepunkte aufgezeichnet wurde.[261] Dies zieht aber die Frage nach, warum die Aufzeichnungen dann nicht bis zum Friedensschluss der Rostocker bzw. zum Ende der Verhandlungen weitergeführt wurden. Am plausibelsten bleibt daher die Erklärung, dass die Rede am 8. August 1430 nach der Aussprache über den Entwurf fertiggestellt und am 9. oder 10. August gehalten wurde.

Dass mit der Rede auch eine Öffnung der Verhandlungen einherging, deutet diese selbst und auch die Parallelüberlieferung an. Die Rede nennt als Adressaten zwar nur: *(g)ii sendeboden der stede, de unse vyende sint, unde gii alle samentlike, alse gii hir to desseme veiligem dage vor uns vorsammelt sint*, doch gibt sie im späteren Teil eine kurze Beschreibung der Verhandlungen. Nach vielen Worten und Widerworten zwischen des Königs Rat und den städtischen Sendeboten hätten die Ratssendeboten vor König und Rat vorgeschlagen, dass die dänische Seite *ene wiise ener ganssen steden sůne twisschen uns unde se* entwerfen sollte.[262] Zugleich bietet auch der Brief der Lübecker Ratssendeboten vom Beginn der Verhandlungen einige Indizien für deren Ablauf. Demnach waren zunächst Gespräche zwischen beiden Seiten in einem

---

259 Vgl. HR I, 8, Nr. 799: *Und dallinge an dem mandage to twelven schal men der degedinge begynnen, dar to gevoget sin 8 personen van iszliker siiden (...)*. Der Brief muss am gleichen Tag morgens geschrieben worden sein.

260 Vgl. Nachweis in Anm. 244.

261 Ein solches Beispiel stellt DRA, TKUA 5,3 dar, das einen Nachtrag zur eigentlichen Rede enthält.

262 HR I, 8, Nr. 800, § 4, 509: *(...) na deme velen worden unde wedderworden, alse twischen unseme rade unde de vorgenomeden stedessendeboden vorlopen sint, so sint de vorbenomeden sendeboden sammentliken vor uns komen unde hebben uns angesonnen, dat wii mit unseme rade vorgescreven ramen und utsticken wolden ene wiise ener ganssen steden sůne twisschen unse unde se, alse uns duchte (...)*.

kleineren Rahmen von jeweils acht Vertretern vorgesehen,[263] in Analogie zu den Abläufen der Vorjahre. Daher wird die Rede wohl eine Veränderung der Konstellationen und eine Öffnung dargestellt haben. Dafür ließe sich ein weiteres Indiz der Rede selbst entnehmen, in der die Wiederholung der Ansprache von 1428 sowie die Verlesung der originalen Dokumente damit begründet wird, *wente hir nu etlike jegenwordich sint, de vor to den dagen, de hir twisschen uns to twen tiden geholden sint, nicht sint gewesen.*[264] Doch muss erwähnt werden, dass diese Aussage schwer einzuschätzen ist. Zum einen ließe sie sich als reine Taktik interpretieren, zum anderen befand sich unter den anwesenden Räten mit Bischof Thomas von Strängnäs jedoch zumindest eine Person, deren Anwesenheit für die vorherigen Verhandlungen schwer nachzuweisen ist. Doch scheint es eher unwahrscheinlich, dass sich die Formulierung nur auf einige königliche Räte bezog, die ja grundsätzlich weitergehend über die Hintergründe des Krieges informiert waren, vor allem wenn sie gelegentlich auch als Verhandlungsführer mit den Städten fungierten.[265] In Anbetracht dieser Situation ist wohl doch davon auszugehen, dass die Rede nicht mehr in dem kleinen Rahmen zwischen König, Rat und ausgewählten Ratssendeboten, sondern vor allen städtischen Boten sowie dem Hof samt Besuchern stattfand. Diese Situation entspräche dann der Konstellation im Vorjahr, als der öffentlichkeitswirksame Auftritt aus einer Pattsituation resultierte, in der sich kein Kompromiss zwischen Vorschlag und Gegenvorschlag abzeichnete.

In jedem Fall muss dem Kontext bzw. Rahmen der Rede auch Einfluss auf deren Form und Gestaltung zugesprochen werden. Die Situation von 1428 lässt sich als Klage in einem vorgerichtlichen Verfahren definieren, das in Gegenwart eines Vermittlers und potentiellen Richters standfand, der immer wieder direkt angesprochen

---

263 Siehe Zitat, Anm. 259.

264 HR I, 8, Nr. 800, § 2, 508. In einer ersten, aber wieder verworfenen Planung, sollte dieser Gedanke nach Verlesen der Rede von 1428 wieder aufgegriffen werden, wie aus HR I, 8, Nr. 517, § 16 deutlich wird.

265 Bischof Thomas von Strängnäs wird zusammen mit dem Kanzler Bischof Johannes von Roskilde sowie Erik Krummediek und Hans Kröpelin im Lübecker Brief als Abgesandter des Königs erwähnt. (HR I, 8, Nr. 799, 507: *de bischoppe van Rozskilde unde van Strengnis*. Seine Erhebung zum Bischof fällt in den Juni 1429. Zahlungen an die Kurie erfolgten am 8. Juni und am 20. Juni 1429 (SDHK, Nr. 40011 f.). Zudem fehlt der Bischof von Strängnäs auch in den Indulgenzbriefen vom 11. Juni 1429 (LivUB 8, Nr. 12). Zu seiner Person: *Lönnroth*, Biskop (1966). Das Auftreten der königlichen Räte als Viergruppe ist bereits für 1429 zu belegen. Grundsätzlich waren die verschiedenen dänischen Räte einzeln oder als Gruppe von vier oder acht an allen Verhandlungen bis dahin beteiligt: 1428 fungierte Erik Krummediek als Sprachrohr des dänischen Rates in den Gesprächen mit Herzog Wilhelm (HR I, 8, Nr. 516, § 8, 334 f.). 1429 sind es zunächst Bischof Johannes von Roskilde, „Gudert, der Amtmann in Norwegen", Benedikt Pogwisch und Fikke von Fitzen (HR I, 8, Nr. 615, § 3, 401 f.), später tritt auch Erik Krummediek als einer von *den achten des koninges reden* in Erscheinung (HR I, 8, Nr. 616, § 4, siehe auch LUB 7, Nr. 333, 318).

wurde.[266] Sie ist also am ehesten dem in der Rhetoriklehre klassifizierten „genus iudiciale" zuzuordnen, welcher den Streit um Recht und Unrecht zum Inhalt hat.[267] Diese Funktion der Rede kommt in der Einleitung, welche dem Exordium des traditionellen Schemas entspricht,[268] auch explizit zur Sprache.[269] Dabei wird die Person des Richters stilistisch durch Häufung und Parallelismus, als der *hochgeborne furste unde leveste oem*, hervorgehoben, und möglicherweise unterliegt auch die Aufzählung seines Gefolges, in der dreigliedrigen Form *prelaten, riddere unde knechte* einem bewussten Gestaltungswillen.[270] 1430 liegt eine durchaus veränderte Situation vor, denn es fehlt ein möglicher Richter. Auch bringt die Einleitung der Rede zunächst keine Klage vor, sondern drückt die Hoffnungen aus, die sich mit dem *veligen daghem* verbinden. Aus dieser Situation müsste sich dann auch ein veränderter Modus ergeben.

Zunächst lassen sich für beide Reden Leitthemen feststellen, die im jeweiligen Exordium bzw. Proömium ins Spiel gebracht und im Verlauf der Rede immer wieder aufgegriffen wurden. 1428 stand die Wahrheit im Vordergrund, und zwar die Wahrheit des Ablaufes der Ereignisse zwischen dem König und den Städten ab dem Jahr 1423.[271] Erwähnt wird zudem in der Einleitung, dass alle Behauptungen durch schriftliche Dokumente untermauert werden könnten. Damit ist zugleich ein zweites Thema

---

266 *Lever ohem* taucht auf in HR I, 8, Nr. 800, § 12, 13.

267 *Hohmann*, Gerichtsrede (1996), bes. Sp. 770–772 (grundsätzliche Definition), Sp. 790–796 (mittelalterliche Entwicklung und antiker Einfluss): Sie diente grundsätzlich der Präsentation von Positionen in einem Verfahren. Dabei ging es eher recht schlicht zu: „Behauptungen und Gegenbehauptungen, oft gestützt durch Berufung auf Urkunden und Zeugen, welche dann unter Umständen angezweifelt werden, [standen] sich schmucklos gegenüber" (zit. *Hohmann*, Gerichtsrede (1996), Sp. 790). Da sie ihre Glaubwürdigkeit auf die vorzubringenden Beweise stützte, bedurfte sie keiner besonderen Kunstfertigkeit für die Überzeugung der Zuhörer. Zur Glaubwürdigkeit auch *Lausberg*, Elemente (1967), 23 f. (besonders Bezogen auf die Meinung des Richters) und in einem Rhetoriklehrbuch des späten 15. Jahrhunderts: Riederer, Spiegel der wahren Rhetorik. Ed. *Knape/Luppold*, 23.

268 Definition von Exordium nach *Lausberg*, Elemente (1967), 27: „der (kurze) Anfangsteil (exorium, prooemium) der Rede soll Aufmerksamkeit, Aufnahmewillen und Wohlwollen des Richters auf die in der Rede vertretene Parteisache lenken." Außerdem *Schöpsdau*, Exordium (1996), bes. Sp. 136 (Definition).

269 Siehe oben Anm. 257.

270 HR I, 8, Nr. 517, 338. Die Dreizahl gehört zu Figurae Elucotionis bzw. Verborum, die der sprachlich-ästhetischen Gestaltung von Reden dienen. Sie soll lückenlose Vollständigkeit ausdrücken. Zu diesem Komplex: *Knape*, Figurenlehre (1996), bes. Sp. 311 (zur Einteilung der Figuren in der antiken Rhetoriklehre, die auch im Mittelalter vorherrschend bleibt); *Ders.*, Eluctio (1994), bes. Sp. 1032–1046 (zur mittelalterlichen Rhetoriklehre); *Till*, Wortfigur (2004), bes. Sp. 1413 f.; *Lausberg*, Elemente (1967), 79–116 (zu den Figurae Elucotionis), bes. 96–102 (zu den Figuren der Häufung). Zur Bedeutung der Dreizahl an sich: *Lausberg*, Elemente (1967), 29.

271 HR I, 8, Nr. 517: *Dit is de warheit des verlopes twisschen uns Erike, van Godes gnaden to Denmarken, to Sweden, to Norwegen, der Wende unde der Goten konige unde hertogen to Pomeren, an de ene, unde dene steden Lubeke, Rostok, Stralesund, Wismer unde Luneborch, an de anderen side, van der tiid, dat se uns ansynnende weren to Flensborch der Tosate, dar se mit uns ane sitten.*

angesprochen, das in der Rede zur Sprache kommt und in der Einleitung angedeutet wird: die Frage von Recht und Unrecht. Diesen Faden nimmt auch der letzte Paragraph auf, der zu einer Reihe von Repliken auf die Protestation der Städte vor dem Bischof von Ratzeburg gehört.[272] Im Vordergrund steht der schon verschiedentlich angesprochene Vorwurf, dass König Sigismund aufgrund der Verwandtschaft mit dem dänischen König, in der Angelegenheit des Herzogtums Schleswig kein geeigneter, d. h. neutraler Richter sein könnte. Um hervorzuheben, auf welche Weise die Städte durch diesen Protest die Würde des römischen Königs kränkten, wird er mit besonderen Epitheta bedacht, als *schat aller keyserliker und werliker rechte* und *erer aller*, der Städte, *here und hovet* charakterisiert. Abgesehen davon bringt auch der letzte Satz das Leitthema noch einmal zur Sprache: *Doch wes des nw sii edder nicht en sii, wente uns dat nicht anroret, so late wii dat bestan an sinem wesende, unde sint overbodich, boven alle vorschrivent lik unde recht to nemende unde to gevende.* Mit dem gesamten Absatz wird also ein Gegensatz aufgebaut zwischen den Städten, die sich gegen einen Richterspruch des römischen Königs stellen, und dem dänischen König, der sich dem Recht auf jede erdenkliche Weise unterordnet.[273]

Darüber hinaus ist für den gesamten Text eine relative Schlichtheit in der stilistischen Gestaltung festzustellen.[274] Dies gilt im Übrigen auch für andere Passagen, die im Text neben Einleitung und Schlussteil durch die Erzeugung eines spezifischen Tons auffallen. Beispiele dafür sind die Repliken auf die einzelnen Punkte der städtischen Protestation vor dem Bischof von Ratzeburg.

Näher vorgestellt sei davon die Reaktion auf die Rechtfertigung, dass die Städte wegen Wind und Wetters den verabredeten Tag in Falsterbo nicht besuchen konnten.[275] Der einleitende Satz des Absatzes paraphrasiert den entsprechenden Abschnitt der Protestation und enthält bereits eine Wiederholung, die der Hervorhebung der Wendung *weder unde wint* dient.[276] Als Erwiderung führt der Redetext an, dass dieser

---

272 Vgl. zur Protestation besonders Kap. 4.5.3.

273 HR I, 8, Nr. 517, § 15, 344. Das ursprüngliche Konzept enthielt noch einen Appell zur Untersützung, der aber wohl schon für den Vortrag 1430 wieder gestrichen wurde.

274 Zu den rhetorischen Figuren, bes. Wiederholungen die der Gliederung dienen: *Lausberg*, Elemente (1967), 86. Wiederholt werden global gesehen meist Wörter und Wortgruppen wie *item, item hiir na, item alse* sowie *item alse se protesteret hebben*, d. h. Satzteile, die der gedanklichen und chronologischen Gliederung der Rede dienen. Als häufigste Figur der Häufung findet sich die zweigliedrige Synonymie, gelegentlich auch mit implizierter Steigerung, deren Vorkommen bereits in anderen Fällen vorgestellt wurde: HR I, 8, Nr. 517, § 2, 339: *vormant unde geesschet, vormanen und esschen*; § 4, 340: *hulpe unde bistandes, geeschet unde vormant, reddelicheit unde limplicheit, vorsegelt unde vorbrevet*; § 8, 342: *twedracht unde krighe, affdůn unde nedderleggen* (vgl. auch § 11, 343); § 9, 342: *protesteret unde betuget*; § 14, 344: *protesteren unde bekennen*; § 15, 344: *stucken unde articlen, here unde hovet*.

275 HR I, 8, Nr. 427 (Text der Protestatio), 285.

276 HR I, 8, Nr. 517, § 14, 344: *Item alse se protesteren und bekennen, dat mester Nicolaus Stok mit en was ens geworden, enes dages mit uns to holdende to Falsterbode, wilken doch to besokende en benam,*

Aussage schon das Vordringen der städtischen Flotte in den Øresund widerspräche, denn *so hadden se ok mit deme sulven weder unde winde den vorbenomeden dach to Falsterbode wol besoken unde holden mogen, alse wol witlik is den, dede beide stede kennen.*[277] Das wörtliche Verständnis der feststehenden Wendung *weder unde winde* wurde hier zu einer Quelle des Spotts. Um die Dreistigkeit der nachprüfbar haltlosen Behauptung zu unterstreichen, wird aber auf jede Form der Emphase verzichtet. Es reicht die Anspielung auf die realen Verhältnisse und deren empirische Nachprüfbarkeit. Der Verweis auf diejenigen, *dede beide stede kennen*, enthält eine gewisse Appellfunktion. Die ebenfalls in dem zitierten Abschnitt vorzufindende Aufzählung *besoken unde holden* spielt für den angeschlagenen Ton eine geringere Rolle. Sie folgt den Konventionen von Urkunden, zum Beispiel Geleitbriefen, in denen der Besuch und das Abhalten *veliger* Tage in der Regel als jeweils eigenständige Aspekte angesprochen werden.[278] Im Vordergrund steht bei aller Gestaltung auch im behandelten Abschnitt die Offenbarung der Wahrheit.

Alles in allem lässt sich die enge Anlehnung an die Sprache von Rechtstexten und protokollartigen Berichten durch den Zusammenhang von Form und Intention erklären. Eine besonders starke Appellfunktion der Rede mit dem Ziel, die Zuhörer auch emotional zu bewegen und zu überzeugen, war nicht notwendig, da für König Erik eine größere Glaubwürdigkeit seiner Position durch den Verweis auf die vorhandenen Schriftstücke gegeben war. Daher konnte gegenüber dem Vermittler auf umfangreiche Mittel der sprachlichen Überzeugung auch verzichtet werden.

Wie die eben vorgestellte Rede von 1428 folgt auch die bearbeitete Version einem Leitthema, das im Exordium eingeführt wird. In diesem Fall rückt die Einleitung die Herstellung bzw. Wiederherstellung des Friedens in den Mittelpunkt der Betrachtung. Dies beginnt als Negativum mit der Anrede der städtischen Sendeboten als Feinde und setzt sich fort in der Beschreibung der Situation, des *veiligen*, d. h. des geschützten Tages: „auf das dieser selbige Tag, der in Freundschaft und Liebe begonnen hat, dem allmächtigen Gott zu Lob und Ehre, der allgemeinen Christenheit zu Frommen und Fröhlichkeit, und uns auf allen Seiten zu seligem Bestand, zu Eintracht und zu Freundschaft weiterhin verhandelt und abgeschlossen werden möchte und möge, und (das) dieser schädliche, verderbliche Krieg, zu dem wir gegen unseren Willen gezwungen sind, in Weisheit und mit dem geringsten Schaden noch niedergelegt und gedämpft werden möchte und möge."[279] Stilistisch ist die Passage angefüllt mit

---

alse se protesterenden, weder unde wint etc. Schon die Wiederholung des *protesteren* dient der Betonung und damit der Hervorhebung der Signalwörter *weder unde wint*.

277 HR I, 8, Nr. 517, § 14, 344.

278 Z. B. Geleitbrief für Nyköbing 1430 im Anhang: *tho holdende enen veligen dach, mede sokende werden. soken* kann als Synonym für *besoken* verwendet werden: *Schiller-Lübben*, Bd. 4, 285.

279 HR I, 8, Nr. 800: (...) *uppe dat desse sulve dach de vruntlike unde leefflike is angehaven, deme almechtigen Gode to love unde to werdicheid, der gemeynen cristenheid to vromen unde to vrolikheid, unde uns an allen siiden to saligem bestande, to endracht unde to vruntlikheid noch muchte edder moge*

rhetorischen Elementen, die der Emphase des Zieles dienen. Durch eine Figur der Häufung werden schon der Tag selbst und seine Sonderstellung in den Zeiten des Krieges hervorgehoben. Wiederholungen in Form eines Parallelismus evozieren die Gottgefälligkeit und den Nutzen des Friedens für die Christenheit. Schließlich beschreibt die Trias von Seelenheil, Eintracht und Freundschaft noch die Seite der Kriegsparteien, sofern sich diese einigen könnten. Inhaltlich finden sich hier Anklänge der Argumentation und Wortwahl, die schon Nikolaus Stock in die Verhandlungen eingeführt hat und die seither immer wieder aufgegriffen wurden, in einem Punkt zusammengefasst.[280] Im gleichen Sinn beginnt auch der eigentliche Kernteil der Rede mit einer Darstellung der Bemühungen um Frieden, sowohl von Seiten der Kurfürsten als auch von Seiten Stralsunds und mündet in die Verlesung des Geleitbriefes. Dieser wird als offenkundiges Zeichen der Bereitschaft zu einer friedlichen Einigung präsentiert, nicht ohne auch darauf hinzuweisen, dass sich der König immer zu Gesprächen mit den Städten bereitgefunden hätte.[281] Der Herstellung des Friedens dient dann im Weiteren der Entwurf für den Friedensvertrag, auf den die Rede hinausläuft. Der Schlussteil beschreibt die Reaktion der Städte auf den Vorschlag und endet mit der Diskussion über die Länge eines möglichen Waffenstillstandes recht abrupt und ohne eigentliche Conclusio.

Im Vergleich mit der ersten Rede unterliegt die Einleitung von 1430 einem größeren Gestaltungswillen, dennoch orientiert auch sie sich so wie das gesamte Manuskript an Sprache und stilistischer Gestaltung von Rechtsdokumenten.[282] Dies verdeutlicht besonders ein Vergleich mit der Urkunde vom 14. August 1430. Für das in die Rede integrierte Rechtsdokument ist dabei sogar eine stilistische Steigerung zu konstatieren. In beiden Versionen der Urkunde finden sich sowohl Figuren der Häufung, die aus zwei Synonymen oder zumindest sinnverwandten Wörtern bestehen, als auch dreigliedrige Figuren, die der besonderen Hervorhebung eines Begriffes dienen als auch eine Steigerung enthalten können.[283] Diese dreigliedrigen Wiederholun-

---

verhandelt unde sleten warden unde desse schedelike vorderfflik krich, dar wii unses undankes to genodiget sint, wiisliken unde mit dem mynnesten schaden noch muchte edder moge gelegert unde dempet warden.

280 Vgl. bes. Kap. 4.4.

281 HR I, 8, Nr. 800, § 1, 508, bes.: *Dar wii uns gudwillich ane leten vinden unde danden en dar up unse geleidesbreve to husz, alse de genen, de uns an deme wege der beqwemicheid van anbeginne des kriges alle tid to hebben laten vinden (...).*

282 HR I, 8, Nr. 800, 507 f.: *vrůntlke unde leeflike, to love unde to werdicheid, to vromen unde to vrolikeit, to endracht und to vruntlikheid, desse schedelike vorderfflike krich, vorhandelt unde sleten, gelegert unde dempet*; § 1, 508: *temeliken unde annameliker antworde, biddende unde begerende*; § 3, 509: *dat witlik is unde openbar*; § 4, 509: *ramen unde utsticken, temmelike unde mogelike*; § 5, 509: *utstikkinghe unde vorramynghe*; 510: *to vrede unde deme ghemenen vromen.*

283 HR I, 8, Nr. 800, 508. *de sake desse scheddeliken, vorderffliken kryghes* in HR I, 8, Nr. 801, 510 und *de sake desses schedeliken, vorderffliken kriges* in HR I, 8, Nr. 802, 512. Weitere Figuren (HR I, 8,

gen oder Steigerungen sind in der Rede nicht enthalten, doch gibt es sprachliche Verbindungen zwischen beiden Texten. Sowohl in der Rede als auch in der Urkunde ist zum Beispiel der *schedelike, vorderfflike krich* enthalten, dessen Beilegung der Tag dienen sollte. Weitere Gestaltungselemente, die auf bestimmte Wirkungen abzielen, werden nachfolgend im Zusammenhang mit der Gesamtkonzeption zur Sprache kommen.

Der Kernteil der beiden Reden, der auf einem gemeinsamen Text beruht, beinhaltet die Geschichte des Konfliktes von der *Tosate* von 1423 bis zu den Folgen der Mission von Nikolaus Stock im Frühjahr 1428. Da diese Entwicklung und ihr Wiederhall in den schriftlichen Dokumenten bereits in den vorherigen Kapiteln an verschiedenen Stellen diskutiert wurde, kann auf eine ausführliche Wiedergabe der Argumentationslinien hier verzichtet werden. Daher sei an dieser Stelle nur noch einmal auf die zentralen Punkte hingewiesen, während der eigentliche Fokus auf den Unterschieden zwischen beiden Vorträgen liegen wird. Als erwähnenswerte Schritte und Ereignisse in dem Konflikt betrachtete die dänische Seite neben der Entstehungsgeschichte und Erklärung der Bündnisurkunde von 1423, das Treffen in Haddeby vom Sommer 1426, die Einsendung der Absagebriefe, die Vermittlungsversuche der Herzöge von Pommern und des Ordensmarschalls im Sommer 1426, die Briefe des Königs an die Gemeinden und schließlich in besonderer Ausführlichkeit die Mission von Nikolaus Stock, inklusive der Repliken auf die Klagepunkte der städtischen Protestation vor Bischof Johannes von Ratzeburg. Gestrichen wurden nur die Abschnitte, welche in der Vorlage die offizielle Annahme dieser Protestation durch König Erik betrafen, da diese direkt an Herzog Wilhelm adressiert waren. Somit ist der oben vorgestellte Wind und Wetter-Paragraph der letzte gemeinsame Textteil.

Die Rede von 1430 referiert dann noch die Vorbereitung des aktuellen Tages, die Verhandlungen von 1429 sowie die Beteiligung Herzog Wilhelms am Krieg und endet – wie schon erwähnt – mit der Vorstellung der bisherigen Ergebnisse und des vorgeschlagenen Friedensvertrages.[284]

Nr. 801 f.): *ener steden, vasten unde gantzsen sone / ener steden vasten und gantzen sone; juwer stede, juwer inwoneren und juwes kopmannes / juwe stede, borgere und inwonere; unschuldynghen beleghener unde vromeder lande inwoneren / an mennigen unschuldigen beleghener unde vromeder lande inwoneren; anstôte unde overvallinghe / anstote unde overvallinge; na vromen unde bestande; na mengher overweghynge unde undersokinghe / na meninge, overweginge unde undersokinge; nenen vasteren, reddelyken unde bestentlikeren wegh / nen vasteren, reddelikeren unde bestentlikeren wech; twedracht, veyde unde schaden / twedracht, veide unde schaden; nedderslan unde wechleggen; Tosate unde vorbunde; vorbrevet, vorsegelt unde by unseren trowen weychliken to holdende gelovet heben / bebrevet, besegelt unde bii unsen truwen ewichliken to holdende gelovet habben; stede, vaste unde eweghe vruntlike sone / ene stede, vaste, gantze unde vruntlike sone; lande, ghebeden unde havenen / lande, gebede unde havenen; overtredinghe unde hôn / overtredinge unde hon.* Zu den Figuren auch *Lausberg*, Elemente (1967), 29 (zur Bedeutung von Zwei- und Dreizahl), 96–102 (zu den Figuren der Häufung).
284 1.) HR I, 8, Nr. 800, § 1, 508; 2.) Ebenda § 3, 508 f.

Der Hauptunterschied zwischen beiden Situationen liegt natürlich in der Präsentation und Lektüre von sechs originalen Dokumenten, welche in die zweite Rede integriert wurden. Der Wortlaut der „Regieanweisungen" und Bearbeitungen von 1430 impliziert eine Differenzierung zwischen reinem Vorzeigen und wirklichem Verlesen durch die Unterscheidung von *wissen* und *lesen*.[285] Sicher ist davon auszugehen, dass alle besonders hervorgehobenen und verlesenen Schriftstücke den Zuhörern physisch vor Augen geführt wurden. Darüber hinaus gibt es aber Abweichungen im Zusammenhang mit den Ergebnissen der Vermittlung durch die Herzöge Kasimir V. von Pommern-Stettin sowie, Wartislaw IX. und Barnim VII. von Pommern-Wolgast (*dat instrumentum dat to deme Sunde maket wart*) und durch Nikolaus Stock (*dat instrumentum* [...] *unde dat gansse registrum seiner werve*). Diese beiden Notariatsinstrumente sowie der lange Bericht wurden nur *gewiiset*, ohne ihren Inhalt noch einmal vorzutragen. Diesem Verfahren liegt eine gewisse Logik inne, denn eine Verlesung von Nikolaus Stocks Bericht hätte die eigentliche Rede in ihrer Länge übertroffen. Ausgehend von einer Mischung aus Vorlesen und reiner Präsentation ergibt sich so ein klarer Rhythmus, der auf die Verlesung des Vorschlages für den Waffenstillstandsvertrag hinauslief. Ausgespart blieben beim Lesen und Vorzeigen die *smelike antwerde* der Gemeinden auf König Eriks offene Briefe von 1427, die Protestation der Städte vor dem Bischof von Ratzeburg und die Schriften zum Tag von 1429. Im ersten Fall wurde die Unterlassung explizit mit *beqwemicheit* begründet.[286] Zugleich blieb dadurch aber auch der Vorstellung der Zuhörer überlassen, worin die „schmäliche Antwort" der Städte bestand, so dass durch das bewusste Verschweigen eine größere Wirkung des Unerhörten erzielt werden konnte. Überhaupt fand mit den Absagebriefen nur eine Sorte städtischer Schriften direkten Eingang in die Rede, und diese Auswahl verdankt sich mit Sicherheit keinem Zufall. Hinsichtlich der Ereignisse von 1429 stand nicht so sehr die Demonstration bzw. der konkrete Beweis der Ergebnisse im Vordergrund, sondern die Person des Herzogs als Vermittler und dann als Feind des

---

285 „Regieanweisungen" im Bezug auf die Behandlung der Dokumente: Geleitbrief für die Verhandlungen (HR I, 8, Nr. 800, § 1): *Denne wert man lesende de cedele des latesten affscheidendes to Wordingborch, dar desse dach up begrepen is. Unde wan de lesen is, so werden wii vort also seggende;* Bündnisurkunde von 1423 (HR I, 8, Nr. 800, § 2): *Denne schal men lesen den hovetbreff der Tosate vorgescreven. Unde wan de lesen is, so schal man under einiges lesen de scrifft, de vor hertogen Wilhelme unde vor den steden hiir to Nycopingen wart gelesen. Unde wan de lesen is, so schal man vortan dit lesen;* Absagebriefe der Städte (HR I, 8, Nr. 517, § 4): *alse gii hir horen mogen an den sulven eren untseggebreven. Denne schall men de wiisen unde lesen. Unde wan de lesen szint, so schal man denne dit vortan lesen;* Vermittlung der Herzöge von Pommern (HR I, 8, Nr. 517, § 5): *Denne schal men wiisen dat Instrument, dat to deme Sunde maket wart. Unde wan dat gewiiset is, so schal man denne dit vortan lesen;* Ordensmarschall (HR I, 8, Nr. 517, § 6): *Denne schal man lesen des marschalkes breff. Unde wan de lesen is, so schal man denne dit vortan lesen;* Nikolaus Stock (HR I, 8, Nr. 517, § 8): *Denne schal men wiisen dat Instrument, dat dar up gemaket wart, unde dat gansse registrum siner werve. Unde wan de gewiiset sint, so schal men denne dit vort lesen.* [Hervorhebung d. V.]
286 HR I, 8, Nr. 510, § 7.

Königs. Dessen Verhalten ließ sich daher durch Lob und Betonung des entgegengebrachten Vertrauens viel eindrucksvoller kritisieren, als durch die Verlesung einer Urkunde. Wie das Verschweigen des Unerhörten so war auch die Verurteilung durch Ehrung ein rhetorisches Element, das sich bereits in früheren dänischen Schriften andeutete.[287]

Bezüglich der Ereignisse, die beide Reden abdeckten, nahm die *Tosate* von 1423 nicht grundlos eine besondere Rolle ein. Das Manuskript für 1430 sah zuerst die Lektüre des Urkundentextes vor und gab dann die Entstehungsgeschichte sowie einige inhaltliche Schwerpunkte wieder. Dabei zeigt sich auch die Relevanz der oben festgestellten Unterscheidung von gelesenen und nur präsentierten Urkunden, denn die Bündnisurkunde von 1423 blieb unter dieser Voraussetzung das längste Schriftstück, dessen Wortlaut dem Publikum mitgeteilt wurde. Der vorausgehende Appell an die Zuhörer erwähnt außerdem noch einmal – wie schon in der Einleitung der Rede – das Wissen um den Inhalt, wieder in einer Formulierung, die einer Publikatio entspricht.[288] Zwar ist die physische Gegenwart der *Tosate* in den „Regieanweisungen" und den Bearbeitungen nicht erwähnt, – es hätte auch eine Kopie verlesen werden können – doch es scheint kaum plausibel, dass die wichtigste Urkunde nicht präsentiert wurde, wenn dies für alle anderen Dokumente nachweisbar ist. Das Verlesen der Urkunde stellte schließlich nur den ersten Akt ihrer Einführung dar, dem dann die Darstellung ihrer Entstehungsgeschichte, die Beschreibung der Beglaubigungsmittel und die Wiedergabe der wichtigsten inhaltlichen Punkte folgten. Die Gegenwart der Urkunde hätte es daher ermöglichen können, dem Publikum die Siegel der einzelnen Städte sowie der Reichsräte und das Majestätssiegel des Königs auch demonstrativ vor Augen zu halten, wenn diese im Text Erwähnung fanden.

An einer Stelle kam es außerdem zu einer Erweiterung im Manuskript des originalen Textes, nur um einen als wichtig erachteten Aspekt des Urkundentextes noch einmal zu paraphrasieren.[289] Die Zusammenfassung und besonders Wiederholung dienten dazu, den Zuhörern die als zentral empfundenen Punkte der Urkunde vor Ohren zu führen und dabei ins Bewusstsein zu rücken. Diese Aspekte herauszustellen war insofern bedeutsam, als die nachfolgenden Passagen den Unwillen der Städte thematisierten, mit dem sie auf die Einforderung des Bündnisses reagierten. Die Zurschaustellung der Absagebriefe und deren Lektüre bildeten den Schlusspunkt dieser

---

287 HR I, 8, Nr. 800, § 3, 508 f. und siehe Kap. 5.2.3.
288 HR I, 8, Nr. 800, § 2, 508: *Unde to deme ersten, uppe dat allesweten unde naseggen moge, in welker wiis wii mit ju vorbenomeden steden unde gii mit uns handeringe, vruntschap unde endracht plichtich sint to holdende, so willen wii irst horen laten den hovetbreff der Tosate, dar mede wii tosammene vorbunden sint, unde sedder, wo sich vele sake twisschen uns verlopen hebben.* Dann folgt die „Regieanweisung", siehe Anm. 285.
289 HR I, 8, Nr. 517, § 1, 339: *id ne were so, dat man des genen, dar de hulpe up gan scholde, to rechte mechtich were, unde de scholde man bynnen sesse manten deme rechte underhorich machen.*

Abhandlungen.[290] Es geht nicht ganz eindeutig aus den Anweisungen und dem Text hervor, ob auch die Fehdebriefe der sächsischen Städte zum Vortrag kamen.[291] Da aber nur die Vertreter der wendischen Seestädte und Hamburgs anwesend waren, ist es doch wahrscheinlich, dass nur die Schreiben von Lübeck, Wismar, Rostock, Stralsund und Lüneburg verlesen wurden. Diese waren, ausgenommen der Stralsunder Fehdebrief, mit denselben Siegeln versehen wie die *Tosate* von 1423. Diese Verbindung hätte nicht nur auf den Bezugspunkten im Text beruhen müssen, sondern durch die Wiederholung der visuellen Elemente hergestellt werden können.

Wenngleich die textlichen Befunde dafür fehlen, ist es doch naheliegend, der dänischen Seite eine durchgehend geplante Inszenierung zu unterstellen. Diese Annahme ist mit der Existenz der eingeschalteten „Regieanweisungen" auf der einen Seite und der daraus hervorgehenden dramatischen Einbeziehung von originalen Schriftstücken auf der anderen Seite zu rechtfertigen. Dass den dänischen Bearbeitern der Rede die Bedeutung visueller Schlüsselelemente bewusst war, zeigt sich an der Behandlung der Notariatsinstrumente, bei denen das reine Vorzeigen und damit die Wahrnehmung der äußeren Merkmale die Glaubwürdigkeit garantierten. Für dramatische, wirksame Auftritte von dänischer Seite gibt es auch andere Präzedenzfälle.[292]

Die Bündnisurkunde von 1423 mit Lektüre, Erläuterungen und schließlich dem Bruch des Vertrages durch die Städte stand also auch in der Rede von 1430 im Zentrum der Darstellungen, selbst wenn sie nicht – wie 1428 – den Auftakt der Rede darstellte. In der zweiten Version bot sie die Vorstellung des idealen Verhältnisses zwischen beiden Seiten und diente so als Folie zu dem dänischen Vorschlag für einen Waffenstillstand, der an genau dieses alte Bündnis wieder anknüpfte. Wenn alle Probleme beigelegt seien, sollten sich beide Seiten *holden (...) to sodaner Tosate unde vorbunde, alze wy malkanderen underdelinghe vorbreven, vorseghelt unde by unsen trowen ewychliken to holdende gelovet habben.*[293] Die Wiederherstellung des Friedens wird gedanklich mit der Rückkehr zum ursprünglichen Bündnis verknüpft. Auf diese Weise ist die *Tosate* in das Leitthema der Rede integriert und aus ihrer Vorbildfunktion für den künftigen Frieden erklärt sich dann auch ihre ausführliche Behandlung.

Für die anderen Passagen, die auf dem Text der Rede von 1428 basieren, ist kein Funktionswandel wahrzunehmen, und sie enthalten auch keine nennenswerten Erweiterungen oder Neuinterpretationen. Sie sollten vor allem die störrische Haltung der Städte während der Vermittlungsversuchen der Pommernherzöge, des Hochmeisters und schließlich sogar des römischen Königs, in der Person von Nikolaus Stock,

---

290 Siehe Anm. 285.
291 Vgl. Materialien zu Vordingborg 1434 (HR II, 1, Nr. 365, §2): *Item der stede untseggebreve, so vele alse der is* und siehe auch Kap. 2.2.1.
292 Zu Zornsausbrüche: *Behrmann*, Herrscher (2004), 199
293 HR I, 8, Nr. 801, 511.

demonstrieren, und stellten die Punkte ihrer Protestation als fadenscheinige Ausreden von Friedensbrechern dar. Die pointierte Replik auf die Behauptung, dass Wind und Wetter die Teilnahme an den verabredeten Verhandlungen zu Falsterbo verhindert hätten, ist unverändert wiederholt, obwohl die städtischen Ratssendeboten 1428 eine nautisch motivierte Erläuterung abgegeben hatten.[294] Unabhängig von der Information über die Vermittlungsversuche und das Verhalten der Städte in den jeweiligen Situationen lag die ursprüngliche rhetorische Intention dieser Passagen in der Gegenüberstellung von friedensbemühtem dänischen König und kriegsversessenen Städten. Da ein solcher Gegensatz in den Argumentationslinien der zweiten Rede vorausgesetzt wurde[295], ist die unveränderte Übernahme dieser Textteile auch aus konzeptioneller Perspektive einleuchtend.

Grundsätzlich kann konstatiert werden, dass beide Reden eine klare innere Logik besitzen und sich sprachlich an Urkunden orientieren. Für 1430 ist aber durch die Integration der Originaldokumente in den Vortrag eine überhöhte audiovisuelle Inszenierung zu beobachten. Diese Entscheidung hatte auch Auswirkungen auf die stilistische Gestaltung der Rede, da auch die Urkunden rhetorische Elemente der Emphase enthalten.[296] Gleichzeitig widmeten sich die Einleitung der Rede und die Narratio des Entwurfs teilweise in wörtlich übereinstimmenden Formulierungen, teilweise in sinnverwandten, aber anderen Formen den Schäden des Krieges und dem Nutzen des Friedens. Die Struktur der Argumentation und die Mittel, mit denen diese den Zuhörern vermittelt wurde, verleihen dieser Rede eine recht starke Appellfunktion. Es ging nicht mehr darum, einen neutralen Richter von der Rechtmäßigkeit der dänischen Position zu überzeugen, sondern darum, mit vielfältigen Mitteln der Überredung auf die anwesenden Zuhörer einzuwirken. Diese waren – daran sei erinnert – an erster Stelle die Sendboten der Städte und an zweiter Stelle alle am Hof Anwesenden. Angesichts des hohen Grades der Inszenierung bleibt das abrupte Ende der Rede ein Rätsel, und es stellt sich die Frage, ob nicht auch dieses Element der Rede einer bewussten Planung unterlag. Eine Möglichkeit, die sich mit dieser Annahme eröffnet, wäre ein enger Zusammenhang mit dem Rostocker Friedensschluss. Das offene Ende der Rede hätte durch eine öffentlich in Szene gesetzte Erklärung der Rostocker oder einen vorgeplanten Akt kompensiert werden können, der gleichsam als Fortsetzung der gesamten Inszenierung diente.

---

294 HR I, 8, Nr. 517, § 14. Antwort der Städte: HR I, 8, Nr. 518, § 6, 346: (...) *unde wol dat unse were bynnen der tyd in den Zund qwam, makede, dat se in den Wismerschen depe lach, dar se utkomen konde, des wii doch nynewiis ute der Travene don konden, dar unse schepe tosamende legen, dar wii den vorscrevenen dach mede vorsoken wolden.*
295 Vgl. Einleitung bei Anm. 279, bes. *da wii unses undankes to genodiget sint.* Zur Bedeutung von *undankes* als „Unwillen" bzw. „widerwillig": *Schiller-Lübben*, Bd. 5, 24.
296 Zu den Figuren im Entwurf von 1430: siehe Anm. 283.

5.3.3 Die Rede von 1430 und der Rostocker Friedensschluss

Natürlich handelt es sich nur um einen Erklärungsversuch, doch sprechen einige Indizien aus der verstreuten Überlieferung zur Rostocker Situation des Jahres 1430 dafür, dass die Ratssendeboten der Stadt bereits mit Plänen für einen Friedensschluss nach Nykøbing reisten. Einen Anhaltspunkt dafür bieten zum Beispiel die Rechnungsbücher der Stadt, in denen das Geld für einen *panzer Deme Könige van Denemarken* vermerkt ist, welcher die Stadtkasse sehr belastet haben muss.[297] Doch ist die zeitliche Einordnung dieser Bestellung oder dieses Kaufs auf Grundlage der Ausschnitte in den Hanserezessen nicht ganz einfach nachzuvollziehen, da sich die Ausgaben über verschiedene Zeiten des Jahres verteilen und nur in den wenigsten Fällen mit einer Datumsangabe versehen werden.[298] Daher kann nicht ausgeschlossen werden, dass dieser Panzer erst nach der Rückkehr aus Nykøbing bestellt oder erworben und später nach Dänemark geschickt wurde.

Da sich aber auch kein Vermerk über besonderen Botenlohn für eine spätere Reise nach Dänemark in den Rechnungen befindet, scheint jedoch unwahrscheinlich. Falls die Rostocker also nicht ein weiteres Mal nach Dänemark reisten,[299] ist der

---

297 Drei Rechnungsbücher enthalten Angaben darüber: 1.) Kämmereiherren Görges Vinke und Lütke Wulf 1430–1431: HR I, 8, Nr. 829, § 11, 526: *Item 8 mr. to eneme pantzer deme koninghe van Denemarken*; 2.) Weddeherren Evert Buktstok und Hermann Herwich 1430–1431: HR I, 8, Nr. 830, § 2, 527: *Item 10 mr. to des koninghes pantzer*; 3.) Münzherren Nikolaus Lubeke und Drewes Tzene 1429–1430: *Item 8 mr. vor dat pantzer, dat deme koninge wart.* Insgesamt brachte der Rat von Rostock mindestens 26 Mark aus drei verschiedenen Einkünften auf.

298 HR I, 8, 523: „Dass den nach Nykjöbing bestimmten Rathssendeboten bereits (vor Juli 23: Nr. 799) als Geschenk für König Erich ein Panzer mitgegeben wurde (...), scheint darauf hinzudeuten, dass der neue Rath von vornherein die Absicht hatte, Frieden mit ihm zu schließen." Diese Feststellung ist auf Grundlage der Edition selbst nicht so einfach nachzuvollziehen, da nur für ein Rechnungsbuch eine Zeitangabe vorliegt. HR I, 8, Nr. 830, 527 Anm. 1: „Vorher Okt. 18 (*Luce*), Okt 23 (*Severini*); nachher: Nov. 23 (*in Clemente daghe*)." Die Datumsangabe (vor Juli 23) entspricht dem aus der angegebenen Quelle rekonstruierbaren Abreisedatum aller Ratssendeboten. Der Auszug aus dem Rechnungsbuch der Weddeherren im Ganzen enthält auch Hinweise auf Treffen von Rostocker Ratssendeboten mit Wilhelm von Werle, den Herzögen Barnim VIII. und Swantibor IV. von Pommern-Barth, Herzogin Katharina von Mecklenburg (*unse vrouwen van Mecklenburg*), den Herzögen Wartislaw IX. und Barnim VII. von Pommern-Wolgast und Ratssendeboten von Stralsund, die letzten jeweils in Damgarten. Der Eintrag *Item do her Johan van der Aa unde her Ludeke Wulff weren to Butzowe teghen unse vrouwen van Meklenborg* (HR I, 8, Nr. 830, § 1, 526) bezieht sich auf den „Landtag" zu Bützow, der als *de grote dach to Bützowe* am 12. März 1430 auch im Rechnungsbuch der Herzogin nachweisbar ist (LHAS, 11.11, Nr. 4550). Für den nächsten Eintrag, das Treffen mit den Herzögen von Pommern-Wolgast in Damgarten, lässt sich aus der Rechnung der Münzherren der 24. September erschließen. HR I, 8, Nr. 831, § 2, 527 f.: *Item 5 mr her Hinrik Berndes, her Bernd van Alan to Damgar des sondages na Mathei.*

299 Das einzige Indiz, das sich auf eine zweite Dänemarkreise beziehen könnte, findet sich unter: HR I, 8, Nr. 829, § 13: *Item hebben se utegeheven to der reyse in Denemarken 9 mr. vor 1 tunne heringhes.*

Panzer wohl den Verhandlungen in Nykøbing zuzuordnen. Daraus ließe sich schließen, dass der Rostocker Rat die Option eines Friedensschlusses bereits erwog, noch bevor sich die außenpolitische Lage der Stadt zuspitzte.

Dass Rostock und Wismar im Herbst 1427 städtische Unruhen erlebten, wurde bereits an anderer Stelle thematisiert. In Rostock kam es dabei zur Flucht der Bürgermeister und zur Einsetzung eines Neuen Rates, welcher zudem bei der Anklage vor Herzogin Katharina das Bündnis von 1423, das gegen Wissen und Willen der Gemeinde abgeschlossen worden wäre, ins Spiel brachte.[300] Am Krieg beteiligte sich Rostock aber auch unter der neuen Führung, in der weiterhin die Kaufleute eine bedeutende Rolle spielten.[301] Dieser Neue Rat war zunächst sowohl von der Herzogin[302] als auch zum Beispiel von Lübeck anerkannt worden.[303] Ungleich Wismar, wo die Unruhen zur Hinrichtung des Bürgermeisters Johann Bantzkow und des Ratsmannes Hinrich van Haren geführt hatten, sah sich der Neue Rostocker Rat zunächst mit keinen weiterführenden Konsequenzen konfrontiert.[304] Als sich für Wismar in den ersten Monaten des Jahres 1430 – unter Einfluss König Sigismunds und des Rates von Lübeck – eine Aussöhnung mit dem Alten Rat abzeichnete, die am 19. und 20. März zustande kam und am 21. März die feierliche Rückkehr des Alten Rates nach sich zog,[305] konnte das dem Neuen Rostocker Rat nicht verborgen bleiben. Möglicherweise deutete sich diese Entwicklung bereits während des Landtags in Bützow am 12. März 1430 an, den sehr wahrscheinlich auch Rostocker Abgesandte besuchten.[306] Wann genau die Herzogin bezüglich der Rostocker Verhältnisse ihre Haltung änderte und sich dem alten Rat zuwandte, lässt sich aus den erhaltenen Dokumenten nicht rekonstruieren. Doch hielt sich der ehemalige Bürgermeister Hinrich Katzow in Wismar auf, wo

---

Doch kann sich diese Passage ebenso noch auf die Reise nach *Nykopinghe*, die in § 8 erwähnt ist, beziehen.

300 Vgl. Kap. 3.5.

301 *Wiegand*, Struktur (1961), 418 f.; *Pitz*, Bürgereinung (2001), 162 f.

302 Die Herzogin hatte die geflohenen Bürgermeister am 16. Januar 1428 zum Entzug ihrer mecklenburgischen Güter verurteilt: LHAS, 11.11, Nr. 4068; vgl. auch LHAS, 11.11, Nr. 4066 und 4067; *Wiegand*, Struktur (1961), 419.

303 Dies gilt schon für das Treffen zum Jahreswechsel 1427/1428, an dem Vertreter des nunmehr neuen Rostocker Rats teilnahmen: HR I, 8, 225 Anm. 1 (Rostocker Rechnungen). Zu den neuen Räten äußert sich auch Peter Holste aus Danzig in seinem Brief an den Hochmeister (HR I, 8, Nr. 338): *Vortmer to Rosteke hebben se enen nyen raet (...), allike wol wyllen se to der se myt aller mach*[t] *myt den ander*[en] *steden*. Vgl. auch *Pitz*, Bürgereinung (2001), 163.

304 Die Bemühungen gegen den Neuen Wismarer Rat gehen dann vor allem von Lüdeke Bantzkow, dem Sohn des hingerichteten Bürgermeisters, aus. *Techen*, Unruhen (1890), 5.

305 *Techen*, Unruhen (1890), 58–63, 74–86 (Urkunde der Herzogin über die Sühne vom 21. März 1430).

306 Zum Datum: LHAS, 11.11, Nr. 4550. Zur Anwesenheit der Rostocker Abgesandten: siehe Anm. 289.

er im Laufe des Jahres 1430 verstarb, und dies galt vielleicht auch für andere ehemalige Rostocker Ratsleute, so dass diese sich der Herzogin mit Unterstützung durch Wismarer Ratsleute annähern konnten.[307] Während die Rostocker Ratssendeboten sich in Nyköbing befanden, wurde die Stadt von einer durch die Herzogin geschaffenen Koalition überfallen, an der sich möglicherweise sogar Wismar beteiligte.[308] Aufgrund einer Warnung Wilhelms von Werle, konnte sich die Stadt selbst rechtzeitig zur Verteidigung rüsten und die Beschädigungen trafen vor allem Warnemünde.[309]

Angesichts des Geschenks an König Erik, das im Vorfeld erworben werden musste und das die Rostocker Sendboten sehr wahrscheinlich nach Nyköbing mitführten, liegt die Vermutung nahe, dass der Rat von Rostock einen möglichen Militärschlag bereits antizipierte und seine Sendboten mit der Vollmacht für einen Friedensschluss nach Nyköbing sandte. Auch wenn vielleicht erst die Nachrichten aus Rostock eine offenkundige Entscheidung bewirkten, so ist es doch unwahrscheinlich, dass im Vorfeld keine Gespräche stattgefunden hatten. Die Bitte um den Frieden und die mögliche Überreichung des Geschenkes fanden sicher auch in einem öffentlichen Rahmen statt, bei dem die Rostocker Sendboten durch Kniefall und in anderen Formen ihre Demut bewiesen.[310] Ob sich dieser Akt direkt im Anschluss an die Rede des

---

307 Zu Hinrich Katzows Grabstein in der Marienkirche in Wismar: *Crull/Techen*, Grabsteine (1889), 136, Nr. 240.

308 Die Zeitangabe befindet sich indirekt in einem Brief König Sigismunds an Herzog Kasimir von Stettin (HR I, 8, Nr. 826 und 828). Sie fügt sich aber auch in die Quellen aus dem Umfeld der Herzogin: 1430, Aug. 3 (LHAS, 11.11, Nr. 4646): *Item in s. Stefani dage invencionis do rêt her Mattyes* [Axekow] *myner vrouwen werff do der Wismer* (...) und 1430, Sept. 12 (LHAS, 11.11, Nr. 4659): *Item des dinxtetages in den achte dagen unser leuen vrowen natiuitatis do quemen myner vrowen unde her Matyes knechte to Nygenbukow* (...). Auch wenn für die Zwischenzeit Informationen fehlen, ließe sich der erste Eintrag durchaus als Hinweis für die bevorstehenden Militäraktionen interpretieren, während der zweite Eintrag auf eine mögliche Rückkehr der Truppen anspielen könnte. HR I, 8, 523 bietet auf der Grundlage von Korner, Chronica. Ed. *Schwalm*, D § 1517 und Rufus-Chronik II, § 1517 eine Liste von Herzogin Katharinas Verbündeten, welche neben der Herzogin und ihren Söhnen noch Herzog Otto von Braunschweig, aus der Linie Lüneburg, ihre Brüder Herzog Erich (und Herzog Bernhard) von Sachsen-Lauenburg, Bischof Heinrich von Schwerin, Graf Johann von Hoya und – unter anderen – die Städte Wismar, Schwerin und Bützow umfasst. Die Versöhnungsurkunde der Herzogin vom 15. Oktober 1430 (HR I, 8, Nr. 824; LHAS, 11.11, Nr. 4668) selbst nennt als ihre Unterstützer nur Markgraf Johann von Brandenburg, Herzog Heinrich von Mecklenburg-Stargard und den Bischof Heinrich von Schwerin. Im Juli hielt sich die Herzogin im lauenburgischen Grenzraum auf und wurde dabei unter anderem vom Wismarer Bürgermeister Peter Wilde begleitet, wie aus Urkunden von 1430, Juli 3 (LHAS, 11.11, Nr. 4611) und 1430, Juli 10 (LHAS, 11.11, Nr. 004621) hervorgeht.

309 Die wichtigste Quelle dafür ist die Dankes- und Freundschaftsurkunde von Bürgermeistern und Rat der Stadt Rostock für Wilhelm von Werle, vom 15. Oktober 1430 (LHAS, 11.11, Nr 4670), in dem sie besonders danken für die *tyden, do wy bowaret worden van den Meklenborchgeren unde eren medehulperen*. Vgl. sonst auch HR I, 8, 523.

310 Dass die Rostocker Abgesandten ihre Versöhnung wahrscheinlich mit einer Demutsgeste, wie einem Kniefall, verbanden, lässt sich aus einem Hinweis in den Materialien zu den Verhandlungen in Vordingborg 1434 schließen. Dort erklären die anwesenden städtischen Ratssendeboten, dass die

Königs vollzog, ist nicht sicher, aber doch sehr wahrscheinlich. In jedem Fall erfolgte der Rostocker Friedensschluss vor dem 14. August 1430, denn die an diesem Tag ausgestellte Teilurkunde, die den Städten als Diskussionsgrundlage mitgegeben wurde, nimmt explizit darauf Bezug.[311] Welche Gründe die Rostocker zu der Entscheidung noch bewogen haben könnten, geht aus einer Reihe von Briefen vom Oktober 1430 hervor, aus denen auch deutlich wird, dass Herzog Kasimir V. von Pommern-Stettin als Vermittler und Beschützer der Stadt hervortrat.[312] Diese Gunstbezeugungen waren vor einem Frieden mit Dänemark noch nicht möglich.[313]

5.4 Vor und hinter den Kulissen: Ergebnisse und Folgen der Verhandlungen von Lund und Helsingborg im Herbst/Winter 1430

5.4.1 Die offizielle Dokumentation der Verhandlungen

Existieren für die Hintergründe des Rostocker Friedensschlusses nur einige wenige Indizien in den Quellen, so liegt die Situation für das Stralsunder Ausscheiden aus dem Bündnis der Städte etwas anders. Zwar gibt es auch in diesem Fall keinerlei schriftliche Hinterlassenschaft zum eigentlichen Abkommen, der mit den Verhandlungen in Lund um den 12. Oktober 1430 in Verbindung gebracht wird. Dennoch lassen sich aus verschiedenen Quellen – Ergebnissen von Verhandlungen und Korrespondenzen – mögliche Hintergründe des Friedensschlusses eruieren.[314] An erster

---

Schädigungen in Kriegszeiten nicht aufgerechnet werden können, und bitten nach weiteren Erklärungen (HR II, 1, Nr. 366, § 8, 257): (...) *dat de (...) here konynk synen unmod, den he darumme jeghen se hadde, wolde afkeren, dar wolden se em gheren umme to vothe vallen unde ok ene redelike vruntschop don.*

311 HR I, 8, Nr. 802, 511: *unde der van Rostoke, de sik leffliken mit uns vorgan hebben.*

312 HR II, 1, Nr. 826–828. Zum gleichen Thema äußerten sich am 10. Januar 1431 auch die Ratssendeboten von Lübeck, Hamburg, Lüneburg und Wismar in einem Brief an den Stralsunder Rat (HR II, 1, Nr. 1), in dem sie die Einflussnahme durch Herzog Kasmir von Pommern-Stettin in der Rostocker Angelegenheit zurückweisen.

313 Ähnlich auch die Einschätzung bei *Daenell*, Hansestädte (1902), 358.

314 Grundlage für jegliche Datierung ist HR I, 8, Nr. 844, § 2, 543: *Domini Conradus Biscopp, Reynoldus Rapesulver et Everhardus Drulshagen, ambassiatores consulatus Sundensis, dum ad reconciliandum offense regie majestati prefatum consulatum atque communitatem suam et pro reparanda pace huc in Scaniam ad civitatem Lundensem advenissent* (...); siehe auch HR I, 8, 521. Einen indirekten Hinweis enthält auch die Salutatio bzw. Adresse von HR I, 8, Nr. 823, die nur die Städte Lübeck, Lüneburg und Wismar anspricht. Spekulationen über die Motivationen bei *Erslev*, Erik (1901), 255 und, *Fritze*, Stralsund (1956/1957), 103, der das Verhalten der Stralsunder in Lund besonders hart verurteilt. *Daenell*, Hansestädte (1902), 359 f. setzt sich mit den Motivationen für den Stralsunder Friedensschluss, nicht aber mit der Person des Vermittlers Conrad Bischop auseinander.

Stelle sind dabei die offiziellen Stellungnahmen zu den Verhandlungen von Helsingborg zu nennen, aus denen ein sehr ambivalentes Bild des Stralsunder Bürgermeisters Conrad Bischop hervorscheint. Die Verhandlungen fanden vom 30. November bis zum 8. Dezember 1430 statt und sind durch Quellen von beiden Seiten dokumentiert. Gleich vier Notariatsinstrumente schlagen durch die inserierten Dokumente eine Brücke vom Tag in Nykøbing im Juli/August 1430 über das Treffen in Lund im Oktober zu den aktuellen Verhandlungen. Es handelt sich dabei um eine Abschrift des Chirographen vom 14. August 1430, die Vollmacht der Städte an Conrad Bischop vom 7. September 1430, die anscheinend gleichzeitig als dessen Kredenzbrief in Dänemark diente, sowie einen Brief, den König Erik am 12. Oktober 1430 an die Städte Lübeck, Lüneburg und Wismar schickte.[315] Die Notariatsinstrumente stammen aus den Federn der schon bekannten Notare Johannes Kyndigh und Heinrich Eybe, wobei jeder Schreiber jeweils zwei Urkunden schrieb.[316] Auf der Grundlage der Befunde aus den vorherigen Kapiteln lässt sich zumindest für Heinrich Eybe eine besonders enge Verbindung zur königlichen Kanzlei nachweisen. Aus seiner Hand stammt der Hauptteil des Redemanuskripts von 1428/1430 (TKUA 5,1). Zugleich kann ihm eine große Anzahl von niederdeutschen Briefen der Kanzlei zugeordnet werden. Diese enge persönliche Verknüpfung erklärt sicher auch die Häufigkeit, mit der er an der Anfertigung von Transsumpten beteiligt war. Möglicherweise ist auch Johannes Kyndigh, der ebenfalls eine große Zahl von Urkunden beglaubigte, diesem Umfeld zuzuordnen, doch bietet der Schriftvergleich dafür keinen Anhaltspunkt.[317] Obwohl ein vollständiger Textvergleich aller vier Schriftstücke nicht erfolgte, lässt schon die Betrachtung der äußeren Merkmale für zwei der Exemplare gleichlautende Korrekturen erkennen.[318] Außerdem weicht der Wortlaut der inserierten Urkunde gelegentlich vom Original ab, so dass die Erstellung der Notariatsinstrumente möglicherweise auch auf Grundlage von Entwürfen erfolgte.[319]

Neben diesen Urkunden ist auch ein Bericht der städtischen Ratssendeboten überliefert,[320] der wieder einen Vergleich der Perspektiven zulässt. Er folgt dem protokollartigen Stil, der für die Hanserezesse üblich ist. Der größte Unterschied zwischen beiden Quellen betrifft gleich den Kern des Problems: Die Anwesenheit von Stralsunder Abgesandten findet im Notariatsinstrument Erwähnung, dagegen fehlt

---

315   DRA, NKR, Nr. 3087–3090. HR I, 8, Nr. 844. Inserate sind: HR I, 8, Nr. 802, 803 und 823.
316   Johannes Kyndigh schrieb DRA, NKR, Nr. 3087 und 3088 und Heinrich Eybe DRA, NKR, Nr. 3089 und 3090. Zu diesem siehe auch Anhang 8.4, bes. Abb. 8.4.1 f.
317   Zu den Schreibern zusammenfassend siehe Kap. 6.2.
318   DRA, NKR, Nr. 3088 und 3090: *mit Godes Hulpe uns sachte hebben to werente* (HR I, 8, Nr. 802, 512 Zeile 16), mit Abkürzungen in NKR, Nr. 3088.
319   Dies wird zum Beispiel deutlich an einer Korrektur in einer Zeile von DRA, NKR, Nr. 3090: *mit uns unde den unseren* statt *mit uns, unsen riken unde undersaten*, in HR I, 8, Nr. 802, 512 Zeile 3.
320   HR I, 8, Nr. 843. Das Original liegt laut Angabe der Edition in Lübeck, ist aber nicht in den untersuchten Akten der Externa Danica enthalten.

in dem städtischen Bericht für die Zeitdauer der Verhandlungen jeglicher Hinweis.[321] Über diese im Grunde problematische Diskrepanz, von der auch die Beurteilung des Stralsunder Verhaltens abhängt, gehen die bisherigen Darstellungen zu den Verhandlungen hinweg.[322]

Aus dem gleichen Zeitraum, d. h. zwischen August und Dezember 1430, sind außerdem Bruchteile einer Korrespondenz zwischen Lübeck und den Holsteinern bzw. dem Rat von Wismar erhalten, welche die Entscheidungsfindung im Vorfeld der Verhandlungen zu Helsingborg dokumentieren. Das Schreiben Graf Adolfs über ein bevorstehendes Treffen zu Reinfeld befindet sich unter den Externa Danica in Lübeck.[323] Ein aus der Hand Hermann Willerds stammender Brief an die Wismarer liegt unter den Ratsakten dieser Stadt.[324] So ausschnitthaft sich diese Überlieferung darstellt, sie bietet doch zusätzliche Informationen zur Vorgeschichte der Verhandlungen im Dezember. Im Brief an Wismar wird auf die *werue* des Königs Bezug genommen wird, die ein Stralsunder Schreiber im Zusammenhang mit einer früheren Versammlung der Städte gebracht hatte.[325] Auf Grundlage einer Datumsangabe im Brief der Holsteiner lässt sich dessen Ankunft kurz vor dem 22. Oktober 1430 annehmen.[326] Bezeichnend für die gesamte Überlieferung zu den besprochenen Verhandlungen in Helsingborg ist aber das Fehlen von Schriftstücken aus Stralsunder Perspektive. Es wird nur

---

321 Die einzige Ausnahme ist die Anreise: HR I, 8, Nr. 843, § 1, 535: *Unde do leten se dem heren koninge vorkundigen vormiddest den sendeboden dem Stralessunde, dat se dar gekomen weren.*

322 Dies gilt schon für HR I, 8, 521 f. *Erslev*, Erik (1901), 254–255 rekonstruiert auf der Grundlage der Aussagen im Notariatsinstrument (HR I, 8, Nr. 844, § 2) die Verhandlungen zu Lund, ohne auf die Widersprüche einzugehen. Ähnliches lässt sich nachweisen für *Fritze*, Stralsund (1956/1957), 102 f.

323 AHL, ASA Externa Danica, Nr. 3,2–181 = LUB 7, Nr. 416.

324 AHW, Ratsakten, 10.5 Hanseatica, Nr. 1747: In der Akte befinden sich zwei Briefe mit dem Datum 31. Oktober 1430: 1.) LUB 7, Nr. 417 ausgestellt von den *Radessendeboden der stede van der Dudeschen hanze nu tor tijd bynnen Lubeke to dage vorgaddert unde de rad der stad Lubeke.* Dieser Brief behandelt Verhandlungen mit der Herzogin Katharina von Mecklenburg und stammt aus der Hand eines unbekannten Schreibers; 2.) LUB 7, Nr. 418 ausgestellt von den *Consules Lubecensis* betrifft das anstehende Treffen mit König Erik.

325 LUB 7, Nr. 418, 399: *Juwe erliken sendeboden negest by vns gewest mogen juwer leuen wol ingebracht hebben des auescheedens der stede sendeboden ok negst in vnse stad gewesen, alse van wegend er besendinge to dem heren koninge von Dennemarken vppe sodane werue, alse der Sundesschen schriuer an de stede gebracht heft, (...).* Darüber hinaus geht es um die Organisation der Reise und deren Kosten in Form von Bier.

326 LUB 7, Nr. 416, 397: *So gij uns hadden bidden laten in juweme breue, dat wij amme sondage en auend bi juw wolden wesen binnen Lubeke, dar gi mid uns drepliken to weruende hadden (...).* Da der Brief auf den *dingesdages na der Eluen dusent megede dage* datiert ist, fällt der anberaumte Tag auf den 22. Oktober 1430. Koppmann ordnet die Ankunft dieses Boten einer „Versammlung zu Lübeck – 1430 [vor Okt. 22]" zu (HR I, 8, 528): „Die Verhandlungen betrefen die durch einen Stadtschreiber Stralsunds überbrachte Erklärung König Erichs von Dänemark." Dass der als Anhang dazu angeführte Friedensschluss Lübecks mit den Herzögen von Mecklenburg-Stargard vom 2. Oktober 1430 in den exakt gleichen Zusammenhang gehört, ist aber aufgrund der Zeitdifferenz sehr unwahrscheinlich.

über die Aktivitäten ihrer Ratsendeboten gesprochen und dieser Umstand darf für die Beurteilung ihres Verhaltens nicht vernachlässigt werden.

Die Beziehungen, welche die wendischen Städte nach Oktober 1430 noch mit Stralsund pflegten, betrafen überwiegend den Konflikt zwischen dem Alten und Neuen Rostocker Rat.[327] Daneben existieren Informationen zu einem Überfall der Vitalienbrüder auf ein Schiff des Stralsunder Bürgermeisters, der zwischen Oktober und Dezember 1430 stattfand und sehr wahrscheinlich als Anzeichen für eine aufgeheizte Stimmung zu werten ist.[328] Aus Perspektive der kriegführenden Städte spielte Stralsund bei den Verhandlungen der Jahre 1431 bis 1435 keine Rolle mehr.

Einen anderen Eindruck bietet die dänische Überlieferung. Ein Notariatsinstrument vom 5. August 1433 informiert über fortgesetzte Verhandlungen zwischen Stralsund und Dänemark auch nach dem vereinbarten Frieden.[329] Diese stehen im Zusammenhang mit dem Bemühen Stralsunds, überhaupt weitergehende Vorteile aus dem Friedensschluss zu ziehen, vor allem den Genuss der alten Handelsfreiheiten und -sicherheiten. Zu diesem Zweck reisten mehrfach Stralsunder Gesandte – zum Teil in Absprache mit Rostock – nach Dänemark, die im besagten August mit Erik Krummediek zusammentrafen. Von diesem erhielt Conrad Bischop eine von dänischer Seite anscheinend als endgültig empfundene Antwort, die quasi als Zeugenaussage in das Notariatsinstrument Eingang fand. Als federführender Notar tritt wieder Heinrich Eybe in Erscheinung.

Zuletzt sind noch die abschriftlich überlieferten dänischen Instruktionen für die Schiedsverhandlungen in Vordingborg im Jahr 1434 zu nennen, die gleichsam wie Vorbereitungen auf einen Prozess anmuten. Darin werden zahlreiche schon bekannte Anschuldigungen gegenüber den Städten aufgeführt, wobei einzig Lübeck und Stralsund noch eine individuelle Behandlung erfuhren. Unter dem Titel *unse schuldinge to den Sundeschen* wird noch einmal die Ungeheuerlichkeit der Stralsunder Beteiligung am Krieg hervorgehoben, da die Stadt sich damit gegen ihren *erffgeborenen* Herren erhoben hätte. Aus diesem Grunde könnte der König von ihr noch größeren Schadenersatz fordern als von den anderen Städten.[330] Die Teilnahme von Stralsunder Ratssendeboten an diesen Verhandlungen ist nicht zu belegen. Doch kann diese

---

327 Der Stralsunder Rat war dem Neuen Rostocker Rat allem Anschein auch nicht freundlicher gesinnt als die übrigen Städte: HR I, 8, Nr. 825 und HR I, 8, Nr. 828. Außerdem: *Daenell*, Hansestädte (1902), 358 f.; *Fritze*, Stralsund (1956/1957), 103. Gerade die Anteilnahme des Herzogs Kasimir V. von Pommern-Stettin führte dazu, dass die Räte von Lübeck, Hamburg, Lüneburg und Wismar, welche die vertriebenen Mitglieder des Alten Rates in einem Prozess vor dem römischen König unterstützten, mit Stralsund in Kontakt traten. Am 31. Januar 1431 forderten sie den Rat der Sundstadt auf, den Herzog *vruntliken* [zu] *beden*, dass er den Prozess nicht widerrechtlich an sich zöge (HR II, 1, Nr. 1).

328 HR I, 8, Nr. 845 vom 28 Dez. [14]30.

329 DRA, NKR, Nr. 3147 = HR II, 1, Nr. 179.

330 HR II, 1, Nr. 365, § 38, 245; *Fritze*, Stralsund (1956/1957), 104.

Passage in eine Beurteilung der Stralsunder Stellung im Jahr 1430 einbezogen werden, denn sie verdeutlicht, dass sich das Verhältnis der Stadt zum König weder direkt mit dem Friedensschluss noch durch die späteren Gespräche in Helsingborg und Køge gebessert hatte.[331]

Hinsichtlich der Treffen von Helsingborg und Køge ist als wichtigste Gemeinsamkeit der Einsatz von Notariatsinstrumenten zu konstatieren. Verglichen mit den bisher vorgestellten Tagen bezeugen sie eine qualitative Veränderung des vorherrschenden Klimas. Daher stellt sich die Frage, wie die Städte mit diesen Neuerungen umgingen, nachdem sie sich vorher so vehement gegen den Einsatz der notariellen Beglaubigung gewehrt hatten. Waren sie sich über die Existenz in jedem Fall bewusst? Handelte es sich um eine Kapitulation vor dem dänischen Druck oder gab es andere Gründe, ihre Verwendung zu akzeptieren?

Um diese Fragen beantworten zu können, müssen in einem ersten Schritt die Konstellationen auf den Verhandlungen nachvollzogen werden, so wie sie sich aus den offiziellen Schriftstücken ergeben. In deren Vordergrund stehen zum einen die Diskussion der Vorschläge von Nykøbing und zum anderen die Auswirkung des Stralsunder Friedensschlusses bzw. dessen Hintergründe überhaupt. Beide Aspekte sind durch die Person des Stralsunder Bürgermeisters Conrad Bischop miteinander verknüpft, der im Auftrag der Städte mit dem König über die dänische Vorlage sprechen sollte. Bereits der zuvor vorgestellte Geleitbrief für die Verhandlungen im Sommer 1430 deutete auf den Stralsunder Anteil an deren Vorbereitung hin. Auch die Notiz aus dem Lübecker Archiv steht für andauernde Kommunikation zwischen der Sundstadt und König Erik bzw. seinem Hof. In beiden Quellen taucht Conrad Bischop an prominenter Stelle auf, und er bleibt auch für die Verhandlungen der zweiten Hälfte des Jahres 1430 die wichtigste Schlüsselfigur.

5.4.2 Conrad Bischop: doppelzüngiger Verräter oder ausgespielter Vermittler?

Unde wii hebben geramet, dat id umme des besten willen unser aller, uppe dat wii endrachtlik don, dat wii kennen vor uns nutte unde vormeich sin, dat de ersame her Cord Biscop, juwes rades borgermester, dar umme segele bii dem hern koninge, umme de sake mit eme to handelende, heißt es in einem Brief der in Lübeck versammelten Radesendeboden der *stede der Dudeschen hense* an den Stralsunder Rat vom 7. September 1430. Eine Kopie dieses Schreibens wurde am 5. oder 8. Dezember 1430 durch Bischof Johannes von Roskilde – *cancellarius domini regis* – in Gegenwart des Königs

---

331 Vgl. bes. auch das Vokabular dieses Textes mit der Wortgruppe *ad reconciliandum offense regie majestati* im Notariatsinstrument von Helsinborg (HR I, 8, Nr. 844, § 2, 543).

zusammen mit zwei weiteren Schriftstücken verlesen und daher in die Notariatsinstrumente inseriert.[332] Dass Conrad Bischop als Sondergesandter nach Dänemark geschickt wurde, weil er *bi eme wol bezagt was unde eme hemlik was*, weiß auch der Lübecker Dominikaner Hermann Korner zu berichten.[333]

Eine derartige Vertrauensstellung hatte Conrad Bischop ganz sicher vor dem Krieg inne. Schon die Vorgeschichte des Bündnisses von 1423, besonders aber sein Brief an den Hochmeister Paul von Rusdorf geben ein gutes Bild seiner politischen Wirksamkeit und seines Einflusses.[334] Die Überlieferung des Deutschen Ordens enthält dann auch die meisten Informationen zu seinen Beziehungen nach Dänemark, da er dem Orden ebenfalls in vielerlei Hinsicht verbunden war, sei es als Geschäftspartner,[335] als Korrespondenzpartner von Ordensangehörigen oder auch als Mittelsmann zum dänischen Hof. Diese Beziehungen reichten bereits in die Zeit des Hochmeisters Michael Küchenmeister zurück,[336] bestanden aber unter dessen Nachfolger Paul von Rusdorf weiter, und auch für die preußischen Städte trat Conrad Bischop wichtige Vertrauensperson auf.[337]

Bei der eindrücklichsten Quelle für die Verbindungen des Stralsunder Bürgermeisters zum direkten Umfeld des Königs handelt es sich um einen Brief des Greifswalder Dominikanerpriors Gerhard Bandschneider an den Hochmeister Paul von

---

332 HR I, 8, Nr. 803. Die zwei verschiedenen Daten ergeben sich aus den parallelen Quellen zu den Verhandlungen. Der städische Bericht datiert die öffentliche Verlesung *An unser leven vrowen dage erbenomed* (HR I, 8, Nr. 843, 541). Im Notariatsinstrument: *Anno nativitatis (...) 1430 mensis Decembris die prima (...)*, (HR I, 8, Nr. 844, § 1).

333 Korner, Chronica. Ed. *Schwalm*, H § 1516, vgl. dazu D § 1516, 501: *ut ipse tamquam singulariter notus et familiaris regi ipsum*. Von diesem übernommen in Lübecker Ratschronik I, § 1516, 397: *wente de was deme konynghe sunderliken hemelik*.

334 Vgl. Kap. 3.2.

335 Geschäftsbeziehungen Conrad Bischops nach Preußen lassen sich sowohl für 1422 als auch für 1427 feststellen: 1.) OBA 3664: 1422, Jan. 30, ist eine Bitte, Getreide aus dem Ordensland ausführen zu dürfen; 2.) OBA 4684: enthält ein Schreiben des Ordensmarschalls Walrabe von Hundsbach von 1427, Jan. 1 wegen eines abgelehnten Darlehens für Conrad Bischop sowie dessen Bittbrief von 1426, Dez. 11.

336 Sein herausragendes Ansehen zeigt sich im Zusammenhang mit den Verhandlungen zwischen dem Orden und Polen-Litauen, die im Oktober 1418 in Wielun stattfanden. Dabei wurde Bischop neben den Vertretern der Kurfürsten und des Bischofs Konrad von Breslau als Zeuge aufgeführt und fungierte mit diesen gemeinsam als Mitaussteller des offiziellen Berichtes: OBA II, Nr. 1927 (Vertrag von 1418, Nov. 6) und OBA, Nr. 2819 (Bericht). Dazu auch: RTA 7, 304 f. sowie die nachfolgenden Eingaben der Kurfürsten an Papst Martin V. RTA 7, Nr. 253–255; RI IX, Nr. 3372 (zum Gesandten König Sigismunds Ulrich Stosch); *Voigt*, Geschichte (1836), 328–331.

337 Pikanterweise wird dies ausgerechnet in einer Situation deutlich, die möglicherweise durch seine Nachlässigkeit eingetreten sein könnte: HR I, 7, Nr. 587 und 588, bes. Nr. 587. Es handelt sich um einen Antwortbrief des Danziger Rates an den Lübecker bezüglich einer Quittung für den dänischen König, in dem dieser schreibt, dass die preußischen Städte dem Stralsunder Bürgermeister Conrad Bischop diese Quittung anvertraut hätten. Falls sie aber verloren gegangen wäre, würden sie eine neue ausstellen.

Rusdorf.[338] Bandschneider hielt sich im Jahr 1423 auf Wunsch des Königs längere Zeit in Dänemark auf, möglicherweise in Vorbereitung auf Eriks geplante Pilgerfahrt ins Heilige Land, denn der Brief enthält einige Hinweise auf einen geistlich-belehrenden Dialog zwischen Herrscher und Prior. Auf jeden Fall bezeichnet der Brief Conrad Bischop als Boten des Königs, der dem Prior die Einladung nach Dänemark anscheinend persönlich übergab und Bandschneider auch bat, gute Worte für den Deutsche Orden einzulegen.[339] Das angesprochene Dreiecksverhältnis zwischen Conrad Bischop, dem Deutschen Orden, für den er sich einsetzte, und dem dänischen Hof, zu dem er Kontakt hatte, tritt in diesem Bericht also recht deutlich zu Tage.

Dennoch muss der Beginn des Krieges als ein tiefer Einschnitt in dieses Vertrauensverhältnis gewertet werden, schon allein durch den Abbruch der direkten Kommunikation. Dieser kann für die zweite Hälfte des Jahres 1426 mit großer Wahrscheinlichkeit angenommen werden. In einem persönlichen Brief an den Marschall des Ordens drückte Conrad Bischop sein Bedauern über den Beginn des Krieges aus und schrieb, dass es seitdem keine weiteren *degedinghe* mit dem König von Dänemark mehr gegeben habe. Seine Anfrage, ob der Hochmeister in dieser Angelegenheit vielleicht etwas tun, d. h. wohl vermitteln, könnte, erlaubt sicher den Rückschluss, dass er seine eigenen Einflussmöglichkeiten als erschöpft ansah.[340] Welche Position Conrad Bischop hinsichtlich des Krieges bezog und inwieweit er hinter der Stralsunder

---

338 OBA, Nr. 4213: Die Beschriftung lautet „Gerhard Bentsnider von Danzig, Prior zu Greifswald an den HM Paul." Seine Ordenszugehörigkeit ergibt sich den Eintragungen in RepGerm 4/1, Sp. 813 bezüglich seiner im Herbst 1426 erfolgten Ernennung zum *predicator (...) contra hereticos Bohemie*. Als solcher ist er dann 1427 wieder in Preußen nachweisbar: OBA, Nr. 4713, 4744, 4746, 4753, 4758. *Lückerath*, Paul (1969), 80 merkt an, dass diese Predigten auf wenig Resonanz stießen.

339 OBA 4213: *Meyn innyges gebete noch formógen meyner zelen hochgeborner vnde edeler fvrste ich tu ewich czu wyssen wy das myns heren koninges gnade van d[ene]mark meyner lange hatte begert vnder andern boten so sante her czu mir hern kurte bischop borgemeyster czu deme zunde alzo daz ich vorbaz em des nicht konde vorsagen vnde czog czu seynen gnaden vnder andern dingen zo bat mich her kurt bischop daz ich alzo wol tete vnde gedechte dez ordens vnd ewer gnade an deme besten daz habe ich getan alzo plichtig bin czu tvende vnde vnder worten do habe ich gesessen bey meynen heren dem koninge vnd sprach czu seyner gnaden alzo gnediger liber here ir begert lere von mir wy ir móchtet werden selik, iz daz ir daz begeret awz ganczen herczen zo iz daz bequeme daz ir nicht alleyne ewer zunder awch vremde zvnde sleyt [?] alzo dat gy nicht vnrechten ~~zake by~~ (...) beylegende zeyt (...). Datum zunde anno domini M°CCCC° XXIII mei prioratis subsigillo.* König Eriks Religiosität schlägt sich zum Beispiel auch in seiner Förderung des Kartäuserordens nieder: *Pedersen*, Bidrag (1881–1882), 174 f. (zum geplanten Kartäuserkloster Tjæreby). Die Verbindung zum Kartäuserorden ist vor allem durch die Person von Goswin Comhaer gegeben, vgl. besonders in Kap. 4.2.2., Anm. 145.

340 OBA 4684: *Erwerdygher here vnde zunderghe gude vrunt alze juwe werdycheyt wol wet dat yk myt iů handelde van desseme kryghe de nu leyder an ghe hauen ys myt deme heren konynghe to denemarken dar gy up denken sculden mynen heren meyster dar an to rychtende ofte he wes gudes dar to doen konde dat zyk zyne gnade dar ane be / wysede (...) de deghedinghe van des kryghes weghen zynt gans stille tusscen deme heren konynghe vnde den steden (...).*

Entscheidung für eine Beteiligung daran stand, lässt sich aus dieser singulären Nachricht jedoch nicht schließen. Auf jeden Fall demonstrieren im erhaltenen Notariatsinstrument vom 23. März 1427 alle Stralsunder Bürgermeister gegenüber den Herzögen Kasimir V. von Pommern-Stettin sowie Wartislaw IX. und Barnim VII. von Pommern-Wolgast ihre Einigkeit mit den anderen Städten, wobei *Curd Bisscop* in der Reihe der Stralsunder Bürgermeister an zweiter Stelle genannt wird.[341] Zugleich boten die anderen Städte Stralsund nur eine gewisse Frist bis zum Beginn von militärischen Aktionen. Handlungen in Widerspruch zur Herrschaft waren bereits durch den Vertrag der Städte vom Oktober 1426 abgedeckt worden, so dass dem Stralsunder Rat auch relativ wenig Handlungsspielraum blieb.[342] In dem vom Notar Johannes Junge aufgezeichneten Gespräch brachten alle kriegführenden Städte ihre Rechtfertigung vor, die zu diesem Zeitraum aber nur an die Schädigungen des Handels geknüpft wurden, ohne dass die Unterstützung für die Holsteiner eine so große Rolle spielte. Auf der anderen Seite ist der von den pommerschen Herzögen besonders gegenüber Stralsund angeschlagene Ton durchaus scharf, auch wenn es am Ende nicht zu Strafmaßnahmen kam. Im Vordergrund steht immer wieder die Erhebung gegen die eigene Herrschaft, die zum Beispiel Herzog Barnim als *unreliken wrevele jegen ern naturliken ervheren* bezeichnete.[343]

---

341 DRA, NKR, Nr. 2984 = HR I, 8, Nr. 169. Vgl. auch Kap. 2.1.2 c), Anm. 112.

342 HR I, 8, Nr. 169, 113: *Dar se* [die Stralsunder Bürgermeister Nikolaus von der Lippe, Conrad Bischop, Hinrich Blome, Johann Burow, Berthold Kummerow und Johann Langhennig] *na langher besprake nicht anders to antworodeden, men oft der heren welk syk, umme wes gudes willen to ramende tusschen deme voscreven heren unde koninghe der ergescreven ryke unde den ergenanten steden, underwynden wolde overthothende, so wolden de vorscreven stede ere were, de se noch bynnen hadden, tu hůs beholden, wente an den sondach judica* (...). Den weiteren Hintergrund dazu bietet der städtische Rezess: HR I, 8, Nr. 168, § 3, 110: *Item als de stede in dat erste na lude des latesten recessus overeengedregen hadden, ere were in de zee to leggende uppe den negesten tokomenden sondach mitvasten, alse to letare, dat hebben se uppe de vorwaringe, de en scheen schal van dem heen koninge, alse twisschen den heren hertogen vorbenomed unde den sendeboden gedegedinget is, vorlenget bette uppe den negesten navolgenden tokomenden sondach dar na, alse judica, umme bede willen der van dem Stralessunde; und denne uppe den suven sondach judica scholen se mit erer were inder zee wesen, sunder jenigerleye vortoch, en weddervare van der herschop, wat en weddervare.* Vgl. auch die besiegelte Vereinbarung von 1426, Sept. 22: LUB 6, Nr. 764.

343 Beispiele in HR I, 8, Nr. 169, 111: (...) *dat ene* [den dänischen König, Anm. d. V.] *de vorbenomeden stedere, unde to sundergen de Sundeschen, wedder Got, ere unde recht, entsecht unde beveydet hadden.* 113: *Do bot de irluchtede hochgeboren fürste, hertoghe Barnym, der vorscreven stad Stralsund unde des landes jegenwardiger regerer, beschermer unde here, den vorscreven borgermesteren der stad Stralessunde strengelken by eren ede unde horsamen, dat se den vorbenanten synen gnedigen heren, den koningh nicht beschedegen unde des anghehavenden kryges jegen em vorthegen, na deme dat se syk rechtes weygerden mit em to stande, unde to sundergen, dat he mit deme erbenanten synem gendigen heren, deme koninge, unde de koningh mit em ander sameden hant sete der hescrop, dar se ane belegen unde beseten weren, uppe dat van alsulkem unrelikem wrevele egen eren natorliken erheren he also wol alse see, an enen groteren vorderfliken schaden qweme.*

Diese anklagende Rhetorik findet sich in den Quellen aus den weiteren Verhandlungen bis 1430 zwar nicht explizit, doch bringen Schriftstücken, die nach dem Stralsunder Friedensschluss entstanden, sehr deutlich den Gedanken zum Ausdruck, dass dieser Frevel der Stralsunder weder vergessen, noch vollständig vergeben war. Im Notariatsinstrument von 1433 wird das städtische Fehlverhalten sogar zugespitzt, in dem der erlangte Frieden als ausdrückliche Gnade des Königs erscheint, der mit der Annahme des Friedensangebotes über die Untaten der Stralsunder hinweggesehen hätte.[344] Eine derartig konfrontative Haltung des Königs und so offensichtliche Bekundung des Ungleichgewichtes lässt sich sogar in den Zeiten des wiederhergestellten Friedens beobachten. Daher stellt sich die Frage, ob die Zeiten des Krieges einer früheren Vertrauensperson wie Conrad Bischop überhaupt noch die Möglichkeit boten, die ursprünglichen Beziehungen wieder ins Spiel zu bringen.

Seine diplomatischen Aktivitäten zwischen 1427 und 1430 haben nur einige wenige Spuren in den Quellen hinterlassen. Im Zusammenhang mit den schließlich erfolglosen Vermittlungsversuchen der Pommernherzöge nahm er an einer Gesandtschaft nach Preußen teil, wobei in Danzig gleichzeitig Fikke von Fitzen und der Kartäuser Goswin Comhaer im Namen König Eriks beim dortigen Meister vorsprachen. Mit dem Erscheinen dieser Gesandten wurde dann auch das Fehlschlagen der Vermittlungen begründet.[345] Außerdem könnte der Ordensmarschall Walrabe von Hundsbach, der während seiner Mission längere Zeit in Stralsund auf Geleit aus Dänemark und guten Wind warten musste, durchaus im Haus des Bürgermeisters beherbergt worden sein, auch wenn er dies nicht explizit erwähnt.[346] An den Verhandlungen in Nykøbing, im September 1428,[347] nahmen nur Hinrich Blome, Nikolaus von der Lippe, Reymer Rapesulver und Johann Vorwerk als Vertreter Stralsunds teil. Die Sendboten des Jahres 1429 werden in den Quellen nicht namentlich erwähnt. In das letzte Jahr fällt auch der Stralsunder Sieg über die von Königin Philippa aufgestellte

---

344 HR II, 1, Nr. 179, 124 f.: *Des hadden se en gesecht, dat erste were, dat se em entsecht hadden wedder de guden vruntschopp, dar he sundergen mit en ane sat, unde binnen plichtegen denste in twierleie wiis, beide van der samelden hant wegen, de he over se hefft, unde van des vorbundes wegen it der unreddliker untsegginge weldichike overvaringe gedan, jodoch hadde he dat overgeven, do de vrede angenomen wart.* Vgl. auch HR II, 1, Nr. 365, § 38, 245.
345 HR I, 8, Nr. 182, 183 und 185. Aus HR I, 8, Nr. 182, § 20, 130 geht hervor, dass die Stralsunder Sendeboten zugunsten der preußischen Städte bei ihrem Herzog vorsprechen sollten.
346 Brief an den Hochmeister: 1427, Juni 26 (OBA, Nr. 4781): *Nu ist vns van vnßers hern koniges gnoden syn geleythe gekomen. doczu hat vns syne herlichkeit czu methegeleyten gesandt eynen priester. den probst van bergen So das wir allirdinge gereith synn czu segeln. nunth das wir harren eynes guten windes So schire wir den hetthen welden wir vns irheben (...). Gegeuen czum Stralissunde am tage Johannis et pauli beatorum martyrum Jm xxvijten Jore.*
347 HR I, 8, Nr. 516, § 1.

Flotte, und darüber hinaus beteiligte sich die Stralsunder grundsätzlich mit recht hohen Kosten und Einsatz am gemeinsamen Krieg.[348] Sie scheinen noch über geheime Verbindungen nach København verfügt zu haben, doch ob Bürgermeister und Rat diese weiter ausschöpften als für einen Informationsvorsprung im Krieg, lässt sich aus den Indizien nicht erschließen. Conrad Bischop erscheint als wirklich aktiver Diplomat in dänischen Angelegenheiten erst wieder im Frühjahr 1430, wobei er und der Ratsherr Reymer Rapesulver zuerst nur als Bittsteller hinsichtlich des gemeinsamen Tages auftraten.[349] Der Kanzleivermerk auf dem Geleitbrief könnte dabei auf eine vermittelnde Fürsprache des Kanzlers hindeuten, drückt aber auf jeden Fall eine Distanz zum König aus.[350]

Diese etwas ausführlicher dargestellte Vorgeschichte bestimmte in ihrer Gesamtheit auch die politischen Konfigurationen während der Verhandlungen in Lund. Ob Conrad Bischop im Jahre 1430 noch *tamquam singulariter notus et familiaris regis*[351] war, spielt für die Beurteilung seines Verhaltens eine wichtige Rolle. Kann ihm wirklich ein bewusstes doppeltes Spiel vorgeworfen werden oder hatten die kriegsführenden Städte – und vielleicht auch er selbst – sein Potential möglicherweise überschätzt? Endgültig lässt sich diese Frage nicht beantworten, doch verweisen die Quellen auf jeden Fall auf eine komplexe Situation und erlauben verschiedene Erklärungsmöglichkeiten für das Verhalten des Stralsunder Bürgermeisters.

Als Grundlage für die Untersuchung dienen zunächst die Hauptquellen zu den Verhandlungen in Helsingborg, das vierfache Notariatsinstrument und der städtische Bericht. Zuerst seien die Diskrepanzen zwischen diesen beiden Quellen in Erinnerung gerufen. Dabei handelt es sich zunächst um eine kleine Abweichung hinsichtlich der Daten. Laut dem städtischen Bericht fand die erste umfassende Aussprache vor dem König *an sunte Andree dage*, dem 30. November, statt, während das Notariatsinstrument diese auf den ersten Dezember setzt.[352] Weit problematischer aber sind die Unterschiede hinsichtlich der Anwesenheit der Stralsunder Sendboten. So beschreibt

---

348 1426 (LUB 6, Nr. 764) soll Stralsund wie Lübeck und Hamburg mit fünfhundert Bewaffneten stellen. 1428 (HR I, 8, Nr. 343) liegt die Zahl der Bewaffneten aller Städte, außer Lübeck und Lüneburg, dann bei 1000 Mann.

349 Die Mühe der Verhandlungen kommt auch in der Wortwahl des preußischen Gesandten Berthold Burammer zum Ausdruck, nachdem die Stralsunder mit dem König *vorbearbeydeden, dat de stede, de in desem krighe begrepen sint, mochten myt sinen ghnaden unde den sinen velecht to worden komen.* HR I, 8, Nr. 322, 222, vgl. die Anmerkungen zur zeitlichen Einordnung des Briefes in Kap. 3.5.3 a). Arbeiten hat in der Regel die Bedeutung von „sich (mit großen Beschwerden) bemühen": *Schiller-Lübben*, Bd. 1, 122.

350 Der Vermerk lautete: *Ad mandatum domini regis de consilio Johannes noster cancellarius.* Vgl. Anhang 8.3.1 d).

351 Korner, Chronica. Ed. *Schwalm*, D § 1516.

352 1.) HR I, 8, Nr. 843, § 5, 536; 2.) HR I, 8, Nr. 842, 542: *Anno nativitatis eijusdem 1430 mensis decembris die prima hora nona vel quasi indiccione octava pontificatus sanctissimi in Christo patris et*

das Notariatsinstrument die erste Aussprache vor dem König gleichsam als eine dreiseitige Angelegenheit, bei der zwischen den beiden gegnerischen Parteien – *tamquam amicabilibus compositoribus* – Conrad Bischop sowie *Raynaldo Rapesulver et Ewerado Drulshagen* stehen.[353] Dagegen vermerkt die städtische Quelle nur für die Anreise, dass die Ratsendeboten Lübecks, Wismars und Lüneburg von Skanør aus die Stralsunder als Boten an den König geschickt hätten. Danach wird die Präsenz Conrad Bischops und der anderen mit keinem Wort erwähnt, während in den Notariatsinstrumenten immer wieder auf sie Bezug genommen wird, sei es durch Benedikt Pogwisch in seinem Bericht von den Lundener Gesprächen, sei es durch Hinrich Rapesulver in der Erklärung der städtischen Position.[354]

Ein Grund für das Schweigen mag einfach in der Darstellungsform des Berichtes liegen, der die Anwesenheit von Personen nur in Relevanz für die städtischen Abgesandten vermerkt, wenn es zum Beispiel zu einem direkten Dialog zwischen Sprechern beider Seiten kam. Ein solches narratives Verfahren zieht sich durch den gesamten Bericht, denn die Namen einzelner Räte tauchen nur im Zusammenhang mit den teilweise informelleren Gesprächen im Dominikanerkloster von Helsingborg auf, während bei den öffentlicheren Aussprachen nur der König und sein offizieller Sprecher, Benedikt Pogwisch bzw. Erik Krummediek, in den Vordergrund rückten.[355] Dass die Notare hingegen die Anwesenheit eines weiteren Personenkreises notierten, liegt in der Natur des Notariatsinstrumentes begründet. Dabei erfolgte eine vollständige Aufnahme der Zeugen nur im Bezug auf den ersten Verhandlungstag und am Schluss

---

domini nostri, domini Martini papa quinto, anno quarto decimo in castris Helsinborch Lundensis dyocesis in aula seu stuba majori (...). Im Übrigen erscheint die Jahreszahl im Original als Wort ausgeschrieben. HR I, 8, 534 geht von einem Versehen in der städtischen Quelle aus.

353 HR I, 8, Nr. 844, § 1, 542.

354 1. HR I, 8, Nr. 844, § 2, 543: *Nuper, inquiens, astantes his domini Conradus Biscopp, Reynoldus Rapesulver und Everhardus Drulshagen, (...) ad civitatem Lundensem advenissent (...)*; § 6, 544: *sicut dominum Conradum Biscopp, hic presentem.*

355 Folgender Aufbau ist dabei festzustellen: HR I, 8, Nr. 843, §§ 1–4 Anreise mit Jens Grim Andersen und Hans Kröpelin als Kontaktpersonen, §§ 5–10 am 31. November 1430 auf dem Schloss: Erste Aussprache vor dem König, bei der nur für den Bischof von Seeland im Nachhinein ein kurzer Wortwechsel festgehalten wird, §§ 11–21 am 1. und 2. Dezember im Dominikanerkloster zu Helsingborg: Gespräche mit den Räten des Königs, den Bischöfen Johannes von Roskilde (*de bischopp van Zeeland*) und Thomas von Strängnäs, dem Abt Nicolaus (Niels Klementsen) von Sorö als geistlichen Räten sowie Axel Pedersen, Benedikt Pogwisch, Jens Grim, Sture Algudsen und Hans Kröpelin als weltlichen Räten, §§ 22–24 am 3. Dezember im Dominikanerkloster: informelle Gespräche mit Benedikt Pogwisch und Hans Kröpelin, § 25 am Nachmittag des 3. Dezember, wieder im Dominikanerkloster: Aussprache mit allen Räten, §§ 26–27 am 6. Dezember (Nikolaus) auf dem Schloss: Aussprache vor dem König, §§ 28–33 am 7. Dezember nach der Messe im Dominikanerkloster: Aussprache mit den Räten, dieses Mal mit Erik Krummediek als Sprecher, § 34–38 am Abend desselben 7. Dezember sowie am 8 Dezember auf dem Schloss: letzte Aussprache vor dem König mit Erik Krummediek als dessen Sprecher und Abreise unter dem Geleit von Jens Grim. Vgl. auch HR I, 8, 533 f.

des Berichtes, während für die an den Folgetagen stattfindenden Begegnungen auf dem Schloss nur Datum und Ort erfasst wurden.[356]

Eine Übereinstimmung beider Quellen gibt es hinsichtlich der Tatsache, dass bei der ersten Aussprache vor dem König, dessen Rat Benedikt Pogwisch gleichsam als Mund des Herrschers agierte,[357] und als erstes auf die Verhandlungen von Lund zu sprechen kam. Gleichermaßen korrespondieren mit Zusammenfassungen im städtischen Bericht die wörtlichen Redeelemente der Notariatsinstrumente. Demnach begann Benedikt Pogwisch mit einer allgemeinen Darlegung der Vorgeschichte[358] und ließ als Beweis durch den Kanzler Jens Pedersen, den Brief des Königs an die Städte verlesen[359]. Außerdem bekundeten die Städte ihre Absicht, über alle Artikel des Vorschlages von Nykøbing verhandeln zu wollen, und erfuhren, dass Conrad Bischop bei den Verhandlungen in Lund nur zwei der städtischen Anliegen vorgebracht hatte. Der Unterschied liegt in den Nuancen: Im städtischen Bericht sprechen die Ratsendeboten aus einem Munde, in den Notariatsinstrumenten tritt Hinrich Rapesulver als ihr Sprecher auf. Die Offenbarung über Conrad Bischops Verhandlungstätigkeiten stellt in den Notariatsinstrumenten den Höhepunkt der Aussprache vor dem König dar, während der städtische Bericht diese Information erst mit den Gesprächen zwischen dänischen Räten und Ratssendeboten in Verbindung bringt. Neben den Verhandlungen zwischen König und kriegführenden Städten enthalten die Notariatsinstrumente außerdem eine Befragung Conrad Bischops, die in Abwesenheit der übrigen Ratssendeboten stattfand,[360] während beide Seiten vorher nur über ihn, aber nicht mit ihm gesprochen hatten. Die Befragung legte offen, dass Conrad Bischop den dritten Artikel in der Tat nicht dem König vorgetragen, sich aber über die Erfolgsaussichten aller städtischen Forderungen in einem Gespräch mit den Räten Benedikt Pogwisch und Hans Kröpelin verständigt hatte. Darauf aufbauend versprach er sich größere Erfolge nach einer Übereinkunft wegen der ersten beiden Artikel.[361] Über die Ergebnisse dieser Befragung wurden die übrigen Ratssendeboten nicht unterrichtet.

---

356 HR I, 8, Nr. 844, § 14, 545: *Die autem tercia sequenti* [Dez. 3] *supramemorati ambassiatores post bidui deliberationem ad presenciam domini regis, quo supra, presentibus illic hiis, qui ante presentes fuere,* und § 19, 545: *Die autem tercia sequenti* [Dez. 5] *post habitam iterum in privato tractatum reverentibus ad presenciam domini regis et eijus prefati concilii prefatis ambassiatoribus, cum de proposito supramemorate suspensionis termino nichil conclusum esse videretur (...).*

357 Im Notariatsinstrument wird die entsprechende Rede des Königs direkt wiedergegeben: *Super quibus igitur nunc tractandis articulis huc vobis occurrere et vos admittere consensimus, ex ore nostri dilecti fidelis, domini Benedictus Poggewisch, et cui hoc ipsum hic coram nobis et pro parte nostra resumere commisimus, audietis* (HR I, 8, Nr. 844, § 1, 543). Die städtische Quelle gibt nur eine kurze Einleitung: HR I, 8, Nr. 843: *Unde dar mede hoff her Benedictus erbenomed up unde sede.*

358 HR I, 8, Nr. 843, § 6 und HR I, 8, Nr. 844, § 2.

359 HR I, 8, Nr. 843, § 8 und HR I, 8, Nr. 844, § 3, die dort zu findende Angabe über die integrierte Schrift ist von Nr. 803 auf Nr. 823 zu korrigieren.

360 HR I, 8, Nr. 844, § 8, 544: *Tunc prefatis ambassiatoribus abeuntibus pro deliberacione ad partem.*

361 HR I, 8, Nr. 844, §§ 8–12.

Die Beurteilung beider Quellen wird durch ihre jeweilige Natur noch verkompliziert. Dies betrifft insbesondere die Notariatsinstrumente, deren Darstellung auch dann über jeden Zweifel erhaben sein sollte, wenn die Notare aus dem direkten Umfeld des Königs kamen. Der Entstehungsprozess dieser Urkundenform, von den direkten Mitschriften zur fertigen Ausstellung, erlaubt in der Regel ein Vertrauen in Datumsangaben und Zeugenlisten. Doch obwohl die Darstellung der Notare aufgrund ihres „Berufsethos" keiner direkten Manipulation unterliegen oder gar bewusste Falschdarstellungen enthalten sollte, verbinden sich mit ihrem Einsatz doch gewisse Spielräume. Dies zeigt sich zum Beispiel an der Befragung Conrad Bischops. Es werden nur einige Fragen und Antworten wiedergegeben, und unmittelbar nach dessen letzter Aussage enden auch die direkten Hinweise auf seine Gegenwart, ohne eine wirkliche Konklusion anzudeuten,[362] während Eingang und Abtreten der städtischen *ambassiatores* regelmäßig vermerkt werden. Die Auswahl der niedergeschriebenen Aussagen und Reaktionen erscheint daher selektiv. Ganz davon zu schweigen, dass die inserierten Dokumente gewisse Abweichungen zu den erhaltenen Originalen aufweisen, wie bei der Vorstellung des Materials bereits angedeutet wurde. Außerdem ist in den Notariatsinstrumenten eine gewisse Dramatisierung der Gesprächssituationen zu beobachten, die sich aus der Wiedergabe der Rede in teilweise stilisierter Form ergibt und wirklich erfolgte Rede zum Teil überformt haben könnte. Ein weiterer Unsicherheitsfaktor liegt zudem in der lateinischen Wiedergabe der auf Niederdeutsch geführten Verhandlungen, bei denen mit Benedikt Pogwisch und Erik Krummediek explizit Laien aus dem nicht rein dänischen Umfeld des Königs zu Wort kamen. Aus dieser Perspektive müssen die rhetorisch stilisierten wörtlichen Aussagen aus dem Mund der einzelnen Personen mit Vorsicht betrachtet werden.[363]

Der städtische Bericht wiederum hat den Charakter eines nachträglichen Protokolls, dessen Entstehungsprozess nicht so einfach nachvollziehbar ist wie die typische Herstellung einer Notarsurkunde. Es ist aber ebenfalls von direkt bei den Verhandlungen erfolgten Niederschriften auszugehen, bei denen es sich aber vielleicht

---

362 HR I, 8, Nr. 844, § 8 leitet die Befragung ein, §§ 9–12 enthalten Fragen und Antworten von Benedikt Pogwisch und Conrad Bischop, § 13 betrifft bereits wieder die anderen Ratssendeboten und ihre Bitte um Verlängerung der Bedenkzeit (*quatenus ad liberandum maturius tempus eis usque in crastinum concedere*).

363 Als Beispiel sei nur eine Aussage von Benedikt Pogwisch genannt, die Redefiguren der Wiederholung und gestaltende Elemente enthält: HR I, 8, Nr. 844, § 7, 544: *Audistis*, inquit, jam, quomodo et quid dominus Conradus cum suis collegis hic presentibus domino nostro regi et ejus concilio pro parte vestra proposuerunt. Audistis eciam et scitis, quomodo et quid et illis et vobis super hoc responderit. Cui, sicut omnes, qui presentes tunc fuimus, et prefatum dominum Conradum cum suis collegis meminisse non ambigimus, nec unicum quidem de hoc tercio articulo motum fuisse verbum, set tantum super duobus prioribus decidendis et corrigendis articulis hunc presentem admissum tractatum fore attestatamur. Quare, inquit, petit dominus noster rex, ut in casu, quo de duobus prefatis atriculis, pro quorum decisione et correctione, sicut sepius jam audistis, huc venire et vos admittere dignatus est tractare cum eo placuerit, vestrum velitis dare responsum [Hervorhebung d. V.].

nur um Zusammenfassungen handelte. Die Abweichungen in den Datumsangaben und einigen Reihenfolgen der Gespräche erklären sich dann als Versehen. Hinsichtlich der inhaltlichen Abweichungen bleibt aber unklar, in welchen Fällen es sich um unbewusst falsche Erinnerung, um stilistische Elemente oder um Ausdrücke einer gewissen Darstellungsabsicht handelt.

Ausgehend von dem Befund, dass die Quelle immer nur direkte Kontaktpersonen namentlich erwähnte, ließe sich aus den fehlenden Hinweisen auf die Stralsunder schließen, dass nach der Ankunft in Skanør jeglicher direkter Kontakt zwischen diesen und den Ratssendboten von Lübeck, Wismar und Lüneburg abbrach. Mit der den Städten auferlegten Reise nach Helsingborg verbände sich so nicht nur eine unmissverständliche Symbolik, sie beendete alle direkten Stralsunder Einflussmöglichkeiten. Die räumliche Trennung setzte sich dann in Helsingborg fort, wo die Stralsunder eben nicht – wie in den Notariatsinstrumenten angedeutet – als *amicabiles compositores* auftraten. Damit ist entweder ein Ergebnis der Verhandlungen vorweg genommen oder die Städte sahen Conrad Bischop im Spätherbst schon nicht mehr in dieser Rolle, obwohl er als Veranlasser der Begegnung ins Spiel gebracht wird.[364] Die Vertreter der Städte reagierten auf die Eröffnung der dänischen Räte, dass Conrad Bischop dem König nur zwei Artikel vorgetragen habe, zunächst relativ verhalten. Erst bei der Widergabe der Punkte, die das Scheitern der Verhandlung an der Frage des Waffenstillstandes und seiner Länge schildern, wird auch die Sprache des Berichtes harscher. Dann erscheint die Anberaumung der Verhandlungen unter falschen Vorzeichen als böses Spiel, wobei sich der größere Unwille vor allem gegen den König und nicht so sehr gegen Conrad Bischop richtet. Im Grunde wird dieser sogar entschuldigt. Laut Text des Berichtes, heißt es, dass schon diesem der Stillstand nicht zugestanden worden wäre, den der König jetzt auch den anwesenden Sendboten verweigerte: *wente heren Corde Bischoppe en ward nicht togestån van dem upslage, ok en stund he* [der König, Anm. d. V.] *den sendeboden nicht to.* Im Anschluss darauf wurden noch einmal die Voraussetzungen wiederholt, unter denen die Verhandlungen zustande gekommen waren.[365] Aus dem Bericht ist daher nicht eindeutig abzulesen, ob die Informationen über die Lunder Verhandlungen für die Abgesandten der Städte eine

---

364 Verweise auf die mündlichen und schriftlichen Nachrichten der Stralsunder als Motiv für die Verhandlungen finden sich an (zwei) Stellen: 1.) HR I, 8, Nr. 843, § 7, 536: *Wor to de sendeboten seden, umme scriffte unde muntliker werve willen de by se gebracht weren, so weren se dar jo gekomen umme vredes willen* (...); 2.) HR I, 8, Nr. 843, § 36, 541 f.
365 Zu gesamten Passage: HR I, 8, Nr. 843, § 36, 541 f.: *Hirup bespreken sik de stede; unde alse se vernemen, dat men en en ungelympe under oghen ghingk unde se id ok alse nicht en vunden, alse dar up se to dem tage gereytzed unde vorled weren, wente heren Corde Bischoppe en ward nicht togestån van dem upslage, ok en stund he den sendeboden nicht to, so seden se uppe dat nye, wo unde in wat wyse se dar gekomen weren, uppe heren Cordes scrivent unde der Sundeschen muntlike werff, unde wo ok de stede den Sundesschen nicht gescreven en hadden allene van 2 artikelen, alse de breff dat ok wol utwisede, unde ok wo de here koning den steden vorscreven hadde, umme sik mit eme to vorghande, alse*

Überraschung darstellten oder ob sie bereits mit einer Diskussion des strittigen Punktes rechneten.[366] Im letzteren Fall hätten den Räten der Städte, aufgrund der schriftlichen und mündlichen Nachrichten des Stralsunder Bürgermeisters, bereits einige die Details der Lundener Gespräche bekannt gewesen sein können. Dass die Verhandlungen schließlich wieder in gegenseitigen Vorwürfen und wilden Worten endeten, wird die Abfassung des Berichtes in gewisser Weise beeinflusst haben. Die Gespräche mit den Reichsräten wie auch die Konfrontationen vor dem König erwecken den Eindruck, dass die städtischen Abgesandten sowohl durch versöhnliche Worte als auch durch Druck dazu gebracht werden sollten, aus der Allianz mit den Holsteinern auszuscheren und hinsichtlich des Waffenstillstands den Forderungen König Eriks nachzugeben.[367] Dagegen erscheinen die Person Conrad Bischops und seine Handlungen eher sekundär.

Für die Suche nach dessen Motivationen oder Handlungsspielraum bietet die im städtischen Bericht vorgeführte Verhandlungstaktik der Dänen einen wichtigen Anhaltspunkt. Gibt es doch eine nachweisbare Parallele zu den Gesprächen in Lund, auf die sich nicht nur Conrad Bischop sondern auch die Räte Benedikt Pogwisch und

---

id vromelik unde nutte were vor de gemeynen world unde beider dele ewigen bestande, dat doch sunder eynen redeliken upslach mit den Holsten, alse vor gerored is, nicht schēn en konde. Zur genaueren Erklärung des Zitates: Tostân, transitives Verb: „zugestehen, anerkennen, bekennen", *Schiller-Lübben,* Bd. 4, 591; en als Teil der Negation: en (...) nicht, *Schiller-Lübben,* Bd. 1, 658.

366 Dafür spräche z. B. die Tatsache, dass der Lübecker Rat vor den Verhandlungen die Meinung der Gemeinde einholte und dass im Einvernehmen mit dieser die Fortsetzung des Bündnisses mit den Holsteinern beschlossen wurde: *Daenell,* Hansestädte (1902), 323; LUB 7, Nr. 418 und HR I, 8, Nr. 844, § 14.

367 Die sanftere Methode der Räte zeigt sich bei verschiedenen Gelegenheiten: Im Anschluss an die erste Aussprache vor dem König folgt (HR I, 8, Nr. 843, § 10, 536): *Unde do zede de bisschop van Zeeland: spreket, umme juw gutliken mit unseme heren to vorghande, unde latet de Holsten slapen; wii hebbet mit den Holsten wol 20 jar, unde lucket, so mote wii vortan.* Des Weiteren geben die Räte in den „geheimen" Gesprächen [am 1. und 2. Dezember] eine Einschätzung der Situation (§ 15, 537): *(...) dat id ereme heren unde sinen ryken nicht en stunde to donde, under sodanen langen upslach to ghande; wan men eyn jar nemen wolde, dar stunde in to sprekende, unde bynnen eynem jare mochte men vele dinges utrichten, alse de gesellen ute der zee to bringende etc; en duchten ok, dat men eren heren men drengen wolde van sinen gewunnenen rechte unde sinen moderliken erve mit dem langen upslage, alse id ok alrede geschen were.* Eine noch vertraulichere Ebene schließlich ist bei dem Gespräch mit Benedikt Pogwisch und Hans Kröpelin zu beobachten, in welchem sie die Befürchtungen mitteilen, die sich an einen allzu langen Waffenstillstand anknüpfen: (§ 22, 538: Paraphrase) Der Tod des Königs, König Sigismunds oder auch des aktuellen Papstes könnte zu einem neuen Prozess führen, welcher die erfolgten Schiedssprüche widerrufe. Andere Töne wurden jedoch in Gegenwart des Königs selbst angeschlagen: So drohte Erik Krummediek in der letzten Begegnung am 8. Dezember, dass der König einen Prozess vor dem römischen König anstreben würde, wenn die Städte den Vorschlägen nicht nachkämen. (§ 35, 541) *(...) so juw dat ok so nicht bequeme, so vorbundt he sik tegen juw to rechte unde wil dar gerne heren unde schedeslude to kesen, de dat van siner wegen to sik nemen, unde ene redelike tyd unde upslach to setten, dat embynnen gy moghen vorscheden werden, unde, boven alle, den hogesten richter, alse den Romisschen koningh, vorlecht he nicht.*

Hans Kröpelin durch ihre Aussagen im Notariatsinstrument beziehen. Die schon erwähnte Befragung des Stralsunder Bürgermeisters, über deren Details die Sendboten von Lübeck, Lüneburg und Wismar nicht unterrichtet waren, enthält zwei Erklärungen Conrad Bischops für sein Verhalten und eine Zwischenfrage der beiden Räte: Als erstes gesteht Conrad Bischop, dass er dem König in der Tat den dritten Artikel nicht vorgetragen hätte. Gleichzeitig gibt er aber zu, dass diese Entscheidung das Ergebnis einer Besprechung mit Benedikt Pogwisch und Hans Kröpelin war, welche er in der Angelegenheit um Ratschlag gebeten hatte.[368] Interessant ist in dieser Aussage, dass das Anliegen der Städte als *supplication* bezeichnet wird, zu der sich der König herablassen solle. Dahinter könnten sich sowohl eine wirkliche Formulierung Conrad Bischops als auch eine formalisierende Vereinheitlichung des Notars verbergen, der bei der lateinischen Niederschrift auf rhetorisch und dabei hierarchisch korrekte Ausdrucksformen achtete.[369] Auf jeden Fall erscheint der Stralsunder Bürgermeister dadurch als Bittsteller, der auf die Gnade seines Herrn warten oder hoffen musste. Die Auslegung der Formulierung ändert sich dabei je nachdem, aus wessen Mund bzw. Feder sie stammt. Falls sie direkt auf Conrad Bischop zurückgeht, wäre sie ein weiterer Beleg für die demütige Haltung, welche die Stralsunder gegenüber dem König einnahmen und einnehmen mussten, um sein Wohlwollen wiederzugewinnen.

Die Befragung der beiden Räte diente zunächst der Klärung der Situation: „„Habt Ihr, Herr Conrad', fragten sie als erstes, ,jemals das Wort von dieser Angelegenheit vorgeschlagen, woher wir von Euch erfahren haben, dass ihr beauftragt worden seid, dem König Bericht zu erstatten, sowohl von eurer eigenen Seite her als auch der benannten Räte? Oder habt ihr von uns, als wir darüber sprachen, irgendetwas darüber gehört als das, dass in dem Fall, wenn sich diese Städte zuerst mit unserm Herrn dem König über die beiden ersten Artikel gut einig wären und die Versöhnung in Gnade von ihm erlangten, sie sich später für den dritten (Artikel) als gute Prokuratioren leichter einsetzen und vielleicht mehr nützlich machen könnten?'"[370] Primär scheint diese Frage vor allem sicherstellen zu wollen, dass Conrad Bischop das Gespräch mit

---

368 HR I, 8, Nr. 844, § 10, 544: *Fateor, inquit, domino meo regi nichil de hoc tercio prefato articulo me movisse; vobiscum tamen, inquit, domine Benedicte, et cum Johanne Kropelin sub privato colloquio aliquociens de hac materia loquutus sum, asserens consultum michi videri et potissimum pro parte domini regis si supplicacioni civitatum in hac parte condescendere dignaretur.*

369 Respekt gegenüber dem Stand einer Person und die entsprechend korrekte Ausdrucksweise gehören zu den Standardinhalten der Ars Notariae: *Worstbrock*, Einleitung (1992), XI; *Camargo*, Ars (1991), 22.

370 HR I, 8, Nr. 844, § 11, 544: *Ad quod prefati dominus Benedictus et Johannes Kropelin respondentes, prefatum dominum Conrådum interrogabant: Proposuistis, inquiunt, domine Conradus, unquam de hac materia verbum, unde relacionem facere domino nostro regi vel pro parte vestra vel consulatuum prefatorum in commissis a vobis accepimus, aut aliud a nobis, dum inde loqueremini, quam hoc, in casu videlicet, quo cum doino nostro rege primum ipse civitates, de prioribus duobus articulis bene concordes, graciarum ab eo reconiliacionem obtineent, postea possent pro tercio tanquam boni procuratores conveniencius interponere se et plus forsan proficere, audivistis.*

den beiden Räten richtig aufgenommen und an die anderen Städte weitergeleitet habe. Sie zielt jedoch nicht darauf ab, dem Stralsunder Bürgermeister das Verschweigen des dritten Artikels vorzuwerfen. Stattdessen geht es aus der angedeuteten Situation hervor, dass Conrad Bischop in dem informellen Gespräch mit den königlichen Räten die Erfolgschancen einer Einigung abzuwägen versuchte. Im Gegenzug lässt sich aus der einleitenden Frage sowie aus der weiteren Folge der Befragung schließen, dass Benedikt Pogwisch und Hans Kröpelin Conrad Bischop deutlich machten, dass die Erfolgschancen für eine Versöhnung größer wären, wenn sich beide Seiten erst über die ersten beiden Punkte einigten.

Ein sehr ähnlicher Gedanke kam auch bei den Gesprächen zwischen dänischen Räten und städtischen Ratssendeboten in Helsingborg zum Ausdruck. Lautet Bericht sagten die Ratgeber aber: „dass sie nichts anderes hören, als dass man ihren Herren von seinen gewonnenen Rechten verdrängen wolle, wenn man den Waffenstillstand (bzw. dessen Dauer) doch vorher festlege, wenn man aber die zwei Artikel vorzöge, die Herr Conrad ausgerichtet hätte, und sich mit ihrem Herren und seinen Reichen wieder verbündete, worum die Städte dann bitten, das würde ihnen ihr Herr als rechtmäßig erhören; denn Freunde könnten mehr bitten und erwerben als Feinde."[371] Diese letzten Worte lassen sich auch aus Conrad Bischops Äußerungen im Notariatsinstrument herauslesen, und scheinen wohl auch Gegenstand seiner Unterhaltung mit Benedikt Pogwisch und Hans Kröpelin gewesen zu sein. Vielleicht hat dieser Gedanke – neben allgemeiner Kriegsmüdigkeit – auch den Stralsunder Friedensschluss beeinflusst.[372]

In seinen Antworten auf die königlichen Räte legt er zumindest nahe, dass er auf eine schnelle Einigung hoffte. „In der Hoffnung auf einen besseren Ausgang, wenn die Städte ihre Gesandten hierherschicken würden," rechtfertigt er sich laut Notariatsinstrument. „So glaubte ich so schnell wie möglich mit Hinblick auf den gemeinen Nutzen, diesen Beschluss umsetzten zu sollen."[373] Er deutete damit an, dass er sich den Ratschlag der beiden Räte zu Herzen genommen und dem König, um der schnellen Herstellung eines Waffenstillstands willen, einen Kompromis vorgeschlagen hatte. Da das Notariatsinstrument nach dieser letzten Antwort die Befragung abrupt

---

371 HR I, 8, Nr. 843, § 17, 537: *De radgeven seden aver, se en vernemen anders nicht, danne dat men eren heren drengen wolde van sinen gewunnen rechte, wente men sette jo den upslach vore; wan men aver vorneme de twe artikele, de her Cord geworven hedde, unde satede sik wedder mit ereme heren unde sinen ryken, wor denne de stede umme beden, des horede en ere here mogeliken, wente vrunt konden mer bidden unde vorwerven, dann vyende.*

372 *Erslev*, Erik (1901), 254 f. geht davon aus, dass die Stralsunder eine günstige Stimmung des Königs nutzen wollten.

373 HR I, 8, Nr. 844, § 12, 544: *Non; set sub spe, inquit, melioris eventus, quem ex hujus modi vestris verbis, si ambassiatores suos prefate civitates huc mitterent, sequi posse collegi, consultum censui communis utilitatis inuitu hoc ipsum quantocius procurare.*

beendet, lässt sich aus dieser Quelle nicht ablesen, ob oder wie Conrad Bischop den Vertretern der anderen Städte den Vorschlag der beiden Räte mitteilte.

Alles in allem lassen die Quellen gewisse Parallelen zwischen den Verhandlungen in Lund und Helsingborg aufscheinen. In beiden Fällen wechselten sich Aussprachen vor dem König und informellere Gespräche ab, und auch das Bemühen, die Städte von den Holsteinern zu trennen und die Frage des Waffenstillstands unabhängig von den anderen Konfliktfeldern zu betrachten, lässt sich für beide Verhandlungen beobachten. In Lund entschied sich Conrad Bischop, auf diese Karte zu setzen, dabei vertraute er möglicherweise ein wenig zu viel in sein gutes Verhältnis zu den beiden Räten Benedikt Pogwisch und Hans Kröpelin. Die intensiven Überzeugungsversuche, welche die dänischen Räte in Helsingborg unternahmen, lassen sich auch für Lund vermuten, wobei die Sonderstellung Stralsunds gegenüber Erik diesen Druck verstärkt haben dürfte. Die Demutshaltung, in der Conrad Bischop und seine Begleiter in den Notariatsinstrumenten von Helsingborg auftauchen, legt doch eine deutliche Distanz zum König und damit einen eingeschränkten Handlungsspielraum nahe. Dass Conrad Bischop immer noch über eine besondere Vertrauensstellung am Hof verfügte, ist angesichts der verschiedenen kleineren, aber doch unübersehbaren Befunde zweifelhaft. Die gleichen Dokumente, welche die Stralsunder Sendeboten in der Beschreibung der Szenerie als *amicabilis compositoribus* aufführen, enthalten auch deren Demontage in dieser Funktion. Dass die Stralsunder eher geneigt waren, auf dem Weg zu einer Kompromissfindung eine zeitweilige Loslösung von den Holsteinern in Kauf zu nehmen, ließe sich nicht zuletzt auch mit deren Distanz und der Zugehörigkeit zu anderen geopolitischen Räumen erklären. Schließlich hatte für die Stralsunder die Verletzung der Handelsrechte zur Rechtfertigung des Krieges immer eine größere Rolle gespielt als die Unterstützung der Holsteiner beim Kampf um Schleswig.[374]

Dass die Stralsunder möglicherweise auf eine gewisse Vermittlerrolle zwischen dem König und den Städten spekulierten, ließe sich vor allem aus ihren Aktivitäten nach dem Friedensschluss in Lund ablesen und ihren Bemühungen, direkte Verhandlungen zwischen beiden Seiten zustande zu bringen. Wie schon erwähnt, ist nicht auszuschließen, dass Conrad Bischop in seinen mündlichen oder schriftlichen Nachrichten Verhandlungserfolge in Aussicht gestellt hat und die städtischen Ratssendeboten bereits wussten, worauf er seine Hoffnungen gründete. Ihr Unwillen richtete sich laut des restrospektiven Berichts weniger gegen Conrad Bischops Verhandlungstaktik, sondern vielmehr gegen die Kompromisslosigkeit in der Frage des Waffenstillstands und die beharrlichen Versuche der dänischen Räte und des Königs, nur über die Punkte eine Entscheidung zu fällen, die bereits in Lund besprochen wur-

---

374 Vgl. dazu die städtische Argumentation in den Dokumentationen der Verhandlungen in Stralsund (April 1427): Siehe Anm. 342.

den. Möglicherweise bewirkten die Stralsunder Informationen auch, dass die neuerlichen Verhandlungen so kurzfristig und kurz vor Winteranbruch anberaumt wurden, denn für erfolgreiche Vermittlungsversuche von Seiten Stralsunds stand nur ein relativ kleines Zeitfenster zur Verfügung.

Diese Information lässt sich aus dem Notariatsinstrument vom 5. August 1433 herauslesen, welches einige Details des Stralsunder Friedensschlusses wiedergibt. Insbesondere scheint die dazu ausgestellte Urkunde einen besonderen Passus zur militärischen Unterstützung enthalten zu haben:

> *Dar wart en wedder upp gelovet unde secht, dat se bii siner hulpe bliven wolden wedder de anderen stede, offt se er nicht mechtich wesen konden to reddelicheit edder do rechte, de veide afftodonde, so wolden se der stede viende werden, wan se darto esschet worden, na den paschen, de do negest volgende was.*[375]

Diese Bedingung kann nicht als ein weiteres Indiz für Conrad Bischops zwiespältiges Verhalten angesehen werden,[376] orientiert sie sich doch sehr stark an der Urkunde von 1423. Da der Friedensschluss der Stralsunder ungefähr auf den 12. Oktober fällt, ist für die Realisierung des hierin eingeschlossenen Hilfeversprechens sogar eine ähnliche lange Frist wie in jener *Tosate* angesetzt.[377] Eine weitere Verbindung zu 1423 ergibt sich aus der Parallelität zum Rostocker Friedensschluss, der ja basierend auf den Urkunden von Nykøbing als Wiederherstellung des alten Bündnisses angesehen werden konnte. Dass die Stralsunder darüber hinaus wohl wenig Mitsprache bei den Bedingungen des Friedens hatten, ergibt sich aus dem grundsätzlichen Verhältnis zum König, welcher seine Bereitschaft zum Frieden als Gnadenakt gegenüber seinen ungehorsamen Untertanen betrachtete. Genau diesen Gedanken ruft die im Notariatsinstrument von 1433 wiedergegebene Ansprache von Erik Krummediek mit deutlichen Worten in Erinnerung.[378] Daher handelte es sich bei den zitierten Bedingungen für militärische Unterstützung wahrscheinlich um eine dänische Forderung, möglicherweise gar um die Voraussetzung für die Annahme des Friedensschlusses.[379]

---

375 Zit. nach HR II, 1, Nr. 179, 125.

376 So *Fritze*, Stralsund (1956/1957), 103: „Schließlich krönten sie ihren Verrat dadurch, daß sie Erich versprachen, *dat se bii siner hulpe bliven wolden wedder de anderen stede*. Falls sich ihre bisherigen Verbündeten nicht zum Frieden bequemen sollten, wollten sie ab 1. April 1431 *der stede viende werden* (...).“

377 Vergleich mit Wortlaut der *Tosate*: HR I, 7, Nr. 565, 365 (Text unter 8.2.1, Nr. 13, rechte Spalte). Ostern 1431 lag auf dem 1. April, die Frist war also etwas kürzer als sechs Monate, aber nicht um sehr viele Tage.

378 HR II, 1, Nr. 179, 124 f.: *Des hadden se en gesecht* [bei einer früheren Begegnung], *dat erste were, dat se em entsecht hadde wedder de guden vruntschopp* (...).

379 Die Voraussetzung von Frieden war immer die Unterstützung des „Freundes" gegenüber seinen Feinden: Dazu allgemein: *Brunner*, Land (1973), 61 f. Außerdem: *Neitmann*, Staatsverträge (1986), 436–441 am Beispiel der Friedensverträge des Deutschen Ordens, wobei jedoch keine Beispiele für

Es ist eine ironische Wendung, dass sich damit für die Stralsunder im Jahr 1430 die Situation von 1426 wiederholte: Obwohl sie kein wirkliches Interesse an einer klaren Parteinahme haben konnten, unterlagen sie nunr einer vertraglichen Verpflichtung zur militärischen Unterstützung für eine der Konfliktparteien. Der Ausweg bestand wiederum in der Beilegung des Streites innerhalb einer klar umrissenen Frist. Diesen Handlungsrahmen gilt es für die Beurteilung von Conrad Bischops Verhalten zu berücksichtigen. Selbst wenn die wahren Umstände seiner Aktivitäten in Lund und danach nicht endgültig zu klären sind, so sprechen doch einige der vorgestellten Indizien dafür, dass er und die anderen Städte, die ihn mit der Vermittlungsmission beauftragten, sein Verhandlungsgewicht überschätzten. In diese Richtung deutet nicht zuletzt auch seine Darstellung in den Notariatsinstrumenten, die ihn und die anderen Stralsunder Ratssendeboten erst als *amicabiles compositores* ins Spiel bringt, dann in jedem Wortwechsel sehr deutlich die hierarchischen Distanzen zum König hervorhebt und ihn schließlich nach kurzem Kreuzverhör von der Bildfläche verschwinden lässt. Zugespitzt formuliert dienen die Notariatsinstrumente von Helsingborg unter anderem dazu, die Stralsunder in ihre Schranken zu verweisen.

5.4.3 Auftritt der Notare

Die Notariatsinstrumente konzentrierten sich vor allem auf die in Gegenwart des Königs stattfindenden Wortwechsel zwischen Benedikt Pogwisch und Erik Krummediek auf dänischer Seite und Hinrich Rapesulver als Sprecher der Städte.[380] Es handelt sich dabei grundsätzlich um alle die Gespräche, die in Anwesenheit des weiteren, könig-

---

eine Befristung der zu liefernden Waffenruhe genannt werden. Vgl. außerdem *Schuler*, Spätmittelalterliche Vertragsurkunde (2000), 244 f., der ein solches Versprechen nicht als spezifisches Merkmal des Sühnevertrages aufführt.

380 HR I, 8, Nr. 844 enthält folgende Begegnungen im Schloss von Helsingborg: §§ 1–13: 1430, Dezember 1: erste Aussprache vor dem König, inklusive der Befragung Conrad Bischops nach Abgang der anderen Ratssendeboten, §§ 14–18: 1430, Dezember 3 [*Die autem tercia sequenti*]: Auswertung der Gespräche mit dem Reichsrat und Deklaration für die Holsteiner, §§ 19–22: 1430, Dezember 5 [*Die autem tercia sequenti*]: Verhandlung über die Länge des Waffenstillstands, Lektüre von HR I, 8, Nr. 801 und 802 und Darlegung der endgültigen Positionen. § 13 vermerkt die Verlängerung der Beratungen mit dem Reichsrat, und bei § 23 handelt es sich um die Schlussformel mit der Aufforderung an die Notare.

lichen Hofes stattfanden. So werden unter den Teilnehmern auch Herzog Swantibor II. von Pommern-Wolgast[381] und Graf Johann von Eberstein-Naugard[382] genannt,
die sich am Hof aufhielten, aber nicht zu den skandinavischen Reichsräten zählten.
Weitere mögliche Gäste werden unter *quam pluribus* rein summarisch erfasst.

Im Gegensatz zu den Verhandlungen des Jahres 1429 gibt der städtische Bericht
dieses Mal keinen direkten Verweis auf die Anwesenheit der Notare, weder im negativen noch im positiven Sinne. Nur eine Bemerkung ließe eventuell die Interpretation
zu, dass den Ratsendeboten die Anwesenheit der Notare in Gegenwart des Königs
bewusst war und dass sie diese in den öffentlichen Begegnungen in Kauf nahmen:
Bevor sie sich auf informellere Gespräche mit dem dänischen Reichsrat einließen,
wollten sie sichergestellt wissen, dass diese Gespräche keinen verbindlichen Charakter haben sollten, bevor nicht eine gemeinsame Schrift aufgesetzt und beglaubigt
worden sei.[383] Das Augenmerk auf der „Machtlosigkeit" dieser Beratungen im kleineren Kreis deutet an, dass es ihnen dabei um rechtlich bindende Formen ging.[384] Darunter sind angesichts der bis dahin erfolgten Argumentation in besonderer Weise
auch notarielle Aufzeichnungen zu zählen.[385] Auch wenn diese Bemerkung nicht direkt mit der Anwesenheit der Notare in Verbindung stehen muss, ist doch zu konstatieren, dass die Notariatsinstrumente den Austausch zwischen den Räten und der
städtische Gesandtschaft *in privato* nur vermerken, aber keine Angaben zu dessen Inhalten machen.[386] Der Befund der Urkunden stimmt also in diesem Punkt mit der im
städtischen Bericht aufgeführten Forderung überein. Natürlich könnten die Aufzeichnungen der Notare theoretisch auch ohne Wissen der Städte erfolgt sein, aber
dies widerspräche doch den grundsätzlichen Umgangsformen. Schließlich beziehen
sich die Formeln, welche die Rechtsverbindlichkeit des Dokuments signalisieren, auf

---

381 HR I, 8, Nr. 844, § 1, 542: *illustri principe Swanteburo Stetinensi ac Slavorum etc. duce et principe
Rugie*: Trotz des Bezugs auf Stettin handelt es sich wohl doch eher um den Bruder Herzog Bar-
nims VIII. von Pommern-Barth. Dieser Zweig der pommerschen Herzöge hatte seit 1325 die Herrschaft
Rügen-Barth inne, und 1425 war es zu einer Teilung gekommen, bei der Swantibor II. (bzw. IV. als
Herzog von Pommern-Barth) die Insel Rügen erhielt. Vgl. dazu *Auge*, Handlungsspielräume (2009),
26, Karte 429 (Dort erscheint er aber als IV.), *Lucht*, Teilung (2005).
382 HR I, 8, Nr. 844, § 1, 542: *nobili viro domino Johanne comite de Eversten*. 1423 war er königlicher
Hauptmann auf Gripsholm (HR I, 7, Nr. 601 = 8.2.1, Nr. 24). Zu den Grafen von Eberstein-Naugard
(Pommern): *Hofmeister*, Genealogie (1937), 17–28; *Bei der Wieden*, Grafen (1995), 269–306.
383 HR I, 8, Nr. 843, § 12, 537: (...) *aver dat scholde sunder vare sin in beyden syden unde gantz macht-
loes, bet dat dar was in scrifte gesat unde van beiden delen bevulbordet unde beleved worde.*
384 Die verschiedenen bei *Schiller-Lübben*, Bd. 3, 4, für die Bedeutung von „ohne Geltung und Wirkung" angegebenen Belege, behandeln alle die dauerhafte Verbindlichkeit einer Aktivität, sei es ein
Kauf, sei es der Inhalt einer Urkunde. Vgl. auch die zahlreichen Belege aus dem hoch- und mittelniederdeutschen Sprachraum in DRW 8, 1559 f.
385 Vgl. zum Beispiel die Rückweisung der Notare 1429: Kap. 5.2.3.
386 HR I, 8, Nr. 844, §§ 13, 14 (als Referenz in der wörtlichen Rede), 19.

die sichtbare Gegenwart der Notare.[387] Trotz der Zugehörigkeit zumindest eines der beiden Notare zur königlichen Kanzlei würde es doch zu weit gehen, der dänischen Seite ohne Not Regelverstöße beim Umgang mit den Notaren vorzuwerfen. Daher ist wohl davon auszugehen, dass den städtischen Gesandten deren Anwesenheit bewusst war, an dieser jedoch kein Anstoß genommen wurde.

Für dieses von den Verhandlungen von 1429 stark abweichende Verhalten bieten sich verschiedene Erklärungen an. Zum einen könnten sich die Städte schlicht an die neuen Verhandlungsformen gewöhnt haben,[388] zum anderen hätte das Nachgeben in der Frage der Notare auch als Zugeständnis fungieren können, mit Hoffnung auf einen dadurch vorteilhafteren Ausgang der Verhandlungen. Möglicherweise spielen alle diese Faktoren eine Rolle, doch gilt es als drittes noch die veränderte Situation zwischen 1429 und 1430 zu beachten. Im Gegensatz zu den Verhandlungen in Helsingborg, während derer beide Parteien im Grunde ohne jede vermittelnde Partei aufeinander trafen und sich in verschiedenen Rahmen austauschten, war die Verständigung 1429 weitestgehend über den Herzog von Braunschweig-Lüneburg und seine Räte erfolgt. Daneben liegt ein wichtiger Unterschied auch im Gegenstand der Verhandlungen, denn während es im Vorjahr in Nyköbing um die Entscheidung für oder gegen ein rechtliches Verfahren ging, über dessen Rahmenbedingungen aber keineswegs Einigkeit herrschte, diskutierten die Parteien nun über konkrete Bedingungen eines Waffenstillstands. Der Wechsel zwischen Gesprächen im kleineren Kreis und Begegnungen vor König und Hof, der schon im Juli in Nyköbing die Verhandlungen geprägt hatte, beförderte vielleicht auch die Toleranz der Ratssendeboten von Lübeck, Wismar und Lüneburg gegenüber den Notaren. Für den größten Teil der Verhandlungen wirkte sich die Scheidung von informellem Rahmen und öffentlicher Situation grundsätzlich nicht negativ aus. So ermöglichten die Verhandlungen mit den Reichsräten bei aller Ambivalenz das Ausloten von Kompromissmöglichkeiten und Einblicke in das dänische Meinungsbild. Die Aussprachen vor dem König dienten hingegen der Verteidigung der eingebrachten Vorschläge. Gleichzeitig standen die Aussagen der Gesandten in keinem Widerspruch zu ihren schriftlichen Referenzen. Die ebenfalls in diesen Zusammenhängen vorgetragenen Schriftstücke und deren Inserierung in die Notariatsinstrumente konnten ihnen keine ernsthaften Nachteile bringen. Der Kredenzbrief für Conrad Bischop war sowieso auf indirektem Weg für den König und seine Räte bestimmt gewesen und beinhaltete eben keine konkreten Verhandlungspunkte. Stattdessen verwies er nur allgemein darauf, dass die *utgesneden scrifft, de de here koninge unsen sendeboden upp enen ewigen vrede unde sone*

---

387 Dabei handelt es sich vor allem um die Einleitung, die Aufforderung an die Notare sowie deren Vermerke: HR I, 8, Nr. 844, § 1 (...) *in nostra publicorum notariorum presencia* (...) und 23: *Super quibus omnibus et singulis predicti domini regis serenitas nos notarios publicos infrascriptos debita cum instancia requisivit, ut sibi super hoc unum vel plura conficeremus instrumentum vel instrumenta.*

388 Der Ausgangspunkt wäre dann die These von Behrmann, dass die Städte durch externen Druck zu stärkerer Verrechtlichung der Verhandlungen gebracht wären: *Behrmann*, Herrscher (2004), 285 f.

to Nicopingen overantworde noch einige Punkte enthalte, welche den Städten *unvochlich* waren.[389] Das Verlesen der Schrift wird daher auch im städtischen Bericht nur neutral vermerkt.

Unzufriedenheit mit der Gesprächssituation dringt schließlich – wie schon oben dargestellt – erst bei der letzten Aussprache vor König Erik in den Bericht ein. Da zu diesem Anlass wieder mit einem Schiedsverfahrens vor dem römischen König gedroht wurde,[390] brachten die Ratssendeboten in ihrem Bericht die Vorwürfe zum Ausdruck, die schon im offenen Brief der Städte von 1429 auftauchten: Sie wären zu dem Tag *gereytzed unde vorled* worden.[391] Es wird den Dänen wieder ein falsches Spiel vorgeworfen, wobei die Fehler im Verfahren durch die Anwesenheit der Notare dieses Mal nicht als Argument vorgebracht wurden. Dazu ist auch anzumerken, dass es sich bei dem Bericht in diesem Fall nicht um eine öffentlichkeitwirksame Schrift handelte, sondern um eine protokollartige Aufzeichnung mit eher reduzierter rhetorischer Ausgestaltung. Daher wird die Feststellung auch nur an dieser Stelle eingefügt und nicht mittels einer durchgehenden Argumentationslinie gestützt.[392]

In die Notariatsinstrumente wird von der gleichen Situation nur die wörtliche Rede Hinrich Rapesulvers aufgenommen. Nach seinen Worten hatten die Sendboten der Städte keine Befugnis für eine rechtliche Vertretung. Über die Bedingungen des Waffenstillstands würde man sich mit den Holsteinern verständigen und dem König schließlich bis *Mariae Purificatio* weitere Antworten geben.[393] Der erste Teil dieser Antwort umschreibt als höfliche Absage, was die Ratssendeboten in ihrem eigenen

---

389 HR I, 8, Nr. 803, 514.

390 Vgl. HR I, 8, Nr. 843, § 35, 541: *so juw dat ok so nicht bequeme, so vorbudt he sik tegen juw to rechte unde wil dar gerne redelike tyd unde upslach to setten, dar embynnen gy moghen vorscheden werden; unde boven alle den hogesten richter, alse den Romischen koningh, vorlecht he nicht* und HR I, 8, Nr. 844, § 21, 546 f.: *Quam postremo domini nostri oblacionem si adhuc acceptare et subiecere non placet, ecce paratum, inquit* [Erik Krummediek], *prefatum dominum nostrum regem ad exponendum causas quas contra alterutrum ipse et vos habere presumitis, dictamini juris ad judicium eligendorum ab utraque parte arbitrorum, si tamen in tales unanimiter poteritis concordare; sin autem, remettere eas consentit consistorio regis Romanorum, ad cujus sentenciam omnium causarum secularium ultima decisio videtur terminanda.*

391 HR I, 8, Nr. 843, § 36, 543.

392 Vgl. dazu Analyse des offenen Briefes in Kap. 5.2.3.

393 HR I, 8, Nr. 844, § 22, 547: *Serenissime, inquit, rex, pluries jam recitatum audivit serenitas vestra, super qua data nobis spe huc advenimus, qui exponere decisioni juris causas nostras in commissis non habemus; nichilhominus tamen de graciosa, quam, ut premissum est, vestra serenitas concessit Holsatis suprememorato annorum intervallo suspensione prosecucionis juris vestri regie majestati obsequiosas graciarum referimus acciones, relacionem nostram super hoc, sicut hic de vestra serenitate suscepimus, nostris consulatibus Deo annuente reportare volentes; qui sue super hiis deliberacionis responsum prefate vestre serenitati circa festum purificacionis proxime futuram ad castrum vestrum Alholm terre Lalandie absque ambiguitate rescribent.*

Bericht wortreicher als Zusammenfassung des eigenen Standpunkts formulieren.[394] Abgesehen von den inhaltlichen Unterschieden, die sowohl auf der Übersetzung in eine andere Sprache als auch aus den Konventionen der Urkundensprache beruhen könnten,[395] liegt die größte Abweichung zwischen beiden Versionen in der Behandlung eines möglichen juristischen Prozesses. Außer in der schon erwähnten Interpretation der dänischen Intentionen geht der städtische Bericht auf diese Drohung des Königs nicht wörtlich ein, während die Notariatsinstrumente Hinrich Rapesulver explizit erklären lassen, dass *juris causas in commissis non habemus*. Die Strategie der städtischen Ratssendeboten besteht danach in einem Rückzug auf die ihnen übertragenen Kompetenzen. Da diese Strategie für die Abgesandten der hansischen Städte nicht ungewöhnlich war, erscheint die Passage durchaus glaubwürdig und das Schweigen in der städtischen Quelle ließe sich dadurch ebenfalls erklären. Angesichts der gegebenen Konstellationen war ein Schiedsurteil auf Grundlage der dänischen Bedingungen unakzeptabel und ein entsprechender Widerspruch musste nicht weiter thematisiert werden. Für die Frage, ob die Ratssendeboten mit der Tolerierung der Notare einem Anstoß zur Verrechtlichung folgten, ist der Unwillen über die Androhung einer rechtlichen Entscheidung besonders interessant. Gerade der Einwand streicht heraus, dass die Ratssendeboten derartige Druckmittel als unredliche Form der Aggression und Eskalation betrachteten. Ihr Widerspruch gegen rechtliche Formen resultierte wieder aus einer konkreten Situation, in welcher diese zu einem für die Städte ungünstigen Ausgang führen konnte. Dieses Verhalten ist auch für alle weiteren Verhandlungen zu beobachten, bei der zwar Vermittler und Schiedsherren ja sogar Notare einbezogen wurden, der endgültige Schritt zum schiedsrichterlichen Prozess jedoch immer unterbunden werden konnte.[396]

---

394 HR I, 8, Nr. 843, § 36, 542: [Fortsetzung] (…) *so seden se uppe dat nye, wo unde in wat wyse se dar gekomen weren, uppe heren Cordes scrivent unde der Sundesschen muntlike werff, unde wo ok de stede den Sundesschen nicht gescreven en hadden allene van 2 artikelen, alse de breff dat ok wol utwisede, unde ok wo de here koning den steden gescreven hadde, umme sik mit eme to vorghande, alse id vrome-like unde nutte were vor de gemeynen werld unde beider dele ewigen bestande, dat doch sunter eynen redeliken upslach mit den Holsten, alse vore gerored is, nicht schẽn en konde.* § 37 entspricht dem zweiten Satzteil von HR I, 8, Nr. 844, § 22.

395 HR I, 8, Nr. 844, § 22, 547 (…) *pluries jam recitatum audivit serenitas vestra, super qua data nobis spe huc advenimus* enthält den gesamten Bezug auf die Vorgeschichte und die verlesenen Dokumente.

396 Dies betrifft folgende Verhandlungen: 1.) 1431, Juli bis Dezember: Diese Verhandlungen werden durch den Komtur von Danzig und andere Abgesandte des Deutschen Ordens vermittelt. (HR II, 1, 39–50). Vgl. 3.5.5; 2.) 1432, August 22: Verhandlungen in Horsens, die auch durch ein Notariatsinstrument dokumentiert wurden. Vgl. nachfolgend Kap. 5.5.3. 3.) 1434, Juni 30–Juli 19: Es handelt sich um ein Schiedsverfahren, dass durch Urkunden (HR II, 1, Nr. 371 und 372) und ein notarielles Protokoll (HR II, 1, Nr. 366) dokumentiert wird. Notare sind Gerwinus Uppenberger und Bertold von Wörnitz. Vgl. Kap. 5.6.

Andererseits erscheint gerade die eben diskutierte Passage der Notariatsinstrumente durchaus als Indiz dafür, dass die Dänen ihre Vorwürfe und Klagen gegenüber den kriegsführenden Städten bewusst in Formen des gelehrten Rechtes kleideten.[397] Es ist nicht nur zu bemerken, dass die Verhandlungen von Helsingborg auf Umwegen die Idee des Rechtsentscheids wieder in den Vordergrund rückten, der gleichzeitige Einsatz von Notaren ermöglicht bereits die Beweisaufnahme in einer für einen potentiellen Prozess adäquaten Form. Beides erweckt den Anschein, dass die Dänen sehr gezielt nach einer rechtlichen Lösung strebten, da andere Formen des Drucks nicht ausreichten, um die kriegführenden Parteien vollständig zu destabilisieren, oder dass sie sich zumindest durch eine ausführliche Dokumentation ihrer und der Städte Handlungen auf diese Möglichkeit vorbereiteten. Dabei spielt es im Grunde nur eine geringe Rolle, ob die Beweise, die in den Notariatsinstrumenten gesammelt wurden, Conrad Bischop und die Stralsunder oder die Städte Lübeck, Lüneburg und Wismar belasteten. Solange die Stralsunder dem König keine aktive militärische Unterstützung leisteten, blieben aus dessen Perspektive die Verfehlungen der Stadt gegenüber ihrem Herrn ungesühnt.

Diese Tendenz illustriert auch das Notariatsinstrument von Køge, das alle 1433 noch gegenüber Stralsund vorliegenden Klagen auf einen Punkt bringt. Bei diesem Treffen trat der König überhaupt nicht mehr in Erscheinung, sondern Erik Krummediek allein repräsentierte seine Partei. Gleichzeitig werden die neben Conrad Bischop agierenden Stralsunder Ratssendeboten in der formelhaften Einleitung der Urkunde nicht namentlich erwähnt,[398] sondern lassen sich nur indirekt aus Erik Krummedieks Ansprache schließen.[399] Was der Notar mit dieser Rede aufzeichnete, war darüber hinaus der Bericht über eine bereits stattgefundene Begegnung, deren Inhalt noch einmal offiziell bestätigt wurde. Darin gab der dänische Rat den endgültigen Bescheid auf die Stralsunder (und Rostocker) Frage, wann denn die beiden Städte wieder Handelsschutz in den Unionsreichen genießen dürften. Dies, so bescheinigten die königlichen Räte, würde erst dann geschehen, wenn die Stralsunder

---

397 Vgl. *Behrmann*, Herrscher (2004), 285, wobei dieser den Einsatz der Notariatsinstrumente als Anzeichen für eine fortschreitende Verrechtlichung auffasst.

398 HR II, 1, Nr. 179: [nach Datierung] (...) *in mei notarii publici testiumque infrascriptorum, ad hoc specialiter vocatorum et rogatorum, presencia constitutus personaliter strenuus vir, dominus Erikus Krummediik miles, cum aliis serenissimi principis et domini, domini Erici, regis Dacie, swecie, Norwegie etc., consiliariis, ad providos et circumspectos civitatis Sundensis ambasiatores, scilicet ad Conradum Biscopp et alios suos coambassiatores hec verba in Theutonico ex* [parte] *dicti domini Erici regis locutus est.*

399 HR II, 1, Nr. 179, 124 f.: *Her Curd Biscopp, alse den wol vordencken mochte, de nu nalekest bii unsem gnedigen heren to Kopenhaven weren van der stat wegen to dem Sunde, de dar do jegenwardich stunden, alse her Evert Drulshagen unde hern Claus Kracow,* (...). *Do spreken de Sendeboden van dem Sunde, alse her Curd Biscopp, her Evert Drulshagen, her Hinrik Stenwech, her Nicolaus Kracow, unde her Hinrik Kedingh* (...).

alle Bedingungen des Friedens erfüllten, dem König die aus dieser mangelhaften Erfüllung entstandenen Schäden ersetzten und schließlich klar bekundeten, *dat se em rechtes plegen wolden*. Da die Stralsunder Sendboten sich in diesen Dingen wenig eifrig gezeigt und den Feinden des Königs nicht endgültig den Rücken gekehrt hätten, könnte dieser auch nicht für ihren Schutz in seinen Reichen garantieren.[400] Der Urkunde liegt sehr offenkundig das Bestreben zu Grunde, die Verfehlungen der Stralsunder festzuhalten und ihren Forderungen nach Schadensersatz den Rückhalt zu entziehen. Eine Einspruchsmöglichkeit gegen die Anwesenheit von Notaren werden die Stralsunder Abgesandten angesichts der Machtverhältnisse, die mit dem Friedensschluss entstanden waren, kaum gehabt haben.

Für die Verhandlungen bis 1435 lassen sich darüber hinaus noch zwei weitere Gelegenheiten konstatieren, bei denen Notare zu Rate gezogen wurden: zum einen im August 1432 in Horsens, um den Abschluss des Waffenstillstandes zu dokumentieren, zum anderen 1434 in Vordingborg, wo die gesamten Verhandlungen durch Notare protokolliert wurden. Für beide Treffen sind in den nachfolgenden Kapiteln die konkreten Rahmenbedingungen für den Einsatz der Notare zu untersuchen. In der Zusammenschau lässt sich dann klarer herausstellen, in welchem Maß der Einsatz von Notaren von dänischer Seite gesteuert ist oder ob sich diesbezüglich auch für die Städte ein intentionales Handeln beobachten lässt. Von der Vermittlung zum Waffenstillstand: die Verhandlungen der Jahre 1431 und 1432

5.5 Von der Vermittlung zum Waffenstillstand: die Verhandlungen der Jahre 1431 und 1432

5.5.1 Die Bestandsaufnahme der Überlieferung

Wie das vorherige Kapitel umfasst auch dieses einen längeren Zeitraum und widmet sich zwei Verhandlungskomplexen zwischen Juli 1431 und August 1432. Die Verbindungslinie zwischen der Friedensmission des Danziger Komturs Walter von Kirskorf und dem Waffenstillstand zu Horsens ergibt sich primär aus der Wahrnehmung der beteiligten Personen. Dafür kann Walter von Kirskorf bereits selbst als Zeuge angeführt werden, wenn er am 1. Juni 1432 in einem Brief an den Hochmeister auf eine

---

400 HR II, 1, Nr. 179, 125: (...) *id en were, dat em sodaneke reddelicheit unde wandel* [= Sühne] *vorsettet wurde, dat he dat mit reddelicheit to vorantwerdende hadde wedder de genen, de sik sulkes jegen jw beclagen, unde ok vor dat, dar unse here jw sulven umme totoseggende heft, edder dat men ok em rechtes plegen wolde van siner egen* [personen] *wegen unde van der genen wegen, de em wes totoseggende hebben, doch vorbode he en nicht to segelende in sine rike, offt dar jemende segelen wille; schege dar jemende schaden over, so wil he dar ungemanet umme wesen nach dem, dat he sik dar nicht ane bewaren kan* (...).

baldige Realisierung des von ihm herbeigeführten Friedens verwies.[401] In der tat beruhten die Bestimmungen, die am 22. August 1432 von beiden Seiten besiegelt wurden, auch wirklich auf dem Kompromiss, welchen der Komtur im Vorjahr ausgehandelt hatte. Dazwischen lagen Belagerung und schließlich Einnahme der Burg von Flensburg am 1. September 1431.[402] Behinderten die Kriegshandlungen zunächst die Möglichkeiten für eine friedliche Einigung, verschaffte der militärische Erfolg den Schauenburgern und den kriegführenden Städten später eine günstigere Ausgangsposition für das Ringen um den Waffenstillstand.[403]

Für den ersten Verhandlungskomplex, der sich vom 2. Juli bis zum 25. September 1431 hinzog, lassen sich die Quellen – wie schon bei allen anderen Verhandlungen – der Vorbereitung und der Dokumentation zuordnen.[404] Da der Komtur zunächst erst einmal den Kontakt zwischen beiden Seiten herstellte und Verhandlungen organisierte, sind zwei Vorbereitungsphasen zu finden, von denen die erste von April bis Juni 1431 die Mission des Komturs überhaupt erst absicherte, während zwischen Juli und September die Voraussetzungen für die wieder in Nykøbing (Falster) anberaumten Verhandlungen geschaffen wurden. In diese zweite Phase fiel auch ein Aufenthalt der Vermittler in Lübeck vom 19. Juli bis zum 3. oder 4. August, von wo aus sie auch zu einem Treffen mit Adolf VIII. nach Neumünster reisten (vgl. Abb. 5.1).[405] Da sich

---

401 OBA, Nr. 6117: 1432, Juni 1: Walter von Kirskorf an den Hochmeister Paul von Rusdorf: *Als von dem frede / den dy jenen dy mit mir woren vnnd ich getegedinget hatten etc. des wolde der koning in des andern tages noch gebung des brieffes der her goswyn her in gesant hot eyn antwert geben etc, vnnd her goswyn vormuttet sich des gancz das sy enen tag uff nehmen vnnd halden werden vnnd das is by dem frede / bliebe so alz is vor getegedinget ist etc.*
402 Zur Belagerung und Einnahme von Flensburg: HR II, 1, 39 datiert die Einnahme, basierend auf Korner, Chronica. Ed. *Schwalm*, D § 1533, 508 (*Quod quide sic factum est feria VI ante supradictum festum natale virginis gloriose*), auf den 7. September 1431. Dieser Meinung schließen sich *Daenell*, Blütezeit (1905), 294 und *Erslev*, Erik (1901), 267, bes. Anm. 108 an. Letzterer nennt noch eine abschriftlich erhaltene Urkunde der Schauenburger (DFlens I, Nr. 100), laut der *des Sondages vor* Marie Geburt, d. h. am 2. September 1431 eine neue Besatzung der Duburg eingesetzt wurde. Die Diskrepanz in der Datierung erklärt *Erslev* mit einem möglichen Abschreibfehler. *Wolff*, Belagerung (1929), 259 f. hingegen datiert die Einnahme auf den 1. September, wobei er sich nicht nur auf die genannte Urkunde stützt, sondern noch eine Vereinbarung des Jahres 1433 (DFlens I, Nr. 105) zwischen den Schauenburgern und dem Rudekloster hinzuzieht, wonach jedes Jahr am Ägidientag in der Flensburger Marienkirche eine Messe für die Mitglieder der Fürstenfamilie zelebriert und für die Seelen aller, die bei der Verteidigung der Herzogtümer ihr Leben gelassen hatten, Vigilien gelesen werden sollten. Die Diskrepanz zwischen den Daten erklärt Wolff mit einer möglichen Frist, welche der Besatzung nach der Kapitulation für deren Abzug gewährt wurde. *Hoffmann*, Spätmittelalter (1990), 255 f. folgt dieser Interpretation.
403 Dies gilt um so mehr nach dem Kompromiss, den Walter von Kirskorf aushandelte, vgl. nachfolgend Kap. 5.5.2 und 5.5.3.
404 Anreise in København an *unser lieben frauwen tages visitationis* (HR II, 1, Nr. 67, 41). Das letzte Dokument zu den Verhandlungen wird am 26. September ausgestellt (HR II, 1, Nr. 71).
405 HR II, 1, Nr. 70.

die Überlieferung zu den verschiedenen Vorbereitungsphasen kompliziert darstellt, seien zunächst die Quellen vorgestellt, welche die Verhandlungen dokumentieren. Zunächst existieren von den Vermittlern Bestandsaufnahmen ihrer Tätigkeiten und der dabei erzielten Ergebnisse, jeweils vom 31. August und vom 20. September 1431. Die für den dänischen König bestimmten Urkunden sind im Original erhalten. Beide stammen allem Anschein nach von der Hand ein und desselben Schreibers und wurden durch alle drei Vermittler besiegelt.[406]

Doch handelt es sich dabei nicht um die einzigen Urkunden bzw. Dokumentationen, die im Zusammenhang mit den Verhandlungen von 1431 ausgestellt wurden. Zwei Bögen mit Abschriften im Archiv der Hansestadt Wismar enthalten nicht nur die städtische Version der Urkunde vom 20. September[407] sondern auch die Beurkundung eines vorläufigen, ebenfalls von den Vermittlern besiegelten Waffenstillstandes vom 25. September 1431.[408] Außerdem wurde den Städten anscheinend auch ein Schreiben des dänischen Reichsrates vom Folgetag mitgeteilt, in dem dieser den Ordensgesandten die Annahme des Waffenstillstands im Namen des Königs bestätigte.[409] Die Originale der Urkunden, welche die Städte von den Vermittlern erhielten, lagerten sicher in Lübeck. Zuletzt muss noch vermerkt werden, dass ein Teil der Verhandlungen – darunter auch einige chronologische Leerstellen in den offiziellen Dokumenten – durch einen Brief des Danziger Komturs an den Hochmeister abgedeckt wird, den dieser am 3. August von Lübeck schrieb.[410]

Im Vorfeld der Verhandlung stand am Anfang –in Analogie mit anderen Vermittlungsversuchen – die Initiative des römischen Königs, der den Hochmeister mit der Wiederherstellung des Friedens im Norden beauftragte.[411] Im Unterschied zu den Vorjahren unterstrich Sigismund dieses Mal seinen Auftrag am 14. April 1431 durch einen Majestätsbrief, der den Hochmeister ganz offiziell als Vermittler bevollmächtigte. Darüber hinaus beließ es der König nicht nur bei diesen Vollmachten und Credenzien, sondern versandte auf dem Reichstag in Nürnberg auch Briefe an König Erik, die Holsteiner sowie nach Lübeck. Zudem kündigte er den Lübecker Ratssendeboten

---

406 HR II, 1, Nr. 67 und HR II, 1, Nr. 68. Vgl. Tabelle Anhang 8.1.1 b) zu den jeweiligen Daten.

407 Alle Abschriften befinden sich im Ordner Stadtarchiv AHW, Ratsakten, 10.5 Hanseatica, Nr. 1748. Die laut Angaben zu HR II, 1, Nr. 67 vorhandene Abschrift von 1431, Aug. 31 war bei den Archivrecherchen in Wismar (Dezember 2009 / Juli 2010) nicht mehr auffindbar. HR II, 1, Nr. 68 befindet sich auf einem Bogen, von dem die Seiten 1–3 beschrieben sind.

408 HR II, 1, Nr. 69.

409 HR II, 1, Nr. 71. Diese beiden zuletzt genannten Dokumente (HR II, 1, Nr. 69 und 71) stehen in umgekehrter Reihenfolge auf einem zweiten Bogen in AHW, Ratsakten, 10.5 Hanseatica, Nr. 1748.

410 HR II, 1, Nr. 70.

411 Siehe dazu vor allem Kap. 3.3. zu Nikolaus Stock. Aber auch nach der Mission von Nikolaus Stock schickte König Sigismund 1429 und 1430 entsprechende Aufforderungen an den Hochmeister: 1429, Jan. 29 (OBA, Nr. 5039); 1430, Dez. 30 (OBA, Nr. 5241).

den neuerlichen Vermittlungsversuch auf dem Reichstag auch mündlich an. Die entsprechenden schriftlichen Zeugnisse sind im Archiv des Deutschen Ordens überliefert.[412] Indirekt gibt aber auch ein Lübecker Brief an Wismar vom 8. Mai 1431 über die Gespräche auf dem Reichstag und die übergebenen Schreiben Auskunft.[413]

Aus der zweiten Vorbereitungsphase sind verschiedene Dokumente überliefert, die sich dem Geleit der städtischen Gesandten widmen. Als erstes sei dabei wieder der Geleitbrief des Königs erwähnt, der am 15. August 1431 auf Bitten der drei Ordensgesandten – Walter von Kirskorf, Johann von Baisen und Burkhard von Güntersberg – in København ausgestellt wurde.[414] Unter den Externa Danica existiert daneben auch das Konzept für einen Brief an Erik Krummediek mit einer Bitte um Geleitbriefe für die Sendboten der *fursten van Sleswigk* und der Städte, dessen Absendung aber nicht nachzuweisen ist.[415] Da die Datumsangabe fehlt, lässt es sich zeitlich nur ungefähr vor den Geleitbrief des Königs einordnen. Ein direkter Bezug zur Urkunde des Königs kann aber nicht zwangsläufig angenommen werden, denn ein Anteil des königlichen Rates geht aus dem Dokument dieses Mal nicht hervor. Es ist auch unklar, ob die Aufsetzung dieses Briefes vor oder nach dem Aufenthalt der Vermittler in Lübeck und dem Treffen in Neumünster erfolgte.[416] Als Anlass wird nur ein Brief der Vermittler *van wegen enes vpslages vnde vredes des kryges*, ohne genauere Angaben, genannt.[417] Zudem fehlt der Hinweis auf einen möglichen Verhandlungsort und der Vorschlag für einen Zeitpunkt, obwohl der Komtur von Danzig am 3. August bereits einen Zeitplan für das Treffen im Auge hatte.[418] Da Erik Krummediek im Laufe des Juni zur Versorgung von Flensburg auf See geschickt wurde, muss der an ihn gerichtete Brief vermutlich der ersten Vorbereitungsphase zugeordnet werden, bevor die Vermittler zu direkten Gesprächen in die Ostseestädte reisten.[419] Gerade aus dieser Konstellation heraus kann auch nicht ausgeschlossen werden, dass der Brief im Entwurfszustand verblieb und gar nicht abgeschickt wurde.

---

412 Majestätsbrief auf Pergament (OBA II, Nr. 2328) sowie Begleitschreiben an den Hochmeister auf Papier und Abschriften der Briefe an die Holsteiner und Lübeck (OBA, Nr. 5621–5624).
413 HR II, 1, Nr. 26 = AHW, Ratsakten, 10.5 Hanseatica, Nr. 1748 (5).
414 LUB 7, Nr. 469 / HR II, 1, Nr. 64 (Regest) = AHL, Urkunden, Danica, Nr. 193 c.
415 LUB 7, Nr. 468 = AHL, ASA Externa Danica, Nr. 3,2–187.
416 HR II, 1, Nr. 67, 43.
417 LUB 7, Nr. 468, datiert auf 1431, vor Aug. 15.
418 HR II, 1, Nr. 70, 49: *Doch so werde wir obercziene widder czu dem koning von staden an, unde der hern von Holsten rethe mit sampt den steten, dii den krig mit halden, uns werden folgen mit fuller macht bas donnerstage ober achttage.* Das Datum lässt sich als der 16. August 1431 rekonstruieren.
419 In seinem Brief an den Hochmeister schreibt Walter Kirskorff (HR II, 1, Nr. 70, 49): *Ouch alze ich euwern gnaden vorgeschreben habe, wie der koning her Erich Crumtich gesant uff die sehe, czu entspisen unde zu entsetzen Flensborg, das ist ym der wint enkegen gewesen, das her ouch wedder heym muste czien und es nicht gespiset hot etc.* Zwar gibt der Brief keine Auskunft darüber, wann der Komtur den vorherigen Brief geschrieben hat, seine Nachrichten gehen aber bis zum 19. Juli zurück. Es ist also

Als Beginn der Verhandlungen hatten die Vermittler zunächst den 16. August 1431 anvisiert. Da der Geleitbrief aber erst am 15. August ausgestellt wurde, die Sendboten der Städte Nyköbing also nur mit einer entsprechenden Verzögerung erreichen konnten, verschoben sich die Verhandlungen schließlich auf Anfang September. Diese Terminverschiebung ergibt sich aus einem weiteren Lübecker Dokument, das sich dem Geleit zu den Verhandlungen von 1431 widmet. In diesem Fall handelt es sich um die nicht abgeschickte, aber ursprünglich bereits besiegelte Reinschrift eines offenen Briefes vom 14. August, die – korrigiert – als Vorlage für eine zweite, auf den 3. September datierte Version diente.[420] In diesem Schreiben bat der Lübecker Rat allgemein, *vor allesweme*, um den Schutz seiner Gesandten und nennt dabei den Danziger Komtur als wichtigste Triebkraft beim Zustandekommen der Verhandlungen. Wahrscheinlich richtete sich dieser offene Brief vor allem an unbeteiligte Dritte. Dazu zählten unter anderen auch die Rostocker, deren Antwort vom 5. September ebenfalls erhalten ist.[421] Die Korrekturen im erstgenannten Schreiben deuten, ebenso wie der Brief des Komturs, darauf hin, dass die Verhandlungen anscheinend zunächst für Mitte August angesetzt waren, sich dann aber um mindestens zwei Wochen verschoben.

Für die Verhandlungen von Horsens, bei denen dann fast ein Jahr später – am 24. August 1432 – der Waffenstillstand beschlossen wurde, liegt eine recht interessante Überlieferung vor. Wiederum existiert ein Geleitbrief, um den sich die Lübecker dieses Mal direkt durch ihren Kaplan Johann Wenge bemüht hatten. Dieses am 10. Juni 1432 erteilte Geleit, begleitete zudem ein direkter Brief des Königs, der genauere Details der Anreise und des Schutzes für die Sendboten enthielt.[422] Dabei handelte es sich um den ersten Brief des Königs seit Sommer 1427, der unter den Lübecker Archivalien zu finden ist und sich direkt an seine Kriegsgegner richtete.

Die Verhandlungen selbst dokumentieren die von allen Kriegsteilnehmern besiegelten Urkunden über einen am 22. August 1423 abgeschlossenen Waffenstillstand, der Vertrag zwischen den dänischen und städtischen Verhandlungsführer in Form

---

davon auszugehen, dass der vorherige Brief vor seine Abreise aus Dänemark, also wohl in die ersten Julitage, fiel. Demnach wird Erik Krummediek um diese Zeit herum nicht in Dänemark gewesen sein.
420 HR II, 1, Nr. 65 / LUB 7, Nr. 472 = AHL, ASA Externa Danica, Nr. 3,2–188. Die Korrekturen beziehen sich auf die Datierung und die Anzahl der städtischen Sendboten. Vgl. auch LUB 7, 452 Anm. 1.
421 HR II, 1, Nr. 66 (Regest) / LUB 7, Nr. 473 = AHL, ASA Externa Danica, Nr. 3,2–189. Die Rostocker standen der Vermittlungsinitiative sowieso positiv gegenüber und zwei Ratsmitglieder begleiteten den Komtur während eines nicht weiter spezifizierten Zeitraums. Zudem hatte dieser mit Arnd Hasselbeke auch einen *wirt*, anscheinend einen dauerhaften Kontakt, in der Stadt, der zum Beispiel alls Adressat für Briefe angeführt wird (HR II, 1, Nr. 71, 49 und HR II, 1, Nr. 73).
422 1.) Brief König Eriks an Bürgermeister und Rad der Stadt Lübeck: HR II, 1, Nr. 135 / LUB 7, 497 = AHL, ASA Externa Danica, Nr. 3,2–190; 2. Geleitbrief: HR II, 1, Nr. 136 (Regest) = AHL, Urkunden, Danica, Nr. 196.

eines zweiteiligen Chirographen[423] und die Urkunden, in denen sich König Erik mit dem Reichsrat sowie die Holsteiner mit ihren Räten jeweils den Waffenstillstand zusagten.[424] Darüber hinaus existiert unter den Externa der Lübecker Kanzlei – ebenfalls als Teil eines Chirographen – noch ein kleiner unbesiegelter Vertrag vom 23. August 1431, nach dessen Wortlaut die Verhandlungsführer der Städte den Dänen im Namen der Holsteiner zunächst eine vierwöchige Waffenruhe garantierten.[425]

Darüber hinaus liegt vom 23. August 1423 ein Notariatsinstrument in zweifacher Ausfertigung vor.[426] Beide Exemplare stammen von der Hand des *Kanutus de Arusia* (Knud Mikkelsen), des späteren gelehrten Dekans von København und Bischofs von Viborg.[427] Er taucht jedoch nur in einem Exemplar als unterfertigender Notar auf, die zweite Urkunde wurde durch einen Notarsvermerk des Justitiars Iwen Fos beglaubigt.[428] Ungewöhnlich an diesem Notariatsinstrument ist die Abweichung des Beurkundungsbefehles von der typischen Formel mit der Funktionsbeschreibung des *notarius publicus*. Stattdessen fordert der König den Notar und den Justitiar dazu auf, die Ereignisse in Erinnerung zu behalten.[429]

---

423 HR II, 1, Nr. 139. Beide Exemplare sind heute in København: DRA, NKR, Nr. 3021 und 3022. Vgl. Tabellen Anhang 8.1.1 a) und c) für die früheren Bestandszugehörigkeiten.

424 1) Urkunde der Grafen Adolf und Gerhard von Holstein für König Erik: DRA, NKR, Nr. 3120 (früher Schleswig, Nr. 82). 2) Urkunde des Königs für die Grafen von Holstein: HR II, 1, Nr. 140 (Regest) = DRA, NKR, Nr. 3123 (früher Gem. Archiv XII, Nr. 55).

425 HR II, 1, Nr. 141 = AHL, ASA Externa Danica, Nr. 1013(-17).

426 HR II, 1, Nr. 138 = DRA, NKR, Nr. 3124 f.

427 Relativ kurz nach den Verhandlungen muss er zu seinem Studium nach Erfurt aufgebrochen sein, wo er im Wintersemester 1434/1435 das Amt des Rektors ausübte und auch zum Doktor beider Rechte promoviert wurde. Er trat auch als Autor einer Glosse zur lateinischen Übersetzung des jütischen Rechts in Erscheinung. 1440 wurde er Dekan des Kollegiatstifts in København und erlangte 1451 den Bischofsitz in Viborg. Unter Christoffer III. und Christian I. hatte er verschiedene Ämter inne und unternahm diplomatische Missionen. Zur Person: *Juul/Christensen*, Mikkelsen (1981), 586; *Christensen*, Statsvorfaltning (1903), 64–66 (zum Amt des Kammermeisters), 615 mit Anm. 5 (zur Glosse); *Olesen*, Rigsråd (1980), 215 f., 223, 226, 266 f., 271, 275 f., 278, 280, 290 f., 302, 308, 311, 319, 332, 335, 347, 356, 386, 393, 395, 404, 411, 452, 460 (zu seinen Aktivitäten und Funktionen für König Christoffer und im Reichsrat).

428 DRA, NKR, Nr. 3125 dieser stimmt im Wortlaut mit dem Notarvermerk von *Kanutus de Arusia* in DRA, NKR, Nr. 3124 (zit. in HR II, 1, Nr. 138, bes. *hanc presentem scripturam seu publicum instrumentum propria manu mea fideliter scripsi*) überein.

429 HR II, 1, Nr. 138, 91: *Quo tempore, isits sic omnibus dictis et finitis, supplicavit prenominatus princeps, rex Ericus, omnibus ex utraque parte circumstantibus, et specialiter pro parte sua cancellario sive justiciario et magistro Kanuto de Arusia, ista habere in memoria.*

5.5.2 Die Mission des Danziger Komturs Walter von Kirskorf

Die Mission des Danziger Komturs Walter von Kirskorf unterschied sich auf mehreren Ebenen von früheren Vermittlungsversuchen. Sowohl König Sigismund als auch der Hochmeister bemühten sich dieses Mal im besonderen Maße um die Vollmacht der Vermittler. Einen Majestätsbrief hatte zuletzt Nikolaus Stock erhalten und auch wenn dessen Mission nicht von Erfolg gekrönt war, zeigte damals vor allem die Reaktion Lübecks, dass die Stadt einen ausdrücklichen Befehl von König und Reich nicht einfach ignorierte. Darüber hinaus erinnerte die langfristige Vorbereitung und Ankündigung dieses neuerlichen Bemühens um Frieden im Ostseeraum an die Reise Herzog Heinrichs von Schlesien-Glogau. Im Unterschied zu den genannten Vermittlungsversuchen, die auch im Namen der Kurfürsten angestoßen wurden,[430] ging die Initiative 1431 hauptsächlich vom römischen König aus. Den Rahmen bildete, wie schon erwähnt, der Nürnberger Reichstag vom April 1431.[431] Neben der ausdrücklichen Vollmacht für Paul von Rusdorf[432] stellte Sigismund auch Briefe an alle am Krieg beteiligten Parteien aus und berief die Lübecker Abgeordneten auf dem Reichstag auch zu direkten Gesprächen ein.[433] Als wichtigster Verbindungsmann agierte wiederum Kaspar Schlick,[434] der mit seiner Erhebung zum Vizekanzler 1429 mittlerweile zur einflussreichsten Person am Hof aufgestiegen war.[435]

An den Briefen, die im Namen Sigismunds vor Beginn dieser neuen Vermittlungsinitiative ausgestellt und versandt wurden, deuten aber auch einige inhaltliche Besonderheiten auf eine neue Qualität der Bemühungen hin. Zum einen teilt der König die Minimalforderung der Städte, dass der Friede für mindestens zehn Jahre geschlossen werden sollte.[436] Es ist zwar etwas unklar, ob er damit einen endgültigen Frieden

---

430 Vgl. Kap. 3.1.2 (zur Mission des Herzogs von Schlesien-Glogau) und 3.3. Von den Kurfürsten gingen darüber hinaus auch die Anstöße für die Vermittlung durch den Erbkämmerer Konrad von Weinsberg im Herbst 1426 (Vgl. Kap. 4.1, Anm. 6) und die Verhandlungen von 1430 aus (Vgl. Kap. 5.3 Anm. 221 und 222).

431 Ganz allgemein dazu: *Wefers*, System (1989), 174–183; bezogen auf die „Friedensoffensive" Sigismunds: *Niitemaa*, Kaiser (1960), 192.

432 *Erslev*, Erik (1901), 266; *Niitemaa*, Kaiser (1960), 193.

433 HR II, 1, Nr. 30, 19: *Unse sendeboden, de wedder van Nurenberge van unsem allergnedigesten heren dem Romschen etc. koninge gekomen sint, hebben uns gebracht merklike breve unde muntlike werve, uns stede, de mit dem heren koninge to Dennemarken etc. in kriige sitten, drepeliken anrorende (...).*

434 Er wird in allen erhaltenen Briefen des Königs im Kanzleivermerk angeführt: HR II, 1, Nr. 28 (Abschrift des Originals); HR II, 1, Nr. 29 (Autograph); OBA II, Nr. 2328 (Perg.urk, Schiebfach 24, Nr. 2).

435 *Heinig*, Schlick (1995), Sp. 1490; *Zechel*, Studien (1939), 52–58 zu seinen Aktivitäten 1429. Er trat auch in zwei prominenten Urkunden König Sigismunds für den Bischof von Lübeck in Erscheinung: LUB 7, Nr. 341 und LUB 7, Nr. 579. Wahrscheinlich 1434 verwandte er sich auch für den noch immer inhaftierten Ratsmann Tidemann Steen: LUB 7, Nr. 587.

436 So schreibt er an den Hochmeister (HR II, 1, Nr. 28): damit ein *fride zehen jar ader lenger tziwschen in* gemacht werde.

oder nur einen Waffenstillstand meinte, da aber zunächst überhaupt eine Waffenruhe hergestellt werden musste, wird wohl eher letzteres gemeint sein.[437] Diesen Kompromiss hatte ja bereits Nikolaus Stock im Einvernehmen mit den Städten durchzusetzen versucht und zuletzt waren auch die Verhandlungen in Helsingborg an der
Forderung nach dieser zehnjährigen Waffenruhe gescheitert.[438]

Zum anderen ist auch der Ton interessant, den der römische König gegenüber
den Holsteinern anschlägt: An dem vorhandenen Brief überrascht vor allem die Anrede der Grafen Adolf und Gerhard als *hertogen tzu Slezewik und grafen tzu Holstein.*
Da gerade die Herrschaft über Schleswig im Zentrum der Auseinandersetzung zwischen König Erik und den Holsteinern stand und der königliche Spruch von 1424 im
dänischen Sinne ausgefallen war, ist die Wahl dieser Anrede möglicherweise nicht
einfach nur ein Versehen der Kanzlei. Stattdessen könnte es sich durchaus um ein
gewisses Zugeständnis an die Holsteiner handeln, dass zumindest auf diplomatischer
Ebene eine gewisse Offenheit in der Frage der Herrschaft über Schleswig andeutete.
Möglicherweise zielte der damit implizierte Rang darauf ab, die nachfolgend betonte
Bindung der Fürsten an den König und das Reich zu unterstreichen und die Schauenburger damit für die dringliche Ermahnung zur Waffenruhe empfänglicher zu machen.[439] Gleichzeitig demonstrierte das implizite Zugeständnis die Neutralität des römischen Königs in der Schleswig-Frage, die die Holsteiner bzw. ihre Vertreter ihm in
allen vorherigen Verhandlungen immer wieder abgesprochen hatten. Zwar wurde der
königliche Befehl, die Flotten bis Mittsommer zurückzurufen, am Ende nicht be-
folgt,[440] sein Schreiben verdeutlicht jedoch neuerliche Bemühungen, die königliche
Autorität in den Konflikten des Nordens hervorzuheben. Nun handelte es sich bei
dem Brief vom 16. April 1431 aber um den einzigen Brief Sigismunds an die Holsteiner,

---

437 Dies lässt auch der Brief an die Holsteiner vermuten, in dem Sigismund schrieb (HR II, 1, Nr. 29):
*domit ein fryd etwe vil jar, so das lenger gesien mag, tzwischen euch moge gemacht werden, und in der
tzeith des fredes hoffen wir tzu God, das wir sulche tzweitracht in eynikeit und gutten frede brengen
mogen.*

438 Vgl. 5.4.3.

439 HR II, 1, Nr. 29, 18: *Und sund dem mal unser lieber bruder, der kuning vorgenant, uns von bluts und
sippe, und ir und die vorgenanten stete uns und dem heiligen riche von naturlicher undertenikeit alzo
gewant seyt, das uns nicht tzu losen, sunder an underlos tzu vorsuchen und tzu erbeiten geburt, domit
sulch uns[t]ur gestillet werde, (...). (19): Und dorumbe so irmanen und irfordern wir euch sulcher truwe,
der ir uns und dem heiligen riche von eydes wegen plichtich sieth, und gebieten euch ouch von Romescher
koniglicher macht ernsticlich und festiclich mit desem briefe, bey unsern und des riches hulden und so
wir hogest mogen, das ir alles ewir folk, das ir uff dem lande und uf der see tzu krieg habet, tzwischen
hie und sunte Johanstag sunwenden von dem lande und von der see schafft und gantz von dem kriege
abethut.*

440 Im Gegenteil befanden sich die Streitkräfte der Holsteiner und der Städte im gesamten Frühjahr
und Sommer in der Belagerung um Flensburg und Lübeck berief gerade für den Johannestag einen –
dann aber kaum besuchten – Hansetag, mit dem wahrscheinlich vor allem die Bitte um militärische
Unterstützung im Krieg verbunden war (HR II, 1, 27–31).

dessen Wortlaut überliefert ist.[441] Daher gibt es keine Sicherheit darüber, ob diese diplomatische Herangehensweise grundsätzlich für die Haltung des Königs oder als Ausdruck besonderer Sorge für diesen neuen Vermittlungsversuch zu werten ist. Sichere Indizien für die Sonderstellung der neuen Friedensmission ergeben sich hingegen aus den Formen der Vollmacht sowie aus der Tatsache, dass der König sich überhaupt im Vorfeld an alle Parteien wandte. Dieses Vorgehen lässt sich letztmalig 1422 im Vorfeld der Reise Herzog Heinrichs von Schlesien-Glogau beobachten. Besonders manifestiert sich diese Ernsthaftigkeit der Bemühungen in dem Gebot, das dieses Mal mit der Aufforderung an Paul von Rusdorf einherging.[442] In den vorherigen Jahren begnügte sich der König lediglich mit einem Appell an dessen guten Willen.

Über die Vollmachten des Hochmeisters für seine Vertreter gibt es keine so ausführlichen Informationen wie für die Verhandlungen von 1429.[443] Es geht auch aus ihren beiden Berichten nicht eindeutig hervor, ob sie Befugnisse besaßen, die über eine reine Vermittlung in Freundschaft hinausgingen. Doch treten die Vermittler sowohl mit Autorität des römischen Königs also auch des Hochmeisters in Erscheinung, werden also von vorn herein durch eine dritte Partei ins Spiel gebracht. Davon zeugt auch die Präsentation beider Vollmachten, des römischen Königs sowie des Hochmeisters, mit denen sich die Vermittler bei beiden Seiten als Friedensboten auswiesen.[444] Die Neutralität des Hochmeisters in diesem Konflikt wurde ja bereits 1429 von beiden Parteien immer wieder betont und scheint auch im neuerlichen Fall akzeptiert worden zu sein.

Bei dem Hauptverantwortlichen der Delegation, dem Danziger Komtur Walter von Kirskorf, handelte es sich dieses Mal um eine Persönlichkeit, die bei beiden Seiten in Ansehen stand. Sein Vorrang in der Gruppe kam ihm sowohl auf Grund seines

---

441 Dass auch Nikolaus Stock einen solchen – als Kredenzbrief – mit sich führte, geht aus seinem Bericht hervor (HR I, 8, Nr. 417, § 1, 267 und § 3, 269 f.).
442 HR II, 1, Nr. 28: *Dorumb so begern wir von deiner andacht, wollen und gebieten die ouch von Romischer kuniglicher macht mit diesem brieve, das du got zu lobe (...) dich der sache annemest, die mit fleisze arbeitest und dorynne so empsig seyst (...)*. Vgl. dagegen Anhang 8.3.2 a).
443 Der Bericht der Vermittler beginnt nur mit einer grundsätzlichen Beschreibung ihrer Vollmachten: HR II, 1, Nr. 67, 41, darin bezeichnen sie sich zunächst als *uszgesante in botschafft, von dem erwirdigen unserm lieben und gnedigen herren, bruder Paulo von Roszdorf, homeistere Deutsches ordens (...). Unde*, so beschreiben sie ihre erste Begegnung mit dem dänischen König, *liessen en vorsten, wie der allerdurchluchster furste unde herre, herre Sigmunde Romischer Konig, merer alcziet des heyligen riches, (...) czugeschreben, gebeten, unde ernstliche befolen hette unserm lieben unde gnedigen herren homeistere vorgeschreben, das her, von synent wegen und mit eyner unde des Romischen riches volmacht vormittelst seyner erbaren botschaft sulde vorerbeyten unde vorsuchen losen noch seinen vormogen, umme czu tegdingen eynen vrede adir bestant eynes ufczoges czu etczlichen jaren (...)*.
444 HR II, 1, Nr. 67, 41 (zum Aufenthalt in Dänemark) und 43 (zum Aufenthalt in Neumünster und Lübeck).

Ranges in der Gesandtschaft als auch auf Grund seiner Erfahrungen[445] und seiner vielfältigen Beziehungen zu beiden Seiten zu. Seine Stellung als Schlüsselfigur im Nachrichtenfluss zwischen Dänemark und dem Hochmeister demonstrieren mehrere seiner Briefe, aus denen vor allem der Kartäuser Goswin Comhaer als eine wichtige Kontaktperson hervorscheint.[446] Auch gegenüber den Hansestädten im Ostseeraum konnte der Komtur von Danzig als hochrangiger Vertreter des Hochmeisters dienen. Von den beiden anderen Vermittlern war Burkhard von Güntersberg, der Vogt von Kallies, bereits ein Mitglied der Gesandtschaft von 1429 gewesen,[447] während Hans von Baisen zum ersten Mal mit einem diplomatischen Auftrag bedacht wurde, in der Folgezeit verstärkt als Berater, Vermittler und Unterhändler des Hochmeisters fungierte.[448]

Ähnlich wie schon bei den Vermittlungsversuchen durch den Ordensmarschall Walrabe von Hundsbach und Nikolaus Stock bestand der erste Schritt darin, beide Seiten zur Aufnahme von Verhandlungen zu bewegen. Ob dabei von vornherein vorgesehen war, dass die Vermittler beide Seiten aufsuchten, bleibt angesichts der Überlieferung etwas unklar. Der im vorherigen Abschnitt vorgestellte und diskutierte Briefentwurf des Lübecker Rates an Erik Krummediek lässt die Annahme zu, dass die Vermittler während ihrer Tätigkeit ihren Plan änderten. Dabei scheinen sie zunächst einen allgemeinen Brief an König Eriks Gegner geschickt zu haben, in dem Ort oder Zeit möglicher Verhandlungen noch nicht festgeschrieben waren. Zu einem unbekannten Zeitpunkt entschieden sie sich dann aber, den direkten Kontakt mit den Holsteinern und den Städten zu suchen.

Selbst wenn sich die genauen Umstände dieser Planänderung nicht eruieren lassen, so gibt es doch einige Indizien für die möglichen Beweggründe. Primäres Hindernis für Verlauf und Fortschritt von Verhandlungen war die Belagerung von Flensburg, die gerade in den ersten Tagen des Aufenthaltes der Vermittler zur Vorbereitung einer dänischen Flotte führte.[449] Eine Reise zu den Holsteinern und den

---

445 Kurz vor der Übernahme dieser Mission hatte Walter von Kirskorf bereits im Juni und Juli als Prokurator für den Hochmeister in Verhandlungen mit den preußischen und livländischen Städten gedient: HR II, 1, 21–27. Im Auftrag des Hochmeisters fungierte er auch 1424 als Schiedsrichter in Verhandlungen zwischen dem Königreich Polen und der Neumark (*Lückerath*, Paul [1969], 58 Anm. 6).

446 OBA, Nr. 5264 (1430, Jan. 2); 5384 (1430, Juni 5).

447 Siehe Kap. 5.2. *Lückerath*, Paul (1969), 65.

448 Dieser tritt erst ab 1431 als Berater, Vermittler und Unterhändler in Erscheinung und wird später vom Hochmeister mit Vergünstigungen bedacht: *Lückerath*, Paul (1969), 141, Anm. 35.

449 Der Angriff auf Flensburg war Ende Februar 1431 beschlossen worden und führte zunächst zur Eroberung der Stadt wohl um den Palmsonntag herum. Es hielt sich aber noch die Duburg, deren Belagerung Juni/Juli in eine neue Phase trat: HR II, 1, 35–37, bes. Nr. 36 und 37. Demnach liegt die dänische Flotte – wohl unter dem Befehl von Erik Krummediek – um den 12. und 13. Juli vor Haderslev, in Vorbereitung auf eine Entsetzung von Flensburg. Die Vorbereitungen dafür müssen bereits länger in Gang gewesen sein. Die Ordensgesandten waren am 2. Juli in Dänemark angekommen

Städten erlaubte den Vermittlern dann aber von dieser Seite Informationen einzuholen, und besser abschätzen zu können, welche Entwicklung die Belagerung nehmen mochte. Die fortdauernden militärischen Aktionen erschwerten möglicherweise auch die Festsetzung eines geeigneten Zeitraumes allein auf dem Weg der Korrespondenz. Ausgerüstet mit einer Vollmacht König Eriks und Geleitbriefen, die angesichts der Situation besonders wichtig waren, konnten die Gesandten zunächst einmal eine Verhandlungsbasis herstellen. Dabei gelang es ihnen jedoch nicht sofort, ein Treffen mit den Holsteinern anzuberaumen. Ein erster Termin verstrich sogar, ohne dass einer von ihnen erschien.[450]

Ein zweiter Faktor, der die Verhandlungen beeinflusste, lässt sich aus einem in Lübeck geschriebenen Brief des Komturs an den Hochmeister vom 3. August erkennen. Darin bezog sich Walter von Kirskorf auf dessen Bitte, den Auslieger Bartholomäus Voet in den Dienst zu nehmen.[451] Er stand zuammen mit verschiedenen anderen, auch als Vitalier bezeichneten Schiffshauptleuten seit Herbst 1427 bzw. Winter 1428 im Dienst der Städte. Diese Auslieger nahmen an der Belagerung von Flensburg als Teil der regulären Flotte sowie auf der Grundlage eines regulären Soldvertrages teil.[452] Daher erwidert Walter von Kirskorf dem Hochmeister, dass er Voet nicht erreichen könne, da dieser mit seiner Flotte noch vor Flensburg liege. Daher, so fährt er fort, müsse der Hochmeister die Söldner behalten, die er bereits in Diensten habe, solange der Krieg dauert. Obwohl die Quelle verschweigt, ob der Auftrag zur Rekrutierung der Vitalienbrüder erst im Verlauf der Verhandlungen an den Danziger Komtur herangetragen wurde, macht sie auf jeden Fall deutlich, dass es neben der reinen Friedensmission noch andere Gründe für die Reise der Ordensleute zu den Städten

---

(HR II, 1, Nr. 67, 41) und befinden sich dann am 19. Juli in Lübeck (HR II, 1, Nr. 70, 48). Dazu ausführlich *Wolff*, Belagerung (1929), 239, 245–259; knapper bei *Daenell*, Hansestädte (1902), 362 f. sowie *Ders.*, Blütezeit (1905), Bd. 1, 248 f.

450 *Wolff*, Belagerung (1929), 255 f.

451 Dazu und zum nachfolgenden: HR II, 1, Nr. 70, 49: *Ouch, gnediger her homeister, alzs mir euwir gnade schriebet von Bartholomeus Fus unde von den schiffkindern, die bie Bartholomäus Fůs sien, die euwir gnade gerne ym lande hette umme krieges wille, das geruche ewir gnade czu wissen, das ich iczunt Bartholomeus Fus nicht kann czu sprechen komen, wen her itczunt mit den steten lieth vor Flensborg, unde dorczu seyne schiffeskinder itczunt gnediger her homeister, euwer gnade sie bedocht uff die grosze flosze, die in korcz kegen Danczig, die wile wir usz sien gewest, ist gekomen, das euwir gnade die rostire unde die schifkindere do behalde, ap es not wurde thun, wen wir vorgeschreben nicht kunnen gehabt und dorczu keyn ander, die weyle disser krig stet (...).* Dazu auch *Ekdahl*, Schiffskinder (1973), 264 f.

452 Zur Anwerbung der Aussiedler, vgl. Kap. 4.4, besonders Anm. 203. Im Vorfeld der Blockade dieser Stadt zu Land und zu Wasser ist ein Brief des Rates von Lübeck an Wismar vom 25. April 1431 (LUB 7, Nr. 451) erhalten. Dieser erwähnt die Auslieger und einen verabredeten Flottenaufbruch unter Berufung auf *dat aueschedent darvan is gewesen*. Die nachfolgende Entschädigung dokumentieren eine Vollmacht vom 14. Juli (LUB 7, Nr. 500) und eine Urkunde vom 29. August 1432 (LUB 7, Nr. 502).

gab.[453] Gerade am 15. August 1431 endete ein Ultimatum im Konflikt zwischen dem Deutschen Orden und Polen. Außerdem fanden parallel zu den Verhandlungen in København Gespräche zwischen dem Deutschen Ordens sowie Litauen und Polen statt.[454] Angesichts dieser Spannungen musste dem Hochmeister mehr als bisher an einem Frieden zwischen Dänemark und seinen Gegnern gelegen sein, da nur ein solcher die Möglichkeiten für eine verstärkte Rekrutierung von Söldnern bzw. Ausliegern eröffnete.[455]

Zwei Mal legten die Vermittler Rechenschaft über ihre Aktivitäten ab. Die erste Darlegung erfolgte am 31. August und fällt in die Phase, in der sich beide Seiten noch einmal neu orientierten. Wie schon im Zusammenhang mit der Vorstellung der Materialien anklang, bereiteten die Städte ihre Reise ursprünglich um den 14. August 1431 vor, verschoben diese jedoch noch einmal, während sie noch auf den königlichen Geleitbrief warteten. Angesichts des unsicheren Seeweges wird das am 15. August ausgestellte Dokument wohl eine Weile gebraucht haben, bevor es Lübeck oder eine andere der Städte erreichte. Dennoch lässt sich das lange Abwarten vielleicht nicht nur mit dem ausstehenden Geleitbrief erklären, sondern auch mit der Zuspitzung der Situation um Flensburg. Das Seeheer versuchte, um den 13. August eine Befestigung vor Flensburg zu erobern. Gleichzeitig erschien die dänische Flotte noch einmal in der Außenförde.[456] Möglicherweise stand das allgemeine Ansuchen des Lübecker Rates um Schutz seiner Gesandten vom 5. September 1431 auch in direktem Zusammenhang mit der erfolgreichen Einnahme der Stadt.[457]

Dennoch enthält der offizielle Bericht der Vermittler vom 31. August 1431 keinen expliziten Hinweis auf ein mögliches verfrühtes Scheitern der Mission. Ziel der Darstellung ist zum einen die Dokumentation der Aktivitäten der Vermittler bis zum Zeitpunkt der Ausstellung und zum anderen die Darlegung der Grundanliegen beider Seiten. Der Bericht endet in beiden Varianten mit der Feststellung, dass die Vermittler einen gemeinsamen Tag in Nyköbing einberufen hätten, *uff das wir sendeboten vorgeschreben aldo noch rede unde widderrede mit Gotes hulfe czwuschen sie ichtes gutes*

---

453 *Lückerath*, Paul (1969), 95 sieht in der Vermittlung einen Widerspruch zu der eher negativen Haltung des Hochmeisters, mit der er auf das Anliegen der preußischen Städte reagierte, den wendischen Städten wegen der Aufrechterhaltung der hansischen Priviegien beizustehen.

454 *Lückerath*, Paul (1969), 124–126: Zeitplan im Konflikt mit Polen: Am 22. Juli 1431 wird ein Treffen mit dem Großfürsten anberaumt, gleichzeitig gibt es Verhandlungen mit Polen. Bis zum 15. August 1431 sollten sich polnische Truppen aus Podolien zurückziehen. Ende August fand der Einfall der Ordenstruppen nach Polen statt, der am 13. September 1431 zu einer schweren Niederlage des Ordens führte.

455 Vgl. auch *Ekdahl*, Schiffskinder (1973), 264 f.

456 *Erslev*, Erik (1901), 267; *Wolff*, Belagerung (1929), 250, 259, welcher das Ausbleiben eines dänischen Vorstoßes mit der „Wankelmütigkeit" des Königs erklärte, der auf den Vermittlungsversuch setzte.

457 Dies wäre der Fall, wenn die Einnahme der Stadt am 1. September erfolgte. Vgl. Kap. 5.5.1, Anm. 402 zur Chronologie der Ereignisse.

betegedingen muchten.[458] Darüber hinaus nimmt die jeweilige Corroboratio auf Bitte und Wunsch König Eriks einerseits und der Städte andererseits Bezug, wodurch die beiden Parteien indirekt als Antrieb für die Abfassung der Berichte angesprochen werden.[459] Die Ausstellung der beiden Urkundenversionen mit fast identischem Wortlaut verdeutlicht gleichzeitig sehr eindringlich die Stellung der Vermittler, die also nicht nur in den dargelegten Aktivitäten sondern auch durch das gleichwertige Ansprechen beider Seiten zu Tage tritt. Im Vordergrund standen grundsätzliche Willensäußerungen und die Erklärung des Gehorsams gegenüber dem römischen König.

Diese Haltung lässt sich auch aus dem zweiten Rechenschaftsbericht vom 20. September 1431 erkennen, der nun die eigentlichen Verhandlungen nach deren Abschluss dokumentiert. Der Aufbau entspricht einer Gerichtsurkunde mit der Wiedergabe von Rede und Gegenrede. Ein Teil der Verhandlungen, möglicherweise Gespräche in kleineren Kreisen, bleibt ins Dunkel gehüllt, da *das nicht notruft ist czu setzen unde czu schrieben.* Die „Rede" von dänischer Seite beginnt mit drei Artikeln der königlichen Räte, auf welche Holsteiner und Städte gemeinschaftlich antworteten. Da weder von dänischer noch von städtischer Seite Zeugnisse von den Verhandlungen überliefert sind, lässt sich nicht feststellen, ob der Urkunde andere Dokumente zugrunde liegen. So bleibt auch offen, in wieweit sich hinter „Rede" und „Gegenrede" wörtliche Übernahmen aus schriftlichen Vorlagen verbergen. Da die Verhandlungen zunächst ohne ein klares Ergebnis endeten, schließt der narrative Teil der Urkunde auch mit der schlichten Feststellung, dass beide Seite von einander schieden.[460] Die Corroboratio der ausgestellten Fassungen nimmt auch in diesem Fall auf den jeweiligen Adressatenkreis Bezug.

Die grundsätzlichen Forderungen aller Parteien, die in der ersten Urkunde der Vermittler zusammengetragen wurden, knüpften nahtlos an die vorherigen Verhandlungen an. König Erik und seine Räte brachten die verschiedenen Möglichkeiten der Konfliktlösung, nach Freundschaft oder Recht, ins Spiel und boten einen noch nicht genauer spezifizierten Waffenstillstand an.[461] Den Holsteinern ging es um die Bestätigung ihres väterlichen Erbes: Lenke der König in dieser Frage ein, wären sie bereit,

---

458 HR II, 1, Nr. 67, 43.

459 HR II, 1, Nr 67, 43 f.: (...) *In geczugnisse der warheit alle der stucke vorgeschreben haben wir sendeboten obenbenant durch bete und anlegunge wille unsers gnedigen herren des koninges von Dennemarken vorgeschreben itzlicher unser ingesegel vor dissen breff gehangen.* (Alternativ in der Wismarer Abschrift, vgl. Anm a): *durch bete unde anlegunge wille der erbaren stete vorgeschreben itzlicher* (...).

460 HR II, 1, Nr. 68, 46: *Domit sie sich von beyden teylen uff den benumeten tag czu Nykopinge an ende schiden.*

461 HR II, 1, Nr. 67, 42, bes. *eynen uffczog von etzlichen joren.*

ihm durch Fußfall ihren Gehorsam zu bekunden.[462] Die Kompromisslosigkeit in der Grundhaltung wird also durch eine symbolische Unterordnung im Fall einer günstigen Entscheidung abgemildert. Die Städte schließlich stellten die Wahrung der alten Privilegien in den Vordergrund,[463] und auch sie erklärten, dass ein ewiger Friede erstrebenswerter wäre als ein Waffenstillstand von einigen Jahren.[464]

Die Eroberung von Flensburg wirkte sich dann grundsätzlich auf die Formen aus, in denen Lösungsvorschläge vorgebracht und diskutiert wurden: So spielte das Bündnis von 1423 in den Gesprächen überhaupt keine Rolle. Stattdessen kamen von den königlichen Räten Vorschläge zur Beendigung des Krieges: durch einen Rechtsspruch, durch einen Waffenstillstand und durch eine kurzzeitige Waffenruhe, nach welcher bei neuerlichen Verhandlungen und in Anwesenheit aller dänischen Räte der Friede hergestellt werden sollte.[465] Gerade mit dem Waffenstillstand, dessen Dauer aber offen blieb, waren wichtige Zugeständnisse verbunden: So sollten die Holstenherrn für die Dauer eines eventuellen Waffenstillstandes im Besitz aller eroberten Gebiete bleiben,[466] während die Städte alle Handelsfreiheiten genießen würden.[467] Gerade an das letzte Angebot knüpfte sich dann der zentrale Streitpunkt, an dem die Ratifizierung des Waffenstillstandes zunächst auch scheiterte, denn die Städte verlangten für die Dauer des Waffenstillstandes nicht nur eine allgemeine Möglichkeit zum Handel, sondern die volle Wiederherstellung der alten Rechtssicherheit auf Grundlage der Privilegien. Doch wollten die königlichen Räte in dieser Frage keine Zusicherung geben.[468] Die vorgeschlagene Dauer des Waffenstillstandes von

---

462 HR II, 1, Nr. 67, 43: (...) *sie begerten czu blieben bie iren veterlichen erben, die en ir elderen haben geerbet unde von alders haben besessen czu lene von der cronen von Dennemarken, des welden sie suchen des koninges gnade mit fursten unde herren, unde fusfallunge thun, unde so hogen demu thunt, umme gnade bitten* (...).

463 HR II, 1, Nr. 67, 43: (...) *sie lieszen bitten demuttiglich des koninges gnaden von Dennemarken vorgeschreben, das sie blieben muchten bie iren alden privilegien unde rechten, alzs sie von alders haben gehat, in seynen reychen volkomlich der czu gebruchen, alzs sie in vorczieten haben gethon* (...).

464 HR II, 1, Nr. 67, 43: (...) *sie welden leiber eynen ewigen vrede angehen, den uff eyne cziet, doch muchte es nicht anders geseyn, so welden sie den heyligen Romischen riche underthenig sien, unde sich sosen uff eyne cziet* (...).

465 HR II, 1, Nr. 68, 44 f. *Erslev*, Erik (1901), 268 f.

466 HR II, 1, Nr. 68, 45: Während der Waffenruhe (...) *welde [der König] eyn swigen thun den Holsten heren unde sie losen den gebruchen, das sie uff die cziet in geweren hetten unde hilden, wie wol eyn etczlich slos hoben gebot des heren Romischen koninges unde gehorsam were abgewunnen.*

467 HR II, 1, Nr. 68, 45: *den steden czu gunnen, iren burgeren unde inwoneren frey unde sicher seyne riche czu suchen umme kofenschacz wille.*

468 HR II, 1, Nr. 68, 45: die Forderung der Städte: (...) *die stete und den gemeynen kofman der hense liesse gebruchen ire privilegien, brieffe und alde gewonheit in synen richen*, 46: die Antwort der Räte: *Sunder die stete muchten sie in keyner weyse czulosen, irer privilegien czu gebruchen, wen es wol czu merken were, das sie dorczu gedranget wurden, wen man sie der privilegien liesse gebruchen. Erslev, Erik* (1901), 269.

zehn Jahren kam in ihrer Rückweisung der Forderung schon gar nicht mehr zur Sprache. Dass die an diesem Krieg beteiligten Städte für die gesamte Hanse aktiv seien, zieht sich durch alle Äußerungen ihrer Vertreter in den Schriftstücken der Vermittler.[469] Dass die Frage der Privilegien zum ersten Mal überhaupt in die Verhandlungen einfloss und von den Dänen aufgegriffen wurde, lässt sich sicher auf das veränderte Gleichgewicht zwischen beiden Seiten zurückführen. Der Kompromissvorschlag von Gedser, den die Vermittler am 20. September besiegelten, brachte in diesem Streit jedoch auch keine endgültige Lösung. Zwar sprachen die königlichen Räte den Städten darin den Gebrauch der Privilegien in bestimmten Städten der drei Reiche zu, aber die endgültige Einigung bedurfte noch der Klärung auf einem weiteren Tag.[470]

Unbestritten blieb demgegenüber auch in dieser Urkunde vom 20. September das Angebot an die Holsteiner, denen für die Dauer des Waffenstillstandes sogar das gesamte Herzogtum Schleswig zugesichert wurde.[471] Die Länge dieser Waffenruhe kam nur kurz zur Sprache. Der dänische Vorschlag, diesen auf fünf Jahr zu beschränken, stieß bei der Gegenseite auf keinen grundsätzlichen Widerspruch.[472] Das Nachgeben in dieser Frage ließe sich als eventuelles Zugeständnis der Städte werten, da die Forderung nach einem zehnjährigen Waffenstillstand danach niemals wieder eingebracht wurde.

Der Kompromiss von Gedser schrieb für die Diskussion und Anberaumung neuer Verhandlungen eine Frist von 12 Tagen vor, die aber allem Anschein nach ohne endgültige Entscheidung verstrich. Die Urkunden der Vermittler und sämtliche andere Schriftstücke in den Wismarer Abschriften, inklusive der Antwort des Königs auf den Kompromiss, scheinen in dieser Zeit an die Städte gegangen zu sein, welche gemeinsam mit den Holsteinern dem Vorschlag zustimmten. Doch wandte sich Walter von Kirskorf, wahrscheinlich Ende November, an Lübeck um den Stand der Lage zu erfragen. Die Antwort des Lübecker Rates vom 7. Dezember 1431 enthält eine Auflistung

---

469 So schon in der Urkunde vom 31. Juli, HR II, 1, Nr. 67, 43: *Unde alzs wir sendeboten vorgenant der obengenanten teil, alzs des heren koninges an eyner unde der Holsten herren unde der stete an der anderen seiten vorgeschreben entwert, alzo ufgenomen hatten, do die vorgenanten stete in der gebruchunge irer privilegien die anderen henszestete mit en ynczogen, (...).*

470 HR II, 1, Nr. 69, 47; *Erslev,* Erik (1901), 269: Dies waren Elbogen (Malmö) und Næstved in Dänemark, Stockholm und Søderköping in Schweden und Bergen und Stavanger in Norwegen sowie Skanør, Falsterbo in Schonen und Dragør auf Seeland für Heringsfang und -handel. Die letzte Anmerkung der Vermittler enthielt den Vorschlag für einen weiteren Tag, auf dem die Frage der Privilegien noch einmal verhandelt werden müsse, denn (HR II, 1, Nr. 69, 47) *so retten doch des heren koninges rethe yn den eynen artikel alzs umme die privilegien czu bruchen, dor die stet widder keghen retten, do wir sie von byden teylen nicht voreynen kunden.*

471 HR II, 1, Nr. 69, 46 f.: *(...) das die heren van Holsten vorbenomet yn deme uffslage zullen gebruchen slos, land unde gutere die dorczu ge[horen] yn deme hertzogdum Sleswic, was sie yn geweren haben czu disser czit, darczu en der here koning gerne eyne swigen wil thůn die benumete cziet ober des vredes.*

472 HR II, 1, Nr. 69. Vgl. auch *Niitemaa,* Kaiser (1960), 194. Zunächst waren aber von den Städten wieder zehn Jahre gefordert worden: HR II, 1, Nr. 68, 45; *Erslev,* Erik (1901), 269.

der bisherigen Bemühungen um einen neuerlichen Tag in Vordingborg, der aber bisher an zu kurz befristeten Geleitbriefen gescheitert war.[473] Da es zu diesem Brief keinerlei parallele Quelle gibt, um die Aussage zu prüfen, ist der absolute Wahrheitsgehalt nicht nachprüfbar. Doch scheint eine bewusste Verzögerungstaktik von Seiten der Städte und ihrer Verbündeten angesichts der günstigen Ausgangsposition nicht sehr wahrscheinlich. Daher lagen die Ursachen für die verzögerte Anberaumung eines Tages wohl bei den Dänen, denn erst im Juni konnte Walter von Kirskorf dem Hochmeister von einem bevorstehenden Tag zwischen den Kriegsparteien berichten.[474]

Zusammenfassend ist festzustellen, dass die Mission des Danziger Komturs Walter von Kirskorf und seiner Begleiter in einen ungünstigen Zeitraum fiel. Die Einnahme von Flensburg und deren Folgen erschwerten die Anberaumung von Gesprächen und die sofortige Beilegung des Konfliktes. Dennoch gelang es den Vermittlern, beide Seiten schon recht weit an einen Kompromiss heranzuführen, der als Grundlage für die weitere Verständigung dienen konnte und schließlich in die Vereinbarungen von Horsens einfloss.[475]

Ein Grund für diesen langfristigen Erfolg lag sicher in der Person des maßgeblichen Vermittlers und dessen grundsätzlichem Verhalten. Die Neutralität des Vermittlers demonstrierte nicht nur dessen Beauftragung durch den römischen König und den Hochmeister, sondern sie wird auch in seinem Umgang mit beiden Seiten und in seinen Reisen manifest. Darüber hinaus findet sie ihren substantiellen Ausdruck in den Urkunden, die er für beide Seiten ausstellen ließ, deren formaler Gestaltung als Parallelurkunden und der inhaltlichen Wiedergabe der Ereignisse. Zwar liegt den Texten eine hierarchisierende Gliederung zugrunde, nach der die Position des dänischen Königs immer an erster Stelle dargelegt wird, gefolgt von den Anliegen der Holstenherren und der Städte, es unterblieben aber jegliche anklagenden oder wertenden Anspielungen.

5.5.3 Waffenstillstand

Es dauerte aber noch bis Ende Mai/Anfang Juni 1432, bevor der Danziger Komtur von Goswin Comhaer die Nachricht über ein bevorstehendes Treffen erhielt, bei dem auch mit dem Waffenstillstand zu rechnen wäre.[476] Diese Verhandlungen fanden schließlich im August im Franziskanerkloster in Horsens statt. Bereits der Geleitbrief, den der Lübecker Ratskaplan Johann Wenge bei König Erik erwarb, hebt die Lübecker Ratssendeboten als Verhandlungsführer nicht nur in eigener Sache sondern auch für

---

473 HR II, 1, Nr. 77; Paraphrase bei *Erslev*, Erik (1901), 270.
474 Gerüchte darüber gab es schon einmal im März: HR II, 1, Nr. 123 und 124.
475 Dazu Kap. 5.5.3 und *Niitemaa*, Kaiser (1960), 194 mit etwas anderer Perspektive auf die Situation.
476 OBA, Nr. 6117.

die Holsteiner hervor.[477] Zudem gibt die Urkunde den 15. Juli 1432 als Termin für das Treffen an.[478] Da die Verhandlungen dieses Mal im nördlichen Jütland stattfanden und die Abgesandten daher auf dem Landweg durch das feindliche Territorium reisen mussten, sollten sie von Haderslev aus durch die Räte Hinrik Knudsen und Peder Lykke geleitet werden.[479]

Es gibt keine Nachricht darüber, ob die Gespräche nun genau am 15. Juli begannen oder etwas später. Für König Erik agierten Mitglieder des dänischen Reichsrates, von denen aber nicht immer dieselben in den später ausgestellten Urkunden auftraten. Konstant tauchten in allen Urkunden nur Bischof Christian von Ribe und die weltlichen Räte Erik Nielsen , Morten Jensen und Hinrik Knudsen als Aussteller auf.[480] In der Reihe der städtischen Abgesandten erscheinen zum ersten Mal auch Ratsschreiber, Paul Oldenburg aus Lübeck und Hermann Kreygenberg aus Hamburg, als aktive Teilnehmer.[481] Ansonsten wurden die Städte mit Ausnahme von Hamburg durch ihre Bürgermeister vertreten, Lübeck und Lüneburg noch durch einen weiteren Ratsmann. Insgesamt muss eine lange Verhandlungszeit angenommen werden, deren Details aber vollkommen im Dunkel bleiben. Ein späterer Brief der holsteinischen Gesandten deutet an, dass die Dänen ihre Verhandlungspartner während dieser Zeit in einem hohen Grad isolierten.[482] Über die diskutierten Streitfragen lassen sich also nur wenige Angaben machen. Es geht aus der Waffenstillstandsurkunde nur eindeutig hervor, dass hinsichtlich einer endgültigen Friedensordnung keine Einigkeit erzielt wurde. So verweist gleich die zweite Bestimmung darauf, dass die gegenseitigen Vorwürfe und Ansprüche erst noch diskutiert werden mussten. Dazu sollte ein nächstes Treffen in Svendborg dienen, wobei im Fall eines Scheiterns Schiedsherren über

---

477 LUB 7, Nr. 498 / HR II, 1, Nr. 136 (Regest): So erhalten sie Geleit für ihre eigenen Sendboten und *darto den yennen, de se van der Holzeden heren wegen, unde van Hamborgh, Luneborgh unde van der Wysmer dar ok myd sich bryngen.*

478 LUB 7, Nr. 498: *bynnen dren weken nach sunte Johannes Baptisten dage to myddensomer.*

479 Diese Informationen enthält das Begleitschreiben an Lübeck: LUB 7, Nr. 497 / HR II, 1, N. 135.

480 1.) Der Waffenstillstand mit den Städten HR II, 1, Nr. 139: (...) *vormiddelst den erwerdigen in Gode vederen, heren Cristiern, biscope to Rypen, heren Ulrike, biscope to Arhusen, unde heren Gherde, electo to Burglum in Wendesusel, den strengen heren Erike Nygelson, heren Merten Jonsson, heren Hinrik Knutzsson, heren Steen Basse, heren Esge Brock, riddere, unde Gherd Bruzeken, knapen. (...)* 2.) Die vorläufige Urkunde zum Waffenstilstand mit den Holsteinern (HR II, 1, Nr. 141): (...) *de erwerdige in Gode vader, here Cristern, biscop to Riipen, de erbaren unde strengen, her Erik Nigelsson, her Merten Jonsson, her Hinrik Kanutesson, her Eler Ronnowe, riddere, Peter Lucke, Yesse Erikesson unde Godschalk Anderssen, knapen. (...)* 3.) Der Waffenstillstand mit den Holsteinern (12 Reichsräte). Diese waren aber wohl nicht alle in Horsens anwesend, vgl. nachfolgend.

481 Nennung im notariellen Bericht (HR II, 1, Nr. 138) und in den Urkunden (HR II, 1, Nr. 139), die sie auch mitbesiegeln. Paul Oldenburg hat aber möglicherweise schon an früheren Verhandlungen teilgenommen, z. B. 1428 in Nyköbing (Vgl. Kap. 5.1.2).

482 HR II, 1, Nr. 142: *Unde wii hadden, leven heren, to menniger tiid gerne bodeschop ghehat by juwen gnaden, men wii hadden des in warheit nene mate, de van uns to sendende, wente de Denen erer nene wiis wolden riden laten, hemeliken ofte openbar (...).*

die strittigen Punkte durch Vermittlung oder ein Verfahren entscheiden würden.[483] Andererseits wurde den Städten für die Dauer des Waffenstillstandes der Genuss aller Handelsfreiheiten und Privilegien zugesagt. Gleichwertige Handelsfreiheiten sollten auch für die Kaufleute der Unionsreiche in den Hansestädten gelten. Der letzte Punkt schließlich umschrieb die genauen Bedingungen der Waffenruhe: Alle Truppen sollten bis spätestens zum folgenden Martinstag aus der See zurückgerufen werden, andernfalls fielen ihre Schädigungen unter das Verbrechen des Seeraubes.[484] Alle Friedensbrüche zwischen dem folgenden Martinstag und dem Treffen in Svendborg wären daselbst zu behandeln.[485]

Selbst wenn einige der Bestimmungen bereits auf dem Kompromiss des Vorjahres beruhten, müssen alle diese Themen bei den Verhandlungen zur Sprache gekommen sein. Dies gilt auch für die Einigung mit den Holsteinern, denn in Ergänzung zur zeitweiligen Bestätigung des Status quo wurden in diesem Waffenstillstandsabkommen noch besondere Bestimmungen für die Besitzungen der schleswigschen Adligen, wie Erik Krummediek, Eler Rönnow und anderer, aufgenommen.[486] Darüber hinaus scheinen die holsteinischen Abgesandten nur beschränkte Vollmachten erhalten zu haben. Daher blieb der von den städtischen Sendeboten ausgehandelte Waffenstillstand zwischen diesen Parteien zunächst auf vier Wochen beschränkt.[487] Da au-

---

483 HR II, 1, Nr. 139, 92: *(...) een vrede unde vruntlik upslach, dede angan schal nu van stunden an up ghifte desser scrift, unde duren unde waren van nu an beth to sunte Michaelis daghe erst tokomende, unde vort over viff jaren, (...) unde dat wy (...) bynnen dessem vorgescreven vrede scholen holden enen vruntliken dach to Swyneborgh in Fune uppe meydach, alse uppe sunte Philippi et Jacobi dage negest komende, dar to vorsokende, oft wy uns an beyden syden myd der hulpe Godes vruntliken vorgan unde to eyneme gantzen ende vordreghen konen, umme wes unser ene syde der andern totoseggende heft, sunder todunt vromeder lude. Weret ok, dat wy erbenomede beyde syden uns darsulves nicht vruntliken to eneme gantzen ende vorgan en konden, dat God affkere, so schal jewelke syde van uns dar denne nomen ere heren unde vrunde, de erer to ören unde to rechte scholen mechtich wesen, umme wes unser ene syde der andern heft totoseggende, eft se uns in vruntschop nicht vorscheyden en konen.*
484 HR II, 1, Nr. 139, 93: *Item schole wy beyde vorscreven deele van stunden an, wenne desse vorgescreven vrede utekundiget is, wedder inropen de unsen, de vyentliker wyse in der zee syn, unde de to hus beholden, unde bynnen dessem vorgescreven vrede nicht wedder uthsteden (...). Schege aver yemande van welker unser vorgescreven syden yenich schade uppe der zee buten havenen, tuschen dyt unde sunte Mertens dage negest komende, van den yennen, de also nicht konnen ingeropen werden, alse vorscreven is, dar moth de jenne, de so beschediget werd, syn eventûre över stan.* Danach folgen die Bestimmungen für den Fall, dass die Schädigungen nach dem Martinstag erfolgten.
485 HR II, 1, Nr. 139, 93: *Vellet ok, dat yenich vredebrake schege tuschen uns erbenomeden syden vor deme vorgescreven ersten daghe to Swyneborch to holdende, de bynnen der tyd nicht gesleten en wurde, de schal man rechtverdigen uppe deme vorgescreven daghe, unde dar denne eensdregen, wo men id vort holden schole umme vredebrake.* Zum gesamten Inhalt der Waffenstillstandsurkunde auch *Erslev*, Erik (1901), 271 f.
486 HR II, 1, Nr. 140; *Jahn*, Danmarks (1835), 504.
487 HR II, 1, Nr. 141.

ßerdem nur noch die dänische Urkunde zu diesem Abkommen erhalten ist, bleibt unklar, ob oder in welcher Form die Waffenruhe von den Schauenburgern ratifiziert wurde.

Neben der Diskussion über die einzelnen Bedingungen des Stillstandsabkommens trug vielleicht auch der König zur langen Dauer der Verhandlungen bei. Da seine Anwesenheit überhaupt erst für den 22. August belegt ist, muss er nicht schon seit Mitte Juli anwesend gewesen, sondern könnte auch erst im August nach Horsens gekommen sein.

Die Herstellung der Waffenruhe erfolgte in drei Schritten am 23. August 1432. Laut eines Briefs der holsteinischen Gesandten wurde sie an dem genannten Tag *belevet, vullentogen unde vorkundeget*.[488] Die ersten beiden dieser Akte protokollierte Knud Mikkelsen (*Kanutus de Arusia*) für die vom Justiziar Iwen Fos und von ihm unterfertigten Notariatsinstrumente (vgl. Abb. 5.7). In diesem Fall war also die Anwesenheit von Notaren von Anfang an geplant und für alle Seiten offensichtlich.[489] Da im Zentrum der notariellen Aufzeichnung die Bekräftigung des Inhalts der Waffenstillstandsurkunde und deren Annahme durch den König stand, handelte es sich grundsätzlich um eine besonders feierliche Begegnung zwischen beiden Seiten. Der erhöhte Grad der Formalität, der somit in der Existenz der Notariatsinstrumente aufscheint, findet sein Echo in der darin enthaltenen Schilderung der gesamten Situation: Jeder einzelne Entscheidungsschritt des Königs wurde in ein Gewand autoritärer Handlungen gekleidet.

---

488 HR II, 1, Nr. 142. Der Brief des Wismarer Bürgermeisters Peter Wilde vom gleichen Tag berichtet nur vom Vollzug (HR II, 1, Nr. 143): *unde de sulve vrede is vultoghen hute an desseme dage.*
489 HR II, 1, Nr. 138, 91, zit. zuvor Anm. 429.

a)

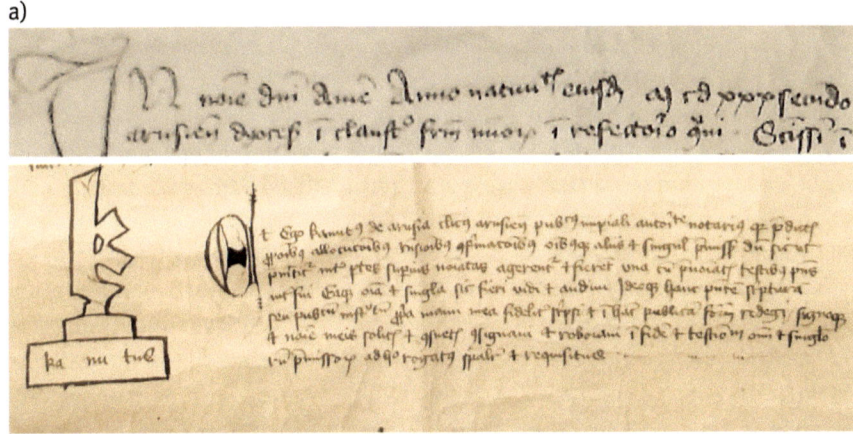

b)

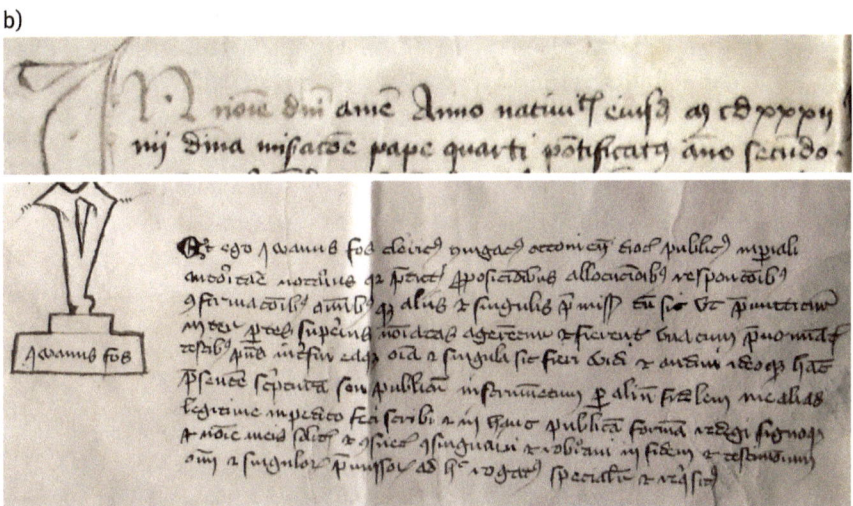

Abb. 5.7: Vergleich der beiden Notariatsinstrumente vom 23. August 1432: a) DRA, NKR, Nr. 3124; b) DRA, NKR, Nr. 3125. Fotos der Verfasserin.

Laut der Urkunde präsentierte Erik Nielsen (Gyldenstjerne), quasi als Sprachrohr zwischen den städtischen Sendboten und dem König, den bereits entworfenen *tractatus*, dessen Inhalt zuvor zwischen den Verhandlungsführern abgestimmt worden war.[490]

---

490 HR II, 1, Nr. 138, 90: *talis tractatus inter graciam vestram et predictarum civitatum ambasiatores, hic presentem, jam conceptus super verbis, que predicti ambasiatores predicatrum civitatum conciliariis vestre gracie ad hoc deputatis protulant.* Zur Anrede „eure Gnaden" und zeremoniellen Gesprächssituation: *Behrmann*, Herrscher (2004), 98 f., 203 (zu Horsens, wobei er das Treffen als Beispiel für eine „gemäßigt freundliche Atmosphäre" nennt).

Damit wird möglicherweise impliziert, dass die Ratssendeboten einen schriftlichen Entwurf mitbrachten oder bereits vor den Verhandlungen zugeschickt hatten, auf dessen Grundlage beide Seiten diskutierten und zu einer entsprechenden Einigung kamen. Die Urkunde in ihren beiden Teilstücken muss zu diesem Zeitpunkt ebenfalls bereits aufgesetzt und dem König – vielleicht durch Erik Nielsen – übergeben worden sein, auch wenn sie erst zu einem späteren Zeitpunkt in das Spiel eingebracht wurde.[491] Laut der Mitschrift des Notars, trug der dänische Rat nicht den eigentlichen Wortlaut, sondern nur die zentralen Punkte vor: die Dauer, das Treffen in Svendborg am Tage der Apostel Philippus und Jacobus des Folgejahres und die Behandlung der offenen Streitigkeiten, *iuris rigor (...) non sit necessario adhibendus.*[492] Im Bezug auf Ort und Datum sollten jedoch noch Änderungen möglich sein, falls sie dem König ungelegen kämen.

Nachdem der König dem Vorschlag seine Zustimmung gegeben hatte, fragte Erik Nielsen zunächst Hinrich Rapesulver und die anderen Gesandten, ob sie den Frieden halten wollten und ob sie sich, wenn innerhalb von ein oder zwei Jahren keine Einigung erzielt werden konnte, dem Recht unterwerfen würden.[493] Darauf versprach Hinrich Rapesulver namens der Gesandtschaft, dass die Städte sich an die geschriebenen Bedingungen halten wollten.[494] Auf dieses Versprechen vermerkte der König selbst, dass ja viele Bündnisbriefe – *scripture composicionis* – zwischen ihm und den Städten verfasst und von ihm auch hochgeachtet worden seien.[495] Damit gelang es ihm auch angesichts des Waffenstillstandes an das Bündnis von 1423 und deren Bruch durch die Städte zu erinnern. Anschließend fragte er, ob die Sendboten den Vertrag durch Betrug oder Hinterlist – *fraudum et dolum* – verdunkelt wüssten; dann sollten sie ihre Bedenken vorbringen. Derartiges könne er in dem Vertrag nicht finden, betonte Antwort Hinrich Rapesulver – laut Bericht – mit großer Emphase und fügte noch hinzu, dass er andernfalls lieber vor Gericht ziehen würde, als dass der Streit zehn oder

---

491 Dies ergibt sich bereits aus der Datierung der Urkunde auf den 22. August 1432, d. h. Vortag dieser Begegnung.

492 HR II, 1, Nr. 138, 90: *(...) gracia vestra suspensionem litis et pacem ad quinquennium immediate sequens inter graciam vestram et civitates predictas admiserat, sub isto modo, ut in festo sanctorum Philippi et Jacobi proximo adventuro ex utraque parte congregemini ad amicabiliter concordandum in Swinborgh, Ottoniensi dyocesis, abseque alienorum dominorum adventu, et dixerunt predicti ambasiatores, quod in Domino Deo sperant, se graciam vestram cum tam amicabili composicione predicto termino visitaturos, quod discordia redicta ita amicabiliter terminetur, ut iuris (...).*

493 HR II, 1, Nr. 138, 90: *Vultis vos et civitates vestre nobis illa, que modo dicta sunt, firmiter tenere, videlicet si nobiscum termino prefixo amicabiliter componi nequiveritis, extunc vos et civitates vestre infra unum annum vel duos proximo sequentes nobis quod iuris ministretis?*

494 HR II, 1, Nr. 138, 90: *Volumus promittere, ut, que scripta sunt in scripturis composicionis, super hoc jam confectis, nos et nostre civitates firmiter teneamus.*

495 HR II, 1, Nr. 138, 90: *Quampluries scripture composicionis inter nos et civitatis vetras confecte sunt, qualiter nobis observate sunt, homines bene sciunt.*

zwanzig weitere Jahre andauere.[496] Darauf erwiderte der König, dass er den Lübecker Bürgermeister als vertrauenswürdigen Verhandlungspartner einschätze, forderte ihn und die anderen Sendboten aber auf, auch im Namen ihrer Städte zu versprechen, dass sie sich im Ernstfall einem Rechtsspruch unterwerfen würden.[497] Dies versicherten Hinrich Rapesulver und seine Begleiter und schworen danach *publice et singulariter, manualiter et oretenus*, dass sie die Versprechen einhalten würden. Bis zu diesem Punkt bestanden die einzelnen Schritte in der Vorstellung der Bestimmungen, der Versicherung ihrer Wahrhaftigkeit und schließlich einer feierlichen Eidesleistung. Nachdem zunächst die Vertreter der Städte auf diese Weise ihre Zustimmung signalisiert hatten, bat Hinrich Rapesulver auch den König um sein Versprechen. Dieser erklärte, dass er sich, wenn die Städte alle Vereinbarungen einhielten, gnädig und freundlich zeigen würde. Sollten sie diese aber verletzten, würde auch er sich nicht daran gebunden sehen. Die Konsequenzen des Wortbruchs werden rhetorisch besonders hervorgehoben: *non volumus vobis tenere istas promissiones vel fidem (...) aut amplius esse amicus vester, nec erimus fideles aut favorabilis, nec umquam adhibemus vobis amplius fidem.*[498] Hinter *istas promissiones vel fidem* verbergen sich mit großer Wahrscheinlichkeit sicherer Handel und friedliche Kauffahrt für alle Hansestädte, die in der Waffenstillstandsurkunde zugesagt wurden. Verlust dieser Freiheiten, Verlust von Freundschaft, Gunst und Glaubwürdigkeit droht der König also im Fall eines Wortbruches an. Die Ratssendeboten versicherten ihn daraufhin noch einmal ihrer Aufrichtigkeit.[499] Erst danach – sozusagen als Gegenleistung für dieses Versprechen – präsentierte der König die Urkunden und überreichte Hinrich Rapesulver ein Teilstück des Chirographen.[500] Die Überreichung des Schriftstückes, das zu diesem Zeitpunkt aber bereits vorbereitet und anscheinend von seinem Gegenstück getrennt war, wurde auf diese Weise zu einem Gnadenakt des Königs. Es war Teil eines ganz auf seine Person zugeschnittenen Zeremoniells.

---

496 HR II, 1, Nr. 138, 90: *Per animam meam, non scio fraudem vel dolum in isto tractatu subesse; si scirem, mallem tale litigium ad 10 vel 20 annos duraturum.*

497 HR II, 1, Nr. 138, 90: *In negociis, vestram personam tangentibus, adhibemus vobis fidem sicut alteri manuum nostrarum et fidem nostram in vobis fundamus. Promittitis nobis, quod civitates vestre faciant nobis id, quod juris est, infra tempus congruum et oportunum, sicut est unus annus vel duo post terminum congregacionis per nos ex utraque parte in Swinborgh proximo celebrande, si predicte civitates tunc nobiscum amicabiliter nequiverint componi?*

498 HR II, 1, Nr. 138, 91.

499 HR II, 1, Nr. 138, 91: *Domine, unde potest hoc esse, quia hoc erit sine dolo.*

500 HR II, 1, Nr. 138, 91: *Extunc dixit prenominatus dominus rex Ericus: Super istis verbis predictis, ut nobis ita teneamur, prout vos nobis et consiliariis nostris dixeratis, presentamus vobis istam scripturam. Et statim prenominatus dominus rex predicto domino Rapesølwer unam scripturam in pergameno scriptam tradidit, sibi ipsi alteram scripturam retinendo, quarum scripturarum una ab altera erat decisa, que scripture erant similes et equales scriptura, scrissura et verbis.* Vgl. dazu auch *Behrmann, Herrscher* (2004), 203, der aus der Perspektive des Zeremoniells auf den direkten Dialog zwischen dem König und Hinrich Rapesulver hinweist.

Praktische Erwägungen kamen erst wieder hinsichtlich der Besiegelung zur Sprache. Demnach hatten beide Seiten drei Wochen Zeit, um jeweils ein Exemplar durch die in der Urkunde genannten Personen autorisieren zu lassen und sie dann in Haderslev in Gegenwart des königlichen Hauptmanns auszutauschen. Aus diesem Grund trugen die Siegelbänder beider Urkunden auch die Namen der genannten Verhandlungsführer. Dass die endgültige Besiegelung erst nach der Rückkehr des jeweiligen Gegenstücks erfolgte, könnte – neben normalem Verlust – auch das Fehlen einiger der dänischen Siegel erklären. Die städtischen Sendboten befestigten nach Rückkehr des Dokuments alle ihre Siegel daran und besaßen zudem das Teilstück mit den sorgfältigeren Beschriftungen.

Doch greift diese Beobachtung bereits ein wenig voraus. Im Notariatsinstrument spielte die eigentliche Herstellung der Urkunde und der Anteil beider Seiten daran keine Rolle, stattdessen diente es nur dazu deren Übergabe zu dokumentieren. Die Inszenierung dieses Aktes mit seinen beschriebenen Einzelschritten ist dabei sehr glaubwürdig. Eine derartige zeremonielle Ausgestaltung prägte bereits frühere Begegnungen des Königs mit den Sendboten der Städte. Es kann daher kaum Zweifel daran herrschen, dass der Anerkennung der Waffenstillstandsurkunde als Willensäußerung beider Seiten ein Schwur der Ratssendeboten vorausging. Zum einen lag es im Interesse des Königs, die Städte in irgendeiner Form doch noch zu einem Rechtsgang verpflichten zu können. Zum anderen unterstreichen die mündlichen Bekräftigungen und die Eidesleistung den besonderen Wert des schriftlichen Rechtsdokumentes.

Die einzelnen von den Notaren dokumentierten Schritte lassen die Ratifizierung des Waffenstillstands mit den städtischen Sendboten durch König Erik als Gnadenakt erscheinen. Zum aktuellen Zeitpunkt stellte der Waffenstillstand letztendlich einen Erfolg seiner Gegener dar, da der König keines seiner Kriegsziele erreicht hatte. Er spekulierte nun mit großer Wahrscheinlichkeit auf einen Rechtsgang vor dem römischen König. Die Befragung und Eidesleistungen der städtischen Sendboten in Gegenwart der Notare führen diese Intention recht deutlich vor Augen. Auf der anderen Seite muss der Eid vor dem König für die städtischen Gesandten einen unüberwindlichen Schritt auf dem Weg zum Waffenstillstand dargestellt haben. Alle ihre Zugeständnisse an Rahmen und Zeremoniell, inklusive der Akzeptanz der Notare, lassen sich daher rein pragmatisch intepretieren. Sie waren notwendig, um die Verhandlungen zu einem für sie erfolgreichen Ausgang zu bringen. Auch wenn sich die städtischen Gesandten damit dem Druck des Königs und seiner Räte beugten, erwuchsen ihnen auf den Verhandlungen selbst noch keine Nachteile.

iegt mit den Notariatsinstrumenten ein ausführlicher Bericht über die Beschwörung und den Vollzug des Waffenstillstandes durch den Austausch der Urkuden vor, ist die Verkündung nicht weiter schriftlich dokumentiert. Schwur und Vollzug fan-

den, wie in den Notariatsinstrumenten beschrieben, im Refektorium des Franziskanerklosters statt.[501] Es ist jedoch unklar, ob dies auch für die Verkündigung galt, oder
ob diese in der Kirche des Franziskanerklosters erfolgte. Möglicherweise wurden zu
dieser Gelegenheit zumindest die Glocken der Kirche geläutet.[502]

Trotz der Unsicherheit einiger Details demonstriert die Trennung der verschiedenen Schritte die herausgehobene Bedeutung der Urkunde. Da es sich um ein Rechtsdokument handelt, mussten der Gültigkeit des Inhalts erst verpflichtende Zusagen
vorausgehen. Die wörtlich fassbare Annahme der Urkunde durch beide Seiten beinhaltet gleichzeitig die Selbstverpflichtung, ihre Bedingungen einzuhalten. Damit waren die Voraussetzungen für die Realisierung der Waffenruhe geschaffen, die dann
durch eine allgemeine Verkündigung in Kraft treten konnte.

5.6 Die letzte Konfrontation: Vordingborg 1434

5.6.1 Lehrstellen der Überlieferung

Ablauf und Ergebnisse der Verhandlungen zur Horsens verdeutlichten, dass mit dem
Waffenstillstand noch kein Ende des Konfliktes verbunden war. Stattdessen wurde
die Diskussion der besonders strittigen Fragen auf das nächste Treffen vertagt. Dieses
fand im Frühjahr 1433 in Svendborg statt,[503] doch stellt es in der Überlieferung eine
Lücke dar und die angesprochenen Themen lassen sich nur indirekt aus den Materialien der Verhandlungen von Vordingborg ein Jahr später erschließen. Beide Treffen
führten zu keiner Einigung, da der Interessenskonflikt um die volle Gültigkeit der
hansischen Privilegien im Grund auch nicht mehr lösbar war.[504] Zugleich besaß keine
der Seiten die Überhand oder konnte auf die Gegenseite besonderen Druck ausüben,
um die Gewichte zu verschieben. Ein derartiger Wandel der Konstellationen erfolgte

---

501 HR II, 1, Nr. 138: *in claustro fratrum minorum refectorio communi.*
502 Zu dieser Form der öffentlichen Ankündigung: *Schubert*, Erscheinungsformen (2001), 111 f.
503 Zu den vorhandenen Quellen siehe nachfolgend Anm. 520.
504 Die Position des Königs im Bezug auf die Privilegien zeigt sich besonders in HR II, 1, Nr. 365, § 53,
248: *Wes andere koninge edder mynre fursten vormogen dor eres, erer rike* [unde] *lande vromen, orbars
edder bestandes wille bynnen eren gebieden uptosettende, dat vormoge wy jo so wol bynnen unsen riken
unde gebieden, unde menen darumme, dat se uns dat jo so unbilike hebben to werende edder to vorke-
rende, alse se dat vorkeren edder weren anderen koningen, heren unde fursten in eren gebieden, dat se
upleggen unde upgelecht hebben uppe alsweme, doch wan se dat vormogen kunnen mit anderen koningen, heren unde fursten, dat se ere tollen unde costumen in eren landen* [affleggen]*, so willen wy uns ok
gerne also darane bewysen, dat de klage nicht allene up uns schal bestande bliven (...). De privilegien,
de se erworven by unses overgrotevaders koning Woldemars tyden, wo en de vorsegelt und geven worden
und wo wy en ok van rechtes wegene de schuldich sint gewesen to holdende, dat steit noch wol to erken-
nende (...).* Vgl. dazu auch *Daenell*, Hansestädte (1902), 369 f.; *Erslev*, Erik (1901), 241 f.

erst durch den schwedischen Aufstand, von dem im Juli 1434 nur die ersten Anzeichen sichtbar wurden, dem sich im Herbst aber auch der schwedische Reichsrat anschloss.[505] Wollte König Erik seine Kräfte nicht überstrapazieren, war er spätestens dann zum Einlenken gegenüber seinen anderen Feinden gezwungen.[506] Dieser grundsätzliche Ausgang beider Vordingborger Treffen – von 1434 und 1435 – kann hier schon vorweggenommen werden, da die eigentliche Frage darauf abzielt, in welcher Form sich beide Seiten auf den Verhandlungen präsentierten.

Hinsichtlich der schriftlichen Überlieferung zum Vordingborger Treffen von 1434 ist anzumerken, dass auch hier gewisse Lücken, besonders in der Originalüberlieferung, zu beklagen sind. Dies gilt sowohl für zwei maßgebliche Dokumente, die schon verschiedentlich thematisierten dänischen Instruktionen aus dem Vorfeld der Verhandlungen und ein ausführliches notarielles Protokoll der Notare *Gerwinus Uppenberger* und *Bertoldus de Werna* (Bertold von Wörnitz), die beide jeweils nur in Abschriften überliefert sind.[507] Die vorhandenen Originale umfassen die Materialien zum Geleit sowie die Urkunden der Schiedsherren. So existiert neben dem Geleitbrief des Königs für die Sendboten der Städte und ihre Schiedsherren vom 24. Mai 1434 auch ein Konzept desselben in der Lübecker Kanzlei. Dieses befindet sich zusammen mit dem begleitenden Anschreiben an den König auf einem Blatt. Während der Geleitbrief einer unbekannten Schrift zuzuordnen ist, stammt der Entwurf des Briefes an den König aus der Hand von Paul Oldenburg. Er enthält eine umfangreiche Streichung in dem Abschnitt, welcher die Übergabe des Geleitbriefes regeln soll. Entweder gab es dafür noch eine kurzfristige Planänderung oder es erschien unziemlich, den König per Schreiben zu einem bestimmten Verhalten aufzufordern. Zwischen den beiden Texten findet sich auf dem Konzeptbogen noch die Invocatio *In nomine domini Amen*, die sonst eher für Verträge oder als Einleitung zu Hanserecessen üblich ist.[508]

Nach diesem Befund ließe sich vermuten, dass dem Entwurf für den Geleitbrief ursprünglich vielleicht kein Brief an den König, sondern ein wie auch immer gearteter Beschluss folgen sollte. Möglicherweise gab es bereits Pläne für einen Vertragsentwurf, die dann aber wieder verworfen wurden. Es könnte sich aber ebenso um ein reines Versehen handeln.

---

505 Ausführlicher zur schwedischen Erhebung: *Erslev*, Erik (1901), 327–339; *Lönnroth*, Sverige (1969), 106–108; *Olesen*, Rigsråd (1980), 19 f. Der allgemeine Absagebrief des schwedischen Reichsrates von 1434, Sept. 12 ging auch Lübeck zu: HR II, 1, Nr. 390.
506 Vgl. *Daenell*, Hansestädte, 370 f.; *Ders.*, Blütezeit (1905), Bd. 1, 254.; *Erslev*, Erik (1901), 345 mit dem Hinweis auf Korner, Chronica. Ed. *Schwalm*, § 1606, 558, wonach die Hansestädte noch zu diesem Zeitpunkt mit dem Abbruch der Verhandlungen gedroht haben mussten und die Gefahr, dass sich die Städte mit den Schweden verbündeten, die Dänen schließlich zum Einlenken brachte.
507 Zur dänischen Instruktion: HR II, 1, Nr. 365, vgl. Kap. 2.1.1. und 3.1. Bei dem notariellen Protokoll (HR II, 1, Nr. 366) handelt es sich wohl um eine zeitgleiche Abschrift in Danzig, die laut Überlieferungsvermerk einmal Teil einer umfänglichen Sammlung gewesen sein muss.
508 Vgl. dazu Angaben in Kap. 4.2.3, Anm. 83.

Neben dem Geleitbrief und seiner Vorstufe sind auch noch drei Urkunden vom Ende der Verhandlungen überliefert. Nur für den dänischen König und dessen Räte setzten dessen Schiedsherren, Bischof Magnus von Hildesheim, die Herzöge Bogislaw IX. von Pommern-Stolp und Barnim VIII. (*Barnym de jungere*) von Pommern-Barth sowie Herzog Heinrich von Mecklenburg-Stargard, am 9. Juli 1434 eine Erklärung über den Abbruch der Verhandlungen auf.[509] Dementgegen beurkundeten alle Schiedsrichter zusammen am 21. Juli 1434 die Aussetzung eines Schiedsspruches bis spätestens zum 25. Juni 1435, wenn eine Verhandlung am 1. Mai 1435 erfolglos bleiben sollte. Von dieser Urkunde erhielten beide Seiten jeweils ein Exemplar.[510]

In der Reihenfolge der Siegel folgen die Schiedsherren des Königs vor den Bischöfen Johannes von Verden und Pardam von Ratzeburg. Da diese Reihung den normalerweise üblichen Vorrang von geistlichen vor weltlichen Sieglern bricht,[511] verdeutlicht sie gerade, dass die Gruppen der Schiedsherren getrennt und als Vertreter ihrer jeweiligen Partei agierten. Daher entspricht sie der auch im Urkundentext vorzufindenden hierarchischen Abstufung zwischen dem König und den Städten.[512]

Einige Informationen zu den Beziehungen zwischen den städtischen Abgesandten und ihren Schiedsherren und besonders dem gezahlten Honorar bieten zudem die Hamburger Rechnungsbücher.[513] Außerdem fand eine Quittung über die Zahlung von 200 Mark Lübisch an den Bischof von Verden Eintrag ins Lübecker Niederstadtbuch. Diese bietet eine notwendige Zusatzinformation zum Herstellungskontext des notariellen Protokolls, da sie Bertold von Wörnitz als *secretarius* des Bischofs aufführt.[514] Damit lässt sich diese Quelle schon durch eine beteiligte Person ins Umfeld der städtischen Schiedsherren einordnen. Dieser Befund deckt sich auch mit einigen Indizien im Text selbst. Zum einen setzt die Einleitung mit der Ankunft der städtischen Gesandten der Städte und ihrer Schiedsherren, der Bischöfe von Verden und Ratzeburg, in Vordingborg ein. Sie erscheinen dadurch als die Akteure der Verhandlungen.[515]

---

509 DRA, NKR, Nr. 3171 = HR II, 1, Nr. 372. Von dieser Urkunde scheint nur ein dänisches Exemplar zu existieren.

510 Zwar befinden sich beide im DRA, NKR, Nr. 3174 und 3175, die zweite Urkunde stammt jedoch aus der Sammlung Thott. Es existiert außerdem eine Abschrift in der Danziger Handschrift, die auch HR II, 1, Nr. 366 enthält.

511 Die Reihenfolge wird aber innerhalb der jeweiligen Gruppe eingehalten, denn bei den königlichen Schiedsherren siegelt der Bischof von Hildesheim immer an erster Stelle: DRA, NKR, Nr. 3171, 3174 und 3175.

512 HR II, 1, Nr. 371: *Wii Magnus, van Godes gnaden bisscop to Hildensem, (...) schedesheren des dorchluchtigsten, hochgebornen forste (...), heren Eriikes, der riike Denemarken (...) konynges unde hertogen to Pomeren unde wii, Johan van den sulven gnaden to Verden, unde Pardam to Ratzeborch bisscoppe, schedesheren der stede (...).*

513 HR II, 1, Nr. 375.

514 LUB 7, Nr. 592.

515 HR II, 1, Nr. 366, § 1, 249: *In deme namen Godes amen. In deme jare na Godes bord dusent veerhundert in deme veerundedruttigesten jare des vridages na Viti, decima octava mensis junii quemen de*

Zum anderen gibt es im Protokoll Differenzen zwischen den Aufrufen an *alle notarios unde apenbare schrivere* und den Appellen an die beiden protokollierenden Notare, die dann immer direkt von Hinrich Rapesulver angesprochen werden.[516] Ein weiteres Indiz ist die Liste der Zeugen, deren Gegenwart namentlich zuerst für den 30. Juni und formelhaft für die anderen Verhandlungstage bekundet wird.[517] Sie stammten sämtlich aus dem Umfeld der beiden Bischöfe und gehören den Kirchen von Schönberg oder Lüneburg an.[518] Der einzige Laie, der Knappe Claus Brahlstorf, stammte vermutlich aus dem Wittenburger Land, also ebenfalls aus dem Bistum Ratzeburg.[519] Zudem wurden nur die Begegnungen wiedergegeben, bei denen entweder die Städte oder die beiden Bischöfe anwesend waren. Auf Grund dieser Indizien kann mit großer Sicherheit angenommen werden, dass die für die kriegführenden Städte eintretenden Schiedsrichter oder gar die Abgesandten selbst die Anfertigung des Protokolls veranlassten. Dadurch unterscheidet sich dieser Einsatz der Notare grundlegend von allen früheren Situationen, bei denen nur König Erik auf deren Einbeziehung drängte.

---

erliken seendebaden der stede Lubik, Hamborch, Lunenborch unde Wismer to Werdighenborch in Selande, (...) unde brochten dar mit sik de erwerdighen in Gode vedere unde heren, her Johan to Veerden unde her Pardam to Rasseborch, bisschoppe, der vorbenomeden stede schedesheren in saken wesende twisschen deme vorluchteden fursten unde ghrotmechtigen hern, hern Erike (...), sinen riken und der sulven rike inwanere van eyner, unde den erbenomeden steden van der anderen siide. Unde de vorscrevenen stede mit den erbenomeden erwerdighen vederen, eren schedsheren, weren to Werdighenborch vorscreven beth to des middwekens [vor] unser leven vrowen daghe visitacionis, eer se des erbenomeden heren konynges rike rederen to sprake quemen.

516 Die Aufrufe an *alle notarios unde apenbaren schrivere* erfolgen immer dann, wenn sich die Verhandlungsführer beider Seiten gegenüberstehen: HR II, 1, Nr. 366, §§ 3, 9, 10, 11. In zwei Fällen bezeugen die protokollierenden Notare aber ihre persönliche Gegenwart: für den 30. Juni (HR II, 1, Nr. 366, § 2, 349) und den 12. Juli (§ 9, 257): *Do van stund an her Hinrik Rapesuver vorbod de stede na inholde desser vorscreven schrift, unde settede dat bi de schedesheren unde eschede darto uns notarios dat also to beschrivnde, unde alle heren unde fursten, riddere unde knechte dar jeghenwardich des to denkende.* Dem voraus ging wieder ein Aufruf Erik Nielsens (Gyldenstjerne) an *alle notarios.*

517 Zuerst HR II, 1, Nr. 366, § 2, 250: *Hir weren jeghenwardich de erbaren heren, her Ludolff Roseborgh, prester, her Gherd Bechel, Her Hinrik Schutte, vicarien der kerken to Schonenberghe, her Hinrik Bartolomei, vicarius der kerken sunte Johannis baptiste to Luneborgh, unde de duchtige knape Clawes Bralstorp, der stichte Verden unde Rasseborch, vor tughe hirto ghebeden unde sunderliken gheesched.* Dann mit *Presentibus testibus suprascriptis etc., Testibus suprascriptis presentibus etc.* oder *Presentibus etc.* am Ende aller Paragraphen außer (HR II, 1, Nr. 366) § 8 und 16. Dazu auch *Behrmann*, Herrscher (2004), 285, Anm 309.

518 Schönberg war seit dem 14. Jahrhundert die Residenz des Bischofs von Ratzeburg, Bistum: *Petersen*, Bistum Ratzeburg (2003), 592. Ludolf Rosenborch wird in einer Urkunde des Bischofs von Ratzeburg, vom 14. Januar 1434 als *capellanus noster* bezeichnet (LHAS 11.11, Nr. 5295).

519 Vermutlich handelt es sich um denselben *Clawes Bralstorp, wonafftich to Tessyn,* der 1422 in Lübeck als Bürge erscheint und 1425 eine Urfehde erklärt (LUB 6, Nr. 437, 438, 700).

5.6.2 Planung und Öffentlichkeit

Die Verhandlungen von Vordingborg sind gemeinsam mit dem ihnen vorausgehenden Treffen zu Svendborg direkte Konsequenzen des Waffenstillstandsvertrages von Horsens. Wie eingangs schon erwähnt, haben die Gespräche zu Svendborg kaum Spuren in der dokumentarischen Überlieferung hinterlassen, obwohl auch diese mit einem generell als *recessus* bezeichneten Abschluss endeten. Die wenigen vorhandenen Quellen – ein Brief König Eriks an das Konzil von Basel und die Lübecker Ratschronik als historiographische Quelle – geben vor allem hinsichtlich der Öffentlichkeit der Verhandlungen ein sehr unterschiedliches Bild.[520] Es lassen sich aber dennoch einige Ergebnisse dieses Treffens erschließen. Dies betrifft vor allem die Entscheidung, die Klärung der Streitpunkte einem Schiedsgremium zu übertragen.[521] Eine solche Möglichkeit deutete sich bereits in der Waffenstillstandsurkunde an, falls der *vruntliche dach* keine Lösung brächte.[522] Der wichtigste Streitpunkt lag dabei wohl in der Frage der Schädigungen, über welche mittels der Schiedsherren entschieden werden sollte.[523] Dazu müssen die Städte entweder im Zusammenhang mit den Svendborger Verhandlungen oder in Vorbereitung auf das nächste Treffen eine ausführliche Klageschrift eingereicht haben. Sie ist nur noch indirekt aus der geplanten dänischen Replik erschließbar. Demnach brachten die Städte für die Zeit vor dem Krieg insgesamt fünf Anklagen vor, welche die Verletzung der Privilegien, Übergriffe von Amtsleuten, Beschlagnahmungen von Gütern auf Schonen, die Einrichtung des Sundzolls sowie die Schädigung einzelner Schiffe betrafen.[524] Weitere Klagepunkte scheinen die hansische Niederlassung in Bergen betroffen zu haben.[525] Es geht aus dem dänischen Konzept nicht eindeutig hervor, ob auch die Schädigungen, die nach Abschluss des Waffenstillstands geschehen waren, bereits zur Sprache kamen. Dass

---

520 Allgemein HR II, 1, 121 f. König Eriks Brief an das Konzil von Basel, 1433, Juni 29 (HR II, 1, Nr. 175) deutet an, dass die Gesandten des Konzils als Zeugen der Verhandlungen dienen sollten: *ubi ipsorum ambassiatorum desideravimus presentiam.* Lübecker Ratschronik I, § 1555, 410, hingegen gibt genau die Tatsache, dass die Gespräche nur zwischen den Räten und den Sendboten abliefen, als Grund für das Scheitern an.
521 HR II, 1, Nr. 366, § 2, 250: *Darup bespreken sik de vorscreven sendeboden unde antwerden na berade, se weren dar also ghekomen, dat se id holden wolden, alse de recessus to Horsnisse unde to Swineborgh ghemaket inneholden, unde se hedden dar ere schedesherren, de erer vulmechtich wesen scholden to eren unde to rechte na inholde der vorscreven recesse.*
522 HR II, 1, Nr. 139, 92.
523 Eine entsprechende Andeutung findet sich in König Eriks Brief: HR II, 1, Nr. 175, 123: *qualiter ipsi civitatenses recompensationem juxta prius promissa pro damnis et injuriis, nobis et regnis nostris multipliciter illatis, exhiberent.*
524 HR II, 1, Nr. 365, §§ 43, 44, 45, 46, 49–50, danach 51: *To dessen vorgescreven vyff artiklen vnde vurder to allen artiklen: dede scheen sint bynnen der tosate unde vor der veide, antworden wy also (...).*
525 HR II, 1, Nr. 365, § 51.

die Dänen ihrerseits auf dieses Problem einzugehen gedachten, legt aber die Vermutung nahe, dass es hier ebenfalls einen Streitpunkt gab.[526]

In der Frage von Minne oder Recht präferierte König Erik – wie schon früher – einen klaren Rechtsspruch. Doch wurde bereits im Vorfeld des Vordingborger Tags klar, dass bei den bevorstehenden Verhandlungen nicht mit einer solchen Entscheidung zu rechnen war, sondern dass dazu ein weiteres Treffen benötigt würde. Um einer Verzögerungstaktik der Städte vorzubeugen, sollten dieses Mal aber klare Absprachen getroffen und schriftlich festgehalten werden. Konnten die Schiedsherren keine freundliche Einigung herbeiführen, so müsste ein neuer Tag anberaumt werden. Diesen durften die dänischen Räte aber nur unter der Bedingung annehmen, dass beide Seiten sich im Voraus dem Richterspruch der Schiedsherren unterwarfen. Falls deren Entscheidung aber nicht zu Gunsten des Königs erfolgte, würde beim nunmehrigen Kaiser Sigismund Berufung eingelegt werden.[527] Nicht nur diese Anweisung auch die gesamte Anlage der Instruktionen, die bereits die Vorbereitung auf einen Prozess implizieren, demonstrieren, dass die dänische Seite mit allen zur Verfügung stehenden Mitteln die Rechtmäßigkeit ihrer Position zu verteidigen gedachte.[528] Wäre es auf der Grundlage dieser Klagen wirklich zu einem Prozess vor dem Reichsgericht gekommen, hätte dies für die Städte und ihre Rechtsposition in den skandinavischen

---

526 Die grundsätzlichen Streitpunkte der dänischen Seite umfassen neben den Konsequenzen aus dem Bruch der *Tosate* die Erhebung eines neuen Einfuhrzolls – *cyse* – in den Städten, von dem die Kaufleute des Unionskönigtums nach 1432 betroffen waren. HR II, 1, Nr. 565, § 19, 243: *so wurden se besweret jegen ere olde wonheit vormiddelst de uplegginge des unplichteliken cyse, de de stede nu unlanges unde binnen korten jaren hebben upgelecht.* Dies wurde als Verletzung des Waffenstillstands angesehen.

527 Dazu gab es für die dänischen Verhandlungsführer eindeutige Anweisungen: HR II, 1, Nr. 365, § 22, 243: *Item nicht is to vormodende, dat hir nu to desseme dage ginich recht werde affgesecht, sunder de scheideslude mogen ramen enes anderen dages, dat recht afftoseggende, alse se des na utwysinge des affscheides mechtich sint, unde darumme kan hir nu to tyd nen recht edder utsproke schulden werden. (...) unde dat man sedder hir to der stede und nicht eer de dach utgesticket unde nůemet sy, dat sodenne van den sulven scheidesluden, unde ok van uns an beiden syden, vor wissen unde vorwilkoren laten, alse des behoff wert, dat dat recht jo denne schal affgesproken werden, wente is id so, dat dat recht vor uns gelt, so is unse sake desto beter, gheit id aver jegen uns, so moge wy dat schden unde scheten dat vor den keyser (...).*

528 Dass die Anwendung oder Ablehnung von Prozessen, besonders vor dem Reichsgericht oder der Kurie, in dieser Zeit fast immer auch mit dem Gewinn eines strategischen Vorteils verbunden waren, demonstrieren besonders deutlich die Rechtshandlungen des Deutschen Ordens. *Nowak*, Schiedsprozesse (1975), passim, zu den Schiedsverfahren vor König Sigismund, bei denen der Orden mit den Sympathien des römischen Königs rechnen konnte. Die Berichte der Generalprokuratoren an der Kurie, insbesondere von Kaspar Wandofen (LivUB 8, Nr. 35, 36, 39, 146) geben hingegen beredte Zeugnisse von den Bemühungen, im Zusammenhang mit dem Streit zwischen dem livländischen Zweig des Deutschen Ordens und dem Stift Riga mit allen Mitteln einen Prozess zu vermeiden oder zu eigenen Gunsten zu beeinflussen. Dazu auch *Jähnig*, Sache (2004), 125 f. Zu Kaspar Wandofen besonders: *Beuttel*, Generalprokurator (1999), 218–222.

Reichen weitreichende Folgen gehabt. In letzter Konsequenz beabsichtigten der König und seine Berater den Bruch des Bündnisses von 1423 mit der Gültigkeit der hansischen Privilegien überhaupt aufzurechnen.[529] Obwohl der Gedanke hier zum ersten Mal in derartiger Klarheit zum Ausdruck kommt, ist es doch zweifelhaft, dass er in undokumentierten Gesprächen oder einigen der Ausbrüche des Königs vorher noch nie angesprochen wurde. Dass ein dauerhaftes Freundschaftsbündnis zwischen den Unionsreichen und den Hansestädten des Ostseeraumes nur bei Wahrung der Privilegien möglich war, deutete sich ja sogar im Entstehungsprozess der *Tosate* an.[530] Daher lag der Gedanke nahe, im Umkehrschluss auf Grund der unfreundlichen Gesinnung der Städte die Handelsfreiheiten einzuschränken.

Unabhängig davon, ob die Sendeboten der vier Städte eine Ahnung von solchen Intentionen des Königs hatten, wäre ein Schiedsverfahren vor Kaiser Sigismund die schlechteste Alternative gewesen. Ein Rechtsspruch durch die Schiedsherren über die grundsätzliche Schuldfrage konnte ihnen nur dann sinnvoll erscheinen, wenn die Ausgangsposition günstig für sie war. Für diese erste geplante Begegnung der Schiedsherren suchten sie daher alle Bezüge auf einen Rechtspruch zu vermeiden. Dies wird unter anderem schon an dem Entwurf zum Geleitbrief deutlich, in dem sie indirekt den Schutz für die Reise zu *deme vrundliken daghe* beantragten.[531] Damit signalisierten sie recht eindeutig, dass sie mit dem geplanten Treffen keinen Rechtszug verbinden wollten. Diese uneingeschränkte Unverbindlichkeit lässt der eigentliche Geleitbrief nicht mehr zu, in dem von einem *vrundliken rechtdage* die Rede ist.[532] Die unterschiedlichen Intentionen treten also schon im Vorfeld sehr deutlich zu Tage. Auf den Verhandlungen wählten die Städte dann – wie noch zu sehen sein wird – eine andere Taktik, um einen Rechtsentscheid zu ihren Ungunsten zu vermeiden.

Hinsichtlich der weiteren Vorbereitung lassen die wenigen Rechnungen aus Hamburg und Lübeck vermuten, dass die Wirkung der beiden Bischöfen, ähnlich wie 1429 mit Herzog Wilhelm von Braunschweig-Lüneburg, im Voraus durch einen Vertrag geregelt wurde.[533] Wahrscheinlich ging die Werbung des Verdener Bischofs als Schlichter von Lüneburg oder Hamburg aus.[534] In den anzunehmenden Vereinbarun-

---

529 HR II, 1, Nr. 365, § 53, 248 beinhaltet die Replik auf die Klage über den Sundzoll und beginnt mit einer grundsätzlichen Darlegung zum Recht der Könige und Fürsten, das Wohl seines Landes z. B. durch neue Zölle zu fördern. Danach werden die Privilegien angesprochen, mit einem implizierten Zweifel an ihrer Gültigkeit, deren Genuss die Städte zudem durch den Bruch des gemeinsamen Bündnisses verwirkt hätten.
530 Vgl. Kap. 3.2 (zu den Privilegienentwürfen).
531 AHL, ASA Externa Danica, Nr. 3,2–198.
532 LUB 7, Nr. 588.
533 Vgl. Kap. 5.2.2.
534 Unter den Zeugen befand sich auf jeden Fall mit Heinrich Bartholomäi ein Vikar der Johanneskirche zu Lüneburg: HR II, 1, Nr. 366, § 2 (Ende), 250.

gen könnten die Städte den beiden geistlichen Fürsten die Übernahme der Reisekosten und auch die Zahlung eines „Honorars" zugesichert haben. Nur so lassen sich die umfänglichen Summen von 200 Mark Lübisch und 320 Mark Lübisch aus Hamburg an den Bischof von Verden erklären.[535] Der von Lübeck übernommene Betrag fiel wohl auch deswegen etwas geringer aus, da die Stadt wahrscheinlich – gemeinsam mit Wismar – den Ratzeburger Bischof für seine Mühen zu entlohnen hatte. Dass der Bischof von Ratzeburg als Vertrauensperson der Städte fungierte, erscheint naheliegend, auch wenn Johannes (Trempe)[536] 1431 gestorben und Pardam (von dem Knesebeck) zu seinem Nachfolger gewählt worden war.[537]

Als Besonderheit bei den Sendboten der Städte ist außerdem festzuhalten, dass aus Hamburg dieses Mal kein Angehöriger des Rates, sondern der städtische Kapellan Hermann Lange an den Verhandlungen teilnahm.[538] Ein Grund dafür war die Verhinderung des Bürgermeisters Erich von Tzeuen, der zeitgleich an einer Delegation des allgemeinen Lübecker Hansetages ins Ordensland teilnahm.[539] Dass an dessen Stelle jedoch ein dem Rat verbundener Kleriker anstelle eines Ratsmitgliedes geschickt wurde, legt die Vermutung nahe, dass Hermann Lange auf Grund seiner Kompetenzen als Abgesandter ausgewählt worden war.[540]

---

535 1.) Lübeck: LUB 7, Nr. 592; 2.) Hamburg: HR II, 1, Nr. 375, 271: *Item 160* [Mark] *domino espiscopo Verdensi in Lubek per dominos Johannem Wigen etc. persolvenda ad dietam in Wedinghborgh.* 272: *Item 160* [Mark] *in Lubek episcopo Verdensi per dominum Hermannum Langhen pro dyeta in Vordingborgh.* In den Kämmereirechnungen. Ed. *Koppmann*, Bd. 2, 57 sind diese 320 (Mark) als *sallarium* bezeichnet, womit eine aufgewandte Mühe entschädigt wurde (vgl. *Du Cange* 7, Sp. 284c).
536 Vgl. seine Transsumpte zu Gunsten der Städte: AHL, Urkunden, Danica, Nr. 193, 194. Siehe auch Kap. 4.2.2 und 4.5.3.
537 Der Lübecker Bischof Johannes Schele befand sich zu diesem Zeitpunkt auf dem Konzil in Basel: *Ammon*, Johannes Schele (1931), 9 sowie 12–21 (zu seinen Tätigkeiten in den Jahren 1433/1434); Concilium Basiliense. Ed. *Haller*, Bd. 3, 662 (Registereintrag zu Schele mit den Belegen seiner Tätigkeiten in den Jahren 1434/1435) siehe auch den Brief des Lübecker Rates an ihn: HR II, 1, Nr. 333 (1434, Sept. 4). Seine Nennung in einem am 5. Juli 1434 in Vordingborg ausgestellten Ablassbrief für die Kirche in Ratzeburg ist daher problematisch (Vgl. Regest LHAS, 11.11, Nr. 5361). Vgl. stattdessen HR II, 1, Nr. 373 und Rep, Nr. 6701 für die Kirchen in Rönne (Bornholm) und Tars (Lolland).
538 HR II, 1, Nr. 366: *van Hamborch her Hermen Lange, kerkhere to deme hillighen gheiste to Hamborch.* HR II, 1, Nr. 375 Anm. 1; Hamburger Kämmereirechnungen. Ed. *Koppmann* 2, 57: *dominus Hermannus Lange, rector capelle sancti spiritus Hamburgensis.* Er übernahm laut der Rechnungen auch die Geldzahlungen an den Bischof von Verden. Als Kapellan des Rates erscheint er in einem Hamburger Brief vom 11. November 1427 (Kap. 8.2.3, Nr. 22).
539 HR II, 1, Nr. 321, § 2, 3; HR II, 1, Nr. 356.
540 In Lübeck befanden sich noch weitere Bürgermeister und Ratsmänner der Stadt (HR II, 1, Nr. 321, § 1), die vom Rang her auch für diese Sendung geeignet gewesen wären. Die Sendung des zweiten Bürgermeisters Hinrich Hoyer nach England wurde erst auf dem Hansetag selbst – wohl nicht vor dem 31. Juni – entschieden, HR II, 1, Nr. 321, § 4.

Der Lübecker Hansetag verweist zudem auf eine zusätzliche Sonderstellung dieser Verhandlungen, denn sie fand gewissermaßen vor den Augen bzw. unter Anteilnahme des gesamten Nord- und Ostseeraumes statt. Vom 5. Juni bis mindestens zum 24. August, wurde in Lübeck ein allgemeiner Hansetag abgehalten, dessen Rezess eine Art Grundsatzerklärung der Hanse darstellt.[541] Zwar war das Treffen ursprünglich für Ostern anberaumt worden und wurde erst nachträglich auf Pfingsten verlegt, doch konnten die kriegführenden Städte nun aus der zeitlichen Überschneidung Nutzen ziehen.[542] Der Hansetag befasste sich nicht nur mit den Schädigungen durch Dänemark sondern auch mit den Einschränkungen des Handels in England und Flandern. Die Beschwerden, welche im Bezug auf Dänemark zur Sprache kamen, waren möglicherweise identisch mit einigen Punkten der Klageschrift für die Verhandlungen zu Vordingborg oder enthielten zumindest Elemente davon.[543] Vor diesem Hintergrund konnten die Sendboten der kriegführenden Städte in Vordingborg nachdrücklicher als bei allen vorherigen Verhandlungen als Sprecher aller Städte der Hanse auftreten.[544] Somit deutete der Hansetag zunächst die Möglichkeit eines umfassenden Bündnisses an, auf das sich die wendischen Städte bisher nicht für ihren

---

541 Zum gesamten Hansetag: HR II, 1, 187–225. HR II, 1, Nr. 321 wird im letzten Paragraph als *ordinancie* bezeichnet.

542 Die Chronologie geht nicht aus der Ordonanz hervor, die alle Beschlüsse auf den 5. Juni 1434 legt. Nur aus HR II, 1, Nr. 321, § 4 ergibt sich, dass sie das Ergebnis längerer Verhandlungen gewesen sein muss. Die in HR II, 1, Nr. 321, § 1 genannte Sitzordnung kann auch nicht nur für diesen Tag gelten, sondern muss wohl generellen Charakter gehabt haben, da von den genannten die westfälischen Städte erst nach dem 22. Juli (HR II, 1, Nr. 329), der Vertreter des Londoner Kontors erst nach dem 10. Juli (HR II, 1, Nr. 330), in Lübeck gewesen sein konnten. Zu den Terminen: HR II, 1, Nr. 242 und 261. Die Verlängerung des Hansetages wurde am 22. Juni 1434 angekündigt und mit den Reisen der Sendboten nach Preußen und Dänemark begründet: HR II, 1, Nr. 329. Die letzten erhaltenen Briefe der Versammlung sind auf den 23. August datiert: HR II, 1, Nr. 324 (an Danzig) und HR II, 1, Nr. 340 (zu einer Schlichtung in Salzwedel).

543 Siehe zum Beispiel die Klageschrift für den Hochmeister: HR II, 1, Nr. 357, § 16, 235 f.: *Primo das dy stete unde kouffmann von der Deutschen hense gutte versegelde breffe von konige Woldemar, konige Oloff, frouw Margareta der konnigynnen unde von allen ertzbisscopen, bisschopen, ritteren, knechten und amptluden der dryer rich, dy konig Erich der noch lebet bestediget hatt, das alle borgere, kouffleute und ir gesynde und al dy in irem rechte seyn, de nu seyn unde czukomende seyn [werden], moegen suchen das riche czu Denemarken und das land czu Schone in allen enden und jegenoden mit eren guetteren und kouffenschatcz czu wasser und czu lande uff eren alden gewonlichen tzoll, in denselben breven von itzlichen guederen eigentlich uszgedruckt, vry und ungehindert.* (Es folgen besonders die Bestimmungen zum Schutz vor Strandraub und Bergelohn.) Vgl. dazu HR II, 1, Nr. 365, § 43, 245: *Item schuldegen se uns, dat wy unde unse ammetlude en unde eren burgeren ere privilegien unde rechticheide in unsen riken, de unse elderen vor unde wy na vorbrevet hebben, wedder recht vaken gebroken hebben, unde wowol se doch vaken dat vor uns vorklaget hebben, so hebben se des like wol nicht mogen geneten unde hebben dar unvorwynliken schaden over nomen.*

544 Dieser Gedanke kommt auf jeden Fall in der zeitnahen Lübecker Chronistik zum Ausdruck: Korner, Chronica, Ed. *Schwalm*, D § 1583, 526: *Interim autem cum hec sic agerentur in Prutzia per sepedictos nuncios, alii solempnes viri civitatum quatuor maritimarium, puta, Lubicensis, Hammeburgensis,*

Krieg stützen konnten.[545] Die in Lübeck Versammelten nahmen auch eine entsprechende Grundsatzerklärung in ihre Ordinanz auf.[546] Es geht aus den dokumentarischen Quellen nicht ganz eindeutig hervor, ob dieser Beschluss zur Verteidigung der Privilegien mit allen Mitteln den Verhandlungen in Vordingborg vorausging oder eher eine Reaktion auf ihr Scheitern darstellte. In der zeitnahen Niederschrift der Ereignisse durch Hermann Korner und in dem teilweise auf ihm beruhenden ersten Teil der Lübcker Ratschronik gehen die Verhandlung in Vordingborg der großen Ordinanz chronologisch voraus, wodurch unterschwellig auch eine Kausalität zwischen beiden Ereignissen angedeutet wird.[547]

Luneburgensis et Wismarienss, iverunt in Daciam ad placitandum cum Erico rege Danorum prefesto beati Iohannis baptiste in opido Werdingborg dicti regni et ad tractandum de pace et concordia (...); Lübecker Ratschronik I, § 1583, 416: (...) *dewyle alse dyt schach in Prusen, sanden ok de hensestede boden van den veer steden Lubek, Hamborch, Luneborch unde Wismer yn Dennemarken to Verdingenborch, dacht to holdende myt deme konynge (...).* Dabei rückt Korner (Chronica. Ed. *Schwalm*) die Ereignisse eher in einen zeitlichen Zusammenhang, während die im Umfeld und Auftrag des Lübecker Rates entstandene Chronik den Hansetag und die Reise nach Vordingborg in eine kausale Beziehung setzt. Zur Lübecker Ratschronik siehe Kap. 3.5, Anm. 192. Vgl. auch die Abweichungen bei den Auswirkungen nachfolgend in Kap. 5.6.3 Anm. 563.

545 Nach der Meinung des Königs und seiner Räte wurde der Krieg sowieso zugunsten aller Hansestädte geführt: HR II, 1, Nr. 356, § 54. Dass besonders den Lübeckern (und wahrscheinlich ihren Nachbarn) an einem gegenseitigen Beistandsbündnis lag, geht bereits aus dem Einladungsschreiben vom 25. Januar 1434 hervor (HR II, 1, Nr. 242): *so hebben wii mit den steden unsen nabůren enes dages vorramet.*

546 HR II, 1, Nr. 321, § 38: *Item hebben de stede ghentzliken unde na wolbedachten* (guden) *mode unde ripem berade eyndrechtliken besloten, weret, dat se yemand, here, vorste, riddere, knechte, stede efte menheyd ichteswelker lande edder we de were, in eren privilegien, vryheiten unde olden loveliken wonheyden vorwelden edder vorkorten wolde, dat se dat eyndrechtliken unde mit gantzen truwen willen keren unde weren na aller ere macht.*

547 So Lübecker Ratschronik I, § 1583, 417: (...) *desse degedingheden tosamende wol ene ghanse månte umme den schaden den de konynk unde syn volk deme kopmanne ghedån hadden in velighen dagen; mehr in dat lateste en konden se nicht gudes vor de stede dar ynne besluten unde tōghen ane ende wegger to hus. Do dit de hensestede horden, de to Lubeke weren, do worden se sere gegrettet yeghen den konyngh unde makeden altohand mennigherleye gesette vor den kopman unde vor dat gemene gude (...).* Diese wurden dann an alle Kaufleute in England, Dänemark, Flandern, Livland, Nowgorod, Holland, Preußen und Russland weitergegeben. Diese Darstellung weicht in einem Punkt ab von Korner, Chronica. Ed. *Schwalm*, D § 1583, 527: *Cum quibus placitantes per mensem civitates prelibate, parum vel nichil ad pacem et amiciciam ac dampnorum recuperacionem tempore treugarum eirs per Danos illatorum deserviens actum aut conclusum ibidem extitit. Unde quasi vacui revertentes, quod conclusum videbatur inter partes, civitatibus congregatis retulerunt. Quod cum audissent viri illi sagaces, nun multum exhilerati, sed magis exacerbati contra Danos* et eciam eos, qui nuncii eorum fuerant, quod iuxta eis commissa factum non practicaverant, *contra invicem murmurare ceperunt. Sedata tamen displicencia, tractare inceperunt negocia communi utilitati proficua, condentes leges et statuta ab omnibus civitatibus Hanse et earum mercatoribus inviolabiliter observanda (...).* Demnach waren die in Lübeck versammelten Sendboten auch unzufrieden mit den städtischen Verhandlungsführern.

Auf der anderen Seite hatten sich auch König Erik und seine Berater darum bemüht, dass die Verhandlungen zu Vordingborg vor einem großen und hochrangigen Publikum stattfanden. Zum einen waren die Räte der drei Reiche mit Ausnahme der Mehrzahl der Schweden präsent,[548] zum anderen ging mit dieser Versammlung eine Synode der Unionskönigreiche einher.[549] Außerdem scheint der König mit Ausnahme Graf Adolfs VIII. und seiner Verbündeten, insbesondere der Herzöge von Braunschweig-Lüneburg, alle nördlichen Fürsten des Reiches geladen zu haben. Dazu zählten nicht nur seine schon genannten Schiedsherren, Bischof Magnus von Hildesheim[550], die Herzöge Bogislaw IX. und Barnim VIII. von Pommern und Herzog Heinrich von Mecklenburg-Stargard. Als reine Zeugen resten noch Bernhard II. von Sachsen-Lauenburg und Katharina von Mecklenburg nach Dänemark. Die beiden letztgenannten entstammten, ebenso wie Bischof Magnus dem sächsisch-lauenburgischen Herzogshaus, das damit gleich durch drei Vertreter repräsentiert wurde. Daneben wohnte auch der junge Christoffer von Pfalz-Neumarkt den Verhandlungen bei, der durch seine Mutter mit König Erik verwandt war.[551]

Von den einflussreichen Kräften des Ostseeraumes fehlte in diesem Kreis nur noch der Hochmeister, der aber am 9. Juli einen Brief an den König sandte, in dem er

---

548 Es waren mit Thomas von Strängnäs und Sigge von Skara nur zwei schwedische Bischöfe anwesend (DN 5, Nr. 643). Der norwegische Rat befand sich noch bis Ende August in Dänemark, da in der Kanzleiunterfertigung einer Urkunde vom 25. August 1434 die Gegenwart der *consiliariis Norvegie* vermerkt is (DN 5, Nr. 645). Bereits am 5. August 1434 hatten zahlreiche norwegische Adlige von København aus an den schwedischen Reichsrat geschrieben (DN 5, Nr. 646). Zur Versammlung des Großteils des schwedischen Reichstages in Vadstena: *Lönnroth*, Sverige (1969), 106–209; *Losman*, Norden (1970), 103; *Olesen*, Rigsråd (1980), 19; sowie DN 5, Nr. 645.

549 Die meisten Quellen exisitieren zu den kirchlichen Angelegenheiten: Behandelt werden die Sammlungen für das Konzil in Basel (DN 6, Nr. 457), die Empfehlung des Birgittenordens beim Konzil in Basel (DN 6, Nr. 454–456) und die Wahl des königlichen Kaplans Olav Gran zum Bischof von Bergen (DN 1, Nr. 745–747). Einen Eindruck von den Verhandlungen und allgemeinen Überblick über die Kosten, welche die Gesandten der nordischen Kirchenprovinzen und inbesondere die schwedischen Bischöfe zu tragen hatten, bietet der Brief der Bischöfe Thomas von Strängnäs und Sigge von Skara von 1434, Juli 20 (DN 5, Nr. 643). Zur schwedischen Gesandteschaft: *Lönnroth*, Sverige (1969), 106; *Ders.*, Biskop (1966), 19 f. Zur Wahl des Bischofs von Bergen: *Haug*, Den norske kirkes utvikling (1996), 125–151, 131 f., 149. Zum Treffen im Allgemeinen: *Losman*, Norden (1970), 130.

550 Magnus, Sohn Herzog Erichs IV. von Sachsen-Lauenburg und Sophies von Brandenburg, war von 1417 bis 1424 Bischof von Kammin gewesen, seit 1424 besetzte er den Bischofsstuhl in Hildesheim. Zu seiner Person: *Aschoff*, Magnus (1987); *Ders.*, Magnus (1996).

551 Dazu HR II, 1, Nr. 366, § 2, 250. Korner, Chronica. Ed. *Schwalm*, D § 1583, 527: *duces vero, puta Bavariensem, Pomeransensem, Sundensem, Louenburgensem et ducissam Magnopolensem ac ceteros comites et milites.* Lübecker Ratschronik I, § 1583, 417 gibt *Louenburgensem* bzw. *van Louenborg* fälschlicherweise als *van Luneborch* wieder. Nikolaus Quitgen, *dominæ ducissæ capellano Magnopolensi*, wohnte zudem als Zeuge der Einigung über den Bischofssitz in Bergen bei (DN 1, Nr. 745).

ihn Namens der Hansestädte um den Schutz des Handels und die Wahrung der Privilegien bat.[552] Mit diesem Schreiben, das er in ähnlicher Form auch nach England und Flandern schickte,[553] reagierte er auf die schon erwähnten Klagen, welche die preußischen Städte gemeinsam mit Ratssendeboten von Köln, Lübeck, Hamburg und Greifswald als Abgesandte aller Hansestädte vorgebracht hatten.[554]

5.6.3 Der Sonderfall

Nahmen die Verhandlungen des Jahres 1434 hinsichtlich ihrer Reichweite eine besondere Stellung ein, galt dies ebenso für ihren Ablauf. Schon vor dem Beginn der Gespräche demonstrierten der König und seine Räte in symbolischer Form Rangunterschied und Distanz zwischen beiden Seiten, indem sie die beiden Bischöfe und die städtischen Sendeboten fast zwei Wochen warten ließen. Wenngleich diese Wartezeit vermutlich aus der späteren Ankunft von König Eriks Schiedsherren und vielleicht auch Teilen der Reichsräte resultierte, erweist sie sich doch als symptomatisch für den weiteren Umgang bei den Verhandlungen.[555] Für die erste Begegnung aller Seiten am 30. Juni, die in der Schlosskirche von Vordingborg stattfand, vermerkten die Notare die Anwesenheit der Räte der drei Reiche, darunter als bemerkenswert *wol bi twelf ertzebischoppe unde bischoppe*. Nachdem dieses erste Treffen der Einführung und Bevollmächtigung der Schiedsherren diente, wurden diese von den Räten des

---

552 HR II, 1, Nr. 359.

553 Dies geht hervor aus einer Beschriftung des Konzeptes: HR II, 1, Nr. 359. Das lateinische Konzept des Schreibens an König Heinrich V. von England ist ebenfalls erhalten: HR II, 1, Nr. 360 (Kurzregest).

554 HR II, 1, Nr. 355 und 356. Dieser Brief scheint aber erst nach den Verhandlungen nach Dänemark gelangt sein, denn er wurde durch die Sendboten des Hansetages dorthin gebracht. Die Gesandtschaft aus Preußen kehrte aber erst am 30. Juli nach Lübeck zurück. Vgl. HR II, 1, Nr. 321, § 4 (Rückkehr der Gesandten aus Preußen) § 6 (Sendung nach Dänemark mit dem Brief); HR II, 1, Nr. 255, § 6, 230; HR II, 1, Nr. 324.

555 Laut HR II, 1, Nr. 366, 249 fällt deren Ankunft auf den 18. Juni, während die Verhandlungen erst am 30. Juni (am Mittwoch vor Mariae Verkündigung) begannen. Informelle Treffen zwischen beiden Seiten muss es aber schon in der Zwischenzeit gegeben haben, denn sowohl am 24. als auch am 28. Juni stellten die Bischöfe von Verden und Ratzeburg gemeinsam mit den Erzbischöfen Peder von Lund und Aslak (Bolt) von Trondheim sowie den Bischöfen von Odense, Roskilde, Skara, Stavanger, Oslo, Strängnäs, Viborg, Hamar und Færøer Ablassbriefe für die Pfarrkirchen in Svanninge und in Tars (Lolland) aus (Rep. Nr. 6700 f.; Hamsfort, Chronologia. Ed. *Langebek*, 328). Auffälligerweise fehlt in der Reihe dieser Bischöfe Magnus von Hildesheim, der nur am 30. Juli in einem Ablassbrief (HR II, 1, Nr. 373) mit aufgezählt wird, wo die Reihe der nordischen Bischöfe noch durch denjenigen der Orkney-Inseln, von Børglum und den neu bestätigten Bischof Olav von Bergen erweitert wird (siehe Anm. 549). Zur Distanz zwischen dem König und den Städten bei diesen Verhandlungen im Allgemeinen: *Behrmann*, Herrscher (2004), 205 f.

Königs am zweiten Tag sofort in den Rang von Richtern erhoben, bei denen die jeweiligen Klagen eingereicht werden sollten.[556]

Am dritten Verhandlungstag schließlich trafen sich alle Seiten, die königlichen Räte, die städtischen Sendboten und die Schiedsherren, um den *recessum to Horsnisse* quasi als „Zeugen" aufzurufen. Dazu brachte Erik Nielsen (Gyldenstjerne) die in Dänemark befindliche, besiegelte Teilurkunde des Waffenstillstandes von 1432, welche die Notare mit einer Abschrift der Städte verglichen.[557] Auf diese Weise erhielten alle Seiten Einsicht in die Rechtsgrundlage, auf der das Schiedsverfahren und die Bevollmächtigung der Schiedsherren beruhten. Die Vorstellung der Urkunde beendete somit den ersten Akt der Verhandlungen und gleichzeitig alle direkten Gespräche zwischen den Vertretern beider Seiten. In der Folge setzten die Schiedsherren des Königs, unter Wortführung von Bischof Magnus, einzelne Begegnungen mit den Schiedsherren der Städte bzw. Vertretern beider Seiten an. Nur in Einzelfällen wurden die städtischen Abgesandten, insbesondere Hinrich Rapesulver, als Zeugen vor eine größere Versammlung geladen.[558]

---

556 HR II, 1, Nr. 366, § 2, 249 f.: Wiedergabe der Ereignisse des ersten Tages und Benennung der Schiedsherren durch König Erik in Gegenwart der beiden Notare und der Zeugen (siehe Anm. 517). § 3, 250–252: Wiedergabe der Ereignisse des zweiten Tages mit der Feststellung der Verhandlungspartner auf beiden Seiten und der Zusammensetzung des Schiedsgremiums. Als *des heren koninges redere* werden Bischof Johannes von Roskilde sowie Erik Nielsen, Erik Krummediek, Hinrik Knudsen, Steen Basse und Esge Brok nur hier vollständig namentlich benannt. Zuerst spricht Bischof Magnus im Namen der Schiedsherren des Königs mit den Vertretern der Städte und ruft erst später die Räte des Königs dazu. Beide Seiten erklären vor den Notaren und Zeugen, dass sie ihre Klagen bei den Schiedsherren einreichen wollten.

557 HR II, 1, Nr. 366, § 4, 252: *Darup ghyngen de schedesheren tohope unde alse de toho[pe] weren, let der vorbenomede her Erik Nigelsson vorbryngen den recessum to Horsnisse latist vorseghelt unde de sendeboden der stede brochten vor ene aveschrift des sulven recessus, de dar do mit deme vorseghelden unde originalrecesse van worden to worden, dat de aveschrift recht was, gheausschulterd ward.* Vgl. dazu die Liste der mitgeführten Urkunden in HR II, 1, Nr. 365, § 18: *Item dat instrumentum, dat to Horsnisse maket uppe dat affscheident in deme clostere.*

558 HR II, 1, Nr. 366, § 4, 252: *Also de recessus gheauschultert was, sechte her Erik Krummediik, also nu de sake stunde bi den schedesheren, also en scholden der stede schedesheren nicht mer ghan in der sendebaden achte. Also ghyngen do des vorscreven heren konynges redere unde der stede sendebaden entwech, (…).* Die nachfolgenden Treffen der Bischöfe von Verden und Ratzeburg mit den Schiedsherren des Königs oder den Reichsräten bzw. den Räten des Königs stellten sich folgendermaßen dar: HR II, 1, Nr. 366, § 5 (5. Juli) *up de sulven stede* (Schloss): Gemeinsames Treffen der Schiedsherren. § 6 (7. Juli) *in der bükirken to Werdingheborch*, nachdem sich die Bischöfe vorher mit den Ratssendeboten *im hus, dar se pleghen to rade to ghande* besprochen hatten: Treffen mit den *vorbenomeden* Räten des Königs (vermutlich die in Anm. 556 genannten). §§ 7 und 8 (11. Juli) zuerst *up de brugge to Werdingborch*: Gemeinsames Treffen der Schiedsherren; später *up des heren konynges sal to Werdingeborch*: gesamtes Treffen der Schiedsherren, der anwesenden Reichsräte und Sendeboten, nach der Vesper Gespräch der beiderseitigen Schiedsherren mit den Ratssendeboten. §§ 9 (12. Juli), 10 (13. Juli), 11 (15. Juli), 12 (17. Juli): Saal der Vordingborg: Treffen der Schiedsherren mit Anteilnahme des Reichs-

Die Behandlung des Rezesses als Zeuge der Verhandlung deutet einen der wichtigsten Unterschiede zu früheren Verhandlungen an, der sich aus der Anwesenheit und Funktion der Notare ergibt. Beide Seiten stützten sich häufiger als zuvor auf das geschriebene Wort. Dies galt sowohl für die Verwendung der Waffenstillstandsurkunde von Horsens als für die schriftlichen Eingaben vor den Schiedsherren. Der *recessu*(s) *van Horsnisse* bedingte und legitimierte dabei nicht nur durch seine Existenz das angewandte Verfahren, sondern sein Text selbst diente als Grundlage für die jeweiligen Argumentationen. Der König und seine Räte, mit Erik Nielsen und Erik Krummediek als Wortführern, beriefen sich vorrangig auf die Bestimmungen, nach denen die gegenseitigen Klagen und Vorwürfe durch ein schiedsrichterliches Verfahren entschieden werden sollten. Dementsprechend ermächtigten sie auch ihre Schiedsherren, wie Bischof Magnus von Hildesheim dies gegenüber dem Bischof Johannes von Verden zur Sprache brachte. Die genannten Schiedsrichter sollten dann nach Einsicht aller Klagen entscheiden, welche Angelegenheit den Vorrang haben sollte.[559] Da die Städte sich auf diese vorgegebene Verfahrensform nicht einlassen wollten, ließen der König und seine Räte schließlich am 9. Juli 1434 einseitig von ihren Schiedsherren das Scheitern der Verhandlungen besiegeln.[560]

Überraschender ist vielleicht der Befund, dass sich auch die Städte mit ihrer Argumentation auf wörtliche Passagen des Vertrages stützten. Sie drängten darauf, im Rahmen des Schiedsverfahrens zunächst über die während des Waffenstillstands geschehenen Schäden und deren rechtliche Relevanz zu entscheiden. Ebenfalls unter Berufung auf die Urkunde von Horsens vom 22. August 1432 erklärte Bischof Johannes von Verden nach der einseitigen Erklärung der königlichen Schiedsherren über das Ergebnis der Verhandlungen, dass sich die städtischen Sendboten durchaus dem Spruch aller Schiedsherren unterwerfen wollten. Derselbe *recessus* enthielte aber auch einen *vruntliken upslag* und Frieden, innerhalb dessen die Städte auf verschiedene Weise geschädigt worden seien. Die Schiedsherren könnten jedoch entscheiden, ob diese Friedensbrüche im Rechtsgang Vorrang haben sollten oder nicht.[561]

---

rates (§ 10), meist aber nur der königlichen Räte und Sendboten, die ihre jeweiligen Klagen einreichen. § 14 (17. Juli, nach der Vesper): Treffen aller mit dem König in der Kirche des Schlosses. § 15 (19. Juli) *to Werdingeborch up dem vorscrevenen sale*: Treffen der Schiedsherren, weiterer Zeugen und der Räte des Königs für die abschließende Erklärung.

559 HR II, 1, Nr. 366, § 5, 253: Bischof Magnus erklärt gegenüber dem Bischof Johannes von Verden, aus der Lektüre des Rezesses von Horsens ginge hervor, dass die Schiedsherren nach Klage und Gegenklage entscheiden sollten. Dafür hätte der König seine Schiedsherren ermächtigt, die Klagen der Städte entgegenzunehmen und an den König weiterzureichen. Zuletzt: *unde willen se deme so don, so wille wi mit jw vorkennen, wat vorghan schulle in deme rechten, dat dat vorgha, unde wat naghan schulle, dat dat nagha.*

560 1434, Juli 9: HR II, 1, Nr. 372. Vgl. Kap. 5.6.1. Von der Existenz der Urkunde erfuhren die städtischen Sendboten erst am 11. Juli. (HR II, 1, Nr. 366, § 7).

561 Dies geschah am 11. Juli nach einem Treffen zwischen den Schiedsherren beider Seiten auf der *bruggen* zu Vordingborg, danach versammelten sich alle Seiten wieder in der Burg. Vgl. zuvor

Nachdem mit diesem Auftritt der grundsätzliche Fortgang der Verhandlungen gesichert worden war, präzisierten beide Seiten ihre Positionen noch einmal in ihren Eingaben an die Schiedsherren. In der zweiten Schrift zitierten die städtischen Abgesandten sogar einzelne Bestimmungen der Urkunde von Horsens um zu begründen, dass sie die vorrangige Behandlung der Friedensbrüche mit Recht einforderten.[562]

Unabhängig von der sicher unbestreitbaren Richtigkeit der Vorwürfe, lässt sich das Beharren auf deren Vorrang als Strategie interpretieren. Sie diente aber möglicherweise nicht nur zur Verhinderung eines Rechtsganges, der für die Städte ungünstig auslaufen konnte. Da der Waffenstillstandsvertrag den Städten die volle Nutzung ihrer Privilegien eingeräumt hatte, demonstrierte seine Verletzung – als *vredebrake* – implizit, wie wenig dem König trotz seiner Rhetorik an Frieden und Freundschaft lag. Dass diese Meinung bei den Hansestädten vorherrschte, ergibt sich aus verschiedenen Dokumenten des Hansetages, und der Vorwurf ist auch in den Brief des Hochmeisters an König Erik eingeflossen.[563] Bei den Verhandlungen selbst gaben das Zeremoniell und die hierarchischen Gegebenheiten den festen Rahmen für die Darlegung

---

Anm. 558. HR II, 1, Nr. 366, § 7, 255 f.: (der Bischof von Verden) (...) *vorbot de stede in desser wise, dat de vorscreven sendebaden so weren herghekamen, dat se wolden jo volgaftich wesen van der stede weghen deme recesse to Horsnisse ghegeven, unde des scholden de schedesheren beider dele erer jo vulmechtich wesen to eren unde to rechte na inholde des recessus, [unde de sulve recessus helde] inne enen fruntliken upslagh unde enen vrede, de en groffliken unde mannygherhande wis vorbraken were, unde hopeden, dat sodane vredebrake vor aller anderer anclaghe to vorschedende unde weddertokerende na rechte scholde vorghan, doch so settede se dat bi de schedesheren beider parthie vorbenomet to irkennende, wer de vorscreven vredebrake so scholde vorghan in deme rechte edder nicht.* Diese Grundeinstellung hatte er Bischof Magnus und den anderen Schiedsherren bereits zuvor mitgeteilt: HR II, 1, § 5, 253 (am 5. Juli) § 6, 254 (am 7. Juli) und bei dem vorherigen Treffen am 11. Juli. Vgl. auch die Urkunde der königlichen Schiedsherren: HR II, 1, Nr. 370.

562 HR II, 1, Nr. 370, 265: (...) *dat in deme vorscreven recesse to Horsnisse gheghheven umme de vredbrake dat vorwart is in desser wise also: wurde over jenich unser vorscreven dele in der see schaden nemende – edder dat richten also [sik] dat ghebord etc. Unde aldus hope wi, dat na deme vorcreven recesse unde rechte des vorcreven unses heren de[s] konynges gnade den steden plichtig sii alle vredebrake also ghescheen vor aller anderer anclaghe to kerende.*

563 Vgl. bereits Anm. 547 zum Eindruck von Korner. Außerdem HR II, 1, Nr. 321, § 6, im Bezug auf eine zweite Gesandtschaft nach Dänemark: *Unde de sendeboden scholen vorarbeyden by den heren koninge, (dat sine gnade den Dutschen coppman wille laten by eren privilegien und friheiden, de de hense van langen tiden in den riken gehat heft, unde de sine vorfaren, koninge und koninginne, und syns ryks raed, beide geistlik und wertlik, darover bezegelt, unde he na der tiit sulven bestediget hebben und), dat he den van den steten ute der henze ere schepe unde gudere, de en de syne bynnen vredes genomen hebben, wedderschicke edder redelike betalunge darvan bestelle.* (HR II, 1, Nr. 231, 203 Anm. d: Die in Klammer gesetzten Abschnitte sind nur in der Danziger Handschrift des Rezesses nachgetragen worden). HR II, 1, Nr. 357, § 16 (der gesamte Abschnitt behandelt die Gebrechen in Dänemark, der letzte Satz aber lautet): *Und sunderlich wy der koning dy nehste berichtung, dy her mit den steten gemacht hat, 5 jare lang einen frede uffgenomen hat und den vorschreben und vorsegelt, wy her das hat gehalden adir noch heldet, ist offembar genug.* Vgl. den Brief des Hochmeisters an König Erik: HR II, 1, Nr. 359, bes. 239, in dem das Problem jedoch nicht mit so scharfen Worten dargelegt wird.

der Anklagen vor. Daher sind die Eingaben der Sendboten, inklusive der Klagen, durchweg in einem Stil formuliert, der sich an ranghöhere Personen richtet.[564] Dennoch ist grundsätzlich festzuhalten, dass der Vertrag von Horsens den Städten eine nützliche Argumentationsgrundlage bot, um das eigene Handeln zu rechtfertigen und die mangelnde Glaubwürdigkeit der Gegenpartei hervorzuheben – ganz in Anlehnung an oder in Analogie zu König Eriks Bezugnahme auf den Bündnisbrief von 1423.

Wie eingangs schon erwähnt, endeten die Verhandlunge ohne klare Entscheidung: Die dritte und endgültige Klage der königlichen Räte übergab Erik Krummediek am 17. Juli 1434 nur noch den Schiedsherren, ohne der Gegenseite eine Abschrift zukommen zulassen.[565] Schon seine letzte Eingabe enthielt noch einmal – in geraffter Form, aber ohne Abschwächung – all die Vorwürfe, die der König seit Beginn des Krieges gegen die Städte vorgebracht hatte.[566] Am 18. Juli ermächtigten die königlichen Räte das Schiedsgremium zu einer Entscheidung über die darin festgehaltenen Positionen. In gleicher Weise zog Hinrich Rapesulver namens der Städte nach, gab jedoch an, dass diese mangels der Abschrift keine Antwort auf das letzte Schreiben einreichen konnten. Daraufhin berieten sich die Schiedsherren, und nach einem Vieraugengespräch kamen Herzog Bogislaw von Pommern und Bischof Johannes von Verden überein, die Entscheidung des Schiedsgremiums auf eine weitere Verhandlung zu vertagen.[567]

Die Urkunde, die im Namen aller Schiedsherren gemeinsam am 21. Juli 1434 ausgestellt wurde, mussten sich die Schiedsherren erst vom König erbeten. Dafür zogen sie noch Herzog Bernhard von Sachsen-Lauenburg und Christoph von Pfalz-Neumarkt als Zeugen und Fürsprecher hinzu. Im Grunde entsprach die Urkunde dem von den Dänen erwarteten Ergebnis, da sie für das nächste Treffen einen Rechtgang festlegte und auch die Möglichkeit eines obersten Richters andeutete. Daher ist die Stilisierung der Urkunde als Gnade des Königs wohl eher wieder aus seiner grundsätzlichen Haltung gegenüber den Städten zu erklären.[568]

Dass die Verhandlungen am Ende zu keiner Entscheidung führten, ist angesichts der Gegensätze und kompromisslosen Haltungen beider Seiten nicht überraschend.[569] Wenn auch die Vertreter der kriegführenden Städte keinen Wechsel in der

---

564 HR II, 1, Nr. 368 und 370 beginnen jeweils mit einer Grußformel, ohne zusätzliche Ergänzungen, wobei im ersten Schreiben alle Schiedsrichter namentlich aufgeführt wurden, die Schiedsherren des Königs vor den eigenen. Der König wird in der Regel als *unser gnediger her* oder *sine gnaden* bezeichnet.

565 HR II, 1, Nr. 366, § 12, 259.

566 HR II, 1, Nr. 369. Diese Schrift enthält verschiedene Vorwürfe, die auch in den Instruktionen (HR II, 1, Nr. 365) enthalten sind (aber nicht alle).

567 HR II, 1, Nr. 366, § 13, 260.

568 HR II, 1, Nr. 366, § 15, 262 / HR II, 1, Nr. 371.

569 Vgl. Kap. 5.6.1, Anm. 506.

Haltung des Königs bewirken konnten, nutzten sie doch die Möglichkeiten des Verfahrens und die Bestimmungen des Waffenstillstandes, um sich aktiv ihre Strategie zu verfolgen. So kamen die Ratssendeboten mit dem ganz klaren Ziel nach Vordingborg, vorrangig die Verletzungen des Waffenstillstands in das Schiedsverfahren einzubringen, wobei sie sich ganz explizit auf den Wortlaut der Urkunde von Horsens beriefen. Es lag ihnen also daran konkrete Rechtsverletzungen von dänischer Seite zur Sprache zu bringen, und damit indirekt Klagen über die fehlende Friedensbereitschaft der Dänen zu erheben. In dieser Situation war eine beglaubigte Niederschrift durchaus von Vorteil. Falls sich ein Prozess nicht vermeiden ließ, konnte so bereits auf rechtskonforme Materialien zurückgegriffen werden. Darüber hinaus müssen diese Zeugnisse auch unabhängig von einem mögichen Prozess verbreitet worden sein, wie die Danziger Abschrift des notariellen Protokolls nahelegt.

Für den Umgang mit notariellen Urkunden bei den Verhandlungen zwischen 1428 und 1434 ist eine Verschiebung festzustellen. Diese resultierte sicher zum Teil aus dem dänischen Druck, dem sich die Städte nach 1430 nicht mehr entziehen konnten oder wollten. Gleichzeitig verdeutlicht ein vergleichender Blick auf die Rahmenbedingungen aller Verhandlungen durchaus unterschiedliche Konstellationen und Machtverhältnisse, die sich auf das Klima des Treffens auswirkten. Gleichzeitig determinierten diese bisweilen auch äußeren Faktoren die Handlungsmöglichkeiten der Akteure. Aus dieser Perspektive bedeutete die Einbeziehung von Notaren für die Städte spätestens ab 1431 ein geringeres Risiko, da sie nicht mehr aus einer Position der Schwäche heraus in die Verhandlungen eintreten mussten. Dies gilt ganz besonders für Verhandlungen von 1434: In deren Rahmen konnten sich die kriegführenden Städte zum einen aufgrund des langen Lübecker Hansetages sehr schnell an eine breite hansische Öffentlichkeit wenden. Zum anderen legte der organisatorische Rahmen des Treffens von vorn herein klare Rollen fest, so dass keine Überraschungstaktiken zu erwarten waren.

5.7 Schlussfolgerungen

Mit der Auswirkung wechselnder Kräfteverhältnisse auf den Verlauf von Verhandlungen ist bereits eine erste Perspektive angesprochen, aus der sich die zuvor vorgestellten Treffen zwischen den Kriegsparteien betrachten lassen. Den wichtigsten Ergebnissen, die sich aus diesem Vergleich für den Umgang mit Schriftlichkeit ergeben, seien einige Bemerkungen zur Überlieferung vorangestellt. Die gründliche Untersuchung der Archivbestände brachte für einige Verhandlungen noch unentdecktes Material zu Tage, dass auch in einigen Fällen neues Licht auf die Chronologie der Ereignisse bzw. der Vorbereitung der Verhandlungen wirft: Dies gilt zum einen für den Geleitbrief des Jahres 1430 und zum anderen für den Entwurf von Geleitbrief und Begleitschreiben des Jahres 1434. Besonders im letzten Fall betrifft der Befund auch das zentrale Thema der Untersuchung, denn er bestätigt die schon andernorts gemachten

Beobachtungen, dass Urkunden auf verschiedenen Zwischenstufen beruhen.[570] Dabei konnten schriftliche Entwürfe als Diskussionsvorlagen die mündliche Kommunikation unterstützen, mit der die Herstellung des Rechtsdokumentes verbunden war.

Die Urkunden, die aus den verschiedenen Verhandlungen resultierten, lassen sich nach bi- und unilateralen Zeugnissen unterscheiden. Die direkte Repräsentation beider Seiten erfolgte durch Verträge, in denen sie ihren Willen durch Besiegelung äußerten. Es lassen sich aber auch die Vermittlerurkunden, die für beide Parteien gleichermaßen ausgestellt wurden, als bilaterale Dokumente einordnen.[571] Sie waren in der Regel das Ergebnis von Verhandlungen, bei denen beide Seiten über substantielle Fragen ins Gespräch kamen, auch wenn sie nicht zwangsläufig ein Ergebnis beinhalten. Sie heben sich jedoch ganz deutlich von unilateralen Erklärungen ab, in denen beide Seiten ihre Klagen über die Gegenpartei artikulierten und das Scheitern der Verhandlungen jeweils mit deren Fehlverhalten rechtfertigten.

Der Charakter derart einseitiger Dokumente zeigt sich besonders klar im Anschluss an die Verhandlungen von 1429, als beide Seiten getrennte Erkärungen aufsetzten und verbreiteten, wobei einmal die Kriegsparteien selbst und einmal ihre Vertreter als Aussteller auftraten. Dabei produzierte die dänische Kanzlei die Urkunde für Bischof Christian von Ösel und die beiden Ordensgesandten, Johann von Pommersheim, des Komturs von Schlochau, und Burkhard von Güntersberg. Auf der anderen Seite standen die Städte maßgeblich hinter einer Schrift in Rezessform, die Herzog Wilhelm von Braunschweig-Lüneburg besiegelte. In vergleichbarer Weise ließ 1434 König Erik zunächst seine eigenen Schiedsherren, Bischof Magnus von Hildesheim, die Herzöge Bogislaw IX. und Barnim VIII. von Pommern sowie Heinrich von Mecklenburg-Stargard, den Abbruch der Verhandlungen dokumentieren. Der endgültige Abschluss der Verhandlungen und die Verabredung eines neuen Tages wurde dann auch von den Bischöfen Johannes von Verden und Pardam von Ratzeburg, den Schiedsherren der Städte Lübeck, Hamburg, Lüneburg und Wismar, ausgestellt und besiegelt.

Den unilateralen Erklärungen lassen sich in gewisser Weise auch die Notariatsinstrumente zuordnen, da sie expressis verbis durch einen Auftraggeber veranlasst wurden, obwohl sie rein theoretisch als neutrale Zeugnisse dienten. Dies gilt auch für das von den Notaren Gerwinus Uppenberger und Bertold von Wörnitz erstellte Protokoll von 1434, dass höchstwahrscheimlich im Auftrag der Städte bzw. ihrer Schiedsherren entstand. Schwieriger ist die Einschätzung der Rezesse, die sich aus den Jahren 1428 und 1429 sowie für Dezember 1430 erhalten haben, da es keine Informationen mehr darüber gibt, ob die Überlieferung gerade dieser Berichte Zufall ist

---

570 Vgl. Kap. 3.2
571 Dies gilt sowohl für die Urkunden des Jahres 1431 als auch für die Urkunde aller Schiedsherren von 1434.

oder ob ihre Herstellung mit der besonderen Situation der jeweiligen Verhandlungen zusammenhängt.

Die verschiedenen Formen der Dokumentationen, die durch die urkundliche Form oder spezifische Aussteller als klare Willensäußerungen fungierten, sind Indikatoren für das Klima bei den Verhandlungen. Dies wird aus den jeweiligen Rahmenbedingungen sehr deutlich: 1429 versuchten die Städte im Voraus die Verhandlungen durch einen Vertrag mit dem Vermittler und möglichem Schiedsrichter zu ihren Gunsten zu steuern. Der König und seine Räte hingegen betrieben die Verrechtlichung der Verhandlungen, um ihre Gegner auf verbindliche Aussagen festzunageln, und kreierten sehr spontan eine eigene Schiedskommission – möglicherweise als Reaktion auf die Parteilichkeit des Herzogs. Die beiden großen Verhandlungen des Jahres 1430 wurden durch einseitige dänische Erklärungen dominiert, die den Druck, der zu dieser Zeit auf den städtischen Abgesandten ruhte, verdeutlichen. Die separaten Friedensschlüsse mit Rostock und Stralsund sind zusätzliche Indikatoren für das Gleichgewicht. Der Versuch der im Kriegsbündnis verbliebenen Städte Lübeck, Hamburg, Lüneburg und Wismar durch eigene Initiative den Dialog wieder anzustoßen, wirkte kaum positiv auf die Verhandlungen zurück. Zwar akzeptierten die städtischen Vertreter im Dezember 1430 die Anwesenheit der Notare, sie legen ihre eigene Einschätzung der Verhandlungen aber auch in einem Rezess nieder. Ein gegensätzliches Beispiel zeigt gleich das Folgejahr. Die Vermittler aus dem Deutschen Orden, der Danziger Komtur Walter von Kirskorf, Johann von Baisen und Burkhard von Güntersberg, genossen bei beiden Seiten Wertschätzung und berücksichtigten beide gleichermaßen in ihren Schriftstücken. Zu guter letzt gelang es dem Danziger Komtur sogar die Grundlagen für einen Kompromiss zu legen. 1432 standen die beiden Seiten dann zum ersten Mal wieder in direktem Kontakt, beginnend mit dem Lübecker Ratskaplan Johann Wenge, der den Geleitbrief abholte, bis hin zum Abkommen über den Waffenstillstand im August. 1433 lässt sich hingegen schon wieder eine Wandlung des Verhältnisses beobachten. Das Fehlen von urkundlichen Zeugnissen jeglicher Art deckt sich mit dem grundsätzlichen Scheitern der Verhandlungen, das aus den wenigen Parallelzeugnissen hervorgeht. Die Existenz der beiden schiedsrichterlichen Urkunden von 1434 deutet ebenfalls auf die Spannungen während dieser Verhandlungen hin. Zugleich verhinderte die Anwesenheit von Schiedsrichtern auf Seiten der Städte, insbesondere des Bischofs Johannes von Verden, aber auch einen unilateralen Abbruch der Gespräche durch König Erik und dessen Schiedsherren.

Die Gesprächsbedingungen der verschiedenen Verhandlungen legen dabei nahe, dass oft nur die Mitwirkung neutraler Vermittler ein Gleichgewicht herstellte, das es beiden Parteien ermöglichte, bei den Verhandlungen das Gesicht zu wahren. In den meisten Fällen nutzte der König jedoch den Umstand, dass die Verhandlungen auf seinem Territorium stattfanden, um sich gegenüber den Sendboten seiner Gegner und vor Zeugen als Ankläger in Szene zu setzen. Zwar lässt sich dieses Verhalten auch bei den Verhandlungen bobachten, bei denen Vermittler anwesend waren, doch bestand dann für die Sendboten der Städte oder auch der Holsteiner die Möglichkeit, sich mit ihren eigenen Klagen an die dritte Instanz zu wenden. Wie negativ das Verhalten des Königs und seiner Räte das Klima der Verhandlungen beeinflusste, ergibt sich aus den wiederholten Vorwürfen, dass die Schärfe der Gesprächsführung im Grunde das Geleit verletzte.[572] Die einzige Ausnahme bildet das Treffen von Horsens: Der König inszenierte die Übergabe der Waffenstillstandsurkunde als Gnadenakt, es ging ihr jedoch ein Schwur der städtischen Sendboten voraus. Zugleich diente der dramatische Akt in diesem Fall der Bekräftigung des Friedens und nicht der Anklage.[573]

Über die eigentlichen Gespräche, während derer Waffenstillstand vorbereitet und die Urkunde entworfen wurde, fehlen Informationen. Dies ist eine Folge des grundsätzlichen Zeugnischarakters einer Urkunde. Gerade weil es sich bei einer solchen um die Willensäußerung einer oder mehrerer Parteien handelt, enthält sie nur ausgewählte Elemente. Als Verhandlungsergebnis kann sie somit nur auf die Faktoren hinweisen, mit denen ein Scheitern oder ein Erfolg von Verhandlungen verbunden war. Ihre Hauptfunktion bestand entweder in der Rechtfertigung bzw. Anklage oder in der Festschreibung eines Kompromisses.

Ein weiteres Problem liegt in der Reichweite und Weiterverwendung der Dokumente. Die Publicatio von Urkunden spricht zwar immer eine allgemeine Öffentlichkeit an, doch gibt sie darüber hinaus noch keinen Hinweis darauf, wem der Rechtsinhalt wirklich mitgeteilt wurde. Die Mehrzahl der Urkunden, die König Erik von den verschiedenen Verhandlungen aufsetzen ließ, trat als Zeugnis nie in Erscheinung, da der von ihm erhoffte und angestrebte Rechtsgang nicht zustande kam. Von den Dokumenten, die 1434 nach Vordingborg mitgebracht wurden, diente am Ende nur der Waffenstillstandsvertrag von Horsens als Beweisstück.[574] Damit ist zugleich die einzige Urkunde angesprochen, zu deren konkreter Verwendung Indizien vorhanden sind. Wenngleich sich nicht eindeutig eruieren lässt, welche Rolle sie bei Vollzug und Verkündung des Friedens spielte, steht doch fest, dass das Einverständnis über ihren Inhalt dem symbolischen Akt vorausging. Danach diente sie beiden Seiten als Referenz bei den nachfolgenden Verhandlungen. Zuletzt scheinen zumindest die Städte Auszüge daraus gezielt weiter verbreitet zu haben,[575] denn sowohl der Rezess des Hansetages von 1434 als auch der Brief des Hochmeisters nehmen auf den Frieden und freundlichen *upslag* Bezug.

---

572 Dieses Argument erscheint besonders 1429 (LUB 7, Nr. 333, 317) und Dezember 1430 (HR I, 8, Nr. 843, § 36, 541).

573 Dem König gelang es aber auch in dieser Situationauf den Bruch des Bündnisses von 1423 anzuspielen. Vgl. Kap. 5.5.

574 Vgl. die Instruktionen für 1434: Kap. 2.1.1. und 3.1. sowie oben Anm. 507.

575 HR II, 1, Nr. 139 mit den Angaben zum auszughaften Manuskript in Berlin.

6 Synthese

6.1 Schriftguttypen und ihre Anwendung

Der gesamte Schriftbestand zum Konflikt zwischen König Erik von Dänemark und den Hansestädten lässt sich nach den Funktionen drei Gruppen zuordnen, wobei die wesentlichen Unterschiede in der ihnen zugesprochenen Glaubwürdigkeit und Verbindlichkeit liegen. Die erste Gruppe umfasst mit den Urkunden alle Dokumente, die durch Form, Gestaltungselemente, Beglaubigungsmittel, Person oder Funktion des Ausstellers Rechtskraft besitzen.[1] Darüber hinaus können sie auch als Zeugnis[2] dienen und daraus ihre rechtliche Relevanz ziehen. Die zweite Gruppe von Schriftstücken – die Briefe – dient dem Informations- und Nachrichtenaustausch.[3] Sie ist Teil eines Dialogs, denn der Absender erwartet in der Regel die Antwort des Empfängers.[4] Ihr grundlegender Aufbau resultiert aus der Rhetorik und greift zum Teil auf antike Traditionen zurück.[5] Eine gewisse Verbindlichkeit können auch Briefe beanspruchen, da das Siegel des Absenders den Inhalt des Briefes als dessen Wort authentisiert.[6] Zudem gibt es zahlreiche formale Mischformen zwischen Brief und Urkunde, die einer besonderen Einordnung bedürfen. Die Abgrenzung zur Urkunde ergibt sich aus der intendierten Wirkung: Zielte diese auf einen Rechtsakt ab oder zog diesen zwingend nach sich, handelt es sich eher um eine Urkunde. Sonderfälle, wie der Kredenzbrief, gehören schriftguttypologisch zwar zu den Briefen.[7] Ein solcher konnte aber unter bestimmten Verhältnissen durch Transsumierung in den Rang eines Zeugnisses erhoben werden.[8] Gelegentlich ergibt sich daher erst aus der Verwendung eines individuellen Schriftstückes dessen (möglicherweise rechtliche) Wirkung.

---

1 Zur Definition der Urkunde: *Bresslau*, Handbuch (1969), 1.
2 Dieses zusätzliche Element findet sich bei *Meisner*, Archivalienkunde (1969), 5 und *Ders.*, Begriffspaar (1953), 35. *Dülfer*, Urkunden (1957), 29 hebt diese Bedeutungsebene besonders hervor.
3 *Dülfer*, Urkunden (1957), 13 f., der aber später 31 den Begriff „Schreiben" für Berichts- und Erlassschriftwechsel einfügt. Diese Kategorien sind jedoch für den Untersuchungsgegenstand nicht gut nutzbar. Sinnvoll auch für den nördlichen Raum erscheint jedoch die Scheidung von vertikaler und horizontaler Kommunikationsachse bei *Holzapfl*, Kanzleikorrespondenz (2008), 37, je nachdem ob zwischen den Briefschreibern formale Gleichrangigkeit oder Rangunterschiede bestanden.
4 *Dülfer*, Urkunden (1957), 17 zu den *littera clausa*; *Holzapfl*, Kanzleikorrespondenz (2008), 332 f.
5 *Camargo*, Ars (1991), 19, 29–41 (zur Entwicklung der Ars Dictaminis); *Worstbrock*, Einleitung (1992), XI; *Dülfer*, Urkunden (1957), 17; *Holzapfl*, Kanzleikorrespondenz (2008), 109 f. zur Unterscheidung von rhetorischem und diplomatischem Briefmodell.
6 *Camargo*, Ars (1991), 18: „More important, the dictatores typically defined a letter as that which expresses the will of one who is not physically present and is thus unable to speak for himself."
7 *Holzapfl*, Kanzleikorrespondenz (2008), 178.
8 Dafür gibt es verschiedene Beispiele aus den dänischen Notariatsinstrumenten: 1.) die Kredenzbriefe für Nikolaus Stock in den Notariatsinstrumenten vom 24. und 28. Mai 1428: vgl. Kap. 4.2.1, Anm. 57, 58 und 61, außerdem Anhang 8.2.3, Nr. 1, 2, 8, 80, 81; 2.) die Vollmacht der Städte für Conrad

https://doi.org/10.1515/9783110591620-006

Die dritte Gruppe umfasst schließlich alle Schriftstücke, die keine offensichtlichen Beglaubigungsmittel aufweisen. Darunter werden in diesem Zusammenhang auch die Rezesse gezählt, wenn ihnen weder durch Siegel noch durch die Eintragung in ein Amtsbuch besondere Rechtskraft verliehen wurde.[9] Obwohl die Verbindlichkeit dieser Schriftstücke eingeschränkt war, verdeutlichen aber gerade ihre Existenz und ihre Anwendung den Stellenwert von Schriftlichkeit zu Beginn des 15. Jahrhunderts. Die konkrete Funktion dieser späteren „Akten" ist auf einen engeren Rahmen bezogen als die von Urkunden, da der niedergeschriebene Text zunächst einmal nur für die an der Kommunikation beteiligten Personen Bedeutung besaß.

6.1.1 Vielfalt und Abgrenzung der Urkunden

Die Urkunden zeichnen sich durch eine sehr große Heterogenität aus. In den behandelten Beispielen fanden sich mehrere Verträge, Richterurkunden, z. B. die Transsumpte des Bischofs Johannes (Trempe) von Ratzeburg, aber auch die besiegelten Berichte von Vermittlern und Schiedsrichtern bei Verhandlungen, Notariatsinstrumente, *littera patentes* König Sigismunds[10], besiegelte Proklamationen und offene Briefe, Geleit- und Fehdebriefe. Sie unterscheiden sich in der Form, den Beglaubigungsmitteln sowie in der Dauer der Rechtsgültigkeit. Alle lassen sich jedoch im juristischen Sinn den öffentlichen Urkunden zuordnen, da sie entweder von Herrschern, Bischöfen, Mitgliedern der Reichsräte im Unionskönigtum, Stadtgemeinden und Notaren, also Personen bzw. Personengruppen mit öffentlicher Glaubwürdigkeit ausgestellt werden und quasi „staatlichen" Charakter hatten.[11] Die moderne diplomatische Unterscheidung nach Ausstellern subsumiert alle diese Urkunden – bis auf wenige Ausnahmen – unter die Privaturkunde. Eine genauere Analyse bedarf daher zusätzlicher Kriterien.

Einige dieser Urkundentypen, z. B. Geleit- und Fehdebriefe, folgen der inneren Gliederung eines Briefes. Zudem ließ sich an verschiedenen Stellen beobachten, dass

---

Bischop vom 7. September 1430 in den Notariatsinstrumenten vom 1. Dezember 1430 (HR I, 8, Nr. 844, § 3, 543); vgl. Kap. 5.4.1.

9 Die Zuordnung zu einer Quellenart ist in der Forschung umstritten: *Pitz*, Bürgereinung (2001), 408 hat sie ganz dem Urkundentyp der *notitia* zugeordnet. *Schäfer*, Hanserezesse (2008), 4–10 weist zwar auf die Formularelemente aus der Urkunde, fasst sie aber unter die Quellengattung der Protokolle. Zur Entstehung des Quellentypus bis in die 1350er und 1360er Jahre: *Behrmann*, Weg (2002), 435 definiert den Rezess an sich als „ein Formular, dessen Bestandteile (...) leicht wiedererkennbar sind."

10 Als solche sind alle seine offenen Briefe an Lübeck anzusehen, auch wenn Dokumente auf Pergament, wie die Zitatio von 1427 und sein Majestätsbrief für den Hochmeister von 1431. Vgl. Kap. 4.2 a. und 5.4 a.

11 Zum juristischen Urkundenbegriff: *Hochedlinger*, Aktenkunde (2009), 25. Die Unterscheidung zwischen öffentlicher und Privaturkunde im juristischen Sinn geht bereits auf die Frühzeit der Diplomatik zurück: *Herold*, Wege (2005), 229 f.

die Bezeichnung „Brief" einen allgemeinen Charakter hatte.[12] Meist wird daher durch Attribute präzisiert, um welche Art von „Brief" es sich handelt, wie *tosate unde verbundesbrev*, oder *entseggebreve*.[13] Das in der Vorbemerkung zu Kapitel 6.1 angeführte Beispiel der Kredenzien zeigte, dass die Grenzen zwischen Brief und urkundlichem Zeugnis nicht unbedingt eindeutig sind. Verwaltungsschreiben, insbesondere des römischen Königs, konnten durch Aufnahme in eine Urkunde, insbesondere in ein Notariatsinstrument, als Beweismittel in einem Rechtsstreit Anwendung finden.[14] Zudem gab der Kredenzbrief einem Abgesandten überhaupt erst die Möglichkeit im Namen seines Auftraggebers in einem Rechtsakt tätig zu werden, auch wenn nicht jede Beglaubigung mit einer Ermächtigung zur Rechtsvertretung verbunden war. In dieser Weise wurde Nikolaus Stock mittels seiner Kredenzbriefe autorisiert, in Stellvertretung des römischen Königs einen Friedensschluss zu bewirken.[15] Der Lübecker Ratskaplan Johann Wenge konnte auf der Grundlage seiner Beglaubigungen in Rostock Verhandlungen führen oder bei König Erik von Dänemark einen Geleitbrief beantragen.[16] Ebenso ermöglichte ein Schreiben der kriegführenden Städte, dass Conrad Bischop im Dezember 1430 – wenn auch ohne Erfolg – als Vermittler zwischen den Parteien auftrat.[17] Eine weitere Dimension des Kredenzbriefes liegt in der impliziten Aufforderung zur Unterstützung des jeweiligen Abgesandten, auch wenn er nicht wie durch einen Geleitbrief geschützt werden konnte. Die Verletzung oder Missachtung dieser impliziten Aufforderung wurde als Angriff auf den Absender selbst gewertet.[18] Obgleich ein Kredenzbrief somit primär dem Austausch zwischen Briefschreiber und Empfänger über die darin erwähnte Person diente,[19] zeichnet sich die

---

12 Dazu auch *Dülfer*, Urkunden (1957), 15–17. Zur gemeinsamen Wurzel und der theoretischen Einordnung beider Formen im Rahmen der Ars Dictandi: *Camargo*, Ars (1991), 18: „And even though the dictatores often distinguished the various types of documents from „missive" letters, even to the extent of treating in appendices to the ars dictandi proper, it was clear that in form and function these public instruments were more like than unlike epistles."

13 *tosate unde verbundesbrev*: Aufzählung von verschiedenen Belegen in Kap. 3.1, Anm. 8; *untseggebreve*: HR I, 8, Nr. 517, § 4 (Ende), 340.

14 Siehe 4.1.1 Anm. 8. Die Kredenz unterscheidet sich recht klar von der Ernennungsurkunde für Prokuratoren oder Richter: *Nowak*, Schiedsprozesse (1975), 179 für Herzog Heinrich von Schlesien-Glogau. Vgl. dazu auch Diskussion in Kap. 5.1.1

15 Vgl. Kap. 4.2.1 und 4.3.1 sowie 8.2.3, Nr. 80, 81. Damit würde seine Kredenz die erweiterte Urkundendefinition von *Bresslau*, Handbuch (1969), 2, erfüllen, wonach auch Schriftstücke, die einen Rechtsakt vorbereiten, als Urkunden gezählt werden können.

16 Seine genaue Vollmacht für die Verhandlungen in Rostock ist nicht überliefert. Für 1432 wird er eindeutig als derjenige erwähnt, der den Geleitbrief abholt.

17 Vgl. Kap. 5.4.

18 Siehe dazu König Sigismunds Anklagen wegen der Beraubung seines Kämmerers Michel Honinger in Kap. 4.3.1.

19 *Holzapfl*, Kanzleikorrespondenz (2008), 178. Vgl. zur Bevollmächtigung durch Kredenzien: *Sieberg*, Studien (1951), 118.

Behandlung dieses Schriftguttyps durch eine Ambivalenz hinsichtlich seiner Wirksamkeit aus.

Eine vergleichbare Ambivalenz bestimmt auch die offenen Briefe König Sigismunds an Lübeck und die anderen Städte.[20] Bei ihnen handelt es sich der äußeren Form nach um *littera patentes*, während sie von der Funktion her dem Typus der Mandate zuzuordnen sind. Dessen Abgrenzung zum Weisungsschreiben ist nicht immer ganz eindeutig.[21] Mit diesen Schriftstücken beabsichtigte König Sigismund, einen Frieden zwischen beiden Seiten zu initiieren bzw. seine Gesandten bei dessen Herbeiführung zu unterstützen. Dabei unterschieden sich die *littera patentes* des Königs hinsichtlich der Beschreibstoffe und somit der Qualität, je nachdem welche Tragweite dem Inhalt zukam. Mit dem Wechsel von Papier auf Pergament war in den beiden vorliegenden Fällen – dem „Friedengebot" vom 7. Juli 1427 und dem Majestätsbrief für den Hochmeister vom 14. April 1431 – eine besondere inhaltliche Zuspitzung verbunden. Das erste Schriftstück zitierte die Städte vor das Reichsgericht und leitete die mögliche Rechtshandlung direkt ein. Im zweiten Fall unterstrich neben dem Beschreibstoff noch das Majestätssiegel die Verbindlichkeit des königlichen Befehls und Auftrags zur Vermittlung zwischen den Kriegsparteien. Die Pergamenturkunden signalisierten im Vergleich mit den offenen Briefen auf Papier also eine größere Dringlichkeit. In der modernen Urkunden- und Aktenlehre würden letztere daher nur als Verwaltungsschreiben zur Übermittlung eines Befehls bezeichnet werden.[22]

In den Verhandlungen Nikolaus Stocks mit den Städten wurden alle Schriftstücke gleichermaßen als Ausdrücke königlichen Willens behandelt. Schon der Brief, den der Lübecker Rat im Oktober 1427 im Zusammenhang mit der Rede von Nikolaus Stock erhielt, bewegte diesen zum Handeln, indem er in einem ersten Schritt ein Treffen mit den anderen Städten anberaumte.[23] Eine Verpflichtung, dem Befehl ohne Zögern nachzukommen, folgte daraus jedoch noch nicht. Daher ließe sich dieser offene Papierbrief für Lübeck etwas überspritzt als ein reines Weisungsschreiben, ohne rechtliche Verbindlichkeit, definieren. Ein ganz anderes Bild ergibt sich dagegen bei der Gegenseite: Im Auftrag von König Erik wurde selbst der offene Brief auf Papier als *littera treugarum* in ein Notariatsinstrument aufgenommen und dadurch in den Rang eines Beweisstücks und Rechtsdokuments erhoben.[24] Die Rechtsrelevanz der königlichen Schriftstücke hing also zum einen von ihrer formalen Gestaltung, zum anderen

---

20 1.) Schreiben vom 7. Juli 1427: LUB 7, Nr. 35. Genauere Diskussion in Kap. 4.2.1, 199 und Kap. 4.3, ab S. 238. 2) Majestätsbrief vom 14. April 1431: OBA II, Nr. 2328.

21 Zur Definition: *Bresslau*, Handbuch (1969), 63, 64–66 (Entwicklung während der Luxemburgerzeit); *Dülfer*, Urkunden (1957), 35. *Holzapfl*, Kanzleikorrespondenz (2008), 186–191 ordnet die Mandate den Sonderformen des Briefes zu.

22 *Hochedlinger*, Aktenkunde (2009), 29; *Dülfer*, Urkunden (1957), 35.

23 Vgl. Kap. 4.5.1.

24 Vgl. Kap. 4.2.1, mit Anm. 59 sowie 8.2.3, Nr. 80.

von ihrer Verwendung ab. Grundsätzlich zielten also sowohl die eigentlichen Mandate als auch Empfehlungs- und Weisungsschreiben auf eine entsprechende Handlung des Empfängers ab. Eindeutige rechtliche Konsequenzen beinhalteten aber nur die ersten, unabhängig von den realen Möglichkeiten der Durchsetzung.

Eine solche implizite Dimension, wonach die Existenz des Schriftstückes bereits konkrete Handlungen evozierte, wohnt auch zwei anderen den Briefen nahestehenden Schriftguttypen inne: den Geleit- und Fehdebriefen. Die Geleitbriefe, die beide Parteien für Nikolaus Stock ausstellten, dienten zum einen der Absicherung des Empfängers gegenüber anderen. Zum anderen enthielten sie damit die Selbstverpflichtung des jeweiligen Ausstellers, mit allen Mitteln für dessen Schutz zu sorgen. Zugleich zeigt die mühsame Reise des Gesandten im Frühjahr 1428, dass die Umsetzung des Geleites auch davon abhing, in welchem Verhältnis die Parteien zueinanderstanden. Zwar achteten die Holsteiner die Existenz des Geleitbriefes, benutzten die Notwendigkeit zum Geleit aber auch, um ihn aus taktischen Gründen von seinem Ziel abzuhalten. Demgegenüber setzten sich die Lübecker Räte und Bürgermeister sehr deutlich für ihn ein und bewiesen dabei ein etwas anders geartetes Verhältnis in Bezug auf ihre mit dem Geleitbrief bzw. Reisepass eingegangene Verpflichtung.[25] Ebenso deutlich zeigen sich die Bedeutungsebenen der Geleitbriefe im Zusammenhang mit den Verhandlungen, die zwischen 1427 und 1435 anberaumt und durchgeführt wurden. Gerade während der laufenden Kriegshandlungen war es bedeutsam, dass dieser Zustand für die Verhandlungsteilnehmer zeitweise aufgehoben wurde. Besonders interessant hinsichtlich der Spielräume des Geleits sind die städtischen Manifeste im Anschluss an die Verhandlungen von 1429. Darin interpretierten sie den Versuch König Eriks, vor Ort in Nykøbing eine schiedsrichterliche Entscheidung herbeizuführen, als einen Akt der Aggression, der das ihnen gewährte Geleit verletzt habe.[26] Da sich diese Manifeste an einen weiteren Kreis der Hansestädte richteten, setzt der darin ausgesprochene Vorwurf voraus, dass über die inhärente Bedeutung von schriftlich zugesichertem Geleit Einigkeit herrschte. Aus den Beispielen wird deutlich, dass Geleitbriefe zwar kein objektives Recht setzten, die implizierten Handlungen waren jedoch eng mit der Glaubwürdigkeit des jeweiligen Ausstellers als Rechtsperson auch vor den Augen dritter Parteien und somit einer Öffentlichkeit verbunden. Darin liegt der urkundliche Charakter dieses Dokumententyps.

Die Gegenseite der Geleitbriefe, die Schutz und zeitweiligen Frieden implizierten, bilden die Fehdebriefe, die den freundschaftlichen Umgang zwischen zwei Seiten beendeten. Sie markierten durch ihre Existenz den Beginn eines neuen Handlungsmusters. Wurden in den Zeiten des Friedens alle Gewalttaten als Friedensbruch betrachtet, dessen Bestrafung der hohen Gerichtsbarkeit oblag, zählten sie auf Grundlage der

---

25 Ausführliche Diskussion in Kap. 4.1, 4.5.2 und 4.7.
26 Geleitbriefe liegen zu allen in Kap. 5. besprochenen Verhandlungen vor, vgl. aber besonders Kap. 5.2.3.

offenen Fehdeerklärung zu legitimen Mitteln der Verteidigung.[27] Zudem verstanden die Städte ihren Krieg gegen die Unionsreiche sogar als gerechtfertigte Antwort auf zuvor geschehene und ungesühnte Friedensbrüche.[28] Doch ist der eigentliche Inhalt der Fehdebriefe nur ein Aspekt ihrer Wirksamkeit. Schon allein die Existenz des Schriftstückes an sich steckte den neuen Referenzrahmen „Krieg" ab, der erst wieder durch ein neues Rechtsdokument aufgehoben werden konnte. Somit lassen sich auch die Absagebriefe den Urkunden zuordnen, da sie sowohl durch ihren Inhalt als auch durch ihre Existenz und die Referenzmöglichkeit darauf verbindliche Handlungen hervorriefen.

Der Zeugnischarakter ist wiederum ausschlaggebend dafür, welche offenen Briefe der Städte als Urkunden einzuordnen sind und welche nicht. Innerhalb der vorgestellten Themenkomplexe treten in den Jahren 1427 und 1429 Rundschreiben in Erscheinung.[29] So sandten die kriegführenden Städte zu Beginn des Krieges eine Erklärung an alle Gruppen der Hansestädte, wobei das Vorgehen für die holländischen und flandrischen Adressaten besonders gut dokumentiert ist. In diesem Fall diente ein offenes, unbesiegeltes Dokument zur Verbreitung. Andere Städtegruppen wurden hingegen direkt mit adressierten Schreiben unterrichtet. Die offenen Briefe dienten nur der Information und Warnung aller Kaufleute. Sie enthielten zwar in Einzelfällen das Angebot, sich dem Krieg anzuschließen, aber keinerlei Verpflichtung.

Ganz anders verhält es sich mit den offenen Briefen, welche die Städte nach den Verhandlungen zu Nykøbing 1429 unter dem Lübecker bzw. unter allen ihren Siegeln an verschiedene Fürsten des Reiches sandten. Zwar setzten diese kein Recht, doch sie dienten als Zeugnisse der Wahrheit, welche Hinterlist und Fehlverhalten der Dänen entlarven sollten.[30] Obwohl diese Schriftstücke stilistisch als Briefe aufgebaut waren, sind sie doch aufgrund ihrer Funktion, der Besiegelung und des benutzen Pergaments den Urkunden zuzurechnen. Dies gilt auch für den Rezess der Verhandlungen, falls das von Herzog Wilhelm von Braunschweig-Lüneburg besiegelte Exemplar jemals ausgestellt wurde. Beide Dokumente dienten zudem dem Nachweis, dass die Zurückweisung des vorgegebenen Verfahren während der Verhandlungen gerechtfertigt war.

Im Vergleich zu den bisher vorgestellten Urkundentypen ist der Rechtscharakter von Verträgen, Notariatsinstrumenten und Richterurkunden recht eindeutig. Er ergibt sich aus ihrer Form und aus ihrer Beweiskraft. Sie unterscheiden sich hauptsächlich in ihrer Funktion und Anwendung. Verträge bekunden einen Rechtsakt zwi-

---

27 Zu Fehdebriefen: *Holzapfl*, Kanzleikorrespondenz (2008), 191–193; *Orth*, Fehden (1973), 35–57; *Wild*, Fehdebrief (2006).

28 Vgl. Kap. 3.3.

29 Diskussionen in Kap. 3.3 und 5.2.1.

30 Vgl. Kap. 5.2.3. Nach *Dülfer*, Urkunden (1957), 31 f. würde es sich bei diesen um Urkunden in Form von Schreiben handeln.

schen zwei Parteien, dem durch Siegel oder auch andere Beglaubigungsmittel besonderes Gewicht verliehen wird. Die Aussteller autorisieren damit den Wortlaut des Schriftstücks, die Gültigkeit von dessen Inhalt und des damit verbundenen Rechtsaktes.

Die Notariatsinstrumente und Richterurkunden dienten der Dokumentation einer Handlung und standen für unterschiedliche Rechtsbräuche. Der Einsatz von Notaren ging in den beobachteten Beispielen automatisch mit Formalien des gelehrten Rechts einher.[31] Die von Notaren aufgezeichneten Schriftstücke oder Handlungen erhielten durch ihre die Form des Notariatsinstrumentes eine besondere Authentizität und Wertigkeit.[32] In Bezug auf die Anwendung von Notariatsinstrumenten zeichnet sich zwischen 1410 und 1435 ein langsamer Wandel ab. Wurden sie in den ersten Phasen des Konfliktes hauptsächlich zur Anfertigung von Transsumpten genutzt, dominieren ab 1426/1427 Protokolle von Verhandlungen.[33] Da aber auch die Herstellung von Transsumpten mit der nochmaligen Verlesung der inserierten Dokumente verbunden war, verbargen sich hinter ihnen gleichfalls politische Handlungen.[34] Der Umfang, in welchem die jeweiligen Urkunden durch den Notar beschrieben wurden, variiert sehr stark. Im Fall der Lübecker Fehdeerklärung von 1426 gibt das begleitende Notariatsinstrument ganz ausführlich die Umstände von Verlesung und Absendung wider.[35]

Es wurde schon angesprochen, dass in der Überlieferung ab 1426/1427 Notariatsurkunden mit Protokollcharakter überwiegen. Diese orientierten sich vermutlich an der gerichtlichen Vernehmungsurkunde. Das prominenteste Beispiel dafür ist das Notariatsinstrument von Horsens 1432, das nur der Darstellung des Dialoges diente.[36] Die notariellen Protokolle von 1430 und 1434 nahmen neben den verbalen Äußerungen auch die Schriftstücke auf, die von beiden Seiten als Eingaben vorgebracht wurden.[37] Bis 1430 lehnten die Vertreter der Städte den Einsatz von Notaren während der

---

31 Dies resultierte besonders aus dem engen Konnex zwischen der Praxis des kanonischen Rechts, insbesondere der Tätigkeit der Offizialgerichte, und der Verbreitung des Notariatsinstrumentes nördlich der Alpen: *Schuler*, Geschichte (1976), 37–39 (allgemein), 44 f. (für die norddeutschen Bistümer); *Fenger*, Notarius (2000), 108–116; *Dolezalek/Konow*, Notar (1984), Sp. 1044; *Ahlers*, Notariat (1953), 341 f. (zu den Verhältnissen in Lübeck). Zur Herkunft des Begriffs *instrumentum* aus dem römischen Recht: *Meyer*, Felix (2000), 106 (zum erstmaligen Gebrauch); *Härtel*, Notarielle und kirchliche Urkunden (2011), 53, 81 (zum Begriff), 78, 79, 101, 174, 178 (zu den Funktionen des Notariatsinstrumentes ans sich).
32 Vgl. auch die Analyse in Kap. 4.5.3.
33 Vgl. dazu Kap. 2.1.2 a) – c) mit den Abb. 2.2, 2.3 und 2.4.
34 Beispielsweise: 1426, Okt. 27 (Rep. Nr. 6276), diskutiert in Kap. 3.4.; 1428, Mai 24 (HR I, 8, Nr. 431) sowie 1428, Mai 28 und 29 (DRA, NKR, Nr. 3028, 3030), diskutiert in Kap. 4.6.
35 LUB 6, Nr. 774, diskutiert in Kap. 3.3.
36 HR II, 1, Nr. 138, diskutiert in Kap. 5.5.3.
37 1.) 1430, Dez. 1: HR I, 8, Nr. 844, siehe Kap. 5.4.1, Anm. 325; 2.) HR II, 1, Nr. 366, siehe auch Kap. 5.6.3 zum Ablauf der Verhandlungen.

Verhandlungen immer wieder ab, während König Erik und seine Berater diese Urkundenform sehr stark bevorzugten. Gerade aufgrund dieses Spannungsverhältnisses stellen sie jedoch eine bemerkenswerte Urkundengruppe dar, deren Bedeutung im Norden zu Beginn des 15. Jahrhunderts noch im Wachstum begriffen war.[38]

Im Unterschied dazu gehörten Richter- oder Vermittlerurkunden, die ebenfalls der Bezeugung von Handlungen dienten, bereits zu den traditionellen Urkundenformen, mit denen die Ergebnisse von Verhandlungen dokumentiert wurden.[39] Der Richter oder Schiedsrichter musste jedoch von den Personen, auf deren Bitten oder in deren Auftrag er die Urkunde ausstellte, in einem bewussten Schritt ermächtigt werden.[40]

Aus den vorangegangenen Beobachtungen lassen sich einige grundsätzliche Feststellungen für den Umgang mit Schriftgut ableiten: Es gibt eine ganze Reihe von Typen der Urkunde oder des Briefes, bei denen die Abgrenzung nicht immer eindeutig ist. Die Rechtserheblichkeit hängt in solchen Fällen auch von der Anwendung des jeweiligen Schriftstückes ab. Auch ein reines Schreiben konnte unter bestimmten Voraussetzungen den Charakter eines urkundlichen Zeugnisses erhalten. Zudem spielte die mögliche Referenz auf ein vertrauenerweckendes Schriftstück für deren Bedeutung eine ebenso große Rolle wie dessen Inhalt.[41]

6.1.2 Konzept, Chirograph und Siegelurkunde als Schritte der Kompromissfindung

In den vorgestellten Beispielen kam immer wieder ein Urkundentyp zu Sprache, dem bisher im Kontext der dänisch-hansischen Geschichte nur wenig Beachtung geschenkt wurde: das Chirograph[42]. Dabei handelt es sich um Urkunden, die aus meh-

---

38 Vgl. dazu noch nachfolgend Kap. 4.2.3 und 4.3.

39 Vgl. die Entwicklung in Kap. 2.1.2 a) bis c). Beispiele gibt es zudem in Kap. 5.2, 5.5.2 und 5.6.

40 Vgl. dazu die Diskussion zu Schiedsrichtern in Kap. 5.1.1 sowie die Ermächtigungen der Städte für Herzog Wilhelm von Braunschweig-Lüneburg, in Kap. 5.2.2.

41 *Arlinghaus*, Point of Reference (2008), 277, 286 f. vertritt die These, dass die Referenzmöglichkeit eines Dokumentes wichtiger war als dessen Inhalt. Der Umgang mit der Bündnisurkunde vom 15. Juni 1423 auf beiden Seiten verdeutlicht exemplarisch, dass sowohl der Wortlaut des Schriftstücks als Legitimationsbasis von Bedeutung war als auch dessen Existenz: Kap. 3.3–3.6. In ähnlicher Weise verwendeten beide Seiten auch die Waffenstillstandsurkunde aus Horsens vom 23. August 1432, um sich bei den Verhandlungen des Jahres 1434 abzusichern: Kap. 5.6.

42 Im römischen Recht bezeichnet Chirograph zuerst eine Urkunde, deren Beweiskraft in der Schrift und keinen anderen Beglaubigungsmitteln lag: *Trusen*, Chirograph (1983). Zur Frühgeschichte des Chirographen: *Bischoff*, Frühgeschichte (1966); *Parisse*, Remarques (1986); *Trusen*, Chirographum (1979). *Berewinkel*, Chirographe (1994), 28: „Der Chirograph [sic!] als Mittel urkundlicher Beglaubigung ist in der Forschung bisher nur ansatzweise behandelt worden. Neuere Untersuchun-

reren identischen Teilurkunden bestehen, die dann in einer besonderen zur notwendigen Beglaubigung dienenden Form auseinander geschnitten wurden. Nicht jede der vorkommenden Urkunden ist ein Chirograph in dem Sinn, dass der Zwischenraum zwischen den Teilurkunden durch eine Beschriftung markiert ist. Es kommen auch einfache Kerbschnitturkunden vor[43], und einige der Urkunden sind zusätzlich noch besiegelt.[44] Doch handelt es sich, wie noch zu sehen sein wird, nur um verschiedene Varianten der Beglaubigung von mehrteiligen Urkunden, die durch die Aussteller selbst als ein Urkundentyp wahrgenommen wurden. Daher sind der Einfachheit alle im Folgenden behandelten Urkunden unter den Begriff „Chirograph" zusammengefasst.

Zwar ist die Anzahl der überlieferten Chirographe aus den dänisch-hansischen Beziehungen nicht sehr hoch und zeitlich beschränkt, doch bietet eine Untersuchung ihrer Anwendung einen wichtigen Einblick in die Entwicklung der Schriftlichkeit im westlichen Ostseeraum. Chirographen finden sich bereits unter den Urkunden in der Regierungszeit König Valdemars IV., insbesondere im Zusammenhang mit den Vorbereitungen des Friedensschlusses.[45] Aus den politischen Beziehungen zwischen König Erik von Dänemark und den Ostseestädten lassen sich sieben Chirographe als Originale nachweisen. Zwei weitere Teilurkunden sind indirekt in Abschriften überliefert.[46]

Das älteste im Original erhaltene Dokument ist eine Münzunion, die am 8. Oktober 1424 zwischen Königin Philippa – in ihrer Funktion als Regentin[47] – und den wendischen Städten beschlossen und in Form einer Doppelurkunde ausgestellt wurde.[48] Etwas aus der Reihe fällt ein Schriftstück von 1425, das König Erik als Vermittler zwischen den Städten und seinem Hauptmann auf Gotland, Truth Hasse, bezüglich der

---

gen beschäftigen sich vor allem mit seinen Ursprüngen und der Frage nach einer möglichen Verwandtschaft mit älteren Symbolen." Zum Chirographen im römischen Recht auch *Fenger*, Notarius (2000), 21 f.

43 Regesten der Lübecker Bürgertestamente. Ed. *Brandt*, Bd. 1, 7 unterscheidet zwischen Chirograph mit Beschriftung und „Kerbschnitturkunde" ohne Beschriftung.

44 *Trusen*, Chirograph (1983), Sp. 1845: „Fälschlich geschah bisweilen die Anwendung des Begriffs auch auf objektiv gehaltene Teilurkunden mit Besiegelung."

45 AHL, Urkunden, Danica, Nr. 150 (DD III, 8, Nr. 92), 154 (DD III, 8, Nr. 459), 155 (DD III, 8, Nr. 460). Bei AHL, Urkunden, Danica, Nr. 153a (MUB 16, Nr. 9878) handelt es sich um einen Soldvertrag.

46 1.) 1416, August 18: LUB 5, Nr. 675 (Abschrift der ersten Fassung der Urkunde). 2) 1423, Januar 6: HR I, 7, Nr. 564 (Abschrift der ersten Fassung der Urkunde).

47 Königin Philippa vertrat König Erik während seiner Pilgerreise nach Rom und ins Heilige Land als Regentin. Siehe allgemein: *Erslev*, Erik (1901), 95–108. Neben dieser Urkunde zeugen auch Briefe von Rostock und Wismar vom 9. Januar 1424 (LUB 6, Nr. 613 f.) und zwei Lübecker Briefe an Wismar vom 19. November 1424 (LUB 6, Nr. 627, 629) von den diese Union begleitenden Verhandlungen zwischen der Königin und den Städten. Zu Philippas Regentschaft und ihrem Anteil an der Herrschaft liegen leider noch keine Studien vor.

48 Original der Teilurkunde: DAM II, 17 = NgL, II, 1, Nr. 61, 111–114; HR I, 8, Nr. 740; LUB 6, Nr. 619. Eine Abschrift befindet sich in Rostock.

Ladung eines auf Gotland gestrandeten Schiffes veranlasste.[49] Dieses Chirograph bestand ungewöhnlicherweise aus vier Teilurkunden,[50] die fortlaufend untereinander geschrieben waren, da das erhaltene Lübecker Exemplar nur unten ausgezackt ist. Diese Urkunde gehört nicht in Kontext politischer Verträge, sondern hat seinen Ursprung in einer schiedsrichterlichen Entscheidung des Königs.[51] Er ist damit anderen, auch sonst zu beobachtenden Anwendungsbereichen des Chirographs zuzuordnen.[52] Ein ähnlicher, formaler Sonderfall liegt auch mit einer Urkunde vom 10. September 1425 vor, die einen vom Ordensmarschall Walrabe von Hundsbach und Vertretern der Ostseestädte ausgehandelten Vergleich zwischen den Unionsreichen und den Holsteinern dokumentierte. Dieses Chirograph bestand aus drei Teilen, die jeweils von den dänischen Gesandten, vom Ordensmarschall sowie von den Sendboten der Städte zur weiteren Diskussion mitgenommen wurden.[53] Alle übrigen Teilurkunden entstanden immer als zwei Mehrfachausfertigungen. Funktional deckt sich aber auch der Vertrag vom 10. September 1425 mit den Anwendungsfeldern der nachfolgend zu betrachtenden Chirographen.

Drei Urkunden fallen in die Zeit des Krieges zwischen König Erik und den Städten: der Vortragsentwurf zu den Verhandlungen in Nykøbing 1430[54], der Waffenstillstandsvertrag von Horsens 1432[55] und der auf Papier geschriebene Zusatzvertrag zum Waffenstillstand ebenfalls von 1432.[56] Danach ist aus den Beziehungen zwischen den Unionsreichen und den Städten erst im Jahr 1443 wieder ein Chirograph zu finden[57],

---

49 1425, Jul. 17: LUB 6, Nr. 669; ausführliches Regest: HR I, 8, Nr. 816, wo die Urkunde als „Instrument" bezeichnet wird.

50 LUB 6, Nr. 669: *Tor tuechnisse dat dit aldus gheuallen is, so syn desser breyue veyre geschreuen, de ene vt dem anderen gesneden vermids A. B. C. D., daeruan de hren van Lubeke hebben de erste, de heren van Rostoke de andere, de heren van dem Sunde de derde, de heren van der Wysmar de veyrde.*

51 LUB 6, Nr. 669: *So settem de stede de sake heel vnde all by vnsers heren ghenaden, vnde vnse here de konincgh nam de sake tho sick, vnde (...) dede (...) daerupp eyn affsproke aldus ludende, (...)*; es folgen die einzelnen Bestimmungen bezüglich des Bergelohns.

52 Für die beschriebene Form wurde noch kein weiteres Beispiel gefunden. Chirographen kamen jedoch in den norddeutschen Städten in großem Umfang für Testamente sowie für Pacht- und Schuldurkunden zur Anwendung: *Bresslau*, Handbuch (1969), 167; *Wattenbach*, Schriftwesen (1896), 195 verweisen in fast identischen Worten auf den Lübecker Bestand an Privaturkunden über Rechtsgeschäfte des 14. Jahrhunderts in Form von Kerbschnitturkunden, die als *littera memorialis* oder *denkebref* bezeichnet wurden. Referenz: *Wehrmann*, Lübecker Archiv (1876), 349–405, 636. Zu Testamenten auch: Regesten der Lübecker Bürgertestamente. Ed. *Brandt*, 8 (Lübeck); Hamburger Testamente 1351 bis 1400. Ed. *Loose*, IX–XI (für Hamburg, hier wurden in späterer Zeit Zwischenschriften eingeführt), *Wattenbach*, Schriftwesen (1896), 195 erwähnt auch Testamente in dieser Form auf Fehmarn.

53 DFlens I, Nr. 375. Der erhaltene Bestandteil befand sich in Dänemark ursprünglich im Bestand „Slesvig", Nr. 78. Siehe Tabelle im Anhang 7.1.1 b) und Kap. 2.1.2 b).

54 HR I, 8, Nr. 802.

55 1432, August 22: HR II, 1, Nr. 139.

56 Nur eine Teilurkunde in Lübeck: HR II, 1, Nr. 139.

57 1443, Jan. 30: LUB 8, Nr. 116.

also nach dem betrachteten Zeitraum. Doch betraf er Verhandlungen zwischen König Christoffer von Bayern und dem nach Gotland ausgewichenen Erik , die vom Lübecker Rat vorbereitet wurden.[58]

Neben diesen Urkunden aus den städtisch-dänischen Beziehungen sind noch zwei Chirographe aus dem Umfeld der Städte zu erwähnen. Dabei handelt es sich zum einen um die Absprache vom 22. September 1426, mit der Stralsund ein verspäteter Kriegseintritt gestattet wurde.[59] Zum anderen befindet sich in den Externa Danica auch ein (entwerteter) Vertrag, den die Städte am 28. September 1428 mit Herzog Wilhelm von Braunschweig-Lüneburg abschlossen.[60]

Äußerlich unterscheiden sich die noch vorhandenen Chirographe vor allem in der Art und Weise der Trennung. Es dominieren Zacken- bzw. Kerbschnitte, wobei die Form, bei der das Wort *chirographum*[61] zwischen beide Texte geschrieben wird, nicht eindeutig nachzuweisen ist.[62] Als Markierungen finden eher Kreuze oder Buchstaben Anwendung.[63] Ansonsten kann auch die Schnittführung selbst besonders gestaltet sein, wie im Fall des Treppenschnitts der Urkunde von 1432.[64] Die besondere Form der Urkunde wird in der Corroboratio berücksichtigt. In der Vereinbarung zwischen den Städten und Stralsund vom 22. September 1426 lautet sie: *vnde desses to merer tuchnisse sint desser schriffte twe, der de ene uth der anderen ghesneden likludich sint, vnde der hebben der råd van deme Stralssunde ene vnde wy anderen erbenomeden stede de anderen.*[65] Ein ähnlicher Wortlaut ist auch in allen anderen Urkunden zu finden.[66] In allen Fällen wird die Trennung der zwei wörtlich übereinstimmenden Tei-

---

58 Zu Eriks Absetzung und Erhebung Christoffers: *Erslev*, Erik (1901), 394, 399–402, 406; *Christensen*, Unionskongerne (1895), 32–37; *Olesen*, Rigsråd (1980), 70–82, 97–114, 128–139. Christoffer war erst kurz vor der Entstehung der Urkunde, am 1. Januar 1443, zum dänischen König gekrönt worden: *Erslev*, Erik (1901), 419; *Olesen*, Rigsråd (1980), 223. Zu den Hintergründen der Verhandlungen vom Januar 1443 auch: *Christensen*, Unionskongerne (1895), 80–82; *Olesen*, Rigsråd (1980), 275–257.

59 Vgl. Kap. 3.3.

60 Vgl. Kap. 5.2.1.

61 Diese Gestalt bildete sich zuerst im irischen und angelsächsischen Raum heraus. Dazu *Chaplais*, English (2003), 40; auch *Bischoff*, Frühgeschichte (1966), 299; *Trusen*, Chirographum (1973), 233–49.

62 Die Zwischenschrift der Teilurkunde vom 14. August 1430 (HR I, 8, Nr. 802) ist nicht genau erkennbar.

63 Das Chirograph zwischen Stralsund und den Städten von 1426 enthält Kreuze; die Vierteilige Urkunde (siehe zuvor Anm. 49) weist Buchstaben auf.

64 DRA, NKR, Nr. 3121 und 3122.

65 LUB 6, Nr. 765.

66 1430: HR I, 8, Nr. 802: *To vordechtnisse unde to witlicheit der warheit alle desser stucke vorgescreven so sint desser cedule twe gemaket, gelik van worden, de ene ut der anderen gesneden, dar wy ene by uns holden unde de anderen jw steden overgeven* (gefolgt von Datierung); 1432: HR II, 1, Nr. 139: *To tuchnisse unde merer vorwaringe, dat desse vorgerorede vrede unde vruntlik upslach unde alle, dat darane beroret is, van uns beydem erbenomeden syden in guden truwen stede, vaste unde unverbraken schal geholden werden synt desser scrifte twe, de ene ute der anderen gesneden, van eneme lude, der*

lurkunden als Beglaubigungsmittel angegeben, in der Regel gefolgt von der Datierung. Gegebenenfalls wird noch die Ankündigung der Besiegelung angeschlossen. Einen fundamentalen Unterschied in der Corroboratio von echten Chirographen oder Kerbschnitturkunden, besiegelten oder unbesiegelten Doppelurkunden gibt es nicht.

Die vorgestellten Chirographe stehen alle im Zusammenhang mit Vertragsabschlüssen. Ihre konkreten Funktionen erschließen sich in vollem Umfang aber erst, wenn man auch die Urkunden in die Betrachtung mit einbezieht, die nicht als eigentliche Chirographe überliefert sind, wie zum Beispiel die Versionen und Vorstufen der Verträge vom 1. Januar und vom 15. Juni 1423.[67] Demnach bestand eine Funktion von Chirographen im Festhalten von Vertragsentwürfen bis zu ihrer endgültigen Ratifizierung. Dies gilt sowohl für die beiden hier vorgestellten Urkunden, die auf einem nicht mehr überlieferten Chirographen beruhen, als auch für einige der oben genannten Beispiele. Im Text der Münzunion[68] wird zum Beispiel in einer eigenen Klausel darauf hingewiesen, dass die Vertragspartner diese noch *to beyden syden mit openen besegelden breuen vulteen scholen und willen*.[69] Zudem gibt es, so wie im Fall der Bündnisurkunden von 1423, in Briefen Hinweise auf einen Diskussionsprozess bei den Städten. So schreibt Lüneburg an Lübeck, dass es sich wegen der durch den Vertrag implizierten Verschlechterung des Geldes erst noch beraten müsse.[70]

Auch die Urkunde vom 14. August 1430 aus Nykøbing passt in das Verwendungsmuster von Chirographen als Vertragsentwürfe. In diesem Fall liegt aber nicht das Ergebnis eines gemeinsam abgesprochenen Konsenses vor, sondern ein Forderungskatalog des Königs, den die städtischen Ratssendeboten nicht besiegelten. Die nach-

---

wy koningh Erik erbenomet ene hebben, unde wy erbenomede stede, (...) de andere (gefolgt von Datum und danach Siegelankündigung). HR II, 1, Nr. 141: *Des to witlicheyd* [sin] *desser scrifte twe, eyne ute der anderen gesneden, van eynem lude, dar eyne hebben de erbenomeden des heren koninges redere, unde da anderen de voscreuen sendeboden der stede* (gefolgt von Datierung); 1443: LUB 8, Nr. 116: *Vnde dat alle desse vorscreuen stucke vnde articule twisschen den sendeboden vnde den steden voscreuen so gedaen vnde beschen sint, so is tor tuchnisse der warheit desser scrifte twe allenes ludes, de ene vthe der anderen gesneden, der ene bleff bij den sendeboden koning Cristoffers vnde de andere bij den steden vorbenomet* (gefolgt von Datierung).

67 Vgl. Kap. 3.2.

68 Zur Münzunion: *Daenell*, Blütezeit (1905), Bd. 1, 223, mit Anm. 1. Zur allgemeinen Problematik des Geldes seit der Zeit Königin Margretes: *Erslev*, Erik (1901), 154 f.: Es kam auch zur Prägung einiger Sechspfenningstücke, gemäß der Vereinbarung, von denen jedoch nur wenige Exemplare erhalten sind.

69 NgL II, 1, Nr. 61, 114. Dazu auch die Anmerkung: (NgL II, 1, 111, Anm. 3): „Det foreliggende brev et udkast, hvis gyldighed i de nordiske riger efter indl. og § 8 er betinget af kgl. Kundgjørelse, som ikke vides at have fundet sted, og som derhos fra begge sider skall raitficeres i aabne breve (slutiningen)."

70 LUB 6, Nr. 624 / HR I, 7, Nr. 741 (Regest). Vgl. LUB 6, Nr. 642 / HR I, 7, Nr. 769 (Regest).

folgenden Diskussionen und das Scheitern einer endgültigen Übereinkunft dokumentieren sowohl die dänischen Notariatsinstrumente[71] als auch der städtische Bericht[72] über die Verhandlungen von Helsingborg, Anfang Dezember 1430.[73] Auf jeden Fall stimmt die Art und Weise, wie der Vertragsentwurf präsentiert wurde, mit dem grundsätzlichen Verhalten der königlichen Seite in Nykøbing überein.

Eine zweite Gruppe von Chirographen resultiert zwar ebenfalls aus Verhandlungen, hat aber eine etwas andere Stoßrichtung. Dazu gehören die beiden Abkommen in Horsens aber auch die Vereinbarung zwischen Stralsund und den Städten von 1427 sowie der Vertrag mit Herzog Wilhelm von Braunschweig-Lüneburg. Ihr Ziel ist gleichfalls die Demonstration eines Kompromisses zwischen zwei Verhandlungsparteien, aber es handelt sich nicht um den Entwurf zu einem endgültigen Vertrag, sondern um eine zeitlich befristete Abmachung, wie einen Waffenstillstand oder eine Terminabsprache für Verhandlungen bzw. für einen verspäteten Kriegseintritt. Die darin enthaltenen Bestimmungen wurden nicht noch einmal extra durch eine Siegelurkunde ratifiziert. Für die Waffenstillstandsurkunde von Horsens gibt das begleitende Notariatsinstrument den Ablauf der Besiegelung vor.[74] Die Verhandlungsparteien sollten ihre Zustimmung durch die Besiegelung demonstrieren und die Urkunden innerhalb der drei nachfolgenden Wochen[75] nach Haderslev schicken, wo der Hauptmann des Königs den Austausch der Urkunden überwachen würde. Im Unterschied zur Bündnisurkunde vom 1. Januar 1423, der ein vergleichbares Dokument vorausging,[76] ist der Akt mit dem Austausch dieser Urkunden der Verhandlungsführer beendet. Es folgt keine Ratifizierung durch die Kriegsparteien an sich. Diese besiegelten erst den endgültigen Friedensvertrag vom 17. Juli 1435.[77]

---

71 HR I, 8, Nr. 844 enthält neben dem Text des Chirographs auch HR I, 8, Nr. 803 und HR I, 8, Nr. 823.

72 HR I, 8, Nr. 843.

73 Der Kompromiss scheiterte an der Forderung des Königs, dass die Städte ihr Bündnis mit den Holsteinern brechen sollten und an der Länge eines *upslages* oder *uptoghes* für die Holsteiner (städtischer Bericht von Helsingborg: HR I, 8, Nr. 843, § 35–37, 541 f.; Notariatsinstrument: HR I, 8, Nr. 844, §§ 21 f., 546 f.).

74 HR II, 1, Nr. 138, diskutiert im Zusammenhang mit dem Abschluss des Waffenstillstands in Kap. 5.5.3.

75 HR II, 1, Nr. 138: *infra tres ebdomadas a proximo futuro festo sancti Bartholomei inclusive*.

76 Ersichtlich aus einer Kopie in Reval: HR I, 7, Nr. 564. Vgl. Kap. 3.2, Anm. 42.

77 Mit dem Frieden von Vordingborg (1435) sind insgesamt vier Siegelurkunden verbunden: 1. Urkunde des Königs, in dem er den Bündnisbrief von 1423 für ungültig erklärt (HR II, 1, Nr. 451= AHL, Urkunden, Danica, Nr. 199); 2.) 1435, Jul. 17: Friedensvertrag der Städte für den König (HR II, 1, Nr. 453 = DRA, NKR, Nr. 3202); 3.) Friedensvertrag König Eriks für die Städte (HR II, 1, Nr. 454 = AHL, Urkunden, Danica, Nr. 200); 4.) 1435, Aug. 10: Urkunde der Städte Lübeck, Wismar und Greifswald, in dem sie diesen Bündnisbrief aufheben (HR II, 1, Nr. 455 (Regest) = DRA, NKR, Nr. 3206). Den Austausch der Urkunden und die Probleme mit der Besiegelung des dänischen Friedensvertrages dokumentieren zwei (gleichlautende) Briefe von Heinrich Gripeshorn an Lübeck (1435, Sept. 1: HR II, 1, Nr. 456 = AHL, ASA Externa Danica, Nr. 3, 193 und 194). Vgl. Kap. 2.2.2 und 3.6.

Ebenfalls von zeitlich befristeter Dauer war der zweite Waffenstillstandsvertrag von Horsens, in welchem die Verhandlungsführer eine vierwöchige Waffenruhe zwischen Dänemark und den Holsteinern vereinbarten. Er diente nur der Absicherung der Waffenruhe und lieferte die Vorbereitungszeit für die Herstellung des eigentlichen Vertrages.[78] Aus dieser nur kurzen Geltungsdauer resultierten wahrscheinlich auch die schlichte Form, die Wahl des Beschreibstoffs Papier und das Fehlen jeglicher Siegel.

Die grundlegende Gemeinsamkeit der vorgestellten Chirographe besteht in ihrer zeitlich befristeten Geltung, sei es als Vertragsentwürfe oder als Abkommen von beschränkter Dauer.[79] Als Entwürfe sichern sie den Text eines Vertrages bis zu dessen endgültiger Ratifizierung in Form einer durch den König und die Städte besiegelten Urkunde. Dabei diente die Wahl dieser Urkundenart zuallererst der Absicherung von Verhandlungsergebnissen durch Beglaubigungsmittel. Ein unbeglaubigter Entwurf wurde allem Anschein als nicht ausreichend empfunden. Dieses Prozedere erklärt sich wohl in einigen Fällen aus dem Prozess der Urkundenherstellung bzw. der Tatsache, dass die offizielle Siegel in der Regel immer mit Sorgfalt aufbewahrt und nicht auf Reisen mitgenommen wurden.[80] Doch bietet das Problem der fehlenden Siegel noch keine befriedigende Antwort für die Wahl der Urkundenform.

Die Vorschläge für derartige Urkunden scheinen von beiden Seiten gekommen zu sein. Ein verlorenes Chirograph von 1416 basierte allem Anschein nach auf einer städtischen Vorlage.[81] Im Unterschied dazu sind die Informationen zu dem Chirograph, welches der Urkunde vom 6. Januar 1423 vorausging[82], sehr widersprüchlich. Da die Bündnisurkunden von 1423 an ältere Vorlagen anknüpften,[83] lässt sich nicht genau feststellen, wer das Konzept ausarbeitete. In der Retrospektive erklärte König Erik zwar, dass die Vertreter der Städte die Bündnisurkunde vom Januar 1423 entworfen hätten.[84] Die textlichen Bezüge sowie der Kontext dieser Äußerung – die Klagereden von 1428 und 1430 – tragen jedoch nicht zu deren Glaubwürdigkeit bei. Letztendlich

---

78 HR II, 1, Nr. 141. Siehe Kap. 5.4.1.

79 *Bresslau*, Handbuch (1969), 676 f.: „Nur bei Verbriefungen von provisorischer Dauer, etwa interimistischen Entscheidungen, dann im kleinbürgerlichen und bäuerlichen Rechtsverkehr, endlich bei Rechtsgeschäften von geringerer Bedeutung, insbesondere Zeitpachtverträgen, erhielt sich der Brauch der ungesiegelten Kerbzettel und gelangte sogar seit der zweiten Hälfte des 15. und im 16. Jahrhundert zu großer Verbreitung."

80 Siegel und Sekret des dänischen Königs verwahrte der Kanzler (wohl der *cancellarius regis*): *Christensen*, Statsforvaltning (1903), 113 f.

81 LUB 5, Nr. 675, diskutiert in Kap. 2.1.2 b).

82 HR I, 7, Nr. 564.

83 Vgl. Textvergleich im Anhang 7.2.1 und Diskussion in Kap. 3.1 und 3.2.

84 HR I, 8, Nr. 517, § 1, 517: (…) *alse de vorbenomeden der stede sendeboden* (in Flensburg) *bii sik sulven unde na ers sulves guddunckende unde ane unse wetende hadden laten uppwerpen ere scrifft na ener wise sodaner tosate, alse de en wol gevil, doch so, dat wii de sulven scriffte ene scholden holde bii uns unde se ene mit sik to hus voren* (…).

handelt es sich um ein Dokument, das ältere Vorschläge beider Seiten und feste Elemente von Bündnisverträgen vereinte. Ganz eindeutig liegt der Fall bei dem Chirographen vom August 1430, der ganz eindeutig auf König Erik und seine Berater zurückging, während der Prozess der Urkundenherstellung für den Waffenstillstandsvertrag von Horsens unklar bleibt. Es scheint hier aber möglich, dass die städtischen Gesandten das Konzept einbrachten.[85] Nicht nachweisen lässt sich der genaue Entstehungszusammenhang für die Münzunion von 1424.[86]

Dass verschiedene Schritte vor der Ratifizierung und dem Aufsetzen von Vertragsurkunden anzunehmen sind, ergibt sich aus den Vereinbarungen von 1443. Obwohl diese Verhandlungen bereits nicht mehr ganz in den Betrachtungszeitraum hineinfallen, bieten sie doch eine günstige Überlieferungssituation und lassen sich daher gut mit den vorgestellten Dokumenten vergleichen. In diesem Fall liegt neben dem Chirograph noch das Konzept zur Urkunde[87] vor, welches sonst – selbst für die Nyköbinger Urkunde von 1430[88] – nur durch sekundäre Nachrichten überliefert ist. Schon dieser Entwurf aus der Hand des Lübecker Stadtschreibers Johann Hertze[89] enthält den Verweis, dass die Verhandlungsergebnisse in Form eines zweiteiligen Chirographen dokumentiert werden sollten, aufzuteilen zwischen den Sendboten König Christoffers, *here[n] Kanutes, dompdeken to Copenhauen, lerer in beyden rechten, vnde Eggert Frillen, ritter,* und den Städten, d. h. dem Rat von Lübeck. Die Corroboratio samt Datierung steht dabei in einem eigenen Absatz unter dem Text, der sonst in einem Block geschrieben wurde, sie könnte daher auch etwas später angefügt worden sein. Am unteren Rand der ersten Seite dieses Konzeptes befindet sich die Unterschrift des als Gesandten genannten Dekans von København, Knud Mikkelsen[90]: *Kanutus de Arusia decanus Hafniensis*[91]. Ihre Authentizität lässt sich durch den Vergleich

---

85 Vgl. Kap. 5.3 und 5.5.3.

86 *Daenell*, Blütezeit (1905), Bd. 1, 223: „Alsbald nach der Kopenhagener Verhandlung hatten Lübeck, Hamburg, Lüneburg und Wismar auf einer Versammlung zu Lübeck gemäß der Anregung des Königs die Prägung silberner Sechslinge von bestimmtem Feingehalt beschlossen. Als ihre Ratsboten (...) im Herbst 1424 mit Königin Philippa zufolge einer Bestimmung des Bündnisses den ersten Bundestag in Kopenhagen hielten, nahm diese die von ihnen beschlossene Münzprägung auch für Dänemark mit einer kleinen Verschlechterung im Feingehalt der Münze an."

87 Vertrag: LUB 8, Nr. 116 = AHL, Urkunden, Danica, Nr. 204; Konzept: HR II, 2, Nr. 684 = AHL, ASA Externa Danica, Nr. 10, 8.

88 HR I, 8, Nr. 801: Wahrscheinlich ist der in die Rede einbezogene „Entwurf" nicht das „Konzept", da sich dort keinerlei Korrekturen finden lassen. Das „Konzept" wurde sicher vorher entworfen und besprochen.

89 Zuordnung auf der Grundlage von *Højberg Christensen*, Kancellisprog (1918), 44 in seinem Verzeichnis der Schreiberhände in Lübeck ist Hertze Hand 54. Zur Person: Kap. 6.2.3., Anm. 166. Zu seiner Tätigkeit als Geschichtsschreiber: Kap. 3.6, Anm. 192.

90 In HR II, 2, Nr. 684 gibt es keinen Hinweis darauf. Zur Person: Kap. 5.5.1, Anm. 427.

91 *Item* scheint die wahrscheinlichste Lesart für die Abkürzung hinter dem Namen zu sein und könnte hier in der Bedeutung von „gleichfalls" oder als Verkürzung von *item notandum* verwendet worden sein.

mit dem von diesem ausgestellten Notariatsinstrument zu den Verhandlungen in Horsens feststellen.[92]

Höchstwahrscheinlich signalisierte diese zusätzliche Unterschrift unter dem Konzept die Zustimmung des dänischen Abgesandten zum Lübecker Entwurf. Auf jeden Fall steht sie für einen Austausch zwischen Johann Hertze und Knud Mikkelsen und damit für eine Verständigung zwischen ihren beiden Parteien über den Inhalt. Auch wenn das Beispiel des Vertrags von 1443 einen Einzelfall der Dokumentation darstellt, lassen sich für die anderen behandelten Urkunden vergleichbare Diskussionsprozesse anzunehmen.[93]

6.1.3 Protokolle, Konzepte und Abschriften als Elemente planvollen Handelns

Das im vorherigen Kapitel bereits thematisierte Verhältnis von Konzept und fertiger Urkunde betrifft aber nicht nur die Verträge, sondern auch andere Schriftstücke. Zwar handelte es sich bei der kontinuierlichen Aufbewahrung von Konzepten und Abschriften, die für den betrachteten Raum ab den ersten Jahrzehnten des 15. Jahrhundert zu beobachten ist, um eine Neuerung im Umgang mit diesem Schriftgut. Es ist aber möglich, dass die Wurzeln dieses Gebrauchs schon im 14. Jahrhundert liegen. Zwar bieten die für den betrachteten Zeitraum überlieferten Konzepte mit großer Wahrscheinlichkeit nur einen Ausschnitt der ursprünglichen Menge, die vorhandenen Schriftstücke erlauben aber Rückschlüsse über den grundsätzlichen Umgang mit ihnen. So haben sich unter dem Lübecker Material für folgende Schriftguttypen Konzepte erhalten: Verträge zwischen den Städten, z. B. der Vertrag vom 20. Januar 1428[94], Vorlagen für die Korrespondenz mit anderen Städten, mit den Schauenburgern, mit Nikolaus Stock und auch mit König Erik sowie der Entwurf für einen Geleitbrief erhalten. Andere Konzepte lassen sich indirekt erschließen, wie die Privilegienentwürfe, die dem König als Gegenwert zur Bündnisurkunde von 1423 vorgelegt wurden.[95]

Vor allem anhand der Konzepte für Urkunden wird deutlich, dass die Städte die Rechtsdokumente über ihre Beziehungen zu den Unionsreichen zum Teil sehr genau

---

92 HR II, 1, Nr. 138 = DRA, NKR, Nr. 3124.

93 Eine vergleichbare Verwendung von zeitlich befristeten oder niederrangigeren Teilurkunden als Stufen in einem Einigungsprozess ist zum Beispiel für die Waffenstillstands- und Friedensverträge zwischen dem Deutschen Orden und Polen bzw. Litauen zu beobachten: *Neitmann*, Staatsverträge (1986), bes. II. Teil, Kap. 2; *Nowak*, Waffenstillstände (1996), 399 f.

94 AHL, ASA Externa Danica, Nr. 3,2–104 = HR I, 8, Nr. 343.

95 Vgl. Kap. 3.2.

planten.[96] Dabei erlaubte die Vorlage eines Entwurfes die genaue inhaltliche Abstimmung der einzelnen Punkte und Artikel. Abweichungen zwischen Vorlagen und Reinschrift deuten oft auf zusätzliche mündliche Verhandlungen bzw. Kommunikationsprozesse hin.[97] Als ein Beispiel für die mögliche Komplexität hinter solchen Änderungen sei der Geleitbrief für die Verhandlungen in Vordingborg im Jahr 1434 herausgegriffen. Dieser liegt als Lübecker Konzept und als Reinschrift vor, die in einem, aber aussagekräftigen Punkt voneinander abweichen. Sollte das Reisesicherheit, laut der Lübecker Vorlage, zu *deme vrundliken daghe* dienen, bezog sich der eigentliche Geleitbrief auf einen *vrundliken rechtdage*.[98] Es ist natürlich nicht auszuschließen, dass die Korrektur vor einer Fertigstellung dieses Vorschlags für den König und seine Räte erfolgte. In diesem Fall wäre eine weitere Diskussion über die Änderung in Lübeck anzunehmen. Die Verantwortlichen hätten dabei einerseits entschieden, der Anwesenheit der Schiedsherren auf beiden Seiten Rechnung zu tragen, und andererseits, der Gegenseite in ihrem Verständnis von dem „Tag" entgegenzukommen. Da sich hinter den Konzepten vom „freundlichen Tag" und vom „Rechtstag" unterschiedliche Handlungsstrategien verbargen,[99] lässt sich jedoch auch vermuten, dass die Lübecker den Vorschlag zum *vrundliken daghe* absichtlich unterbreiteten. Die gewählte Formulierung hätten dem dänischen Hof in diesem Fall signalisiert, dass die Städte im Vorfeld der Verhandlungen vom üblichen Prozedere ausgingen. Im Gegenzug hätten die Städte aus der Umformulierung von Seiten der dänischen Kanzlei den Ernst der Situation ablesen können. Mit beiden Erklärungsmöglichkeiten ist aus den beiden Varianten des Textes ein außerschriftlicher Diskussionsprozess abzulesen, der um den Charakter der bevorstehenden Verhandlungen kreiste.

Dass Schriftlichkeit als Möglichkeit zu vorausschauendem Planen bei den Städten nicht erst im 15. Jahrhundert in Erscheinung trat, veranschaulicht die Entwicklungsgeschichte der Rezesse. Dies gilt insbesondere für den formalen, teilweise an Urkunden orientierten Aufbau, dem die Wiedergabe von Verhandlungsgeschehen untergeordnet ist. Diese besondere Form bildete sich um die Mitte des 14. Jahrhunderts im Kontext der Spannungen mit Flandern und mit König Valdemar IV. heraus,[100]

---

96 Auch bei Rechtsstreitigkeiten in Lübeck selbst gehen anscheinend in besonderen Angelegenheiten geschriebene Vorlagen dem Vollzug des Rechtsaktes voraus, um das Einverständnis beider Seiten zu sichern. Ein Beispiel dafür ist im Zusammenhang mit der Urfehde des Tidemann Steen zu finden, deren Vorlage Hermann van Hagen vom Lübeckischen Propst Bertold Dives, einem der Fürsprecher und Zeugen des ehemaligen Ratmanns, auf einem *cedele* erhält (LUB 7, Nr. 613).

97 Vgl. auch *Schuler*, Spätmittelalterliche Vertragsurkunde (2000), 49–56 (Analyse der Terminologie der Vertragssprache, welche auf den Einigungsprozess rekurriert).

98 Konzept: AHL, ASA Externa Danica, Nr. 3,2–198. Geleitbrief: LUB 7, Nr. 588. Zur genauen Einordnung und zu den mit den Verhandlungen verbundenen Konstellationen: Kap. 5.6.

99 Dies trat besonders bei den Verhandlungen von 1429 zu Tage: Kap. 5.3.

100 Vgl. Kap. 4.1.2, Anm. 9, bes. *Behrmann*, Weg (2002), bes. 453–467.

und stellte nun im 15. Jahrhundert den Standard für Berichte über Verhandlungen mit auswärtigen Mächten dar. Sie ermöglichten als Vorlagen die konkreten Diskussionen über strittige Punkte, dienten der Nach- und Vorbereitung neuer Treffen.

6.2 Männer der Feder: Aufgaben und Kompetenzen

6.2.1 Mediatoren zwischen Wort und Schrift

Bei den bisherigen Beobachtungen zum Umgang mit Schriftlichkeit und der Funktionalisierung verschiedener Schriftguttypen wurde ein Aspekt nur wenig berücksichtigt. Dies sind die hinter den Dokumenten stehenden Personen. Besiegelte Schriftstücke lassen sich rein formal einem bestimmten Aussteller zuordnen. Dessen Verhältnis zum Dokument verkompliziert sich aber, wenn zum Beispiel ein Geleitbrief des dänischen Königs auf einem Lübecker Konzept basiert, wie dies zuvor am Beispiel des Geleitbriefes für die Verhandlungen von 1434 dargelegt wurde.[101] Gerade dieser Fall offenbarte, dass Abweichungen zwischen Vorlage und Originalurkunde auf mehrere Diskussionsebenen verweisen konnten. Sowohl in Lübeck als auch in København resultierte die Entstehung des jeweiligen Schriftstückes aus einer Art internen Kommunikation zwischen dem König oder seinem Kanzler mit den Schreibkräften der Kanzlei bzw. zwischen Angehörigen des Lübecker Rates mit ihren Protonotaren. Diese Abläufe lassen sich jedoch nur interpretativ erschließen.[102]

Wie im vorgestellten Beispiel sind alle schriftlichen Willensäußerungen der jeweiligen Parteien das Ergebnis verschiedener Dialoge zwischen den politisch Verantwortlichen und den Spezialisten in Sachen Schrift.[103] Am unkompliziertesten ist dieser Dialog – zumindest theoretisch – beim Einsatz von öffentlichen Notaren, bei denen sich mit Herausbildung des Berufsstandes auch die Arbeitsweise entwickelte.[104] Der Notar wurde von einer oder mehreren Parteien beauftragt, einen Vorgang zu bezeugen und eventuell ein *instrumentum publicum* aufzusetzen. Dazu fertigte er direkt vor Ort eine Mitschrift an, die er später in *formam* brachte.[105] Ein Beispiel für diese Arbeitsweise enthält der Bericht der Hauptleute der städtischen Flotte über das Treffen mit Nikolaus Stock am 16. April 1428. Darin erwähnten sie, dass der Notar,

---

101 Zuvor in Kap. 4.1.3.
102 Den vielfältigen Einflüssen, die in die Herstellung eines Schriftstückes einflossen, widmet sich besonders die Forschung zu historischen Textsorten. Stellvertretend sei hier auf das Schema bei *Meier*, Städtische Kommunikation (2007), S. 132, Abb. 1, verwiesen.
103 Vgl. dazu *Behrmann*, Herrscher (2004), 213.
104 Zur Entstehung des Notariats und seiner Arbeitsweise in Italien: *Meyer*, Felix (2000), 108–118 (zum *instrumentum publicum*), 138–146 (zum Notarsregister).
105 Vgl. *Schuler*, Geschichte (1976), 219 f. (zur Beauftragung des Notars), 223–235 (zu den Entstehungsstufen der Urkunde).

Paulus Gumbrecht, weiße und rote Federkiele sowie Talg mit sich führte. Dieser nimmt nach Aufforderung beider Seiten deren Aussagen auf. In jedem Fall war der Notar selbst für jeden Arbeitsschritt, von der Niederschrift des gesprochenen Wortes bis zur Herstellung der Urkunde oder mehrerer Exemplare verantwortlich.

Etwas unklarer wird die Beurteilung der Arbeitsteilung bereits, wenn mehrere Notare bei einer Handlung zugegen waren und diese dokumentierten, aber auch dann sollte idealerweise jeder einzelne für sich ein Protokoll anfertigen.[106] Es liegt mit den Notariatsinstrumenten über das Treffen von Horsens von 1432 nur ein Sonderfall vor. So schrieb der Notar Kanutus de Arusia (Knud Mikkelsen) beide Urkunden, obwohl die zweite durch den Justiziar Iwen Fos bestätigt wurde.[107] Dieser Sachverhalt legt nahe, dass auch in die Anfertigung von Notariatsinstrumenten in mehrschichtige Diskussionsprozesse eingebunden werden sein konnte.

Im Unterschied zur Arbeitsweise der Notare sind für andere Urkundenformen auf jeden Fall kompliziertere Abläufe anzunehmen. In Dänemark ist in bedeutsame außenpolitische Angelegenheiten wohl immer der König involviert, auf jeden Fall sicher bevor der königliche Kanzler oder ein anderer Schreibkundiger den Beurkundungsbefehl erhielt.[108] In den Kanzleivermerken einiger Geleitbriefe wurde der königliche Kanzler (Jens Pedersen) ja auch als Relator aufgeführt. Dadurch ist seine Beteiligung am Entstehungsprozess des fertigen Dokumentes eindeutig greifbar. Bei den Geleitbriefen und einigen Vertragsurkunden lagen oft Konzepte des Empfängers als Beratungsgrundlage vor. Daher bestand der Einigungsprozess in der Diskussion möglicher Änderungen sowie im Auftrag für Reinschrift und Besiegelung.[109] Für mehrere Urkunden, die für den dänischen Hof von Schiedsrichtern ausgestellt wurden, entstand höchstwahrscheinlich auch das Konzept in einem Trialog zwischen dem König,

---

106 Der Auftritt von Nikolaus Stock am 24. Mai 1428 wurde insgesamt von drei Notaren bezeugt: Es haben aber nur Paulus Gumbrecht und Johannes Kyndigh jeweils ein Notariatsinstrument aufgesetzt. Der Notar Tue Pedersen fungierte nur als zusätzlicher Zeuge für das von Paulus Gumbrecht geschriebene Instrument. Vgl. Kap. 4.2.1. Bei den Notariatsinstrumenten vom 1. Dezember 1430 haben sich Johannes Kyndigh und Heinrich Eybe in die Herstellung geteilt, jeder hat jeweils zwei Urkunden geschrieben. Vgl. Kap. 5.4.3.
107 Vgl. Diskussion Kap. 5.5.1 mit Abb. 5.7.
108 *Christensen*, Dansk Statsforvaltning (1903), 100: Die Kanzleiinstruktion aus dem frühen 16. Jahrhundert schreibt die Absprache mit dem König vor. Vgl. zur allgemeinen Entwicklung auch *Spangenberg*, Kanzleivermerke (1928), 475–478. Doch stellt sich die Frage, wie formalisiert sich der „Beurkundungsbefehl" darstellt.
109 Dies betrifft auch den Entwurf für neue Privilegien, den die Städte 1423 im Zusammenhang mit der Bündnisurkunde von 1423 einreichten (AWH, Ratsakten, Nr. 1740). In diesem Fall entstand am dänischen Hof jedoch ein Antwortschreiben, das die strittigen Punkte hervorhob (HR I, 8, Nr. 1154). Vgl. Kap. 3.2, besonders mit Anm. 64 und 65.

seinen Beratern bzw. Räten und seinen Schriftkundigen. Eine Anteilnahme der eigentlichen Aussteller an der inhaltlichen Entstehung der Dokumente ist nur in sehr geringem Maße anzunehmen.[110]

Über den Grad der Institutionalisierung und Hierarchisierung in der dänischen Kanzlei zu Beginn des 15. Jahrhunderts ist. wenig bekannt.[111] Auf der Grundlage von Nikolaus Stocks Bericht lässt sich vermuten, dass bei besonderen Angelegenheiten – wie einer Gesandtschaft – der Ausstellung von Urkunden eine Begegnung mit dem König vorausging, bei welcher dieser seinen Willen zum Ausdruck brachte. Ob dies auch dann der Fall war, wenn es sich um einen Abgesandten der Städte oder anderer Parteien im Ostseeraum handelte, ist hingegen nicht so sicher und hing möglicherweise auch von der Bedeutung des Anliegens und der Position des Boten ab. Es ist wahrscheinlicher, dass dessen primäre Ansprechpartner eher die weltlichen Räte des Königs oder der königliche Kanzler bzw. andere Geistliche des Hofes waren,[112] die das Anliegen dann – vielleicht schon in einem fortgeschrittenen Stadium des Diskussionsprozesses – dem König gegebenenfalls zur endgültigen Entscheidung vortrugen.[113]

Als eine wichtige Persönlichkeit unter den Schreibkundigen im Umfeld des Königs, deren Anteil an Verhandlungen und deren Schriftstücken anzunehmen ist, präsentiert sich in den Quellen der Kartäuser Goswin Comhaer.[114] Dieser war an der Abfassung oder Bearbeitung des Redemanuskriptes von 1428 und 1430 beteiligt. Im Vorfeld der Verhandlungen von Vordingborg 1434 lässt sich seine Mitarbeit aufgrund

---

110 Für die Urkunden vom 1. Juli 1429 ist eine Mitwirkung der drei Aussteller gänzlich fraglich: Kap. 5.2.1 sowie das ganze folgende Kapitel zu den Umständen der Verhandlungen. Im Unterschied dazu könnte die Schiedsrichterurkunde von 1434 mit den Schiedsherren diskutiert worden sein, auch wenn deren Vorlage sehr wahrscheinlich ebenfalls aus der dänischen Kanzlei stammte. Vgl. dazu HR II, 1, Nr. 366, § 7, 255: (...) *antwarde de here bisschup to Hildensem van erer* (des Königs Schiedsherren) *weghen, id were [war] unde stunden des wol to, dat de vorscreven here konynk unde sine redere van en hadden begherd, dat se ene wolden de warheit des vorscreven heren konynges vorbodes in schriften vorseghelen unde deme hedden se so ghedan* (...). Zum Ablauf dieser Verhandlungen auch Kap. 5.6 c.)
111 Vgl. Kap. 2.4 und *Christensen*, Dansk Statsforvaltning (1903), 103–107, kennt zwar die Namen einzelner benannter Personen, doch gerade für die Zeit von 1426 bis 1435 kaum Informationen. Dies deckt sich mit *Carlie*, Studium (1925), 35, der zwar für diesen Zeitraum fünf einzelne Hände identifiziert, aber keine Namen kennt.
112 Beispielhaft für Kontakte mit den weltlichen Räten seien die Gespräche zwischen Conrad Bischop und den Räten Benedikt Pogwisch und Hans Kröpelin genannt, die in den Notariatsinstrumenten vom 1. Dezember 1430 festgehalten sind: HR I, 8, Nr. 844, §§ 8–12, diskutiert in Kap. 5.4.2. Aus dem Umfeld des Deutschen Ordens gibt es Hinweise auf geistliche Kontakte, wie den Beichtvater des Königs (OBA, Nr. 4781) oder zum Kartäuser Goswin Comhaer (OBA, Nr. 4378 [während des Aufenthaltes König Eriks bei Sigismund], 4731, 5389).
113 Als Heinrich Gripeshorn 1435 auf die fertigen Urkunden wartet, hat er hauptsächlich zu Esge Brok und Magnus Gøje Kontakt, was in diesem Fall aber auch mit der Schwedenreise des Königs und vieler seiner Räte zu tun hat. Vgl. dazu Kap. 3.5, Anm. 222.
114 Vgl. ausführlichere Angaben in 4.2.2, Anm. 144 f.

der Instruktionen für die königlichen Räte ebenfalls vermuten. Auf den Verhandlungen selbst dominierten mit Erik Krummediek und Erik Nielsen (Gyldenstjerne) die weltlichen Räte des Königs,[115] wenngleich die Gruppe der Verhandlungsführer immer auch aus geistlichen Räten bestand. Zugleich ist davon auszugehen, dass bei der Mehrzahl der Verhandlungen, sofern diese nicht außerhalb der Öffentlichkeit stattfanden, Schreibkunde des dänischen Hofes zugegen waren. Wurden explizit Notare hinzugezogen, dann führten diese gemäß ihrer beschriebenen üblichen Praxis mit Kurzschrift ein Protokoll und übertrugen die Urkunde später in die rechtsgültige Form.[116]

Für Lübeck lassen sich schon genauere Indizien für die Kommunikation zwischen Rat und Ratsschreibern erkennen. Diese ergeben sich vor allem aus den Informationen über die Arbeitsweise des Rates: Die Sitzungen fanden – außer in besonderen Situationen – Dienstag, Donnerstag und Freitag statt. Zu Beginn hörten sich die Bürgermeister und Ratsleute die Anliegen von Bürgern und Gästen im Chor der Marienkirche an. Falls der Rat nicht zu Gericht saß, waren diese geheim, so dass nur die Bürgermeister, die Räte, die Ratsschreiber und besondere geladene Personen Zugang hatten.[117] Auf dieser Grundlage ließe sich die relativ gleichmäßige Verteilung der Konzepte auf Paul Oldenburg und Hermann van Hagen erklären.[118] Derjenige von beiden, der den entsprechenden Entwurf niederschrieb, wird auch bei der entsprechenden Besprechung im Rat zugegen gewesen sein.

Ähnlich wie Notare fertigten wahrscheinlich auch die Ratsschreiber zunächst Kurzschriften an, die erst in einem zweiten Schritt zu einem Konzept ausgearbeitet wurde. Dies ist vor allem dann zu vermuten, wenn es sich um die Vorarbeiten für einen Vertrag handelte, der umfangreichere Bestimmungen enthielt.[119] Für die Rezesse, die bei Versammlungen einer kleineren oder größeren Anzahl an Hansestädten oder Verhandlungen entstanden, lassen sich gleichfalls verschiedene Zwischenstufen annehmen,[120] da der Schreiber die Ergebnisse längerer Gespräche konzentrieren und sortieren musste.[121] Dabei bleibt der Ermächtigungsrahmen der Schreiber eher unklar. So lässt sich zum Beispiel nicht klären, ob Korrekturen an Entwürfen auf Eigeninitiative der Ratsschreiber zurückzuführen sind oder auf einer nochmaligen Vorlage zur Diskussion vor dem Rat beruhten.

Da sie beim Rat als Fachleute für die richtige Präsentation von Inhalten angestellt waren, könnten ihre Freiheiten bei der Ausgestaltung, d. h. dem Diktat von Urkunden

---

115 *Behrmann*, Herrscher (2004), 288 f.
116 Vgl. zu Beginn dieses Kapitels, vor allem Anm. 104 f.
117 *Pitz*, Schrift- und Aktenwesen (1959), 300 f.; *Bruns*, Lübecker Rat (1951), 54.
118 Siehe zum Beispiel die Arbeitsverteilung in Kap. 4.2.2.
119 Siehe z. B. HR I, 8, Nr. 343.
120 Vgl. die verschiedenen Bruchstücke zu 1429: Kap. 5.2.1.
121 Einige der in Lübeck befindlichen Rezesshandschriften enthalten Nachträge von Paul Oldenburg: Vgl. oben Kap. 5.1.2, Abb. 5.2 c). Sehr ausführlich in AHL, ASA Externa Hanseatica, Nr. 24.

bzw. ihren Vorlagen recht weitreichend gewesen sein. Leider gibt es aus der behandelten Zeit kein Formularbücher aus Lübeck, die einen tieferen Einblick in die Arbeitsweisen geben könnten.[122] Beispielhaft für die Wertschätzung dieser Kompetenzen ist die namentliche Aufnahme der Ratsschreiber unter die diplomatischen Gesandtschaften ab 1432. Dies galt für Paul Oldenburg allgemein sowohl für 1432 als auch 1434 und danach bis zu seinem Tod in Kalmar 1436. Für Hamburg nahmen 1432 ein Schreiber und 1434 der Ratskaplan Hermann Kreygenberg an den Verhandlungen teil.[123] Wahrscheinlich gehörten einige dieser Schreiber auch zu den Teilnehmern früherer Verhandlungen, vor allem wenn entsprechende Rezesse überliefert sind.[124] In den schriftlichen Zeugnissen dieser Treffen traten sie jedoch nicht namentlich als Verhandlungsteilnehmer in Erscheinung.[125] 1432 und 1434 ist demgegenüber ein besonders intensiver Einsatz von schriftlichen Dokumenten zu beobachten. In Horsens er- und bearbeiteten die städtischen Abgesandten in Absprache mit königlichen Räten wahrscheinlich das Konzept für den Waffenstillstand. In Vordingborg übergaben sie den Schiedsherren zwei schriftlich formulierte Eingaben und hatten schon im Vorfeld eine Abschrift des Waffenstillstandsvertrages anfertigen lassen. In beiden Fällen trat zwar der Lübecker Bürgermeister Hinrich Rapesulver als Sprecher seiner Partei auf. In den schriftlichen Zeugnissen sind jedoch auch die teilnehmenden Schreiber präsent.

Angesichts dieser Beobachtungen bleibt natürlich die Frage offen, wie stark die Willensäußerungen der Aussteller, die sich in Urkunden oder Briefen manifestierten, von den Vorgaben zum regelrechten Abfassen von Schriftstücken überformt wurden.[126] Da die Mehrzahl der Schriftstücke auf niederdeutsch verfasst war und sowohl

---

122 Eine private Sammlung ist Christian von Gerens Formelbuch, dessen älteste Bestandteile aus den 1440er Jahren und dem Umfeld der Lübecker Kanzlei stammen. Es enthält Grußformeln und besondere Briefe: KhUB, DAM, Nr. 295 folio, fol. 37a-42b. Dazu Bergenfahrer. Ed. *Bruns*, 312–321 (Beschreibung der Handschrift, verbunden mit seinen Lebensstationen), davon 313-316 (zum Formularteil). Zu Formelsammlungen als Arbeitsmaterialien der Kanzleien: *Rockinger*, Formularbücher (1855); *Bärwald*, Charakteristik (1958); *Van Die Voet*, Coutumiers (1968). Zum Formularanteil in den Artes Dictandi auch: *Worstbrock*, Einleitung (1992), IX.

123 Belege: 1432: HR II, 1, Nr. 138 (Notariatsinstrument) und HR II, 1, Nr. 139 (Waffenstillstandsurkunde). 1434: HR II, 1, Nr. 366, § 1. Zu beiden Verhandlungen Kap. 5.4 und 4.5. Zu Paul Oldenburgs Teilnahme an den Verhandlungen in Kalmar: *Bruns*, Lübecker Stadtschreiber (1903), 55, sowie Anhang Nr. 5.

124 Siehe dazu z. B. den Nachtrag Paul Oldenburgs im Rezess der Verhandlungen in Nykøbing von 1428 (AHL, ASA Externa Danica, Nr. 1014 = HR I, 8, Nr. 515), vgl. Abb. 5.2.

125 Siehe die Einleitungen der Rezesse von 1428 (HR I, 8, Nr. 515), 1429 (HR I, 8, Nr. 615) und Dezember 1430 (HR I, 8, Nr. 843).

126 Dieser Unterschied wird im Kontext der Textlinguistik mit der Unterscheidung von „Textarchitektur" und „Textkomposition" gefasst. Dabei umschreibt „Textarchitektur" die Form des Textes. *Meier*, Städtische Kommunikation (2007), 132 mit Schema: „Gerade Textarchitekturen haben für die Teilnehmer einer Sprach- und Kommunikationsgemeinschaft indizierenden Charakter. Es kann davon ausgegangen werden, dass die zugrundeliegenden Textmuster den Kommunikationspartnern in

König Erik und seine (geistlichen) Berater als auch die meisten Lübecker Räte – wenngleich in unterschiedlichem Umfang – des Lesens mächtig waren,[127] konnten sie das Ergebnis des Schreibprozesses auf jeden Fall überprüfen.

Eine besonders starke Eigenverantwortung oblag – wie eingangs festgehalten – den Notaren, auch wenn diese in allen behandelten Beispielen immer nur von einer der Parteien beauftrag wurden.[128] Diese waren bei der Herstellung ihrer Urkunden nicht nur an die regelhaften Formeln des *instrumentum* gebunden,[129] sondern leisteten auch die Übersetzung von mündlichen niederdeutschen Verhandlungen in ein Latein mit festgelegten Dialogformeln. Eine direkte Einflussnahme des Auftraggebers auf den Inhalt dieser Urkunde war durch den formalen Herstellungsprozess eingeschränkt. Schon eher konnte sich mit der Einbeziehung von Notaren überhaupt eine Handlungsstrategie verbinden.[130]

---

einem konkreten historisch-gesellschaftlichen Diskurs bekannt sind und dass sie vor jeder Entscheidung, die eine Textgestaltung betrifft, zunächst aus dem Angebot der kommunikativen Möglichkeiten das für einen entsprechenden Anlass geeignete Muster wählen. (...). Die Textproduzenten und -rezipienten einer Kommunikationsgemeinschaft entscheiden sich durchaus bewusst für oder gegen eine bestimmte Textform, wohingegen sprachliche oder gar grammatikalische Entscheidungen, di den Text betreffen, eher sekundär sind." In dieser Weise kann auch die Wahl einer bestimmten Urkundenform als Entscheidungsprozess zwischen Kommunikationspartnern angesehen werden, die eigentliche Komposition des Textes oblag demgegenüber den Professionellen. Vgl. auch *Meier*, Städtische Kommunikation (2007), 138 f. zur Bedeutung der städtischen Kanzleien für die Entwicklung von Texten im historisch-gesellschaften Diskurs.

127 Siehe z. B. das Treffen der Lübeckischen Flottenführer mit Nikolaus Stock: Kap. 4.5.3.

128 Bis 1426 treten König Erik oder seine Räte und König Sigismund als Auftraggeber für Notariatsinstrumente in Erscheinung: Siehe Diskussion der dänischen Bestände in Kap. 2.1.2 a) und b). Von den in København für die Zeit nach Herbst 1426 aufbewahrten Notariatsinstrumenten entstand ebenfalls die Mehrzahl auf Anordnung des Königs, der Königin bzw. der dänischen Räte: Vgl. die Auflistung der unbesiegelten Notariatsinstrumente in Kap. 2.1.2 c), Anm. 110, von denen nur die am 17. April 1428 von Nikolaus Stock in Auftrag gegebene Urkunde etwas aus der Reihe fällt. Auf Veranlassung der Pommernherzöge wurde am 24. März 1427 das Stralsunder Instrument aufgezeichnet (HR I, 8, Nr. 111). Einzig die zusätzlich notariell beglaubigte Urkunde des Bischofs von Ratzeburg vom 7. Mai 1428 (HR I, 8, Nr. 428) entstand auf Initiative der Städte. Diese oder ihre Unterstützer waren jedoch auch für das notarielle Protokoll über die Verhandlungen zu Vordingborg von 1434 verantwortlich: Vgl. Diskussion in Kap. 5.6.1.

129 Zum Aufbau des *instrumentum*: *Meyer*, Felix (2000), 117 f. (sehr knapp mit schematischem Aufbau); *Schuler*, Geschichte (1976), 265–284 (ausführliche Beschreibung der einzelnen Bestandteile).

130 Vgl. Fazit von Kap. 5.6.3 und nachfolgend 4.3.

6.2.2 Funktions- und Rollenwechsel

Wie die Beobachtungen zur Vermittlung zwischen gesprochenen und geschriebenen Wort am Beispiel der Verhältnisse am dänischen Hof und in Lübeck nahelegten, präsentierten sich besonders Verhandlungen als zentrale Momente für das Zusammenwirken zwischen den politisch Handelnden und deren Schreibern. Die professionellen Schreibkundigen konnten dabei nicht nur als begleitendes Personal, sondern auch als bevollmächtigte Sendboten in Erscheinung treten. Die Übernahme diplomatischer Missionen lässt sich für die Lübecker Ratsschreiber schon seit dem 14. Jahrhundert nachweisen. Konnten diese im Reich oder gegenüber anderen Städten den Rat auch allein bei Verhandlungen vertreten, fungierten sie gegenüber auswärtigen Mächten eher nur als Boten oder traten zusammen mit den Vertretern der Räte auf.[131] Dies galt natürlich auch für Hermann van Hagen und Paul Oldenburg, wobei ersterer eher vor Beginn seiner Amtszeit Protonotar in diplomatischen Missionen nachweisbar ist.[132] Möglicherweise kam Paul Oldenburg als dem dienstälteren Protonotar ein gewisser Vorrang zu, denn er fungierte häufiger als Gesandter im Auftrag des Rates. Der Untersuchungszeitraum zeigt ihn zum einen als Vertreter des Lübecker Rates in den Verhandlungen mit Nikolaus Stock um dessen Entschädigung.[133] Zum anderen erscheint er – wie schon erwähnt – ab 1432 als vollgültiges Mitglied der städtischen Gesandtschaften nach Dänemark, obwohl seine Teilnahme auch schon vorher anzunehmen ist. Vergleichbare Tätigkeiten und Vollmachten lassen sich grundsätzlich auch für die Schreiber anderer Städte nachweisen: Dabei tauchen im betrachteten Zeitraum Hermann Kreygenberg und Nikolaus Wrecht – aus Hamburg bzw. Danzig – in besonderen Missionen auf. Hermann Kreygenberg nahm wie Paul Oldenburg an

---

131 Dies gilt zum Beispiel schon für den Lübecker Schreiber Johann Vritze (1362–1386), der zweimal als Bote zur Abholung von Urkunden bzw. Überbringung von Nachrichten zu König Valdemar IV. nach Dänemark reiste und 1367 auch an Verhandlungen in Falsterbo teilnahm (HR I, 1, Nr. 374; 405 § 1; 408). Mit umfangreicheren Verhandlungsvollmachten reiste er hingegen nach Livland und Braunschweig (HR I, 1, Nr. 421, § 21; I, 2, Nr. 190, § 4). Zu seiner Person: *Bruns*, Lübecker Stadtschreiber (1903), 46 f. Von dem sonst kaum nachweisbaren Albert Rodenberg ist vom 11. August 1377 der Bericht über eine Reise nach Dänemark überliefert (HR I, 3, Nr. 97). Auch dazu *Bruns*, Lübecker Stadtschreiber (1903), 49. Zum gleichberechtigten Auftreten von Bürgermeistern bzw. Ratsherren und Protonotaren in Gesandtschaftsberichten siehe auch *Pitz*, Schrift- und Aktenwesen (1959), 431.
132 1419 wird er ausgeschickt, um bei König Sigismund die Aufhebung der über die Stadt Lübeck und den Ratsherren Johann Crispin verhängten Reichsacht zu erwirken (LUB 6, Nr. 83, 85, außerdem indirekt Nr. 89). 1420 reiste er im Auftrag des Rates nach Bergedorf, wobei seine Beauftragung explizit mit der Abwesenheit der eigentlichen Schreiber Paul Oldenburg und Johannes Voss erklärt wird (LUB 6, Nr. 251). Zum Beginn seiner Tätigkeit in der Kanzlei und seiner Reise: *Højberg Christensen*, Kancellisprog (1918), 77–79. Vgl. Kap. 2.3. Zu seinen diplomatischen Aufgaben im Allgemeinen auch *Bruns*, Lübecker Stadtschreiber (1903), 57 f.
133 Vgl. Kap. 4.2.2 und 4.6. Die Korrespondenz zu dieser Angelegenheit verwaltete hingegen Hermann van Hagen.

den Verhandlungen von Horsens 1432 teil. Nikolaus Wrecht nahm als Sendbote seiner Stadt am Hansetag von 1434 teil und überbrachte einen Brief des Hochmeisters Paul von Rusdorf, der die Klagen der preußischen Städte über die Verletzungen des Waffenstillstands unterstützte.[134]

Doch waren die Stadtschreiber nicht die einzigen Schriftkundigen, die als Gesandte des Rates auftauchen und notfalls auch als Berater dienen konnten. Vergleichbare Vertrauenspositionen nahmen zumindest in Lübeck und Hamburg auch die Ratskapläne[135] ein. Ihre Hauptfunktion in den Städten bestand wahrscheinlich zunächst in der Zelebrierung liturgischer Rahmenhandlungen der Ratsversammlungen, die sich immer zuerst beim Läuten der Glocke in der Kirche zusammenfand und auch in besonderen Situationen mit einer Messlesung verbunden sein konnte.[136] Schreibtätigkeiten gehörten neben liturgischen Funktionen seit dem frühen Mittelalter zu den Arbeitsfeldern von Kaplänen.[137] Dass es sich bei den so bezeichneten Personen in den Städten nicht einfach nur um Hilfsschreiber handelte, ergibt sich aus deren weiteren Wirkungsfeld.[138] Sowohl Johann Wenge in Lübeck als auch Hermann Lange in Hamburg, die als Kapläne des Rates Erwähnung finden, gehörten zum städtischen Weltklerus. Sie füllten neben ihren Tätigkeiten für den Rat ihrer jeweiligen Städte auch besondere Funktionen in zentralen geistlichen Institutionen bzw. Hauptkirchen aus. Johann Wenge ist als Mitglied des Lübecker Domkapitels und als öffentlicher Notar nachweisbar, während Hermann Lange als Kirchherr der Heiligengeistkapelle

---

134 Zu Kregebeyn: HR II, 1, Nr. 138 (Notariatsinstrument) und HR II, 1, Nr. 139 (Waffenstillstandsurkunde). Zur Reise von Nikolaus Wrecht und dem Stettiner Ratmann Johann Qwast nach Dänemark: HR II, 1, Nr. 321, § 6; Nr. 324. Vgl. dazu auch Kap. 5.6.2. Von ihm ist möglicherweise schon in einem Stralsunder Brief von 1428, Juni 24 die Rede, welcher einen *Nicolaum Frederici, vnser vrunde van Dantzke schriuer*, als Überbringer von Nachrichten und Briefen aus Preußen nennt (LUB 7, Nr. 179).
135 Diese wurden bisher nur wenig untersucht: *Arnecke*, Stadtschreiber (1913), 155–156, belegte am Beispiel von Hildesheim, dass der Rat die Kapläne als Notare einsetzte, bevor er eigentliche öffentliche Notare in den Dienst nahm. Das nachfolgende Beispiel Johann Wenges (bes. Anm. 139 und 140) legt nahe, dass dies in Lübeck ebenfalls der Fall war.
136 *Bruns*, Lübecker Rat (1951); *Pitz*, Schrift- und Aktenwesen (1959), 300.
137 Die früheste Anwendung findet sich im Kontext der Hofkapelle der fränkischen, später römischen Könige, im 12. Jahrhundert taucht die Bezeichnung auch an der päpstlichen Kurie auf. Zur Begriffsgeschichte: *Du Cange* 2, Sp. 1883–1887 (capellani). Anwendungsbeispiele: DRW 7, Sp. 401 f. (nur für Kapläne von Königen und Fürsten, aber in der Regel mit Betonung der Doppelfunktion von Priester und Schreiber. *Bresslau*, Handbuch (1969), 450 f. (königliche Kanzlei), 268 mit Anm. 2 (*capellani et scriptores* in der päpstlichen Kanzlei des 12. Jahrhunderts); *Frenz*, Papsturkunden (2000), 76.
138 Im Unterschied zu den Ratskaplänen scheinen zum Beispiel die Mehrzahl der Schreiber, welche die Reinschriften anfertigten, nur selten direkt in den Quellen auf und sind nur in wenigen Fällen namentlich bekannt. Vgl. dazu und zu Hermann Willerd im Besonderen Kap. 2.3 mit Anm. 291.

Erwähnung findet.[139] Selbst wenn die Ratskapläne nicht direkt an der Schriftproduktion der städtischen Kanzlei beteiligt waren,[140] konnten sie im Notfall als Berater zur Verfügung stehen.

In vergleichbarer Weise erscheinen auch Geistliche am dänischen Hof als Schreibkundige und Gesandte. Diese Gruppe war jedoch in einem viel höheren Grad in eine Hierarchie eingebunden. Die offiziellen Verhandlungen mit den Städten führten nur hohe Geistliche in ihrer Funktion als Reichsräte. Ihnen stand der Personenkreis derjenigen zu Seite, die als Sprachrohr des Königs fungierte, mit dem königlichen Kanzler an der Spitze. Bei ihnen handelte es sich um Domherren, wenn nicht gar um Ordensleute oder Kleriker ohne nachweisbare institutionelle Bezüge.[141] Der Dienst am Hof oder in der königlichen Kanzlei konnte den Weg für eine höhere geistliche Laufbahn ebnen.[142] Sobald ein Kleriker aus dem Umfeld des Königs auf einen Bischofsstuhl gelangte, wechselte er entweder als Mitglied eines der Reichsräte in dessen hochrangigeren Beraterkreis oder beendete seine Funktionen am Hof. Beispiele für Karrieresprünge von der Kanzlei in den Reichsrat sind Jens Jacobsen, ab 1420 Bischof von Oslo und Kanzler des norwegischen Reiches, sowie Olav Gran, Beichtvater des Königs und ab 1434 Bischof von Bergen.[143] Im Kontrast zu ihnen konzentrierte sich der Kartäuser Goswin Comhaer – der 1432 ebenfalls in Bergen eingesetzt werden sollte, dann aber 1435 auf den Bischofsstuhl von Skalholt in Island gelangte – nach seinem Amtsantritt hauptsächlich auf die Angelegenheiten seines Bistums.[144] Die drei Genannten treten während ihrer Zeit am Hof als Boten oder Gesandte des Königs in Erscheinung, Goswin Comhaer sogar gleichberechtigt neben

---

139 Zu Johann Wenges Stellung: UBBL, Nr. 1333, 1386, 1459 Z. 40, 2466 Z. 80, 2468 Z. 37. Notariatsinstrumente in geistlichen Angelegenheiten: LUB 7, Nr. 148, 776). Zu Herman Lange: Vgl. Kap. 5.6.2, Anm. 550.

140 Johann Wenge war jedoch auch in seiner Funktion als Notar für den Rat tätig. Dies belegt ein von ihm im Auftrag der Kämmereiherren Hermann Westfal und Ludwig Krul aufgesetztes Notariatsinstrument vom 30. Oktober 1428 über die Auszahlung der Reichssteuer an Herzog Kasimir von Pommern-Stettin (LUB 7, Nr. 249). Zu Hermann Westfal: Kap. 4.2.1, Anm. 55. Zu Ludwig Krul: *Fehling*, Ratslinie (1978), 65.

141 Hierin liegt zum Beispiel ein Unterschied zurzeit König Valdemars IV., in der die Notare des Königs, Nikolaus Ruder und Rikman von der Lancken, auch als Verhandlungspartner mit den Städten auftraten: DD III, 6, Nr. 1263, Nr. 351, 361, 382, 399, 406, 244 f., 337. *Fenger*, Notarius (2000), 145.

142 Zum weiteren Verlauf des 15. Jahrhunderts und für das frühe 16. Jahrhundert: *Christensen*, Statsforvaltning (1903), 109 f.; *Hamre*, Erkebiskop (1943), 13–17.

143 Zu Jens Jacobsen: *Christensen*, Statsforvaltning (1903), 686. Zu Olav Gran: DN 1, Nr. 744, 745.

144 Allgemein zu seiner Person und seinem Werdegang: *Moll*, Gozewijn (1876); *Piebenga*, Gozewijn (1993), 180–192; *Toorn-Piebenga*, Gozewijn (1990), 24–37. Zur versuchten Erhebung in Bergen, bes.: ADP 3, Nr. 1667; Zu seiner Tätigkeit in Island, wo er zeitweilig auch das vakante zweite Bistum in Holar verwaltete: *Johannæus*, Historia (1774), 475–78. Zu seiner Familie auch: *Galster*, Münzmeistergeschlecht (1922), 299 f., 352 f., 365–367.

Fikke von Fitzen, einem der weltlichen Reichsräte.[145] Über die Mehrzahl der Schreibkundigen und Verantwortlichen in der Kanzlei des Königs gibt jedoch es keine Informationen, weder zu ihrer Bezeichnung noch zu ihren Funktionen.[146]

Am problematischsten ist die Einordnung der öffentlichen Notare, die auf der dänischen Seite in Erscheinung treten.[147] Von ihnen lässt sich nur Iwen Fos durch die
Erklärung und Eigenbezeichnung in den Notariatsinstrumenten von Horsens als Justiziar des Reiches identifizieren. Er füllte damit vor allem richterliche Funktionen
aus.[148] Im Gegensatz zu ihm hatte Knud Mikkelsen (*Kanutus de Arusia*) eine Karriere
vor sich, die erst mit dem Regierungsantritt König Christoffers III. begann.[149] Die
Mehrzahl der erhaltenen Notariatsinstrumente stammen von den Notaren Johannes
Kyndigh aus der Diözese Schleswig und Heinrich Eybe aus der Erzdiözese Bremen,
die jeweils zehn bzw. neun Urkunden unterfertigten.[150] Beim aktuellen Stand der Vergleichsbeispiele lässt sich Johannes Kyndigh nicht mit den Schriften aus der königlichen Kanzlei in Verbindung bringen. Zugleich wird die Zuordnung seiner Hand
dadurch erschwert, dass er möglicherweise verschiedene Schriftregister und -formen
beherrschte.[151] Da er zuerst um 1425 auftaucht und aus dem Bistum Schleswig stammt,
könnte er dem Umfeld von schleswigschen Adligen zuzurechnen sein, die sich dem
Schiedsspruch des römischen Königs untergeordnet und König Erik gehuldigt hatten.[152] Von den aufgeführten Schreibern lässt sich Heinrich Eybe der königlichen
Kanzlei auch als Schreiber zuordnen. Auch in seinem Fall ist die eindeutige Bestimmung aller von ihm geschriebenen Dokumente problematisch, da seine Schrift verschiedene Variationen aufweist. Dennoch gibt es ausreichend Gemeinsamkeiten um
ihn als den Schreiber mehrere Urkunden und Briefe wie auch des Redemanuskriptes
von 1428/1430 identifizieren zu können.[153]

---

145 Zur Gesandtschaft des Jahres 1427: HR I, 8, Nr. 185, 187, 243.

146 Für frühere und nachfolgende Herrscher finden sich gleichermaßen die Bezeichnungen *notarius*, selten *protonotarius*, *capellanus* oder schlicht *clericus*: Christensen, Dansk Statsforvaltning
(1903), 103–105; Fenger, Notarius (2000), 144 f.

147 Vgl. dazu Kap. 4.2.1 zur Beauftragung der Notare.

148 Zum Amt des Justiziars: *Christensen*, Dansk Statsforvaltning (1903), 146–148.

149 Vgl. Kap. 5.5.1, Anm. 427.

150 Die hohe Anzahl ergibt sich insbesondere aus den mehrfachen Anfertigungen, die für das
Schiedsurteil König Sigismunds von 1425 und das Treffen von Helsingborg angefertigt wurden: Vgl.
Kap. 2.1.2 b) und Kap. 5.4.1.

151 Von seinen notariell beglaubigten Transsumpten des Schiedsspruches von Ofen (DRA, NKR,
Nr. 2977–2979) orientierte sich die Schriftgestaltung von DRA, NKR, Nr. 2978 an der originalen Urkunde König Sigismunds.

152 Vgl. Kap. 2.2.3 a), Anm. 221.

153 Zu den belegten Variationen: Anhang 7.4.2 a) mit der Zusammenstellung seiner Notarsvermerke
und 7.4.2 b) zum Vergleich der Schriften. Sehr wahrscheinlich müssen ihm beide von *Carlie*, Studium
(1925), 36, unterschiedenen Hände S36 und S(36) zugeordnet werden (vgl. Kap. 5.3.1), wobei S(36)
wohl als seine Konzepthand anzusehen ist.

Bei Johannes Kyndigh wie bei den einmalig auftretenden Notaren besteht auch die Möglichkeit, dass es sich um die Schreiber geistlicher Räte, wie dès Bischofs von Roskilde, handelte.[154] Solche Doppelfunktionen – als persönliche Schreiber und als Notare – erfüllten zum Beispiel Johannes Stormer von Dassel für Bischof Johannes (Trempe) von Ratzeburg[155] und Bertold von Wörnitz für Bischof Johannes von Verden.[156] Nicht zuletzt gilt ähnliches auch für Paulus Gumbrecht, der gleichzeitig als Sekretär des Doktors Nikolaus Stock und als Notar fungierte.[157]

6.2.3 Kompetenzen und Professionalisierung

Zusammenfassend erlauben die Abläufe bei der Entstehung von Schriftstücken und die Funktionen, die Schreibkundige ausfüllen konnten, einige prinzipielle Feststellungen zu deren Kompetenzen. Grundsätzlich gab es sehr große Ähnlichkeit zwischen der Arbeit der Notare und der Arbeit der Stadtschreiber, insbesondere derjenigen, die ebenfalls die Funktionsbezeichnung *notar* bzw. *protonotar* trugen.[158] Beiden Typen von Schreibkundigen kam große Eigenverantwortung hinsichtlich der inhaltlichen Wiedergabe und der Konzeption von Schriftstücken zu. Selbst wenn sich nur ein Notar auch als Angehöriger der königlichen Kanzlei nachweisen lässt, verfügten andere Personen, wie der königliche Kanzler Jens Pedersen oder auch Goswin Comhaer offensichtlich über die Kenntnisse, die zur konzeptionellen Gestaltung von Urkunden und Schreiben des Herrschers notwendig waren. Dies galt ungeachtet der Situationen, in denen eine Empfängervorlage zugrunde lag.

Der wichtigste Unterschied zwischen den öffentlichen Notaren und allen anderen Schreibern lag in der Rechtssphäre, der sich die von ihnen erstellten Schriftstücke zuordneten und welche Fachkenntnisse sie erforderten. So waren der *Notarius publicus* und die von ihm ausgestellten Urkunden Elemente des gelehrten Rechtes, die zunächst hauptsächlich Rechtsprechung und Rechtshandlungen innerhalb des Klerus

---

154 Zu den Schreibern oder Notaren der geistlichen Herrschaften: *Fenger*, Notarius (2000), 115 f.

155 Dieser hat die Urkunde des Bischofs über die Protestation der Städte unterfertigt. Er taucht in einem längeren Zeitraum auf. Urkunden aus dem Stadtarchiv Wismar (AHW, Geistliche Urkunden, 10, LL, Nr. 4–6) über eine von ihm zu bekleidende Vikarie weist ihn als Schreiber des Bischofs aus.

156 Vgl. bes. Kap. 5.6.1 mit Anm. 526.

157 Vgl. bes. Kap. 4.2.1.

158 Die Wurzeln der Begrifflichkeiten liegen in der spätantiken und frühmittelalterlichen italienischen Rechtsschriftlichkeit: Art. Notarii, in: *Du Cange* 5, Sp. 611b; *Bresslau*, Handbuch (1969), 185, 192–197, *Meyer*, Felix (2000), 12; *Fenger*, Notarius (2000), 10–16. *Fenger* fasst alle als Notare bezeichneten Personen, unabhängig von ihrer konkreten Funktion, zusammen. Seine Liste der in Dänemark vorkommenden Notare (ebenda, 152–162) enthält neben den nachweisbaren öffentlichen Notaren auch die Stadtschreiber der hansischen und dänischen Städte.

beeinflussten.[159] Sie kamen ab dem 14. Jahrhundert in Lübeck aber auch für Streitfälle zwischen Laien und Klerikern bzw. der Stadt und Geistlichen zum Einsatz. Zu Beginn des 15. Jahrhunderts mehrten sich dann die Fälle, in denen diese Urkundenform als Zeugnisse außerhalb der Stadt dienen konnten.[160] Bei den Notaren, die sich während des Konfliktes auf Seiten der Städte nachweisen lassen, d. h. Johannes Tzeuer (1426), Johannes Stormer von Dassel (1428) und Bertold von Wörnitz (1434) handelt es sich sämtlich um Geistliche, von denen die beiden letztgenannten zugleich auch Schreiber geistlicher Herrn waren. Dennoch verweisen das wiederholte Wirken von Johannes Stormer in Lübeck einerseits und die Funktionen Johann Wenges – Domherr und öffentlicher Notar[161] – für den Rat der Stadt andererseits auf Möglichkeiten für Austausch: Im Notfall konnten der Rat oder die Stadtschreiber dann auf fachkundigen Rat zurückgreifen, wenn die eigenen Kompetenzen nicht ausreichten. Nicht zuletzt hätten dafür auch die ehemaligen Lübecker Protonotare Johannes Voss und Dietrich Suckow zu Rate gezogen werden, die an der neu gegründeten Universität Rostock wirkten und Doktorgrade der Rechte innehatten.[162] Von diesen stand Suckow ab 1433 auch als Syndikus im Dienst des Rates, doch gibt es keine Indizien für eine Wirksamkeit in den dänischen Angelegenheiten.[163]

Paul Oldenburg und Hermann van Hagen, die amtierenden Lübecker Stadtschreiber der 1420er und 1430er Jahre, sind nicht als öffentliche Notare nachweisbar. Doch hatte zumindest Paul Oldenburg ein Studium der *Artes* absolviert. Über die Materialien, die ihnen für ihre Tätigkeiten im Dienste des Rates zur Verfügung standen, gibt es kaum Zeugnisse. Mit dem Missivbuch des Jacob Cynnendorp aus den 1360er Jahren und dessen Zusätzen gab es jedoch eine Art Vorlagensammlung für die ausgehende Korrespondenz.[164] In Bezug auf die Behandlung der eingehenden Korrespon-

---

159 Allgemein: *Schuler*, Geschichte (1976), 26–65; *Härtel*, Urkunden (2011), 96. Für Lübeck: *Ahlers*, Notariat (1953), 242. *Fenger*, Notarius (2000), 116 gibt zwar aufgrund der Hinweise zum Bildungsstand an, dass sich unter dem Kanzleipersonal der geistlichen Herren Notare befanden, liefert aber kaum Hinweise für deren Tätigkeit vor 1400.

160 Vgl. dazu die Diskussion zum Lübecker Notariatsinstrument vom 17. Oktober 1426 in Kap. 3.3.

161 Vgl. Kap. 4.2.2, Anm. 146 und 147.

162 Zu den Amtszeiten als Rektoren: Matrikel der Universität Rostock. Ed. *Hofmeister*, 6 (1420/1421: Dietrich Suckow), 8 (1421: Johannes Voss), 15 (1423/1424: Dietrich Suckow), 16 (1423: Johannes Voss), 19 (1424/1425: Dietrich Suckow), 22 (1424/1425: Johannes Voss), 30 (1428: Dietrich Suckow), 32 (1428/1429: Johannes Voss, Rektor, und Dietrich Suckow, Prorektor), 36 (1430: Dietrich Suckow). Zur Gründung der Universität Rostock zuletzt ausführlich: *Pluns*, Universität (2007), 31–78, 58 f. (zu Dietrich Suckow als Lehrer der Rechte). Vgl. auch *Irrgang*, Peregrinatio (2002), 212 f.

163 Zu diesen: *Bruns*, Lübecker Syndiker (1938), 94 f., 129 f.; *Højberg Christensen*, Kancellisprog (1918), 76 f.

164 Das Missivbuch über ausgegangene Briefe wurde nach dem Tod Jacob Cynnendorps (1365–1376) zwar nicht weitergeführt, jedoch von Heinrich Vredeland (1396–1408, 1418) durch Titularformulare ergänzt. Mehrere Stadtschreiber zwischen 1396 und 1455, darunter auch Paul Oldenburg, hinterließen

denz ließen sich in Form kurzer Inhaltsvermerke auch Ansätze zu deren Strukturierung und Sortierung erkennen, auch wenn diese noch nicht konsequent angewendet
wurden.[165] Jedoch bleibt die Frage offen, ob der Anstoß zur fortlaufenden Aufbewahrung des Materials als Neuerung von diesen Schreibern ausging, oder ob darin erst
der Einfluss nachfolgender Schreibergenerationen deutlich wird.[166]

Wird die Professionalisierung der Schreibkundigen im 15. Jahrhundert als eine
fortschreitende Entwicklung und einen kontinuierlichen Lernprozess betrachtet, so
sind die Lübecker Ratsschreiber der 1420er und 1430er Jahre in einem Übergang angesiedelt. Die Grundelemente ihrer Arbeit – Konzeption und Vorbereitung von offiziellen Schriftstücken, Entwicklung von Formularen, wie dem Rezess, Herstellung von
Vorlagen und Kopien als Referenzen in Verhandlungen, und diplomatische Tätigkeiten im Auftrag des Rates – lassen sich bereits bei ihren Vorgängern beobachten und
stellen ihrerseits Ergebnisse eines längeren Prozesses dar. Viele wichtige Anstöße
können dabei vor allem ins 14. Jahrhundert zurückgeführt werden.[167] Die beginnende
Säkularisierung des gelehrten Rechtes kommt als neues Element und neue Herausforderung im 15. Jahrhundert hinzu.[168] Auch wenn weder Paul Oldenburg noch Hermann van Hagen als öffentliche Notare in Erscheinung getreten sind, gehörte die
praktische Anwendung des gelehrten Rechts doch zu den Kenntnissen ihres näheren
Umfeldes, und diese sind daher möglicherweise auch bei ihnen zu vermuten. Schon
die Karrieren der ehemaligen Ratsschreiber Johannes Voss und Dietrich Suckow an
der Universität Rostock verdeutlichen das Potential in der Lübecker Kanzlei.[169] Die
Stipendien des Rates für Studenten an derselben zeugen von dessen Interessen an
einer Vertiefung und Verbreitung neuer gelehrter Kenntnisse. Schon bei ihren Amts-
nachfolgern Johann Hertze und Johann Bracht handelte es sich um Personen, die

---

darin eigenhändige Notizen zu ihrem Dienstantritt: *Højberg Christensen*, Kancellisprog (1918), 246,
276–78; *Bruns*, Lübecker Stadtschreiber (1903), 54; *Pitz*, Schrift- und Aktenwesen (1959), 418.
165 Vgl. Kap. 2.2.3 d) und Anhang 7.1.3.
166 Ein möglicher Kandidat für eine Neuorientierung der Lübecker Kanzlei hinsichtlich der Aufbewahrung von „Akten" wäre Johann Hertze (Ratsschreiber 1436–1455). Er wurde 1424 als möglicher
Prokurator der Grafen von Holstein für das Aufhebungsverfahren an der Kurie benannt (*Hedemann*,
Aufhebungsverfahren [2012], 14), von 1433 bis 1435 wirkte er dort als Vertreter des Lübecker Rates,
bevor er 1436 die Nachfolge von Paul Oldenburg antrat. Eine seiner ersten Aufgaben als Ratsschreiber
bestand in der Teilnahme an den englischen Verhandlungen der Jahre 1436/1437, mit deren Materialien die Externa Anglicana einsetzen (Vgl. Kap. 2.2.1 a), Anm. 161). Zur Person: *Bruns*, Lübecker Stadtschreiber (1903), 60–63; *Højberg Christensen*, Kancellisprog (1918), 84 f. Andere Besonderheiten, wie
zum Beispiel die Anlage eines Privilegienkopiars im Jahr 1455, erscheinen erst nach seiner Amtszeit.
Zum Kopiar: *Pitz*, Schrift- und Aktenwesen (1959), 419.
167 Vgl. z. B. *Behrmann*, Der Weg (2002), 453–467, oder Kap. 4.1.2., Anm. 107.
168 *Kroeschell/Cordes/Nehlsen-von Stryk*, Rechtsgeschichte (2008), Bd. 2: 1520–1650, 40 f., 246, 251;
Cordes, Kaiserliches Recht (2009), 128, mit Anm. 19.
169 Vgl. zuvor Anm. 162.

auch als öffentliche Notare nachweisbar sind, und somit eine persönliche Erfahrung in der praktischen Anwendung des gelehrten Rechtes mitbrachten.[170]

In vergleichbarer Weise zum norddeutschen Raum im Allgemeinen und zu Lübeck im Besonderen lässt sich die Tätigkeit öffentlicher Notare – im Unterschied zu den *notarii* der Könige – auch in Dänemark zunächst im Umfeld der Geistlichen feststellen.[171] Dabei handelte es sich oft um Angehörige der Domkapitel, unter denen bereits im 14. Jahrhundert nachweislich auch schon verschiedene Schriften der *ars notariae* zirkulierten.[172] Aufgrund der besonderen Autorität der Bischofsstühle wurden die öffentlichen Notare im 15. Jahrhundert auch stärker in weltlichen Angelegenheiten aktiv.[173]

In quasi staats- oder verfassungsrechtlichen Angelegenheiten beginnt der Einsatz von öffentlichen Notaren im 14. Jahrhundert mit einzelnen Sonderfällen: In der Zeit König Valdemars IV. waren es die *notarii* des Königs, die neben den weltlichen Räten als Verhandlungspartner der Städte in Erscheinung traten.[174] Dabei ging diese Bezeichnung für die Schreiber des Königs bereits auf ältere Kanzleitraditionen zurück. Der erste Beleg für einen öffentlichen Notar in reichspolitischen Angelegenheiten stand mit der Wahl von Margrete zur *frue, fyrste og Danmarks rigsforstanderinde* durch das Landsting von Ringsted in Verbindung. Wahl und Huldigung durch die geistlichen und weltlichen Großen am 21. August 1387 bezeugte der aus der Diözese Halberstadt stammende Notar Heinrich Vrisak in Form eines Notariatsinstrumentes.

---

170 Zu ihrem Auftreten als öffentliche Notare in Lübeck: *Ahlers*, Notariat (1953), 342. Zu Johann Hertzes Werdegang, siehe zuvor Anm. 166. Johann Bracht nahm als Schreiber des Bischofs Johannes Schele von Lübeck am Konzil von Basel teil. Er ist in dieser Zeit sogar im südwestdeutschen Raum als Notar nachzuweisen: *Schuler*, Geschichte (1976), Nr. 158, 54 f.

171 Die ersten bekannten Urkunden, in denen der Papst dem Erzbischof von Lund bzw. dem Bischof von Roskilde, die Ernennung öffentlicher Notare zugestand, stammen aus den Jahren 1290 und 1291: *Fenger*, Notarius (2000), 113 f. (zur Ernennung der öffentlichen Notare), 114 f. (zur Entwicklung der königlichen Kanzlei im 13./14. Jahrhundert).

172 Dabei handelte es sich zum Beispiel um die *Summa Dictaminum* und die *Summa de officio tabellionis*. Auskunft über vorhandene Schriften geben die Testamente von Kanonikern aus Lund und Roskilde in Testamenter fra Danmarks Middelalder. Ed. *Erslev*, 91, 113, 123, 158, 177 f. Dazu besonders: *Fenger*, Notarius (2000), 116 f.

173 *Fenger*, Notarius (2000), 130. Ausgehend von *Ingesman*, Canon (1999), 65–78 diskutiert er zudem die Frage, ob sich für das vorreformatorische Dänemark eine „kanonisk retskultur" beobachten lässt. Als Kriterien dienen dabei akademische Grade, die Verbreitung von juristischen Handschriften, die Möglichkeiten zum Studium der Rechte in Dänemark und die aktive Rezeption in Form von Kommentaren. Dabei kommt er zu dem Fazit, dass im Lauf des 15. Jahrhunderts – und nicht erst mit der Gründung der Universität København – ein zunehmendes Interesse am kanonischen Recht aufscheint (*Fenger*, Notarius [2000], 131–133).

174 Hierzu und zum vorhergehenden: *Fenger*, Notarius (2000), 145.

Für ihn ist die Zugehörigkeit zum direkten Umfeld der Königin klarer nachzuvollziehen als für die Notare, die in der Regierungszeit König Eriks auftraten.[175] Grundsätzlich profitierten sowohl Margrete als auch Erik bei der formalen Rezeption des gelehrten Rechtes zunächst von den Fachkenntnissen ihrer geistlichen und vielleicht sogar geistigen Berater. Hinweise auf einen Lernprozess und wachsende Erfahrungen im Umgang mit solchen Kenntnissen lassen sich im Umfeld des dänischen Hofes ebenfalls finden. Gelehrte Argumentationen spielten bei der Anwendung von Elementen des kanonischen oder kaiserlichen Rechts hingegen nur teilweise eine Rolle.[176]

6.3 Pragmatik der Schriftlichkeit

Die bisher zusammengetragenen Ergebnisse zum Umgang mit Schriftstücken lassen erkennen, dass im ersten Drittel des 15. Jahrhunderts zahlreiche Formen für schriftliches Handeln zur Verfügung standen. Sie genossen unterschiedliche Glaubwürdigkeit und Rechtsrelevanz, welche die Anwendungsmöglichkeiten bedingten. Eine zentrale Funktion sämtlicher Schriftzeugnisse, insbesondere derjenigen, die der Aufbewahrung für wert befunden wurden, bestand in ihrer Existenz als Referenz oder Beweisstück. Dies gilt sowohl für Urkunden als auch für Briefe, Protokolle, Konzepte und Abschriften, die sich alle hauptsächlich in ihrem Referenzrahmen unterscheiden. Schriftstücke ohne Rechtsgültigkeit konnten nur für eine eingeschränkte Personengruppe als Bezug gelten. Sie ermöglichten in diesem engeren Rahmen die vorausschauende Planung im Krieg oder bei der Vorbereitung von Verhandlungen.[177]

Urkunden konnten als Referenzobjekte ein besonderes Eigenleben entwickeln. Schließlich verbürgte sich der Aussteller, sei es einzeln oder als Kollektiv, mit Siegel oder notarieller Unterfertigung für die Authentizität und Autorität des Dokumentes. Der Bündnisbrief vom 15. Juni 1423 (*Tosate*) und seine Rezeptionsgeschichte verdeutlichen, dass das Eigenleben einer Urkunde durchaus wörtlich zu nehmen ist. Zu-

---

175 Es handelte sich um eine Wiederholung bzw. Bestätigung der Wahl, die am 10. August 1387 in Lund stattfand: *Etting*, Queen (2004), 55–57 (zur Wahl in Lund), 57 (zur Bestätigung in Ringsted). Zum Notariatsinstrument: DD IV, 3, Nr. 234; *Fenger*, Notarius (2000), 145. Er fungierte wohl gleichzeitig als Schreiber der Königin, denn die Papsturkunde über sein Kanonikat in Uppsala von 1390, erwähnt, dass er „befuldmægtiget for og i husstanden hos vor kære datter i Kristus (...)" sei.
176 Auf den Lernprozess deuten unangemessene Formulierungen in Briefen des Königs an den Papst hin, die 1419 angemahnt werden: *Olesen*, Union (2002), 62. Gelehrte Elemente begegnen am ehesten bei den Vorbereitungen der Schiedsverhandlungen in Nyborg und Ofen, wobei auch hier das jütische Landrecht und das Lehnrecht die zentralen Argumente lieferten: *Hedeman*, Ofendommen (2007), 39–47 (Nyborg), 58–68 (Ofen); *Hoffmann*, Spätmittelalter (1990), 237–239.
177 Diese Aspekte des Verwaltungsschriftgutes hat *Behrmann*, Kommunales Schriftgut (1995), bes. S. 18 und *Ders*, Anmerkungen (1995), passim, für die italienischen Kommunen des 12. Jahrhunderts angerissen, wo dieser Prozess aber tiefer griff und umfassender war.

nächst handelte es sich um das Ergebnis eines nicht einfachen Kompromisses. Ausgehend vom Wortlaut wurde der Vertrag durch König Erik schon sehr früh instrumentalisiert, um ein Druckmittel in den Auseinandersetzungen mit den Holsteinern zu besitzen. Da die Städte sich mit ihren Siegeln zu dem Bündnis verpflichtet hatten, konnten sie die Forderungen des Königs nicht so einfach ignorieren. Der Vertragsbruch wurde daher genau vorbereitet und gegenüber den anderen Hansestädten gerechtfertigt. Während des Krieges schließlich nahm die *Tosate* bis 1434 eine zentrale Rolle in den Klagen des Königs ein. Der Vertrag und seine Bestimmungen wurden erst nach dem Friedensvertrag durch neue Urkunden aufgehoben. Dabei ging die Außerkraftsetzung des Inhaltes mit einer physischen Vernichtung des Dokumentes einher, wodurch auch die Worte getötet wurden.

Diese lebendige Wirksamkeit, die sich bereits mit der Existenz eines Rechtsdokumentes verband, gilt im Grunde für alle Urkundenarten.[178] Sie hatte natürlich bei feierlichen Privilegien oder Diplomen, die dauerhaft Rechtsverhältnisse festsetzten, eine andere Dimension als bei zeitlich befristeten Verträgen. Doch fand auch der Waffenstillstandvertrag von Horsens von 1432 im Wortsinn wie als Willensäußerung beider Seiten Anwendung in den nachfolgenden Verhandlungen und darüber hinaus. Da der darin enthaltene Entschluss auch die nicht am Krieg beteiligten Kräfte betraf, galt seine Existenz zudem auch für diese als Referenz.[179]

Zu den zentralen urkundlichen Bezugspunkten im Konflikt zählten neben der Bündnisurkunde von 1423 die feierlichen Privilegien und königlichen Entscheidungen. So rechtfertigten die Städte ihren Krieg von Anfang an mit der Verteidigung der Privilegien und Gewohnheiten.[180] In den Verhandlungen bestand ihre Hauptforderung in der Zusicherung und Garantie dieser alten Rechte. Dabei scheinen die als Gegenwert zur *Tosate* erarbeiteten neuen Privilegien des Jahres 1423 aber nicht über das Entwurfsstadium hinausgewachsen zu sein, denn sie spielen für die Argumentation bei den Verhandlungen keine Rolle.[181]

Ebenfalls eng mit dem Konflikt verwoben war die Richterurkunde König Sigismunds von Ofen, die – in mehreren Notariatsinstrumenten vervielfältigt – das Herzogtum Schleswig als dänisches Lehen bestätigte. Als Referenz erfüllte sie einen ähnlichen Zweck wie die Bündnisurkunde von 1423. Sie diente König Erik zur Rechtfertigung seines Vorgehens gegen die Holsteiner und zur Grundlage, um die Städte zu aktiver Unterstützung aufzufordern. Seine Gegner hingegen konnten darin das Symbol für die Parteilichkeit des römischen Königs sehen.[182]

---

178 Vgl. Funktionen von Geleit- und Fehdebrief in 4.1.1.

179 Vgl. Kap. 5.6.3.

180 Vgl. 3.3. Die Bestätigung aller Privilegien war zudem ein Streitpunkt bei den Verhandlungen von 1432 und dann noch einmal 1434.

181 Entwurf: AHW, Ratsakten, 10.5 Hanseatica, Nr. 1740. Die Klagen der Hansestädte im Jahr 1434 beziehen sich nur auf die früheren Privilegien: HR II, 1, Nr. 365, § 53, 248, diskutiert in Kap. 5.6.2.

182 Vgl. Diskussion der Protestation in Kap. 4.5.3.

Das letzte Beispiel weist zugleich auf eine weitere Dimension beim Einsatz von Urkunden. Die lebendige Wirksamkeit von Rechtstexten ergibt sich ja aus deren allgemeinen Glaubwürdigkeit und Verbindlichkeit. Zurückgewiesen wurde diese jedoch, wenn die Urkunde als Angriff bzw. Unrecht gewertet wurde. Eine solche Zurückweisung demonstriert beispielsweise die Ablehnung von König Sigismunds Schiedsspruch durch die Schauenburger Grafen und schließlich auch durch die Städte.[183] Die Entstehungsumstände der Urkunde, die ihren Inhalt aus der Holsteiner Perspektive zweifelhaft erscheinen lassen, dienten letztendlich auch als Rechtfertigung: Da die Entscheidung vor einem parteiischen Richter erfolgt war, mussten sie den Forderungen des Königs nicht Folge leisten. Auch die Städte rechtfertigten ihre Kriegserklärung mit dem Verweis, dass das Bündnis von 1423 bereits durch die verschiedenen dänischen Übergriffe beschädigt worden war. In beiden Fällen wurde die Ungültigkeit oder Nichtbeachtung einer vorhandenen Urkunde bewusst als Begründung für das eigene Handeln vorgebracht.

Der Schiedsspruch von Ofen demonstrierte für die dänische Seite die Möglichkeit, Schriftlichkeit und gar Rechtstexte für den eigenen Vorteil zu instrumentalisieren. Die Verwendung von Urkunden als „Waffe" zieht sich danach wie ein roter Faden durch das Verhalten König Eriks gegenüber den Städten.[184] Dies gilt auch für seine Anstöße, die Verhandlungen durch die Einbeziehung von Notaren selbst zu verrechtlichen. Sie zielen primär auf eine Kontrolle der Kommunikation ab. Gleichzeitig ermöglichen sie dem König immer wieder, sich als rechtsliebend zu präsentieren. Dabei sind Strategie und Selbstverständnis nicht wirklich voneinander zu trennen, denn aus seiner Perspektive waren die Holsteiner ungehorsame Untertanen und die Städte Friedensbrecher.[185]

Dass sich die Städte diesem Druck zur Verrechtlichung für lange Zeit zu entziehen versuchten, lässt sich nur zum Teil aus der Modernität solcher Umgangsformen erklären. Die Situationen der einzelnen Verhandlungen offenbaren, dass die Städte immer dann verbindliche schriftliche Aussagen vermieden, wenn ihnen daraus Nachteile erwachsen konnten. Diese ergaben sich einerseits aus Rahmenbedingungen, die kein Gleichgewicht zwischen beiden Seiten ermöglichten, da der König die Verhandlungen vor allem zur Anklage nutzte. Andererseits konnten sie aus einer Verengung ihres Spielraumes resultieren. Dies galt vor allem dann, wenn mit den Verhandlungen ein möglicher Rechtsgang verbunden wurde, dessen Ausgang nicht absehbar war. Für eine Verknüpfung beider Momente stehen besonders die Verhandlungen von 1429, bei denen – ohne vorherige Vereinbarung – ad hoc eine Vermittlerkommission ins Spiel gebracht wurde und sich die Städte zu einem verbindlich Rechtsgang

---

183 Diskussion 3.3 und 4.5.3.
184 Davon zeugen alle Urkunden, die er im Zusammenhang mit Verhandlungen anfertigen lässt. Vgl. Überblick in Kap. 2.1.2 a) bis c).
185 Vgl. Kap. 3.4.

verpflichten sollten.[186] Im Vergleich dazu demonstrieren die Verhandlungen von 1434 eine klare Strategie gegenüber den Schiedsrichtern und ein flexibles Umgehen mit Schriftlichkeit, obwohl die städtischen Abgeordneten auch in dieser Situation einen Rechtszug zu ihren Ungunsten im Voraus abzuwehren zu versuchten. Aus Unkenntnis des gelehrten Rechts allein lassen sich diese Strategien nicht erklären.[187]

Grundsätzlich setzten beide Seiten Schriftlichkeit zum eigenen Nutzen ein. Dabei standen ihnen mit den verschiedenen Schriftguttypen unterschiedliche Instrumente zur Verfügung. Diente Schriftlichkeit beim dänischen König der Demonstration von Rechtsliebe und kontrollierte in hohem Maße den Diskurs über den Konflikt, ließen die Städte unter der Führung Lübecks zumindest eine vorausschauende, strategische Planung ihrer Handlungen erkennen.

---

186 Vgl. Kap. 5.2
187 Beispiele für Prozesse mit römisch-rechtlichen Einflüssen, die vor 1428 liegen, bietet *Cordes*, Kaiserliches Recht (2006), 134 f.

7 Schlussbetrachtung

In den Beziehungen zwischen König Erik VII. von Dänemark und den Städten des südlichen Ostseeraumes der 1420er und 1430er Jahre vertiefte sich ein prinzipieller Gegensatz. Er resultierte daraus, „dass (beide Seiten) sich aufgrund (ihrer) Vorstellung von dem, was (der) andere zu tun und zu lassen (hatte), verletzt und angegriffen fühl(ten), (sich gegenseitig) dafür verantwortlich mach(ten) und Widerspruch offen diskutier(ten)."[1] Die Interessen König Eriks von Dänemark bestanden vor allem in einer Stärkung der Autorität und Erweiterung der Reichweite. Dafür ist insbesondere sein erbittertes Ringen um die Verfügungsgewalt über das Herzogtum Schleswig als Lehen der dänischen Krone symptomatisch. Zur Erlangung seiner Ziele bediente er sich primär des Rechtsweges, wobei sowohl das dänische als auch das gelehrte Recht für Argumentationen und Prozessformen genutzt wurden.[2] Militärische Aktionen, wie die Eroberung Fehmarns, erfolgten erst als Konsequenzen des Ungehorsams. Die Stärkung der königlichen Positionen ging zudem mit einer intensiven Förderung der dänischen Städte einher, zu deren Gunsten Erik verschiedene Verordnungen erließ.[3] Die Instruktion für die Verhandlungen von 1434 und die darin enthaltenen Klagen über die Städte brachten diese Verbindung von königlichen Pflichten und Handelspolitik besonders klar zum Ausdruck.[4] Nicht zuletzt richteten sich seine Bestrebungen auch nach außen und zielten auf die Hegemonie im gesamten Ostseeraum ab, wobei er sich besonders auf seine pommerschen Verwandten stützte.[5] Aus dieser Strategie heraus lässt sich auch sein Vermittlungsversuch zwischen Altem und Neuem Rat in Lübeck erklären.[6]

Die Handelspolitik des Königs musste jedoch beinah zwangsläufig zu Reibungen mit den Städten an der südlichen Ostseeküste führen, welche den Status Quo der hansischen Privilegien, die zuletzt nach dem Stralsunder Frieden noch einmal erweitert worden waren, zu bewahren suchten. Diese ermöglichten den Kaufleuten nicht nur den uneingeschränkten Handel in allen Gegenden der Reiche und schützten gegen die Folgen von Schiffbruch, sondern sicherten ihnen auch eine weitreichende rechtliche Autonomie zu. Die wichtigste Rolle des Unionskönigtums bestand aus der Perspektive der Städte im Schutz dieser Privilegien und der konsequenten Bestrafung

---

1 *Kamp*, Friedensstifter (2004), 8. Vgl. Kap. 1.1.
2 Die Mischung der Rechtsvorstellungen wird besonders an der Vorbereitung des Schiedsspruches von Nyborg deutlich, wo beide Formen parallel und in Ergänzung zum Tragen kommen. Vgl. Kap. 2.1.2 sowie *Hoffmann*, Spätmittelalter (1990), 237–239; *Hedemann*, Ofendommen (2007), 39–47 (zu Nyborg), 58-68 (zu Ofen).
3 *Werlich*, Gott (1995), 10–13.
4 Siehe Kap. 2.1.1, 3.1 und 5.6.1, Anm. 507.
5 *Auge*, Handlungsspielräume (2009), 88–112. Die Verhandlungen von 1428, 1429 und 1434 zeigen jedoch auch engere Bindungen zu Mecklenburger Herzögen: Vgl. Kap. 5.1.2, 5.2.1 und 5.6.2.
6 Vgl. auch *Hedemann*, To eren (2010), 142–151.

https://doi.org/10.1515/9783110591620-007

von Übergriffen. Diese Primärinteressen prägten auch die überwiegend positive Haltung gegenüber der Entstehung der Kalmarer Union.[7] Daneben spielten auch die Hegemonialpolitik des Königs und deren mögliche Konsequenzen in die Eskalation des Konfliktes hinein, weil die vollständige Integration des Herzogtums Schleswig in das dänische Königreich zu dessen Übergewicht insbesondere gegenüber Lübeck und Hamburg geführt hätte.

Aus diesen unterschiedlichen Interessenslagen leiteten sich zugleich klare Bilder von dem Verhalten ab, das beide Seiten als Voraussetzung für einen freundschaftlichen Umgang erwarteten. Diese Gegensätze in den jeweiligen Rollenzuschreibungen lassen sich bereits im Bündnis vom 15. Juni 1423 und dem langen Weg bis zu dessen Ratifizierung erkennen. Für König Erik konnten die Städte mittels dieses Bündnisses zu politischen Partnern werden, die – bei freundschaftlicher Gesinnung und Unterstützung – auf seine Gunst hoffen durften. Die Städte hingegen verbanden mit diesem Vertrag die Absicherung ihrer bisherigen Freiheiten. Erst im Tausch gegen neue Privilegien hätte die Urkunde als Grundlage für ein dauerhaftes Freundschaftsbündnis dienen können. Da es zu dieser klaren Zusicherung aber nie gekommen ist, stand das Bündnis von Anfang an auf sehr unsicherem Grund.[8]

In diesem Konflikt, dessen Eskalation sich also um 1423 indirekt schon anbahnte, liegt das zentrale Motiv für die Überlieferung der untersuchten Quellen. Die in København und Lübeck erhaltenen Urkunden spiegeln dabei dessen grundsätzliche Rahmenbedingungen. Im Archiv des dänischen Königs wurden zunächst alle Dokumente über seine Bemühungen um Schleswig aufbewahrt. Die Trennung nach unterschiedlichen Pertinenzen im Laufe des 16. Jahrhunderts resultiert dann auf der Scheidung der Konflikte. Handelte es sich bei allen Streitigkeiten um den Status von Schleswig ab 1544 um Zwistigkeiten innerhalb des oldenburgischen Hauses und seiner Zweige, besaß das Verhältnis der dänischen Könige zu den Hansestädten von Christian I. bis zu Christian III. eine davon losgelöste Eigendynamik. Die Urkunden aus der Zeit König Eriks VII., welche vorrangig seine Beziehungen zu den Städten umfassen, stehen aus der Retrospektive bereits in einer Kontinuitätslinie, die sich bis auf Valdemar IV. zurückführen lässt.[9] Die Dokumente, die direkt aus den politischen Beziehungen zwischen Erik und den Städten der südlichen Ostseeküste resultierten, treten in der Gesamtüberlieferung ab 1426 in den Vordergrund. Mit nur zwei Ausnahmen deckt der Archivbestand also die Jahre des eigentlichen Konfliktes von 1426 bis 1425 ab. Seine Zusammensetzung verdeutlicht dabei, wie sich der Konflikt aus der Perspektive König Eriks als ein Ringen um Recht darstellt, dominierten darunter doch bei weitem diejenigen, die seine Friedensbereitschaft dokumentierten, seien es die Ergebnisse von Verhandlungen, seien es Verträge. Besonders auffallend ist dabei die hohe Zahl

---

7 Siehe dazu schon *Brandt*, Hanse (1979), 30.
8 Vgl. Kap. 3.2. Siehe außerdem *Hedemann*, To eren (2010), 174–180.
9 Vgl. Kap. 2.1.1.

der Notariatsinstrumente, die vorrangig ebenfalls der Beweisaufnahme für die dänischen Bemühungen dienten.[10]

Das heterogenere Urkundenkorpus in Lübeck, in dem besonders die Geleitbriefe als eine Gruppe hervortreten, demonstriert hingegen zweierlei: Der Krieg war zum einen innerhalb eines klaren Rechtsrahmens angesiedelt, der entweder zeitweilig für Verhandlung oder längerfristig durch Friedensverträge aufgehoben wurde. Zum anderen gab es für die Städte, wollten sie den Konflikt beilegen, keine andere Alternative, als sich dem König unterzuordnen und auf dessen Territorium zu reisen.[11] Dass kurz vor Ende des Krieges einmal Haderslev als Verhandlungsort auftaucht, stellt in diesem Kontext bereits einen kleinen Sieg dar.[12]

Die Externa Danica im Archiv der Hansestadt Lübeck, die den Zeitraum von 1419 bis 1436 abdecken und schon in den Jahren 1419–1421 einen ersten Höhepunkt der Überlieferung verzeichnen, verdeutlichen – ähnlich wie die ursprüngliche Ordnung der dänischen Urkunden in Kalundborg – von Anfang an eine enge Verknüpfung mit den Auseinandersetzungen um das Herzogtum Schleswig. Auch wenn die eigentliche Zusammenstellung dieser „Acta" wohl erst im 17. Jahrhundert erfolgte, ist bei vielen Schriftstücken die Scheidung zwischen „dänischen" oder „holsteinischen" Beziehungen nicht möglich. Rein quantitativ betrachtet, liegt der Schwerpunkt der vorhandenen Materialien in den Jahren des Krieges, und dabei besonders in den Jahren 1427 bis 1429. Thematisch verteilen sie sich besonders auf die Vor- oder Nachbereitung von Verhandlungen und die Koordination von Flottenaktivitäten. Auch wenn der vorhandene Bestand mit großer Wahrscheinlichkeit nur einen Ausschnitt der ursprünglichen laufenden Tätigkeiten widergibt, lassen sich für die Jahre mit geringerer Überlieferung die gleichen Anwendungsbereiche konstatieren. Sowohl im Kontext von Verhandlungen als auch des Krieges selbst kann die Korrespondenz, mit den damit zusammenhängenden Konzepten oder Abschriften, als Kernelement einer kommunikativen Praxis betrachtet werden, die für das jeweilige Vorhaben ein planvolles Vorgehen erlaubte. Die richtigen Informationen zur richtigen Zeit zu erhalten, beeinflusst dabei mögliche Strategien. Dies verdeutlichen neben den Schriftstücken, die der Vor- und Nachbereitung von Verhandlungen dienten, auch die Berichte, welche die Hauptleute der städtischen Flotte ab 1428 regelmäßig an ihre Heimatstädte schickten.

Unabhängig davon, ob es sich bei den erhaltenen Beständen um Rechtsdokumente oder anderes Schriftgut handelte, demonstriert ihre Existenz, dass Schriftlich-

---

10 Vgl. 2.1.2 c und 2.4.
11 Vgl. 2.2.2 a und 2.4.
12 Von diesen Verhandlungen ist nur der Geleitbrief von 1435, April 12, erhalten: AHL, Urkunden, Danica, Nr. 198 = LUB 7, Nr. 630 sowie eine indirekte Erwähnung in einem Brief (HR II, 1, Nr. 387). *Erslev*, Erik (1901), 343 f.

keit in der ersten Hälfte des 15. Jahrhunderts zur Gestaltung der Beziehungen im Ostseeraum gezielt zur Anwendung kam. Schriftliche Dokumente verschiedener Arten standen dabei als Instrumentarium für zweckorientiertes Handeln neben persönlichen Verbindungen und Netzwerken.[13] Sie waren nicht nur Medien in kommunikativen Situationen zwischen einem Absender und einem Empfänger, sondern auch Ergebnisse von länger oder kürzer andauernden Austauschprozessen. Dies galt bereits für den Brief eines städtischen Rates, der in der Regel auf einem schriftlichen Konzept und der Interaktion zwischen dem Rat bzw. einzelnen Mitgliedern und den Schriftkundigen in der Kanzlei beruhte. Der Herstellung von Urkunden gingen in der Regel noch komplexere Kommunikationsabläufe voraus, da diese nur selten von einem eindeutigen Absender für einen eindeutigen Empfänger ausgestellt wurden. Stattdessen handelte es sich in der behandelten Beziehungsgeschichte zwischen den Städten der südlichen Ostseeküste und dem nordischen Unionskönigtum besonders oft um die Ergebnisse von Kompromissen zwischen zwei Parteien.[14]

Diese Abläufe können also rein strukturell als Abfolge einzelner Kommunikationshandlungen, d. h. als zielorientierter Austausch zwischen zwei oder mehreren „Subjekten" betrachtet werden. Die eigentliche Produktion der Schriftstücke, die am Ende als verbindliche Aussagen eines oder mehrerer Absender besiegelt wurden, lässt sich aber auch als kommunikatives Handeln im Sinne von Habermas interpretieren, da sie grundsätzlich auf Verständigung angelegt war. Dabei brachten die Schriftkundigen den von ihren Auftraggebern erwünschten Inhalt in eine Form, die der Funktion des jeweiligen Dokumentes angemessen war. Urkunden erfüllten in diesem Zusammenhang sehr unterschiedliche Funktionen. Sie konnten gegenseitige Verpflichtungen signalisieren und repräsentieren (Freundschafts- und Friedensverträge), Handlungsrahmen festlegen oder verändern (Fehdebriefe oder die Einbeziehung von Notaren) und der Rechtfertigung des eigenen Handelns besonderes Gewicht verleihen. Der genaue Zweck der jeweiligen Urkunde spiegelte sich dabei in der Sprache, insbesondere der Textarchitektur mit tradierten Formeln und angemessener Rhetorik. Auf dieser Grundlage konnte das Dokument die erwünschte Wirkung entfalten und Rechtsgültigkeit erlangen.

Da der Austausch zwischen Auftraggebern und Schreibkundigen also auf die Verständigung über Inhalt und Form angelegt war, diente er ganz prinzipiell der Kommunikation. Demgegenüber konnten die Diskussionen über den Inhalt einer Urkunde, die zwischen zwei Parteien abliefen, auch von erfolgsorientiertem, d. h.

---

13 Der konzeptionelle Ansatz zur Anwendung der Netzwerkanalyse auf die Hanse: *Selzer/Ewert*, Verhandeln (2001), 135–161. Anwendungsbeispiele: *Burkhardt*, Hansischer Bergenhandel (2009); *Poeck*, Herren (2010). Für die strategische Bedeutung von Informationsaustausch sind die persönlichen Verbindungen beider Seiten zu bestimmten Vertrauenspersonen am dänischen Hof, in den Räten der Städte oder im Deutschen Orden sowie zu Spionen relevant, die dem Netzwerk hinzuzurechnen sind. Vgl. z. B. LUB 7, Nr. 333.
14 Zu den Herstellungsprozessen bes. Kap. 6.2.1.

strategischem Handeln geprägt sein. Für beide Seiten oder eine von diesen lag der Zweck eines Abkommens und des daraus resultierenden Dokuments dann nicht in der Verständigung, sondern in der Übervorteilung oder Manipulation des Gegenübers. Diese Problematik demonstriert ganz besonders das Bündnis von 1423. Es entstand als Ergebnis eines langfristigen Diskussionsprozesses zwischen den Räten König Eriks von Dänemark und den Städten Lübeck, Stralsund, Wismar, Rostock, Lüneburg, Greifswald und Anklam. Es griff formal und inhaltlich auf bereits etablierte Formen zur kurz- oder mittelfristigen Absicherung politischer Ziele zurück.[15] Der am Ende durch Besiegelung ratifizierte Vertrag fixierte lebendiges Recht und gewann dadurch einen Eigenwert, der ihn von weniger verbindlichen Schriftstücken bzw. seinen urkundlichen Vorlagen abhob. In seiner äußeren Erscheinung, als Mehrfachurkunde, präsentierte und dokumentierte die Urkunde eine gelungene Verständigung zwischen zwei Seiten. Im Gegensatz dazu dominieren in den konkreten Bestimmungen die kurzfristigen Interessen einer der beiden Parteien.[16] Die einzelnen Schritte des „Verständigungsprozesses" verdeutlichen darüber hinaus, dass beide Seiten von vorn herein einen unterschiedlichen Zweck mit dem Schriftstück verbanden. Für den König implizierte die Urkunde eine künftige Unterstützung durch die Städte, während diese das Dokument als Vorleistung für Rechtssicherheit betrachteten. Schon allein an dieser Diskrepanz über die „objektive" Bedeutung des Vertrages musste das kommunikative Handeln scheitern. Aufgrund der damit verbundenen ambivalenten Ziele beider Seiten, erscheinen deren Handlungen während des Entstehungsprozesses dieser Urkunde von vornherein als strategisch. Ganz eindeutig auf konkrete Erfolge zielte schließlich die 1426 einsetzende Nutzung des Vertrages als Referenz in Verhandlungen ab, die eine Konstante der dänischen Handlungsmuster bildete.

Schriftlichkeit konnte also als Element kommunikativen und strategischen Handelns in Erscheinung treten. Dabei war die eigentliche Textproduktion immer auf Verständigung ausgerichtet, während die Funktionalisierung von Schriftlichkeit eher auf Erfolg abzielte. Insbesondere die Anwendung oder Einbeziehung von Rechtsdokumenten lag in einem gewissen Ermessensspielraum, der sehr stark vom Nutzen für den eigenen Vorteil bestimmt wurde. Diese Problematik trat für die kriegführenden Städte besonders in den Verhandlungen von 1427 bis 1430 zu Tage, in denen sie durch die Vermeidung von Schriftlichkeit auf eine mögliche die Einengung ihres Handlungsspielraumes reagierten. Sowohl in den Missionen des königlichen Gesandten Nikolaus Stock als auch bei den ersten direkten Verhandlungen zwischen beiden Seiten dominierten strategische Handlungsweisen. Kommunikation scheiterte in diesen Jahren sowohl an der Glaubwürdigkeit, die beide Seiten den beteiligten Akteuren zu- bzw. absprachen, als auch an der objektiven Wahrnehmung der Situation. Aus den

---

15 Zu Bündnissen als Mitteln der Politik: *Auge*, Handlungsspielräume (2009), 41–60.
16 Vgl. Kap. 3.2.

jeweiligen Konstellationen heraus lässt sich die Vermeidung schriftlicher Aussagen bei den Städten ebenso als strategische Handlung erkennen, wie die Einbeziehung von Notaren durch den dänischen König und seine Räte.[17]

Auf Schriftlichkeit als Strategie griffen beide Konfliktparteien zurück. Besonders nutzten sie existierende Urkunden, um den Gegner vor einer Öffentlichkeit anzuklagen. König Eriks beliebtestes Argument gegenüber den Städten, das er in Schriften bis hin zu König Sigismund verbreiten ließ, war der Bruch des Bündnisses vom 15. Juni 1423. In einem etwas eingeschränkteren Rahmen, zunächst nur auf die Städte der Hanse und den Deutschen Orden bezogen, verwendeten die kriegführenden Städte den Waffenstillstandsvertrag von Horsens vom 24. August 1432, um unterschwellig die Glaubwürdigkeit des Königs zu untergraben und die Bedeutsamkeit ihres Krieges für die Hanse noch einmal zu unterstreichen.[18]

Damit ist eine weitere Dimension von Kommunikation im Konflikt zwischen König Erik und den wendischen Städten angesprochen. Das Handeln beider Seiten war nicht nur auf den jeweiligen Gegenspieler bezogen, sondern richtete sich auch an andere Parteien. Der von 1426 bis 1435 währende Krieg fand im Ostseeraum quasi in aller Öffentlichkeit statt und zog alle in Mitleidenschaft, unabhängig davon, ob sie sich direkt an den Auseinandersetzungen beteiligten. Dementsprechend nahmen auch alle politischen Kräfte des Raumes – neben den Kriegsparteien waren dies die norddeutschen Bischöfe und Herzöge, der Deutsche Orden, der livländische Klerus sowie die preußischen, livländischen und sogar die sächsischen Städte – in irgendeiner Form Anteil am Konflikt. Indirekt und gelegentlich durch Gesandte, wie Nikolaus Stock, wirkte zudem auch König Sigismund in den Raum hinein. In einigen Fällen, wie den Herzögen von Pommern und von Braunschweig-Lüneburg, beeinflussten die dynastischen Verbindungen zu einer der beiden Kriegsparteien zudem das Verhalten während des Konfliktes. Die Bereitschaft Wilhelms von Braunschweig-Lüneburg als Agent der Städte bei den Verhandlungen von 1429 tätig zu werden, lässt sich aus seiner Verwandtschaft mit den jungen Schauenburger Grafen erklären. Ähnliches gilt auf der anderen Seite auch für die Parteinahme der pommerschen Herzöge für König Erik. Beide Beziehungsgeflechte schlagen sich in den Abläufen der schriftlichen Kommunikation und den jeweiligen Angeboten zur Vermittlung nieder.

Auf der anderen Seite konnten aber auch Spannungen zwischen anderen Kräften im Ostseeraum in den Konflikt hineinspielen. Die Konstellationen der Verhandlungen von 1429, bei denen König Erik Bischof Christian von Ösel und zwei Ordensgesandte spontan als Schiedsrichter benannte, erscheinen in einem zwielichtigen Schein, da sich der Deutsche Orden und die livländischen Prälaten gleichzeitig in einem intensiven Konflikt befanden. Die im Namen dieser Schiedsrichter ausgestellten

---

17 Dazu ausführlicher die Zwischenzusammenfassungen in Kap. 4.7 und 5.7.
18 Vgl. Kap. 5.6.2.

Urkunden vom 1. Juli 1429, an denen wahrscheinlich nur die Siegel ihren eigenen Anteil darstellten, könnte schon als Versuch gesehen werden, den König für das jeweilige Anliegen günstig zu stimmen.[19]

Handelte es sich bei diesen Verhandlungen von Nyköbing im Jahr 1429 um einen
Extremfall konvergierender Interessen, so bestimmte doch eine vergleichbare Ambivalenz die Handlungen der meisten „Neutralen" gegenüber beiden Seiten und deren
Verhältnisse zu ihnen. Diese Vielschichtigkeit manifestierte sich besonders im Zusammenhang mit König Sigismund einerseits und dem Hochmeister bzw. dem Ordensland andererseits. Obwohl der römische König durch seine Schiedssprüche sich
in der Schleswig-Frage direkt zugunsten Dänemarks ausgesprochen hatte, war das
Verhältnis zwischen ihm und den Städten weitaus unbestimmter. Zwar forderte er sie
durch Briefe und Vermittler wie Nikolaus Stock dazu auf, Frieden mit König Erik zu
schließen und klagte bisweilen gegenüber Dritten über ihren Ungehorsam, dennoch
änderte sich das Verhältnis zwischen ihm und insbesondere Lübeck nicht maßgeblich. Er blieb für den Lübecker Rat trotz der Uneinigkeit in Bezug auf den dänischen
Konflikt eine zentrale Figur, die bei der Bewahrung des inneren Friedens in allen
Städten auch als Stütze diente.[20] Es liegt eine gewisse Ironie in der Tatsache, dass
Rostock, dessen Neuer Rat 1430 als erster im Sinne des römischen Königs mit Dänemark Frieden schloss, nach diesem Friedensschluss mit der Reichsacht belegt
wurde.[21] Von 1427 bis 1431 ist in König Sigismunds Briefen zudem eine gewisse Annäherung an städtische und schauenburgische Positionen zu beobachten.[22]

Der Hochmeister des Deutschen Ordens, Paul von Rusdorf, zeichnet sich demgegenüber noch durch eine demonstrativere Neutralität aus, die ihn ja auch für beide
Seiten als Schiedsrichter interessant macht. Seine Haltung resultierte zu einem großen Maße wohl auch aus der Konzentration auf den polnischen Konflikt. Zudem gingen seine Interessen in dieser Frage zunächst auch mit denen des Unionskönigs kon-
form, wobei jedoch eventuelle Heiratsverbindungen des pommerschen
Herzogshauses mit Polen auf Irritationen stießen.[23] Ein gewisses Vertrauen äußerte
sich auch in der Offenheit des Hochmeisters gegenüber König Eriks Vorschlägen, in

---

19 Kap. 5.2.1 und 5.2.3.

20 Siehe schon Kap. 4.7.

21 Es gibt natürlich keine direkte Kausalität zwischen dem Friedensschluss selbst und der Reichsacht. Doch stellt diese einen weiteren Eskalationsschritt in den Angriffen auf den neuen Rostocker
Rat dar, die im Sommer 1430 – parallel zu den Verhandlungen in Nyköbing – bereits zu dem Überfall
auf Rostock geführt hatten. Im Herbst kam es dann zum Prozess vor dem Reichsgericht, der mit der
Verhängung der Reichsacht endete. Vgl. Kap. 5.3.3.

22 Vgl. insbesondere die Anrede in seinem Brief an die Schauenburger: Kap. 5.5.2.

23 Vor allem um die Mitte der 1420er Jahre herrschte Übereinstimmung zwischen dem Hochmeister
und König Sigismund bzw. König Erik hinsichtlich der Behandlung von Polen-Litauen. *Lückerath*,
Paul (1969), 77–87, 90.

der livländischen Frage als Schiedsrichter aufzutreten, die nur der Meister von Livland ablehnte.[24] Von den guten Beziehungen nach Dänemark war zudem die sichere Durchfahrt der preußischen Schiffe, besonders des hochmeisterlichen Weins, durch den Øresund abhängig. Neben diesen Beispielen für eine positive Verbindung mit Dänemark, gab es aber auch Indizien dafür, dass die Handelspolitik des Unionskönigs und die starke Präsenz der nordischen Reiche im Ostseeraum nicht immer auf Beifall stießen. So wurde der 1429 neu erhobene Zoll durchaus als Belastung empfunden.[25]

Die preußischen Städte nahmen nach Vorgabe des Hochmeisters nicht am Krieg teil, obwohl sich bei ihnen deutliche anti-dänische Vorurteile nachweisen lassen. [26] Andererseits ergriff der Hochmeister – vielleicht auch mit Rücksicht auf sie – nie offen Partei für Dänemark. Ob sich die Haltung des Hochmeisters in diesem Konflikt grundsätzlich gegen die „Hanse" richtete, hängt maßgeblich davon ab, wie stark der Wunsch der preußischen Städte nach Unterstützung des Krieges eingeschätzt wird.[27] Dafür gibt es trotz der manifesten anti-dänischen Vorbehalte keine eindeutigen Belege, da auch die preußischen Städte weniger vom Handel mit Dänemark selbst profitierten als von der sicheren Durchfahrt nach England oder Flandern. Eine Sperrung des Sundes, wie von den wendischen Städten erwünscht und erhofft, hätte den gesamten preußischen Nordseehandel auf unvorhersehbare Zeit unterbrochen, während die wendischen Städte, insbesondere aber Hamburg und Lübeck immer eine Verbindung zur Nordsee über den Landweg herstellen konnten.[28] Ob sich daher Aufwand und Nutzen eines Krieges für die preußischen Städte wirklich die Waage gehalten hätten, ist eher fraglich. Vor allem im Vergleich mit 1367 war die Situation für sie viel ungünstiger, da die niederländischen Städte ihren Handel ja nicht unterbrachen.[29] Wie sich die Situation am Ende darstellte, waren aber sowohl der Hochmeister als auch die preußischen und livländischen Städte die Leidtragenden des Krieges, und die Kompromisslosigkeit des dänischen Königs bei den verschiedenen Verhandlungen stieß auf wenig Sympathie. Gegen Ende des Krieges und während des Waffenstillstandes trafen sich ihre Interessen mit denen der wendischen Städte, als es darum ging, von König Erik Kompensation für die Schäden einzufordern.

---

24 LivUB 8, Nr. 40, 42, 65.

25 Vgl. Korrespondenz des Hochmeisters von 1429 in Kap. 5.2.2.

26 So kommen auch geheime Nachrichten über Preußen nach Stralsund: HR I, 8, Nr. 234.

27 Zwei gegensätzliche Auffassungen vertreten *Lückerath*, Paul (1969), 89 f., die Politik des Hochmeisters als explizit anti-hansisch ansieht, und *Selzer*, Mittelalterliche Hanse (2010), 69, der davon ausgeht, dass die preußischen Städte kein so großes Interesse an einer direkten Teilnahme am Krieg hatten.

28 Schon innerhalb der Gruppe der kriegführenden Städte hatten Stralsund und Rostock mehr Nachteile in ihrem Handel zu verzeichnen als die westlicheren Städte: *Fritze*, Stralsund (1956/1957), 103 f. Zu diesem Problem allgemein auch: *Dollinger*, Hanse (2012), 387 f.; *Selzer*, Mittelalterliche Hanse (2010), 70.

29 Der Kölner Konföderation ging ein Bündnis der preußischen und der niederländischen Städte voraus: *Selzer*, Mittelalterliche Hanse (2010), 67.

Die ambivalente Haltung der preußischen Städte und des Hochmeisters im Konflikt, die sich ja wiederum in den verschiedenen Vermittlerurkunden wie auch in der Korrespondenz – besonders in Form von Klagen – niederschlug, weist bereits auf einen letzten Faktor, der in Bezug auf die Kommunikation in diesem Konflikt zu betrachten ist: Charakter und Funktion der Hanse. Lassen sich aus den Schriften des Königs – quasi als Diskurs – sein Herrschaftsselbstverständnis und seine Vorliebe für den Rechtsweg ablesen, stellen die Städte neben ihrer Parteinahme für die Holsteiner auch den Schutz des gemeinen Kaufmanns heraus. Von Anfang an schlüpfen sie mit ihrem Freundschaftsbündnis „in die größeren Kleider der Hanse"[30]. Möglicherweise in Anlehnung an die Kölner Konföderation bemühten sie sich zu Beginn ihres Krieges um ein größeres Bündnis, indem sie ihre Rechtfertigungen an alle regionale Städtegruppen richten, wobei sie jedoch nur von den sächsischen Städten verbale und symbolische Unterstützung erhielten. Trat die Frage der Privilegien bei den ersten Verhandlungen hinter die Betonung der Eintracht mit den Schauenburger Grafen und die Ansätze zur Konfliktlösung zurück, so rückte sie ab 1430 wieder ins Zentrum der Aufmerksamkeit. So artikulierten sich die Städte gegenüber den Vermittlern aus dem Deutschen Orden 1431 explizit als Verteidiger ihrer alten Rechte und Freiheiten und schlossen in ihre Partei sämtliche andere Hansestädte mit ein.[31] Die volle Gültigkeit aller Privilegien und Rechte konnten sie dann 1432 auch für die Waffenstillstandsurkunde durchsetzen.

Parallel dazu verstärkten die Lübecker und ihre Nachbarn ab 1430 ihre Bemühungen, die Hanse als Gebilde fester zu gestalten und allgemeingültige Strategien für die Verteidigung der Privilegien – nicht nur in Dänemark – festzulegen. Nach mehreren vergeblichen Ansätzen konnten sie schließlich durch die Verlängerung des Hansetages von 1434 einen wichtigen Erfolg erringen. Die parallel dazu stattfindenden Verhandlungen zu Vordingborg, deren Teilnehmer noch rechtzeitig zurückkehrten, um über deren Ablauf zu berichten, vermochten dabei vielleicht die Notwendigkeit fester Absprachen und insbesondere eines einträchtigen Vorgehens bei Konflikten zu unterstreichen. Aus dieser Perspektive stand der „Diskurs" der wendischen Städte in ihrem Krieg mit Dänemark im Zusammenhang mit einem weiteren Diskurs über den Charakter des Gebildes „Hanse". Nachdem diese hauptsächlich als Zweckbündnis aus den Auseinandersetzungen des 14. Jahrhunderts entstanden und erste Organisationsstrukturen entwickelt hatte, kamen im 15. Jahrhundert verschiedene neue Herausforderungen hinzu. Neben dem Umgang mit innerstädtischen Unruhen gehörte dazu auch die Frage, welche Auseinandersetzungen als Kriege der Hanse zu werten seien und damit alle angingen. Die 1420er und 1430er Jahre und der Konflikt mit Kö-

---

30 *Selzer*, Mittelalterliche Hanse (2010), 69.

31 HR II, 1, Nr. 67: (...) *unde der stete an der anderen seiten* (...), *do die vorgenannten stete in der gebruchunge irer privilegien die anderen henszestete mit en ynczogen.*

nig Erik VII. von Dänemark waren dabei nur ein Schritt in einem längerfristigen Diskussionsprozess.[32] Auf dem Hansetag von 1434 und im Zusammengehen mit den preußischen Städten und dem Hochmeister konnte die Gruppe der kriegführenden Städte um Lübeck mit einem gewissen Erfolg die Relevanz ihres Krieges als gesamthansisches Anliegen kommunizieren.

---

32 Dieser führt bis zu den Vertragsentwürfen von 1443 (LUB 8, Nr. 163) und 1447 (HR II, 3, Nr. 288), die dann aber keinen Erfolg zeitigen können: *Pitz*, Bürgereinung (2001), 416 f. *Fritze*, Stralsund (1956/1957), 102 beschreibt den Versuch der wendischen Städte von 1430, militärische Unterstützung innerhalb der Hanse in einem festen Bündnis zu fassen (HR I, 8, Nr. 712, ab § 18), als anachronistisch.

8 Anhang

8.1 Sondertabellen zu Archivalien

8.1.1 Konkordanzen und Verzeichnisse der Bestände im DRA

a) Heutige Einordnung des Altbestands: DRA, Lybeck og Hansestæderne

NKR, Nr.	Alt-Nr.	Datum	Edition/ Referenz
1721	28	1398, 08–29	HR I, 4, Nr. 489
1756	29	1399, 09–29	HR I, 4, Nr. 554
2597	30	1416, 08–18	HR I, 6, Nr. 256; Rep. 5600
2795	31	1423, 01–06	HR I, 7, Nr. 565; Rep. 5998
2967	33	1426, 10–06	HR I, 8, Nr. 73, 1
2968	33	1426, 10–06	HR I, 8, Nr. 73, 2 (Auszug)
2970	33	1426, 10–13	HR I, 8, Nr. 73, 2 (Auszug)
2971	33	1426, 10–15	HR I, 8, Nr. 73, 4
2973	32	1426, 10–27	verkürzte Edition in Rep. 6276
2981	Keine	[1426, 27]	HR I, 8, Nr. 103
2984	34	1427, 03–23	HR I, 8, Nr. 169
2986–3001	33	1427, 03–26	HR I, 8, Nr. 159, 1–3, 5–16
3002	33	1427, 03–30	HR I, 8, Nr. 159, 17
2985	33	1427, 03–24	HR I, 8, Nr. 159, 4
3003	In 33	1427, 04–14	HR I, 8, Nr. 160
3022	39 b	1428, 04–17	HR I, 8, Nr. 419
3024	40	1428, 05–07	HR I, 8, Nr. 428
3025/3027	39c/38	1428, 05–24	HR I, 8, Nr. 431
3028	36	1428, 05–28	Rep. 6362
3030	35	1428, 05–29	Rep. 6364
3053/ 3054	42	1429, 07–01	HR I, 8, Nr. 619
3080	43	1430, 08–14	HR I, 8, Nr. 802
TKUA 5, 1	44a	[1428, 09–12]	HR I, 8, Nr. 517
TKUA 5, 2	unklar	1428, 09–12	VII.3.1. a)
TKUA 5, 3	44c	[1428, 09–12]	HR I, 8, Nr. 516 § 2
TKUA 6	44b	[1430, 08–08]	HR I, 8, Nr. 800
3087–3090	39a, 45, 46, 47	1430, 12–01	HR I, 8, Nr. 542
3121	50	1432, 08–22	HR II, 1, Nr. 92
3124/ 3125	48/49	1432, 08–23	HR II, 1, Nr. 89
3147	51	1433, 08–05	HR II, 1, Nr. 179

https://doi.org/10.1515/9783110591620-008

NKR, Nr.	Alt-Nr.	Datum	Edition/ Referenz
3171	53	1434, 07–09	HR II, 1, Nr. 371
3174	52	1434, 07–21	HR II, 1, Nr. 267
3202	55	1435, 07–17	HR II, 1, Nr. 453
3206	49	1435, 08–10	HR II, 1, Nr. 455 (Regest)

b) Heutige Einordnung des Altbestandes: DRA, Schleswig

NKR, Nr.	Alt-Nr.	Datum	Referenz/ Edition
2239	28b	1409, 10–09	Rep. 5053, DD IV, 11, Nr. 580
2276	30	1410, 09–16	Rep. 5114; DD IV, 12, Nr. 124
2284a 2284b	30b	1410, 11–11	Rep. 5122; DD IV, 12, Nr. 137
2291	35	1411, 01–03	Rep. 5134; DD IV, 12, Nr. 208
2292	36	1411, 01–03	Rep. 5135; DD IV, 12, Nr. 209
2293	32	1411, 01–13	Rep. 5136; DD IV, Nr. 210
2294	33	1411, 01–20	Rep. 5137; DD IV, 12, Nr. 213
2295	34	1411, 01–20	Rep. 5138; DD IV, 12, Nr. 214
2298	38	1411, 03–25	Rep. 5143; DD IV, 12, Nr. 226
2299	39	1411, 03–27	Rep. 5144; DD IV, 12, Nr. 230
2348	41	1412, 10–05	Rep. 5225; DD IV, 12, Nr. 439
2349	42	1412, 10–07	Rep. 5226; DD IV, 12, Nr. 440
2350	43	1412, 10–24	Rep. 5227; DD IV, 12, Nr. 442
2356	24	1412 (undatiert)	DD IV, 12, Nr. 445
2373 2374 2375	44, 45a, 45b	1413, 07–29	Rep. 5273; DiplFlens I, Nr. 66
2377	46	1413, 09–03	Rep. 5283; DiplFlens I, Nr. 223
2550	29	1414, 12–01	Rep. 5488
2551 und 2552	31	1414, 12–01	Rep. 5489
2553	37	1414, 12–31	Rep. 5493; DiplFlens I, Nr. 57
2554	41	1414, 12–31	Rep. 5494
2561 2562	47	1415, 06–14	Rep. 5522
2581	19	1416, 01–02	Rep. 5569
2598	48	1416, 09–11	Rep. 5603
2637	49	1417, 07–18	Rep. 5667
2640	50	1417, 11–12	Rep. 5679; DD, Nr. 1417 1112001

NKR, Nr.	Alt-Nr.	Datum	Referenz/ Edition
2642	52	1417, 11–14	Rep. 5680; DD, Nr. 1417 1114001
2734	51	1420, 12–06	Rep. 5876
2745	20	1421, 03–17	Rep. 5901 (Auszüge)
2752	5	1421, 05–25	Rep. 5913; DD, Nr. 14210 525001
2753	52	1421, 05–30	Rep. 5916; DiplFlens I, Nr. 78
2757	54	1421, 06–28	Rep. 5923; Nogle Documenter. Ed. *Knudsen*, 110–113, 110, Huitfeldt IV, 302
2758	55	1421, 07–02	Rep. 5924; Huitfeldt IV, 302
2759	53	1421, 07–02	Rep. 5925
2763	56	1421, 08–04	Rep. 5932; Huitfeldt IV, 302
2785	61	1422, 09–05	Rep. 5976; Domme og Voldgiftskjendelser. Ed. *Knudsen*, Nr. 6
2791	57	1423, 01–01	Rep. 5995 A
2794	59	1423, 01–01	Rep. 5997
2796	6	1423, 01–08	Rep. 5999; Acta Processus. Ed. *Langebek*, 354; Domme og Voldgiftskjendelser. Ed. *Knudsen*, Nr. 8
2815	63	1423, 08–23	Rep. 6046
2823	64	1423, 09–22	Rep. 6051
2827	65	1423, 11–01	Rep. 6057
2832	66	1423, 12–16	Rep. 6065
2870	67	1424, 06–27	Rep. 6124; DiplFlens I, 360–75; Acta Processus. Ed. *Langebek*, 399–426.
2871	68a	1424, 06–28	Rep. 6125A; Acta Processus. Ed. *Langebek*, 397 (Abschrift)
	68b	1424, 06–28	Rep. 6126 Ab
2872–2874	69	1424, 06–28	Rep. 6125 B-D
2892	71	1424, 12–05	Rep. 6152
2906	74	1425, 03–11	Rep. 6180
2907/ 2908	75/76	1425, 03–11	Rep. 6181
2910/ 2909	72/73	1425, 03–11	Rep. 6182
2918–2923	77	1425, 05–23	Rep. 6191; Acta Processus. Ed. *Langebek*, 456
2933	78	1425, 09–10	Rep. 6212; DiplFlens I, Nr. 375
2975	58	1426, 11–17	Rep. 6278

NKR, Nr.	Alt-Nr.	Datum	Referenz/ Edition
2976	60	1426, 11–17	Rep. 6279
2977–2979	70	1426, 11–27	Rep. 6280
3029	79	1428, 05–28	Nicht in Rep; enthält HR I, 8, Nr. 244
3104	80	1431, 08–31	Rep. 6515; HR II, 1, Nr. 68
3106	81	1431, 09–20	Rep. 6520; HR II, 1, Nr. 69
3120	82	1432, 08–22	Rep. 6580
3201	83	1435, 07–15	Rep. 6769
3203(c)	84	1435, 07–22	Rep. 6772

c) Heutige Einordnung des Altbestands: DRA, Thott Fol. 255 und 256; Lübeck Stadsarkiv (Skab 99)

NKR	Datum	Edition
2769	1421, 10–09	*Jørgensen* (1889–1895), 110[1]
3031	1428, 06–21	LUB 7, Nr. 163
3032	1428, 07–12	LUB 7, Nr. 194
3057	1429, 09–15	8.3.1 a)
3075	1430, 05–10	8.3.1 c)
3122	1432, 08–22	HR II, 1, Nr. 92
3175	1434, 07–21	HR II, 1, Nr. 267
3315	1439, 07–06	Aktstykker. Ed. *Hude*, Nr. 4[2]
3334a	1440, 04–24	unediert[3]
3444	1443, 05–22	unediert[4]
3451	1443, 07–02	unediert[5]
3452	1443, 07–02	unediert[6]

---

1 Klageschrift Klaus Lembeks, enthält auch ein Dokument vom 22. Mai desselben Jahres: Zu Klaus Lembeks Bruch mit König Erich: *Hoffmann*, Spätmittelalter (1990), 246 f.; *Jørgensen*, Klavs Lembek (1889–1892), 108.
2 Aktstykker, Ed. *Hude*, Nr. 4, 12–21: „Samtidig Aftskrift paa Plattysk i RA, før Kgl. Bibl. Thott 822 Fol. Nr. 9."
3 Rezess der Verhandlungen zu Kolding mit König Christoffer: *Recessus to Kolingen in Jutlande Anno xl dominica Cantate*. Zu den Verhandlungen in Kolding sonst: HR II, 2, 288–298.
4 König Christoffer gewährt König Erik auf Bitten der Städte Geleit für Verhandlungen zu Rostock (Abschrift).
5 Erik VII. schreibt an Lübeck wegen seiner Verhandlungen mit König Christoffer (Abschrift).
6 Eriks Friedebrief (Abschrift).

NKR	Datum	Edition
3621	1447, 07–25	HR II, 3, Nr. 311[7]

8.1.2 AHL, ASA Externa Danica

a) AHL, ASA Externa Danica, Nr. 3,1

Nr	Datum	Edition
1.	1413, 08–11	LUB 5, Nr. 463
2.	1419, 11–18	LUB 6, Nr. 142
3.	[1419], 10–16	LUB 6, Nr. 127
4.	[1419], 10–02	LUB 6, Nr. 119
5.	[1419], 10–02	LUB 6, Nr. 121
6.	1419, 10–10	LUB 6, Nr. 124
7.	(1419), 10–31	LUB 6, Nr. 133
8.	(1419), 12–01	LUB 6, Nr. 150
9.	1420, 03–10	LUB 6, Nr. 179
10.	1420, 03–23	LUB 6, Nr. 182
11.	1420, 03–23	LUB 6, Nr. 183
12.	(1420), 03–31	LUB 6, Nr. 187
13.	(1420, 03–31)	LUB 6, Nr. 188
14.	(1420), 04–07	LUB 6, Nr. 192
15.	(1420)	LUB 6, Nr. 193
16.	(1420), 04–09	LUB 6, Nr. 195
17.	1420, 04–18	LUB 6, Nr. 200
18.	1420, 04–18	LUB 6, Nr. 201
19.	(1420), 05–30	LUB 6, Nr. 213
20.	(1420), 05–12	LUB 6, Nr. 206
21.	(1420), 05–20	LUB 6, Nr. 207
22.	(1420), 05–21	LUB 6, Nr. 208
23.	1420, 05–27	LUB 6, Nr. 209
24.	(1420), 06–02	LUB 6, Nr. 214
25.	(1420), 06–03	LUB 6, Nr. 215
26.	(1420), 06–03	LUB 6, Nr. 216
27.	(1420), 06–18	LUB 6, Nr. 225

---

7 Die Edition basiert auf einer Handschrift in Wismar.

Nr	Datum	Edition
28.	(1420), 06–20	LUB 6, Nr. 226
29.	1420, 06–03	LUB 6, Nr. 217
30.	1420, 06–05	LUB 6, Nr. 218
31.	(1420), 06–26	LUB 6, Nr. 229
32.	1420, nach 06–20	LUB 6, Nr. 227
33.	(1420), 08–01	LUB 6, Nr. 238
34.	(1420), 08–04	LUB 6, Nr. 239
35./36.	(1420), 12–01	LUB 6, Nr. 298
37.		unediert[8]
38.	1420	HR I, 7, Nr. 210
39.	1. 1420, 07–26	1. LUB 6, Nr. 236
	2.	2. unediert[9]
	3. [1420, um 04–14]	3. HR I, 7, Nr. 200
	4. [1420, Juli]	4. HR I, 7, Nr. 246
	5. [1420, Juli]	5. HR I, 7, Nr. 247
40.	1421, 03–10	LUB 6, Nr. 314
41.	(1421, nach 03–10)	LUB 6, Nr. 315
42.	(1421), 05–19	LUB 6, Nr. 327
43.	(1421), 11–17	LUB 6, Nr. 361
44.	(1421), 11–28	LUB 6, Nr. 364
45.	(1421), 11–29	LUB 6, Nr. 365
46.	(1421)	LUB 6, Nr. 366
47.	1421, 12–02	LUB 6, Nr. 368
48.	(1421), 12–05	LUB 6, Nr. 369
49.	(1421), 12–05	LUB 6, Nr. 370
50.	1421, 12–07	LUB 6, Nr. 372
51.	(1421), 12–10	LUB 6, Nr. 376
52.	1421, 12–12	LUB 6, Nr. 377
53.	(1421, 12–16	LUB 6, Nr. 380
54.	1421, 12–20	LUB 6, Nr. 382
55.	1422, 01–06	LUB 6, Nr. 386
56.	1422, 04–23	LUB 6, Nr. 410
57.	1423, 12–17	LUB 6, Nr. 550

---

8 Abschrift eines Briefes an den „Oem" (wohl Erik VII. von Dänemark an die Holsteiner): Vorschlag für Friedensverhandlungen in Schleswig
9 Konzept eines Briefes an einen *Detleff van Wensyn* wegen der Freigabe von *Danquwart Kalen* der zu Segeberg gefangen und festgehalten wurde.

Nr	Datum	Edition
58.	1423, 06–15	LUB 6, Nr. 523
59.	1424, 09–01	LUB 6, Nr. 613
60.	1424, 09–01	LUB 6, Nr. 614
61.	1424, s. d.	LUB 6, Nr. 637
62.	1426, 03–20	LUB 6, Nr. 731
63.	1426, 03–29	LUB 6, Nr. 737
64.	1426, vor Juli 10	LUB 6, Nr. 751
65.	(1426), 07–19	LUB 6, Nr. 753
66.	1426, 07–30	LUB 6, Nr. 756
67.	1426, 07–10	LUB 6, Nr. 752
68.	1426, 08–17	LUB 6, Nr. 760
69.	1426, 09–27	LUB 6, Nr. 767
70.	1426, 12–08	LUB 6, Nr. 778
71.	1427, 02–05 (zu erstem Brief)	LUB 7, Nr. 2 f.
72.	(1427), 03–28	LUB 7, Nr. 15
73.	(1428), 04–06	LUB 7, Nr. 19
74.	(1428), 04–19	LUB 7, Nr. 24
75.	1427, 05–27	LUB 7, Nr. 29
76.	1427, 07–04	LUB 7, Nr. 33
77.	1427, 07–07	LUB 7, Nr. 34
78.	1427, 07–07	LUB 7, Nr. 36
79.	1427, 07–07	LUB 7, Nr. 36
80.	(1427), 08–28	LUB 7, Nr. 43
81.	1427, 10–09	LUB 7, Nr. 57
82.	1427, 10–10	LUB 7, Nr. 58
83.	1427, 10–16	LUB 7, Nr. 60
84.	1427, 10–17	LUB 7, Nr. 61
85.	1427, 10–18	LUB 7, Nr. 62
86.	1427, 11–04	LUB 7, Nr. 67
87.	1427, 11–06	LUB 7, Nr. 68
88.	1. (1427), 11–06 2. (1427), nach 11–06	1. LUB 7, Nr. 69 2. LUB 7, Nr. 70
89.	(1427), 11–08	LUB 7, Nr. 71
90.	1427, 11–10	LUB 7, Nr. 73
91.	(1427), 11–11	LUB 7, Nr. 76
92.	1427, 11–18	LUB 7, Nr. 79
93.	(1427), 11–15	LUB 7, Nr. 78 (u. a.)

Nr	Datum	Edition
94.	1427, 11–23	LUB 7, Nr. 81
95.	1427, 02–05	LUB 7, Nr. 71
96.	1427, 12–13	LUB 7, Nr. 89
97.	1427, 12–13	LUB 7, Nr. 90.
98.	1426	LUB 7, Nr. 93 ?
99.	(1427), nach 12–18	LUB 7, Nr. 91
100.	(1427)	LUB 7, Nr. 96

b) AHL, ASA Externa Danica, Nr. 3,2

Nr.	Datum	Edition
101.	(1427, Nov.)	HR I, 8, Nr. 314
102.	1. (1428), 02–21	1. LUB 7, Nr. 118
	2. 1427, 10–25	2. LUB 7, Nr. 66
103.	(1428), 01–02	LUB 7, Nr. 98
104.	1428, 01–20	LUB 7, Nr. 101
105.	1428, 02–16	LUB 7, Nr. 107
106	(1428), 02–21	LUB 7, Nr. 108
107.	1428, 02–25	LUB 7, Nr. 112
108.	(1428), 02–26	LUB 7, Nr. 113
109.	(1428), 02–29	LUB 7, Nr. 116
110.	1428, 03–04	LUB 7, Nr. 121
111.	(1428), 03–17	LUB 7, Nr. 127
112.	(1428), 03–17	LUB 7, Nr. 128
113.	1428, 03–18	LUB 7, Nr. 129
114.	1428, 03–21	LUB 7, Nr. 131
115.	1428, 03–28	LUB 7, Nr. 133
116.	1428, 03–29	LUB 7, Nr. 134
117.	(1428), 04–01	LUB 7, Nr. 136
118.	1428, 04–01	LUB 7, Nr. 137
119.	1428, 04–01	LUB 7, Nr. 138
120.	1428, 04–01	LUB 7, Nr. 139
121.	1428, 04–09	LUB 7, Nr. 143
122.	1428, 04–12	LUB 7, Nr. 145
123.	(1428), 05–02	LUB 7, Nr. 157
124.	(1428), 06–02	LUB 7, Nr. 162
125.	(1428), 06–13	LUB 7, Nr. 168
126.	1428, 06–13	LUB 7, Nr. 169

Nr.	Datum	Edition
127.	(1428), 06–20	LUB 7, Nr. 175
128.	1428, 06–21	LUB 7, Nr. 177
129.	(1428), 06–24	LUB 7, Nr. 179
130.	(1428), 06–29	LUB 7, Nr. 182
131.	1428, 07–01	LUB 7, Nr. 183
132.	(1428?), 07–03	LUB 7, Nr. 185
133.	(1428), 07–05	LUB 7, Nr. 185
134.	1428, 07–05	LUB 7, Nr. 187
135.	1428, 07–07	LUB 7, Nr. 188
136.	(1428), 07–08	LUB 7, Nr. 189
137.	1428, 07–09	LUB 7, Nr. 190
138.	(1428), 07–10	LUB 7, Nr. 191
139.	1428, 07–12	LUB 7, Nr. 194
140.	1428, 07–21	LUB 7, Nr. 197
141.	1428, 07–22	LUB 7, Nr. 200
142.	(1428), 07–25	LUB 7, Nr. 202
143.	(1428?), 07–27	LUB 7, Nr. 203
144.	1428, 07–29	LUB 7, Nr. 205
145.	(1428), 08–02	LUB 7, Nr. 206
146.	1428, 08–09	LUB 7, Nr. 210
147.	1428, 08–09	LUB 7, Nr. 211
148.	(1428), 08–09	LUB 7, Nr. 214
149.	1428, 08–21	LUB 7, Nr. 215
150.	1428, 08–22	LUB 7, Nr. 216
151.	(1428), 08–22	LUB 7, Nr. 217
152.	1428, 08–24	LUB 7, Nr. 219
153.	(1428), 08–25	unediert[10]
154.	1428, 08–28	unediert[11]
155.	(Sonnabend in der Oktave unser Lie-ben frauen) 1428	unediert[12]
156.	(1428), 09–10	LUB 7, Nr. 228

10 Brief von Hamburg, bestätigen die Ankunft eines Lübecker Briefes samt Abschriften von Stralsund, bleiben bezüglich der *were* bei ihrer früher geäußerten Meinung.

11 Brief von Hamburg, auch nach einer Besprechung mit Jacob Bramstede bleiben sie der Meinung, dass sie ihre *were* nicht wieder in die Ostsee schicken.

12 Der Rat von Wismar sendet dem Rat von Lübeck den Rostocker Brief betreffend die „Versenkung" des Rostocker Hafens (= Nr. 156).

Nr.	Datum	Edition
157.	(vor 1428, 09–28)	LUB 7, Nr. 231
158.	1428, 09–28	LUB 7, Nr. 232
159.	1428, 11–11	LUB 7, Nr. 253
161.	1428, 11–30	LUB 7, Nr. 264
162.	1. 1428, 12–04	1. LUB 7, Nr. 265
	2. 1428, 12–06	2. LUB 7, Nr. 268
	3. 1428, 11–18	3. LUB 7, Nr. 255
	4. 1428, 12–09	4. LUB 7, Nr. 273
	5. 1428, 11–28	5. LUB 7, Nr. 256
163.	(1428), 12–06	LUB 7, Nr. 269
164.	(1428), 12–26	LUB 7, Nr. 280
165.	(1428, vor 12–26)	LUB 7, Nr. 281
166	1429, 01–05	LUB 7, Nr. 284
167	1429, 01–05	LUB 7, Nr. 285
168.	1429, 01–18	LUB 7, Nr. 287
169.	1429, 01–19	unediert[13]
170.	(1429), 01–18	LUB7, Nr. 288
171.	1429, 01–24	LUB 7, Nr. 290
172.	1429, 01–29	LUB 7, Nr. 292
173.	1429, (zw. 06–16 u. 06–29)	HR I, 8, Nr. 618
174.	(1427, nach 10–20)	HR I, 8, Nr. 285
175.	1429, 06–18	LUB 7, Nr. 330
176.	1429, 05–25	LUB 7, Nr. 332
177.	1429, 09–11	LUB 7, Nr. 347
178.	(1429), 10–21	LUB 7, Nr. 359
179.	1429, nach 11–06	LUB 7, Nr. 362
180.	1429, 11–06	LUB 7, Nr. 362
181.	1430, 07–31	LUB 7, Nr. 409
182.	(1431), 04–25	LUB 7, Nr. 452
183.	1431, 04–11	LUB 7, Nr. 448
184.	1431, 05–07	LUB 7, Nr. 455
185.	1431, 07–05	LUB 7, Nr. 463
186.	(vor 1431, 07–05)	LUB 7, Nr. 464
187.	(1431, vor 08–15)	LUB 7, Nr. 468
188.	1431, 09–02	LUB 7, Nr. 472
189.	1431, 09–05	LUB 7, Nr. 473

---

13 Absender erklärt sich zur Sendung von zehn Bewaffneten für den Adolf VIII. bereit.

Nr.	Datum	Edition
190.	1432, 06–10	LUB 7, Nr. 497
191.	1432, 06–27	LUB 7, Nr. 537
192.		unediert[14]
193./194.	1435, 09–01	HR II, 1, Nr. 456
195.	1435, 09–04	LUB 7, Nr. 658; HR II, 1, Nr. 457
196.	[1435], 09–04	HR II, 1, Nr. 458
197.	(1433)	LUB 7, Nr. 559
198.	[vor 1434, 05–24]	(LUB 7, Nr. 588)[15]
199.	1436	?[16]
200.	Dinstag nach Invocavit	HR I, 8, Nr. 1156
201.	[vor oder nach 1427, Juli?][17]	HR I, 8, Nr. 1140
202.		unediert[18]
203.	1436?	unediert (Danzig)
204.	(1420, nach 07–09)	HR I, 7, Nr. 248
205.	(1427), 11–17[19]	unediert[20]
205 a).	(1430)	HR I, 8, Nr. 798
206.	[1428 Juli 25?]	HR I, 8, Nr. 471
207.	[1426], 08-04	HR I, 8, Nr. 90
208.	[1428, vor 08-15?]	unediert[21]
209.	1427, 11–30 (vor)	HR I, 8, Nr. 315
210./211.	[1427, 09–03]	HR I, 8, Nr. 244

---

14 Rat von Heiligenhafen (*consules* [...] *Hilighenhauen*).

15 LUB 8, Nr. 588 ist das Original des Geleitbriefes. Abweichungen sind rein orthographischer Natur.

16 Brief des Bürgermeisters von Stralsund.

17 Es geht nicht eindeutig aus dem Brief hervor, ob der Rat hier um Haftung für eines seiner aktiven Mitglieder gebeten wird, oder ob der Aussteller sich an den Rat wendet, weil dieser auf Grund seiner Haft nach der Niederlage im Øresund nicht mehr selbständig zahlungsfähig war. Zu Tidemann Steen vgl. Kap. 3.5, Anm. 208.

18 Hinrich Stralendorp *miles* an Lübeck.

19 Das Dokument enthält keine Jahresdatierung, doch ergibt sich aus dem Inhalt der Angabe, dass das Schriftstück ins Jahr 1427 fallen muss. Darauf basierend lässt sich der Tag *des mandages na Martini*, ermitteln.

20 Der Rat von Hamburg teilt dem Rat vom Lübeck mit, dass er zu dem mit den Lüneburgern ausgemachten Tag nicht reisen wird.

21 [Wismar/Rostock an Lübeck?] Sie berichten darüber, dass ihre „Freunde" (wohl die Flotte) ins Land Ribe gekommen seien und Bornholm eingenommen hätten, und dass die Herren von Holstein diese vor Flensburg haben möchten. Sie schlagen vor, diese Entscheidung zunächst bis *Assumptionis Mariae* aufzuschieben.

Nr.	Datum	Edition
212.	[zw. 1427, 03–30 und 05–28]	unediert[22]
213.	(vor 1426, 09–15)	unediert[23]
214.	[1429], 06–16	HR I, 8, Nr. 616
215.	[vor 1421]	HR I, 8, Nr. 1156
216.	undatiert	HR I, 8, Nr. 1157 oder 1158[24]
217.–219.	undatiert	HR I, 8, Nr. 1159–1161

8.1.3 Rückvermerke in Lübecker Urkunden und Akten

Alle Abkürzungen sind aufgelöst und nur in besonderen Fällen erklärt:

	Nr.	Datum	Beschriftung
1	80.	1427, 08–28	*littera Coloniensis umme littere Regis Romanorum* (auf der Vorderseite)
2	81.	1427, 10–09	*Prima littera Regis Dacie ad communitatem Lubicensem presenta per nuncium ducis Pomeranie, anno etc. xxvij°, Concepcionis Marie*
3	86.	1427, 11–04	*Secunda littera regis Dacie ad communitatem Lubicensem presentata per captiuos Hamburgenses anno etc. XXVII, quinta feria ante Thome apostoli*
5	205.	(1427), 11–17	*Antworde van de Wismer, Rostok vnd Stralessund upp des doctoris des Romischen koninges sendeboden werue*
6	92.	1427, 11–18	*secunda littera Stralesundendis umme de rechtuerdigunge der versumnisse*
7	95.	1427, 02–05	*prima littera*
8	105.	1428, 02–16	*Littera Rostockiensis*[25] *vp dat schip dat de Bergenuarer nemen in dem Sunde geladen med bayesschem solte*
9	115.	1428, 03–28	*prima des doctori littera*
10	116.	1428, 03–29	*littera Hamburgiensium efft enne den dach besenden schollen in denmark*

---

22 Notiz: *Ok leven heren doet wol, unde behelpet dessem ieghenwerdigen breue fuorer. Dat em mit juw syn schade moge wedderlecht werden. Alse recht is, etc.*

23 Konzept eines Briefes an König Erik.

24 Dänischer Brief.

25 In LUB als *rostimenti* aufgelöst. Die Großschreibung von *R* und auch der Absender legen einen Genitiv von Rostock nahe.

	Nr.	Datum	Beschriftung
11	119.	1428, 04-01	*littera der gemenen stede sendebuden in dem Wisthmarschen depe wesende umme unse vrunde by stee sendende*
12	120.	1428, 04-01	*Secunda littera doctoris*
13	73.	(1428), 04-06	*littera Stralessundensis*
14	74.	(1428), 04-19	*littera Stralessundensis umme de lude in dat Wisthmarsche dep to sendende*
15	124.	1428, 06-02	*der Sundesschen breff dat men ever mechtig sal wesen dar to dat hertoge Wilhlem besende Jn Denemarken*
16	125.	1428, 06-13	*littera Stralessundium r. Casimiri ducis Stettinensium*
17	129.	1428, 06-24	*machtbriev der vam Sunde umme de Werue der van Scriuers Alf van der Sege[lunge?] vnd ander artikel wegen [...] hern Niclas Scriuer der van Dantzik*
18	130.	1428, 06-29	*der sundesschen breff mit Ingeslotener auescrifft der tydinge de ene ere houetlude ute dem orssunde gescreuen hebben*
19	131.	1428, 07-01	*Rostocker breff dar Inne se intbeste begeren nyne copmanz scepe ut to sendene er dat de stede samentlike dar umme spreken*
20	132.	1428, 07-03	*littera gripeswoldensium dat se nyn solt en sende in Denemarken*
21	133.	1428, 07-05	*der Hamborgesschen Breff dat se dach tor wismar nicht besenden en willen*
22	135.	1428, 07-07	*Stralesundessche unde Wismaresche vmme de besendinge erer hauene van den denen*
23	138.	1428, 07-10	*Littera hermanni Westual Johanni Bere et aliorum etc.*
24	142.	1428, 07-25	*littera van den houeluden in der see wesend vnde den vam Sunde*
25	144.	1428, 07-29	*Rostockesscher Breff mit den ingesloten Auescrift des geleide breues den de heren van Wenden sendenden vam konige an bracht hebben*
26	145.	1428, 08-02	*littera der houelude vam Sunde gescreuen presentata sint quit. an [...]*
27	147.	1428, 08-09	*Littera Hamburgensis et ducis Adelffi dat ere were med bliuet in der see*
28	149.	1428, 08-21	*der Hamborgesche Breff dar Inne se de were verleggen*
29	150.	1428, 08-22	*Der Wismerssche breff mit Ingesletener auescrifft. Der sundesschen breue van den tidingen mede Zweden sin in dem Sunde*
	152.	1428, 08-24	*Auescrifft Entzeggel breuff alse Hinrick moltzan den steden hefft entzecht*

	Nr.	Datum	Beschriftung
30	155.	1428, 08–20	*littera Wismarensis mit der Ingeslotenen Scrifft dar van Rostockensschen Brev dat de koning mit vele schepen in der zee sy etc.*
31	157.	1428, 09–28 (vor)	*Entzeggellungsbreff Hertoge Hinrikes van Stargarden presentata sint virgilia Michaelis XXLViii*
32	159.	1428, 11–11	*des doctori breff umme sine perde*
33	164.	1428, 12–26	*littera Magistri Nicolae Stok et littera magistri Prutzie super bonis spoltatis doctoris magistri Nicolae*
34	171.	1429, 01–24	*der Sundesschen breff als de van Rostock dem doctor vermoget hebben*
35	176.	1429, 05–25	*littera domini de Wenden cum copia littere Regis Dacie interclusa*
36	193.	1435, 09–01	*littera Grypeshorni*
37	194.	1435, 09–01	*secunda littera Grypeszhorni*
38	195.	1435, 09–04	*littera domini Esge Brock militis*

8.2 Sondertabellen für Auswertungen

8.2.1 Textvergleich der Bündnisse zwischen dem Unionskönigtum und den wendischen Städten (1417 und 1423)

		Tosate 1417	Tosate 1423
		Beruht auf dem Text von HR I, 6, Nr. 390 (mit Angaben der Abweichungen zu HR I, 7, Nr. 389)	Beruht auf den Texten in HR I, 7, Nr. 565 und 601; weitere Abschrift unter DD, Nr. 14230615001
1	Invocatio	[*In Godes namen, amen.*][26]	*In dem namen der hilghen drevaldicheyt amen.*
2			*To ewiger dechtnisse der nascreven stucke, to werdicheyt, to endracht unde to ewigem bestände der rike Dennemarken, Sweden, Norwegen, der erliken stede, alze Lubeke, Rostok, Stralessunde, Wismer, Luneborg, Gripeswolde unde Anclam etc., der gemenen henze unde henzestede myt malkander, so bekennen myt dessem jegenwardigen breve vor allesweme*
3	Intitulatio, Publikatio	*Wy borghermestere unde radmannen der stede Lubeke, Rostok etc. bekennen unde betughen openbare in dessen breve vor allesweme,*	*wy Erik, van Godes gnaden der rike Dennemarken, Sweden, Norwegen, der Wende unde der Gothen koningh unde hertoghe to Pomeren, vor uns unde unse nakomelinge, koninghe unde rike vorgescreven, undersaten unde inwoners der sulven rike, de de nŭ sint unde to komende werden, an de ene side, unde wy, borgermeistere unde ratlude der stede Lubeke, Rostock, Stralessund, Wismar, Luneborg, Gripeswold unde Anclam, unde vorder de ghemenen henzesteden, de wi vorbenomeden stede hir mede inteen, alzo vele alze erer dar ane wesen wil, vor uns unde unse borghere, inwoners unde menheyde, de nŭ sint unde to komende werden, an de anderen side,*
4	Ankündigung des Bündnisses	*dat wy, dem almechtigen Gode to love unde deme hilgen Romischen riike*[27] *to eren, unde umme bestentnisse unde zeliges vortganges wil-*	*dat wii uns myt malkanderen myt gantzer endracht uppe ene vrŭntlike truwe stede vast unde ewige tosate vormiddelst, kraft unde tuchnisse desses jegenwardigen*

---

26 Nur in HR I, 7, Nr. 389.
27 HR I, 7, Nr. 389: *Romesschen rike.*

Tosate 1417	Tosate 1423
len des gemeynen gudes, mit wol-bedachtem mode, rechter weten-heyd unde gudem rade uns mit dem irluchtigsten, hochgebornen vor-sten unde grotmechtigem heren, heren Erike, der riike Denemarken, Zweden etc., sinen nakomelingen, sinen riiken erbenomed unde der sulven riike underzaten unde inwo-neren vrunliken gezatet unde ver-bunden habben, zaten unde verbin-den us, unse medeborgere unde inwonere to en in crafft desses bre-ves, also dat wii den erbenomeden[28] heren koning Erik,[29] sine nakome-linge unde riike vorscriven, vorbid-den unde en truweliken behulpen wesen wille unde scholen, wor unde wanne en des nod unde behoff worde unde wii van en dar to geesched werden und wii erer to rechte mogen mechtich sin,[30] wo id theghen de hense unde jeghen des copmans rechticheit nicht en sy,[31] in desser nascreven wiise, alzo:	breves verbŭnden hebben unde vorbin-den vortan to ewigen tiden in sodanner wise, alze hir na volghet unde uthgedru-cket steyt, sunder alle vorvang, de uns an beyden ziden an desseme jegenwardigen verbunde unde tosate mochte to schaden edder to hinder komen an jenigerleye wiis,
5 Vorbehalt[32]	doch so, dat ene jewelke stât do erem he-ren, wes se em van eren unde rechtes we-sen plichtich is to donde to syme rechte; unde were ok jenich here, de de vorbeno-meden rike wedder recht beschedigen ed-der anvallen wolde, edder den koningen

---

28 HR I, 7, Nr. 389: *vorscreven.*
29 HR I, 7, Nr. 389: *dat en islik der vorscreven stede eren heren do, wes se eme van rechtes unde van ere wegen plichtig syn, alle de wyle he se by gnaden und rechte let, mid wolbedachten mode, rechter wetenheyt unde guden rade, umme unser stede unde des ghemenen copmans beste willen, uns vruntli-ken hebben ghesatet unde saten mit crafft desses breves to den irluchteghen fursten unde grotmechtigen heren, hern Erike der rike Dennemarken etc.*
30 HR I, 7, Nr. 389: *behylpelik wesen teghen allesweme, in ghuden truwen.*
31 Hier folgt in HR I, 7, Nr. 389: *de in der hense synd, dar wy rechtes moghen over mechtig wesen, van nu an etc., in sulker wise, alse hir na screven steit (...).*
32 Eine vergleichbare Passage befand sich in HR I, 7, Nr. 389, § 3: *Were ok, dat de here koning eder sine nakomelinge unde rike to unwillen queme mit etliker desser vorscreven stede heren unde dar de stad unde de stede, de in der sate sind, rechtes nicht mogen mechtich wesen, so schal des heren stat teghen den heren koning eder syne nakomelinge unde rike nicht don.*

		Tosate 1417	**Tosate 1423**
			der rike nicht rechtes plegen wolde, deme heren scholen unde willen wii stelle vorbenomed in sulken saken nenerleye bistand edder hulpe dŏn wedder de rike vorgescreven, unde jodoch zo scholen de anderen stede, de under den heren nicht beseten sint, den vorscreven ryken den tåll van volke, alze hir na screven unde uthgedrucket steyt, wan des behof is unde esched wert, na uthwisinge desser tosate nicht vomynren.
6	Schaden, Hilfebedarf, Frist für Antwort	1. Weret dat jement den vorscreven koning Erik, syne nakomelinge edder rike vorunrechtede, dar se[33] mede to unwillen unde to veyde[34] quemen, unde se[35] uns dat witlike deden unde erer[36] hulpe esscheden, so willen wii unde scholen[37] se[38] truweliken vorscriven unde to rechte vorbeden bynnen 4 weken na der tiit, alse uns dat vorkundiget unde witlik gedan hebben.[39]	(1) Tom ersten male geville dat zo to welker tiid, dat jenich forste, here, ridder edder knecht, land, stede, lüde edder menheyde jemande yan uns an beyden syden vorgescreven na desser tiid vorwalden, vorunrechten, beschedigen edder wedderstalt dŏn wolden edder deden, so scholen wii Erik, koningh unde hertoge vorgescreven, edder unse nakomelinge, koninge vorgescreven, efte de walt, unrecht, schade edder wedderstal schege an uns, an unsen nakomelingen, riken, landen edder luden vorgescreven, dat verkŭndigen unde witlik dŏn vormiddelst unsen erliken sendeboden edder breven den erliken steden vorgescreven to der stat, dar uns dat denne best belegen wert.
			(2) Weret ok zo, dat de vorbenomede walt, unrecht, schade edder wedderstal geschege edder keret wŭrde an welke van uns steden, borghere, inwoners, menheide vorgescreven edder an de unse, so schal de sulve stat witlik don unde toscri-

---

33 Stattdessen in HR I, 7, Nr. 389: *syne gnade, sine nakomelinghe edder rike.*
34 Stattdessen in HR I, 7, Nr. 389: *vorderve.*
35 Stattdessen in HR I, 7, Nr. 389: *de sulve koning Erik, sine nakomelinge unde rike.*
36 Stattdessen in HR I, 7, Nr. 389: *to syner unde syner nakomelinge unde rike.*
37 Stattdessen in HR I, 7, Nr. 389: *scholen wy unde willen.*
38 Stattdessen in HR I, 7, Nr. 389: *sine gnade, syne nakomelinge* [unde rike].
39 HR I, 7, Nr. 389: *dat he sine nakomelinghe edder rike uns dat witlik don.*

Tosate 1417		Tosate 1423
		ven den steden Lubeke, Rostok, Stra- *lessund unde Wismer; so scholen denne* *de veer stede vorscreven edder dre van* *en dar over tosamende komen unde over-* *wegen, ufte de anstande sake sulk sy, dat* *dar denstes unde hulpe der vorscreven* *rike to behoff sy ; unde dŭncked en denne* *des noet wesen, zo scholen ze dat denne* *vormiddelst eren erliken sendeboden ed-* *der breven kundigen unde witlik dŏn* *deme allerdurchluchtigesten forsten* *unde heren, deme koninghe, edder synen* *nakomelingen vorgescreven, wor se eme* *denne dat bynnen den vorgescrevenen ri-* *ken best unde negest benalen konen.*
7 Rechtmäßige Fehde, vgl. auch Nr. 6 bei 1423 § 1	*2. Unde en wolden sik ok de jennen,* *dar wii se also tegen vorscreven* *unde to rechte verboden hadden,* *nicht an rechte nogen laten, dar wii* *den erbenomeden heren koning* *unde sine riike to vorboden hadden,* *des wy mechtich weren, unde en yo* *nynes ungemakes unde veyde vord-* *regen,*	
8. Größe der Truppen (Kosten), vgl. auch Nr. 14 bei 1423 § 6	*so*[40] *scholde wy unde willen den er-* *benomeden*[41] *koninge Erike, sinen* *nakomelingen unde riiken truweli-* *ken behulpen wesen unde en sen-* *den to erem kriige 1000*[42] *werhaf-* *tighe, wanne he uns dat eyn* *verdendel jares*[43] *tovoren vorkundi-* *gen*[44] *na der vorbedinge. Unde de* *dusent werafftige*[45] *scholle wy be-* *kostighen, bet dat se denne uppe* *alsodane genomede stede gekomen* *sin; so scholen se de erbenomede*	*(3) So schole wy Erik, koningh unde* *hertoghe vorgescreven, unde unse na-* *komelinge vorgescreven uppe unse eg-* *hene kŏst, alze hir na clarliker dat uthge-* *drucked steyd, den erliken steden* *vorgescreven, wen se uns de vorgescre-* *vene hulpe ansynnende werden, unde wii* *stede vorgescreven des sulven gelik* *deme allerdurchluchtigesten forsten* *unde heren, deme koninge, unde synen* *nakomelingen, ufte ere gnade hulpe uns* *ansynnende wert, bynnen dren manten*

---

40 Anfang in HR I, 7, Nr. 389: *Weret ok, dat de jennen, dar wy ene, sine nakomelinghen edder riken,*
des wy mechtig mochten wesen, nemen eder don wolden.

41 Stattdessen in HR I, 7, Nr. 389: *vorscreven.*

42 In HR I, 7, Nr. 389 fehlt *truweliken – kriige*, dort auch *dusent* statt *1000*. Nach *werhaftige* folgt
[senden] *to helpe siner gnaden, siner nakomelinge eder rike kryghe.*

43 HR I, 7, Nr. 389: *6 weken.*

44 HR I, 7, Nr. 389: *untbut to Rostoke.*

45 Fehlt in HR I, 7, Nr. 389.

		Tosate 1417	Tosate 1423
		here koning, sine nakomelinge unde riike vort bekostigen, derwiile se erer behoff hebbet.[46] *Weret ok, dat de erbenomede here koning, sine nakomelinge unde riike so groter hulpe unde were nicht behoveden, alse vor gerored is, dat steyd an en, wo se de esschende werdt.*[47]	*dar na schicken eynen tal volkes van dŭsent werafftich myt harnsche unde to der were wol unde temelik utgereidet, id wäre denne so, dat de jenne, deme de vorscrevene hulpe scheen scheide, eyn mynre getall van volke esschende wŭrden.*
9.	Weitere Lasten	*3. Behoveden se aver merer were, dan alse vor screven steyd, dar umme scholen des erbenomeden heren koninges, siner nakomelinge unde riike rede unde de unsen an beydent ziiden vulmechtich tozamende komen up eyne legelike stede unde bynnen eyner redeliken tiid dar na, alse wii dar to geesched sin, unde is dar denne truweliken umme to holdende, alse men des an beyden siien enes werd.*[48]	*(4) Weret ok so, dat de anstande sake edder nôd, dar de hulpe to denen scheide, sodanich were, dat dar enes groteren talles to behoff were, so schal de yenne van uns an beyden ziden, de de vorscrevene hulpe edder denst eschende wert, dat denne vorkŭndigen unde vorscriven der anderen syde, unde so schole wy an beydentziden unvortoghert dar upp tohope schicken to euer belegeliken stede unde utgestickeden daghe unse erliken sendeboden ut unseme rade, umme to ramende unde ens to werdende myt malkanderen enes groteren talles van volke na belegelicheyt der anstanden sake edder nôt vorgescreven.*
10	Kein vorzeitiges Ausscheiden aus dem Krieg, vgl. auch Nr. 16: 1417 § 8	*4. Weret ok, dat wy den vorscreven koning Erike efte syne nakomelinge unde rike bynnen desser zate unde vorbunde wor to esscheden, dar se umme to veyden eder to unwillen queme, so schole wii noch en willen*	

---

[46] Stattdessen steht in HR I, 7, Nr. 389: *enen mant na der tiid, dat se an sine gnade efte by de sine, sinde nakomelinghe eder rike komen uppe stede, dar he uns, syne nakomelinge eder rike enbeden. Wil ok der here koning, sine nakomelinge eder rike se denne lengher habben, so schal he se vort bykostighen* (Damit liegt eine zentrale Änderung vor).

[47] HR I, 7, Nr. 389: *neyn weren behovede, den alse vor screven is, dat schal stan to sinen gnaden, wan he de esschet.*

[48] Fehlt in HR I, 7, Nr. 389. Hier gibt es noch § 4. *Were ok, dat dem ergenanten koning Erike etc. denne duchte, dat em mer helpe not unse behuff were unde sin krych eder [siner] nakomelinge unde rike nicht dar mede wedderstan moghe, so mach de vorscreven here koning eder sine nakomelinge unde rike uns enen dach untbeden ses weken tovoren to Rosteke unde hebben dar 6 van sines, siner nakomelinghe und rikes raden weghen to der tyd, dar wille wy denne unde schullen 6 jeghen hebben ute den erghenomeden steden mit vuller macht, mit den sulven dar denne overens to werdende wy wy eme, sinen nakomelingen unde riken vorder to helpe werden schullen na der leghenheit, alse id denne ghewand is, unde wes de sulven denne dar also overns werden, dat schulle wy vorscreven stede also holden in ghuden truwen.*

		Tosate 1417	Tosate 1423
		uns van en daghen edder sonen, se en hebben des eynen vulkomenen ende unde zone.[49]	
11	Beute, vgl. auch Nr. 15 bei 1423 § 7	5. Volgeden uns ok de erbenomede here koning edder sine nakome-linge unde riike to unsem kriige unde hulpe, dar wii mit en vromen nemen an vanghenen, dingnissen und an reyseger have, dat schal man delen na mantale der weraffti-gen lude, de den vromen vorworven hadden.[50]	
		6. Worden over slote, stede edder lande gewunnen, de scholden bii uns bliven.[51]	
12	Selbstverant-wortung	7. Weret ok, dat God affkere, dat wii an beyden siiden schaden nemen van den vyenden, den schal malk sulven dregen, de den schaden nempt.[52]	
13	Frist für ei-nen mögli-chen Rechts-gang	8. Weret ok, dat de erbenomede here koning edder sine nakome-linge unde [rike] uns erbenomede stede wanne esschede to siner hulpe, alse vor geroret is, unde denne unser stede wek des jennen, dar wii tegen esschet worden, to eren unde to rechte mochte mech-tich wesen, so darff de stad to der hulpe nicht volgen, aver se schal bynnen 6 manten na der tiid, alse se to der vorscrevenen hulpe geesched ward, rechtes helpen over den, des se sik gemechtiget heft.	(5) Na der sulven zake belegelicheyt unde nôt schal denne de ene deme anderen van uns an beyden siden vorgescreven vŭrder bistendich unde hehulpelik wesen, alse man denne proven kan, dat des vor-benomeden denstes edder hulpe dar to behoff werd, ane jenigerleye hulperede dar tegen to kerende, yd were denne zo, dat de jenne van uns an beyden syden vorgescreven, de to der vorscreven hulpe eschet wŭrde, des jennen edder der jen-nen, dar de vorscreven denst edder hulpe up ghan scheide, to eren unde to rechte mechtich were; unde de sulve van uns an

---

49 HR I, 7, Nr. 389: *§ 5 Weret ok, dat wy den vorscreven koning Erike efte syne nakomelinge unde rike bynnen desser sate wor to esscheden, dar sin gnade to veyden eder to unwillen umme queme, so schulle wy noch en willen uns van en daghen eder sonen, he en hebbe enen vullenkomen ende unde sone.*

50 HR I, 7, Nr. 389: *§ 6 Weret ok, dat desse vorbenomede koning Erike efte syne nakomelinge unde rike uns volghede to unsem kryge unde helpe dar wy mit em vromen nemen an vanghenen, an reysegher have unde an anderen gude, dat schal man delen na mantale der weraftighen, de dar mede sin.*

51 HR I, 7, Nr. 389: *§ 7 Were ok, dat dar slote, stede eder lant ghewunnen worden, de schullen by uns bliven.*

52 HR I, 7, Nr. 389: *§ 8 Were ok, dat Gott affkere, dat wy schaden nemen van den vyenden, den schaden schal malk sulven dreghen, we den nempt.*

Tosate 1417	Tosate 1423
	beyden siden vorgescreven, de sik enes anderen na der wise vorgescreven mechtigende werd, de schal den sulven underhorich maken deme rechten bynnen sôss manten dar na, alze he to der vorscreven hulpe geeschet wert
14 Vgl. Nr. 7 bei 1417 § 2	(6) Unde jo wodanich dat were, de vorgescreven unrecht, walt, schade, wedderstal edder anvåll, de unser jenich in beidentsiden anliggende wŭrde, so scholen unde willen wii doch an beiden siden uns bewisen to malkanderen mvt gantzen truwen, doch so, dat de ene syde, de der anderen volghende wert myt dusent weraftich edder dar boven, de schal sik sulven spisen ver weeken langh na der tiid, dat he in des anderen havene kumpt, unde na den veer weken schal ene spisen de yenne, deme de hulpe dån werd, uft he der hulpe lengher wil hebben. Weret ok, dat welke syde der anderen volghende wŭrde myt viffhŭnderden edder myn, de scholen sik sulven spisen na der tiid, dat ze in des anderen havene komen, sosteyn weken langh, unde na den sosteyn weken schal se de yenne spisen, deme de hulpe dan wert. Unde were id alzo, dat de yenne, deme de hulpe schege, lengher hulpe bedrofte, so schal men em laten twehundert weraftich, so langhe also em des to der vorscreven sake behofF wert, unde de sulve schal spisen de jenne, de ze uthsand heft.
15. Vgl. Nr. 11 bei 1417 § 5 f.	(7) Unde geville sik dat so, dat de yenne van uns an beyden siden vorscreven, de sik vormiddelst de vorgescreven hulpe edder denst an jemande richtende wurde unde dar ilver bekrechtede land, stede, slote edder lŭde, den vromen schal de jenne beholden, deme de vorbenomede hulpe edder denst gedan wert; doch andere stucke, alze vanghene, roff unde andere reysege have, de schal men buten na kriges unde orliges wise.

		Tosate 1417	Tosate 1423
16.	Vgl. Nr. 10 bei 1417 § 4		(8) Vurdermer uft id zo gevelle, dat jemand van uns an beyden syden vorgescreven myt jemende umme des anderen wille to Unwillen edder to krige queme, so schal doch de ene syde sik nicht afsonen ane des anderen willen.
17	Geleit für die Bündnispartner	9. Vortmer scholen alle inwonere der vorscrevenen riike unde alle de jennen, de des erbenomeden heren koninges, siner nakomelinge unde der cronen der vorscreven riike denre sint, in unsen erbenomeden steden, in unsen havenen unde gebeden, in unse uth, mit live unde gude geleydet unde geveliget wesen vor wald unde unrecht.	(9) Vurdermer so scholen alle inwonere unde undersaten der rike vorgescreven, unde alle des voigescreven koninges edder der cronen denre, unde alle de he myt rechte vordegedingen mach, in den vorbenomeden steden unde in allen henzesteden, de to desser tosate komende werden, unde in eren havenen unde gebeden to lande unde to watere unde dar wedder uth vor uns stede vorscreven unde de unsen unde alle, de umme unsen willen dŏn unde laten willen, mit erem live unde gude geleydet unde geveliget wesen vor alle walt unde unrecht.
			(10) Unde des gelik scholen ok geleydet unde geveliget wesen alle borghere unde inwonere der stede vorscreven unde alle de jenne, de se myt rechte vordegedingen moghen, bynnen den riiken vorgescreven to watere unde to lande unde dar wedder uth myt ereme lyve unde gude vor alle de jenne, de in den sulven riken beseten synt edder de der vorscreven cronen horsam plichtich* synt, doch so, dat eyn je welk to der stede, dar he edder syn gud komende wert, do, wes men dar van rechtes wegene plichtich is to donde.
18	Regelmäßige Treffen an Maria Geburt	10. Unde uppe dat desse vorscrevene vruntlike tozate unde vorbund de vaster, blifflik unde wol geholden werde by vuller macht, so sin de erbenomede here koning unde riike unde wii erbenomeden stede des enes geworden, dat wy an beyden siiden alle jare up unser even vrowen dach nativitatis unse vulmechtigen bodescop tozamende hebben willen to Schonør, de dar endrechtliken overwegen, vortset-	(11) Vurdermer uppe dat desse vorscrevene erlike unde vrŭntlike tosate unde verbund desto vaster geholden werde unde by vŭller macht blive, zo scholen unde willen wy an beyden syden vorgescreven alle jare in to komenden tiden uppe unser leven vrouwen daghe erer gebord unse vulmechtige bodeschop uth unseme rade by en hebben to Kopenhavene, unde scholen dar laten overwegen unde vortsetten unde vulteen de stucke, de de denen mogen to bestande desses vorgescreven vorbŭndes unde

		Tosate 1417	Tosate 1423
		ten unde vorramen scholen alsodane stucke, alse to bestentnisse desser vorscrevenen vruntliken tozate unde vorbunde denen mogen. Unde wes dar denne van unser beyder wegen endrechtliken vorramet unde gesloten werd, dat schal bii vuller macht bliven unde strengeliken geholden werden.	vrŭntliker tosate vorgescreven; wes denne dar myt endracht an beyden syden gehandelt unde gesloten werd, dat schal by vuller macht bliven.
19	Bekräftigung der gegenseitigen Hilfeleistungen	11. Weret ok, dat jemande van uns an beyden siiden jenigerleye anval, unrecht edder schade geschen were, dar umme he hupfe begernde were, dar ane schal de jenne, de up den vorscrevenen dage to der hulpe essched worde, sik so truweliken bewiisen, alse eft eme de esschinge to siner stede vorkundiged were.	(12) Unde geville sik dat alzo to welker tiid up dem sulven daghe to Kopenhavene dor jenigerleye tovalles wille, de denne upgestan were, dat jemend van uns an beydentsiden vorgescreven deme anderen hulpe ansynnende were, dar ane scheide unde schal sik de syde, de to der hulpe denne esched unde vorsocht wert, ane bewisen like der wiis, uft de sulve witlicheyt gekundiget unde gedan were to der stede, alze dat hyr vŏr steyt utgedrucket.
20	Eventuelle Klagen sind bei den Treffen zu besprechen	12. Weret ok, dat des erbenomeden heren koninges edder siner riike underzaten van uns erbenomeden steden edder den unsen, edder wii unde de unsen van en bynnen desser vorscrevenen tozate unde vorbunde jergen ane vorunrechtet edder beschediget weren, dat bewislik were, dat schal en juwelik van beyden siiden dem anderen up den vorscrevenen dage vorboten edder to danke vornogen etc.	(13) Weret ok, dat jemant van den undersaten edder inwoners der rike vorgescreven van den vorbenomeden steden edder van eren borgheren edder inwoners, edder ok de borghere der stede, ere inwoners edder de eren vorgescreven van den vorgescreven riken edder der rike undersaten edder inwoners, bynnen desser vorscreven tosate unde vorbunde beschediget were wedder recht, dat bewislik were, dat schal ene jewelke side van uns beyden dem anderen uprichten up dem vorscreven daghe to Kopenhavenen edder ok to dancke dar aff vornŏgen.
21	Schutz für Königin Philippa		(14) Vortmer, scheget, dat de allerdurchluchtigeste forstinne unde vrowe, vrowe Philippa, koninginne der rike Dennemarken, Sweden, Norwegen, der Wende (unde) der Gothen koninginne und hertoginne to Pomern, unse leve gnedige vrowe, den ergenomeden unsem gnedigen heren, koningk Erike, vorlevede, unde se denne jemant an erem lifgedinghe alse er de erbenomede unse gnedige here, de koningk, mede begavet

	Tosate 1417	Tosate 1423
		hadde unde er nal(at)ende werde, vor-waldede edder voninrechtede, so scholen unde willen wy erbenomede stede unde unse nakomelinghe er to erem rechte be-hulplik unde bystendich wesen, alse wy truwlikest mögen.[53]
22	Beitritt weiterer Städte	*(15) Vortmer, (weret,) dat jenich hensestale boven de, de hir bevorn benompt stan, in desser vruntliken tozate wesen wolden, de scheiden dat eschen bynnen jare unde daghe na gifte desses breves negest volgende ; unde so scholen se uns beyden vorscreven syden dar breve up besegelen unde geven, dar wy ane bewart weren; unde wy scheiden en ok wederumme breve geven, dar wy ane bekanden, dat wy se in de vorscreven vruntliken tosate untphanghen hadden.*[54]
23	Ohne Arglist	*[Alle desse vorscreven stucke unde artikele loven wy vorbenomeden stede [vor uns] unse vor unse nakomelinge dem ergenanten koning Erike, synen nakomelingen unde riken, rad unde mannen, in guden truwen stede und vast to holdende sunder arghelist und helperede etc.]*[55]	*(16) Alle desse vorscreven stucke unde artikel sammentliken unde en islik besunderen love wy Erik, koningk unde hertoch vorbenomed, vor uns unde unse nakomelinghe na rade unde vulborde unses erliken rades, an de ene syde, alse hir na screven steit, by unser konigliken warheit, unde wy borgermeystere unde ratmanne der stede Lubeke, Rostok, Stralessund, Wismer, Lunenborch, Gripeswold unde Anclam vor uns unde unse nakomelinghe, unse borgere, inwonere unde meynheide, an de ander syde, by guden truwen unde loven, stede, vaste unde unvorbroken to holdende to ewigen tiden sunder argelist. Unde desse vruntliken tosate unde vorbund en scholen nenerleye breven edder privilegien, de unse ene vorscreven syde der anderen tovorn besegelt heft, to vorvange edder to schaden syn.*

---

53 Dieser Absatz ist nur in der Urkunde vom 15. Juni 1423 enthalten.
54 Dieser Absatz ist nur in der Urkunde vom 15. Juni 1423 enthalten.
55 Nur in HR I, 7, Nr. 389.

		Tosate 1417	Tosate 1423
24	Corroboratio und Datierung		*(17) Unde desses to tuchnisse so bebbe wy Erik, koningk unde hertoch vorbenomed, vor uns unde unse nakomelinghe, koninghe, rike unde undersaten vorgescreven, an de ene syden, unse majestat[en] ingesegel, unde wy, borgermeistere unde ratmanne erbenomed, vor uns unde unse nakomelinghe, borgere, inwonere unde meynheide, an de ander syde, unser stede ingesegel mit unsen willen unde rechter wethenheit vor dessen breff laten henghen, de gegeven is to Kopenhaven na Godes bort 1400 jar unde dar na in deme 23. jare uppe den dach der hilgen mertelere Viti unde Modesti. Unde umme merer sekerheit unde vaster vorwaringhe willen aller vorscreven stucke unde up dat se alle zamentliken unde besundergen deste truwliker geholden werden unde bestentlik bliven, so bekennen unde bethugen in dessem sulven breve wy Petrus Lucke unde Johannes Haquini, van Godes unde (des pevest)liken stoles gnaden to Lunden unde to Upsale ertzebischope, Johannes to Roskilde, des rikes to Dennemarken overste cantzeler, Kanutus to Lincopingh, Boecius to Arusen, Nafno to Odensee, Cristiernus to Ripe, Laghe to Wyborch, Brunolphus to Schare, Amoldus to Strengnisse, Johannes to Anslo, Antbernus to Hamer, Thomas to Orkenoy, bischope, unde wy greve Hans van Nowgarden, hovetman to Gripesholm, Andres Jepson hovemeister, hovetman to Traneker unde to Ravensborch, Pritbern van Putbusch, Algut Magnussen to Nukoping (in Zweden), Erik Krummedik to Aleholm, Axel Petersson to Wartberch, Swen Sture to Sundholm, Byorn Oleffson van Eschenberch, Erik Nielsson to Ripe, Trut Hasse to Gotlande, Jons Grim to Lintholm, Nicles Gustaffson lagman in Uplande, Nicclas Ernglisson lagman in Sudermanneland, Knud Odesson, Gustaff Magnussen lagman in Westergotlant, Gotschalk Bentson, Benedictus Poggewisch to Alande,*

Tosate 1417	Tosate 1423
	Hinrik Knutson to Hilderslaff, Mertin Jonsson to Flensborch, Anders Nielsson to Copenhaven, Elert Ronnowe to Lundennes, Peter Magnussen to Kalfoe, hovetlude, Olof Stigson, Otte vam Knope, Jon Swarte Schoning, Sture Algutson, Erik Petersen, van Algarden riddere, Jwen Fos, des rikes to Dennemarken zakerichter, Hans Cropelin tom Stokkesholme, Sten Basse to Nuborch, Henningk Bekeman to Axewolde, Erik Erikson to Alborch, Jons Laurensson to Lalosekoping, Claus Jonsson to Kolding, Peter Lücke to Tordorp, Tymme Jonsson to Akkerhusen, Albrecht Budelsbach to Bahusen, Jacob Brummele to Werdingborch, Ruthenbeke to Helsingborch, Gerd Bruseke to Nuekopingk (in Valster), Bernt Koningmarkt to Calmaren, hovetlude, unde Karl Bunde, ridder unde manne unses erbenomeden gnedigen heren, koninghes Erikes, dat alle desse vorscreven stucke unde artikele samentliken unde en islik besunderen in aller wize, alse se hir in dessem breve hir vor utgedrucket stan, mit unser aller unde (eynes) islikes willen unde vulbort (unde) na unsem rade unde bete gesehen sint, unde hebben des to merer tuchnisse der warheit unse ingesegel mit wolbedachten mode gutwillichliken unde mit unser rechten wethenheit beugen beten hir vor dessen brief, an der stede, jar unde dach, alse hir vor screven steit.[56]

---

56 Dieser Schluss ist nur in der Urkunde vom 15. Juni 1423 enthalten.

8.2.2 Reisedauern für Korrespondenzen mit dem Deutschordensgebiet

Absendetag	Ankunftstag	Zielort	Dauer[57]	OBA
a) Zwischen Dänemark (København) und dem Ordensland				
1427, 06–24	1427, 08–14	Marienburg	22 Tage	4796
1427, 10–15	1427. 11–23	Stuhm	40 Tage	4833
1427, 12–14	1428, 04–11	Marienburg	120 Tage	4856
1429, 02–23	1429, 03–01	Danzig	7 Tage	5052
1430, 06–24	1430, 07–02	Danzig	9 Tage	5404
1431, 04–21	1431, 03–27	Pruschenmarkt	37 Tage	5656
b) zwischen Lübeck und dem Ordensland				
1426, 07–02	1426, 08–01	Marienburg	31 Tage	4626
1430, 04–14	1430, 04–27	Stuhm	14 Tage	I 2314

8.2.3 Itinerar und Regesten zur Mission von Nikolaus Stock

Nr.	Datum	Ort	Ereignis/Inhalt	Form der Überlieferung = Editionen/Regesten
1	1427, 07–04	Kronstadt (Brașov)	**Nikolaus Stock** erhält namens Kg. Sigismunds einen Kredenzbrief für das gesamte Reich.	Abschrift in Nr. 81 = HR I, 8, Nr. 273 (Regest)
2			**Nikolaus Stock** erhält namens Kg. Sigismunds einen Kredenzbrief für die Städte Lübeck, Hamburg, Stralsund, Wismar, Lüneburg und Rostock.	Original: AHL, ASA Externa Danica, Nr. 3,1–76 = LUB 7, Nr. 33 / HR I, 8, Nr. 275 (Regest)
3			**Nikolaus Stock** erhält namens Kg. Sigismunds einen Kredenzbrief für Paul von Rusdorf, Hochmeister des Deutschen Ordens.	Original: OBA, Nr. 4787 = 8.3.2 a) / Regesten: RI XI, Nr. 6928 / HR I, 8, Nr. 274
4	1427, 07–07		Kg. Sigismund an verschiedene Städte des Reiches: kündigt die Gesandtschaft an und ermahnt die Adressaten,	Dortmunder Abschrift AHL, ASA Externa Danica, Nr.

---

57 Inkl. Absendungs- und Ankunftstag.

Nr.	Datum	Ort	Ereignis/Inhalt	Form der Überlieferung = Editionen/Regesten
			die kriegsführenden Städte zum Frieden zu bewegen.	3,1–79 = LUB 7, Nr. 36/HR I, 8, Nr. 267
5			**Nikolaus Stock** erhält namens Kg. Sigismunds ein Schreiben für den Lübecker Rat.	AHL, ASA Externa Danica, Nr. 3,1–77 = LUB 7, Nr. 34
6			**Nikolaus Stock** erhält namens Kg. Sigismunds das „Friedensgebot" an die Städte.	Original in AHL verloren; niederdeutsche Übersetzung in Nr. 80/Abschrift in 81 = LUB 7, Nr. 35/ HR I, 8, Nr. 277
7			**Nikolaus Stock** erhält namens Kg. Sigismunds das „Friedensgebot" an die Städte mit einer befristeten Vorladung vor den Reichstag.	Original in AHL verloren; Abschrift in Nr. 73 = LUB 7, Nr. 35, Anm. 11; HR I, 8, Nr. 278
8	1427, 07–08		**Nikolaus Stock** erhält namens Kg. Sigismunds den Kredenzbrief für Kg. Erik von Dänemark.	Abschrift in Nr. 81 und 82 = HR I, 8, Nr. 279[58]
8*	1427, 07–04 bis 07–08		**Nikolaus Stock** erhält einen Kredenzbrief und weitere Briefe für die Grafen von Holstein.	Information aus Notiz in Nr. 80
9	1427, 09–11	Schwetz (Świecie)	**Nikolaus Stock** übergibt in Schwetz seinen Kredenzbrief für den Hochmeister.	Kanzleivermerk auf OBA, Nr. 4787
10	1427, 09–18	Marienburg (Malbork)	Paul von Rusdorf, Hochmeister des Deutschen Ordens, an Rat von Lübeck: berichtet über die Heimkehr des Ordensmarschalls. Er empfiehlt **Nikolaus Stock** dem Lübecker Rat.	Original nicht in AHL vorhanden = LUB 7, Nr. 48
11	1427, 10–07	Lübeck	**Nikolaus Stock** kommt in Lübeck an und wird am selben oder am nächsten Tag beim Rat vorstellig.	Information in Nr. 75 = HR I, 8, Nr. 417 § 1
12	1427, 10–08		Rat von Lübeck an Rat von Wismar: kündigt die Ankunft des Gesandten an und lädt zu einem Treffen am 17. Oktober 1427 ein.	AHW, Ratsakten, 10.5 Hanseatica, Nr. 1744 = HR I, 8, Nr. 281

58 Eine dänische Übersetzung gibt es bei Huitfeldt, Tredie part Chronologiae, 427: (n)*u sender hand oc til Stæderne Nicolaum Stochium Maistrum Iuris Canonici, hans Naad oc Tienere, at ermane dem de affstaar den krig. Oc om det icke giør at citere dem for oss oc lade dem vide at vi ere eder mectige til Low oc Ret* (...), wie immer nur auf den in der Datierung vorkommenden Festtag datiert. Diese unkorrekte Datierung von Huitfeldt, Tredie part Chronologiae, 427 (*Datum Gran S. Ulrichs daag*, d. h. der 4. Juli) übernimmt auch RI XI, Nr. 6930. Beide Angaben in Rep. 6319, 6321.

Nr.	Datum	Ort	Ereignis/Inhalt	Form der Überlieferung = Editionen/Regesten
13	1427, 10–16		Rat von Rostock an Rat von Lübeck: entschuldigt sich für ein gemeinsames Treffen (zur Anhörung des Gesandten).	AHL, ASA Externa Danica, 3,1–83 = LUB 7, Nr. 60
14	1427, 10–17		Adolf VIII. an Rat von Lübeck: kann dem königlichen Gesandten noch keine Antwort geben.	AHL, ASA Externa Danica, 3,2–84 = LUB 7, Nr. 61
15	1427, 10–20		**Nikolaus Stock** hält eine Ansprache im Lübecker Rathaus.	Information und Inhalt in Nr. 74 = HR I, 8, Nr. 417 § 2, 268 f.
16	[1427, nach 10–20]		Rat von Lübeck an verbündete Städte[59]: berichtet von der Ansprache des Gesandten in Lübeck, fasst die wichtigsten Punkte zusammen und bittet um gemeinschaftliche Aussprache über dessen Anliegen.	Konzept: AHL, ASA Externa Danica, 3,2–174 = HR I, 8, Nr. 285
17	[1427, nach 10–20]		Rat von Lübeck an Rat von Rostock: bittet um Äußerung zu den Aussagen des Gesandten und des päpstlichen Legaten und Kardinals, Bf. Heinrich von Winchester.	Konzept: AHL, ASA Externa Danica, 3,1–88 = LUB 7, Nr. 69[60]
18	1427, 10–28	Reinfeld	**Nikolaus Stock** trifft sich mit Adolf VIII. und Gerhard VII. von Holstein und trägt diesen ebenfalls sein Anliegen vor.	Information in Nr. 75 = HR I, 8, Nr. 417 § 3[61]
19	1427, 11–06	Stralsund	Rat von Stralsund an Rat von Lübeck: erklärt, dass vor einer Absprache über den Gesandten zuerst die im Sund erlittenen Schäden beglichen werden müssen.	AHL, ASA Externa Danica, 3,1–87 = LUB 7, Nr. 68

59 In HR wird Hamburg als Adressat vermutet, vgl. aber Diskussion in Kap. 4.2.2.

60 Dort in Abhängigkeit von Nr. 19 auf 6. November 1427 datiert. Jedoch werden die Stralsunder zwar als Überbringer von Nachrichten erwähnt, eine wirkliche Abhängigkeit besteht aber nur zu deren (leider unbekanntem) Aufbruchstermin aus Lübeck, zu Nr. 15 sowie zur Ankunft eines Briefes von Kardinal Heinrich von Winchester, der am 21. September 1427 in Frankfurt abgeschickt wurde (LUB 7, Nr. 51).

61 *Also zog ich furbas zu den Holstenherren und offenbarte in auch, in aller masse als den steten, in dem kloster Reynefelt am dinstage negest vor aller heyligen tage* [28. Oktober] *dy vorbenante beslissunge der heyligen kirchen und des heyligen Romischen richs, auch des Romischen koniges briffe und fredbot.*

Nr.	Datum	Ort	Ereignis/Inhalt	Form der Überlieferung = Editionen/Regesten
20	[1427, 11–06 bis 11–11][62]	Lübeck	Rat von Lübeck an Rat von Hamburg: bittet um Sendung von Abgeordneten zu verschiedenen Besprechungen; darunter auch die durch Nikolaus Stock übermittelte Nachricht des römischen Königs.	Konzept: AHL, ASA Externa Danica, 3,1–88 = LUB 7, Nr. 70
21	1427, 11–10	Wismar	Rat von Wismar an Rat von Lübeck: kann sich zu den Aufforderungen des Königs noch nicht äußern, bittet aber um Mitteilung der von den übrigen Städten gefassten Beschlüsse.	AHL, ASA Externa Danica, 3,1–90 = LUB 7, Nr. 73
22	[1427], 11–11	Hamburg	Rat von Hamburg an Rat von Lübeck: ist bereit, einen Frieden auf acht oder zehn Jahre zu schließen, falls die übrigen Städte derselben Ansicht sind.	AHL, ASA Externa Danica, 3,1–91 = LUB 7, Nr. 76
23	1427, 11–12	vor der Stadt Lübeck	**Nikolaus Stock** erhält eine erste, abschlägige Antwort der Holsteiner.	Information in Nr. 74[63] = HR I, 8, Nr. 417 § 3, 270
24	[1427], 11–18	Stralsund	Rat von Stralsund an Rat von Lübeck: wiederholt unter Berufung auf Nr. 19 seine Bereitschaft, einen Frieden auf zehn oder zwölf Jahre einzugehen.	AHL, ASA Externa Danica, 3,1–92 = LUB 7, Nr. 79
25	[1427, 11–15 oder kurz davor][64]	Lübeck	Rat von Lübeck an Rat von Wismar: antwortet auf Nr. 21, dass seine Ratssendeboten ihm das Ergebnis der Besprechungen mitgeteilt haben werden, wonach jede der anwesenden Städte mit ihren Bürgern sprechen und Lübeck mündlich oder schriftlich ihre Antwort mitteilen soll, drängt um Eile, damit durch ein Ausbleiben der Antwort keine Nachteile entstehen.	Konzept: AHL, ASA Externa Danica, 3,1–93 = HR I, 8, Nr. 291 (Regest)
26	(1427), 11–15[65]		Rat von Lübeck an Rat von Stralsund: ist zu Besprechungen bereit, wiederholt aber seine Bitte um eine Erklärung	Konzept: AHL, ASA Externa Danica, 3,1–93 = LUB 7, Nr. 78

---

62 Datierung ergibt sich aus Nr. 22 sowie aus einem Brief vom 6. November 1427, *den vns de van Stralessunde gescreuen habben* (LUB 7, Nr. 70), in dem es aber nur um die Untersuchung der *versumnisse* im Sund vom Sommer und das entsprechende Verfahren gegen Tidemann Steen geht.

63 *dornstage negst noch sante Martens tage vor der stat Lübeck.*

64 Die Datierung orientiert sich an Nr. 26.

65 Die Datierung wurde erst nachträglich auf Seite 2 des Bogens notiert und erfolgte somit erst nach Niederschrift des Briefes an Wismar. Die Edition enthält einige glättende Abweichungen.

Nr.	Datum	Ort	Ereignis/Inhalt	Form der Überlieferung = Editionen/Regesten
			auf die Botschaft des römischen Königs.	
27	[1427, vor 11–30]		Rat von Lübeck an eine der Städte?[66]: es soll eine möglichst lange Dauer des Waffenstillstands erreicht werden (zehn bis zwölf Jahre anstelle von sechs).	Konzept: AHL, ASA Externa Danica, 3,2–209 = HR I, 8, Nr. 315
28	[1427, vor 11–30][67]		Paul Oldenburg entwirft namens des Lübecker Rates eine Antwort an Nikolaus Stock.	Konzept: AHL, ASA Externa Danica, Nr. 3,2–101 = HR I, 8, Nr. 314
29	1427, 11–30		**Nikolaus Stock** erhält in Gegenwart von Johannes Schele, Bischof von Lübeck, sowie Bürgermeistern und Ratsherren von Lübeck und Hamburg eine vorläufige Antwort der Holsteiner.	Information in Nr. 75 = HR I, 8, Nr. 417 § 4
30	1428, 01–01	Lübeck	**Nikolaus Stock** erhält die Erklärung der Städte.	Information in Nr. 75 = HR I, 8, Nr. 417 § 5
31	(1428), 01–02	Segeberg	Adolf VIII. an Rat von Lübeck: will eigene Leute senden, um den Gesandten sicher durch sein Gebiet zu geleiten.	AHL, ASA Externa Danica, 3,2–103 = LUB 7, Nr. 98
32	1428, 01–06		**Nikolaus Stock** bricht aus Lübeck auf.	Information in Nr. 75 = HR I, 8, Nr. 417 § 6[68]
33	1428, 01–24	København	**Nikolaus Stock** trägt am Hof König Eriks sein Anliegen vor.	
34	1428, 01–28		**Nikolaus Stock** erwirkt einen Geleitbrief von König Erik für Verhandlungen zwischen den Kriegsparteien	AHL, Danica, Nr. 191 / Abschrift in Nr. 46 = LUB 7, Nr. 102 / HR I, 8, Nr. 347 (Regest)

66 In HR als Brief von Lübeck eingeordnet. Diese Zuordnung ist aber nicht zwingend. Laut Nr. 22 hatte Hamburg bereits einen Vorschlag (8–10 Jahre) unterbreitet, während Lübeck hier den Stralsunder Vorschlag aus Nr. 24 aufnahm. Von den übrigen Städten scheinen – basierend auf dem vorhandenen Material – keine Vorschläge eingegangen zu sein. Die Wismarer und Rostocker Ratsleute, die sich aufgrund der Unruhen in einer schwierigen Lage befanden, gedachten anscheinend, dem Mehrheitsbeschluss zu folgen. Daher könnte die Notiz für jede beliebige Stadt gegolten haben.

67 Zur Datierung siehe: HR I, 8, 214: Anmerkung zu „Verhandlungen zu Lübeck – 1427, Nov. 30". Vgl. auch Nr. 29.

68 HR I, 8, Nr. 417, § 6, 270: *Auff soliche antwort reyt ich, Nikolaus Stok, an der heyligen dreien konigen tag ausz Lubeke zu dem durchluchtigesten fursten, dem konige van Dennemarken, und irczelte seinen koniglichen gnaden, von wenne, wy und in welcher masse ich auszgeschickt were; auch offenbarte ich seinen gnaden die beslissunge und fredbot vorgenannt und sagete seinen gnaden der Holstenherren und der stete antwort und meynunge mir zugesaget. Und das beschach an sante Pauls obent.*

Nr.	Datum	Ort	Ereignis/Inhalt	Form der Überlieferung = Editionen/Regesten
35	1428, 01–31		**Nikolaus Stock** erwirkt einen zweiten Geleitbrief von König Erik.	AHL, Danica, Nr. 192 / Abschriften in Nr. 46, 73 = LUB 7, Nr. 103
36	1428, 02–01		**Nikolaus Stock** erwirkt einen dritten persönlicheren Geleitbrief von König Erik (letzterer auf Papier mit aufgedrücktem Siegel).	Abschrift in Nr. 46 = unediert
37	1428, 02–14	Schleswig	**Nikolaus Stock** teilt den Holsteinern die Antwort des dänischen Königs mit, trifft dabei aber nicht auf positive Aufnahme.	Information in Nr. 75 = HR I, 8, Nr. 417 § 7, 271
38	[1428], 02–15?	Lübeck	**Nikolaus Stock** kommt wieder in Lübeck an und wartet auf Antworten.	
39	[1428], 02–21	Gottorf	Adolf VIII. an Rat von Lübeck: kann im Augenblick sein Land nicht verlassen, um an einer Zusammenkunft der Städte in Lübeck teilzunehmen.	AHL, ASA Externa Danica, 3,2–106 = LUB 7, Nr. 108
40	[1428], 02–26	Husum	Adolf VIII. an Rat von Lübeck: kommt am nächsten Sonntagabend, spätestens Montagmittag.	AHL, ASA Externa Danica, 3,2–108 = LUB 7, Nr. 113
41	[1428], 02–29	Neu münster	Adolf VIII. an Rat von Lübeck: fragt, ob die Sendeboten der Städte noch in Lübeck versammelt seien.	AHL, ASA Externa Danica, 3,2–109 = LUB 7, Nr. 116
42	[1428, 03–01]	Lübeck	Rat von Lübeck an Adolf VIII.: eine baldige Zusammenkunft ist unbedingt erforderlich; er soll den Ort bestimmen.	Konzept:[69] AHL, ASA Externa Danica, 3,2–102 = LUB 7, Nr. 118
43	[1428, 03–01 bis 03–03]		**Nikolaus Stock** trägt vor den Holsteinern und den Vertretern der Städte nochmals die Antwort des dänischen Königs vor und fordert eine konkrete Zusage.	Information in Nr. 75 = HR I, 8, Nr. 417 § 8, 271[70]
44	1428, 03–03	Hamburg	Rat von Hamburg an Rat von Lübeck: erklärt u. a. Bereitschaft zu Verhandlungen, bittet um konkreten Termin.	AHL, ASA Externa Danica, 3,2–110 = LUB 7, Nr. 121

69 Es scheint sich aber nicht um die direkte Antwort auf Nr. 40 zu handeln, da die Inhaltsangabe nicht übereinstimmt. Das Lübecker Konzept könnte vielmehr bereits die Antwort auf die Folgenachricht darstellen, in welcher der Graf seine Ankunftszeit noch einmal verschoben hatte bzw. auf die am Montagmorgen erfolgte Rückkehr seines Eilboten reagierte.

70 Datierung ergibt sich daraus nicht, sondern in Abhängigkeit von Nr. 39–42, 44; vgl. Diskussion in Kap. 4.2.b.

Nr.	Datum	Ort	Ereignis/Inhalt	Form der Überlieferung = Editionen/Regesten
45	1428, 03–04	Lübeck	**Nikolaus Stock** erhält von den Holsteinern und „den Städten" die Antwort, dass sie zu Verhandlungen bereit wären.	Information in Nr. 74 = HR I, 8, Nr. 417 § 8, 271 f.[71]
46	1428, 03–11	Schönberg	Johannes Trempe, Bischof von Ratzeburg, vidimiert Nr. 34–36.	AHL, Urkunden, Danica, Nr. 193 = unediert
47	1425, 03–12 bis 03–15	Lübeck	**Nikolaus Stock** hält eine Ansprache in Lübeck.	Information in Nr. 74 = HR I, 8, Nr. 417 § 9[72]
48	1428, 03–14		Die erste Frist für Verhandlungen mit Dänemark ist abgelaufen.	
49	(1428), 03–17	[ohne Ort]	Adolf VIII. und Gerhard VII. an Rat von Lübeck: wollen zum (Freitag) jemanden nach Lübeck senden, der Nikolaus Stock durch ihr Gebiet nach Flensburg geleiten kann.	AHL, ASA Externa Danica, 3,2–111 = LUB 7, Nr. 127
50	(1428), 03–17	Stralsund	Rat von Stralsund an Rat von Rostock: meldet Bewegung schwedischer Schiffe, die dringenden Aufbruch der Flotte verlangen.	AHL, ASA Externa Danica, 3,2–112 = LUB 7, Nr. 128
51	1428, 03–18	Wismar	Rat von Wismar an Rat von Lübeck: sendet Nr. 50 und mahnt ebenfalls zur Eile.	AHL, ASA Externa Danica, 3,2–113 = LUB 7, Nr. 129
52	1428, 03–18	Lübeck	**Nikolaus Stock** erhält die Antwort der Holsteiner und „der Städte", dass sie zu Verhandlungen am 11. April bereit wären.	Information in Nr. 74 = HR I, 8, Nr. 417 § 10
53	1428, 03–19		**Nikolaus Stock** verlängert die Fristen in den dänischen Geleitbriefen.	Original: AHL, Danica, Nr. 193a / Abschrift in Nr. 73 = LUB 7, Nr. 130
54	1428, 03–20		**Nikolaus Stock** verlässt Lübeck in Begleitung des Lübecker Stadtdieners Caro.	Information zum Datum in Nr. 75 Information zu beidem in Nr. 60 = LUB 7, Nr. 133

---

71 HR I, 8, Nr. 417, § 8, 271, ab Z. 13: *Und do ich doselbst die dy Holstenherren und stete mit grosser mw underweiste, so sageten sy mir zu am dornstage vor oculi in der fasten (...).*
72 Dieser Termin ist in Nr. 33 enthalten. Vgl. auch HR I, 8, Nr. 417, § 6, 271: *Dorauff vorramete seine gnade mit mir eynes tages auff den sontag letare czu metefasten negst vorgangen (...).*

Nr.	Datum	Ort	Ereignis/Inhalt	Form der Überlieferung = Editionen/Regesten
55	1428, 03–21		Geleitbrief der Ratssendboten von Hamburg, Stralsund, Rostock, Wismar und des Rates der Stadt Lübeck für Nikolaus Stock.	Abschrift[73]: AHL, ASA Externa Danica, Nr. 3–2, 114 = LUB 7, Nr. 131
56	(1428), 03–21[74]	Stralsund	Rat von Stralsund an Rat von Lübeck: Nachrichten aus København gebieten einen schnellen Aufbruch der Flotte.	AHL, ASA Externa Danica, 3,1–72 = LUB 7, Nr. 19
57	1428, 03–22	Rendsburg / Weg nach Gottorf	**Nikolaus Stock** wird auf halbem Weg nach Gottorf von *Theodericus*, Schreiber der Holsteiner, an der Weitereise gehindert, da Adolf VIII.[75] ihn nicht geleiten kann (und will) und kehrt nach Rendsburg zurück.	Information in Nr. 60 = LUB 7, Nr. 133
58	1428, 03–23/24	Rendsburg	**Nikolaus Stock** schickt den Lübecker Stadtdiener Caro zweimal nach Gottorf zu Adolf VIII. wegen des Geleites nach Flensburg.	
59	1428, 03–25		Adolf VIII. kommt an und schickt seinen Marschall *Heynick Meyensdorff* zu Nikolaus Stock. **Nikolaus Stock** erhält Mitteilung, dass Adolf VIII. ihm Geleit bieten wolle, dass er aber noch mindestens zwei Tage warten solle.	
60	1428, 03–28		**Nikolaus Stock** schreibt an die Bürgermeister von Lübeck und beklagt sich über die Probleme mit dem Geleit.	AHL, ASA Externa Danica, Nr. 3,2–115 = LUB 7, Nr. 133

73 Wurde von Nikolaus Stock nach eigenen Worten in Nr. 103 eingeschlossen. Vgl. auch Nr. 105.

74 Der Brief ist *des sondages Judica* ausgestellt und wurde im LUB ins Jahr 1427 datiert, in dem Judica auf den 6. April fällt, während das Datum 1428 auf den 21. März fiel. Dieser Brief steht zudem in einem direkten Zusammenhang mit Nr. 66, in LUB ebenfalls auf 1427 datiert. In Nr. 66 beklagen sich die die Stralsunder, dass ihre Schiffe schon sehr lang in der Wismarer Bucht lägen, obwohl die Städte doch beschlossen hatten, ihre Flotte *to Midvasten negest vorleden* zu sammeln. Vermutlich handelt es sich um den Termin, der entweder am 21. Januar 1428 oder in der Zeit danach festgelegt wurde. Von der Vereinbarung vom 21. Januar existiert aber nur ein Entwurf (AHL, ASA Externa Danica, Nr. 3,2–104 = LUB 7, Nr. 101), der als gemeinsamen Treffpunkt die Wismarer Bucht angibt, als Datum aber den *den zondach vor Paschen*. Aufgrund fehlender formaler Beschlüsse ist nicht mehr feststellbar, wann die endgültige Entscheidung hinsichtlich des Termins für das Auslaufen der Flotte gefallen ist. Der Sonntag vor Ostern fiel 1428 auf den 28. März. Vgl. HR I, 8, 261 und Nr. 406, dort aber ohne Begründung der Chronologie.

75 Sic! Im Text erscheint *herczog Allue* oder *hercog Alue*.

Nr.	Datum	Ort	Ereignis/Inhalt	Form der Überlieferung = Editionen/Regesten
61	1428, 03–29	Hamburg	Rat von Hamburg an Rat von Lübeck: ist eine Sendung nach Dänemark, ehe man wisse, was die Streitkräfte der Städte ausgerichtet haben, überhaupt notwendig?	AHL, Externa Danica, Nr. 3,2–116 = LUB 7, Nr. 134
62		Wismarer Bucht	Schiffer der Lübecker und Wismarer Flotte werden durch einen Sturm geschädigt und am Auslaufen gehindert.	Information dazu in Nr. 63
63	1428, 04–01	Rendsburg	**Nikolaus Stock** scheibt an die Bürgermeister von Lübeck, dass er seine Reise doch fortsetzen kann	AHL, ASA-Externa Danica, Nr. 3, 120 = LUB 7, Nr. 139
64	1428, 04–01	Lübeck	Rat von Lübeck (und Hinrich Rapesulver?) an Nikolaus Stock.	AHL, ASA Externa Danica, Nr. 3–2, 118 = LUB 7, Nr. 137
65	[14]28, 04–01	Wismar	Ratssendeboten in Wismar und Rat von Wismar an Rat von Lübeck: wundern sich, dass die lübeckische Flotte noch nicht eingetroffen sei, und ermahnen zu Eile.	AHL, ASA Externa Danica, Nr. 3,2–119 = LUB 7, Nr. 138
66	(1428), 04–03	Stralsund	Rat von Stralsund an Rat von Lübeck: Nachricht aus København lassen es wünschenswert erscheinen, dass die Feindseligkeiten in tunlichster Eile begonnen werden.	AHL, ASA Externa Danica, Nr. 3,1–73 = LUB 7, Nr. 24
67	1428, 04–07	Bucht von København	Flotte von Gerhard VII. und der verbündeten Städte greift København an.	Information aus Nr. 75 = HR I, 8, Nr. 417 § 12, 273[76]
68	1428, 04–09	Roskilde	**Nikolaus Stock** spricht vor König Erik vor.	Information in Nr. 75 = HR I, 8, Nr. 417 § 12, 273[77]
69	1428, 04–12	Hamburg	Rat von Hamburg an Rat von Lübeck: schickt keine Gesandten nach Dänemark, bevor er erfahren hat, dass Ab-	AHL, ASA Externa Danica, Nr. 3,2–121 = LUB 7, Nr. 145

---

76 *Sy sind in unserm riche Denmarken vor Coppenhafen am mittwochen negst vorgangen mit ganczer macht komen und legen noch aldo und haben dy unsern gebrant, gefangen und irslagen.* Das in HR errechnete Datum (10. April) passt nicht.

77 *Item am freitage negst nach ostern quam ich czu des koniges von Denmarken gnade czu Roskilde.*

Nr.	Datum	Ort	Ereignis/Inhalt	Form der Überlieferung = Editionen/Regesten
			geordnete (die Räte) der Holsteinischen Grafen und der übrigen Städte in Lübeck eingetroffen sind.[78]	
70	1428, 04–14	Rostock	Rat von Rostock an Rat von Lübeck: er und der Wismarer Rat werden keine Sendboten zu den Verhandlungen schicken, bevor nicht die Nachrichten von der englischen Flotte angekommen sind.	Nicht in Externa Danica = LUB 7, Nr. 146
71	1428, 04–16	Bucht von København	**Nikolaus Stock** trifft sich mit den Räten Gerhards VII. und einigen Vertretern der städtischen Flotte am Strand.	Information in Nr. 75 = HR I, 8, Nr. 417, § 13, 272 Kürzer in Nr. 76 = LUB 7, Nr. 157 / HR I, 8, Nr. 418[79]
72 a/b	1428, 04–17		**Nikolaus Stock** trifft sich mit vier ausgewählten Räten Gerhards VII. (darunter Detlev von Ahlefeld, Hartmut Split und Joachim Breyde) und je zwei Vertretern der Städte (darunter Johann Bere und Hermann Westfal aus Lübeck, Hinrich Quecke aus Stralsund und Johann Burow aus Rostock[80]) und versucht ihnen Nr. 7 vorzulegen.	a: Information in Nr. 75 = HR I, 8, Nr. 417, § 13, 272 f.[81] b: Eindeutiger in Nr. 75 = LUB 7, Nr. 157/HR I, 8, Nr. 418[82] c: Personen in Nr. 73 = HR I, 8, Nr. 419, 278
73	1428, 04–17		**Nikolaus Stock** lässt durch den Notar Paulus Gumbrecht das Treffen aufzeichnen und darin Nr. 35 und 53 sowie die Verweigerung der Annahme von Nr. 7 aufzeichnen.	DRA, NKR, Nr. 3022 = HR I, 8, Nr. 419
74	1428, 04–17		Detlev von Ahlefeld, Hartmut Split und Joachim Breyde, holsteinische Räte, sowie Hermann Westfal und weitere städtische Ratsleute lassen durch den Notar Paulus Gumbrecht aufzeichnen,	AHL, ASA Externa Danica, Nr. 1013 (16) = LUB 7, Nr. 149/HR I, 8, Nr. 420

---

78 Schon 1428, April 9 hatte der Rat von Hamburg an Lübeck wegen verschiedener Angelegenheiten geschrieben, darunter auch wegen des Krieges mit Dänemark, besonders der Warnung vor 14 englischen Schiffen (LUB 7, Nr. 143), die anberaumte Tagfahrt aber nicht angesprochen.

79 *des anderen vridages na passchen, do quam de doktor up den strand.*

80 Eine Person mit dem gleichen Namen ist fast gleichzeitig auch als Bürgermeister von Stralsund nachweisbar und wird in Nr. 13 und Nr. 78 erwähnt.

81 Einziger Hinweis auf das zweite Treffen (HR I, 8, Nr. 417, § 13, 272): *Sprochen der Holstenheren rete und dy stede noch etlichen tagen.*

82 Überleitung von einem zum anderen Tag: *Unde se worden mit dem dokter ens, dat se des anderen dages wedder komen wolden to vespertiid.*

Nr.	Datum	Ort	Ereignis/Inhalt	Form der Überlieferung = Editionen/Regesten
			dass sie König Sigismund gehorsam sein wollen und zu Verhandlungen mit König Erik bereit wären, sofern sie entsprechendes Geleit erhielten.	
75	1428, 04–18		**Nikolaus Stock** schreibt einen Bericht über seine bisherigen Aktivitäten.[83]	Enthalten in Nr. 80 = HR I, 8, Nr. 417 (Datum § 14)
76	1428 04–22 oder 04–23		**Nikolaus Stock** trifft sich noch zweimal mit den Räten des Gerhards VII. und Vertretern der Städte (am 22. 4.: Jacob Bramstede und Johann Burow, am 23. 4.: auch Hermann Westfal), ohne dass ein neuer Verhandlungstermin festgesetzt wird.[84]	Informationen in Nr. 77 = HR I, 8, Nr. 418, 276
77	[1428], 05–02	Øresund	Hauptleute der städtischen Flotte berichten (unter dem Siegel von Hermann Westfal) über die Verhandlungen mit Nikolaus Stock (und Erfolge der Flotte).	AHL, ASA-Externa Danica, Nr. 3,2–123 = LUB 7, Nr. 157/HR I, 8, Nr. 418
78	1428, 05–07	Schlutup (bei Lübeck)	Johannes Trempe, Bischof von Ratzeburg, vidimiert eine Protestation auf Nr. 73, die ihm von Conrad Brekewold, Hinrich Koting, Johann Burow und Everd Groteck, Bürgermeister der Städte Lübeck, Hamburg, Stralsund und Wismar, vorgelegt wurde.	AHL, Urkunden, Danica, Nr. 194 / DRA, NKR, Nr. 3024 = LUB 7, Nr. 158 / HR I, 8, Nr. 427
79	1428, 05–12	Lübeck	Rat von Lübeck an Rat von Wismar: sendet eine Abschrift von Nr. 78 mit der Bitte zur Lesung und Weitersendung an Rostock und Stralsund, bittet um Meinung, ob diese dem König und Nikolaus Stock zugesendet werden soll.	AHW, Ratsakten, 10.5. Hanseatica, Nr. 1745 = LUB 7, Nr. 159

83 HR I, 8, Nr. 417, § 14, 274: *Also habe ich Nicolaus Stok nach begerunge des durchluchtigisten fursten und herren Erik, konig zu Denmarken etc., am sontage negs vor sante Jorgen tage* [18. April] *dy vorgenante sache und wy sich sy geschehen, gehandelt und gelassen habe, seinen konigichen gnaden mit meins schreibers Pauls Gumbrecht hant geschreben geben.*

84 *Den anderen daghes* [23. Aprils] [*quam de dokter wedder*] *unde brachte mit sik her Eryk Crummedike unde her Axe Pedersson unde her Andres Nygelsson unde Vicke van Vitzen. Unde de dokter sede, wode men to em gan up dat lant unde spreken umme den breff unde umme andere degedinge, wor umme dat men wolde. Do sede her Hermen, de genen, de hiir sin, se sin nener degedinge mechtig; men wolde he uns enen breff schicken, alzo em er gesecht were, dar de unse an vorwart weren velich af unde to, so wolde wy den breff snden unsen rederen, dat se dar komen scolden, alzo id er begrepen were. Alzo is de dokter sunt by uns nicht gewst. Unde dit is dat afschedent mit dem dokter.*

Nr.	Datum	Ort	Ereignis/Inhalt	Form der Überlieferung = Editionen/Regesten
80 a/b	1428, 05–24	København	**Nikolaus Stock** verliest[85] Nr. 75 zusammen mit Nr. 1, 2, 6, 35 und 53 vor Zeugen[86] und den Notaren Johannes Kyndigh (a) sowie Paulus Gumbrecht und Tuo Petri (b).	a: DRA, NKR, Nr. 3025 b: DRA, NKR, Nr. 3026 = HR I, 8, Nr. 431, 288
81	1428, 05–28		Jens Pedersen, Archidiakon von Roskilde verliest in der Marienkirche Nr. 6 (in einer niederdeutschen Übersetzung) und Nr. 8.	DRA, NKR, Nr. 3028 = Rep. 6362 (Kurzedition)
82	1428, 05–29		Jens Pedersen, Archidiakon von Roskilde verliest in der Marienkirche Nr. 8.	DRA, NKR, Nr. 3030 = Rep. 6364 (Notiz).
83	1428, zwischen 09–11 und 09–18	Nyköbing (Falster)	Vertreter der Städte Lübeck, Stralsund, Rostock, Wismar und Lüneburg nehmen an den Verhandlungen teil.	Vgl. Kap. 5.1 b)
84	1428, zwischen 09–11 und 09–18		**Nikolaus Stock** ist während der Verhandlungen anwesend, da er unter anderem mit den Lübecker Gesandten (Hinrich Rapesulver) Gespräche führt. Er regt diese an, eine eigene Gesandtschaft mit Rechtfertigung an König Sigismund zu schicken.	Informationen in Nr. 88, 99, 110 Information in Nr. 110[87]
85	[1428, zwischen 09–10 und 09–27]	København?	**Nikolaus Stock** fertigt eine hochdeutsche Fassung der Rede König Eriks an.	DRA, TKUA, Nr. 5, 2 = 8.3.1 a)
86	1428, 10–27	København	**Nikolaus Stocks** Abfahrt auf einem aus Flandern kommenden preußischen Holk, der den Wein des Hochmeisters transportiert.	Nachricht in: AHL, ASA Externa Danica, Nr. 3, 159 = LUB 7, Nr. 253

---

85 HR I, 8, Nr. 431, 288: *Quos articulos et litteras dictus venerabilis doctor alte, intelligenter et expresse legit, recitavit et debite pronunciavit.*

86 Diesbezüglich enthält HR I, 8, Nr. 431, 288 einige Lesefehler. Die Zeugenangabe lautet nach den Originalen: *super presentibus venerabilibus et providis viris, dominibus Johanne Laxman, Lundensis, Johanne Clementis, Haffniensis, ecclesiarum decanis, Nicolao Ysilt, Lundensis, Johanne Conradi, Haffniensis, ecclesiarum canonicis, Bernardo Diderici, de Amsterdam, Gherloff Brant, de Campen civibus, laycis Trajectensis diocesis, et Hynrico Hasselen, layco Bremensis diocesis (...).*

87 *Och, lieben herren, als ich mit trewen ewir stat sendeboten geroten habe zw New Coppingin vmb des besten willen, das ewir liebe welde aine geringe botschaft, ab is nicht anders mochte gesein, mit brieffen ton zw meime allergenedigisten lieben herrn, dem Romischen konige vnd im dancken etc.*

Nr.	Datum	Ort	Ereignis/Inhalt	Form der Überlieferung = Editionen/Regesten
87	1428, 11–07	Danzig	**Nikolaus Stock** kommt an und wartet nun auf Nachricht von den anderen Schiffen.	Nachricht in Nr. 87 = LUB 7, Nr. 253
88	1428, 11–11		**Nikolaus Stock** schildert dem Rat von Lübeck seine Verluste und bittet um Hilfe.	AHL, ASA Externa Danica, Nr. 3, 159 = LUB 7, Nr. 253
89	[vor 1428, 11–18]	Lübeck	Rat von Lübeck sendet seinen Ratskaplan Johann Wenge mit einer *credencie* nach Rostock.	Information auf AHL, ASA Externa Danica, Nr. 3,2–160
90	(1428, 11–18)	Rostock	Gespräche in Rostock zwischen Johann Wenge und dem Rat von Rostock.	Information in Nr. 91
91	1428, 11–18		Rat von Rostock an Rat von Lübeck: besteht darauf, dass Gerhard VII. von Holstein darüber entscheiden soll, ob die Auslieger die genommenen Güter behalten durften.	AHL, ASA Externa Danica, Nr. 3,2–162 = LUB 7, Nr. 255
92	1428, 11–23	Lübeck	Rat von Lübeck an Rat von Rostock als Antwort auf Nr. 91: teilt seine Bedenken wegen der Berufung auf einen Schiedsspruch durch Gerhard VII. mit.	AHL, ASA Externa Danica, Nr. 3,2–160 = LUB 7, Nr. 260
93	1428, 11–26		Rat von Lübeck an Adolf VIII. und Gerhard VII.: schreibt in Bezug auf den Schaden, den der Gesandte durch die Auslieger erlitten habe, und den Schiedsspruch zwischen den Ausliegern und Nikolaus Stock, den Gerhard fällen soll. Erfordert diesen auf, deshalb sehr bald an den Rostocker Rat zu schreiben und aufgrund des zugesicherten Geleites zu Gunsten des Letzteren zu entscheiden. Die Antwort an Rostock soll als Kopie nach Lübeck geschickt werden.	Abschrift: AHL, ASA Externa Danica, Nr. 3,2–162 = LUB 7, Nr. 256
94	1428, 11–30	Stuhm	Paul von Rusdorf, Hochmeister des Deutschen Ordens, an den Rat von Lübeck: hat vom Raub eines Schiffes mit Gütern, Pferden und Dienern des Gesandten durch Rostocker Auslieger erfahren und fordert die Lübecker auf, sich bei den Rostockern einzusetzen.	AHL, ASA-Externa Danica, Nr. 3, 161 = LUB 7, Nr. 264

Nr.	Datum	Ort	Ereignis/Inhalt	Form der Überlieferung = Editionen/Regesten
95	1428, 12–04	Lübeck	Rat von Lübeck an Rat von Wismar: fordert diesen auf, die Rostocker um Ersatz für den Schaden des Gesandten anzuhalten.[88]	Abschrift: AHL, ASA Externa Danica, Nr. 3,2–162 = LUB 7, Nr. 265
96	1428, 12–06	Wismar	Rat von Wismar an Rat von Lübeck als Antwort auf Nr. 95: die Rostocker haben mitgeteilt, dass sie gern bereit wären, dem Doktor seine Pferde wiederzubeschaffen und die Güter, die bereits verkauft wären, zu ersetzen, so gut sie könnten.	Abschrift: AHL, ASA Externa Danica, Nr. 3,2–162 = LUB 7, Nr. 268
97	1428, 12–06	Rostock	Rat von Rostock an Rat von Lübeck: hat noch keine Antwort von Gerhard VII. erhalten, konnte aber die Pferde und Diener befreien, wie sie ihm auch selbst geschrieben hätten; für Butter und Heringe wollten sie so gut wie möglich Entschädigung finden.	Abschrift: AHL, ASA Externa Danica, Nr. 3,2–160 = LUB 7, Nr. 269
98	1428, 12–07	Lübeck	Rat von Lübeck an Rat von Wismar: bittet um Auskunft über die Pferde und Diener des Gesandten und über die nach Rostock gekommenen Wismarschen Güter.[89]	Original: AHW, Ratsakten, 10.5 Hanseatica, Nr. 1745 / Abschrift: AHL, ASA Externa Danica, Nr. 3,2–160 = LUB 7, Nr. 270
99	1428, 12–08		Hinrich Rapesulver an Nikolaus Stock: berichtet über die von Lübeck unternommenen Schritte damit er das geraubte Gut wiedererlange.[90]	Abschrift auf AHL, ASA Externa Danica, Nr. 3,2–160 = LUB 7, Nr. 271
100	1428, 12–15	Stralsund	**Nikolaus Stock** kommt in der Stadt an.	Information in Nr. 104
101	1428, 12–1512–22	Rostock	Der Marschall von Stralsund versucht den Stand der Verhandlungen zu eruieren und reist zurück nach Stralsund.	
102	1428, 12–22	Stralsund	**Nikolaus Stock** reist gemeinsam mit dem Marschall von Stralsund nach Rostock.	

---

88 Zusätzlich berichtet der Brief darüber, dass Herzog Wilhelm von Braunschweig-Lüneburg und die Lüneburger anwesend wären, dass aber Gespräche zur Vorbereitung der nächsten Verhandlungen an der Abwesenheit der Holsteiner gescheitert wären. Vgl. Kap. 5.2.

89 Kopfregest in LUB 7, Nr. 270 erwähnt entgegen dem Wortlaut im Dokument aber nur einen Pferdeknecht. Vgl. stattdessen die korrekte Angabe in HR I, 8, Nr. 532 (Regest).

90 Er erwähnt auch eine persönliche Reise nach Wismar, die sich zeitlich aber nicht einordnen lässt.

Nr.	Datum	Ort	Ereignis/Inhalt	Form der Überlieferung = Editionen/Regesten
103	[1428, zwischen 12–22 und 12–26]	Rostock	**Nikolaus Stock** führt Gespräche mit den Bürgermeistern von Rostock, mit Vertretern der Holsteiner und mit Ausliegern.	
104	1428, 12–26		**Nikolaus Stock** an Rat von Lübeck: beklagt, dass sich bisher noch nichts in der Angelegenheit seiner Diener und Güter getan hat.	AHL, ASA Externa Danica, Nr. 3,2–164 = LUB 7, Nr. 280
105	[1428, 12–26]		**Nikolaus Stock** sendet zur Erinnerung eine Abschrift von Nr. 55.	Information in Nr. 105
106	[1428, 12–26]		**Nikolaus Stock** schickt dem Rat von Lübeck ein Verzeichnis seiner Verluste.	AHL, ASA Externa Danica, Nr. 3, 165, 208 = LUB 7, Nr. 280 f.
107	[1428, 12–26]		**Nikolaus Stock** reist zurück nach Stralsund, wo er bis zum 2. Januar auf Nachrichten warten will.	Information in Nr. 104
108	[zwischen 1428, 12–27 und 1429, 01–02]	Lübeck / Stralsund	Paul Oldenburg, Lübecker Ratssekretär, wird nach Stralsund geschickt, um weitere Gespräche mit Nikolaus Stock zu führen.	Information in Nr. 106
109	1429, 01–05	Stralsund	**Nikolaus Stock** an Rat von Lübeck: dankt für die bisherige Hilfe. Es wäre besser für die Städte, ihn auch in Zukunft weiter zu fördern; hat Paul Oldenburg verschiedene Nachrichten mündlich mitgeteilt.	AHL, ASA Externa Danica, Nr. 3, 166 = LUB 7, Nr. 285
110	1429, 01–05		**Nikolaus Stock** an Hinrich Rapesulver, Bürgermeister von Lübeck: eine Lösung der Situation sei von allgemeinem Nutzen, dankt ihm für die bisherige Hilfe. Er will aber nicht mit bloßen Worten abgespeist werden, da er damit seine Reisekosten nicht finanzieren könne; regt an, dass die Städte eine eigene Gesandtschaft an König Sigismund schicken.	AHL, ASA Externa Danica, Nr. 3,2–167 = LUB 7, Nr. 286
111	1429, 01–18	Lüneburg	Rat von Lüneburg an Rat von Lübeck: möchte sich an einer Gesandtschaft zum römischen König so lange nicht beteiligen, während Herzog Wilhelm von Braunschweig-Lüneburg in weitere Verhandlungen mit Dänemark involviert ist.	AHL, ASA Externa Danica, Nr. 3,2–168 = LUB 7, Nr. 287

Nr.	Datum	Ort	Ereignis/Inhalt	Form der Überlieferung = Editionen/Regesten
112	1429, 01–18	Hamburg	Rat von Hamburg an Rat von Lübeck: eine Sendung an den römischen König sollte in Form eines Schreibens und nicht durch einen Gesandten erfolgen.	AHL, ASA Externa Danica, Nr. 3,2–170 = LUB 7, Nr. 288
113	[vor 1429, 01–24	Stralsund	Auf Vermittlung des Stralsunder Rats kommen Gespräche zwischen **Nikolaus Stock** und den Rostockern über die Entschädigung zustande.	Information in Nr. 115
114	[vor 1429, 01–24		**Nikolaus Stock** lässt ein Notariatsinstrument über die Entschädigung durch Rostock (300 Gulden) und Stralsund (100 Gulden) aufzeichnen.	Information in Nr. 115
115	1429, 01–24		Rat von Stralsund an Rat von Lübeck: die Angelegenheiten mit Nikolaus Stock wurden zufriedenstellen gelöst. Es sollte aber auf jeden Fall eine Nachricht an den römischen König geschickt werden.	AHL, ASA Externa Danica, Nr. 3,2–171 = LUB 7, Nr. 290
116	1429, 01–29	Luzk	Kg. Sigismund an Bürgermeister und Räte von Lübeck, Stralsund, Rostock, Hamburg und anderer mit ihnen verbündeten Städten: beklagt, dass der Krieg mit Kg. Erik von Dänemark etc. wieder „auferstanden" sei, befiehlt, dass dafür zu sorgen sei, dass die Kaufleute auf der See frei und sicher fahren können.	AHL, ASA Externa Danica, Nr. 3,2–172 = LUB 7, Nr. 292 / RI XI, Nr. 7159
117	1429, 01–29		Kg. Sigismund an Paul von Rusdorf, Hochmeister des Deutschen Ordens: fordert ihn auf, die Holsteiner und die Hansestädte zu ermahnen, dass sie Kg. Erik von Dänemark nicht mehr bekriegen sollen.	OBA, Nr. 5039 = HUB 6, Nr. 775 / RI XI, Nr. 7158

8.3 Quellensammlung

8.3.1 Unedierte Schriftstücke aus dem DRA

a) DRA, TKUA, Nr. 5,2

København (?), zwischen 11. und 27. September 1428
Hochdeutsche Übersetzung der Rede König Eriks, die am 11. September 1428 anlässlich der Verhandlungen in Nykøbing verlesen wurde; der Inhalt wird durch 33 lateinische Randvermerke zusammengefasst.

Provenienz: vermutlich DRA, Lybek og Hansestæderne, Nr. 44; Abschrift in DRA, Håndskriftsamlingen, I. Individuelle samlinger af blandet indhold – Langebek, Jakob diplomatarium), Bd. 26.

Material: Papier, zwei Bögen, beidseitg beschrieben und mit Zahlensymbolen paginiert.

Vorbemerkung zur Edition: Das Dokument besteht aus einem hochdeutschen Fließtext und lateinischen Randvermerken, die fast zeitgleich oder kurz nach dem Haupttext angefertigt wurden. Sie sind als M(arginalie)1 bis M(arginalie)33 durchnummeriert und im Anschluss an den deutschen Text ediert. Sind die jeweiligen Bezugspunkte in den Haupttext als graphische Symbole eingefügt, werden sie mit (M00) angegeben. Ist der Bezug nur ungefähr durch die Position am Rand zu ermitteln, steht [M00]. Einige spezifische inhaltliche Abkürzungen sind mit runden Klammern (...) gekennzeichnet, alle übrigen Abkürzungen wurden für die Edition ohne weitere Kennzeichnung aufgelöst.

Fließtext:

[Fol. 1ʳ: Paragraphensymbol] *nota dy artikel hat der konig von Denemarken etc. jn seiner kegenuortikeit*
lossen lesen zu Newcopigin vor herczog wilhelm von Brunswig vnd den steten dy seine widsachen sein
Nota dis is dy worhait des vorlopes tvisschen vns Erike von godes gnaden to Danemarken to Sweden to
norwegen der wenden und der Gotten konig vnd hertzogen zu pomern an der einen vnd den steten Lubeke
Rostok Stralessund Wismer vnd Lunenburg an der anderen seiten von der czit das si vns Ansinnende
woren (M1) zu fflensburg der zusǒsse do si mit vns an sitzen (wilche warheit als wir dy an allen eren
Artikeln mit erkenden witlicheit wol betzugen mogen wor vnd wen des behuff wirt) wy darrumme wor
euch hochgebornen fursten vnd lieben Ohem Hertzog Wilhelm von Bronswig vnd von lunenborch wor
ouch prelaten Rittern und knechten und vor[91] *allen den andern dy hy vor oigen sint jn gegenwortechait*

---

91 Nachfolgend wurde ein zweites *vor* ausgestrichen.

der sendeboten der vorbenannten steten vorlauten lossen off das ewir liebe und vordermer alle dy an-
dern vorbenannt dy hy gegenwarchet stan wissen vnd noch sagen mogen mit welchem rechte edder
vnrechte wir und vnß reche zu desem vorbenannten krige komen und genôt sein.

An dem Jare nach gotes gebert mcdxx.[92] (M2) Alse dy dedinge begriffen woren vormiddest hern[93] Rompolt
seligen gedechtnusß tzwischen vns vnd den von Holstein zu fflensburg so santten dy vorbenannten vnd
etliche ander stete di do kegenwarcheit weren Sendeboten etliche von on zu vns dy vns ansinnende weren
alse von der vorbenannten steten wegen das wir vns vnd vnser reiche mit jn vnd mit andern steten dy si
der zu tzihen kunden vor vnd delst[94] einer[95] vruntlichen vnd ewiger Zusosse vorbinden wolden (M3) das
wir vor das erste durch sache willen derunnb vns das zu der tzid vnbelegelich dauchte wesen afslogen.
Vnd duch zu dem lesten alse des ander tages darnoch als dy vorbenannten der stete sendeboten von sich
selbs vnd eres selves gutdunken vnd ane vnser wissen hatten lassen aufwerfen aine schrift noch ainer
weisse sodaner tosate [sic!] alse jn dy woel gefil vnd dy vor ons brochten vnd[96] lischsen lesen dy wy nach
gutdmakende vnser Rette zulischssen doch also das wir der seluer schriften aine solden halden by vns
vnde sy aine mit jn zuhause furen (M4) binnen vurder mit vnsen andern retten an baiden seitten
darmeme zurocke zusprechen vnd so off sante Johannes tag darnoch to midden someren dar vpp weder
to hauffe zukomen[97] jn vnse stat Coppenhafen alse vmme dy selben zusatze mit entracht zuvolendende
oder ok zoweder segende (M5). Des geschach is so vmme viti vnd modesti darneste komende das dar
vorbenannter stete sendeboten zu vns quamen zu Coppenhafen alse vorgeschreben ist vnd antvorten vns
do eren offenen besegeltten briff noch sodaner weisse vnd laut alse dy vorbenannte zusacze stein vnd
bliuen scholde (M6) vnder hengenden ingesegelen der stete Lubek Rostok straslessund wismer lunen-
borch Gripelswold vnd Anklam vnd enpfingen des gleiches von vns[98] vnsen offen brieff auf dy seluen
zusasse vnd vnser Maiestaten vnd vnser reiche retten jngesegelen vnd off dy czeit als das geschach vnd[99]
beslossen wart so wart vns noch von en noch von eren wegen nicht zukennende geben von kainem zu-
sproche den sy zu vnß noch zu den vnsen von eren oder des gemaynen kofmans wegen an kainerlay
weisse hetten[100] (M7) Sunder do wart also getedinget vorsegelt vnd jn ganczen trewen gelobet weres das
wij ain furste herre ritter knechte stete meyheide lande oder leute vnser ainen an baiden seiten vorwel-
digen vornrechten oder widerstal tun wolde oder tete so solden wy mak andern[101] an baiden seiten by
stan vnde helfen mit solcher macht alse jn der selben zusacze utgedrucket stet (M8) vnd wer is sache das
gefile jn zukonftigen czeiten das wir oder dy vnsen an baiden seiten ergenannt an vnd einander schel-

---

92 In TKUA 5,1: *iij*, aber so geschrieben, dass die Buchstaben auch als gestrichen gelesen werden
können. Der nächste Satz beginnt mit erheblichem Abstand.
93 Vielleicht auch *hertzogen*, aber in TKUA 5,1 steht auch nur die Abkürzung.
94 Nachfolgend wurde *erer* gestrichen.
95 Das *i* wurde nachträglich ergänzt.
96 Nachfolgend wurde *lichssen* gestrichen.
97 Über dem Wort ist ein Strich für die Marginalie.
98 Nachfolgend wurde *vnd* gestrichen.
99 Nachfolgend wurde *besch* gestrichen.
100 Nachträglich eingefügt und über die Zeile geschrieben.
101 Im TKUA 5,1 *malk andern*.

haftig werden das solde man alle Jar nach klage vnd antwort auf vnser frauwen tag erer gebort zu Coppenhafen vorrichten glicher weise als das jn dem vorbenannten zusacze dar wir vns anlassen clarlichen ist begriffen vnd rene veyde vurder dar ume to donde.

[M9] *Des is beschen noch der czeit das wir dy vorbenannten stete beide mit des Allerdurchluchtigsten fursten vnsers liebesten Oheims vnd bruders des Romischen koniges offenen brieffen och muntlichen an vnser aigenen personen vnde seder mit vnsen brifen heben vormant vnd geechsschen vormanen vnd echsschen lassen das si vns an vnsen rechten wider dy von Holstein beisterndig vnd nach erer plicht als se vns vorsegelt haben behulpelick wesen[102] wolden des si vns duch alse das witlich ist nicht geholden heben.*

Item so kennen se nicht beweisen das si den bennomeden[103] tag auff vnser lieber frawen tag erer bort zu koppenhafen also gesucht odder gehalden haben oder erer czusproche als se etliche zu vns oder den vnsen gehad hatten das selbe als jn von rechtens wegen gebort hette noch jnhalde des vorbundes gevordert hebben (M10) doch geschach do der stete botschaft aller lest bei vns was zu Wordenborg das se sich beklageden des vorbodes[104] das wir hatten tun lassen jn vnsen reichen das wir jn das touorvange solden getan haben (M11) dar wir zu antworten alse das Jn der warheit was das wir Jn das nicht zu vorvange[105] getan[106] hatten vnd vorboten vns dar zu das zu vorrichtende mit hundert ritter vnd knechten zu den hilgen das wir jn das zu keinem vorvange getan hatten (wes dar ane geschen wer das hatten wir vmme vnser not wille getan) man darumme das wir zu koffe mochten hatten vitalien zu vnser behuff zu ainer korczen czeit vnd geue von stunden an[107] dy Rosterunge nach eren begeren vnd vorkundigitten[108] ouer alle vnse land das si mochten varen vnd koffen vnd si nicht dar[109] an zuhinderen vnd se alle man to vordenende mit deme besten. (M12) Do selbes beclageten si sich ok das se solden beschediget wesen mit vormende von den vnsen dor wyr dorzu antworten aleine das man das zurichtende hatte aff vnser frawen tag so boten wir doch dar ouer das si vns das beschreben geben vnd benumenten wemme man das geton schulde haben vnd wer das solde getan haben wir wolden en von stunden an richten (darauff wert vns kaine antwort oder schrifft auff) do dorober befulen wir das deme erstbischoff von Lunden vnd dem bischoff von Roskilde das se solden dorober richten Jn vnserm abwesen ob dar clage oder schrift gekomen weren von den steten dy d[och][110] von Jn nicht Jnam[111].

---

102 Nachfolgend wurde *solden* gestrichen.

103 *benomeden* steht im TKUA 5,1. Im Text ist das Wort nicht leicht zu lesen, weil es Korrekturen enthält.

104 Danach wechselt die Feder.

105 Das *r* wurde nachträglich ergänzt.

106 Nachfolgend wurde *haben* gestrichen.

107 Nachfolgend wurde *an* gestrichen.

108 *itt* wurden nachträglich ergänzt und über die Zeile geschrieben.

109 Das Wort wurde nachträglich ergänzt und über die Zeile geschrieben.

110 In TKUA 5,1 steht: *doch.*

111 Vermutlich Fehlschreibung von *quam*, so in TKUA 5,1.

[M13] *Darnach als wir vns holfe vormuttende von den steten vnd bistandes zu vnserm rechte darzw*[112]
wir[113] *se geeschet vnd vormant hatten lassen. Jn deme quomen do ir sendeboten Jn di negende by gottorp*
vnde vorbeten [Zeichen für Seite 2, gefolgt von: *verte*]

[Fol. 1ᵛ: Zeichen für Seite 2] *vnsern ra̍t kegen sich to Haddebo kerken vnd leten en vorstan als vns vnser*
rat vorrichtet hefft wy si nach der czeit als wir si zu vnser hulfe geeschet hatten de von Holstein vorsocht
hatten vnd hatten em gefroget nach dem male als wir si zu vnserem dinste vppe vnse zusacze gemant
hatten ob si sich erer zu rechte mechtigen mochten vnd mechtig wesen scholden do jn dy Holstein zu
antworten hatten das si erer zu rechte mechtig mochten vnd mechtig wesen solden als se sageten (so
were so darumme vns gesant zu vorhorende von vns ob si vnser och mechtig mochten wesen zu rechte).
Dar en vnse rat vppe vragete ab si der Holstein mechtig wesen wolden noch auf weisungen vnser zusacze
(dor zu se antworten das wer jn nicht mete geben) dar off sage vnser rat (wolden si sich der holstein jn
solcher mosse[114] *mechtigen so wolden wir von stunden an den krig abtun). Dar auf antworten si (sy hetten*
das nicht jn jre befelues) do begereten si[ch][115] *hochlichen von vnserem rate das si vns selben zu worde*
mochten komen als si teten vnd quemen zu vns zu flensburg. Vnd do[116] *se do bei vns quemen do liessen*
si nicht lauten noch von keinem rechten noch von dem anderm als se von vnsem rate luten liessen dor si
zu mechtig wesen wolden vnd das si do an vns worben das wort das si vns boten von aller stete wegen
[M14] *das wir den Holstein wolden geben Sunder Judland dar wir jn zuantworten wes wir mit retlicheit*
vnd limplicheit en entwiden mochten des entwiden wir jn allezeit gerne sunder dat wer vns nicht also
belegen das wir das mit retlicheit oder mit limplicheit jn sodaner weise tuen[117] *mochten vnd boten si das*
si sich an vns beweisen wolden alse so sich mit[118] *vns vorsegelt vnd vorbrift hatten dar se vns off entwor-*
ten si wolten reitten zu den Holstein vnd vorhoren an Jn wes si an den steten bleiben wolden vnd wolden
vorder vorhoren an den steten was si zu Jn nemen wolden vnd wolden vns dat so wedder benolen. (M15)
Das si doch nicht teten sunder dy erste botschaft dy vns von Jn wart das woren ere entsege[119] *brieffe do*
mete se vnse vinde worden.

Item hir nach alse si vnse vinde geworden weren vnd wir dy[120] *sache des anstandes gemenen vordenes*
alse wy das wol irkennen konden vngerne bey vns halden latten vinden (M16) *so schickende wy vnse*
sendeboten zu vnserm vetter zu stetin van wolgaste vnd von bart vnd redder[121] *an den homaister von*
preussen bittende das si versuchen wolden mit den steten vnsen vinden ob sy das mit jn kunden vor-
mogen das si vor das vnrecht das si vns[122] *getan hatten recht vnd wandel wolden tun vnd ab si auf vns*

---

112 Die letzten beiden Buchstaben wurden nachgetragen und über die Zeile geschrieben.
113 Nachfolgend wurde *zu* gestrichen.
114 Leseproblem: oder meint er *masse*? Der Buchstabe vor dem doppelten *s* sieht aber eher wie *o* aus.
115 Wahrscheinlich handelt es sich um eine nachträgliche Korrektur. In TKUA 5,1 steht *se*, aber das halb übermalte Wort in diesem Dokument ist länger.
116 *Do* wurde nachträglich über die Zeile geschrieben.
117 Das *e* wurde hochgestellt nachgetragen.
118 *mit* wurde als Korrektur ergänzt, zuvor stand *an*.
119 Das *t* wurde hochgestellt nachtgetragen.
120 *dy* wurde als Korrektur ergänzt.
121 Der Anfangsbuchstabe von *redder* wurde aus einem Schaft-*s* korrigiert.
122 Der erste Buchstabe ist etwas verunglückt, Korrektur über dem ursprünglichen Wort.

ichs zu segende hetten des gliches von vns wolden nemen das se sich dennen vnser dar (zunemenden
vnd zugevenden mechtigen wolden) [M17] wilke worsokinge vnse vorbenannten redderen mit den steten
vorbenannt teten jn dem Sunde do dy selben stete mit jn dar upp zutagen komen weren das si doch do
abslugen vnd sageten wolden wir jn den schaden den vnse voicte¹²³ vnd ambtleute vnd das si jn vnsen
richen zulangen czeiten vorloren hatten zu irer nuge oprichten das wolde si gerne nemen vnd wenne das
geschehen were hetten wir denne ich zu jn zu sprechen das mochten wir auf si vordern wan wir wolden
(weres danne das si vns rechtes wolden vnsgan so mochten wir is nochsagen) das dis also geschach das
mogen wir bebesin mit offenbaren instrumenten dy wir dar auf haben.

[M18] Jtem das selbe vordente an se von vnsen wegen der homeister von preussen vnd sich vnß dazu
mechtigitte¹²⁴ vor middelste seiner seiner aigener person do slugen si das ab als her vns vor mit vnser
selues sendeboten vnd danoch¹²⁵ noch mit seines ordens ouerste marschalk weten lett (vnd sageten si
weren sottener sache nicht gemechtigit von eren retten ausgesant) sunder si wolden das gerne wider
zurucke brengen an ere rette vnd wolden den meister¹²⁶ denne dar wes vurder ane bearbaiten zu den
steten so mochte He¹²⁷ darumme senden seine botschaft eren willen von jn selbes zu horende vnd das
vorder zubearbeiten do is denne behuff vorde. (M19) Des sante der meister den vorbenannten seinen
Marschack¹²⁸ mit ander irbaren lewten seines ordens vnd seiner stete an dy vorbenannten stete vnse
vaynde dy zu vns von erer wegen varbt¹²⁹ das si wolden alle ere sacke dy wir mit jn oder si mit vns vtstande
hetten setten bey den homeister vorgeschreben das wir do selbes annemeten vnd als her wider von vns
geschaiden was vnd mit sich vnse gelaides brieffe zu der vorbenannten steten behulff brachte dy mit vns
zu tagen zu bringende so schreb ir vns wirderzu als wir das mit seinen brieffen beweisen mogen das dy
stete kainen tag mit vns halden wolden is wert denne das wir den¹³⁰ von Holstain zu vor aws Gottorp vnd
sunder Juudlannt wolden lassen volgen.¹³¹ (M19) Och so haben wir zu ander czeiten vnse botschaft bey
jn gehabt als her gert von diwecz zu dem sunde vnd vnse brieff zu den andern steten zu der gemeine
gehat vnd lossen vorkundigen wy dy stete vnse viende weren ober das das wir alle czeit berait weren
gewesen recht zu gebende vnd zu nemen dar auf men smelike antwort weder aff wart als wir mit eren
briefen mogen das wol bewisen. [Zahlsymbol für 3, gefolgt von: in alio folio]

[Fol. 2ʳ: Zeichen für 3. Seite] [M21] Jtem hir nw so sante zu vns vnse liebester bruder vnd Ohem der Romische konig seinen Rat vnd Sendeboten meister N(iclasen) Stock der off seine brieff vnd gebőt mit den
selben steten vnd och mit den von Holstein alse her vns vorstan ließ eines tages was ens gevorden den si

---

123 Oder *voitte*.

124 Korrektur: *itte* ist über das Wort geschrieben, weil nach *gi* der Rest des Wortes keinen Platz mehr
auf der Zeile hatte.

125 Das Wort wurde nachträglich als Korrektur über die Zeile geschrieben.

126 In TKUA 5,1 stand erst nur *er*, aber der Bearbeiter (Goswin Comhaer) hat dies in *der meist.* geändert.

127 In TKUA 5,1 steht *he*, in diesem Dokument ist nicht ganz eindeutig ob der zweite Buchstabe eine
e oder *o* ist, außerdem folgt ein Abkürzungszeichen.

128 Leseproblem: oder *Marschach*.

129 In TKUA 5,1 steht *warff*, und Nikolaus Stock hat das Wort vom Laut her direkt ins Hochdeutsche
übertragen.

130 Korrektur in TKUA 5,1: *unsen Oheim*.

131 Das Wort oder ein Äquivalent stehen nicht in TKUA 5,1.

mit vns sulden gehalden haben zu falserbode alse binnen den achtagen zu paschen nach weise alse ein der Ro(mische) ko(nig) hatte screuen[132] dar af si vnse laides brieffe von em enpfangen hatten. [M22] Vnd als wir ir zukunft do selbs vorttnde weren so quemen si mit erer macht[133] des wir vns nicht vormutende weren nach deme als der selbe maister niclas von vns schedet vnd legerden sich vor Coppenhafen vnd beschedigetten vnse lant vnd leute als si meste mochten[134] als das wislich vnd offenbar ist. (M23) Vnd also der vorbenannte maister N(iclasen) St(ock) de ein vppe den vorbenannten dag zu falsterbode beregent scholde hebben quam zu koppenhafen vnd se jn sodaner mosse vor sich vant jn dem ursunde vnd si jm nicht zustunden von Jenigen tage de em von den steten zu secht were zu valsterbode zu haldende so antworte he en na anderen velen tediginen des Ro(mischen) ko(nigs) offenbaren brieff dar an her jn gebot bei seinen vnd des Ro(mischen) reiches holden das si svlche czwitracht vnd krige als si mit vns angehaben hetten von stunden an solden aff dun [vnd][135] nederlegen vnd schulden sich an dem rechte das wir jn hatten[136] geboten genugen lassen oder wo si das nicht teten so solden si komen dorch eres ungehorsams willen vor des Ro(mischen) Reichs hofegerichte binnen deme hundersten tage nach deme als si den vorgeschrebnen brieff enpfingen vnd das dis also ist geschehen das mogen wir beweisen mit offenent instrumenten dy dar off gemacht sin.

[M24] Jtem als dy vorgenannten stete an erer protestacien di si teten an diesem Jare xiiii[c] vnd xxviij an dem fritage vor dem sontage alse man singet Vocem Jocunditatis vor bischoff Johan von Rosseborch dy se vns schickede vnder sinen hangenden Jnsegel jn der andern Reysen dy se das jar teten in den ursunde[137] protestiret vnd betuget haben manck anderen Artikeln wy das si vnse viende worden sint durch beschirmunge willen erer vnd eres mainen kofmans privilegia[138] vnd guter dy wir Jn vorczeiten manfeldichichen angevertiget gehindert vnd brochen scholden haben vnd nach alle tage anvertigen hindern vnd brechen scholen dar Jegen se nener beclaginde dy se ober vns zu welen[139] czeiten breffliken vnd mit muntlich botschaft an herren fursten landen vnd leuten alse se schreiben vnd getan haben geneten haben mogen etcetera. Dar sagen wir zu das vns vnwislich ist vnd haben noch ny gehort das si vns yi werde vor Jemende jn sottener weise vnd dorch sottener sachen willen vorclaget heben vorder zeit bis si selbes vnse[140] viende verden seint och mogen wir beweisen mit ere entsege brieffen das si vnse personen dorch sodaner sache willen dar se vnse viende vorden nicht geschuldiget haben och mogen wir beweisen mit deme instrument (M25) das zu dem sunde gemacht wert ober di sache dy do gehandelt vart von vnse wegen czwisschen vnsen vettern vnd den steten vorgeschreben das si offenbar bekanten vnd segeten das

---

132 Nikolaus Stock übernimmt die Abkürzung *sc'ue'* direkt.

133 In TKUA 5,1 befinden sich hier Korrekturen und Ergänzungen. Ergänzt wurde: *des wy vns nicht vormodet hadden nach deme alse de vorscreuene mester niclaus von uns schedende* mit einer nachträglichen Änderung von *schedende* in *gescheden war*.

134 In TKUA 5,1 ist *vnde beschedigen vnse lant vnde lude alse se meste mochten* gestrichen und ergänzt durch *in sodaner wise* durch den Bearbeiter (Goswin Comhaer).

135 An dieser Stelle befindet sich ein Loch, ein Stück von *d* ist aber noch erkennbar.

136 Im Anschluss wurde *lassen* gestrichen.

137 An dieser Stelle wurde *de se das* ausgestrichen und *dy se das jar teten in den ursunde* nachträglich als Korrektur darüber geschrieben.

138 Zuvor wurde *privigelia* ausgestrichen.

139 In TKUA 5,1 steht *velen*, in dieser Fassung ist der vierte Buchstabe durch Tinte etwas verschmiert.

140 Das Wort wurde nachträglich als Korrektur über die Zeile geschrieben.

si vnse personen nergen an zu schuldigen hetten svnder si weren vns plichtig mir dinstes were wy aime
fursten den si vosten durch wil goden willen din wir jn vnd den jrn[141] *beweisset hatten vnd hyr an stet*
zumerkende van si vns alsuls beclaget han als si protesteren das si vns das geton haben wider got vnd
alle recht.[142]

[M26] *Jtem als si protesteren do wyr vnse sendeboten hatten jn preussen vnd vns vor dem homeister zu*
rechte vorboten leten das si das selue do vnd do selbes mit eren sendeboten de se dar do kegenvartig[143]
hatten von eren vnd erer menhait wegen och von leten (dar sagen wir so zw das wir bewoisen mogen
glichs als ir obene vor beruret ist) das si des do nicht tun wolden sunder se schoten sich zurocke zu eren
reten vnd legende dat dar mede aff zu der czit (vnd da dicz der woheit [sic!] bas gleichet das schint dar
an wente wan se dar zu weren ouerbedich gewest vor dem homeister als se protesteren so were nen
behuff gewest das der vorbenannte homeister seinen marschack mit andern seinen sendeboten zu den
vorbenannten steten alse eren willen zuvorhoren aff grosse kost vnd czeringe gesant hatte dy doch wol
bey dren wochen bey jn was er her eren willen vnd berat alse he vns satte erkende aff frage kunde). Vnd
Jn deme als her von jn schedende mit deme antworde dat se eim gesecht hatten vnd sich vnse benalede
vnd was gekomen bett to worthingborch[144]. [M27] *Jn deme quemen dy stete vor koppenhafen mit erer*
macht en he zu vns quam hyr ane is wol tomerkende wer de homeister erer zu rechte mechtig wesen
scholde alse se protestiren oder nicht vnd do de marschack by vns quam do lis her vns dar nicht vorstand
das der homeister erer zu rechte mechtig solde wesen vnd hatte des ok nen befel van em als her vns
sagete.

[M28] *Jtem als si protestiren das se sodanne boden alse vnse leueste broder vnd ohem der Ro(mische)*
ko(nig) vormiddest schriften de de erlike meister N(iclasen) Stok siner werdicheit sendeboten en jn deme
orsunde jn der ersten reise antworde getan hefft gerne horsamlich wesen wolden so verre alse wy mit en
vormiddelst vnse volmechtige bodeschaft zu ener legeliken stede komen oder jn vnd den eren notherstige
laydes briffe jn dennemarken seinte zukomende gewen wolden etcetera Jn welchen vorgenannten schrif-
ten der vorbenannte vnse lebe bruder vnde Ohem en gebot alse bewislik is vnd se seluen bekennen von
Ro(mischen) Ko(niges) macht vnd bey des Ro(mischen) reichs holden vnd bey sulchen jenen als jn dem
keserlichen rechte beschreben stan das si alle czwitracht vnd krige dy sy mit vns sy mit vns ane seczen
von Stunden vnd gans solden ab tun vnd vns oder vnse riche [Zahlzeichen für 4, gefolgt von: vertor; Fol.
2ᵛ: Zahlensymbol für die 4. Seite] *nicht mehr bekrigen oder beschedigen scholde sunder scholden sich*
genugen lassen an deme rechte das wir em hatten geboten vnd beden laten etcetera. Dar segen wir so
zw das se der protestacion an deme artikel nicht noch komen[145] *sunder das recht en jegendem halben*
gedon[146] *weten nach der czit alse den vorbenannte horsam nach des Ro(mischen) Ko(niges) vorschreben*
gebote protestiret vnd von sich gesecht hetten so quemen si zu der anderen reysen mit macht jn den

---

141 *r* wurde nachträglich ergänzt.
142 Nach dem letzten Wort verrutschte die Feder.
143 Der Wortanfang ist teilweise durch Tinte bedeckt.
144 Nachfolgend ist ein angefangenes Wort ausgestrichen.
145 Als Korrektur über die Zeile geschrieben.
146 Als Korrektur über die Zeile geschrieben; nicht so gut erkennbar.

orsund [M29] *dar se vns so affbranden vnse stat landeskrone dar se to der czit di*[147] *sulue protestacie vnder des vorbenannten bischofs Jngesegel vorsegelt leten vnd vns von dar to der hant schickeden.*

[M30] *Doch hyr bouen liebe Ohem na dem male dat de vorbenannten stete mit Juwer leue to deser stete, vnd zu desem veligen tag vmme sich mit vns zuvorrichtende komen sint so aname wir gerne von dessen czit de vorbenannte protestation de so vppe den vorbenannten horsam geton vnd alse vor gechreben ist von sich gesecht heben vnd beten ewir liebe das gy mit en dat vormogen das si das vns tun bey jw vnd by anderen herren vnd fursten sodane wandel als si vns von rechtes wegen nach klage vnd antworde*[148] *als man denne virt vorbrengen pflichtig sint vnd des gleiches vnd wider von vns nemen vppe dat alse vorge-schrieben ist das*[149] *de saches deses Sweren genemen vordenes an vns by vnsen schulden nicht gefunden werde.*

[M31] *Jtem is oder also lieber Ohme das ewir liebe mit en des nicht envormag so bitten wir euch mit ewrn prelaten Rittern vnd knechten vnd alleander dy hy kegenuortig sein das ir vnse riche nach deser czit vnschuldig vnd ane*[150] *orsache an desem gemenen vorterben holden vnd vordermer vor andern herren vnd fursten do vns das behuff virt*[151] *vnd sunder vor den korfursten getreulichen enschuldigen vellen.*

Jtem als si protestiren vnd bekennen das maister N(iclasen) Stok mit en was ens geworden aines tages mit vns zuhaldende zu falsterbode welchen tag zu beschuchende en benam alse protestiren weter vnd vint etcetera. [M32] *Dar segge wy so to venne nach dem mole das der vorbenannte tag utgesticket was binnen den acht tagen von paschen zuhaldende vnd si mit ere macht binnen den vorgenannten acht tagen von paschen quemen jn den orsund vor koppenhafen so hetten si och mit dem selben weder vnd winde den vorbenannten tag zu falsterbode wol besuchen vnd halden mogen*[152] *also wol wislich ist den dy baide*[153] *steten kennen des doch ere hofeleute dy zu der selben czeit do weren nicht bekennen oder von sich sagen welden sunder sageten das jn vnwislich were das ynighes tages to falsterbode zu haldende mit den steten gerament were das ist wol beweslich wes des so ist oder nicht.*

Jtem als si protestiren weres so das vnse liber Ohem vnd bruder[154] *der Ro(mische) ko(nig) si oder dy eren bouen dese vorbenannte vorbedinge eres horsams jn jenich recht teen wolde das denne seine kongliche persone jn desen stucken vnd artikeln czwissen vns vnd jn hangende nen degelich richter wezen moge vmme das willen vorno wir suister vnd bruder kinder geboren sein etcetera. Dar segge wy so to nach deme mole das an seine persone*[155] *als an aime Ro(mischen) ko(nig) hanget vnd beslossen ist der schacz*

---

147 Die Wörter *czit di* sind als Korrektur nachgetragen, ein doppeltes *der* wurde ausgestrichen.
148 In TKUA 5,1: Ergänzung durch einen dritten Bearbeiter (Goswin Comhaer): *alse man dene wert vorbringens.*
149 Als Korrektur über der Zeile nachgetragen.
150 Als Korrektur über der Zeile nachgetragen.
151 In TKUA 5,1: Ergänzung durch einen dritten Bearbeiter (Goswin Comhaer): *vnde sunders van den korfursten.*
152 In TKUA 5,1: Ergänzung (Handschrift nicht ganz eindeutig, aber wohl der Schreiber): *alse wol witlik is den de de bade stede kennen.*
153 Leseproblem: Nicht ganz eindeutig.
154 In TKUA 5.1, Ergänzung durch den Bearbeiter (Goswin Comhaer): *de Romische Koning.*
155 In TKUA 5.1, Ergänzung durch den Hauptschreiber (Heinrich Eybe): *alse an enem Romischen konnige.*

aller keserlicher vnd vorlicher rechte vnd her do mete erer aller hirre vnd hopt ist vnd dorumme[156] *so siner hochwirdecheit billich des zugetrawen sollen dat se jn glichen sachen en dorch des selben bundes wllen gewegener wegen schole wen vns dar angeborne blutes willen so duncket vns das si soluer Ro*(mischer) *Ko*(niglicher) *weridicheit dar an sere misseboden*[157] *das se em sodanen vngloben zu legen doch wes des nw si oder nicht si wente vns das nicht antwort so lassen wir das besten an seinem wesende vnd* [M33] *sint*[158] *ouerbotig bouen alle worschriuet glich vnd recht zunemede vnd zugebende.*[159]

Randvermerke:

M1: *nota ciuitates attemptauerunt facere ligam cum domino Rege in Flensburg.*

M2: *Item secundo in Flensburg attemptarunt facere ligam Civitates et alias vellent alliere secundum posse.*

M3: *Item recitauit Rex propter certas causas non expressas.*

M4: *Item tangitur quod Ciuitates fecerunt minutam lige quam comprobauit Rex, habita tamen deliberatione cum aliquibus ex vicariusque parti ad conueniendum circa festum sancti Yohannis.*

M5: *Item venerunt circa Viti et Moedesti et sigillatam ligam Rege presentarunt.*

M6: *Item Rex presentauit Ciuitatibus similiter literam sigillatam cum Regio sigillo Majestatis et subditorum sigillis Regnorum.*

M7: *Item in tali sigillacione non fuit per Civitates motum de aliquibus dampnis eis per Regem uel suos illatis.*

M8: *nota si fieret aliqua discordia ista deberent nativitatis Marie iuxta proposita et Risponsa in Coppenhauenis sine aliqua alia inimicicia diffiniri etcetera.*

M9: *nota petiuit Rex auxilium iuxta ligam quam non tenuerunt etcetera.*

M10: *Non possunt probare quod diem consiuissent cum querimonijs si quas habuissent.*

M11: *Item vltimato fuerunt in Werdenburg pro aliquo statuto quod videbatur eis in preiudicium factum respondit Rex quod vellet cum centum militaribus et militibus probare quod ne esset eis in preiudicium factum sed solum propter vsum victualium ad certum tempus et de arrestauerunt omnia arrestata.*

M12: *Item in werdinburg proposerunt quod sui essent spoliati respondit Rex licet discussio deberet fieri in Coppenhauenis natiuitatis Marie quod ipsi dicentis nomina illorum quibus Rex essent ablatorum et receptorum ipidem vellet eis indicare uel fuit propositum ut scriptum et Commisit Rex Archiepiscopo et episcopo Ruskaldensis ad iudicandum.*

M13: *Item cum desiderauit Rex auxilium ab eis venerunt prope Gotdorp dicentes quod essent potentes Holsatorum ad standum coram eis iuri etcetera.*

---

156 In TKUA 5.1, Ergänzung durch den Hauptschreiber (Heinrich Eybe): *so siner hochwerdicheit billich des to getruwen scholen dat se.*

157 In TKUA 5.1, Ergänzung durch den Hauptschreiber (Heinrich Eybe): *dat se an sodane vnlouen to leggen.*

158 In TKUA 5.1, Korrektur durch einen weiteren Bearbeiter (Goswin Comhaer): gestrichen *bereyt*, stattdessen: *ouerbodich bouen alle vorschriuen.*

159 Nachfolgend ausgestrichen *by*. Vgl. mit TKUA 5,1, wo das Wort stehengeblieben ist, aber *allesweme der vns helpen mach* ausgestrichen wurde.

M14: *Item pertinerunt Ciuitatenses Regem quod vellet Holsatis dare sunder Judland.*

M15: *nota dixerunt Regi quod vellent redire cum responsis et responsa erant littere diffidatorie.*

M16: *omnio tangitur legatio Regis versus stetin wolgast et bart et prussiam quod exhibuit se stare iuri.*

M17: *Item tangitur legatus tentus in Sundis et responsio Ciuitatensium etcetera.*

M18: *Nota fecit Rex legacionem ad Magistrum ordinis quem nunciatur quod Ciuitatenses dixissent quod non esset eis commissis ad dicendum quod vellent stare iuri etcetera.*

M19: *Marschalcus ordinis Regi quod Ciuitates vellent stare iuri et receptas litteris salui conductus etc. vero nunciauit oppositum (...)[160] docuerimus infra et in littera sua cuius copiam habeo.*

M20: *Nota Rex scripsit communitatibus eisque querit ut notent in litteris.*

M21: *Hic tangitur legacio Regis Romanorum de termino in falsterbode tenendo.*

M22: *nota hic tangitur quod cum potencijs ipsorum fecerunt dampna ante Coppenhafen.*

M23: *nota hic tangitur quod Ciuitatenses negauerunt se scire de termino placiti et presentatio Citationis.*

M24: *Nota hic tangitur protestacio Ciuitatensium.*

M25: *Hic tangitur instrumentum in Sundis factum.*

M26: *nota tangitur exhibito iuris pro rege coram Magistro ordinis.*

M27: *nota hic tangitur legacio marschalci et quod Ciuitates venerunt cum potencijs ipsorum uti voluerint stare iuri etcetera.*

M28: *nota hic tangitur protestacio facta per Ciuitates.*

M29: *nota hic tangitur combustio Ciuitatis landeskrone.*

M30: *nota hic ratificat et accepterat Rex protestacionem Ciuitatum Et exhibit se stare iuri coram dice wilhelmo et alijs.*

M31: *nota Rex petit ducem quod velit esse memor quod causa non sua nec suorum gwerra.*

M32: *nota hic tangitur quod excusacio Ciuitatensium non valuit quod cum vno et eodem velo poterant venisse ad terminum placiti cum quo venerunt Coppenhauensis.*

M33: *Hic exhibet se Rex ad standum iuri etcetera.*

b) DRA, NKR 3032

Roskilde, 1428, Juli 12
König Erik von Dänemark etc. erklärt, dass der Ritter Bernd Kanne, als Gesandter Herzog Wilhelms von Braunschweig-Lüneburg, Verhandlungen zwischen dem König und den Holstenherren sowie den Städten Lübeck, Hamburg, Lüneburg, Rostock, Wismar und Stralsund auf den 31. August zu Nykøbing (Falster) ausgehandelt hat, und gewährt allen Teilnehmern der Verhandlungen Geleit.

Provenienz: DRA, Sammlung Thott Fol. 822. Lübecks Stadsarkiv
Material: Pergament, anhängendes Sekret König Eriks

---

160 An dieser Stelle ist das Wort nicht erkennbar, da das Papier zerissen ist.

Text:

Wj Eric van godes gnaden der Riike Dennemarken Sueden Norweghen der Wnde vnde der ghoten koning vnde hertogh tho pomeren don witlik vnde betughen vor allessweme an desseme Jeghenwardighen brue Alse de Jrluchtighe hochgheborne ffurste Here Wilhem Hertogh tho Brunswijk vnde Luneborgh vnse leue ohem Syne Erbare bodescop vnde Rad als den eddelen Strengen heren bern kannen Ridder nu by vns hefft ghehat vmme cihtunge vnde vrde tho sprekende twischen vns van der enen vnde den Holsten Heren vnde Zesteden Lubek, Hamborgh, Luneborgh, Rosstock, ~~vnde~~[161] *Wismer vnde Stralessunde myt erer partyen van der anderen weghen Also hefft de sulue Erbare Ridder nu enes daghes twischen vns beyden delen voramet vnde vpghenomen tho holdende In Nyeköping in Falster In den achte daghn na Bartholomei neghest komende des scholet de heren vnde stede vorbenannt myt alle den eren vnde alle den Jenen de se vppe den* ~~den~~[162] *suluen dagh myt sik bringende werden An zekeren gheleyde vnde wisser velicheyt vorwaret vnde gheleydet zyn vppe deme daghe tho vnde wedder aff In ere beholt vor vns vnse Riike vnde alle den vnsen de vmme vnsen willen don vnde laten scholen vnde willen Sunder alle arech. Were ouer dat sik desse vorramde tijd des dahes van wedders not effte van anderen notsaken wat vortogherde So schal desse sulue leydebreff by vuller macht bliuen vordan vulle achte daghe all vmme darna So dat de erbenomeden heren nde stede vnde alle den eren alse vorghscreuen is tho vnde aff ok gheleydt zyn scholen sunder alle arech. Tho tuchnisse vnde meerer vorwaringe desses vorghescreuen leydes vnde velicheyt hebbe wij vnde Secret Inghezeghel gheheten hengen vor dessen breff De ghegeuen vnde ghescreuen is to Roskilde na godes bort dusent jar verhundert dar na in deme achtentwinghesten jare des mangaghes na den achtedaghen visitacionis Marie virginis gloriose.*

c) DRA, NKR, Nr. 3057

ohne Ort, 1429, Juli 15
Herzog Wilhelm und Heinrich II. von Braunschweig-Lüneburg haben mit den Bürgermeistern und Räten der Städte Lübeck, Hamburg und Lüneburg vereinbart, dass sie die Städte in ihrem Krieg mit dem König Erik von Dänemark unterstützen werden und sagen zu, innerhalb von acht Tagen 300 Ritter und Knechte zu stellen. Im Gegenzug haben sich die Städte zu einer Zahlung von 20.000 Lübischen Mark verpflichtet, die in mehreren Raten gezahlt werden.

Provenienz: DRA, Sammlung Thott Fol. 822. Lübecks Stadsarkiv
Material: Pergament; anhängende Siegel Herzog Wilhelms und Herzog Heinrichs II. von Braunschweig-Lüneburg (beschädigt)
Beschriftungen: Rückseite: *Duces Brunswigk promittant se civitatibus contra regem Dacie ericum solidi iunxerunt*

---

161 *vnde* wurde hier durch Unterpunkte als zu tilgen markiert.
162 Die gedachte Streichung ist durch Unterpunkte markiert.

Vorbemerkung zur Edition: Alle Abkürzungen im ursprünglichen Text wurden für die Edition ohne weitere Kennzeichnung aufgelöst.

Text:

Wy Wilhelm unde Hinrick gebrudere von godes gnaden to Brunßwig vnde Luneborg Hertoghen Bekennen openbare in dessem breue. Dat Wy mit den Ersamen Borgermeistern vnde Reden der Stede Lubeck Hamborch vnde Luneborch vns frundligen vorgan vnde verdragen hebben. Also dat wy des konings Ericks von denemargken etc. vnde syner Rike vyende werden willen mit vnsen herren vnde frunden de wy darto vermogen vnde den erbenannten Steden denen willen to orem krige den se mit dem ergenannten koninge hebben mit dren hunderd gleuien[163] Riddere vnde knechte vnde desuluen drehunderd gleuien schulle wy hertoge Wilhelm an voren in des erbenannten koninges land vnde dar wedder uth. Unde dewile wy also in orem dienste syn upp unse egene[164] auentur wynnes vnde verlustes vnde alles schaden id sy angefangenen perden hufslage vnde wu men den schaden namen mag . vnde upp unse egene koste vnde foder. Vnd wy Wilhelm erbenannt willen vnde schullen mit den drenhundred gleuien an des konings vnde der Stede vyende landen reysen blieuen bestallen vnde horen vere wekene aluth unde id dar holden na der Holsten heren vnde der ergenannten Stede frunde de se dar uth eren Reden schigkende werden eyndrachtigem Rade. Unde vmme den wynne schullen id de herren van Holsten mit uns holden alz se den erbenannten Steden dat vmme den wyn vorbreued hebben Vnde weret ok dat id sick so vorlepe dat wy Hertoge Wilhelm erbenannt den ergenannten Steden bouen de ver wekene achte edder teyn dage leng deneden mit den vorgescreuenen drenhunderd gleuien. dar umme endoruen se vns bouen de nagescreuenen summen nergen an verplichtet syn Schedede wy ok uth des konings landes eir[165] dortyd Hir vorbenannt mit willen vnde na eyndrachtigem Rade der Herren van Holsten vnde der erbenannten Stede frunde de se uth oren reden darto schigkende werden dat en scolde vns in der nagescreuen summen nicht to vorvange syn. Vnde wy erbenannten Wilhelm vnde Hinrick enwillen noch enschullen vns ok mit dem erbenannten koninge vnde synen Ryken nicht vreden sonen edder jenich bestand maken er der vorgescreuene krich gantzliken to ende geulegen vnde sleten iss vnde de wile wy der erbenannten Stede to rechte mechtig syn. Ok so wille wy Wilhelm erbenannt vnde schullen in deme vorgescreuenen dienste wesen vnde de tyd uth blieuen mit vnses sulues personen id beneme vns witlike lieus nod Vnde so scule wy vnsen bruder hertogen Hinrick schigken in vnse stede Vnde hervor schullen vns hertogen Wilhelme vnde Hertogen Hinrick vorbenannt vnde vnsen eruen de vorgenannten Stede gheuen twintig dusend Lubissche mark to betalende indesser wise uppe sunte panthaleonen dag erstkomende Sees dusend marck bynnen den achtedagen sante michels dar negestkomende viffdusend marck uppe den negesten lichtmissen dorna viffdusend marck vnde uppe paschen erstvolgende veer dusend marck. Vortmer weret dat wy Wilhelm vnde Hinrick vorbenannt vns mit den drenhunderd gleuien bered vnde verdighed hadden so dat an vns des ney[166] gebregk enwere vnde de reyse van degedingen wegen edder anders van den

---

163 Wahrscheinlich zuerst fehlerhaft: *gleuen* geschrieben, aber es steht eindeutig ein „i"-Punkt und in allen anderen Fällen steht auch *gleuien*.
164 Oder *eigene*, aber der Schreiber fügt sehr oft an das *e* noch einen Bogen an, bevor er den nächsten Buchstaben anfügt.
165 *Eir* oder *er*; das andere *er* ist eindeutiger zu erkennen.
166 Kürzungszeichen – Strich – über dem *ney*. Vielleicht heißt es *neyn*.

erbenannten Steden wedderboden wurde So scullen wy de vorgescreuen Sees dusend margk behalden
vor vnse kost vnde beredinge[167] de wy darumb gedan hedden Weret ok dat de erbenannten Stede vnser
in jenigen saken bedarften dar wy eres rechtes an mechtig weren dar wille wy on to willen vnde beha-
gelicheid ane wesen wur wy kunnen unde mogen. Vnde des gelik schullen se wedderumb by uns don.
Wur Wy des van on begern. Alle desse vorgescreuen stugke laue wy Wilhelm vnde Hinrick vorbenannt
den ergenannten Steden an guden truwen stede vast toholdende sunder alle geuerde. Unde des to be-
kanntnisse hebben wy vnsen breff mit vnßen angehangenen Ingesegelen on besegeld gegeuen In dem
Jahre na godes bord dusend verhunderd darna in dem negenvnde twinagesten jare uppe aller Apostel
dag als se inde land gesand wurden.

d) DRA, NKR, Nr. 3075

Vordingborg, 1430, Mai 10
König Erik von Dänemark etc. erklärt, dass Conrad Bischop und Reymer Rapesulver
zwischen dem König, den Grafen Adolf VIII. und Gerhard VII. von Holstein bzw. ihren
Räten sowie den Städten Lübeck, Hamburg, Lüneburg, Rostock, Wismar und
Stralsund Verhandlungen vereinbart haben, die um den 15., 22. oder 29. Juli in
Nykøbing (Falster) oder Falsterbo (Schonen) stattfinden sollen, und gewährt allen
Teilnehmern der Verhandlungen Geleit.

Provenienz: DRA, Sammlung Thott Fol. 822. Lübecks Stadsarkiv
Material: Pergament, anhängendes Sekret König Eriks. Die Urkunde ist stellenweise
sehr stark von Tintenfraß betroffen, in vielen Fällen sind die Konturen noch zu erkennen, einige Wörter sind aber komplett unleserlich geworden
Beschriftung unter Plica: *Ad mandatum domini regis de consilio Johannes Petri can-*
cellarius.
Vorbemerkung zur Edition: Alle Abkürzungen im ursprünglichen Text wurden für
die Edition ohne weitere Kennzeichnung aufgelöst.

Text:
Wy Erik [von] godes gnaden to Dannemarken Sweden Norwegen [der] wenden vnde Goten konyngh vnde
hertog [...][168] Alse wy hir, vte weruen hern Curd Biscops Borgermesters vnde hern Reyners rapesulvers
radmans unser [stad][169] Stralessund, to laten hebben tho holdende enen veligen dach tüschen vns an
dem enen, [vnsen Ohemen van Holz][170]sten Greuen Alff vnde Greuen Gherde edder eren [rederen][171] an

---

167 *Beredinge* oder *Berednige*; Reihenfolge von i + n ist nicht eindeutig.
168 Es sind noch Spuren eines Wortes zu erkennen, aber nicht genug, um es zu entziffern. Zu erwarten wäre der Rest des Titels „Herzog von Pommern".
169 Wort ist nicht lesbar, der Kontext ergibt sich jedoch aus dem gesamten Satz.
170 Mindestens drei Wörter sind nicht lesbar.
171 Möglich wäre auch: *ridderen.*

dem anderen, vnde den Steden [Lubek, Rostok, Ham][172]*borgh . Stralessund, Lüneborgh vnde Wismar, an dem drüdden, dele, tho Nykopunk in Ffalster edder to* [Ffalster]*bode in Schone to welcher Stede van den twen de vorbenannten Stede dat kesen, uppe* [Marie Magdalenen][173] *dage edder bynnen achte dagen vore edder na, negestkomend vmbegrepen. Id en schůde dat* [se dorch gebrekes] *willen wedders vnde windes edder dorch anderer merckliger sake wirken mit unser aller* [vorgeguen willen] *vorlenget edder verkurtet wurde, umme to vorsokende dar sülues ufft man vermiddelst gnade des* [almechtigen][174] *godes jennich myddel dar wy vns mit eren vnde reddelicheit to neigen muchten,* [vorramen] [...]*hte*[175]*, dar* [mede] *de twidracht dar wy ane staen mit vnsen Ohemen von Holzsten vorbenannt an ener, vnde mit den ergenannten Steden, an der anderen sake, vorscheyden edder ghelegert edder to ener tyd vndervangen muchte werden. So Bekennen wy koning Erick vorbenannt in crafft desses breues dat wy ghunt hebben vnde ghunen gheuen hebben vnde gheuen don* [werden][176] *vnsen Ohemen von Holzsten edder eren, vnde ock der ergenannten Stede, Sendeboden, vor vns de vnsen vnde vor alle den yenne de vmme vnsen willen don vnde laten scollen edder willen, upp sunte Marie magdalenen dach negest komende edder achte dage for edder na vnde dar en tüschen, een velich seker gut ghleyde mit eren personen* [schepen, gesinde][177] *hauen vnde gude dar*[178] *se den vorscreuenen veligen dach to Nykopunk edder Ffalsterbode nach deme dat se vns dat tüschen nw vnde pingsten negst kommende vorkundigen laten, mede sokende werden aff vnde to wech vnde wedder to varende vnde to komende vnde da süluen by vns to wesende,* [wedder][179] *ungehindert vnde* [unbeschediget] *van vns vnde alle den vnsen. Alse vorscreuen is, sunder arch, vnde beden*[180] *darumme stengliken alle den vnsen dar de ergenannten vnse Oheme van Holzsten edder ere, edder och der ergenannten Stede, sendeboden, edder ere gesinde vorgescreuen mit eren* [hauen] *vnde guderen dar se den vorbenannten dach mede to sokende hebben, to komende werden dat se de* [ongehindert] [...]*[181] *varen vnde komen vnde mit dem besten na eren vormogende, vorderen, Gher*[182][ebbe][183] *dat och also* [bynnen der] *holdinge desses veligen daghes vorgescreuen, edder dar en*

---

172 Nur Konturen erkennbar, genaue Schreibweise von Rostock unklar.

173 Konturen von *Magdalenen* sind noch recht gut erkennbar. Das Tagesdatum ergibt sich aus dem gesamten Brief.

174 Konturen von *gen* sind noch halbwegs lesbar, ansonsten wäre dies eine mögliche Lesart. Auf jeden Fall befindet sich an dieser Stelle ein Attribut.

175 Wort beginnt möglicherweise mit einem *m*.

176 Erkennbar sind das *w* am Anfang und ein *n* mit Abstrich ähnlich wie beim vorherigen Wort am Ende.

177 Konturen sind noch erkennbar. *geside* mit Abkürzungszeichen.

178 Oder *dat*.

179 Ersetzungsvorschlag.

180 *beden* oder *veden*.

181 *on*, *g* und *h* sind recht gut zu erkennen. Mögliche Lesarten für das zweite Wort wären: *bleuen*, *leuen*, *bliuen* etc., etwas, ein Ausdruck für „Verweilen", aber es ist nicht eindeutig ob das Wort mit *b* oder *l* anfängt.

182 Oder *Ghet*, aber es scheint doch eher ein *r* zu sein.

183 Alternativ: *elle*: Sicher ist das *e* am Anfang, der letzte Buchstabe könnte auch ein *o* sein. Für die mittleren Buchstaben kommen sowohl *l* und *b* in Frage.

bynnen dat des behoff wurde den sulchen dach [to vorlengen]*de*[184] *edder to vorkortende, So scholde wy vnde willen se dar so ane besorgen alse en das behoff wart don* [...] *s*[...]*ligh vnde vnbeschediget van vnse vnde den vnsen in ere behold scholen komen sunder argh. Jn tuch*[nisse] *der warheid vnde orkunde desses geleydes, hebben wy vnse Secret Jngeseghel an dessen breff* [hangen laten der][185] *gheuen vnde screuen is uppe vnseme Slote to Werdingborch Na godes bord veerteyn hund*[erd in deme[186]] *druchtigsten jare des teynden daghes in deme manet mayo.*

8.3.2 Unedierte Schriftstücke aus dem OBA

a) OBA, Nr. 4787

Kronstadt (Braşov), 1427, Juli 4
König Sigismund teilt Paul von Rusdorf, Hochmeister des Deutschen Ordens, mit, dass der Krieg zwischen dem König von Dänemark und den Seestädten viel Schaden anrichtet, hat davon gehört, dass der Ordensmarschall in dieser Angelegenheit unterwegs war und beglaubigt seinen Gesandten Nikolaus Stock, den er nun ausgesandt hat, um zwischen den Parteien zu vermitteln. Er bittet den Hochmeister, diesen genauer über die Situation zu unterrichten.

Material: Papier, gefaltet, Reste des als Verschlussiegel aufgedrückten Sekrets erkennbar.
Beschriftungen auf der Rückseite:
Adresse: *Dem Erwirdigen Pauwel von Rosterffe Homeister Deutsches Ordens unserm lieben* [a]*ndechtgen.*
Darüber mit anderer Schrift: *Romischer Konigk / Des doctors botschaft.*
Unter der Adresse in der gleichen Schrift: *Geenantwert czur Swecz am Donrstage noch nativitatis marie Jm xvij*[ten] *jore.*
In einer Hand des 16./17. Jahrhunderts: *Sigismundus Romischer konigk etc. fraget einen gefallen das sich der Hohmeister Paul von Rusdorff vnternehmen die vneinigkeiten zwischen seinem Brudern dem konige von Denmarcken vnnd den anseschetten hinzulegen. So habe er Meister Niclasen Stock zu gemeltem konige vnnd den Steten abgefertiget und derselbe werde erstlich zu dem hohmeister kommen Bettende Jne zu interrichten*

---

184 Konturen sind teilweise erkennbar: *dach, l* von *vorlengende.* Der komplette Sinn ergibt sich aus der parallelen Passage in der Narratio der Urkunde.
185 Der Sinn dieser Lücke in der Corroboratio lässt sich leicht erschließen, Unsicherheit besteht jedoch hinsichtlich der genauen Formulierung und Schreibweise.
186 Auch hier ist der Sinn klar und verkompliziert die Datierung nicht. Die Lücke ist zu klein, als dass sich hier eine zusätzliche Jahresangabe befunden haben könnte. Da die nachfolgende Angabe in der Ordnungszahl steht, ist ein Artikel in irgendeiner Form zu erwarten.

*wie vnde was er in der sachen handeln soll vnd Jne einen von den seinen mitt geben, weil
Jme die Sache wol bekannt.*

Vorbemerkung zur Edition: Alle Abkürzungen im ursprünglichen Text wurden für
die Edition ohne weitere Kennzeichnung aufgelöst.

Text:

*Sigmund von gotes gnaden Romischer kunig zu allenczeitn. Merer des Richs, vnd zu Hungern zu Behem
etcetera kunige.*

*Erwirdiger vnd lieber Andechtiger. Vns komen teglich boetschafft, wie sich der krieg czwischen vnsem
lieben Bruder dem kunig von Denmarken, vnd den Seesteten vast ynreysse das vns gar vbel gesellet nach
dem vnd wir merken das der kristenheit durch soliche kriege ytzund eyn grosse hilffe entczogen wirdet,
wo das nicht vnderstanden wirt. Nu haben wir vernomen, das sich deyn andacht, vnd der Orden in die
sache gelegt, vnd ewern Marschalk zu beiden teilen gessant habt, zuuersuchen ob man soliche stosse in
gutlichkeit geslichten vnd hingelegen mochte. Als vns das der Erber Caspar Slik, vnser Secretari vnd lieber getreuer ouch gesagt hat, das vns zumal wol gesellet vnd loblich ist, vnd derworten das soliche sache
dester endlicher getriben vnd geslicht werden moge. So haben wir den Ersamen Meister Niclasen Stok
lerer in geistlichen rechten vnsern lieben Andechtigen gefertigt, vnd vßgericht zu dem egenannten unsem
Bruder vnd zu den Hense Steten zureyten, vnd von vnsern wegen do zuarbeiten zurichtung solicher sache,
vnd haben jm doch befolhen, vor zu deyner Andacht zucziehen, dir vnsere meynung zuerczelen, vnd gelegenheit aller sache, von dir eigentlich zuerfaren, vnd der nach deynem Rate eigentlich nachczugeen,
vnd dorumb begeren wir von deyner liebe das du dem ergenannten Meister Niclasen in den sachen gentz-
lich glaubest vnd Jn vnderwisest vnd weg gebest, wir Er sich von unsern wegen in den sachen halden,
vnd die bequemlichsten handeln sol. Wann dir vnd dem Orden die kuntlicher sind dann vns, vnd was du
jn also underwisen wirdest, dem sol Er nachgeen, vnd vff vnße brieue also werben, als des notduft seyn
wirdet, vnd wollest Jn duch eyn andren der dynen zuschicken, der von dynen wegen mut reitt, vnd jm
wege, vnde vnderwisung gebe, doran tut deyn liebe der kristenheit, vnd beiden teilen eyn gut furdrung
vnd vns, vnd dem Riche sunderliche dienste, danknemykeit, vnd wolgefallen. Ouch als vns dann deyn
Andacht in den nechsten dynen brieuen zugeschriben hast wie das du eynen Bruder dynes Ordens, vnd
etliche koufflute von Thorun vnd von Danczk zu vns schicken woltest, haben wir gern vernomen, das du
dich unses willen also fleissest, vnd wann wir zumal groß verlangen nach jn haben, durch unses, vnd des
Ordens besten willen. So begeren wir aber von derselben deyner Andacht, das du vns dieselben Bruder
vnd koufflute vnd och Schiffbuwer vnd Schifflute dorumb wir dir awe nuwlichsten aber geschriben haben,
or[...]ecziehen, vnd ye ee ye besser[187] schickest. Doran tust du vns besunder liebe vnd wolgefallen. Geben
zur Cron in wurczland. Am nechsten Fritag nach vnser lieben frawen tag visitacionis, vnser Riche des
Hungrischen etcetera in dem xli. des Romischen in dem xvij, vnd des Behemischen Im vij Jaren.*

Ad mandatum domini Regis Caspar Sligk.

---

[187]   Hier war schon ein Loch im Papier.

b) OBA, Nr. 5626

København, 1431, April 21
Brief König Eriks an den Hochmeister Paul von Rusdorf in Bezug auf eine Geldschuld,
gleichzeitig eine Kredenz für den Kartäuser Goswin.

Material: Papier, gefaltet, Reste des Verschlusssiegels vorhanden.
Vermerke auf der Rückseite:
Adresse: *Dem Erwerdigen vormogede hern vnseme Besunderen leuen vnde Andechtigen*
vrunde vnd gunre hern Pauwel van Rosdorff homeister dudesches Ordens.
Über der Adresse, andere Schrift: *konig Dennemarke.*
Unter der Adresse: *czu pruschn markten am tage trinitatis Im xxxien jore.*
Vorbemerkung zur Edition: Alle Abkürzungen im ursprünglichen Text wurden für
die Edition ohne weitere Kennzeichnung aufgelöst.

Text:

Ericus Dei gracia Dacie Swecie Norwegie Sclavorum Gothorumque Rex et Pomeranie etcetera Dux.

Unsen gunstigen willen mit gansser leue vnde wunsche alles heiles to voren. Erwerdige leue vnde bisun-
dere Andechtige gunre vnde vrund. Alse erqwickinge der andachte enes vrundes, to sineme vrunde, is
ene bestedeginge der leue vnde wij escgede vil de leue dar an wij de persone juwer Erwerdicheid van der
tid dat vns de erst bekam wart vmbevangen hebben menen nummer bij vnsen schulden swaken to la-
tende vnde also ok begerende sint so verne dat an vns is juwe leue wedder to vns wakende to holdende.
So is vnse meninge an deme gar geringen dat wij juwer erwerdicheid nu senden, beide er to kennende to
geuende dat se an vnsen danken is vnuorgeten vnde se mit den suluen to ermanende unser des to vakener
to gedenkende. Alse se vakener an erer wollust vor egen für dat wij er to ener kurczwile nu schicken. Vnd
hadden wij gichteswat dar wij wisten er to ener geuellichlikerer ogenwyde to sendende dat were vns so
vele genuechliker er to benalende alse vns en wille is, vakene an erer Andacht vormanet to wesende.
Vurdermeer Erwirdige leueste vrund alse wij juwer Erwerdicheid vortides hebben to schreuen vnde bid-
den don bij bertold burammer vnseme dener vnd Burger juwer stad Danczke dat se wolde annamen van
her Gerde van der Beke vnde to vnser behoff bewaren den breff den he van vns hadde vppe ii^m hungersche
gulden de he vor vns vnd van vnse wegene by vurdernisse juw erwerdicheid hadde vtgegeuen, welken
breff wy vormiddelst bertold Burammer vorgeschreuen de de penninge vor vns vmfangen vnde vor vns
gelouet hadde ut to geuende vor lange tid geloset hebben. Und alse wij nv ervaren hebben dat de vor-
gescreuene her gerd vorstoruen is vnd nicht weten wo wii an deme vorbenannten breue vorsorget sint.
So bidde wij der suluen juwer erwerdicheid effte se en vntsorgen hefft dat se en denne deme geistliken
vnseme leuen Andechtigen her Gosswine ordens der Carthuser wysere desses briues antworden vnde
wes he juwer leue dar vp vurder van vnse wegen berichtende wert gelijk vns suluen gelouen wille. Is id
auer so dat se en noch nicht entfangen hefft, dat se en denne van her gerdes eruen esschen vnde her
gosswine vorbenannt alse vorgerort is antworden gerucke. Dar Juwe erwerdicheid sich durch unse leue
wille mit ernstigen vlite also ane bewisen wille dat wij vnde vnse nakomelinge vnvorsumet dar ane mogen

bliuen. Dat willen wij mit allen truwen willichlike mit ewiger woluard. Scriptum Civitate nostri Haff-niensis Sabbato post Misericordias Domini. Anno xiiij^c xxxj. Nostro sub secretum. [mit kleinerer Schrift nachgetragen] *Gosswin.*

8.4 Schriftanalysen und -beispiele für Heinrich Eybe, Notar und Schreiber in der königlichen dänischen Kanzlei

Abb. 8.4.1: Auswahl aus Heinrich Eybes Notarvermerken: a) 28. Mai 1428 (DRA, NKR, Nr. 3028); b) 29. Mai 1428 (DRA, NKR, Nr. 3029); c) 30. Dezember 1428 (DRA, NKR, Nr. 3089); d) August 1433 (DRA, NKR, Nr. 3147). Fotos durch die Verfasserin.

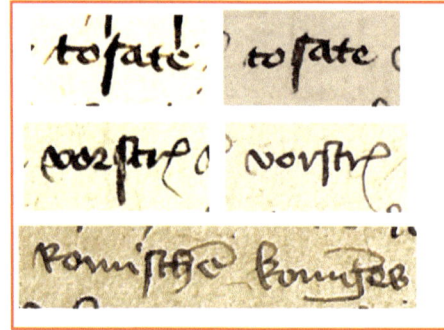
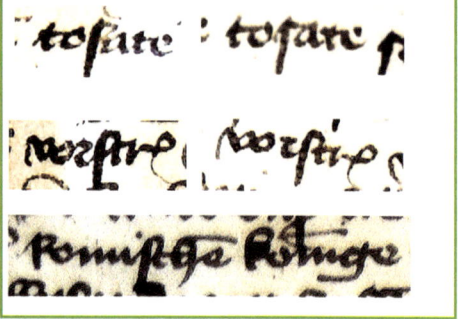

Abb. 8.4.2: Schriftvergleich zwischen DRA, TKUA 5.1 (rot) und DRA, NKR, Nr. 3089/3090 (grün). Fotos durch die Verfasserin.

a)

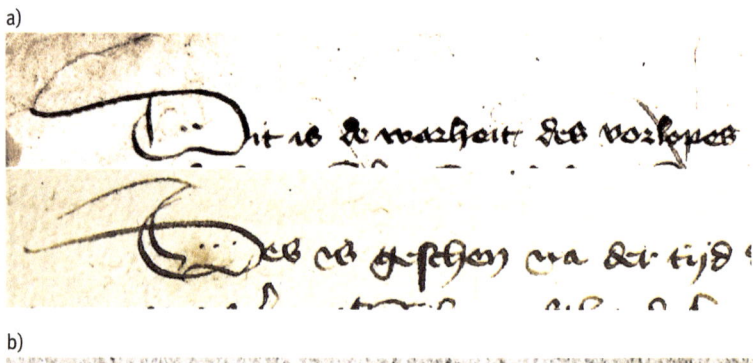

b)

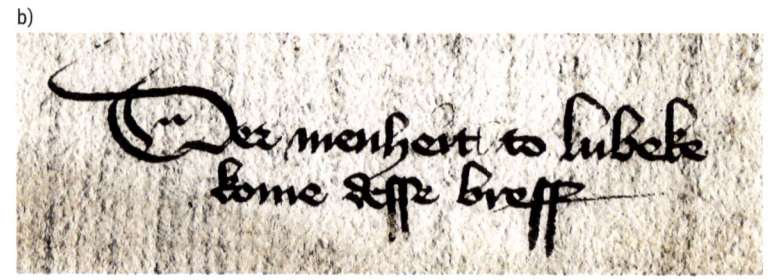

Abb. 8.4.3: Besondere Elemente der Schriftgestaltung: a) Auszüge aus DRA, TKUA 5,1; b) Adresse vom zweiten Brief König Eriks an die Lübecker Gemeinde (AHL, ASA Externa Danica, Nr. 3,1–86). Fotos durch die Verfasserin.

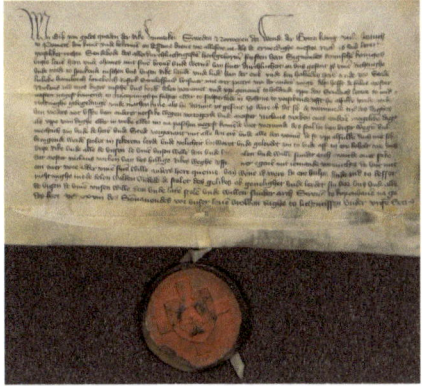

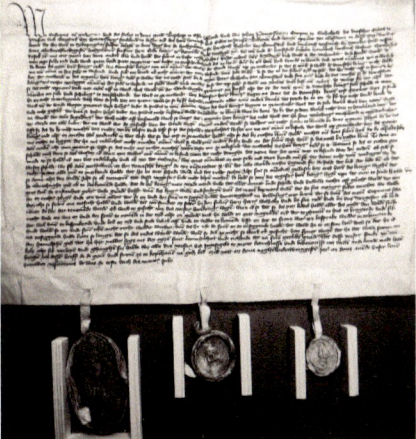

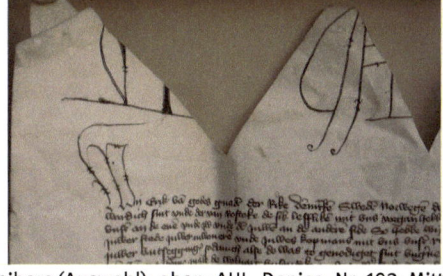

Abb. 8.4.4: Urkunden aus der Hand dieses Schreibers (Auswahl): oben: AHL, Danica, Nr. 192; Mitte: DRA, NKR, Nr. 3053; unten: DRA, NKR, Nr. 3080. Fotos oben durch das AHL, übrige durch die Verfasserin.

Quellen und Literatur

Ungedruckte Archivmaterialien

Archiv der Hansestadt Lübeck
    Benutzte Bestände:
        ASA, Externa Danica
        ASA, Externa Hanseatica
        Urkunden, Danica
    Ungedruckte Findbücher:
        ASA, Interna Reichssteuer
        ASA, Externa Danica
        ASA, Externa Hanseatica
        auch online: http://www.stadtarchiv-luebeck.findbuch.net (Zugriff: 10.05.2018)

Archiv der Hansestadt Wismar
        Geistliche Urkunden, 10, LL, Nr. 4–6
        Ratsakten, 10.05. (X.5.) Hanseatica, Nr. 1740–1748

Dansk Rigsarkivet
    Benutzte Bestände
        Middelaldersammlingen, Ny Kronologisk Række
        Tyske Kancelli Udenrigske Afdeling, Hansestæderne, 1223–1770: Topografisk henlagte
            sager: Politiske Forhold 1369 – Politiske Forhold 1583
        Fremmed proveniens Lübeck stadsarkiv, 1470–1614: Hanserecesse og div. Akter
        Håndskriftsamlingen, I. Individuelle samlinger af blandet indhold – Langebek, Jakob,
            diplomatarium, Bd. 26 u. 27
    Ungedruckte Findmittel
        Folioregister 230[I]: Kronologisk Fortgenelse over Rigsarkivets Pergamentsbreve og æl-
            dre Papirsbreve
        Fortegnelse over film af arkivalier afleveret til Riksarkivet i Norge i følge traktaten af
            21. maj ki1991. København 1996

Geheimes Staatsarchiv, Preußischer Kulturbesitz, Berlin-Dahlem, Hauptabteilung XX (ehemals
    Staatsarchiv Königsberg)
        Ordensbriefarchiv (OBA), zit. nach Regesta. Ed. *Hubatsch*

Landesamt für Kultur und Denkmalpflege Mecklenburg-Vorpommern, Landeshauptarchiv Schwerin
    11.11. Regesten der mecklenburgischen Urkunden des 15. Jahrhunderts

Københavns Universitetsbibliotek
    Den Arnamagnæanske Samling
        Diplomsamling, Dansk Diplomer, II, 17
        Håndskriftsamling, Nr. 295 folio

https://doi.org/10.1515/9783110591620-009

Gedruckte Quellen und Regesten

Acta Facultatis Artium Universitatis Vindebonensis 1385–1416. Ed. *Paul Uiblin*. (Publikationen des Instituts für Österreichische Geschichtsforschung. Reihe 6: Quellen zur Geschichte der Universität Wien 2) Graz / Wien / Köln 1968.

Acta Pontifica Danica, Pavelige Aktstykker vedrørende Danmark, 1316–1536, Bd. 3: 1431–1471. Ed. *Alfred Karup* / *Johs Lindbæk*. København 1908.

Acta Processus inter Ericum Regem daniæ ab una & Ducem Slesvicensem ac Comites Holsatiæ ab altera parte de Ducatu slesvicnsi 1424, in: Scriptores Rerum Danicarum Medii Aevi. Ed. *Jakob Langebek*, Bd. 7. Hafniae 1792, 263–399.

De ældste danske Archivregistraturer. *Det Kongelige Danske Selskab for Fædrelandets Historie og Sprog efter Originaler i Geheimearchivet* (Hrsg.), 5 Bde. Køpenhaven 1854–1910.

Aktstykker vedrørende Erik af Pommerns Afsettelse som Konge af Danmark. Ed. *Anne Hude*. Kopenhagen 1897.

Benoît XII. 1334–1342. Lettres Closes, patentes et curiales se rapportant à la France. Ed. *Georges Daumet*. Paris 1920.

Die Bergenfahrer und ihrer Chronistik. Ed. *Friedrich Bruns*. (Hansische Geschichtsquellen. N. F. 2) Berlin 1900.

Die Berichte der Generalprokuratoren des Deutschen Ordens an der Kurie, Bd. 4: 1429–1436, 1. 1429–1432. Ed. *Kurt Forstreuter*. (Veröffentlichungen aus den Archiven Preußischer Kulturbesitz 32) Göttingen 1973.

Christoffer af Bayerns Breve 1440–1448 vedrørende hans bayerske hertugdømme. Ed. *Jens E. Olesen*. København 1986.

Die Chronica Novella das Hermann Korner. Ed. *Jacob Schwalm*. Göttingen 1895.

Concilium Basiliense: Die Protokolle des Concils von 1434 und 1435. Ed. *Johannes Haller*. (Concilium Basiliense. Studien und Quellen zur Geschichte des Concils von Basel 3) Basel 1900, ND Nendeln 1971.

Stephan Daoyz, Iuris pontificii summa seu index copiosus, Bd. 2. Mailand 1745.

Diplomatarium Danicum, udgivet af Det Danske Sprog- og Litteratursleskab, IV. Reihe, Bd. 1–12. Ed. *Aage Andersen* u. a. København 1984 ff. (Bd. 8–12 nur online: http://www.diplomatarium.dk [Zugriff: 29.05.2018]).

Diplomatarium Flensborgense. Samling af aktstykker til Staden Flensborgs Historie indtil Aaret 1559. Ed. *Hans Christian Paulus Sejdelin*, Bd. 1. Kjøbenhavn 1865.

Diplomatarium Norvegicum, Bd. 1–5. Ed. Christian Christoph Andreas Lange / Carl Richard Unger, Bd. 6–15. Ed. Carl Richard Unger / Henrik Jørgen Huitfeldt-Kaas, Bd. 16. Ed. Henrik Jørgen Huitfeldt-Kaas, Bd. 17. Ed. Gustav Storm. Christiania 1847–1995, online: http://www.dokpro.uio.no/dipl_norv/diplom_felt.html (Zugriff: 29.05.2018).

Domme og Voldgiftskjendelser i Sagen mellem Kong Erik og Greverne af Holsteen, angaaende Hertugdommet Slesvig (1413–1424). Ed. *H. Knudsen*, in: Antislesvigholstenske Fragmenter 4, Heft 14, 1851, 1–122.

Dritte Fortsetzung der Detmar-Chronik erster Teil von 1401–1438, in: Die Chroniken der niedersächsischen Städte. Lübeck, Bd. 3. Ed. *Karl Koppmann*. (Die Chroniken der deutschen Städte 28) Göttingen 1902, ND Stuttgart 1968, 343–442.

Guilelmus Durantis, Speculum iuris. Basel 1574, ND Aalen 1975.

Nicolaus Elert, Catalogi Bibliothecae Thottianae, 5 Bde. Kopenhagen 1788–1795.

Fortegnelse paa hans Höigrevelige Excellences S. T. Herr Geheimeraad og Stats-Minister Otto Greve af Thott efterladte store Samling af Kunstsager. Kopenhagen 1788.

Hamburger Testamente 1351–1400. Ed. *Hans-Dieter Loose*. Hamburg 1970.

Cornelius Hamsfort, Chronologia Rerum Danicarum Secunda. Ab Anno Christi DCLXXXVII ad Annum MCCCCXLVIII, in: Scriptores Rerum Danicarum Medii Aevi. Ed. *Jakob Langebek*, Bd. 1. Hafniae 1772, 266–334.

Hanserecesse, Abt. 1: Die Recese und andere Akten der Hansetage. Von 1256–1430. Ed. *Karl Koppmann*, Bd. 5–7. Leipzig 1888–1905.

Hanserecesse, Abt. 2: Von 1431–1476. Ed. *Goswin von der Ropp*, Bd. 1. Leipzig 1876.

Arrild Hvidtfeld, Den Tredie part Chronologiae, continuatz, oc Forfølge paa vore Danske Historier siden Saxo døde. Indeholdendis Kong Oluffs Histori, Dronning Margretis, Kong Erichs aff Pommern, oc Christoffers aff Beyeren fra Aar 1370 oc til 1448, som er 78. Aars Historier. Kiøbenhaffn 1603.

Die Inschriften der „Deutschen Nationalkirche" Santa Maria dell'Anima in Rom, Teil 1: Vom Mittelalter bis 1559. Ed. *Eberhard J. Nikitsch*. (DIO 3) http://www.inschriften.net, urn:nbn:de:0238-dio003r001l001 (Zugriff: 29.05.2018); zugleich: *Eberhard J. Nikitsch*, Das Heilige Römische Reich an der Piazza Navona. Santa Maria Dell'Anima im Spiegel ihrer Inschriften aus Spätmittelalter und Früher Neuzeit. Regensburg 2014.

Johannes de Bolognia, Summa notarie de hiis que in foro ecclsiastico coram quibuscumque iudicibus occurrunt notariis conscribenda, in: Ludwig Rockinger (Hrsg.), Briefsteller und Formelbücher des 11.-14. Jahrhunderts. (Quellen und Erörterungen zur Bayerischen und Deutschen Geschichte. AF 9.) München 1863–64, ND Aalen 1969, 603–712.

Kaiserurkunden in Abbildungen. Ed. *Theodor von Sickel / Heinrich von Sybel*. Berlin 1891.

Kämmereirechnungen der Stadt Hamburg. Ed. *Karl Koppmann*, Bd. 2. Hamburg 1873.

Liv-, Esth- und Curländisches Urkundenbuch, Bd. 1, 7: 1423–1429. Ed. *Friedrich G. von Bunge* u. a. Reval 1881.

Liv-, Esth- und Kurländisches Urkundenbuch, Bd. 8: 1429 Mai–1435. Ed. *Hermann Hildebrand*. Riga / Moskau 1884.

Die Matrikel der Universität Rostock. Ed. *Adolf Hofmeister*, Bd. 1–2. Schwerin 1919–1922.

Die Matrikel der Universität Wien, Bd. 1. Ed. *Franz Gall*. (Publikationen des Instituts für Österreichische Geschichtsforschung 6, 1) Graz / Köln 1956.

Nogle Documenter til Hertugdommet Slesvigs Historie. Ed. *H. Knudesen*, in: Antislesvigholstenske Fragmenter 3, Heft 13, 1850, 69–122.

Norges Gamle Love, Reihe 2, Bd. 1. Ed. *A. Taranger*. Kristiania 1904–1912.

Processus in Curia Romana in causa arbitralis sententiæ ab Sigismundo Rege Romanorum inter Ericum Regem Daniæ & Comites Holsatiæ, super Ducatu Slesvicensi Regi adjucato latæ, quam Comites ad Papam appellaverant. Ed. *Jakob Langebek*, in: Scriptores Rerum Danicarum Medii Aevi, Bd. 7. Hafniae 1792, 426–435.

Quellen zur Hanse-Geschichte. Mit Beiträgen von Jürgen Bohmbach und Jochen Goetze. Ed. *Rolf Sprandel*. (Ausgewählte Quellen zur deutschen Geschichte des Mittelalters 36) Darmstadt 1982.

Ratschronik von 1438–1482 (Dritte Fortsetzung der Detmar-Chronik zweiter Teil). I. 1435–1465. Ed. *Friedrich Bruns*. (Die Chroniken der deutschen Städte 30; Die Chroniken der niedersächsischen Städte. Lübeck 4) Göttingen 1910.

Regesta Imperii XI: Die Urkunden Kaiser Sigmunds 1410–1437. Ed *Wilhelm Altmann*. 2 Bde. Innsbruck 1896–1900, ND Hildesheim 1968.

Regesten der Lübecker Bürgertestamente des Mittelalters. Ed. *Ahasver von Brandt*, Bd. 1: 1278–1350. (Veröffentlichungen zur Geschichte der Hansestadt Lübeck 18) Lübeck 1964.

Regesten der Lübecker Bürgertestamente des Mittelalters. Ed. *Ahasver von Brandt*, Bd. 2: 1351–1363. (Veröffentlichungen zur Geschichte der Hansestadt Lübeck 24) Lübeck 1973.

Repertorium Diplomaticum Regni Danici Mediaevalis, Fortegnelse over Danmarks Breve fra Middelalderen, 4 Bde. Ed. *Kristian Erslev / William Christensen / Anna Hude*. København 1894–1909.

Repertorium Diplomaticum Regni Danici Mediævalis, Fortegnelse over Danmarks Breve fra Mid-delalderen, Med udtog af de hidtil utrykte, Række 2, 9 Bde. Ed. *William Christensen*. København 1928–1939

Repertorium Germanicum. Verzeichnis der in den päpstlichen Registern und Kameralakten vorkommenden Personen, Kirchen und Orte des Deutschen Reiches, seiner Diözesen und Territorien vom Beginn des Schismas bis zur Reformation, Bd. 4: Martin V. 1417–1431. T. 1 (A-H). Ed. *Karl August Fink*. Berlin 1997.

Friedrich Riederer, Spiegel der wahren Rhetorik (1493). Ed. *Joachim Knape / Stefanie Luppold*. (Tübinger Schriften zur Renaissanceforschung und Kulturwissenschaft 45) Wiesbaden 2009.

Der sogenannten Rufus-Chronik zweiter Teil von 1395–1430, in: Die Chroniken der niedersächsischen Städte: Lübeck, Bd. 3. Ed. *Karl Koppmann*. (Die Chroniken der deutschen Städte 28) Göttingen 1902, ND Stuttgart 1968, 1–342.

Henricus de Segusio, Summa, Lyon 1537, ND Aalen 1962.

Die Staatsverträge des Deutschen Ordens im 15. Jahrhundert. Ed. *Erich Weise*, Bd. 1. Marburg (Lahn) 1970.

Svenskt Diplomatariums huvudkartotek över medeltidsbreven. *Svensk Riksarkivet* (Hrsg.), online: https://sok.riksarkivet.se/sdhk (Zugriff: 29.05.2018).

Testamenter fra Danmarks Middelalder indtil 1450. Ed. *Kristian Erslev*. København 1901.

Urkundenbuch der Stadt Lübeck: 1139–1470 (= Codex Diplomaticus Lubicensis). *Verein für Lübeckische Geschichte* (Hrsg.), Bd. 5–8. Lübeck 1877–1889.

Urkundenbuch des Bistums Lübeck. Bd. 2–5. Ed. *Wolfgang Prange* (Schleswig-Holsteinische Regesten und Urkunden 13–16) Kiel 1994–1996.

Urkundenbuch zur Geschichte der Deutschen in Siebenbürgen. Ed. *Gustav Gündisch*, Bd. 4. Hermannstadt 1937.

Literatur

Anna Adamska / Marco Mostert (Hrsg.), The Development of literate mentalities in East Central Europe. (Utrecht Studies in Medieval Literacy 9) Turnhout 2004.

Olof Ahlers, Zur Geschichte des Notariats in Lübeck, in: Ahasver von Brandt / Wilhelm Koppe (Hrsg.), Städtewesen und Bürgertum als geschichtliche Kräfte. Gedächtnisschrift für Fritz Rörig. Lübeck 1953, 121–148.

Esben Albrectsen, Über die rechtliche Stellung des Herzogtums Schleswig im Spätmittelalter, in: Werner Paravicini / Frank Lubowitz / Henning Unverhau (Hrsg.), Mare Balticum. Beiträge zur Geschichte des Ostseeraums in Mittelalter und Neuzeit. (Kieler Historische Studien 36) Sigmaringen 1992, 155–164.

Esben Albrectsen, Var Sønderjylland i middelalderen en del af Danmarks rige?, in: (Dansk) Historisk Tidsskrift 88, 1988, 1–17.

Carl Ferdinand Allen, Om Sprog- og Folke-Eiendommelighed i Hertugdømmet Slesvig eller Sønderjylland. (Antislesvigholstenske Fragmenter 2, 6) København 1848.

Carl Ferdinand Allen, Haandbog i fædreladets Historie. København 1840.

Gerd Althoff, Spielregeln der Politik im Mittelalter. Kommunikation in Frieden und Fehde. Darmstadt 1997.

Hans Ammon, Johannes Schele, Bischof von Lübeck auf dem Basler Konzil. Ein Beitrag zur Reichs- und Kirchengeschichte des 15. Jahrhunderts. (Veröffentlichungen zur Geschichte der Freien und Hansestadt Lübeck 10) Lübeck 1931.

Norbert Andermann, Spätmittelalterlicher Seeraub als Kriminaldelikt, in: Wilfried Ehbrecht (Hrsg.), Störtebecker – 600 Jahre nach seinem Tod. (Hansische Studien 15) Trier 2005, 23–36.

Norbert Andermann, Ritterliche Gewalt und bürgerliche Selbstbehauptung. Untersuchungen zur Kriminalisierung und Bekämpfung des spätmittelalterlichen Raubrittertums am Beispiel norddeutscher Hansestädte. (Rechtshistorische Reihe 91) Frankfurt (Main) 1991.

Franz-Josef Arlinghaus, Point of Reference. Trust and the Function of Written Agreements in a Late Medieval Town, in: Petra Schulte / Marco Mostert / Irene van Renswoude (Hrsg.), Strategies of Writing. Studies on text and trust in the Middle Ages. Papers from „Trust in Writing in the Middle Ages" (Utrecht, 28–29. November 2002). (Utrecht Studies in Medieval Literacy 13) Turnhout 2008, 277–299.

Franz-Josef Arlinghaus, Account Books, in: Franz Josef Arlinghaus u. a. (Hrsg.), Transforming the Medieval World. Uses of Pragmatic Literacy in the Middle Ages. (Utrecht Studies in Medieval Literacy 6) Turnhout 2006, 43–69.

Franz-Josef Arlinghaus u. a. (Hrsg.), Transforming the Medieval World. Uses of Pragmatic Literacy in the Middle Ages. (Utrecht Studies in Medieval Literacy 6) Turnhout 2006.

Friedrich Arnecke, Die Hildesheimer Stadtschreiber bis zu den ersten Anfängen des Syndikats und Sekretariats 1217–1443. Marburg 1913.

Udo Arnold, Der Deutsche Orden im mittelalterlichen Nordwesteuropa als Wirtschaftsfaktor, in: Zenon Hubert Nowak (Hrsg.), Ritterorden und Region. Toruń 1995, 161–172, ND in: Udo Arnold / Bernhard Jähnig / Georg Michels (Hrsg.), Deutscher Orden und Preußenland. Ausgewählte Aufsätze anläßlich des 65. Geburtstages. (Einzelschriften der Historischen Kommission für ost- und westpreußische Landesforschung 26) Marburg 2005, 173–186.

Udo Arnold, Weinbau und Weinhandel des Deutschen Ordens im Mittelalter in: Udo Arnold, Zur Wirtschaftsentwicklung des Deutschen Ordens im Mittelalter. (Quellen und Studien zur Geschichte des Deutschen Ordens 38; Veröffentlichungen der Internationalen Historischen Kommission zur Erforschung des Deutschen Ordens 2) Marburg 1989, 71–102.

Elisabeth Aronsen, Inføring av praktiske skriftkultur i norsk seinmiddelalder – et ledd i sentraliseringsprosessen, in: (Norsk) Historisk Tidsskrift 80, 2001, 419–443.

Erik Arup, Danmarks Historie, Bd. 2: Stænderne i Hervælde 1282–1624. København 1932.

Hans-Georg Aschoff, Art. Magnus. Herzog von Sachsen-Lauenburg (1390–1452). 1410/18–1424 Bischof von Kammin. 1424–1452 Bischof von Hildesheim. in: Erwin Gatz (Hrsg.), Die Bischöfe des Heiligen Römischen Reiches 1448 bis 1648. Ein biographisches Lexikon, bearb. von Clemens Brodkorb. Berlin 1996, 451–452.

Hans-Georg Aschoff, Art. Magnus. Herzog von Sachsen-Lauenburg, in: NDB, Bd. 15. Berlin 1987, 663 f.

Oliver Auge, Handlungsspielräume fürstlicher Politik im Mittelalter. Der südliche Ostseeraum von der Mitte des 12. Jahrhunderts bis in die frühe Reformationszeit. (Mittelalter-Forschungen 28) Ostfildern 2009.

Oliver Auge, Identifikation durch Konflikt. Das Beispiel der pommerschen Greifendynastie, in: Oliver Auge u. a. (Hrsg.), Bereit zum Konflikt. Strategien und Medien der Konflikterzeugung und Konfliktbewältigung im europäischen Mittelalter. (Mittelalter-Forschungen 20) Ostfildern 2008, 173–193.

Oliver Auge, Ein Integrationsmodell des Nordens? Das Beispiel der Kalmarer Union, in: Werner Maleczek (Hrsg.), Fragen der politischen Integration im mittelalterlichen Europa. (Vorträge und Forschungen 63) Ostfildern 2005, 509–542.

Oliver Auge, Die pommerschen Greifen als Fürsten von Rügen und Herzöge von Barth, in: Melanie Ehler / Matthias Müller (Hrsg.), Unter fürstlichem Regiment. Barth als Residenz der Pommernherzöge. Berlin 2005, 13–30.

Robert Aury / Robert-Henri Bautier / Norbert Angermann (Hrsg.), Lexikon des Mittelalters, 9 Bde. München / Zurich 1977–1999.

Karl Siegfried Bader, „Arbiter arbitrator seu amicabilis compositor", in: Zeitschrift der Savigny-Stiftung für Rechtsgeschichte: Kanonistische Abteilung 46, 1960, 239–277.

Janos M. Bák, Sigismund and the Ottoman advance, in: Michel Pauly / François Reinert (Hrsg.), Sigismund von Luxemburg. Ein Kaiser in Europa. Tagungsband des internationalen historischen und kunsthistorischen Kongresses in Luxemburg. 8.–10. Juni 2005. Mainz 2006, 89–94.

Hermann Bärwald, Zur Charakteristik und Kritik mittelalterlicher Formelbücher. Wien 1958.

Friedrich Battenbach, Friedrich. Herrschaft und Verfahren. Politische Prozesse im mittelalterlichen Römisch-Deutschen Reich. Darmstadt 1995.

Robert-Henri Bautier, Propositions méthodologiques pour la Diplomatique du Bas Moyen Age et des débuts des temps modernes, in: Gabriel Silagi (Hrsg.), Landesherrliche Kanzleien im Spätmittelalter. Referate zum VI. Internationalen Kongreß für Diplomatik, Bd. 1. (Münchener Beiträge zur Mediävistik und Renaissance-Forschung 35) München 1984, 49–60.

Hans-Jürgen Becker, Art. Protest, in: HRG, Bd. 3. Berlin 1984, 2042–2044.

Hans-Jürgen Becker, Protestatio, Protest. Funktionen und Funktionswandel eines rechtlichen Instruments, in: Zeitschrift für historische Forschung 5, 1978, 385–412.

Thomas Behrmann, Herrscher und Hansestädte. Studien zum diplomatischen Verkehr im Spätmittelalter. (Greifswalder Historische Studien 6) Hamburg 2004.

Thomas Behrmann, Der lange Weg zum Rezeß. Das erste Jahrhundert hansischer Versammlungsschriftlichkeit, in: Frühmittelalterliche Studien 36, 2002, 433–467.

Thomas Behrmann, Verhaltensformen zwischen Herrschern und Hansestädten. Beobachtungen zu den anglo-hansischen und dänisch-hansischen Beziehungen, in: Rolf Hammel-Kiesow (Hrsg.), Vergleichende Ansätze in der hansischen Geschichtsforschung. (Hansische Studien 13) Trier 2002, 77–96.

Thomas Behrmann, Anmerkungen zum Schriftgebrauch in der kommunalen Diplomatie des 12. und frühen 13. Jahrhunderts, in: Hagen Keller / Thomas Behrmann (Hrsg.), Kommunales Schriftgut in Oberitalien. Formen, Funktionen, Überlieferung. (Münstersche Mittelalter-Schriften 68) München 1995, 265–281.

Thomas Behrmann, Einleitung. Ein neuer Zugang zum Schriftgut der oberitalienischen Kommunen, in: Hagen Keller / Thomas Behrmann (Hrsg.), Kommunales Schriftgut in Oberitalien. Formen, Funktionen, Überlieferung. (Münstersche Mittelalter-Schriften 68) München 1995, 1–18.

Thomas Behrmann, Von der Sentenz zur Akte. Beobachtungen zur Entwicklungen des Prozeßschriftgutes in Mailand, in: Hagen Keller / Thomas Behrmann (Hrsg.), Kommunales Schriftgut in Oberitalien. Formen, Funktionen, Überlieferung. (Münstersche Mittelalter-Schriften 68) München 1995, 71–90.

Thomas Behrmann, Domkapitel und Schriftlichkeit in Novara (11.–13. Jahrhundert). Sozial- und Wirtschaftsgeschichte von S. Maria und S. Gaudenzio im Spiegel der urkundlichen Überlieferung. (Bibliothek des Deutschen Historischen Instituts in Rom 77) Tübingen 1994.

Friedrich Benninghoven, Die Vitalienbrüder als Forschungsproblem, in: Sven Ekdahl (Hrsg.), Kultur und Politik im Ostseeraum und im Norden 1350–1450. (Acta Visbyensia 4) Visby 1973, 41–52.

Barbara Berewinkel, Bischöfliche Chirographe aus Laon und benachbarten Diözesen. phil. Diss. Bonn 1994.

Jan-Erik Beuttel, Der Generalprokurator des Deutschen Ordens an der Kurie. Amt, Funktionen, personelles Umfeld und Finanzierung. (Quellen und Studien zur Geschichte des Deutschen Ordens 55) Marburg 1999.

Andreas Bieberstedt, Textstruktur, Textstrukturvarianten, Textstrukturmuster. Lübecker mittelniederdeutsche Testamente des 14. und 15. Jahrhunderts. Wien 2007.

Ludwig Biewer, Skandinavien und Pommern im frühen 15. Jahrhundert. Die Zeit des nordischen Unionskönigs Erich von Pommern, in: Baltische Studien, N. F. 83, 1997, 31–42.

Palle Birkelund, Det Thottske biblioteks sidste dage, in: Arne Stuhr-Rasmussen (Hrsg.), Fra de gamle bøgers verden. Festskrift for Herman H. J. Lynge og son 1853–1953. København 1953, 81–110.

Bernhard Bischoff, Zur Frühgeschichte des mittelalterlichen Chirographum, in: Bernhard Bischoff, Mittelalterliche Studien. Ausgewählte Aufsätze zur Schriftkunde und Literaturgeschichte, Bd. 1. Stuttgart 1966, 118–123.

Claus Bjørn, Art. Thott, Otto, in: DBL, Bd. 14. København ³1983, 558–560.

Marita Blattmann, Prolegomena zur Untersuchung mittelalterlicher Protokollaufzeichnungen, in: Frühmittelalterliche Studien 36, 2002, 413–432.

Anders Bøgh, Sejren i Kvindens Hånd. Kampen om magten i norden ca. 1365–89. Århus 2003.

Hartmut Bookmann, Die Briefe des Deutschordenshochmeisters, in: Heinz-Dieter Heimann / Ivan Hlaváček (Hrsg.), Kommunikationspraxis und Korrespondenzwesen im Mittelalter und in der Renaissance. Paderborn u. a., 91–111.

Michael Borgolte, Sozialgeschichte des Mittelalters. Eine Forschungsbilanz nach der deutschen Einheit. (Historische Zeitschrift. Beihefte. N. F. 22) München 1996.

Michael Borgolte, Die Stiftungen des Mittelalters in rechts- und sozialhistorischer Sicht, in: Zeitschrift der Savigny-Stiftung für Rechtsgeschichte, Kanonistische Abteilung 74, 1988, 71–94.

Lewis Bostock Radford, Henry Beaufort. Bishop, Chancellor, Cardinal. London 1908.

Ahasver von Brandt, Werkzeug des Historikers. Stuttgart ¹⁸2012.

Ahasver von Brandt / Erich Hoffmann, Die nordischen Länder von der Mitte des 11. Jahrhunderts bis 1448, in: Ferdinand Seibt / Theodor Schieder (Hrsg.), Europa im Hoch- und Spätmittelalter. (Handbuch der europäischen Geschichte 2) Stuttgart 1987, 884–917.

Ahasver von Brandt, Der Anteil des Nordens an der deutschen Geschichte im Spätmittelalter, in: Welt als Geschichte 23, 1963, 13–26, ND in: Klaus Friedland / Rolf Sprandel (Hrsg.), Lübeck, Hanse, Nordeuropa. Gedächtnisschrift für Ahasver von Brandt. Köln / Wien 1979, 37–52.

Ahasver von Brandt, Die Hanse und die nordischen Mächte im Mittelalter. (Arbeitsgemeinschaft für Forschung des Landes Nordrhein-Westfalen 102) Köln / Opladen 1962, ND in: Klaus Friedland / Rolf Sprandel (Hrsg.), Lübeck, Hanse, Nordeuropa. Gedächtnisschrift für Ahasver von Brandt. Köln / Wien 1979, 13–36.

Ahasver von Brandt, Die Hanse als mittelalterliche Wirtschaftsorganisation. Entstehung - Daseinsformen - Aufgaben, in: Ahasver von Brandt u. a. (Hrsg.), Die deutsche Hanse als Mittler zwischen Ost und West. (Wissenschaftliche Abhandlungen der Arbeitsgemeinschaft für Forschung des Lands Nordrhein-Westfalen 27) Köln / Opladen 1963, 9–37.

Ahasver von Brandt, Das Lübecker Archiv in den letzten hundert Jahren. Wandlungen, Bestände, Aufgaben, in: ZVLGA 33, 1952, 33–80.

Olav Brattegard, Die Mittelniederdeutsche Geschäftssprache des hansischen Kaufmanns zu Bergen, Bd. 1: Die Sprache der Blütezeit. (Skrifter fra Norges Handelshøyskole i Rekken Språkelige avhandliger 2) Bergen 1945.

Adolf Brenneke, Archivkunde. Ein Beitrag zur Theorie und Geschichte des europäischen Archivwesens, bearb. von Wolfgang Leesch. Leipzig 1953, ND 1988.

Harry Bresslau, Handbuch der Urkundenlehre für Deutschland und Italien, Bd. 1. Berlin ⁴1969.

Johannes Brøndsted / Bernt Hjejle / Olaf Olsen (Hrsg.), Kulturhistorisk leksikon for nordisk middelalder fra vikingetid til reformationstid, 22 Bde. København 1956–1978.

Otto Brunner, Land und Herrschaft. Grundfragen der territorialen Verfassungsgeschichte Österreichs. Wien ⁵1965, ND Darmstadt 1973.

Friedrich Bruns, Der Lübecker Rat, in: ZVLGA 32, 1951, 1- 69.

Friedrich Bruns, Die Sekretäre des Kontors in Bergen. (Det Hanseatiske Museums Skrifter 13) Bergen 1939.

Friedrich Bruns, Die Lübecker Syndiker und Ratssekretäre bis zur Verfassungsänderung von 1851, in: ZVLGA 29, 1938, 91–97, 118–134.

Friedrich Bruns, Die Lübecker Stadtschreiber von 1350–1500, in: Hansische Geschichtsblätter 31, 1903, 43–102.

Friedrich Bruns / Hugo Rathgens (Hrsg.), Bau- und Kunstdenkmäler der Hansestadt Lübeck, Bd. 12: Rathaus und öffentliche Gebäude der Stadt, überarb. und erg. von Lutz Wilde. Lübeck 1974.

Christian Walter Bruun, Langebekiana, in: Danske Samlinger for Historie, Topographi, Personal- og Literaturhistorie, R. 1, IV, 1868/69, 37–58.

Henry Bruun, Art. Krummedige, Erik, in: DBL, Bd. 8. København ³1981, 348.

Henry Bruun, Art. Brock, Esge Jensen, in: DBL, Bd. 2. København ³1979, 540 f.

Henry Bruun, Biskop Jens Andersen (Lodehat) som oppositionsfører, in: (Dansk) Historisk Tidsskrift XI, Heft 6, 1961, 427–466.

Karl Bühler, Sprachtheorie. Die Darstellungsfunktion der Sprache. Mit einem Geleitwort von Friedrich Kainz. Stuttgart ³1999.

Vinzenz Bulhard, Art. Mediator, in: Thesaurus Linguae Latinae. Editus iussu et auctoritate consilii ab academiis societatibusque diversarum nationum electi, Bd. 8. Leipzig 1966, 525–528.

Mike Burkhardt, Der hansische Bergenhandel im Spätmittelalter. Handel – Kaufleute – Netzwerke. (Quellen und Darstellungen zur Hansischen Geschichte 60) Köln / Weimar / Wien 2009.

Dietrich Busse, Historische Semantik. Analyse eines Programms. Stuttgart 1987.

Martin Camargo, Ars Dictaminis. Ars Dictandi. (Typologie des sources du Moyen-Age occidental 60) Turnhout 1991.

Charles du Fresne, sieur du Cange u. a., Glossarium mediæ et infimæ latinitatis, o. O. 1610–1688, ND Niort 1883–1887, online: http://ducange.enc.sorbonne.fr/ (Zugriff: 29.05.2018).

Johan Carlie, Studium über die mittelniederdeutsche Urkundensprache der dänischen Königskanzlei von 1330–1430, nebst einer Übersicht über die Kanzleiverhältnisse. phil. Diss. Lund 1925.

Gottfrid Carlsson, Medeltidens nordiske unionstanke. Stockholm 1945.

Pierre Chaplais, English Diplomatic Practice. London 2003.

Pierre Chaplais, English Diplomatic Documents to the end of Edward III's Reign, in: Donald A. Bullough / Robin L. Storey (Hrsg.), The Study of Medieval Records. Essays in honour of Kathleen Major. Oxford 1971, 22–56.

Aksel E. Christensen, Kalmarunionen og nordisk politik 1319–1439. København 1980.

William Christensen, Dansk Statsforvaltning i det 15de Århundrede. København 1903.

William Christensen, Unionskongerne og Hansestæderne 1439–1466. København 1895.

Michael T. Clanchy, From Memory to Written Record. England 1066–1307. Oxford / Cambridge (Mass.) ²1993.

Giles Constable, Letters and Letter-Collections. (Typology des sources du Moyen âge occidental 17) Turnhout 1976.

Albrecht Cordes e. a. (Hrsg.), Handwörterbuch der deutschen Rechtsgeschichte, 2., völlig überarb. und erw. Aufl., Berlin 2011 ff.

Albrecht Cordes, Kaiserliches Recht in Lübeck. Theoretische Ablehnung und praktische Rezeption, in: ZVLAG 89, 2009, 123–145.

Albrecht Cordes, „Mit Freundschaft oder mit Recht". Quellentermini und wissenschaftliche Ordnungsbegriffe, in: Albrecht Cordes (Hrsg.), Mit Freundschaft oder mit Recht? Inner- und außergerichtliche Alternativen zur kontroversen Streitentscheidung im 15.–19. Jahrhundert, unter Mitarb. v. Anika M. Auer. (Quellen und Forschungen zur höchsten Gerichtsbarkeit im Alten Reich 65) Köln / Weimar / Wien 2015, 9–17.

Friedrich Crull / Friedrich Techen, Die Grabsteine der Wismarschen Kirchen, in: Meckenburgische Jahrbücher 54, 1889, 111–152.

Ludvik Daae, Erik af Pommerns, Danmark, Sveriges og Norges kones giftermål med Philippa, prindsesse af England, in: (Norsk) Historisk Tidsskrift II, Heft 11, 1880, 332–374.

Ernst Daenell, Die Blütezeit der deutschen Hanse. Hansische Geschichte von der zweiten Hälfte des XIV. bis zum letzten Viertel des XV. Jahrhunderts, 2 Bde. Berlin 1905, ND Berlin / New York 2001.

Ernst Daenell, Die Hansestädte und der Krieg um Schleswig, in: Zeitschrift für schleswig-holsteinische Geschichte 32, 1902, 271–450.

Oliver Daldrup, Zwischen König und Reich. Träger, Formen und Funktionen von Gesandtschaften zur Zeit König Sigismunds von Luxemburg (1410–1437). Münster 2010.

Joachim Deeters, Hansische Rezesse. Eine quellenkundliche Untersuchung anhand der Überlieferung im Historischen Archiv Köln, in: Rolf Hammel-Kiesow / Michael Hunde (Hrsg.), Das Gedächtnis der Stadt. Festschrift für Antjekatrin Graßmann. Lübeck 2005, 427–446.

Volker Depkat, Kommunikationsgeschichte zwischen Mediengeschichte und der Geschichte sozialer Kommunikation, in: Karl-Heinz Spieß / Oliver Auge (Hrsg.), Medien der Kommunikation im Mittelalter. (Beiträge zur Kommunikationsgeschichte 15) Stuttgart 2003, 9–48.

Andreas Deutsch, Art. Ehre, in: HRG, Bd. 1. Berlin ²2008, 1223–1231.

Guido van Die Voet, Les Coutumiers, les styles, les formulaires et les "Artes Notariae". (Typologie des sources du Moyen-Age occidental 48) Turnhout 1968.

Walther Dieckmann, Sprache in der Politik. Einführung in die Pragmatik und Semantik der politischen Sprache mit einem Literaturbericht zur 2. Auflage. Heidelberg ²1975.

Gero R. Dolezalek / Karl-Otto Konow, Art. Notar, Notariat, in: HRG, Bd. 3. Berlin 1984, 1043–1049.

Philipp Dollinger, Die Hanse. Stuttgart ⁶2012.

Heinz Dopsch / Stefan Freund / Alois Schmidt (Hrsg.), Bayern und Italien. Politik, Kultur und Kommunikation (8–15. Jahrhundert). (Zeitschrift für bayerische Landesgeschichte, Beihefte 18) München 2001.

DRA (Hrsg.), Håndskiftsamlingen, Bd. 1: Individuelle Samlinger af blandet indhold. (S. 1–123 alfabestisk ordnet efter personnavne) København 1985.

DRA (Hrsg.), Rigsarkivet og hjælpemidlerne til dets benyttelse, Bd. 1, 2 Teilbände, redigeret af Wilhelm von Rosen. o. O. 1983.

Karl Dülfer, Urkunden, Akten und Schreiben in Mittelalter und Neuzeit. Studien zum Formproblem, in: Archivalische Zeitschrift 53, 1957, 11–53.

Anneliese Düsing (Hrsg.), Das Stadtarchiv Wismar und seine Bestände. Wismar 1969.

Audun Dybdahl, Art. Aslak Harniktsson Bolt, in: Norsk biografisk leksikon, online: https://nbl.snl.no/Aslak_Harniktsson_Bolt, erstellt: 2009 (Zugriff: 29.05.2018).

Wilhelm Ebel, Lübisches Recht, Bd. 1. Lübeck 1971.

Murray J. Edelman, Politik als Ritual. Die symbolische Funktion staatlicher Institutionen und politischen Handelns. Mit einem Vorwort von Claus Offe und einem Nachwort von Frank Nullmeier. Frankfurt (Main) / New York ³2005.

Christoph Egger, Littera Patens, littera clausa, cedula interclusa. Beobachtungen zu Formen urkundlicher Mitteilungen im 12. und 13. Jahrhundert, in: Karel Hruza / Paul Herold (Hrsg.), Wege zur Urkunde, Wege der Urkunde, Wege der Forschung. Beiträge zur europäischen Diplomatik des Mittelalters. (Forschungen zur Kaiser- und Papstgeschichte des Mittelalters. Beihefte zu J. F. Böhme, Regesta Imperii 24) Köln 2005, 41–64.

Wilhelm Ehbrecht, Stadtkonflikte um 1300. Überlegungen zu einer Typologie, in: Birgit Pollmann / Anette Boldt-Stülzebach (Hrsg.), Schicht – Protest – Revolution in Braunschweig 1292 bis 1947/48. Beiträge zu einem Kolloquium der Technischen Universität Braunschweig, des Instituts für Sozialgeschichte und des Kulturamtes der Stadt Braunschweig vom 26. bis 28. Oktober 1992. (Braunschweiger Werkstücke. Reihe A, 37; Braunschweiger Werkstücke 89) Braunschweig 1995, 11–26.

Elfie-Maria Eibl, Zwischen Entwurf, Original und Kopie. Bemerkungen zu Formen von Urkunden und Briefen aus den Kanzleien Kaiser Friedrichs III., in: Archiv für Diplomatik 44, 1998, 19–44.

Sven Ekdahl (Hrsg.), Kultur und Politik im Ostseeraum und im Norden 1350–1450. (Acta Visbynesi 4) Visby 1973.

Sven Ekdahl, „Schiffskinder" im Kriegsdienst des Deutschen Ordens. Ein Überblick über die Werbungen von Seeleuten durch den Deutschen Orden von der Schlacht bei Tannenberg bis zum Brester Frieden (1410–1435), in: Sven Ekdahl (Hrsg.), Kultur und Politik im Ostseeraum und im Norden 1350–1450. (Acta Visbyensia 4) Visby 1973, 239–274.

Evamaria Engel, Aus dem Alltag des Hansehistorikers. Wie viele und warum wendische Städte, in: Silke Urbanski / Christian Lamschus / Jürgen Ellermeyer (Hrsg.), Recht und Alltag im Hanseraum. Festschrift für Gerhard Theuerkauf. (De Sulte 4) Lüneburg 1993, 125–143.

Evamaria Engel, Stadtgeschichtsforschung in der DDR. Ergebnisse, Probleme, Perspektiven, in: Fritz Mayerhofer (Hrsg.), Stadtgeschichtsforschung. Aspekte, Tendenzen, Perspektiven. (Beiträge zur Geschichte der Städte Mitteleuropas 12) Linz 1993, 81–99.

Adalbert Erler / Ekkehard Kaufmann (Hrsg.), Handwörterbuch zur deutschen Rechtsgeschichte, 5 Bde. Berlin 1971–1998.

Kristian Erslev, Rigsarkivet og Hjælpemidlerne til des benyttelse. København 1923.

Kristian Erslev, Meddelelser om Rigsarkivet med Landarkiverne for aarene 1916–1920. København 1922.

Kristian Erslev, Danmarks Historie under Dronnning Margrethe og Erik af Pommern, Bd. 1: Erik af Pommern, hans Kamp for Sønderjylland og Kalmarunionens Opløsning. København 1901.

Kristian Erslev, Danmarks Historie under Dronnning Margrethe og Erik af Pommern, Bd. 2: Dronning Margrethe og Kalmarunionens Grundlægelse. København 1882.

Arnold Esch, Überlieferungs-Chance und Überlieferungs-Zufall als methodisches Problem des Historikers, in: Historische Zeitschrift 240, 1985, 529–570.

Vivian Etting, Queen Margrete I. (1353–1412) and the Founding of the Nordic Union. (The Northern World 9) Leiden / Boston 2004.

Friedrich Bernward Fahlbusch, Sigmund, Konstanz und die Hanse. Könige, Kaufleute, Unterhändler, in: Detlev Kattinger / Horst Wernicke (Hrsg.), Akteure und Gegner der Hanse. Zur Prosopographie der Hansezeit, Gedächtnisschrift für Konrad Fritze. (Hansische Studien 9; Abhandlungen zur Handels- und Sozialgeschichte 30) Weimar 1998, 289–297.

Friedrich Bernward Fahlbusch, Städte und Königtum im frühen 15. Jahrhundert. Ein Beitrag zur Geschichte Sigmunds von Luxemburg. (Städteforschung. Reihe A, 17) Köln / Wien 1983.

Constantin Fasolt, „Quod omnes tangit ob omnes approbari debet." The Words and the Meaning, in: Steven B. Bowman / Blance E. Cody (Hrsg.), In Iure Veritas. Studies in Canon Law in Memory of Schafer William. Cincinatti 1991, 24–55.

Irmgard Fees, Eine Stadt lernt schreiben. Venedig vom 10. bis zum 12. Jahrhundert. (Bibliothek des Deutschen Historischen Instituts in Rom 103) Tübingen 2002.

Emil Ferdinand Fehling, Lübeckische Ratslinie. Von den Anfängen der Stadt bis auf die Gegenwart. (Veröffentlichungen zur Geschichte der Freien und Hansestädte Lübeck 7, 1) Lübeck 1929, ND 1978.

Ole Fenger, Notarius publicus, notaren i latinsk middelalder. Århus 2000.

Heinrich Fichtenau, Arenga. Spätantike und Mittelalter im Spiegel der Urkundenformeln. (Mitteilungen des Instituts für Österreichische Geschichtsforschung 12) Wien 1967.

Georg Fink, Die Lübecker Stadtsiegel, in: ZVLGA 35, 1955, 14–33.

Karl August Fink, Das Vatikanische Archiv. Einführung in seine Bestände. Rom ²1951.

Gerhard Fouquet, „Geschichts-Bilder" in einer Reichs- und Hansestadt. Christian von Geren und seine Chronik der Lübecker Bergenfahrer (ca. 1425–1486), in: Rolf Hammel-Kiesow / Michael

Hundt (Hrsg.), Das Gedächtnis der Stadt Lübeck. Festschrift für Antjekathrin Graßmann. Lübeck 2005, 113–125.

Gerhard Fouquet / Hans-Jörg Gilomen (Hrsg.), Netzwerke im europäischen Handel des Mittelalters. (Vorträge und Forschungen 72) Ostfildern 2010.

Eckhardt G. Franz, Einführung in die Archivkunde. Darmstadt [7]2007.

Ferdinand Frensdorff, Die Stadt- und Gerichtsverfassung Lübecks im XII. und XIII. Jahrhundert. Lübeck 1861.

Thomas Frenz, Papsturkunden des Mittelalters und der frühen Neuzeit. (Historische Grundwissenschaften in Einzeldarstellung 2) Stuttgart [2]2000.

Thomas Frenz, Die Kanzlei der Päpste der Hochrenaissance (1471–1527). (Bibliothek des Deutschen Historischen Instituts in Rom 63) Tübingen 1986.

Thomas Frenz, Zur äußeren Form der Papsturkunden 1230–1530, in: Archiv für Diplomatik 22, 1976, 347–375.

Johannes Fried, Der Schleier der Erinnerung. Grundzüge einer historischen Memorik. München 2012.

Johannes Fried (Hrsg.), Träger und Instrumentarien des Friedens im hohen und späten Mittelalter. (Vorträge und Forschungen 43) Sigmaringen 1993.

Gerd Fritz, Historische Semantik. Stuttgart / Weimar 1998.

Konrad Fritze, Erich von Pommern und die Sundzollfrage, in: Werner Paravicini / Frank Lubowitz / Henning Unverhau (Hrsg.), Mare Balticum. Beiträge zur Geschichte des Ostseeraums in Mittelalter und Neuzeit. (Kieler Historische Studien 36) Sigmaringen 1992, 203–212.

Konrad Fritze, Zur Entwicklung des Städtewesens im Ostseeraum vom 12. bis zum 15. Jahrhundert, in: Konrad Fritze / Eckhard Müller-Mertens / Johannes Schildhauer (Hrsg.), Der Ost- und Nordseeraum. Politik, Ideologie, Kultur vom 12. bis zum 17. Jahrhundert. (Hansische Studien 7; Abhandlungen zur Handels- und Sozialgeschichte 25) Weimar 1986, 9–18.

Konrad Fritze, Die Bedeutung des Stralsunder Friedens von 1370, in: Zeitschrift für Geschichtswissenschaft 19, 1971, 194–211.

Konrad Fritze, Am Wendepunkt der Hanse. Untersuchungen zur Wirtschafts- und Sozialgeschichte wendischer Hansestädte in der ersten Hälfte des 15. Jahrhunderts. (Veröffentlichungen des Historischen Instituts der Ernst-Moritz-Arndt-Universität Greifswald 3) Berlin 1967.

Konrad Fritze, Dänemark und die hansisch-holländische Konkurrenz in der Ostsee zu Beginn des 15. Jahrhunderts, in: Wissenschaftliche Zeitschrift der Ernst-Moritz-Arndt-Universität Greifswald 13, 1964, 79–87.

Konrad Fritze, Die Finanzpolitik Lübecks im Krieg gegen Dänemark 1426–1433, in: Gerhard Heitz / Manfred Unger (Hrsg.), Hansische Studien. Heinrich Sproemberg zum 70. Geburtstag. (Forschungen zur mittelalterlichen Geschichte 8) Berlin 1961, 82–89.

Konrad Fritze, Die Hansestädte und die Hussitenkriege, in: Wissenschaftliche Zeitschrift der Ernst-Moritz-Ernst-Universität Greifswald 7, 1957/58, 9–16.

Konrad Fritze, Stralsund und der Hansekrieg gegen Dänemark 1426–1435, in: Wissenschaftliche Zeitschrift der Ernst-Moritz-Arndt-Universität Greifswald 6, 1956/57, 95–104.

Konrad Fritze, Die wirtschaftliche und soziale Entwicklung Stralsunds im 13. und 14. Jahrhundert. phil. Diss. (masch.) Greifswald 1956.

Konrad Fritze / Günter Krause, Seekriege der Hanse. Berlin 1989.

Bernd Fuhrmann, Konrad von Weinsberg. Ein adliger Oikos zwischen Territorium und Reich. (Vierteljahrsschrift für Sozial- und Wirtschaftsgeschichte, Beihefte 171) Stuttgart 2004.

Georg Galster, Das Münzmeistergeschlecht Comhaer, in: Berliner Münzblätter. Ser. N. F. 7, 1922, 299–300, 352–353, 365–367.

Jean Gaudemet, Le rôle de la papauté dans le règlement des conflits entre états aux XIIIe et XVe siècles, in: *ders.*, La société ecclésiastique dans l'occident médiéval. (Variorum collected studies series 116) London 1980, 79–106.

Michael H. Gelting, Arkivalier af fremmed proveniens, in: DRA (Hrsg.), Rigsarkivet og hjælpemidlerne til dets benyttelse, Bd. 1, Teilband 2, redigeret af Wilhelm von Rosen. o. O. 1983, 733–742.

Claes Gejrot (Hrsg.), Ny väg till medeltidsbreven. Från ett medeltidssymposium i Svenska Riksarkivet 26–28 november 1999. (Skrifter utgivna av Rigsarkivet 18) Västervik 2002.

Antonella Ghignoli / Wolfgang Huschner / Marie Ulrike Jaros (Hrsg.), Europäische Herrscher und die Toskana im Spiegel der urkundlichen Überlieferung (800–1100). I sovrani europei e la Toscana nel riflesso della tradizione documentaria (800–1100). (Italia Regia 1) Leipzig 2015.

Emil Gigas, Katalog over Det store kongelige Bibliotheks Haandskrifter vedrørende Norden, særlig Danmark, Bd. 1: Norden. København 1903.

Thomas Gloning, Bedeutung, Gebrauch und sprachliche Handlung. Ansätze und Probleme einer handlungstheoretischen Semantik aus linguistischer Sicht. Tübingen 1996, 264–266.

Uwe Goppolt, Politische Kommunikation in den Städten der Vormoderne. (Städteforschung. Reihe A, 74) Köln / Weimar / Wien 2007.

Tom Graber (Hrsg.), Diplomatische Forschungen in Mitteldeutschland. (Schriften zur sächsischen Geschichte und Volkskunde 12) Leipzig 2005, 163–184.

Johann Georg Theodor Graesse / Friedrich Benedict / Helmut Plechl (Hrsg.), Orbis Latinus. Lexikon lateinischer geographischer Namen des Mittelalters und der Neuzeit. Großausgabe, 3 Bde. Braunschweig 1972.

Robert Gramsch, Der Schülerkreis des Konrad von Dryburg. Ein westfälisches Gelehrtennetzwerk in Erfurt, Rostock und Lübeck im 15. Jahrhundert, in: Jahrbuch für Erfurter Geschichte 3, 2008, 39–63.

Antjekathrin Graßmann, Zu den Lübecker Stadtbüchern, in: Jürgen Sarnowsky (Hrsg.), Verwaltung und Schriftlichkeit in den Hansestädten. (Hansische Studien 16) Trier 2006, 71–80.

Antjekathrin Graßmann, Johann Carl Heinrich Dreyer und das Lübecker Archiv, in: Andreas Röpcke (Hrsg.), Festschrift für Christa Cordshagen. (Mecklenburgische Jahrbücher. Beiheft) Ludwigslust 1999, 269–284.

Antjekathrin Graßmann, Das Archiv der Hansestadt Lübeck an der Schwelle zum neuen Jahrtausend. Konsolidierung und Perspektiven, in: ZVLGA 78, 1998, 419–432.

Antjekathrin Graßmann, Carl-Friedrich Wehrmann, in: Alken Bruns (Hrsg.), Lübecker Lebensläufe aus neun Jahrhunderten. Neumünster 1993, 415–418.

Antjekathrin Graßmann, Von der Trese, der Schatzkammer des Lübeckischen Rats, in: ZVLGA 54, 1974, 87–93.

Albrecht Greule / Jörg Meier / Arne Ziegler (Hrsg.), Kanzleisprachenforschung. Ein internationales Handbuch. Unter Mitarbeit von Melanie Glantschnig, Jakob Reichsöllner und Elisabeth Scherr. Berlin / Boston 2012.

Jacob Grimm / Wilhelm Grimm, Deutsches Wörterbuch, 16 Bde. in 32 Teilbänden. Leipzig 1854–1961, Quellenverzeichnis Leipzig 1971, online: http://woerterbuchnetz.de/DWB/ (Zugriff: 29.05.2018).

Manfred Groten, Civic Record Keeping in Cologne 1250–1330, in: Richard Britnell (Hrsg.), Pragmatic Literacy, East and West 1200–1330. Woodbridge 1997, 81–106.

Konrad Gündisch, Art. Kronstadt, in: LexMA, Bd. 5. München / Zürich 1991, 1547.

Jürgen Habermas, Theorie des kommunikativen Handelns, 2. Bde. Frankfurt 1981.

HAdW (Hrsg.), Deutsches Rechtswörterbuch, 12 Bde. Stuttgart 1914–2011, online: http://drw-www.adw.uni-heidelberg.de/drw/ (Zugriff: 29.05.2018).

Christian Gottlob Haltaus, Glossarium germanicum medii aevi. Mit einem Vorwort von Johann Böhmer, 2. Bde. Leipzig 1758.

Anja Hampel, Studien zur mittelniederdeutschen Kanzleisprache in Rostock im 14. und 15. Jahrhundert, in: Beiträge zur Geschichte der Stadt Rostock, Ser. N. F. 24, 2001, 173–182.

Lars Hamre, Erkebiskop Erik Valkendrof, Trekk av hans liv or virke. Oslo 1943.

Gerold L. Harris, Art. Beaufort, Henry (1375?–1447), in: ODNB. Oxford 2014, online: doi:10.1093/ref:odnb/1859 (Zugriff: 29.05.2018).

Gerold L. Harris, Cardinal Beaufort. A Study of Lancasterian ascendancy and decline. Oxford 1988.

Reinhard Härtel, Notarielle und kirchliche Urkunden im frühen und hohen Mittelalter. (Historische Hilfswissenschaften) Wien / München 2011.

R. V. L. Hartley, Transmission of Information, in: Bell Systems Technical Journal 7, 1928, 535–563.

Eldbjørg Haug, Den norske kirkes utvikling fra 1430-årene til stadfestingen av Sættargjerden 1458. En forskningsoversikt, in: Collegium Medievale 9, 1996, 125–151.

Wolf Dieter Hauschild, Frühe Neuzeit und Reformation. Das Ende der Großmachtstellung und die Neuorientierung der Stadtgemeinde, in: Antjekathrin Graßmann (Hrsg.), Lübeckische Geschichte. Lübeck ²1989, 341–434.

John H. Headley, The emperor and his chancellor. A Study of the imperial chancellery under Gottinara. Cambridge 1983.

Markus Hedemann, Ein Aufhebungsverfahren (causa nullitatis) als reine Formsache? Der Prozess um Schleswig an der Kurie, 7. Oktober 1424–23. Mai 1425, in: Zeitschrift der Gesellschaft für Schleswig-Holsteinische Geschichte 137, 2012, 7–30.

Markus Hedemann, Unionsbrevets kongelige program og krigen om Slesvig, in: Scandia 77, Heft 2, 2011, 38–71.

Markus Hedemann, To eren unde to rechte. Erich von Pommerns Hansepolitik in den Jahren 1416–1423, in: Hansische Geschichtsblätter 128, 2010, 141–187.

Markus Hedemann, Ofendommen 28. Juni 1424. Politiske forudsætninger og juridisk strategi, in: (Dansk) Historisk Tidsskrift 107, 2007, 34–68.

Steffen Heiberg / Carl Olof Boggild-Andersen, Art. Krag, Nils, in: DBL, Bd. 8. København ³1981, 238.

Karl Josef Heidecker (Hrsg.), Charters and the use of the written word in Medieval Society. (Utrecht Studies in Medieval Literacy 5) Turnhout 2000.

Walter Heinemeyer, Studien zur Geschichte der gotischen Urkundenschrift. (Archiv für Diplomatik. Beihefte 4) Köln / Wien ²1982.

Paul-Joachim Heinig, Art. Schlick, Kaspar, in: LexMA, Bd. 7. München 1995, 1489–1490.

Johannes Helmrath, Der europäische Humanismus und die Funktionen der Rhetorik, in: Thomas Maissen / Gerrit Walther (Hrsg.), Funktionen des Humanismus. Studien zum Nutzen des Neuen in der humanistischen Kultur. Göttingen 2006, 18–49.

Volker Henn, Kommunikative Beziehungen und binnenhansisches Raumgefüge, in: Rolf Hammel-Kiesow (Hrsg.), Vergleichende Ansätze in der hansischen Geschichtsforschung. (Hansische Studien 13) Trier 2002, 33–42.

Eckart Henning, Wie die „Aktenkunde" entstand. Zur Disziplingenese der Aktenkunde als Historische Hilfswissenschaft, in: Friedrich Beck / Wolfgang Hempel / Eckart Henning (Hrsg.), Archivistica docet. Beiträge zur Archivwissenschaft und ihres interdisziplinären Umfelds. (Potsdamer Studien 9) Potsdam 1999, 439–461.

Peter Herde / Hermann Jakobs (Hrsg.), Papsturkunde und europäisches Urkundenwesen. Studien zu einer formalen und rechtlichen Kohärenz vom 11. bis 15. Jahrhundert. (Archiv für Diplomatik, Beihefte 7) Köln / Weimar / Wien 1999.

Bernd-Ulrich Hergemöller, Art. Heinrich von Schleswig und Holstein, in: Erwin Gatz (Hrsg.), Die Bischöfe des Heiligen Römischen Reiches 1198 bis 1448. Ein biographisches Lexikon, bearb. v. Clemens Brodkorb. Berlin 2001, 531 f.

Jürgen Herold, Die Interpretation mittelalterlicher Briefe zwischen historischem Befund und Medientheorie, in: Andreas Laubinger / Brundhilde Geddert / Claudia Dobrinski (Hrsg.), Text – Bild – Schrift. Vermittlung von Information im Mittelalter. (Mittelalterstudien des Instituts zur Interdisziplinären Erforschung des Mittelalters und seines Nachwirkens 14) München 2007, 101–126.

Jürgen Herold, Empfangsorientierung als Strukturprinzip. Zum Verhältnis von Zweck, Form und Funktion mittelalterlicher Briefe, in: Karl-Heinz Spieß / Oliver Auge (Hrsg.), Medien der Kommunikation im Mittelalter. (Beiträge zur Kommunikationsgeschichte 15) Stuttgart 2003, 265–288.

Paul Herold, Wege der Forschung. Über den Begriff und das Wesen der mittelalterlichen Privaturkunde unter besonderer Berücksichtigung der österreichischen Forschung, in: Karel Hruza / Paul Herold (Hrsg.), Wege zur Urkunde, Wege der Urkunde, Wege der Forschung. Beiträge zur europäischen Diplomatik des Mittelalters. Wien / Köln / Weimar 2005, 225–256.

Thomas Hildbrand, Herrschaft, Schrift und Gedächtnis. Das Kloster Allerheiligen und sein Umgang mit Wissen in Wirtschaft, Recht und Archiv (11.–16. Jahrhundert). Zürich 1996.

Jan Hirschbiegel, Hof als soziales System. Der Beitrag der Systemtheorie nach Niklas Luhmann für eine Theorie des Hofes, in: Reinhardt Butz / Jan Hirschbiegel / Dietmar Willoweit (Hrsg.), Hof und Theorie. Annäherungen an ein historisches Phänomen. (Norm und Struktur 22) Köln 2004, 43–54.

Michael Hochedlinger, Aktenkunde. Urkunden- und Aktenlehre der Neuzeit. Wien / München 2009.

Finn Hødnebø, Art. C(h)irographum: Norge, in: KHLNM, Bd. 3. København 1958, 559–561.

Erich Hoffmann, Hansestæderne og norden, in: Poul Grinder-Hansen (Hrsg.), Margrete 1. Nordens frue og husbond. Kalmarunionen 600 år: essays og udstillingskatalog. Kobenhavn 1996, 67–73.

Erich Hoffmann, Die Wechselbeziehungen der Politik Knuts des Großen gegenüber Olav Haraldsson von Norwegen und dem deutschen König/Kaiser Konrad II., in: Kjell Haarstad u. a. (Hrsg.), Innsikt og utsyn, Festschrift für Jørn Sandnes. (Skriftserie fra Historisk institutt 12) Trondheim 1996, 56–70.

Erich Hoffmann, Erich von Pommern und die schleswigschen Städte, in: *Thomas Riis* (Hrsg.), Studien zur Geschichte des Ostseeraums, Bd. 1. (Byhistoriske Skrifter 7) Odense 1995, 18–29.

Erich Hoffmann, König Waldemar IV. als Politiker und Feldherr, in: Detlef Kattinger / Ralf-Gunnar Werlich / Host Wernicke (Hrsg.), Akteure und Gegner der Hanse. Zur Prosopographie der Hansezeit. Gedächtnisschrift für Konrad Fritze. (Hansische Studien 9; Abhandlungen zur Handels- und Sozialgeschichte 30) Weimar 1995, 271–288.

Erich Hoffmann, Spätmittelalter und Reformationszeit. (Geschichte Schleswig-Holsteins 4, 2) Neumünster 1990.

Erich Hoffmann, Konflikt und Ausgleich mit den skandinavischen Reichen, in: Jörgen Bräcker (Hrsg.) Die Hanse. Lebenswirklichkeit und Mythos. Ausstellung im Museum für Hamburgische Geschichte, Bd. 1. Hamburg 1989, 56–62.

Erich Hoffmann, Lübeck im Hoch- und Spätmittelalter. Die große Zeit Lübecks, in: Antjekathrin Graßmann (Hrsg.), Lübeckische Geschichte. Lübeck 1988, 79–340.

Erich Hoffmann, Historische Voraussetzung für die Herausbildung der heutigen deutsch-dänischen Staatsgrenze, in: Zeitschrift der Gesellschaft für Schleswig-holsteinische Geschichte 106, 1981, 9–29.

Erich Hoffmann, The unity of the kingdom and the provinces in Denmark during the Middle Ages, in: Niels Skyum-Nielsen / Niels Lund (Hrsg.), Danish Medieval History. New Currents. A Symposium held in Celebration of the 500th Anniversary of the University of Copenhagen, Bd. 1. (Danish Medieval History and Saxo Grammaticus 1) Copenhagen 1981, 95–109.

Erich Hoffmann, Graf Gerhard III. der Große von Holstein. Der Aufstieg eines Territorialfürsten des 14. Jahrhunderts, in: Zeitschrift der Gesellschaft für Schleswig-Holsteinische Geschichte 102/103, 1977/78, 9–49.

Erich Hoffmann, Königserhebung und Thronfolgeordnung in Dänemark bis zum Ausgang des Mittelalters. (Beiträge zur Geschichte und Quellenkunde des Mittelalters 5) Berlin / New York 1976.

Erich Hoffmann, Die Herkunft des Bürgertums in den Städten des Herzogtums Schleswig. (Quellen und Forschungen zur Geschichte Schleswig-Holsteins 27) Neumünster 1953.

Gottfried Ernst Hoffmann / Klauspeter Reumann, Die Herzogtümer von der Landesteilung von 1544 bis zum Kopenhagener Frieden von 1660, in: Gottfried Ernst Hoffmann / Klauspeter Reumann / Hermann Kellenbenz, Die Herzogtümer von der Landesteilung 1544 bis zur Wiedervereinigung Schleswigs 1721. (Geschichte Schleswig-Holsteins 5) Neumünster 1986, 3–200/41.

Adolf Hofmeister, Zur Genealogie und Geschichte der Grafen von Everstein in Pommern, in: Monatsblätter der Gesellschaft für Pommersche Geschichte und Altertumskunde 51, 1937, 17–28.

Axel Christen Højberg Christensen, Studier over Lybæks Kancellisprog. Fra ca. 1300–1470. København 1918.

Hanns Hohmann, Art. Gerichtsrede, in: HWRh, Bd. 3. Tübingen 1996, 770–815.

Georges A. Holmes, Cardinal Beaufort and the Crusade against the Hussites, in: English Historical Review 88, 1973, 721–750.

Julian Holzapfl, Kanzleikorrespondenz des späten Mittelalters in Bayern. Schriftlichkeit, Sprache und politische Rhetorik. München 2008.

Kai Hørby, Tiden fra 1340 til 1523, in: Aksel E. Christensen u. a. (Hrsg.), Danmarks Historie, Første Halfbind: 1340–1559. København 1980, 13–270.

Karel Hruza, Propaganda, Kommunikation und Öffentlichkeit, in: Karel Hruza (Hrsg.), Propaganda, Kommunikation und Öffentlichkeit (11.–16. Jahrhundert). (Forschungen zur Geschichte des Mittelalters 6) Wien 2001, 9–28.

Edmund Husserl, Die Krisis der europäischen Wissenschaften und die transzendentale Phänomenologie. Eine Einleitung in die phänomenologische Philosophie. (Husserliana 6) Den Haag 1954.

Johan Hvidtfeld, Forvaltningspolitik under Christian den anden, in: Scandia 12, 1939, 223–241.

Johan Hvidtfeld, Bidrag til Christians II's og Frederk I's Historie I: Forordningen af 3. August 1523, in: (Dansk) Historisk Tidsskrift III, 10, 1934–1935, 32–42.

Per Ingesman, A Canon Law Culture in Late Medieval Denmark?, in: Mia Korpiola (Hrsg.), Nordic Perspectives on Medieval Canon Law. (Publications of Matthias Calonius Society 2) Saarijärvi 1999, 65–78.

Per Ingesman / Thomas Lindkvist (Hrsg.), Norden og Europa I middelalderen. Rapporter til des 24. nordiste Historikermøde, Århus 9.–13. august 2001, Bd. 1. (Skrifter udgivet af jusk selskab for Historie 47) Århus 2001.

Per Ingesman / Bjørn Poulsen, Inledning, in: Per Ingesman / Bjørn Poulsen (Hrsg.), Danmark of Europa i Senmiddelalderen. Århus 2000, 9–29.

Stephanie Irrgang, Peregrinatio academica. Wanderungen und Karrieren von Gelehrten der Universitäten Rostock, Greifswald, Trier und Mainz im 15. Jahrhundert. (Beiträge zur Geschichte der Universität Greifswald 4) Stuttgart 2002.

Wolfgang Iser, Die Appellstruktur der Texte. Unbestimmtheit als Wirkungsbedingung literarischer Prosa. (Konstanzer Universitätsreden 28) Konstanz 1970.

Stig Iuul / William Christensen, Art. Knud Mikkelsen, in: DBL, Bd. 9. København [3]1981, 586.

Ferdinand Henrik Jahn, Danmarks politisk-miliaire Historie under Unionskongerne fra Kong Oluf og Dronning Margrethe, indtil Kong Hanses Død. Kiøbenhavn 1835.

Bernhart Jähnig, Verfassung und Verwaltung des Deutschen Ordens und seiner Herrschaft in Livland. (Schriften der Baltischen Historischen Kommission 16) Münster 2011.

Bernhart Jähnig, Die Rigische Sache des Deutschen Ordens zur Zeit des Erzbischofs Henning Scharpenberg bis zur Landeseinung von 1435, in: Bernhart Jähnig (Hrsg.), Aus der Geschichte Alt-Livlands. Festschrift für Heinz von zur Mühlen zum 90. Geburtstag. (Schriften der Baltischen Historischen Kommission 12) Münster 2004, 113–135.

Bernhart Jähnig, Christian Kobant (Cuband) (OPraem) († 1435), in: Erwin Gatz (Hrsg.), Die Bischöfe des Heiligen Römischen Reiches 1198 bis 1448. Ein biographisches Lexikon, bearb. v. Clemens Brodkorb. Berlin 2001, 489–500.

Bernhart Jähnig, Henning Scharpenberg (OT) († 1435), in: Erwin Gatz (Hrsg.), Die Bischöfe des Heiligen Römischen Reiches 1198 bis 1448. Ein biographisches Lexikon, bearb. v. Clemens Brodkorb. Berlin 2001, 657.

Carsten Jahnke, Das Silber des Meeres. Fang und Vertrieb von Ostseehering zwischen Norwege und Italien (12.–16. Jahrhundert). (Quellen und Darstellungen zur hansischen Geschichte. N. F. 49) Köln / Weimar / Wien 2000.

Carsten Jahnke, „Das Silber des Nordens". Lübeck und der europäische Heringshandel im Mittelalter. (Handel, Geld und Politik von frühen Mittelalter bis heute 3) Lübeck 2000.

Eva-Maria Jakobs, Vom Umgang mit den Texten anderer. Beziehungen zwischen Texten im Spannungsfeld von Produktions-, Rezeptions- und Reproduktionsbeziehungen. Tübingen 1999.

Roman Jakobson, Linguistic and Poetics, in: Krystyna Pomorskaya / Stephen Rudy (Hrsg.), Language in Litterature. Cambridge (Mass.) 1987, 62–94.

Wilhelm Janssen, Bemerkungen zum Aufkommen der Schiedsgerichtsbarkeit am Niederrhein im 13. Jahrhundert, in: Jahrbuch des Kölner Geschichtsvereins 43, 1971, 77–100.

Stuart Jenks, Friedensvorstellungen der Hanse, in: Johannes Fried (Hrsg.), Träger und Instrumentarien des Friedens im hohen und späten Mittelalter. (Vorträge und Forschungen 43) Sigmaringen 1993, 405–439.

Jacob B. Jensen, Erik af Pommerns privilegier for København i ny belysning, in: Historiske Meddelelser om København, 1976, 7–25.

Thelma Jexlev / William Christensen, Art. Pedersen, Jens, in: DBL, Bd. 11. København ³1982, 214, online: http://denstoredanske.dk/index.php?sideId=295552 (Zugriff: 29.05.2018).

Erich Joachim, König Sigismund und der Deutsche Ritterorden in Ungarn 1429–1432. Mitteilungen aus dem Staatsarchiv zu Königsberg, in: Mitteilungen des Instituts für österreichische Geschichtsforschung 33, 1912, 87–119.

Finnus Johannæus, Historia Ecclesiastica Islandiae ex Historiis, Annalibus, Legibus Ecclesiasticis, Aliisque Rerum Septentrionalium Monumentis congesta, et constitutionibus regum, bullis ponticium romanorum, statutis conciliorum, nationalium et synodorum provincialium, nec non archiepiscoporum et episcoporum epistolis, edicitis et decretis magistratuum, multisque privatorum litteris et instrumentis maximam partem hactenus indeditis, illustrata, Tomus II. Hafniae 1774.

Sarah Rees Jones (Hrsg.), Learning and literacy in medieval England and abroad. (Utrecht Studies in Medieval Literacy 3) Turnhout 2003.

Adolf Ditlev Jørgensen, Klaus Lembeks Frafald 1421., in: Danske Magazin V, Heft 2, 1889–1892, 108–119.

Adolf Ditlev Jørgensen, Udsigt over de danske rigsarkivers historie. København 1884.

Ellen Jørgensen, Historieforskning og historieskrivning. Danmark indtil år 1800. København 1981.

Harald Jørgensen, Art. Thott, Otto, in: DBL, Bd. 24. København ²1943, 55–59.

Poul Johannes Jørgensen, Erik af Pommerns Erhvervelse af København 1417 set i Belysning af Datidens Retsregler, in: Historikse Meddelelser om Staden København og dens Borgere III, 3, 1939, 273–305.

Nils Jörn (Hrsg.), Der Stralsunder Frieden von 1370. Prosopographische Studien. (Quellen und Darstellungen zur hansischen Geschichte. N. F. 46) Köln / Weimar / Wien 1998.

Wilhelm Junghans, Bericht über die Arbeiten für das hansische Urkunden- und Recess-Buch, in: Nachrichten von der historischen Commission bei der Königlich Bayerischen Akademie der Wissenschaften 3, 1. Beiheft zur Historischen Zeitschrift 6, 1861, 37–92.

Hermann Kamp, Friedensstifter und Vermittler im Mittelalter. (Symbolische Kommunikation in der Vormoderne 1) Darmstadt 2001.

Detlef Kattinger (Hrsg.), „Huru thet war talet i kalmarn". Union und Zusammenarbeit in der nordischen Geschichte. 600 Jahre Kalmarer Union (1397–1977). (Greifswalder Historische Studien 2) Hamburg 1997.

Hagen Keller, Vorschrift, Mitschrift, Nachschrift. Instrument des Willens zu vernunftgemäßem Handeln und guter Regierung in den italienischen Kommunen des Duocento, in: Hagen Keller / Christel Meier / Thomas Scharff (Hrsg.), Schriftlichkeit und Lebenspraxis im Mittelalter. Erfassen, Bewahren, Verändern. Akten des Internationalen Kolloquiums 8.-10. Juni 1995. (Münstersche Mittelalter-Schriften 76) München 1999, 25–41.

Hagen Keller / Thomas Behrmann (Hrsg.), Kommunales Schriftgut in Oberitalien. Formen, Funktionen, Überlieferung. (Münstersche Mittelalter-Schriften 68) München 1995.

Hagen Keller / Klaus Grabmüller / Nicolaus Staubach (Hrsg.), Pragmatische Schriftlichkeit im Mittelalter. Erscheinungsformen und Entwicklungsstufen. (Münstersche Mittelalter-Schriften 69) Münster 1992.

Hagen Keller / Christel Meier / Thomas Scharff (Hrsg.), Schriftlichkeit und Lebenspraxis im Mittelalter. Erfassen, Bewahren, Verändern. Akten des Internationalen Kolloquiums 8.–10. Juni 1995. (Münstersche Mittelalter-Schriften 76) München 1999.

Rolf Hammel-Kiesow, Die Hanse. München [5]2014.

Rolf Hammel-Kiesow / Ortwin Pelc, Landesausbau, Territorialherrschaft, Produktion und Handel im hohen und späten Mittelalter, in: Ulrich Lange (Hrsg.), Geschichte Schleswig-Holsteins. Von den Anfängen bis zur Gegenwart. Neumünster 2003, 59–134.

Wolfgang Huschner, Raub oder Recht? Der Umgang mit Schiffbruch und Strandgut an der Mecklenburgischen Ostseeküste (13.–16. Jahrhundert), in: Mecklenburgische Jahrbücher 132 (2017), 49–66.

Josef Klein, Art. Politische Rede, in: HWRh, Bd. 6. Tübingen 2003, 1465–1521.

Christine Kleinjung, Frauenklöster als Kommunikationszentren und soziale Räume. Das Beispiel Worms vom 13. bis zum Beginn des 15. Jahrhunderts. (Studien zur Geistes- und Sozialgeschichte des Mittelalters 1) Korb am Neckar 2008.

Olav Klose (Hrsg.), Geschichte Schleswig-Holsteins. Begründet durch Paul Volquard, 8 Bde. Neumünster 1981–1982.

Jürgen Knape, Art. Figurenlehre, in: HWRh, Bd. 3. Tübingen 1996, 289–342.

Jürgen Knape, Art. Eluctio, in: Historisches Wörterbuch der Rhetorik, Bd. 2. Tübingen 1994, 1022–1083.

Hermann Kölln, Untersuchungen zu den Niederdeutschen Bearbeitungen der Chronica Novella Hermann Korners. phil. Diss. Erlangen 1965.

Theo Kölzer, Diplomatik, in: Archiv für Diplomatik 55, 2009, 405–424.

Erich König, Kardinal Giordano Orsini († 1438). Ein Lebensbild aus der Zeit der großen Konzilien und des Humanismus. Freiburg i. Br. 1906.

Karl-Otto Konow, Zur ältesten Geschichte des Notariats in Pommern. Die Signete der ersten pommerschen Notariatsinstrumente, in: Baltische Studien. N. F. 51, 1965, 33–40.

Bjørn Kornerup, Art. Thorkelin, Grimur Jónsson, in: DBL, Bd. 14. København [3]1983, 514 f.

Hermann Krause, Art. Minne und Recht, in: HRG, Bd. 3. Berlin 1984, 582–588.

Johannes Kretzschmar, Geschichte des Lübecker Archives, in: Protokolle des Achten deutschen Archivtages in Lübeck. Berlin 1908, 64–80.

Karl Kroeschell / Albrecht Cordes / Karin Nehlsen-von Stryk, Deutsche Rechtsgeschichte, Bd. 2: 1520–1650. Köln / Weimar / Wien ⁹2008.

Erik Kroman, Art. Skrift, in: KHLNM, Bd. 15. København 1970, 677-679.

Erik Kroman, Art. Skriver: Danmark, in: KHLNM, Bd. 17. København 1970, 693–694.

Erik Kroman, De Sønderjyske Fyrstearkiver. (Veijledende Arkivregistraturer X) København 1959.

Erik Kroman, Art. C(h)irographum, in: KHLNM, Bd. 3. København 1958, 559.

Erik Kroman, Skriftenes Historie i Danmark. København 1943

Joachim Krüger, Die dänischen Könige als Lehnsherren der Herzöge von Pommern-Wolgast 1325–1438 anhand der urkundlichen Überlieferung, in: Baltische Studien 95, 2009, 9–34.

Cäcilie Kuchenbuch, Das Breslauer Kreuzstift in seiner persönlichen Zusammensetzung von der Gründung (1238) bis 1456. (Zur schlesischen Kirchengeschichte 29) Breslau 1937.

Harald Kuhnert, Brașow, in: Harald Roth (Hrsg.), Handbuch der Historischen Stätten. Siebenbürgen. Stuttgart 2003, 37–43.

Ulrich Lange (Hrsg.), Geschichte Schleswig-Holsteins. Von den Anfängen bis zur Gegenwart. Neumünster 1996.

Ulrich Lange, Stände, Landesherr und Große Politik. Vom Konsens des 16. zu den Konflikten des 17. Jahrhunderts, in: ders. (Hrsg.), Geschichte Schleswig-Holsteins. Von den Anfängen bis zur Gegenwart. Neumünster 1996, 153–266.

Harold Dwight Lasswell, The Structure and Function of Communication in Society, in: Lyman Bryson (Hrsg.), The Communication of Ideas. New York 1946, ND 1964, 37–51.

Heinrich Lausberg, Handbuch der literarischen Rhetorik. Eine Grundlegung der Literaturwissenschaft. Stuttgart ³1990.

Heinrich Lausberg, Elemente der literarischen Rhetorik. München 1967.

Katrin Lehnen / Elisabeth Gülich, Mündliche Verfahren der Verschriftlichung. Zur interaktiven Erarbeitung schriftlicher Formulierungen, in: Zeitschrift für Literaturwissenschaft und Linguistik 108, 1997, 108–136.

Susanne Lepsius, Art. Durantis, Guilemus, in: HRG, Bd. 1. Berlin ²2008, 1168–1170.

Matthias Lexer, Mittelhochdeutsches Handwörterbuch. Zugleich als Supplement und alphabetischer Index zum Mittelhochdeutschen Wörterbuche von *Benecke-Müller-Zarncke.* Nachdruck der Ausg. Leipzig 1872–1878 mit einer Einleitung von Kurt *Gärtner.* 3 Bde. Stuttgart 1992.

Karl J. Leyser, Herrschaft und Konflikt. König und Adel im ottonischen Sachsen. Göttingen 1984.

Theodor Lindner, Das Urkundenwesen Karls IV. und seiner Nachfolger (1346–1437). Stuttgart 1882.

Erik Lönnroth, Sverige och Kalmarunionen 1397–1457. (Studia Historica Gothoburgensia 10) Göteburg 1934, ND Göteburg 1969.

Erik Lönnroth, Biskop Thomas av Strängnäs. Stockholm 1966.

Erik Lönnroth, Lüneburghandskriften (D-Texten) till Kroners Chronika novella, in: Scandia 8, 1936, 80–111.

Kuno Lorenz, Art. Handlung, in: Jurgen Mittelstraß (Hrsg.), Enzyklopädie Philosophie und Wissenschaftstheorie, Bd. 3. Stuttgart / Weimar ²2008, 273–282.

Beata Losman, Norden och Reformkonsilierna 1408–1449. (Studia Historica Gothoburgensia 11) Göteburg 1970.

Dietmar Lucht, Teilung und Zusammenhalt in der pommerschen Geschichte, in: Baltische Studien, N. F. 91, 2005, 15–30.

Carl August Lückerath, Paul von Rusdorf. Hochmeister des Deutschen Ordens 1422–1441. (Quellen und Studien zur Geschichte des Deutschen Ordens 15) Bad Godesberg 1969.

Niklas Luhmann, Soziale Systeme. Grundriß einer allgemeinen Theorie. Frankfurt (Main) 1984.

Ralf Lusiardi, Stiftung und städtische Gesellschaft. Religiöse und soziale Aspekte des Stiftungsverhaltens im spätmittelalterlichen Stralsund. (Stiftungsgeschichten 2) Berlin 2000.

Jean Mabillon, De Re Diplomatica. Paris 1681.

Werner Maleczek, Das friedenstiftende Papsttum im 12. und 13. Jahrhundert, in: Johannes Fried (Hrsg.), Träger und Instrumentarien des Friedens im hohen und späten Mittelalter. (Vorträge und Forschungen 43) Sigmaringen 1993, 249–332.

Jens Christian Manniche, Den radikale historikertradition. Studier i dansk historievidenskabs forudsætninger og normer. (Skrifter udgivet af Jysk selskab for historie 38) Århus 1981, ²2000, online: http://docplayer.dk/42189-Jens-chr-manniche-historikertradition-jcm-i-oktober-2000.html (Zugriff: 29.05.2018).

Wilhelm Mantels, Die hansischen Schiffshauptleute Johann Wittenborg, Brun Warendorp und Tidemann Steen, in: *ders.*, Beiträge zur lübisch-hansischen Geschichte. Jena 1881, 179–232.

Werner Marschall, Der Breslauer Domdekan Nikolaus Stock auf der Diözesansynode von 1446, in: Archiv für schlesische Kirchengeschichte 35, 1977, 51–64.

Kenneth B. McFarlande, Loans to the Lancastrian Kings, in: Cambridge Historical Journal 9, 1947, 51–68.

Christel Meier, Einführung, in: Christel Meier u. a. (Hrsg.), Pragmatische Dimensionen mittelalterlicher Schriftkultur. Akten des Internationalen Kolloquiums. 26.-29. Mai 1999. (Münstersche Mittelalter-Schriften 7) München 2002, XI–XIX.

Christel Meier u. a. (Hrsg.), Pragmatische Dimensionen mittelalterlicher Schriftkultur. Akten des Internationalen Kolloquiums. 26.–29. Mai 1999. (Münstersche Mittelalter-Schriften 79) München 2002.

Jörg Meier, Städtische Kommunikation im Spätmittealter und in der frühen Neuzeit, in: Andreas Laubinger / Brundhilde Geddert / Claudia Dobrinski (Hrsg.), Text – Bild – Schrift. Vermittlung von Information im Mittelalter. (Mittelalterstudien des Instituts zur Interdisziplinären Erforschung des Mittelalters und seines Nachwirkens 14) München 2007, 127–145.

Jörg Meier, Städtische Kommunikation in der Frühen Neuzeit (Deutsche Sprachgeschichte. Texte und Untersuchungen 2) Frankfurt (Main) u. a. 2004.

Jürgen Meier / Dieter Möhn, Die Textsorten des Mittelniederdeutschen, in: Werner Besch u. a. (Hrsg.), Sprachgeschichte. Ein Handbuch zur Geschichte der deutschen Sprache und ihrer Erforschung, 2. Teilband. (Handbücher zur Sprach- und Kommunikationswissenschaft 2, 2) Berlin / New York ²2000, 1470–1477.

Heinrich Otto Meisner, Archivalienkunde vom 16. Jahrhundert bis 1918. Göttingen 1969.

Heinrich Otto Meisner, Das Begriffspaar Urkunden und Akten, in: Staatliche Archivverwaltung im Staatssekretariat für innere Angelegenheiten (Hrsg.), Forschungen aus mitteldeutschen Archiven. Zum 60. Geburtstag von Hellmut Kretzschmar. (Schriftenreihe der Staatlichen Archivverwaltung 3) Berlin 1953, 34–47.

Andreas Meyer, Felix et inclitus notarius. Studien zum italienischen Notariat vom 7. bis zum 13. Jahrhundert. (Bibliothek des Deutschen Historischen Instituts in Rom 92) Tübingen 2000.

Andreas Ludwig Jacob Michelsen, Ueber die ehemaligen Landestheilungen in Schleswig-Holstein unter dem Oldenburgischen Hause. Kiel 1839.

Francesco Migliorno, Kommunikationsprozesse und Formen sozialer Kontrolle im Zeitalter des Ius Commune, in: Heinz Duchhardt / Gert Melville (Hrsg.), Im Spannungsfeld von Recht und Ritual. Soziale Kommunikation in Mittelalter und Früher Neuzeit. Köln / Weimar / Wien 1997, 49–70.

Helga Möhring-Müller, Die „Chronica Novella" des Lübecker Dominikanermönchs Hermann Korner. Untersuchungen zu Gattung, Sprache, Publikum und Inhalt der lateinischen und mitteldeutschen Fassungen, in: Rolf Sprandel (Hrsg.), Zweisprachige Geschichtsschreibung im spätmittelalterlichen Deutschland. (Wissensliteratur im Mittelalter. Schriften des Sonderforschungsbereiches 226 Würzburg / Eichstätt 14) Wiesbaden 1993, 27–121.

Willem Moll, Gozewijn Comhaer, een Nederlander aan het hoofd der Kerk van Iisland, o. O. 1876.

Marco Mostert (Hrsg.), New approaches to medieval communication. (Utrecht Studies in Medieval Literacy 1) Turnhout 1999.

Heribert Müller, Konzil und Frieden. Basel und Arras (1435), in: Johannes Fried (Hrsg.), Träger und Instrumentarien des Friedens im hohen und späten Mittelalter. (Vorträge und Forschungen 43) Sigmaringen 1993, 333–390.

Eckhard Müller-Mertens / Heidelore Böcker (Hrsg.), Konzeptionelle Ansätze der Hanse Historiographie. (Hansische Studien 14) Trier 2003.

James J. Murphy, Rhetoric in the Middle Ages. A History of Rhetorical Theory from Saint Augustin to the Renaissance. Berkley / Los Angeles / London 1974.

Bernd Mütter, Ernst Robert Daenell (1872–1921). Ein Hansehistoriker in der Epoche des Imperialismus, in: Hansische Geschichtsblätter 128, 2010, 189–231.

Arnved Nedkvitne, The Social Consequences of Literacy in Medieval Scandinavia. (Utrecht Studies in Medieval Literacy 11) Turnhout 2004.

Klaus Neitmann, Die Publikation von Staatsverträgen und Landesordnungen im Deutschordensland Preußen, in: Heinz-Dieter Heimann / Ivan Hlavácek (Hrsg.), Kommunikationspraxis und Korrespondenzwesen im Mittelalter und in der Renaissance. Paderborn u. a. 1998, 113–124.

Klaus Neitmann, Die Staatsverträge des Deutschen Ordens in Preußen 1230–1449. Köln / Wien 1986.

Cornelia Neustadt / Frank Nikulka / Dirk Schumann, Tempzin - Präzeptorei S. Antonius, in: Wolfgang Huschner u. a. (Hrsg.), Mecklenburgisches Klosterbuch, Handbuch der Klöster, Stifte, Komtureien und Prioreien vom 11. bis 16. Jahrhundert, 2 Bde. Rostock 2016, 1106–1157.

Herluf Nielsen, Einfluß der päpstlichen Kanzlei auf dänische Königs- und Bischofsurkunden bis zum Ausgang des 14. Jahrhunderts, in: Peter Herde / Hermann Jakobs (Hrsg.), Papsturkunde und europäisches Urkundenwesen. Studien zu einer formalen und rechtlichen Kohärenz vom 11. bis 15. Jahrhundert. (Archiv für Diplomatik Beihefte 7) Köln / Weimar / Wien 1999, 147–160.

Herluf Nielsen, Die skandinavischen Königsurkunden um 1200, in: Jan Bistrický (Hrsg.), Typologie der Königsurkunden. Kolloquium der Commission Internationale de Diplomatique in Olmütz 30.8.-3.9.1992. (Acta Colloquii Olomucensis, 1992) Olomouc 1998, 213–225.

Herluf Nielsen, Beobachtungen zu den graphischen Symbolen und Kanzleisignaturen in dänischen Urkunden bis 1400, in: Peter Rück (Hrsg.), Graphische Symbole in mittelalterlichen Urkunden. Beiträge zur diplomatischen Semiotik. (Historische Hilfswissenschaften 3) Sigmaringen 1996, 529–532.

Herluf Nielsen, Über die dänische Privaturkunde bis zum 14. Jahrhundert mit einem Schlußwort über das Notariat, in: Notariado público y documento privado. De los origines al siglo XIV. Actas del VII. Congreso Internacional de Diplomática Valencia, 1986, Bd. 2. (Congreso Internacional de Diplomática 7) Valencia 1989, 951–959.

Herluf Nielsen, Urkundenfälschungen bis um 1500 im Dänischen Reich, in: Fälschungen im Mittelalter. Internationaler Kongreß der Monumenta Germaniae Historica München. 16.-19. September 1986, Bd. 4 (Monumenta Germaniae Historica. Schriften 33, 4) Hannover 1988, 483–498.

Ingvar Nielsen, Bergen fra de ældeste Tider indtil Nutiden. Christiania 1877.

Oluf Nielsen, Kjøbenhavns Historie og Beskrivelse, Bd. 1: Kjøbenhavn i Middelalderen. København 1877.

Jan Frederik Niermeyer, Mediae latinitatis lexicon minus: Lexique latin médiéval-français/anglais, 2 Bde. Leiden 1976.

Gudrun Nissen, København under Erik af pommern, in: Historisk Meddelelser om staden København og dens Borgere III, 3, 1939, 64–86.

Vilho Niitemaa, Der Kaiser und die nordische Union bis zu dem Burgunderkriegen. (Annales Academia Scientiarum Fennicae 161) Helsinki 1960.

Vilho Niitemaa, Das Strandrecht in Nordeuropa im Mittelalter. (Suomalaise Tiedakatemian Toimituksia / Annales Academiæ Scientiarum Fennicæ. Serie B, 94) Helsinki 1955.

Birgit Noodt, Religion und Familie in der Hansestadt Lübeck anhand der Bürgertestamente des 14. Jahrhunderts. (Veröffentlichungen zur Geschichte der Hansestadt Lübeck, Reihe B, 33) Lübeck 2000.

Zenon Hubert Nowak, Macht und Recht. Erich von Pommern und die holsteinischen Grafen, in: Bernhard Diestelkamp u. a. (Hrsg.), Liber Amicrum Kjell Å. Modeer. Lund 2007, 519–534.

Zenon Hubert Nowak, Rechtliche und politische Beziehungen zwischen dem Deutschen Orden und der Hanse, in: Zenon Hubert Nowak / Janusz Tandecki (Hrsg.), Die preußischen Hansestädte und ihre Stellung im Nord- und Ostseeraum des Mittelalters. Torún 1998, 15–24.

Zenon Hubert Nowak, Waffenstillstände und Friedensverträge zwischen Polen und dem Deutschen Orden, in: Johannes Fried (Hrsg.), Träger und Instrumentarien des Friedens im hohen und späten Mittelalter. (Vorträge und Forschungen 43) Sigmaringen 1993, 391–404.

Zenon Hubert Nowak, Internationale Schiedsprozesse als ein Werkzeug der Politik König Sigismunds in Ostmittel- und Nordeuropa 1411 – 1425, in: Blätter für deutsche Landesgeschichte 111, 1975, 172–188.

Jens E. Olesen, Senmiddelalderens danske stændersamfund, in: Agnes S Arnórsdóttir / Per Ingesman / Bjørn Poulsen (Hrsg.), Konge, kirke og samfund. Århus 2007, 13–36.

Jens E. Olesen, Union og Kancelli i det 15. århundrede, in: Claes Gejrot (Hrsg.), Ny väg till medeltidsbreven. Från ett medeltidssymposium i Svenska Riksarkivet 26–28 november 1999. (Skrifter utgivna av Rigsarkivet 18) Västervik 2002, 54–70.

Jens E. Olesen, Der lübeckische Bürgermeister Heinrich Rapesulver († 1440) und seine Zeit, in: Detlev Kattinger / Horst Wernicke (Hrsg.), Akteure und Gegner der Hanse. Zur Prosopographie der Hansezeit. Gedächtnisschrift für Konrad Fritze. (Hansische Studien 9; Abhandlungen zur Handels- und Sozialgeschichte 30) Weimar 1998, 109–129.

Jens E. Olesen, Erich von Pommerns Alleinherrschaft 1412–1439/40, in: Detlef Kattinger (Hrsg.), „Huru thet war talet i kalmarn". Union und Zusammenarbeit in der nordischen Geschichte. 600 Jahre Kalmarer Union (1397–1977). (Greifswalder Historische Studien 2) Hamburg 1997, 199–239.

Jens E. Olesen, The Governmental System in the Union of Kalmar, 1389–1439, in Thomas Riis (Hrsg.), Studien zur Geschichte des Ostseeraums, Bd. 1. (Byhistoriske Skrifter 7) Odense 1995, 49–66.

Jens E. Olesen, Die doppelte Königswahl 1448 im Norden, in: Werner Paravicini / Frank Lubowitz / Henning Unverhau (Hrsg.), Mare Balticum. Beiträge zur Geschichte des Ostseeraums in Mittelalter und Neuzeit. (Kieler Historische Studien 36) Sigmaringen 1992, 213–232.

Jens E. Olesen, Hertug Adolf VIII og Danmark 1435–1459, in: Profiler i nordisk senmiddelalder og renaissance. Festskrift til Poul Enemark på tresårsdagen 13. april 1983. Aarhus 1983, 11-28.

Jens E. Olesen, Unionskrige og Stændersamfund. Bidrag til Nordens historie i Kristian I's regerinstid, 1450–1481. (Skrifter. Jysk Selskab for Historie 40) Århus 1983.

Jens E. Olesen, Rigsrad, Kongemagt, Union. Studier over dat danske rigsrad og den nordiske kongemagts politik 1434–1449. (krifter Indgivet af jysk Selskab for Historie 36) Århus 1980.

Olaf Olsen, Urfredens Hav – en 600 år gammel sørøverhistorie fra Østersøen. København 2002.

Elsbeth Orth, Die Fehden der Reichsstadt Frankfurt am Main im Spätmittelalter. Fehderecht und Fehdepraxis im 14. und 15. Jahrhundert. (Frankfurter Historische Abhandlungen 6) Wiesbaden 1973, 35–57.

Franz Palacky, Geschichte Böhmens, größtenteils nach Urkunden und Handschriften, 3.2.–3.3. Prag 1851–1854.

Johannes Papritz, Archivwissenschaft, 4 Bde. Marburg ²1983.

Werner Paravicini, Jenseits von Brügge. Norddeutsche Schiffer und Kaufleute an der Atlantikküste und im Mittelmeer in Mittelalter und Früher Neuzeit, in: Eckard Müller-Mertens / Heidelore Böcker (Hrsg.), Konzeptionelle Ansätze der Hanse-Historiographie. (Hansische Studien 14) Trier 2003, 69–114.

Werner Paravicini / Frank Lubowitz / Henning Unverhau (Hrsg.), Mare Balticum. Beiträge zur Geschichte des Ostseeraums in Mittelalter und Neuzeit. (Kieler Historische Studien 36) Sigmaringen 1992.

Michel Parisse, Remarques sure les chirographes et les chartes-parties anterieurs à 1120 et conservés en France, in: Archiv für Diplomatik 32, 1986, 546–568.

N. Pedersen, Bidrag til dansk klosterhistorie, in: Kirkehistoriske Samlinger III, 3, 1881–1882, 170–185.

Robert Peters, Die Kanzleisprache Lübecks, in: Albrecht Greule / Jörg Meier / Arne Ziegler (Hrsg.), Kanzleisprachenforschung. Ein internationales Handbuch. Unter Mitarb. von Melanie Glantschnig, Jakob Reichsöllner und Elisabeth Scherr. Berlin / Boston 2012, 347–366.

Carl S. Petersen, Det Kongelige Biblioteks Haandskriftsamling, in: Bogens Verden 24, 1942, 61–65, ND København 1943.

Stefan Petersen, Bistum Ratzeburg, in: Erwin Gatz (Hrsg.), Die Bistümer des Heiligen Römischen Reiches von ihren Anfängen bis zur Säkularisation. Ein historisches Lexikon, bearb. von Clemens Brodkorb, Helmut Flachenecker. Freiburg i. Br. 2003, 590–598.

Andreas Petter, Schriftorganisation, Kulturtransfer und Überformung. Drei Gesichtspunkte zur Entstehung, Funktion und Struktur städtischer Amtsbuchüberlieferung aus dem Mittelalter, in: Jürgen Sarnowsky (Hrsg.), Verwaltung und Schriftlichkeit im Hanseraum. (Hansische Studien 16) Trier 2006, 17–63.

Maja Philippi, Die Bürger von Kronstadt im 14. und 15. Jahrhundert. Untersuchungen zur Geschichte und Sozialstruktur einer siebenbürgischen Stadt im Mittelalter. Bukarest 1986.

Gryt Anne Piebenga, Gozewijn Comhaer – Carthusian and Modern Devout, in: Fokke Akkerman / Gerda C. Huisman / Arie Johan Vanderjagt (Hrsg.), Wessel Gansfort (1419–1489) and Northern Humanism. (Brill's studies in intellectual history 40) Leiden 1993, 180–192.

Ernst Pitz, Bürgereinigung und Städteeinigung. Studien zur Verfassungsgeschichte der Hansestädte und der deutschen Hanse. (Quellen und Darstellungen zur hansischen Geschichte 52) Köln / Weimar / Wien 2001.

Ernst Pitz, Schrift- und Aktenwesen der städtischen Verwaltung im Spätmittelalter. Köln – Nürnberg – Lübeck. Beitrag zur vergleichenden Städteforschung und zur spätmittelalterlichen Aktenkunde. (Mitteilungen aus dem Stadtarchiv von Köln 45) Köln 1959.

Oliver Plessow, Mechanisms auf Authentication in Late Medieval North German Chronicles, in: Petra Schulte / Marco Mostert / Irene van Renswoude (Hrsg.), Strategies of Writing. Studies on text and trust in the Middle Ages. Papers from „Trust in Writing in the Middle Ages". Utrecht, 28.–29. November 2002. (Utrecht Studies in Medieval Literacy 13) Turnhout 2008, 135–163.

Marko Andrej Pluns, Die Universität Rostock 1418–1563. Eine Hochschule im Spannungsfeld zwischen Stadt, Landesherren und wendischen Hansestädten. (Quellen und Darstellungen zur hansischen Geschichte. N. F. 58) Köln / Weimar / Wien 2007.

Dietrich W. Poeck, Die Herren der Hanse. Delegierte und Netzwerke. (Kieler Werkstücke. Reihe E: Beiträge zur Sozial- und Wirtschaftsgeschichte 8) Frankfurt (Main) u.a. 2010.

Dietrich W. Poeck, Rituale der Ratswahl. Zeichen und Zeremoniell der Ratssetzung in Europa (12.–18. Jahrhundert). (Städteforschung. Reihe A, 60) Köln / Weimar / Wien 2003.

Otto Herbert Poensgen, Art. Kommunikation, in: Handwörterbuch der Wirtschaftswissenschaft, Bd. 4. Stuttgart / New York 1978, 466–477.

Hans Pohl, Einführung, in: Hans Pohl (Hrsg.), Die Bedeutung der Kommunikation für Wirtschaft und Gesellschaft. Referate der 12. Arbeitstagung der Gesellschaft für Sozial- und Wirtschaftsgeschichte vom 22.–25.4.1987 in Siegen. Stuttgart 1989, 7–18.

Peter von Polenz, Deutsche Sprachgeschichte vom Spätmittelalter bis zur Gegenwart, Bd. 1: Einführung. Grundbegriffe. 14. bis 16. Jahrhundert. Berlin / New York ²2000.

Wolfgang Prange, Vikarien und Vikare in Lübeck bis zur Reformation. (Veröffentlichungen zur Geschichte der Hansestadt Lübeck / Archiv der Hansestadt 40) Lübeck 2004.

Wolfgang Prange, Johannes Schele († 1439). 1420–1439 Bischof von Lübeck, in: Erwin Gatz (Hrsg.), Die Bischöfe des Heiligen Römischen Reiches 1198 bis 1448. Ein biographisches Lexiko, bearb. v. Clemens Brodkorb. Berlin 2001, 359–361.

Malte Prietzel, Reden als Waffen der Diplomatie. Rhetorik, Zeremoniell und Politik in den französisch-burgundischen Verhandlungen 1456–1465, in: Anne-Katrin Kunde / Sonja Dünnebeil / Christine Ottner (Hrsg.), Außenpolitisches Handeln im ausgehenden Mittelalter. Akteure und Ziele. (Forschungen zur Kaiser- und Papstgeschichte des Mittelalters. Beihefte zu J. F. Böhmer. Regesta Imperii 27) Wien 2007, 73–96.

Matthias Puhle, Die Vitalienbrüder – Söldner, Seeräuber, in: Wilfried Ehbrecht (Hrsg.), Störtebecker – 600 Jahre nach seinem Tod. (Hansische Studien 15) Trier 2005, 15–21.

Jürgen Reetz, Bistum und Stadt Lübeck um 1300. Die Streitigkeiten und Prozesse unter Burkhard von Serkem, Bischof 1276–1317. Lübeck 1952.

Thomas Riis (Hrsg.), Wirtschafts- und Sozialgeschichte Schleswig-Holsteins. Leben und Arbeiten in Schleswig-Holstein vor 1800. (Geist und Wissen 2) Kiel 2009.

Thomas Riis (Hrsg.), Studien zur Geschichte des Ostseeraums, Bd. 1. (Byhistoriske Skrifter 7) Odense 1995.

Simon Roberts, The Study of Dispute: Anthropological Perspectives, in: John Bossy (Hrsg.), Disputes and Settlements. Law and Human Relations in the West. Cambridge 1983, 1–24.

Simon Roberts, Ordnung und Konflikt. Stuttgart 1981.

Luise Rockinger, Über Formularbücher vom 13. bis zum 16. Jahrhundert als rechtsgeschichtliche Quellen. München 1855.

Ute Rödel, Königliche Gerichtsbarkeit und Streitfälle der Fürsten und Grafen im Südwesten des Reiches 1250–1317. (Quellen und Forschungen zur höchsten Gerichtsbarkeit im Alten Reich 5) Köln 1979.

Gregor Rohmann, Der Kaperfahrer Johan Stortebeker aus Danzig. Beobachtungen zur Geschichte der „Vitalienbrüder", in: Hansische Geschichtsblätter 125, 2007, 77–119.

Goswin von der Ropp, Zur deutsch-skandinavischen Geschichte des XV. Jahrhunderts. Leipzig 1876.

Holger Fr. Rørdam, Kjøbenhavns Kirker og Klostre i Middelalderen. København 1859–1863.

Fritz Rörig, Die geistigen Grundlagen der Hansischen Vormachtstellung, in: Historische Zeitschrift 139, 1929, 242–251.

Fritz Rörig, Die Hanse und die nordischen Mächte, in: Fritz Rörig, Hansische Beiträge zur deutschen Wirtschaftsgeschichte. (Schriften der baltischen Kommission zu Kiel 9) Breslau 1928, 157–173.

Fritz Rörig, Außenpolitische und innerpolitische Wandlungen in der Hanse nach dem Stralsunder Frieden (1370), in: HZ 131, 1925, 1–18.

Wilhelm von Rosen, Rigsarkivet og Hjælpemiddlerne til deres benyttelse I, 2 Bde. København 1983.

Werner Rösener, Fehdebrief und Fehdewesen. Formen der Kommunikation beim Adel im späten Mittelalter, in: Heinz-Dieter Heimann / Ivan Hlaváček (Hrsg.), Kommunikationspraxis und Korrespondenzwesen im Mittelalter und in der Renaissance. Paderborn u. a. 1998, 91–101.

Peter Rück, Fünf Vorlesungen für Studenten der Ecole des chartes, Paris, in: Erika Eisenlohr / Peter Worm (Hrsg.), Arbeiten aus dem Marburger Hilfswissenschaftlichen Institut. (elementa diplomatica 8) Marburg 2000, 243–315.

Peter Rück, Beiträge zur diplomatischen Semiotik, in: Peter Rück (Hrsg.), Graphische Symbole in mittelalterlichen Urkunden. Beiträge zur diplomatischen Semiotik. (Historische Hilfswissenschaften 3) Sigmaringen 1996, 13–47.

Peter Rück (Hrsg.), Graphische Symbole in mittelalterlichen Urkunden. Beiträge zur diplomatischen Semiotik. (Historische Hilfswissenschaften 3) Sigmaringen 1996.

Karl Russek, Die Herzöge von Glogau als Landesherrn und Diener König Sigmunds am Anfange der 15. Jahrhunderts (1397–1423). Breslau 1922.

Stephanie Rüther, Von der Macht, vergeben zu können. Symbolische Formen der Konfliktbewältigung im späten Mittelalter am Beispiel Braunschweigs und der Hanse, in: Christoph Dartmann / Marion Füssen / Stephanie Rüther (Hrsg.), Raum und Konflikt. Zur symbolischen Konstituierung gesellschaftlicher Ordnung. (Symbolische Kommunikation in der Vormoderne 5) Münster 2004, 107–128.

Roger Sablonier, Schriftbesitz, Adelsbesitz und adliges Handeln, in: Otto Gerhard Oexle / Werner Paravicini (Hrsg.), Nobilitas. Funktion und Repräsentation des Adels in Alteuropa. (Veröffentlichungen des Max-Planck-Instituts für Geschichte 133) Göttingen 1997, 67–100.

Jürgen Sarnowsky (Hrsg.), Verwaltung und Schriftlichkeit in den Hansestädten. (Hansische Studien 16) Trier 2006.

Ferdinand de Saussure, Cours de linguistique générale. Edition critique par Rudolf Engler, Bd. 1. Wiesbaden 1989.

Dietrich Schäfer, Die Hansestädte und König Waldemar von Dänemark. Hansische Geschichte bis 1376. Jena 1879.

Udo Schäfer, Hanserezesse als Quelle hansischen Rechts, in: Albrecht Cordes (Hrsg.), Hansisches und hansestädtisches Recht. (Hansische Studien 17) Trier 2008, 1–14.

Claude Elwood Schannon / Warren Weaver, The Mathematical Theory of Communications. Urbana 1949.

Rudolf Schieffer, Mediator cleri et plebis. Zum geistlichen Einfluss auf Verständnis und Darstellung des ottonischen Königtums, in: Gerd Althoff / Ernst Schubert (Hrsg.), Herrschaftsrepräsentation im ottonischen Sachsen. (Vorträge und Forschungen 46) Sigmaringen 1998, 345–361.

Karl Schiller / August Lübben, Mittelniederdeutsches Wörterbuch, 6 Bde. Bremen 1875–1881.

Andreas Christoph Schlunk, Der Erbkämmerer und königliche Rat Konrad von Weinsberg und die Hussitenpolitik im Reich, in: Jaroslav Pánek / Miloslav Polívka / Noemi Rejchrtová (Hrsg.), Husitství, reformace, renesance. Sborník k 60. narozeninám Františka Šmahela [Hussitism - Reformation - Renaissance. Volume to the 60th Birthday František Šmahel], Bd. 3. Praha 1994, 475–493.

Gerhard Schmid, Akten, in: Friedrich Beck / Eckart Henning (Hrsg.), Die archivalischen Quellen. Mit einer Einführung in die Historischen Hilfswissenschaften. Köln / Weimar / Wien ⁴2004, 74–110.

Regula Schmid, Die Chronik im Archiv. Amtliche Geschichtsschreibung und ihre Gebrauchspotential im Spätmittelalter und in der frühen Neuzeit, in: Das Mittelalter. Perspektiven mediävistischer Forschung 5, Heft 2, 2000, 115–138.

Roderich Schmidt, Kräfte, Personen und Motive bei der Gründung der Universitäten Rostock (1419) und Greifswald (1456), in: Roderich Schmidt (Hrsg.), Beiträge zur Pommerschen und Mecklenburgischen Geschichte. Vorträge der wissenschaftlichen Tagungen „Pommern – Mecklenburg" 1976 und 1979, veranstaltet von der historischen Kommission für Pommern. Marburg (Lahn) 1981, 1–34.

Jürg Schmutz, Juristen für das Reich. Die deutschen Rechtsstudenten an der Universität Bologna 1265–1425, 2. Bde, (Veröffentlichungen der Gesellschaft für Universitäts- und Wissenschaftsgeschichte 2) Basel 2000.

Bernd Schneidmüller, Art. Vidimus, in: HRG, Bd. 5. Berlin 1998, 907–909.

Karl Schnith, Kardinal Heinrich Beaufort und der Hussitenkrieg, in: Remigius Bäumer (Hrsg.), Von Konstanz nach Trient. Festgabe für August Franzen. München / Paderborn / Wien 1972, 119–138.

Klaus Schöpsdau, Art. Exordium, in: HWRh, Bd. 3. Tübingen 1996, 136–140.

Gerd Schrank, Ansätze zu einer Theorie des Sprachwandels auf der Grundlage von Textsorten, in: Werner Besch / Oskar Reichmann / Stefan Sonderegger (Hrsg.), Sprachgeschichte. Ein Handbuch zur Geschichte der deutschen Sprache und ihrer Erforschung. (Handbücher zur Sprach- und Kommunikationswissenschaft 2, 1) Berlin / New York 1984, 761–768.

Ingrid Schröder, Städtische Kommunikation zwischen Mündlichkeit und Schriftlichkeit. Greifswald im 15. Jahrhundert, in: Jahrbuch des Vereins für Niederdeutsche Sprachforschung 124, 2001, 101–133.

Ernst Schubert, Erscheinungsformen der öffentlichen Meinung im Mittelalter, in: Das Mittelalter. Perspektiven mediävistischer Forschung 6, Heft 1, 2001, 109–127.

Ernst Schubert, Art. Konrad von Weinsberg (um 1370–1448), in: LexMA, Bd. 5. München / Zürich 1995, 1366.

Christiane Schuchard, Die Deutschen an der päpstlichen Kurie im späten Mittelalter (1378–1447). (Bibliothek des Deutschen Historischen Instituts in Rom 65) Tübingen 1987.

Peter-Johannes Schuler, Die spätmittelalterliche Vertragsurkunde. Untersucht an den Urkunden der Grafen von Württemberg 1325–1392. Paderborn u. a. 2000.

Peter-Johannes Schuler, Genese und Symbolik des nordeuropäischen Notarszeichen, in: Peter Rück (Hrsg.), Graphische Symbole in mittelalterlichen Urkunden. Beiträge zur diplomatischen Semiotik. (Historische Hilfswissenschaften 3) Sigmaringen 1996, 669–688.

Peter-Johannes Schuler, Geschichte des südwestdeutschen Notariats. Von seinen Anfängen bis zur Reichsnotariatsordnung von 1512. (Veröffentlichungen des Alemannischen Instituts 39) Bühl (Baden) 1976.

Petra Schulte / Marco Mostert / Irene van Renswoude (Hrsg.), Strategies of Writing. Studies on text and trust in the Middle Ages. Papers from „Trust in Writing in the Middle Ages". Utrecht, 28.–29. November 2002. (Utrecht Studies in Medieval Literacy 13) Turnhout 2008.

Vilhelm Adolf Secher, Om Proveniens-(Hjemmehøs-)Principet, som Ordningsregel i de danske statsarkiver og om andre der gældende Ordningsregler, in: Meddelelser fra det danske rigsarkiv 1, 1906, 191–240.

Didrik Arup Seip, Art. Diplomspåk: Norge, in: KHLNM, Bd. 3. København 1958, 91–97.

Wolfgang Sellert, Art. Schiedsgericht, in: HRG, Bd. 4. Berlin 1990, 1386-1393.

Stephan Selzer, Die mittelalterliche Hanse. Darmstadt 2010.

Stephan Selzer / Ulf Christian Ewert, Verhandeln und Verkaufen, Vernetzen und Vertrauen. Über die Netzwerkstruktur des hansischen Handels, in: Hansische Geschichtsblätter 119, 2001, 135–161.

Reinhard Seyboth, Reichsstadt und Reichstag. Nürnberg als Schauplatz von Reichsversammlungen im späten Mittelalter, in: Jahrbuch für fränkische Jahresforschung 52, 1992, 209–221.

Werner Sieberg, Studien zur Diplomatie des Basler Konzils. phil. Diss. Heidelberg 1951.

Ulrich Simon, Von Trese und Kanzlei zum Zwischenbau. Aspekte zum Archivgebäude, in: ZVLGA 78, 1998, 401–418.

Johanne Skovgaard, Tyske Kancelli, Bd. 1: Indtil 1770 Tyske Kancellis Indenrigske Afdeling, 1770-1806 Tyske, 1806-16 Slesvig-Holstenske, 1816-49 Slesvig-Holsten-Lauenborgske Kancelli og de dermed beslægtede institutioner. (Vejledende Arkivregistraturer 7) København 1946.

Hans Spangenberg, Kanzleivermerke als Quelle verwaltungsgeschichtlicher Forschungen, in: Archiv für Urkundenforschung 10, 1928, 469–525.

Christian Speer, Stand und Perspektiven der Stadtbuchforschung – ein Überblick, in: Documenta Pragensia. Sborník materiálií z Archivu Hlavního Mesta Prahy 32, Heft 2, 2013, 367–394.

Rolf Sprandel, Die Anfänge der Hamburger Stadtbücher, in: Jürgen Sarnowsky (Hrsg.), Verwaltung und Schriftlichkeit in den Hansestädten. (Hansische Studien 16) Trier 2006, 81–96.

P. Alfons Sprinkart, Kanzlei, Rat und Urkundenwesen der Pfalzgrafen bei Rhein und Herzöge von Bayern. 1294–1314 (1317). (Forschungen zur Kaiser- und Papstgeschichte des Mittelalters 4), Köln / Wien 1986.

Peter Ståhl, Ars dictandi och medeltidsbrevens formelspråk, in: Claes Gejrot (Hrsg.), Ny väg till medeltidsbreven. Från ett medeltidssymposium i Svenska Riksarkivet 26–28 november 1999. (Skrifter utgivna av Rigsarkivet 18) Västervik 2002, 147–156.

Carsten Staur, Kr. Erslev og "Den senere middelalder", in: (Dansk) Historisk Tidsskrift VI, Heft 13, 1979, 372–378.

Johann C. H. R. Steenstrup, Art. Erslev, Kristian Sofus August, in: DBL, Bd. 4. København 1890, 577 f.

Johann C. H. R. Steenstrup, Art. Allen, Carl Ferdinand, in: DBL, Bd. 1. København 1887, 181–187.

Gerd Steger, Sprachgeschichte als Geschichte der Textsorten/Texttypen und ihrer kommunikativen Bezugsbereiche, in: Werner Besch / Oskar Reichmann / Stefan Sonderegger (Hrsg.), Sprachgeschichte. Ein Handbuch zur Geschichte der deutschen Sprache und ihrer Erforschung. (Handbücher zur Sprach- und Kommunikationswissenschaft 2, 1) Berlin / New York 1984, 284–300.

Henning Steinführer, Urkunden- und Kanzleiwesen der sächsischen Städte im Mittelalter, in: Tom Graber (Hrsg.), Diplomatische Forschungen in Mitteldeutschland. (Schriften zur sächsischen Geschichte und Volkskunde 12) Leipzig 2006, 163–184.

Andrea Stiehldorf, Die Magie der Urkunde, in: Archiv für Diplomatik 55, 2009, 1–32.

Birgit Studt, Papst Martin V. (1417–1431) und die Kirchenreform in Deutschland. (Forschungen zur Kaiser- und Papstgeschichte des Mittelalters 23) Köln / Weimar / Wien 2004.

Katalin Szende, Between Hatred and Affection. Towns and Sigismund in Hungary and in the Empire, in: Michel Pauly / François Reinert (Hrsg.), Sigismund von Luxemburg. Ein Kaiser in Europa. Tagungsband des internationalen historischen und kunsthistorischen Kongresses in Luxemburg, 8.–10. Juni 2005. Mainz 2006, 199–210.

Leo Tandrup, Ravn. En beretning om Kristian Erslevs udvikling som menneske, historieforsker og historieskriver og om hans syn på historien og dens værdi indtil 1912, 2. Bde. København 1979.

Friedrich Techen, Geschichte der Seestadt Wismar. Wismar 1929.

Friedrich Techen, Die Wismarer Unruhen, in: Mecklenburgische Jahrbücher 55, 1890, 1–138.

Andrea Teebken, Räumliche und mentale Grenzziehung im 19. Jahrhundert. Der Sprachenkampf im Herzogtum Schleswig, in: Martin Rheinheimer (Hrsg.), Grenzen in der Geschichte Schleswig-Holsteins und Dänemarks. (Studien zur Wirtschafts- und Sozialgeschichte Schleswig-Holsteins 42) Neumünster 2006, 353–366.

Dietmar Till, Art. Wortfigur, in: HWRh, Bd. 9. Tübingen 2009, 1413–1423.

Gryte Anne van der Toorn-Piebenga, Gozewijn Comhaer, een Deventenaar uit de late middeleeuwen. ca. 1380–1447. Kartuizer, prior te Zelem, monnik te La Grande Chartreuse en bisschop van Skálholt in Ijsland, in: Deventer jaarboek 1990, 24–37.

Tomasz Torbus, Die Konventsburgen im Deutschordensland Preußen. (Schriften des Bundesinstituts für ostdeutsche Kultur und Geschichte 11) München 1998.

Winfried Trusen, Art. Chirograph, in: LexMa, Bd. 2. München / Zürich 1983, 1844–1845.

Winfried Trusen, Chirographum und Teilurkunde im Mittelalter, in: AZ 75, 1979, 233–249.

Gert Ueding (Hrsg.), Historisches Wörterbuch der Rhetorik, 9 Bde. Tübingen 1992–2009.

Jörn-Wolfgang Uhde, Die Lüneburger Stadtschreiber von den Anfängen bis zum Jahre 1378. phil. Diss. Hamburg 1977.

Thomas Vogtherr, Art. Konrad von Soltau (um 1350?–1407), in: Erwin Gatz (Hrsg.), Die Bischöfe des Heiligen Römischen Reiches 1198 bis 1448. Ein biographisches Lexikon. Berlin 2001, 843.

Johannes Voigt, Geschichte Preußens von den Anfängen bis zum Untergang der Herrschaft des Deutschen Ordens, Bd. 7. Königsberg 1836.

Ebba Waaben, Tyske Kancelli, in: DRA (Hrsg.), Rigsarkivet og hjælpemidlerne til dets benyttelse, redigeret af Wilhelm von Rosen, Bd. 1, Teilband 1. København 1983, 249–252.

Wolfgang Eric Wagner / Michael Borgolte (Hrsg.), Stiftungen und Stiftungswirklichkeiten. Vom Mittelalter bis zur Gegenwart. (Stiftungsgeschichte 1) Berlin 2000.

Georg Waitz, Über Hermann Korner und die Lübecker Chroniken. (Göttinger Abhandlungen 5) Göttingen 1853.

Hartmut G. Walther, Die Gründung der Universität Rostock 1419–1450 im Rahmen der spätmittelalterlichen Universitätslandschaft, in: Helge bei der Wieden / Tilmann Schmidt (Hrsg.), Mecklenburg und seine Nachbarn. (Veröffentlichungen der Historischen Kommission für Mecklenburg. Reihe B: Schriften zur mecklenburgischen Geschichte, Kultur und Landeskunde 10) Rostock 1997, 107–126.

Morimichi Watanabe, Henry Beaufort, Cardinal of England, and Anglo-papal Relations, in: Johannes Helmrath / Heribert Müller (Hrsg.), Studien zum 15. Jahrhundert. Festschrift für Erich Meuthen. München 1994, 65–76.

Wilhelm Wattenbach, Das Schriftwesen im Mittelalter. Leipzig 1896.

Max Weber, Wirtschaft und Gesellschaft. Grundriß der verstehenden Soziologie. Tübingen [5]1980.

Sabine Wefers, Das politische System Kaiser Sigmunds. (Veröffentlichungen des Instituts für Europäische Geschichte Mainz / Universalgeschichte 138; Beiträge zur Sozial- und Verfassungsgeschichte des alten Reiches 10), Stuttgart 1989.

Carl Ferdinand Wegner (Hrsg.), Aarsberetninger fra det kongelige Geheimearchiv indeholdende Bidrag til Dansk historie af utrykte Kilder, 7 Bde. København 1865–1883.

Carl Friedrich Wehrmann, Der Aufstand in Lübeck bis zur Rückkehr des alten Raths 1408–1416, in: Hansische Geschichtsblätter 8, 1878, S.101–156.

Carl Friedrich Wehrmann, Das Lübecker Archiv, in: ZVLGA 3, 1876, 349–406.

Curt Weibull, Enhedstanken i Norden. Tønder 1942.

Ralf-Gunnar Werlich, Gott zur Ehre und den dänischen Königen und dem Reich zum Nutzen. Königliche Städtepolitik in Dänemark unter Erich von Pommern, in: Thomas Riis (Hrsg.), Studien zur Geschichte des Ostseeraums, Bd. 1. (Byhistoriske Skrifter 7) Odense 1995, 9–17.

Ralf-Gunnar Werlich, Kopenhagens Entwicklung zur Hauptstadt, in: Hansjürgen Brachmann / Joachim Herrmann (Hrsg.), Frühgeschichte der europäischen Stadt. (Schriften zur Ur- und Frühgeschichte 44) Berlin 1991.

Ralf-Gunnar Werlich, Königtum und Städte in Dänemark 1340–1439, Diss. A. (masch.) Greifswald 1989.

Horst Wernicke (Hrsg.), Greifswald. Geschichte einer Stadt. Schwerin 2000.

Horst Wernicke, Die Hanse und die Entstehung der Kalmarer Union, in: Detlef Kattinger (Hrsg.), „Huru thet war talet i kalmarn". Union und Zusammenarbeit in der nordischen Geschichte. 600 Jahre Kalmarer Union (1397–1977). (Greifswalder Historische Studien 2) Hamburg 1997, 171–198.

Horst Wernicke, Städtehanse und Stände im Norden des Deutschen Reiches zum Ausgang des Spätmittelalters, in: Konrad Fritze / Eckhard Müller-Mertens / Johannes Schildhauer (Hrsg.), Der Ost- und Nordseeraum. Politik, Ideologie, Kultur vom 12. bis zum 17. Jahrhundert. (Hansische Studien 7; Abhandlungen zur Handels- und Sozialgeschichte 25) Weimar 1986, 189–208.

Horst Wernicke, Die regionalen Bündnisse der hansischen Mitglieder und deren Stellung in der Städtehanse von 1280 bis 1418, in: Jahrbuch für Geschichte des Feudalismus 6, 1982, 243–273.

Helge bei der Wieden, Die Grafen von Everstein an der Wende vom Mittelalter zur Neuzeit, in: Werner Buchholz / Günter Mangelsdorf (Hrsg.), Land am Meer. Pommern im Spiegel seiner Geschichte. Roderich Schmidt zum 70. Geburtstag. (Veröffentlichungen der Historischen Kommission für Pommern 5, 29) Köln / Weimar / Wien 1995, 269–306.

Rosemarie Wiegand, Zur sozioökonomischen Struktur Rostocks im 14. und 15. Jahrhundert, in: Gerhard Heitz / Manfred Unger (Hrsg.), Hansische Studien. Heinrich Sproemberg zum 70. Geburtstag. (Forschungen zur mittelalterlichen Geschichte 8) Berlin 1961, 409–421.

Norbert Wiener, Kybernetik. Düsseldorf / Wien 1963.

Joachim Wild, Der Fehdebrief. Zur Diplomatik des Fehdewesens im Herzogtum Bayern, in: Hans-Joachim Hecker / Reinhard Heydenreuter / Hans Schlosser (Hrsg), Rechtssetzung und Rechtswirklichkeit in der bayerischen Geschichte. (Zeitschrift für bayerische Landesgeschichte. Beiheft B, 30) München 2006, 99–122.

Adolph Wolff, Flensburgs Belagerung im Jahre 1431, in: Zeitschrift für Schleswig-holsteinische Geschichte 21, 1891, 235–264, ND ohne Anmerkungen in: Christian Voigt (Hrsg.), Flensburg ein Heimatbuch. Flensburg 1929, 203–213.

Herwig Wolfram, Diplomatik, Politik und Staatssprache, in: Archiv für Diplomatik 52, 2006, 249–270.

Herwig Wolfram, Politische Theorie und narrative Elemente in Urkunden, in: Christian Hannick (Hrsg.), Kanzleiwesen und Kanzleisprachen im östlichen Europa. (Archiv für Diplomatik, Beihefte 6) Köln / Weimar / Wien 1999, 1–23.

Franz Josef Worstbrock, Einleitung, in: Franz Josef Worstbrock / Monika Klaes / Jutta Lütten (Hrsg.), Repertorium der Artes Dictandi. Teil 1: Von den Anfängen bis um 1200. (Münstersche Mittelalter-Schriften 66) München 1992, IX–XVII.

Klaus Wriedt, Art. Sacchow, Nikolaus († 1449). 1437–1438 Generalvikar des Bischofs von Lübeck. 1439–1449 Bischof von Lübeck, in: Erwin Gatz (Hrsg.), Die Bischöfe des Heiligen Römischen Reiches 1448 bis 1648. Ein biographisches Lexikon, bearb. v. Clemens Brodkorb. Berlin 1996, 610.

Klaus Wriedt, Art. Rode, Johannes, Lübischer Stadtschreiber, in: Verfasserlexikon, Bd. 8. Berlin / New York 1990, 121 f.

Klaus Wriedt, Das gelehrte Personal in der Verwaltung und Diplomatie der Hansestädte, in: Hansische Geschichtsblätter 96, 1978, 15–37.

Justyna Wubs-Mrozewicz, The Bergenfahrer and the Bergenvaarders. Lübeck and Amsterdam in a Study of Rivalry, c. 1440–1560, in: Antjekathrin Graßmann (Hrsg.), Das Hansische Kontor zu Bergen und die Lübecker Bergenfahrer. International workshop Lübeck 2003. (Veröffentlichungen zur Geschichte der Hansestadt Lübeck 41) Lübeck 2005, 206–230.

Thomas Wünsch, Mittelalterliches Krisenmanagement im Widerstreit von Politik und Religion. Oberschlesische Städte und der Hussitenstreit, in: Thomas Wünsch (Hrsg.), Stadtgeschichte Oberschlesiens. Studien zur städtischen Entwicklung und Kultur einer ostmitteleuropäischen Region vom Mittelalter bis zum Vorabend der Industrialisierung. (Tagungsreihe der Stiftung Haus Oberschlesien, Ratingen 5) Berlin 1995, 171–198.

Arthur Zechel, Studien über Kaspar Schlick. Anfänge, erstes Kanzleramt, Fälschungsfrage. (Quellen und Forschungen aus dem Gebiet der Geschichte 15) Prag 1939.

Paul Zimmermann, Art. Wilhelm der Aeltere, in: ADB, Bd. 42. Leipzig 1897, 733–738.

Orts- und Personenregister

https://doi.org/10.1515/9783110591620-010